Inhalt

Die Deutschlandpolitik der Regierungen Kohl und die deutsche Frage in den Parteien und der Öffentlichkeit 1982–1989

Das Buch

Der freie Zugang zu Archiven der DDR und damit zu Dokumenten, die sonst über Jahrzehnte hinaus der höchsten Geheimhaltung unterliegen, hat diese einzigartige Quellendokumentation ermöglicht. Sämtliche Gespräche, die westdeutsche Politiker zwischen November 1982 und November 1989 mit Erich Honecker und seinem Nachfolger Egon Krenz geführt haben, sind hier dokumentiert. Die in vollem Wortlaut überlieferten Telefonate zwischen dem Bundeskanzler Helmut Kohl und den beiden SED-Generalsekretären werden in der authentischen Fassung wiedergegeben. Sogenannten Gedächtnisniederschriften aus DDR-Beständen werden entsprechende Aufzeichnungen bzw. Berichte der westdeutschen Gesprächspartner gegenübergestellt. Der Zusammenbruch der kommunistischen Systeme, der Fall der Mauer, die Vereinigung von Ost- und Westdeutschland kennzeichnen den Höhe- und Wendepunkt einer Entwicklung, die so niemand vorausgesehen hat. Das Motto einer »Koalition der Vernunft« stammt von Erich Honecker und wurde von Helmut Kohl aufgegriffen. Vor diesem Hintergrund durchleuchtet Heinrich Potthoff kritisch das komplexe deutsch-deutsche Beziehungsgeflecht der 80er Jahre. Basis seiner Untersuchung war die Expertise, die er für die Enquetekommission des Deutschen Bundestages zur Aufarbeitung der SED-Diktatur und ihrer Folgen erstellt hat. Daraus entstand eine umfangreiche Sachdarstellung, die durch einen editorischen Part zu den Quellen und eine Zeittafel ergänzt wird.

Der Autor und Herausgeber

Heinrich Potthoff, geboren 1938, ist Historiker, langjähriger wissenschaftlicher Mitarbeiter der Kommission für Geschichte des Parlamentarismus und der politischen Parteien und stellvertr. Vorsitzender der Historischen Kommission der SPD. Veröffentlichungen u. a.: ›Die Regierung der Volksbeauftragten 1918/1919‹ (2 Bde.; zus. mit Susanne Miller u. Erich Matthias, 1969); ›Gewerkschaften und Politik zwischen Revolution und Inflation‹ (1979); ›Handbuch politischer Institutionen und Organisationen 1945–1949‹ (1983; unter Mitarbeit von Rüdiger Wenzel); ›Freie Gewerkschaften 1918–1933‹ (1987); ›Die Sozialdemokratie von den Anfängen bis 1945‹ (Teil 1 der ›Kleinen Geschichte der SPD‹; 7. Aufl. 1991); ›Die SPD-Fraktion im Deutschen Bundestag 1961–1966‹ (2 Bde.; 1993).

Die »Koalition der Vernunft«
Deutschlandpolitik in den 80er Jahren

Von Heinrich Potthoff

Deutscher
Taschenbuch
Verlag

In der Reihe dtv dokumente
ebenfalls im Deutschen Taschenbuch Verlag erschienen:

Originalausgabe
Juni 1995
© 1995 Deutscher Taschenbuch Verlag GmbH & Co. KG,
München
Alle Rechte vorbehalten
Umschlaggestaltung: Celestino Piatti
Umschlagbild: Bilderdienst Süddeutscher Verlag
Satz: IBV Satz- und Datentechnik, Berlin
Druck und Bindung: C. H. Beck'sche Buchdruckerei,
Nördlingen
Printed in Germany · ISBN 3-423-02974-9

Die Deutschlandpolitik der Regierungen Kohl und die deutsche Frage in den Parteien und der Öffentlichkeit 1982–1989

Einführung

Die Deutschen haben ihre äußere Einheit erreicht; die innere Einheit wirtschaftlich, sozial und geistig herzustellen, ist eine Aufgabe, die sie bisher nur unzulänglich gelöst haben. Sie zu bewältigen, fordert nicht nur den Politikern, sondern uns allen in Ost und West tieferes menschliches Verständnis und tätige Solidarität ab. Fünf Jahre nach dem Umbruch und der friedlichen Revolution in der DDR haben sich die Perspektiven verschoben. Die fundamentalen Veränderungen, die sich mit dem Wandel im östlichen Europa in Deutschland, Europa und der Welt vollzogen, erscheinen vielen schon wie etwas Fernliegendes und Selbstverständliches. Das Bewußtsein eines Epochenwandels, der es tatsächlich war, scheint merkwürdig trüb, so als sei die Erinnerung daran, wie es bis zu diesem Umbruch war, schon fast völlig verblaßt.

Nur wenn wir uns vergegenwärtigen, wie sehr der Konflikt zwischen dem kommunistischen, sowjetisch dominierten und dem westeuropäisch-nordamerikanischen Lager Politik und Menschen überschattete, werden wir uns auch ein Gespür dafür bewahren, welche Last und welcher Druck von uns genommen wurden. Dieser Macht- und Systemkonflikt im Zeichen der atomaren Abschreckung und Bedrohung war wie ein Spinnennetz, das sich über fast alles legte. Mochten die Menschen es über ihren alltäglichen Freuden und Sorgen gelegentlich oder sogar häufig vergessen, jeder wirklich verantwortliche Politiker mußte sich dessen stets bewußt sein.

Für die Deutschlandpolitik galt dieses erst recht. Sie war stets eine Gratwanderung zwischen den übergreifenden internationalen Rahmenbedingungen und eigenen spezifischen nationalen und humanitären Anliegen. Gerade an der Nahtstelle des Ost-West-Konfliktes war dies ein besonders schwieriger und schmerzlicher Balanceakt. Nicht nur die überwölbenden Macht- und Systemfaktoren, sondern auch die ungelöste deutsche Frage mit der Insellage Berlins bedingten die Verankerung der Deutschlandpolitik in einem westlichen Konsens, aber eben auch das Interesse an einer Auflockerung der Fronten zwischen den beiden Blöcken. In dem durch die Großwetterlage begrenzten Raum beeinflußten die Bundesrepublik und ihr Gegenpart, das DDR-Regime, ihrerseits wieder das west-östliche Klima. So bestand eine Wechselwirkung zwischen der deutschen Frage und dem überwölbenden System- und Interessenkonflikt der beiden von den Supermächten geführten Blöcke.

Aus dieser Perspektive relativieren sich manche, aus der Sicht von Politikern und ihren Sympathisanten zu gravierenden Epochenwechseln hochstilisierte Veränderungen in der politischen Landschaft der Bundesrepublik. Die sogenannte Wende, d. h. der Regierungswechsel von Helmut Schmidt zu Helmut Kohl im Jahre 1982, begründete zwar eine Ära langjähriger konservativer Dominanz in der Bundesrepublik. Im Blick auf die deutschlandpolitischen Konstellationen bedeutete sie aber keinen wirklichen Einschnitt.

Deutschlandpolitisch wurden die entscheidenden Phasen vielmehr durch die seit den ausgehenden 70er Jahren wieder auflebende Konfrontation zwischen den Hegemonialmächten und die Dominanz der Sicherheitspolitik markiert. Die Aufstellung der sowjetischen SS 20-Atomraketen, der NATO-Doppelbeschluß und die Nachrüstung, die sowjetische Intervention in Afghanistan (1979) und das Kriegsrecht in Polen (1981) markieren Eckpunkte einer Krise, die als Wiederaufleben des Kalten Krieges empfunden wurde und mit Ronald Reagans Kurs gegen das »Reich des Bösen« gerade im mittleren Europa Ängste und Bedenken heraufbeschwor. Die deutlich verengten Spielräume für die Deutschlandpolitik erweiterten sich erst wieder mit der allmählich einsetzenden Auflockerung der Fronten, dem Wandel in der sowjetischen Politik und den inneren Veränderungen im östlichen Europa.

Zu den die Deutschlandpolitik konditionierenden äußeren Gegebenheiten und Zwängen gehörte auch, daß die DDR als Vorposten des sowjetischen Machtimperiums und nicht in einer eigenen nationalen Identität begründeter Staat besonderen Bedingungen unterworfen war. Diese besondere Sensibilität galt es zu berücksichtigen, ebenso wie die Insellage Berlins (West), die für den Osten ein Faustpfand und für die Bundesrepublik ihr schwacher, nur unzulänglich abzusichernder Punkt war und blieb. Dazu kamen vielschichtige Faktoren im Innern der Bundesrepublik, welche die Deutschlandpolitik mitbedingten, prägten und vorgaben. Sie reichten von rechtlichen Geboten, wie der Präambel des Grundgesetzes und dem Urteil des Bundesverfassungsgerichtes von 1973 zum Grundlagenvertrag, über die Konkurrenz der Parteien wie über parteiübergreifenden Konsens bis tief in gesellschaftliche Dimensionen (z. B. Generationsunterschiede, Sozialisationen), Mentalitätsstrukturen und sich wandelnde Wertorientierungen. Vor dem Hintergrund dieser Veränderungen des Zeitgeistes mußte die Deutschlandpolitik den Spagat schaffen, die Folgen der deutschen Teilung erträglicher zu gestalten und das im Westen schwindende Gefühl nationaler Zusammengehörigkeit wachzuhalten. Bei der Struktur des DDR-Regimes und seiner Einbindung in das sowjetische Herrschaftsimperium schien dieses nur durch eine Akzeptierung der Staatlichkeit der DDR und eine Politik des Dialogs mit den Herrschenden (d. h. mit Staatsorganen und Staatspartei) möglich.

Zwischen dem operativen, etatistisch ausgerichteten Ansatz und seinem Ziel, humanitäre und praktische Verbesserungen für die Menschen, bestand ein Spannungsverhältnis. Es wurde ausgangs der 80er Jahre besonders virulent, als sich mit dem Aufbruch im östlichen Europa auch in der DDR Regungen oppositionellen und widerständigen Verhaltens zeigten. In diesem Zusammenhang muß danach gefragt werden, inwieweit, wann und unter welchen Bedingungen die staatliche Politik einer Ergänzung durch eine gesellschaftliche Dimension bedurfte und welche Funktion sie hätte erfüllen können.

Deutschlandpolitik in der Zeit der Regierung Kohl war wie in der sozial-liberalen Ära nie ausschließlich Regierungspolitik. Deswegen greift eine Unterscheidung von »Deutschlandpolitik« und der Haltung und Einstellung zur deutschen Frage zu kurz. Sich abfinden und einrichten mit der deutschen Teilung war auch eine Art von Politik ebenso wie die Besuche von Westdeutschen in der DDR und DDR-Bürgern in der Bundesrepublik. Die großen grundsätzlichen Streitpunkte waren im wesentlichen zur Zeit der neuen sozial-liberalen Ostpolitik ausgetragen worden. Wirklich große Kontroversen gab es um die Wende von den 70er zu den 80er Jahren eigentlich nur um die Sicherheitspolitik. In der Deutschlandpolitik ging es gerade in den 80er Jahren bei Regierung und Parteien nicht vordringlich um die deutschlandpolitischen Positionen und Konzeptionen, sondern um das operative Handeln und das komplexe deutsch-deutsche Geflecht unter den Bedingungen des überwölbenden und sich wandelnden Ost-West-Gegensatzes. Nicht ausgespart werden darf die Frage, inwieweit die Deutschlandpolitik der Bundesrepublik die Verhältnisse in der DDR überhaupt beeinflussen konnte und ob alle Möglichkeiten ausgeschöpft wurden.

Die Deutschlandpolitik der Bundesrepublik in den 80er Jahren ist zwar schon in einer Reihe von Abhandlungen dargestellt und kritisch hinterfragt worden. Tatsächlich aber ging es dabei zumeist um die Beschreibung von Positionen, die öffentlich bekundet, und Handlungen, die sich vor den Augen der Medien vollzogen. Soweit es um eine kritische Aufarbeitung geht, hat sich das Interesse zudem überwiegend auf die Sozialdemokratie konzentriert; weniger beachtet wurden dabei Analysen über die Unionsparteien. Unser Kenntnisstand – und von daher auch die Bewertung – wurde eingeschränkt und geprägt durch die zugänglichen Dokumente, die vornehmlich die offiziellen Positionen und den nach außen gedrungenen Diskussionsstand widerspiegeln. Die konkrete operative Umsetzung der Deutschlandpolitik und erst recht die Interna der Gegenseite glichen eher einer Terra incognita. Jetzt zugänglich gewordene Akten und Archive lassen nun den Blick hinter bisher verschlossene Türen zu. Sie betreffen vor allem das breite Geflecht der innerdeutschen Beziehungen und ihre Verkopplung mit der Politik der Blöcke.

Durch die Tätigkeit der Enquetekommission des Deutschen Bundestages zur Aufarbeitung der SED-Diktatur und ihrer Folgen ist auch die Erforschung dieser die Westdeutschen und ihre Regierung betreffenden Aspekte der jüngsten Vergangenheit mit befördert worden. Sie erwarb sich damit ein großes Verdienst, obwohl gerade die Deutschlandpolitik mit dem heraufziehenden Wahlkampf ins parteipolitische Fahrwasser geriet und auf eine wenig seriöse Art aus durchsichtigen Gründen ausgeschlachtet wurde. Tatsächlich aber formen sich die aus den Akten zu gewinnenden Kenntnisse und Einblicke zu einem vielschichtigeren Bild der Deutschlandpolitik. Sie bedingen Differenzierungen gerade auf der operativen Ebene und werfen Fragen für unseren Umgang mit diktatorischen Systemen auf, denen wir uns zu stellen haben.

In seiner großen, vielbeachteten Studie ›Im Namen Europas‹ hat Timothy Garton Ash[1] eine äußerst fundierte, breit angelegte nachdenkliche Analyse der Ost- und Deutschlandpolitik vorgenommen, die Kritisches nicht ausspart. Es ist kein Zufall, daß dieses Werk von einem ausländischen Historiker geschrieben wurde, der sich den Demokratiebewegungen im östlichen Europa der 80er Jahre sehr verpflichtet fühlt. Garton Ash hat für seine Studie zwar schon Aktenbestände aus der früheren DDR einsehen können, die Akten über das operative Handeln der Bundesregierung aber waren ihm noch versperrt. Daraus resultiert eine gewisse Schieflage seiner sonst verdienstvollen Arbeit.

Für diese Darstellung und Dokumentation konnten nun viele dieser verborgenen Quellen herangezogen und erschlossen werden. Die Dokumente aus der Feder der Oberen des SED-Regimes müssen natürlich mit kritischer Vorsicht behandelt und nach Art, Funktion und Authentizität differenziert werden. Die Spannweite reicht von ausgesprochen tendenziös verzerrten Berichten über brauchbare, informative Aufzeichnungen größerer bis hoher Verläßlichkeit bis zu wirklich zentralen, wörtlichen Mitschriften des geheimsten Gedankenaustausches, zu denen wir im Westen kein Äquivalent finden. Bei der Nutzung und Verarbeitung in der Darstellung wurden diese verschiedenen Kategorien der Verläßlichkeit berücksichtigt und natürlich die Darstellungen der westlichen Politiker einbezogen, soweit sie dazu bereit und willens waren.

Was der Enquetekommission versagt blieb, die Öffnung westlicher Akten, ist bei dieser Arbeit in einem zuvor nicht erwarteten Maß gelungen. Erstmals konnten vertrauliche, zentrale Quellenbestände aus der alten Bundesrepublik eingesehen, verwertet und publiziert werden.

---

[1] Timothy Garton Ash, Im Namen Europas. Deutschland und der geteilte Kontinent, München–Wien 1993.

I. Die Deutschlandpolitik der Regierungen Kohl

1. Die Jahre 1982–1985 – »Kontinuität und Dialog« im Schatten der Ost-West-Spannung

Das Ende der sozial-liberalen Ära mit der Abwahl von Helmut Schmidt und die Übernahme der Regierung durch Helmut Kohl markierte in der Geschichte der Bundesrepublik zweifellos eine Zäsur. Über Jahre regierte in der Bundesrepublik wie in der Adenauer-Ära wieder eine CDU/CSU-FDP-Koalition, und die Gewichte in Politik und Gesellschaft wurden erkennbar von konservativ-neoliberalen Strömungen bestimmt. Auch wenn die volle Tragweite des Regierungswechsels von 1982 damals vielleicht nicht jedem so bewußt war, so deutete doch die versprochene und verkündete »Wende« auf einen umfassenden Richtungswechsel und tiefen Einschnitt hin. Aber die Bemessungskriterien, die eine solche Bewertung durch Wissenschaft, Publizistik und öffentliche Meinung bedingten, orientieren sich im wesentlichen an der »Binnenpolitik«, also der Gesellschafts-, Ordnungs- und Wirtschaftspolitik, und der politischen Kultur. In bezug auf die außenpolitische Grundorientierung fällt die Urteilsbildung schwerer. Das gilt im besonderen Maße auch für das Feld der Deutschlandpolitik.

In der großen Darstellung des britischen Historikers Timothy Garton Ash über die deutsche Ost- und Deutschlandpolitik erscheint die »Wende« von 1982 jedenfalls nicht als Einschnitt, sondern als eine fast nahtlose Fortführung der Regierungspolitik des Kabinetts Schmidt.[2] Etwas anders sah es 1988 Christian Hacke, der die deutschlandpolitische Position der Regierung Kohl/Genscher als »operative Kontinuität« zur sozial-liberalen Koalition, »aber deklaratorischen Wandel« kennzeichnete.[3] Diesem Urteil schloß sich im wesentlichen auch Matthias Zimmer von der Konrad-Adenauer-Stiftung in seiner Studie über die ›Deutschlandpolitik der Regierung Kohl/Genscher 1982–1989‹ an.[4] Bei der Erörterung und Bewertung der Deutschlandpolitik der 80er Jahre in der Enquetekommission wie bei den von ihr veranlaßten Gutachten und Stellungnahmen divergierten die Auffassungen.[5] Zwischen »Wandel« und »Kontinuität« als den beiden Polen lassen sich bei einer

[2] Garton Ash (1993), bes. S. 148 ff.

[3] Christian Hacke in seinen Darstellungen der Deutschlandpolitik der CDU/CSU; nicht zu verwechseln mit Jens Hacker, der von einem dezidiert national-deutschen Standpunkt Kritik an der Deutschlandpolitik übte, so in dem Buch mit dem bezeichnenden Titel: Deutsche Irrtümer. Schönfärber und Helfershelfer der SED-Diktatur im Westen, Frankfurt/M. 1992.

[4] Matthias Zimmer, Nationales Interesse und Staatsräson. Zur Deutschlandpolitik der Regierung Kohl 1982–1989, Paderborn 1992, bes. S. 83.

[5] Vgl. den Bericht der Enquetekommission ›Aufarbeitung von Geschichte und Folgen der

differenzierenden Betrachtung Positionen markieren, die der Wirklichkeit näher kommen.

a) *Elemente der Kontinuität und des Wandels*

Als Helmut Kohl das Amt des Bundeskanzlers übernahm, befanden sich Ost und West mitten im sog. »Zweiten Kalten Krieg«. Indem die neue Bundesregierung aus CDU/CSU und FDP wieder die zentrale Bedeutung der Vereinigten Staaten akzentuierte, die volle Durchführung des NATO-Doppelbeschlusses bis zur Stationierung zusagte und die NATO als den »Kernpunkt deutscher Staatsräson« markierte[6], ließ sie keinen Zweifel aufkommen, daß sie in dem Ost-West-Konflikt fest auf der Seite des Westens stand. Diese Grundsatzentscheidung barg dennoch ihre Fallstricke. Denn die Verschärfung des Kurses der USA gegenüber Moskau, die sich seit dem Amtsantritt Reagans durchsetzte, traf mit ihrer Aufrüstungspolitik und den Denkspielen über die Führbarkeit von Atomkriegen auch auf Vorbehalte im Bonner Regierungslager. Es war offensichtlich, daß dieser harte Reagan-Kurs keineswegs deckungsgleich mit der Position des Westens war und vitale deutsche Interessen dabei Schaden nehmen konnten. Mal mehr oder weniger deutlich signalisierten die in Bonn Regierenden eine gewisse Distanz bei aller Betonung ihrer Bündnisloyalität.[7]

Die von der Kohl-Regierung ausgesprochene Verpflichtung zur Fortentwicklung der Europäischen Gemeinschaft zu einer »europäischen Union« hatte ihr eigenes Gewicht als Ausdruck des Willens zur unverbrüchlichen, dauerhaften Integration der Bundesrepublik in das westliche Europa. Aber sie markierte eben auch den Drang nach einem gewissen Gegengewicht zu den dominanten USA und ihrer Globalpolitik.

Als drittes außenpolitisches Credo bekannte sich die Koalition offen zu der Pflicht, »in freier Selbstbestimmung die Einheit und Freiheit Deutschlands zu vollenden«.[8] Die entscheidende deutschlandpolitische Frage lautete, wie deutsch-deutsche Verhärtungen vermieden werden konnten und wie es gelingen sollte, »die deutsche Frage nicht nur theo-

SED-Diktatur in Deutschland‹, Deutscher Bundestag, 12. Wahlperiode, Drucksache 12/7820 vom 31. 5. 1994, S. 129 ff. und 136 ff.

[6] U. a. in der Regierungserklärung vom 13. 10. 1982, in: Verhandlungen des Deutschen Bundestages, Bd. 121, S. 7213–7229.

[7] Das galt nicht nur für den FDP-Koalitionspartner, sondern auch für Bundeskanzler Kohl und andere Unionspolitiker, bis zu Franz Josef Strauß.

[8] ›Bericht zur Lage der Nation im geteilten Deutschland‹ vom 23. 6. 1983, in: Innerdeutsche Beziehungen zwischen der Bundesrepublik Deutschland und der Deutschen Demokratischen Republik 1980–1986. Eine Dokumentation, hrsg. vom Bundesministerium für Innerdeutsche Beziehungen, Bonn 1986, S. 145 ff.

retisch offen zu halten, sondern für das deutsche Recht auf Einheit und Freiheit aktiv einzutreten«.[9] Im Zuge der Ende der 70er Jahre wieder aufkeimenden Ost-West-Konflikte gerieten, so wird überwiegend konstatiert, auch die deutsch-deutschen Beziehungen in eine kritische Phase. Die Erhöhung des Zwangsumtausches im Oktober 1980 und die vier Tage später in Gera von Honecker formulierten Forderungen auf Anerkennung der Staatsbürgerschaft der DDR, Auflösung der zentralen Erfassungsstelle Salzgitter, Regelung des Grenzverlaufs auf der Elbe in Strommitte und die Umwandlung der Ständigen Vertretungen in Botschaften wiesen auf einen konfrontativen Kurs des SED-Regimes.[10]

Schadensbegrenzung gilt als das Schlüsselwort für die verengten Spielräume des innerdeutschen Beziehungssystems im Schatten der neuen atomaren Raketen. Dem Wirken und Werk Helmut Schmidts in dieser Spätphase seiner Regierung wird dies nicht gerecht. Schon allein die Tatsache, daß er und seine sozial-liberale Koalition den Doppelbeschluß und mittelbar so die Nachrüstung auf den Weg gebracht hatten, entlastete die konservativ-liberale Nachfolgeregierung von einer Entscheidung, die, wenn sie sie getroffen hätte, schwere Störungen im Verhältnis Bundesrepublik – DDR bedingt hätte. So erschien sie sicherheitspolitisch eher als das Vollzugsorgan des Vorgängerkanzlers Schmidt.[11] Obwohl die beiden Oktobergeschehnisse das Verhältnis belasteten, konnte Helmut Schmidt doch weit mehr als eine Schadensbegrenzung verbuchen. Auf drei Feldern kam etwas in Bewegung: 1. Beim Treffen am Werbellin- bzw. Döllnsee 1981 nahm Honecker seine Geraer Forderungen nicht unerheblich zurück: nicht mehr Bedingung, sondern nur mehr Wunsch – und statt Anerkennung der DDR-Staatsbürgerschaft nur mehr Respektierung. 2. In mühsamen langwierigen Kontakten wurde ein Paket für eine große Lösung geschnürt, bei der die DDR für eine Kredit- und Finanzhilfe im Gegenzug eine Rücknahme des Zwangsumtausches und die Herabsetzung des Alters bei Rentnerreisen vollziehen sollte. 3. In der Sicherheitspolitik und selbst nach dem polnischen Dezember 1981 suchte Schmidt Honecker für einen mäßigen Einfluß im Ostblock zu gewinnen, und es spricht vieles dafür, daß der SED-Generalsekretär in diesen Jahren eher bremsend auf die Rüstungsfanatiker in Moskau einwirkte. Der Boden für eine positive Wende in den innerdeutschen Beziehungen war so schon von Schmidt bereitet worden, als er selbst das Opfer einer anderen »Wende« wurde. Die Früchte der von ihm auf dem schwierigen deutsch-deutschen Acker ausgebrachten Saat konnte sein Nachfolger ernten.

[9] So in der Koalitionsvereinbarung vom Mai 1983, zit. nach Garton Ash (1993), S. 151.
[10] Vgl. Innerdeutsche Beziehungen (1986) S. 8f., 19 und 73ff.
[11] Vgl. besonders anschaulich Dokument Nr. 7.

Die deklaratorisch-normative Neuorientierung war nur eine Seite der Medaille – die des Wandels –, die das äußere Erscheinungsbild der Kohl-Regierung unter dem Signet der CDU/CSU markierte. Es waren rhetorische Bekenntnisse, an die Öffentlichkeit adressiert, von manchen ernst gemeint und von anderen für bare Münze genommen, die sich aber kaum mit der Realität der operativen Politik deckten, die Helmut Kohl und seine Regierung gegenüber der DDR betrieben. Kontinuität zu Helmut Schmidt war im Kern der Schlüsselbegriff, der die Deutschlandpolitik der neuen Regierung prägte. Die Elemente der Kontinuität verortete Garton Ash vornehmlich in der Person Hans-Dietrich Genschers und seiner FDP, die eine Weiterführung »bewährter« Politikstrategien verbürgten. Bei Matthias Zimmer wird demgegenüber stärker betont, daß sich in der CDU schon vor der Regierungsübernahme eine deutliche Umorientierung bis zu einer allmählichen Akzeptierung der Ostverträge vollzogen habe. Mit dem Bekenntnis Helmut Kohls in seiner Bundestagsrede vom November 1980 zu der Rechtsgültigkeit der Ostverträge und seinem Postulat, beide deutschen Staaten »müssen füreinander kalkulierbar handeln«[12], war, so Zimmer, »eine deutliche Absage an die Destabilisierung der DDR verbunden«.[13]

Hinter den Kulissen hatte die CDU-Führung im Handlungsbereich die entscheidende Kehrtwendung schon im Jahr der Helsinki-Konferenz 1975 vollzogen. Der Besuch von Helmut Kohl am 30. September 1975 in Moskau signalisierte, daß die CDU-Führung, die bis 1975 keine Kontakte zu den Herrschenden im sowjetischen Block unterhielt, zu den Verträgen, auch dem gerade von ihr abgelehnten Helsinki[14], stand und das Gespräch mit der Kreml-Führung suchte. Wesentlich diskreter ging es bei den Kontakten von Walter Leisler Kiep zur SED zu. Schon im November 1973 hatte der CDU-Schatzmeister den Hauptabteilungsleiter im IPW[15], Prof. Dr. Herbert Bertsch, angesprochen, die CDU/CSU sei »zu jeder Zeit« bereit, mit »kompetenten Vertretern« in (Ost-)Berlin Gespräche zu führen. Der DDR war sein Anerbieten wichtig genug, daß sich Generalsekretär Honecker selbst damit befaßte.[16] Mit Rückendeckung des Parteivorsitzenden Kohl und des damaligen Generalsekretärs Biedenkopf führte der außenpolitische Sprecher des CDU-Präsidiums seit Januar 1975 dann regelmäßig Gespräche

[12] Verhandlungen des Deutschen Bundestages, Sten. Ber., Bd. 117, S. 45–57 (Sitzung vom 27. 11. 1980).

[13] Vgl. Zimmer (1992), S. 79f.

[14] Vgl. Garton Ash (1993), S. 152.

[15] IPW – Institut für internationale Politik und Wirtschaft.

[16] Vermerk vom 17. 12. 1973 über Mitteilungen von RA Vogel an Herbert Wehner; im Nachlaß Brandt Bundeskanzler 75. – Die Unterredung Leisler Kiep – Bertsch fand bei einer Veranstaltung im Institut für Politik und Wirtschaft vom 22./23. 11. 1973 in Hamburg statt.

mit DDR-Offiziellen.[17] Später schaltete sich noch Peter Lorenz, der Berliner CDU-Vorsitzende ein, und auch der stellvertretende Parteivorsitzende Gerhard Stoltenberg bekundete sein Interesse.[18] Ab 1978 rückte dann Ottfried Hennig in die Rolle des Vertrauensmannes nach.[19]

Aber auch führende Vertreter der CSU, wie Erich Kiesl und voran der CSU-Vorsitzende Franz Josef Strauß, führten vertrauliche Gespräche u. a. mit dem DDR-Vertreter Michael Kohl (»Rotkohl«), bei denen etwa Kiesl versicherte, die CSU sei »für die DDR der zuverlässigere Partner«, und Strauß stets betonte, er werde die geschlossenen Verträge halten. Ziemlich offen kritisierte Strauß den US-Präsidenten Jimmy Carter wie Außenminister Genscher und äußerte sich, wie Kohl in seiner Version notierte, »sehr kritisch zu Brandt und Bahr, die nach seiner Ansicht intensiv an Anti-DDR-Intrigen arbeiten«.[20] Seit Mitte der 70er Jahre wurden von Vertretern der Union, u. a. dem ehemaligen Schatzmeister der CSU, Josef März, und CDU-Schatzmeister Leisler Kiep, zudem schon Kontakte zum DDR-Staatssekretär und -Devisenbeschaffer Alexander Schalck-Golodkowski geknüpft, die sich bei dem Milliardenkredit von 1983 auszahlten.[21]

Im Kern ging es bei diesen vertraulichen[22] Kontakten zur SED, die auf ihre Art schon das Diktum »Nebenaußenpolitik« verdienten[23], um die Anbahnung eines günstigen Klimas für eine Regierungsübernahme durch die Union. Dazu gehörten die stetigen Versicherungen, eine von Kohl geführte »CDU-Regierung« werde selbstverständlich die bestehenden Verträge achten und »im Grunde keine andere Politik« als Helmut Schmidt betreiben; über die Elbgrenze lasse sich reden; die Wiedervereinigung bleibe zwar Ziel, sei aber jetzt nicht »real«. Die kritischen Töne wurden vor allem den Hardlinern in der CDU, angefangen

---

[17] Gesprächspartner war vor allem Herbert Häber, Abteilungsleiter im ZK der SED, so am 26. 6. 1975, 29. 4. 1976, 3. 10. 1977, 11. 12. 1977, 17. 3. 1978, 3.6. 1978; Bericht und Aufzeichnungen Häbers in: SAPMO ZPA IV B 2/2. 028.

[18] Vgl. dazu Berichte Häbers vom 6. 10. 1977, 13. 12. 1977, 27. 3. 1978; a.a.O. – Das Gespräch mit Lorenz war am 17. 3. 1978.

[19] Berichte Häbers vom 27. 3. 1978, a.a.O. Die Gespräche fanden am 16. 3. 1978 und 20. 6. 1978 statt.

[20] »Vermerk« von Kohl über Gespräche mit Strauß am 1. und 2. 4. 1978 mit Anlagen in: SAPMO ZPA J IV J/86. Die Gespräche fanden »im Gästehaus der CSU in Spöck bei Rosenheim/ Bayern« statt. Eingeladen waren Kohl, seine Frau und sein Begleiter Zechmeister von Josef März.

[21] Am 14. 3. 1975 kam es schon zu einem Kontakt März – Schalck; vgl. SPD-Bundestagsfraktion, Dokumentation: Wer im Glashaus sitzt – Blüten der CDU/CSU-Ostpolitik, Bonn 1994, Nr. 1. – Unter Leisler Kiep als Finanzminister von Niedersachsen konnte der von ihm beauftragte »Vertreter der Niedersächsischen Landesbank«, so heißt es in einer Aufzeichnung von Herbert Häber über ein Gespräch mit Leisler Kiep am 11. 12. 1977 (SAPMO ZPA IV B 2/2028/10), »für beide Seiten nützliche Absprachen mit Staatssekretär Schalck treffen«.

[22] Darauf legten die CDU-Vertreter besonderen Wert.

[23] So hat Honecker häufig betont, daß die Kontakte mit der SPD die Fortführung dieser Praxis mit umgekehrten Rollen sei.

von Abelein über Carstens, Dregger, Marx bis zu Windelen, dieser »5. Kolonne der CSU«, und Franz Josef Strauß angelastet, der intern freilich ganz anders rede als öffentlich.[24] In der Grundtendenz, wenn vielleicht auch nicht wörtlich, markiert die von Häber referierte Aussage von Ottfried Hennig die Richtung, die DDR werde mit einer CDU-geführten Regierung »letztendlich besser zurechtkommen als mit der labilen sozial-liberalen Koalition«. Konservative Politik hätte weit mehr Möglichkeiten, mit der DDR zusammenzuarbeiten, als die jetzige Regierung.[25]

Bundeskanzler Kohl knüpfte so an zwei Stränge an – die Regierungsschiene und die CDU-SED-Kontakte –, als er kurz nach der Regierungsübernahme der DDR signalisierte, daß »er auf Kontinuität und Dialog Wert lege«. Es waren zuerst Bundespräsident Carl Carstens und Außenminister Hans-Dietrich Genscher, die Honecker diese Botschaft am 14. 11. 1982 überbrachten.[26] Seine Versicherung, daß »die Einladung zu einem Besuch in der BRD stehe«, bekräftigte Helmut Kohl in einem Schreiben an Erich Honecker vom 29. 11. mit dem Zusatz: »Die Menschen knüpfen an ein solches Treffen hohe Erwartungen.« Er versicherte, daß der Grundlagenvertrag und die anderen Abkommen »Grundlage und Rahmen« bildeten, die »Bundesregierung an guten Beziehungen zur Deutschen Demokratischen Republik interessiert« sei und er mit Honecker »die Überzeugung (teile), daß von deutschem Boden nie wieder Krieg ausgehen darf«.[27] In dem Telefongespräch am 24. 1. 1983, dem ersten, das der Kanzler mit dem Generalsekretär führte, sah Kohl ein Zeichen »für die Normalität unserer Beziehungen an diesem Punkt«. Sie gälten, so Kohl, auch über die Bundestagswahlen vom 6. März hinaus, nur solle man, darin waren sich beide einig, vor den Wahlen über den Besuch besser nicht reden[28], sondern statt dessen »konkret« und »sehr rasch« über Vertrauensleute »in aller Diskretion« darüber sprechen, was man jetzt machen kann. Worum es ging, war der Deal über einen Milliardenkredit. Kohl hatte an dem Morgen davon gehört, daß »über München« etwas lief, und legte Honecker nahe, er solle ihn »das rasch wissen lassen auf der gegebenen diskreten Schiene«, und bekundete seine Bereitschaft zu einem solch »speziellen Gespräch«.[29]

---

[24] In Häbers Aufzeichnungen klangen diese Äußerungen noch wesentlich schärfer: »CDU-Fanatiker«, »üble Revanchisten«, »Scharfmacher«, »drohende Goldwater-Ära« etc. – Bei solchen Berichten wurden Verzeichnungen in Rechnung gestellt.

[25] Häber-Bericht vom 27. 6. 1978; a.a.O.

[26] Aufzeichnungen über dieses Gespräch in: SAPMO ZPA IV 2/1/606; siehe Dokument Nr. 1.

[27] Das Schreiben, das vom Leiter der Ständigen Vertretung am 30. 11. übergeben wurde, in: SAPMO ZPA J IV 2/2A/2530.

[28] Voller Wortlaut des Telefonates am 24. 1. 1983 von 10.33 Uhr bis 11.00 Uhr in: Dokument Nr. 2.

[29] Ebd.

Bundeskanzler Kohl hatte die Weichen seiner »praktischen Deutschlandpolitik« ganz in Richtung Dialog und konkrete Zusammenarbeit gestellt, psychologisch geschickt Honecker Brücken gebaut und Reibungsflächen vermieden.

b) DM gegen humanitäre Zugeständnisse

Die stille, scheinbar reibungslose Fortführung der operativen Deutschlandpolitik erhielt im Jahr 1983 nachhaltige neue Impulse mit dem Milliardenkredit, nachdem zunächst die Zeichen scheinbar eher auf Stagnation, u. a. bedingt durch die Bundestagswahlen, und Krise zu stehen schienen. Der DDR-Führung machte Kohl deutlich, daß er sicherheitspolitisch auf Distanz bedacht war[30], und in der neuen Regierung kam es zu heftigen Auseinandersetzungen über den deutschlandpolitischen Kurs und die zu verfolgende Strategie.[31] Der Tod des Transitreisenden Rudolf Burkert (am 10. 4. 1983) mit seinen Begleiterscheinungen verstärkte die Irritationen auf beiden Seiten. Deutliche Zeichen waren die öffentliche Absage eines Empfangs von Günter Mittag durch Kohl und im Gegenzug die Absage des Honecker-Besuches durch den Generalsekretär.[32]

Die Vorkommnisse durchkreuzten Kohls Strategie, mit Mittag über den Milliardenkredit und Gegenleistungen der DDR zu sprechen. Kohl, der auf einer USA-Reise war, griff deswegen bei seiner Rückkehr ins Kanzleramt sofort zum Telefon, um mit Honecker zu konferieren und um Verständnis darum zu bitten, daß er Mittag in dieser Situation nicht empfangen könne. Sie verständigten sich auf einen neuen Termin ca. »Mitte/Ende Mai« für ein entsprechendes Gespräch.[33] Doch während Kohl plante und man im östlichen Block noch über eine differenzierte deutschlandpolitische Strategie beriet[34], sorgte Franz Josef Strauß für eine aufsehenerregende Wende.[35] Ab 5. Mai traf er sich mehrmals mit Schalck-Golodkowski, zu dem der Strauß-Freund und ehemalige CSU-Schatzmeister Josef März die Kontakte geschaffen hatte. Als sich Kohl schließlich Anfang Juni wieder direkt einschalten wollte, war er in dem Rennen mit Strauß um den Milliardendeal längst im Hintertreffen. Am 29. Juni erfuhr es die erstaunte Öffentlichkeit.

---

[30] Briefwechsel Honecker – Kohl vom 4. und 16. 2. 1983; in: Innerdeutsche Beziehungen (1986), S. 135f.

[31] Vgl. bes. Franz Josef Strauß, Die Erinnerungen, Berlin 1989, S. 470.

[32] Vgl. u.a. »Niederschrift« über die Gespräche Honecker – Andropow am 3. 5. 1983 in Moskau, in: SAPMO ZPA IV 2/1/611, und Honecker – H.-J. Vogel am 28. 5. 1983, ebd.; Dokument Nr. 4.

[33] Telefonat Honecker – Kohl am 18. 4. 1983, 13.02 Uhr bis 13.15 Uhr; siehe Dokument Nr. 3.

[34] Bei den Moskauer Gesprächen am 3. 5. 1983.

[35] Vgl. dazu Strauß, (1989), S. 470 ff. und 479 ff.

Die nächtliche Kabinettsitzung vom März 1983, in der Strauß zu seiner Verärgerung erstmals von der Einladung Kohls an Honecker erfuhr, bezeichnete er selbst als »die geistige Geburtsstunde des Milliardenkredits«[36], den er mit Alexander Schalck-Golodkowski, für ihn ein »ebenso gewandter wie zuverlässiger ›Intermediator‹«, aushandelte.[37] Tatsächlich war über einen solchen Kredit schon von der Regierung Helmut Schmidt verhandelt worden, und Ansprechpartner war auch damals schon Schalck-Golodkowski.[38] Als sich Anfang Dezember 1981 über die Schweizer Schiene des Bankiers Bahl noch andere ins Geschäft zu bringen suchten, gab es kurzfristig gewisse Irritationen. Helmut Schmidt und seinen Vertrauten ging es darum, ein Junktim zwischen Kredit und Gegenleistungen der DDR, konkret Reiseerleichterungen, d. h. vor allem Herabsetzung der Altersgrenze bei Rentnerreisen und die Herabsetzung der 1980 erhöhten Mindestumtauschsätze, herzustellen.[39] Am Werbellinsee gediehen die Dinge bis zu einer Art Agreement über die Reduzierung der Mindestumtauschsätze.

Die durch die Installierung der Jaruzelski-Regierung am 13. Dezember 1981 verhärtete Ost-West-Wetterlage engte den deutsch-deutschen Bewegungsspielraum so ein, daß die Dinge nicht von der Stelle kamen.[40] Nach der »Wende« in Bonn knüpfte der gewiefte Schalck-Golodkowski über den ehemaligen CSU-Schatzmeister Josef März die Kontakte zu Strauß. Sie funktionierten so gut, daß Kanzler Kohl trotz seiner direkten Intervention bei Honecker ausmanövriert wurde. Offenkundig war es den SED-Größen wichtiger, den »kalten Krieger« Strauß für sich einzuspannen, als Kanzler Kohl das Geschäft zu überlassen, auf den ja ohnehin Verlaß zu sein schien.[41]

Der ungebundene Kredit markierte eine qualitative Weiterentwicklung in der Deutschlandpolitik. Er half dem DDR-Regime bei der Überwindung akuter Zahlungsbilanzprobleme und wirtschaftlicher Schwierigkeiten und trug so maßgeblich dazu bei, das System ökonomisch zu stabilisieren und ohne wirkliche Reformen weiterzumachen. Zusammen mit den anderen Geld- und Transferleistungen wirkte er wie ein Beitrag zum Überleben und zu einer »relativen Stabilität«, die

[36] Ebd. S. 470.

[37] Ebd. S. 475.

[38] Seine Gesprächspartner auf seiten der Bundesrepublik waren vor allem der Leiter der Ständigen Vertretung Günter Gaus und seine Nachfolger Klaus Bölling und Hans Otto Bräutigam. In einem Telefonat von Schmidt – Honecker am 18. 2. 1980 ging es damals noch um ein 500-Mio.-»Paket«. Vgl. SAPMO ZPA J IV, J/88. Zu den Kontakten aus dieser Zeit vgl. Werner Filmer/Heribert Schwan, Wolfgang Schäuble. Politik als Lebensaufgabe, München 1994, S. 130, allerdings nicht ganz die Punkte treffend.

[39] Vgl. die ungezeichneten Niederschriften, Verfasser Schalck-Golodkowski, über ein Gespräch mit Schmidt und Honecker am 9. 12. 1981 und ein Gespräch mit Wehner vom gleichen Tag, ebd.

[40] Vgl. Telefonat Honecker – Schmidt am 26. 4. 1982, in: SAPMO ZPA J IV/89.

[41] Davon zeugen u. a. die Einladung an Honecker und Kohls sonstige Versicherungen.

anscheinend – zumindest partiell – mit einer Art bescheidenen »sozialistischen Konsumgesellschaft« dem Regime auch politisch zugute kam.[42]

Während Strauß wegen des Kredites heftige Kritik im eigenen Lager einstecken mußte[43], honorierte die DDR seine Verdienste mit einem Empfang bei Honecker, für den er als Eintrittspreis noch eine Entschuldigung (wegen des Ausdrucks »Mord« zu Burkert) entrichtete. Wie von Schalck-Golodkowski war Strauß auch von Erich Honecker stark beeindruckt. Auf der Habenseite konnte er schon jetzt sichtbare Fortschritte registrieren und bedankte sich für die »jetzige Handhabung der Grenzkontrollen durch die Organe der DDR«, die auch Kohl als wohltuend empfinde.[44]

Mit dem ab Ende September 1983 beginnenden Abbau der barbarischen automatischen Selbstschußanlagen erzielte diese »neue Deutschlandpolitik« unstreitig einen großen Erfolg[45], während Honecker beim »Schießbefehl« weiter mauerte. Er verschanzte sich hinter dem Argument, die Bestimmungen über den Schußwaffengebrauch seien die gleichen wie »für die Polizei in der BRD«, und berief sich bei Kritik am »Schießbefehl« darauf, daß Strauß ihm das auch konzediert hätte.[46] Die Grenze der Zivilisierung der inhumanen Grenze und der Humanisierung des Systems durch Geld, die sich ab 1984 auch in einem starken Anstieg der Häftlingsfreikäufe niederschlug, schien dann erreicht, wenn die Insignien der Souveränität und das Herrschaftsmonopol tangiert wurden.

c) Deutsch-deutsche »Koalition der Vernunft«

Bis zu Gorbatschow segelten die beiden so unterschiedlichen deutschen Schiffe noch im Gegenwind der Ost-West-Konfrontation. Raketenstationierung und atomares Wettrüsten waren die eigentlichen zentralen Themen dieser Zeit. So wie die Bundesregierung sich entschlossen gab, bei einem Scheitern der Verhandlungslösung mit der Stationierung der Pershing II und der Cruise Missiles im Herbst 1983 zu beginnen, so unzweideutig bekundete die Sowjetunion ihren Willen, dann weitere »effektive atomare Waffensysteme« in ihrem westlichen Vorfeld zu instal-

---

[42] Sehr kritisch dazu Garton Ash (1993), S. 230 ff.; vgl. auch Günter Mittag, Um jeden Preis. Im Spannungsfeld zweier Systeme, Berlin 1991, S. 82 ff.

[43] Strauß (1989), S. 475 ff. und 481 f.

[44] Über das Gespräch Honecker – Strauß am 24. 7. 1983 vgl. ebd. S. 473 ff. und 483 ff. sowie »Niederschrift« in: SAPMO ZPA IV 2/1/615; Dokument Nr. 5.

[45] Dieses wird weitgehend einhellig anerkannt.

[46] So u. a. nach den Aufzeichnungen über das Gespräch Honeckers mit Wolfgang Schäuble am 27. 3. 1987 und mit Henning Voscherau am 24. 2. 1989; siehe Dokumente Nr. 37 und 76.

lieren.[47] Die INF-Verhandlungen führten zu nichts und gingen schließlich im November 1983 ergebnislos zu Ende.[48]

Angesichts dieser Situation fällt es auf, daß Bundeskanzler Helmut Kohl gegenüber Honecker im Dezember 1983 neue Töne anschlug, als er von der »Verantwortungsgemeinschaft« der beiden deutschen Staaten »vor Europa und vor dem deutschen Volk« sprach, ein »Höchstmaß an Dialog und Zusammenarbeit« befürwortete und betonte, sie könnten »einen wichtigen Beitrag für Stabilität und Frieden in Europa leisten, wenn sie aufeinander zugehen und das jetzt Machbare an Zusammenarbeit voranbringen«. Für die bilateralen Fragen griff er Honeckers Anregung auf, die Beziehungen »auf ein normales Gleis zu bringen«, und regte an, darüber »alsbald in einen umfassenden Dialog« zu treten. Zum erstenmal beschloß Helmut Kohl ein politisches Sachschreiben mit dem handschriftlich angefügten »Ihr Helmut Kohl«.[49]

Die Offerten fielen bei Honecker auf fruchtbaren Boden, auch wenn dieser in seinen Briefen bei dem formellen »Mit vorzüglicher Hochachtung« blieb. Trotz konträrer Standpunkte in der Stationierungsfrage deutete sich eine Gemeinsamkeit der Regenten von Bundesrepublik und DDR an, auf eine Rüstungsbegrenzung hinzuwirken und einen eigenständigen Beitrag zur Friedenssicherung zu leisten.[50]

Wichtig für das bilaterale Klima war, daß die bundesdeutschen Politiker der schon fast pathologisch auf Anerkennung und Aufwertung erpichten DDR-Führung in Status- und Protokollfragen entgegenkamen[51] und Bundeskanzler Kohl und Generalsekretär Honecker einen persönlichen Draht zueinander fanden. Fast familiär verständigten sie sich in einem Telefonat vom 19. Dezember 1983 über die Entsendung von »Vertrauensleuten« und die Durchführung des Honecker-Besuches in einer Situation, »die auch einen normalen Ablauf« ermögliche. Freundlich mahnte Honecker seine vier Geraer Essentials an und offerierte, daß eine Regelung der Elbgrenze »von uns aus honoriert (wird), da ja das, was wir hier besprechen, unter uns bleibt«. Auf »Grund der

---

[47] Für die Interna der östlichen Seite vgl. die Moskauer Gespräche am 3. 5. 1983 und den Bericht über das Treffen der »Repräsentanten« der Warschauer-Pakt-Staaten am 18. 6. 1983 in Moskau, in: SAPMO ZPA IV 2/1/615.

[48] Vgl. Klaus Moseleit, Die »Zweite« Phase der Entspannungspolitik der SPD 1983–1989, Frankfurt/M. 1991, S. 37.

[49] Schreiben von Kohl an Honecker vom 14. 12. 1983, übergeben am 19. 12., in: SAPMO ZPA J IV 2/2A/2621. – Das erste Mal hatte er dieses »Ihr Helmut Kohl« bei seiner schriftlichen Absage der Einladung zu den Lutherfeiern vom 26. 8. 1983 verwendet, in: SAPMO ZPA J IV J 82.

[50] Kohl bezog sich u. a. auf Honeckers Vorschläge im Brief vom 25. 11. 1983 und die Brüsseler Erklärung der NATO vom 9. 12. 1983.

[51] So wurde es als besonderer Erfolg gewertet, daß mit Richard von Weizsäcker am 15. 9. 1983 erstmals ein Regierender Bürgermeister von Berlin ohne Begleitung der Ständigen Vertretung kam und überdies noch Präsidentschaftsanwärter sei. Vgl. Aufzeichnungen über das Gespräch Honecker – von Weizsäcker am 15. 9. (siehe Dokument Nr. 8) sowie Honecker mit Janos Kadar am 30. 11. und Enrico Berlinguer am 12. 12. 1983, in: SAPMO ZPA IV 2/1/615 und 620.

geltenden Verträge«, betonte der Bundeskanzler, gäbe es »eine gute
Chance«, in den bilateralen Beziehungen »mit Vernunft und Augen-
maß das Richtige zu tun« und »in aller Souveränität« das »mühsam
Aufgebaute« fortzuentwickeln. In der ihm eigenen Art der Politik per-
sönlicher Kontakte hob Helmut Kohl auf ihre »ganz persönliche« Ver-
antwortung ab und versicherte dem SED-Generalsekretär wörtlich:
»Sie können vor allem davon ausgehen, das glaube ich, ist sehr wichtig:
Sie sprechen hier mit einem Mann, der nichts unternehmen wird, um
Sie in eine ungute Lage – ich will es nicht näher interpretieren –, in eine
ungute Lage zu bringen.«[52]

Was immer die geheimsten Gedanken von Helmut Kohl dabei gewesen sein mögen, es war ein eindeutiges Versprechen des deutschen Bundeskanzlers, alles zu unterlassen, was die Herrschaft Honeckers hätte
gefährden können. In seiner vollen Tragweite bedeutete das selbst den
Verzicht auf eine Reformierung des SED-Systems und die Stützung
und Stabilisierung des Systems, wie es Ende 1983 war. Es war die Kehrseite der personenbezogenen Politik Helmut Kohls, daß er eindeutig
auf die Herrschenden baute und sie damit in einem diktatorischen System wie der DDR in ihrer Herrscherposition mittelbar noch stärkte.

Als sich die beiden dann erstmals persönlich (am 13. Februar 1984) in
Moskau trafen, war die Gesprächsatmosphäre entspannt.[53] Kohl und
Honecker kamen sich beim Austausch von Erinnerungen an gemeinsame Bekannte aus dem Saarland auch menschlich näher. Von nun an
unterzeichnete der Bundeskanzler die Briefe an den Generalsekretär,
die nicht für die Öffentlichkeit bestimmt waren, stets eigenhändig mit
»Ihr Helmut Kohl«, statt des unverbindlichen »Helmut Kohl«.[54] Diese
vertrauliche Formel ließ die Bundesregierung vorsichtshalber fort,
wenn sie zur Veröffentlichung gedachte Schreiben publizierte. Dagegen deutete das wenige Tage nach dem Treffen versandte Antwortschreiben Honeckers auf Kohls Dezemberbrief in Ton und Inhalt eher
auf eine gewisse Intransigenz.[55] Er wirkte so, als würde Honecker gebremst, ob durch den Wechsel in Moskau[56], das eigene Politbüro, das
am 15. Februar beraten hatte, oder beide, sei dahingestellt. Offenkundig rangen in diesem Frühjahr 1984 verschiedene Strömungen in der

[52] Vollständiger Wortlaut des mitgeschnittenen Telefonates vom 19. 12. 1983 von 14.07 Uhr
bis 14.41 Uhr in: SAPMO ZPA IV 2/2A/2621, d. h. in den Akten des innersten Führungszirkels;
siehe Dokument Nr. 10.
[53] Vgl. »Niederschrift über das Treffen« als Dokument Nr. 11.
[54] So u. a. in dem persönlichen Brief vom 8. 1. 1985, in dem Kohl an diesen Erinnerungsaus-
tausch erinnerte, aber auch in den offiziellen Schreiben als Bundeskanzler z. B. vom 26. und 27. 9.
1987, in: SAPMO ZPA J IV J/83 und vorl. SED 41664.
[55] Schreiben Honeckers vom 17. 2. 1984, u. a. in: SAPMO ZPA J IV 2/2/2041 u. J IV
2/2A/2924.
[56] Konstantin Tschernenko war am 13. 2. 1984 nach Andropows Tod neuer Generalsekretär
der KPdSU geworden.

SED-Führung miteinander, wie die Beziehungen zur Bundesrepublik zu gestalten seien.[57]

Ob gezielt oder zufällig – von der Bonner Regierungskoalition kamen jedenfalls eher freundliche Signale. Der FDP-Fraktionsvorsitzende Wolfgang Mischnick, der im Auftrag Kohls die Einladung an Honecker bekräftigte, signalisierte ein Eingehen auf die Wünsche der DDR in bezug auf Salzgitter, Elbgrenze und die »Respektierung« der DDR-Staatsbürgerschaft. Er zeigte sich aufgeschlossen für Kontakte von Bundestag und Volkskammer, aber sprach auch die »Ausreiseproblematik« an.[58] Gegenüber Günter Mittag versicherte Bundeskanzler Kohl, er werde alles in seinen Kräften Stehende tun, damit Honeckers Besuch »von Gastfreundschaft bestimmt«, »des Staatsoberhauptes der DDR würdig sei« und »ohne harte Töne verlaufen« werde.[59] Franz Josef Strauß bot an, für Honecker anläßlich des Staatsbesuches in München ein »Programm« zu gestalten, zeigte Verständnis für den Mindestumtausch und mokierte sich über das Hochspielen der Lieferung von 10 000 Golf-PKW in westdeutschen Medien und »das ›Schmierentheater‹, das in Berichten über Asylanten in einigen Botschaften getrieben würde«.[60]

Was von der Bonner Koalition signalisiert wurde, ging deutlich über die Anerkennung der DDR und ihrer Herrscher als internationale Akteure hinaus; es beinhaltete in der Substanz vielmehr die De-facto-Zuerkennung einer Art von Legitimität für das Honecker-Regime, auf die der alternde »rote Zar« in Ost-Berlin so erpicht war. Im Gegenwind der andauernden Ost-West-Konfrontation praktizierten Bundesregierung und DDR-Führung eine von beiden gelobte »Verantwortungsgemeinschaft« und »Koalition der Vernunft«, die mit dem zweiten großen Milliardenkredit (genau 950 Millionen) im Sommer 1984 ihren vorläufigen Höhepunkt fand.[61] Er markierte den Willen Bonns, die DDR finanziell über Wasser zu halten, ihre ökonomische Reputation international zu unterfüttern und weiter ihre »relative ›Stabilität‹« zu bewahren.[62]

Mit der Sonderrolle gerieten Bonn und Ost-Berlin in ein Fahrwasser, in dem Irritationen in beiden Blöcken aufkamen und die Grenzen der Handlungsspielräume deutlich wurden. Der Versuch von Staatsmini-

[57] Es kam zu dem ungewöhnlichen Fall, daß vom Politbüro eine Vorlage – sie bezog sich auf Kontakte Volkskammer – Bundestag – nicht bestätigt wurde; PB-Sitzung vom 17. 4. 1984.

[58] Für das Gespräch Honecker – Mischnick am 5. 3. 1984 siehe Dokument Nr. 12.

[59] Vgl. den »Bericht« Mittags u. die »Niederschrift« über sein Gespräch mit Kohl am 6. 4. 1984, in: SAPMO ZPA IV 2/2A/2664.

[60] So die Wiedergabe in der Aufzeichnung über das Gespräch Mittag – Strauß am 6. 4. 1984, ebd.

[61] Beide Bezeichnungen gebrauchte Staatsminister Philipp Jenninger am 25. 7. 1984, in: Innerdeutsche Beziehungen (1986), S. 178 ff. - Von »Koalition der Vernunft« sprachen Honecker im Brief vom 5. 10. 1983 und Kohl schon in seinem Schreiben an Honecker vom 24. 10. 1983, in: Innerdeutsche Beziehungen (1986), S. 154 f. und 158 ff.

[62] Vgl. Garton Ash (1993), S. 230–240, bes. 236 und 239.

ster Jenninger, Sorgen über deutsche »Sonderwege« öffentlich als unbegründet zu begegnen, geriet daneben. Er mußte Befürchtungen eher bestärken, statt zerstreuen und rief wohl fast zwangsläufig Moskau auf den Plan.[63]

In scharfen Tönen verwahrten sich die Sowjets gegen die Bonner Versuche, sich »direkt in die Angelegenheiten der DDR« einzumischen und sich zum Sprecher aller Deutschen aufzuspielen.[64] Es war Moskau, das die Absage des Besuches verordnete. Bei einem »dramatischen Treffen« der Führungsgarnitur der Sowjetunion und der DDR wurde Honecker das »Nein« aufoktroyiert, das dann diplomatisch verbrämt von der DDR mit beleidigenden Kommentaren aus der Bundesrepublik und der »Politik der Regierung der BRD« begründet wurde.[65]

Für Honecker, für den der Bonn-Besuch den Königsweg zu seiner internationalen Reputation darstellte, bedeutete dies unstreitig ein wirkliches Opfer. Auf beiden Seiten, in Bonn und Ost-Berlin, hatte das Konsequenzen. Deklaratorisch akzentuierten sie ihre jeweiligen Bündnisverpflichtungen und Blockeinbindungen, während im operativen Bereich – unter Verzicht auf die Forcierung des spektakulären Besuchs – die Politik der Kooperation energisch vorangetrieben wurde.

Es war der neue Staatsminister im Kanzleramt, Wolfgang Schäuble, der die Fäden spann, die »Bonner« Deutschlandpolitik koordinierte, operativ umsetzte und die CDU-Länderchefs instruierte, wenn sie mit den DDR-Oberen sprachen. Das Ministerium für Innerdeutsche Beziehungen spielte eine untergeordnete Nebenrolle. Es kümmerte sich um die Lösung humanitärer Fragen, und seine Minister/in durften sich gelegentlich öffentlich äußern. Das Konzipieren und Umsetzen der Deutschlandpolitik aber besorgte unter Schäuble eindeutig das Kanzleramt mit seinem bewährten, schon unter Helmut Schmidt eingerichteten »Arbeitsstab Deutschlandpolitik«. In Schäuble hatte Bundeskanzler Kohl nun einen überaus fähigen Partner zur Seite, der seine schwere Aufgabe mit Elan anpackte. Nur wenige Wochen nach seinem Amtsantritt fuhr Schäuble nach Ost-Berlin, um dort – unter Respektierung der DDR-Kleiderordnung – mit Außenminister Oskar Fischer und Herbert Häber vom ZK zu konferieren, nachdem er sich am Vorabend zuerst mit Schalck-Golodkowski getroffen hatte. Nach dem zweiten Milliardenkredit wurde nun Klartext gesprochen, ohne daß dies das Klima beeinträchtigte. Schäuble bekannte sich zum Grundlagenvertrag, zur Kontinuität und zu dem im »Brief zur nationalen Einheit« von der Regierung Brandt postulierten Ziel, »auf einen Zustand des Friedens in Europa hinzuwirken, in dem das deutsche Volk in freier Selbstbestimmung seine Einheit wiedererlangt. Dies aber stehe jetzt

---

[63] Siehe: Innerdeutsche Beziehungen (1986), S. 178 ff.; vgl. Zimmer (1992), S. 179 ff.

[64] ›Prawda‹ vom 27. 7. 1984, zit. nach: Innerdeutsche Beziehungen (1986), S. 180 f.

[65] Garton Ash (1993), S. 250 f.

nicht auf der Tagesordnung«.[66] Geschickt verknüpfte er »Friedenspolitik« mit Freiheit und Humanität. Das bedeutete, so wird es selbst in den SED-Aufzeichnungen zitiert: »Friedenspolitik heiße auch, mehr Kontakte, mehr Menschlichkeit, mehr Bürgerfreiheit. – Die unmenschlichen Schüsse an der Mauer, die wieder ein Menschenleben gekostet hätten, würden aufs schärfste verurteilt. Die BRD habe die Veränderung an den Sperranlagen und die Verbesserung des Abfertigungsregimes durch die DDR gewürdigt. Es müsse aber gefordert werden, daß jede Art der Gewaltanwendung aufhöre.«[67]

Nicht die Tatsache dieser Kritik, sondern daß sie für die SED-Spitze in dieser Form notiert und trotz dieser deutlichen Worte dann nüchtern über praktische Fragen gesprochen wurde, bezeugt das vitale Interesse der DDR am Ausbau des Kontaktes. Die lange Wunschpalette, angefangen vom Mindestumtausch über den grenznahen Verkehr, eine Zweitage-Regelung auch für West-Berliner, Ausreisepraxis bis hin zum Umweltschutz, ist natürlich im Kontext des neuen Kredites zu sehen. Dazu signalisierte Schäuble bei den Geraer-Essentials Honeckers zumindest eine partielle Gesprächs- und Verständigungsbereitschaft.

Die Linie, der DDR einen Schritt entgegenzukommen und auf die Bedürfnisse des Honecker-Regimes nach Gleichrangigkeit, Reputation und De-facto-Aufwertung einzugehen, setzte sich bei dem Treffen von Bundeskanzler Kohl mit dem Staats- und SED-Chef Erich Honecker am 12. März 1985 in Moskau fort. Es markierte gleichermaßen so etwas wie eine Bilanz deutsch-deutscher Politik seit 1982 und den Auftakt zu einer neuen Ära. Durchaus mit Stolz resümierte Helmut Kohl, er habe seit seinem Amtsantritt »eine Reihe von Schritten getan, an die seine Vorgänger nicht zu denken gewagt, geschweige denn (sie) unternommen hätten«.[68]

Beide unterstrichen als ihren gemeinsamen Willen: »Von deutschem Boden darf nie wieder Krieg, von deutschem Boden muß Frieden ausgehen.« Die zentrale Aussage dieser »Moskauer Erklärung« war das Bekenntnis, die »Unverletzlichkeit der Grenzen und die Achtung der territorialen Integrität und der Souveränität aller Staaten in Europa in ihren gegenwärtigen Grenzen (seien) eine grundlegende Bedingung für den Frieden«.[69] In den Augen der SED-Führung begründete dies eine neue Qualität der Anerkennung der DDR, d. h. über die grundsätzliche Anerkennung ihrer Existenz hinaus, wie sie mit dem ostpolitischen Vertragswerk der sozial-liberalen Koalition fixiert worden war, nun

---

[66] »Bericht«, »Vermerk« u. »Notiz« über die Gespräche am 6. 12. 1984 mit Außenminister Oskar Fischer und Häber vom ZK, in: SAPMO ZPA J IV 2/2A/2713. – Zum Treffen Schalck – Schäuble am 5. 12. 1984 siehe Filmer/Schwan (1994), S. 134 ff.

[67] Im Gespräch mit Fischer; s. vorige Anmerkung. – Am 1. 12. 1984 war ein Flüchtling aus dem Kreis Bernau an der Mauer erschossen worden.

[68] »Niederschrift« Gespräch Kohl – Honecker am 12. 3. 1985; siehe Dokument Nr. 16.

[69] Text der »Gemeinsamen Erklärung« u. a. in: Bulletin 14. 3. 1985, Nr. 28, S. 230.

auch die förmliche Anerkennung ihrer »Souveränität«.[70] Es war die Bundesregierung, die dem Honecker-Regime diese Konzession machte – und sich im operativen Bereich auch daran hielt, während im Deklaratorischen einzelne Absetzversuche unternommen wurden.

2. Die Jahre 1985–1989 mit dem Rückenwind der Entspannung

Im Frühjahr 1985 kam deutlich Bewegung in die Ost-West-Beziehungen. Am 12. März 1985 waren die INF-Verhandlungen zwischen den USA und der Sowjetunion in Genf wiederaufgenommen und, so sahen es Helmut Kohl und Erich Honecker, damit »eine neue Phase in den Ost-West-Beziehungen eingeleitet worden«.[71] Der wichtigste Faktor war zweifellos der Aufstieg Gorbatschows zum Generalsekretär der KPdSU und ersten Mann der Sowjetunion. Mit den von ihm vorangetriebenen abrüstungspolitischen Initiativen zeichnete sich allmählich eine neue Ära der globalen Entspannung ab, die für die Gestaltung der deutsch-deutschen Beziehungen von Vorteil war. Der globale, von den beiden Supermächten bestimmte Trend und das deutsch-deutsche Miteinander liefen – in der großen Linie – wieder synchron.

Die aufs Ganze gesehen günstige Konstellation der internationalen Rahmenbedingungen warf dennoch für die deutsche Politik ihre Probleme auf. In der Frage der doppelten Nullösung für Mittelstreckenraketen wie bei SDI gestalteten sich die Beziehungen sowohl zu den USA wie zu der Sowjetunion als eher schwierig. Gorbatschow setzte ohnehin zunächst auf die USA und ließ die Bundesrepublik, von deren Kanzler, der sich »wie ein Lakai der USA«[72] verhalte, er nicht viel hielt, links liegen. Während Außenminister Genscher eine Brücke zu Gorbatschow zu schlagen suchte, sorgte Bundeskanzler Kohl mit seinem unglücklichen und unpassenden Goebbels-Vergleich für neue Mißstimmungen.[73]

[70] So wertete sie Honecker sowohl in Gesprächen mit östlichen wie westlichen Politikern.

[71] So in der Moskauer Erklärung vom 12. 3. 1985.

[72] Daniel Küchenmeister unter Mitarbeit von Gerd-Rüdiger Stephan (Hrsg.), Honecker-Gorbatschow-Vieraugengespräche, Berlin 1993, S. 99.

[73] Garton Ash (1993), S. 160f. und 674.

a) Ein Schein von Normalität

Im Verhältnis der beiden deutschen Staaten zueinander entwickelten sich die Beziehungen seit dem Moskauer Treffen von 1985 fast reibungslos. Helmut Kohl und Erich Honecker setzten ihren Meinungsaustausch nun in einem intensiven Briefwechsel fort[74], und Schäuble und Schalck-Golodkowski trafen sich regelmäßig zu vertraulichen Gesprächen.[75] Der Reiseverkehr weitete sich erheblich aus, Konsultationen zwischen den beiden Außenministern über Abrüstungsfragen wurden vorgesehen, Expertengespräche zum Umweltschutz standen auf der Agenda, Verhandlungen über ein Kulturabkommen führten zu einer Einigung, Städtepartnerschaften, angestoßen von der SPD und SPD-regierten Kommunen, wurden möglich. Als Franz Josef Strauß Honecker auf der Leipziger Herbstmesse traf, wertete er denn auch den Stand der Beziehungen als »erfreulich« und bedankte sich ausdrücklich für das Entgegenkommen u. a. bei der Regelung von Härtefällen, beim nichtkommerziellen Zahlungsverkehr und der Hilfe der DDR beim Bremsen des Asylantenzustroms.[76] Der Bundeskanzler schloß sich dem in einem Brief an Honecker an.[77]

Die Behandlung der Asylantenfrage warf schwierige rechtliche und politische Probleme auf und war in mehrfacher Hinsicht bezeichnend für den erreichten Stand der innerdeutschen Beziehungen und ihre vielfältigen Implikationen, insbesondere die Verkopplung mit der Innenpolitik der Bundesrepublik und den Eigeninteressen der westdeutschen Parteien.

Das System, durch finanzielle Leistungen der Bundesrepublik humanitäre Erleichterungen zu erwirken, wurde nun dazu benutzt, die Bundesrepublik gegen den Zustrom von »Flüchtlingen« aus Bürgerkriegs- und Elendsländern abzuschirmen. In einem ersten Schritt sicherte Kanzleramtsminister Schäuble der DDR die Anhebung des Swing zu, den die Regierung Helmut Schmidt als Reaktion auf die Erhöhung der Mindestumtauschsätze gesenkt hatte. Am 5. Juli 1985 wurde die Swing-Vereinbarung paraphiert. Im Gegenzug, wenn auch ohne ein formales Junktim, versagte die DDR aus Sri Lanka einreisenden Tamilen ab 15. Juli ein Transitvisum, wenn sie keinen Einreisevermerk des Ziellandes besaßen.[78] Diese Regelung dehnte sie im Januar 1986 auf zwölf weitere Länder aus, nachdem Wolfgang Schäuble ziemlich unverhohlen gedroht hatte, »ein Anhalten des Zustroms von

[74] Schreiben u. a. in: SAPMO ZPA, Politbüro-Bestand und Büro Honecker.
[75] Filmer/Schwan (1994), S. 138 ff.
[76] »Niederschrift« über das Gespräch am 1. 9. 1985; siehe Dokument Nr. 18.
[77] Schreiben Kohl an Honecker vom 26. 9. 1985, in: SAPMO ZPA J IV 2/2A/2807.
[78] Filmer/Schwan (1994), S. 140 und 142 ff.

Asylanten in die Bundesrepublik könne die Beziehungen zur DDR belasten«.[79]

Wirkungsvoll zu stoppen war der Zustrom über die DDR nicht, weil das Verfahren keine Anwendung auf West-Berlin fand, so daß Schäuble hartnäckig, aber ergebnislos beim Leiter der Ständigen Vertretung der DDR in Bonn, Ewald Moldt, und bei einem Treffen mit Schalck-Golodkowski in Ost-Berlin auf wirksamere Maßnahmen der DDR drängte und versicherte, die Bundesregierung wolle damit »keine Statusgewinne für Berlin erzielen«.[80] Ganz offenkundig ging es Schäuble und der CDU/CSU aber noch um etwas anderes. Die anstehenden Bundestagswahlen warfen ihre Schatten voraus. Die Unionsparteien suchten die Asylantenfrage zum Wahlkampfthema zu machen und sie gegen die SPD auszuspielen. Schon Anfang Februar 1986 hatte Schäuble dies Schalck gegenüber bekannt, und die Realität des Vorwahlkampfes sah auch so aus. Mit tätiger Mithilfe der DDR gedachte er die SPD so in die Enge zu drängen, daß sie schließlich zu einer Grundgesetzänderung bereit sei.[81] Im Juli 1986 wandte sich der Bundeskanzler wegen des »fortgesetzten Zustrom[s]« der »illegal« über die DDR »zu uns einreisenden Ausländer« direkt an Honecker. Dieser belaste »das Verhältnis zwischen unseren beiden Staaten« und eine »Lösung dieser Frage« sei »dringend«.[82]

Ende August wurde der Kanzleramtsminister schließlich direkt bei Honecker vorstellig. Es war sicherlich kein Ruhmesblatt für den Westen, daß das Oberhaupt eines diktatorischen Regimes den Vertreter einer demokratischen Regierung an das im Grundgesetz garantierte Asylrecht erinnerte und darauf verwies, die Lösung des Asylantenproblems sei in erster Linie Sache der Bundesrepublik.[83]

Aber – das muß gesagt werden – Schäuble stand nicht allein. Das Asylantenproblem war zu einem dominierenden Thema der bundesdeutschen Politik geworden, und beide großen Volksparteien bemühten sich bei ihren Gesprächen mit der DDR um eine Lösung des Pro-

---

[79] Gegenüber Werner Felfe am 28. 11. 1985; Anl. 2 zum Bericht Felfes in: SAPMO ZPA J 2/1/657. – Zur neuen Regelung vgl. Filmer/Schwan (1994), S. 148.

[80] Zitat aus dem Vermerk des Leiters Arbeitsbereich Deutschlandpolitik im Kanzleramt, Richthofen, (vom 6. 2. 1986) über das Gespräch Schäubles in Schalcks Privatwohnung in Ost-Berlin; ferner Vermerk Schalcks vom 4. 2. 1986 über dieses Gespräch. Anlagen zu: SPD-Dokumentation: Wer im Glashaus sitzt (1994).

[81] In Schalcks Vermerk (siehe vorh. Anm.) las sich das so: »Schäuble bemerkte, daß er kein Geheimnis verrate, wenn er mitteilt, daß von seiten der CDU/CSU das Problem des geltenden Asylrechts zum Wahlkampfthema gegenüber der SPD gemacht wird. Wenn es dadurch und vielleicht mit Unterstützung der DDR gelingen würde, die SPD für eine entsprechende Änderung des Grundgesetzes zu gewinnen, so würde durch diese Veränderung des Asylrechts in der BRD das Problem gelöst werden können.« Referiert auch bei Filmer/Schwan (1994), S. 147.

[82] Schreiben von Bundeskanzler Kohl an Honecker vom 16. 7. 1986, in: SAPMO ZPA J IV J/126.

[83] »Vermerk« über das Gespräch Honecker – Schäuble am 29. 8. 1986; siehe Dokument Nr. 29.

blems. Regierung und Opposition hielten dabei durchaus Kontakt. Aber durch das öffentliche Hochspielen des Asylthemas im Vorwahlkampf fühlte sich die SPD in die Defensive gedrängt. Wenige Tage, nachdem sich Honecker und Schäuble auf vertrauliche Expertengespräche verständigt hatten, sprach Egon Bahr im Auftrag Brandts in Ost-Berlin vor. Was Bahr anzubieten hatte, war eher wenig, die »volle Respektierung der Staatsbürgerschaft«. Der Kanzlerkandidat der SPD, Johannes Rau, durfte dann die für die Bundesrepublik willkommene Regelung verkünden, durch Kontrollen im Flugverkehr eine Drosselung des Asylantenzustroms zu bewirken.[84] Kanzleramtsminister Schäuble wertete dies damals als eine gute Nachricht, und Bundeskanzler Kohl sprach Erich Honecker ausdrücklich seinen Dank aus.[85] Daß die Regelung auch Geld kosten würde, gab Honecker Schäuble wie Bahr durch die Blume zu verstehen.[86] Wohl niemand ahnte damals, daß CDU-Politiker und ihnen nahestehende Publizisten daraus später (1991 und 1994) eine Kampagne gegen Rau anzetteln würden.[87] Denn wenn kritische Fragen aufzuwerfen sind, dann betreffen sie auch die Union.

In der Asylantenfrage mochten Staatsräson und Parteieninteresse dafür sprechen, die DDR vor den eigenen Karren zu spannen. Doch Bundesregierung wie die SPD-Opposition zahlten dafür auch einen hohen Preis an moralischer Glaubwürdigkeit. Um Menschen, die in Not in die Bundesrepublik drängten, fernzuhalten, benutzten sie ein diktatorisches System als Handlanger und begaben sich in Komplizenschaft mit einem Freiheit, Menschen- und Grundrechte geringschätzenden und mißachtenden Regime. Es war eine Art von zwischenstaatlicher Normalität, die der Bundesrepublik nicht zur Ehre gereichte.

b) Der Honecker-Besuch

Das Schielen auf den bundesrepublikanischen Wähler beeinflußte auch die 1986 wieder aktualisierten Gespräche über den Honecker-Besuch.[88] Einigkeit bestand in Bonn, daß er erwünscht sei.[89] Doch weil er – und

[84] Vgl. dazu die Anmerkungen in Dokument Nr. 30.

[85] Schreiben Kohl an Honecker vom 29. 10. 1986, in: SAPMO ZPA J IV J/126. Vgl. Plenarprotokoll 11/42 der Sitzung des Landtages von NRW vom 13. 11. 1991, S. 4830f.

[86] »Vermerk« über das Gespräch Honecker – Schäuble am 29. 8. 1986 und Honecker – Bahr am 5. 9. 1986 (Dokumente Nr. 29 und 30); vgl. auch Filmer/Schwan (1994), S. 148.

[87] Vgl. Anm. 85 sowie Protokollauszug der Landtagssitzung vom 2. 2. 1994 (vorl. Ms.); Sendung ›Kontraste‹ vom 26. und 31. 1. 1994; ›Welt am Sonntag‹ vom März 1994.

[88] In den Unterredungen, die u. a. Bundestagspräsident Philipp Jenninger u. Bundeskanzler Kohl mit Volkskammerpräsident Horst Sindermann im Februar 1986 in Bonn führten.

[89] Vgl. etwa das Schreiben von Bundespräsident von Weizsäcker an Sindermann vom 20. 2. 1986, in: SAPMO ZPA J IV 2/2A/2861.

darin lag das Problematische – als potentielle Wahlkampfhilfe verstanden wurde[90] und auf der anderen Seite Gorbatschow Einwände hatte[91], wurde er erneut vertagt. Nach den Bundestagswahlen und der Wiederwahl Kohls zum Bundeskanzler wurde die Besuchsfrage seit 1987 zwischen Schäuble und Honecker »vertraulich« besprochen. Für das »vertraulich« gab es Gründe. Erst im Sommer 1987, als sich die politische Großwetterlage entschieden verbessert hatte, gab Moskau die Blockade auf, und in Bonn, so schildert es Schäuble, überzeugte er den zögerlichen Kanzler.[92]

Nach Jahren schwieriger Verhandlungen besuchte Erich Honecker vom 7. bis 11. September 1987 die Bundesrepublik. Kanzleramt und CDU-Führung hatten im Vorfeld des Besuchs dafür gesorgt, daß geplante Protestaktionen u. a. von Kreisen der Jungen Union »moderat« abliefen und Honecker nicht mit kritischen Kundgebungen konfrontiert wurde.[93] Der Staatsratsvorsitzende und Generalsekretär wurde mit fast allen Ehren empfangen, die dem Staatsoberhaupt eines souveränen ausländischen Staates zustehen. Die feinen kleinen Unterschiede nahm die Öffentlichkeit kaum wahr.[94] In seiner Tischrede, die auch vom DDR-Fernsehen übertragen wurde, betonte der Bundeskanzler den fortdauernden Auftrag des Grundgesetzes zur Vollendung der »Einheit und Freiheit Deutschlands in freier Selbstbestimmung«. Er bekannte sich zum Glauben, zum Wunsch und Willen der Menschen zur deutschen Einheit, sprach von der Offenheit der deutschen Frage und mahnte die Achtung der Menschenrechte, die Überwindung der Mauer und Frieden an der Grenze an.[95] Die öffentliche Herauskehrung der unterschiedlichen Grundpositionen war nur die eine Seite. In den langen internen Gesprächen ging es nüchterner zu, obwohl auch dort im »kleinen Kreis« die kritischen Fragen in großer Offenheit angesprochen wurden: so die Kontaktverbote, Schießbefehl, Elbgrenze und »humanitäre Fragen«, angefangen von Botschaftsflüchtlingen bis zur

[90] Dieses spielte bei fast allen Versuchen zu einer Terminabklärung eine Rolle.

[91] Garton Ash (1993), S. 252 f.

[92] Filmer/Schwan (1994), S. 162 f.; »Niederschrift« über Gespräch Schäuble – Honecker am 27. 3. 1987; siehe Dokument Nr. 37.

[93] Vgl. SPD-Dokumentation: Wer im Glashaus sitzt (1994), S. 8; »Vermerk« vom 18. 8. über das Gespräch Schalck-Golodkowski – Schäuble am 17. 8. 1987 (als Anlage); vgl. auch Filmer/Schwan (1994), S. 153.

[94] In Bonn bekam Honecker nicht die für ein Staatsoberhaupt übliche große Motorradeskorte; jedoch in München, wo Ministerpräsident Strauß erstmals aus diesem Anlaß eine von ihm für die Ehrenformation der Polizei gestiftete Fahne zeigen ließ. Vgl. Garton Ash (1993), S. 702, Anm. 254; Strauß (1989), S. 492.

[95] Die meisten Reden und offiziellen Äußerungen sind gesammelt in: Der Besuch von Generalsekretär Honecker in der Bundesrepublik Deutschland. Eine Dokumentation, Bonn 1988 (hier S. 27); die offiziellen Reden, das Kommuniqué und die Abkommen und Vereinbarungen sind auch abgedruckt in: Texte zur Deutschlandpolitik III/5 (1987), S. 194 ff.

Amnestie.[96] Der konkrete Ertrag des Besuches war eher bescheiden[97], die Wirkung nach außen ambivalent: Für die Menschen in der DDR brachte er eher Enttäuschungen, und in den Augen auch westlicher Partner besiegelte er die Zweistaatlichkeit.

Aus der Perspektive der Bundesrepublik fügte sich dieser deutsch-deutsche Gipfel in die langfristige Strategie ein, die Teilung erträglicher zu machen und Erleichterungen für die Menschen zu erwirken. Es deutet vieles darauf hin, daß der direkte persönliche Draht zu Erich Honecker ein Mehr an humanitären Verbesserungen versprach und ergab, als es sonst wohl möglich gewesen wäre. Denn der »rote Zar« gefiel sich in der Rolle eines gnädig gewährenden Landesvaters und Friedensfürsten, der vorgeblich bestehende Hindernisse in seinem Staatssystem beiseite räumte. In dem dornigen Vorfeld des Besuches bedeuteten solche Zugeständnisse so etwas wie Anzahlungen auf die Eintrittskarte nach Bonn. Ob diese Bereitschaft in jedem und allem von den Bonner Politikern wirklich in extenso ausgeschöpft wurde, ist eine Frage, die vielleicht nie völlig geklärt werden kann.

Für Erich Honecker bedeutete der Bonn-Besuch zweifellos die »Krönung seines Lebenswerkes«[98], die ihm das Tor zu den großen westlichen Hauptstädten aufstieß. Der Besuch, so hieß es in dem Bericht für das Politbüro, »und die durchgesetzte politische und protokollarische Behandlung des Genossen Erich Honecker als Staatsoberhaupt eines anderen souveränen Staates dokumentierten vor aller Welt Unabhängigkeit und Gleichberechtigung beider deutscher Staaten, unterstrichen ihre Souveränität und den völkerrechtlichen Charakter ihrer Beziehung.«[99]

Dieses Bewußtsein eigener »Souveränität« deutet die DDR im Jahr 1987 auch gegenüber der Sowjetunion an. Die Aufwertung ihres Regimes durch den Westen – nach Bonn war Honecker 1988 zu einem Staatsbesuch in Paris, westdeutsche Politiker gaben sich in Ost-Berlin die Klinken in die Hand – beförderte einen wachsenden Realitätsverlust der Ost-Berliner Gerontokraten. Die Hofierung durch die Bonner Politik hob ihr Selbstwertgefühl selbst gegenüber dem großen Bruder im Osten, die durch Bonner Finanzspritzen ermöglichte materielle und soziale »Scheinblüte« suggerierte Überlegenheit im »sozialistischen Lager«; die durch Repression, Flucht, Emigration und reglementierten

---

[96] Für die internen Gespräche vgl. den »Bericht« Honeckers für das Politbüro mit 24 Anlagen über die einzelnen Gespräche, darunter auch die »im kleinen Kreise« bei Bundeskanzler Kohl am 7. u. 8. 9. 1987; siehe Dokumente Nr. 41–59, bes. Nr. 43. Die Aufzeichnungen sind auch abgedruckt in: Erich Honecker, Moabiter Notizen. Des ersten Mannes letztes Manuskript, Berlin 1994, S. 106 ff. Einzelne Auszüge auch in Filmer/Schwan (1994), S. 162 ff.

[97] Es handelte sich um vier Abkommen; siehe dazu Dokument Nr. 41.

[98] Filmer/Schwan (1994), S. 164.

[99] Siehe Dokument Nr. 41.

Reiseverkehr bedingte »Ruhe« im Innern wiegte sie in ein Gefühl von Sicherheit und Stabilität, das für den Osten vorbildhaft sein sollte.[100]

c) Am Scheideweg

1987 geriet das SED-Regime an den Scheideweg. Daß mit Gorbatschows Glasnost und Perestroika weit mehr als nur ein Tapetenwechsel anstand, auf den der SED-Chefideologe Kurt Hager es herunterzuspielen versuchte[101], sondern tragende Teile des Gebäudes demontiert wurden, haben die alten Herren offenkundig zunächst verkannt. Der aus dem Osten kommende Bazillus wurde unterschätzt, wohl nicht zuletzt deshalb, weil Gorbatschow gegenüber der DDR als dem Vorfeld des sowjetischen Imperiums zunächst durchaus »Stabilität« zu schätzen schien.[102] Honecker wiegte sich zudem in dem Glauben, daß er Hebammenhilfe bei dem neuen sicherheitspolitischen Denken in Moskau geleistet habe und er auch sonst die Rolle eines väterlichen Freundes für den jungen Generalsekretär spielen könne.[103]

Honecker unterlag einer Täuschung. Seit etwa 1987 mehrten sich in der DDR die Anzeichen für eine wachsende Unzufriedenheit in der Bevölkerung. Ein deutliches Zeichen war der Anstieg der Ausreiseanträge vor allem junger Menschen. Gleichzeitig wuchs die Zahl von Dissidenten und Kritikern und ihr Mut. Denn sie konnten sich nun auf die Sowjetunion berufen, die das SED-Regime so lange als Lehrmeister gepriesen hatte. Es begann mit den »Gorbatschow, Gorbatschow«-Rufen beim Pink-Floyd-Konzert an der Berliner Mauer. In evangelischen Kirchen versammelten sich oppositionell gestimmte Friedens-, Umwelt- und Menschenrechtsgruppen. Bei der Massenkundgebung zum Gedenken an die Ermordung von Rosa Luxemburg und Karl Liebknecht trugen Demonstranten provokativ Transparente mit dem Luxemburg-Wort »Freiheit ist immer die Freiheit der Andersdenkenden«, das sie an die Adresse der Bolschewiki gerichtet hatte.[104]

Das SED-Regime reagierte darauf mit verschärfter Repression, Verhaftungen und Verurteilungen. Es versuchte sich gegen den Einfluß von »Glasnost« und »Perestroika« zu stemmen und untersagte – dieses

---

[100] Dieses Bild ergibt sich vor allem aus den SED-Aufzeichnungen über Besprechungen Honeckers mit den östlichen »Brüdern«.

[101] In einem Interview mit dem ›Stern‹ vom April 1987, das auch in Auszügen im ›Neuen Deutschland‹ vom 10. 4. 1987 publiziert wurde.

[102] Erst Ende 1986 entschied sich Gorbatschow für mehr Spielraum für die verbündeten Staaten. Vgl. Garton Ash (1993), S. 291 f.

[103] Vgl. dazu Gorbatschows Äußerung zu Krenz, Honecker »habe sich offensichtlich für die Nr. 1 im Sozialismus, wenn nicht sogar in der Welt gehalten«. Nach »Niederschrift« über das Gespräch Gorbatschow – Krenz am 1. 11. 1989, in: SAPMO ZPA IV 2/1/704.

[104] Vgl. Garton Ash (1993), S. 297 f.

war ein Fanal – die Verbreitung sowjetischer Publikationen, allen voran die der sowjetischen Jugendzeitschrift ›Sputnik‹.[105] Doch zufrieden konstatierte Honecker, »daß die BRD-Regierung sich bei den jüngsten Provokationen[106] gegen die DDR, im Gegensatz zur SPD, zurückgehalten habe«.[107] Der Berliner Regierende Bürgermeister Diepgen vermied jedes kritische Wort und versprach bei einem neuen Rockkonzert vorsorglich Wohlverhalten.[108] Nach den Vorfällen bei der Luxemburg-Liebknecht-Demonstration sicherte Schäuble Schalck-Golodkowski ausdrücklich zu, daß die Bundesregierung sich zurückhalten werde, und sie tat dies bewußt.[109] Die von der Bundesministerin für innerdeutsche Beziehungen Dorothee Willms öffentlich geäußerte Kritik ehrte sie persönlich. Aber sie fiel nicht ins Gewicht.[110] Graf Lambsdorff, der sie in einem Gespräch mit Honecker artikulierte[111], war als schlichtes Präsidiumsmitglied der FDP nun freier. Die Kohl-Regierung aber blieb ihrer Linie der vorsichtigen »vernünftigen« Zurückhaltung treu. In seinem Bericht vom 1. 12. 1988 zur Lage der Nation erklärte der Bundeskanzler öffentlich, die Bundesregierung betrachte »die inneren Schwierigkeiten des politischen Systems in der DDR« mit Sorge: »Wir haben kein Interesse daran, daß die inneren Schwierigkeiten in der DDR weiter zunehmen.«[112]

Man mag eine solche Art politischen Verhaltens, die sich mit Kritik am herrschenden SED-Regime und an den Verletzungen von Menschen- und Bürgerrechten zurückhielt und vermied, Öl ins Feuer zu gießen[113], als weise Mäßigung ansehen und ihr staatsmännische Qualität zuschreiben. Sie bezieht ihre Argumentation und Rechtfertigung daraus, daß eine Destabilisierung der DDR mit zu hohen Risiken verknüpft war und die DDR für die Sowjetunion als Vorposten ihres Hegemonialsystems unverzichtbar schien. »Eine Destabilisierung gerade an einer besonders neuralgischen Stelle, wie es Deutschland ist«, so Wolfgang Schäuble im Februar 1989, »würde Reaktionen auslösen, an denen niemandem gelegen sein kann.«[114] Es gab sicherlich gute Gründe

[105] Besonders aussagekräftig dazu Honeckers Kritik in Unterredungen mit Wadim Medjedjew, Sekretär des ZK der KPdSU, am 24. 8., mit Gorbatschow am 28. 9. und Nicolaie Ceauşescu am 17./18. 11. 1988, in: ZPA IV 2/1/685.

[106] D. h. vor allem bei der Liebknecht-Luxemburg-Demonstration.

[107] »Niederschrift« Gespräch Honecker – Milos Jakes vom 10. 3. 1988, in: ZPA IV 2/1/679.

[108] Auflagen, daß keine »Beschallung« Richtung Ost erfolge; siehe Dokument Nr. 64.

[109] Filmer/Schwan (1994), S. 219. So schrieb Bundesminister W. Schäuble dem Regierenden Bürgermeister von Berlin am 9. 2. 1988, die DDR dürfte »bemerkt haben, daß wir uns nur zurückhaltend geäußert haben«.

[110] Vgl. u. a. AdG 1988, S. 32601 und 32773 ff.

[111] Siehe Dokument Nr. 63 (Gespräch Lambsdorff – Honecker am 4. 2. 1988).

[112] Texte zur Deutschlandpolitik III/6 (1988), S. 472f.

[113] Vgl. die in Dokument Nr. 63 (Gespräch Lambsdorff – Honecker, 4. 2. 1988) notierte Äußerung Lambsdorffs, die Bundesregierung »habe nicht versucht, Öl ins Feuer zu gießen«.

[114] Texte zur Deutschlandpolitik III/7 (1989), S. 43 ff.

für die Furcht, daß es sonst einen schlimmen Rückschlag geben und in Moskau die konservativen Kräfte wieder Oberwasser bekommen würden. So schien es durchaus logisch, alles zu vermeiden, was Gorbatschow gefährden konnte, und auf weitere Veränderungen in Moskau zu bauen, um über diesen Weg langfristig auch Veränderungen in der DDR zu fördern.

Man kann mit Garton Ash allerdings auch die Frage aufwerfen, ob zu diesem Zeitpunkt nicht eine eindeutigere Politik, die innere Reformen in der DDR klarer angemahnt, Dissidenten nicht entmutigt, die Achtung der Menschenrechte stärker akzentuiert und mit den finanziellen Leistungen der Bundesrepublik verknüpft hätte, möglich und angemessen gewesen wäre.[115] Denn das Honecker-Regime geriet schon seit etwa 1987 im »sozialistischen Lager« immer mehr in die Isolation. Mit seiner Lehrmeister-Attitüde des rechthaberischen »Sozialismus« Marke DDR verärgerte er Gorbatschow und die Seinen. Für seine sture Reformunwilligkeit und restriktive Repressivität gab es, außer Rumäniens Ceaușescu, kaum noch Alliierte.

Ob durch eine andere Politik von außen ein Schritt in Richtung »Glasnost« und »Perestroika« stärker hätte befördert werden können, bleibt Spekulation. Ganz undenkbar ist es wohl nicht. Aber die Bonner Politik gegenüber der DDR blieb bei ihrer Linie und wertete de facto die halsstarrigen Alten eher noch auf. Der Besuchstourismus hochrangiger CDU-Politiker, die Honecker ihre Aufwartung machten, kam 1988 richtig zur Blüte. Als erster erschien gleich zweimal der Regierende Bürgermeister Diepgen (am 11. 2. und 13. 3.), instruiert vom Chef des Bundeskanzleramtes Wolfgang Schäuble, gefolgt vom rheinland-pfälzischen Ministerpräsidenten Bernhard Vogel (21. 4.), dem stellv. Fraktionsvorsitzenden Volker Rühe (28. 4.) und dem CDU/CSU-Fraktionsvorsitzenden Alfred Dregger (27. 5.). Den Reigen der Koalitionspolitiker schlossen 1988 der FDP-Vorsitzende und Noch-Wirtschaftsminister Martin Bangemann und Kanzleramtsminister Wolfgang Schäuble.[116] Das Spektrum reichte von vorauseilendem Gehorsam (Diepgens Selbstverpflichtung beim Rockkonzert) über leise Anmahnungen von weiteren Reise- und Besuchserleichterungen (Bernhard Vogel, Dregger, auch Diepgen) bis zur deutlicheren Kritik Rühes in der Frage der Menschenrechte und wegen der Ausladung einer Gruppe von CDU/CSU-Abgeordneten durch die DDR.[117]

Nicht vergessen werden darf, daß wohl jeder dieser hochrangigen

---

[115] Garton Ash (1993), bes. S. 304 ff.

[116] Aufzeichnungen über diese Gespräche abgedr. als Dokumente Nr. 64, 65, 67, 68, 70, 72 und 73. Zur Vorbereitung der Gespräche des Berliner Regierenden Bürgermeisters findet sich aufschlußreiches Material in den Akten der Senatskanzlei Berlin. Garton Ash hat bis auf das Protokoll über das Rühe-Gespräch diese Materialien nicht gesehen.

[117] Garton Ash (1993), S. 273, bezeichnet Rühe als den »freimütigsten aller dieser Besucher«.

Besucher (wie auch die der SPD-Opposition) Listen mit sog. humanitären Fällen mit sich führte und so das schwere Los von Menschen zu lindern half. Honecker, der sich dabei großzügig zeigte und in vielem Entgegenkommen bis hin zu einer partiellen Einbeziehung Westberliner Abgeordneter signalisierte, blockte bei den Menschenrechten und bei Kontakten zu Dissidenten ab. Der Besucherverkehr dürfe nicht »für konspirative Dinge mißbraucht werden«: »Wenn solche Dinge damit verbunden werden, z. B. durch Treffen bei Pfarrer Eppelmann, dann sei es nicht verwunderlich, wenn diese Leute von den Sicherheitsorganen nicht mehr in die DDR gelassen werden.«[118]

Im Bunde mit Honecker ließ sich vieles im bilateralen Bereich bewegen und erreichen, gerade weil er dies als Anerkennung von Souveränität sah und es als Zeugnis von Liberalität ausgeben konnte, während er gleichzeitig innere Liberalisierung versagte. Auf diesem Ohr war er taub. Und die Bundesregierung vermied im direkten Miteinander weitgehend alles, was als eine Einmischung in innere Angelegenheiten der DDR ausgelegt werden konnte. Nur sehr diskret deutete Bundeskanzler Kohl in Schreiben an Honecker an, »daß es wirklichen Frieden nicht geben kann, ohne daß die Rechte der einzelnen Bürger für ein Leben in Humanität und Freiheit gewährleistet sind«[119], und die »wichtigsten Fortschritte (die seien,) die den Menschen unmittelbar zugute kommen, ihre Freiräume vergrößern, der Humanität und damit in besonderer Weise dem Frieden dienen«.[120] Das schlichte »Helmut Kohl« statt des bisherigen »Ihr Helmut Kohl« deutete an, daß die »Männerfreundschaft« freilich einen kleinen Riß bekommen hatte und nun der Alltag eingekehrt war. Geld gegen Erleichterungen im Reiseverkehr und an der Grenze blieb die Maxime, wie die am 14. 9. 1988 vereinbarte neue Transitpauschale bezeugte.[121] »Business as usual« und eine nüchterne Normalität, wie zwischen zwei wirklich gleichrangigen souveränen Staaten, waren die Eckpunkte, die das Verhalten der Bundesregierung gegenüber der DDR in dieser Phase prägten.

d) Phasen und Faktoren des Wandels

Die eigentlich bedeutungsvolle Veränderung betraf das Verhältnis zwischen Moskau und Bonn. Noch bis in den Sommer 1987 wirkte die sowjetische Führung in den deutsch-deutschen Belangen eher als retar-

---

[118] »Niederschrift« Gespräch Rühe – Honecker vom 28. 4. 1988 als Dokument Nr. 68. – Honecker bezog sich auf ein Treffen von Eduard Lintner, Heribert Scharrenbroich und Werner Schreiber vom 13. 10. 1987; vgl. dazu II, 1.

[119] Schreiben Kohl an Honecker vom 23. 3. 1988, in: ZPA J IV 2/2A/3108.

[120] Schreiben Kohl an Honecker vom 19. 9. 1988, in: ZPA J IV 1/2A/3167.

[121] Vgl. Filmer/Schwan (1994), S. 222f. sowie Dokument Nr. 73.

dierendes Element, was bei der »Gorbimanie« leicht übersehen wird. Von wem wirklich die Initiative ausging, eine neue Seite in den deutsch-sowjetischen Beziehungen aufzuschlagen, ist schwer zu sagen. Bewegen mußten sich beide Seiten. Die Rolle des Vorreiters spielten im Westen wohl vor allem Außenminister Genscher und Bundespräsident von Weizsäcker, der bei seinem Moskau-Besuch im Juli 1987 von Gorbatschow ein erstes Signal hörte, daß die deutsche Zweistaatlichkeit nicht notwendig für alle Ewigkeit sein müsse.[122] Im Vorfeld hatte die Union ihrerseits mit ihrem »ostpolitischen Bad Godesberg« auf dem Parteitag (Juni 1988) Hindernisse aus dem Weg geräumt. Es war im Grundsatz die gleiche Dialektik, die schon die Ost- und Deutschlandpolitik der sozial-liberalen Regierung prägte, daß Änderungen des Status quo nur zu erreichen waren, indem man den Status quo akzeptierte. Wieweit bei der Bundesregierung – wie damals bei Brandt und Bahr – ein bewußtes Konzept dahinter steckte, daß der Schlüssel zur DDR und zur deutschen Frage in Moskau lag, wäre noch zu untersuchen. Faktisch handelte die Bundesregierung so.

Bei dem Moskau-Besuch von Bundeskanzler Kohl (24.–27. 10. 1988) wurde, so sah es Gorbatschow, das Eis gebrochen; nach Helmut Kohl, euphorischer, ein ganz »neues« Kapitel der deutsch-sowjetischen Beziehungen aufgeschlagen.[123] Zu mehr als gegenüber Weizsäcker ließ sich Gorbatschow offenkundig nicht bewegen, als der Kanzler das Gespräch auf »die Einheit der Nation« brachte und andeutete, »daß die Spaltung nicht das letzte Wort« sei.[124] Noch funktionierte das Zusammenspiel zwischen Moskau und Ost-Berlin. Es sah in dieser Phase so aus, als habe sich, wie es Gorbatschow formulierte, ein »Dreieck« Kohl – Honecker – Gorbatschow herausgebildet.[125] Tatsächlich wurde das neue Kapitel wohl erst bei Gorbatschows Besuch in der Bundesrepublik (12.–15. 6. 1989) richtig aufgeschlagen. Ex post bezeichnete Helmut Kohl zwar sein Garten-Gespräch mit Gorbatschow als den »entscheidenden Moment« auf dem Weg zur deutschen Einheit.[126] Tatsächlich aber lagen die Positionen, soweit es die DDR anbetraf, noch weit auseinander: Souveränität und Systemgrenzen einerseits, Selbstbestimmung in Freiheit andererseits. Entscheidender aber als der Dissenz war

[122] Garton Ash (1993), S. 160ff.

[123] Ebd. S. 168f.

[124] Vgl. »Aktennotiz« über das Gespräch von Honecker mit Alexander Bondarenko (Abteilungsleiter im Außenministerium der UdSSR) vom 30. 10. 1988, in: SAPMO ZPA J IV 2/1/686. Bondarenko informierte Honecker im Auftrag von Gorbatschow und Schewardnadse über Kohls Besuch in Moskau. Die Reaktion Gorbatschows wird darin eher abweisend dargestellt. Es sei besser, »auf Versuche zu verzichten, die Geschichte neu zu schreiben. Hier kann man nichts machen«.

[125] Vgl. »Niederschrift« über das Gespräch der DDR-Delegation mit Gorbatschow am 28. 9. 1988, in: SAPMO ZPA IV 2/1/685, sowie die »Aktennotiz« in der vorherigen Anm.

[126] Garton Ash (1993), S. 176f. und 678.

der zentrale Konsens, daß zuerst die Trennung Europas überwunden und ein Europa des Friedens und der Zusammenarbeit etabliert werden müßte.[127]

Erst im Rahmen einer solchen europäischen Friedensordnung schien es möglich, daß die Deutschen ihr Recht auf Selbstbestimmung würden wahrnehmen können. Es war die um 1969 von Brandt, Bahr und Scheel entfaltete Vision, die sich Helmut Kohl mit seiner Unterschrift zu eigen machte und die sein Handeln diktierte. Sie beruhte auf der Prämisse, daß Veränderungen und Wandel nur durch die große Politik, Staaten und ihre Staatenlenker bewirkt werden könnten und daß sie die Stabilität und Berechenbarkeit des europäischen Staatensystems wie Stabilität und Berechenbarkeit im Innern bedingten. Die Dinge haben sich anders entwickelt. »Im Ablauf haben sich alle geirrt. Wir haben die deutsche Einheit, aber keine europäische Friedensordnung.«[128]

Eine der wesentlichen Ursachen, daß es anders kam, waren die Menschen, die in Polen und Ungarn ihr Geschick in die eigenen Hände nahmen und ihre Länder und Staaten transformierten. Im Sommer 1989 griff die Bewegung von unten vor aller Augen auch auf die DDR über. Sie begann als eine »Abstimmung mit den Füßen«, als Massenflucht, ermutigt und gefördert vor allem durch die Ungarn, die ihren Grenzzaun abbauten und am 11. September 1989 offiziell, ohne die DDR zu fragen, die Grenze für DDR-Flüchtlinge öffneten. Im Herbst 1989 waren es dann die Oppositionellen und Demonstranten, die mit ihrem trotzigen »Wir bleiben hier« die Entwicklung vorantrieben. Als am 9. Oktober in Leipzig die aufmarschierten Sicherheitskräfte nicht das von manchen befürchtete deutsche »Tiananmen« veranstalteten, hatte die friedliche deutsche Revolution ihren ersten großen Durchbruch erzielt. Das Ziel dieser friedlichen Revolutionäre war nicht die Abschaffung der DDR, sondern die durchgreifende Reform ihres Staates zu einer wahren demokratischen Republik.

Die Bonner Regierungspolitik nahm diese Signale zwar auf, aber sie blieb doch vorsichtig tastend bei ihrem Kurs, nicht zur Destabilisierung beizutragen, sondern weiter auf den Dialog mit den Herrschenden und die Fortexistenz des zweiten deutschen Staates zu bauen. In einem Schreiben versicherte Helmut Kohl im August 1989 dem Generalsekretär Honecker, »daß es das Interesse der Bundesregierung und mein ganz persönliches Interesse bleibt, die Beziehungen in einer vernünftigen Weise weiterzuentwickeln, wie wir es bei Ihrem Besuch vor zwei Jahren besprochen« haben.[129] Vor dem Bundestag nannte Bundeskanz-

[127] Ebd. S. 170ff.
[128] Egon Bahr, Die Deutschlandpolitik der SPD nach dem Kriege, in: Dieter Dowe (Hrsg.), Die Ost- und Deutschlandpolitik der SPD in der Opposition 1982–1989, Bonn 1993, S. 21.
[129] Schreiben des Bundeskanzlers an den Generalsekretär und Staatsratsvorsitzenden vom 14. 8. 1989. Vom Leiter der Ständigen Vertretung übergeben, in: SAPMO ZPA J IV 2/2A/3234.

ler Kohl Anfang September die Beziehungen zwischen den beiden Staaten »ein wesentliches Element der Stabilität in Europa« und warnte eindringlich: »Wer diese gefährdet, muß wissen, welche Folgen dies für alle Beteiligten hätte.«[130] Dem SPD-Fraktions- und Parteivorsitzenden Hans-Jochen Vogel gab er am 5. Oktober zu verstehen, daß der Grundlagenvertrag und seine »Moskauer Erklärung« mit Honecker, in der die Souveränität der DDR ausdrücklich hervorgehoben worden war, für ihn bindend bleibe.[131] Auf dem bewährten Kanal Schäuble – Schalck-Golodkowski wurde der Kontakt mit dem Honecker-Nachfolger Egon Krenz hergestellt und ein Telefonat der Chefs vereinbart.[132] Als Helmut Kohl am 26. Oktober 1989 Egon Krenz »eine glückliche Hand und viel Erfolg« für dessen »wichtige und sehr, sehr schwierige Aufgabe« wünschte und das dezidierte Interesse an einer »ruhigen, vernünftigen Entwicklung« bekundete, ging es nach wie vor nur um ein besseres Miteinander und Reformen in einem weiterhin noch nicht demokratischen Staat.[133]

Zwei Tage nach der Öffnung der Mauer, die so unbeschreibliche Gefühle auslöste, griff Helmut Kohl erneut zum Telefon, um Krenz zu sagen, »daß ich sehr, sehr begrüße, diese sehr wichtige Entscheidung der Öffnung«, jetzt aber nicht »Aufgeregtheit«, sondern »eine ruhige Gelassenheit« am Platze sei und er möglichst rasch mit Krenz in der DDR zusammenkommen möchte, um »einmal zu überlegen, was geht und was nicht«. Zu Krenz' Einwand, die Grenze durchlassiger zu machen, hieße nicht, sie abzubauen, erwiderte der Kanzler, er habe in dieser Situation »immer wieder darauf hingewiesen, daß das, was meine Politik, daß jede Form von Radikalisierung gefährlich ist«. Vom »Grundverständnis« seien sie zwar ganz anderer Meinung, denn »wir« seien auf das Grundgesetz vereidigt, und da stehe das Selbstbestimmungsrecht drin. »Bloß das ist jetzt nicht das Thema, das uns im Augenblick am meisten beschäftigt. Sondern im Moment muß uns beschäftigen, daß wir zu vernünftigen Beziehungen zueinander kommen.«[134] In diesem Sinne fuhr Kanzleramtsminister Seiters nach Ost-Berlin, um dort, wie von den beiden verabredet, in dem Gespräch mit Krenz und dem neuen Ministerpräsidenten Hans Modrow den Kanzlerbesuch vorzubereiten. Auch jetzt klang es noch wie das Verhandeln zwischen zwei souverä-

[130] Texte zur Deutschlandpolitik III/7 (1989), S. 232.

[131] Vgl. Protokoll über die Sitzung des Präsidiums am 9. 10. 1989; SPD-Vorstandsarchiv. – Zur »Moskauer Erklärung« vom 14. 3. 1985 siehe Dokument Nr. 16.

[132] An dem Gespräch am 24. 10. nahm auch Kanzleramtsminister Seiters teil. Vgl. Schalcks »Vermerk über ein informelles Gespräch« mit Seiters und Schäuble, der Krenz noch am selben Tag zugestellt wurde. Vgl. SPD-Dokumentation: Wer im Glashaus sitzt (1994).

[133] Telefonat zwischen Kohl und Krenz am 26. 10. 1989 »von 8.30 Uhr bis 8.44 Uhr«; siehe Dokument Nr. 83.

[134] Voller Wortlaut des Telefonates am 11. 11. 1989 »von 10.13 Uhr bis 10.22 Uhr« als Dokument Nr. 85.

nen Staaten, bei denen allerdings der mit Abstand Stärkere die Bedingungen für seine Hilfe diktierte.[135] Kurz zuvor hatte Seiters über Schalck, wie dieser notierte, noch signalisiert, Kohl wäre »sauer«, wenn evtl. eine Öffnung des Brandenburger Tores ohne die Bundesregierung mit anderen Parteien oder Politikern erfolgt«.[136]

Doch Helmut Kohl setzte zunächst seine Politik der Kooperation mit den vermeintlich noch mächtigen SED-Herrschern fort und hatte dabei dezidiert auch seine politischen Eigeninteressen im Auge. Erst als sein Kanzlerberater Teltschik aus Moskau Signale mitbrachte, die Sowjetunion könne mittelfristig grünes Licht für eine Art deutsche Konföderation geben[137], vollzog Helmut Kohl eine Wende. Mit seinem mutigen 10-Punkte-Plan vom 28. 11. 1989, der allerdings ein klares Wort zur polnischen Westgrenze noch vermissen ließ, ergriff er die Initiative und bestimmte nun maßgeblich das Gesetz des Handelns. Erst als bei den Demonstrationen und Kohls Besuch im Dezember in Dresden unüberhörbar die Rufe »Wir sind *ein* Volk« erschallten, vollzog Helmut Kohls Regierung den Abschied von der alten Deutschlandpolitik, die mit dem Mauerbau begann und mit der Maueröffnung endete.

Wenige Jahre danach scheint dies beinahe schon vergessen und verdrängt, und es wird eifrig an Legenden gewoben, als habe Kohl und seine Union mit dem Herausstellen von Rechtspositionen die Einigung erwirkt und Helmut Kohl sie schon vor dem Zusammenbruch des SED-Regimes auf den Weg gebracht. Er ergriff ab Ende November 1989 mit Gespür und Geschick die sich bietende Chance, und darin liegt sein historisches Verdienst. Aber vergessen werden dürfen darüber nicht die mutigen Menschen, die in Polen, Ungarn und der DDR Demokratie und Freiheit auf den Weg brachten, und die Politiker im Westen, die mit ihrer Politik der Auflockerung der Fronten, wie sie im damals von der Union noch bekämpften Helsinki-Prozeß gipfelten, Bedingungen schufen, in denen »Perestroika« und »Glasnost« erst möglich wurden. Erst in einem Klima des Vertrauens zwischen Ost und West konnte der »Bazillus« gedeihen, der schließlich die Mauer zum Einsturz brachte.

Deutschland- und Ostpolitik, wie sie die sozial-liberale Koalition initiiert und Helmut Kohl mit seiner Regierung mit Umsicht und Geduld weiterbetrieb, war das mühsame schwierige Unterfangen, durch Kontakte und Kooperation mit den Herrschenden einen allmählichen,

[135] »Bericht« über das Gespräch vom 20. 11. 1989 als Dokument Nr. 86.
[136] Vermerk Schalck vom 15. 11. 1989 über sein Gespräch mit Seiters, in: SAPMO ZPA IV 2/2. 039/328. – In dem Buch von Antonius John, Rudolf Seiters. Einsichten in Amt, Person und Ereignisse, Bonn 1991, S. 147 ff., wird dazu Seiters Darstellung vom 25. 4. 1991 vor dem Bundestag referiert. Danach habe er erklärt, die Bundesregierung »erwarte, daß sie von einem solchen Vorhaben rechtzeitig in Kenntnis gesetzt werde«. Es habe »keine aktuellen Termine« gegeben.
[137] Horst Teltschik, 329 Tage. Inneneinsichten der Einigung, Berlin 1993, S. 28 f. und 44.

schrittweisen Wandel zu bewirken und die Grenze durchlässiger zu machen. Die Bundesregierungen mußten die machtpolitischen Realitäten akzeptieren, um sie zu verändern und die Teilung erträglicher zu machen; sie konnten nur versuchen, Rahmenbedingungen zu schaffen und dahin zu wirken, daß die Menschen in dem zweiten deutschen Staat ihr Grundrecht auf Selbstbestimmung eines Tages selbst würden ausüben können. Mit der Öffnung der Berliner Mauer wurde es fundamental anders: Es begann die Geschichte der Vereinigung, bei der das Volk das Gesetz des Handelns entscheidend bestimmte, für eine kurze Zeit aus seiner Opferrolle heraustrat und wie ein reißender Strom alles mitriß.

II. Die deutschlandpolitischen Positionen der Parteien

1. CDU/CSU

Die Ost- und Deutschlandpolitik der sozial-liberalen Koalition hatte die Unionsparteien in schwere Probleme gestürzt. Durch die Stimmenthaltung bei dem Moskauer und Warschauer Vertrag und das Nein zum Grundlagenvertrag haftete ihnen das Odium des Neinsagers an. Tatsächlich waren die Unionsparteien in sich gespalten. Am deutlichsten wurde das vielleicht bei Franz Josef Strauß, der sich intern für den Grundlagenvertrag ausgesprochen hatte, dann aber unter dem Druck seiner CSU-Kollegen auf ein Nein umschwenkte und schließlich die Klage der bayerischen Staatsregierung beim Bundesverfassungsgericht anstrengte.[138]

Die Diskrepanz zwischen dem Bild, das CDU und CSU in der Öffentlichkeit abgaben, und der internen Sicht wurde im Jahr 1975 besonders deutlich. Während Helmut Kohl über Leisler Kiep schon die vertraulichen Kontakte zur SED aufbaute[139], lehnten die Unionsparteien noch 1975 den KSZE-Prozeß und Helsinki ab. Sie standen dabei zusammen mit Albanien allein auf weiter Flur. Diese erneute Verweigerung wirkte um so zwiespältiger, als mit der Helsinki-Akte nun erstmals auch die Menschenrechtsfrage (im Korb 3) zum verpflichtenden Element für das europäische Staatensystem in Ost und West wurde und die Unionsparteien sich später gerade hierauf beriefen.[140]

Es war das Problem und Dilemma der Union, daß es in ihren Reihen nicht nur ein breites Spektrum deutschlandpolitischer Positionen gab, sondern sich diese zusätzlich noch mit innerparteilichen Machtkämpfen und persönlichen Rivalitäten vermengten. Für die Verfechter der deutschland- und ostpolitischen Umorientierung, d. h. der Akzeptanz der Verträge, erschienen Abelein, Dregger, Marx, Carstens und Windelen als die ewig gestrigen »Fanatiker« und als die »5. Kolonne der CSU« im Unions-internen Gerangel.[141] Der Konflikt zwischen den verschiedenen deutschlandpolitischen Gruppierungen – den konservativen Hardlinern und den Liberal-Fortschrittlichen – wurde durch eine »innerparteiliche Integrationsformel« überdeckt: Sie verknüpfte Kooperation, kleine Schritte und eine klare Absage an eine Destabilisierung

---

[138] Zur unterschiedlichen deutschlandpolitischen Linie von Strauß vgl. Jens Hacker, Deutsche Schönfärber und Helfershelfer der SED-Diktatur im Westen, Frankfurt/M. 1992, S. 232 ff. – Über sein Schwanken beim Grundlagenvertrag vgl. auch Leisler Kiep gegenüber Häber am 26. 6. 1975, in: SAPMO ZPA IV B2/2. 028.

[139] Siehe oben.

[140] Vgl. Garton Ash (1993), S. 152.

[141] Vgl. Anm. 17 und 24.

der DDR mit einer verbalen Herauskehrung der »Rechtspositionen und Menschenrechte«.[142] Die Konturen dieser Linie waren schon auf dem CDU-Parteitag von 1977 abgesteckt und von Helmut Kohl dann im November 1980 in seiner Bundestagsrede (Antwort auf die Regierungserklärung Helmut Schmidts) präzisiert worden.[143] Nach der Übernahme der Regierung durch Helmut Kohl markierten sie die Richtschnur für die Kanzlerpartei.

Dieser integrativ-pragmatische Ansatz der Deutschlandpolitik stieß nach der Wende von 1982 allerdings in der Union noch auf scharfe Kritik, weil die Verfechter einer harten Linie, unter ihnen Strauß, eine deutschlandpolitische Wende einklagten. Die CSU, so beschreibt Matthias Zimmer die verschiedenen Positionen, »setzte auf eine Politik der moralischen Stärke und politischen Eindämmung, die Gruppe um Kohl auf eine Politik gleichberechtigter Kooperation«.[144]

Dieser Streit, der im Frühjahr 1983 im Kabinett mit aller Schärfe ausgefochten wurde und zusätzlich Zündstoff aus Rivalitäten und Informationsdefiziten erhielt[145], mündete – für die Öffentlichkeit überraschend – in der »deutschlandpolitischen Wende« bei Strauß. Mit dem Milliardenkredit spielte er den Motor für die »Stabilisierung« der DDR durch harte West-Mark in der Erwartung humanitären Entgegenkommens. Dieser als abrupter Kurswechsel von Strauß empfundene Schritt stieß vor allem innerhalb der CSU auf harsche Kritik. Damit verloren die Verfechter einer harten Linie in der Union ihren stärksten Rückhalt.

Da die praktische Deutschlandpolitik – sieht man von Strauß' gelegentlicher Sonderrolle ab – vom Kanzleramt gesteuert wurde und Kohl die deutschlandpolitisch relevanten Positionen seines Kabinetts mit zuverlässigen Mitträgern seiner Politik besetzt hatte, war die Deutschlandpolitik der Union im wesentlichen Kanzlerpolitik. Der CDU blieb im Grunde nur das Feld, deklaratorische Positionen zu markieren und um Worte und Wege zu streiten. Dabei wurden die Überlegungen oft so vage formuliert, daß sie nach verschiedenen Richtungen interpretationsfähig blieben. Nur in einigen Punkten zeichneten sich schärfere Konturen ab. Das betraf sowohl Positionen, die die Unionsparteien deutlich von der SPD abhoben, wie solche, die in der Union kontroverse Sichten herauskehrten. Sie sind in der Studie von Zimmer, einem der Union eng verbundenen Wissenschaftler, sowohl prägnant wie differenziert herausgearbeitet worden.

1. In der Sicherheitspolitik akzentuierte die Union die Treue zu den USA und zum westlichen Bündnis und stand zu der Nachrüstung.

[142] Zimmer (1992), S. 75.
[143] Vgl. ebd. S. 75 ff. sowie oben Anm. 12.
[144] Ebd. S. 144 ff.
[145] Strauß (1989), S. 470; ferner oben I, 1 a/b.

Unter diesem Mantel der Gemeinsamkeit deuteten sich allerdings zwei unterschiedliche Strömungen an, die weitgehend mit divergierenden deutschlandpolitischen Positionen korrespondierten: Eine »konservative« Richtung setzte auf militärische Stärke und Eindämmung der Sowjetunion und sah darin langfristig den Schlüssel zur Schaffung von Bedingungen, in der auch das deutsche Volk sein Selbstbestimmungsrecht werde ausüben können. Die andere Gruppierung, die durch Politiker wie Leisler Kiep, Helmut Kohl, Heiner Geißler und Volker Rühe repräsentiert wurde, verfolgte – bei Bejahung der atomaren Abschreckung – eher ein Konzept der Einbindung der Sowjetunion »in ein Geflecht gemeinsamer Interessen«, die einen friedlichen Wandel begünstigen und die Bedingung für Freiheit und Selbstbestimmung östlich der Block- und Systemgrenze schaffen sollte.[146]

2. Mit der Formel, daß die deutsche Frage im Grundsatz offen sei, aber das Thema der Wiedervereinigung auf absehbare Zeit »nicht auf der Tagesordnung der Weltpolitik« stehe[147], konnten sich weitgehend alle in der Union identifizieren. Ob sie nur im europäischen Rahmen und erst nach Etablierung einer europäischen Friedensordnung zu lösen sei, wie es etwa Kohl und Carstens andeuteten, blieb zwar letztlich – wie die Geschichte verlief – ohne konkrete Bedeutung. Aber eher vage Formulierungen wiesen doch darauf hin, daß die Frage der Rangfolge, erst (West-)Europa oder erst Deutschland, nicht ausgegoren war. Bundeskanzler Kohl allerdings machte klar, daß es für ihn kein Zurück zu einem traditionellen Nationalstaat geben werde.[148]

Auf dem Wiesbadener Parteitag 1988 stellte der zuerst vorgelegte Kommissionsentwurf die deutsche Frage deutlich hinter die erstrebte europäische Einigung und erwähnte die »Wiedervereinigung« gar nicht mehr. In letzter Minute wurde das noch umgestoßen. Nun galt diese doch noch als vordringlichstes Ziel deutscher Politik[149], wie es die CSU stets propagierte.[150] Das Herausstellen des stetigen Festhaltens an der deutschen Nation hatte dann im Einigungsprozeß und im politischen Geschäft danach eine nicht zu verkennende Bedeutung. Argumentativ konnte die Union an ihre deklaratorische »Deutschlandpolitik« anknüpfen. Für die operative Politik besagten diese Bekundungen bis 1989 kaum etwas, da man auch in

[146] Zimmer (1992), S. 118 ff.

[147] So Bundeskanzler Kohl in einer Rede vor dem Chicago Council on Foreign Relations, in: Texte zur Deutschlandpolitik III/2 (1986), S. 413.

[148] Vgl. Hacker (1992), S. 157; deutlicher noch Bundesministerin Dorothee Wilms in einem Vortrag in Paris am 25. 1. 1988, in: Texte zur Deutschlandpolitik III/6 (1988), S. 25, 27 und 34.

[149] CDU-Dokumentation 6 (1988), S. 17 f.; 12 (1988), S. 6 ff.; 19 (1988), S. 4 ff.

[150] Vgl. Hacker (1992), S. 193 ff.

der Union auf absehbare Zeit nicht mit der deutschen Einheit rechnete.

3. Eine schwere außenpolitische Bürde bedeutete für die Union der schwelende Konflikt um die Oder-Neiße-Linie als polnische Westgrenze. Während die Mehrheit um Kohl die Unverletzlichkeit der Grenze akzeptierte, obwohl formell an der Rechtsposition der Grenze von 1937 festgehalten wurde, konterte eine konservative Richtung der Unionsparteien, darunter besonders Vertriebenenfunktionäre, scharf. An ihrem Widerstand scheiterte 1985 eine gemeinsame deutschlandpolitische Entschließung aller Bundestagsfraktionen nach dem Vorbild von 1984.[151]

Ihr so dokumentierter Einfluß und die harsche Kritik an denen, die nüchtern die dauerhafte politische Bindewirkung des Warschauer Vertrages bejahten[152], erweckten in der deutschen Öffentlichkeit und mehr noch im Ausland zwiespältige Eindrücke und belasteten die auswärtige Politik der Bundesrepublik. Zusammenfassend urteilt dazu Zimmer: »Die Zurückhaltung Kohls, der es versäumte, innerparteilich ein klares Wort zu sprechen, hatte letztendlich auch negative Auswirkungen auf die Außenpolitik; die latenten Ängste und besorgten Fragen vor allem der Polen im Zuge des deutsch-deutschen Einigungsprozesses Ende der 80er Jahre, welche Grenzen einem vereinigten Deutschland zugrunde gelegt werden würden, hatten ihren Ausgangspunkt auch in den nie vollständig geklärten innerparteilichen Querelen in der Union.«[153] Sie haben das Verhältnis zu Polen belastet, das Klima für ein vertrauensvolleres deutsch-polnisches Miteinander sicherlich nicht gefördert und den Hardlinern im Osten unnötige Argumente für die Notwendigkeit des zweiten deutschen Staates geliefert.

4. CDU und CSU haben in der Öffentlichkeit, vor allem in Wahlkampfzeiten, ihre normative Distanz zum Kommunismus und zu kommunistischen Systemen betont. Da die von ihnen getragene Bundesregierung mit den Machthabern dieser Staaten, inklusive Erich Honecker, auf staatlicher Ebene zu kooperieren hatte und dies sehr pragmatisch tat, kam es den beiden Parteien zu, andere Akzente zu setzen. Gerade bei sich als Christen verstehenden Politikern boten sich doch wohl Möglichkeiten über den kirchlichen Raum. Wenn die Basis der Ost-CDU tatsächlich so wenig regimekonform gewesen wäre, wie es heute von Unionskreisen dargestellt wird, hätte es

---

[151] Zimmer (1992), S. 130 ff.; vgl. auch Rudolf Horst Brocke, Deutschlandpolitische Positionen der Bundesparteien. Synopse, Erlangen 1985, S. 103 f.

[152] Besonders deutlich markierte Volker Rühe diese Position in der sog. »Schlesier-Debatte« am 6. 2. 1985 im Deutschen Bundestag, vgl. ebd. S. 104.

[153] Zimmer (1992), S. 136; ähnlich Garton Ash (1993), S. 336 ff.

dort auch Anknüpfungspunkte geben müssen. Tatsächlich waren und blieben aber die SED-Oberen die Ansprechpartner der Union.

Nur der Außenseiter Stefan Schwarz wagte sich vor. Er suchte und fand den Kontakt zu Rainer Eppelmann und seinem Kreis von Dissidenten und Opponenten. Über diese Schiene kam es im Oktober 1987 zu einem Treffen von drei MdB, Eduard Lintner (CSU), Heribert Scharrenbroich und Werner Schreiber, beide von den Sozialausschüssen, mit Vertretern dieser Friedensgruppen.[154] Es wurde gleich öffentlichwirksam in den Medien vorgestellt und schuf die Basis für eine dauerhafte Verbindung zu Rainer Eppelmann, der nach dem Ende der DDR seinen Weg zur CDU fand. Norbert Blüm, der im Oktober 1987 noch vom Kanzleramt gebremst wurde, führte schließlich am 4. 10. 1989 in Ost-Berlin ein Gespräch mit Eppelmann und anderen Vertretern des Demokratischen Aufbruchs.[155]

In den Reihen der Union waren es nur verschwindend wenige, in der CSU nur einer, Eduard Lintner, die den Kontakt zu unabhängigen Gruppen in der DDR suchten; und fast alle, abgesehen vom Sonderfall Stefan Schwarz, gehörten zur CDA, der Christlich-Demokratischen Arbeitnehmerschaft. Die öffentliche Aufforderung von Ende Dezember 1987, daß die Ständige Vertretung der Bundesrepublik »nicht nur mit den Unterdrückern, sondern auch mit den Unterdrückten enge Kontakte pflege«[156], hätte wohl besser an den eigenen Kanzler und Parteivorsitzenden Kohl gerichtet sein sollen. Aber in der CDU und erst recht der CSU blieben die wenigen, die sich um Dissidenten und Oppositionelle in der DDR kümmerten, krasse Außenseiter.

Der Kurs der Parteiführung war und blieb bis in den Herbst 1989 ein anderer – die Kooperation mit den Mächtigen von der SED. Sie galt als die realistische Deutschlandpolitik. Der Dialog mit Bürgerrechtsgruppen in der DDR, »ohne diese bevormunden oder vereinnahmen zu wollen«, war etwas für Sonderlinge[157], aber nicht die Art des Machtpolitikers im Kanzlersessel und auf dem Stuhl des Parteivorsitzenden, der noch nach der Maueröffnung und den nun überbordenden Emotionen ausgerechnet dem SED-Generalsekretär versicherte, daß er sich gegen »jede Form von Radikalisierung« wende und dafür die beifällige Zustimmung seines Gesprächsgenossen am anderen Ende der Leitung erhielt.[158]

[154] Vgl. Wilhelm Knabe, Westparteien und DDR-»Opposition«. Expertise zum Einfluß der westdeutschen Parteien in den achtziger Jahren auf unabhängige politische Bestrebungen in der ehemaligen DDR, Mai 1994 (vorläufige Fassung), S. 14 ff.

[155] dpa und Deutschlandfunk vom 4. 10. 1989, nach ebd. S. 15 f.

[156] Siehe Knabe (1994), S. 15 (nach dpa vom 1. 12. 1987).

[157] Ebd. S. 15. Es handelte sich um einen Appell von Heribert Scharrenbroich, Werner Schreiber und Herbert Werner vom 22. 9. 1989.

[158] Siehe Telefonat Kohl – Krenz am 12. 11. 1989, abgedr. als Dokument Nr. 86.

Die für die Unions-Parteien charakteristische Mischung aus dem deklaratorischen Beharren auf Rechtspositionen und dem unvereinbaren Systemgegensatz zu den Kommunisten bei gleichzeitiger nüchterner Interessens- und Kooperationspolitik ihrer Regierenden paßte – in der großen Linie – vorzüglich in die politische Landschaft, wie sie sich bei dem Zusammenbruch des SED-Regimes darstellte. Sie korrespondierte in vielem mit der Haltung der westdeutschen Bevölkerung, die auch am Wiedervereinigungsangebot des Grundgesetzes festhielt, aber sich in der Bundesrepublik eingerichtet hatte und kaum mehr an eine Einigung glaubte. Daß Helmut Kohl die sich bietende Chance mit Glück und Geschick ergriff, bleibt seine große historische Leistung.

2. SPD

Nach dem Verlust der Regierungsmacht in Bonn stand die SPD vor der Grundsatzentscheidung, welchen deutschland- und sicherheitspolitischen Weg sie als Opposition beschreiten sollte. Die Ost- und Deutschlandpolitik, die in der Ära Brandt zum Markenzeichen der Sozialdemokratie wurde, war gouvernemental angelegt. Es war im Grundsatz die Politik der von ihr geführten Regierung, die unterhalb dieser Schwelle durch Initiativen und Kontakte auf der Fraktions- und Parteiebene begleitet und ergänzt wurde.[159] Soweit sie sich in das übergeordnete Gesamtkonzept fügten, konnten sie eine wertvolle Hilfe sein. Am Ende der Regierungszeit Helmut Schmidts wurde jedoch überdeutlich, daß es im Zuge der Nachrüstungsdebatte und der Friedensbewegung zu Brüchen kam, die sich nicht mehr zukleistern ließen. Selbst im direkten Kontakt mit den Oberen des SED-Staates zeichnete sich seit 1981 ab, daß die Sozialdemokratie auf mehreren Gleisen fuhr: Grob vereinfacht gerieten Helmut Schmidt und die Seinen innerparteilich immer mehr auf ein Nebengleis, während der große Zug der Partei sicherheits- und deutschlandpolitisch in Richtung neue Entspannungspolitik fuhr.[160]

[159] Dazu gehören vor allem die Kontakte Herbert Wehners, die in dem langen Gespräch mit Erich Honecker am 31. 5. 1973 gipfelten. Vgl. Klaus Wiegrefe/Carsten Tessmer, Deutschlandpolitik in der Krise. Herbert Wehners Besuch in der DDR 1973, in: Deutschland-Archiv 6 (1994), S. 600–627.
[160] So führte Egon Bahr am 4. 9. 1981 ausgiebige Besprechungen mit Hermann Axen und mit Honecker, wobei er vom Leiter der Ständigen Vertretung, Klaus Bölling, begleitet wurde.

Die bisherige politische, publizistische und wissenschaftliche Auseinandersetzung mit der Deutschlandpolitik der SPD in der Opposition hat sich vor allem auf die sicherheitspolitischen Kontakte mit der SED und das sog. SED-SPD-Papier konzentriert. Parteibeziehungen zwischen SPD und SED herzustellen, war bis 1982 zwar gelegentlich erwogen, aber nicht realisiert worden.[161] Doch nur wenige Wochen nach dem Ende der Regierungsära wurde, so steht es in den SED-Papieren, die Aufnahme offizieller Beziehungen vereinbart.[162] Und im Sommer 1983 sprach Hermann Axen genau dieses Thema an. Tatsächlich achtete die SPD darauf, ihre Kontakte zur SED bis zuletzt, d. h. bis zu dem Ende des SED-Regimes, unterhalb der Schwelle ihrer Beziehungen zu demokratischen Parteien zu halten.[163] Über den Wert gingen die Meinungen auseinander. Während der alte außenpolitische Politprofi Gromyko den Dialog mit der SPD-Opposition eher skeptisch beurteilte[164], maß Egon Bahr ihm große Bedeutung zu.[165] Mit dem Besuch des frisch gewählten Fraktionsvorsitzenden Hans-Jochen Vogel bei Honecker wurde diese neue Phase formell eingeleitet.[166]

Für die Einordnung und Beurteilung der sozialdemokratischen Deutschlandpolitik in den 80er Jahren ist es notwendig, nicht nur Positionen zu markieren, sondern deutlicher, als das zumeist geschieht, die verschiedenen operativen Stränge herauszuarbeiten. Diese machen in ihren verschiedenen Facetten das aus, was eine »zweite Ostpolitik« der nun in der Opposition agierenden SPD darstellt.[167] Das heißt allerdings nicht, daß sie in sich konsistent und aus einem Guß war. Es wirkten vielmehr verschiedene Strömungen und Akteure zusammen, die sich zum Teil ergänzten, zum Teil aber auch ins Gehege kamen und Konflikte heraufbeschworen.

1. Die Überzeugung, daß Deutschland erst in einer europäischen Sicherheits- und Friedensordnung eine Chance für seine Selbstbestimmung erlangen könne, war kein sozialdemokratisches Spezifikum. Sie wurde von fast allen führenden Politikern geteilt – und so haben

[161] Vgl. Garton Ash (1993), S. 471.

[162] Vom Politbüro wurde dies am 2. 11. 1982 formell beschlossen; zuständig bei der SED war Otto Reinhold. Vgl. Anl. 5 zum Protokoll der Politbürositzung am 2. 11. 1982, in: SAPMO ZPA J IV 2/2A/2519.

[163] Protokolle der Sitzungen des Präsidiums, SPD-Vorstandsarchiv; für den von Axen geäußerten Wunsch Sitzung vom 29. 8. 1983.

[164] Nach Bericht über den Freundschaftsbesuch Gromykos in der DDR vom 19. – 21. 1. 1983; in: SAPMO ZPA J IV 2/2A/2540.

[165] So mehrfach in Artikeln und Vorträgen.

[166] Für diese Unterredung standen mir der ausführliche »Vermerk« über das »Gespräch Dr. Hans-Jochen Vogel mit Erich Honecker am 28. Mai 1983«, Archiv Vogel, zur Verfügung wie die »Niederschrift« über das Gespräch, in: SAPMO ZPA; siehe Dokument Nr. 4.

[167] Vgl. dazu Garton Ash (1993), S. 462ff.; ferner auch Moseleit (1991).

sie sich im Ablauf gemeinschaftlich geirrt.[168] Die Unterschiede lagen woanders. Unter dem Einfluß der Raketen- und Nachrüstungsdebatte und der Friedensbewegung orientierte die SPD ihre deutschlandpolitische Sicht primär an der Sicherheitspolitik. Ihr lag die Prämisse zugrunde, daß im Zeitalter eines möglichen atomaren Holocaust die Erhaltung des Friedens absolute Priorität besaß. Nicht alle, aber doch die in den 80er Jahren dominierende Richtung in der SPD ging davon aus, daß die Installierung moderner Mittelstreckenraketen in Europa den Frieden nicht sicherer machte, sondern daß dadurch die Gefahr eines militärischen Konfliktes in Europa eher stieg.[169] Aus der Skepsis gegenüber den Supermächten und dem Gefühl, daß die Deutschen beiderseits des Eisernen Vorhangs die am stärksten Bedrohten seien, erwuchs das Konzept der gemeinsamen Sicherheit und der Verantwortungsgemeinschaft beider deutscher Staaten. Positiv gewendet firmierte es unter dem Signum »Sicherheitspartnerschaft«.[170] Strittig blieb dabei in der SPD, ob die deutschen Gemeinsamkeiten und die Distanz zu den beiden atomaren Supermächten akzentuiert werden sollten (etwa die Linie Bahrs) oder die Einbindung in das westliche Bündnis- und Wertesystem deutlicher zu markieren war (erkennbar u. a. bei Rau).

Eine zweite Prämisse ging davon aus, daß in kommunistisch regierten Staaten die Partei das Sagen hatte und sich über den Kontakt von Partei zu Partei auch als Opposition in Bonn Einfluß auf die Haltung der Herrschenden drüben und die Regierung im eigenen Land gewinnen ließ. Es war die Anerkennung der machtpolitischen Systemrealitäten als Basis und Voraussetzung für die Ausbildung gemeinsamer Sicherheit.[171] In diesem Punkt gab es keinen grundlegenden Dissens.

Insofern war es durchaus folgerichtig, mit der SED über Maßnahmen zur Abrüstung und zur Implementierung von mehr Sicherheit zu beraten. Wie bei der Ostpolitik führte der Weg zunächst über Moskau.[172] Mit dieser Rückendeckung wurde dann anläßlich des Besuches von Hans-Jochen Vogel mit seiner Delegation in der DDR (Mai 1984) das erste Projekt einer Initiative zur Schaffung einer chemiewaffenfreien Zone in Europa anvisiert. Nach weiteren Vorgesprächen nahm die gemeinsame Arbeitsgruppe von SPD-SED im Sommer 1984 ihre Beratungen auf, über die die Bundesregierung und

---

[168] So überzeugend Bahr, Deutschlandpolitik der SPD (1993), S. 21.

[169] So nahm etwa Johannes Rau eine deutlich USA-freundlichere Position ein und machte dies auch gegenüber Repräsentanten der DDR deutlich.

[170] Moseleit (1991), S. 40 ff.; Garton Ash (1993), S. 460 ff.

[171] So dezidiert Bahr, Deutschlandpolitik der SPD (1993), S. 16 f., 24 und 28.

[172] Bei dem Besuch einer SPD-Delegation im Mai 1984 in Moskau war die Einrichtung einer sicherheitspolitischen Arbeitsgruppe mit der KPdSU vereinbart worden.

die Koalitionsparteien informiert wurden. Im Juni 1985 legte sie den »Rahmen für ein Abkommen zur Bildung einer von chemischen Waffen freien Zone in Europa« vor.[173] Er hat die Genfer Verhandlungen, wie von kompetenter Seite bestätigt, eher positiv beeinflußt.[174]

Strittiger, wenngleich verhalten in der SPD war der Komplex einer atomwaffenfreien Zone, bei dem Vorschläge von Vance und Owen und der Palme-Kommission Pate gestanden hatten und wozu zwischen Brandt und Honecker Expertengespräche vereinbart worden waren. Nach knapp einjährigen Verhandlungen (Dez. 1985 – Herbst 1986) stellte die gemeinsame Arbeitsgruppe am 21. Oktober 1986 ihre von den Führungsgremien von SPD und SED gebilligten »Grundsätze für einen atomwaffenfreien Korridor in Mitteleuropa« vor.[175] Zumindest partiell, für das Gebiet der ehemaligen DDR, stand dieses Modell Pate bei der von Gorbatschow und Kohl 1989 im Kaukasus getroffenen Regelung und erfuhr so eine Art Rechtfertigung.

Das dritte Projekt zur strukturellen Nichtangriffsfähigkeit und zur Vertrauensbildung, das von den SPD-SED-Experten nach dem Honecker-Besuch in Bonn in Angriff genommen wurde, gedieh zwar im Sommer 1989 zum Abschluß.[176] Doch wurde es von der Entwicklung überrollt und überholt.

Die sicherheitspolitischen Kontakte mit der SED lassen sich durchaus rechtfertigen und legitimieren. Gerade weil die SED nicht irgendeine Partei, sondern identisch mit der Staatsführung war, besaßen die von ihr in den Verhandlungen konzedierten Zugeständnisse ein ganz anderes, höheres Maß an Verbindlichkeit. Der Zusammenhang mit der ungelösten deutschen Frage war für einen Mann wie Egon Bahr, der von der deutschen Nation aus und in langfristigen Perspektiven dachte, klar. Ob das in gleicher Weise auch noch für die jüngeren unter den Sicherheitspolitikern galt, ist schwieriger zu entschlüsseln. Die Problematik lag vornehmlich dort, wo solche Kontakte ein solches Maß an Eigendynamik und Eigengesetzlichkeit entwickelten, daß sie fast zum Selbstzweck wurden. Nicht zu übersehen ist der Trend dieser Sicherheitspolitiker, ihr Metier gegen jedwede

---

[173] Vgl. den von D. Schröder geschriebenen »Vermerk« über das Gespräch H.-J. Vogel – Honecker, Dokument Nr. 17; konkreter angesprochen wurde es in dem Gespräch zwischen Axen und Bahr am 14. 3. 1984, in: SAPMO ZPA IV 2/1/620. Zusammenfassend Moseleit (1991), S. 58 ff., ferner Protokolle über die Sitzungen des Präsidiums am 15. 4., 20. 5. und 10. 6. 1985, SPD-Vorstandsarchiv.

[174] So Bahr, Deutschlandpolitik der SPD (1993), S. 24; vgl. Garton Ash (1993), S. 472.

[175] Moseleit (1991), S. 60 ff.

[176] Unterlagen über die insgesamt zehn förmlichen Treffen vom 27. 11. 1987 bis 14. 7. 1989 wurden vom Autor eingesehen. Am 26. 7. 1989 erfolgte noch eine Absprache über den gemeinsamen Text. Vgl. auch Protokoll der Sitzung des Präsidiums vom 23. 9. 1985, SPD-Vorstandsarchiv.

Art von Störungen abzuschotten. Daraus erwuchs ein Spannungsverhältnis zu denen, die dem SED-System gesellschaftspolitisch kritisch begegneten und die Auseinandersetzungen aufnahmen, wie u. a. die Grundwertekommission der SPD.

2. Das von der Akademie für Gesellschaftswissenschaften der SED und der Grundwertekommission nach mehreren Treffen erarbeitete und am 27. August 1987 veröffentlichte Papier »Der Streit der Ideologien und die gemeinsame Sicherheit«[177] ist vielfach kritisiert worden, auch innerhalb der SPD; aber damals zugleich auch gelobt worden, selbst von Politikern der Regierungskoalition.[178] Der Hauptvorwurf richtete sich auf die Aussage, »keine Seite« dürfe der anderen die »Existenzberechtigung absprechen« und die Hoffnungen könnten »sich nicht darauf richten, daß ein System das andere abschafft«, sondern »daß beide Systeme reformfähig« seien. Diese zweifellos problematischen Formulierungen waren der vom Politbüro der SED in letzter Minute eingeforderte Preis, daß es das Dokument absegnete.[179]

Um ihm gerecht zu werden, darf man sich nicht an einem Satz aufhängen, sondern hat den gesamten Kontext und vor allem die Bedeutung und Wirkung in der DDR zu bedenken. Welche Brisanz das Papier dort besaß, bezeugen mehrere Indizien: Es löste eine der ganz seltenen Streitereien im Politbüro und den umgehenden Beschluß zu einer Schadensbegrenzungskampagne bei den Grundorganisationen der SED aus.[180] Dazu gab es Anlaß, wie die Stasi-Berichte und Analysen über die Reaktion der Bevölkerung und der Parteimitgliedschaft zeigen.[181] Auch ein so kritischer Analytiker der Kontakte wie Garton Ash kommt zu dem Ergebnis, das »Papier habe stimulierende Auswirkungen innerhalb der DDR gehabt« und die Zeit danach »in der DDR wachsende Kritik von unten hervor(ge)bracht«.[182] Im Sinne der »Kultur des politischen Streits«, zum Teil gerade unter Berufung auf diese von der SED unterschriebene Verpflichtung regte sich dissidente und oppositionelle Kritik. Als der SED-Staat sie mit Repressionen mundtot zu machen suchte, hat

[177] Texte zur Deutschlandpolitik III/5 (1987), S. 171 ff. Es wurde auch im ›Neuen Deutschland‹ vom 28. 8. 1987 veröffentlicht.
[178] Nach einem Bericht von Otto Reinhold für Honecker vom 1. 9. 1987 (SAPMO ZPA IV 2/2035/83) sagte Genscher ihm bei einem Gespräch am 31. 8. in Bonn, »unser Dokument mit der SPD sei sehr bedeutend«, und regte anschließend »kontinuierliche Gespräche« auch von SED und FDP an.
[179] Anl. zum Protokoll der Politbürositzung am 28. 7. 1987, in: ZPA J IV 2/2A/3083.
[180] Ebd. und Garton Ash (1993), S. 478 und 769, Anm.
[181] »Information« Erich Mielke vom 1. 10. 1987, in: ZPA IV 2/2035/79; Garton Ash (1993), S. 478 f.; »Notiz« über die Besprechung Mielke und KGB-Vize Leonid Schebarzin am 7. 4. 1989, in: Information Nr. 1/1993 des Bundesbeauftragten für die Stasi-Unterlagen (Gauck-Behörde).
[182] Garton Ash (1993), S. 479.

die Grundwertekommission diese repressive Politik hart und öffentlich kritisiert.[183]

Die »Kultur des Streits« markierte die offensivste Form der Ostpolitik. Sie verknüpfte den bilateralen Dialog mit dem »Dialog im Innern« der DDR, also mit Meinungsfreiheit und Offenheit. Die SED tat sich damit schwer, denn es ging an den Nerv des Systems, weil brisante Fragen nicht ausgeklammert, sondern akzentuiert wurden. Besonders deutlich wurde das 1989 beim Thema Menschenrechte, die von der Grundwertekommission ganz im Geiste einer freiheitlichen Demokratie mit Meinungspluralismus und politischer Opposition verknüpft wurden.[184] Die SED-Führung suchte diese Art von kritischer Systemauseinandersetzung durch Beschwerden bei anderen Gesprächspartnern aus der Bundesrepublik zu konterkarieren. Sie fand dafür – leider – partiell Gehör.[185] Bis in den Sommer 1989 hinein galten die »Epplers« auch im Westen eher als Störenfriede des vermeintlich eigentlich nur wichtigen Dialogs über Sicherheitsfragen, über humanitäre Erleichterungen an der Grenze und im Verkehr und über den Ausbau der bilateralen Beziehungen, besonders die Städtepartnerschaften.

3. Sowohl die sicherheitspolitische Gemeinsamkeitspolitik wie die Streit- und Streitkulturpolitik der Grundwertekommission waren, da sie von der SPD-Parteiführung abgesegnet wurden, SPD-Politik. Daneben aber gab es die diskreten Kontakte, die einige Sozialdemokraten zu Dissidenten knüpften und die offeneren mit Vertretern der Kirchen. SPD-Politiker suchten am intensivsten die Verbindung zu kirchlichen Kreisen in der DDR. Helmut Schmidt machte über diese Treffen auch Honecker gegenüber keinen Hehl, so wenig wie Johannes Rau, Erhard Eppler und Jürgen Schmude ihre Besuche als Politiker und Präsidale bzw. Synodale der EKD bei der Evangelischen Kirche verbargen. Bei den vielen regionalen Evangelischen Kirchentagen in Erfurt, Halle, Leipzig, Magdeburg und Berlin-Ost trafen sie mit Angehörigen von Friedens- und Bürgerrechtsgruppen zusammen. Daraus erwuchs ein engerer Kontakt zu dem Kreis um Pfarrer Friedrich Schorlemer.[186] Mit Rückendeckung durch den SPD-Fraktionsvorstand nahmen Jürgen Schmude, Horst

---

[183] So bei den Repressionen gegen die unabhängigen Luxemburg-Liebknecht-Demonstranten. Vgl. bes. das Resümee Epplers v. 23. 3. 1989, u. a. in: Deutschland-Archiv 6 (1989), S. 713 ff.

[184] Beim Treffen vom 13.–15. 4. 1989; ergibt sich deutlich selbst aus der SED-»Information« vom 17. 4. 1989, in: SAPMO ZPA IV 2/2035/81.

[185] SED-Vertreter äußerten solche Kritik beispielsweise gegenüber Peter Glotz am 19. 4. 1988 und Egon Bahr am 30./31. 3. 1989.

[186] Für H. Schmidt vgl. etwa sein Gespräch mit Honecker am 5. 9. 1983, siehe Dokument Nr. 7; für die weiteren Kontakte über die Kirchenebene vgl. Knabe (1994), Abschnitt 3.8.2. Das MfS zählte in seiner »Information« Nr. 45/88 v. 15. 9. 1988 (»Streng geheim«) 48 Kontakte führender SPD-Politiker, 24 der Grünen, 21 der CDU/CSU und 3 der FDP.

Sielaff und Gert Weisskirchen ab Anfang Dezember 1987 direkte Verbindung zu Rainer Eppelmann und dem Friedenskreis der Samariter-Gemeinde in Ost-Berlin und zu weiteren kirchlichen oppositionellen Gruppen auf. Auf einer anderen Schiene – als Herausgeber von rororo-aktuell – hatte Freimut Duve schon frühzeitig Wege zu Dissidenten gesucht und gefunden, so etwa zu Robert Havemann, Jürgen Fuchs und dem Dresdener Pfarrer Friedrich Magirius. Am engagiertesten und intensivsten setzte sich sicher Gert Weisskirchen für die Friedens- und Menschenrechtsgruppen in der DDR ein. Durch seine vielfältigen Basiskontakte erwarb er sich hohes Ansehen in den systemkritischen Kreisen.[187] Daß sich Gert Weisskirchen und ihm Gleichgesinnte »die Betreuung von Dissidenten in der DDR zur Aufgabe gemacht hatten«, wie es in SED-Papieren hieß, geschah mit Wissen und Billigung der SPD-Führung, auch wenn sie in der SPD wohl lange zu wenig Verständnis fanden. Die DDR-Oberen waren über diese Kontakte zu Regimekritikern so verärgert, daß sie mehrfach Einreiseverbote verhängten und sich heftig bei anderen SPD-Politikern beschwerten.[188]

Solange die SPD in der Regierung war, hatte sie vielfältige Möglichkeiten, Hilfestellung für Menschen zu leisten, die Opfer der deutschen Teilung waren. Vor allem Herbert Wehner spielte in diesem schwierigen, diffizilen Geschäft eine ganz bedeutende Rolle. Mit der Verbannung auf die Oppositionsbänke standen der SPD die Ressourcen, die eine Bundesregierung vor allem im Finanziellen einsetzen konnte, nicht mehr zur Verfügung. Dennoch versuchte sie nun mit ungleich bescheideneren Mitteln weiter, konkret für die Menschen etwas zu erwirken.

»Wir konnten vielen helfen«, so lautet die Bilanz der SPD-Fraktion über humanitäre Hilfe für Bürger der DDR.[189] Vordringlich ging es dabei um Übersiedlung in die Bundesrepublik. Von dem eigens beim Fraktionsvorsitzenden Vogel eingerichteten Büro »Humanitäre Hilfe/DDR« wurden im Zeitraum 1. Oktober 1983 bis 9. November 1989 allein 4320 Anliegen bearbeitet; davon wurden 2219 durch Ausreise »gelöst«. Daneben ging es vor allem um Besuchsgenehmigungen in dringenden Familienangelegenheiten, später mehr um DDR-Besuche von Übersiedlern.[190] Die jährlichen Treffen Vogels mit Honecker

[187] Vgl. dazu bes. Knabe (1994), Abschnitt 3.8.2.

[188] Gegen das Einreiseverbot protestierten H.-J. Vogel und auch Oskar Lafontaine in einer Unterredung mit Gunter Rettner von der SED am 9. 12. 1987, in: SAPMO ZPA IV 2/2.035/79. – Zitat nach einer Äußerung von Gunter Rettner zu Peter Glotz am 19. 4. 1988, in: SAPMO ZPA IV 2/2035/80.

[189] Dokumentation: Wir konnten vielen helfen. Fraktionsservice der SPD-Bundestagsfraktion, Bonn, September 1993.

[190] Ebd. S. 6f. sowie die Anlagen zu den Gesprächsunterlagen u. a. im Privatarchiv H.-J. Vogel.

spielten dabei eine wichtige Rolle; jeweils davor und danach stieg die Zahl der Hilfsgesuche stark an. Vogel übergab jeweils seine Listen mit humanitären Fällen, und andere SPD-Politiker taten es ihm gleich.

Diese Hilfe für Menschen erforderte zwangsläufig den Weg über die Herrschenden. Anders war sie nicht zu bewirken. Mit jedem Treffen mit den Mächtigen des DDR-Regimes konnte Not von Menschen gelindert werden. Dennoch wäre – wie bei der Kohl-Regierung – zu fragen, ob die Spielräume völlig ausgeschöpft worden sind. Anders als die Bundesregierung konnte die SPD als Opposition kein Geld als Gegenleistung für humanitäre Erleichterung bieten. Sie konnte nur damit operieren, daß sie sich in Status-Fragen entgegenkommender zeigte, die Friedenskarte ausspielte, geduldig bei den Autoritäten etwas von den Freiheiten und Grundrechten einforderte, die zum Kern eines »demokratischen Sozialismus« gehörten, und vor Wahlen mit dem Pfund wucherte, daß die DDR-Oberen Interesse an einer Stärkung der Sozialdemokratie in der Bundesrepublik zeigten.

Der gouvernementale Ansatz der SPD-Deutschlandpolitik hatte, solange es im Osten nur den einen Ansprechpartner, die regierenden Kommunisten, gab, seine volle Berechtigung. Nicht anders verhielt sich auch die Bundesregierung. Mit dem Aufkommen dissidenter und oppositioneller Kräfte aber stellte sich die Frage neu. Es ging nun um die Ergänzung der etatistischen durch eine gesellschaftliche Dimension. Von einer Partei, die als Opposition freier als eine Regierung war, konnte man wohl eher erwarten, daß sie zumindest die Dissidenten nicht entmutigte und den Systemkritikern aus den eigenen Reihen die Solidarität nicht versagte. In diesen beiden Punkten hat es sicherlich individuelles Fehlverhalten gegeben.[191] Auch wenn die Aufzeichnungen und Berichte der Axens und Rettners tendenziös verzeichnet und deshalb mit Vorsicht zu nehmen sind, so liefern sie doch Anhaltspunkte für unterschiedliches Verhalten. Denn Distanzierungen von den kritischen Geistern werden eben nur bei einigen – zudem mit unterschiedlichen Abstufungen – erwähnt. Egon Bahr schien in der Tradition der klassischen Diplomatie und getreu seiner Überzeugung, daß militärische Abrüstung und Vertrauensbildung das Gebot der Stunde und der Schlüssel zu allem weiteren sei, ganz auf den sicherheitspolitischen Dialog mit den Mächtigen fixiert. Er behielt diese Linie bis zur »Wende« bei und machte aus seinen Vorbehalten gegen alles, was dieses stören könnte, keinen Hehl.[192]

---

[191] Diese Fälle sind in dem Artikel von Christian von Ditfurth im ›Spiegel‹ vom 24. 8. 1992 zusammenhängend dargestellt worden, wobei allerdings einseitig nur Negatives ausgewählt und die tendenziösen Verzerrungen, die gerade die von Ditfurth herangezogenen Dokumente aufweisen, zu wenig beachtet wurden. Kritisch auch Garton Ash (1993), bes. S. 486 ff.

[192] Information Max Schmidt (vom 4. 4. 1989) über »Äußerungen« Bahrs zu Vertretern der IPW und des IFSH am 30./31. 3. 1989, in: ZPA IV 2/2035/81.

Schwerer zu erklären ist das Verhalten von Karsten Voigt im Fall Bärbel Bohley und Wolfgang Templin[193] und das Agieren von Oskar Lafontaine, von dem u. a. berichtet wird, er habe sich von Gert Weisskirchen und seinen Kontakten zu Dissidenten distanziert, stets innenpolitische Gründe für eigene kritische Äußerungen ins Feld geführt, sich gegen »ideologischen Streit« ausgesprochen und noch im August 1989 seinen Staatssekretär Hans-Peter Weber zu einer etwas problematischen Mission nach Ost-Berlin entsandt.[194] Offenbar unterlagen einige Sozialdemokraten einer Fehlperzeption der DDR-Wirklichkeit oder hatten sogar das Gespür für das Sehnen und Denken der Menschen in der DDR verloren. Doch nie zu vergessen: Alle gemeinsam verband die tiefsitzende Sorge, daß ein Aufbegehren von unten schlimme Konsequenzen haben könnte, so wie 1953 in der DDR, 1956 in Ungarn, 1968 in der Tschechoslowakei und schließlich 1989 auf dem Tiananmen-Platz in Peking.[195]

4. Letztendlich aber kann der Maßstab für die Beurteilung der SPD-Politik nur die offiziell vertretene Linie sein, d. h. die Beschlußlage der Parteitage, des Parteivorstandes und der Bundestagsfraktion im Deklaratorischen, das Auftreten des Partei- und des Fraktionsvorsitzenden gegenüber den DDR-Offiziellen im Operativen. Während Willy Brandt, der Parteivorsitzende (bis 1987) und Präsident der Sozialistischen Internationale (seit 1976), mehr das internationale Feld bearbeitete und für eine Friedens- und Entspannungspolitik warb, kümmerte sich Hans-Jochen Vogel als Fraktionsvorsitzender vorrangig um den dornigen innerdeutschen Acker. Ein bezeichnendes Indiz war, daß Brandt sich mit Honecker nur zweimal traf, 1987 bei dem offiziellen Besuch in Bonn und 1985 in der DDR, als die Wunde Guillaume noch nachwirkte und es gerade zu einem »persönlich tragbaren Verhältnis« reichte.[196] Dagegen kamen Vogel und Honecker von 1983 bis 1989 insgesamt achtmal zu Gesprächen zusammen.[197]

Vogel übernahm den Part des innerdeutschen ersten Mannes der

---

[193] Siehe Garton Ash (1993), S. 494; Original des »Vermerks« vom 8. 7. 1988 in: SAPMO ZPA IV 2/2035/80.

[194] Dazu Garton Ash (1993), S. 493; Vermerke von Gunter Rettner über ein Gespräch mit Lafontaine am 9. 12. 1987 und am 13. 5. 1989; Hans-Peter Weber mit Gunter Rettner am 18. 8. 1989, in: SAPMO ZPA IV 2/2035/79, 80, 81; »Bericht« über den Besuch einer Delegation unter Egon Krenz am 7./8. 6. 1989 in Saarbrücken, in: ZPA J IV 2/2A/3192.

[195] Dies gilt selbstverständlich auch für Politiker der Regierungskoalition.

[196] Protokoll der Sitzung des Präsidiums vom 23. 9. 1985, SPD-Vorstandsarchiv; Bericht und Aufzeichnungen über das Treffen mit Honecker am 19. 9. 1985 in: SAPMO ZPA u. a. J IV 2/2A/2794 und IV 2/1/638; siehe Dokument Nr. 19.

[197] Dem Autor standen für diese Gespräche sowohl die SED-Quellen in SAPMO ZPA wie für H.-J. Vogel gefertigte Aufzeichnungen zur Verfügung, die auch schon Garton Ash benutzen konnte; siehe Dokumente Nr. 4, 14, 17, 28, 39, 46, 69, 79.

Sozialdemokratie von Herbert Wehner. Korrekt nach der Kleiderordnung liefen die Kontakte unter »Bundestagsfraktion«. Vogels Gespräche mit Honecker folgten dem gleichen Muster wie die meisten Treffen mit Spitzenpolitikern aus der Bundesrepublik. Zuerst wurde ausgiebig über die internationale Lage, besonders Sicherheit und Abrüstung, gesprochen und dann wurden bilaterale Fragen erörtert. In der ihm eigenen korrekten und fairen Art nahm Vogel sowohl Kohl wie Reagan und Bush gegen Unterstellungen in Schutz und stellte eindeutig klar, daß die Zugehörigkeit zur NATO für die SPD nicht in Frage stehe.[198] Die sicherheitspolitische Linie, wie er sie für die SPD vertrat, unterschied sich zwar von der der Kohl-Regierung, aber sie klang zugleich doch stärker westorientiert als manche öffentlichen Bekundungen anderer führender Sozialdemokraten. Deutschlandpolitisch operierte Vogel nach dem Grundschema, wie es sowohl von der sozial-liberalen wie der Kohl-Regierung praktiziert wurde: Hintanstellung grundsätzlicher Streitpunkte und Gegensätze, aber zielstrebig auf menschliche Erleichterung bedacht.[199]

Vogels persönliche Art, dies umzusetzen, konnte Vorbild für andere sein. Auf eine feine, subtile Art deutete er Grundsätzliches an, so durch das Bild der Mauer, vor dem er DDR-Gäste in seinem Arbeitszimmer empfing[200], und durch den Hinweis, daß er als Berliner Abgeordneter die SPD-Fraktion repräsentierte. Schon im Vorfeld des Honecker-Besuches konstatierte die SED-Führung »mit Befremden«, »daß von allen prominenten Gesprächspartnern aus den Bundestagsparteien der BRD nur H. J. Vogel Fragen nach dem Grenzregime und einer Teilnahme E. Honeckers in West-Berlin aufgeworfen habe«.[201] Zwar in konziliantem Ton, doch für die SED-Oberen unüberhörbar, sprach Vogel Repressionen in der DDR an, mahnte durch die Blume eine Politik des inneren Dialoges an, kritisierte das »Grenzregime« und monierte den Schußwaffengebrauch an der Grenze: »Grenzübertritte könnten nicht den Einsatz von Schußwaffen gegen Menschen rechtfertigen.«[202] Das geschah auch in Zeiten, als sich die Bundesregierung (vom Winter 1987/88 bis Sommer 1989) sichtlich zurückhielt.

Vogels kritischer, korrekter Umgang mit den SED-Oberen hat weder das Verhandlungs- und Gesprächsklima ernsthaft beeinträchtigt noch den Einsatz in humanitären Angelegenheiten behindert. Er

[198] »Vermerk« über das Gespräch vom 28. 5. 1983, Archiv Vogel, und »Niederschrift«; siehe Dokument Nr. 4.

[199] Vgl. Garton Ash (1993), S. 490.

[200] Axen beklagte sich deswegen u. a. bei Bahr am 15. 4. 1987; vgl. Garton Ash (1993), S. 489.

[201] »Vermerk« Axen vom 16. 4. 1987 über ein Gespräch mit Bahr am 15. 4. 1987, in: SAPMO ZPA IV 2/2035/79.

[202] Aufzeichnung über das Gespräch H.-J. Vogel – Honecker vom 25. 5. 1989, Archiv Vogel, und ähnlich in der »Niederschrift«; siehe Dokument Nr. 79.

vertrat als Fraktionsvorsitzender die offiziell gültigen Positionen der SPD. Bei der Elbgrenze signalisierte er – kaum anders als die Bundesregierung – Bereitschaft zu einer einvernehmlichen Regelung.[203] Deutlich wurde aber bei Salzgitter, daß bei ihm wohl noch gewisse Reserven mitschwangen, während die Mehrheitsströmung in der SPD für die Austrocknung und Auflösung war.

Hans-Jochen Vogel ließ keinen Zweifel daran zu, daß eine Anerkennung der DDR-Staatsbürgerschaft nicht in Frage kam: Es sei »völlig unrealistisch« zu glauben, daß das Grundgesetz geändert werde. Denen, die sich auf die deutsche Staatsbürgerschaft beriefen, könne das »nicht verweigert werden«.[204] Bei aller Bereitschaft, zu vernünftigen Regelungen mit der DDR-Führung zu kommen, machte er deutlich, daß er das Grundgesetzgebot ernst nahm: Er stand zu Freiheit und Nation als verpflichtenden Werten, und er sprach für die SPD.

5. Es war ein Kernproblem der SPD, daß ihr deutschlandpolitisches Bild in der Öffentlichkeit nicht in erster Linie von der Haltung eines Hans-Jochen Vogel geprägt wurde. Durch mehr oder weniger berufene und unberufene Aussagen, Äußerungen und Auftritte kam der Eindruck auf, als habe sie mit der Nation nichts mehr im Sinn und vernachlässige das Prinzip der Freiheit, wenn es um die kommunistischen Regime im Osten gehe. Kritiker, auch aus dem sozialdemokratischen Spektrum, haben der SPD der 80er Jahre eine Relativierung und Verwässerung des nationalen Einheitspostulates vorgehalten mit der Konsequenz, »daß die Masse der Funktionäre wie der Mitglieder eine Neuvereinigung Deutschlands nicht einmal mehr als Möglichkeit denken konnte«.[205] Es fällt allerdings auf, daß diese Vorwürfe fast immer erst ex post, nach der Vereinigung, artikuliert wurden. Andere Beobachter und Analytiker der deutschen Politik haben dagegen mehr »nationalism« in der politischen Öffentlichkeit und auch bei der SPD konstatiert, als deutsche Politiker, Publizisten und Historiker es wahrhaben wollten.[206]

Diese Diskrepanz hing mit dem Grundproblem der Deutschlandpolitik zusammen: am Anspruch einer deutschen Nation, aber ohne Aussicht auf Realisierung, festzuhalten und gleichzeitig die

---

[203] Vgl. auch Thesen der SPD-Bundestagsfraktion zur Deutschlandpolitik von 1984; Texte zur Deutschlandpolitik III/2 (1984), S. 431.

[204] So referiert in »Niederschrift« über das Gespräch mit Honecker am 14. 3. 1984; siehe Dokument Nr. 14 unter [a], vgl. auch [b].

[205] Dieter Groh/Peter Brandt, »Vaterlandslose Gesellen«. Sozialdemokratie und Nation 1860–1990, München 1992, S. 333 f.; ähnlich die Kritik von Tilman Fichter, Die SPD und die Nation: Vier sozialdemokratische Generationen zwischen nationaler Selbstbestimmung und Zweistaatlichkeit, Frankfurt/M. 1993.

[206] Vgl. Dieter K. Buse/Juergen C. Doer, German Nationalism. A Bibliographic Approach, New York – London 1985, Chapter 6.

Anerkennung des zweiten deutschen Staates zu praktizieren, also das Gegenteil zu tun.[207] In ihren verbindlichen Aussagen hielt die SPD eindeutig an der einen Nation fest. So hieß es etwa im Irseer Entwurf für ein neues Grundsatzprogramm (1986): »Die Frage der Nation, der sich auch die DDR nicht entziehen kann, hat sich durch die staatliche Teilung nicht erledigt. [...] Es bleibt offen, ob und in welcher Form die Deutschen in beiden Staaten in einer europäischen Friedensordnung zu institutioneller Gemeinschaft finden.«[208] Diese Aussage findet sich in dem im Januar 1989 veröffentlichten Entwurf des Grundsatzprogramms wieder.[209] Wenn Egon Bahr gegen das »Gelabere« über die Offenheit der deutschen Frage polemisierte[210], dann deswegen, weil er das Reden gerade im Interesse der deutschen Nation für kontraproduktiv hielt.

Als Willy Brandt »die Wiedervereinigung als die Lebenslüge der Zweiten Deutschen Republik« bezeichnete[211], schickte die CDU sich fast an, die »Wiedervereinigung« aus ihrem Parteiprogramm zu streichen.[212] Parteiübergreifend deutete sich darin eine Art von deutschlandpolitischer Aufrichtigkeit an: Sich dazu zu bekennen, daß es eine Wiederherstellung des gewesenen deutschen Reiches – Wiedervereinigung – nicht geben werde und daß dieses der Bonner Politik längst bewußt war, aber den Deutschen in den beiden deutschen Staaten die »Chance der Selbstbestimmung« und die Option zu einer Einigung bewahrt werden sollte. Genau das postulierte die SPD auch im Irseer Programmentwurf als Ziel ihrer Deutschlandpolitik[213], und genauso ist die Einigung geschehen – über und durch die Selbstbestimmung der Menschen im östlichen Deutschland.

Tatsächlich trafen das programmatische Bekenntnis und der beharrliche Einsatz eines Willy Brandt, Hans-Jochen Vogel und Egon Bahr für die Belange der Nation nicht die in der Partei vorherrschende Stimmung. Formelkompromisse überdeckten die Gemengelage vor allem zwischen den Älteren, die im Innern an der deutschen Nation festhielten, und den Angehörigen der jüngeren Generation, die sich als Verfassungspatrioten der alten Bundesrepublik und westliche Europäer empfanden. Durchaus im Einklang mit einer postnationalen Stimmung in der Bundesrepublik standen sie der

---

[207] Eine Änderung des Grundgesetzes lehnte die SPD ab.

[208] Entwurf für ein neues Grundsatzprogramm der Sozialdemokratischen Partei Deutschlands (Irsee, Juni 1986), Bonn 1986 S. 11.

[209] Die Formulierungen waren allerdings leicht verändert.

[210] Egon Bahr, Sicherheit für und vor Deutschland. Vom Wandel durch Annäherung zur Europäischen Sicherheitsgemeinschaft, München – Wien 1991, S. 133 und 135.

[211] Frankfurter Rundschau vom 15. 9. 1988; vgl. Groh/Brandt (1992), S. 320.

[212] Siehe Abschnitt II,1.

[213] »Mit unserer Deutschlandpolitik wollen wir die Chance der Selbstbestimmung erhalten, die den Deutschen zusteht wie anderen Nationen«; siehe Anm. 208.

deutschen Einheit eher skeptisch gegenüber, wobei das Spektrum von eher gleichgültig bis fast ablehnend reichte.[214] Diese »Enkelgeneration« bestimmte schon vor 1989 weitgehend das Bild der SPD in der Öffentlichkeit. Der Protagonist war Oskar Lafontaine, der seine Position vor dem Programmparteitag der SPD im Dezember 1989 klar definierte, sich gegen das Denken und Handeln in »nationalen Kategorien« wandte und die »soziale Frage« und den Internationalismus in den Vordergrund rückte.[215] Die SPD konnte über Lafontaines Kurs also kaum im Zweifel sein, als sie ihn im März 1990 zu ihrem Kanzlerkandidaten kürte.

6. Kritisch zu fragen ist, ob die SPD bzw. präziser eine Reihe ihrer führenden Politiker den Umgang mit den Regierenden des SED-Systems nicht übertrieben. Bei Johannes Rau, der schon im Januar 1985 bei Honecker war, fiel selbst in den SED-Notizen die große Offenheit auf, mit der er sein Bedauern über die Teilung Deutschlands äußerte und daran erinnerte, wie »sehr« sich sein geistiger Ziehvater Gustav Heinemann »in den 50er Jahren für die Wiedervereinigung eingesetzt« habe.[216] Nachdem Oskar Lafontaine dann im November 1985 als saarländischer Ministerpräsident die DDR besucht hatte und einen Monat später Gerhard Schröder aus Niedersachsen folgte, bürgerte es sich ein, daß Spitzenkandidaten aus der Enkelgeneration nach Osten pilgerten und sich durch den Empfang bei Honecker gewissermaßen die höheren Weihen holten. Im Mai 1986 besuchten zunächst die beiden Ministerpräsidenten Rau und Lafontaine zusammen die DDR, gefolgt vom CDU-Ministerpräsidenten Lothar Späth und dem Spitzenkandidaten der bayerischen SPD, Karl-Heinz Hiersemann.[217] Im Jahr des Honecker-Besuches, bei dem die herausgehobenen Politiker aller Parteien vom Generalsekretär während der Staatsvisite empfangen wurden[218], zog es von den Ministerpräsidenten und Ministerpräsidentenanwärtern der SPD Oskar Lafontaine (Saarland), Klaus Wedemeier (Bremen), Klaus von Dohnanyi (Hamburg), Dieter Spöri (Baden-Württemberg) und der CDU/CSU Eberhard Diepgen (Berlin) und Franz Josef Strauß (Bayern) in die

[214] Bes. kritisch akzentuiert von Fichter (1993), bes. S. 66 f.

[215] Vgl. insbesondere Protokolle der Sitzungen des Präsidiums vom 6. 11. 1989 und vom 10. 12. 1989, SPD-Vorstandsarchiv. Vgl. auch Lafontaines Rede vor dem Programmparteitag der SPD vom Dezember 1989 in Berlin.

[216] »Vermerk« (von Seidel) über das Gespräch Honecker – Rau am 11. 1. 1985; siehe Dokument Nr. 15.

[217] DDR-Aufzeichnungen über diese Besuche und dabei mit Honecker geführte Gespräche in SAPMO ZPA in unterschiedlichen Beständen; abgedr. mit den Westquellen, soweit sie verfügbar waren, als Dokumente Nr. 25, 26 und 27.

[218] Über diese Gespräche unterrichten die jeweiligen Aufzeichnungen, die als Anlage dem »Bericht« Honeckers für das Politbüro über seinen Besuch beigefügt sind; abgedr. als Dokumente Nr. 41–59.

DDR. Im Jahre 1988 überrundeten die prominenten Besucher aus der Regierungskoalition – von der CDU Eberhard Diepgen, Bernhard Vogel, Volker Rühe, Alfred Dregger, Wolfgang Schäuble, von der FDP Otto Graf Lambsdorff und Martin Bangemann – an Zahl bei weitem die von der SPD: Rau, H.-J. Vogel und Lafontaine. Im Jahr der »Wende« büßte die Koalition mit Lothar Späth, Ernst Albrecht, Rudolf Seiters (alle CDU), Wolfgang Mischnick (FDP) ihren errungenen Vorsprung vor der SPD (Björn Engholm, Walter Momper, Johannes Rau, H.-J. Vogel, Henning Voscherau) allerdings wieder ein. – Es ist gewiß legitim, sich von außen Unterstützung für die eigenen politischen Ziele zu suchen; doch problematisch wird es bei der Frage, von wem. Das bleibt es selbst dann, wenn Oskar Lafontaine in Anspielung auf Hager einen »Tapetenwechsel« und Walter Momper Ungarn als Vorbild empfahl und die sogenannten Kommunalwahlen und die Reaktion der DDR auf »Tiananmen« kritisierte.[219]

Zumindest partiell drohte in den Hintergrund zu treten, daß es sich bei dem SED-Regime nicht um eine demokratisch gewählte Regierung handelte. Am schärfsten zeigte sich die Problematik in der Asylantenfrage, wo Bundesregierung wie SPD die SED um Hilfe angingen. Im Jahr 1986 konnten Bahr und der SPD-Kanzlerkandidat Rau den »Erfolg« für die SPD reklamieren.[220] Gedacht war es als Wahlhilfe für die SPD; daran gemessen vielleicht ein Erfolg. Doch der Preis war letztendlich auch die Aufwertung eines diktatorischen Systems, das sich als Wächter über die Wahrung des Grundgesetzartikels aufspielen[221] und seinen Einfluß auf die Innenpolitik der Bundesrepublik auskosten konnte. Es fügte sich als ein beinahe logischer Schritt in das Raster, das die östliche Seite im Vorfeld bundesrepublikanischer Wahlen ausfüllte, d. h. durch ihr eigenes Verhalten – etwa bei Besuchen – auf die politische Landschaft im Westen gestaltend einzuwirken.

Gewisse Vorbehalte gegen einen zu lang dauernden, zu intensiven sicherheitspolitischen Kontakt mit der SED hatten Willy Brandt und Hans-Jochen Vogel schon 1986 angemeldet[222], während der kritische Diskurs der Grundwertekommission weitgehend einhellig begrüßt und im wesentlichen nur Vorbehalte gegen die Passage angemeldet wurden, die auch heute noch umstritten ist. [223] Offenere Kritik

---

[219] Momper in seinem Gespräch mit Honecker am 19. 6. 1989; siehe Dokument Nr. 20; zu Lafontaines Vorschlag vgl. Bahr, Deutschlandpolitik der SPD (1993), S. 31f.
[220] Siehe oben I, 2a.
[221] So Honecker gegenüber Schäuble am 29. 8. 1986 nach »Vermerk« über das Gespräch; siehe Dokument Nr. 29.
[222] Protokoll der Sitzung des Präsidiums am 17. 2. 1986 und 19. 8. 1986, SPD-Vorstandsarchiv.
[223] Protokoll der Sitzung des Präsidiums am 22. 6. 1987, SPD-Vorstandsarchiv.

wurde erst mit den Ereignissen um die Zionskirche und noch stärker nach denen vom 15. Januar 1988 laut.[224] Im Zeichen von Gorbatschows »Glasnost« und »Perestroika« einerseits, dem Repressionskurs der SED-Oberen andererseits veränderten sich Klima, Stil und Konzeption des Umgangs der SPD mit dem zweiten deutschen Staat. Das Treffen der Grundwertekommission mit der Akademie im Frühjahr 1988 war nahe vor dem Platzen.[225] Es galt nun eher als Pflicht, bei DDR-Besuchen nicht nur Gespräche mit Vertretern der Kirche zu führen, sondern auch mit Friedens- und Initiativgruppen zu reden, freilich im Rahmen der Kirche.[226] Gerade die Erlebnisse und Begegnungen von Sozialdemokraten auf dem Evangelischen Kirchentag im Juni 1988 in Erfurt trugen dazu bei, daß nun der Dialog mit den Systemkritikern systematischer gesucht und ein Gespür für die Gelenkstellensituation wacher wurde, in der sich die Menschen und das Regime befanden.[227]

Angesichts der rapiden Entwicklung in Osteuropa setzte seit Frühjahr 1989 eine intensive Diskussion in den SPD-Führungsgremien ein, wie man darauf reagieren solle und welche Konsequenzen das für die DDR und das eigene Verhältnis zur DDR habe. Während die einen nun offene, harte Kritik an der DDR übten, wie die Grundwertekommission, einige mit einer Solidaritätsaktion für Solidarnosc Zeichen setzten[228] und andere eher vorsichtig tastend operierten, überstürzten sich die Ereignisse. Schon im Juni 1989 konstatierte Hans-Jochen Vogel nach Gesprächen mit DDR-Besuchern des Evangelischen Kirchentages, »sie hätten keine Angst mehr«.[229] In Erhard Epplers Rede vom 17. Juni zum Tag der Deutschen Einheit, in der er an »nationale Realitäten« erinnerte und die deutsche Einheit »als einen Prozeß, als wachsende Gemeinsamkeit im Tun« interpretierte, klang öffentlich an, daß die deutsche Frage eine neue Dimension erreichte.[230] Hinter verschlossenen Türen wagte sich Johannes Rau am 11. September, als Lafontaine noch die Ökologie als das zentrale Thema sah, zu der Prognose vor, »die Wiedervereinigungsfrage

[224] Vgl. Protokoll der Sitzung des Präsidiums am 30. 11. 1987 und 18. 1. 1988, SPD-Vorstandsarchiv, H.-J. Vogels Erklärung vor der Presse vom 19. 1. 1988, die gemeinsame Entschließung der SPD-Fraktionsvorsitzenden aus Bund und Ländern vom 28. 1. 1988 und die Erklärung zur Deutschlandpolitik vom 8. 2. 1988. Vgl. Knabe (1994), Abschnitt 3.8.1.
[225] Vgl. Eppler-Bericht in Protokoll der Sitzung des Präsidiums am 2. 5. 1988, SPD-Vorstandsarchiv.
[226] Vgl. Protokoll der Sitzung des Präsidiums am 18. 1. 1988, SPD-Vorstandsarchiv.
[227] Vgl. Protokoll der Sitzung des Präsidiums am 13. 6. und 28. 8. 1988, SPD-Vorstandsarchiv.
[228] Für die Grundwertekommission siehe oben; für den Spendenaufruf für Solidarnosc vgl. Protokoll der Sitzung des Präsidiums am 29. 5. 1989, SPD-Vorstandsarchiv.
[229] Protokoll der Sitzung des Präsidiums am 12. 6. 1989, SPD-Vorstandsarchiv.
[230] Vgl. Groh/Brandt (1992), S. 327f.

komme zu einer Neubewertung«.[231] So weit ging selbst Erhard Eppler nicht, der zwar von »Gesprächen mit jungen linken Leuten in Leipzig« berichtete, »die von sich aus die Frage der deutschen Einheit aufgeworfen hätten«, für sich selbst aber bekannte, ihm »ginge es nicht um die Wiedervereinigung«, doch dürfe die SPD »in der jetzigen Lage weder die Einheit fordern noch gar sie ablehnen«. Den konträrsten Standpunkt, die deutsche Frage stehe nicht auf der Tagesordnung, vertrat Egon Bahr, wogegen sich wieder Hans-Jochen Vogel wandte. Die meisten argumentierten in etwa auf der Linie, wie sie Eppler markiert hatte, d. h. nicht Wiedervereinigung, sondern entlang dem Begriff »Einheit«, die letztlich von den Menschen in der DDR entschieden werde und nur in einem »europäischen Prozeß« denkbar schien.

Im Konflikt, Kurswechsel oder nicht, verständigte man sich auf eine Kompromißlinie, d. h. Suspendierung der Kontakte der Grundwertekommission, aber Durchführung von verabredeten Besuchen mit »den offiziellen wie mit den oppositionellen Vertretern der DDR« und die Anmahnung von Glasnost, Pluralismus, korrekten Wahlen und Reformen.[232] Die eventuelle Neugründung einer SPD in der DDR, die von Bahr entschieden verworfen wurde, sollte von den Menschen dort selbst entschieden werden. Die mutigen Initiatoren zur Gründung einer sozialdemokratischen Partei in der DDR entschieden sich, am 7. Oktober 1989 in Schwante diesen Schritt zu wagen.

In der Phase des schrittweisen Zusammenbruchs des SED-Systems fand die SPD nicht zu einem klaren, der Situation angemessenen und die sich bietenden Chancen nutzenden Kurs. Dieses – von heute aus gesehene – Versagen hatte vielfältige Ursachen, externe wie interne. Empfehlungen, was zu tun oder zu ändern sei, gab es viele, vor der Maueröffnung und auch danach. Egon Bahr blieb bei seinem vorsichtigen Kurs, immerhin nun auch offen für Kontakte mit der SDP. Oskar Lafontaine wollte Kohl mit Ökologie und gegen Raketen in die Ecke treiben und sah eine Demokratisierung der DDR: Er hatte mit dem Nationalstaat nichts am Hut und hing einem verqueren Internationalismus an. Andere wie Engholm und Schröder waren eher zögerlich. Willy Brandt ging seinen eigenen Weg, hatte ein Gespür für die Zeichen der Zeit und fand nicht nur am 10. November die richtigen Worte: »Jetzt wächst zusammen, was zusammengehört.« Aber auch in der Führungsspitze gab es genügend, die wahrnahmen, daß der Kurs Richtung Einheit und Wiedervereinigung wies und dies auf der Tagesordnung stand. Ulrich Klose, Johannes Rau und Hans-Jochen Vogel gehörten dazu. Sie registrierten, daß

[231] Protokoll der Sitzung des Präsidiums am 11. 9. 1989, SPD-Vorstandsarchiv.
[232] Ebd.

die Stimmung in der Bevölkerung eine andere war als bei den Oppositionsgruppen. »Bei den Menschen auf der Straße«, so Rau schon am 13. November, »gebe es geradezu eine Wiedervereinigungseuphorie«.[233]

Nicht fehlende Einsicht, sondern der Wille und die Kraft, sich gegen die Bedenkenträger, Andersdenkenden und eigenwilligen Querdenker in der eigenen Partei durchzusetzen, waren das Kernproblem. Die SPD zahlte dafür einen hohen Preis. Raus Warnung, »Wenn die SPD den Zug der Einheit verpasse, verpasse sie auf lange Jahre die Chance, Wahlen zu gewinnen und wieder in Regierungsverantwortung zu gelangen«[234], erwies sich als eine Prophezeiung, die zumindest in Teilen eintraf. Die Sozialdemokratie der 80er Jahre hatte über Ökologie, Friedenspostulat, Westorientierung und postindustriellen Lebensgefühlen ein Stück der Identität als Partei nationaler Einheit und Freiheit verloren. Damit einher ging ein Verlust an einem umfassenden, in sich stimmigen und abgestimmten deutschlandpolitischen Konzept und Kurs. Charakteristisch und prägend waren Initiativen und Aktivitäten von Gruppen, Kreisen und Personen, die als solche von großer Bedeutung waren. Aber sie hatten die Tendenz, sich zu verselbständigen und formten sich nicht zu einem Ganzen. Schon von daher fällt ein Urteil über die Deutschlandpolitik der 80er Jahre nicht leicht.

Noch ungleich schwerer lassen sich die Wirkungen dieser Politik für die DDR und damit auch die deutsche Frage ausloten. Sie trug sicherlich nicht zu einer Stabilisierung der SED-Herrschaft bei. Sie hatte auf Reformen von oben und einen inneren Wandel des Systems gebaut. Ob das SED-Regime durch die SPD, ihren »Sozialdemokratismus« und die vielfältigen Kontakte wenn schon nicht liberalisiert, so doch zivilisiert wurde, läßt sich wohl nicht mit Sicherheit beantworten. Daß in Leipzig nicht geschossen und Honecker abgelöst wurde, steht fest. Welchen Anteil die Sozialdemokratie an der Zivilisierung nun hatte und wieweit sie durch das Reformklima und den Wandel östlich der DDR verursacht wurde, ist kaum auseinanderzudividieren. Aber die Sozialdemokratie trug durch ihre Friedens-, Entspannungs- und in sich so komplexe Deutschlandpolitik dazu bei, ein Klima zu schaffen, in dem friedlicher Wandel möglich wurde. Sie hat mit Willy Brandt gegen vielfältige Widerstände diesen Kurs auf den Weg gebracht und durchgehalten und in einem mühsamen, langwierigen Prozeß Saatkörner gelegt und gehegt, aus denen erst Verstehen, Verständigung und Versöhnung wachsen konnten.

---

[233] Diese Aussagen und Bewertungen stützten sich vor allem auf die Durchsicht der Präsidiumsprotokolle; für das Rau-Zitat siehe Protokoll der Präsidiumssitzung vom 13. 11. 1989.
[234] Protokoll der Präsidiumssitzung vom 27. 11. 1989.

3. FDP

Die FDP hatte eine ausgeprägte deutschlandpolitische Tradition. Schon in der Adenauer-Zeit, aber auch unter der Kanzlerschaft Ludwig Erhards (1963–1966) und als Opposition während der Großen Koalition (1966–1969) kamen von den Freidemokraten immer wieder Anstöße für einen elastischeren Kurs gegenüber der DDR und den Ostblockstaaten. An der neuen Ostpolitik der sozial-liberalen Koalition reklamierte sie zu Recht einen durchaus gewichtigen Anteil. In der Zeit der Regierung Kohl zeigte sie dagegen kein wirklich eigenständiges deutschlandpolitisches Profil und trat auf diesem Feld nur wenig hervor. Ihr Bild wurde – soweit es die Außenpolitik betraf – durch Hans-Dietrich Genscher geprägt und fast völlig mit ihm identifiziert. Die Person des seit 1974 amtierenden Außenministers war gewissermaßen schon Programm. Genscher galt als Garant für die außen- und deutschlandpolitische Kontinuität von der sozial-liberalen Koalition Helmut Schmidts zur liberal-konservativen Regierung Helmut Kohls. Doch die auffälligen deutschlandpolitischen Akzente der neuen Regierung setzten zunächst andere – Strauß mit seinem Milliardenkredit –, während Genscher und seine FDP im Schatten standen.

Die deutschlandpolitische Blässe der Freidemokraten in der ersten Hälfte der 80er Jahre kontrastierte auffällig mit der Rolle, die sie als Mitinitiatoren der neuen Ostpolitik im Kabinett Willy Brandt gespielt hatten. Die Kontakte, die der Fraktionsvorsitzende Wolfgang Mischnick seit dem Grundlagenvertrag zu der LDPD und ihrem Vorsitzenden Manfred Gerlach unterhielt, erregten im Unterschied zu den Gesprächen von SPD und SED nur geringes öffentliches Aufsehen.[235] Wie Mischnick betonte, habe die ganze FDP-Fraktion dahinter gestanden und sie mitgetragen.[236] Die Beziehungen von FDP und LDPD hatten durchaus eine besondere Qualität, was sich darin spiegelt, daß die FDP in den 80er Jahren bei den Parteitagen der LDPD mit richtigen Delegationen vertreten war wie umgekehrt auch. Im Sinne der Arbeitsteilung des SED-Systems erfüllte die LDPD dabei ihre spezifische Funktion. Aber Zweifel scheinen zumindest angebracht, ob sich über die LDPD im deutsch-deutschen Verhältnis wirklich etwas bewegen ließ. Sie war eine Blockpartei und dem SED-Sozialismus verpflichtet. Aber weil sie das »liberal« in ihrem Namen trug, räumte ihr die FDP einen Bonus ein,

[235] Peter Juling, Deutschlandpolitik der FDP, in: Werner Weidenfeld/Karl-Rudolf Korte (Hrsg.), Handwörterbuch zur deutschen Einheit, Bonn 1992, S. 202–208; zum Thema ferner Detlef Kühn, Die FDP und die Deutschlandpolitik, in: Dieter Blumenwitz/Gottfried Zieger (Hrsg.), Die deutsche Frage im Spiegel der Parteien, Bonn 1989, S. 83–87.
[236] So Mischnick mehrfach in einem Gespräch am 24. 10. 1994.

den sie so nicht verdiente und der auf eher illusionäre Vorstellungen von Westliberalen über die Rolle der LDPD im Herrschaftssystem wies.

Außer zur Blockpartei LDPD knüpften Mischnick und andere FDP-Politiker auch direkte Drähte zur SED-Führung, wie sie auch Christ- und Sozialdemokraten unterhielten.[237] Als das Ende der sozial-liberalen Koalition absehbar wurde, offerierte Mischnick der SED-Spitze, zukünftig den diskreten Part von Herbert Wehner zu übernehmen[238], d. h. sich besonders der humanitären Dinge und schwierigen Problemfelder anzunehmen, wobei Gerlach in konkreten Fällen half. Als Sondierer und Mittler hat Wolfgang Mischnick hinter den Kulissen augenscheinlich eine beachtenswerte Rolle gespielt. Das bezeugt etwa sein Besuch als erster Westpolitiker bei dem neuen Generalsekretär Egon Krenz (25. Oktober 1989), bei dem sich der Draht zu dem LDPD-Vorsitzenden Gerlach als nützlich erwies.[239]

In seiner Funktion als Wirtschaftsminister traf sich Martin Bangemann zwar häufig mit Günter Mittag und mehrfach auch mit Schalck-Golodkowski und Erich Honecker, dabei ging es jedoch zumeist nur um Wirtschaft und Handel.[240] Er, wie sein Vorgänger als Minister und FDP-Vorsitzender, Otto Graf Lambsdorff, den Honecker 1984 auf der Leipziger Messe traf und im Februar 1988 empfing[241], und andere führende FDP-Vertreter galten für die DDR-Führung als geschätzte »realistische Politiker«.

Öffentlich wie bei internen Kontakten suchte sich die FDP vor allem als Korrektiv zur CSU und Hardlinern in der CDU zu empfehlen und als stabilisierendes Element für die Ausgestaltung der innerdeutschen Beziehungen und Garant der Kontinuität zu verkaufen. So wurde ihr Part auch im Osten verstanden. Eine gewichtige Rolle – gerade im Blick auf das internationale Klima – spielte dabei, daß die FDP an der Anerkennung und Gültigkeit der polnischen Westgrenze keinen Zweifel

[237] Ende Mai führte Mischnick sein erstes Gespräch mit Manfred Gerlach, dem Vorsitzenden der LDPD. Im Anschluß daran nahm er am 31. Mai 1973 zeitweise an dem Honecker – Wehner-Gespräch teil. – Daneben hatten die Parlamentarischen Geschäftsführer Kurt Spitzmüller und Torsten Wolfgramm mit Herbert Häber und Hermann Axen gesprochen, den später auch Mischnick traf. Aufzeichnungen über diese Gespräche in: SAPMO ZPA B 2/2. 028/11 und 28 sowie J IV 2/2A/1688 und 2427.

[238] Herbert Häber, »Information über ein Gespräch mit Wolfgang Mischnick« am 5. 5. 1982, in: SAPMO ZPA J IV 2/2A/2474.

[239] »Niederschrift über das Gespräch« Krenz – Mischnick am 25. 10. 1989; siehe Dokument Nr. 82.

[240] Vgl. Nr. 23, 32; über die Treffen mit Mittag unterrichten u.a. dessen Berichte für das Politbüro in: SAPMO ZPA, Bestand Politbüro; für Schalck vgl. die »Information« über das Gespräch mit Bangemann am 17. 8. 1987 in: SPD-Dokumentation: Wer im Glashaus sitzt (1994), Anlage.

[241] Vgl. Dokumente Nr. 13 und 63.

ließ.[242] Viel weniger eindeutig stellte sich die Position der Liberalen dar, wenn es um die Gestaltung der deutsch-deutschen Zukunft ging. Formell hielt die Partei an dem Grundgesetzgebot der deutschen Einheit fest. Folgt man der eher spärlichen Literatur zur Deutschlandpolitik der FDP, so lag das vor allem an dem Vorsitzenden des innerdeutschen Ausschusses, Uwe Ronneburger, und seinem Nachfolger Hans-Günther Hoppe.[243] Nur eine Minderheit der FDP ließ öffentlich erkennen, daß sie die Zweistaatlichkeit für unveränderbar hielt.[244]

Intern und hinter den Kulissen signalisierten führende FDP-Politiker der DDR allerdings ein Entgegenkommen, das auf eine faktische Aufwertung zu einem fast gleichrangigen Staatswesen hinauslief. Deutlich wurde das besonders in der Haltung zu den Geraer Forderungen Honeckers. Bei der Elbgrenze befürworteten sie alle eine einvernehmliche Regelung, was auf die Strommitte hinauslief. Zu Salzgitter, wo Mischnick 1984 ein Fortbestehen »als Nonsens« bezeichnet hatte, äußerten sich die FDP-Vertreter allerdings seit 1987 wesentlich zurückhaltender, dieses sei eine Frage der Zeit und der Umstände. Auch bei der Staatsbürgerschaft, wo noch 1984, wie es hieß, konzediert wurde, es gelte, »auf lange Zeit ihre Respektierung zu erwirken«, klang es nun eher vorsichtiger, indem zumeist gar nichts dazu gesagt wurde.[245] Als sich die DDR schon ihrem Ende entgegenneigte, ließ sich auch Mischnick nur mehr auf Unverbindliches ein.[246]

Bei der FDP war seit 1987 eine Belebung des Ost-West- und deutschlandpolitischen Diskurses zu verspüren. Gestärkt durch den gewachsenen Stimmenanteil bei den Bundestagswahlen und motiviert durch den von Gorbatschow ausgelösten Wandel übernahm Genscher die Rolle eines Schrittmachers zwischen West und Ost.[247] Über Otto Reinhold, den Gesprächspartner der Grundwertekommission der SPD und Vertrauten Honeckers, suchte er nun nach einem direkten Draht zum Generalsekretär und regte an, daß auch zwischen FDP und SED »kontinuierliche Gespräche« vereinbart würden.[248] Schon vor dem Honecker-Besuch kamen in der Partei Töne auf, »nach Wegen« zu suchen, »wie wir gegenwärtige Tendenzen und zu erwartende Trends in Europa und in der Welt deutschlandpolitisch nutzen könnten. Unser Ziel«, so sagte

[242] Vgl. Richard Kiessler/Frank Elbe, Ein runder Tisch mit scharfen Kanten. Der diplomatische Weg zur deutschen Einheit, Baden-Baden 1993, S. 25 ff.
[243] Vgl. Kühn, Die FDP (1989), S. 85; Hacker (1992), S. 227.
[244] Dazu Hacker (1992), S. 225 ff.
[245] Siehe dazu die Niederschriften über die Gespräche Mischnick – Honecker am 5. 3. 1984 und 10. 4. 1987 sowie Bangemann – Honecker am 15. 3. 1987 und 5. 9. 1988; siehe Dokumente Nr. 12, 33, 38 und 72. Zum Gespräch Mischnick – Krenz siehe Dokument Nr. 82.
[246] Siehe Anm. 239.
[247] Vgl. Garton Ash (1993), S. 160 f.
[248] Bericht von Otto Reinhold an Generalsekretär Honecker vom 30. 3. und 1. 9. 1987, in: SAPMO ZPA IV 2/2. 035/83.

Uwe Ronneburger, »bleibt die Einheit Deutschlands.«[249] Otto Graf Lambsdorff, der bei seiner Visite im Februar 1988 bei Honecker immerhin die jüngsten Pressionen ansprach und dem das SED-Regime »den Respekt«, wie es Honecker formulierte, »auch in für ihn schwierigen Zeiten« bekundete[250], warf gar die Frage auf, ob die deutsche Einheit nicht den Vorrang vor der NATO-Zugehörigkeit habe.[251] Diese Äußerungen glichen allerdings eher spekulativen Gedankenspielen; ein Konzept ergab sich daraus nicht. Außenminister Genscher distanzierte sich noch im Sommer 1987 deutlich von der These, daß die deutsche Frage offen sei, und von denen, die sie vertraten. Er bekannte sich zur Moskauer Erklärung vom 12. 3. 1985 als Basis und deutete nur vorsichtig eine »Art Philosophie« und »langfristige Strategie« für ein intensiveres deutsch-deutsches Miteinander an.[252] Leitprinzip der FDP-Politik blieb die von Genscher durchgängig propagierte Vision einer »europäischen Friedensordnung«, in der das deutsche Volk in freier Selbstbestimmung seine Einheit wiedererlangen könne.[253] Er befand sich darin in guter Gesellschaft mit den bestimmenden Politikern der beiden großen Volksparteien, die sich eine Lösung der deutschen Frage auch nur nach einer Überwindung der Spaltung Europas vorstellen konnten.

Die FDP setzte jedenfalls bis weit in den Spätherbst 1989 hinein auf Stabilisierung und »Sachlichkeit der Beziehungen« zur DDR, was im Klartext hieß: Kontakte ausschließlich mit den Mächtigen des Regimes und Distanz zu den Dissidenten.[254] Die Absage des Besuchs von Wirtschaftsminister Haussmann auf der Leipziger Frühjahrsmesse[255] markierte keine Wende. Während ein schon fest eingeplanter Besuch der SPD-Fraktion in der DDR im September 1989 storniert wurde[256], führte die FDP gegen vereinzelte Stimmen ihre Visite bei der LDPD noch Ende Oktober 1989 durch. Die Teilnahme am LDPD-Parteitag und Mischnicks Besuch bei Gerlach und Krenz waren und wirkten wie Signale der Kontinuität und für den Ausbau der Beziehungen. Über den Wandel der DDR in Analogie zu Gorbatschows »Glasnost« und »Perestroika« reichte die Perspektive offenkundig noch nicht hinaus.[257]

[249] »fdk-Tagesdienst« Nr. 74 vom 27. 1. 1987; vgl. Kühn, Die FDP (1989), S. 85.

[250] Vgl. Dokument Nr. 63.

[251] Kühn, Die FDP (1989), S. 86.

[252] Vgl. Bericht Reinhold vom 1. 9. 1987 (siehe Anm. 248), u.a. über sein Gespräch mit Genscher am 31. 8. 1987.

[253] So u. a. in seiner Rede vor der UNO-Hauptversammlung am 24. 9. 1987, u. a. in: Texte zur Deutschlandpolitik III/5 (1987), S. 263.

[254] Knabe (1994), S. 44ff., hat bis 1988 keinen Kontaktversuch von »Bundespartei und Bundestagsfraktion« der FDP feststellen können. Allein in Niedersachsen unterhielt ein »Arbeitskreis Liberalismus und Kirche« um den Vorsitzenden des FDP-Bezirksverbandes Elbe/Weser, Rudolf Fischer, seit 1987 Verbindungen zu unabhängigen Gruppen in der DDR.

[255] Vgl. AdG 1989, S. 33141 sowie Dokument Nr. 77.

[256] Vgl. Garton Ash (1993), S. 482.

[257] Für das Gespräch Krenz – Mischnick am 25. 10. 1989 siehe Dokument Nr. 82.

Eher noch stärker als die SPD, bei der sich seit Sommer 1989 die Stimmen für »Wandel durch Abstand« mehrten, blieb die FDP dem Kurs der »Liberalisierung durch Stabilisierung« verhaftet. Wieweit dabei auch die durch die Kontakte zur LDPD genährten Erwartungen mitschwangen, daß die alte Blockpartei in einer reformierten DDR eine maßgebende Rolle spielen könnte, sei dahingestellt. Jedenfalls hat die FDP mit der Einheit, wie sie dann kam, weder gerechnet noch bis 1989 einen gewichtigen eigenständigen Beitrag dazu geleistet. Sie blieb dem Modell der zwei deutschen Staaten verhaftet, auch wenn sie deklaratorisch am Grundgesetzgebot festhielt.

Gewiß war es ein Verdienst, daß sie in der Koalition für weitgehende ost- und deutschlandpolitische Kontinuität bürgte, daß sie Gorbatschow ernst nahm und sich um Brückenschläge bemühte, als Kanzler Kohl noch Porzellan zerschlug. Nicht vergessen werden sollten auch das stille Wirken des gebürtigen Dresdners Wolfgang Mischnick und die besondere Qualität der Drähte zur LDPD. Doch aufs Ganze gesehen zeigte die FDP unter Helmut Kohl deutschlandpolitisch wenig Profil und wirkte im Vergleich zu ihrer so dezidierten deutschlandpolitischen Tradition eher steril.

Auf dem Umweg über Budapest und vor allem über Prag brachte Hans-Dietrich Genscher die FDP deutschlandpolitisch wieder ins Spiel. Bei einem medienwirksamen Auftritt verkündete Genscher am 30. 9. 1989 vom Balkon der Prager Botschaft den Botschaftsflüchtlingen die Ausreise in die Bundesrepublik. An dem bewegenden Zug der DDR-Flüchtlinge in die Freiheit hatten viele ihren Anteil, vor allem die Ungarn und ihr mutiger Außenminister Gyula Horn. Der alte Politprofi Genscher aber verstand es wohl am besten, sich in Szene zu setzen. Innerhalb weniger Wochen katapultierte sich Genscher ins deutschlandpolitische Rampenlicht. Davon profitierte auch seine FDP. Er und sie gewannen nun das hohe Ansehen in der Bevölkerung der DDR, das der FDP im Osten der Republik zunächst so große Wahlerfolge bescherte und kurzfristig vergessen machte, daß sie dort die Blockpartei LDPD beerbte und selbst die Bauernpartei nicht verschmähte.

Die Grünen haben in den 80er Jahren durchaus eine gewichtige Rolle im deutsch-deutschen Neben- und Miteinander gespielt. Doch es fällt schwer, von einer Deutschlandpolitik dieser sehr jungen, bewegungs-orientierten Partei zu sprechen. Jede Darstellung und Analyse des deutschlandpolitischen Kurses der Grünen steht vor der Schwierigkeit, daß es in dieser buntscheckigen, individualistisch-basisdemokratisch geprägten Partei eine Fülle von Meinungen, Strömungen und Aktionen gab. Die wenigen Untersuchungen, die sich mit der Deutschlandpolitik der Grünen befassen[258], kommen zu dem Ergebnis, daß weder eine wirkliche Konzeption noch eine einheitliche Linie existierten, sondern »konträre, sich gegenseitig ausschließende Positionen« das Bild bestimmten.[259] Dennoch konstatieren diese eher kritischen Beobachter einen Grundkonsens bei den Grünen, d. h. einen allen gemeinsamen ökologischen und friedenspolitischen Ansatz. Annette von der Heyde brachte es in ihrer Darstellung auf die Kurzformel: »Ein politisches Zusammenwirken beider deutscher Staaten für den Frieden in Europa und ihre Wahrnehmung einer Mittlerposition zwischen Ost und West wurde allgemein postuliert. Deutschlandpolitik war für die Grünen in erster Linie Friedenspolitik.«[260] Sie besaß und behielt die Priorität. Ihr Markenzeichen war das Streben nach einer blockübergreifenden Friedenspolitik und einer deutsch-deutschen Partnerschaft, getragen von Friedensfreunden in Ost und West.

Bündnis 90/Die Grünen haben sich neben der SPD als einzige selbstkritisch öffentlich mit ihrer deutschlandpolitischen Vergangenheit auseinandergesetzt.[261] Nicht allein der nachweisliche Mißbrauch mancher Friedensengagierter, sondern auch die vielen Facetten und Gegensätzlichkeiten gestalten eine solche Bestandsaufnahme als schwierig. Für die notwendige Differenzierung einer insgesamt als eher unsystematisch charakterisierten Politik sind die von Von der Heyde vorgenommenen Unterscheidungen sicherlich nützlich. Danach setzte eine »real-

---

[258] Gerd Langguth, Die Deutschlandpolitik der Grünen, in: Manfred Langner (Hrsg.), Die Grünen auf dem Prüfstand – Analyse einer Partei, Bergisch-Gladbach 1987, S. 423–480; Theodor Schweifurth, Die deutsche Frage aus der Sicht der Grünen, in: Blumenwitz/Zieger (1989), S. 109–120; Annette von der Heyde, Deutschlandpolitik der Grünen, in: Weidenfeld/Korte (1992), S. 209–216; ferner Hacker (1992), S. 228 ff.

[259] Von der Heyde, Deutschlandpolitik der Grünen (1992), S. 214.

[260] Ebd. S. 213.

[261] Im März 1994 befaßte sich eine gemeinsame Veranstaltung ihres Vorstandes und der Bundestagsfraktion mit der Deutschlandpolitik der Grünen in den 80er Jahren. Bei der SPD geschah das u. a. bei einem Forum ihrer Historischen Kommission im Frühjahr 1993 und bei einem Kongreß der Friedrich-Ebert-Stiftung vom September 1993.

politische« Gruppierung auf die »Selbstanerkennung der Bundesrepublik«, den bewußten Verzicht auf den Nationalstaat und die volle Akzeptanz der Teilung. Im Stasi- und DDR-Jargon galten sie als die »realistischen Kräfte«, die mit allen Mitteln zu fördern waren.[262] Der »nationalpolitische Flügel« suchte demgegenüber über Paktfreiheit und Äquidistanz zu den Supermächten einen Weg, der zu einem wieder staatlich vereinigten, ökologisch und friedensgeprägten Deutschland führen könnte. Die mehrheitlich von den Grünen verfochtene Anerkennung der DDR schloß auch bei diesen beiden Gruppierungen die Forderung nach demokratischen Zuständen in der DDR nicht aus.

Die dritte »bewegungspolitische« Strömung wurde vor allem durch Petra Kelly repräsentiert und symbolisiert. Sie propagierte und praktizierte radikale Friedenspolitik von unten im Schulterschluß mit Gleichgesinnten in der DDR.[263] Mit ihrem Engagement für Frieden und Menschenrechte, das keine Ländergrenzen kannte, solidarisierten sich u. a. Lukas Beckmann und in den Westen gekommene DDR-Grüne. Eine solche Politik war in sich konsistent und zugleich auf ihre Art beeindruckend und sympathisch. Sie trug nicht nur ihren Verfechtern Ärger und Behinderungen durch die Sicherheitsbehörden der DDR ein, sondern sie war mit hohem Risiko für die Menschen behaftet, die sich für sie in der DDR engagierten.

Problematische Züge zeigten sich besonders in der Sicherheitspolitik. Für die gebotene Kritik am östlichen Rüstungswahn und beiderseitige Abrüstung setzten sich nur Teile der Partei, am entschiedensten Lukas Beckmann, ein. Die Mehrheit war einseitig darauf fixiert, die Raketen im Westen zu verhindern und sich friedensbewegt im Westen zu beweisen. Hinzu kam ein Schuß »grüne« Naivität und mangelndes Verständnis für die politischen Realitäten. Denn wer sich gegen bilaterale Verhandlungen aussprach und nur auf einseitige Abrüstungsschritte setzte, konnte kaum erwarten, von den Mächtigen ernst genommen zu werden. Es gehe »schließlich um seriöse Politik«, hielt Häber von der SED dagegen[264], und so hätte auch ein westlicher Regierungspolitiker antworten können.

Dennoch blieb die Art, wie die Grünen für ihre Friedenspolitik eintraten, nicht ohne Wirkung. Sie unterwarfen sich nicht der von den anderen Bonner Parteien fast ausnahmslos akzeptierten Regel, daß der Ansprechpartner nur die SED-Führung sei, sondern suchten wie selbstverständlich den gesellschaftlichen Dialog. Die Friedensbewe-

---

[262] Eine wichtige Rolle spielte dabei der als Stasiagent entlarvte Dirk Schneider.
[263] Von der Heyde, Deutschlandpolitik der Grünen (1992), S. 209 ff. Für die »realpolitische« Position vgl. aus dem »Vermerk« über das Gespräch Honeckers »mit Vertretern der Grünen« am 8. 9. 1987 – Dokument Nr. 50 – die Bemerkung von W. Schoppe, »daß die Grünen ausschließlich für die Zweistaatlichkeit eintreten als Voraussetzung für einen dauerhaften Frieden in Europa«.
[264] »Vermerk« über das Gespräch Honeckers »mit einer Delegation der Grünen aus der BRD am 31. 10. 1983 im Amtssitz des Staatsrates«; siehe Dokument Nr. 9.

gung in der DDR »Schwerter zu Pflugscharen« erhielt dadurch eine moralische Rückenstärkung. Mit der spektakulären Aktion auf dem Alexanderplatz am 12. Mai 1983 setzten prominente Grüne ein öffentlich viel beachtetes, allerdings auch umstrittenes Zeichen des übergreifenden Protestes. Während die Stasi die Gegenaktionen intensivierte und die Mißliebigen oberservierte[265], gab sich Honecker großzügig und empfing eine Grünen-Delegation im Oktober 1983 sogar zum Gespräch, nachdem der Große Bruder in Moskau es vorexerziert hatte.[266] Bei seinem Bonn-Besuch 1987 erwies er – neben der offiziellen Vertretung der Grünen – Petra Kelly und Gert Bastian seine Reverenz.[267] Dies war die eine, freundliche Seite der Medaille – die andere zeigte härtere Züge.

Kein anderer Politiker aus der Bundesrepublik hat die Repressionen in der DDR im Gespräch mit den Mächtigen so hart und offen kritisiert wie die Grünen. Selbst in den SED-Quellen wird dies mehr als deutlich: Danach prangerten »Grüne« an, daß die DDR »das pazifistische Engagement ihrer Bürger« und die »unabhängige Friedensbewegung« unterdrücke, Pazifisten einsperre, die von ihr unterschriebene Menschenrechtserklärung der UNO verletze, mit Repressalien gegen Dissidenten vorgehe und ein Klima der Angst erzeuge.[268] Von »Unterdrückung« und »Kriminalisierung« von Menschen, von »perversen Schikanen« und »Willküraten« war in den schriftlichen Protesten der Grünen die Rede, die sie noch mit symbolischen Brieflogos (z. B. eine Frau hinter Gittern) untermalten.[269] Dieser Mut vor dem Herrscherthron ehrt sie; daß Honecker den Wunsch zum Besuch inhaftierter Oppositioneller kühl abblockte[270] und Bärbel Bohley den Besuch bei Petra Kelly verweigerte[271], markierte eine Grenze.

Die DDR hatte mit den Grünen ihre Probleme. Solange sie die Rüstung im Westen anprangerten und sich für die Anerkennung der DDR verwandten, waren sie genehm. So ließ man sie halbwegs gewähren,

[265] Die Aktion auf dem Alexanderplatz vom Mai 1983 wurde in einer Expertise von Reinhard Weißhuhn (1994) für die Enquetekommission eingehend dargestellt.

[266] Siehe Dokument Nr. 9; vgl. ferner die Aufzeichnung über die Unterredung Honecker – Kadar am 30. 11. 1983, in: SAPMO ZPA IV 2/1/620.

[267] Siehe den »Vermerk über eine kurze Begegnung« Honeckers mit Gert Bastian und Petra Kelly im Hotel Bristol am 8. 9. 1987; siehe Dokument Nr. 52 sowie Nr. 50.

[268] Bes. dezidiert Petra Kelly, vgl. Dokument Nr. 9; für W. Schoppe vgl. Dokument Nr. 50 sowie »Vermerk« von Werner Felfe »über das Gespräch mit Vertretern der Fraktion der Grünen« am 24. 11. 1987; Anl. zu Felfes Bericht für das Politbüro in: SAPMO ZPA J IV 2/2A/3081.

[269] Derartige Schreiben vor allem Petra Kellys, aber auch Antje Vollmers, des Bundesvorstandes und anderer Grüner finden sich in: SAPMO ZPA J IV J/90.

[270] Es ging um Kathrin Eilenfeld und Lothar Rochau, die Petra Kelly und Antje Vollmer im Gefängnis in Halle besuchen wollten; siehe Dokument Nr. 9.

[271] Vermerk H. Eichler i.V. Gemler für Honecker vom 12.5. 1983, in: SAPMO ZPA J IV 2/90. Er bezog sich auch auf den versuchten Protest von Gert Bastian, Petra Kelly, Roland Vogt, Gaby Potthast, Lukas Beckmann, Milan Horacek bei Honecker, der kühl abgeblockt wurde.

wenn sie grenzübergreifend den Umweltschutz thematisierten und Abrüstung anmahnten. Störend und lästig wurden sie durch den Kontakt zu Friedens- und Umweltgruppen und oppositionellen Kreisen, den die Grünen schon frühzeitig Anfang der 80er Jahre geknüpft hatten und den sie konsequent und unbeirrt weiter suchten[272], und den Einsatz für verhaftete und bedrängte Regimekritiker. Das DDR-Regime reagierte auf diese »Einmischung in die inneren Angelegenheiten« mit Einreiseverboten und dem Einsatz der Sicherheitskräfte bei allzu spektakulären Aktionen, wie 1983 auf dem Alexanderplatz und vor den Botschaften der USA und der UdSSR. Nach heftigen Protesten, besonders Petra Kellys, sagte Honecker zwar eine Aufhebung der Einreisebeschränkungen für die Grünen zu. Doch trotz mancher Lockerungen galten sie weiter und wurden gezielt und dosiert als Pressionsmittel eingesetzt. Allein nur im Jahr 1984 war in mehr als 100 Fällen Grünen die Einreise verweigert worden.[273] Im Zuge der verschärften Repressionen, mit denen das Regime im Winter 1987/88 gegen Opponierende und Dissidenten vorging, exerzierte die DDR verstärkt Einreisesperren gegen Grüne, die sich durch ihre scharfe Kritik und zu intensive Kontakte mißliebig gemacht hatten.[274] Stasi-Bespitzelung und operative Maßnahmen waren wie die Verweigerung der Einreise Indizien, daß die Grünen mit ihren Aktivitäten das Herrschaftssystem empfindlich störten.

In dem Versuch, sich den traditionellen Macht- und Politikmechanismen zu entziehen, sich als Friedens- und Ökologiebewegung von unten zu verstehen und einem moralischen Rigorismus zu folgen, dokumentierte sich in der jüngeren Generation ein die trennende Grenze überschreitendes Anliegen und Wir-Gefühl. Es schuf ein emotionales Gemeinschaftsbewußtsein, das trotz der so unterschiedlichen politisch-gesellschaftlichen Systeme einte und wirkungsmächtig war. So völlig »im Gegensatz zu der Etikettierung, die sie in der offiziösen Politik erhalten«, hätten die Grünen, meint Norbert Gansel, für die Umweltbewegung, die basisdemokratischen Regungen in der DDR und für das deutsche Zusammengehörigkeitsgefühl einen »vielleicht historischen Beitrag geleistet«.[275]

Das reale Gewicht ist sicherlich schwer zu ermessen und erst recht nicht zu quantifizieren. Auch notwendige künftige Forschungen werden es bis zum letzten kaum ausloten können. Gerade im Medienzeitalter sollte jedoch die Wirkung öffentlicher, symbolischer Akte nicht un-

---

[272] Dies wurde auch von Hacker (1992), S. 230, positiv gewürdigt und mit der Haltung der SPD kontrastiert; gleiches galt jedoch auch für die Bonner Regierungskoalition.

[273] Schreiben P. Kelly an Honecker vom 7. 8. und 6. 9. 1984 und 15. 1. 1985; A. Vollmer an Honecker vom 18. 9. 1986; Honecker an Kelly vom 20. 9. 1984; alle in: SAPMO ZPA J IV J/90. Vgl. ferner Knabe (1994), S. 23 f. sowie Dokument Nr. 50.

[274] Vgl. u. a. Schreiben Bundesvorstand Die Grünen an Honecker vom 28. 1. 1988.

[275] Hacker (1992), S. 230.

terschätzt werden. Sie gaben Beispiele und konnten jedenfalls als Ermutigung von denen verstanden werden, die mit Aufklebern wie »Schwerter zu Pflugscharen«, Umweltinitiativen, Friedensgebeten und sogar Demonstrationen (Januar 1988 in Berlin) ihren Standpunkt zum Ausdruck brachten. Zumindest Teile der Grünen – zu nennen wären vor allem Petra Kelly, aber auch Lukas Beckmann und Waltraud Schoppe – hatten ein Gespür für die Verknüpfung von Frieden, Freiheit und Menschenrechten.[276] Es war kein Zufall, daß Kelly und die »Jeanne d'Arc« der DDR, Bärbel Bohley, offenkundig ein besonders herzliches Verhältnis verband und sich in den Papieren Honeckers besonders Zeugnisse des Einsatzes von »Grünen« für vom System verfolgte und inhaftierte Dissidenten finden.[277]

Überhaupt Solidarität zu spüren und Verständnis zu finden, bedeutete für die Dissidenten und Oppositionellen schon eine Hilfe in ihrem scheinbar so aussichtslosen Unterfangen, sich dem Regime von unten entgegenzustellen und die DDR zu ändern, nicht sie zu verlassen. Der basisdemokratische Ansatz – im parlamentarischen System des Westens nur ein Fremdkörper – glich im östlichen Deutschland einem gefährlichen Bazillus mit hoher Ansteckungsgefahr. In dem repressiven Gängelungssystem der DDR wirkte er wie ein Sprengsatz, der, als er mit den Montagsdemonstrationen richtig gezündet wurde, die Mauern des Regimes zum Wanken und schließlich zum Einsturz brachte. Daß dabei auch andere Einflüsse und Faktoren mitwirkten, von Solidarnosc bis zu Ungarn und der Hoffnung auf Gorbatschow, liegt auf der Hand. Aus einer langfristigen, vergleichenden historischen Perspektive wird man wohl feststellen, daß es sich dabei um eher charakteristische Verlaufsformen revolutionärer Umbruchprozesse handelte. Doch diese Einschränkungen mindern im Kern nicht Einflüsse der »Grünen«. Sie haben jedenfalls darauf gehofft und gesetzt, daß Wandel auch von unten erreicht werden kann, wenn Menschen ihr Geschick in die eigene Hand nehmen. Dies ging in der DDR nur über die Destabilisierung des Systems. Die grünen Gesinnungsethiker haben sich in dieser Richtung engagiert und so mit ihrem Beitrag zur Unterminierung geleistet.

[276] Vgl. etwa Petra Kelly in ihrem Schreiben an Honecker vom 15. 1. 1985, Entspannung sei nicht möglich, solange Menschenrechte nicht respektiert würden; in: SAPMO ZPA J IV J/90.

[277] Vgl. etwa die Schreiben und Telegramme von Kelly, Bastian, Annegret Höhner (Fraktionssprecherin) wegen Rolf Schälicke, Rainer Lompe, Andreas Richter, Udo Zeitz und andere Briefe und Eingaben nach den Festnahmen bei der Umweltbibliothek, nach den Januardemonstrationen 1988 und den Repressionen des Jahres 1989, in: SAPMO ZPA J IV J/90.

III. Die deutsche Frage in der »Öffentlichkeit« und im Bewußtsein der Bevölkerung

Deutschlandpolitik war wie jede Politik kaum machbar ohne eine Akzeptanz in der Bevölkerung und eine Resonanz in der Öffentlichkeit. Sie stehen in einem sich bedingenden, beeinflussenden und durchdringenden Wechselverhältnis, das auch nicht annähernd wirklich entschlüsselt ist. Nachdem aber zuvor das Handeln der politischen Akteure beleuchtet wurde, müssen wir uns mit der Frage auseinandersetzen, welche Rolle Nation und Einheit denn für die Deutschen in den beiden deutschen Staaten in den 80er Jahren spielten. Es geht um den Ort und den Stellenwert von deutscher Frage und deutscher Nation in der politischen Kultur, der Öffentlichkeit und in der Bevölkerung, d. h. im Kern um die Verortung der gesellschaftlichen Befindlichkeit, soweit sie das deutsch-deutsche Neben- und Miteinander betraf und für die Politik von Relevanz war. Wir schauen damit in einen Spiegel, in dem Bilder erscheinen, die nun nicht nur der Politik, sondern uns Bürgern Anlaß zur kritischen Selbstreflexion geben könnten.

Dieses beginnt schon mit dem scheinbar so selbstverständlichen Begriff der »Öffentlichkeit«, der ganz offenkundig eben nur auf die Bundesrepublik abhebt. Denn von Öffentlichkeit, wie sie im westlichen Deutschland gedacht und erfahren wurde, konnte im östlichen Teil natürlich nicht die Rede sein. Soweit es die Deutschlandpolitik und die deutsche Frage – jedenfalls bis 1989 – betrifft, begreifen viele westdeutsch Geprägte nur die Bonner Politik und die »Bonner« Republik als Subjekt, die Menschen in der DDR fast allein als Objekt ihres eigenen Tuns. Dabei liegt es auf der Hand, daß gerade die nationale Frage wie die konkreten deutschlandpolitischen Schritte für die Bevölkerung in der DDR einen ungleich höheren Stellenwert besaßen als für den Durchschnittsbürger im Westen. Das belegen eindeutig auch die wenigen empirisch belegten Befunde, über die wir für die Resonanz der Bonner Politik in der Bevölkerung der DDR verfügen.[278]

Ein Kernproblem ist, daß wir für die DDR auch nicht annähernd über wirklich fundierte und qualifizierte Untersuchungen und Kenntnisse verfügen, die gesicherte Aussagen zulassen. Bedingt durch das diktatorische System fehlte es an jener Offenheit und Öffentlichkeit, die erst ein differenziertes Bild konstituiert.

Doch selbst bei der Bundesrepublik zeigt sich eine Fülle analytisch-

---

[278] Danach begrüßten 1971/72 über 90% der DDR-Bürger den Grundlagenvertrag und die darüber geführten Verhandlungen. Nach Anne Köhler, Nationalbewußtsein und Identitätsgefühl der Bürger der DDR unter besonderer Berücksichtigung der deutschen Frage, im Auftrag der Enquetekommission, Januar 1994 (Infratest Kommunikationsforschung).

methodischer und konzeptioneller Schwierigkeiten. Die Probleme beginnen schon bei der Begrifflichkeit. Was für die einen als »Öffentlichkeit« gilt, ist für die anderen die »veröffentlichte Meinung«. »Politische Kultur« verstehen viele nur im engeren Sinne als den Stil der Politiker im Umgang miteinander und gegenüber der Öffentlichkeit, während sie von Gabriel A. Almond, einem der Väter der politischen Kulturforschung, umfassend als »besonderes Muster von Orientierungen gegenüber politischen Handlungen« definiert wurde[279], also auf die Physiognomie eines Gemeinwesens abhebt, »wie sie sich aus den verschiedensten und im weitesten Sinne politischen Orientierungen ihrer Bürger ergibt«.[280]

Für einige Grundeinstellungen der Bürger liefert immerhin die Demoskopie einigermaßen solide, empirisch verankerte Befunde. Soweit sie sich auf die Einstellung der westdeutschen Bevölkerung zur deutschen Frage, zu Nation, Wiedervereinigung und Deutschlandpolitik beziehen, sind sie in einem Gutachten für die Enquetekommission des Bundestages zur Aufarbeitung der SED-Diktatur zusammenhängend aufbereitet worden.[281] Auch wenn die demoskopischen Daten durchaus interpretationsfähig sind, so lassen sich doch einige Trends belegen, die Konstanten und Wandlungen deutlich erkennbar machen. Fast durchgängig sprachen sich stets ca. drei Viertel der Bevölkerung in der Bundesrepublik dafür aus, am grundgesetzlichen Auftrag festzuhalten: »Das gesamte deutsche Volk bleibt aufgefordert, in freier Selbstbestimmung die Einheit und Freiheit Deutschlands zu vollenden.«[282] Die politische Bedeutung der Wiedervereinigung war jedoch bis Ende der 70er Jahre stetig gesunken: Seit 1972 stufte sie gerade noch 1% der Bevölkerung als wichtigste Frage ein.[283] Nur eine Minderheit von einem Fünftel der Westdeutschen glaubte daran, daß trotz der Existenz zweier Staaten die Deutschen »auch in Zukunft ein Volk, eine Nation bleiben« würden. Bei den Jüngeren unter 44 Jahren lag der Prozentsatz noch darunter.[284] Als abstraktes Ziel schien der Wunsch nach Einheit weiterzule-

[279] G. A. Almond/S. Verba, The Civic Culture, Princeton 1965, und G. A. Almond, Comparative Political Systems, Homewood 1968.

[280] Martin und Sylvia Greiffenhagen, Ein schwieriges Vaterland. Zur politischen Kultur Deutschlands, München 1979, S. 19.

[281] Werner Weidenfeld/Manuela Glaab, Gutachten zum Forschungsauftrag der Enquetekommission des Deutschen Bundestages zur Aufarbeitung von Geschichte und Folgen der SED-Diktatur in Deutschland zum Thema: Die deutsche Frage im Bewußtsein der Bevölkerung in beiden Teilen Deutschlands. Das Zusammengehörigkeitsgefühl der Deutschen – Konstanten und Wandlungen. Einstellungen der westdeutschen Bevölkerung 1945/49–1990.

[282] Elisabeth Noelle-Neumann, Demoskopische Geschichtskunde. Vom Wartesaal der Geschichte zur Deutschen Einheit, Zürich 1991, S. 20f.

[283] Vgl. Greiffenhagen (1979), S. 306 und 424; E. Noelle-Neumann/E. P. Neumann (Hrsg.), Jahrbuch der öffentlichen Meinung 1968–1973, Allensbach 1974; Weidenfeld/Glaab, Die deutsche Frage, S. 90ff.

[284] Greiffenhagen (1979), S. 423.

ben, aber die geringe Bereitschaft, dafür Opfer zu bringen, und die dominierende Vorstellung, daß es ohnehin keine Chance dazu gebe, bezeugten eine andere Wirklichkeit. Die Substanz des Einigungswillens war ungleich schwächer, als die verbalen Bekundungen der Politiker und westdeutschen Bürger vermuten ließen.

Von einigen klugen Beobachtern und Analytikern der deutschen Entwicklung ist nun konstatiert worden, daß sich in den 80er Jahren die deutsche Frage belebte und »wieder zum Gegenstand des politischen Gegenwartsbewußtseins in Westdeutschland« wurde.[285] »Die deutsche Frage rediviva« – so lautet der Titel einer Sammelrezension.[286] In den harten demoskopischen Daten spiegelt sich ein solcher Trend jedoch kaum wider. Die Quote derjenigen, die in der deutschen Einheit noch das wichtigste Ziel der Politik sahen, war 1988 auf unter 0,5% gesunken. Allerdings zeigte sich, wenn auch nur schwach, in den 80er Jahren wieder eine gewisse Belebung des Gefühls »deutscher Gemeinsamkeit« und Zusammengehörigkeit bei den Westdeutschen. Gleichzeitig aber nahm die Zahl derjenigen noch zu, die von der Existenz zweier Staaten ausgingen und die europäische Einigung als vorrangig betrachteten.[287] Ein diffuses Gefühl der Verbundenheit und der Glaube an die Zementierung der deutschen Teilung, der selbst 1989 noch weiter wuchs, prägten eine eher unreflektierte Einstellung, bei der gemeinsame Bezugspunkte in den Hintergrund rückten und die Westdeutschen ihre Identität an ihrer Bundesrepublik festmachten.

Im Kern waren es nicht die Bürger der Bundesrepublik, sondern intellektuelle Eliten, die über das Deutschsein räsonierten. Identität war der Schlüsselbegriff, um den sich die Debatten rankten. Die Antworten, die darauf gegeben wurden, lauteten unterschiedlich, und die Fronten liefen dabei zum Teil merkwürdig verquer. Hier können, da es fast an allen für ein fundiertes Urteil notwendigen Untersuchungen fehlt, nur einige Erscheinungen und Trends markiert werden, die thesenartig die Komplexität und Widersprüchlichkeit andeuten.

1. Ziemlich eindeutig schälte sich heraus, daß der Bundesrepublik Deutschland von dem ganz überwiegenden Teil der Wissenschaftler, Publizisten und Intellektuellen eine eigene positive Identität zugeschrieben wurde. Ein hervorstechendes Beispiel lieferte die fünfbändige Geschichte der Bundesrepublik, die von eher konservativ-liberalen Historikern und Politikwissenschaftlern wie Hans-Peter

[285] Karl-Rudolf Korte, Der Standort der Deutschen. Akzentverlagerungen der deutschen Frage in der Bundesrepublik Deutschland seit den siebziger Jahren, Köln 1990 und ders., Politische Kultur, in: Weidenfeld/Korte (1992), S. 557ff.

[286] Ekkard Jesse in: Deutschland-Archiv 17 (1984), S. 397ff.

[287] Erwin K. Scheuch unter Mitarbeit von Ute Scheuch, Wie deutsch sind die Deutschen? Eine Nation wandelt ihr Gesicht, Bergisch-Gladbach, 2. Auflage 1992, S. 197 sowie Weidenfeld/Glaab, Die deutsche Frage, S. 38ff., 125, 187.

Schwarz publiziert wurde und in der die Zeit bis 1949 eigentlich nur als Vorgeschichte zur Adenauerschen Bundesrepublik erschien.[288] Diese Art der Abkopplung von der deutschen Nation prägte auch die Entstehung des »Haus der Geschichte«. Es waren eher linke, sozial-liberale Historiker, die diese Verengung deutscher Geschichte kritisierten und auf die ganze Nation und ihr gemeinsames Erbe abhoben. Aufs Ganze gesehen aber stand ein Christoph Kleßmann, der eher diesem Lager zuzurechnen ist, mit seiner Sicht »Zwei Staaten, eine Nation« und eine deutsche Geschichte[289] fast allein.

2. Die eigentliche Gegenposition zu dem Versuch, die Bundesrepublik Adenauerscher Prägung als das A und O einer von der Vergangenheit abgekoppelten deutschen Erfolgsgeschichte zu interpretieren und diese gewissermaßen für die Konservativen zu reklamieren, markierte der sog. »Verfassungspatriotismus«. Auf dieses 1979 von Dolf Sternberger geprägte Wort[290] konnten sich diejenigen verständigen, die als die große Leistung der Nachkriegszeit »die vorbehaltlose Öffnung gegenüber der politischen Kultur des Westens« und die »in Überzeugungen verankerte Bindung an universalistische Verfassungsprinzipien« sahen.[291] Dieser »Verfassungspatriotismus« war keineswegs nur ein intellektuelles Konstrukt. Denn im internationalen Vergleich war die Identifikation mit den Grundwerten, der Verfassung und ihrer Demokratie bei den Bundesbürgern hoch, während ihr Nationalgefühl vergleichsweise wesentlich schwächer ausgeprägt war.[292] Die Bundesrepublik und ihre Bürger, die sich öffentlich gern als ein Staat mit eigener postnationaler Identität gaben, hatten sich in ihrem ursprünglichen »Provisorium« eingerichtet, ein eigenständiges Staatsbewußtsein entwickelt und sich als eine Art Staatsnation, gegründet auf die prägenden Kräfte ihres Gemeinwesens, akzeptiert.

3. Diese »Selbstanerkennung« durch die Bürger und die verschiedenen politisch- gesellschaftlichen Lager hatte jedoch mit zur Konsequenz, daß die gemeinsamen Bezugspunkte mit den Deutschen in der DDR in den Hintergrund traten. Sie war darüber hinaus eine Quelle für Fehleinschätzungen und Orientierungsschwierigkeiten im Umgang mit dem zweiten deutschen Staat und seiner Bevölke-

[288] Geschichte der Bundesrepublik Deutschland, 5 Bde., Stuttgart/Wiesbaden 1981–1987.
[289] So der Titel des zweiten Bandes über die Jahre 1955–1970, Göttingen/Bonn 1988; der erste war betitelt: Die doppelte Staatsgründung. Deutsche Geschichte 1945–1955, 4. Auflage Göttingen – Bonn 1984.
[290] Dolf Sternberger in: ›Frankfurter Allgemeine Zeitung‹ vom 23. 5. 1979.
[291] So die Formulierung von Jürgen Habermas, Eine Art Schadensabwicklung, in: ›Die Zeit‹ vom 11. 7. 1986.
[292] Eine gute Zusammenstellung der betreffenden Erhebungen und Literatur findet sich bei Weidenfeld/Glaab, Die deutsche Frage, S. 50ff.

rung. Die Ausformung einer bundesrepublikanischen Identität, wie sie besonders in den jüngeren Generationen anzutreffen war, führte wohl mit dazu, daß viele annahmen, in der DDR müsse sich ein ähnliches Identitätsgefühl entwickelt haben. Aber auch die Bonner Aufwartungen bei dem Honecker-Besuch (1987) trugen dazu bei, daß die DDR einen Bonus erhielt.[293]

Insgesamt fiel das im Westen vorherrschende und verbreitete Bild von der Situation in der DDR rosiger aus, als es der Wirklichkeit entsprach. Neben den kanalisierten Informationen und Kontakten spielte dabei wohl auch eine Rolle, daß man sich zu sehr in der selbstgenügenden eigenen Welt eingerichtet, das Gespür für das Leben unter einer Diktatur verloren hatte und Anzeichen für eine Klimaveränderung in der DDR überbewertete. Eine nicht unmaßgebliche Rolle dürften dabei die Erfolge und das Erscheinungsbild der DDR im Sport gespielt haben. Seine Krönung fand es in der Eisprinzessin Kati Witt, die mit ihrer Ausstrahlung und Mediengewandtheit die Personifizierung eines Glamourbildes war, das vorzüglich in die westliche Mediengesellschaft paßte und über die reale Wirklichkeit des SED-Staates und seiner Legitimations- und Akzeptanzschwäche hinwegtäuschte.

4. Tatsächlich hatte die Staatsführung der DDR mit ihrer Art von Friedens- und Entspannungspolitik, die eine gewisse Distanz zur harten Moskauer Linie erkennen ließ, durchaus Pluspunkte verbucht.[294] In diesen 80er Jahren zeichnete sich in der DDR ein deutlicher Trend ab, sich die gesamte deutsche Geschichte anzueignen.[295] Neben dem aufwendig gefeierten Luther-Jahr fiel vor allem die Hinwendung zu Preußen auf, angefangen von dem fünfteiligen Fernsehfilm ›Scharnhorst‹ (schon Ende der 70er Jahre) über Friedrich den Großen bis hin zu einer neuen Sicht Bismarcks (»Revolution von oben«). Was immer die Intentionen auch gewesen sein mögen, am Ende stand wohl eher ein dem System unerwünschter Effekt. Denn mit der deutschen Geschichte rückten zwangsläufig die deutsche Nation und die tradierten Gemeinsamkeiten in den Blick.

Mit den Ökologie- und Friedensgruppen artikulierte sich in der DDR eine vom Regime verfemte und verfolgte Bewegung von unten, die neben manchem Trennenden doch auch gemeinsame Züge mit der Bewegung in der Bundesrepublik erkennen ließ. Allerdings war Edelbert Richter, der schon seit den 70er Jahren über die Nation

---

[293] Der Sympathiewert für die DDR, der fast stetig negativ ausfiel, erreichte im Herbst 1987 den höchsten jemals gemessenen Wert. Vgl. Weidenfeld/Glaab, Die deutsche Frage, S. 165 f.

[294] Das galt vor allem für junge Menschen, auch für systemkritische und junge Christen. Vgl. Peter Förster, Die deutsche Frage im Bewußtsein der Bevölkerung in beiden Teilen Deutschlands. Das Zusammengehörigkeitsgefühl der Deutschen. Einstellungen junger Menschen in der DDR. Eine Dokumentation, erstellt für die Enquetekommission, Leipzig 1993, S. 61 ff.

[295] So eine Formulierung von Walter Schmidt vom Zentralinstitut für Geschichte, Berlin-Ost.

nachgedacht hatte, eine seltene Ausnahme unter den DDR-Oppositionellen.[296] Sein Ausgangspunkt war die Rüstungsspirale und die Rolle der beiden deutschen Staaten im Konzert der beiden Supermächte. Seine Überlegungen zeigten deutliche Anklänge an das Gedankengut, wie es in der Friedensbewegung zum Ausdruck kam. Obwohl sie eher der Zweistaatlichkeit anhingen, basierte ihre Argumentation im Kern doch auf einem gemeinsamen deutschen Interesse, das die Bundesrepublik und die DDR verband. In der bei manchen Friedensbewegten grassierenden Vorstellung, daß sich beide deutschen Staaten von den Konflikten der Supermächte abkoppeln und im Herzen Europas eine Existenz glücklicher Neutralität führen könnten, zeigte sich zweifellos ein Schuß Naivität und Realitätsferne. Dennoch hat auch diese neu entdeckte Gemeinsamkeit auf ihre Art ein Gefühl nationaler Zusammengehörigkeit mit gefördert. Dabei gab es durchaus Berührungspunkte zu den politischen »Realisten«, die zwar – wie ihre Konterparts in der DDR – nichts von Neutralität hielten, aber angesichts der drohenden atomaren Kurz- und Mittelstreckenraketen die deutsche Verantwortungsgemeinschaft und Sicherheitspartnerschaft thematisierten und sie in der Öffentlichkeit hoffähig machten.

5. Selbst die von der PDS publizierten ›Ansichten der DDR‹ zogen als Fazit, daß neben der verordneten Ideologie »eine von lange her dominierte, traditionelle politische Kultur« existierte, »geprägt von tiefen Bindungen an solche Kräfte wie die Nation, die deutsche Geschichte, die Religion, die Familie und stark beeinflußt von den BRD-Medien und jenen Besuchern, die im Gefolge der deutsch-deutschen Verträge über die Grenzen kamen«.[297]

Die Rolle, die das westliche Fernsehen für die Bevölkerung in der DDR spielte, sowohl durch seine Informationen wie das Bild, das es vom Westen und der Bundesrepublik vermittelte, war von zentraler Bedeutung. Der Anteil derjenigen, die westliche Sender sahen und bevorzugten, nahm kontinuierlich zu. Sie wirkten nicht nur über ihre politischen Informationen, sondern vielleicht noch stärker über die weiche Vermittlung (Musik, Kultur, Konsum, Lebensgefühl) westlicher Lebenswerte und Lebensorientierungen und förderten so emotional Bindungen zu den Deutschen in der Bundesrepublik. Insofern war es eine der wirkungsmächtigsten Folgen sozial-liberaler Ostpolitik, daß der Westempfang für die Bürger der DDR (bis auf das Tal der »Ahnungslosen«) möglich wurde.

[296] Das erklärte er selbst auf dem Kongreß über die »Ost- und Deutschlandpolitik der SPD in der Opposition 1982–1989« am 14./15. 9. 1993 in Bonn; Dowe (1993), S. 113 ff.
[297] Erich Selbmann, Massenmedien in der DDR – die DDR in ihren Massenmedien, in: Ansichten zur DDR, Bd. 1, Berlin–Bonn 1993, S. 269 f.

6. Für die wohl überwiegende Mehrheit der Menschen in der DDR symbolisierte Nation die Verknüpfung von Freiheit, Demokratie und Wohlstand wie in der größeren, glücklicheren Bundesrepublik. Empirische Befunde erhärten die starke Westorientierung in der DDR-Bevölkerung und das bei ihr dominierende Gefühl, daß die Deutschen in Ost und West ein Volk seien, das in zwei getrennten Staaten lebte. Der Wunsch nach Wiedervereinigung blieb wach, auch wenn fast niemand mehr in absehbarer Zeit damit rechnete. Aber die Attraktivität und Faszination der Bundesrepublik resultierte ganz entscheidend aus der geringen, nur zu verständlichen geringen Identifizierung mit dem eigenen Staatssystem, das »in so entscheidenden Bereichen wie denen der persönlichen Freiheitsrechte, der Lebensqualität und Zukunftsperspektiven« versagte.[298] Bundesrepublik und Wiedervereinigung waren so ein Synonym für bessere Lebensbedingungen und Freiheiten, die gerade Ende der 80er Jahre die Quelle der wachsenden Unzufriedenheit bildeten.

Im Kern war es daher nicht eigentlich »zuerst die Sehnsucht nach nationaler Einheit«, welche viele Menschen in der Vorumbruchsphase antrieb, sondern der Wunsch, die Fesseln eines diktatorischen Systems abzustreifen und Freiheit, Menschenwürde und »pursuit of happiness« in einem demokratisch-freiheitlichen Staatswesen zu erfahren.[299]

Gerade die Dissidenten und Oppositionellen drängten nicht auf Einheit, sondern wollten ihren Staat reformieren. Das »Gorbi hilf« deutete an, daß sie ihre Hoffnungen eher auf die »Lichtgestalt« aus dem Osten setzten, auf – pointiert formuliert – demokratische, nicht nationale Solidarität. Erst nachdem Freiheit und Demokratie durch die friedliche Revolution auf den Weg gebracht waren, kam die Einheit auf die Tagesordnung: Auf das »Wir sind das Volk« folgte das »Wir sind ein Volk«. Was es meinte, war aber wohl weniger die ethnische Gemeinschaft der Deutschen, sondern der Wunsch und die Sehnsucht, an dem Wohlstand und der freizügigen Lebensart teilzuhaben, wie sie die Bundesrepublik in ihren Augen verkörperte. Es war nur zu verständlich, daß nach über 40 Jahren Tristesse, Gängelung und Repression und der schönen Konsumwelt der westlichen Medien der Stern im Westen noch heller strahlte und kaum gesehen wurde, daß es auch Schattenseiten gab und er in manchem anders war, als man ihn sah.

7. Die Bundesrepublik war bei weitem nicht so »deutsch« im Sinne der nationalstaatlichen Tradition des Bismarck-Reiches, wie sie wohl

---

[298] Köhler (1994), S. 19.
[299] So u. a. Karl Dietrich Bracher, Der deutsche Einheitsstaat: Ein Imperativ der Geschichte?, in: ›Basler Zeitung‹ vom 17. 2. 1990.

viele DDR-Bürger wähnten. Umgekehrt wirkte auf Bürger der Bundesrepublik die DDR in manchem preußisch-deutscher, als es ihren Vorstellungen von einer modernen Lebensart entsprach. Die Bundesrepublik und ihre Bürger hatten zunächst nicht aus freien Stükken, dann aber engagiert und überzeugt Bürden und Tradition des Bismarck-Staates abgestreift und sich in ihrer westlichen Wohlstandsgesellschaft und funktionierenden Demokratie eingerichtet. Europa diente den Bürgern in der Bundesrepublik dabei über lange Jahre als eine Art Ersatzidentität, ohne kritisch zu hinterfragen, was denn konkret darunter zu verstehen sei. Solange die Schatten der NS-Vergangenheit noch lebendig waren, öffnete Europa den Westdeutschen den scheinbar bequemen Weg in eine unbelastete übernationale Identität. Mit der wachsenden Selbstanerkennung der Bundesrepublik und dem Verlust an emotionaler Zuwendung zu einem oft als nüchterner Interessensverband erscheinenden EG-Europa wuchs ein Bedürfnis nach Klärung und Verortung des Platzes, an dem die Bundesrepublik und ihre Bürger standen. Was geschah, war ambivalent. Deutsch und Deutschland wurde zumeist nur auf die Bundesrepublik bezogen – exemplarisch dafür stand der Sport (»Deutschland führt«, »Sieg für Deutschland« – gemeint waren jeweils die Mannschaft oder der Sportler der Bundesrepublik). Aber durch diese Verengung auf die gefestigte westdeutsche Demokratie und ihre Erfolgsgeschichte verlor »Deutsch-sein« etwas von dem Odium der dunklen Vergangenheit und konnte positiv besetzt werden. Es glich ein wenig dem Stolz von Musterschülern in wirtschaftlicher Tüchtigkeit, sozialer und politischer Stabilität und demokratischer Verläßlichkeit in einer Klasse von Gleichgesinnten in Europa und der westlichen Welt.

8. Indem die Zweistaatlichkeit als anscheinend von Dauer und Festigkeit angenommen wurde, konnte die Idee von der einen deutschen Kulturnation viel unbefangener debattiert und propagiert werden. Das galt nicht nur für den Westen, sondern im begrenzten Rahmen selbst für die DDR. »Erben deutscher Geschichte« – unter diesem Signum diskutierten im März 1987 auf einem großen öffentlichen Forum in Bonn Historiker/innen aus der Bundesrepublik und der DDR.[300] Günter Gaus hielt ein Plädoyer für die »Wiedergewinnung der nationalen Identität« und die Befreiung des nationalen Geistes aus seinen »westdeutschen Verengungen«[301], der Historiker Heinrich August Winkler mahnte »die nationale Solidarität mit den Deutschen in der DDR« als eine sich aus der Vergangenheit erge-

[300] Der gleichnamige Band wurde herausgegeben von Susanne Miller und Malte Ristau, Reinbek 1988.
[301] Günter Gaus, Wo Deutschland liegt. Eine Ortsbestimmung, München 1986, S. 198.

bende Verpflichtung an[302], und viele andere entdeckten in Geschichte, Kunst und Literatur ein gemeinsames Erbe und ein trotz allem Trennenden doch in manchem gemeinsames Lebensgefühl. An der Nahtstelle des Ost-West-Konfliktes war das Gespür für die Gefahren der atomaren Raketen wacher, das Bewußtsein des Bedrohtseins und der Zwang zur Kooperation ausgeprägter, der Systemkonflikt unmittelbar erfahrbarer, die Brücke von Mensch zu Mensch leichter zu finden. Das schuf eine Gemeinsamkeit, mit der tradierten Zusammengehörigkeitsgefühlen neues, frisches Leben eingehaucht wurde. ›Im Namen Europas‹ betitelte Garton Ash seine große Darstellung der Deutschland- und Ostpolitik und wollte damit zum Ausdruck bringen, daß hinter der Fassade »Europa« ein national-deutsches Interesse und Denken mitschwang und das politische Handeln prägte. Garton Ash mag aus der Sicht eines Briten dieses Nationalgefühl überschätzt haben, soweit es die Bürger der Bundesrepublik anging. In der DDR blieb es in der spezifischen Form der Verkopplung der Idee der Nation mit der Sehnsucht nach Freiheit, Wohlstand und Demokratie lebendig.

[302] Heinrich August Winkler, Auf ewig in Hitlers Schatten? Zum Streit über das Geschichtsbild der Deutschen, in: ›Frankfurter Rundschau‹ vom 14. 11. 1986.

1. Eine Darstellung der Deutschlandpolitik nach Akteuren und politischen Lagern hat ihre Vorzüge, aber natürlich auch ihre Probleme und Grenzen. Sie läßt eher die Unterschiedlichkeiten hervortreten und markiert separate Handlungsstränge, die sich aufs Ganze gesehen doch wieder in einen Kontext einfügen. Dennoch ist wohl deutlich geworden, daß sich die deutschlandpolitischen Positionen und Aktionen von Regierung und Opposition keineswegs so diametral unterschieden. Vieles, was öffentlich gesagt und verkündet wurde und auf scheinbar fundamentale Gegensätze deutete, entsprang der Profilierungssucht von Politikern und Parteien, vor allem in Wahlkampfzeiten. Studien, die sich fast ausschließlich auf die öffentlichen Bekundungen stützen, geraten fast zwangsläufig in Gefahr, die divergierenden Elemente überzubewerten. Zuwenig wird auch beachtet, daß es auf der Bonner Bühne in der Außen- und gerade auch der Deutschlandpolitik ein Spiel mit verteilten Rollen und Aufgaben gab. Den Insidern war dieses stets bewußt, die Öffentlichkeit nahm es weit weniger wahr. Die »deklaratorischen« Differenzen erschienen größer, als sie im Handlungsbereich tatsächlich waren.

2. In Grundfragen gab es durchaus einen breiten Konsens. Gerade in so empfindlichen Feldern wie der Deutschlandpolitik überwog bei den demokratischen Kräften in der Bundesrepublik die Gemeinsamkeit mit dem Grundanliegen, den Menschen in dem anderen deutschen Staat zu helfen und für Freiheit und Menschenrecht einzutreten. Auch wenn in der Frage der Gewichtung der Nation die Meinungen divergierten, so gingen doch fast alle davon aus, daß die deutsche Frage auf absehbare Zeit nicht auf der »Tagesordnung der Weltgeschichte« stand. Aber die maßgebenden Politiker wollten sie für eine nicht voraussehbare Zukunft offenhalten. Angesichts der bundesrepublikanischen Selbstzufriedenheit eines großen Teils der Bevölkerung war dieses ein großes Verdienst der Politik. Übereinstimmend – bis auf ganz wenige Ausnahmen – konnten sich die verantwortlichen Politiker und Parteien eine grundlegende Lösung der deutschen Frage nur im Rahmen einer europäischen Friedensordnung vorstellen, mit der die Spaltung Europas überwunden wurde. Insofern haben sich fast alle geirrt. Die deutsche Einigung resultierte aus der so nicht erwarteten Implosion des kommunistischen Herrschaftssystems.

3. Erst aus dem Zusammenspiel der verschiedenen Handlungsstränge ergab sich ein wirkungsmächtiges politisches Potential. Es

entsprach dem System einer pluralistischen Gesellschaft und der Konkurrenzdemokratie, daß verschiedene politische Kräfte auf zum Teil unterschiedlichen Wegen und Weisen operierten. Dieses erwies sich letztlich nicht als ein Mangel, obwohl es manchen so scheint, die sich wohl eher unbewußt die Sicht des geschlossenen SED-Systems zu eigen machen, sondern als eine Stärke der westlichen Demokratie. Dazu gehörte auch die Kooperation zwischen Regierung und Opposition. Dabei ging es nicht nur um gegenseitige Information, sondern um ein Zusammenwirken bei als gemeinsam verstandenen Interessen und Anliegen. Es gab davon mehr, als den Hinterbänklern bekannt. Aber es läßt sich nicht leugnen, daß auf anderen Feldern erhebliche Defizite im Informationsfluß und in der Koordination zu verzeichnen waren und sich Profilierungssüchte und Eigenmächtigkeiten negativ bemerkbar machten.

4. Auch wenn manches in der Deutschlandpolitik strittig ist, so läßt sich doch eine Art vorläufige Bilanz ziehen. Auf der Habenseite standen die Verbesserungen im Reiseverkehr, die innerdeutschen Begegnungen, Übersiedlungen, die Sicherung Berlins, eine gewisse Humanisierung der brutalen Grenze (über den Abbau der Selbstschußautomaten bis hin zu einer Eingrenzung des Schießbefehls) und die Verbesserung der Informationsmöglichkeiten für die Bevölkerung in der DDR (u. a. Westfernsehen), die psychologisch und mental eine nicht zu unterschätzende Wirkung hatten, bis hin zum Aufbau übertriebener Erwartungshorizonte von der Bundesrepublik. Als Gegenleistung verbuchte das SED-System eine De-facto-Aufwertung, die gemessen an den Geraer Forderungen weit hinter dem zurückblieb, was das Regime sich erwartete. Trotz einzelner Aufweichungserscheinungen (Salzgitter) wurde die Kernsubstanz (Staatsbürgerschaft) von der Bundesrepublik nicht preisgegeben und bewahrt. Allerdings drohten sich gelegentlich die grundsätzlichen Unterschiede zu verwischen, wenn Kooperation und Partikularinteressen zu sehr dominierten. Durch die Geld- und Transferleistungen aus dem Westen wurde dem Regime zwar geholfen, sich finanziell und wirtschaftlich über Wasser zu halten, doch zumindest partiell profitierte davon auch die Bevölkerung in der DDR.

5. Bei den machtpolitischen Gegebenheiten waren die Räume begrenzt, mit denen die Verhältnisse in der DDR von Bonn aus beeinflußt und verändert werden konnten. Doch innerhalb dieses Rahmens stellt sich die Frage, ob die bundesdeutsche Politik wirklich ein realistisches Bild von der Lage in der DDR hatte und ob sie alle Möglichkeiten ausgeschöpft hat, um humanitäre Erleichterungen zu erwirken. Lautet im ersteren Fall die Antwort, wohl kaum, so läßt sich die zweite Frage nicht definitiv beantworten. Aus der Kenntnis der

SED-Quellen drängt sich der Eindruck auf, daß jedenfalls vor dem Honecker-Besuch und im Angesicht von »Glasnost« und »Perestroika« nicht alle Spielräume genutzt wurden. Ein wenig mehr an kleinen Schritten wäre wohl bei einem noch beharrlicheren, durchgängigen, konsequenten Insistieren und Anmahnen denkbar gewesen (jedenfalls im Reisebereich und bei Begegnungen).

6. Es ist das Dilemma jeder Darstellung von Politik, daß dabei vor allem die handlungsmächtigen Akteure ins Visier kommen. Das gilt im verstärkten Maße für die Deutschlandpolitik, bei der im Osten der kleine Zirkel der Mächtigen des Regimes das Sagen hatte und im Westen nur einige wenige Politiker wirklich gestaltenden Einfluß ausübten. Ihrer Art des Agierens und Wirkens kommt deshalb eine herausragende Bedeutung zu. Sie trugen und tragen damit zugleich eine erhöhte Verantwortung und müssen es sich gefallen lassen, daß strengere Maßstäbe an sie angelegt werden. Ein wenig mehr selbstkritische Reflexion und Selbstbescheidenheit scheint angebracht. Ein wenig Nachdenklichkeit über die Problematik des Umgangs von politischen Führungseliten, die trotz der Systemunterschiede eine gewisse professionelle Macht- und Kastenkollegialität verband, kann nicht schaden.

Ein Zusammengehörigkeitsgefühl zu bewahren und menschliche Solidarität zu üben, konnte nur das Werk von vielen sein, die zumeist abseits der großen Politik standen. Die Last lag vor allem auf den Mutigen in der DDR, die sich auflehnten. An der Unterminierung des SED-Systems und der schließlichen Erringung von Freiheit und Demokratie haben sie das größte Verdienst. Es sollte nicht durch Legendenbildungen verringert und beeinträchtigt werden.

7. Eine gewisse Zivilisierung des SED-Staates wurde durch das vielfältige Kontaktgeflecht mit dem Westen sicherlich mit bedingt. Ob von der Bundesrepublik aus auch eine gewisse innere Liberalisierung hätte erwirkt werden können, ist allerdings äußerst zweifelhaft. Bei der Halsstarrigkeit und dem wachsenden Realitätsverlust der SED-Herrscher, die ihr Regime gegen den Reform- und Demokratiebazillus aus dem Osten abzuschotten suchten, boten sich auf der »gouvernementalen« Ebene für den Westen kaum Chancen. Denkbar wäre allerdings in den letzten Jahren gewesen, kritisches Denken angesichts der Risiken zwar nicht zu ermutigen, aber wenigstens nicht zu entmutigen und in stärkerem Maße Nähe zu suchen, als das bei der ganz überwiegend auf Stabilität bedachten Deutschlandpolitik der Bundesrepublik geschah. Die Kehrseite einer sonst so erfolgreichen Politik humanitärer Erleichterungen war, daß durch Übersiedlung, Freikauf und begrenzten Reiseverkehr das oppositionelle Potential in der DDR zumindest in seiner Substanz geschwächt wurde.

Durch ihre gouvernementale Anlage, die sich seit den allerersten Anfängen der Ostpolitik so bewährt hatte, und die schwere Verantwortung im Zeichen von globalen Macht- und Zerstörungspotentialen blieb der Blick auf die Mächtigen fixiert – auch dann noch, als sich Regungen und Bewegungen von unten im Osten abzeichneten. Die Realisten und Realpolitiker werden sich dadurch bestätigt fühlen, wie es kam. Sie haben gute Gründe und Argumente dafür. Doch es bleibt die Frage, ob nicht in der äußeren Politik die gesellschaftliche Dimension mehr Geltung finden und die Frage der Menschen- und Bürgerrechte stärker und eindeutiger eingebunden und als verpflichtende Ziele deutlich sichtbarer und wirksamer werden müßten. Im Rückblick auf eine in der großen Linie überaus erfolgreiche Deutschlandpolitik bleibt dies ein wunder Punkt, mit dem wir uns auseinanderzusetzen haben. Die Meßlatte, ob wir dieser schwierigen Aufgabe gerecht werden, sind nicht Sonntagsreden und Worte, sondern Maßstab kann und muß unser Handeln sein, als Politiker, Geschäftsmann und als Bürger.

V. Art und Erschließung der Dokumente

Die Deutschlandpolitik der 80er Jahre ist ein so spannendes Feld und das Quellenmaterial so umfangreich, daß man gerne mehrere Bände mit Dokumenten füllen möchte. Mit dem freien Zugang zu Archiven der ehemaligen DDR haben sich für die historische Aufarbeitung des deutsch-deutschen Miteinanders ungeahnte Möglichkeiten eröffnet. Sogar Quellen sind nun einsehbar und verwertbar, die unter höchste Geheimhaltungsstufen fielen. Selbst in offenen demokratischen Systemen werden solche Verschlußsachen zumeist erst nach über 50 Jahren allmählich zugänglich.

Die Öffnung der DDR-Akten wurde von der friedlichen Revolution erzwungen, von der frei gewählten Volkskammer legalisiert und in den Grundzügen mit dem Einigungsvertrag und Beschlüssen des gesamtdeutschen Bundestages bestätigt und gesetzlich verankert. Der wichtigste Beweggrund dieser Entscheidungen war, jedem von der Staatssicherheit und dem Regime Bespitzelten und Verfolgten ein verbürgtes Recht auf Einsicht der ihn betreffenden Akten zu geben, also die Selbstbestimmung der Bürger und Bürgerinnen über die Daten und Informationen, die der Staat und seine Organe über sie angelegt, und über Maßnahmen, die sie gegen sie ergriffen hatten. Nicht minder wichtig war gerade der in der Umbruchperiode der DDR überwältigende Drang, die Strukturen des Systems, das über die Menschen geherrscht hatte, aufzudecken, die Hydra in allen ihren Verästelungen zu entlarven und die Verantwortlichen zu benennen und zur Rechenschaft zu ziehen.

Die sogenannte Gauck-Behörde ist bekannt. Für sie wurde entsprechend dem Einigungsvertrag mit dem »Gesetz über die Unterlagen des Staatssicherheitsdienstes der ehemaligen DDR« (vom 20. 12. 1991) eine sichere Basis geschaffen, die eine Einsichtnahme der Betroffenen gewährleistet. Mit der Änderung des Bundesarchivgesetzes (vom 13. 3. 1992) wurde die Errichtung der »Stiftung Archiv der Parteien und Massenorganisationen der DDR im Bundesarchiv«, abgekürzt SAPMO, verknüpft, für deren Bestände die sonst übliche 30-Jahre-Sperrfrist generell aufgehoben wurde.

Mit dieser großzügigen Regelung stehen die betreffenden Archive im Grundsatz jedem offen, der daran ein berechtigtes Interesse hat. Das gilt insbesondere für wissenschaftliche Forschungsvorhaben. Probleme ergeben sich aber schon daraus, daß diese Freizügigkeit nicht für alle ehemaligen DDR-Bestände gilt und gewährleistet ist. Die Überlieferungen der Blockparteien – der Ost-CDU, der Liberal-Demokratischen Partei Deutschlands (LDPD) und der Demokratischen Bauernpartei (DBD) – wurden von der Konrad-Adenauer-Stiftung und der

Friedrich-Naumann-Stiftung übernommen und bisher nicht an die Stiftung überführt, wo sie hingehören. Aber während für diese Bestände eine liberale Regelung wie bei der SAPMO gilt, sind die Akten des ehemaligen Ministeriums für Auswärtige Angelegenheiten der DDR beim Auswärtigen Amt unter Verschluß, das sie nach der Einigung in sein Archiv übernommen hat.

Schon aus den genannten Fakten ergeben sich Ungleichgewichte in der Erschließung der Materialien. Besonders gravierend ist, daß die westlichen Akten und Gegenüberlieferungen nicht in zumindest ähnlicher Weise zugänglich sind. Diese Asymmetrie kann nicht ohne Folgen für die Bearbeitung und Darstellung der oft schmerzlichen jüngeren und jüngsten Vergangenheit bleiben. Jeder Umgang mit Akten erfordert ein gewisses Maß an Professionalität. Das gilt erst recht, wenn es sich um Quellen eines diktatorischen Systems handelt. Historikern, die sich mit der Aufarbeitung des NS-Systems befaßt haben, sind diese Schwierigkeiten geläufig, ebenso jenen, die seit Jahren seriöse DDR-Forschung betrieben und trotz schwer zugänglicher Unterlagen und Materialien Beachtenswertes geleistet haben. Wer die Grundsätze historischer Quellenkritik ernst nimmt, weiß, daß jede Aktennotiz, jeder Bericht, jede Aufzeichnung eine gewisse Einseitigkeit birgt. Die Dokumente sind – möglichst an Hand korrespondierender Quellen, Angaben und Aussagen – auf ihre Verläßlichkeit zu prüfen, der Kontext zu beachten, in dem sie entstanden sind, wie die Funktion, die sie hatten. Daraus ergeben sich Anhaltspunkte für den Grad der Verläßlichkeit und den Aussagewert.

Was die von seiten der DDR gefertigten Berichte und Aufzeichnungen über deutsch-deutsche Kontakte betrifft, so gibt es ein deutliches Gefälle. Verallgemeinernd läßt sich feststellen, daß Tendenzen zum Verzeichnen und Verdrehen um so ausgeprägter waren, je untergeordneter und schwächer die Position des betreffenden Vermerkeschreibers im System war. Umgekehrt nahm der Grad an Verläßlichkeit mit dem Rang zu. Die nur für den innersten Zirkel der Macht bestimmten Dokumente weisen so eine ungleich größere Authentizität auf als etwa die Schriftzeugnisse der zweiten Garnitur. Sie sind eine gewichtige Quelle für die Aufarbeitung der operativen Deutschlandpolitik.

Die Dokumentation enthält die Gespräche, die von Politikern der Bundesrepublik mit dem Staatsratsvorsitzenden der DDR und Generalsekretär der SED Erich Honecker und seinem Nachfolger Egon Krenz in den Jahren 1982 bis 1989 geführt wurden. Sie werden umfassend dokumentiert. Eine Aufnahme weiterer Dokumente über Treffen und Unterredungen auf der zweiten Ebene hätte den Rahmen gesprengt. Dagegen sprach auch der größere Verzerrungscharakter derartiger Quellen aus DDR-Beständen. Zudem wäre jede Auswahl nicht ganz frei von einer gewissen Subjektivität. Die Basis dieses Dokumentenbandes bilden die Aktenbestände der Stiftung Archiv der Parteien und Massenorganisationen der DDR. Ihnen gegenübergestellt wurden die Aufzeichnungen der Gesprächspartner aus der Bundesrepublik, soweit sie diese zur Verfügung stellten und sofern solche aufgetan werden konnten.

Bei den hier abgedruckten Niederschriften aus DDR-Beständen handelt es sich um zwei verschiedene Kategorien. Eine erste Gruppe umfaßt die wörtliche Wiedergabe von Gesprächen. – Dazu zählen vor allem die Mitschnitte von den Telefonaten, die von Bundeskanzler Kohl mit Erich Honecker und im Oktober/November mit Egon Krenz geführt wurden. Kanzler und Generalsekretär bedienten sich dabei der Leitung, die unter Helmut Schmidt installiert und rege genutzt worden war. Auf Honeckers Seite wurden die Gespräche im vollen Wortlaut aufgezeichnet im Unterschied zum Kanzleramt in Bonn.[303] Diese Mitschriften waren nun wirklich top-secret. Einige wurden im Internen Archiv des Politbüros bei den sog. Arbeitsprotokollen verwahrt, andere behielt Honecker in seinem Büro. Diese Aufzeichnungen lassen uns daran teilhaben, wie der Kanzler der Bundesrepublik und die Staats- und Parteichefs der DDR miteinander sprachen. Ganz offen waren sie aus verständlichen Gründen dabei nicht. Da beide Seiten damit rechneten, daß die großen Brüder aus Ost und West vielleicht mithören könnten, bediente man sich gelegentlich verklausulierter Andeutungen, vor allem, wenn es um vertrauliche Sendboten ging.

Von manchen Telefonaten wurden zusätzlich kürzere Inhaltswiedergaben gefertigt, die für das Politbüro und offensichtlich auch die östliche Vormacht bestimmt waren. Sie geben gewissermaßen den Blick in die Werkstatt frei, wie die für den innersten Zirkel bestimmten Informationsmaterialien über diffizile Westkontakte erstellt wurden. Wie bei jeder Zusammenfassung ergaben sich daraus Verkürzungen, aber bis zu einem gewissen Grad eben auch gewisse Verzeichnungen.

Bei der weit überwiegenden Zahl der abgedruckten Dokumente handelt es sich um eine Art von Verlaufsprotokollen, die von mitanwesenden Mitarbeitern erstellt wurden. Als Protokollant für Honecker firmierte mehrfach Staatssekretär Frank-Joachim Herrmann, der Leiter der Kanzlei des Vorsitzenden des Staatsrates, zumindest hat er mit seinem Namen unterzeichnet. Noch häufiger findet sich unter den Protokollen der Schriftzug von Seidel. Karl Seidel war Leiter der Abteilung Bundesrepublik im Ministerium für Auswärtige Angelegenheiten (MfAA). Seidel stenographierte die Gespräche und verfertigte daraus dann möglichst umgehend in seinem Büro die Gesprächsprotokolle.

---

[303] Wie der Staatsminister beim Bundeskanzler am 17. 11. 1994 mitteilte, »kann ausgeschlossen werden, daß es im Bundeskanzleramt oder bei anderen Stellen der Bundesregierung Wortprotokolle bzw. Mitschnitte über Gespräche oder Telefonate sowohl des Bundeskanzlers wie auch der damaligen Bundesminister Dr. Wolfgang Schäuble und Rudolf Seiters gibt«.

Einen Satz bewahrte er in seinem Schreibtisch auf.[304] Nach der Vereinigung wurden sie mit den anderen Akten des MfAA vom Auswärtigen Amt übernommen und sind wegen der dortigen Sperrfrist nicht zugänglich. Einige Protokolle während des Besuchs von Honecker 1987 in der Bundesrepublik wurden von Ewald Moldt, Leiter der Ständigen Vertretung der DDR, und einem anderen Mitarbeiter des MfAA erstellt. In der Qualität reichen sie nicht ganz an die üblichen heran. Das gilt auch für die von Außenhandelsminister G. Beil unterzeichneten Aufzeichnungen, die durchweg Messe- und Wirtschaftsgespräche betreffen. Daneben firmierten noch Seidels Vertreter Schindler und im Einzelfall auch Hermann Axen als Protokollant. In einer größeren Anzahl von Fällen fehlt in den zur Verfügung stehenden Ausfertigungen die Unterschrift. Sie sind zumeist wohl Seidel zuzuordnen.

Diese Gesprächsaufzeichnungen sind eine Quelle von Rang. In ihrer Ausführlichkeit und Genauigkeit sind sie ein Zeugnis für eine Beamten- und Funktionärskorrektheit, die bei Seidel fast preußische Züge aufwies, und für eine Manie des obersten Herrschers, über umfassendes schriftlich fixiertes Material zu verfügen. Daß sich in diesen Niederschriften gängige Sprachregelungen der DDR finden (BRD, Vierseitiges Abkommen) und anerkennende Äußerungen eines Westbesuchers etwas überakzentuiert, kritische dafür abgeschwächt wurden, mindert nicht ihren Wert. Es geht kaum über das hinaus, was sich zwei Politiker des Westens, jeder für seine Seite, von ein und demselben Gespräch notieren würden. Westliche Gesprächspartner haben denn auch mitgeteilt, daß diese Gesprächsprotokolle – abgesehen von diesen kleinen Verzeichnungen – weitgehend korrekt seien. Das bestätigt auch der Abgleich mit Aufzeichnungen, die ein für Genauigkeit bekannter Westbesucher durch einen begleitenden Mitarbeiter anfertigen ließ.

Die Beschaffung der östlichen Gesprächsniederschriften bedurfte umfangreicher Recherchen im zunächst noch von der PDS verwalteten Zentralen Parteiarchiv der SED und der Stiftung Archiv der Parteien und Massenorganisationen der DDR im Bundesarchiv. Die wichtigsten Fundorte waren die Bestände Arbeitsprotokolle des Politbüros und Tagungen des Zentralkomitees sowie die Akten der sog. Büros Erich Honecker, Hermann Axen und Egon Krenz. Wesentlich mühsamer, zeitaufwendiger und schwieriger gestaltete sich die Erschließung und Beschaffung von korrespondierenden Aufzeichnungen und Materialien auf der Seite der beteiligten Politiker und Institutionen der Bundesrepublik.

Der ehemalige Fraktions- und Parteivorsitzende der SPD Hans-Jochen Vogel war der erste, der seine Gesprächsunterlagen der Forschung zugänglich machte, so Abgleiche mit den DDR-Quellen ermöglichte

---

[304] Vgl. dazu schon Garton Ash, (1993), S. 706 f.

und ein Zeichen auch für andere setze. Im Umfang eher noch ein wenig ausführlicher und um Präzision und Sachlichkeit bemüht bildeten sie die fast schon ideale Gegenüberlieferung. Ähnlich ausführliche Gesprächsaufzeichnungen liegen sonst nur von wenigen anderen westlichen Politikern vor, so von den Berliner Regierenden Bürgermeistern, dem früheren CDU/CSU-Fraktionsvorsitzenden Alfred Dregger, Ministerpräsident a. D. Ernst Albrecht und von Alt-Bundeskanzler Helmut Schmidt. Besorgt hatten diese Niederschriften jeweils anwesende Mitarbeiter. Andere Gesprächsnotizen sind wesentlich kürzer gehalten. In einigen Fällen, so wurde mitgeteilt, seien überhaupt keine Gesprächsaufzeichnungen vorgenommen worden.

Alle Politiker aus der Bundesrepublik, über deren Gespräche mit Honecker und Krenz Aufzeichnungen in den SED-Akten gefunden wurden, sind schriftlich unter Angabe der Daten gebeten worden, ihrerseits korrespondierende Unterlagen und Notizen zur Verfügung zu stellen. Die Resonanz war unterschiedlich. Einige übersandten ihre Unterlagen oder händigten sie persönlich aus. Sie sind, soweit es sich tatsächlich um Aufzeichnungen aus der Zeit handelte, jeweils unter a) der betreffenden Dokumentennummer abgedruckt. Erst heute, aus der Erinnerung niedergeschriebenen Notizen kommt natürlich nicht die gleiche Authentizität zu. Sie waren dennoch in manchen Fällen nützlich. Einige der Angeschriebenen verwiesen darauf, daß zwar sie selbst keine Unterlagen besäßen, diese aber an anderer Stelle vorhanden sein müßten oder könnten und sie nichts gegen eine Benutzung hätten. So konnten bei den Regierenden Bürgermeistern von Berlin und auch bei den Grünen noch die Westquellen mit abgedruckt werden. In anderen Fällen – so bei Lothar Späth – kam von der betreffenden Stelle ein Negativbescheid, oder es stellte sich – so bei Philipp Jenninger – heraus, daß die Akte an einen nicht zugänglichen Ort verbracht war. Beim Bundeskanzleramt, bei dem nach der negativen Antwort der ehemaligen Kanzleramtsminister Schäuble und Seiters um Aktenfreigabe ersucht wurde, war dem Autor kein Erfolg beschieden. Bundeskanzler Kohl, der natürlich auch um seine Gesprächsaufzeichnungen gebeten worden war, ließ zunächst durch den Staatsminister im Kanzleramt antworten, daß dieses Ersuchen »schwierige Probleme« aufwerfe. Nach mehreren Nachfragen kam am 17. 11. 1994 der ablehnende Bescheid mit der Begründung, »daß die Bundesregierung eine punktuelle Einsicht und Veröffentlichung einzelner Dokumente gerade wegen der Einmaligkeit des geschichtlichen Vorgangs der Wiedervereinigung vermeiden möchte«.

Bei den abgedruckten Dokumenten wird im Kopfregest jeweils die Fundstelle und genaue Bezeichnung des Schriftstücks vermerkt. Sofern die Westquelle nicht zu erschließen war, wird auf die zu dem Ersuchen gegebenen Auskünfte verwiesen. Die Autor-Regesten sind durch Kursivdruck kenntlich gemacht.

Die Dokumente wurden in der Regel vollständig abgedruckt. Auslassungen wurden in nur wenigen Fällen vorgenommen, und zwar dort, wo Honecker längere, aus vorhergehenden Dokumenten schon hinlänglich bekannte und identische Ausführungen zu sicherheitspolitischen Fragen oder über die »positive« Entwicklung von Wirtschaft und Handel mit allen Details machte. Diese Auslassungen sind durch eckige Klammern […] kenntlich gemacht. Soweit es zum Verständnis notwendig schien, wurde der Inhalt einer fortgelassenen Passage in Kurzregesten referiert; sie sind durch Kursivsatz abgesetzt. Hervorhebungen im Original sind durch Sperrungen markiert. Auf die Kenntlichmachung handschriftlicher Unterstreichungen, die zumeist wohl Erich Honekker beim Durchlesen vornahm, wurde verzichtet, um diese Dokumentation nicht zu überfrachten. Sprache und Schreibweise wurden in der originären Form belassen, um den Stil der Aufzeichnungen in ihrer Eigenart sichtbar zu lassen. Nur ganz offenkundige, einfache Schreibfehler wurden korrigiert.

Bei Dokumenten, die schon an anderer Stelle gedruckt vorliegen, wird darauf im Kopfregest verwiesen. Es handelt sich dabei im wesentlichen um Gesprächsniederschriften von dem Honecker-Besuch in der Bundesrepublik. Wegen der intendierten Vollständigkeit wurden sie mit in die Dokumentation aufgenommen. Verzichtet wurde auf den Abdruck der Gespräche, die Honecker mit Repräsentanten der DKP und der SEW in Berlin-West bei ihren Besuchen in der DDR führte. Denn im Kern handelt es sich dabei nicht um Kontakte mit wirklich eigenständigen politischen Kräften im Westen, sondern um politisch dirigierte und finanziell ausgehaltene Ableger der SED. Aufgenommen wurde nur die Unterredung mit den DKP-Vertretern bei Honeckers »Staatsbesuch« in Bonn.

Die Anmerkungen beschränken sich in der Regel auf knappe Erläuterungen und Hinweise, die zum Verständnis unabdingbar schienen. Für Sachverhalte wurde dabei zumeist auf Keesings Archiv der Gegenwart verwiesen. Nur bei schwer zugänglichen, kaum oder gar nicht bekannten Quellen wurde etwas ausführlicher kommentiert.

Die Dokumentenauswahl bringt es mit sich, daß die Argumentation des Staatsratsvorsitzenden der DDR und Generalsekretär der SED in extenso zum Ausdruck kommt. Aus der heutigen Sicht mag dies manche Leserinnen und Leser befremden, auch, daß vieles des von ihm Gesagten scheinbar ohne Widerspruch blieb. Das rosige Bild, das er von den wirtschaftlichen, sozialen und selbst den politischen Verhältnissen in der DDR zeichnete, war natürlich geschönt und verzeichnet. Aber es gibt gleichsam den Blick in das Innenleben des mächtigsten Mannes des SED-Regimes frei und bezeugt seinen in den letzten Jahren zunehmenden Realitätsverlust.

Diese Seite Honeckers wie die Tatsache, daß er ein repressiv-diktatorisches System anführte, und die nach dem Umbruch und der deutschen Vereinigung veränderte Sicht, bei der aus begreiflichen Gründen ganz auf das Negative abgehoben wird, dürfen jedoch nicht zu Fehlschlüssen verleiten. Dem Generalsekretär wurde in Bonn, München und den anderen Städten der Bundesrepublik nicht nur der rote Teppich ausgerollt, sondern er beeindruckte durchaus westliche Gesprächspartner. Man lese nur die Strauß-Erinnerungen nach. Faktenkenntnisse und Präsenz, die Bereitschaft, sich um kleine Dinge und Details zu kümmern, und seine für viele überraschende freie Art der Gesprächsführung imponierten. Hinzu kam sein Kampf und Leiden unter dem Nationalsozialismus, sein ganz offenkundig ehrlich wirkender Einsatz gegen das »Teufelszeug« der Atomwaffen und für Abrüstung, Sicherheitspartnerschaft und »Frieden« im Sinne friedlicher Koexistenz der Systeme. Vor allem während der konfrontativen Verhärtung zwischen Moskau und dem Washington Reagans wirkte er auf manche wie ein deutscher Patriot, dem man anderes nachsah. Selbstkritische, ehrliche Politiker aus der Bundesrepublik, die ihn persönlich trafen, gestehen das durchaus ein. Nur scheint es nicht opportun, das auch öffentlich auszusprechen.

Dieses ist ein Indiz, wieviel an kritischer Aufarbeitung der jüngsten deutsch-deutschen Vergangenheit auch im Westen zu leisten ist. Zu sehr dominiert nach dem Ende des SED-Systems und der glückhaften Herstellung der deutschen Einheit die Tendenz, sich Vergangenes heldenhaft zurechtzubiegen und Problematisches zu verdrängen, statt sich ihm selbstkritisch zu stellen. Dieses Buch will dazu einen Beitrag leisten. Es fordert von den Leserinnen und Lesern auch, sich darüber bewußt zu sein, daß manches, was an Äußerungen referiert wird, auch taktisch bedingt war und anderes aus gleichen Gründen unterdrückt wurde. Die Dokumente erfordern kritische Nutzer, die sich bewußt sind, daß in dem schwierigen deutsch-deutschen Beziehungsgeflecht jedes Gespräch mit dem mächtigsten Mann der DDR einem Balanceakt glich.

Danken möchte ich der Stiftung Archiv der Parteien und Massenorganisationen der DDR wie dem früheren Zentralen Parteiarchiv und ihren Mitarbeiterinnen und Mitarbeitern für die großzügige Hilfe und Unterstützung, dem Landesarchiv Berlin, dem Archiv »Grünes Gedächtnis« und den Politikern aus der Bundesrepublik, die mir ihre Unterlagen zugänglich machten. Hans-Jochen Vogel war mir mit seinem Vorbild dabei eine große Hilfe. Viel Verständnis und Unterstützung erfuhr ich durch die Berliner Senatskanzlei wie im Erich-Ollenhauer-Haus, wo ich jeweils wichtige Bestände einsehen konnte. Ein herzlicher Dank gilt Evelyn Stratmann für ihre Arbeit und Mühe bei der Texterfassung.

Heinrich Potthoff   Königswinter im Dezember 1994

Dokumente – Die Gespräche der westdeutschen Politiker mit
Erich Honecker und seinem Nachfolger Egon Krenz 1982–1989

1. Gespräch Carstens/Genscher – Honecker am 14. November 1982 (Moskau)

*SAPMO ZPA IV 2/1/601: »Niederschrift über das Treffen des General-
sekretärs des Zentralkomitees der SED und Vorsitzenden des Staatsrates der DDR, Genossen Erich Honecker, mit dem Bundespräsidenten
der BRD, Karl Carstens, sowie dem Stellvertreter des Bundeskanzlers,
Hans-Dietrich Genscher, am 14. November 1982 in Moskau«*

*Im Nachlaß Carstens befindet sich keine Aufzeichnung; das nach Mit-
teilung von H.-D. Genscher vom 25. 10. 1994 verfügungsberechtigte
Bundespräsidialamt teilte am 13. 1. 1995 mit, es habe das Bundesarchiv
um eine Stellungnahme gebeten.*

K. Carstens erklärte zu Beginn des Gesprächs, das in seiner Residenz
stattfand[1], Bundeskanzler Kohl habe ihn gebeten, Erich Honecker
seine Grüße zu übermitteln und ihm zu sagen, daß die Einladung zu einem Besuch in der BRD stehe. Man würde sich freuen, wenn dieser Besuch zustande kommt. Er, K. Carstens, erinnere sich gern an die Gespräche, die er seinerzeit mit E. Honecker anläßlich der Beisetzungsfeierlichkeiten für Josip Broz Tito in Belgrad geführt hatte.[2]
    E. Honecker dankte für die Grüße von H. Kohl. Im europäischen
Konzert seien die Beziehungen zwischen beiden deutschen Staaten
wichtig; die Kontinuität ihrer Entwicklung liege nicht nur im Interesse
der DDR und der Bundesrepublik, sondern diene dem Friedensinter-
esse der Welt. Der Grundlagenvertrag enthalte die Säulen dieser Beziehungen; ihre gute Entwicklung sei nur möglich, wenn man beachte, daß
es sich um zwei unabhängige, souveräne Staaten mit verschiedenen Gesellschaftssystemen handelt, die verschiedenen Bündnissen angehören.
Obwohl die Entwicklung der Beziehungen keine einfache Aufgabe sei,
könne man feststellen, daß es damit ein gutes Stück vorangegangen sei.
Mit großer Aufmerksamkeit habe die DDR zur Kenntnis genommen,

---

[1] Die Beisetzungsfeierlichkeiten für Leonid Breshnew, an denen Carstens und Genscher für
die Bundesrepublik teilnahmen, fanden am 15. 11. 1982 statt.
[2] Bei den Trauerfeierlichkeiten für den verstorbenen jugoslawischen Staatspräsidenten Josip
Broz Tito war Bundespräsident Carstens mit Honecker am 8. 5. 1980 zusammengekommen.

daß die neue Regierung in Bonn beabsichtige, diesen Weg weiterzubeschreiten.

Wie K. Carstens sagte, habe H. Kohl ihn gebeten zu erklären, daß er auf Kontinuität und Dialog Wert lege. Die Treffen von Ministern der BRD und der DDR[3] seien ein gutes Zeichen, daß die Kontakte fortgesetzt würden und man sich bemühe, die Probleme zu lösen. Die DDR könne fest davon ausgehen, daß die Politik Bonns fortgesetzt werde, obwohl er als Bundespräsident nicht für die Regierung sprechen könne. E. Honecker: Aber der Bundespräsident hat doch Gewicht. K. Carstens: Ja, vor allem soll ich jetzt entscheiden, ob der Bundestag aufgelöst wird und wann Neuwahlen stattfinden. Dazu stellte E. Honecker fest, er habe natürlich nicht die Absicht, sich in die inneren Angelegenheiten der Bundesrepublik einzumischen. Das Interesse der DDR sei, daß die Dinge zwischen beiden deutschen Staaten gut weitergehen. Es gelte zu tun, was machbar sei.

Was uns und auch andere Regierungen bedrückt, sagte E. Honecker, ist die Verschlechterung der internationalen Situation. Davon hänge viel ab für die weitere Entwicklung der Ost-West-Beziehungen. Positive Wirkungen könnten vom Verhältnis zwischen der DDR und der Bundesrepublik ausgehen, z. B. auf dem Gebiet der Abrüstung. Wenn es hier zu Fortschritten komme, dann würde er immer noch auf die Möglichkeit hoffen, daß das Teufelszeug der Mittelstreckenraketen verschwinde. K. Carstens erklärte, eine Lösung, durch die das Teufelszeug, wie es E. Honecker genannt habe, verschwinde, würden alle begrüßen. Doch stelle sich die Frage von beiden Seiten. Die Stationierung sowjetischer Mittelstreckenraketen beunruhige die BRD, was jeder verstehen müsse. Nötig sei, daß beide Seiten aufeinander zugingen. An dieser Stelle forderte K. Carstens H.-D. Genscher auf, seine Meinung zu diesem Thema zu äußern.

H.-D. Genscher sagte, die neue Bundesregierung wolle mehr erreichen, als nur, was ja selbstverständlich sei, die Einhaltung geschlossener Verträge. Das gelte sowohl für die Beziehungen zwischen der Bundesrepublik und der DDR als auch international. In diesem Sinne messe die Bundesregierung der Madrider Konferenz[4] große Bedeutung für das Klima in Europa zu. Selbstverständlich könnten Ergebnisse der Genfer Verhandlungen[5] das Verhältnis beider deutscher Staaten nur positiv be

[3] Bundesaußenminister Genscher hatte am 5. 10. 1982 am Rand der UN-Vollversammlung mit dem Außenminister der DDR, Oskar Fischer, ein Gespräch geführt. Vgl. Innerdeutsche Beziehungen (1986), S. 25.

[4] Gemeint ist die KSZE-Folgekonferenz, die in Madrid tagte und die am 9. 11. 1982 ihre Beratungen wieder aufnahm.

[5] Bei den INF-Verhandlungen, die seit November 1981 in Genf geführt wurden, hatten Juli Kwizinski und Paul Nitze bei ihrem sog. »Waldspaziergang« im Juli 1982 eine Kompromißformel zur Begrenzung der eurostrategischen Mittelstreckenwaffen entwickelt, die aber verworfen wurde. Vgl. Moseleit (1991), S. 37.

einflussen. Dort sei man schon stark zur Substanz gekommen, die Definition der Probleme sei in schneller Weise erfolgt, so daß man sich auch schnell verständigen könne. Niemand, Herr Staatsratsvorsitzender, will gern stationieren, meinte H.-D. Genscher.

E. Honecker erklärte, daß er dies gern zu Kenntnis nehme. Die Bundesrepublik könne viel zu positiven Ergebnissen auf dem Wege zur Abrüstung beitragen, aber Hauptpartner der Verhandlungen seien die Sowjetunion und die USA. Das Angebot der UdSSR zu konkreten Abrüstungsschritten sei sehr umfassend. Seitens der USA gebe es kein genügend konstruktives Herangehen, aber vielleicht komme es noch dazu. Europa brauche die amerikanischen Mittelstreckenraketen nicht. Ihre Stationierung würde sich sehr negativ auf die Weiterentwicklung der internationalen Beziehungen auswirken. Das habe er H. Schmidt schon beim Treffen am Werbellinsee gesagt.[6] Die DDR wolle auch weiterhin eine friedliche Periode, eine Periode der Zusammenarbeit. So würde sie faßbare Ergebnisse in Genf begrüßen, damit nicht stationiert wird. Den Völkern würden dadurch große Lasten von den Schultern genommen. Die Hauptsorge der Menschheit hinsichtlich ihrer Perspektive sei die Erhaltung des Friedens.

E. Honecker unterstrich, was zwischen der DDR und der Bundesrepublik vereinbart sei, werde durchgeführt. K. Carstens: Ich höre das gern. Ungeachtet des Regierungswechsels in Bonn, fuhr E. Honecker fort, werde entsprechend den Abkommen und Vereinbarungen verfahren, wobei er u. a. auf die Treffen der Minister beider deutscher Staaten und die Schinkel-Ausstellung verwies.[7] Wie K. Carstens darlegte, habe sich die Bundesrepublik sehr um das Zustandekommen der Genfer Abrüstungsverhandlungen bemüht und keinen unwichtigen Anteil daran. Ihr Interesse an einem Erfolg dieser Verhandlungen sei sehr groß. Nur müsse man beide Seiten sehen – einerseits die beabsichtigte Stationierung neuer amerikanischer Raketen und andererseits die Aufstellung von SS 20-Raketen, in deren Reichweite Europa liege. In der internationalen Situation gäbe es jedoch Signale, die positiv zu bewerten seien. Jetzt habe R. Reagan die Embargo-Politik gegen das Gasröhren-Geschäft mit der Sowjetunion aufgegeben, worum auch die Bundesrepublik sehr bemüht gewesen sei.[8] Eine andere Sorge gelte einem Land des Warschauer Paktes – Polen. Dort seien allerdings Signale gesetzt worden, die er als positiv bewerte, z. B. die Entlassung Walesas aus der In-

[6] Am 12. und 13. 12. 1981.
[7] In Hamburg wurde vom 18. 11. 1982 bis 16. 1. 1983 eine DDR-Ausstellung »Karl Friedrich Schinkel« gezeigt, die an die Schinkel-Präsentation im Alten Museum in Berlin (Ost) aus Anlaß des 200. Geburtstages anknüpfte. Sie wurde von Staatsminister Philipp Jenninger eröffnet. Vgl. Innerdeutsche Beziehungen (1986), S. 120.
[8] Die Aufhebung der Sanktionen durch die USA war am 13. 11. 1982 erfolgt. Vgl. AdG 1982, S. 26133f.

ternierung und die Einladung zum Papst-Besuch.[9] Es gebe also auch positive Elemente in der internationalen Situation.

E. Honecker stellte fest, er sei Optimist von Beruf. Eines der positiven Signale, die von der DDR nicht übersehen würden, sei die Aufhebung des US-Embargos gegen die Sowjetunion; denn dadurch entstünden gewisse Voraussetzungen, den Wirtschaftskrieg zu beenden. Man dürfe nicht außer acht lassen, daß die politische Zusammenarbeit durch die ökonomische gestützt werde und sich die Störung des Handels nur negativ auswirken könne. Was Polen betreffe, so betrachte die DDR die dortige Entwicklung als innere Angelegenheit dieses Landes. Wir mischen uns weder in die inneren Angelegenheiten Polens noch der Bundesrepublik ein, sagte E. Honecker. Ihre Beziehungen zur Bundesrepublik gestalte die DDR nach den Prinzipien der friedlichen Koexistenz. Hinter General Jaruzelski stehe sie voll. Die Freilassung Walesas sei eine gute Tat von ihm und geeignet, international die Gemüter zu beruhigen. Ansonsten könne keine Nation auf die Dauer ohne Arbeit leben, was er auch gegenüber H. Schmidt am Werbellinsee zum Ausdruck gebracht habe. General Jaruzelski schaffe Ordnung, und das sei eine innere Angelegenheit Polens.

E. Honecker erklärte, die DDR lasse sich nach wie vor von dem Grundsatz leiten, daß von deutschem Boden nie wieder ein Krieg ausgehen darf. Das sei die Mahnung der Geschichte. Es gebe keine Zielstellung, die einen neuen Weltkrieg rechtfertigen würde. Deshalb habe sich die DDR so stark für L. Breshnews Vorschläge engagiert, die bekanntlich bis zur Demontage der letzten SS 20 reichten.[10] K. Carstens: In der Tat. Fortschritte bei der Abrüstung, so fuhr E. Honecker fort, würden auch den Interessen beider deutschen Staaten entsprechen, und es sei wichtig zu wissen, daß die Bundesrepublik weiter in dieser Richtung wirken wolle. Ganz ohne Zweifel leiste die Sowjetunion einen konstruktiven Beitrag zu dieser Entwicklung.

H.-D. Genscher bemerkte, er würde gern einen Verzicht beider Seiten sehen. Als Betroffene sei die Bundesrepublik an der Vorbereitung der Genfer Verhandlungen beteiligt gewesen. Er sehe neue Wege der Abrüstungspolitik. Nicht nur bei den START-Verhandlungen über die Interkontinental-Raketen solle es um mehr gehen als die obere Be-

[9] Die Freilassung Lech Walesas war gerade zuvor erfolgt; bekannt gegeben wurde sie am 12. 11. 1982. – Tatsächlich war der ursprünglich für Sommer 1982 geplante Besuch von Papst Johannes Paul II. wegen der Konflikte in Polen verschoben worden. Die offizielle Einladung erfolgte erst am 9. 3. 1983. Vgl. AdG 1983, S. 26744.

[10] Honecker dürfte sich auf Breshnews Rede vom 18. 5. 1982 bezogen haben und auf die von der UdSSR bei den INF-Verhandlungen vorgelegten Vorschläge, die bei den Mittelstreckenraketen alternativ eine Reduzierung um zwei Drittel oder eine »Liquidierung« aller Systeme in Europa vorsahen. Weiter hieß es darin, die UdSSR habe beschlossen, die weitere Stationierung von Mittelstreckenraketen in ihrem europäischen Teil einzustellen. Vgl. AdG 1982, S. 25655.

grenzung. Es komme auf eine echte Reduzierung an. Noch nie hätten so viele Verhandlungstische nebeneinander gestanden.

E. Honecker stellte fest, wichtig sei, endlich an einem dieser Verhandlungstische zu konkreten Ergebnissen zu kommen, besonders bei den Verhandlungen über die Begrenzung der strategischen Rüstungen. Dadurch könne anderen Verhandlungen der Weg geebnet werden. SALT II sei unterschrieben gewesen, aber nicht ratifiziert worden, was eine sehr große Enttäuschung bereitet habe. In Madrid trete die DDR für vertrauensbildende Maßnahmen und die Einberufung einer europäischen Abrüstungskonferenz ein.

Auf eine Bemerkung von K. Carstens zur Erhöhung des Mindestumtausches und die von ihm beklagten Erschwernisse für größere Familien[11] erläuterte E. Honecker das Ausmaß des Besucherverkehrs aus der BRD und Berlin-West in die DDR und ihre Hauptstadt Berlin. Jährlich besuchten rund 5 Millionen Bürger der BRD die DDR, 1,5–2 Millionen Bürger der DDR reisten in die Bundesrepublik.[12] Er habe das alles H. Schmidt gesagt. In Westberlin könne man 1 Mark Wert gegen 4–5 Mark der DDR umtauschen. Freilich erhalte man in Westberlin für 1 Mark kein Mittagessen, wohl aber in der DDR. H. Schmidt habe damals geantwortet, daß er auf die Banken keinen Einfluß habe.[13] Daraufhin habe E. Honecker erklärt, wenn mit den Wechselstellen Schluß gemacht werde, dann sei das Problem gelöst. Außerdem liege die DDR mit ihren Mindestumtauschsätzen noch unter denen anderer Länder.

Kürzlich habe Herr Barzel davon gesprochen, daß man vom Grundsatz des Gebens und Nehmens ausgehen müsse.[14] E. Honecker verwies darauf, daß er schon H. Schmidt an die Schulden der BRD auf anderen Gebieten erinnert habe. Dort müsse sich etwas bewegen, z. B. bei der Elbgrenze. Über sie gebe es bereits ein Protokoll. Aber die Vereinbarungen seien bisher an den restlichen 95 km, am Einspruch des Herrn Albrecht gescheitert.[15] Jetzt habe er gelesen, daß sich Herr Barzel in das Studium der Karten vertiefen wolle.

[11] Die DDR hatte mit Wirkung vom 13. 10. 1980 eine Erhöhung der Mindestumtauschsätze auf DM 25,– pro Tag und Person einschließlich Jugendlicher ab 15 Jahre und Rentner verfügt. Vgl. Innerdeutsche Beziehungen (1986), S. 8, 19 und 73.
[12] Die Zahl der Rentner aus der DDR, die in die Bundesrepublik reisten, betrug 1981 1,563 Mio. und ging 1982 leicht auf 1,53 Mio. zurück. Ebd. S. 9.
[13] Für die Verhandlungen vgl. die Mitschriften der offiziellen Gespräche am 12. und 13. 12. 1981 am Werbellinsee bzw. Döllnsee in: SAPMO ZPA 2/1/599. Für die von Honecker referierte Äußerung vgl. die »Gedächtnisaufzeichnung« über das Vier-Augen-Gespräch mit Schmidt am 11. 12. 1981, in: SAPMO ZPA vorl. SED 41664.
[14] Auch in einem Artikel im Bulletin vom 15. 11. 1982 bekannte sich Rainer Barzel dazu, es gebe »nur ein allmähliches Voraussschreiten, Zug um Zug, Schritt um Schritt, Leistung mit Gegenleistung«. Vgl. Innerdeutsche Beziehungen (1986), S. 132f.
[15] Mit dem nach fast sechsjähriger Arbeit der gemeinsamen Grenzkommission am 29. 11. 1978 unterzeichneten Protokoll war der Verlauf der Grenze auf einer Länge von 1297 km einvernehmlich festgestellt worden. Über den Verlauf von 95 km Elbgrenze wurde, wie es ausdrücklich hieß,

E. Honecker stellte weiter fest, daß auch die sogenannte Zentrale Erfassungsstelle Salzgitter nicht mehr in die Zeit passe, worauf sich K. Carstens bei seiner Begleitung nach dieser Einrichtung erkundigte. Notwendig sei die Respektierung der Staatsbürgerschaft der DDR, die eine Tatsache sei und kein Verhandlungsgegenstand. Schließlich gehe es um die Umwandlung der Ständigen Vertretung der DDR in der BRD in Botschaften.[16] Wenn sich in einer dieser Fragen etwas bewege, könne man sich auch in anderen Fragen etwas überlegen.

E. Honecker erinnerte an Maßnahmen der DDR wie die Erweiterung der Besuchserlaubnis für Westberliner und der Besuche in dringenden Familienangelegenheiten.[17] Auch der Jugendtourismus sei in Gang gebracht worden[18], bei dem sich allerdings das Paritätsproblem ergebe. In der DDR genügten 20 Mark für den Aufenthalt, dagegen müßten in der BRD 80 Mark gezahlt werden. Sei das denn möglich, das

[16] keine Übereinstimmung erzielt. Vgl. Zehn Jahre Deutschlandpolitik. Die Entwicklung der Beziehungen zwischen der Bundesrepublik Deutschland und der Deutschen Demokratischen Republik 1969-1979. Bericht und Dokumentation. Bundesministerium für Innerdeutsche Beziehungen, Bonn 1980, S. 16, 25 und 353 ff. In der Gemeinsamen Grenzkommission war bei der Sitzung am 14./15. 5. 1975 in Bamberg ein Protokollvermerk über den strittigen »Abschnitt Elbe (Grenzabschnitte 7 bis 9)« erstellt worden. Danach bestand »Übereinstimmung wie folgt«: 1. Die Grenze »beginnt am letzten vermarkten Grenzpunkt des Grenzzuges 6b und verläuft als Verlängerung der beiden letzten am Lande liegenden Grenzpunkte des Grenzzuges 6b in der Mitte der Elbe und folgt als stabile Grenze der Mitte des Stromes bis zu der Stelle, an der die Verlängerung der beiden ersten Grenzpunkte des Grenzzuges 10a auf die Mitte der Elbe trifft und von dort zum Grenzpunkt Nr. 1 des Grenzzuges 10a. 2. Dieser Protokollvermerk wird Bestandteil der vereinbarten Dokumentation«. 3. Bundesrepublik und DDR »gehen in allen praktischen Maßnahmen, beginnend mit dem ...1975 von unter dem Punkt 1 bezeichneten Grenzverlauf aus«. Der »Vermerk« in: SAPMO ZPA IV 2/2035/86 war jedoch nicht unterschrieben und nie von der Regierung Schmidt bestätigt worden. Strittig waren vor allem ca. 50 km im sog. Neuhäuser Streifen, während auf 44 km ziemlich eindeutig durch das Londoner Protokoll vom 12. 9. 1944 die Strommitte festgelegt war. Vgl. die Unterlagen in: SAPMO ZPA J IV 2/2A/3209. Der Ministerpräsident von Niedersachsen, Ernst Albrecht, wurde in dem ganzen Zeitraum bis 1989 zumeist als das Haupthindernis für eine einvernehmliche Regelung hingestellt.

[17] Beim Reiseverkehr in dringenden Familienangelegenheiten hatte die DDR die Erleichterungen am 15. 2. 1982 verfügt. Am 18. 6. 1982 hatte die DDR mit Wirkung vom 1. 7. 1982 die Aufenthaltsdauer bei Tagesbesuchen von Westberlinern in Ost-Berlin und der DDR von 24.00 Uhr bis 2.00 Uhr am folgenden Tag verlängert. Vgl. Innerdeutsche Beziehungen (1986), S. 100 f. und 118 f.

[18] Zwischen dem Bundesjugendring und der FDJ war am 20. 9. 1982 eine Vereinbarung über die Ausweitung des Jugendtourismus vereinbart worden. Ebd. S. 25 und 127.

sei aber teuer, bemerkte K. Carstens. Selbstverständlich, fuhr E. Honecker fort, müsse die DDR die Respektierung ihrer Staatsbürgerschaft auch im Jugendtourismus verlangen. Es gehe nicht an, daß die Polizei der Bundesrepublik die Pässe der jungen DDR-Bürger nicht anerkenne.

Abschließend erklärte E. Honecker, in der DDR gehe es gut voran, Anfang der Woche werde Plan 1983 beraten, der weitere beträchtliche Wachstumsraten beim Nationaleinkommen und bei der industriellen Warenproduktion auf der Grundlage gesteigerter Arbeitsproduktivität sowie eine weitere Entwicklung der Geldeinnahmen der Bevölkerung vorsehe. Während K. Carstens die Sorgen in der Bundesrepublik über die zunehmende Zahl der Arbeitslosen zum Ausdruck brachte, stellte E. Honecker fest, daß in der DDR Arbeitskräfte fehlen. Dem werde durch die verstärkte Nutzung von Wissenschaft und Technik begegnet. Auf die Bemerkung von K. Carstens, die Bundesrepublik habe mit mehr als 2 Millionen ausländischen Arbeitskräften große Probleme, und auf seine Frage, wie es denn damit in der DDR stehe, antwortete E. Honecker, hier seien 22 000 polnische Arbeiter tätig, die eine fleißige und ordentliche Arbeit leisteten.

Herrmann *[Unterschrift]*

2. Telefonat Kohl – Honecker am 24. Januar 1983

SAPMO ZPA vorl. SED 41664: »Berlin, 24. Januar 1983. Gespräch zwischen dem Generalsekretär des ZK der SED, Genossen Erich Honecker, und dem Bundeskanzler der BRD, Helmut Kohl, am 24. Januar 1983 von 10.33 Uhr bis 11.00 Uhr«

GEN. H.: Ja, hallo?
HERR K.: Ja, hier ist Kohl. Guten Tag.
GEN. H.: Guten Tag, Herr Kohl.
HERR K.: Ist dort der Generalsekretär Honecker?
GEN. H.: Ja, hier ist Honecker.
HERR K.: Ich freue mich, daß das Gespräch so prompt funktioniert. Wir machen das ja zum ersten Mal, und ich bin sehr erfreut darüber, daß es so klappt. Ich darf Ihnen nochmals für das neue Jahr, Herr Generalsekretär, alles Gute wünschen und der Hoffnung Ausdruck geben, daß es unserer gemeinsamen Arbeit gelingt, in diesem wichtigen Jahr auch das Verhältnis zwischen den beiden deutschen Staaten vernünftig und wenn möglich gut zu gestalten. Ich finde, daß diese Möglichkeit, miteinander zu telefonieren, die Normalität unserer Beziehungen an diesem Punkt, doch glaube ich, in einer wichtigen Weise unterstreicht. Ich darf mich noch einmal bedanken für Ihr Antwortschreiben vom 7. Dezember auf meinen Brief vom 29. November.[1] Ich habe natürlich mit ganz besonderem Interesse Ihre öffentlichen Äußerungen in den letzten Wochen verfolgt, und ich

---

[1] In seinem Schreiben vom 29. 11. 1982 an den »Generalsekretär« (SAPMO ZPA J IV 2/2A/2530) hatte der Bundeskanzler versichert, der Grundlagenvertrag und die anderen Vereinbarungen »zwischen beiden deutschen Staaten« blieben »Grundlagen und Rahmen für die Entwicklung der Beziehungen. Die Bundesregierung ist an guten Beziehungen zur Deutschen Demokratischen Republik interessiert«. Seine Anweisung an die zuständigen Bundesminister, die laufenden Verhandlungen mit der DDR fortzusetzen, sei »Ausdruck unseres festen Willens, die Möglichkeiten des Grundlagenvertrages auszuschöpfen«. Die künftige Zusammenarbeit zwischen Bundesrepublik und DDR »sollte positive Impulse für Zusammenarbeit und Dialog in Europa geben«. Kohl betonte, die »Politik der Bundesregierung« sei »vor allem anderen Friedenspolitik«, werde »von allen Kräften des Deutschen Bundestages unterstützt« und er teile mit Honecker »die Überzeugung, daß von deutschem Boden nie wieder Krieg ausgehen darf« und »beide deutsche Staaten« eine besondere »Verantwortung für die Sicherung des Friedens in Europa« trügen. Er erinnerte an die »Zielsetzung der Schlußakte« von Helsinki (1975) und das »hohe Gewicht«, das »die neue Bundesregierung im Interesse der Menschen auf Verbesserungen im Reise- und Besucherverkehr« lege, der durch die Erhöhung der Mindestumtauschsätze drastisch behindert worden sei. Der Kanzler sprach dann die von seinem »Vorgänger« 1981 angesprochene Einladung Honeckers in die Bundesrepublik an. »Die Menschen knüpfen an ein solches Treffen hohe Erwartungen. Ich halte an dieser Einladung fest.« – Der Text des Antwortschreibens Honeckers vom 7. 12. 1982 findet sich u. a. in: SAPMO ZPA J IV 2/2A/2532.

glaube, ich kann von meiner Seite die Übereinstimmung feststellen, daß wir beide in besonderem Maße auch Verantwortung für die Sicherung des Friedens in Europa tragen. Und es ist unser Wunsch, auch unter diesen Zielsetzungen die Möglichkeiten aus dem Grundlagenvertrag weiterzuentwickeln und zu nutzen, um positive Impulse für die Zusammenarbeit zu ermöglichen. Und das sage ich nicht nur für heute, sondern auch im Blick auf die Ereignisse nach dem 6. März, nach der Wahl bei uns.[2] Und dann will ich noch einmal von mir aus daran erinnern, daß die Einladung, die ausgesprochen ist zu Ihrem Gegenbesuch in der Bundesrepublik[3], ganz selbstverständlich gilt und daß der Erfolg einer solchen Einladung natürlich von der sorgfältigen Vorbereitung nach beiden Seiten hin abhängig ist. Das ist das, was ich mal vornweg Ihnen sagen möchte.

GEN. H.: Ich möchte Ihnen vor allen Dingen recht herzlich danken für Ihren Anruf. Ich hatte ihn so gegen elf erwartet. Jetzt kommt er sogar frühzeitig, sozusagen im Sonnenschein.

HERR K.: Ja, bei uns auch.

GEN. H.: Bei Ihnen auch?

HERR K.: Es ist das Gegenteil von Winterwetter.

GEN. H.: Ja, das kann man sagen. Es ist schon fast Frühjahr.

HERR K.: Werten wir beide das als gutes Omen, das Wetter.

GEN. H.: Ja, wollen wir es so nehmen.

HERR K.: Wir kommen ja auch aus einer Landschaft von zu Hause aus, die ähnlich ist.

GEN. H.: Ja, die ist ganz ähnlich. Herr Kohl, ich möchte erst noch einmal danken für Ihren Anruf und möchte sagen, daß ich im gleichen Maße der Auffassung bin, daß es doch ein gutes Zeichen ist, daß wir diese Möglichkeit hier nutzen, um Kontakt zu halten. Ebenso wie Sie bin ich selbstverständlich daran interessiert, daß die Beziehungen zwischen der Deutschen Demokratischen Republik und der Bundesrepublik Deutschland entsprechend dem bereits abgeschlossenen Vertragssystem sich weiter entwickeln und daß in Verbindung damit wir alle Möglichkeiten ausschöpfen, um die Dinge so vorwärts zu bringen, wie sie uns also möglich erscheinen.

Anläßlich meines Moskauer Aufenthaltes hatte ich die Möglichkeit gehabt, mit Herrn Carstens zu sprechen, im Beisein von Vizekanzler Genscher.[4] Herr Carstens hat mir damals Ihre Grüße überbracht und noch einmal unterstrichen, daß von Ihrer Seite aus die Bestrebungen vorhanden sind, die Beziehungen weiterhin kontinu-

[2] Am 6. 3. 1983 fanden die Bundestagswahlen statt.

[3] Die Einladung hatte Bundeskanzler Kohl schon über Bundespräsident Carstens sowie Außenminister Genscher am 14. 11. 1982 sowie in seinem Schreiben vom 29. 11. 1982 ausgesprochen; vgl. Anm. 1 sowie Nr. 1.

[4] Siehe Nr. 1.

ierlich zu entwickeln. Ich habe damals darauf verwiesen, wie Sie wissen, daß die Deutsche Demokratische Republik selbstverständlich bestrebt bleibt, die Beziehungen zur Bundesrepublik Deutschland, wie ich bereits erwähnte, gemäß Buchstaben und Geist der abgeschlossenen Verträge zu gestalten. Nach meiner Auffassung ist die gute Entwicklung der Beziehungen zwischen der Deutschen Demokratischen Republik und der Bundesrepublik Deutschland möglich, wenn von beiden Seiten beachtet wird, daß es sich hier um Beziehungen von zwei souveränen Staaten handelt, die zudem noch unterschiedliche Gesellschaftsordnungen haben und auch unterschiedlichen Paktsystemen angehören, wobei ich allerdings also nicht verschweigen möchte, daß doch die Vergangenheit unterstrichen hat, daß durchaus die Möglichkeit besteht, zu normalen, sagen wir mal annehmbaren Beziehungen zu kommen, wobei selbstverständlich auf beiden Seiten immer noch bestimmte Wünsche offen bleiben werden. Sie haben darauf verwiesen, auf unsere beiderseitige Verantwortung. Nun, wie Sie wissen, hatte ich vor kurzem den gleichen Besuch wie Sie. Es war Herr Gromyko hier gewesen.[5]

HERR K.: Ja.

GEN. H.: Und ich denke, daß nach dem Besuch von Herrn Gromyko in Bonn sich doch eine ganze Reihe von Möglichkeiten ergeben, bestehende Positionen zu prüfen, sie, wenn möglichst, wenn ich mich so ausdrücken darf, zu messen an den Prager Vorschlägen.[6] Nach meiner persönlichen Auffassung, das möchte ich ganz offen sagen, zeigen die Prager Vorschläge, daß sich etwas bewegt hat, seitens der Sowjetunion und seitens der Mitgliedstaaten des Warschauer Paktes. Es wäre meines Erachtens auch im Interesse von beiden deutschen Staaten, aber auch darüber hinaus von außerordentlich großem Nutzen, sich noch einmal zu überlegen und noch einmal zu überprüfen, ob vom Blickfeld der europäischen Sicherheitsinteressen, aber auch vom Blickfeld der Beziehungen, sagen wir mal zwischen der Bundesrepublik Deutschland und den sozialistischen Nachbarn, doch eine Reihe neuer Probleme aufgetaucht sind, eine Reihe Fragen, die sich doch schon etwas leichter lösen lassen, als wir vielleicht noch vor kurzer Zeit angenommen hatten. Wie Sie wissen, ist ja in Fragen der

[5] Der Außenminister der UdSSR Andreij Gromyko war nach seinem Besuch in Bonn vom 16.–19. 1. 1983, bei dem er u.a. mit Kohl, Genscher und Carstens sprach, nach Ost-Berlin gekommen. Vgl. den »Bericht« über den »Freundschaftsbesuch« Gromykos »vom 19. bis 21. Januar 1983«, in: SAPMO ZPA J IV 2/2A/2540.

[6] Von der Tagung des Politisch Beratenden Ausschusses des Warschauer Paktes (einer Art Ostblock-Gipfel) am 4./5. 1. 1983 in Prag war eine »Politische Deklaration« verabschiedet worden, die u. a. eine radikale nukleare Abrüstung, eine Auflösung von NATO und Warschauer Pakt und einen Gewaltverzichtsvertrag der bisherigen beiden Blockstaaten propagierte. Vgl. AdG 1983, S. 26245 ff.

Kernwaffen von seiten der Sowjetunion und von seiten des Warschauer Paktes jetzt etwas in Bewegung gekommen, und man müßte selbstverständlich von allen Seiten das ernsthaft prüfen. Ich darf Ihnen sagen, weil ich ja etwas ein Beteiligter bin, ich habe die Dinge ernsthaft geprüft, habe sie verglichen mit den Fragen, die ich sehr oft mit Herrn Schmidt behandelt habe. Ich muß sagen, daß hier doch ein Angebot vorliegt, in dem viele neue Punkte enthalten sind, neue Möglichkeiten enthalten sind. Ja, ich möchte sagen, daß zum Teil Vorschläge von Ihrer Seite mit einbezogen wurden, in die Prager Deklaration.[7] Wobei es ganz offensichtlich ist, daß wir am Zeitpunkt angelangt sind, in dem man sagen kann, daß mehr Rüstung keinesfalls mehr Sicherheit bedeutet. Die Arbeitslosigkeit steigt, und die Zukunft wird durch mehr Rüstung nicht heller. Sie haben doch vor kurzem darauf aufmerksam gemacht, daß Sie ebenfalls für Rüstungsbegrenzung und Abrüstung eintreten.

HERR K.: Unsere These ist ganz eindeutig. Wir wollen Frieden mit weniger Waffen. Zu der Prager Deklaration gilt das, was ich in meiner letzten Regierungserklärung im Bundestag gesagt habe.[8] Wir werden mit unseren Verbündeten das sehr sorgfältig prüfen. Sie merken das ja an unserer Reaktion. Wir sind bereit, auf alle Schritte, die der Verbesserung der Ost-West-Beziehungen dienen, positiv zu reagieren. Wir wollen militärisch bedeutsame, ausgewogene, überprüfbare Vereinbarungen zur Rüstungskontrolle und zur Abrüstung. Ich füge hinzu, ich persönlich bin fest überzeugt, daß es einen wirklichen Rutsch, eine wirkliche Bewegung in Genf[9] am besten geben kann, wenn es wirklich möglich ist – ich bleibe bei diesem Gedanken –, daß ohne Propagandatricks Andropow und Reagan nach sorgfältiger Vorbereitung sich treffen. Ich glaube, in Genf am Tisch wird nichts erreicht werden, wenn die beiden wichtigsten Männer nicht letztlich für die beiden entscheidenden Mächte ihr persönliches Engagement voll einsetzen. Ich habe das auch dem Außenminister Gromyko gesagt. Er hat ja nicht negativ, sondern, ich würde sagen, zurückhaltend, aufmerksam in der Sache reagiert. Wir werden auch das mit unseren amerikanischen Partnern immer wieder in dieser Richtung besprechen. Was ich aber sagen will, ist, daß die Leute in Deutschland, in Leipzig genauso wie in Frankfurt, natürlich unser Tun auch daran messen, inwieweit es gelingt, die Probleme, die bei uns bestehen, die die Menschen betreffen, als echte Maßnahme der Friedenspolitik zu erkennen. Das ist die Verbesse-

---

[7] Vgl. Anm. 6.
[8] Gemeint war die Regierungserklärung von Kohl vom 13. 10. 1982 im Deutschen Bundestag. Vgl. Innerdeutsche Beziehungen (1986), S. 130f.
[9] Vgl. Nr. 1, Anm. 5.

rung im Reiseverkehr, humanitäre Anstrengungen. Von unserer Seite kennen Sie ja unsere Position zu den Mindestumtauschsätzen.[10] Ich will auf diesem Weg das nur ganz zurückhaltend formulieren. Mir scheint, es gäbe vielleicht eine Möglichkeit – im Zusammenhang auch, was in den wirtschaftlichen Bereich hineinreicht –, sehr rasch vielleicht einmal – und zwar natürlich in aller Diskretion – zu reden. Ich höre, da gibt es auch bei Ihnen, wenn ich richtig informiert bin, gewisse Vorstellungen. Ich habe heute früh gerade eine entsprechende Nachricht erhalten, die über München gelaufen ist, wo offensichtlich Kontakte stattgefunden haben.[11] Wenn das so ist, sollten Sie mich das rasch wissen lassen auf der gegebenen diskreten Schiene. Ich glaube, wenn ich mich so ausdrücke, bin ich verstanden worden. Ich möchte auch dann auf dem Weg nicht weiter das Gespräch vertiefen. Ich will nur meine Bereitschaft deutlich machen zu auch einem solchen speziellen Gespräch. Ich finde, das ist ja der Vorteil einer solchen telefonischen Möglichkeit. Und ich rate uns beiden, wenn wir etwas haben, die Möglichkeit zu nutzen. Ich bin zu jeder Zeit dazu bereit, um das deutlich noch einmal zu unterstreichen. Ich finde diesen Telefonkontakt für ganz wesentlich. Aber ich glaube, daß ist so ein Punkt, den sollten Sie bedenken und uns Nachricht geben.

GEN. H.: Schön. Besten Dank, Herr Kohl, für Ihre Bemerkungen.

HERR K.: Haben wir uns insofern verstanden, an dem Punkt.

GEN. H.: Ich habe Sie sehr gut verstanden, wobei ich auch zum Ausdruck bringen möchte, daß Herr Gromyko mit bestimmten – sagen wir einmal – Hoffnungen von Bonn nach hierher gekommen ist. Und zwar in der Beziehung, daß er zum Ausdruck brachte, daß man sich offensichtlich überlege, da die Prager Vorschläge doch eine ganze Reihe neuer Gesichtspunkte enthalten. Und was ein Treffen betrifft, zwischen den beiden Persönlichkeiten, so möchte ich zum Ausdruck bringen, daß von unserer Seite bzw. von meiner Seite ein Zustandekommen eines solchen Treffens sehr begrüßt werden würde, denn man kann sich natürlich dann, wenn das entsprechend vorbereitet ist, vieles sagen, was man sonst nicht so erledigen kann.

HERR K.: Ja.

GEN. H.: Also in der Beziehung haben wir eine gleiche Auffassung.

[10] Die Rücknahme der von der DDR im Oktober 1980 verfügten Erhöhungen der Mindestumtauschsätze für Besucher Ost-Berlins und der DDR, um die sich die Regierung Schmidt stetig bemüht hatte, war von der Regierung Kohl u. a. in der Regierungserklärung vom 13. 10. 1982 gefordert worden.

[11] Seit dem ersten Treffen des ehemaligen CSU-Schatzmeisters Josef März mit Alexander Schalck-Golodkowski, Chef der KoKo (Kommerzielle Koordination der DDR), am 14. 3. 1975 war in weiteren Treffen am 28. 10., 26. 11. und 23. 12. 1982 über einen Milliardenkredit verhandelt worden. Am 26. und 27. 1. 1983 kam es zu weiteren Gesprächen. Vgl. SPD-Dokumentation: Wer im Glashaus sitzt (1994), Nr. 1–7.

Wir sind auch für Frieden mit weniger Waffen, und zwar entsprechend dem Grundsatz der Gleichheit und der gleichen Sicherheit. Was die anderen Fragen betrifft, die Sie kurz angedeutet haben, so möchte ich vor allen Dingen sagen, daß selbstverständlich in den Beziehungen zwischen den beiden deutschen Staaten, ja, beiden deutschen Staaten, sich doch in den letzten, sagen wir einmal zehn Jahren, etwas getan hat, was man selbstverständlich nicht einfach so verschütten kann. Zur weiteren Entwicklung wäre es ganz gut, wenn wir uns vornehmen würden, das Errungene zu erhalten und dann möglichst auszubauen. Aber ich möchte Ihnen auch gleichzeitig ganz offen sagen, das wird nur möglich sein bei gegenseitiger Achtung der Souveränität eines jeden Staates, wie es ja auch in dem Grundlagenvertrag und den anderen Verträgen niedergelegt ist. Wobei es selbstverständlich noch eine ganze Reihe Probleme gibt, die entscheidend sind für die Bürger in beiden deutschen Staaten. Zum Beispiel in der Abrüstungsfrage, die wir hier kurz angeschnitten haben, wäre es selbstverständlich günstig, daß man in Konsultationen die gegenseitigen Kenntnisse vertiefen könnte, in bezug auf Rüstungsbegrenzung und Abrüstung, und auch vielleicht zu einzelnen Fragen im Zusammenhang mit diesem äußerst wichtigen Dokument, der Prager Deklaration. Denn soweit ich mich erinnern kann, ist dort zum ersten Mal der Grundsatz verankert, daß all das sich selbstverständlich nur vollziehen kann bei entsprechenden Kontroll- und vertrauensbildenden Maßnahmen, so daß also in dieser Beziehung viele Fragen neu stehen und offen sind. Und ich glaube, es liegt sowohl im Interesse der Bundesrepublik Deutschland als auch der Deutschen Demokratischen Republik und darüber selbstverständlich hinaus zumindest bei allen Unterzeichnern der Schlußakte von Helsinki, daß man diese Möglichkeiten, die jetzt gegeben sind, ausschöpft. Selbstverständlich gehe ich davon aus, daß die Prager Deklaration nicht die Grundlage ist für eine Vereinbarung, aber sie doch sehr wichtige Elemente hat, die es erlauben, zu bestimmten Übereinkommen zu kommen in den wichtigsten Fragen, zum Beispiel in den Fragen eines Vertrages über den gegenseitigen Gewaltverzicht und die Weiterführung friedlicher Beziehungen. Das scheinen mir äußerst wichtige Fragen zu sein. Aber abgesehen davon, ich denke, es wäre sehr gut, wenn die Regierungen zwischen unseren beiden Ländern bzw. ihre Beauftragten oder Mitarbeiter die Konsultationen zu Fragen der Rüstungsbegrenzung/Abrüstung weiterführen.[12] Des wei-

---

[12] Am 16. 2. 1983 schlug der Bundeskanzler in seiner Antwort auf das Schreiben Honeckers vom 4. 2. 1983 vor, »einen direkten und sachlichen Meinungsaustausch« über »Grundsatzfragen« der Abrüstung und Rüstungskontrolle zu führen und daß sich die Abrüstungsbeauftragten der Bundesrepublik und der DDR zu Gesprächen treffen sollten. Wortlaut der Schreiben u.a. in: Innerdeutsche Beziehungen (1986), S. 135f.

teren haben wir eine ganze Reihe Fragen, wie Sie wissen, ins Gespräch eingeführt. Selbstverständlich verstehe ich, daß Sie wahrscheinlich vor den Wahlen diese Dinge nicht genauer bearbeiten können, ohne zu bestimmten Schwierigkeiten zu kommen. Aber, ehrlich gesagt, wir sind interessiert, daß zumindest die Feststellung der Elbgrenze zu Ende geführt werden könnte. Denn wenn das geschieht, hat die Grenzkommission doch eine Arbeit geleistet, die äußerst bedeutungsvoll wäre. Damit wäre die gesamte Grenze zwischen der Bundesrepublik Deutschland und der Deutschen Demokratischen Republik markiert. Und es gab schon einmal, ich weiß nicht, ob man Ihnen das vorgelegt hatte, ein gemeinsam vereinbartes Protokoll in dieser Frage.[13]

HERR K.: Ich weiß das –.

GEN. H.: Es scheiterte damals noch an Herrn Albrecht, der seine Zustimmung nicht gab.[14] Aber das wäre doch immerhin dann schon ein Fortschritt. Denn, es geht ja darum, um die Grenze festzustellen und nicht irgendwas anderes da zu vereinbaren, und die anderen Punkte, über die ich im einzelnen jetzt nicht sprechen möchte und die Sie kennen.

HERR K.: Also, Sie haben natürlich ganz zu Recht gesagt, es sind eine Fülle von Problemen, die mit Sicherheit jetzt in den paar Wochen vor dem 6. nicht laufen; es ist unmöglich, Ihnen da zu sagen, daß das auf unserer Seite jetzt besonders aktualisiert wird. Was ich für möglich halte, ist, daß wir ungeachtet der eben gesagten Dinge, den direkten Kontakt in dem anderen Zusammenhang sehr bald herstellen, und Sie haben das ja auch aufgenommen.

GEN. H.: Herr Kohl, ich wollte Ihnen folgendes zum Gesamtkomplex noch sagen. Ich habe vorhin darauf hingewiesen, daß es selbstverständlich notwendig ist, von dem bestehenden Vertragssystem auszugehen. Von unserer Seite wird man immer ausgehen von den in den Verträgen enthaltenen Grundsätzen der Existenz von zwei deutschen Staaten. Und ich muß sagen, mich irritiert jetzt sehr oft der Wortgebrauch: beider Staaten in Deutschland. Aber ein solches Deutschland gibt es ja gar nicht. Es gibt zwei deutsche Staaten, die laut dem Grundlagenvertrag in ihren inneren und äußeren Angelegenheiten souverän sind. Aber das lasse ich jetzt einmal dahingestellt. Ich wollte jetzt bloß darauf aufmerksam machen, daß das selbstverständlich hier zu einer bestimmten Irritierung führt, wenn andere Begriffe plötzlich auftauchen. Aber das soll nicht das Hauptproblem sein.

HERR K.: Eben, das glaube ich aber auch.

[13] Siehe Nr. 1, Anm. 15.
[14] Vgl. ebd.

GEN. H.: Ich möchte bloß Ihre Aufmerksamkeit lenken auf eine folgende Frage. Meines Erachtens darf man a) nicht unterschätzen die gesamten Vereinbarungen, die bisher getroffen wurden auf dem Gebiet der Besucherreisen usw., einschließlich der Erweiterung, die von uns vorgenommen wurde, der Besuche in dringenden Familienangelegenheiten.[15] Ich habe gerade in den letzten Tagen gehört, daß die Besuche z. B. in bezug auf Berlin-West, das ja bekanntlich nicht zur Bundesrepublik Deutschland gehört, im letzten Jahr um 100% gestiegen sind. Ich kann mich natürlich nicht für solche Pressemeldungen verbürgen, aber insgesamt muß man sagen, daß auch der Besucherverkehr in dringenden Familienangelegenheiten erweitert wurde. Sie selbst kennen ja bestimmte Probleme aus eigener Erfahrung, und ich möchte Ihnen sagen, daß wir also bestrebt sein werden – und ich persönlich, diese Dinge weiter zu fördern, damit hier nicht so eng verfahren wird.

HERR K.: Das ist ein ganz zentraler Punkt für mich.

GEN. H.: Und die nächste Frage, das wäre die Frage der Förderung der Jugendtouristik. Sie wissen, ich habe Herrn Bundespräsidenten Carstens damals angesprochen wegen dieser Frage[16], – das ergibt sich aus den unt[er]schiedlichen Preissätzen; bei Ihnen 80 Mark pro Tag, bei uns 20 Mark[17] – daß man diese Frage löst. Von unserer Seite aus möchte ich feststellen, daß wir in jeder Beziehung diese Jugendtouristik fördern werden. Und ich nehme auch an, daß von Ihrer Seite aus diesem Problem die entsprechende Aufmerksamkeit gewidmet wird.

HERR K.: Ja, aber das ist auch ein typischer Gesprächsgegenstand, den die Beauftragten vorantreiben sollen.

GEN. H.: Ja. Das können die jetzt schon zu Ende führen. Und die nächste Frage ist die Frage des Kulturabkommens.[18] Unsere Leute sind bereit, die Verhandlungen dazu aufzunehmen. Das könnte auch keine Schwierigkeiten bereiten vor den Wahlen.

HERR K.: Ja.

GEN. H.: Und ich habe mir gerade gestern noch überlegt, nachdem so verschiedene Denkanstöße von Ihrer Seite gekommen sind, bzw. von Ihren Beauftragten aus den verschiedensten Ebenen, man könnte auch nachdenken bzw. in Gespräche eintreten über die Rege-

---

[15] Die DDR hatte am 11. 2. 1982 »Reiseerleichterungen für DDR-Bürger in dringenden Familienangelegenheiten« in Kraft gesetzt, die eine deutliche Ausweitung der Reisemöglichkeiten brachten. Vgl. Innerdeutsche Beziehungen (1986), S. 101.

[16] Vgl. Nr. 1.

[17] Gespräche und Verhandlungen über den Jugendtourismus wurden zwischen dem Zentralrat der FDJ und dem Vorstand des Deutschen Bundesjugendringes sowie dem Jugendreisebüro der DDR mit Reiseunternehmen aus der Bundesrepublik Deutschland geführt. Vgl. ebd. S. 127.

[18] Bei Gesprächen, die Staatsminister Philipp Jenninger am 1. 12. 1982 in Ost-Berlin mit DDR-Außenminister Oskar Fischer geführt hatte, war vereinbart worden, Gespräche über ein Kulturabkommen aufzunehmen. Vgl. Innerdeutsche Beziehungen (1986), S. 26.

lung von Fragen gemeinsamen Interesses im Zusammenhang mit Kernanlagen. Ich glaube, es gibt auch solch einen Vertrag zwischen der ČSSR und Österreich. Man könnte sich die Sache ja einmal ansehen, wenn das von Ihrer Seite von Interesse ist, so könnte man das auch machen. Was die andere Frage betrifft, um damit abzuschließen, so gab es bestimmte Vorstellungen und gibt es auch bestimmte Vorstellungen. Die Dinge sind selbstverständlich sehr schwer zu lösen – ich möchte das jetzt auch nicht telefonisch besprechen – unter Berücksichtigung dieser Spekulationen mit Mark der DDR im Westen. Ich habe vorige Woche wieder ein Material von unserem Finanzminister[19] bekommen. Wenn man selbstverständlich die Mark der DDR, die eine Binnenwährung ist, wenn man sie tausche zu vier Mark oder fünf Mark zu einer Mark der Bundesrepublik, dann ist es natürlich sehr kompliziert, diese ganzen Fragen hier zu lösen. Ich hörte damals, daß man das nicht lösen kann, weil es Angelegenheit der einzelnen Wechselstuben, der einzelnen Banken sei, einen Kurs da festzulegen. Aber unsere Mark ist ja nicht freigegeben für das Ausland. Die Sache ist einfach so: Für uns ist die Mark im Verkehr zwischen der DDR und der BRD eine Mark, hier im Handelsverkehr, bzw. eine Rechnungseinheit. Aber wenn man selbstverständlich in der Bundesrepublik Deutschland bzw. in Berlin (West) bei den Banken eintauscht eine Mark der BRD gegen vier bzw. fünf Mark der DDR, da verletzt man nicht nur die Gesetze der DDR, sondern für eine Mark bekommt man ja hier auch ein Mittagessen. Aber in Berlin (West) und in der BRD ist das sehr schwer.

HERR K.: Das ist natürlich in unserer Gesellschaft ein völlig anderes System.

GEN. H.: Bitte?

HERR K.: Das ist natürlich in unserer Ordnung ein völlig anderes System, wie Sie wissen.

GEN. H.: Na eben, eben.

HERR K.: Also ich finde, Herr Generalsekretär, wir sollten jetzt konkret und, wenn es Ihrem Ziel entspricht, sehr rasch über die Beauftragten in aller Diskretion, vor allem weil da der eine Punkt darin enthalten ist; mal sehen, was man jetzt machen kann.

GEN. H.: Gut, einverstanden.

HERR K.: Ich gehe davon aus, daß ich jetzt von Ihrer Seite eine Reaktion kriege.

GEN. H.: Gut, einverstanden, schön.

HERR K.: Da können wir ja zwischendrin, ich biete das noch einmal ausdrücklich an, das muß ja nicht in langen Zeiträumen sein, ich

---

[19] Minister der Finanzen war seit Juni 1971 Ernst Höfner (SED).

finde es nützlich, wenn wir einfach so miteinander reden. Reden ist immer besser, als wenn man sich Schriftstücke schickt.

GEN. H.: Ja, ich denke, das ist auch sehr gut, und deshalb – es sind jetzt 30 Minuten vergangen – über eine ganze Reihe von Fragen haben wir gesprochen. Im Grunde genommen geht es selbstverständlich darum, daß wir unsere Beziehungen entsprechend dem Vertragssystem weiterführen. Wobei wir im Auge behalten sollten, daß natürlich auch härtere Tage kommen könnten, wenn es nicht zu einer Übereinstimmung kommt.

HERR K.: Ja, selbstverständlich.

GEN. H.: Aber ich habe die feste Hoffnung, Herr Kohl, daß es zu irgendeiner Übereinstimmung der Rüstungsfrage kommen wird.

HERR K.: Ja, ich bin da auch optimistisch.

GEN. H.: Ich bin da sehr optimistisch jetzt.

HERR K.: Also, ich gehe dann davon aus, daß das Wetter jeden Tag so ist wie heute. Aber wir müssen auch bei schlechterem Wetter miteinander leben, und deswegen mein Angebot, a) daß wir zwei miteinander reden und b) daß wir jetzt bald, ich sage es noch einmal, in aller Diskretion etwas hören von Ihnen in ein paar zentralen Punkten, wobei man dann reden kann, was mit dem 6. März vorher oder danach sein kann. Ich glaube, das wäre ganz interessant, dieses Gespräch außerhalb dieser Leitung fortzusetzen.[20]

GEN. H.: Ich danke Ihnen.

HERR K.: Ich danke Ihnen auch.

GEN. H.: Und Herr Kohl, ich wollte Ihnen noch folgendes sagen, was Ihre Einladung betrifft, so möchte ich sagen, daß ich mich schon damals bedankt habe für die Erneuerung der Einladung[21], und es ist klar, es bedarf einer entsprechenden Vorbereitung, wobei ich selbstverständlich nicht davon ausgehe, daß diese Einladung mit Vorbedingungen belastet wird, wie sie von einigen Seiten schon jetzt geäußert werden.

HERR K.: Also ich finde, da sollte man ganz entspannt darüber reden.

GEN. H.: Ja eben.

HERR K.: Und ganz vernünftig.

GEN. H.: Und das wäre auch wahrscheinlich nach dem 6. März am besten.[22]

HERR K.: Selbstverständlich.

---

[20] Für den 18. 4. 1983 wurde ein Besuch von Günter Mittag, dem Wirtschaftslenker der DDR, vereinbart, der dann kurzfristig abgesagt wurde, vgl. Nr. 3. – Die Gespräche März – Schalck (vgl. Anm. 11) liefen in dieser Zeit weiter, so am 26., 27. und 31. 1., 1. und 17. 2., 10., 14. und 15. 3. 1983. SPD-Dokumentation: Wer im Glashaus sitzt (1994), Nr. 5–14.

[21] Siehe Anm. 1.

[22] Siehe Anm. 2.

GEN. H.: Damit man nicht in den Geruch kommt, sich in innere Angelegenheiten einzumischen.

HERR K.: Das verstehe ich völlig.

GEN. H.: Das verstehen Sie, ja? Also, ich danke Ihnen bestens.

HERR K.: Bitte schön. Auf Wiederhören.

GEN. H.: Auf Wiederhören.

3. Telefonat Kohl – Honecker am 18. April 1983

SAPMO ZPA J IV 2/2A/2557: »Gespräch zwischen dem Generalsekretär des ZK der SED, Erich Honecker, und dem Bundeskanzler der BRD, Herrn Helmut Kohl, am 18. April 1993; 13.02 Uhr bis 13.15 Uhr«

GEN. H.: Hallo?

HERR K.: Kohl.

GEN. H.: Hallo?

HERR K.: Ja, hier spricht Kohl.

GEN. H.: Ja.

HERR K.: Guten Tag, Herr Generalsekretär.

GEN. H.: Augenblick mal. Hallo? Wer ist da.

HERR K.: Hier ist Kohl.

GEN. H.: Guten Tag, Herr Kohl. Hier ist Honecker.

HERR K.: Guten Tag, Herr Honecker.

GEN. H.: Ich höre hier etwas schwach.

HERR K.: Es war leitungsmäßig ein Problem durchzukommen. Herr Generalsekretär, ich rufe Sie an, weil hier eine sehr ungute Lage entstanden ist. Aber ich nicht will, daß aus dieser Lage insgesamt negative Perspektiven entstehen.

GEN. H.: Was meinen Sie damit? Hallo? Ich höre so schwer.

HERR K.: Hallo? Jetzt ist gut, ja?

GEN. H.: Ja, jetzt gehts.

HERR K.: Ich spreche etwas lauter, ja?

GEN. H.: Ja.

HERR K.: Wenn ich aber dann zu laut spreche, müssen Sie es sagen.

GEN. H.: Es ist nicht zu laut.

HERR K.: Ich verstehe Sie sehr gut. Es ist eine ungute Lage durch den Tod des Burkert entstanden und den Vorgängen in Drewitz.[1]

GEN. H.: Hm.

HERR K.: Ich habe mich heute vorbereitet gehabt auf das Gespräch mit Herrn Mittag.[2] Diese Sache ist für uns ein sehr gravierender Vorgang. Sie wissen, die Witwe hat einen Obduktionsbericht bei dem zuständigen Gerichtsmedizinischen Institut in Hamburg beantragt; der

[1] Der westdeutsche Transitreisende Rudolf Burkert hatte am 10. 4. 1983 während einer Vernehmung durch DDR-Zollbeamte am Kontrollpunkt Drewitz einen tödlichen Herzanfall erlitten.

[2] Günter Mittag, SED-Politbüromitglied und Leiter der DDR-Wirtschaft, war am 18. 4. 1983 zu Gesprächen in Bonn, u. a. mit Bundeswirtschaftsminister Otto Graf Lambsdorff (FDP). Auch der Bundeskanzler wollte ursprünglich G. Mittag empfangen. Vgl. dazu das in dem Telefonat zwischen Kohl und Honecker am 24. 1. 1983 – (Nr. 2) verabredete »spezielle Gespräch« Kohls mit einem Honecker-Vertrauten.

durchgeführt worden ist. Die Obduktion bringt eindeutig zum Ausdruck, daß da Gewaltanwendungen vorlagen. Das ist ein ziemlich gravierender Vorgang, und ich muß schon sagen, meine sehr dringende Bitte ist, daß die Behörden der DDR den notwendigen Aufschluß dazu geben.[3] Es ist der erste Vorgang dieser Art, der auf den Transitwegen entstanden ist.

GEN. H.: Ja.

HERR K.: Ich sage Ihnen das jetzt am Telefon ganz offen. Deswegen habe ich mich sofort nach meiner Rückkehr, ich bin heute erst wieder in den Dienst gekommen, weil ich Samstag von Amerika zurückkam[4], weil ich, um das gleich vorweg zu sagen, mein Interesse auch durch diesen Vorgang nicht verloren habe an Ihrem Besuch.[5] Mein Interesse ist, daß dieser Besuch zustande kommt. Aber ebenso klar ist, daß die Öffentlichkeit in der Bundesrepublik jetzt in diesem Vorgang natürlich eine ziemliche Belastung unserer Beziehungen sieht. Und deswegen ist ganz einfach jetzt meine Überlegung, was man in der Situation tun kann. Ich habe eine Menge Dinge mit einem Ihrer Repräsentanten zu besprechen[6], aber auch übrigens nach meiner Amerikareise. Auch das scheint mir nicht ohne Bedeutung. Ich möchte auch dieses Gespräch mit einem Beauftragten von Ihnen vor meiner Moskaureise führen.[7] Ich weiß nicht genau, wann die Moskaureise sein wird. Von mir ist vorgesehen die erste Juli-Woche.

GEN. H.: Julei?

HERR K.: Julei. Erste Julei-Woche. Ich habe bis zum Ende Juli Parlament und muß in den Tagen hier sein, weil wir einen Haufen Probleme hier haben im Parlament, die ich selber lösen muß. Aber mein Interesse ist eben, daß ich Ihren Beauftragten noch einmal in Ruhe sprechen kann. Ich habe hin und her überlegt. Wenn ich heute das Gespräch führe mit Herrn Mittag, ist es in einer Weise vorbelastet, daß es keine gute Sache ist.

GEN. H.: Ich möchte Ihnen recht herzlich danken, daß Sie mich anrufen, wenn auch hier in einer etwas unangenehmen Sache. Sie können sich bestimmt vorstellen, daß also dieser Vorgang selbstverständlich auch meine Aufmerksamkeit gefunden hat. Mir wurde von den zuständigen Organen erklärt, daß es sich hierbei um einen Herzinfarkt

[3] Der am 25. 4. 1983 vom Leiter der Ständigen Vertretung, Ewald Moldt, dem Bundeskanzleramt übergebene Bericht über die »Überprüfung des Todes« besagte, »daß Rudolf Burkert eines natürlichen Todes gestorben ist, eine Einwirkung durch fremde äußere Gewalt nicht vorgelegen hat«. Vgl. Innerdeutsche Beziehungen (1986), S. 28 und 137.

[4] Am 14. und 15. 4. 1983 war Kohl zu einem Arbeitsbesuch in Washington.

[5] Zu der von Kohl angesprochenen Einladung zum Besuch Honeckers in der Bundesrepublik vgl. Nr. 1 und 2 sowie Kohl-Schreiben an Honecker vom 29. 11. 1982, Org. in: SAPMO ZPA 41664, weiteres Exemplar in: SAPMO ZPA J IV 2/2A/2530.

[6] Vgl. Nr. 2.

[7] Bundeskanzler Kohl und Außenminister Genscher waren vom 4.–7. 7. 1983 in Moskau.

handelte, bei dem der Beklagte, Burkert, umgefallen ist auf einen Heizungstrakt. Mehr kann ich Ihnen jetzt nicht sagen.

HERR K.: Also, ich will nur sagen, was ich weiß, aus dem Obduktionsbericht. Der Obduktionsbericht geht ganz eindeutig darauf hinaus, der Gerichtsmediziner, daß von einem Aufprall bei einem Hinfall die Verwundungen oder die inneren Schädigungen nicht allein herrühren können, daß eindeutig Gewalt vorliegen muß, und zwar mehrfach. Der Bericht ist völlig eindeutig, und es ist ja eine Institution, das Gerichtsmedizinische Institut, das nicht irgendeiner Weisung unterliegt und daß auch zudem nicht nur staatliche Behörden eingeschaltet wurden. Für uns ist das ein ganz gravierender Vorgang. Und meine dringende Bitte ist, daß Sie die notwendigen Organe Ihrer Regierung beauftragen, der Sache nachzugehen und dann eine öffentliche Erklärung abzugeben. Aber heute im Konkreten ist ja das Problem, daß Herr Mittag da ist. Sie merken daran, daß ich Sie anrufe, daß mir nicht daran liegt, daß aus dieser Sache ein bleibender Schaden entsteht. Ich sehe mich natürlich außerstande in dieser Lage, heute den Herrn Mittag zu empfangen. Es gibt eine ganz ungute Situation.

GEN. H.: Ach so, jetzt verstehe ich, weil ich hier so schwer verstanden habe.

HERR K.: Mein Vorschlag ist, daß der Herr Mittag – ich habe ja öffentlich nie etwas dazu gesagt, ob der Termin stattfindet. Alles, was in den Zeitungen steht, sind Spekulationen. Mein Vorschlag ist, daß der Herr Mittag sein Programm hier abwickelt, so wie es vorgesehen ist. Er hat jetzt gerade mit dem Fraktionsvorsitzenden des Bundestages gesprochen und hat heute mittag wieder den Grafen Lambsdorff – daß sie den Besuch einfach durchführen ohne den Besuch bei mir.[8] Eine weitere Idee ist, und da läge mir schon dran, daß wir in einigen Wochen –. Mir ist es am liebsten, daß Herr Mittag es ist, aber das ist ja Ihre Sache, eine erneute Gelegenheit zu einem Termin hier finden, daß Ihr Beauftragter bei mir vorbeikommt.

GEN. H.: Hm.

HERR K.: Ich kann es bloß heute nicht machen; wir kriegen eine ganz ungute Situation. Ich will die Sache nicht unnötig dramatisieren. Aber mir liegt daran, daß das Gespräch in einer sehr absehbaren Zeit stattfindet, auch im Blick auf die Vorbereitung Ihres Besuches und anderer Punkte.

GEN. H.: Leider gibt es hier eine so geringe Verständigungsmöglichkeit, und ich weiß nicht, woran das liegt. Da Sie mich aber gut verstehen, wollte ich Ihnen nur sagen, daß ich selbstverständlich die Sache außerordentlich bedaure, zumal es sich hier um einen auch mir bis jetzt unerklärlichen Vorgang handelt. Mir liegt – ich war ja beschäf-

---

[8] Außer Lambsdorff traf Mittag noch Vertreter der CDU, SPD, FDP und Repräsentanten der Wirtschaft.

tigt mit dieser internationalen Konferenz – ein Material vor, in dem eindeutig hervorgeht, das wurde auch von den Organen Ihrerseits zur Kenntnis genommen, daß da, in Verbindung mit einer Devisen-Frage, Besprechungen stattfanden und dabei dieser Herr Rudolf Burkert einen Herzinfarkt erlitten hat.[9] Mehr also habe ich nicht. Selbstverständlich werden unsere Organe bemüht sein, diese Dinge aufzuklären. Es liegt natürlich vollkommen bei Ihnen, wie die Sache also weiterbehandelt wird, in Verbindung mit der Entwicklung der Beziehungen zwischen den beiden deutschen Staaten. Meines Erachtens kann diese sehr bedauerliche Angelegenheit, die ja ursächlich liegt in der Lage dieses beklagenswerten Menschen und seiner Familie, nicht herangezogen werden zur Belastung der Beziehungen zwischen den beiden deutschen Staaten, aufgrund der Auskünfte, die mir vorliegen.

HERR K.: Herr Honecker, Sie merken ja an der Tatsache, daß ich –

GEN. H.: Hallo?

HERR K.: Hallo?

GEN. H.: Ja, jetzt höre ich Sie wieder.

HERR K.: Sie merken ja an der Tatsache, daß ich Sie selbst anrufe, daß ich hier versuche, einen Weg zu suchen, der genau das vermeidet. Verstehen Sie?

GEN. H.: Ja.

HERR K.: Um das zu vermeiden und hier keine unnötige öffentliche Polemik zu entfachen, ist eben mein Vorschlag, daß der Herr Mittag seinen Besuch, mit Ausnahme des Termins bei mir, heute durchführt und daß wir uns verständigen über einen Termin in einigen Wochen, wo er oder ein anderer, mir ist am liebsten, er kommt her – Anlaß finden wir ja leicht, es ist keine Kunst, das zu konstruieren –, daß er dann auch bei mir vorbeikommt. Ich will wegen dieser Sache jetzt diesen Kontakt nicht abbrechen.[10] Aber Sie merken umgekehrt, ich bin in einer Lage, daß es ungut wäre, wenn ich so täte, als gäbe es diesen Vorgang nicht.

GEN. H.: Gut. Ich verstehe nun. Ich möchte Ihnen bloß sagen, daß nach den Kenntnissen, die mir vorliegen, die Dinge sich so vollzogen haben, wie sie von unseren zuständigen Stellen dargelegt wurden, die ja wahrscheinlich vorgestern eine entsprechende Veröffentlichung vorgenommen haben. Aber wenn aufgrund der Lage Sie in eine solche Situation kommen, habe ich natürlich Verständnis dafür.

HERR K.: Damit das klar ist, ich veröffentliche nur die Tatsache, daß

---

[9] Rudolf Burkert hatte während eines Stops an der Autobahnraststätte Waren an einen DDR-Bürger übergeben, was eine Verletzung der zoll- und devisenrechtlichen Bestimmungen der DDR darstellte. Vgl. Innerdeutsche Beziehungen (1986), S. 137.

[10] Bezog sich auf das im Telefonat am 24. 1. 1983 (Nr. 2) verabredete vertrauliche Gespräch.

wir miteinander telefoniert haben.[11] Wenn Sie damit einverstanden sind.

GEN. H.: Nun, Herr Kohl, da wir schon miteinander sprechen – vielleicht dürfte ich noch etwas anmerken im Zusammenhang mit Ihrem bevorstehenden Besuch, den Sie für Juli angekündigt haben.

HERR K.: Die erste Woche, ja.

GEN. H.: In Moskau, ja. So habe ich Sie verstanden.

HERR K.: Ja, das ist richtig. Das ist korrekt.

GEN. H.: Ich wollte nur sagen, daß ich voll und ganz mit Ihnen die Meinung teile, daß es gegenwärtig nichts Wichtigeres gibt, als die Sicherung des Friedens.

HERR K.: Ja, da sind wir einer Meinung.

GEN. H.: Und daß die beiden deutschen Staaten ja hier in einer besonderen Verantwortung stehen, die ihnen niemand abnehmen kann.

HERR K.: Ja.

GEN. H.: Ich glaube, das ist auch gültig nach Ihren Gesprächen in Washington.

HERR K.: Ja. Zumal ich nach diesen Gesprächen positiver Erwartung bin.

GEN. H.: Auch wir sind der Meinung, daß es darauf ankommt, Sie werden das ja bemerkt haben, mit immer weniger Waffen Frieden zu schaffen.

HERR K.: Ja, mit immer weniger Waffen Frieden schaffen. Das ist genau der richtige Weg.

GEN. H.: Sie werden Verständnis haben, daß ich diese Worte von Ihnen übernommen habe.

HERR K.: Das habe ich gemerkt.

GEN. H.: Das tue ich mit voller Absicht. Und Sie, Herr Bundeskanzler, werden ja auch die Möglichkeit haben, mit Generalsekretär Juri Andropow zu sprechen. Wir haben uns konsultiert, und wir sind beiderseitig zur Meinung gekommen, daß ein solches Treffen nur nützlich sein könnte. Sowohl für die europäischen Beziehungen als auch für die internationalen Beziehungen. Ich meine Ihr Treffen mit dem Generalsekretär der KPdSU, Juri Andropow.

HERR K.: Das habe ich schon verstanden. Ja, ich sehe das auch so.

GEN. H.: Und auf dem Tisch liegen ja unsere Vorschläge, und zwar sowohl von Prag –. Nach meiner Auffassung ist es so, die Vorschläge von Juri Andropow und in Prag enthalten doch Möglichkeiten, zu einem Ergebnis in Verhandlungen zu kommen, die den Interessen

---

[11] Entgegen dieser Zusage ließ der Bundeskanzler öffentlich mitteilen, er empfange Mittag nicht, da die Umstände des Todes von Rudolf Burkert noch nicht geklärt seien. Vgl. AdG 1983, S. 26580. Honecker fühlte sich dadurch brüskiert. Vgl. ebd., Nr. 4 (Gespräch H.-J. Vogel – Honecker am 28. 5. 1983) und Nr. 7 (H. Schmidt – Honecker am 5. 9. 1983).

beider Seiten entsprechen.[12] Ich denke dabei vor allem an einen Vertrag über die Nichtanwendung von Gewalt und die Fortsetzung friedlicher Beziehungen und die verschiedenen anderen Vorschläge im nuklearen bzw. konventionellen Bereich, und daß es offensichtlich ist, daß die Möglichkeit besteht, auch die Madrider Konferenz konstruktiv zu beenden auf der Grundlage der Vorschläge der Neutralen. Ich habe gestern Ihr Interview[13] gesehen, und ich entnehme daraus, daß auch Sie eine bestimmte Chance sehen für das Madrider Treffen, daß man es gut zu Ende führt.

HERR K.: Ich habe in diesem Sinne auch meine amerikanischen Freunde beraten. Also, was ich da öffentlich gesagt habe, entspricht ganz korrekt dem Ablauf der Verhandlungen.

GEN. H.: Meines Erachtens wäre das auch gut für die Entwicklung der Beziehungen zwischen der DDR und der Bundesrepublik Deutschland.

HERR K.: Ja, das sehe ich genauso.

GEN. H.: Das heißt, daß man überhaupt erst nicht in die Lage kommt, daß diese eurostrategischen Waffen stationiert werden. Das wäre unseres Erachtens gut für alle Seiten. Für die Menschheit überhaupt. So daß ich also auch sagen möchte, Ihrem bevorstehenden Besuch in Moskau messen wir unsererseits große Bedeutung bei.

HERR K.: Ja, das habe ich verstanden.

GEN. H.: Und meines Erachtens, da nehme ich Ihren Vorschlag an, kann dann in absehbarer Zeit mein Beauftragter mit dem Ihren einmal zusammentreffen und dann absprechen, die Schritte, die wir unsererseits unternehmen können.

HERR K.: Also, damit das klar ist: Mein Interesse ist, daß vielleicht Mitte/Ende Mai einer Ihrer Beauftragten – wenn das Herr Mittag ist, ist mir das sehr recht – den Termin, der heute ausfällt, nachholt.[14]

GEN. H.: Ja, gut.

HERR K.: Und ich werde jetzt den Staatsminister Jenninger bitten, mit Herrn Mittag direkt in Kontakt zu treten.

GEN. H.: Ja, gut. Und ich werde versuchen, auch Kontakt zu bekommen.

[12] Zu den Prager Vorschlägen vgl. Nr. 2, Anm. 6. Der sowjetische Parteichef Andropow hatte am 21. 12. 1982 Abrüstungsvorschläge unterbreitet. Vgl. AdG 1982, S. 26230.

[13] Die Verhandlungen der KSZE-Folgekonferenz in Madrid wurden am 19. 4. 1983 wieder aufgenommen. – Honecker bezog sich auf Kohls Interview mit der Deutschen Welle, das am 18. 4. 1983 gesendet wurde. Vgl. AdG 1983, S. 26552 f.

[14] Dieses Treffen kam nicht zustande. Der durch die öffentliche Absage des Mittag-Empfanges verärgerte Honecker sagte am 28. 4. 1983 sogar seinen für 1983 vorgesehenen Besuch in der Bundesrepublik ab, vgl. Innerdeutsche Beziehungen (1986), S. 28; vgl. auch ebd. S. 138–141. Hinzu kam, daß der eigentliche Zweck eines Treffens, wie es bei dem verschobenen Mittag-Besuch intendiert war, Gespräche über die Verknüpfung von Reiseerleichterungen und Finanzhilfen der Bundesrepublik waren – vgl. Nr. 2. Durch den von Strauß mit Schalck-Golodkowski ausgehandelten Milliardenkredit wurden dann vollendete Tatsachen geschaffen.

HERR K.: Es ist gut dann, ja?
GEN. H.: Ja.
HERR K.: Also, dann –.
GEN. H.: Also, dann alles Gute.
HERR K.: Danke schön auch. Auf Wiedersehen.
GEN. H.: Auf Wiedersehen.

4. Gespräch H.-J. Vogel – Honecker am 28. Mai 1983 (Hubertusstock)

[a] Archiv H.-J. Vogel: »Berlin, den 30. Mai 1983, I. Vermerk Betreff: Gespräch Dr. Hans-Jochen Vogel mit Erich Honecker am 28. Mai 1983«

1.
Am 28. Mai 1983 fand im Jagdhaus Hubertusstock bei Gelegenheit einer Reise von Dr. Hans-Jochen Vogel in die DDR ein Gespräch mit Erich Honecker statt. Das Gespräch dauerte von 10.30 Uhr bis 14.00 Uhr. Außer den Gesprächspartnern waren anwesend:
– der Staatssekretär beim Staatsrat der DDR, Frank Herrmann, und
– der Mitarbeiter der SPD-Fraktion des Abgeordnetenhauses von Berlin, Dr. Dieter Schröder.

2.
Zu Beginn des Gesprächs übermittelte Dr. Vogel Grüße von Helmut Schmidt, Willy Brandt und Herbert Wehner. Er unterstrich, daß er sich besonders der Pflege der Beziehungen zwischen beiden deutschen Staaten widmen werde und dabei den humanitären Fragen besondere Bedeutung zumesse. Erich Honecker dankte für die Grüße und hob hervor, daß er mit Herbert Wehner durch die Geschichte verbunden sei. Es sei erfreulich, daß sich die Lage so entwickelt habe, daß dies Gespräch möglich sei.

3.
Honecker legte sodann dar, daß sich nach seiner Meinung für beide Seiten neue Fragen ergeben, insbesondere im Zusammenhang mit dem NATO-Doppelbeschluß. *Er erwähnte dann eine Erklärung der UdSSR zur Abrüstungsfrage vom gleichen Tage und erklärte:* Andernfalls würden an der Grenze zur Bundesrepublik Deutschland Raketen stationiert werden müssen. Honecker begrüßte nochmals, daß das Gespräch zustande gekommen sei. Er wolle zwei – für ihn wesentliche – Fragen ansprechen, nämlich die Friedenssicherung und die Entwicklung der Beziehungen zwischen beiden deutschen Staaten. Er knüpfe an seine Gespräche mit Helmut Schmidt an und mache sich die Formel zu eigen, daß beide deutschen Staaten in der Pflicht stehen zu verhindern, daß von deutschem Boden noch einmal ein Krieg ausgehe. Dazu habe er mehrfach öffentlich Vorschläge gemacht. Die DDR unternehme alles ihr Mögliche, es falle ihm jedoch schwer zu glauben, daß die Bundesre-

publik Deutschland gleichfalls alles ihr Mögliche unternehme. Beide Staaten sollten auf die Großmächte einwirken. *Honecker sprach anschließend über die Haltung der USA in der Raketenfrage, über Möglichkeiten konventioneller Abrüstung, über vertrauensbildende Maßnahmen und die Notwendigkeit, bei den Verhandlungen in Genf und Wien zu Ergebnissen zu kommen.*

Honecker wandte sich dann der Entwicklung der Beziehungen zwischen den beiden deutschen Staaten zu und bemerkte, daß es da in letzter Zeit Irritationen gegeben hätte. Aber nichtsdestoweniger würden Schritte zum Frieden die Entwicklung positiv beeinflussen. Man sollte seine Kräfte vereinen, dann würde man zu neuen Vereinbarungen gelangen, und man solle sich mit gleichem Einsatz der »Pflege des Erreichten« widmen. Nach seiner Auffassung sei es aus der Perspektive früherer Jahre undenkbar gewesen, wie sich beispielsweise der Reise- und Besucherverkehr heute entwickelt habe und jetzt vor allem der Tourismus eine sehr positive Entwicklung nimmt. Jährlich besuchten 6 bis 7 Millionen Menschen aus der Bundesrepublik Deutschland die DDR und reisten 1,5 bis 2 Millionen Menschen aus der DDR in die Bundesrepublik Deutschland beziehungsweise nach Berlin-West. Auch die Reisen in dringenden Familienangelegenheiten hätten merklich zugenommen, und gemessen am Umfang des Verkehrs verlaufe der Transit reibungslos. »Man muß sich mit einer Vereinfachung des Verfahrens beschäftigen.« Zu den Verdachtskontrollen wolle er nur anmerken, daß sie ausschließlich von den Mißbräuchen abhingen. Sie ließen sich vermeiden, wenn es weniger Mißbräuche gäbe. Er wolle auch das »bedauerliche Ereignis in Drewitz«[1] ansprechen, an dem nach seiner Feststellung »keine Seite eine Schuld trifft«. Man müsse Maßnahmen treffen, daß kein menschliches Unglück zu politischen Zwecken ausgebeutet werden kann. Honecker flocht ein, daß in jedem Jahr 250 Menschen aus der DDR in der Bundesrepublik sterben. Er habe nochmals veranlaßt, bei den notwendigen Maßnahmen so vorzugehen, daß ein Unglück für Menschen vermieden wird. Aber die Bundesrepublik Deutschland solle auch die Mißbräuche abstellen. In Schönefeld müsse man sich um die Rauschgifteinfuhr sorgen. Weiterhin gäbe es das Terroristenproblem. Und solange man solche Dinge nicht in den Griff bekommen habe, werde es immer wieder Verdachtskontrollen geben müssen. Es gehe auch darum, daß die DDR ihre Jugend vor Rauschgiften schützen müsse. Das wolle man aber so machen, daß alles ausgeschaltet wird, was dazu führen kann, daß »menschliches Versagen« politisch ausgeschlachtet wird.

Der Handel zwischen beiden deutschen Staaten habe sich zum Nutzen beider Seiten gewaltig entwickelt. Wer immer nur von Leistung

[1] Siehe Nr. 3, bes. Anm. 1.

und Gegenleistung spreche, kenne die Dinge nicht oder wolle sie stören. Das Handelsvolumen betrage schließlich heute 14 Milliarden. In den letzten zwei Jahren habe die DDR einen aktiven Handel geführt, um ihre Schulden abzubauen. Seit 1969 habe sich hier eine gute Entwicklung ergeben. Daran müsse man auch den Bundeskanzler erinnern. Er wolle als ein anschauliches Beispiel nur die Verhandlungen um die Nord-Autobahn erwähnen. [...] Er wolle zu der erfreulichen Entwicklung in vielen Bereichen nur sagen, daß man das Erreichte »schätzen« solle. Daneben gäbe es auch Chancen für einen weiteren Ausbau, ein Kulturabkommen, ein Abkommen über Wissenschaft und Technik sei denkbar, ein Wirtschaftsausschuß Bundesrepublik Deutschland/DDR könnte förderlich sein. Allgemein wolle er bemerken, daß die Förderung des Handels günstig für die Bürger beider Seiten – »nicht nur für Erich Honecker« sei. Eventuell könne man auch beim Sportverkehr und beim Jugendaustausch weiterkommen, was allerdings durch Vorgänge wie das Urteil des Landgerichts Landshut vom 17. Mai 1983 über die Strafbarkeit des Tragens eines FDJ-Hemdes nicht förderlich sei. Dieses Urteil, in dem nach seiner Information die FDJ der DDR als eine in der Bundesrepublik Deutschland verbotene Organisation bezeichnet wird, sei für ihn ein Schlag gegen den Jugendtourismus. [...]

Die Frage »der Dienststelle in Salzgitter« wolle er nicht weiter vertiefen. Viel wichtiger sei ihm, darauf hinzuweisen, daß die mangelnde Respektierung der Staatsbürgerschaft der DDR die Rechtssicherheit für die Bürger gefährdet. »Unseres Erachtens verfolgen wir keine Maximalforderung.« Die DDR wolle nur, daß die selbstverständlichen Voraussetzungen für einen normalen Umgang miteinander geschaffen würden. Man verlange nicht, daß die Bundesrepublik Deutschland ihr Staatsangehörigkeitsgesetz ändert. Das halte man für unrealistisch, man wisse, daß eine Zweidrittelmehrheit im Bundestag erforderlich sei. Es ginge der DDR allein um die Frage der Respektierung. Wenn dieses begriffen und danach gehandelt würde, schiene ihm eine Erweiterung des Besucherverkehrs denkbar. Zum Mindestumtausch müsse er sich wiederholen, es ginge darum, die Spekulationen mit der Währung der DDR zu beseitigen, dann ließe sich darüber reden. Ein Umtauschverhältnis 1:4 sei untragbar. [...] In der Reihenfolge wolle er dann weiter Salzgitter erwähnen. Eines besonderen Hinweises bedürfe aber auch die Frage des Grenzverlaufs in der Elbe. Da sei man sich schon näher gewesen. Man solle das bereits ausgehandelte alte Protokoll abzeichnen, dann würde auf einen Schlag der gesamte Grenzverlauf markiert.[2] Es gehe nicht darum, eine neue Grenzlinie festzulegen, sondern eine bereits festgelegte Grenzlinie zu bestätigen. In diesem Grundsatz gäbe es eine Übereinstimmung mit der Bundesregierung.

[2] Vgl. Nr. 1, bes. Anm. 15.

Honecker betonte, daß man bereit sei, über alles zu reden, und auch mit der gegenwärtigen Bundesregierung. Der Dialog käme den Bürgern beider Seiten zugute. Kürzlich sei allerdings ein Signal erforderlich geworden, damit die »Rufer nach der Wende« erkennen, wo die Grenze des Zumutbaren für die DDR liegt. Er habe Zweifel nicht nur bei den Kräften in München, sondern auch bei Kräften in Bonn. Er erkenne an, daß bis zum 6. März 1983 die Bundesregierung gegenüber der DDR um Kontinuität bemüht gewesen sei. Er erwähne nur die zahlreichen Ministerbegegnungen. Nach seinem Eindruck sei aber danach das Wort »Entspannung« aus den Reden gestrichen worden. Er fragt sich, ob nicht doch eine Wende gewünscht werde.

Er wolle noch einmal darauf zurückkommen, daß die Reagansche Politik Gefahren für die DDR, für die Bundesrepublik Deutschland und für die ganze Menschheit heraufbeschwöre. Die DDR werde leidenschaftlich für den Frieden kämpfen, und er habe noch Hoffnungen, daß die Probleme gelöst werden könnten. *Honecker bezweifelte, ob »Reagan an einer Entspannungspolitik« interessiert sei, betonte seine Übereinstimmung mit J. Andropow und sprach sich »für eine Helsinki-Nachfolgekonferenz über vertrauensbildende Maßnahmen« aus.*

4.

Dr. Vogel erklärte sich zunächst mit den in den Darlegungen von Honecker angesprochenen Themen als Gegenstände des Gesprächs einverstanden und bereit, die von Honecker gewählte Reihenfolge zu übernehmen.

Nach seinem persönlichen Eindruck würden sich die Menschen immer mehr bewußt, daß sie zu der ersten Generation gehörten, die technisch in der Lage sei, das Leben gänzlich zu vernichten. Das sei eine ungeheure Veränderung, deren Tragweite immer tiefer in das Bewußtsein der Völker dringe. Er erinnere in diesem Zusammenhang an die Denkschrift der Päpstlichen Akademie der Wissenschaften, die vor vier Jahren an die vier Atommächte übermittelt worden sei und die dies klar zum Ausdruck bringe. Als Katholik beeindrucke ihn überhaupt, wie sich die katholische Kirche in diesen Fragen immer stärker engagiere. Dies sei immerhin eine Institution, in die 2000 Jahre geschichtliche Erfahrungen eingegangen seien und nicht zu überstürzten Reaktionen neige. Er denke dabei an Äußerungen der amerikanischen Bischöfe, der Bischöfe der Bundesrepublik Deutschland, aber auch der Bischöfe der DDR. Die Kirche habe inzwischen sogar damit begonnen, die Lehre vom gerechten Krieg über Thomas von Aquin hinaus fortzuentwickeln. Er messe dem eine sehr große Bedeutung zu. Einige Politiker – und zwar in allen Lagern – hätten das Ausmaß dieser Veränderungen allerdings noch nicht erkannt.

Er teile die Auffassung, daß die Gespräche in Madrid[3] zu einem Abschluß gebracht werden sollten und daß man den Neutralen für ihre Initiative zu danken hätte. Er wisse, daß das auch von der Bundesregierung so gesehen werde. Insofern sei er optimistisch. Die in Wien geführten Diskussionen[4] empfinde er als quälend. Er sei sehr damit einverstanden, daß hier neue Impulse gegeben würden; den Vorschlag, wechselseitige Kontrollstellen einzurichten und auch Verdachtskontrollen vor Ort zuzulassen, halte er für bemerkenswert. Er erinnere sich, daß früher gerade von der osteuropäischen Seite dagegen unter Hinweis auf die Souveränität Bedenken geltend gemacht worden seien. Eine neue Initiative sei zu begrüßen. Er frage sich auch, ob sich die Unterhändler in Wien nicht im Laufe der Jahre in einem Irrgarten von Vorschlägen und Gegenvorschlägen verloren hätten. Deshalb bedürfe es eines neuen Anstoßes.

Dr. Vogel fuhr mit dem Hinweis fort, daß er sich zu den Prager Vorschlägen bereits als Spitzenkandidat seiner Partei vor dem 6. März 1983 geäußert habe.[5] Für ihn seien heute wie damals drei Punkte wichtig:

– Eine Gewaltverzichtsvereinbarung zwischen den Bündnissen beurteile er positiv. Sie liege in der Logik der Ostverträge und der Schlußakte von Helsinki.

– Anknüpfend an Vorschläge der Nord-Süd-Kommission trete er dafür ein, daß beide Bündnisse ihre Rüstungsausgaben reduzieren und die so eingesparten Mittel zur Unterstützung der Entwicklungsländer verwendeten. Es sei ein Wahnsinn, daß beide Bündnisse jährlich über 600 Milliarden Dollar für die Rüstung aufwenden, während Millionen von Menschen verhungern.

– Den Vorschlag der Palme-Kommission für eine atomwaffenfreie Zone beiderseits der Grenzen der Bündnisse solle man sorgfältig prüfen.[6]

Die SPD bejahe unverändert die Zugehörigkeit der Bundesrepublik Deutschland zur NATO. Hierzu gebe es für eine überschaubare Zukunft keine Alternative. Die durch eine Bemerkung Oskar Lafontaines ausgelöste Diskussion[7] dürfe nicht fehlinterpretiert werden. Die NATO-Zugehörigkeit sei für die SPD kein Diskussionspunkt. Man solle

---

[3] Gemeint war die KSZE-Folgekonferenz, die am 19. 4. 1983 in Madrid ihre Beratungen wieder aufgenommen hatte.

[4] Am 19. 5. 1983 war in Wien die 30. Runde der MBFR-Verhandlungen eröffnet worden.

[5] Gemeint war die Prager »Deklaration« der Warschauer-Pakt-Staaten vom 4./5. 1. 1983, vgl. Nr. 2, Anm. 6. Am 6.3. 1983 fanden die Bundestagswahlen statt.

[6] Anfang Dezember hatte Schweden den NATO- und den Warschauer-Pakt- sowie den bündnisfreien europäischen Ländern den Vorschlag einer atomwaffenfreien Zone in Mitteleuropa (je 150 km auf beiden Seiten der Blockgrenze) unterbreitet. Er stützte sich auf die Anregungen der Palme-Kommission, die im April 1982 vorgelegt worden waren. Vgl. AdG 1982, S. 26200.

[7] Bei einer Veranstaltung in Duisburg anläßlich der Ostermärsche vom 1.–4. 4. 1983 hatte der Saarbrücker Oberbürgermeister Lafontaine u. a. erklärt, die USA gefährdeten mit ihrer unver-

auch nicht übersehen, daß die Stabilität in Europa durch ein einseitiges Infragestellen der Bündniszugehörigkeit nicht gefördert, sondern gefährdet werde. Das sei auch die Meinung der Bevölkerung, und zwar der großen Mehrheit. Wenn zwei Drittel der Bevölkerung gegen eine Stationierung neuer Raketen seien, dann sei die Mehrheit, die an dem Bündnis festhalten wolle, noch größer.

In Genf[8] müsse es das Ziel sein, den atomaren Rüstungswettlauf zum Stehen zu bringen. Man müsse sich auch erinnern, in welchem Zusammenhang der ursprüngliche Vorschlag Schmidts, der zum NATO-Doppelbeschluß geführt habe, entwickelt worden sei. Schmidt habe den gefährlichen Fehler korrigieren wollen, daß man bei den Verhandlungen über SALT II die Mittel- und Kurzstreckenraketen ausgespart habe. Es gehe um die Beseitigung der dadurch verursachten Gefahren. Das habe Helmut Schmidt auch durch seine Erklärung vom vergangenen Wochenende (Washington Post) verdeutlichen wollen. Die Entwicklung sei dadurch ausgelöst worden, daß die Sowjetunion die SS 4- und SS 5-Raketen durch die SS 20-Systeme ersetzt hätte. Die Bedeutung dieses Schrittes für die spätere Entwicklung könne nicht übersehen werden. Jetzt müsse jede Seite einen Beitrag leisten. Er habe immer noch Hoffnung auf ein positives Ergebnis in Genf. Die Sowjetunion habe sich nach seinem Eindruck ein Stück bewegt. Das gelte für das Reduzierungsangebot; es gelte auch für den Vorschlag, ein Gleichgewicht der Sprengköpfe und nicht der Systeme ins Auge zu fassen. Allerdings müsse die Sowjetunion in dieser Richtung noch weitergehen.

Auf der amerikanischen Seite sei nach seiner Ansicht das letzte Wort ebenfalls noch nicht gesprochen. Die jüngste Resolution des Repräsentantenhauses befürworte beispielsweise die Zusammenführung der INF- und der START-Verhandlungen.[9] Das sei eine wichtige Überlegung. Man müsse sich auch fragen, ob die vier Jahre seit 1979 in Genf gut genutzt worden seien. Praktisch sei doch nur zwei Jahre verhandelt worden. An dieser Stelle wolle er seine Verwunderung über die in einer Fachzeitschrift der DDR veröffentlichte persönliche Kritik an dem Generalinspekteur der Bundeswehr erwähnen. Honecker ließ sogleich erkennen, daß er diese Kritik nicht teile. Dr. Vogel fuhr fort, das Interview Altenburgs[10] in der ›Frankfurter Rundschau‹ sei bemerkenswert. Es wäre nützlich, wenn die dort aufgezeigten Zusammenhänge auch

antwortlichen Hochrüstungspolitik die Geschäftsgrundlage der NATO. Vgl. AdG 1983, S. 26515.

[8] Die INF-Verhandlungen in Genf waren am 29. 3. 1983, ohne daß es zu erkennbaren Fortschritten gekommen war, für sechs Wochen vertagt worden. Anläßlich des Besuches von Honecker in Moskau hatte Generalsekretär Andropow am 3. 5. 1983 ein neues Angebot für die INF-Verhandlungen unterbreitet. Vgl. AdG 1983, S. 26495f. und 26601.

[9] Kernpunkt der am 4. 5. 1983 verabschiedeten Resolution des US-Repräsentantenhauses war die Forderung nach dem Einfrieren (»freeze«) der Nuklearwaffen. Vgl. AdG 1983, S. 26599.

[10] Wolfgang Altenburg, Generalinspekteur der Bundeswehr seit 1. 4. 1983.

der Sowjetunion nahegebracht würden. Die Sozialdemokraten würden diese Überlegungen jedenfalls in der Diskussion halten.

Dr. Vogel schloß daran die Frage an, ob die Informationen zuträfen, daß die Nationale Volksarmee kürzlich eine Übung durchgeführt hätte mit der Annahme, man müsse einen Gegner 80 km westlich der Grenze bekämpfen. Honecker hielt das für ausgeschlossen.

Dr. Vogel wandte sich nochmals der Politik der Vereinigten Staaten zu und bat, sich über Präsident Reagan kein abschließendes Urteil zu bilden, bevor man ihm nicht gegenüber gesessen hat. Möglicherweise sei es für ihn schwierig, die Gefühle der Europäer richtig einzuschätzen. Aber Reagan wolle keinen Krieg. Er habe ein schweres Amt. Die Verantwortung für den »roten Knopf« sei eine schwere Last. Es sei eine Fehleinschätzung anzunehmen, daß Reagan der Gedanke an einen Krieg reize. Im übrigen dürfe nicht außer Betracht bleiben, welche Sorge die Vermutung auslöse, daß die Sowjetunion auch jetzt noch mit der Dislozierung von SS 20-Systemen fortfahre. Von amerikanischer Seite würden entsprechende Satellitenaufnahmen vorgelegt.

Die beiden deutschen Staaten müßten in dieser kritischen Phase mehr denn je an dem Satz festhalten, daß von deutschem Boden nie wieder ein Krieg ausgehen dürfe. Zwei Gründe seien dafür unverändert ausschlaggebend:
– Die geographische Lage. Sie bewirke, daß jede atomare Konfrontation die beiden deutschen Staaten in jedem Fall in eine Wüste verwandeln würde. Honecker bemerkte dazu, »das ist klar«.
– Die Geschichte. Die Deutschen dürften nicht vergessen, daß der Zweite Weltkrieg von Deutschland seinen Ausgang genommen und anderen Völkern, vor allem auch der Sowjetunion, furchtbare Leiden und Opfer auferlegt habe, bevor er in schrecklicher Weise in unser eigenes Land zurückgekehrt sei.
Beide deutschen Staaten müßten deshalb in ihrem Bündnis für die Beendigung des Rüstungswettlaufs eintreten. Das gelte auch für die Dinge, die in die Verantwortung der Sowjetunion fallen. Das Prinzip, daß keine Seite eine Überlegenheit der anderen Seite zulassen könne, sei richtig. Man müsse sich aber der Grenzen der Friedenssicherung durch Rüstung bewußt sein. Immerhin entfalle schon jetzt auf jeden lebenden Europäer ein Äquivalent von über 3000 kg Sprengstoff. Er äußerte die Hoffnung, daß in Genf bis zum Ende des Jahres doch noch eine Lösung erreicht werden könne. Dr. Vogel fuhr fort, daß er – bevor er sich dem anderen großen Gebiet zuwende –, anknüpfend an Honeckers Bemerkung über die Indianer, eine Bemerkung zum Kriegsspielzeug machen wolle. Da spreche er nicht von Indianerpfeilen; er sei betroffen von einem Foto eines Kindes, das in einem Spielzeugpanzer fahre und das er in einer DDR-Zeitung gesehen habe. Er habe als Bundesminister der Justiz Initiativen gegen Kriegsspielzeug gefördert und halte das weiter

für eine sehr wichtige Aufgabe, weil es dabei um die psychologische Einstellung der jungen Generation zur Rüstung und zum Krieg geht.

Dr. Vogel wandte sich dann den Beziehungen zwischen beiden deutschen Staaten zu und erklärte, man müsse die Unterschiede der Gesellschaftsordnungen respektieren und auch Gegensätze nicht verwischen. Bei aller Nüchternheit könne man jedoch zu der Überzeugung gelangen, daß das seit 1969 Geleistete von beiden Seiten nicht hoch genug eingeschätzt werden könnte. Er sehe das vor dem Hintergrund seiner Erfahrungen, die er in den Jahren 1965 und 1966 bei der Bewerbung Münchens um die Olympiade gemacht habe. Er denke an die damaligen Auseinandersetzungen um das Emblem und die Hymne der DDR. Er habe auch gelernt, mit welcher Geduld man danach suchen müsse, wo wohlverstandene Selbstinteressen übereinstimmten. Auf dem Hintergrund solcher Erfahrungen sei er auch der Meinung, daß die Entwicklung der Beziehungen zwischen den beiden deutschen Staaten durchaus nicht selbstverständlich sei.

Er wolle zunächst die Wirtschaftsbeziehungen ansprechen. Die weitere Entwicklung dieser Beziehungen liege im wohlverstandenen Selbstinteresse beider Seiten. Er denke dabei auch an die Kooperation in Drittländern. Probleme ergäben sich für uns durch den Rückgang der Kohleabnahme der DDR. Die Steigerung des Stahlbezugs gleiche dies nicht aus. Die von Honecker erwähnte Bildung einer Wirtschaftskommission könnte ein konstruktiver Gedanke sein.

Er halte auch eine stärkere Zusammenarbeit auf dem Gebiet des Umweltschutzes für einen wichtigen Punkt. Unsere Generation sei die erste, die erkennt, daß sich nicht nur der Mensch gegen die Naturgewalten behaupten müsse, sondern daß es auch darauf ankomme, die Natur vor der Menschengewalt, der so enorm gewachsenen technischen Gewalt des Menschen zu schützen. Die Diskussion um das Waldsterben hätte diese Erkenntnis bei vielen Menschen gestärkt. Honecker warf ein, daß er voll zustimme, die Selbstzerstörung des Lebens sei möglich geworden. Dr. Vogel fuhr fort, es würde begrüßt werden, wenn die Frage der Werra-Entsalzung positiv abgeschlossen werden könnte.[11] Auch bei der wissenschaftlich-technischen Zusammenarbeit sollten sich neue Möglichkeiten ergeben. Er sei informiert, daß die Akademie der Wissenschaften der DDR interessante Beiträge zur Grundlagenforschung leiste.

Weiter wolle er die Frage des Eisenbahnverkehrs ansprechen. Er halte eine Elektrifizierung einer Transitstrecke im Rahmen der finanziellen Möglichkeiten für wünschenswert. Auch bei der Berliner S-Bahn halte er eine vertretbare Lösung für möglich. Er habe im Februar 1981 die Einbeziehung von S-Bahn-Strecken in das Berliner Schnellver-

[11] Über die Werra-Entsalzung wurde seit dem 19. 9. 1980 verhandelt.

kehrssystem erstmals in die Richtlinien der Regierungspolitik des Berliner Senats aufgenommen. Die Bundesregierung stehe jetzt offenbar vor einer konkreten Entscheidung über die finanziellen Voraussetzungen des Vorhabens.

Dr. Vogel sprach sodann die Frage der Übergänge Staaken und Heiligensee für den Transitverkehr an. Man solle auch überlegen, ob der westliche Teil des Autobahnringes in das Transitsystem einbezogen werden könnte. Dieses würde den Verteilungsverkehr innerhalb der Stadt entlasten. Zu den Schwierigkeiten bei der Postpauschale müsse er erklären, daß ihn die Steigerung von 80 Mio. DM auf 440 Mio. DM überrascht habe.[12] Die von Honecker gegebene Begründung sei ihm so nicht bekannt. Man werde das Ergebnis der Verhandlungen abwarten müssen.

Zum Transit zwischen Berlin und dem Bundesgebiet könne er aus eigener Erfahrung bestätigen, daß die Abfertigung korrekt verlaufe. Er rate jedoch, daß die mit den Kontrollen befaßten Organe der DDR weniger auf Belehrung und mehr auf Höflichkeit bedacht sein sollten. Honecker warf hier ein, daß auch Reisende aus der DDR über die Abfertigung an den Grenzübergängen zur Bundesrepublik nicht immer glücklich seien, dies gelte besonders für Bayern; er höre oft, daß Fahrten über die nördlichen Grenzübergangsstellen vorgezogen würden. Dr. Vogel fuhr fort, daß er bei dem Todesfall in Drewitz[13] eine lückenlose Aufklärung von Anfang an erwartet hätte. Die Situation wäre leichter gewesen, wenn man sofort die Gerichtsmediziner eingeschaltet hätte. Honecker bemerkte, daß er auch nicht verstehe, warum die ersten Untersuchungsergebnisse acht Tage benötigt hätten.

Dr. Vogel wandte sich dann der Wahrung der Kontinuität in den Beziehungen zwischen den beiden deutschen Staaten zu. Die Haltung der Sozialdemokraten sei klar. Nach seiner Auffassung trete auch der Bundeskanzler für die Kontinuität ein. Fraglich sei, ob man störende Faktoren immer rechtzeitig unter Kontrolle bringen könnte. Bei dem Todesfall in Drewitz sei das nicht gelungen. Dr. Vogel fuhr fort, er hätte einen Besuch Honeckers in der Bundesrepublik begrüßt[14] und hoffe, daß er nachgeholt werde. Zu den von Honecker als kritisch bezeichneten Punkten wolle er bemerken:
– Hinsichtlich der Elbegrenze sei auch die neue Bundesregierung weitgehend auf die Haltung Niedersachsens angewiesen. Ein konstruktiver Akt käme nicht in Frage. Honecker bemerkte dazu, daß man

---

[12] Bei der seit November 1982 laufenden 2. Verhandlungsrunde über die Neufestsetzung der Postpauschale hatte die DDR erhebliche finanzielle Mehrforderungen gestellt. Die am 15. 11. 1983 getroffene neue Regelung legte die an die DDR ab 1983 zu zahlende Pauschale auf jährlich 200 Mio. DM fest. Vgl. Innerdeutsche Beziehungen (1986), S. 160, sowie unter Nr. 7, bes. Anm. 25.

[13] Siehe Nr. 3.

[14] Siehe Nr. 3, Anm. 14.

nicht die bestehende Grenze verändern, sondern nur Ungenauigkeiten, die bei der Art der Absprachen von 1945 nicht ungewöhnlich gewesen seien, beheben solle.

Zur Staatsangehörigkeitsfrage bemerkte Dr. Vogel, er habe verstanden, daß der DDR die Verfassungslage und das Urteil des Bundesverfassungsgerichts klar sei. Man müsse prüfen, was unterhalb dieser Grenzlinie möglich sei. Einige Fragen seien schon vor 1982 angegangen worden. Zu dem Landshuter Urteil wegen eines FDJ-Urteils könne er keine Stellung nehmen, weil er es nicht kenne. Er frage, ob in die DDR jeder mit der Kleidung und mit den Abzeichen und Aufnähern einreisen könne, die er tragen wolle. Honecker bestätigte dies. Dr. Vogel fuhr fort, daß er dafür eintrete, den Jugendaustausch auszubauen.

Die Erhöhung des Mindestumtauschs im Oktober 1980 sei für die damalige Bundesregierung bedrückend gewesen. Honecker warf ein, daß der Zeitpunkt der schon lange vorher geplanten Entscheidung im Zusammenhang mit der damaligen Besuchsabsage gesehen werden müßte[15]. Wenn es zu der Absage nicht gekommen wäre, dann hätte man auf seiner Seite wohl noch gezögert. Dr. Vogel bat nachdrücklich, sich die Auswirkungen der Entscheidungen zu überlegen. Honecker bemerkte, daß der Besucherverkehr langsam wieder ansteigt. Dr. Vogel gab zu bedenken, daß insbesondere die älteren Bürger sehr belastet werden. Das müsse man erkennen, selbst wenn man die volkswirtschaftliche Begründung hinnehme. Honecker warf ein, daß noch immer das Geld kofferweise aus der DDR fortgeschafft würde. Die Probleme schüfen insbesondere Diplomaten, deren Immunitäten man respektieren müsse. Dr. Vogel fuhr fort, er habe auch gehört, daß volkswirtschaftliche Betriebe an der illegalen Ausfuhr des Geldes beteiligt seien, beispielsweise wenn sie dringend Ersatzteile benötigten. Er sei darüber unterrichtet, daß auf westlicher Seite früher administrativ auf das Wechselgeschäft Einfluß genommen worden sei. Diese Möglichkeit bestehe jetzt nicht mehr. Er könne nur sagen, daß alles, was die Begegnung zwischen den Menschen erschwert, bei der SPD große Sorgen auslöst und daß es der Wunsch sei, zumindest bei den Rentnern eine Differenzierung zu erreichen. Das sei ein ganz wichtiger Punkt.

Dr. Vogel bat dann um Verständnis, daß er zwei speziellere Punkte anspreche, nämlich den Wunsch vieler alter Berliner, bei Besuchen ihre Hunde mitzunehmen. Er übergab einen entsprechenden Bürgerbrief in Kopie und bat zu überprüfen, ob im Lichte des inzwischen abgeschlos-

---

[15] Bundeskanzler Schmidt hatte am 22. 8. 1980 den für den 28./29. 8. 1980 vorgesehenen Arbeitsbesuch, zu dem er formell erst am 11. 8. 1980 von Generalsekretär Honecker eingeladen worden war, wegen der »jüngsten Entwicklungen in Europa« (gemeint war Polen) abgesagt. – Zur Erhöhung der »Mindestumtauschsätze« vgl. Nr. 1, Anm. 11.

senen Veterinärabkommens[16] die Haltung der DDR noch angemessen sei. Er bat auch hinsichtlich der Fahrradmitführung den bisherigen Standpunkt noch einmal zu überprüfen. Er bekäme zu dieser Frage immer wieder Briefe. Wenn er solche Wünsche zur weiteren Verbesserung anmelde, wolle er auch erwähnen, daß die Verlängerung der Besuchsdauer auf 2.00 Uhr nachts[17] als eine Verbesserung empfunden würde, für die er danken wolle.

Schließlich wolle er noch die Frage bilateraler Beziehungen zwischen der Volkskammer und dem Deutschen Bundestag ansprechen. Nach der Aufnahme von Beziehungen innerhalb der Interparlamentarischen Union halte er solche bilateralen Beziehungen für wünschenswert. Man sollte hier konkret werden. Auch solche Kontakte könnten ein Stück weiterhelfen.

Dr. Vogel betonte nochmals, was seit 1969 geschaffen worden sei, werde auch vor der Geschichte Bestand haben. Natürlich könne man die negativen Punkte nicht übersehen. Dazu zähle er insbesondere die immer wiederkehrenden Geschehnisse an der Grenze. Bei realistischer Einschätzung könne man aber feststellen, daß die Gesamtentwicklung positiv gewesen sei. Er persönlich bewerte es auch positiv, daß das Gewicht der DDR in der internationalen Politik zugenommen habe und daß Erfolge der DDR jetzt mitunter sogar mit Zustimmung zur Kenntnis genommen würden. Er denke dabei unter anderem an die Resonanz auf den Besuch in Japan.[18] Das sei ein großer Unterschied zu den 50er Jahren und zu dem schlimmen Jahr 1961. Er rechne zu den positiven Seiten auch die Unbefangenheit der DDR bei der Würdigung Luthers. Das sei ein für beide Seiten wichtiges Ereignis. Man spüre auch bei kritischen Menschen, wie sich das Bewußtsein ändert.

5.

Honecker bedankte sich für die Darlegungen Dr. Vogels. Seine Seite ginge davon aus, daß es zur friedlichen Koexistenz keine Alternative gäbe. Die Kreuzzugsideen Reagans griffen im Grunde das Prinzip an. Man werde nur den Frieden in der Welt sichern können, wenn man unterschiedliche und auch gegensätzliche Systeme in der Welt anerkenne. Reagan hat die Sowjetunion als die Quelle des Bösen angeklagt, er wolle nicht vor der Beseitigung der Sowjetunion Ruhe geben. [...] Er möchte die Hoffnungen Dr. Vogels für das Ergebnis der Genfer Verhandlungen teilen. Es gäbe keinen Grund, an der Haltung der Sowjetunion zu

[16] Das Veterinärabkommen zwischen der Bundesrepublik und der DDR war am 14. 8. 1980 in Kraft getreten.
[17] Die Verlängerung der Besuchsdauer für West-Berliner Tagesbesucher von 24.00 Uhr auf 2.00 Uhr galt seit 1. 7. 1982. Vgl. Nr. 1, Anm. 17.
[18] Honecker war vom 26. – 31. 5. 1981 zu einem Staatsbesuch in Japan gewesen. Vgl. AdG 1981, S. 24606.

zweifeln, daß sie in Genf ein positives Ergebnis wolle. [...] Pershing II und Cruise Missiles verstärkten eindeutig die Erst-Schlag-Kapazität. Eine Reaktion darauf sei unvermeidlich. Jetzt bestünden zwischen der Sowjetunion und den Vereinigten Staaten zwanzig Minuten Vorwarnzeit. Nach der Stationierung verkürze sich das auf fünf bis sechs Minuten. Dr. Vogel warf ein, daß diese Entwicklung ein Wahnsinn sei. Honecker fuhr fort, daß sogar durch Ferneinwirkung auf Kernkraftwerke an der Grenze Atomschläge ausgelöst werden könnten.

Honecker erklärte sodann, daß seine Seite nicht die Absicht hätte, die Bundesrepublik Deutschland von den Vereinigten Staaten oder aus der NATO zu lösen. Die DDR wünsche jedoch, daß jeder auf seinen Verbündeten einwirkt, damit es nicht zu »katastrophalen Dingen« kommt. Die DDR sei für absolute Abrüstung, das habe er schon zu Helmut Schmidt am Werbellinsee gesagt. Dr. Vogels Hoffnungen auf die Spaziergänge Nitzes mit Kwizinski[19] könne er noch nicht teilen, es zeige sich keine ernsthafte Bewegung. Auch Helmut Schmidt habe gesagt, daß die Vereinigten Staaten nicht so stark engagiert seien. Die sowjetische Erklärung solle man nun als ein Signal zur Umkehr verstehen. Mehr Rüstung schaffe nicht mehr Sicherheit. Er habe 1980 einen großen Disput mit Helmut Schmidt geführt und nie verstanden, warum er sein politisches Schicksal mit dem NATO-Doppelbeschluß verbunden hätte. Er wolle sagen, daß die Sowjetunion sich an den Beschluß über ein Moratorium für die mittlere Reichweite in Europa halte. [...] Nach seiner Auffassung sei die eigentliche Gefahr die Entwicklung neuer Theorien über die Gewinnbarkeit eines atomaren Krieges. Früher hätten beide Seiten angenommen, daß ein Atomkrieg keinen Sieger hat. Er sei nicht Fachmann, aber er halte die alte These für die richtige. Er habe Nagasaki besucht und bekenne, daß die Explosion der Bombe sofort schreckliche Folgen hätte, aber fast noch schrecklicher sei der Gedanke an die Lasten für die nachfolgenden Generationen. Er stimme Dr. Vogel zu, daß die Gefahr für die Menschheit eine neue Situation gebracht hätte. Er freue sich, daß in diesem Punkte auf beiden Seiten Übereinstimmung bestehe. Er versichere, daß die Sowjetunion die Verhandlungen in Genf fördern werde, und hoffe, daß man wenigstens zu einer Verschiebung der Stationierung kommen würde. [...] Er wolle in diesem Zusammenhang auch noch einmal an Verpflichtungen aus dem Grundvertrag erinnern, die Beziehungen zwischen beiden deutschen Staaten auch in solchen Fragen weiterzuentwickeln. Er stimme Dr. Vogel zu, daß die Entwicklung seit 1968/69 sich grundlegend zum Guten geändert hätte. Und beide Seiten sollten sich bemühen, das Gewonnene nicht aufs Spiel zu setzen. Er meine auch, daß man weiteres entwickeln

---

[19] Gemeint war der sog. »Waldspaziergang« vom Juli 1982, bei dem die beiden Chefunterhändler der USA Paul Nitze und der UdSSR Juli Kwizinski eine Kompromißformel zur Begrenzung der eurostrategischen Waffen konzipiert hatten.

könne. In einem Telefongespräch mit dem Bundeskanzler[20] habe man eine Verständigung über die Kontinuität in der Deutschlandpolitik erzielt. Die Vorgänge einschließlich des Gesprächs mit dem Bundeskanzler im Zusammenhang mit dem Todesfall in Drewitz hätten ihn allerdings irritiert, er hätte sich unfair behandelt gefühlt.[21] Aber er wolle auch noch mal daran erinnern, daß im ›Neuen Deutschland‹ sein Besuch in der Bundesrepublik nicht abgesagt worden sei, sondern daß man lediglich festgestellt habe, daß unter den bestehenden Bedingungen ein Besuch »schwer denkbar« sei.[22]

[...]

Zu den Transitübergängen könne er bemerken, daß der Übergang Stolpe für den privilegierten Transit angenommen werden muß, das sei so vereinbart und hänge mit der besonderen Stellung dieses Transits in den Abkommen zusammen. Für den allgemeinen Transit könne man über eine weitere Benutzung des Übergangs Staaken über 1984 hinaus sprechen, aber er wolle sich dazu zunächst nicht äußern. Bei der Transitabfertigung sei man auf seiten der DDR um Höflichkeit bestrebt. Man solle sich gegenseitig nicht als Feinde betrachten – im Gegenteil. In dieser Beziehung müsse noch mehr in Gang kommen, er habe noch einmal ausdrücklich die Anweisung erteilt, im Umgang höflich zu sein. »Kleinlichkeit« sei nicht nötig.

Man wolle die Vereinbarung nicht nur dem Buchstaben, sondern auch dem Geist nach erfüllen, es gäbe allerdings unübersehbar Gruppen, die andere Interessen hätten. Nach den Meldungen über die Absage seines Besuches in der Bundesrepublik hätte er viele Briefe erhalten, er könne nur immer wieder betonen, daß aufgeschoben nicht aufgehoben sei. Zur Elbe-Frage wolle er noch einmal bekräftigen, daß es nur um eine Feststellung, nicht um eine Änderung des Grenzverlaufs ginge. Es könnte da keine ernsthaften Probleme geben. Zur Staatsangehörigkeit wolle er nur zur Klarheit bemerken, daß er nicht Stoph, sondern Honecker sei und daher nicht unter freiem Geleit in die Bundesrepublik reisen wolle.[23] Er halte Einberufungsbescheide, Wahlbenachrichtigungen und Urteile, wie das von ihm erwähnte Landshuter Urteil, für überspitzt. Zum Mindestumtausch müsse er noch einmal betonen,

---

[20] Siehe Nr. 2.

[21] Siehe Nr. 3.

[22] Siehe ›Neues Deutschland‹ vom 3. 5. 1983; der Artikel ist auch abgedruckt in: Innerdeutsche Beziehungen (1986), S. 138 ff.

[23] Honecker spielt auf das Kasseler Treffen von Bundeskanzler Brandt vom 21. 5. 1970 an. Wegen des sonst rechtlich gebotenen Verfolgungszwanges gegen DDR-Obere war aus Anlaß der Verhandlungen über einen Redneraustausch von SPD und SED am 29. 7. 1966 das Gesetz über eine »befristete Freistellung von der deutschen Gerichtsbarkeit« beschlossen worden. Dieses von der DDR als »Handschellengesetz« attackierte Gesetz wurde aus Anlaß des Stoph-Besuches am 6. 5. 1970 aufgehoben. Die Einreise Stophs und seiner Delegation erfolgte so nur unter dem Schutz des von der Bundesregierung postulierten Staatsinteresses für diesen Besuch.

daß die Manipulation mit der Währung der DDR unerträglich sei. Die DDR hätte zwei Währungsumtauschaktionen durchführen müssen. Ein Umtauschverhältnis 1:4 führe zu einer Schädigung der DDR. Diese Differenzierung für ältere Bürger wolle er nicht ausschließen, Möglichkeiten solle man immer offenlassen. Bei weiterer Normalisierung ließe sich an solche Entwicklungen denken, die Grundfrage sei jedoch, der Spekulation entgegenzutreten. Er wolle auch nicht verhehlen, daß er über die mangelnde Anerkennung für die Verlängerung der Besuchszeit auf 2.00 Uhr nachts erstaunt gewesen sei. Dabei solle man nicht übersehen, daß bei »anständigem, sachlichem Verhältnis« diese Entwicklung weitergehen könnte. Die Frage zu den Hunden und Fahrrädern werde er noch einmal prüfen (dabei schien es aber so, daß Honecker ausschließlich an den Fahrrad-Transitverkehr dachte).

Hinsichtlich eines Kontaktes zwischen der Volkskammer und dem Deutschen Bundestag bestünde auf seiner Seite keine Zurückhaltung. Bundestagspräsident Barzel müsse sich entscheiden, es gäbe viele Besuche von Bundestags- und Landtagsabgeordneten in der DDR. Eine offizielle Einladung würde positiv beantwortet.

Schließlich wandte sich Honecker der Pflege der deutschen Geschichte zu und bemerkte, daß, je mehr man von den Zeiten abrückte, in denen man keine Verantwortung getragen hat, desto mehr auch eine Beschäftigung mit der eigenen Geschichte erfolgen werde. Bei Luther sei man durch die Beurteilung von Marx und Engels ermuntert worden. Mit Friedrich II. setze man sich auseinander. In nächster Zeit würde man sich auch mit Bismarck befassen. Die DDR sei inzwischen so in sich gefestigt, daß sie sich immer mehr mit der deutschen Geschichte auseinandersetzen könnte. Er erinnerte sich auch an das Gespräch mit Bundespräsident Carstens über das kulturelle Erbe.[24]

Schließlich übergab Honecker eine von ihm vorbereitete, aber nicht vorgetragene Aufzeichnung an Dr. Vogel zur freien Verfügung.[25] Am

---

[24] Siehe Nr. 1.

[25] Diese Aufzeichnung in: SAPMO ZPA IV 2/1/611 hat folgenden Wortlaut: »Anlage«. Zur Entwicklung der Beziehungen zwischen der Deutschen Demokratischen Republik und der Bundesrepublik Deutschland

Dem Frieden, der Sicherheit Europas und der Zusammenarbeit zwischen den beiden deutschen Staaten würde es dienen, wenn nicht nur die Deutsche Demokratische Republik, sondern auch die Bundesrepublik Deutschland dafür eintreten würde, daß nach der Sowjetunion auch die anderen Atommächte ihre Bereitschaft erklären, auf den Ersteinsatz von Atomwaffen zu verzichten; wenn nicht nur die Deutsche Demokratische Republik, sondern auch die Bundesrepublik Deutschland bereit wäre, sich für ein atomwaffenfreies Europa einzusetzen; wenn nicht nur die Deutsche Demokratische Republik, sondern auch die Bundesrepublik Deutschland den Abschluß eines Vertrages zwischen dem Warschauer Pakt und der NATO über den gegenseitigen Verzicht auf Anwendung militärischer Gewalt und die Aufrechterhaltung friedlicher Beziehungen unterstützen würde; wenn nicht nur die Deutsche Demokratische Republik, sondern auch die Bundesrepublik Deutschland dafür eintreten würde, daß bei den Verhandlungen in Genf eine Vereinbarung erfolgt, sowohl über die Anzahl der Raketen mittlerer Reichweite, die jeder Seite zur Verfügung stehen, als auch über die Anzahl der Sprengköpfe bei boden- sowie bei see- und

Ende des Gesprächs äußerte er die Hoffnung, daß Helmut Schmidt spätestens zur Eröffnung der Semper-Oper und auch sonst jederzeit einen Besuch in der DDR machen würde.[26]

6.
Am Ende erklärte Honecker, daß er mit der von Dr. Vogel vorgeschlagenen Presseerklärung einverstanden sei. ADN würde diese Erklärung veröffentlichen, allerdings in der ersten Zeile das Wort »regelmäßig« fortlassen.[27] Dr. Vogel dankte für das offene Gespräch. Er machte darauf aufmerksam, daß er seine Gremien ausführlich unterrichten würde. Er bat um Verständnis, daß wegen seiner Rückkehr eine Veröffentlichung nicht vor Sonntag, 17.00 Uhr, erfolgen sollte, und bemerkte abschließend, daß er das Gespräch in der Tradition des vor zehn Jahren von Herbert Wehner geführten Gespräches sehe.[28]

[b] SAPMO ZPA IV 2/1/611 und J IV 2/2A/2570: »Niederschrift über das Gespräch des Generalsekretärs des Zentralkomitees der SED und Vorsitzenden des Staatsrates der DDR, Erich Honecker, mit dem Vorsitzenden der SPD-Fraktion im Bundestag der BRD und Präsidiumsmitglied des SPD-Parteivorstandes, Hans-Jochen Vogel, am 28. Mai 1983 in Hubertusstock«

Zu Beginn des Gesprächs richtete H.-J. Vogel Grüße aus von Helmut Schmidt, Willy Brandt – er überreichte dessen Schreiben an E. Honecker – und insbesondere Herbert Wehner. Er erinnerte an den Besuch H. Wehners vom 31. Mai 1973 bei E. Honecker in naher Umge-

luftgestützten Raketen; wenn nicht nur die Deutsche Demokratische Republik, sondern auch die Bundesrepublik Deutschland dafür eintreten würde, daß auf der Genfer Abrüstungskonferenz auch die USA bereit sind, in kürzester Frist einen Vertrag über das vollständige und allgemeine Verbot von Kernwaffenversuchen zu erarbeiten und abzuschließen.
Wir sind uneingeschränkt dafür, die Ausarbeitung einer internationalen Konvention über das Verbot und die Vernichtung der chemischen Waffen zu beschleunigen, zu einer Konvention über das Verbot der Neutronenwaffe zu kommen, unverzüglich Verhandlungen über das Verbot der Stationierung von Waffen jeglicher Art im Weltraum aufzunehmen, die Vereinbarung einer internationalen Konvention über das Verbot radiologischer Waffen zum Abschluß zu bringen und die Frage größerer Sicherheitsgarantien für nichtkernwaffenbesitzende Staaten beschleunigt zu lösen. Was hindert eigentlich die BRD daran, sich ebenfalls für diese wichtigen, dem Frieden und den Lebensinteressen der Völker dienenden Ziele zu engagieren?«

[26] Siehe Nr. 7.
[27] Zu den Presseunterlagen siehe AdG 1983, S. 26790.
[28] Zum Treffen Herbert Wehner – Honecker am 31. 5. 1973 vgl. Klaus Wiegrefe/Carstens Tessmer, Herbert Wehners Besuch in der DDR 1973, in: Deutschland Archiv 6 (1994).

bung des jetzigen Treffens[28] und bemerkte, er wolle das Datum benutzen, um in der Nachfolge als Vorsitzender der SPD-Bundestagsfraktion sein Interesse an der Pflege der Beziehungen zwischen beiden deutschen Staaten deutlich zu machen, denen H. Wehner besondere Aufmerksamkeit und Engagement gewidmet habe. Als Teilbereich nenne er dabei auch die Regelung humanitärer Probleme im Einzelfall. H. Wehner habe noch ein Büro im Bundeshaus. Was nun komme, werde ihm, H.-J. Vogel, allmählich zuwachsen.

E. Honecker dankte herzlich für die ihm übermittelten Grüße und das Schreiben W. Brandts. Die Möglichkeit zusammenzukommen sei erfreulich, andererseits gebe es in Verbindung mit der Durchführung des bekannten Brüsseler Raketenbeschlusses im Jahr 1983 eine ganze Reihe von Fragen, die nicht nur die DDR, sondern wohl auch H.-J. Vogel als Vorsitzenden der SPD-Bundestagsfraktion bewegten. Heute sei die Erklärung der sowjetischen Regierung veröffentlicht worden. Da H.-J. Vogel den Wortlaut noch nicht kannte, wurde er ihm von E. Honecker überreicht. Die Lage habe sich so entwickelt, daß die UdSSR Zeichen setze. *Honecker referierte kurz den Inhalt der »mit uns abgestimmten Erklärung«.*

E. Honecker begrüßte die Möglichkeit des Zusammentreffens mit H.-J. Vogel als Vorsitzenden der SPD-Bundestagsfraktion und sagte, er wolle auf zwei Hauptpunkte eingehen: erstens die Friedenssicherung und zweitens die Entwicklung der Beziehungen, wobei man das eine nicht vom anderen trennen könne. Beim Abschluß des Grundlagenvertrages und beim Treffen mit H. Schmidt am Werbellinsee sei hervorgehoben worden, daß beide deutschen Staaten in der Pflicht stehen – es stammte von Ihrer Seite, ich habe es unterstrichen –, dafür zu sorgen, daß von deutschem Boden nie wieder ein Krieg ausgeht. Auch H.-J. Vogel habe sich mehrfach öffentlich dazu bekannt. Die DDR unternehme alles, was in ihren Kräften stehe. Im Hinblick auf die BRD, so stellte E. Honecker fest, falle es ihm gegenwärtig, da die Stationierung neuer US-Atomraketen vorbereitet wird, schwer, an die Zuverlässigkeit dieser Worte zu glauben.

Honecker äußerte Zweifel am »echten Verhandlungswillen der USA« und kritisierte die Reagan-Administration wegen ihrer »abenteuerlichen Vorherrschaftspolitik«.

Namens der Partei- und Staatsführung der DDR erklärte E. Honecker, es liege zutiefst im Interesse der Bürger der DDR wie der BRD, wenn sich nicht nur die DDR, sondern auch die BRD gegen die Raketenstationierung wenden würde. Mit Recht habe H.-J. Vogel in seiner Rede zur Regierungserklärung[29] von Bundeskanzler Kohl darauf verwiesen, daß das Wahlergebnis vom 6. März 1983 zugunsten der CDU/

[29] Vogel hielt seine Rede zur Regierungserklärung Kohls am 4. 5. 1983. Vgl. AdG 1983, S. 26596.

CSU keine Zustimmung der Wähler zur Aufstellung der amerikanischen Mittelstreckenraketen sei. Er habe die neuen Abrüstungsvorschläge J. Andropows als einen konstruktiven Schritt bezeichnet und sich dafür ausgesprochen, die Idee eines Nichtangriffsabkommens zwischen dem Warschauer Vertrag und der NATO aufzugreifen sowie den Palme-Vorschlag für eine atomwaffenfreie Zone in Mitteleuropa ernsthaft zu prüfen.

Wir würdigen Ihre Haltung, sagte E. Honecker; sie ist friedensfördernd. An H.-J. Vogel und seine Fraktion appelliere er, sich ebenso wie die Fraktion der SED in der Volkskammer der DDR dafür einzusetzen, daß Europa von Atomwaffen freigemacht und freigehalten wird. Er appelliere an sie, offen einzutreten für den Verzicht auf die Stationierung neuer US-Kernwaffen mittlerer Reichweite in der BRD.

Bei seinem Treffen mit H.-D. Genscher Ende vorigen Jahres in Moskau habe dieser in Anwesenheit von K. Carstens erklärt, es sei gut, daß gegenwärtig in Europa an drei Tischen verhandelt werde.[30] E. Honecker habe damals zum Ausdruck gebracht, das sei gewiß so, doch die Frage bestehe darin, wann es zu Ergebnissen komme.

Es sei notwendig, auch bei den Konferenzen in Wien, Madrid und Genf voranzukommen.

Zu den Beziehungen zwischen der DDR und der BRD stellte E. Honecker fest, in letzter Zeit habe es hier Irritationen gegeben. Was es mit der in der BRD verkündeten »Wende« entgegen den abgeschlossenen Verträgen auf sich habe, werde die Zukunft zeigen. Durch Schritte beider deutscher Staaten zur Friedenssicherung würde die Entwicklung der Beziehungen günstig beeinflußt. Ohne stabilen und dauerhaften Frieden sei alles andere illusionär. Eine wesentliche Voraussetzung für neue Vereinbarungen sei, mit dem bereits Erreichten pfleglich umzugehen. Vieles sei erreicht worden, was vor Jahren noch undenkbar erschien.

Der Reise- und Besucherverkehr, auch der Tourismus, hätten sich entwickelt. Aus der BRD und Berlin (West) besuchten jährlich etwa 6 bis 7 Millionen Bürger die DDR. Etwa 1,5 bis 2 Millionen DDR-Bürger reisten jährlich in die BRD bzw. nach Berlin (West). Seit dem Treffen am Werbellinsee habe die Zahl der Reisen in dringenden Familienangelegenheiten merklich zugenommen. Der Transitverkehr verlaufe reibungslos, und es sei inzwischen schon so, daß die Zöllner auf beiden Seiten mit dem Ansturm nicht mehr fertig würden. Damit, wie das Verfahren zu vereinfachen sei, könne man sich beschäftigen. Die Zahlen von Zurückweisungen, Festnahmen und Durchsuchungen an den Grenzen der BRD wolle er gar nicht nennen. Weniger Mißbrauch der Transitwege – die DDR habe oft genug gegen solchen Mißbrauch pro-

[30] Siehe Nr. 1.

testiert – werde auch die ohnehin geringe Zahl der Verdachtskontrollen noch verringern.

In Verbindung mit dem bedauerlichen Vorgang am Kontrollpunkt Drewitz, woran keine Seite die Schuld trage, habe die DDR Ruhe bewahrt und alles Notwendige getan.[1] Man dürfe nicht zulassen, daß irgend jemand menschliches Unglück für politische Zwecke ausbeute. 1982 habe es unter den DDR-Reisenden 240 Todesfälle gegeben, unter BRD- und Westberlin-Reisenden 500.

E. Honecker sagte, er habe angewiesen, die Kontrollen einfach und schnell vorzunehmen. Erforderlich seien Maßnahmen der BRD, um den Mißbrauch der Transitwege zu verhindern. Die DDR gestatte nicht, daß z. B. über Schönefeld Terroristen in die BRD reisen oder Rauschgift dorthin verbracht wird. Oft werde er gefragt, warum es in Westberlin so viele Drogentote gebe, in der DDR aber nicht. Das liege nicht zuletzt daran, daß die DDR ihre Kontrollen entsprechend handhabe.

Der Handel zwischen beiden deutschen Staaten habe zu beiderseitigem Nutzen einen Aufschwung genommen – nach dem Prinzip von Leistung und Gegenleistung. Schon unter Adenauer sei dieser Handel realisiert worden, er habe sich nach der Bildung der sozial-liberalen Koalition in Bonn besonders entwickelt und erreiche jetzt rund 14 Milliarden Mark im Jahr. Seit langem sei der Saldo der DDR aktiv; die Verpflichtungen würden abgebaut. Entsprechend dem Grundlagenvertrag und dem Treffen am Werbellinsee solle sich der Handel weiter gut entwickeln, und die DDR werde nicht darauf verzichten, H. Kohl daran zu erinnern.

In vielen Bereichen, wie etwa Kultur, Sport, Jugendaustausch, könne man über Regelungen sprechen. Allerdings gehe dies nur, wenn Jugendliche, die das FDJ-Hemd tragen, nicht zu Geldstrafen oder Haft verurteilt werden, wie kürzlich durch ein BRD-Gericht in Landshut. Es sei unerhört, wenn ein Gericht der BRD die FDJ der DDR verbiete. Damit werde nicht nur gegen den Jugendtourismus, sondern eigentlich gegen den gesamten Reiseverkehr ein Schlag geführt. Es werde erneut unterstrichen, daß es im Zusammenhang mit der Respektierung der Staatsbürgerschaft der DDR für Bürger unseres Landes in der BRD keine Rechtssicherheit gibt.

Von der BRD erwarte er nicht, daß sie ihr Gesetz über die Staatsbürgerschaft ändere, weil dies unrealistisch wäre, doch müsse die Staatsbürgerschaft der DDR respektiert werden. Sogar F. J. Strauß habe kürzlich vor Bürgern der DDR gesprochen. Daher könne man erwarten, daß die Bürger der DDR als solche respektiert werden.

[…]

Seinerzeit habe ihm H. Schmidt gesagt, er hätte keinen Einfluß auf die Banken in der BRD[31], worauf er ihm geantwortet habe, dann hätte er, E. Honecker, auch keinen Einfluß auf den Mindestumtausch. Das Verhältnis 1:4 sei untragbar. Für 1 Mark der BRD bekomme man hierzulande ein Mittagessen, in der BRD und Westberlin aber nicht. Dasselbe gelte für die Jugendtouristik, bei der ein Tagessatz in der BRD 80 Mark betrage, in der DDR aber nur 20 Mark. Das habe er auch K. Carstens gesagt.[24]

Wenn von der Weiterentwicklung der Beziehungen zwischen der DDR und der BRD die Rede sei, dann müsse auch an das Überbleibsel aus dem kalten Krieg in Salzgitter erinnert werden, stellte E. Honecker fest.

Einer Regelung der Elbgrenze sei man schon sehr nahe gekommen. Darüber gebe es ein Protokoll. Würde man sich über die restlichen 90 Kilometer einigen, so könnten viele längst ausgearbeitete Abkommen in Kraft treten.

Im Zusammenhang mit dem Rufen nach einer Wende in der BRD sagte E. Honecker, man habe im Bundestag erklärt, genau zu wissen, wo Bonn liegt. Bei ihm bestünden jedoch bestimmte Zweifel nicht nur über München, sondern auch über Bonn, wo viel von Kontinuität gesprochen werde. Die DDR habe alles realisiert, was mit H. Schmidt seinerzeit vereinbart wurde, sogar den Ministerverkehr, der in Europa Aufsehen erregt habe. Aber nach dem 6. März habe man seitens der Bundesregierung begonnen, die Worte Entspannung zu streichen, sich abzusetzen von der Politik der sozial-liberalen Koalition und sich dem Kurs der Reagan-Administration zu nähern. Ob das Wort Entspannung in der Regierungserklärung von Bundeskanzler Kohl vorkomme oder nicht, sei jedoch nicht entscheidend. Entscheidend sei, daß die Bundesregierung einen Kurs verfolge, der das Jahr 1983 nicht zum Jahr der Stationierung neuer US-Atomraketen macht.

[...]

Die DDR tue alles, um auszuschalten, was die Entwicklung friedlicher Beziehungen stören könnte, und zu fördern, was dazu beiträgt, sie möglichst weitgehend zu entspannen sowie zur sachlichen Zusammenarbeit zurückzufinden. Ihr gehe es um die Friedenssicherung, Sicherheitspartnerschaft, Weiterentwicklung der Beziehungen zwischen der DDR und der BRD. [...]

E. Honecker übergab H.-J. Vogel eine zusammenfassende Darstellung, welche Schritte die DDR im Interesse des Friedens, der Sicherheit Europas und der Zusammenarbeit beider deutscher Staaten für angebracht hält.[25]

H.-J. Vogel brachte seinen herzlichen Dank für die Ausführungen E. Honeckers zum Ausdruck. Mit seiner Hauptthemenwahl sei er einver-

---

[31] Vgl. Nr. 1, Anm. 13.

standen, sie sei ausschlaggebend, und er wolle ihr auch bei seiner Darlegung folgen. Im Bewußtsein der Menschen beider deutschen Staaten und darüber hinaus beginne eine Tatsache ständig tiefere Wurzeln zu schlagen, nämlich daß die jetzige Generation in einer Zeit lebe, in der es der Menschheit möglich sei, ihr Leben insgesamt zu vernichten. In diesem Sinne habe sich die Päpstliche Akademie der Wissenschaften in Rom vor eineinhalb Jahren an die Staatschefs der vier Atommächte gewandt. Die von ihm genannte Tatsache sei ein ungeheurer, quälender Vorgang, zu dem es kaum eine Parallele in der Menschheitsgeschichte gebe. Als Katholik könne er die Reaktionen, die Meinungsbildung seiner Kirche, einer metaphysischen Institution mit 2000jähriger Erfahrung besonders deutlich verfolgen. Sie beginne, immerhin bei der Neigung, Entwicklungen lange zu beobachten, die Lehre Thomas von Aquins über den gerechten Krieg fortzuentwickeln. Das sei von ganz tiefer Bedeutung, besonders für Menschen, die bereit seien, geschichtlich zu denken, treffe aber auch nicht auf alle Politiker – er ziehe hier keine geographischen Grenzen – zu.

Was die Tische angehe, an denen außer in Genf[8] verhandelt wird, so sei in Madrid[3] die Zeit reif für ein Mandat zur Abrüstungskonferenz. Dies sei der Initiative der Neutralen zu danken und werde auch von der Bundesregierung unterstützt. Hier sei er nicht ohne Optimismus.

Er habe die quälende, sich hinziehende Diskussion in Wien[4], wer Soldat sei oder nicht, verfolgt. Interessant finde er, daß E. Honecker die Möglichkeit der Kontrolle angesprochen habe; denn dies sei ein Punkt, den die östliche Seite lange Zeit vor allem unter Souveränitätsaspekten betrachtet habe. Eine Bewegung würde er begrüßen. Seine Sorge bestehe darin, daß die Leute, die in Wien nun schon lange am Tisch sitzen, sehr versponnen seien und eine gewisse Durchlüftung vertragen könnten. Wenn man sie reden höre, dann komme man zu dem Eindruck, daß sie einen kräftigen Schub vertrügen.

H.-J. Vogel sagte, seine Reisen nach Washington und Moskau hätten ihm Gelegenheit geboten, sich schon früh zur Prager Deklaration des Warschauer Vertrages zu äußern.[5] Eine von ihm geführte Bundesregierung hätte den Vorschlag für einen Gewaltverzichtsvertrag, wie er auch den europäischen Verträgen und den Ergebnissen von Helsinki entspreche, positiv aufgegriffen, ihn voll unterstützt. Verzichte die Sowjetunion auf den Ersteinsatz atomarer Waffen, so bestehe die Logik darin, dies auch bei den konventionellen Waffen zu tun. Aufgabe der Politik sei es jedenfalls, solche Vorschläge auszuloten.

Anknüpfend an die Arbeit der von Brandt geleiteten Nord-Süd-Kommission wolle er darauf verweisen, daß die Reduzierung der Rüstung für die Dritte Welt eine Hilfe sein könnte. Es sei ein Wahnsinn, daß beide Bündnisse 500 bis 600 Milliarden Dollar für die Rüstung ausgeben, während die von nacktester Not Betroffenen keine Mittel erhalten.

Zu einer atomwaffenfreien Zone in Mitteleuropa bemerkte H.-J. Vogel, es wäre richtig, den Streifen-Vorschlag Palmes[6] in konstruktiver Richtung zu prüfen. Gerade in diesem Streifen gebe es besondere Belastungen. Man häufe Massen von atomaren Waffen an, ohne an die Gefahren aus menschlichem und technischem Versagen zu denken. Die Schaffung einer atomwaffenfreien Zone mit den Genfer Verhandlungen zu verbinden, stieße auf Schwierigkeiten, aber die Streifen-Lösung wäre ein guter Anfang.

Ganz klar wolle er sagen, und das sei auch die Position der SPD, daß es für die Zugehörigkeit der BRD zum atlantischen Bündnis auf überschaubare Zeit keine Alternative gebe. Hierüber sei die Diskussion kurz aufgeflackert. Was der Saarbrücker Oberbürgermeister[7] dazu gesagt habe, habe von Anfang an außer Verhältnis gestanden, aber nach der öffentlichen Diskussion, vor allem der Medien, seien Mißinterpretationen vorauszusehen gewesen. Das sei vorüber, sei in der SPD kein Punkt. Durch die einseitige Infragestellung von Bündniszugehörigkeiten werde die Stabilität in Europa nicht zu-, sondern abnehmen. Mit Interesse habe er in den Reden E. Honeckers gelesen, daß die DDR-Führung nicht beabsichtige, das Bündnis in Frage zu stellen. Fast zwei Drittel der Bundesbürger lehnten die Raketenstationierung ab, aber eine noch größere Mehrheit wünsche im NATO-Bündnis zu bleiben und die Bündnisverpflichtungen zu erfüllen.

Zu Genf meinte H.-J. Vogel, der Rüstungswettlauf in seinem Ausmaß und mit seinen Gefahren erfordere, ihn zum Stehen zu bringen, zu verhandeln und zu verhindern, daß sich die Spirale weiter dreht. Der Ausgangspunkt H. Schmidts sei gewesen, daß die Weltmächte durch SALT II zu Fortschritten kämen, um Begrenzungen und Regeln zu schaffen, Bremsen einzubauen, ausgenommen – und dies sei ein Fehler gewesen – die Mittel- und Kurzstreckenraketen. Was er unternommen habe, habe dem Ziel gedient, diesen Fehler zu beheben und dem Rüstungswettlauf auch auf diesem Sektor ein Ende zu setzen. Seine Sorge sei durch die Stationierungen von SS 4 und SS 5 verursacht worden, was, so sagte H.-J. Vogel, auch sein eigener Eindruck sei. Dann sei die genannte Phase sehr rasch durch die SS 20 ersetzt worden. Das könne aus dem Entwicklungsprozeß nicht hinweggedacht werden.

Jeder, wo er kann, muß dazu beitragen, daß das in Genf nicht scheitert, sagte H.-J. Vogel, sondern zu Ergebnissen führt. Er habe die Hoffnung noch nicht aufgegeben. Die Sowjetunion habe sich bewegt. Allerdings habe es damals keine vernünftigen Kommentare dazu gegeben. Jetzt schlage die Sowjetunion vor, nicht nur über Trägermittel, sondern auch über Sprengköpfe zu verhandeln. Das sei ein Fortschritt. Auch was Nitze und Kwizinski beim Waldspaziergang besprochen hätten[19], ziele in diese Richtung. Doch seien auf sowjetischer Seite noch Bewegungen denkbar.

Er verstehe nicht, warum in dieser Phase die Modernisierung und Dislozierung der SS 20 weitergehe, sagte H.-J. Vogel. Warum stelle man sie nicht ein – als positives Signal.

Über die amerikanische Seite meine er, daß sie sich noch nicht endgültig festgelegt habe. Die Resolution des Repräsentantenhauses[9] sei nicht viel wert, weil hinten alles anders stehe als vorn. Wichtig sei Ziffer 6 – die Zusammenführung beider Tische in Genf. In der ›Frankfurter Rundschau‹ habe der Generalinspekteur der Bundeswehr, Altenburg, erklärt – und so etwas höre man selten von einem General –, wie man der Sowjetunion eigentlich verständlich machen wolle, daß sie die britischen und französischen Kontingente nicht zur Kenntnis nehmen solle, sie seien ja da.[10] Das letzte Wort sei noch nicht gesprochen. Reagan wisse vielleicht nicht immer, wie die Europäer, die den Krieg so blutig erlebt haben, die eine oder andere Äußerung auffassen müssen, aber einen Weltkrieg wolle auch er nicht. Er, H.-J. Vogel, möchte jedenfalls nicht in der Haut dessen stecken, der den Befehl dazu gibt. Es sei eine Fehleinschätzung zu meinen, Reagan würde dem Gedanken an den Krieg einen Reiz abgewinnen.

Von 4 Jahren seien nur 2 genutzt worden. Erst habe die Sowjetunion nicht gewollt, dann die Reagan-Administration nicht. Man habe es schwer, wenn unwidersprochen behauptet werden könne, daß die UdSSR jeden Monat 2 zusätzliche Raketen stationiere.

Die Sorge, daß die Politik vor dieser Herausforderung versagen könne, habe nicht nur einen Adressaten. So gebe es Meinungsunterschiede zwischen denen, die nur einen sehen, und denen, die zwei sehen.

Der wichtigste Satz des Treffens am Werbellinsee[32] sei gewesen, daß von deutschem Boden nie wieder ein Krieg ausgehen darf; denn von uns bleibt keiner übrig, sagte H.-J. Vogel. Außerdem gebe es den geschichtlichen Grund. Von Deutschland sei ein Schrecken in die Welt gegangen, der 55 Millionen Tote, davon 22 Millionen allein in der Sowjetunion, verlangt habe und dann auf uns zurückgeschlagen sei. Es liege offen, daß er und seine Freunde ihrem Hauptverbündeten gegenüber mit der Meinung nicht hinter dem Berg halten, bemerkte H.-J. Vogel. Als L. Breshnew 1978 bei H. Schmidt gewesen sei, habe er auf das militärische Gleichgewicht gedrungen. Wie H.-J. Vogel meinte, sei er der ketzerischen Auffassung, sei er im Zweifel, ob Kategorien wie Gleichgewicht und Überlegenheit überhaupt noch einen Sinn machten. Für jeden Europäer lägen heute 3000 kg Sprengstoff bereit. Wie oft er umkommen könnte, sei letztlich gleich.

Er sehe die Chance einer Vereinbarung in Genf für Ende des Jahres. Auch sehe es so aus, als ob der USA-Präsident ein weiteres Mal kandidieren wolle, und er wolle wiederum als Mann des Friedens antreten.

[32] D. h. das Treffen von H. Schmidt und Honecker am 12./13. 12. 1981.

Wenn er sich zum Bundeskanzler äußere, dann freimütig. Kohl stehe zu dem, was er gesagt habe. Er wäre nicht weniger glücklich als andere, wenn eine Verständigung in Genf die Stationierung der Raketen überflüssig mache.

Zum zweiten Bereich, den Beziehungen zwischen der DDR und der BRD, meine er, bei aller Nüchternheit könne das von 1969 bis zum Ende der sozial-liberalen Koalition Erreichte nicht hoch genug eingeschätzt werden. H.-J. Vogel verwies auf den Grundlagenvertrag, die weiteren Verträge und Abkommen, das vierseitige Abkommen über Westberlin und das Kommuniqué vom Werbellinsee. Seinerzeit Oberbürgermeister von München, habe er 1966 bei der Vorbereitung und Durchführung der Olympischen Spiele das Zusammenwirken vieler vernünftiger Leute erfahren. Geduldig müsse nach Feldern gesucht werden, auf denen man im wohlverstandenen Selbstinteresse übereinstimme. Vor dem Hintergrund seiner Münchner Erfahrungen könne er die Dinge besser einschätzen als jene, die da meinten, alles sei selbstverständlich gewesen. Die Unterschiede der Gesellschaftsordnungen beiderseits seien respektiert worden, ebenso unterschiedliche Meinungen in anderen relevanten Fragen. Fortschritte habe es gegeben, aber auch Rückschritte.

Auch den Wirtschaftsbeziehungen sollten die wohlverstandenen Selbstinteressen voranhelfen, z. B. was die Kooperation in Drittländern angehe. Beim Absatz der BRD-Kohle gebe es Sorgen; die Stahllieferungen glichen dies nicht ganz aus.

Ein wichtiger Punkt sei der Umweltschutz. Dies sei die erste Generation, die lernen müsse, daß sich die Natur gegen das Gewaltstreben des Menschen wehre. Eine stärkere Kooperation hielte er für gut (Werra). Begrüßen würde er eine Entwicklung der kulturellen Zusammenarbeit. Für sehr konstruktiv halte er den Gedanken an einen Wirtschaftsausschuß. Auf wissenschaftlich-technischem Gebiet müsse man sich auch in der Grundlagenforschung mehr unterhalten. Er habe von interessanten Arbeiten an der Akademie der Wissenschaften und anderen Instituten der DDR gehört. Seine Münchner Erfahrungen habe er bei der S-Bahn-Frage in West-Berlin genutzt. Auf seiner Seite sei man jetzt in der Lage, in Gespräche einzutreten. Die Summe, um die es gehe, sei nicht hoch, aber bei der gegenwärtigen Etatsituation in Bonn nicht leicht zu realisieren.

Die Finanzprobleme auf dem Gebiet des Post- und Fernmeldeverkehrs seien ihm nicht bekannt gewesen. Aber sicher würden nach anfänglichem Entsetzen bei einigen Leuten gute Ergebnisse erreicht.

H.-J. Vogel stellte fest, aus eigener Erfahrung könne er sagen, daß die Abwicklung des Transitverkehrs und die Behandlung der Reisenden korrekt sei. Manchmal wünsche er sich einen höflicheren Ton ohne belehrenden Charakter, den Beamte nun einmal leicht an sich hätten. E. Honecker: Zum Beispiel Bayern.

Mit ihrem ganzen Gewicht werde sich die SPD für Kontinuität und Fortentwicklung der Beziehungen einsetzen, das brauche er nicht zu betonen. Kohl wolle, was er sage, aber ob er störende Faktoren unter Kontrolle bringen könne, werde von Fall zu Fall eine Beantwortung finden. Im Falle Drewitz sei ihm dies nicht gelungen. H.-J. Vogel betonte, er hätte den Besuch E. Honeckers in der BRD begrüßt, könne sich aber die Gründe für die getroffene Entscheidung vor Augen führen.[14] Die Zukunft bleibe abzuwarten. Das Störpotential in der BRD sei nicht zu unterschätzen, was sich in der veröffentlichten Meinung ausgedrückt habe. Er sei sich sicher, daß dem Bundeskanzler eine andere Entwicklung lieber gewesen wäre.

Von den kritisch angesprochenen Dingen betrachte er die Elb-Grenze als das leichteste Problem. Die neue Bundesregierung sei auf den niedersächsischen Ministerpräsidenten angewiesen. Es gebe nicht gerade schwache Kräfte, denen es recht wäre, könnte man anhand von Dokumenten beweisen, daß die Grenze schon immer dort verlaufen sei, wo sie sie haben möchten.

Im Hinblick auf die DDR-Staatsbürgerschaft bemerkte H.-J. Vogel, man müsse den Bewegungsspielraum prüfen. Eine ganze Reihe von Dingen sei zur Zeit der sozial-liberalen Koalition angesprochen und verändert worden. Weitere Fortschritte hätten die Unterstützung der SPD. Um das Landshuter Urteil werde er sich kümmern.

Durch die Erhöhung des Mindestumtauschs habe die Zahl der Kontakte abgenommen, und vor allem Älteren, Rentnern tue sie nach wie vor weh. Das bereite den Sozialdemokraten große Sorgen. Hier hätte eine Differenzierung psychologische Wirkungen, die weit über den Punkt selbst hinausgingen. Gerade ältere Leute litten darunter, daß sie keine Hunde mitnehmen dürften, und junge Leute kämen gern mit dem Fahrrad. Die Verlängerung der Aufenthaltszeit sei eine gute Verbesserung.

H.-J. Vogel sagte, zwar seien Volkskammer und Bundestag Mitglieder der Interparlamentarischen Union, aber sie unterhielten keine entsprechenden bilateralen Beziehungen. Könne man hier nicht einen Schritt weiterkommen, etwa durch eine Einladung, die der Präsident der Volkskammer ausspreche, wobei im Vorfeld klar sein müsse, daß eine Antwort zu erwarten sei, die in solchen Fällen üblich ist.

Abschließend wolle er sagen, daß seit 1969 bis heute eine Menge erreicht worden sei. Erinnere man sich an die 50er Jahre, so komme es einem fast unglaublich vor. Dies sei eine Sache, die in der Geschichte Bestand haben werde, was nichts an den unterschiedlichen Meinungen über die Gesellschaftsordnung ändere. Das Positive überwiege. Dabei habe auch das Gewicht der DDR in Europa und in der Welt deutlich zugenommen. H.-J. Vogel verwies u. a. auf die erfolgreiche Reise E. Honeckers nach Japan.[18]

E. Honecker dankte für die Darlegungen H.-J. Vogels und unterstrich, daß die Friedenssicherung um so mehr an Bedeutung gewinne, weil es zur Politik der friedlichen Koexistenz von Staaten unterschiedlicher sozialer Ordnung keine vernünftige Alternative gibt. Mit seinem Kreuzzug gegen die Sowjetunion und alle, die zu ihr stehen, greife Reagan dieses Prinzip an. Doch Frieden könne nur herrschen, wenn man das Bestehen zweier unterschiedlicher, ja gegensätzlicher Gesellschaftssysteme anerkennt und zur Zusammenarbeit bereit ist.

Honecker kritisierte erneut die Rüstungspolitik der USA und lobte die letzte sowjetische Erklärung. Lafontaine habe recht mit seiner Meinung, daß schon die Anhäufung der atomaren Waffen eine Gefahr sei. Wenn gefordert werde, auf den jeweiligen Bündnispartner einzuwirken, daß es nicht zu einer katastrophalen Entwicklung kommt, dann erinnere er an seine Gespräche mit H. Schmidt. Er habe ihm gesagt, damit renne er bei der Sowjetunion offene Türen ein. Wir sind für die radikale Abrüstung, atomar und konventionell, sagte E. Honecker, und wir sind bereit, alle entsprechenden Vorschläge zu prüfen.

Das Schlimme sei, daß die Reagan-Administration auf keinen konstruktiven Vorschlag eingeht. Es bewege sich nichts. Jetzt sei die sowjetische Erklärung ein Signal, umzukehren und zu ernsthaften Verhandlungen zu kommen. Das liege im Interesse der Verbündeten, sowohl der USA als auch der Sowjetunion. Mehr Rüstung bedeute nicht mehr Sicherheit.

Gegenstand seines großen Disputs mit H. Schmidt sei die Frage an ihn gewesen, warum er sein politisches Schicksal mit dem Brüsseler Raketenbeschluß verbinde. Dieser Beschluß habe das Reizklima in der Welt geschaffen. Alle Angaben über die Neu-Stationierung von SS 20 stimmten nicht. In der sowjetischen Erklärung werde eindeutig gesagt, daß die Realisierung des NATO-Beschlusses die UdSSR zwingen würde, ihr einseitiges Moratorium der weiteren Stationierung von Waffen mittlerer Reichweite im europäischen Teil zu überprüfen.

Erfreulich sei, daß man auch in der BRD zu dem Ergebnis komme: Die weitere Anhäufung von Atomwaffen ist gefährlich, die Reduzierung der Rüstung notwendig. Die sowjetische Erklärung trage dazu bei, solche Überlegungen zu fördern und in Genf Ergebnisse herbeizuführen, die mindestens zum Inhalt haben, die Stationierung zu verschieben.

Die Beziehungen zwischen beiden deutschen Staaten gelte es, entsprechend dem Grundlagenvertrag und der gemeinsamen Erklärung vom Werbellinsee, weiterzuentwickeln, sagte E. Honecker. Vom Errungenen dürfe nichts verlorengehen. Man müsse die Felder ausmachen, auf denen Fortschritte möglich sind.

E. Honecker ging auf die Telefongespräche zwischen ihm und H.

Kohl ein, in denen der Bundeskanzler Kontinuität versichert habe.[33] Auch brieflich habe er mitgeteilt, daß die Beziehungen weiter gestaltet werden sollten.[34] Bis zum 6. März sei dies auch gut gegangen. Beim Telefonat nach der Karl-Marx-Konferenz sei festgestellt worden, daß man den Vorgang in Drewitz nicht zum Anlaß nehmen solle, um die Beziehungen zwischen beiden deutschen Staaten zu verschlechtern.[35] Entgegen seiner Zusicherung habe Kohl dann die Presse informiert, er werde G. Mittag nicht empfangen.[36] Ein solches Verhalten sei einmalig in der Entwicklung der Beziehungen.

E. Honecker äußerte sich sodann zu den von H.-J. Vogel berührten konkreten Fragen des Umweltschutzes, der Zusammenarbeit auf kulturellem, wissenschaftlich-technischem Gebiet, der Elb-Grenze, des Transits, des Verkehrs u. a. Zur Staatsbürgerschaft der DDR und ihrer Respektierung stellte er fest, daß er schon seinerzeit H. Schmidt gegenüber erklärt habe, er werde die BRD nicht mit freiem Geleit, sondern als Bürger der DDR besuchen oder überhaupt nicht. Das gleiche gelte für alle anderen Bürger der DDR. Nach wie vor erhielten sie in der BRD Musterungsbescheide, Einberufungsbefehle zur Bundeswehr und Wahlbenachrichtigungen. Aber die DDR sei ein souveräner Staat, sei Völkerrechtssubjekt mit allen Attributen, also müsse man sie und ihre Bürger auch so behandeln.

Was die Kontakte zwischen Volkskammer und Bundestag betreffe, so sei er dafür. Schon seit langem besuchten Gruppen von Bundestagsabgeordneten die DDR.

[33] Siehe Nr. 2 und Nr. 3.
[34] Siehe Nr. 2, Anm. 1 für den Brief vom 29. 11. 1982; das veröffentlichte Schreiben Kohls vom 16. 2. 1983 bezog sich vorrangig auf die Sicherheitspolitik. Vgl. Innerdeutsche Beziehungen (1986), S. 136.
[35] Siehe Nr. 3.
[36] Vgl. Nr. 3, bes. Anm. 14.

5. Gespräch Strauß – Honecker am 24. Juli 1983 (Hubertusstock)

SAPMO ZPA IV 2/1/615: »Niederschrift über das Gespräch des Generalsekretärs des Zentralkomitees der SED und Vorsitzenden des Staatsrates der DDR, Erich Honecker, mit dem Vorsitzenden der CSU und bayerischen Ministerpräsidenten Franz Josef Strauß am 24. Juli 1983 in Hubertusstock«

Auf die schriftliche Bitte an die Strauß-Tochter Monika Hohlmeier vom 21. 7. und 1. 11. 1994, die entsprechenden Materialien zur Verfügung zu stellen, erfolgte am 11. 11. 1994 ein ablehnender Bescheid. Die Familie Strauß habe »sich dafür entschieden, den Zugang zum privaten Familienarchiv auf nur wenige Personen zu beschränken«. Eine Darstellung des Gesprächs aus der Sicht von Strauß findet sich in: Strauß (1989), S. 475, 483–485, 487, 489–491.

E. Honecker begrüßte zu Beginn des Gesprächs F. J. Strauß auf dem Boden der Deutschen Demokratischen Republik und brachte seine Befriedigung über das Zustandekommen des Treffens zum Ausdruck.[1] Allein die Tatsache seines Stattfindens unterstreiche erneut die Wichtigkeit des Sinns für die Realitäten, der die Dinge in der Welt wesentlich beeinflusse. Nach seiner Reise in die ČSSR und die VR Polen besuche Strauß nun die DDR.[2] Als Vorsitzender der CSU, der zweitstärksten Koalitionspartei der Bundesrepublik Deutschland, und bayerischer Ministerpräsident sei er einer der führenden Persönlichkeiten nicht nur Bayerns und verfüge über eine gute Kenntnis der Bundespolitik. Zugleich sei er gewohnt, sich mit weltpolitischen Zusammenhängen zu befassen. Bei allen Meinungsverschiedenheiten, die es in vielen grundsätzlichen Fragen gebe, werde dies für das Gespräch günstig sein. Wie E. Honecker sagte, gehe es ihm vor allem um Fragen der Sicherheitspolitik und der weiteren Entwicklung der bilateralen Beziehungen. Zunächst möge sich F. J. Strauß äußern.

Was die von E. Honecker genannten Themen betreffe, so meinte F. J. Strauß, habe er sich Gleiches vorgestellt. Er bedankte sich für den Empfang in der DDR und die großartige Gestaltung des Programms seiner Besuchsreise. Worauf es ankomme, sei, »weder uns selber noch den Partner zu täuschen«. Ihm liege an einer Reihe praktischer Probleme

---

[1] Zur Vorgeschichte dieses Treffens, das in Gesprächen zwischen Strauß und Schalck-Golodkowski arrangiert worden war, vgl. die Darstellung in: Strauß (1989), S. 471 ff.

[2] Bei seiner Reise, die am 17. 7. 1983 begonnen wurde, fuhr Strauß in Begleitung seiner Frau und seines Sohnes Max zunächst nach Polen und von dort über die Grenze nach Stettin, wo er von Schalck-Golodkowski abgeholt wurde, zum Werbellinsee. Vgl. ebd. S. 483.

der beiderseitigen Beziehungen, für die er teils unmittelbare Verantwortung trage – immerhin gebe es zwischen Bayern und der DDR eine gemeinsame Grenze von über 400 Kilometern –, teils mittelbare. Nach seiner Rückkehr habe er vor, Bundeskanzler Kohl über das Gespräch mit E. Honecker zu unterrichten, werde dies aber nicht mißbrauchen. E. Honecker: Das liegt in Ihrem Ermessen.

F. J. Strauß verwies auf die Wirtschaftsgespräche mit der DDR in der vergangenen Zeit. Dann sei der »bedauerliche Rückfall« eingetreten. Indem er sich entschuldigte, den Tod eines Transitreisenden aus der BRD am Grenzkontrollpunkt Drewitz als »Mord« bezeichnet zu haben[3], sagte F. J. Strauß, er habe seitdem mehrfach öffentlich erklärt, daß seine Ausdrucksweise »nicht juristisch« gemeint gewesen wäre. Er dankte für die jetzige Handhabung der Grenzkontrollen durch die Organe der DDR. Auch im Auftrage von H. Kohl wolle er zum Ausdruck bringen, wie wohltuend die Änderung empfunden werde. Die Bitte an die DDR sei, dies fortzusetzen. F. J. Strauß betonte, er gehöre nicht zu denen, die Öl ins Feuer gießen und psychologischen Sprengstoff sammeln wollten. Mit seinem Bekenntnis zum »freien Journalismus« verband er heftige Kritik an einem solchen Journalismus, der alles zu verteufeln versuche.

Wir leben in zwei Gesellschaftssystemen und zwei Machtkonstellationen, sagte F. J. Strauß. Unser gemeinsames Interesse ist es, nicht Opfer eines Krieges zu werden, der alle weiteren Überlegungen überflüssig machen würde. Ausdrücklich stimmte F. J. Strauß der Feststellung E. Honeckers zu, daß ein Atomkrieg nicht nur Europa, sondern die Welt verwüsten würde und daß von beiden deutschen Staaten nichts übrig bleiben würde, auch nicht von den USA. Wir wollen die DDR weder integrieren noch bekriegen noch aus der Welt schaffen, fuhr F. J. Strauß fort. Alles andere werde in einem evolutionären Prozeß entschieden, in dem sich die Welt befinde.

Es sei der Wunsch der Bundesregierung, mit den Ländern, zu denen die Bundesrepublik eine gemeinsame Grenze habe, unter Vermeidung überflüssiger Schwierigkeiten – er nenne hier nur das Stichwort Berlin – in absehbarer Zeit zu einem Umweltabkommen zu gelangen. In diesem Zusammenhang verwies F. J. Strauß auf die entsprechenden Ausführungen H. Kohls in seiner Regierungserklärung vom 23. Juni[4] sowie erste Gespräche von Regierungsvertretern der DDR und der BRD im November 1973. Es gehe um den Abbau der Versalzung von Werra und

---

[3] Vgl. Nr. 3, bes. Anm. 1 sowie AdG 1983, S. 26580.
[4] In dem von Kohl am 23. 6. 1983 erstatteten Bericht zur Lage der Nation im geteilten Deutschland (abgedr. u. a. in: Innerdeutsche Beziehungen (1986), S. 145 ff.) hieß es, das »im Grundlagenvertrag vorgesehene Umweltabkommen mit der DDR« müsse »endlich zustande kommen«.

Weser, der Elbverschmutzung, um die Sanierung der Röden[5], um die Reinhaltung der Luft, vor allem durch die Rauchgasentschwefelung. Ernste Sorgen gebe es mit den Wäldern. Dazu habe kürzlich in München ein bayerisch-sowjetisches Symposium zum Austausch von Forschungsergebnissen und Erfahrungen stattgefunden, was man in Bonn wohl zunächst nicht so gern gesehen habe. Die Bundesregierung sei am Informationsaustausch über die Reaktorsicherheit und den Strahlenschutz interessiert. Im Unrecht befänden sich die Kernkraftgegner; denn hier handele es sich um die umweltfreundliche Art der Energiegewinnung. Von der DDR sei grundsätzliches Einverständnis mitgeteilt worden. Jetzt erwarte man einen Terminvorschlag.

F. J. Strauß bekundete das Interesse der Bundesregierung an einem Abkommen über die kulturelle Zusammenarbeit gemäß dem Zusatzprotokoll zum Grundlagenvertrag. Dabei gehe es um einen stärkeren Austausch in beiden Richtungen.

Zu den Fragen der Staatsangehörigkeit äußerte sich F. J. Strauß lediglich mit der Bemerkung, hier bestehe der bekannte Dissens.

Er sei kein Fanatiker einer Senkung des Mindestumtauschs durch die DDR, aber eine Geste bei Kindern und alten Leuten wäre für die Zusammenarbeit hilfreich. Die BRD sei an der Erleichterung von Reisemöglichkeiten für »DDR-Bewohner« in dringenden Familienangelegenheiten interessiert, z. B. bei Todesfällen. Erweitert werden sollten die Kontaktmöglichkeiten an Grenzübergängen (Verkehrsprobleme u. a.). Einen »Stimmungswandel in der Bundesrepublik von gewaltigem Ausmaß« sagte er für den Fall voraus, daß die DDR den »Schießbefehl« und die automatischen Grenzsicherungsanlagen abschaffe.

F. J. Strauß sprach sich für die Weiterentwicklung der Beziehungen zwischen der DDR und der BRD auf der Grundlage des Vertragssystems aus. Seinerzeit sei er ein Gegner dieser Verträge gewesen, weil sie schlampig ausgehandelt worden seien, aber »pacta sunt servanda« – Verträge sind einzuhalten. Schließlich sei er es gewesen, der veranlaßt habe, daß die Entscheidung fiel, daß es Bürger der DDR gibt.[6]

Er glaube nicht, daß das sozialistische Wirtschaftssystem auf die Dauer funktionieren könne; sie [die Wirtschaft] sei kein »ideologisches Experimentierfeld«. Was er wolle, sei bessere Nachbarschaft. In diesem

---

[5] Bayerisch-thüringischer Grenzfluß.
[6] Gemeint war das Urteil des Bundesverfassungsgerichtes vom 31. 7. 1973 zum Grundlagenvertrag. Die Klage gegen den Vertrag kam von der Bayerischen Staatsregierung u. a. mit der Begründung, den in der DDR lebenden Deutschen werde damit die »im Grundgesetz begründete Schutz- und Fürsorgepflicht« der Bundesrepublik verwehrt. In seinem Urteil nannte das Bundesverfassungsgericht die DDR »im Sinne des Völkerrechts« einen »Staat« und verwandte den Begriff »Bürger der Deutschen Demokratischen Republik«. Wortlaut u. a. in: Zehn Jahre Deutschlandpolitik. Die Entwicklung der Beziehungen zwischen der Bundesrepublik Deutschland und der Deutschen Demokratischen Republik 1969–1979. Bericht und Dokumentation. Bundesministerium für Innerdeutsche Beziehungen, Bonn 1980, S. 232–243.

Jahrhundert trete die Ideologie in den Hintergrund, und praktisch-pragmatische Fragen träten in den Vordergrund. Die Welt befinde sich in einem Umgestaltungsprozeß. Die Rüstungspolitik beider Pakte und Blöcke, beider Hauptmächte dürfe nicht zu einer Vereisung führen, die durch eine Explosion abgelöst werden könnte. Je mehr sich hier die Fronten verhärteten, desto mehr müsse man sich die Hand reichen zur Kooperation.

Bei der Reise H. Kohls nach Moskau[7] sei eingetreten, was die Realisten erwartet hätten. Man habe gefragt, ob Kohl Moskaus Standpunkt ändern werde, aber das könne nicht einmal Reagan, schon gar nicht der Bundeskanzler der BRD. Deutlich geworden sei, daß die Sowjetunion keinen Bruch mit der Bundesrepublik wolle. F. J. Strauß sagte, er sei schon immer ein Gegner der Null-Lösung gewesen. Für die Nachrüstung sei er. In Genf sei keine Einigung zu erwarten, sondern eine zwischenzeitliche Vereinbarung unter Einbeziehung der strategischen und der Mittelstreckenwaffen in ein gemeinsames Abkommen. Auf eine entsprechende Frage A. Gromykos[8] habe er der Sowjetunion empfohlen, ihre Mittelstreckenwaffen »auf den niedrigsten Pegelstand« zu verringern. F. Mitterrand sei einer der »schärfsten Betreiber« der Nachrüstung des Westens.

Für H. Kohl sei vor seiner Moskaureise durch den Druck der Sowjetunion eine schwierige Situation bei einem Nachgeben entstanden. Er sei ein Kanzler der guten Nachbarschaft, kein Kanzler der Konfrontation. Einerseits könne er nicht nachgeben, andererseits sei er kein Kanzler eines Feindstaates und einer feindlichen Konstellation.

F. J. Strauß bemerkt zu seinen Gesprächen in der VR Polen[9], dieses Land müsse seinen Weg gehen. Im Mittelpunkt seiner Unterredungen habe der Ausgleich zwischen Kirche und Staat gestanden. Durch die Versendung von Paketen werde die nationale Würde der Polen verletzt. Er sei für eine Normalisierung der Lage im Lande.

E. Honecker dankte F. J. Strauß für seine Darlegungen. Die Beziehungen zwischen der DDR und der BRD seien von außerordentlicher Bedeutung für die Friedenssicherung und damit für das Wohl der Bürger beider deutscher Staaten. Trotz aller Probleme seien diese Beziehungen als gut zu bezeichnen, man könne sie aber verbessern.

F. J. Strauß selbst habe auf das Vertragssystem hingewiesen und erklärt: Pacta sunt servanda. Das sei entscheidend, wie er auch H. Kohl am Telefon gesagt habe.[10] Im Zusammenhang mit dem Regierungs-

---

[7] Bundeskanzler Kohl hatte der Sowjetunion vom 4.–7. 7. 1983 einen offiziellen Besuch abgestattet. Vgl. AdG 1983, S. 26788 ff.

[8] Strauß bezog sich wohl auf den Besuch des sowjetischen Außenministers Gromyko vom 16.–19. 1. 1983 in der Bundesrepublik.

[9] Vgl. dazu unten die Anlage.

[10] Siehe Nr. 2.

wechsel in Bonn seien bestimmte Schwierigkeiten eingetreten – vielleicht hätte es sie auch ohne ihn gegeben. Ohne Überheblichkeit, als Fakt könne man feststellen, daß eine Verbesserung der Beziehungen zwischen beiden deutschen Staaten die Entwicklung in Europa und in der Welt positiv beeinflusse.

Wir halten den Dialog zwischen Politikern aus Ost und West für ein wichtiges Element der internationalen Beziehungen, erst recht in einer Zeit wie der heutigen, unterstrich E. Honecker. Die Weltlage sei besorgniserregend. Die Verschärfung der Spannungen und die Destabilisierung der zwischenstaatlichen Beziehungen dauerten an. Die Gefahr eines Kernwaffenkrieges mit seinen katastrophalen Folgen wachse. Daher gehe es um nicht mehr und nicht weniger als um die Frage, ob die Menschheit in ein atomares Inferno abgleite.

Nach wie vor sei es das Wichtigste, eine neue Runde des atomaren Wettrüstens zu verhindern; denn sie würde die Weltlage weiter komplizieren, die Gefahr eines Weltkrieges erhöhen und die Beziehungen zwischen beiden deutschen Staaten ernsthaft belasten. Alles zu tun, um die Völker vor dem Abgleiten in einen Atomkrieg zu bewahren und den Frieden zu sichern, sei die Gretchenfrage für jeden verantwortungsbewußten Staatsmann, in welchem Lager er auch immer stehe. In einem Atomkrieg werde es keine Sieger geben. Er wäre der Selbstmord der Menschheit, der Untergang der Zivilisation.

Gerade wir in Europa, sagte E. Honecker, haben allen Grund, diese Tatsachen mit allem Ernst zu sehen. Ohne Zweifel würden die Völker unseres Kontinents einen nuklearen Schlagabtausch nicht überleben. Unter den ersten, die einem Nuklearkrieg zum Opfer fielen, wären die Bürger der BRD und die Bürger der DDR sowie die Bürger der Nachbarländer.

Man möge unterschiedlicher Auffassung sein, welche Gesellschaftsordnung die bessere ist, wahr sei, daß Europa nur im Frieden eine Zukunft hat. Wenn die DDR über die europäischen Belange spreche, dann nicht mit der Absicht, die BRD aus ihrem Bündnissystem herauszulösen, wie manche behaupten. Ebenso solle sich niemand der Hoffnung hingeben, er könne die Verankerung der DDR in ihrem Bündnis lockern. Es gehe darum, mit Verantwortungsbewußtsein und Entschiedenheit einen Weg zu beschreiten, der trotz aller Schwierigkeiten eine Perspektive friedlichen Lebens und ersprießlicher Zusammenarbeit eröffnet.

Nehme man die Tatsachen, wie sie sind, so komme man nicht umhin festzustellen, daß die rapide Verschärfung der internationalen Lage vor allem durch das Bestreben führender Kreise der USA verursacht wird, militärische Überlegenheit über die Sowjetunion und die anderen sozialistischen Länder zu erlangen. Dem diene die Politik der Konfrontation und Hochrüstung, zu der die gegenwärtige US-Administration übergegangen ist. Dazu gehöre auch die Aufforderung zu einem »Kreuzzug« gegen die Sowjetunion, von der Präsident Reagan bekanntlich behaupte, sie sei das Zentrum alles Bösen in der Welt. Das sei eine Philosophie des Krieges, anders könne man es nicht bezeichnen.

Unsere Vorschläge liegen auf dem Tisch, sagte E. Honecker. Auf dem Moskauer Treffen der führenden Repräsentanten sozialistischer Länder seien sie in einer Erklärung zusammengefaßt worden.[11] Alle Regierungen hätten sie erhalten. Von der NATO gebe es jedoch keine Antwort. Die meisten ihrer Staaten erklärten, diese Vorschläge würden geprüft. Die USA bewegten sich nicht – weder auf dem Feld der strategischen Waffen noch der Mittelstreckenwaffen noch der operativ-taktischen Waffen atomarer Art.

Angesichts der weiteren Zuspitzung der internationalen Lage sei auf dem Moskauer Treffen mit allem Nachruck betont worden, daß keine Zeit verloren werden darf, um praktische Schritte zu unternehmen, die dazu angetan sind, das Schlimmste zu verhüten und zur Festigung des Friedens beizutragen. Dem entspreche zum Beispiel der von Moskau aus unterbreitete Vorschlag an die USA und die anderen Länder der NATO für eine Vereinbarung, die eine Stationierung neuer nuklearer Mittelstreckenraketen in Europa ausschließt und zur Reduzierung der vorhandenen führt. Wir sind für das Einfrieren der nuklearen Rüstungen, unterstrich E. Honecker, sind dafür, daß sich die Kernwaffenmächte nach dem Beispiel der Sowjetunion verpflichten, nicht als erste nukleare Massenvernichtungsmittel einzusetzen. Vorgeschlagen werde weiter ein Übereinkommen mit der NATO, ab 1. Januar 1984 die Militärausgaben nicht zu erhöhen und in der Folgezeit beiderseitig zu kürzen. Erneut sei erklärt worden, daß der in der Prager Deklaration des Warschauer Paktes[12] enthaltene Vorschlag auf dem Tisch bleibe, zwischen dem Warschauer Vertrag und der NATO ein Abkommen über den gegenseitigen Verzicht auf die Anwendung militärischer Gewalt und die Aufrechterhaltung friedlicher Beziehungen zu treffen.

Nun heiße es im Westen, das sei nichts Neues. Solange konstruktive Vorschläge ohne konstruktive Antwort blieben, liege es doch auf der Hand, daß man sie wiederhole, wobei man sich übrigens nicht darauf beschränkt, sondern weitere Vorschläge hinzugefügt habe. Alle Angebote berücksichtigten die wohlverstandenen Sicherheitsinteressen beider Seiten. Wenn von der NATO seit langem zu hören sei, sie wolle diese Angebote prüfen, dann dränge sich der Eindruck auf, daß damit einer Antwort, die vorwärts führt, ausgewichen werden solle.

---

[11] Es handelte sich um das »Treffen der Repräsentanten der Parteien und Staaten« der Warschauer-Pakt-Staaten vom 28. 6. 1983 in Moskau. Vgl. dazu den Bericht, den Wortlaut der Reden und Stellungnahmen in: SAPMO ZPA IV 2/1/615. Wortlaut der »Gemeinsamen Erklärung« u. a. in: AdG 1983, S. 26767.

[12] Vgl. Nr. 2, Anm. 6.

Mehr als einmal hätten die Sowjetunion, die DDR und die anderen sozialistischen Länder ihre Bereitschaft, ihren festen Willen unter Beweis gestellt, selbst die radikalsten Maßnahmen zur Abrüstung zu ergreifen, betonte E. Honecker. Selbstverständlich könne das nur nach dem Prinzip der Gleichheit und der gleichen Sicherheit geschehen. Ebenso unmißverständlich hätten die sozialistischen Staaten erklärt, daß eine einseitige Veränderung des militärstrategischen Gleichgewichts unter keinen Umständen zugelassen werde. Also sind wir dafür, Frieden zu schaffen mit immer weniger Waffen, sagte E. Honecker.

Nach wie vor bleibe ein atomwaffenfreies Europa unser Ziel. Deshalb habe die DDR bekanntlich den schwedischen Vorschlag für eine atomwaffenfreie Zone in Mitteleuropa unterstützt und sich bereit erklärt, dafür ihr gesamtes Territorium zur Verfügung zu stellen. Leider sei die Antwort aus Bonn negativ gewesen.[13]

E. Honecker verwies darauf, daß die Bundesrepublik in Europa ohne Zweifel ein beachtliches politisches Gewicht besitze. Werde es voll in die Waagschale des Friedens und der Sicherheit geworfen, werde eine realistische Position zu den anstehenden Fragen bezogen, so könne dies von großer Bedeutung für unseren Kontinent sein. In diesem Lichte, sagte E. Honecker, sehen wir auch den kürzlichen Besuch von Bundeskanzler Kohl in der UdSSR.

Besonders bedrohlich sei die von der NATO geplante Stationierung neuer nuklearer Mittelstreckenwaffen der USA in Westeuropa, stellte E. Honecker fest. Dafür liefen die Vorbereitungen auf vollen Touren. Damit sollten die Völker der betreffenden Länder zur Geisel einer abenteuerlichen Vorherrschaftspolitik gemacht werden. Alles spreche dafür, daß die USA die Stationierung ihrer neuen Erstschlagwaffen um jeden Preis betreiben und die erste Pershing bereits am Januar 1984 einsatzbereit haben wollen. Mit einer Fülle von Argumenten, die keine seien, werde versucht, dies zu rechtfertigen. Aber zu rechtfertigen sei es durch nichts, schon gar nicht durch eine angebliche Bedrohung aus dem Osten. Auch wäre es ein verhängnisvoller Irrtum zu glauben, man könne die Sowjetunion durch den Beginn der Stationierung zu unzumutbaren Zugeständnissen bewegen.

Wenn ich mich recht erinnere, sagte E. Honecker, haben Sie, Herr Strauß, schon sehr früh zu erkennen gegeben, was Sie von dem sogenannten Doppelbeschluß der NATO aus dem Jahre 1979 halten. Den USA kommt es ausschließlich darauf an, die Bedingungen für die Stationierung zu schaffen. Das ist offenbar auch der Grund, weshalb sie in

---

[13] Den von Honecker in seinem Schreiben vom 4. 2. 1983 an den Bundeskanzler unterbreiteten Vorschlag, die schwedische Initiative zu unterstützen, lehnte Kohl in seinem Antwortbrief vom 16. 2. 1983 ab. Wortlaut der Schreiben in: Innerdeutsche Beziehungen (1986), S. 135f.

Genf, wie mir Juri Andropow bei meinem Besuch in der UdSSR[14] sagte, nicht ernsthaft verhandeln, um zu einer beiderseits akzeptablen Vereinbarung nach dem Prinzip der Gleichheit und der gleichen Sicherheit zu gelangen. Daher tragen sie die Verantwortung für alle Folgen, die entstehen, wenn es zur Stationierung der neuen USA-Raketen in Westeuropa kommt.

Die Frage, wohin dies alles führen soll, bewege mittlerweile im wahrsten Sinne des Wortes Millionen Menschen, fuhr E. Honecker fort. Darunter befänden sich Persönlichkeiten und Gruppen verschiedenster politischer und weltanschaulicher Richtungen. In den USA selbst erhöben nicht wenige ihre Stimme, die vom Geschäft sehr viel verstehen. Er meine die große Zahl von ehemaligen Vizepräsidenten, Ministern, Senatoren, Kongreßabgeordneten und anderen, ganz zu schweigen von namhaften Wissenschaftlern. Gut bekannt sei die Haltung der katholischen Bischöfe sowie der Repräsentanten anderer Kirchen. Ihnen allen gehe es, aus welchen Motiven auch immer, darum, dem Wettrüsten jetzt ein Ende zu setzen, die Atomwaffen einzufrieren und mit Entschlossenheit Schritte der Abrüstung herbeizuführen. Das sei sehr bedeutsam. Zu behaupten, da sei nur die Hand Moskaus im Spiel, werde der Sache einfach nicht gerecht. Es sei ein echtes Aufbegehren gegen die tödlichste Gefahr, die der Menschheit jemals gedroht habe.

E. Honecker betonte, daß die Verwandlung des Territoriums der BRD in eine Startrampe nuklearer Erstschlagwaffen der USA eine neue Lage schaffen würde. J. Andropow habe gegenüber H. Kohl klar festgestellt, daß dies die Wiederbelebung der Gefahr der Entfesselung eines Krieges von deutschem Boden aus gegen die Sowjetunion sei. Er, E. Honecker, möchte F. J. Strauß mit aller Deutlichkeit sagen, daß die Stationierung neuer USA-Raketen mittlerer Reichweite unweigerlich Gegenmaßnahmen zum Schutz der UdSSR und ihrer Verbündeten nach sich ziehen werde. Beim Besuch H. Kohls habe J. Andropow eindeutig erklärt, daß die Sowjetunion im Falle einer Nachrüstung der NATO gezwungen sein werde, auf das Moratorium der weiteren Stationierung von Kernwaffen mittlerer Reichweite zu verzichten und eine bestimmte Anzahl von Langstrecken-Marschflugkörpern zu dislozieren. Auch würde es dann notwendig, effektive Arten operativ-taktischer Raketen größerer Reichweite im Westen des Warschauer Vertrages zu stationieren.

Was dies für die BRD bedeuten würde, wisse F. J. Strauß selbst. Bei Gegenmaßnahmen würde auch das Territorium der USA berücksichtigt.

Angesichts dieser Entwicklung entstehe die Frage, was die Führung

[14] Honecker hatte vom 3.–7. 5. 1983 Moskau besucht und mehrere Gespräche mit Andropow geführt. Vgl. die »Niederschrift der offiziellen Gespräche« mit Andropow in: SAPMO ZPA 2/1/611.

der BRD veranlaßt, den Plan zur Stationierung von Pershing II und Cruise Missiles auf dem Boden der BRD derart beharrlich zu unterstützen. Durch die Nachrüstung gewinne die Sicherheit der BRD gar nichts, im Gegenteil.

E. Honecker sagte: Im Namen der DDR, ihrer Bürger, im Namen unserer Kinder und Kindeskinder möchte ich an Sie, an die Führung der BRD nachdrücklich appellieren, ihre Haltung in dieser Frage nochmals zu überdenken und in Richtung einer gegenseitig annehmbaren Lösung zu wirken. Solange man mit der Stationierung nicht begonnen hat, ist ein Abkommen möglich. Wir hoffen auf Ergebnisse in Genf; noch ist Zeit. Wenn die Stationierung beginnt, dann werden sofort Gegenmaßnahmen ergiffen – sowohl auf sowjetischem Territorium als auch im westlichen Raum des Warschauer Vertrages. Wir möchten nicht, daß es so weit kommt. Mit der Rüstung muß in Ost wie in West aufgehört werden. Das werde er auch in seiner morgigen Rede zur Eröffnung des Turn- und Sportfestes in Leipzig zum Ausdruck bringen.

Lieber verhandeln, als es zu einer neuen Spirale des Wettrüstens kommen lassen, unterstrich E. Honecker. Möglichkeiten für positive Verhandlungsergebnisse seien vorhanden, das zeige auch Madrid.[15] Diese Ergebnisse seien nicht nur durch die Initiativen der sozialistischen Länder, sondern auch durch den Beitrag der westlichen Staaten, darunter die BRD, zustande gekommen.

Es sei schon so, und das spüre heute wohl jeder, daß gegenwärtig in der Weltpolitik und gerade auch für Europa Weichen gestellt werden. Selbstverständlich berühre das in erheblichem Maße die Beziehungen zwischen der DDR und der BRD. Wie sie sich gestalten, sei von nicht geringer Tragweite für die europäische Gesamtsituation. Zugleich ließen sie sich nicht trennen von der internationalen Großwetterlage.

Die Haltung der DDR zu den Beziehungen mit der BRD beruhe auf den festen Grundsätzen der friedlichen Koexistenz. Deshalb, so stellte E. Honecker fest, war sie für uns niemals eine konjunkturelle Frage. Wir gehen davon aus, daß beide deutsche Staaten eine besondere Verantwortung für den Frieden tragen. Diese Verantwortung ergebe sich schon aus der Zugehörigkeit zu unterschiedlichen Paktsystemen, den mächtigsten Militärkoalitionen unserer Zeit, und nicht zuletzt aus den Lehren der deutschen Geschichte. Sorgfalt, Besonnenheit und Augenmaß seien unentbehrlich. Seit Abschluß des Grundlagenvertrages sei in den Beziehungen vieles Positive erreicht worden, eigentlich mehr, als man sich früher hätte denken können. Das habe sich auf die europäische Situation günstig ausgewirkt, sei von großem Nutzen für beide Staaten und die Menschen. Für weitere Fortschritte bestünden durchaus gute

[15] Gemeint war die KSZE-Folgekonferenz in Madrid, bei der am 15. 7. 1983 das Schlußdokument, mit Ausnahme von Malta, von den Delegierten aller vertretenen Staaten angenommen worden war. Vgl. AdG 1983, S. 26815 ff.

Voraussetzungen. Die Basis dafür seien der Grundlagenvertrag und dementsprechend die volle Beachtung des Prinzips der Gleichberechtigung, der Souveränität und der Nichteinmischung.

F. J. Strauß habe wiederholt erklärt, Verträge müßten eingehalten werden. So müsse es sein, wenn in den zwischenstaatlichen Beziehungen die Dinge funktionieren sollen. Das europäische Vertragswerk beruhe auf den Ergebnissen des Zweiten Weltkrieges und der Nachkriegsentwicklung. Damit haben wir es zu tun, mag einem das gefallen oder nicht, stellte E. Honecker fest.

Man brauche wohl nicht viele Worte darüber zu machen, was es bedeuten würde, müßten sich demnächst die Deutschen in beiden Staaten durch Raketenzäune betrachten. Für die DDR bleibe es bei der verpflichtenden Aufgabe, alles zu tun, damit von deutschem Boden nie wieder ein Krieg ausgeht. Auch die Bundesregierung habe sich dafür ausgesprochen. Solle das gelten, dann bedürfe es einer Politik, welche die BRD nicht zur Startrampe amerikanischer Erstschlagwaffen macht und sie der Gefahr der Selbstvernichtung aussetzt.

Die Friedenssicherung sei die alles übergreifende Frage. Daher sollten die DDR und die BRD parallel und, wo das möglich ist, auch gemeinsam für konkrete Maßnahmen zur Rüstungsbegrenzung und Abrüstung eintreten. Hier gebe es ein weites Feld. E. Honecker verwies u.a. auf die Wiener Verhandlungen, wo die sozialistischen Staaten kürzlich einen Vertragsentwurf vorgelegt haben, der aus der Sackgasse herausführen kann.[16]

Unter Bedingungen des Friedens, in einer entsprechenden Atmosphäre könne man über vieles reden, was den Ausbau der Beziehungen zwischen beiden deutschen Staaten angeht. Es gebe eine Reihe von Fragen grundsätzlicher Bedeutung, die bekannt seien, so die Staatsbürgerschaft der DDR, die Elb-Grenze, Salzgitter, die Umwandlung der Ständigen Vertretungen in Botschaften. Vor kurzem habe F. J. Strauß, das sei mit Interesse vermerkt worden, von den Bürgern der Bundesrepublik gesprochen. Im Karlsruher Urteil heißt es: Bürger der DDR.[17] Jeder Staat habe seine Bürger. Die Respektierung der Staatsbürgerschaft der DDR sei unerläßlich. Was die sogenannte Erfassungsstelle in Salzgitter angehe, so sei sie ein Überbleibsel des Kalten Krieges und ihre Auflösung überfällig.

Als ein wichtiges Thema bezeichnete E. Honecker die Regelung der Elbgrenze. Schon vor Jahren habe man kurz vor einer Übereinkunft gestanden, die der wirklichen Lage Rechnung trug. Eine Regelung des Grenzverlaufs Mitte Strom oder Mitte Fahrwasser liege im beiderseitigen Interesse. Niemand würde etwas aufgeben, sondern es würde nur

---

[16] Der Vertragsentwurf über die gegenseitige Verminderung von Streitkräften und Rüstungen in Mitteleuropa war am 23. 6. 1983 vorgelegt worden. Vgl. AdG 1983, S. 26748f.
[17] Siehe Anm. 6.

die jetzige Praxis fixiert, aber ein möglicher Konfliktherd wäre aus der Welt. Überdies könnten weitere, weitgehend fertig ausgearbeitete Abkommen unterschrieben werden, an denen die BRD besonders interessiert ist.

E. Honecker dankte F. J. Strauß für sein persönliches Engagement beim »Einfädeln« der jüngsten Kreditvereinbarung zwischen Banken der DDR und der BRD.[18] Diese Vereinbarung, dieses Bankgeschäft sei für beide Seiten von Nutzen und werde sich gewiß positiv auf die weitere Entwicklung der wirtschaftlichen Beziehungen auswirken. In der Tat solle man hier nichts zerreden oder zerschreiben. Je weniger Lärm gemacht werde, desto besser ließen sich die Fragen klären. Das habe sich schon in der Vergangenheit gezeigt.

Es sei notwendig und möglich, in absehbarer Zeit eine neue Postpauschale zu vereinbaren. Dabei sei die DDR bereit, von einem mittleren Tarif von 300 Millionen DM auszugehen.[19] Das entspreche der gegebenen Situation.

Ein Abkommen über Wissenschaft und Technik könne abgeschlossen werden, sobald für den entsprechenden Vertrag zwischen der BRD und der UdSSR eine Berlin-Klausel gefunden sei. Hier müsse dem Vierseitigen Abkommen über Berlin (West) Rechnung getragen werden.

Mit den Verhandlungen über den Abschluß eines Kulturabkommens könne sofort begonnen werden.[20] Denkbar sei auch ein Wirtschaftsabkommen mit Bildung eines Wirtschaftsausschusses DDR/BRD, wobei E. Honecker auf die analoge Vereinbarung BRD/UdSSR mit einer Laufzeit von 20 Jahren verwies. Die DDR sei für ein solches Abkommen.

Seit 1970 sei der Handel zwischen der DDR und der BRD von 4,1 auf 14,5 Milliarden Mark gestiegen. An seinem Ausbau zum gegenseitigen Nutzen sei die DDR interessiert. Allerdings erfordere das, die Exportmöglichkeiten der DDR zu verbessern und bestimmte Restriktionen auf seiten der BRD zu beseitigen.

Die DDR sei auch bereit, über die Elektrifizierung einer Transiteisenbahnstrecke zu sprechen.

Bereitschaft bestehe bei der DDR, Verhandlungen zu führen über den Gewässerschutz, die Reinhaltung der Luft, die Abwehr des Waldsterbens – hier sei sie übrigens der europäischen Konvention beigetreten. Hinsichtlich der Röden stünden die Dinge kurz vor einer Verein-

[18] Vgl. dazu Einleitung, Nr. 2 und 3, sowie Strauß (1989), S. 470ff. und die Darstellung eines auf DDR-Seite an den Kreditverhandlungen beteiligten: Jürgen Nitz, Länderspiel, Edition Ost, Berlin 1995.
[19] Vgl. Nr. 4, Anm. 12 und Nr. 10.
[20] Die Verhandlungen über den Abschluß eines Kulturabkommens wurden am 20. 9. 1983 wieder aufgenommen.

barung, und diese könne getroffen werden.[21] Weitgehend ausgehandelt seien die Regelungen zu Fragen des Kaliabbaus im Grenzgebiet. Jetzt liege es an der BRD, eine Entscheidung zu treffen. E. Honecker bezeichnete auch eine Übereinkunft über Fragen der Sicherheit kerntechnischer Anlagen mit gegenseitiger Information als möglich, wobei er die Vereinbarung erwähnte, die auf diesem Gebiet bereits zwischen der ČSSR und Österreich besteht.

Die DDR sei dafür, daß der Bundestag offizielle Beziehungen zur Volkskammer aufnimmt. Schon jetzt besuchten viele Delegationen von Abgeordneten des Bundestages die DDR; in der Interparlamentarischen Union gebe es eine Zusammenarbeit. Die Aufnahme offizieller Beziehungen zwischen beiden Parlamenten werde vom Standpunkt der Normalität durch die DDR befürwortet. Ihre Präsidenten sollten die notwendigen Vereinbarungen treffen.

E. Honecker erklärte sein Einverständnis, mit der praktischen Zusammenarbeit hinsichtlich des Austauschs von Forschungsergebnissen über die Ursachen des Waldsterbens, von dem die DDR allerdings nicht im selben Maße betroffen sei wie die BRD, zu beginnen und eine Vereinbarung vorzubereiten. Auf Einladung aus München hin werde die DDR Minister Reichelt[22] zu Gesprächen entsenden.

Was den Mindestumtausch betreffe, so sei dies immer wieder eine Frage der in der BRD betriebenen Spekulation mit der Mark der DDR. Sie werde stark unter ihrem Wert gewechselt. F. J. Strauß: »Auf dem gespaltenen Markt, stimmt.« Schätzungsweise 200 Millionen Mark der DDR befänden sich in der BRD. Aber die Mark der DDR sei eine Binnenwährung, deren Aus- und Einfuhr verboten ist. Ein Umtauschverhältnis von 1:4 sei untragbar. Ansonsten würden Umtauschsätze auch von anderen Ländern erhoben, z. B. von der VR Polen für Reisende aus der DDR in Höhe von 30 Mark.

Zu den Grenzsicherungsmaßnahmen der DDR stellte E. Honecker mit aller Klarheit fest, daß es gar keinen Zweck habe zu träumen. Ein Vergleich ergebe keinen Unterschied in den Bestimmungen über den Schußwaffengebrauch, wie sie auch für die Polizei in der BRD bestehen. Daß dort häufig schneller als erlaubt zur Pistole gegriffen werde, habe erst unlängst die von einem Gericht verhandelte Erschießung eines Schuljungen durch einen Polizisten in Bayern gezeigt, was F. J. Strauß bestätigte.

Dringende Familienangelegenheiten als Reisegrund für Bürger der DDR würden großzügig behandelt, erklärte E. Honecker. Das gelte für Kindtaufen, Krankheits- oder Todesfälle, auch für Verlobte.

[21] Ein Abkommen über die Reinhaltung des bayerisch-thüringischen Grenzflusses Röden wurde am 12. 10. 1983 in München beim Besuch des DDR-Umweltministers Hans Reichelt in Bayern unterzeichnet. Vgl. Innerdeutsche Beziehungen (1986), S. 30 und 156ff.

[22] Siehe die vorherige Anm.

Entwickelt habe sich der Jugendtourismus zwischen der DDR und der BRD. Allerdings betrage die Aufenthaltsgebühr in der DDR 20 Mark, in der BRD hingegen 80 DM. F. J. Strauß: »Das ist ja kontraproduktiv.« Bei seiner Begegnung in Moskau habe er schon Bundespräsident Carstens darauf aufmerksam gemacht[23], sagte E. Honecker, doch bis jetzt habe sich nichts verändert. Auf die Frage von F. J. Strauß, ob eine Reise von Angehörigen der Jungen Union in die DDR möglich sei, die über die Nachrüstung und damit verbundene Fragen diskutieren wollten, antwortete E. Honecker, ein solcher Wunsch solle an den Zentralrat der FDJ gerichtet werden.

E. Honecker betonte, er bleibe bei seiner Meinung, daß man diejenigen Fragen in den Vordergrund rücken sollte, die unter Berücksichtigung der beiderseitigen Interessen einer Lösung zugeführt werden können. Seitens der DDR gebe es dazu volle Bereitschaft. Der freimütige Meinungsaustausch, das gegenseitige Kennenlernen von Politikern könnte nur von Vorteil sein.

F. J. Strauß dankte für die ausführliche Darlegung der Motive und Argumente durch E. Honecker. Nach seiner Meinung werde es zu keinem Atomkrieg kommen, denn unter atomaren Bedingungen sei der Krieg kein Mittel mehr, politische Ziele zu verfolgen. Für die BRD wolle er sagen, nachdem Deutsche den Ersten Weltkrieg mitverschuldet und den Zweiten verschuldet hätten, werde klar, daß auch nur der Gedanke an einen neuen Krieg ins Verderben führen müsse.

Die DDR, so betonte E. Honecker, betrachte die Friedenssicherung als das Wichtigste und folge den Prinzipien der friedlichen Koexistenz, zu denen auch die Nichteinmischung gehöre. Gerade auch in der Sowjetunion, die mit 20 Millionen Menschen so gewaltige Opfer gebracht hat, wolle niemand den Krieg. Woran es zu arbeiten gelte, sei die weitere Ausfüllung des Grundlagenvertrages als Basis für die Gestaltung friedlicher Beziehungen zwischen der DDR und der BRD.

Herrmann *[Unterschrift]*

Anlage 24. 7. 1983, Einschätzung von F. J. Strauß zum Gespräch mit Kardinal Glemp und Kardinal Macharski am 23. 7. 1983.

Nach Einschätzung beider Kardinäle ist eine Lage entstanden, die es dringend erforderlich macht, daß die polnische Regierung ausgehend von der nach dem Papstbesuch entstandenen politischen Situation wirksame Maßnahmen zur Verbesserung der Lebenslage des Volkes

[23] Vgl. Nr. 1.

und zur Regelung einer Reihe von offenen politischen Fragen durchgeführt.

Kardinal Glemp schätzte ein, daß die Führung der PVAP und die Partei insgesamt gegenwärtig nicht in der Lage ist, kurzfristige Veränderungen der Lage herbeizuführen, daß die Auffassungen innerhalb der Partei sehr extrem auseinanderlaufen.

Der Generalsekretär der PVAP, Genosse Jaruzelski, hat nicht genügend Autorität beim Volk und ist zu sehr auf »Distanz«.

Auf der anderen Seite war die Entwicklung in der Solidarnosc durch die ultrareaktionären Kräfte außer Kontrolle geraten.

Walesa wurde deshalb durch Einfluß der Kirche von der Funktion abgelöst, weil er weder intellektmäßig noch von seinen organisatorischen Fähigkeiten in der Lage ist, auf lange Sicht eine ausgewogene Politik und damit auch eine echte Partnerschaft zwischen Regierung und Kirche wahrzunehmen.

Die polnische Kirche schätzt ein, daß aufgrund der geologischen Lage Polens und der nach dem Zweiten Weltkrieg unveränderlichen Realität die Überschreitung des gegebenen politischen Spielraumes unweigerlich zum Bürgerkrieg oder weitergehenden internationalen Konflikten führen wird.

Daran, so schätzte F. J. Strauß ein, ist die Katholische Kirche in Polen nicht interessiert. Es geht jetzt darum, das Machbare genau auszuloten und vor allen Dingen durch wirtschaftliche Hilfsmaßnahmen die im Land vorhandene Lethargie zu überwinden.

Dazu soll nach Strauß der Generalsekretär der PVAP, Genosse Jaruzelski, in den letzten Tagen seinen bisherigen Widerstand gegen die Bildung von Stiftungen des Episkopats aufgegeben haben, die vorrangig dazu dienen, die privaten Kleinbauern und Handwerker materiell zu unterstützen und ähnlich wie im Freistaat Bayern in Form von »Maschinenreihen« z. B. in der Landwirtschaft eine kooperative Form der Arbeit zu finden.

Glemp ist ein Befürworter dieses Modells, wobei er darauf aufmerksam macht, daß jeder Hinweis auf irgendeine Form der »Kollektivierung« das ganze unrealisierbar machen würde.

Strauß wird im September mit Kardinal Höffner, der die Federführung für die Vorbereitung und Bildung der Stiftung in Polen leitet, zusammentreffen, um seine Erkenntnisse aus den Gesprächen mit den polnischen Kirchenfürsten zu übermitteln.

Für F. J. Strauß war neu, daß eine Reihe von antimarxistischen Gruppierungen im Lande arbeiten, die bisher nicht bekannt waren.

Auf Vorschlag von Glemp hat sich Strauß dafür eingesetzt, daß besonders aus der BRD der Lebensmittelpakete- und Päckchenversand eingestellt wird. Das widerspricht der Würde der polnischen Bürger und hat auch wenig Effektivität gebracht, weil die Verteilung, ob von

Staat oder Kirche, nicht, wie das vielleicht gewünscht war, »gerecht« erfolgen konnte.

Die Pakete und Päckchen sollten ausschließlich auf alte und schwer erkrankte Menschen eingeschränkt werden.

6. Gespräch Bahr – Honecker am 24. August 1983 (Berlin-Ost)

SAPMO ZPA IV 2/1/615: »Vermerk über das Gespräch des Generalsekretärs des ZK der SED, Erich Honecker, mit dem Mitglied des Präsidiums des Parteivorstandes der SPD, Egon Bahr, am 24. August 1983 im Hause des ZK«

Aufzeichnungen über dieses Gespräch konnten weder im Depositum E. Bahr noch in den Unterlagen zu den sicherheitspolitischen Kontakten gefunden werden, zu denen E. Bahr den Zugang gewährt hatte.

Egon Bahr, der um das Gespräch gebeten hatte, äußerte sich zu Beginn über seine außerordentlich positiven Eindrücke, die er bei seiner Reise durch die DDR gewonnen hat. Er übermittelte Grüße von Willy Brandt, Hans-Jochen Vogel sowie von Günter Gaus.

Genosse Honecker stellte einleitend mit großem Ernst fest, die entscheidende Frage der Gegenwart bestehe darin, eine neue Runde des atomaren Wettrüstens zu verhindern, die die internationale Lage weiter komplizieren und die Gefahr eines neuen Weltkrieges erhöhen würde. Dieser Tatsache muß man klar ins Auge blicken. Unsere Politik ist auf dieses wichtigste Ziel gerichtet. Alle Vorschläge von seiten der UdSSR zeigen, daß die Sowjetunion keinen Krieg will. Reagan aber ist auf Konfrontation gegangen. Daraus erwächst die Forcierung des Wettrüstens, denn er ziele auf militärische Überlegenheit. Das aber wird nicht ohne Gegenmaßnahmen der Sowjetunion zum Schutz der Sicherheit der sozialistischen Staaten bleiben können.

Egon Bahr äußerte, er stimme mit dem Gesagten völlig überein. Es müsse alles Mögliche getan werden, um eine solche neue Runde des Wettrüstens zu verhindern. Allerdings sei er skeptisch, ob das noch Erfolg haben wird. Man müsse sich jetzt schon überlegen, was zu machen sein wird, wenn die Raketenstationierung beginnt. Damit rede er nicht der Resignation das Wort. Die Welt wird und darf damit nicht zu Ende sein. Für die SPD bedeute es auf jeden Fall noch mehr Kampf. Als Oppositionspartei habe sie den schwierigeren Teil der Aufgabe zu bewältigen.

Er betonte, man konzentriere sich weiter auf Genf, um dort einen Erfolg zu erreichen. Seine Meinung sei jedoch: Wenn es nicht durch Druck von außen gelingt, die USA zu einer vernünftigen Haltung zu bewegen – durch die Friedensbewegung in den USA und die Politik der Sowjetunion –, werden die Länder Westeuropas nicht in der Lage sein, die Raketenstationierung zu stoppen. Das sei auch nicht durch die Haltung der griechischen Regierung erreichbar. Sicherlich wird diese Entwicklung für viele sozialdemokratische und sozialistische Parteien eine Zerreißprobe mit sich bringen. Das sei auch eine der Hauptsorgen der Führung der SPD. Es gehe darum, sich so zu verhalten, daß die Partei zusammen bleibt. Darum geht es bis zum geplanten Parteitag im Spätherbst. Dann wird aber die Frage auftauchen: Was macht man gegen die fortlaufende Stationierung, die ja bis 1986 vor sich gehen soll. Man müsse sich darüber Gedanken machen, auch über Formen des Kampfes.

Auf die direkte Frage von Genosse Honecker, ob man sich in der BRD klar darüber sei, daß der Stationierung der neuen US-Mittelstreckenraketen von seiten der sozialistischen Staaten Gegenmaßnahmen folgen werden, antwortete Bahr mit ja. Dies sei allen führenden Leuten bekannt. Bundeskanzler Kohl sei von dem in Moskau[1] Gehörten durchaus beeindruckt. Gewisse Reserven gäbe es beim ihm gegenüber den USA.

Die Frage sei, was beide Staaten tun können. Natürlich sind sie in ihrem Bündnis, aber sie könnten Vorschläge machen. Auch Kohl sehe, daß die Interessen der BRD nicht völlig identisch seien mit denen der USA. Er könnte durchaus einiges durchsetzen. Offen sei jedoch, ob er die Kraft habe.

Nach Auffassung von Bahr sei es notwendig, weiterhin die USA mit Vorschlägen zu konfrontieren. Dabei könne man auch alte Vorschläge wiederholen. Die Idee der atomwaffenfreien Zone, der Befreiung Europas von chemischen Waffen usw. müsse in der Diskussion bleiben. Noch gäbe es Spielraum, so daß es für Reagan schwer wird, alles abzulehnen. Egon Bahr bezog sich auf seine Gespräche in Moskau.[2] Er meinte, es werde für die Friedensbewegung, die Gewerkschaften und die SPD schwer sein, auf die Dauer für die Nichtstationierung auf westlicher Seite zu kämpfen, wenn bei den SS 20-Raketen alles so bliebe. Auch auf sowjetischer Seite seien Begrenzungen erforderlich. Die Sache in Genf sei noch nicht völlig gegessen.

Genosse Honecker verwies auf seinen mehrfachen Meinungsaustausch mit dem Generalsekretär der KPdSU, Genossen Andropow. Die Sowjetunion habe sich erwiesenermaßen sehr flexibel verhalten, auch um die Glaubwürdigkeit ihrer Angebote zu unterstreichen. Er erinnerte an das Moskauer Treffen führender Repräsentanten sozialistischer Staaten.[3] Klar sei aber zum Ausdruck gebracht worden, daß im Falle der Stationierung der Pershing II und der Marschflugkörper sowohl im strategischen als auch im operativ-taktischen Bereich entspre-

---

[1] Vgl. Nr. 5, Anm. 7.
[2] Bahr war Mitte Juli 1983 zu Gesprächen in Moskau gewesen; er unterrichtete das SPD-Präsidium darüber in der Sitzung vom 19. 7. 1983.
[3] Siehe Nr. 5, Anm. 11.

chende Gegenmaßnahmen getroffen werden müssen, um die Parität wieder herzustellen.

Die Sowjetunion ist beweglich. Das zeigen die neuen Vorschläge zur Verhinderung der Rüstung im Weltraum. Das zeigen die Vorschläge zur Begrenzung sowohl der Zahl der Träger als auch der Sprengköpfe. Das ist auch ersichtlich aus den Vorschlägen in Genf zum Thema vertrauensbildende Maßnahmen.[4]

Das alles aber würde verlorengehen, wenn der NATO-Beschluß verwirklicht wird, wenn in der BRD die Erstschlagwaffen auftauchen. Das bedeutet eine neue Runde des Wettrüstens. Die Situation der BRD wird nicht besser, wenn man sie zur Abschußrampe für Erstschlagwaffen macht. Die Interessen der USA und der Bundesrepublik sind nicht identisch. Darum bleibt es bei der Frage, warum die Führung der BRD die USA-Raketenkonzeption so beharrlich vertritt. Die Bundesregierung tritt ungenügend auf, um im europäischen Interesse eine Lösung zu erreichen. Sie ist für die Stationierung. Dann aber würde es erst einmal aus sein mit den Verhandlungen sowohl über die strategischen Waffen als auch über die Mittelstreckenraketen.

Egon Bahr bemerkte dazu, die Bundesregierung sei der Meinung, der wichtigste Faktor für ihre Politik sei das Verhältnis zu den USA, und deshalb werde sie nicht nein sagen zur Stationierung. Er glaube, wenn die Verhandlungen in Genf scheitern, wird es eine Weile solche Verhandlungen nicht geben. Auf dem Gebiet der strategischen Waffen glaube er an weitere Verhandlungen. Bis jetzt sei SALT II faktisch eingehalten worden. Nur die Amerikaner halten sich jetzt nicht an die Spielregeln und wollen die Pershing II hinstellen, die eine strategische Bedeutung haben.

Er müsse gestehen, daß er die Entwicklung mit großer Bitterkeit verfolge. Die Europäer würden zu Geiseln dieser Reagan-Politik gemacht. Deshalb müsse die Idee von einer atomwaffenfreien Zone zum Gegenstand einer Massenbewegung gemacht werden, um von unten her Druck auf die Regierung auszuüben. Sonst habe Europa keine Perspektive.

Zur Frage, was jetzt geschehen könne, erklärte Genosse Honecker, man müsse alles tun für die Entfaltung der breiten Bewegung gegen die Raketenstationierung und ein neues atomares Wettrüsten, so daß die USA-Regierung und die Regierungen der anderen NATO-Staaten darauf Rücksicht nehmen müssen. Wenn die SPD eine klare Haltung gegen die Raketenstationierung einnimmt, würde das eine große Wirkung haben.

Bezugnehmend auf die Verhandlungen über das strategische Potential verwies Genosse Honecker darauf, daß die Sowjetunion darum be-

---

[4] Zum Stand der Genfer INF-Verhandlungen, die in ihre entscheidende Runde traten, vgl. AdG 1983, S. 27024 ff.

müht ist, mit den USA eine Vereinbarung über beiderseitige Obergrenzen herbeizuführen, um dann Schritte der Reduzierung gehen zu können. Aber die Amerikaner rühren sich auch hier nicht. So ist wahrscheinlich bis November/Dezember bei den START-Verhandlungen mit keinen Fortschritten zu rechnen. Wenn dann die Stationierung der neuen Mittelstreckenraketen beginnt, wäre das das Signal für die unerläßlichen Gegenmaßnahmen.

Auf gar keinen Fall gäbe es für die BRD mehr Sicherheit. Die Verwandlung der Bundesrepublik in eine Startrampe für Erstschlagwaffen schafft eine neue Lage. Sie bedeutet die Wiederbelebung der Gefahr eines Krieges gegen die Sowjetunion von deutschem Boden aus. Das ist eine sehr ernste Feststellung. Beide Seiten haben doch formuliert: Nie wieder soll Krieg von deutschem Boden ausgehen. Deshalb appellieren wir erneut an die Regierung der BRD, die Fragen noch einmal zu überdenken. Man müßte danach suchen, um beiderseits annehmbare Lösungen zu bekommen. Solange die Stationierung nicht begonnen hat, ist ein Abkommen noch möglich. Lieber Nachverhandlungen als Nachrüsten – das ist auch unsere Auffassung. Wenn erst einmal eine neue Runde des atomaren Wettrüstens begonnen hat, wird sich die Lage komplizieren. Die Gefahr eines atomaren Infernos würde wachsen. Ein atomarer Weltkrieg bedeutet die Selbstvernichtung der Menschheit. Dabei ist die Verhinderung der Militarisierung des Kosmos eine besonders ernste Angelegenheit.

Also geht es um die Frage, wie man dahingehend wirken kann, daß die jetzige Bundesregierung gezwungen wird, dafür einzutreten, daß weiter verhandelt wird, so wie das der Vorschlag der griechischen Regierung ist.

Bahr äußerte, in der Beurteilung der Situation gäbe es völlige Übereinstimmung. Auch er halte die Pläne zur Rüstung im Kosmos für irre. Die Idee von der Begrenzbarkeit eines atomaren Krieges sei ebenfalls absurd. Aber was macht man? Er sei sehr skeptisch, ob man die Bundesregierung dazu bringen könne, für Weiterverhandeln ohne Stationierung einzutreten. Rein technisch ist von heute bis November die Ausarbeitung eines Abkommens durchaus noch möglich. Worauf es ankommt, ist die politische Entscheidung. In Moskau ist man flexibel. Solange sich am politischen Willen in Washington aber nichts ändert, wird auch ein Zeitgewinn nicht viel nützen. Politisch muß der Durchbruch erreicht werden. Er wisse, daß es auch in Washington einige maßgebliche Leute gäbe, die dann mit Weiterverhandeln einverstanden wären. Allerdings nicht Weinberger.

Zum Verhalten der SPD wurde von Bahr mitgeteilt, es sei vorgesehen, durch den Parteivorstand und den Parteirat Anfang Oktober einen Beschluß für den Sonderparteitag im Spätherbst zu veröffentlichen, der ein Nein zur Stationierung der Raketen vorsieht. Der Termin des Parteitages selbst sei im Augenblick noch offen, werde aber auch dann für Mitte November festgelegt.

Von Bahr wurde der Wunsch geäußert, weiterhin auf der Parteilinie in engem Kontakt zu bleiben, wie am Vormittag mit Genosse Axen besprochen.[5] Die SPD wolle ihre politischen Aktionen in voller Kenntnis der Haltung der DDR durchführen.

Genosse Honecker unterrichtete den SPD-Politiker über den Stand der Beziehungen zur BRD und die geplanten weiteren Schritte. Er informierte über sein Zusammentreffen mit Strauß. Dabei wurde unterstrichen, daß auch für die Beziehungen zwischen der DDR und der BRD die Sicherung des Friedens die entscheidende Frage ist und bleibt. Bahr bemerkte, vor seiner Reise habe ihm Staatsminister Jenninger vom Bundeskanzleramt das Interesse der Bundesregierung bekundet, mit der DDR zu Fragen der Sicherheitspolitik Konsultationen durchzuführen.

Bahr bekräftigte noch einmal die Erwartung, die Parteikontakte zwischen SED und SPD in der begonnenen Weise fortzusetzen. Er brachte die Bitte vor, ob Genosse Erich Honecker eventuell bereit sein würde, demnächst der SPD-Zeitung ›Vorwärts‹ ein Interview zu geben. Das vorgesehene Treffen mit Helmut Schmidt und ein späterer Besuch von Willy Brandt kamen zur Sprache.[6]

Genosse Honecker unterstrich die Bereitschaft der SED, die Beziehungen zur SPD auszubauen und unterstützend zu wirken zur Führung der Kampagne gegen die neue Runde des atomaren Wettrüstens. E. Bahr bedankte sich für die von großer Freimütigkeit geprägte Unterredung, die voll seinen Vorstellungen entsprochen habe. Anwesend waren die Genossen Hermann Axen und Herbert Häber.

[5] Über das Gespräch, das von 9.30–12.30 Uhr gedauert hatte und an dem für die SPD noch Horst Jungmann MdB und für die SED Herbert Häber und Manfred Uschner teilnahmen, unterrichtet ein ausführlicher »Vermerk« in: SAPMO ZPA IV 2/1/615.

[6] Siehe Nr. 7 und 19.

[a] Privatarchiv H. Schmidt: »Streng vertraulich. 12. September 1983. Vermerk über das Gespräch zwischen Bundeskanzler a. D. Helmut Schmidt und dem Vorsitzenden des Staatsrates der DDR, Erich Honecker, am 5. September 1983 im Gebäude des Staatsrates in Ostberlin«

Das Gespräch dauerte 2 1/2 Stunden (von 10.30 Uhr bis 13.00 Uhr). Bundeskanzler a. D. Helmut Schmidt war begleitet von Sts a. D. Klaus Bölling. Auf der Seite des Staatsratsvorsitzenden nahm Sts Frank Joachim Herrmann teil.

Helmut Schmidt bedankte sich für die Einladung. Er freue sich darüber, daß der persönliche Kontakt fortgesetzt werde.

Erich Honecker äußerte ähnliche Empfindungen. Er erinnert daran, daß er den ehemaligen Bundeskanzler wenige Tage vor dem Regierungswechsel in Bonn angerufen habe, um sich nach dessen Befinden zu erkundigen.[1] (Bei dieser Gelegenheit wurde von ihm die Einladung zu einem privaten Besuch in der DDR das erste Mal angesprochen.)

Auf die Frage, wie er in der DDR aufgenommen worden sei, antwortet H. S., daß ihn die Begegnungen mit den Menschen sehr angerührt hatten, daß er »viel Zusammengehörigkeitsgefühl« gespürt und auch viel freundschaftliche Gesinnung für seine Person erlebt habe, sowohl in Potsdam als auch bei seinem Besuch in der Lutherstadt Wittenberg. Positiv kommentierte H. S. Honeckers Bemühen um das Lutherjahr.

E. H. merkt an, daß die Ausrichtung des Lutherjahres von Staat und Kirche besorgt worden sei (»Der Staat hat etwas zu sagen, und die Kirche hat etwas zu sagen.«).

H. S. möchte wissen, ob alle Führungspersonen (Politbüro) dieses Zusammenwirken von Staat und Kirche gut fänden, und läßt Zweifel erkennen. E. H. räumt offen ein, daß sein k i r c h e n p o l i t i s c h e r K u r s i m P o l i t b ü r o augenscheinlich Kritiker gefunden hat oder sogar auf Opposition stößt. Er sagt: »Zu dem allgemeinen Prozeß gehört das Lernen.« Im Verlauf des Gespräches über die Evangelische Kirche wird noch klarer, daß der Generalsekretär bis heute im Führungskreis der SED Widerstände zu überwinden hat.

H. S. berichtet von seinem Eindruck, d a ß d i e K i r c h e H o n e k k e r s B e m ü h u n g e n u m Z u s a m m e n a r b e i t a n e r k e n n t. E. H. antwortet: »Ja, das ist wunderbar.« Er wisse, daß es zwischen Staat und Kirche »diese und jene schwierige Frage« gebe. Sonst aber seien die Beziehungen ausgezeichnet. Der GS lobt die Bischöfe Schönherr, Hempel

---

[1] Zwischen Honecker und Schmidt wurde eine ganze Reihe von Telefonaten geführt.

und Rathke[2] für ihre Bereitschaft zur Zusammenarbeit. H. S. ergänzt, daß Forck[3] als Nachfolger von Schönherr als Bischof von Berlin-Brandenburg ebenfalls ein solider Mann sei, und hebt die pastoralen Qualitäten des neuen Bischofs hervor. Die Evangelische Kirche in der DDR, resümiert H. S., wolle nicht das Sammelbecken oppositioneller Kräfte sein, aber sie wolle ihre Sorgen um den Frieden äußern.

E. H. versteht, daß H. S. die Verfolgung von solchen Christen meint, die sich durch Friedensaktivitäten hervortun. Er entgegnet, daß manche der jungen DDR-Bürger, die sich an solchen Aktionen beteiligen, »nicht einmal getauft sind«.

H. S. antwortet: »Deshalb sollte die Kirche diese Leute aber nicht wegstoßen.« Die Unruhe der Jugend, die sich bei den Themen der Friedensgefährdung und des Umweltschutzes zeige, sei in beiden Staaten zu erleben.

E. H. meint, daß es mit der Jugend »kaum Probleme« gebe, nur mit einigen habe man Schwierigkeiten; das seien oft solche, die keiner Arbeit nachgingen. Die meisten von ihnen seien gar nicht in die Kirche »eingebunden«. Ihre Losungen stimmten häufig mit denen des Staates überein. Manchmal allerdings »schwappt etwas über«. In Jena sei es zu Störungen des Gottesdienstes durch diese Gruppe gekommen. Das sei z. B. auch von dem thüringischen Landesbischof Leich[4] beanstandet worden. Er habe nichts dagegen, wenn diese Leute ausreisten. »Wir haben dann Frieden in unserem Staat.« Mit den überzeugten Pazifisten habe man immer gut zusammengearbeitet (er verweist auf Carl von Ossietzky).

H. S. empfiehlt eine Haltung der Toleranz und der Gelassenheit. Je großzügiger die DDR-Führung den jugendlichen Bürgern begegne, die für den Frieden demonstrieren, um so besser werde das für das Ansehen der DDR in der Welt sein. H. S. bringt an dieser Stelle den Fall des Diakons Rochau und die Gruppe junger DDR-Bürger zur Sprache, die in der vergangenen Woche in Ostberlin mit einer Lichterkette zwischen der amerikanischen und der sowjetischen Botschaft für Abrüstung demonstriert haben (Diakon Rochau ist verhaftet worden und soll in diesen Tagen vor Gericht gestellt werden; ihm droht eine längere Haftstrafe wegen »Boykotthetze«[5]; H. S. war von Konsistorialpräsident Manfred Stolpe gebeten worden, den Fall Rochau gegenüber E. H. zu erwähnen, weil die Kirche in Sorge ist, daß der Diakon eine unverhältnismäßig hohe Strafe zu erwarten habe).

---

[2] Albert Schönherr, evang. Bischof von Berlin-Brandenburg bis 1981 und Vorsitzender des Bundes der Evangelischen Kirchen in der DDR; Johannes Hempel, Bischof der Evang. Landeskirche Sachsen; Heinrich Rathke, evang. Landesbischof von Mecklenburg.

[3] Gottfried Forck, Evang. Landesbischof von Berlin-Brandenburg seit 1981.

[4] Werner Leich, Bischof der Evang. Kirche in Thüringen.

[5] Der Diakon Lothar Rochau wurde zu drei Jahren Freiheitsstrafe wegen »staatsfeindlicher Hetze« verurteilt und saß in Halle in Haft.

H. S. berichtet von seinen Vorträgen vor Vertretern der Kirche im Oberlin-Haus in Potsdam. Er habe die Führungspersonen sowohl der SU als auch der USA gegen die Formulierung in der Entschließung des Weltkirchenrates in Vancouver[6] in Schutz genommen, die den Besitz und die Lagerung nuklearer Waffen ein Verbrechen nennt. Er habe denen, die sich solche Auffassungen zu eigen machten, entgegengehalten, daß man dem Frieden nicht mit Romantik oder Schwärmerei diene. Es komme vielmehr darauf an, daß beide Seiten miteinander redeten und daß man Verträge schließe, um Vertrauen zu schaffen und zu festigen. Noch einmal rät H. S., die DDR-Führung solle aber die Vertreter solcher idealistisch-romantischer Vorstellungen »nicht hart anfassen«.

E. H. beendet diesen Teil der Unterhaltung mit dem Hinweis auf eine Massendemonstration für den Frieden, auf der er selbst gesprochen habe. Hier sei ein »gewaltiger Aufbruch« zu erleben gewesen. Er versichert, daß seine Leute gehalten seien, mit den in Friedensaktivitäten involvierten jungen Christen »loyal zu verfahren«. Dies seien keine Fragen, sagte er mit einem Anflug von Verärgerung, »die uns wirklich beunruhigen«. Immerhin räumt er ein, daß »man nicht überall sein kann«, womit er eine gewisse Distanzierung zu dem Vorgehen des Staatssicherheitsdienstes zu erkennen gibt.

H. S. kommt auf das Thema Reise-Erleichterungen. Seine evangelischen Gesprächspartner hatten ihm übereinstimmend gesagt, daß allgemein verbesserte Reisemöglichkeiten in Wahrheit wichtiger seien für die Bürger der DDR als vermehrte Ausreisegenehmigungen. H. S. regt an, über eine Praxis für Auslandsreisen nachzudenken, die sich am Beispiel Ungarn orientiere. Die Ungarn kämen fast alle in ihre Heimat zurück. Auf diese Weise komme aus der Sache die Spannung heraus.

E. H. antwortet, daß über dieses Thema im Politbüro gesprochen worden sei. Es handle sich hier wesentlich um ein ökonomisches Problem. Die Bürger müßten ja auch etwas mitnehmen (Valuta). Das könne die DDR aber nicht leisten. »Das kostet uns sehr viel.« Er versucht zu scherzen und sagt: »Die meisten Ungarn leben ja auch im Ausland.«

H. S. verweist darauf, daß jedenfalls etwa sieben Millionen Ungarn in ihrem Land leben.

E. H. kommt sodann auf das Treffen von Werbellin und meint, daß sich die Vereinbarungen bewährt hätten. Er bezieht dies sodann auf die Gesamtheit der in der Zeit der sozial-liberalen Koalition geschlossenen Verträge und Abkommen.

---

[6] Die Weltkonferenz des Ökumenischen Rates der Kirchen vom 24. 7.–10. 8. 1983 hatte Herstellung, Stationierung und Einsatz von Atomwaffen als »Verbrechen gegen die Menschheit« bezeichnet und die Christen zum Widerstand gegen Atomwaffen aufgerufen.

H. S. wünscht anzuerkennen, daß sich die Praxis bei der Genehmigung von Reisen in dringenden Familienangelegenheiten verbessert habe. E. H. verweist darauf, daß die DDR die Zahl der sogenannten Geheimnisträger eingeschränkt habe, wodurch sich die Zahl der DDR-Bürger erweitern könnte, denen solche Reisen in die Bundesrepublik Deutschland gestattet werden. H. S. resümiert diesen Abschnitt des Gesprächs mit der wiederholten Bitte an E. H., dieser möge über die Linie der Ungarn noch einmal nachdenken.

Das Gespräch wendet sich Themen der internationalen Politik zu. E. H. erkundigt sich nach dem Treffen auf dem Sitz des ehemaligen Präsidenten Gerald Ford, für den er Sympathie bekundet.[7]

H. S. berichtet, daß sich Callaghan, Giscard d'Estaing, Frazer, Kissinger und er selber in der Abrüstungsfrage völlig einig gewesen seien:

1. Die sowjetische Überrüstung durch SS 20 könne der Westen nicht hinnehmen. Deshalb könne auch der Doppelbeschluß nicht zurückgenommen werden.

2. Es sei die Meinung aller an dem Treffen Beteiligten gewesen, daß der Kompromiß des »Waldspaziergangs«[8] hätte angenommen werden sollen (hierzu habe jedoch Henry Kissinger einen Vorbehalt gemacht). Man sei in diesem Kreis der Meinung gewesen, daß dieser oder ein ähnlicher Kompromiß bei heutiger Lage wahrscheinlich erst zustande kommen werde, nachdem einige westliche Raketen tatsächlich stationiert seien.

3. Mit der Ausnahme Giscard d'Estaings sei die Kritik am amerikanischen Haushaltsdefizit als Ursache für anhaltende Hochzinsen und Investitionsschwäche nebst Arbeitslosigkeit allgemein gewesen.

E. H. antwortet, daß nach Meinung von GS Andropow eine neue Runde des Wettrüstens unbedingt verhindert werden müsse. Andernfalls werde sich die Lage weiter komplizieren, und die Gefahr eines neuen Weltkrieges werde größer. Die SU habe große Beweglichkeit an den Tag gelegt. An dieser Stelle flicht E. H. ein, daß GS Andropow einer seiner Freunde sei. Er kenne ihn bereits seit 20 Jahren. »Er will ehrlich, daß in Genf Bewegung reinkommt.« (E. H. verwendet von nun an handschriftliche Notizen über sein letztes Gespräch mit GS Andropow.) Er betont abermals, daß sich die SU sowohl bei den ICBMs[9] als auch bei den Mittelstreckenwaffen bewegt habe. Bei der Pershing II handele es sich um Erstschlagwaffen.

---

[7] Es handelte sich um ehemalige Präsidenten (Ford, Giscard d'Estaing), Regierungschefs (James Callaghan von Großbritannien, John Malcolm Frazer von Australien) und den Exaußenminister der USA, Henry Kissinger.

[8] Der berühmte »Waldspaziergang« vom Juli 1982 mit der dabei erörterten Kompromißformel zu den Mittelstreckenraketen; vgl. Nr. 1, Anm. 5, Nr. 2 und Nr. 4.

[9] Intercontinental Ballistic Missiles, d. h. Interkontinentalraketen.

H. S. stellt die Frage, warum die SU die Zahl ihrer SS 20 immer mehr erhöht habe. Daß diese Waffen die USA nicht erreichen könnten, beruhige ihn nicht: »Sie bedrohen uns.«

E. H. erinnert daran, daß er die Auffassung des ehemaligen Bundeskanzlers von ihren Gesprächen in Werbellin in genauer Erinnerung habe. Das Breschnew-Moratorium (wegen SS 20)[10] sei nach wie vor gültig. Wenn aber die Pershing II und die CMs disloziert würden, werde die SU ganz sicher Gegenmaßnahmen treffen:

1. im strategischen Bereich; E. H. spricht – nicht völlig klar – von Marschflugkörpern mit großer Reichweite (die offenbar den amerikanischen Kontinent erreichen können);

2. unvermeidlich sei auch die Stationierung von Waffen kurzer Reichweite (gemeint wohl die SS 22, SS 23) auf dem Territorium der westlichen Verbündeten der SU.

E. H. erklärt an dieser Stelle, daß der Kompromiß des »Waldspaziergangs« »eine große Sache wäre«. Er bittet H. S., von dieser Bemerkung keinen Gebrauch zu machen, was der Gast zusagt. Er, E. H., habe, was Genf angehe, noch etwas Hoffnung. »Aber meine Hoffnung ist in Wahrheit minimal.«

H. S. erinnert daran, daß E. H. ihm am Werbellinsee Ende 1981 (nicht anders als Mitte 1980 GS Breshnew) im Namen Moskaus gesagt habe, es brauche nicht über die britischen und französischen Raketen gesprochen zu werden. Er sei sehr überrascht gewesen, als sich diese Haltung seit Frühjahr 1982 geändert habe. Er fragt nach den Motiven dafür.

E. H. antwortet nicht zum Punkt, sondern verweist darauf, daß die britischen und französischen Atomwaffen im »Gesamtrahmen« beider Systeme gesehen werden müßten«, da sie ja im Kriegsfall eingesetzt werden würden. Folglich müsse man sie mitzählen. Ein Atomkrieg müsse verhindert werden, denn wer danach aus dem Bunker herauskomme – vielleicht einige verrückte Generale –, werde keine Lebensbedingungen auf der Erde mehr vorfinden.

Aus den Notizen über sein Gespräch mit GS Andropow zitiert E. H. ein weiteres Mal: »Weißt du, Erich, das wichtigste ist die Verhinderung einer neuen Runde des atomaren Wettrüstens.« Das habe der GS der KPdSU neulich auch den amerikanischen Parlamentariern[11] gesagt. GS Andropow sei zu einem Treffen mit Reagan bereit, das allerdings sehr gut vorbereitet sein müsse.

---

[10] Vgl. Nr. 1, Anm. 10.

[11] Honecker war vom 3.–7. 5. 1983 zu einem offiziellen Freundschaftsbesuch in der UdSSR gewesen und hatte dabei mehrere Gespräche mit Andropow geführt. Am 28. 6. 1983 waren beide erneut bei einer Gipfelkonferenz des Warschauer Paktes in Moskau zusammengetroffen. Vgl. Nr. 5, Anm. 11 und 14. – Die Delegation des US-Repräsentantenhauses weilte vom 5.–7. 7. 1983 in der UdSSR. Vgl. AdG 1983, S. 26601f., 26767f. und 26928f.

Die Sowjetunion warte nun auf amerikanische Vorschläge für Genf. Die SU und ihre Verbündeten seien unbedingt dafür, daß im strategischen und im Mittelstreckenbereich Abkommen erreicht würden. Er, E. H., sei mit Willy Brandt der Meinung, daß es besser sei, nachzuverhandeln als nachzurüsten. GS Andropow habe ihm gesagt, daß er bereit sei, alle Raketen zu opfern, aber es müsse nun ein Anfang gemacht werden. Moskau habe den Eindruck, daß die USA die gesamte Struktur der sowjetischen nuklearen Waffen verändern wolle (see- und luftgestützte Raketen).

E. H. bestätigt eine Zwischenbemerkung von H. S., daß die USA sich an die inhaltlichen Abreden von SALT II hielten wie ebenso (mit einer Ausnahme) die SU.

E. H. zitiert aus seinem Gespräch mit GS Andropow dessen Bemerkung, daß die »Verwandlung der BRD in eine Startrampe« eine neue Lage schaffen werde. Dann sei die Gefahr der Entfesselung eines neuen Krieges von deutschem Boden aus ganz real. Man müsse sich noch einmal daran erinnern, daß der letzte Weltkrieg die Russen 20 Millionen und die Deutschen 5 Millionen Tote gekostet habe. Diese Erinnerung sei im Bewußtsein der Sowjets unauslöschbar. Gegenmaßnahmen, wiederholt E. H., seien im Falle eines Scheiterns der Genfer Verhandlungen jedenfalls unvermeidlich. E.H. referiert, was GS Andropow unlängst Bundeskanzler Kohl gesagt habe: Ein gefährlicher Prozeß müsse jetzt aufgehalten werden. Der Doppelbeschluß, sagte E. H., sehe ja keinen Automatismus vor.

H. S. meint, daß ihm ein Zeitaufschub (in Genf) nicht einleuchte, wenn nicht beide Seiten die ehrliche Absicht haben, zum Kompromiß zu kommen.

Hier sagte E. H. wörtlich: »Die SU hat diese Absicht; sie wird sich weiterbewegen.« Reagan aber wolle nicht dazu beitragen. Er strebe nach wie vor nach militärischer Überlegenheit. Das müsse er aufgeben. Das militärische Gleichgewicht habe 28 Jahre lang die Grundlage für den Frieden geliefert.

H. S. verwirft für beide Seiten das Streben nach militärischer Überlegenheit. In Parenthese merkt er an, daß er das von einigen Leuten gebrauchte Wort von der »intelligenten Feindesliebe« nicht gelten lassen könne. Er habe die SU nie als Feind betrachtet; das dürfe auch in Zukunft nie geschehen. Er stehe auch dann zum Doppelbeschluß, wenn es nicht zu einem Vertrag komme. Immerhin habe man vier Jahre verhandelt. Das sei eine lange Zeit.

E. H. fragt, wie er es mit Mehrheitsbeschlüssen der SPD halten werde. H. S. antwortet: »Über mich kann keiner verfügen.« Er betont, daß die SU ihr Sicherheitsbedürfnis nicht übersteigern dürfe.

Die Unterhaltung kommt auf die deutsch-deutsche Thematik zurück. H. S. kommentiert den von Strauß »eingefädelten« Milliardenkredit positiv.[12] Strauß habe allerdings »ein halbes Dutzend Fehler« gemacht. Er könne es nur begrüßen, wenn Strauß und Kohl auf dem Feld der Deutschlandpolitik auf der Grundlinie fortführen, die von seiner Regierung früher festgelegt worden sei.

E. H. betont wiederum, daß eine Ausführung des NATO-Doppelbeschlusses die Lage noch mehr komplizieren und die Gefahr eines neuen Weltkrieges erhöhen werde. H. S. hält dies für eine Dramatisierung.

E. H.: Es brauche Besonnenheit. Er wiederholt, es sei besser, »das ganze Zeug zu vernichten«. Es bedürfe nun dringend einer politischen Entscheidung. Wenn die Zeit nicht ausreiche, müsse eben nachverhandelt werden.

H. S. kommt auf den Abschuß des koreanischen Flugzeugs zu sprechen.[13]

E. H. verwahrt sich gegen das Wort vom »Abschuß«. Er habe einen Bericht von GS Andropow erhalten. Ihm teile sich der Eindruck mit, daß hier durchaus ein neuer Tonking-Zwischenfall vorliegen könne. Es sei eine hysterische Kampagne ausgelöst worden. Er mache sich Sorgen wegen der Rückwirkung auf die Genfer INF-Verhandlungen. Er sagt: »Das ist eine furchtbare Sache.«

H. S. meint, daß ein Abschuß nicht ohne einen Befehl aus Moskau zu erklären sei. Ein verantwortlicher General müsse möglichst schnell öffentlich hörbar zur Verantwortung gezogen werden.

E. H.: Man müsse unbedingt einen kühlen Kopf bewahren. Es gebe einen »strikten Befehl« im Bereich des WP[14], daß kein ziviles Flugzeug angegriffen oder gar abgeschossen werden dürfe. Das gelte nicht nur für die SU, sondern auch für die DDR. Die DDR habe verschiedentlich durchaus gewußt, daß polnische Maschinen nicht Schönefeld, sondern Tegel angeflogen hätten, und hätte das geschehen lassen.

H. S. gewinnt den Eindruck, daß sich E. H. bei der Darlegung der sowjetischen Version nicht sicher fühlt.

Auf Fragen von H. S. nach seinen Reiseeindrücken von der Lage in Polen antwortet E. H.[15], er sei positiv überrascht gewesen, benutzt das Stichwort »Polen« zunächst aber für einige Bemerkungen über die Lage der deutsch-deutschen Beziehungen. Es sei die richtige Entscheidung gewesen, daß Bundeskanzler H. S. am 13. Dezember 1981 nicht abgereist sei. Wenn die heutige Bundesregierung den deutschlandpolitischen Kurs (der sozial-liberalen Koalition) weiterführen könne, so sei das das Verdienst von H. S.; wenn er damals de-

[12] Vgl. Nr. 2, 3 und 5.
[13] Eine koreanische Passagiermaschine vom Typ Boing 747 war von sowjetischen Flugzeugen am 1. 9. 1983 abgeschossen worden, wobei alle 269 Insassen den Tod fanden.
[14] WP – Warschauer Pakt.
[15] Honecker war vom 16.–18. 8. 1983 zu einem offiziellen Freundschaftsbesuch in Polen.

monstrativ den Besuch in der DDR abgebrochen hätte, so wäre die Fortsetzung der deutsch-deutschen Beziehungen heute nicht möglich. E.H. verweist auf die Hamburger Autobahn, auf die Schinkel-Ausstellung, auf verschiedene Ministertreffen. Zu den Reisen in dringenden Familienangelegenheiten meint E. H.: »Wir sind dabei, die letzten Schranken zu beseitigen.« Er relativiert das freilich mit der Bemerkung: »Wenn nichts dazwischen kommt.«

H. S. kommentiert, er könne sowohl E. H. als auch dem Bundeskanzler nur raten, auf der eingeschlagenen Linie fortzufahren.

Zu dem Zwischenfall in Drewitz (Herztod des Bundesbürgers Burkert) berichtet E. H., BK Kohl habe ihn angerufen und ihm damals am Telefon gesagt, er wolle nicht, daß sich die Sache ausweite; allerdings könne er Mittag nicht empfangen.[16] Da die Einladung zu einem Gespräch mit ihm aber nicht bekannt sei, werde auch die Absage nicht bekannt werden. Er – E. H. – fühle sich durch den Bundeskanzler getäuscht, denn dieser habe wenig später öffentlich mitteilen lassen, daß er Mittag nicht sehen könne. Die Absage an sich sei bereits ein Fehler gewesen, denn »Mittag ist Mittag«. Seither habe es kein weiteres Telefonat mit dem BK gegeben.

H. S. rät E. H., er solle von sich aus BK Kohl einmal wieder anrufen. E. H. antwortet: »Nein, Mittag ist Mittag. Ich werde nicht anrufen.«

E. H. deutet an, daß er bereit sei, die deutsch-deutschen Beziehungen auch unter komplizierten Umständen (Nachrüstung) weiterzuentwickeln. Er bezweifle, ob das möglich sein werde, denn bei einem Scheitern der Genfer Verhandlungen werde es in der Bundesrepublik eine feindselige Kampagne geben.

H. S. bezweifelt diese Einschätzung und verweist auf die deutschlandpolitische Wende von MP Strauß.

E. H. kommt auf die Absicht einer Reise des Bundespräsidenten zu den Luther-Feiern in Ost-Berlin. Carstens habe gewußt, daß man sich auch »unter anderen Umständen« hätte treffen können (keine Ehrenformation, keine salutierenden Posten).[17] Er glaube, daß Carstens gern gekommen wäre. BK Kohl habe ihm einen »netteren Brief« in dieser Sache geschrieben (Begründung seiner Absage mit Terminschwierigkeiten).[18] Die Absagen würden dem internationalen Ansehen der DDR im Kontext der staatlichen Lutherfeiern nicht schaden. Doch eine Teilnahme hätte der gemeinsamen Sache genützt.

[16] Vgl. Nr. 3.
[17] Bundespräsident Carstens hatte in einem Schreiben an Honecker vom 24. 8. 1983 (in: SAPMO ZPA J IV J /126) die Einladung mit »Termingründen« abgesagt.
[18] Der Brief Kohls vom 26. 8. 1983 an Honecker findet sich in: SAPMO ZPA J IV J/82. Es hieß darin: »Zu meinem großen Bedauern ist es mir nicht möglich, Ihrer Einladung zu diesem Datum zu folgen. Ich bedaure dies auch deswegen, weil auch ich Begegnungen im Interesse des Friedens in Europa und zum Wohle der Menschen für förderlich halte.«

H. S. verweist auf die tatsächlichen rechtlichen Umstände: Die Entscheidung habe nicht beim Bundespräsidenten gelegen. Hier habe die Bundesregierung zu entscheiden gehabt. Auf die Dauer könnten aber nicht immer nur führende Persönlichkeiten aus der Bundesrepublik in die DDR kommen. Sondern er – E. H. – müsse seinen G e g e n b e s u c h nachholen.

E. H. reagierte eher negativ. Der DDR-Führung habe nicht gefallen, daß die Bundesregierung auf die skandinavische Regierung Einfluß zu nehmen versucht habe, daß diese sich nicht an der staatlichen Lutherfeier beteiligten. Diese Praxis (der Beeinflussung anderer Regierungen) verstoße gegen den Grundlagenvertrag.

E. H. kommt auf Strauß zurück: Die DDR sei zum M i l l i a r d e n k r e - d i t »wie die Jungfrau zum Kind« gekommen. Der Kredit sei »ohne Bedingungen, ohne Junktim« gegeben worden. Für seinen Beigeschmack sei bei uns allerdings zuviel Propaganda damit gemacht worden.

Auf die Frage von H. S., ob gleichwohl das »S c h w e i z e r M o d e l l« durch die DDR weiterhin verfolgt werde, antwortete E. H.: Nein, »von uns aus tot«.[19]

E. H. wolle den ehemaligen Bundeskanzler sehr v e r t r a u l i c h wissen lassen, daß die DDR ein Z u g e s t ä n d n i s z u m M i n d e s t u m - t a u s c h plane. Das werde auf gar keinen Fall vor den Hessen-Wahlen gemacht werden, damit nicht die CDU es so darstelle, als sei die Konzession ihr zuliebe beschlossen worden.

Abgesetzt von der Unterhaltung über den Kredit meint H. S., BK Kohl gebe sich Mühe, in der Deutschlandpolitik nicht zurückzufallen; er wolle augenscheinlich weitermachen. Was vorher von der CDU/ CSU-Opposition gegen die sozial-liberale Deutschlandpolitik gesagt worden sei, habe Kohl heute hinter sich gelassen. Er müsse auch ansonsten international noch Erfahrungen sammeln.

E. H. vermerkt positiv, daß sich die neue Bundesregierung, zumal BM Graf Lambsdorff, an die Verabredung von Werbellin halte, daß die TSI[20] nur noch als »Treuhandstelle für Industrie und Handel« figuriere. Er kommt auf den i n n e r d e u t s c h e n H a n d e l zu sprechen. Obwohl die DDR Stahl auch anderswo kaufen könne, beziehe sie jetzt mehr Stahl und Eisen aus der Bundesrepublik. Die eigene Industrie floriere. Die Kombinate arbeiteten nicht schlechter als bundesdeutsche Großunternehmen.

H. S. erwähnt hier das Interesse der Hamburger W e r f t S I E T A S an einem für dieses Unternehmen bedeutsamen Auftrag aus der DDR und verwendet sich im Sinne der Hamburger Firma.

Ohne das Stichwort » G e r a e r F o r d e r u n g e n« zu verwenden,

---

[19] Zum sog. »Schweizer Modell«, bei dem der Bankier Bahl eine wichtige Rolle spielte, vgl. Einleitung I, 1 b und die Darstellung von Nitz (1994), ein auf DDR-Seite Beteiligter.

[20] TSI – Treuhandstelle für Interzonenhandel.

plädiert E. H. dafür, daß endlich die Elbgrenze markiert werde; bei einer Regelung könne man auch andere Dinge positiv regeln. Er erwähnt die westdeutschen Fischkutter, die in der Lübecker Bucht fischen, was die DDR dann wohl zu tolerieren bereit sein würde. Er spricht aber auch von weiteren »Angeboten«.

H. S. würdigt die Initiative E. H.s, Herrn Beitz die Ehrendoktorwürde der Universität Greifswald zu verleihen.[21] Nur solle E. H. diese Ehrung nicht verstecken, das dürfe nicht heimlich geschehen. Das könne Beitz nur schaden. E. H. antwortete, Beitz sei ein »prächtiger, anständiger Mensch«. H. S. könne davon ausgehen, daß alle Wünsche von Beitz auf diesem Feld erfüllt würden.

Bei einer kurzen Unterhaltung über die Rolle von BM Genscher sagte E. H. – mit Blick auf die Wahlen in Hessen[22] –, der solle dabei zum Teufel gehen.

E. H. wiederholt, daß die Elbfrage große Priorität habe – aus innen- und außenpolitischen (E. H. meint damit: bündnispolitischen) Gründen.

Zur Staatsbürgerschaft zitiert E. H. MP Strauß mit der Bemerkung, die DDR müsse ihm dankbar sein, denn in dem von ihm veranlaßten Urteil zum Grundlagenvertrag sei ja ausdrücklich von »Bürgern der DDR« gesprochen worden.[23]

Weiter zählt E. H. die Erfassungsstelle Salzgitter auf. H. S. verweist darauf, diese Einrichtung werde sich von selbst erledigen. E. H. besteht darauf, diese Behörde sei eine Einmischung in »unsere Angelegenheiten«. (H. S. gewinnt davon den Eindruck, daß dies Thema ihn in Wahrheit nicht sehr zu bedrücken scheint.)

E. H.: Die unter H. S.s Kanzlerschaft begonnenen Konsultationen über Fragen der Abrüstung zwischen AA und MfAA[24] sollen demnächst fortgesetzt werden. Auch über ein Kulturabkommen wolle man weiterreden.

Zum Postabkommen meint E. H. lachend, 600 Mio. seien natürlich sehr schön. Die Hälfte davon sei angemessen.[25]

Zum Abkommen über technische und wissenschaftliche

[21] Der Krupp-Manager Berthold Beitz hatte sich stark im Osthandel und für die Beziehungen der Bundesrepublik mit der DDR und dem Osten engagiert.
[22] Die Landtagswahlen in Hessen fanden am 25. 9. 1983 statt. Die FDP erhielt 7,6% und zog wieder in den Landtag ein; mit nur 3,1% bei den letzten Wahlen war sie zuvor nicht im Landtag vertreten.
[23] Siehe Nr. 5 bei Anm. 6.
[24] Am 28. 10. 1983 fand in Bonn ein neuer Meinungsaustausch zwischen den Abrüstungsbeauftragten der Bundesrepublik und der DDR statt. Vgl. AdG 1983, S. 27121.
[25] Bei den Verhandlungen über die Postpauschale hatte die DDR zuerst 430 Mio. und zuletzt 600 Mio. gefordert, die Bundesrepublik 250 Mio. angeboten. Strauß nannte nach seinem Gespräch mit Honecker als möglichen Kompromiß 230–300 Mio. Nach dem am 15. 11. 1983 unterzeichneten Postabkommen erhielt die DDR jährlich 200 Mio. statt zuvor 85 Mio.

Zusammenarbeit ergibt sich (Berlin-Klausel)[26] kein neuer Gesichtspunkt im Gespräch.

H. S. betont die Notwendigkeit einer engeren Zusammenarbeit auf dem Feld der Umweltschutz-Thematik. Diese Probleme seien nicht mehr national zu bewältigen. Er halte die Einrichtung eines internationalen Forschungsgremiums für Umweltfragen für sinnvoll. E. H. stimmt zu. Umweltexperten beider Regierungen werden sich demnächst treffen.[27] Auch über grenzüberschreitende Probleme der Kernenergie sei die DDR jetzt zu reden bereit (Sts Bölling: »Was sie zu meiner Zeit nicht war.«). H. S. verweist darauf, daß die Endlagerung der abgebrannten Brennelemente für beide Staaten in nicht so ferner Zukunft ein schweres Problem würde.

Auf die erneute Frage von H. S. nach seinem Urteil über die VR Polen antwortet E. H., er sei dort neulich mit großer Herzlichkeit begrüßt worden. Er kenne MP Jaruzelski inzwischen gut und habe mit ihm eine ganze Reihe von Fragen der gegenseitigen Beziehungen in positivem Sinn besprochen. Fast euphorisch berichtet E. H. von seinem herzlichen Empfang durch die Bergarbeiter von Kattowitz. Er sei mit einem »gewandelten Polen-Gefühl« und von den Erlebnissen im Kohlenrevier sei er »begeistert« zurückgekommen. Die Ernährungslage werde besser. Die Polen hätten jetzt eine Kohleproduktion von 190 Mio. Tonnen. Nur die Bergbau-Technik sei veraltet.

Auf Frage sagt E. H., daß es Edward Gierek wieder besser gehe (er habe auch eine Pistole bekommen, um sich schützen zu können).[28] Er habe sich seinerzeit, so wie er es dem damaligen BK H. S. in Werbellin gesagt habe, dafür verwendet, daß mit Gierek anständig verfahren werde. Das habe er sehr nachdrücklich getan, und man habe auf ihn gehört, auch in Moskau. Um Gierek brauche man sich also keine Sorgen mehr zu machen.

MP Jaruzelski werde bald von der Armee Abschied nehmen; aber er werde an der Spitze Polens bleiben.[29] Er habe auch keine Probleme mit der sowjetischen Führung. Von GS Andropow werde MP Jaruzelski hoch geachtet.

MP Jaruzelski habe den Papst-Besuch[30], zumal nach der letzten, vom Papst erbetenen Unterredung, erst mit Erleichterung, später mit Genugtuung kommentiert.

---

[26] Am 8. 9. 1983 gab es in Bonn eine neue Verhandlungsrunde über den Abschluß eines solchen Abkommens.

[27] Das Expertentreffen fand am 25. 10. 1983 statt.

[28] Edward Gierek, polnischer Partei- und Staatschef in den 70er Jahren, war im Dezember 1980 zurückgetreten.

[29] Nach der Aufhebung des Kriegsrechts am 27. 7. 1983 und der Einführung eines Notstandsparagraphen in die Verfassung zog sich die Armee ins zweite Glied zurück.

[30] Papst Johannes Paul II., also der frühere polnische Kardinal Wojtila, hatte vom 16.–23. 6. 1983 Polen zum zweiten Mal besucht.

E. H. wiederholt, daß er von der Lage in Polen angenehm überrascht worden sei. Man müsse allerdings daran erinnern, daß kein anderes Land die 36 Mio. Polen ernähren könne. Das müßten die Polen selber schaffen. Die Geburtenrate nehme dort ständig zu; die Deutschen würden in beiden Staaten stetig weniger. Auch Beitz habe einmal gesagt, das Wirtschaften sei nicht die Stärke der Polen.

E. H. erwähnt, daß im nächsten Jahr ein Austausch zwischen den neuen (regimekonformen) polnischen Gewerkschaften und dem FDGB stattfinden solle. H. S. gibt zu verstehen, daß sich die Deutschen besser nicht als Lehrmeister der Polen aufspielen sollten. E. H. sagt an einer Stelle, die katholische Kirche sei jetzt der Partner der Regierung (er will andeuten: gegen Solidarnosz).

Nach dem Gesundheitszustand von GS Andropow befragt, meint E. H., daß der neue GS der KPdSU viele Jahre in der Verantwortung bleiben werde. »Rechnen Sie mit ihm für die nächsten zehn Jahre.« Auf die Frage, ob GS Andropow womöglich an der Parkinsonschen Krankheit leide, antwortete E. H. mit klarem Nein. Die weitere Frage, ob es sich vielleicht um Multiple Sklerose handele, läßt er offen. Er meint aber, daß GS Andropow seine körperlichen Probleme überwinden werde. »Er wird sich erholen.« GS Andropow sei ein sehr einfühlsamer Mensch, dem eine schwere Last für dieses Reich aufgebürdet worden sei.

Zum Schluß des Gesprächs kommt H. S. noch einmal auf die Evangelische Kirche zurück. Er wünschte, daß E. H. die Gespräche hätte mitanhören können, die er (H. S.) in den letzten zwei Tagen geführt habe. Die Kirche wolle keine Konfrontation mit dem Staat. E. H. antwortet, daß er seit zehn Jahren um ein vernünftiges Verhältnis bemüht sei. Auch die Kirche bemühe sich. Man müsse sich (er meint: den eigenen Apparat) bemühen, das »nach unten weiterzugeben«.

H. S. sagt ein weiteres Mal, er hoffe, daß sich E.H. mit dieser Linie gegen seine eigenen Genossen durchsetzen werde.

E. H. wiederholt: »Das ist ein Lernprozeß.«

Abschließende Zusatzbemerkung: H. S. hat den Eindruck gewonnen, daß E. H. seit Werbellin (1981) deutlich an Sicherheit und Gelassenheit gewonnen hat.

[b] SAPMO ZPA IV 2/1/615 und J IV 2/2A/2593/93: »Niederschrift über das Gespräch des Generalsekretärs des Zentralkomitees der SED und Vorsitzenden des Staatsrats der DDR, Erich Honecker, mit dem stellvertretenden Vorsitzenden der SPD und ehemaligen Bundeskanzler der BRD, Helmut Schmidt, am 5. September 1983«

E. Honecker und H. Schmidt brachten ihre Befriedigung zum Ausdruck, sich nach ihrem Treffen vom 11. bis 13. Dezember 1981 am Werbellinsee erneut zu begegnen. Im Hinblick auf die »unangenehmen Zeiten«, die in der internationalen Arena offenbar bevorstünden, halte er die Fortsetzung der Kontakte für um so wichtiger, sagte H. Schmidt.

Bei seiner Reise in den vergangenen Tagen habe er vom Wagen aus gesehen, daß die Landwirtschaft »gut in Schuß« sei. Aufgefallen sei ihm die Größe der Schläge, die wohl zu bestimmten Zeiten Schwierigkeiten bereite. Bei anhaltender Trockenheit z. B. werde es dem Wind erleichtert, die Ackerkrume zu verwehen. An der Vielzahl der Greifvögel erkenne er die Ähnlichkeiten der Umweltschutzprobleme und der Versuche, mit ihnen fertig zu werden.

Beeindruckt äußerte sich H. Schmidt über die von ihm besuchten Lutherstätten, an denen er viel Zusammengehörigkeitsgefühl gespürt habe. Er würdigte die Tatsache, daß E. Honecker selbst den Vorsitz des staatlichen Lutherkomitees übernommen hat, und meinte, was zur Ehrung Luthers in der DDR geschehe, sei insgesamt gut. Auf die Ausländer, die sich deswegen zum Kommen animiert fühlten, werde es seine Wirkung nicht verfehlen. In all den Maßnahmen der DDR zur Lutherehrung sehe er ein Symptom gesunden Selbstbewußtseins.

Auf die Frage H. Schmidts, ob es in diesem Zusammenhang nicht »Schwierigkeiten im Führungszirkel« gebe, verwies E. Honecker auf die ständige Pflege der humanistischen, progressiven Traditionen durch den Staat, bei der jeder lerne und die großen Anklang finde. Zwischen Staat und Kirche bestehe ein enger Kontakt, und ihre Vertreter seien mit der Gesamtentwicklung zufrieden. Das widerspiegele die Zusammenarbeit im staatlichen Lutherkomitee ebenso wie mit den Bischöfen Schönherr, Hempel und Rathke.[2] Natürlich gebe es diese und jene Fragen, die aber auf sachlicher, vertrauensvoller Basis behandelt und gelöst würden. »Das wissen die Kirchenleute zu würdigen und sagen das«, bemerkte H. Schmidt. Wie sie heute redeten, sei erfreulich. Vor 10 Jahren sei dies noch nicht so gewesen; es habe sich »sehr geändert«. Bei seinen Treffen mit Kirchenleuten habe er festgestellt, daß sie nicht Sammelbecken für »alle möglichen oppositionellen Kräfte« sein möchten, aber sie wollten auch niemanden »wegstoßen«.

Unter der Jugend in der Welt gebe es in bezug auf das Friedensthema und die Angst vor der nuklearen Bombe viel Unruhe. Bei seinem Auftreten im kirchlichen Bereich habe er die Regierungen sowohl der Sowjetunion als auch der USA gegen pauschale Vorwürfe in Schutz genommen. Auf der Tagung des Weltkirchenrates in Vancouver[6] sei erklärt worden, der Besitz und die Lagerung von Atomwaffen sei verbrecherisch. Demnach seien diejenigen, die solche Waffen besitzen und lagern, Verbrecher. Er stimme nicht zu. Als er bei seinem Auftreten erklärt habe, weder J. Andropow und vor ihm L. Breshnew noch R. Reagan und vor ihm J. Carter seien Verbrecher, sei einigen »der Kiefer heruntergefallen«. Mit großen Konzeptionen allein könne der Frieden nicht bewahrt werden. Er jedenfalls sei in dieser Frage gegen jede Schwärmerei, ob in der einen oder der anderen Richtung.

E. Honecker bemerkte hierzu, daß man bei der Beurteilung dieser Frage die Breite der Bewegung gegen die Stationierung neuer USA-Kernwaffen sehen müsse. Die da und dort vertretene Auffassung, die DDR wende sich allgemein gegen Pazifismus, stimme nicht. Bereits in der Weimarer Republik hätten Kommunisten gut mit Pazifisten zusammengearbeitet. E. Honecker erinnerte insbesondere an Carl von Ossietzky. Heute werde sein Andenken in der DDR in Ehren gehalten. Betriebe, Straßen seien nach ihm benannt.

Die Losungen kirchlich orientierter Bürger und die Politik der DDR stimmten überein: Abrüstung in Ost und West nach dem Prinzip der Gleichheit und der gleichen Sicherheit. Worum es den Christen ebenso wie dem Staat gehe, sei die Erhaltung des Friedens. Das kürzlich beabsichtigte demonstrative Auftreten einer kleinen Gruppe nahe den Botschaften der UdSSR und der USA in Berlin, das H. Schmidt mit der Bemerkung erwähnt hatte, je großzügiger solche Fälle behandelt würden, desto besser sei es für das Ansehen des Staates, sei eine organisierte Provokation gewesen. Über ihr Stattfinden waren die westlichen Korrespondenten schon um 6 Uhr früh informiert. Sowohl H. Schmidt als auch K. Bölling bestätigten diese Feststellung.

E. Honecker verwies auf den gewaltigen Aufbruch in der DDR gegen die NATO-Raketenrüstung. Davon zeuge das FDJ-Friedensaufgebot, zeuge die Teilnahme von mehr als 6 Millionen jungen und älteren Bürgern an den Manifestationen zu Pfingsten.

H. Schmidt betonte, alles in allem habe die DDR den Reise- und Besucherverkehr »wirklich verbessert«. Im Zusammenhang mit seiner Frage nach dessen Erweiterung, die, wie er meine, dazu beitragen könne, die Spannungen in Europa zu beseitigen, stelle E. Honecker fest, in der Hauptsache sei dies ein ökonomisches Problem. Bürgern der DDR, die reisten, müsse etwas mitgegeben werden. Übrigens habe aus ähnlichen Gründen Mitterrand erst unlängst Maßnahmen getroffen, um die Reisen von Franzosen zu regulieren. Das gleiche treffe auf andere Staaten zu. Da H. Schmidt die Regelungen der Ungarischen VR hergezogen habe, sei zu sagen, daß die Existenz von zwei Staaten auf deutschem Boden andere Probleme mit sich bringe.

E. Honecker lenkte das Gespräch auf die Notwendigkeit, das atomare Wettrüsten zu beenden sowie zur Begrenzung und Reduzierung der Rüstungen zu gelangen. Dazu bemerkte H. Schmidt, bei seinem kürzlichen Treffen in den USA mit »alten Freunden« – Ford, Giscard d'Estaing, Callaghan, Frazer, Kissinger[7] – hätten alle, außer Giscard d'Estaing, die internationalen Auswirkungen der Hochzinspolitik Washingtons und der USA-Defizite »sehr ähnlich« eingeschätzt.

»Sehr einig« seien »wir alle sechs« darin gewesen, daß der Westen »die sowjetische SS 20-Rüstung nicht hinnehmen« werde. Niemand wolle den Doppelbeschluß der NATO »zurückziehen oder nicht verwirklichen«. Von dem, was innerhalb der SPD und der Kirchen vor sich gehe, dürfe man sich nicht täuschen lassen. Die SPD regiere nicht in Bonn. »Sonst würde sie tun, was ich will, wenn auch mit Knurren und Murren.«

Bei ihrem Waldspaziergang hätten Kwizinski und Nitze einen Kompromiß besprochen, »den beide Weltmächte hätten annehmen sollen«.[8] Die Amerikaner glaubten, ein Abkommen werde es erst geben, wenn die Raketen aufgestellt sind. Von der Sowjetunion seien Zugeständnisse »viel zu tröpfchenweise« gekommen. Er, H. Schmidt, traue »beiden nicht zu, daß sie über die Hürden springen«.

E. Honecker stellte fest, die DDR gehe in Übereinstimmung mit der Sowjetunion und den anderen sozialistischen Ländern davon aus, daß eine neue Runde des atomaren Wettrüstens verhindert werden muß, weil sie die ohnehin schon komplizierte Weltlage weiter komplizieren und die Gefahr eines dritten Weltkrieges erhöhen würde. Das habe er auch H.-J. Vogel, E. Bahr und F. J. Strauß gesagt.[31] An eine solche Gefahr, so H. Schmidt, glaube er nicht. Zwar habe es in den letzten Jahren Kriege gegeben, aber nicht zwischen Ost und West.

E. Honecker stellte fest, er kenne J. Andropow seit mehr als 20 Jahren. Während der jüngsten Zeit habe er zweimal mit ihm unter vier Augen gesprochen. J. Andropow sei bestrebt, die Genfer Verhandlung in Bewegung zu bringen und ein Abkommen nicht nur über die Trägermittel, sondern auch über die atomaren Sprengköpfe zu erreichen, eingeschlossen die Kontrollmechanismen. Im strategischen wie im Mittelstreckenbereich habe die Sowjetunion große Beweglichkeit gezeigt. Die Pershing II sei eine atomare Erstschlagwaffe, der die Sowjetunion gegenwärtig nichts Gleichwertiges entgegenzusetzen habe, denn die SS 20 könnten die USA nicht erreichen. Nach wie vor halte die UdSSR bei den Mittelstreckenraketen ihr Moratorium ein, »mag man fotografieren, was man will; es stimmt einfach nicht«.

Komme es zur NATO-Stationierung, dann seien Gegenmaßnahmen der Sowjetunion zum Schutze ihrer Sicherheit und der ihrer Verbünde-

---

[31] Vgl. Nr. 4, 5 und 6.

ten unvermeidlich, sagte E. Honecker. Dies gelte für den strategischen Bereich, einschließlich der Marschflugkörper längerer Reichweite, und es gelte für die Aufstellung neuer Raketensysteme bzw. Marschflugkörper auf dem Territorium westlicher Staaten des Warschauer Vertrages. Mehr Atomraketen brächten nicht mehr Sicherheit. Das jüngste Angebot J. Andropows ermögliche es, in Genf voranzukommen.

H. Schmidt bemerkte, Kwizinski sei damals nicht von sich aus gekommen; dann aber habe man das, was beim Waldspaziergang besprochen wurde, fallengelassen. Das verstehe er nicht. Ansonsten sei mit der neuen Rüstungsrunde von der Sowjetunion angefangen worden. Seinerzeit habe die Sowjetunion erklärt, sie wolle nicht über die französischen und britischen Atomwaffen reden, wobei sich H. Schmidt auf Gespräche mit L. Breshnew und A. Gromyko vom Sommer 1980 berief. Nach dem Treffen am Werbellinsee habe es von ihrer Seite geheißen, diese Waffen müßten nun doch gezählt werden. Das sei ein Positionswechsel gewesen. Die Motive dafür seien ihm unklar.

E. Honecker betonte, es gehe darum, die französischen und britischen Atomwaffen im Gesamtrahmen der atomaren Abrüstung zu berücksichtigen; denn sie spielten im NATO-System eine Rolle. Im Kriegsfall würden sie dem NATO-Kommando unterstellt und von ihm eingesetzt. Der Vorschlag J. Andropows, die zu reduzierenden sowjetischen Raketen – bei einem Stationierungsverzicht der USA – zu verschrotten, sei ein neues Moment. Auch die SPD habe diesen Vorschlag begrüßt. H. Schmidt warf ein, er halte seine Partei in dieser Frage nicht für sachkundig.

Am Werbellinsee, fuhr E. Honecker fort, seien sich er und H. Schmidt einig gewesen, daß ein Atomkrieg auf jeden Fall verhindert werden müsse, weil er der Selbstmord der Menschheit wäre. Wer dann noch aus dem Bunker steige, finde keine Lebensbedingungen mehr vor. Das wichtigste sei die Verhinderung einer weiteren Runde des atomaren Wettrüstens. Dazu habe die Sowjetunion ihre Vorschläge unterbreitet, jetzt erwarte man die der anderen Seite in Genf. Die DDR sei für Übereinkommen sowohl im strategischen als auch im Mittelstreckenbereich. Sie stimme mit der Feststellung W. Brandts überein, daß es besser sei nachzuverhandeln als nachzurüsten. Vor allem komme es darauf an, zu einer Vereinbarung zu gelangen. H. Schmidt sagte, dem stimme er ohne Einschränkung zu.

J. Andropow sei zu weitestgehenden Schritten bereit und habe dies in den gemeinsamen Gesprächen bekräftigt, erklärte E. Honecker. Irgendwo müsse aber ein Anfang gemacht werden. Mit allem Ernst habe er zugleich darauf verwiesen, daß die USA darauf aus seien, die gesamte Verteidigungsstruktur der Sowjetunion zu verändern.

Beim Treffen J. Andropows mit USA-Kongreßabgeordneten sei der Vorschlag für ein Treffen Andropow/Reagan vorgebracht worden.[11]

Dazu habe sich J. Andropow im Prinzip bereit erklärt, es müsse aber gut vorbereitet sein. H. Schmidt bemerkte, wie die Dinge jetzt lägen, sei nichts anderes möglich; man könne die Menschheit nicht enttäuschen.

E. Honecker erinnerte daran, daß dem NATO-Doppelbeschluß seinerzeit auf dem West-Berliner SPD-Parteitag unter der Voraussetzung zugestimmt worden war, daß SALT II ratifiziert wird. Das sei bekanntlich nicht geschehen. J. Andropow habe offen gesagt, wenn das Territorium der BRD in eine atomare Abschußrampe der USA verwandelt werde, dann entstehe eine neue Lage. Die Gefahr der Entfesselung eines Krieges gegen die Sowjetunion von deutschem Boden aus werde wiederbelebt. Für die Sowjetbürger sei die Erinnerung an den Zweiten Weltkrieg, in dem sie 20 Millionen Tote verloren haben, unauslöschlich, was H. Schmidt bejahte.

Die Stationierung der USA-Raketen ziehe unweigerlich Gegenmaßnahmen der UdSSR nach sich, fuhr E. Honecker fort. Bei seinem Moskau-Besuch sei H. Kohl erklärt worden[32], daß die Sowjetunion im Falle einer Nachrüstung der NATO auf ihr Moratorium bei Mittelstreckenraketen verzichten werde. Sie werde ein bestimmte Anzahl von Langstrecken-Marschflugkörpern dislozieren, ebenso effektivere Arten operativ-taktischer Raketen größerer Reichweite. Was das für die Bundesrepublik bedeute, so habe J. Andropow zu H. Kohl gesagt, wissen Sie selbst. Auch das Territorium der USA werde bei den Gegenmaßnahmen berücksichtigt.

Es erhebe sich die Frage, warum die Bundesregierung so beharrlich die USA-Raketenstationierung unterstützt. Wäre es nicht besser, ein Übereinkommen zwischen der Sowjetunion und den USA herbeizuführen, das einen für alle Seiten nützlichen Prozeß fördert und einen gefährlichen Prozeß aufhält?

Die Sowjetunion, so betonte E. Honecker, habe immer noch Hoffnung auf die Genfer Übereinkunft. Im NATO-Doppelbeschluß sei kein Termin für die Stationierung vorgesehen, keine Automation, sondern es heiße dort, daß abschließend erst dann Stellung genommen werden solle, wenn die Ergebnisse von Genf vorliegen. H. Schmidt: »Dieser Satz stammt von mir.«

Die USA-Raketen, sagte E. Honecker, träfen auch die DDR. Beide deutsche Staaten würden durch die Stationierung gefährdet. R. Reagan verkünde die Absicht der USA, militärische Überlegenheit herzustellen. In Genf werde die UdSSR keiner Vereinbarung in solchem Sinne zustimmen. 38 Jahre sei Frieden in Europa, und er werde gewährleistet durch das Gleichgewicht.

H. Schmidt erklärte, bei seinem Auftreten in Potsdam habe er sich »sehr« für das Gleichgewicht eingesetzt.[33] Er sei nicht für eine »intelli-

---

[32] Vgl. Nr. 5, Anm. 7.
[33] Siehe oben.

gente Feindesliebe«; denn die Sowjetunion sei kein Feind. Aber sie habe mit den SS 20 aufgerüstet. E. Honecker hielt dem entgegen, über diese Auffassung H. Schmidts hätten beide schon seinerzeit 15 1/2 Stunden lang geredet.[34] Worauf es ankomme, sei die Beantwortung der Frage, wie der Automatismus der Raketenstationierung und des atomaren Wettrüstens durchbrochen werden könne.

Daraufhin betonte H. Schmidt, nach wie vor stehe er, und dies im Vollbesitz seiner Urteilskraft, zum NATO-Doppelbeschluß. Wenn es nicht zu einem Vertrag kommt – vier Jahre seien eine lange Zeit –, »wird sicherlich stationiert«. Er gehöre »nicht zu denen, die dagegen demonstrieren«. Auf die Frage E. Honeckers, wie er beim SPD-Parteitag abstimmen werde, antwortete H. Schmidt, das habe er damit gesagt.[35] E. Honecker: »Aber es geht doch um Mehrheitsbeschlüsse.« H. Schmidt: »Über mich kann keiner verfügen, dafür bin ich zu alt.«

E. Honecker hob die besondere Verantwortung der beiden deutschen Staaten für die Sicherung des Friedens hervor. Von deutschem Boden dürfe nie wieder ein Krieg ausgehen. Bei seinem Messebesuch in Leipzig habe er darauf verwiesen, daß man mit den Atomwaffenarsenalen von heute die Welt 10mal vernichten könne, aber schon einmal wäre zuviel.

Mit allen Besuchern aus der BRD – ob Vogel, Bahr oder Strauß – habe er den NATO-Doppelbeschluß in derselben Linie behandelt. Er habe klargestellt, daß die DDR nichts unternehmen werde, was jene stützt, die für die Raketenstationierung in der Bundesrepublik eintreten. Jetzt bedürften die Dinge einer politischen Entscheidung. Man solle sich einmal vorstellen, was wäre, wenn J. Andropow oder D. Ustinow[36] solche Reden halten würden wie Reagan, der den Drang der USA nach militärischer Überlegenheit verkündet und die Sowjetunion als »Zentrum alles Bösen« bezeichnet. Wie er wisse, habe H. Schmidt bei seinem Aufenthalt in den USA eine Wiederwahl Reagans befürwortet. H. Schmidt bemerkte, dies sei mißverstanden worden. Er habe gesagt, daß man die »Schnauze voll« habe von all dem Dilettantismus, davon, daß man es andauernd mit neuen USA-Präsidenten zu tun bekomme, die erst immer wieder »angelernt« werden müßten. Von Ökonomie verstehe Reagan überhaupt nichts, daher begreife er auch nicht, woher die wirtschaftliche Depression in den USA tatsächlich gekommen sei. E. Honecker: Ihre Äußerung war also doppelsinnig. H. Schmidt: Sogar tripelsinnig.

Wie H. Schmidt weiter sagte, sei nach der Regierungsübernahme in Bonn durch die CDU/CSU »nichts von den Grundlinien verschoben«

---

[34] Beim Treffen am Werbellinsee Dezember 1981.

[35] Der außerordentliche Parteitag vom 18./19. 11. 1983 in Köln lehnte gegen 14 Stimmen und 3 Enthaltungen die Nachrüstung ab.

[36] Marschall der Sowjetunion, Verteidigungsminister der UdSSR.

worden, »die wir in der Deutschlandpolitik gelegt haben«. H. Kohl sei auf dieser Grundlinie gefahren. F. J. Strauß habe ihn sogar zu übertrumpfen versucht.[37] Von der DDR sei es in ihrem Sinne »sehr klug« gewesen, Strauß einzuladen; seitens Strauß sei die Reise ein »Akt improvisierter Selbstbestätigung« gewesen.[38] Die jetzige Bonner Deutschlandpolitik sei kontinuierlich und in Ordnung.

E. Honecker sagte, alles, was unter H. Schmidt als Bundeskanzler vereinbart worden sei, werde abgewickelt, z. B. der Bau einer Autobahn nach Hamburg, die Schmidt selbst benutze und die einige NATO-Leute nicht gewollt hätten. Die Schinkel-Ausstellung, die Ministerbesuche in verschiedenen Bereichen – all das sei mit eine Folge des Treffens am Werbellinsee gewesen. Des weiteren verwies E. Honecker auf die Handhabung der Reisen in dringenden Familienangelegenheiten durch die DDR und anderes mehr. H. Schmidt bemerkte, wenn er als Privatmann »beiden deutschen Staatslenkern« etwas empfehlen könnte, so wäre es, fortzusetzen, was [es] zwischen beiden Staaten gibt.

E. Honecker wandte sich gegen die Hochputschung der öffentlichen Meinung in der BRD wie anläßlich des Todes eines Transitreisenden am Grenzkontrollpunkt Drewitz. Damals habe H. Kohl ihn angerufen und ihm mitgeteilt, daß er keine Ausweitung wünsche, aber G. Mittag nicht empfangen werde, ohne damit in die Öffentlichkeit zu gehen, was er dann doch getan habe.[16] Das sei eine Brüskierung gewesen. H. Schmidt bezeichnete die Reaktion H. Kohls als »Quatsch« und »schweren Fehler«. Er bat, G. Mittag ausdrücklich seine besten Grüße zu bestellen. Die Bonner Regierung habe er damals wissen lassen, daß BRD-Touristen jährlich zu Hunderten im Ausland sterben. Als eigentlich Schuldigen am Geschrei über Drewitz bezeichnete er Strauß.

E. Honecker fuhr fort, seit jenem Telefongespräch, das H. Kohl mit ihm führte, habe es kein weiteres gegeben. Es gehe um Vertrauen. Wenn man sein Wort gebe, müsse man es auch halten. Wie H. Schmidt sagte, wolle er dies H. Kohl »sehr nahe legen«.

Bekanntlich habe er K. Carstens zu den Lutherfeiern in der DDR eingeladen, äußerte E. Honecker.[17] Auch diese Einladung und die Absage seien hochgespielt worden. Darunter würden die Feierlichkeiten nicht leiden; die internationale Präsenz werde groß sein; die DDR werde nichts verlieren. Aber die Beziehungen zwischen der DDR und der BRD hätten gewonnen, wenn K. Carstens gekommen wäre.

H. Schmidt führte »Schwierigkeiten wegen Berlin als 4-Sektoren-Stadt« ins Feld, »Schwierigkeiten mit unseren Alliierten«. Aber man hätte einen Weg finden können. Auf die Dauer gehe es nicht, daß hochrangige Besucher aus der Bundesrepublik in die DDR kämen. Der Gegenbesuch E. Honeckers »muß sein«.

[37] Gemeint war der von Strauß eingefädelte Milliardenkredit.
[38] Vgl. Nr. 5.

Die neue Regierung Kohl mache Fehler, aber sie bemühe sich, im Verhältnis beider deutscher Staaten nicht hinter das zurückzufallen, was von der sozial-liberalen Koalition erreicht wurde. Was die Union in der Opposition gesagt habe, wolle sie jetzt weitgehend vergessen machen. Man müsse auch bedenken, daß Kohl noch nie Bundesminister gewesen sei; auch seine Mitarbeiter hätten keine internationale Erfahrung.

E. Honecker hob hervor, daß sich die Wirtschaft der DDR stabil und dynamisch entwickelt. [...]

Die Industrie der DDR floriere, arbeite nach einem modernen System, wofür die Kombinate ein Beweis seien. Hier bemerkte H. Schmidt, er wolle die Gelegenheit nutzen, um einen Wunsch zu äußern, der ihm von der Hamburger Werft Sietas mitgegeben worden sei. Gegenwärtig fänden Verhandlungen über einen Auftrag statt, den diese Werft gerne von der DDR erhalten möchte.

E. Honecker sprach sich für die lange fällige Regelung der Elbgrenze aus, was das Inkrafttreten der damit verbundenen Abkommen ermöglichen würde. Des weiteren verwies er auf die notwendige Respektierung der Staatsbürgerschaft der DDR und erwähnte, sogar Strauß habe sich darauf berufen, daß er für ein Karlsruher Urteil eingetreten sei, in dem steht, daß es Bürger der DDR gibt.[23] Die Erfassungsstelle Salzgitter als Überbleibsel des Kalten Krieges müsse aufgelöst werden. Er unterstrich die Bereitschaft der DDR, über ein Kulturabkommen zu verhandeln, das Postabkommen abzuschließen und ein Abkommen über Wissenschaft und Technik herbeizuführen. Ferner könnten die Umweltschutz-Gespräche fortgesetzt und ein Abkommen über Kernenergieprobleme vorbereitet werden.

Zu dem Milliardenkredit sei die DDR gekommen wie die Jungfrau zum Kind, stellte E. Honecker fest. Um diesen Kredit sei viel zuviel Lärm gemacht worden. Dadurch könne alles zerredet werden.

Von H. Schmidt gefragt, wie er den Luftzwischenfall im Fernen Osten der Sowjetunion beurteile[13], antwortete E. Honecker, er kenne den Inhalt der Erklärung der Sowjetunion gegenüber den USA, die der sowjetische Botschafter überbracht hat. Was im Westen aus diesem Zwischenfall gemacht werde, sei ungeheuerlich. Hier könne es sich [um] eine Art Tongking-Aktion handeln, mit der die USA seinerzeit den Vietnamkrieg ausgelöst hatten.

[...]

Angesichts dieses Unglücksfalles komme es darauf an, Vernunft und einen kühlen Kopf zu bewahren. Besonnenheit sei am Platze. Zu hoffen sei, daß die Luftraumverletzung auf die Genfer Verhandlungen keine negativen Auswirkungen haben werde.

H. Schmidt interessierte sich für die Einschätzung E. Honeckers zur Entwicklung in der VR Polen nach seinem Staatsbesuch.[15] Wie E. Honecker sagte, seien seine Eindrücke sehr positiv. Die Veränderungen in Richtung auf die Normalisierung des Lebens nach dem Ausnahmezustand seien deutlich. Auch die Ernährungslage bessere sich. Gegenüber früher sei eine völlige Veränderung der Lage charakteristisch.

[...]

Der Papst-Besuch[30], nach dem sich H. Schmidt erkundigt hatte, werde von der polnischen Führung als positiv eingeschätzt. Immerhin habe der Papst nach der zweiten Unterredung mit W. Jaruzelski in Krakow zu Ruhe, Ordnung und friedlicher Arbeit aufgerufen.

E. Honecker wies in diesem Zusammenhang darauf hin, daß sich die Beziehungen zwischen der DDR und Volkspolen weiterhin gut entwickeln werden.

Herrmann *[Unterschrift]*

8. Gespräch von Weizsäcker – Honecker am 15. September 1983 (Berlin Niederschönhausen)

[a] Senatskanzlei Berlin RBm/Skzl. Tgb. Nr. 20/83, für diese Ausfertigung VS-Schutz aufgehoben 17. 11. 1994, 23. 11. 1994: »Berlin, den 15. September 1983«

1. Der Regierende Bürgermeister führte heute mit dem Generalsekretär der SED ein Gespräch im Schloß Niederschönhausen.

Das Gespräch dauerte von 11.00 Uhr bis 15.15 Uhr; von 13.30 bis 14.00 Uhr sprachen der Regierende Bürgermeister und der Generalsekretär der SED unter vier Augen.

Von seiten der DDR nahmen außer Honecker der Leiter der Kanzlei des Staatsratsvorsitzenden, Staatssekretär Herrmann und Dr. Müller[1] vom Ministerium für Auswärtige Angelegenheiten teil. Der Regierende Bürgermeister wurde vom Chef der Staatskanzlei begleitet.[2]

Der Regierende Bürgermeister überbrachte nach der Begrüßung durch den Generalsekretär die Grüße des Bundeskanzlers und brachte zum Ausdruck, daß er das Gespräch sowohl als Regierender Bürgermeister wie als deutscher Politiker und stellvertretender Vorsitzender der CDU führe.

2. Das Gespräch wandte sich in seinem ersten Teil der Frage der Sicherheit zu.

Der Regierende Bürgermeister erklärte, der Streit ginge nicht um den Frieden an sich, sondern um den Weg zum Frieden. Wir wollten auch im Mittelstreckenbereich nicht bedroht sein. Ebensowenig wollten wir von unserem Boden aus für andere eine Bedrohung darstellen. Die gegenwärtige Lage sei durch ein krasses Ungleichgewicht gekennzeichnet.

Die von der Sowjetunion vorgesehene Einbeziehung der französischen und britischen Systeme in die INF-Verhandlungen[3] könne nicht weiterführen. Diese Systeme seien zum Schutz nationaler Territorien da. Die nichtatomaren NATO-Partner seien durch diese Systeme nicht geschützt. Außerdem gehörten sie in einen anderen Verhandlungszusammenhang. Deshalb habe ja auch Gromyko noch 1980 erklärt, daß sie in die INF-Verhandlungen nicht einbezogen werden sollen.

Unser Interesse bestehe in einer Sicherung des Friedens mit immer

---

[1] Walter Müller, sog. Besuchsbeauftragter der Regierung der DDR.
[2] Chef der Staatskanzlei war zu dieser Zeit Hansjürgen Schierbaum.
[3] Die Genfer INF-Verhandlungen waren am 6. 9. 1983 wieder aufgenommen worden und in die entscheidende Runde getreten.

weniger Waffen. Die NATO habe schon vor kurzem ihre atomaren Gefechtsfeldwaffen um 1000 auf 6000 vermindert. Eine weitere Reduktion sei möglich.

Auch die jüngsten Vorschläge führender amerikanischer Senatoren, darunter Percy und Nunn, liefen darauf hinaus, wie es schon die Absicht des amerikanischen Präsidenten Reagan bei der Umfirmierung von SALT in START gewesen sei, erstmals zu einer echten zahlenmäßigen Verminderung der Kernwaffen zu kommen.[4]

Dies alles entlaste uns aber nicht von der Aufgabe, im großen Bereich der Mittelstreckenraketen zu einer Lösung zu kommen, die die derzeitige Schutzlosigkeit der nichtatomaren NATO-Partner durch landgestützte Systeme beseitige. Entweder müßten die sowjetischen Mittelstreckenraketen verschwinden, oder es bedürfe einer Nachrüstung.

Wir hätten schon eine Reihe von Fortschritten in Genf erlebt. Zunächst habe bekanntlich Moskau erklärt, überhaupt nicht verhandeln zu wollen, falls der NATO-Doppelbeschluß gefaßt würde. Dann aber sei es zu den Verhandlungen überhaupt nur aufgrund des NATO-Doppelbeschlusses gekommen. Zweimal habe Andropow Vorschläge gemacht[5], mit denen er ursprünglich eingenommene starre Positionen abgemildert habe. Es müsse weiter verhandelt werden, niemand dürfe Genfer Erfolgsaussichten vorzeitig in den Wind schlagen.

Honecker berichtete, er habe im Mai Gelegenheit zu Besprechungen mit Andropow gehabt[6] und kenne die sowjetische Interessenlage genau. Seine Ausgangsposition sei zwar anders als die des Regierenden Bürgermeisters, darauf komme es aber nicht unbedingt an, sondern darauf, sich auf eine Lösung der bestehenden Probleme zu verständigen. Schon beim Abschluß von SALT II wurde ein Gleichgewicht zwischen Ost und West festgestellt. Nach SALT II sollten auch die sog. Grauzonen beseitigt werden. Da es jedoch nicht zur Ratifizierung von SALT II gekommen sei, seien auch die Grauzonen geblieben und schließlich zum Ausgangspunkt des Doppelbeschlusses geworden, vor dem er immer gewarnt habe. Zum Zeitpunkt des Abschlusses von SALT II hätten SS 20 schon existiert. Deshalb sei verständlich, wenn die Sowjetunion der Meinung sei, daß das damalige Gleichgewicht auch heute noch besteht. Luftgestützte und seegestützte Waffen existierten auf beiden Seiten seit langer Zeit. Durch die Einführung der SS 20 hätten sich keine wesentlichen Veränderungen der Konstellation ergeben.

---

4 Der Vorschlag der US-Senatoren Charles Percy, William S. Cohen und Sam Nunn bildete die Grundlage für das Konzept, mit dem die USA in die neue Runde der amerikanisch-sowjetischen Verhandlungen am 6. 10. 1983 in Genf über SALT und START gingen.

5 Generalsekretär Juri Andropow hatte in einem Interview mit der ›Prawda‹ am 27. 8. 1983 u. a. eine Verschrottung der überzähligen SS 20-Raketen vorgeschlagen, statt wie zuvor eine Verlegung in den asiatischen Teil der Sowjetunion. Vgl. AdG 1983, S. 27027. – Zu Andropows neuem Vorschlag zu INF vgl. Nr. 4, Anm. 8.

6 Siehe Nr. 5, Anm. 13.

Selbst wenn man der Meinung sei, daß auf die Dauer militärisches Gleichgewicht allein Frieden nicht erhalten könne, müsse man feststellen, daß das System des Gleichgewichts über 38 Jahre funktioniert und seinen eigenen Wert habe.

Honecker unterstrich, daß Pershing II und Cruise Missiles Erstschlagwaffen seien, die erstmals im Vorfeld der Sowjetunion stationiert würden und die Sowjetunion selbst bedrohten. Demgegenüber verfüge die Sowjetunion über kein adäquates System gegenüber den Vereinigten Staaten. In dieser Situation könne jeder Konflikt zwischen den Supermächten den Ausbruch des Dritten Weltkrieges bedeuten. Honecker unterstrich, daß niemand in der Sowjetunion die Idee habe, Westeuropa anzugreifen. Offensichtlich teile heute auch McNamara[7] diese Auffassung, denn anders seien seine Vorschläge nicht zu verstehen.

Was die französischen und britischen Systeme angehe, bemerkte Honecker, gehe er davon aus, daß sie im Ernstfall auch der NATO unterstünden. Die DDR habe ein eminentes Interesse, ein Wettrüsten und damit eine weitere Komplizierung der Lage, eine Erhöhung der Kriegsgefahr und eine Belastung der Beziehungen zwischen den beiden deutschen Staaten zu vermeiden. Honecker betonte, daß die DDR kein Interesse habe, die Bundesrepublik aus der NATO zu drängen, wie er auch davon ausginge, daß die Bundesrepublik die Zugehörigkeit der DDR zum Warschauer Pakt als Konstante vertrete.

Wenn auch heute noch Gefechtswaffen und andere Waffen auf Ziele in der DDR gerichtet seien und in der DDR auf Ziele in der Bundesrepublik, so beruhe das noch immer auf der Theorie von der Gewinnbarkeit von Kriegen. Er bestreite diese Theorie und wünsche deshalb keine neue Runde eines atomaren Wettrüstens. Eine Stationierung von Pershing II und Cruise Missiles würde aber Gegenmaßnahmen der Warschauer-Pakt-Staaten auslösen müssen, d. h. konkret neue Waffensysteme auf dem Boden der DDR gegen Ziele in der Bundesrepublik. Unter diesen Umständen könne man auch in der Bundesrepublik nicht von einem Gewinn an Sicherheit bei der Stationierung von Pershing II und Cruise Missiles ausgehen, man müsse im Gegenteil bei Stationierung einen Verzicht auf Sicherheit sehen.

Honecker kam in diesem Zusammenhang auf die Vorschläge Andropows zu sprechen und bezeichnete sie als eine Basis, um in Genf weiterzukommen. Bedauerlicherweise rührten sich die Vereinigten Staaten in Genf aber bisher nicht.

Am Rande wolle er bemerken, daß eine Stationierung von neuen Waffensystemen in der Bundesrepublik Deutschland auch ein Verstoß gegen bestehende Verträge von Potsdam bis zum Grundlagenvertrag darstellten. Während die Folgen von Hiroshima und Nagasaki noch

[7] Robert McNamara, US-Verteidigungsminister 1961–1968, Präsident der Weltbank 1968–1981.

heute nicht überblickt werden könnten, habe man es dennoch mit einer ungeheuren Aufrüstung zu tun. Dem müsse entgegengewirkt werden, um so mehr, weil man befürchte, daß der Zwischenfall im Fernen Osten (Abschuß der koreanischen 747)[8] zu einer Beschleunigung der Nachrüstung im Westen benutzt würde.

Der Regierende Bürgermeister unterstrich, daß der amerikanische Präsident nicht einen gewinnbaren Krieg vorbereite, sondern eine angemessene Sicherheit zur Abschreckung vom Krieg. Die geopolitische und geostrategische Lage sei zwischen Ost und West asymmetrisch. Das sei bekannt. Daraus müssen Konsequenzen gezogen werden, die den Schutz aller Beteiligten garantieren. Wir Deutschen wollten nicht nur, daß von deutschem Boden kein neuer Krieg ausgehe. Wir wollten in der Bundesrepublik Deutschland darüber hinaus auch einen Schutz vor der bereits heute bestehenden Mittelstreckenbedrohung. Entscheidend sei nicht ein numerisches Gleichgewicht, sondern die Beseitigung der Bedrohung. Sowjetische Gesprächspartner hätten noch nie bestritten, daß die SS 20 auf uns gerichtet sei. Ihr einziges Argument bestehe immer nur in der Frage, ob wir uns denn bedroht fühlten. Man wolle uns nicht angreifen. Unsere Antwort sei, daß dann die SS 20 überflüssig sei. Sollte Genf keine Ergebnisse bringen und die NATO zur Nachrüstung genötigt sein und würde daraufhin die Sowjetunion nachnachrüsten, dann würde dies die heutige gegen uns gerichtete Bedrohung nicht verstärken. Für die DDR und andere Warschauer-Pakt-Staaten werde zusätzliches Personal und Material auf ihrem Boden unbequem sein.

Honecker warf an dieser Stelle ein, auch er habe keinerlei Interesse, noch mehr der geringen Nutzfläche für die Menschen zu militärischen Zwecken zur Verfügung zu stellen. Deshalb sei die DDR in außerordentlich ernsthafter Weise an einem Gelingen der Gespräche von Genf interessiert.

Der Regierende Bürgermeister wies auf die drei Körbe der Schlußakte von Helsinki hin. Nach seiner Auffassung sei Korb II von großer Bedeutung. Man werde den Frieden nicht dadurch sichern, daß man die Ost-West-Beziehungen nur noch auf Fragen der Sicherheit und Rüstungskontrolle beschränke. Die Erfahrung lehre: Nicht Rüstung oder Abrüstung allein sichere den Frieden; vielmehr bereiteten friedliche Beziehungen den Weg zur Abrüstung. Erfolge im Bereich der Körbe I und III hingen wesentlich mit der Praxis im Feld des Korbs II zusammen.[9]

[8] Siehe Nr. 7, Anm. 13.
[9] Korb I der Schlußakte von Helsinki vom 1. 8. 1975 betraf Prinzipien der Sicherheit in Europa, Korb II Zusammenarbeit auf den Gebieten Wissenschaft und Technik, Umwelt und Wirtschaft, Korb III Grundsätze der Menschenrechte, der Freiheit und humanitäre Fragen.

Honecker nahm auf das Ergebnis von Madrid Bezug.[10] Er hoffe, daß dies auch in Genf positive Wirkungen auslöse. Die Ergebnisse von Madrid habe die DDR-Führung in großer Auflage der eigenen Bevölkerung zur Kenntnis gegeben.

Der Generalsekretär erwähnte die Vancouver-Deklaration des Weltkirchenrates.[11] Der Regierende Bürgermeister griff dies auf und wies darauf hin, diese Deklaration habe zu Recht unterstrichen, daß Frieden nicht allein das Schweigen der Waffen sei, sondern daß es um einen menschengerechten Frieden ginge.

3. Zur Frage der Beziehungen zwischen den beiden deutschen Staaten bemerkte der Regierende Bürgermeister, kein Zweifel sei am aktiven Interesse der Bundesregierung an einer kontinuierlichen Entwicklung erlaubt. Hier gäbe es nach wie vor ernste Hindernisse.

Die Erhöhung des Mindestumtausches vom Oktober 1980[12] gehöre dazu. Wir hätten uns schon 1981 Signale für eine Verbesserung der dadurch eingetretenen Lage erhofft. Die neue Regierung habe dieses Problem jedoch von der alten ungelöst übernehmen müssen. Für die Menschen in Deutschland käme es darauf an, die Entspannung nicht nur als technisches, wirtschaftliches oder abstrakt politisches Instrument in den Zeitungen zu lesen, sondern sie selbst in der eigenen praktischen menschlichen Erfahrung zu verspüren. Es ginge uns mit unserem Beharren wegen des Mindestumtausches nicht um Polemik, sondern darum, Entspannung menschlich verständlich durchzuführen.

Der Milliardenkredit[13] sei von der Bundesregierung gegeben worden, um gerade auch in schweren Zeiten des Ost-West-Verhältnisses politische und menschliche Signale zu setzen. Es ginge der Bundesregierung bekanntlich nicht um eine Bindung des Kredits an ganz konkrete, zeitlich fixierte Gegenleistungen. Der Kredit sei vielmehr als ein Signal nach dem Prinzip Vertrauen gegen Vertrauen zu verstehen. Es bedürfe nunmehr der Gegensignale.

Honecker merkte an, er verstehe unsere Gesichtspunkte zum Mindestumtausch. Dann wiederholte er die bekannte Argumentation über Wechselkurs und Devisenmanipulation.

Im Vier-Augen-Gespräch fügte Honecker hinzu, er beabsichtige, den Mindestumtausch für Jugendliche bis zum Alter des vollendeten 14. Lebensjahres ab 27. September d. J. aufzuheben.[14] Dies bäte er, dem Bundeskanzler, nicht aber der Öffentlichkeit mitzuteilen.

[10] Zum Ergebnis der am 15. 7. 1983 mit einem Schlußdokument beendeten KSZE-Folgekonferenz in Madrid vgl. Nr. 5, Anm. 15.

[11] Siehe Nr. 7, Anm. 6.

[12] Durch eine Anordnung des DDR-Finanzministeriums war mit Wirkung vom 13. 10. 1980 der Mindestumtausch für Reisen in die DDR und nach Ost-Berlin auf 25 DM angehoben worden.

[13] Gemeint war der von Strauß eingefädelte Milliardenkredit.

[14] Die angekündigte Anordnung erfolgte tatsächlich zu diesem Datum.

Zum Thema Ost-West-Reisen fragte der Regierende Bürgermeister nach der Möglichkeit für Menschen aller Altersstufen wie in Ungarn oder in der ČSSR alle paar Jahre eine Auslandsreise möglich zu machen. Honecker antwortete nur mit der Absicht, den Jugendaustausch zu steigern, ohne auf den Kern der Frage näher einzugehen.

Der Regierende Bürgermeister begrüßte die gestiegene Zahl der Reisen in dringenden Familienangelegenheiten und der Familienzusammenführung sowie atmosphärische Verbesserungen im Grenz- und Transitverkehr. Er unterstrich aber nachdrücklich die nach wie vor belastende psychologische Situation derer, die durch die anonymen Grenzvorrichtungen hindurch müßten und auf der Transitstrecke führen. Ebenso wies er auf die nach wie vor unerträglichen Grenzanlagen selbst hin.

Honecker zeigte sich bei dieser Thematik relativ aufgeschlossen. Es ginge ihm darum, Möglichkeiten zu eruieren, um psychologische und bürokratische Erleichterungen bei der Benutzung der Transitstrecke zu suchen. Man wolle sich so sehr wie möglich anderen Grenz- und Transitregimen anpassen.

Im Vier-Augen-Gespräch fügte er hinzu, ein Drittel der automatischen Schußanlagen an der Zonengrenze sei schon abgebaut. Die anderen zwei Drittel wolle er ebenfalls beseitigen lassen. Die betonierten »Spanischen Reiter« sollten verschwinden.

Zur Elektrifizierung von Eisenbahnstrecken wiederholte Honecker die bekannte Position, daß die DDR gegenwärtig aus ihrer internen Prioritätenlage am Ausbau der Ost-West-Strecken weniger interessiert sei. Im Falle unseres Interesses sollten wir Vorschläge einschließlich der Finanzierungsfragen machen.

Zur Frage des Postverkehrs bemerkte Honecker, daß nach dem Eintritt beider deutscher Staaten in internationale Organisationen eine neue Lage entstanden sei, der man nun Rechnung tragen müsse. Die DDR betreibe einen Überhang von Leistungen, und das bedeute einen Überhang an Kostentragung durch die Bundesregierung. Dieser Ausgleich müsse nun hergestellt werden. In Besprechungen mit Jenninger seien 300 Mio. DM als adäquater Ausgleich von Leistung und Gegenleistung angesehen worden.[15] Dennoch habe es in den letzten Gesprächen keine Einigung auf dieser Basis gegeben. Das zwänge u. U. die DDR dazu, im nächsten Jahr ihre Leistungen einzuschränken. Er stelle sich überhaupt die Frage, weshalb es im Postverkehr zwischen den beiden deutschen Staaten weiterhin Binnentarife geben müsse.

Der Regierende Bürgermeister sagte, er sei in diesem Fall nur zur Weitergabe an die Bundesregierung in der Lage.

Für die kulturellen Beziehungen unterstrich Honecker erneut die

---

[15] Siehe Nr. 7, Anm. 25.

Bereitschaft zu Verhandlungen eines Abkommens. Die Stiftung Preußischer Kulturbesitz solle dabei kein Hindernis darstellen; als Rechtsproblem solle sie ausgeklammert werden. Die DDR werde lediglich eine Verwahrungsformel in bezug auf bestimmte Gegenstände anfügen.

Honecker wiederholte die vier Forderungen von Gera.[16] Er fügte hinzu, an der Unabhängigkeit der beiden deutschen Staaten voneinander werde sich in Zukunft nichts ändern. Daher sähe er keinen Sinn darin, den Gedanken der Wiedervereinigung immer besonders herauszustellen.

Der Regierende Bürgermeister verwies darauf, zu einer Teilung Deutschlands und Berlins wäre es ohne Hitler nicht gekommen. Aber die historische Erfahrung spreche durchaus dagegen, daß die Teilung die letzte Antwort der Geschichte auf die Frage nach der politischen Struktur Zentraleuropas bleiben werde. Daß man in einer historischen Perspektive an die Aufhebung der Teilung denke, sei nur natürlich. Dem widersprach Honecker nicht.

Im Zusammenhang mit der Staatsbürgerschaft bemerkte Honecker, er habe bereits dem früheren Bundeskanzler Schmidt gesagt, daß er nicht unter den Bedingungen in die Bundesrepublik Deutschland fahren könne, unter denen Stoph nach Kassel gereist sei[17], sondern nur und ausschließlich als Staatsbürger der DDR mit allen damit zusammenhängenden Rechten.

4. Zum Berliner Themenbereich wurde beiderseits die Bedeutung des Vier-Mächte-Abkommens und der Sicherung des Friedens für die Stadt unterstrichen.

Honecker bezeichnete die Wirtschaftsbeziehungen zwischen Berlin und der DDR als gut; sie hätten sich in den vergangenen 10 Jahren nahezu verzehnfacht. Die DDR sei besonders interessiert an einer Zusammenarbeit im Waggonbau und an der weiteren Lieferung von Mineralölprodukten, landwirtschaftlichen Erzeugnissen und Baustoffen.

Zu Umweltfragen betonte Honecker, daß Ostberlin mit dem Erdgasbezug beginne und sich damit erhebliche Auswirkungen positiver Art für Westberlin ergäben. Der Regierende Bürgermeister antwortete, daß die Bundesregierung aufgrund der Großfeuerungsanlagen-Verordnung in den nächsten Jahren 7 Mrd. DM für Luftreinhaltungsmaßnahmen ausgeben würde, allein in Berlin 1 Mrd. DM investiere. Den größeren Nutzen davon würde die Umgebung von Berlin (West), also Ostberlin und die DDR haben.

Gerade zur Sauberkeit der Luft bedürfe es neuer Leistungen auf sei-

---

[16] Zu den Geraer Forderungen vom 13. 10. 1980 siehe Nr. 1, bes. Anm. 16.
[17] Zum Kasseler Treffen von DDR-Ministerpräsident Stoph mit Bundeskanzler Brandt am 21. 5. 1979 und den »Bedingungen« vgl. Nr. 4, Anm. 23.

ten der DDR. Zu Verhandlungen über diese Berliner Fragen sei es bisher nicht gekommen. Honecker sagte, darüber müsse gesprochen werden, fügte aber unnötigerweise hinzu: nicht durch das Umweltbundesamt[18] als Gesprächspartner.

Zur S-Bahn-Problematik äußerte sich Honecker mit einem Hinweis auf das kürzlich von Schalck an Bräutigam übergebene Papier.[19] Die DDR, fuhr Honecker fort, habe keine Absichten, den Status zu verändern. Sie habe in den letzten 10 Jahren insgesamt ein Defizit beim S-Bahn-Verkehr von 1,5 Mrd. zu tragen gehabt. Auch beim reduzierten Betrieb entstünden gegenwärtig Kosten von 80 Mio. pro Jahr. Man werde ab 1. 1. 1984 den Verkehr einstellen müssen. Die DDR wolle nicht verdienen, sie könne aber auch kein Defizit mehr tragen.

Die S-Bahn könne von einer gemischten Gesellschaft oder auf andere Weise betrieben werden. Wenn er von Gesellschaft spreche, so denke er nicht an 51% für die DDR, sondern an eine Minderheitsbeteiligung. Wenn man in West-Berlin interessiert sei, solle darüber geredet werden.

Der Regierende Bürgermeister stellte fest, daß der Senat bei der Bearbeitung der S-Bahn-Probleme auf große Beschleunigung bei allen beteiligten Stellen dränge. Aber durch Tempo allein seien die zum Teil schwierigen technischen Probleme nicht zu lösen.

Der Regierende Bürgermeister benutzte diese Gelegenheit, um seinem Wunsch nach einer S-Bahn-Strecke bis Potsdam Ausdruck zu geben, und schloß zugleich die Äußerung an, daß er hoffe, zum gegebenen Zeitpunkt auch Möglichkeiten zu finden, daß Fußgänger die Glienicker Brücke benutzen können. Honecker nahm diese Mitteilungen ohne Kommentar oder Widerspruch wortlos entgegen.

Honecker bezog sich auf Gerüchte, wonach Alliierte von der Möglichkeit sprächen, nach einer Einstellung der S-Bahn durch Ostberlin anschließend die S-Bahn im westlichen Teil der Stadt allein und isoliert zu betreiben. Dabei sei offenbar an die technische Möglichkeit gedacht, den Betrieb von S-Bahn und Reichsbahn völlig voneinander zu trennen. Er wolle betonen, daß dies schon aus technischen Gründen unmöglich sei. Auf Vorhalt des Regierenden Bürgermeisters betonte Honecker, man habe in der DDR kein Interesse an einer einseitigen Lösung der S-Bahn-Frage. Man strebe eine Vereinbarung an, bezahlen aber könne man ab 1. 1. 1984 nichts mehr.

Zur Problematik der Stromversorgung knüpfte der Regierende Bür-

---

[18] Das Umweltbundesamt hatte seinen Sitz in Berlin.
[19] Alexander Schalck-Golodkowski, Chef der KoKo (Kommerzielle Koordination) der DDR; Hans Otto Bräutigam, Leiter der Ständigen Vertretung der Bundesrepublik in der DDR. Nach Verhandlungen zwischen Beauftragten des DDR-Verkehrsministeriums und des Berliner Senats wurde am 30. 12. 1983 eine Vereinbarung getroffen, wodurch der S-Bahn-Betrieb in Berlin (Ost) zum 9. 1. 1984 auf Berlin (West) überging. Innerdeutsche Beziehungen (1986), S. 30 f. und 165 ff.

germeister an Gespräche von westdeutschen Firmenvertretern auf der Leipziger Messe an. Es ginge darum, eine kommerzielle rechenfähige Lösung des Energieverbundes zu prüfen, die für beide Seiten von Interesse wäre. Honecker war das Thema bekannt. Er verwies auf Verhandlungen in früheren Jahren, bei denen Gespräche bereits mit der Sowjetunion auf Widerstand der DDR gestoßen seien. Die Frage wurde von beiden Seiten für zukünftige Gespräche festgehalten, aber nicht vertieft.

Zur 750-Jahr-Feier berichtete der Regierende Bürgermeister von seinen Gesprächen mit Politbüromitglied Sindermann und Staatssekretär Löffler im Mai in Eisenach.[20] Er äußerte den Wunsch, daß, auch wenn es wohl nicht zu einer gemeinsamen Geburtstagsfeier käme, doch Kontakte und gegenseitige Informationen untereinander nützlich wären. Hierfür erbäte er die Nennung einer Gesprächsebene und eines Gesprächspartners. Honecker ging darauf ein und nannte Staatssekretär Löffler als den Gesprächspartner von seiten der DDR. Für den Berliner Senat nannte der Regierende Bürgermeister den Senatsdirektor Fest.

Für den Reise- und Besucherverkehr nahm Honecker Bezug auf von uns mehrfach vorgetragene Wünsche nach einer Erleichterung der Visa-Erteilung auf Mehrfachberechtigungsscheine. Er teilte mit, es werde gegenwärtig geprüft, ob die Visen bereits bei der Erteilung des Mehrfachberechtigungsscheines ausgehändigt werden könnten. Auch weitere Wünsche von unserer Seite im selben Zusammenhang wurden, soweit die Zeit es zuließ, gestreift.

Honecker unterstrich, man sei in der DDR zur Zusammenarbeit auf jeder Ebene bereit, einschließlich Parteien und Parlamentarier.

Der Regierende Bürgermeister wiederholte abschließend, was er schon einleitend gesagt hatte: Das Vier-Mächte-Abkommen habe die jahrzehntealten Meinungsverschiedenheiten über den Status von Berlin nicht beseitigt. Man habe sich aber auf eine Formel verständigt, die jeder Seite ihren Standpunkt belasse, zugleich aber die Besprechung und Regelung gemeinsam interessierender praktischer Fragen ermögliche. So verstehe er auch dieses Gespräch. Den Status von Berlin könne weder er noch Honecker ändern. Das Gespräch, was heute geführt worden sei, dürfe von keiner Seite dazu mißbraucht werden, um die Statusposition der anderen Seite zu mißbrauchen oder zu verschlechtern. Deshalb dürfe bei den Verlautbarungen über dieses Treffen z. B. auch nicht von den »Beziehungen« der DDR mit Berlin (West) gesprochen werden.[21] Honecker sagte dies zu und stimmte dem Gedankengang im ganzen ausdrücklich zu.

---

[20] Horst Sindermann, Präsident der Volkskammer der DDR; Kurt Löffler, Staatssekretär im DDR-Kultusministerium und Sekretär der Martin-Luther-Komitees der DDR.
[21] Der Wortlaut von Weizsäckers Ausführungen auf der Pressekonferenz nach seiner Rückkehr am 15. 9. 1983 findet sich in einer Abschrift in der Akte »RBm Besuche in Berlin (Ost) DDR

Es bestand Übereinstimmung, daß kein neues Gespräch zu vereinbaren sei, daß aber auf beiden Seiten die Behandlung dieses Gesprächs so erfolgen müsse, daß es bei Bedarf später weitere Gesprächskontakte möglich mache.

[b] SAPMO ZPA IV 2/1/615: »Niederschrift über das Gespräch des Generalsekretärs des Zentralkomitees der SED und Vorsitzenden des Staatsrates der DDR, Erich Honecker, mit dem Regierenden Bürgermeister von Berlin (West), Richard von Weizsäcker, am 15. September 1983 im Schloß Niederschönhausen, Berlin«

R. v. Weizsäcker dankte für das Zustandekommen des Treffens, das seinerzeit im Kontakt mit der Bundesregierung der BRD und den westlichen Alliierten vorbereitet worden sei. Er übermittelte Grüße von Bundeskanzler H. Kohl, die E. Honecker erwiderte. Bei aller Vielfalt seiner Aufgaben als Regierender Bürgermeister, in der CDU und in der Leitung der EKD, so meinte R. von Weizsäcker, läge seine eigentliche Quelle und Wurzel in der Politik.

Die Ost-West-Lage im ganzen setze auch den Beziehungen zwischen beiden deutschen Staaten und dem Verhältnis zwischen Westberlin und der DDR einen Rahmen, dem nicht ohne weiteres zu entkommen sei und dem man Rechnung tragen müsse. Zwar habe er keinen unmittelbaren Verantwortungsanteil an der Politik, aber aufgrund seiner Gespräche mit Staatsoberhäuptern und anderen Persönlichkeiten des Westens wolle er sagen, daß es niemandem von ihnen im Ernst darum gehe, den Frieden zu gefährden. Die Meinungsverschiedenheiten bestünden darin, wie er zu erhalten sei.

Was die Verhandlungen in Genf über die atomaren Mittelstreckenwaffen betreffe, so stimme er mit H.-J. Vogel überein, daß man vom eigenen Boden aus nicht sowjetischen Boden bedrohen wolle, genauso wolle man nicht von sowjetischem Boden aus bedroht werden. Noch 1980 habe die Sowjetunion die Einbeziehung der französischen und britischen Kernwaffen nicht gefordert. Selbstverständlich sei es legitim, in das Gesamtpaket einer Reduzierung alles einzubeziehen. Mit den französischen und britischen Waffen könne dies nicht bei den Genfer Verhandlungen, sondern nur an anderer Stelle geschehen.[3]

Als seinen engeren Standpunkt bezeichnete es R. v. Weizsäcker, daß die Bundesrepublik durch ein System mittlerer Reichweite zur Zeit

vom 13. IX. 1979 bis 22. IX. 1983« (Senatskanzlei 7311/03); für die DDR-Seite siehe den Bericht in: ›Neues Deutschland‹ vom 17. 9. 1983.

nicht geschützt sei. Durch die französischen Raketen fühle er sich zwar nicht bedroht, aber auch nicht geschützt. Die Rüstungsspirale dürfe nicht weitergeschraubt werden. Sowohl Kwizinski als auch Nitze seien ihm persönlich bekannt, und er schätze sie. Jedoch sei es kaum möglich, zu dem zurückzukehren, was sie seinerzeit bei ihrem Waldspaziergang besprochen hätten. Dafür seien beide Seiten zu festgelegt. Das habe er auch in den USA gesagt.

R. v. Weizsäcker verwies auf die Situation im USA-Kongreß, der mit Mitteln ausgestattet sei, die es der Administration nicht erlaubten, einfach so drauflos zu marschieren. Drei einflußreiche Senatoren (Percy, Cohan, Nunn) hätten in einer erneuten Vorlage geltend gemacht, daß die Verhandlungen über die atomaren Mittelstreckenwaffen wichtig seien, aber noch wichtiger sei das Problem der Interkontinentalraketen (MX).[4] Dieses Problem rücke dort mehr in den Vordergrund als die Pershing II. Die Senatoren hätten auf ein Gesamtkonzept gedrungen, daß eine dramatische Reduzierung der großen Systeme vorsehe und die kleinen einbeziehen solle.

Die US-Administration finde nicht immer Töne, die in Europa als wohlklingend empfunden würden, aber man könne mit ihr reden, meinte R. v. Weizsäcker. Den Frieden mit immer weniger Waffen zu sichern – darüber dürfe man nicht nur als Prinzip verhandeln, sondern man müsse es in die Praxis umsetzen. Er halte den jüngsten Vorschlag J. Andropows zur Reduzierung der atomaren Mittelstreckenwaffen[5] für wichtig, aber er löse das Problem noch nicht. Nach seiner Meinung seien die Genfer Verhandlungen noch nicht aussichtslos.

Als »Standbein« für bessere Beziehungen bezeichnete R. v. Weizsäcker Sicherheit und eigene Unabhängigkeit. Was unter dem Begriff »Entspannung« mit Recht in die Köpfe der Menschen eingegangen sei, könnten nur Unabhängige betreiben. Die Lage der BRD im NATO-Bereich müsse berücksichtigt werden.

E. Honecker unterstrich, daß die Friedenssicherung, der Stopp des Wettrüstens und die Reduzierung der Rüstung, insbesondere der atomaren, die wichtigsten Fragen der Gegenwart sind. Auf seine Gespräche beim Staatsbesuch im Mai dieses Jahres in der UdSSR verweisend[6], erklärte er, er kenne die Grundlagen des Handelns der sowjetischen Partei- und Staatsführung. Sie habe ein offenes Ohr für alle konstruktiven Vorschläge. Entscheidend sei, nach dem Prinzip der Gleichheit und der gleichen Sicherheit Frieden zu schaffen mit immer weniger Waffen. Das sei bekanntlich, etwas ergänzt, auch die Losung H. Kohls.

[...]

Komme es zur Stationierung in Westeuropa, insbesondere in der BRD, so entstehe eine neue Lage. Dies wäre die Wiederholung der Gefahr eines Krieges gegen die UdSSR von deutschem Boden aus. Damit würden sowohl das Potsdamer Abkommen als auch die Nachkriegsabkommen wie der Grundlagenvertrag, nicht zuletzt das Vierseitige Abkommen über Westberlin vom 3. September 1971 verletzt. E. Honecker verwies auf seinen mehrfachen Appell an die Bundesregierung, ihre Haltung in dieser Frage noch einmal zu überdenken. Ihm müsse größere Aufmerksamkeit geschenkt werden. Die Bundesregierung müsse ihre Verpflichtung einlösen, alles zu tun, damit von deutschem Boden nie wieder ein Krieg ausgeht.

Wenn die BRD in eine Startrampe für Pershing II und Cruise Missiles verwandelt werde, dann ziehe dies unweigerlich Gegenmaßnahmen des Warschauer Paktes nach sich, wobei auch das Territorium der USA nicht unberücksichtigt bleibe. In der DDR, der ČSSR und anderen sozialistischen Ländern würden, wie auf der Tagung führender Repräsentanten in Moskau vereinbart[22], neue operative taktische Raketen und Marschflugkörper mit längerer Reichweite stationiert. Eine militärische Überlegenheit der NATO werde auf keinen Fall zugelassen.

Durch die NATO-Raketenstationierung gewinne die BRD nicht mehr Sicherheit, sondern verliere sie, sagte E. Honecker. J. Andropow habe H. Kohl bei dessen Moskau-Besuch[23] mit allem Ernst auf die Konsequenzen aufmerksam gemacht, die sich aus dieser Stationierung und der notwendigen Nachrüstung des Warschauer Paktes ergeben.

Die DDR trete für die Vernichtung aller Atomwaffen ein, betonte E. Honecker. Sie sei für die Schaffung einer atomwaffenfreien Zone in Europa, für die Abrüstung in Ost und West. [...]

Ein Atomkrieg in Europa, stellte E. Honecker fest, wäre sofort ein Weltkrieg, der von der menschlichen Zivilisation nur sehr wenig übriglassen würde. Selbst diejenigen, die dann noch aus den Bunkern steigen würden, fänden keine Lebensbedingungen mehr vor, von den verheerenden Auswirkungen eines solchen Krieges auf das, was den Erdball umgibt, ganz zu schweigen. E. Honecker verwies auf die Stellungnahme des Weltkirchenrates in Vancouver gegen die Atomrüstung.[11] Sogar der ehemalige Verteidigungsminister der USA, McNamara, habe dieser Tage erklärt, daß er die Stationierung von Pershing II in der BRD nicht für die Ultima ratio, sondern für ein großes Risiko und für überflüssig halte. In Europa zum Mittel des Krieges zu greifen, betonte E. Honecker, bedeute, die Selbstvernichtung der Menschheit einzukalkulieren.

Als besonders gefährlich bezeichnete er die vor allem in den USA verkündete Theorie von der Begrenzbarkeit und der Führbarkeit des Atomkrieges. Fachleute hätten erklärt, daß sie unhaltbar sei und in einen solchen Krieg auch das Territorium der USA einbezogen würde. Von der Gewinnbarkeit eines Atomkrieges könnten nur verantwortungslose Leute, nur solche reden, welche die Dinge nicht kennen.

[22] Siehe Nr. 5, Anm. 11.
[23] Vgl. Nr. 5, Anm. 7.

Das wichtigste sei, eine neue Runde des atomaren Wettrüstens zu verhindern, sonst werde sich die internationale Lage noch weiter komplizieren und sich die Gefahr eines Weltkrieges erhöhen. Verschärfe sich die internationale Situation, so würden auch die sich gut entwickelnden Beziehungen zwischen der DDR und der BRD sowie das Verhältnis zwischen der DDR und Berlin (West) negativ beeinflußt. Die DDR und die BRD gehörten den beiden größten Militärkoalitionen an, was man bei der Gestaltung ihrer Beziehungen in Rechnung stellen müsse. Dabei wolle die DDR nicht darauf hinaus, die BRD aus der NATO herauszukatapultieren, und hoffe, daß es umgekehrt, im Hinblick auf die Verankerung der DDR im Warschauer Vertrag genauso sei. Beide deutsche Staaten trügen in besonderem Maße Verantwortung für den Frieden, dem sie gerecht werden müßten.

Wie R. v. Weizsäcker bemerkte, sei die Vorstellung von einer Begrenzbarkeit und Gewinnbarkeit des Atomkrieges wohl gefährlich. Die Gewinnbarkeit eines Atomkrieges als politische Vokabel zu verwenden, betrachte er als verantwortungslos. Er argumentiere nicht als Amerikaner, weil er keiner sei. Nach seiner Meinung gehe es nicht um ein numerisches Gleichgewicht; es handele sich um eine strukturelle Asymmetrie aufgrund der geopolitischen Situation, die keiner ändern könne. Er frage sich aber, ob man den Preis dafür zahlen solle. Bei der Reduzierung der Rüstungen habe es bisher keine Fortschritte gegeben, doch rechne er damit, daß dafür in den nächsten Jahren gute Aussichten bestünden.

Mit Ernst und Aufrichtigkeit habe er gehört, was E. Honecker über die Gegenmaßnahmen gesagt habe; dies sei die Nach-Nach-Rüstung. Die Vernichtung mache nicht vor Grenzen halt, daher solle jeder deutsche Staat seine Stimme erheben. In den sowjetischen Vorschlägen sehe er durchaus Fortschritte, aber noch kein Ergebnis. Eine wirkliche Chance bestehe, wenn beide Führungsmächte ein Interesse daran hätten, ihre Aufmerksamkeit nicht nur in Waffensysteme zu investieren.

In Helsinki habe es drei Körbe gegeben, wobei die Sowjetunion primär von Korb I ausgegangen sein möge, um eine Multilateralisierung des Moskauer Vertrages zu erreichen; die USA und der Westen seien von Korb III ausgegangen. Als wichtigste Materie und Zugang zu beiderseitigen Fortschritten bei den Körben I und III betrachte er Korb II.[9] Die Abrüstung sei wesentlich, aber ehe man auf dem Weg der Abrüstung zum Frieden gelange, werde man auf dem Wege friedlicher Beziehungen die Abrüstung erreichen. Dies sei immer sein Gesprächsthema mit Amerikanern.

In Westberlin könne man keine isolierte Ostpolitik machen, sagte R. v. Weizsäcker. Gefördert werden müsse die Kooperation als Herzstück der Ost-West-Beziehungen. Wenn man das Interesse immer wieder auf das sicherheitspolitische Thema reduziere, dann diene man dem Frieden unzureichend.

E. Honecker erinnerte daran, daß er die Schlußakte von Helsinki unterschrieben und mit zahlreichen Staatsmännern gesprochen habe, so auch mit G. Ford[24], der für diese Konferenz gewesen sei, aber zugleich offen zu erkennen gegeben habe, wie widerstrebend die USA sich zur Teilnahme entschlossen hätten. Erst unter dem Druck der internationalen Zustimmung zu Helsinki sei dies geschehen. Die Schlußakte von Helsinki sei ein Kodex friedlicher Koexistenz, zu deren entschiedenen Anhängern die DDR gehöre. In diesem Sinne trage sie auch den Vorschlag mit, der von Prag aus unterbreitet wurde[25], zwischen Warschauer Vertrag und NATO einen Vertrag über den gegenseitigen Verzicht auf die Anwendung militärischer Gewalt und die Aufrechterhaltung friedlicher Beziehungen abzuschließen. Vom Frieden hänge alles ab. E. Honecker verurteilte den Kurs der Hochrüstung, der Sanktionen, des Boykotts und der Drohungen, womit die USA gerade jetzt wieder die internationalen Spannungen verschärften.

Die DDR wolle keine weitere Komplizierung der Weltlage, sondern Fortschritte zur Abrüstung und zur Zusammenarbeit, stellte E. Honecker fest. In diesem Lichte sehe sie auch die weitere Gestaltung ihrer Beziehungen zur BRD und ihres Verhältnisses zu Westberlin. Notwendig sei die Respektierung der Staatsbürgerschaft der DDR; sogar das Bundesverfassungsgericht habe bestätigt, daß es Bürger der DDR gibt.[26] Als weitere lösungsbedürftige Fragen nannte E. Honecker die Umwandlung der Ständigen Vertretungen in Botschaften, die Auflösung der sogenannten Erfassungsstelle Salzgitter und die Regelung der Elbgrenze. Der Grundlagenvertrag besage, daß beide deutsche Staaten souverän über ihre inneren und äußeren Angelegenheiten entscheiden. Daher sei es unverständlich, wenn jetzt in der BRD immer häufiger Vereinigungsparolen in der Vordergrund gerückt würden.

R. v. Weizsäcker bemerkte, nach dem Antritt der neuen Bundesregierung sei gefragt worden: »Wende oder Kontinuität?« Die Politik der Kontinuität stehe im Prinzip nicht in Frage. Nach Übernahme der »Gefechtslage« durch die neue Regierung sei es zu verschiedenen Begegnungen von Politikern der BRD und der DDR gekommen, die er für vernünftig und richtig gehalten habe. H. Kohl habe sie gewollt und gebilligt; er betrachte sie als ein Signal in schwieriger Zeit. In der bisherigen Entwicklung seien positive Fakten vor allem zu verzeichnen bei Reisen in dringenden Familienangelegenheiten, der Familienzusammenführung, der Terminierung wichtiger Themen, bei Umweltfragen

[24] Gerald Ford, Präsident der USA 1974-1976.
[25] Vgl. Nr. 2, Anm. 6.
[26] Siehe Nr. 5, Anm. 6.

und auf kulturellem Gebiet. Gehandelt werden müsse nach dem Prinzip Vertrauen gegen Vertrauen.

E. Honecker würdigte das Vierseitige Abkommen über Westberlin, an dessen Zustandekommen die DDR aktiv beteiligt war; auf seiner Grundlage seien die entscheidenden Fragen gelöst worden. Um dies zu ermöglichen, habe die DDR ein Stück ihrer Souveränität aufgegeben. Sie stehe voll und ganz zum Vierseitigen Abkommen. Vieles habe sich seit seiner Unterzeichnung in den Westberliner Angelegenheiten zum Guten verändert, was der Entspannung und dem Frieden genutzt habe.

Der Außenhandelsumsatz zwischen der DDR und Westberlin habe sich in den letzten 10 Jahren nahezu verfünffacht; die DDR sei bereit, eine Stelle zur Förderung des Handels zu schaffen. Im Transitverkehr sei alles für die einfachste, schnellste und günstigste Gewährleistung getan worden. 11,8 Millionen Reisende hätten 1973 die Transitwege benutzt; 1982 seien es 21,8 Millionen gewesen. Verbesserungen hätten auch die Öffnung des Teltow-Kanals und der Bau der Nordautobahn gebracht. Auch in Umweltfragen seien beiderseits vorteilhafte Vereinbarungen getroffen worden.

Zur Lösung des S-Bahn-Problems in Westberlin sei dem Senat ein entsprechendes Material übermittelt worden. Seitens der DDR bestehe keine Absicht, Statusfragen zu berühren. In 10 Jahren habe sie 1,5 Milliarden an Subventionen für den S-Bahn-Betrieb aufgebracht, was sie ab 1. Januar 1984 einstellen werde.[19]

E. Honecker verwies darauf, daß jährlich annähernd 2 Millionen Westberliner in die DDR reisen. Was den Mindestumtausch betreffe, so hänge alles davon ab, daß in Westberlin und der BRD mit der Manipulation der Mark der DDR endlich Schluß gemacht werde.

R. v. Weizsäcker stimmte der Feststellung E. Honeckers zu, daß es gelte, nicht Fragen in den Vordergrund zu stellen, bei denen eine Übereinkunft nicht möglich sei, sondern diejenigen, die vordringlich seien und einer Lösung zugeführt werden könnten. Dabei gehe die DDR davon aus, daß Westberlin nicht zur BRD gehöre und nicht von ihr regiert werde.

Auf eine entsprechende Frage R. v. Weizsäckers nach den Eindrücken von seinem Staatsbesuch in der VR Polen[27] antwortete E. Honecker, daß sich die Lage im Lande zunehmend stabilisiere. In Warschau habe er sich wie in Berlin gefühlt. Die Beziehungen zwischen der DDR und Volkspolen würden sich im Sinne fester Freundschaft gut weiterentwickeln.

[27] Vgl. Nr. 7, bes. Anm. 15.

9. Gespräch Delegation der »Grünen« – Honecker am 31. Oktober 1983 (Ost-Berlin)

[a] Archiv »Grünes Gedächtnis«, AK 8/9 1983/84, UAG (Arbeitsgemeinschaft) Deutschlandpolitik II: »Vorläufiges Gedächtnisprotokoll des Gesprächs mit dem Staatsratsvorsitzenden Erich Honecker am 31. 10. 1983«

Honecker: Begrüßung. Das wichtigste Problem überhaupt ist die Verhinderung einer neuen Runde des Wettrüstens, da die Welt möglicherweise vor einem Dritten Weltkrieg steht. Sollte es nicht gelingen, das Wettrüsten zu stoppen, so hat die Reagan-Administration dies zu verantworten, die mit ihrer Kreuzzugsideologie gegen den Kommunismus immer wieder Kriege entfacht – der nächste wäre allerdings nicht überlebbar.

Dieses Problem stand in meinen Gesprächen mit Vertretern der BRD stets im Mittelpunkt, denn davon hängt die Zukunft dieser beiden Staaten – und der Menschheit überhaupt – ab. Wir können über alles reden, das wichtigste ist jedoch, eine neue Runde des atomaren Wettrüstens zu verhindern.

Ich habe an Herrn Kohl einen Brief geschrieben mit der Bitte, den Kurs der BRD nochmals zu überdenken, denn von deutschem Boden soll nie wieder ein Krieg ausgehen. Die Antwort war »vollkommen unbefriedigend, um nicht ein anderes Wort zu gebrauchen«.[1] Wir haben den Eindruck, daß der BRD mehr an der Stationierung liegt als an den Verhandlungen in Genf. Wir halten das für bedenklich. Denn nichts wirkt auf Washington so sehr wie die Zustimmung der BRD zur Stationierung. Die Antwort Kohls zeigt, daß die BRD von einer Stationierung ausgeht, und dies wäre ein Beitrag zur atomaren Rüstungsschraube. Dies ist bedauerlich auch für die Entwicklung beider deutscher Staaten.

Sie haben mir diesen Friedensvertrag mitgebracht.[2] Den hätte ich gerne gleich unterschrieben. Was mich daran hindert, ist der Punkt der einseitigen Abrüstung. Die entscheidende Frage ist doch: Wir müssen

---

[1] In seinem Antwortbrief vom 24. 10. 1983 (auf Honeckers Schreiben vom 5. 10.) bekannte sich Kohl »zu der Überzeugung, daß von deutschem Boden nie wieder Krieg ausgehen darf«, und griff den von Honecker »gewählten Begriff einer notwendigen Koalition der Vernunft gerne auf«. Er bekundete den Willen des Westens auch noch »über Ende 1983 hinaus weiterzuverhandeln« und forderte Honecker auf, seinen »Einfluß« gegen ein »neues Andrehen der Rüstungsspirale« geltend zu machen. Auf Honeckers Appell, die Haltung zur Stationierung zu überdenken, ging Kohl nicht ein. Vgl. den Wortlauf der beiden Schreiben in: Innerdeutsche Beziehungen (1986), S. 154f. und 158ff. – Zur Debatte darüber siehe bes. Nr. 10.

[2] Gemeint war der sog. »Grüne Friedensvertrag«, den Die Grünen öffentlich vorgelegt hatten.

alles tun, um ein neues atomares Wettrüsten zu verhindern. Ein einseitiger Schritt von uns würde aber bedeuten, daß die DDR nur konventionell gerüstet dastünde. Aber nehmen wir das Beispiel Grenada: Grenada wurde überfallen von 5000 Mann, ausgerüstet mit modernsten Waffen, ein Land halb so groß wie die Insel Rügen.[3] Das Beispiel beweist: Die DDR kann nicht einseitig abrüsten, dafür ist der Kurs Reagans zu unberechenbar. Wir stehen in unserem Bündnis, und wir haben Vorschläge gemacht. Die Sowjetunion geht sogar so weit, daß sie in der Zahl der SS 20 bis unter die Westraketen geht.[4] Das sind vernünftige Vorschläge von unserer Seite, großzügige Vorschläge, aber sie werden nicht ernsthaft entgegengenommen.

Es ist ganz klar: Wir sind bereit abzurüsten: Raketen, Sprengköpfe, see- und landgestützte Raketen. Unser Bündnis hat Vorleistungen und konkrete Maßnahmen vorgeschlagen. Aber eine einseitige Abrüstung ist uns nicht möglich.

Kelly: Dank für die Einladung als Reaktion auf Briefwechsel.[5] Wir sind beide atomare Geiseln der Supermächte (zustimmendes Kopfnicken Honeckers). Aber in dieser außergewöhnlichen Zeit besteht auch die Notwendigkeit für ebensolche Schritte. Die Grünen als Antikriegspartei müssen über Grenzen hinweggehen. Wir glauben nicht an die Doktrin der Abschreckung. Der Mechanismus der Überrüstung muß durchbrochen werden. Die Grünen sind gegen die Blocklogik und auch gegen den Kreuzzug gegen den Kommunismus.

Sie, Herr Honecker, loben uns, unsere Aktionen in der Bundesrepublik, die Aktionen der Kirchentage, die Demonstrationen etc. Aber sehr oft lehnen Regierungen, auch Ihre, Kritik von unten aus den eigenen Reihen ab. Auch hier in der DDR ist das so. Aber wir meinen, keine Regierung hat das Recht, ihre Friedensbewegung zu unterdrücken. Hier in der DDR haben die Leute zunehmend Angst, Angst vor dem Wehrsport, es gibt 5000 Wehrdienstverweigerer. Es gibt Proteste aus dem Jenaer Kreis[6], aber solchen Leuten droht hier der Verlust ihrer Lehrstelle, ihres Studienplatzes etc.

Ich würde Sie bitten zu erklären, Herr Honecker, warum Sie hier

[3] Die militärische Intervention der USA in der kleinen karibischen Inselrepublik Grenada war am 25. 10. 1983 erfolgt. Die britische Premierministerin Margaret Thatcher hatte sich am 25. 10. 1983 im Unterhaus dazu geäußert. – Vgl. AdG 1983, S. 27152ff.

[4] Generalsekretär J. Andropow hatte am 27. 10. 1983 eine Art letztes sowjetisches Angebot für die Genfer INF-Verhandlungen unterbreitet. Vgl. AdG 1983, S. 27117f.

[5] Die Grünen hatten am 12. 5. 1983 ein Schriftstück mit einem Appell an die DDR-Führung übergeben, sich im Warschauer Pakt für einen Rüstungsverzicht und die Abrüstung einzusetzen, so wie die Grünen es von der Bundesregierung auch forderten. Honecker antwortete darauf mit einem Brief an Petra Kelly vom 13. 5. 1983. Wortlaut der Texte in: SAPMO ZPA J IV J/90.

[6] Gemeint war die Friedensgruppe in Jena um Roland Jahn, aus der 1982 aktive Mitglieder festgenommen worden waren und die auch 1983 Demonstrationsaktionen für den Frieden durchführte. Vgl. Nr. 7.

verbieten, was Sie bei uns bejubeln. Wir sind keine kleinbürgerliche Bewegung, wir möchten mit diesen Leuten frei umgehen können und mit ihnen gemeinsam unseren Protest ausdrücken dürfen. An diesem Punkt ist Ihre Regierung nicht glaubwürdig. Wir möchten Sie auffordern, die Friedensbewegung nicht weiter zu behindern.

Wir fragen uns auch, warum es nicht möglich sein soll, einseitig abzurüsten, wenn danach immer noch ein zigfaches Overkill-Potential bereitsteht.

Honecker: Es scheint, als gäbe es einige gemeinsame Ansatzpunkte. Aber: Wenn ich unsere beiden Gesellschaftssysteme gegenüberstelle, würden wir uns wahrscheinlich nicht einigen können, deshalb sollten wir in diese Diskussion nicht eintreten. Nach dem Zweiten Weltkrieg waren wir gezwungen, einen sozialistischen Staat aufzubauen. Die DDR hat sich aus den Nachkriegsruinen entwickelt. Erst in den 70er Jahren gelang es, den Ring der völkerrechtlichen Isolierung zu durchbrechen. Wenn man diesen Aufbau miterlebt hat, dann hat man Achtung vor diesen Menschen. Was wir erreicht haben, war nur möglich aufgrund der Mitarbeit dieser Menschen.

Wir sind unseren Idealen treu geblieben. Unser Staat verfügt über alles, was er braucht, um sich weiter vorwärts zu bewegen. Zur Ehre dieses Gesellschaftssystems möchte ich sagen: Es ist ökonomisch und sozial im Aufschwung. Alle Jugendlichen haben Arbeit und Lehrstellen, wir verfügen über ein breites, kostenloses Gesundheitsnetz, ein einheitliches Bildungssystem und damit Chancengleichheit. Aber diese Errungenschaften sind in Spannungszeiten schwer zu halten, das erfordert den Leistungswillen aller.

Das Denken in Blöcken wird wohl so lange bestehen bleiben, bis eine gleichzeitige Auflösung der Pakte erreicht ist. Dies setzt allerdings Vertrauen voraus. Die Frage der Verteidigung ist für uns solange wichtig, wie die kapitalistischen Staaten danach trachten, uns an die Gurgel zu gehen.

Zur blockübergreifenden Friedensbewegung: Als Symbol ist das eine gute Sache. Wir streben alle nach Frieden. Aber als Realisten wissen wir, daß dies nicht über Nacht zu bekommen ist. Wir sind verpflichtet, uns verteidigungsbereit zu halten. Die Friedensbewegung der DDR ist genauso unabhängig wie die anderer Staaten. Der Unterschied ist nur: In der DDR hat sie auch die Unterstützung der Regierung. Es wäre schön, wenn dies auch in anderen Ländern der Fall wäre.

In diesem Jahr gab es allein 6 Millionen Demonstranten der Freien Deutschen Jugend. Ich selbst habe ganz bewußt Potsdam als Ort dafür ausgewählt.

Niemand wird bei uns daran gehindert, für den Frieden einzutreten. Was es allerdings gibt, sind Leute, die ungesetzlich vorgehen, und die werden belangt. Sie sagen, einige Ihrer Freunde waren dabei. Aber nehmen wir mal die Demonstration in Jena: Die war gut gelenkt von Westberlin aus, und zwar von Geheimdiensten. Die Jenaer haben sogar den Kirchgang behindert, daraufhin haben die Pfarrer geklagt.

Die Gründung einer Organisation haben wir nicht gestattet. Es gibt bereits zahlreiche Gruppen, in denen man für den Frieden eintreten kann. Die Möglichkeiten sind breit genug. Was bei uns belangt wird, ist, gegen Gesetze zu verstoßen. Die wichtigste Frage bleibt für uns: Wie die Nachrüstung verhindern? In der BRD ist sie ja schon im Gange. (Honecker legt Auszug aus ›Welt am Sonntag‹ vor: Bericht über Lieferung von Nachrüstungsteilen.)

Kelly: Wir haben die Aktion auf dem Alexanderplatz[7] deshalb gemacht, um für die Menschen hier einen winzigen Freiraum zu erreichen. Die Realität hier beweist allerdings die Heuchelei Ihrer Regierung. Sie müssen wissen: Wenn die Leute in der DDR verhaftet werden, schürt das bei uns nur den Antikommunismus. Wir möchten noch einmal betonen: Die blockfreie Friedensbewegung besteht auf dem Recht, überall gewaltfrei Aktionen durchführen zu dürfen.

Honecker: Einverstanden. Aber Sie übersehen dabei: Die DDR steht ja im Mittelpunkt des Angriffs und nicht umgekehrt. Wir müssen hier die Arbeiter- und Bauernmacht festigen. Wir sind eine offene Gesellschaft, weil wir unter Bedingungen aufbauen müssen, wie nirgendwo in der Welt. Allein das Verkehrsaufkommen auf unseren Transitstraßen beweist unsere Offenheit. (Honecker zählt die wirtschaftlichen Errungenschaften auf.) Einen Rahmen brauchen wir, aber er ist groß genug. In diesem Rahmen hat jeder die Möglichkeit, für den Frieden einzutreten.

Wir waren doch auf dem richtigen Weg, warum jetzt plötzlich der harte Kurs? Jetzt geht es allein um die Verhinderung der atomaren Rüstungsspirale. Nur das ist jetzt wichtig, über alles andere kann man reden. Noch nie haben so viele BRD-Bürger die DDR besucht. Aber das wird sich auch ändern. Der Humanismus hat bei uns eine feste Basis. Aber in einer gespannten Situation muß die DDR auf die Einhaltung der Gesetze achten.

Schily: Würdigt Honeckers ernste Absicht der Friedenssicherung. Allerdings Unterscheidung in wesentlichen Punkten. Herr Honecker, Sie

[7] Vertreter der Grünen (u. a. Petra Kelly, Lukas Beckmann) hatten am 12. 5. 1983 mit einer spektakulären Protestdemonstration auf dem Ost-Berliner Alexanderplatz gegen die Maßnahmen der DDR vom Januar 1983 gegen »Friedensaktivisten« demonstrieren wollen. Nachdem sie daran durch Sicherheitskräfte gehindert wurden, versuchten die Beteiligten (Gert Bastian, Petra Kelly, Roland Vogt, Gaby Potthast, Lukas Beckmann, Milan Horacek) dagegen bei Honecker zu protestieren, wurden aber nicht vorgelassen. Vgl. den »Vermerk« H. Eichler i. V. Gemler vom 12. 5. 1983 in: SAPMO ZPA J IV J/90.

führten als Argument gegen die einseitige Abrüstung das Beispiel Grenada an. Eine Waffe ist unserer Ansicht nach nicht nur Verteidigung, sondern auch Bedrohung. Die Stationierungswaffen sind keine Waffen, sondern Massenvernichtungsmittel. Deshalb sind die Zeiten in der Tat außergewöhnlich und erfordern neue Ideen der Problemlösung. Die alten Denkmuster haben ihre Gültigkeit verloren. Was heute passiert, ist die Androhung von gegenseitigem Völkermord. Immer noch werden von seiten der Politiker falsche Maßnahmen ebenso falsch beantwortet. Da besteht auf seiten des Warschauer Paktes als auch der NATO das gleiche Denkmuster. Wir sind für die Stabilität der DDR. Wir anerkennen auch die in diesem Staat erbrachten Leistungen. Aber bei der Lösung der anstehenden Probleme müssen wir auf den positiven Elementen aufbauen, durch kleine Schritte von unten. Deshalb fordern wir Freizügigkeit für die Friedensbewegung. Ihre Aktionen dienen der Friedenserhaltung auf neuen politischen Wegen. Deshalb ist die Durchführung solcher Aktionen auch wichtiger als z. B. die Aufrechterhaltung der Straßenverkehrsordnung. Wir müssen wagemutiger werden. Die Tatsache des mehrfachen Overkill-Potentials macht unserer Ansicht nach eine kalkulierte Abrüstung sehr wohl möglich.

Sie führten eben Grenada als Gegenbeispiel an. Wir hören das Gleiche im Bundestag von der CDU, nämlich Afghanistan. Gerade Sie als Antifaschist sollten wissen, daß man neue Wege gehen muß und dabei auch das Risiko sorgfältig abschätzen muß. Dieses wird in jedem Fall kleiner als das Risiko eines Dritten Weltkrieges. Wir kommen nicht dran vorbei, uns von dem bipolaren Denken loszulösen. Blockbildung und Entspannung sind nicht miteinander vereinbar. Ohne dieses Blockdenken hätten Sie viele Maßnahmen in Ihrem Land wahrscheinlich gar nicht nötig gehabt, und das ist bei uns nicht anders. Beide deutschen Staaten könnten unter Respektierung ihrer Staatlichkeit auf diesem Weg Vorreiter sein.

Honecker: Gerade diese Probleme haben wir unter den Warschauer-Pakt-Partnern oft und ernsthaft erörtert. Aber Vertrauen steht gegen Vertrauen – was tun, wenn die eine Seite davon abgeht? Eine Bedrohung besteht für uns dann, wenn damit aggressive Absichten verbunden werden. Seit dem Nachrüstungsbeschluß hat sich die Welt verändert. Unser Hauptproblem ist jedoch: mindestens für die nächsten 20 Jahre den Frieden zu erhalten. In fast allen westlichen Ländern sind die Bürger zum überwiegenden Teil gegen die Nachrüstung. Einseitige Schritte wurden von unserer Seite getan, aber die USA bewegt sich keinen Schritt. Vielleicht gelingt es noch, die Aufrüstung zu verhindern. Auch dann wird die Welt wieder anders aussehen. Das Overkill-Potential besteht zwar. Aber die USA muß auf ihr atomares Übergewicht verzichten. Anders geht es nicht. Dann bleibt noch das Problem, daß die USA nicht berechenbar ist.

Bastian: Ihre Argumente sind uns verständlich. Was uns aber betroffen macht, ist, daß auch der Westen genau diese Argumente vorbringt, allerdings spiegelverkehrt. Die Mehrheit der westlichen Bevölkerung hat Angst und verfällt dem Angstmechanismus nach wie vor. Daher bleibt uns nur die Konsequenz, anders vorzugehen.

Die Sowjetunion hat in Genf einen vernünftigen Vorschlag gemacht. Wir betrachten dies als eine tragfähige Möglichkeit für einen ersten Schritt. Aber wir müssen Sie fragen: Wenn die NATO nicht verhandlungsbereit ist, bringt es dann wirklich einen Vorteil, wenn die SU sagen kann, wir haben es versucht, aber die NATO rüstet auf? Dann wird die NATO ihrerseits sagen: Seht ihr, die SU spricht vom Abrüsten und rüstet doch auf!

Es ist in dieser Lage notwendig, die Größe aufzubringen, daß die SU auch nach ihrem Vorschlag handelt und trotz allem einseitig abrüstet. Dadurch würde ein moralisches Klima geschaffen, das eine Nachrüstung unmöglich machen würde. Das wäre viel wichtiger für Sie und Ihre Völker. Ich sage das nicht als Schwärmer, sondern als Realist. Die Sowjetunion wäre auch weiterhin unangreifbar. Nach solch einem Schritt wäre eine enorme psychologische Unterstützung im Westen mobilisierbar.

Honecker: Ich sehe, daß ein wechselseitiges Verständnis zwischen uns besteht. Ich zweifle auch keineswegs an Ihrer Kompetenz, Herr Bastian. Allerdings hat sich bei uns der Eindruck gefestigt, daß die USA eine Lage herbeiführen wollen, die es ermöglicht, Europa als Geisel zu nehmen. Wir hätten noch eine Chance, nämlich zu einem Kompromiß. Aber dazu fehlt es im Pentagon an Voraussetzungen. Die USA müssen die Theorie der Führbarkeit eines Krieges fallenlassen. Sie müssen mit der Sowjetunion zusammenleben wollen.

Der Osten wägt sehr wohl ab, welche Schritte zu tun sind. Wir sind risikobereit, obwohl die Sowjetunion ein großes Land mit schwierigen Grenzen ist.

Die Bereitschaft zur Verschrottung der SS 20 ist vorhanden, aber ein einseitiger Schritt ohne jede Gegenleistung ist zuviel verlangt.

Noch mal zu Afghanistan: Das war eine vorläufige Maßnahme in einer konkreten Situation, bis der Widerstand auch aus den Nachbarstaaten beseitigt sein würde. Mit Grenada ist dies nicht vergleichbar, das zeigt doch allein die UNO-Abstimmung, bei der die USA als einzige für die Invasion stimmte.

Wir müssen mehr Vertrauen schaffen für die Schritte, die wir selbst unternehmen. Die Pershing II ist ja nicht für die DDR gemacht. Falls stationiert wird, dann werden in der DDR Raketen größerer Reichweite aufgestellt, Systeme, die die Pershing und Cruise Missiles abfangen sollen. Uns wäre eine Situation lieber, in der keine Gegenmaßnahmen notwendig sind. Aber wenn es nötig wird, stimmen wir zu. Die Bevölkerung der DDR wird zwar nicht in Jubel ausbrechen, aber sie wird die Entscheidung mittragen.

Beckmann: Wir fragen uns: Welche Signale müssen kommen, um die Nachrüstung politisch unmöglich zu machen? Unser Vorschlag wäre, die Sowjetunion sollte als ein Zeichen des guten Willens wöchentlich zehn SS 20 verschrotten.

Honecker: Da möchte ich Sie doch bitten, von der Realität auszugehen. Schließlich war der letzte Vorschlag Andropows ja ein Schritt in diese Richtung.

Vollmer: Uns interessiert die Entwicklung der Friedensbewegung über den Herbst hinaus. Wir befürchten, daß eine Stationierung die Friedensbewegung demoralisieren und zersplittern würde. Aber noch bestehen Chancen, und zwar konkret im deutsch-deutschen Verhältnis. Wir möchten vorschlagen, daß noch vor dem 21. November[8] eine Diskussion zwischen Vertretern beider deutscher Staaten stattfindet, die von Fernsehsendern beider Staaten übertragen wird. Auch Sie haben ungewöhnliche Schritte gemacht, und dies sollte weitergehen. Wir möchten Sie fragen: Was wird sich im Falle einer Stationierung an den deutsch-deutschen Beziehungen ändern?

Honecker: Darüber haben wir uns noch keine konkreten Gedanken gemacht. Wir gehen noch davon aus, daß eine Verhinderung der Stationierung möglich ist. Der jüngste Vorschlag Andropows soll ja in Genf jetzt geprüft werden. Daher glauben wir, daß die Friedensbewegung noch eine Chance hat.

Was die Fernsehdiskussion angeht: Wenn wir kompetente Leute dafür finden können, bin ich dafür. Was unseren Spielraum gegenüber der Sowjetunion angeht, glaube ich, den haben wir genügend, und natürlich auch ihren Schutz.

Zum Verhältnis zwischen beiden deutschen Staaten möchte ich sagen: Die CDU kann nicht mehr vom Doppelbeschluß abrücken, sie hofft auf Genf. Die SPD hat sich allerdings verändert. Eine wirkliche Chance bestünde, wenn die BRD ihren Einfluß geltend machen würde.

Schily: Wir möchten Sie bitten, den Friedensvertrag zu unterschreiben. Außerdem bitten wir um die Freilassung der beiden Friedensleute aus

[8] Am 21. 11. 1983 fand die Beratung des Bundestages über den NATO-Doppelbeschluß statt. Die Mehrheit beschloß gegen die Stimmen von SPD und Grünen, daran festzuhalten.

Halle, Kathrin Eigenfeld und Lothar Rochau.[9] Wir möchte die beiden Friedensfreunde auch gern morgen im Untersuchungsgefängnis in Halle besuchen dürfen.

Honecker: Ja, das Plakat. Als Bundesbürger würde ich es sofort unterschreiben. Aber der letzte Punkt ist schwierig. Als Ausführender dieses Staates (?) ist es mir nicht möglich, diesen Punkt mit der einseitigen Abrüstung zu unterschreiben.[10]

Grüne: Unterschreiben Sie, was Sie können. Honecker unterschreibt unter Punkt 2.

Honecker: Wir werden Kathrin Eigenfeld so bald wie möglich freilassen, und wir versichern Ihnen, daß der Fall Rochau wohlwollend geprüft wird.

Schneider: Wir haben noch eine ganze Reihe weiterer Anliegen, die wir gerne besprechen würden, zum Beispiel das Problem des Fahrradtransits. Wir haben eine Liste angefertigt, die wir Ihnen übergeben möchten.

Honecker: Bei der Fortführung der Entspannung wäre noch vieles möglich, auch für die Zukunft. Wir waren doch schon auf dem richtigen Weg.

Kelly: Wir möchten außerdem anregen, daß wir bei Demonstrationen und ähnlichem zukünftig Redner austauschen.

Beckmann: Ich möchte Ihnen noch ankündigen: Am Freitag, dem 4. November, wird eine internationale Gruppe an der US- und der sowjetischen Botschaft eine Petition zusammen mit einem Erdball überreichen. Wir kündigen Ihnen dies ganz bewußt an, weil wir glauben, daß diese Aktionen ganz offen durchgeführt werden müssen.[11]

---

[9] Zu Rochau vgl. Nr. 7, bes. Anm. 5.

[10] Zu dem sog. Grünen Friedensvertrag vgl. Anm. 2

[11] Am 3. 11. 1983 teilte Häber den Grünen das strikte »Nein« der DDR zu dieser Aktion mit. Beim Versuch der Einreise am 4. 11. wurden Lukas Beckmann und Gaby Potthast abgewiesen, Waltraud Schoppe und Milan Horacek kamen durch. Unterlagen in: Archiv »Grünes Gedächtnis« AK 8/9 1983/84. Die Übergabe dieser Friedenspetitionen am 4. 11. 1983 bei den Botschaften der UdSSR und der USA in der DDR wurde von den Sicherheitskräften verhindert, zahlreiche Vertreter von DDR-Friedensgruppen festgenommen oder unter Hausarrest gestellt. Die beiden »Grünen«-Vertreter wurden ebenfalls vorübergehend festgenommen und nach West-Berlin abgeschoben. Bundesgeschäftsführer L. Beckmann protestierte dagegen in einem Brief an Honecker vom 4. 11., in: Archiv »Grünes Gedächtnis« AK 8/9 1983/84.

Honecker: Ich glaube, dieser erste Besuch wird zu einer Verständigung beitragen. »Ihr Erfolg wird unserer sein.«

Renate Mohn, 1. 11. 83 *[handschriftlich]*

[b] SAPMO ZPA IV 2/1/615: » Vermerk über das Gespräch des Generalsekretärs des ZK der SED und Vorsitzenden des Staatsrates, Genossen Erich Honecker, mit einer Delegation der Grünen aus der BRD am 31. Oktober 1983 im Amtssitz des Staatsrates«

An dem Gespräch nahmen teil:
seitens der DDR: Genosse Herbert Häber, Genosse Frank-Joachim Herrmann, Genosse Heinz Eichler, Genosse Karl Seidel;
seitens der Grünen: Otto Schily – Bundestagsfraktion, Petra Kelly, Gert Bastian, Antje Vollmer, Dirk Schneider, Gustine Johannsen – Bundesvorstand, Lukas Beckmann – Bundesgeschäftsführer, Renate Mohn – Pressesprecherin.

Genosse Erich Honecker begrüßte einleitend die Delegation als Vertreter der Grünen. Die DDR betrachte die internationale Lage mit großer Sorge. Für die DDR sei die gegenwärtig wichtigste Aufgabe, eine neue Runde des atomaren Wettrüstens zu verhindern, die durch die Stationierung neuer amerikanischer Raketen in Westeuropa eingeleitet würde. Die Ursache für diese Entwicklung liege in dem Streben der USA, militärische Überlegenheit über die Sowjetunion und die anderen sozialistischen Länder zu erringen. Die USA seien von der Politik der Zusammenarbeit zur Politik der Konfrontation übergegangen. Das habe zu einer gefährlichen Zuspitzung der internationalen Spannungen geführt. Natürlich werde es nicht möglich sein, diese militärische Überlegenheit zu erreichen. Es werde aber zur weiteren Anhäufung von Massenvernichtungswaffen führen und die Gefahr der größten Katastrophe der Menschheit heraufbeschwören. Zugleich werde immer deutlicher, daß diese abenteuerliche Politik der USA von den Völkern nicht mitgetragen werde. Gerade in den letzten Tagen habe es in Ost und West riesige Manifestationen gegen das atomare Wettrüsten gegeben. Wenn man die Dinge mit der Lage vor dem Ersten und Zweiten Weltkrieg vergleiche, dann zeige sich heute eine andere Situation. Die These, daß man einen atomaren Krieg führen, ihn sogar gewinnen könne, sei eine Erfindung der Reagan-Administration. Klar sei, ein atomarer Krieg lasse sich nicht begrenzen. In einem solchen Krieg gebe es weder Sieger noch Besiegte. Gerade deshalb müsse eine neue Runde des atomaren Wettrüstens verhindert werden, um die Überlebenschancen der Menschheit zu sichern.

Genosse Erich Honecker wies darauf hin, daß die Grünen in manchen Fragen andere Auffassungen hätten als die Führung der DDR, aber in einer Grundfrage bestehe zweifellos Übereinstimmung, nämlich den Selbstmord der Menschheit zu verhindern. Die Reagan-Administration trete mit einer neuen Kreuzzugsideologie auf. Für uns Deutsche sei diese Ideologie bekanntlich nicht neu. Wenn die britische Premierministerin jetzt erklärt habe, das Vorgehen der USA gegen Grenada zur Staatsdoktrin machen und überall gegen kommunistisch regierte Länder eingreifen zu wollen[3], bedeute, daß es furchtbare Kriege in der ganzen Welt geben werde, dann habe sie recht. Der Krieg des faschistischen Deutschland gegen die Sowjetunion erfolgte unter dem Motto der Ausrottung des Marxismus. Zuerst sei es im Inneren gegen die Kommunisten und dann nach außen gegen die Sowjetunion gegangen. 50 Millionen Tote seien das Ergebnis gewesen. Ein nächster Krieg wäre nicht überlebbar. Er habe im Laufe der letzten Monate zahlreiche Gespräche mit Politikern aus der BRD geführt. Dabei habe die Frage der Friedenssicherung im Mittelpunkt gestanden, weil davon die Zukunft der Menschheit überhaupt abhänge. Man könne über alle Fragen offen sprechen, das Wichtigste aber bestehe darin, alle Kraft dafür einzusetzen, daß eine neue Runde des atomaren Wettrüstens verhindert werde.

Genosse Erich Honecker betonte, er habe sich bekanntlich in einem Brief an Bundeskanzler Helmut Kohl mit der Aufforderung gewandt, den gegenwärtigen Stationierungskurs der Bundesregierung noch einmal zu überprüfen. Leider müsse er sagen, daß die Antwort Kohls vollkommen unbefriedigend sei. Wir hätten den Eindruck gewonnen, daß dieser Regierung mehr an der Stationierung liege, als an Ergebnissen bei Verhandlungen in Genf. Niemand wirke gegenwärtig mehr in Richtung der Stationierung neuer amerikanischer Mittelstreckenraketen als die BRD-Regierung. Dem Antwortbrief Kohls sei zu entnehmen, daß es in Wirklichkeit nicht um einen Doppelbeschluß ging, sondern um einen Beschluß zur Stationierung von Raketen.

Genosse Erich Honecker bemerkte zu dem ihm überreichten »Grünen Friedensvertrag«[2], er würde ihn gern unterschreiben, aber dort werde gefordert, sich für einseitige Abrüstung einzusetzen. Das sei nach seiner Auffassung kein gangbarer Weg. Grenada gebe dafür gerade gegenwärtig ein aktuelles Beispiel. Grenada sei ein kleines Land, halb so groß wie die Insel Rügen, mit 110 000 Einwohnern. Von einer Armee in Grenada könne man nicht sprechen. Grenada wurde von den großen USA mit einer Armee von 15 000 Mann und modernster Bewaffnung überfallen. Er möchte eindeutig erklären, die DDR sei kein Grenada.

Die DDR stehe im Bündnis des Warschauer Vertrages. Dieses Bündnis habe viele Vorschläge für die Abrüstung gemacht, die letzten erst kürzlich durch Juri Andropow.[4] Die Sowjetunion gehe so weit, daß sie in bezug auf die SS 20 bereit sei, unter die Zahl der französischen und britischen Raketen zu gehen. Wenn man die weiteren Vorschläge noch hinzunehme, z. B. in bezug auf die Flugzeuge, dann sei das eine große Vorleistung von unserer Seite. Die sozialistischen Staaten seien zur Abrüstung bereit, sowohl hinsichtlich der Raketen, ob boden-, luft- oder seegestützt, als auch der Abschußrampen und der Flugzeuge. Während der Verhandlungen in Genf habe die Sowjetunion ein Moratorium erklärt.[12] Dies alles seien Vorleistungen, aber einseitig abrüsten wäre eine Ermunterung der Reagan-Regierung.

Petra Kelly bedankte sich im Namen der Grünen zunächst für die Möglichkeit des Gespräches.[5] Es sei ein Resultat des Briefwechsels vom Mai dieses Jahres. In ihrem damaligen Schreiben hätten die Grünen auf die große moralische und politische Verantwortung der beiden deutschen Staaten hingewiesen, sich gegen ein atomares Inferno zu wehren. Beide seien Geiseln der Supermächte. Sie sei damals an einer gewaltfreien Aktion der Grünen auf dem Alexanderplatz beteiligt gewesen.[7] Die Grünen hätten in einem Schreiben an Genossen Honecker gesagt, daß man sich in einer außergewöhnlichen Zeit befinde und deshalb außergewöhnliche Schritte tun müsse. Die Grünen würden als gewaltfreie Friedens- und Antikriegspartei die Idee vertreten, daß man über die Staatsgrenze hinausgehen müsse. Die Grünen glaubten nicht an die atomare Abschreckung, nicht an das Gleichgewicht. Sie glauben auch nicht, daß einseitige Abrüstungsschritte nicht möglich sein sollten. Es seien so viele atomare Waffen angehäuft, daß einseitige Schritte möglich wären, ohne die Sicherheit zu gefährden. Irgendwo müsse der Aufrüstungsprozeß unterbrochen werden. Die Grünen seien gegen Kreuzzugsideologie, gegen Antikommunismus. Sie würden für die Auflösung der Blöcke eintreten. Überall müßten einseitige Schritte unternommen werden. Es sei das Recht und die Pflicht jedes Menschen, für eine solche Sicherheitspolitik einzutreten. Jeder müsse selber entscheiden über Leben oder Sterben. Die Grünen seien gegen bilaterale Verhandlungen, auch gegen Verhandlungen in Genf. Die Grünen seien für viele einseitige Schritte im Sinne des Krefelder Appells, der Kirchentage und der atomwaffenfreien Städte.

Viele Menschen, die die DDR ausgewiesen habe, wie Roland Jahn[13], würden heute mit den Grünen kämpfen. Die Glaubwürdigkeit der DDR leide, wenn sie für Abrüstung auf der anderen Seite eintrete, aber

[12] Vgl. Nr. 1, Anm. 10.
[13] Roland Jahn, aktives Mitglied einer Friedensgruppe in Jena, war Anfang 1982 verhaftet und später aus der DDR ausgewiesen worden. Er galt als Anlaufstelle und Motor für Kontakte zu Oppositionellen in der DDR.

das pazifistische Engagement ihrer Bürger unterdrücke. Es gebe Angst vor dem Wehrkundeunterricht, vor dem Wehrsport, Befürchtungen über Kriegsspielzeug. Das Vorgehen gegen solche Leute wie in Jena[6] sei folgenschwer. Manche würden nicht zum Studium zugelassen. Sie wisse, daß 5000 Wehrdienstverweigerer als Bausoldaten in der DDR Dienst tun. Die DDR habe die Menschenrechtserklärung der UNO unterschrieben, die das Recht enthalte, das eigene Land zu verlassen.

Petra Kelly betonte, die Grünen seien keine kleinbürgerliche Friedensbewegung, wie das in der DDR dargestellt worden sei. Warum würden die Aufnäher »Macht Schwerter zu Pflugscharen« abgerissen? Sie verwies auf ein Zitat von Havemann[14], der gesagt habe, wirklicher Friede berausche sich nicht am Militärischen. Die Grünen möchten selbständige Friedensaktivitäten unterstützen. Sie bitte, in aller Freiheit sagen zu dürfen, daß sie gegen die Unterdrückung der unabhängigen Friedensbewegung in der DDR sei. Warum würden die Grünen behindert, wenn sie in dieser Richtung tätig würden?

Bei allem anderen gebe es breite Übereinstimmung. Sie stelle aber die Frage, warum man nicht einseitig abrüsten könne. Jeder Block verfüge über das 10- bis 12fache Potential zur Zerstörung der anderen.

Genosse Erich Honecker erwiderte, daß er mit Befriedigung feststelle, daß in vielen Fragen Übereinstimmung bestehe. Die DDR gehe in ihrer gesamten Politik von der Politik der friedlichen Koexistenz aus. Sie rücke nicht die Frage des Gesellschaftssystems in den Mittelpunkt. Darüber würde man sich nicht verständigen können. Die BRD sei seinerzeit auf Befehl der westlichen Alliierten gebildet worden, wir hätten dann unseren Staat nach unseren Idealen aufgebaut. Die Kommunisten hätten von Anfang an für ein sozialistisches Deutschland gekämpft. Als dies nicht real war, hätten sie eine breite Bewegung gegen die Machtergreifung Hitlers zu schaffen versucht. Das sei nicht gelungen, Ergebnis sei der Zweite Weltkrieg gewesen, mit der Folge der Entstehung von zwei deutschen Staaten mit unterschiedlicher Gesellschaftsordnung. Der eine sei ein kapitalistischer, der andere ein sozialistischer Staat. Es habe keinen Sinn, hier über die Vor- und Nachteile zu diskutieren. Die DDR habe sich aus den Ruinen des Krieges entwickelt dank des Fleißes und der Intelligenz ihrer Bürger, in scharfer Auseinandersetzung mit dem Revanchismus der BRD. Erst in den 70er Jahren sei es gelungen, die völkerrechtliche Isolierung zu durchbrechen und gemeinsam mit der BRD in die UNO zu kommen. Heute gehöre die DDR zu den zehn führenden Industriestaaten der Welt. Das sei möglich geworden durch die aktive Mitarbeit ihrer Bürger. Wir hätten die Schlußfolgerung aus der deutschen Geschichte gezogen, vor allem dafür zu sorgen, daß nie

[14] Robert Havemann, wohl der bekannteste Oppositionelle in der DDR schon in den 60er/70er Jahren, war 1982 gestorben.

wieder von deutschem Boden ein Krieg ausgeht. Die DDR befinde sich ökonomisch und sozial im Aufschwung. Bei uns sei Arbeitslosigkeit unbekannt. Jedes Jahr würden über 190 000 Wohnungen gebaut, die Wohnungsfrage werde als soziales Problem bis 1990 gelöst. Es gebe ein breites Netz des Gesundheitswesens, ein einheitliches sozialistisches Bildungssystem. Allerdings bedürfe es angesichts der internationalen Lage großen Leistungswillens, um das Erreichte zu halten.

Zu einigen Problemen, die Petra Kelly aufgeworfen hatte, erklärte Genosse Erich Honecker:

Zum Denken in Blöcken:

Die Blöcke werde es so lange geben, wie die Entscheidung über ihre gleichzeitige Auflösung nicht real sei. Die gleichzeitige Auflösung von NATO und Warschauer Vertrag setze Vertrauen voraus.

Zum Problem der Militarisierung:

Man werfe das einem alten Antimilitaristen vor. Sein Vater sei Teilnehmer des Kieler Matrosenaufstandes gewesen.[15] Solange er denken könne, habe er gegen den deutschen Militarismus und Faschismus gekämpft. Als 1917 die Revolution in Rußland siegte, mußte Lenin einsehen, daß es ohne die Rote Armee nicht gehe. Als wir 1949 die DDR gründeten, wußten wir, daß wir wegen der Remilitarisierung in der BRD bald eine Armee haben würden. Der Sozialismus habe viele Feinde. Er müsse unter Bedingungen aufgebaut werden, daß zum Kreuzzug gegen den Sozialismus aufgerufen werde. Fragen der Verteidigung würden eine Rolle spielen, solange die kapitalistischen Staaten danach trachteten, uns an die Gurgel zu gehen. Zur grenzüberschreitenden, unabhängigen Friedensbewegung: Das Symbol »Schwerter zu Pflugscharen« sei eine gute Sache, auch die Losung einer Welt ohne Waffen. Wir seien aber Realisten. Wir wüßten, daß das nicht über Nacht zu bekommen sei. Die Regierung der DDR sei auch durch die Verfassung verpflichtet, alle Maßnahmen zur Verteidigung des Landes zu ergreifen.

Es gebe eine große Übereinstimmung zwischen der Friedensbewegung in der DDR und der Regierung. Die Friedensbewegung in der DDR sei ebenso unabhängig wie in jedem anderen Land, der einzige Unterschied sei, daß sie die volle Unterstützung der Regierung habe. Er würde sich freuen, wenn die Friedensbewegung und die Grünen die gleiche Unterstützung der Regierung der BRD hätten wie die Friedensbewegung in der DDR. Sie repräsentiere sich im Friedensrat der DDR, im Komitee für Europäische Sicherheit, in der Nationalen Front. In der DDR wirkten außer der SED andere politische Parteien: die CDU, die NDPD, die DBD, die LDPD. Sie seien sehr aktiv. In einer großen Unterschriftensammlung hätten seinerzeit 13 Millionen Bürger den Friedensgedanken und die Abrüstung unterstützt. In diesem Jahr hät-

---

[15] Der Kieler Matrosenaufstand, der am 1. 11. 1918 begann, leitete die deutsche Revolution 1918 ein.

ten große Friedensmanifestationen der FDJ mit 6 Millionen Teilnehmern stattgefunden, in Berlin allein mit 150 000. Er selbst habe bewußt an der Potsdamer Manifestation mit 160 000 Teilnehmern teilgenommen. Wir hätten Potsdam wieder einen guten Ruf gegeben.

Niemand werde in der DDR gehindert, für die Friedensbewegung einzutreten. Natürlich würden Leute, die ungesetzlich vorgehen, entsprechend den Gesetzen der DDR belangt. Die »Bewegung« in Jena sei z. B. gut von Westberlin aus gelenkt worden.

Petra Kelly warf ein, von wem gelenkt.

Genosse Erich Honecker erwiderte, von Geheimdiensten. Es waren sogar Leute dabei, die den Kirchgang gestört haben. Wenn junge Menschen den Willen haben, für den Frieden einzutreten, haben sie dafür alle Möglichkeiten. Dieses Abzeichen wurde nicht verboten, nicht gestattet wurde aber die Gründung einer Organisation. In der DDR gebe es genug Organisationen, in der jeder seine Interessen vertreten könne. Es werde niemand wegen seiner freien Meinungsäußerung belangt, wenn er eine andere Auffassung als die SED habe. Was belangt werde, seien Verstöße gegen die Gesetze der DDR. Petra Kelly habe von Kriminalisierung gesprochen. Dazu sei zu sagen, daß Geheimdienste versuchten, in der DDR solche Ereignisse wie in Polen hervorzurufen. Die Ereignisse in Polen hätten aber in der DDR keinen Widerhall dieser Art gefunden.

Das wichtigste, auch der Hauptinhalt des Gespräches sollte sein, wie eine neue Runde des atomaren Wettrüstens verhindert wird. Genosse Erich Honecker verwies in diesem Zusammenhang auf einen Bericht in der ›Welt am Sonntag‹ vom 30. 10., in dem auf die Vorbereitung des Transports von neun Pershing II-Raketen in die BRD verwiesen wird. Daraus gehe hervor, daß nur der USA-Präsident an amerikanische Offiziere den Befehl geben könne, wenn die Raketen scharf gemacht und auf die einprogrammierten Ziele abgeschossen werden sollen. Ein solcher Funkbefehl wäre die Entfesselung des Dritten Weltkrieges. Es wäre die Vernichtung der BRD und der DDR und Europas.

Genosse Erich Honecker verwies darauf, daß er sich im Zusammenhang mit dem heutigen Gespräch Gedanken über die notwendigen Schritte in beiden deutschen Staaten zur Friedenssicherung gemacht habe.

Dem Frieden, der Sicherheit Europas und der Zusammenarbeit zwischen den beiden deutschen Staaten würde es dienen, sagte er, [...] *wenn nicht nur die DDR, sondern auch die Bundesrepublik »auf den Ersteinsatz von Atomwaffen« verzichte, »sich für ein atomwaffenfreies Europa« einsetze, »einen gegenseitigen Verzicht« von NATO und Warschauer Pakt »auf Anwendung militärischer Gewalt« unterstütze, für*

eine Vereinbarung über Mittelstreckenraketen und über die Zahl der
Sprengköpfe »bei boden- sowie bei see- und luftgestützten Raketen«
und für »einen Vertrag« über ein vollständiges »Verbot von Kernwaf-
fenversuchen« eintrete.

Wir sind uneingeschränkt dafür, die Ausarbeitung einer internationalen Konvention über das Verbot und die Vernichtung der chemischen Waffen zu beschleunigen, zu einer Konvention über das Verbot
der Neutronenwaffe zu kommen, unverzüglich Verhandlungen über
das Verbot der Stationierung von Waffen jeglicher Art im Weltraum
aufzunehmen, die Vereinbarung einer internationalen Konvention
über das Verbot radiologischer Waffen zum Abschluß zu bringen und
die Frage größerer Sicherheitsgarantien für nichtkernwaffenbesitzende
Staaten beschleunigt zu lösen.

Genosse Erich Honecker überreichte den schriftlichen Text der von
ihm dargelegten Punkte an die Vertreter der Grünen. Er erklärte, daß er
in voller Verantwortung, die ihm sein Funktion gebe, und gegenüber
der Verfassung der DDR sagen möchte, daß die DDR alles tun werde,
um einen aktiven Friedensbeitrag zu leisten. Über diese Fragen müsse
man sich aussprechen. Nach einem Dritten Weltkrieg gebe es keine
Möglichkeit mehr, sich auszusprechen.

Petra Kelly erklärte, die Grünen hätten die Aktion im Mai in Berlin aus
einem Gefühl der Ohnmacht heraus gemacht, um einen winzigen Freiraum für die Menschen zu schaffen.[7] Einer müsse anfangen. Sie seien
dann schnell mit einer Entschuldigung freigelassen worden, hätten
diese jedoch zurückgewiesen. Diese Entschuldigung habe sie als Heuchelei empfunden. Sie werde nicht aufhören, so spontan zu reagieren,
wie sie das für notwendig halte. Sie habe das auch in Moskau gemacht[16],
sie werde das überall tun: in Washington, in Moskau, in Ostberlin, in
Westberlin.

Genosse Erich Honecker erwiderte, daß er ihre Meinung achte, wenn
er sie auch nicht teile. Notwendig sei, den Willen der großen Mehrheit
der Bevölkerung der DDR zu respektieren. Die DDR stehe im Mittelpunkt des Angriffs der NATO, der BRD. Die DDR führe den Kampf
so, daß die Arbeiter-und-Bauernmacht in der DDR gefestigt werde.
Davon ließen sich unsere Organe nicht abbringen. Es sei nicht so, daß
die DDR eine Nischengesellschaft sei.

Otto Schily warf ein, dann hat Gaus Unrecht.[17]

[16] Bei den Aktionen von Petra Kelly und Gert Bastian in Moskau ging es um demonstrative
Akte für die Abrüstung.
[17] Von Günter Gaus, dem früheren Leiter der Ständigen Vertretung der Bundesrepublik in der
DDR bis 1981, stammt die Kennzeichnung einer »Nischengesellschaft« in der DDR.

Genosse Erich Honecker: Ja, natürlich, die DDR sei eine offene Gesellschaft. In der DDR könne man nicht nur das DDR-Fernsehen empfangen, sondern insgesamt fünf Programme. Täglich funkten 35 Rundfunkstationen in die DDR, um den DDR-Bürgern vorzuschreiben, was sie zu machen hätten. Die Transitstraßen würden jährlich von 19 Millionen Tansitreisenden benutzt. Wenn irgendein Land den Sozialismus unter offenen Bedingungen aufbaue, dann sei es die DDR.

Die DDR habe jetzt jährlich ein Nationaleinkommen von 217 Mrd. Mark, eine industrielle Warenproduktion von 450 Mrd. Mark, ein jährliches Wachstum von 4%. Sie habe Vollbeschäftigung. Die 40-Stunden-Woche sei zum größten Teil in der Industrie verwirklicht. Mit der Mikroelektronik und durch Roboter würden Bedingungen geschaffen, um noch mehr Freiraum für die Menschen zu schaffen.

Genosse Erich Honecker erklärte, daß man auf dem richtigen Weg, auf dem Weg der Entspannung gewesen sei. Aber dann sei die scharfe Zuspitzung der internationalen Lage gekommen. Das erfordere bestimmte Opfer und auch bestimmte Sicherheitsmaßnahmen. Er habe seinerzeit Helmut Schmidt gesagt, daß er und Schmidt einer Generation angehören, die dem Tod ins Auge geblickt habe. Er habe ihn im Namen der Kinder und Enkel aufgefordert, lassen Sie ab von dem Raketenbeschluß, verknüpfen Sie nicht Ihr politisches Schicksal mit diesem Beschluß.

Es gebe jetzt 6–7 Millionen Besucher aus der BRD in die DDR; 1,5–2 Millionen aus der DDR in die BRD. Wenn es zu einer weiteren Zuspitzung der Lage durch die Raketenstationierung komme, dann würden auch die menschlichen Beziehungen beeinträchtigt werden.

Der Humanismus habe bei uns eine feste Basis. Wir seien aber gezwungen, in einer solchen angespannten Situation strikt darauf zu achten, daß die Gesetze der DDR eingehalten würden.

Otto Schily sagte, er habe den festen Eindruck, daß Genosse Honecker seine Verantwortung für den Frieden genauso ernst nehme wie die Grünen. Er würdigte das antifaschistische Engagement der DDR, ihrer Verantwortlichen, ohne zu verwischen, daß die Grünen auch eine Reihe von kritischen Punkten zur DDR hätten. Er sei nicht der Meinung, daß man einen umfassenden Vergleich zwischen der DDR und der BRD anstellen solle. Es gehe vielmehr um die Friedenserhaltung. Genosse Honecker habe Grenada angesprochen und in diesem Zusammenhang betont, einseitige Abrüstung sei nicht möglich. Jede Waffe habe aber ein Doppelgesicht, sie diene der Verteidigung, sei aber nach außen eine Bedrohung. Angesichts der Existenz von Massenvernichtungswaffen gehe es jetzt um außergewöhnliche Maßnahmen. Heute bestehe ein unstabiler Frieden, indem man sich gegenseitig den Mord androhe.

Er sei für die Stabilität der DDR, aber nicht aufgrund von Abgrenzungsmaßnahmen, sondern durch Maßnahmen der Zusammenarbeit und Freizügigkeit. Er wisse, was die Menschen in der DDR geleistet hätten. Es gehe nicht um die Blockauflösung in einem großen Akt, sondern durch kleine Schritte von unten. Die Grünen würden dafür eintreten, einen einseitigen Abrüstungsschritt zu unternehmen, ohne daß ein größerer Sicherheitsverlust eintrete. Es gebe heute das mehrfache Vernichtungspotential. Er verstehe nicht, warum man nicht von diesem Potential etwas aufgeben könne. Das Gleiche, was Genosse Honecker über Grenada sage, hörten die Grünen im Bundestag von der SPD und CDU in bezug auf Afghanistan.

Notwendig sei, neue Wege zu gehen. Natürlich würde ein drastischer einseitiger Schritt Risiken in sich bergen. Aber wenn man die Risiken, die mit einer weiteren Überrüstung verbunden seien, abwäge, dann seien diese Risiken größer als ein einseitiger Abrüstungsschritt. Blockbildung und Entspannung seien Ziele, die sich nicht vereinbaren ließen. Es wäre schön, wenn beide deutsche Staaten unter Respektierung ihrer jeweiligen Staatlichkeit Pionierarbeit in Richtung einer einseitigen Abrüstung leisten würden.

Genosse Erich Honecker erwiderte, diese Fragen seien oft Gegenstand der Beratungen im Warschauer Vertrag gewesen, vor allem um eine neue Spirale des Wettrüstens zu verhindern. Als die Entwicklung schon weit gediehen war, habe Leonid Breshnew 1979 zum 30. Jahrestag der DDR in Berlin Maßnahmen zur einseitigen Abrüstung (Abzug von 1000 Panzern und 20000 Mann) verkündet. Das sei Teil eines Friedenskonzeptes gewesen, eines Vorgehens Vertrauen gegen Vertrauen. Danach wurde von der Sowjetunion ein einseitiges Moratorium für die Aufstellung von SS 20-Raketen während der Genfer Verhandlungen ausgesprochen. Aber was nutze Vertrauen gegen Vertrauen, wenn eine Seite kein Vertrauen will. Es habe 1979 den SALT II-Vertrag gegeben. Damals seien die UdSSR und die USA der Meinung gewesen, daß militärisches Gleichgewicht bestehe. Nach der Ratifizierung von SALT II sollte über SALT III, über die sogenannten Grauzonenbereiche verhandelt werden. Aber es kam nicht zur Ratifizierung. Bekanntlich wurde aber die Ratifizierung von SALT II von der SPD zur Grundlage ihres Beschlusses auf dem Westberliner Parteitag zur Unterstützung des sogenannten NATO-Doppelbeschlusses gemacht. Schmidt habe ihn von Westberlin aus angerufen.[18] Genosse Erich Honecker habe ihm gesagt, die Welt werde danach anders aussehen.

[18] Der SPD-Parteitag vom 3.–9. 12. 1979 stimmte mit Mehrheit für die Sicherheitspolitik der Schmidt-Regierung. Aus dieser Zeit läßt sich aus den DDR-Akten kein solches Telefonat nachweisen. – Angesprochen wurde dieses Thema aber schon in dem Telefonat vom 28. 11. 1979 »von 22.15 Uhr bis 22.45 Uhr«, das ich einsehen konnte.

Einwurf von Bastian: Das haben wir auch gesagt.

Genosse Erich Honecker wies darauf hin, daß das eine weitere Abkehr vom Entspannungsprozeß gewesen sei. Dann sei das Billionenaufrüstungsprogramm der USA gekommen. Bis dahin gingen beide Seiten vom ungefähren Gleichgewicht aus. Die DDR sei nicht für ein Gleichgewicht des Schreckens, aber es sei ebenso offensichtlich, daß 38 Friedensjahre letztlich darauf zurückzuführen seien. Das Problem sei jetzt für die nächste Zeit, ob die Staaten wieder aufeinander zugehen. Für die beiden deutschen Staaten habe der Entspannungsprozeß vieles gebracht. Die weitere Begehung dieses Weges hätte vieles andere noch ermöglicht. Die BRD weigere sich bis heute, die Staatsbürgerschaft der DDR zu akzeptieren. Sie berufe sich dabei auf ein Gesetz von Wilhelm II., das Hitler weitergeführt habe. Aber es gebe zwei Staaten. Für uns stelle sich die Frage so, daß die DDR im Zentrum der weltweiten Auseinandersetzung zwischen Sozialismus und Imperialismus stehe. Es heiße, der Beste könnte nicht im Frieden leben, wenn es dem bösen Nachbarn nicht gefalle. Die Bürger der BRD seien zu 70% gegen die Raketenstationierung, auch in Frankreich, den Niederlanden und natürlich in den sozialistischen Staaten. Die Sowjetunion habe einseitige Abrüstungsschritte unternommen, aber trotzdem bewege sich die USA keinen Schritt. Es verstärke sich bei uns der Verdacht, daß man die Stationierung um jeden Preis wolle. Es müsse aber klar sein, daß die Welt danach wiederum anders aussehen werde. Formulierungen wie »Enthauptung« brächten den Willen zur Aggression zum Ausdruck. Die Sowjetunion und die USA verfügen über 85% des Atomwaffenpotentials. Die Sowjetunion wolle zurück zum Stand von 1976, aber die USA seien dazu nicht bereit. Sie wollten das gesamte Verteidigungssystem der Sowjetunion und ihrer Verbündeten ändern. Die Sowjetunion stütze sich bekanntlich vor allem auf landgestützte Raketen, während die USA wegen der geografischen Lage vielseitiger seien. Um vorwärts zu kommen, müßten die USA auf Bestrebungen verzichten, atomare Überlegenheit zu erlangen. Die sozialistischen Staaten seien zu weitgehenden Schritten bereit, jedoch nicht in einer Lage, in der die USA sogar für ihre Verbündeten immer unberechenbarer würden.

Gert Bastian erklärte, er möchte einiges sagen zur Frage des Gleichgewichts. In der Diagnose gebe es Übereinstimmung, jedoch nicht in der Therapie. Der Westen sage, er habe Vorleistungen erbracht, die die Sowjetunion nicht honoriert habe. Es gebe viele Menschen, die das glaubten und Angst vor einer sowjetischen Bedrohung hätten. Er persönlich fühle sich nicht durch die Sowjetunion bedroht. Er schätze auch das Sicherheitsbedürfnis der Sowjetunion anders ein, aber dies sei nicht die Auffassung der großen Mehrheit im Westen. Es müsse etwas geschehen, um diesen Kreislauf zu unterbrechen. 1978 hätten Schmidt und Breshnew Gleichgewicht konstatiert, aber die Sowjetunion habe inzwischen weiter mit SS 20 aufgerüstet. Man könne in dieser Form nicht weitermachen. Neue Denkweisen seien notwendig. Er möchte deshalb auf den Vorschlag zurückkommen, den die Grünen in Moskau unterbreitet hätten. Die Liste mit Vorschlägen des Genossen Honecker könne er unterschreiben. Er vertrete sehr ähnliche Positionen, aber es gebe keine Mehrheit, um sie durchzusetzen. Die Grünen hielten die neuen Vorschläge der Sowjetunion für eine konstruktive Verhandlungsgrundlage. Dabei könne es aber noch nicht bleiben. Wenn die NATO nicht bereit sei, diese Lösung zu akzeptieren, bringe es dann wirklich für die Sowjetunion, den Warschauer Vertrag und die DDR einen Vorteil, wenn sie taktische Raketen in der DDR und ČSSR aufstellen. Die NATO werde darüber nicht unglücklich sein. Sie werde daraus wiederum die Berechtigung für eine neue »Nachrüstung« ableiten.

Sei es nicht im Interesse aller, wenn der Warschauer Vertrag jetzt einseitig die SS 20 reduziert und an die Verwirklichung des Andropow-Vorschlags herangeht. Das würde ein psychologisches Klima schaffen, das es dem Westen unmöglich mache zu stationieren. Das wäre eine große Unterstützung für die Friedensbewegung. Verzicht auf taktische Raketen und Reduzierung von 140 SS 20 würden den Warschauer Vertrag nicht wehrlos machen. Er bleibe unangreifbar.

Dirk Schneider bekräftigte, daß dies wichtig wäre für die Friedensbewegung. Nach der Raketenstationierung würden Spaltungstendenzen in der Friedensbewegung zunehmen.

Genosse Erich Honecker erwiderte, das Problem bestehe darin, daß die USA eine Lage schaffen wollen, um Europa als atomare Geisel zu haben. Es sei 5 Minuten vor 12, es gebe aber immer noch eine Chance, zu einem Ergebnis zu kommen. Man müsse den USA deutlich machen, daß es für sie keinen anderen Weg gebe, als mit der Sowjetunion und den sozialistischen Staaten zu leben. Von diesem Gesichtspunkt aus würden wir alle politischen und militärischen Aspekte abwägen, welche Schritte zweckmäßig sind. Wir seien risikobereit. Die Sowjetunion habe im Westen wie im Osten die USA gegen sich. Das Verhalten Chinas sei noch unklar. Genosse Andropow habe in seinem letzten Interview die Dinge sehr ausgewogen dargestellt.[19] Eine Reduzierung auf 140 Raketen gehe noch unter das französische und britische Potential.

Die Grünen verlangten, daß man das ohne Vereinbarung tue. Aber die Verteidigung der Sowjetunion und der sozialistischen Staatengemeinschaft beruhe nicht zuletzt auf den SS 20. Man könne nicht verlan-

[19] Siehe Anm. 4.

gen, einseitig unter das britische und französische Potential in der Hoffnung auf eine Einigung mit den USA zu gehen. Die Sowjetunion müsse von den Realitäten und ihren Erfahrungen ausgehen.

Was das Problem Afghanistan betreffe, erklärte Genosse Erich Honecker, so könnte man natürlich viel dazu sagen, z. B. daß die afghanische Regierung ein Hilfeersuchen an die Sowjetunion gerichtet habe.[20] Worum es jetzt gehe, sei die Einstellung der Aggression von Pakistan aus. Dann werde die Sowjetunion ihre Truppen abziehen. Es gebe keinen Vergleich mit Grenada.

Genosse Erich Honecker erklärte, wenn die amerikanischen Raketen in der BRD stationiert würden, würden auch in der DDR operativ-taktische Raketen größerer Reichweite stationiert, die nicht mit den jetzigen zu vergleichen seien. Das möchte er in voller Verantwortung aus seiner Funktion sagen. Natürlich werde auch die Bevölkerung der DDR darüber nicht in Jubel ausbrechen, aber sie werde diese Entscheidung mittragen.

Lukas Beckmann betonte, die Verhinderung der Stationierung sei eine Lebensfrage. Man teile die Auffassung, daß der Doppelbeschluß ein Stationierungsbeschluß sei. Die Grünen kämpften seit 1979 dagegen. Die Bevölkerung der BRD sei zu 60 bis 80% dagegen. Die entscheidende Frage für die Grünen sei, welche Signale müßten vom Osten kommen, um die Stationierung politisch unmöglich zu machen. Wie wäre es in diesem Zusammenhang, wenn die Sowjetunion nicht nur bereit sei, ihre SS 20 auf 140 zu reduzieren, sondern sie jetzt bzw. jede Woche 10 Raketen verschrottet. Dann wäre es nach Überzeugung der Grünen unmöglich, im Westen die Raketen zu stationieren. Er möchte dringend darum bitten, diesen Gedanken weiter zu verfolgen.

Genosse Erich Honecker erwiderte: Er nehme diesen Gedanken natürlich entgegen, bitte aber von den Realitäten auszugehen.

Antje Vollmer warf ein, davon hänge auch die Entwicklung der Friedensbewegung in der BRD über den Herbst hinaus ab. Stationierung und Gegenstationierung bedeute den Zerfall der Friedensbewegung. Die Grünen versuchten ein Gesetz über die Volksbefragung im Bundestag durchzusetzen, aber nicht einmal die SPD unterstütze das.

Eine konkrete Möglichkeit wäre folgender Vorschlag: Die Durchführung einer »deutsch-deutschen« Diskussion zum Thema Nachrüstung über alle Fernsehsender der DDR und BRD. Die Diskussion sollte vor dem 21. November 1983 stattfinden und mit Vertretern der Parteien und der Kirchen besetzt sein. Sie stelle eine weitere Frage. Die

---

[20] Die UdSSR hatte am 28. 12. 1979 erklärt, ihre militärische Intervention sei auf der Basis des Freundschaftsvertrages mit Afghanistan von 1978 erfolgt.

DDR habe in letzter Zeit ungewöhnliche Schritte im »deutsch-deutschen« Verhältnis getan. Heiße das, daß Moskau ihr nur Spielraum für diese Zeit gelassen habe. Würden die Dinge weitergehen, falls stationiert würde?

Genosse Erich Honecker erklärte darauf, daß auch weiterhin alle Möglichkeiten ausgeschöpft werden müßten, um die Stationierung zu verhindern. Durch den jüngsten Vorschlag Juri Andropows gebe es noch Möglichkeiten. Er gebe der Friedensbewegung auch weiterhin große Chancen. Was den Vorschlag einer gemeinsamen Fernsehdiskussion kompetenter Personen zum Thema »Nachrüstung« anbetreffe, seien wir dafür.

Die DDR habe sehr viel Spielraum. Die DDR habe eine enge brüderliche Zusammenarbeit mit der Sowjetunion. Er kenne Juri Andropow schon seit vielen Jahren. Es sei ein Glück, daß immer wieder solche Persönlichkeiten an der Spitze der Sowjetunion stünden. Die DDR habe soviel Spielraum, wie sie brauche, um ihre Aufgaben zu lösen. Wenn man die Frage stelle, was sein werde, so habe die DDR immer den Kampf gegen den Krieg geführt und werde dies auch weiterhin tun.

Der Überfall auf Grenada sei ein erneutes Beispiel für die Unberechenbarkeit der amerikanischen Politik. Grenada zeige, daß man immer Vorwände für eine Aggression finde. Jetzt werde sogar behauptet, daß auf Grenada Militärberater aus der DDR seien. Es befinde sich jedoch kein einziger dort, sondern nur sechs Mitglieder einer FDJ-Freundschaftsbrigade.

Was das Verhältnis zwischen den beiden deutschen Staaten betreffe, so habe er den Vertretern der Grünen schriftlich unsere Vorstellungen übergeben. Diese Fragen stünden im Mittelpunkt. Leider betreibe die CDU/CSU-Regierung die Stationierung. Bei der SPD sei jetzt eine Veränderung der Lage eingetreten. Wenn die BRD ihren Einfluß geltend machen würde im Sinne von Nachverhandeln und nicht Nachrüsten, würde es keine Pershing II geben.

Gert Bastian warf ein, das sehe er genauso. Das sei die zentrale Frage.

Otto Schily ersuchte Genossen Honecker dann, den »Grünen Friedensvertrag« zu unterschreiben. Ferner bitte er darum, daß Petra Kelly und Antje Vollmer eine Kathrin Eigenfeld und Lothar Rochau am 1. November im Gefängnis in Halle besuchen können.[21] Petra Kelly erklärte dazu, daß sie etwas für die Menschen tun möchte. Dieser Schritt würde ein gutes Echo finden.

---

[21] Zu Rochau vgl. Nr. 7, bes. Anm. 5.

Genosse Erich Honecker erwiderte, was den »Grünen Friedensvertrag« betreffe, so würde er ihn sofort unterschreiben, wenn er Bürger der BRD wäre, aber er sei das Staatsoberhaupt der DDR, und er könne natürlich nicht als Privatperson handeln.

Genosse Herbert Häber[22] warf ein, daß es schließlich um seriöse Politik gehen müsse. Das Ansinnen der Grünen sei der Sachlage nicht angemessen. Es sei bekannt, daß die DDR für ein atomwaffenfreies Europa eintrete.

Genosse Erich Honecker betonte, daß er die Forderung nach einseitiger Abrüstung so nicht unterschreiben könne, es aber gern für die anderen Forderungen der Grünen tun wolle. Was die beiden von den Grünen genannten Personen angehe, so würden die damit zusammenhängenden Fragen wohlwollend geprüft werden. Ein Besuch in Halle sei nicht möglich.

Dirk Schneider bat darum, eine Liste mit einer Reihe von Wünschen zu Sachfragen (z. B. Einreise mit dem Fahrrad) übergeben zu können, die an die Grünen herangetragen worden seien.

Genosse Erich Honecker sagte eine Prüfung zu. Was Umweltfragen angehe, so seien bekanntlich die Grünen erst kürzlich beim Umweltminister der DDR[23] gewesen. Die DDR sei bereit, diese Dinge weiter zu erörtern, man könne z.B. Seminare durchführen. Hier gebe es auf der Ebene des Kulturbundes Möglichkeiten. Er möchte deutlich sagen, bei einer Rückkehr zum Entspannungsprozeß werde vieles möglich sein, was bisher nicht möglich war.

Petra Kelly warf die Frage auf, ob es nicht möglich sei, daß die Grünen ihren Standpunkt auch bei Friedensdemonstrationen in der DDR vertreten. Sie hätten diesen Gedanken auch in Moskau aufgeworfen. Bisher werde die Friedensbewegung der BRD auf solchen Demonstrationen nur durch die DFU vertreten. In Moskau habe man diesen Gedanken mit Sympathie aufgenommen. Natürlich könnten auch Redner aus der DDR auf Kundgebungen in der BRD sprechen.

---

[22] Herbert Häber, Leiter der Westabteilung beim ZK der SED und Mitglied des ZK.

[23] Die Begegnung mit Hans Reichelt, dem DDR-Minister für Umweltschutz und Wasserwirtschaft hatte bei einem Besuch von »Grünen« am 18./19. 10. 1983 in der DDR stattgefunden.

Lukas Beckmann teilte abschließend mit, daß am 4. November die Grünen zusammen mit Bürgern der DDR, der Niederlande und Großbritanniens der sowjetischen und amerikanischen Botschaft in der DDR eine Petition übergeben wollen.[24] Ein gleiches Schreiben sei auch bereits in der BRD überreicht worden.

Genosse Erich Honecker bemerkte abschließend, daß dies die erste Begegnung mit den Grünen gewesen sei, aber sicher nicht die letzte. Sie habe dazu beigetragen, sich gegenseitig besser zu verstehen.

---

[24] Vgl. Anm. 11. Nach dem Treffen mit Honecker enthüllte die »Grünen«-Delegation vor dem Staatsratsgebäude Transparente. Am Abend trafen sie sich mit Vertretern kirchlicher Gruppen.

SAPMO ZPA IV 2/2A/2621: »Berlin, 19. Dezember 1983. Gespräch zwischen dem Generalsekretär des ZK der SED, Genossen Erich Honecker, und dem Bundeskanzler der BRD, Herrn Helmut Kohl, am 19. Dezember 1983; von 14.07 Uhr bis 14.41 Uhr«

GEN. H.: Ja, hallo?

HERR K.: Ja, hier ist Kohl, guten Tag.

GEN. H.: Guten Tag, Herr Bundeskanzler, hier ist Honecker.

HERR K.: Ja, guten Tag, Herr Vorsitzender. Wie geht es Ihnen?

GEN. H.: Ausgezeichnet, möchte ich sagen, wenn das Wetter ein bißchen besser wäre.

HERR K.: Wie ist denn das Wetter bei euch?

GEN. H.: Trübe, Nebel.

HERR K.: Hier ist es total unklar, vorher diese Kälte; jetzt haben wir Frühlingswetter.

GEN. H.: Ja, das kenne ich.

HERR K.: Viel zu warm. Herr Vorsitzender, ich wollte Sie einfach nur zum Jahresende anrufen, um ein paar Gedanken auszutauschen. Das erste, was ich sagen wollte, daß ich mit großer Befriedigung sehe, daß wir in diesem Jahr, ungeachtet der weltpolitischen Umstände, eine Reihe von, wie ich denke, ganz vernünftigen Sachen zusammengebracht haben. Ich denke an die Postpauschale.[1] Ich denke an die gute Aussicht beim Abschluß der S-Bahn-Verhandlungen.[2] Ist noch nicht so weit. Sanierung der Röden[3], um nur ein paar Beispiele zu nennen, die ich für wichtig und nützlich halte. Und ich wollte Ihnen auch noch einmal mündlich sagen, was ich schon in meinem Weihnachtsbrief geschrieben habe, daß ich größten Wert darauf lege, daß wir die langfristig angelegte Zusammenarbeit auf der bewährten vertraglichen Grundlage fortsetzen.[4]

---

[1] In der am 15. 11. 1983 geschlossenen Vereinbarung mit der DDR zur Verbesserung des Postverkehrs wurde festgelegt, daß die Deutsche Bundespost der Post der DDR für den Zeitraum 1983 bis 1990 jährlich eine »Pauschale« von 200 Mio. DM für »Mehrleistungen der DDR im gegenseitigen Post- und Fernmeldeverkehr« zu zahlen hatte. Text der Vereinbarungen u. a. in: Innerdeutsche Beziehungen (1986), S. 160–162, Bulletin vom 29. 11. 1983.

[2] Die betr. Vereinbarung über die S-Bahn in Berlin wurde am 30. 12. 1983 abgeschlossen, in: Innerdeutsche Beziehungen (1986), S. 165–167.

[3] Das Abkommen über die Gewässersanierung des bayerisch-thüringischen Grenzflusses Röden war am 12. 10. 1983 unterzeichnet worden; ebd. S. 156f.

[4] Die Passage in dem Schreiben des Bundeskanzlers an den Generalsekretär und Staatsratsvorsitzenden vom 14. 12. 1983 (in: SAPMO ZPA J IV 2/2A/2621), auf die Kohl in dem Telefonat anspielte, lautete: »Ich versichere Ihnen, daß die Bundesregierung nach wie vor entschlossen ist, ihre Politik des Dialogs und der langfristig angelegten Zusammenarbeit auch mit der Deutschen

Wir, die Bundesregierung, wollen alles tun, um das Erreichte zu bewahren und, wenn möglich, wie man das ja jetzt in diesem Politik-Chinesisch nennt, das Geflecht der Beziehungen, ich würde es ein bißchen einfacher nennen, sogar sagen, vernünftige Beziehungen einfach zu gestalten und dort, wo das möglich ist, auszubauen. Wir haben zur Kenntnis genommen, was Sie auf dem 7. ZK gesagt haben. Ich will das noch einmal zitieren:

»Jeden vernünftigen Vorschlag sorgfältig zu prüfen und die Beziehungen zwischen unseren Staaten entsprechend dem Vertragssystem auf ein normales Gleis zu bringen.«[5] Das entspricht absolut meiner Vorstellung. Und ich wäre sehr damit einverstanden, wenn Sie dies wünschten, daß man über persönliche Beauftragte außerhalb jeglicher Öffentlichkeit, ich glaube, das wäre nützlich, wie auch dieses Gespräch, damit es klar ist, außerhalb jeglicher Öffentlichkeit hier bei uns läuft, noch einmal näher zu erläutern und vielleicht das eine oder andere im Klartext zu versehen.

Wir setzen große Hoffnungen auf die Stockholmer Konferenz.[6] Wir denken, sie sollte genutzt werden, um den Ost-West-Dialog zu erweitern, wenn möglich, vertrauensbildende Maßnahmen auszuhandeln, und ich würde sehr begrüßen, wenn von Ihrer Seite und der Seite der anderen Staaten, einschließlich der Sowjetunion, die Außenminister kommen würden. Ich habe in Washington sehr dafür geworben.[7] Es wird auch so sein, daß der Außenminister Shultz dorthin kommt.[8] Ich glaube, das wäre eine nützliche Chance, um Gespräche zu führen zwischen den beiden wichtigen Mächten, zwischen den Amerikanern und der Sowjetunion.

Im übrigen will ich schnell noch einmal sagen, was ich schon öf-

Demokratischen Republik fortzusetzen. Sie möchte das in den Beziehungen zwischen den beiden Staaten in Deutschland im Verlauf vieler Jahre Erreichte bewahren und das Geflecht von Beziehungen auf den bewährten vertraglichen Grundlagen weiterentwickeln und ausbauen. Ich bin mit Ihnen darin einig, daß vom Verhältnis unserer beiden Staaten zueinander positive Impulse auf das europäische Klima ausgehen sollten. Ein Höchstmaß an Dialog und Zusammenarbeit wird den Entspannungsprozeß in Europa fördern. Dies ist gerade dann wichtig, wenn die internationale Lage schwieriger geworden ist.« Unterzeichnet war das Schreiben handschriftlich mit »Ihr Helmut Kohl«.

[5] Kohl bezog sich auf die Diskussionsrede Honeckers vom 25. 11. 1983 auf der 7. Tagung des Zentralkomitees der SED. Sie ist abgedr. in: Neues Deutschland v. 26./27. 11. 1983. Auszüge daraus in: Innerdeutsche Beziehungen (1986), S. 163–165 u. in: Texte zur Deutschlandpolitik III/1 (1983), S. 267–271. Die von Kohl auch schon in seinem Schreiben vom 14. 12. 1983 zitierte Passage entspricht nicht ganz dem Wortlaut; es fehlt auch der abschließende Halbsatz: »aber alle Angriffe auf die Souveränität der DDR auch künftig konsequent zurückweisen«.

[6] Die Konferenz über Vertrauensbildung und Abrüstung in Europa begann am 17. 1. 1984 in Stockholm. – Vgl. AdG 1984, S. 27339ff.

[7] Vgl. dazu u. a. die Erklärung des Regierungssprechers vom 14. 12. 1983; AdG 1983, S. 27309.

[8] George P. Shultz, Außenminister der USA 1982–1989; er nahm an der Stockholmer Konferenz teil.

fentlich gesagt habe: Meine Einladung für Sie gilt selbstverständlich. Wann immer Sie darauf zurückkommen wollen, lassen Sie mich das wissen.

Gen. H.: Herr Bundeskanzler, ich habe heute gegen 12.00 Uhr durch unseren Außenminister Ihren Brief erhalten.[9] Selbstverständlich muß ich diesen Brief noch eingehend prüfen. Aber ich finde es gut, daß wir in Kontakt bleiben. Sie weisen meines Erachtens in diesem Brief mit Recht darauf hin, daß die beiden deutschen Staaten vor einer wichtigen Aufgabe stehen, der Förderung des Friedens, wie es hier heißt, der Sicherheit und Zusammenarbeit in Europa, und die Erfüllung dieser Aufgabe habe auch eine Bedeutung für die Beziehung zueinander in einer Verantwortungsgemeinschaft[10], vielleicht könnte man auch sagen, Sicherheitspartnerschaft vor Europa und vor dem deutschen Volk. Wie gesagt, ich begrüße das sehr. Allerdings ist es natürlich so, daß die Lage inzwischen auch schon etwas anders geworden ist durch den Beginn der Stationierung, denn meines Erachtens – das findet auch in Ihrem Brief einen Niederschlag – hat das selbstverständlich die internationale Lage weiterhin kompliziert, die Spirale des Wettrüstens neu angedreht und die Gefahr eines neuen Krieges erhöht, so daß also, unter diesen Gesichtspunkten betrachtet, selbstverständlich eine ganze Reihe Fragen neu stehen, die man im einzelnen noch durchdenken müßte. Jedenfalls ist es so, daß, Herr Bundeskanzler, ich selbst mit großer Aufmerksamkeit Ihren Einsatz für den Beginn der Stationierung der neuen USA-Mittelstreckenwaffen verfolgt habe. In Ihrem Brief gehen Sie bereits darauf ein.[11] Sie können sich vorstellen, daß dies von uns als ein sehr bedenklicher Schritt aufgenommen wurde. Die Haltung der DDR zu

[9] Kohls Brief vom 14. 12. 1983 war vom Leiter der Ständigen Vertretung, Hans Otto Bräutigam, im Ministerium für Auswärtige Angelegenheiten der DDR am 19. 12. 1983 mit der Bitte um Weiterleitung an Honecker übergeben und von Außenminister Oskar Fischer am gleichen Tage mit Begleitschreiben (SAPMO ZPA J 2/2A/2621) Honecker zugeleitet worden. Handschriftl. Vermerk Honeckers darauf wie auf Kohls Schreiben jeweils: »EH 19. 12. 1983«.

[10] Honecker bezog sich auf den 1. Absatz in Kohls Schreiben (vgl. Anm. 4). Darin heißt es, »das neue Jahr wird die beiden Staaten in Deutschland vor wichtige Aufgaben der Förderung des Friedens, der Sicherheit und der Zusammenarbeit in Europa stellen. Die Erfüllung dieser Aufgaben wird nicht nur für die Beziehungen zwischen unseren Staaten von großer Bedeutung sein, sondern auch für die Beziehungen zwischen West und Ost. Die beiden Staaten in Deutschland stehen in ihrer(n) Beziehung(en) zueinander in einer Verantwortungsgemeinschaft vor Europa und vor dem deutschen Volk«, und sie können »gerade in schwierigen Zeiten des West-Ost-Verhältnisses einen wichtigen Beitrag für Stabilität und Frieden in Europa leisten, wenn sie aufeinander zugehen und das jetzt Machbare an Zusammenarbeit voranbringen«.

[11] Kohl bezog sich in dem Brief vom 12. 12. auf sein Schreiben vom 24. 10. 1983 an Honecker (veröffentlicht in: Bulletin v. 28. 10. 1983), mit dem »ich Ihnen, Herr Generalsekretär, die Haltung der Bundesregierung zur Frage der Mittelstreckenraketen dargelegt« habe. Er fügte an: »Niemand konnte überrascht sein, wenn sich das westliche Bündnis mangels eines konkreten Ergebnisses bei den Genfer INF-Verhandlungen jetzt gezwungen sieht, mit der 1979 beschlossenen Nachrüstung in Westeuropa zu beginnen.«

dieser Frage hatte ich Ihnen damals in meinem Schreiben Anfang Oktober ausführlich erläutert.[12] Mit dem Beginn der Stationierung ist praktisch doch eine neue Lage entstanden. Dazu habe ich mich – wie Sie mit Recht soeben anführten in Ihren Darlegungen – auf der 7. Tagung des Zentralkomitees unserer Partei geäußert. Die Welt ist schon heute nicht mehr so, wie wir wissen, wie sie vor dem Beschluß über die Stationierung war. Also die internationale Lage hat sich kompliziert. Ich habe das bereits angeführt, und die Tatsachen, mit denen wir konfrontiert sind, sind selbstverständlich sehr ernst. Ich möchte Ihnen nicht verhehlen, daß in der Tat damit dem europäischen Vertragswerkssystem einschließlich Grundlagenvertrages, wie ich bereits auf der 7. Tagung des Zentralkomitees sagte, ernster Schaden zugefügt wurde. Ich habe ausdrücklich von Schaden gesprochen, was Sie auch bemerkt haben. Immerhin wird ja in den Verträgen von Moskau, Warschau und Prag sowie im Vierseitigen Abkommen vom 3. September 1971 und auch im Grundlagenvertrag die Friedenssicherung zum Kernanliegen der Verträge erklärt. Und Sie, Herr Bundeskanzler, haben ja in Ihrem ersten Schreiben an mich selbst geäußert, daß die Politik Ihrer Regierung auf Kontinuität gerichtet sei, gestützt auf das Bündnis, selbstverständlich im Westen, wollten Sie die Zusammenarbeit mit dem Osten fortsetzen und ausbauen.[13] Das fand bei uns ein positives Echo, wie Sie wissen. Bis heute ist mir selbstverständlich unverständlich, wieso die großzügigen, ich darf das hier mal sagen, großzügigen Angebote von Juri Andropow, die vielfältigen Vorschläge der führenden Repräsentanten der sozialistischen Länder von Prag und Moskau, nicht veranlaßt haben, alle Verhandlungsmöglichkeiten in Genf auf jeden Fall voll auszuschöpfen. Und warum die Stationierung nicht zumindest ausgesetzt wurde, um doch zu einem beiderseits akzeptablen Ergebnis zu kommen. Jetzt

[12] Das Schreiben vom 5. 10. 1983 ist u. a. abgedr. in: Neues Deutschland v. 10. 10. 1983; Innerdeutsche Beziehungen (1986), S. 154 f.; Texte zur Deutschlandpolitik III/1 (1983), S. 242–244.

[13] In diesem Schreiben vom 29. 11. 1982 an Honecker (SAPMO ZPA J IV 2/2A/2530; vgl. Nr. 2, Anm. 1) hatte Kohl betont, »die neue Bundesregierung mißt dem Verhältnis zur Deutschen Demokratischen Republik große Bedeutung bei« und »ist an guten Beziehungen zur Deutschen Demokratischen Republik interessiert«. Der Grundlagenvertrag und die anderen bilateralen Vereinbarungen »zwischen den beiden deutschen Staaten bleiben Grundlage und Rahmen für die Entwicklung der Beziehungen«. Er habe alle zuständigen Minister angewiesen, die laufenden Verhandlungen mit der DDR fortzusetzen. »Nehmen Sie dies bitte als Ausdruck unseres festen Willens, die Möglichkeiten des Grundlagenvertrages auszuschöpfen.« Die »künftige Zusammenarbeit« zwischen Bundesrepublik und DDR »sollte positive Impulse für Zusammenarbeit und Dialog in Europa geben«. Kohl erneuerte dann die von H. Schmidt ausgesprochene Einladung an Honecker (vgl. Nr. 1 und Nr. 2). Er gehe davon aus, daß die Gespräche von Staatssekretär Bräutigam mit »Ihrem Beauftragten wie bisher fortgesetzt« würden, begrüßte, »daß auch die Bemühungen in den humanitären Angelegenheiten kontinuierlich weitergeführt werden«, und betonte abschließend: »Die neue Bundesregierung tritt für Verläßlichkeit und Berechenbarkeit in den Beziehungen ein. Es ist mein Wunsch, alle Möglichkeiten auszuschöpfen, um dem Wohl der Menschen und dem Frieden zu dienen.«

betrachten wir die Lage so, und daß nun Verhandlungen über die Mittelstreckenwaffen, deren Einsatz nicht nur die beiden deutschen Staaten, ihre Bürger vernichten und ganz Europa zu einem atomaren Schlachtfeld machen werden, die Grundlage wirklich entzogen wurde, weil die NATO trotz Einsprüchen Griechenlands, Dänemarks und Spaniens ohne jeden Aufschub stationiert. Unter diesen Bedingungen, die auch die anderen Abrüstungsverhandlungen leider in Mitleidenschaft gezogen haben, hat sich die internationale Lage doch weiter zugespitzt. Und die Situation in Europa ist doch angespannter geworden. Mehr Sicherheit für die Bundesrepublik und ihre Bürger ist nicht entstanden, wie das als Begründung für die Raketenstationierung ausgegeben wurde. Wissen Sie, Herr Bundeskanzler, mich, meine Freunde und auch die Bürger der DDR erfüllt es natürlich mit großer Sorge. Ich war seitdem einige Male in der Republik, und daß sich auf Ihrer Seite mittlerweile politische und strategische Doktrine durchsetzen, die, wenn ihnen nicht Einhalt geboten wird, und auch hier glaube ich, müßten wir mal darüber sprechen, die Welt in eine nukleare Katastrophe doch treiben könnten.

Ich meine z. B. die Doktrin, wonach die Sowjetunion das Reich alles Bösen sei. Das wurde in diesen Tagen wiederum bekräftigt, das man zu beseitigen gelte. Und ich meine auch die Doktrin zur Zerstörung des Sozialismus mit Hilfe eines Enthauptungsschlages, wie man das nennt: mit Hilfe einer militärischen Strategie der Entwaffnung und sogar des Präventivschlages. Hierbei handelt es sich nicht um eine unverantwortliche Sprache, um unverantwortliche Sprüche von unbedeutenden Leuten, sondern um offizielle Verkündungen führendster Persönlichkeiten der USA und um Festlegungen in bereits gültige Konzeptionen der NATO. Man muß nicht die Geschichte bemühen, um zur Auffassung zu gelangen, daß eine Kreuzzugspolitik gegen die Sowjetunion und die anderen sozialistischen Staaten, die auf militärische Gewalt setzt, der Weg in die Katastrophe ist. Und unter den heutigen Bedingungen wäre es die Katastrophe für die ganze Menschheit. Das ist eine Philosophie des Krieges und nicht des Friedens, der Vernunft und des Ausgleiches. Wir stellen, Herr Bundeskanzler, die Zugehörigkeit der Bundesrepublik Deutschland zu ihrem Bündnissystem nicht in Frage. Und umgekehrt sollte man es auch nicht mit der DDR halten. Aber Europa darf nicht die Geisel einer Politik werden, die offenkundig bereit ist, jene Grenzen zu überschreiten – jedenfalls ist das unser Eindruck –, an der eigentlich ein jeder verantwortungsvoller, bewußter Politiker, gleich welcher politischen Farbe, haltmachen sollte. Ich hatte, wie Sie wissen, Gelegenheit, Ihrem Vorgänger im Amt zu sagen, er möge sein politisches Schicksal nicht mit dem Raketenbeschluß verbinden. Was geschehen ist, wissen Sie. Erlauben Sie die Feststellung, wer in unserer Zeit nicht alles Erdenkliche für den Frieden, für die Vermeidung eines nuklearen Krieges, für die Zusammenarbeit der Staaten auf der Basis der Gleichheit und der gleichen Sicherheit unternimmt, wird vor seinem Volk und auch vor seinem Gewissen nicht bestehen können. Und in dieser Beziehung habe ich auch mit Interesse aus Ihrem mir heute zugänglich gemachten Brief entnommen, daß Sie unsere Position sehr stark verfolgen und Sie selbst einige Vorstellungen haben, wie man diese Fragen einer Lösung zuführen könnte.

Die Bundesrepublik Deutschland und die Deutsche Demokratische Republik, das verlieren wir nie aus dem Auge, und ich möchte, daß Sie das auch am Vorabend eines neuen Jahres wissen, haben nicht nur unterschiedliche gesellschaftliche Ordnungen, sondern sie gehören auch verschiedenen Bündnissystemen an. Und in meiner Rede auf der Tagung des Zentralkomitees unserer Partei habe ich ja auch unterstrichen, daß die Deutsche Demokratische Republik in jedem Falle ihre Bündnisverpflichtungen erfüllen wird. Und dazu gehört auch die Stationierung operativ-taktischer Raketen größerer Reichweite, jedenfalls größer als 120 Kilometer, die, das kann ich Ihnen ganz offen sagen, das Startgebiet von Pershing II und Cruise Missiles berücksichtigen. Von diesen Tatsachen muß man nunmehr bei Betrachtungen der Beziehungen zwischen der DDR und der BRD ausgehen. Ganz offensichtlich sind das keine Instrumente, da werden Sie mir zustimmen, die gutnachbarliche Beziehungen erleichtern. Wir waren dagegen, daß es so kommt, und wir sind dafür, diesen Zustand in absehbarer Zukunft wieder zu beseitigen. Wir werden bei der Durchführung unserer militärischen Maßnahmen, das darf ich sagen, nicht weitergehen, als das durch das Vorgehen der USA und der NATO erforderlich ist, und Juri Andropow hat das auch in seiner Erklärung klar gesagt.[14] Allerdings werden wir dabei selbstverständlich die Aufrüstungsmaßnahmen der Bundesrepublik zu berücksichtigen haben. Und da letztens beide deutsche Staaten eine Zukunft haben wollen, sollte man, wenn Ihrerseits der Wille vorhanden ist, weiter von dem Prinzip ausgehen, daß es zur Politik der friedlichen Koexistenz keine akzeptable Alternative gibt. Wir sind dafür, vom Vertragssystem all das zu wahren, was noch besteht, es weiter auszubauen, mit Inhalt zu erfüllen. So sind wir dafür, den Schaden möglichst zu begrenzen. So bitte ich meine Ausführungen auf der letzten Sitzung des Zentralkomitees zu verstehen. Dabei muß vor allem, Herr Bundeskanzler, jener Kerngedanke im Grundlagenvertrag meines Erachtens stärker Berücksichtigung finden, der besagt, daß jeder der beiden deutschen Staaten über seine Innen- und Außenpolitik selbständig und souverän zu entscheiden hat. Wenn Sie das

[14] Gemeint ist das sog. letzte Angebot des Generalsekretärs der KPdSU, J. Andropow, zu den INF-Verhandlungen vom 27. 10. 1983; vgl. Nr. 9, Anm. 4.

ebenso halten, sehen wir auch jetzt noch Möglichkeiten der fruchtbaren Entwicklung der Beziehungen. Allerdings will ich nicht verschweigen, daß ohne die Stationierung neuer Raketen die Chancen dafür besser wären.

In Ihrem Brief, Herr Bundeskanzler, habe ich sehr aufmerksam zur Kenntnis genommen Ihre Feststellung, wonach der Krieg kein Mittel zur Durchsetzung politischer Ziele mehr sein darf und Waffen nicht eingesetzt werden sollten, es sei denn als Antwort auf einen Angriff.[15] Diesem kann ich voll und ganz zustimmen. Um so mehr wäre es doch gut, wenn Sie den Vorschlag unterstützen würden, Verhandlungen über den Abschluß eines Vertrages über den Verzicht auf Anwendung militärischer Gewalt zwischen dem Warschauer Pakt und der NATO aufzunehmen. Es geht dabei nicht nur um die Frage des Verzichts auf militärische Gewalt, sondern um die Aufrechterhaltung friedlicher Beziehungen. Und der Einwand, Gewaltverzicht sei in anderen internationalen Dokumenten bereits festgelegt, hebt selbstverständlich die Notwendigkeit eines solchen Vertrages nicht auf. Also, wir sind dafür, alle entstehenden Probleme friedlich zu regeln. Unsere Vorschläge dazu betrachten wir als realistisch. Wir sind für das Einfrieren aller Rüstungen auf nuklearem Gebiet, den Stopp und die Zurücknahme der Stationierung der USA-Erstschlagwaffen, um wieder Verhandlungen zu ermöglichen, den vertraglich vereinbarten Verzicht auf die Erstanwendung von nuklearen und konventionellen Waffen, die Bildung atomwaffenfreier Zonen, für den schwedischen Vorschlag, eine von atomaren Gefechtsfeldwaffen freie Zone in Europa zu schaffen. Bekanntlich haben wir hierzu unsere Bereitschaft erklärt, das ganze Territorium der DDR zur Verfügung zu stellen, und wir sind für das Verbot der chemischen und bakteriologischen Waffen. Wir sind ganz entschieden für das Verbot der Militarisierung des Weltraumes. Also, wir schließen nicht die Möglichkeit aus, daß es früher oder später, trotz der eingetretenen Lage, zu positiven Ergebnissen der Verhandlungen über Abrüstung kommt und die Entspannung fortgesetzt wird. Wie gesagt, nach wie vor gibt es unseres Erachtens zur Politik der friedlichen Koexistenz zwischen Staaten unterschiedlicher sozialer Ord-

[15] Weder in Kohls Schreiben vom 24. 10. noch in dem vom 14. 12. 1983 wurde diese Formulierung gebraucht. Im ersten betonte der Kanzler die gemeinsame »Überzeugung, daß von deutschem Boden nie wieder Krieg ausgehen darf« und »beide Staaten in Deutschland« besondere »Verantwortung für die Sicherung des Friedens« trügen. – Im zweiten erklärte Kohl, daß die »ungelösten Sicherheitsfragen« »nur auf dem Verhandlungswege gelöst werden« könnten und »Befürchtungen« der Warschauer Staaten, »die neuen Raketen in Westeuropa« könnten »zum Ausgangspunkt einer Politik der Konfrontation gegenüber der Sowjetunion werden«, »gänzlich unbegründet« seien. Die NATO habe mit der Brüsseler Erklärung den Warschauer-Pakt-Staaten das Angebot zu einer konstruktiven Zusammenarbeit und zu einem umfassenden Dialog gemacht.

nung, und das ist auch in dem mir von Ihnen heute übermittelten Brief vermerkt, keine vernünftige Alternative. Realismus und Vernunft müssen wirklich die Oberhand gewinnen. Sie haben eingangs in Ihren Äußerungen darauf hingewiesen, auf die verschiedenartigen Fortschritte, die es zwischen uns gibt. Ich bin voll und ganz mit Ihnen einverstanden, daß man sich überlegen muß, was man tun kann, um trotz der schwierigen Zeiten all das zu erhalten, was man in der Frage der Entspannungspolitik erreicht hat, und weiter auszubauen. Deshalb möchte ich Sie bitten, Ihre Aufmerksamkeit solchen Fragen zu schenken, zu dem, was wir bereits erledigt haben, wie die Klarstellung des Verlaufes der Elbgrenze, der Respektierung der Staatsbürgerschaft der DDR, der Auflösung der aus dem kalten Krieg stammenden Dienststelle in Salzgitter sowohl wie der Umwandlung der Ständigen Vertretung*[en]* in Botschaften. Eine Frage haben wir schon gelöst. Die frühere Treuhandstelle – da wurden Sie ja bereits darüber informiert – für innerdeutschen Handel wurde ja in eine Treuhandstelle für Industrie und Handel umgewandelt.[16] Und die Regelung des Problems der Elbgrenze würde selbstverständlich – ich bitte das zu beachten – von uns aus honoriert, da ja das, was wir hier besprechen unter uns bleibt, von uns aus honoriert. Trifft nach Informationen, die mir vorliegen, Herr Bundeskanzler – und ich möchte die Frage an Sie richten, ob das stimmt, trifft es zu, daß in einem Staatsvertrag zum Beispiel zwischen Bayern und Württemberg, ohne daß ich jetzt Bayern und Württemberg mit der DDR vergleichen möchte, festgelegt worden ist, daß die Grenze zwischen den beiden Bundesländern exakt auf der Flußmitte des Main verläuft. Wenn eine solche Regelung sogar innerhalb der Bundesrepublik getroffen wird, warum sollte man dann zögern bei der Klärung dieses Problems der Flußgrenze zwischen zwei voneinander unabhängigen Staaten, zum Beispiel des kleinen Stückchens Elbgrenze? Im übrigen sollte es doch wirklich nicht schwer sein einzusehen, daß es auch Staatsbürger der DDR und Staatsbürger der BRD gibt. Und Sie selbst haben ja auch schon von Bürgern der DDR gesprochen. Größten Wert möchte darauf legen, daß, wie ich schon sagte, der Grundsatz eingehalten wird, wonach beide Staaten in ihren inneren und äußeren Angelegenheiten souverän sind, selbständig sind. Deshalb sollten Schritte unterlassen werden, die darauf gerichtet sind, auf andere Staaten bei der Gestaltung ihrer Beziehungen zur DDR negativ oder gar mit politischem Druck einzuwirken. Neuerdings kann nicht verschwiegen werden, daß solche Versuche seitens der BRD zuneh-

---

[16] Die Umbenennung der Treuhandstelle für Interzonenhandel in die Treuhandstelle für Industrie und Handel, über die weitgehend der innerdeutsche Handel unter Einschluß von Berlin (West) abgewickelt wurde, war nach dem Honecker-Schmidt-Treffen vom Dezember 1981 erfolgt. Vgl. Nr. 7, bes. Anm. 20.

men. Ich bitte Sie, immer davon auszugehen, Herr Bundeskanzler, daß es nicht möglich sein wird, die Deutsche Demokratische Republik in irgendeiner Weise durch andere Dinge politisch von ihren prinzipiellen Positionen abzubringen. Natürlich berücksichtigen wir den großen Umfang verwandtschaftlicher Beziehungen zwischen Bürgern der DDR und Bürgern der BRD. Und wir sind dafür – Sie haben selbst die Dinge auch etwas mit nach vorwärts gebracht –, Wege für Begegnungen zu öffnen, aber guter Wille darf unseres Erachtens nicht mißbraucht werden, um so lebenswichtige Interessen unseres Staates anzutasten. Und ich glaube, man sollte das auch nicht mit allen anderen Sachen umschmücken, sondern hier handelt es sich darum so wie auf verschiedenen Gebieten, daß wir auf allen Gebieten frei und offen uns immer aussprechen. Und ich teile voll und ganz die von Ihnen geäußerte Meinung, daß die bevorstehende Stockholmer Konferenz[6] doch also die Möglichkeiten bietet, nicht nur wesentliche Fragen zu besprechen, die eine wirkliche Vertrauensbildung bieten, sondern hier daß nach den ganzen Ereignissen der letzten Zeit doch also Millionen von Menschen dieser Konferenz mit Hoffnung entgegenschauen. Wir haben noch nicht endgültig entschieden, ich nehme aber an, daß wir unseren Außenminister schicken. Die Konferenz hat eine solche Bedeutung, daß wir unseren Außenminister entsenden werden.

HERR K.: Ja.

GEN. H.: Übrigens Ihre Frage in bezug auf Besuch der BRD, das heißt, die Erneuerung der Einladung zum Besuch. Ich möchte Ihnen sagen, im Prinzip bin ich einverstanden. Wir sind aber wahrscheinlich beide doch der Auffassung, ihn in einer Situation durchzuführen, die auch einen normalen Ablauf dieses Besuches ermöglicht.

HERR K.: Da stimme ich Ihnen völlig zu.

GEN. H.: So daß also man zu gegebener Zeit Termin, Programm usw. alles vereinbaren könnte, auch was die Frage betrifft in Ihrem Brief, was Sie wiederholt haben, das Angebot, einen meiner Vertrauensleute zu Ihnen zu senden.[17]

HERR K.: Oder umgekehrt.

GEN. H.: Oder umgekehrt. Auch einverstanden. Da würde ich darum bitten, daß wir uns dann über einen Termin verständigen, damit das alles vor sich gehen kann. Wobei ich als die wichtigste Frage gegenwärtig betrachte, die Vorbereitung der Stockholmer Konferenz.

HERR K.: Ja. Also, ich habe sehr aufmerksam natürlich das jetzt alles angehört und zugehört, was Sie gerade gesagt haben. Ich will jetzt

[17] In dem Schreiben vom 14. 12. 1983 regte Kohl an, »alsbald in einen umfassenden Dialog über die Weiterentwicklung und den Ausbau der Zusammenarbeit einzutreten. Ich bin gerne bereit, Ihnen meine Vorstellungen dazu, wenn Sie es wünschen, durch einen Beauftragten näher erläutern zu lassen.«

nicht zu allen Punkten im Detail Stellung nehmen, weil das doch viel zu weit führen würde. Ich will auch jetzt nicht eine Würdigung der natürlicherweise sehr konträren Standpunkte, was die Stationierung betrifft, vornehmen. Hier sind unsere Meinungen völlig verschieden. Nur will ich klar sagen, seitens der Bundesrepublik Deutschland und seitens der NATO wird es mit absoluter Sicherheit keinen Angriffskrieg geben, und ich füge etwas hinzu, was in diesem Augenblick vielleicht Sie besonders beeindrucken kann: Ich bin fest überzeugt, daß wir beide, die wir jetzt miteinander telefonieren, im sichersten Teil dieser Erde leben. Ich bin ganz sicher, daß es in Mitteleuropa keinen Krieg geben wird. Das ist meine feste Überzeugung, und ich habe auch nicht die geringsten Anzeichen dafür, wenn ich das ernst nehme, was die sowjetische Seite erklärt, und Sie tun dies, und wenn ich das ernst nehme, was ich selber mit beeinflussen kann, weil ich hier die allerbesten Kenntnisse aus nächster Nähe habe. Ich bin der festen Überzeugung, daß in der jetzigen Lage absolut die Chancen liegen, auch zu einer Verständigung der beiden Weltmächte zu kommen. Ich bin sicher, daß sich da in den nächsten Monaten auch noch einiges erreichen läßt und erreicht wird, was ich selbst tun kann, das ist eine ganze Menge. Auch in Washington werde ich in diesem Sinne tun. Wir haben enge Kontakte, und wir haben das immer wieder gesagt. Ich will aber jetzt nichts sagen über diese Abteilung, die ich unter Propaganda bezeichne, wer wen jeweils angreift. Wissen Sie, Herr Honecker, das bringt uns beide nicht weiter. Wir haben nach meiner festen Überzeugung in dieser sehr kritischen, sehr ernsten weltpolitischen Lage ganz persönlich, wir beide, eine besondere Verantwortung. Es ist ganz selbstverständlich, daß wir nicht die Absicht haben, etwa die Gegebenheiten, die da sind und die realistisch zu betrachten sind, ich höre aus Ihren Worten umgekehrt das gleiche, jetzt auf den Kopf stellen zu wollen. Wir müssen in der uns zur Verfügung stehenden Zeitspanne unseres Amtes oder unseres Lebens, wie man es nennen will, versuchen, unsere Pflicht zu tun. Unsere Pflicht muß es sein, in der Verantwortung vor der deutschen Geschichte unsere Pflicht zu bewahren. Sie haben aus gutem Grund auf die Menschen in beiden Teilen hingewiesen. Auf die Menschen in der DDR und auf die Menschen in der Bundesrepublik. Und das gibt noch eine weit über das Politische hinausgehende zusätzliche Verantwortung. Gerade für eine Generation, ich bin etwas jünger, aber ich habe den Krieg noch mit wachem Bewußtsein als Kind miterlebt.

GEN. H.: In den letzten Zügen, ja?

HERR K.: Ja. Und zum Schluß noch als Flakhelfer. Ich habe in meiner Heimatstadt Ludwigshafen Fliegerangriffe erlebt. Mein Bruder ist gefallen. Mein Schwager war von den Nazis eingesperrt. Ich hab all das erlebt, was das Schicksal einer deutschen Familie in dieser Zeit ausmacht. Ich glaube, daß in Stockholm eine Chance besteht, ein Stück weiterzukommen. Ich persönlich bin auch überzeugt, daß es im kommenden Jahr nach einem zeitlichen Phasenverzug zwischen den Weltmächten erneut zu Gesprächen kommen wird. Alles, was ich weiß, deutet darauf hin. Und jetzt will ich es auch noch einmal ganz klar und deutlich aussprechen. Ich kann nicht erkennen, daß wir, wir beide, und die Regierung der DDR und die Regierung der Bundesrepublik im Rahmen ihrer Möglichkeiten bilateral nicht das tun sollten, was die anderen selbstverständlich tun. Seit dem Stationierungsbeschluß sind die Wirtschaftsgespräche zwischen der Sowjetunion und der Bundesrepublik nicht geringer geworden, sondern eher intensiviert. Ich habe im Augenblick gerade einen Bericht vor einer Stunde bekommen, wer alles etwa mit unserer chemischen Industrie verhandelt hat in den letzten 14 Tagen. Da waren das eine ganze stolze Reihe aus dem Bereich des Warschauer Paktes. Ich vermag nicht einzusehen, warum die Beziehungen unter den Deutschen, unter den sicher schwierigen Verhältnissen – ich leugne das überhaupt nicht – mehr leiden sollten als die Beziehungen zwischen den Tschechen und uns, ich meine jetzt die Bundesrepublik, und die Beziehungen zwischen den Polen und uns, die Beziehungen zwischen den Bulgaren oder den Rumänen. Ich finde, wir haben aufgrund der geltenden Verträge eine gute Chance, hier mit Vernunft und Augenmaß das Richtige zu tun. Und Sie können vor allem davon ausgehen, das, glaube ich, ist sehr wichtig: Sie sprechen hier mit einem Mann, der nichts unternehmen wird, um Sie in eine ungute Lage – ich will es nicht näher interpretieren – in eine ungute Lage zu bringen. Mein Interesse ist, daß das, was mühsam aufgebaut wurde und was unendlich schwierig und nur mit kleinen Schritten fortzuentwickeln ist, fortentwickelt wird, das ist das, was ich mir vorgenommen habe. Und vielleicht können wir im Laufe des Januar noch einmal uns verständigen, ob jemand von meinen Leuten rüberkommt mal zu Ihnen, und zwar wirklich in aller Diskretion – bei uns ist das natürlich, wie Sie wissen, ein bißchen schwieriger. Aber, das kann man so machen, daß das in einer vernünftigen Dimension läuft.[18] Mir

[18] Eine Aufzeichnung von Schalck-Golodkowski über ein Gespräch mit Strauß am 9. 12. 1983, in dem Strauß ihm über seine Unterredung mit Kohl am 29. 11. berichtete, weist darauf hin, daß es erhebliche Rivalitäten gab, wer in Bonn für den »informellen Kontakt« zuständig sein sollte. Nach der von Schalck referierten Wiedergabe habe Kohl »mit Nachdruck« Strauß gebeten, diesen Kontakt weiterzuführen. Allerdings, so Strauß danach wörtlich: »›Kohl ist wie ein Pudding, wenn man ihn festnageln will, rutscht alles herunter.‹ ›Der letzte, der zu ihm kommt, erhält Recht.‹« Er habe überdies »nach wie vor Illusionen« über »die Politik zur DDR«, so was »die Frage der Senkung des Rentenalters, mindestens für Frauen« anbetrifft. Strauß deutete schon »einen weiteren Milliardenkredit« an, »dem ein dritter folgen könnte« und schlug vor, »wenn er mit Kohl Einigung über das weitere Vorgehen erreicht hat und die DDR an der Weiterführung weiterer geheimer informeller Gespräche mit ihm interessiert ist, Jenninger beim näch-

geht es darum, daß der Faden nicht abreißt und schon gar nicht kein Tischtuch zerschnitten wird, sondern daß wir im Rahmen dessen, was jetzt, heute oder im kommenden Jahr möglich ist, möglich machen. Ich glaube, das ist unsere Pflicht. Ich empfinde es jedenfalls so.

GEN. H.: Ich möchte Ihnen, Herr Bundeskanzler, ganz offen sagen, daß es mich außerordentlich freut, daß Sie die Fragen der Sicherung des Friedens in den Mittelpunkt Ihres Wirkens rücken und in Verbindung damit als selbstverständlich betrachten, daß gerade die beiden deutschen Staaten unter Berücksichtigung ihrer unterschiedlichen Gesellschaftsordnungen und der verschiedenen Zugehörigkeit zu den Bündnissystemen zumindest nicht schlechter zusammenarbeiten dürfen als mit anderen Staaten.

HERR K.: Ja, und da werden wir das in aller Souveränität auch tun.

GEN. H.: Und meinerseits, das wissen Sie, werden die Probleme immer von dieser Kante aus angepackt. Wobei ich ganz offen sagen möchte, daß also selbstverständlich die Zuspitzung der internationalen Lage sich sowohl negativ auswirken wird für die DDR als auch für die Bundesrepublik Deutschland, wenn es nicht gelingt, den Zug der Aufrüstung zu bremsen und ihn vielleicht umkehrbar zu machen. Die Informationen, die Sie gegeben haben zu den ökonomischen Beziehungen, erfüllen mich mit einem bestimmten Optimismus. Auch wie ich Ihnen bereits sagte, die Vorbereitung der Stockholmer Konferenz. Wir werden wahrscheinlich morgen dazu Stellung nehmen und festlegen, daß unser Außenminister zu dieser Konferenz fahren wird. Dort wird man die Möglichkeit haben, sich über das zu verständigen, was es zu verständigen gibt, und daß also dann die Dinge weitergehen. Die ökonomischen Beziehungen zwischen den beiden deutschen Staaten entwickeln sich an und für sich gut. Wenn ich richtig im Bilde bin, ich weiß nicht genau, so wird der Handel in diesem Jahr einen Umfang von ungefähr 15 Milliarden Mark erreichen.[19]

HERR K.: Ja, ja, bestimmt.

GEN. H.: Das ist immerhin eine ganz schöne Summe, und wir sind interessiert, daß bestimmte Hemmnisse abgebaut werden, der Handel weiterentwickelt wird. Aber darüber können ja die zuständigen Stellen sprechen. Jedenfalls können Sie von mir aus das Wort ganz fest nehmen, ich hätte bald gesagt, mitnehmen, daß also von unserer Seite aus die Orientierung genommen wird, diesen Handel zu entwickeln, auch den Austausch auf wissenschaftlich-technischem Gebiet zu entwickeln und auf den verschiedenen anderen Gebieten, die Sie an-

sten Gespräch hinzuzuziehen«. Diese als »Information« gekennzeichnete Aufzeichnung in: SPD-Dokumentation: Wer im Glashaus sitzt (1994), Anl. 1.
[19] Nach den Angaben in: Innerdeutsche Beziehungen (1986), S. 14, lieferte die Bundesrepublik im Jahre 1983 Waren im Wert von 7,68 Mrd. Verrechnungseinheiten in die DDR; die Lieferungen der DDR in die Bundesrepublik umfaßten 7,56 Mrd.

geführt haben. Aber wichtig ist selbstverständlich, das ergibt sich allein schon aus unserer Verantwortung, aber auch aus unseren Erfahrungen, den Frieden zu sichern, d. h. einen neuen Krieg abzuwenden. Ich nehme gern Ihre Versicherung entgegen. Ich hätte bald gesagt, möge Gott, daß das alles so zutreffen wird, wie Sie das zum Ausdruck gebracht haben. Nach meinem Eindruck – ich darf das ganz offen sagen –, ich stehe auch im engen Kontakt, von sowjetischer Seite ist man selbstverständlich bereit, unter Beachtung ihrer Interessen, ein großes Stück entgegenzukommen. Allerdings ist es natürlich so, daß auch die andere Seite entgegenkommen muß, wobei ich vom Geschimpfe überhaupt nichts halte, sondern einfach von der Tatsache ausgehe, daß reale Interessen die Beziehungen zwischen den Staaten entwickeln. Dazu haben wir ja auch selbst eine besondere Verantwortung. Wie Sie mit Recht sagten, vom Standpunkt des Friedens und vom Standpunkt der Geschichte.

HERR K.: Ja. Also, ich wünsche Ihnen einen guten Rutsch ins neue Jahr.

GEN. H.: Ja, ebenfalls einen guten Rutsch ins neue Jahr. Wie ich gehört habe, werden Sie in der Umgebung von Ludwigshafen sein. In dem schönen Gebiet dort.

HERR K.: Ich muß so viel reisen, ich bin froh, wenn ich mal daheim bin.

GEN. H.: Ist ja auch schön. Also, besten Dank. Dann ebenfalls einen guten Rutsch. Auf Wiederhören.

HERR K.: Auf Wiederhören.

SAPMO ZPA J IV 2/2A/2633 und J IV/836: »Niederschrift über das Treffen des Generalsekretärs des ZK der SED und Vorsitzenden des Staatsrates der DDR, Erich Honecker, mit dem Bundeskanzler der BRD, Helmut Kohl, am 13. Februar 1984 in Moskau«

Das mehrmalige schriftliche Ersuchen an Bundeskanzler Kohl und den Staatsminister beim Bundeskanzler, Aufzeichnungen über das Treffen zur Verfügung zu stellen, wurde am 17. 11.1994 vom Staatsminister beim Bundeskanzler abschlägig beschieden. Bei der Bundesregierung gebe es Überlegungen, »eine Edition von Schriftgut, das sich mit der Wiedervereinigung befaßt, vorzubereiten«, und »daß die Bundesregierung eine punktuelle Einsicht und Veröffentlichung einzelner Dokumente gerade wegen der Einmaligkeit des geschichtlichen Vorgangs der Wiedervereinigung vermeiden möchte«.

H. Kohl äußerte zu Beginn seine Freude darüber, E. Honecker persönlich kennenzulernen.[1] Er hoffe sehr, daß E. Honecker in absehbarer Zeit zu seinem vorgesehenen Besuch in die Bundesrepublik kommen werde. Zu diesem Besuch habe er nicht eingeladen, um Propaganda zu machen. Die gegensätzlichen Standpunkte seien ja bekannt. Im Weihnachtstelefonat habe er E. Honeckers kürzliche Rede angesprochen[2]: Es gehe um vernünftige Beziehungen und darum, was man tun könne, um Kontroverses zu vermeiden. Er wolle nicht, daß nach dem Besuch die Beziehungen schlechter seien als vorher.

E. Honecker stellte fest, es sei gut, daß man sich zum ersten Mal begegnet. Dem Besuch habe er im Prinzip zugestimmt; doch sei die Frage, unter welchen Umständen er stattfinde. Ausschlaggebend sei die politische Atmosphäre; es müsse dann sein, wenn der Besuch für beide Seiten von Vorteil sei. E. Honecker unterstrich die Bedeutung der Weiterführung des politischen Dialogs in der heutigen Zeit. Beim seinerzeitigen Treffen mit K. Carstens und H.-D. Genscher in Moskau[3] habe er darauf hingewiesen, daß mit der Raketenstationierung in Westeuropa eine Verschärfung der internationalen Situation eintreten werde, wozu es auch gekommen sei. Von vornherein sei die DDR von der gegebenen Lage ausgegangen, die nicht der politischen Notwendigkeit enthebe, den Dialog weiterzuführen.

[1] Der Bundeskanzler und der Staatsratsvorsitzende und Generalsekretär Honecker führten dieses Gespräch am Vorabend der Beisetzungsfeierlichkeiten am 14. 2. 1984 für Juri W. Andropow, den verstorbenen Staatschef der UdSSR und Generalsekretär der KPdSU.
[2] Siehe Nr. 10.
[3] Siehe Nr. 1.

Grundlage dafür sei die reale Existenz zweier deutscher Staaten, die voneinander unabhängig sind und über ihre inneren und äußeren Angelegenheiten selbst bestimmen. Eine dementsprechende Zusammenarbeit beider deutscher Staaten wirke sich auf Europa günstig aus. Wenn die Lage gegeben sei, könne man sich über den Besuch schnell einigen. Die DDR sei entschlossen, den Dialog weiterzuführen, was bei ihren Verbündeten die entsprechende Aufnahme finde.

Unter Hinweis auf die notwendige Entwicklung der Großwetterlage sagte H. Kohl, seine Politik sei entschieden darauf gerichtet, die USA und die Sowjetunion an einen Tisch zu bringen. Er sei stark in der Vermutung, daß Bush morgen den neuen Generalsekretär daraufhin ansprechen werde.[4] Gehen Sie bitte davon aus: Gerade weil wir stationiert und unser gegebenes Wort in der NATO eingehalten haben, haben wir große moralische Autorität und sind überzeugt, daß vernünftige Gespräche vorankommen. Mit Mitterrand, Craxi und sogar Thatcher sei er einer Meinung, daß man sich zusammensetzen müsse. Wichtig sei das Zustandekommen der Stockholmer Konferenz[5], in der Raketenfrage müsse man, wo auch immer, weiterverhandeln. Wenn er die DDR, Bulgarien und Ungarn höre, dann gebe es trotz der Unterschiedlichkeit der Standpunkte schon eine europäische Stimme, die sich entwickle.

E. Honecker stellte fest, daß es zu den Ursachen der Zuspitzung der internationalen Situation sehr unterschiedliche Standpunkte gebe. Durch die Stationierung von Pershing II und Cruise Missiles sei die internationale Lage nicht sicherer, sondern unsicherer geworden. Man müsse die Situation entkrampfen und wieder in großem Maße miteinander sprechen. Sowohl die Stockholmer Konferenz als auch die Wiener Truppenabbaugespräche[6] seien von größter Bedeutung und müßten genutzt werden, um wieder vernünftig miteinander zu reden. In der BRD werde stationiert, in der DDR werde stationiert. Am besten wäre eine Initiative, auf beiden Seiten abzubauen. Die Sowjetunion und die USA müßten zueinander finden.

Die Rede des neuen Generalsekretärs des ZK der KPdSU zeuge davon[7], und auch sein Gespräch mit A. Gromyko habe es deutlich gemacht[8], daß die Sowjetunion eine Politik für ein atomwaffenfreies Eu-

[4] Der Vizepräsident der USA, George Bush, nahm ebenfalls an den Trauerfeierlichkeiten teil. Er traf sich mit dem neuen Generalsekretär der KPdSU, Konstantin U. Tschernenko, am 14. 2. 1984. Vgl. AdG 1984, S. 27425 f.

[5] Seit dem 17. 1. 1984 tagte in Stockholm die Konferenz über vertrauensbildende Maßnahmen und Abrüstung in Europa (KVAE). Vgl. AdG 1984, S. 27339 ff.

[6] Die sog. MBFR-Verhandlungen in Wien über den gegenseitigen und ausgewogenen Truppenabbau in Mitteleuropa wurden am 16. 3. 1984 wieder aufgenommen.

[7] Konstantin Tschernenko, der am 13. 2. 1984 zum neuen Generalsekretär gewählt worden war, hielt nach seiner Wahl eine Rede zur Innen- und Außenpolitik. Vgl. AdG 1984, S. 27420 f.

[8] Zum Gespräch Honecker – Gromyko am 13. 2. 1984 vgl. den Bericht an das Politbüro.

ropa, eine Politik des Aufeinanderzugehens verfolge. Dabei finde sie jegliche Unterstützung der DDR. Die Weltpolitik müsse wieder berechenbar gemacht werden.

Auf die Frage H. Kohls, wie der neue Generalsekretär sei, er kenne ihn nicht, antwortete E. Honecker, er kenne ihn schon lange, und er sei ausgezeichnet.

E. Honecker unterstrich, es sei notwendig, ernsthaft zu verhandeln, um zu realen Ergebnissen zu kommen – sowohl im Mittelstrecken- als auch im strategischen Bereich. Mit der Theorie vom »Krieg der Sterne« müsse aufgehört werden. Entscheidend für beide deutsche Staaten sei zu erkennen, daß ein atomarer Krieg am meisten Europa schade. H. Kohl bemerkte, er gehe weiter; jeder Krieg sei beim heutigen Zustand der konventionellen Rüstungen eine Katastrophe. Aber ein atomares Inferno, entgegnete E. Honecker, wäre das Ende der Menschheit. Danach würden selbst diejenigen, die aus den Bunkern stiegen, keine Lebensbedingungen mehr vorfinden. Wir sind für die Befreiung der Völker vom Krieg überhaupt.

E. Honecker erinnerte an H. Kohls Worte vom besonderen Gewicht der BRD nach der Stationierung. Jetzt bestehe die Verantwortung darin, dafür zu sorgen, daß die Dinger wieder verschwinden. Hierüber habe er in letzter Zeit Gespräche mit vielen Politikern geführt, auch mit kirchlichen Würdenträgern, insbesondere im Zusammenhang mit dem Luther-Jahr.[9] Frieden schaffen mit immer weniger Waffen – das sei richtig, aber bisher seien es immer mehr geworden, und die Gefahren hätten sich vergrößert. Man spreche von der Führ- und Gewinnbarkeit eines Atomkrieges, sogar vom Krieg im Kosmos. Man solle für die Rückkehr zu dem Zustand sorgen, der Verhandlungen erlaubt. H. Kohl sagte, hier sei man gar nicht weit auseinander. Man müsse die Tische zusammenbringen, vernünftig verhandeln und zur Reduzierung kommen. Darin befinde er sich in weitgehender Übereinstimmung mit seinen europäischen Freunden. E. Honecker stellte fest, er habe darüber mit Trudeau, Cheysson[10] und anderen gesprochen und sei optimistisch. Das werde eintreten; denn die Menschheit habe keine andere Wahl.

H. Kohl äußerte die Überzeugung, daß R. Reagan in diesem Jahr wiedergewählt werde. Er kenne seine Struktur, auch seine Frau, habe intensive Gespräche mit ihm geführt. Jeder Politiker habe eine Vorstellung von Geschichte, von dem, was er einmal hinterlasse. Auf dem Tisch R. Reagans stünden Fotos von allen bisherigen USA-Präsiden-

---

[9] Aus Anlaß des 500. Jahrestages der Geburt des Reformators Martin Luther fanden 1983 in der DDR große Veranstaltungen statt.

[10] Mit dem Premierminister von Kanada, Pierre Trudeau, und der französischen Handelsministerin, Edith Cheysson, hatte Honecker aus Anlaß dieser Beisetzungsfeierlichkeiten gesprochen.

ten, und in dieser Reihe wolle er kein Bild eines Kriegsfürsten hinterlassen.

E. Honecker bezeichnete einen Kurs des Aufeinanderzugehens als einen großen Gewinn. Dem stimmte H. Kohl zu. H.-D. Genscher bemerkte, in Stockholm sei es gut gegangen; das habe sein Gespräch mit O. Fischer und mit A. Gromyko gezeigt.[11] Auch das Gespräch zwischen Gromyko und Shultz sei gut gegangen[12], es sei ein sehr vertieftes Gespräch gewesen. Das gebe gute Voraussetzungen für die weitere Vertiefung der Kontakte zwischen der Sowjetunion und den USA. Ohne die BRD, so sagte H. Kohl, wäre Madrid nicht zum Ergebnis gekommen.[13] Die USA seien erst auf einem ganz anderen Dampfer gewesen. Das sei typisch; er habe Reagan beschworen, ihm die europäischen Motive gesagt, warum die USA diesen Schritt in Richtung Stockholm tun sollten. Die BRD habe gute, vertrauensvolle Beziehungen zu Reagan, auch zum französischen Präsidenten. Wenn E. Honecker mit dem neuen Generalsekretär des ZK der KPdSU spreche, dann wäre es gut, ließe sich arrangieren, daß er Präsident Reagan treffe. Auch der erste Mann der Sowjetunion müsse die Leute hier persönlich kennenlernen. E. Honecker stellte fest, seit dem Amtsantritt Reagans habe sich die internationale Situation verschärft. Wenn Reagan die bisherige Position wechsele und zu einer Position übergehe, die den europäischen Interessen mehr entspreche, dann könne das nur gut sein. Werde die Sowjetunion als »Reich des Bösen« bezeichnet, gegen sie der »Enthauptungsschlag« verkündet, so sei die Rochade schwer vorstellbar. Notwendig sei aufeinanderzuzugehen; Vertrauen und Berechenbarkeit seien entscheidend.

H.-D. Genscher warf ein, die Rede Reagans vor Stockholm über die gemeinsame Verantwortung der USA und der Sowjetunion[14] sollte nicht unterschätzt werden; auch die Brüsseler Erklärung der NATO sei von Gewicht.[15] Schließlich sei der Doppelbeschluß nicht von der Regierung Reagan, sondern anderswo erfunden worden. H. Kohl: Das ist eine Erfindung der Europäer. H.-D. Genscher meinte, Reagan sei keine lahme Ente im Wahlkampf. Gewinne er, werde er freier.

Wie E. Honecker sagte, habe er über den Doppelbeschluß 15½ Stun-

[11] Bei der am 17. 1. 1984 eröffneten Stockholmer Konferenz – vgl. Anm. 5 – hatte Außenminister Genscher die Außenminister der DDR, Oskar Fischer, und der UdSSR, Andreij Gromyko, am 18. 1. 1984 zu Gesprächen getroffen. Vgl. AdG 1984, S. 27343.

[12] Bei dem gleichen Anlaß waren George Shultz, Außenminister der USA, und Gromyko am 18. 1. 1984 zusammengekommen.

[13] Die KSZE-Nachfolgekonferenz in Madrid war 1983 mit der Unterzeichnung des Schlußdokumentes am 6. 9. und einer abschließenden Außenministerkonferenz vom 7. – 9. 9. 1983 zu Ende gegangen. Vgl. AdG 1983, S. 26958 f.

[14] Zu Reagans Fernsehansprache vom 16. 1. 1984 zum Verhältnis USA – UdSSR vgl. AdG 1984, S. 27338 f.

[15] Die sogenannte »Brüsseler Erklärung« war von der Ministertagung der NATO am 8./9. 12. 1983 in Brüssel verabschiedet worden. Vgl. Nr. 10.

den mit H. Schmidt gesprochen.[16] Es wäre nur zu begrüßen, wenn der USA-Präsident die Bewegungsfreiheit bekomme, Schritte in die vernünftige Richtung zu tun. Auch er gehe davon aus, daß Reagan wiedergewählt werde.

Im Zusammenhang mit Wirtschaftsproblemen der kapitalistischen Welt und den Ergebnissen von Williamsburg verwies E. Honecker auf die Hochzinspolitik der USA, die sich nicht zuletzt gegen die Interessen ihrer europäischen Verbündeten richte. H. Kohl erklärte, er sei gegen diese Hochzinspolitik, aber die BRD habe dadurch auch 11 Milliarden DM blank verdient. Ihre Exportfähigkeit sei nicht schlechter geworden. Die BRD sei noch lange nicht über den Berg, aber komme gut voran, was keine Eintagsfliege bleiben dürfe, sondern verstetigt werden müsse. Probleme gebe es mit der Forschung, doch hier sei Land in Sicht, allerdings seien noch viele Investitionen nötig. Die Koalition verfüge über eine breite Wählerbasis, womit er sehr zufrieden sei. Die SPD sei nur noch bedingt einsatzfähig.

Daß die USA zuverlässig seien, habe die Sowjetunion 1941 ausprobiert, sagte H. Kohl. Die Deutschen müßten begreifen, daß die Weltmächte nichts von Psychologie verstünden. In den USA bestehe eine schwierige Wirtschaftslage, die auch auf die Bundesrepublik durchschlage. Im Umgang mit Weltmächten brauche die BRD keinen Nachhilfeunterricht.

E. Honecker meinte dazu, er sei seit seinem 18. Lebensjahr mit einer Weltmacht, der Sowjetunion, verbunden und habe als Deutscher schon damals begriffen, daß dieses Land den Frieden will. Entscheidend sei, daß mehr Waffen nicht mehr Vertrauen schaffen. E. Honecker bekräftigte nochmals seinen Vorschlag für eine Initiative, in der BRD und in der DDR die stationierten Raketen abzubauen. Die Sowjetunion wolle den Frieden. Das wisse man auch in den USA. Beide Länder müßten zusammengehen, um Probleme zu lösen, und die DDR und die BRD müßten vermeiden, neue Probleme zu schaffen.

Meine Rede auf dem 7. Plenum des Zentralkomitees[17] kennen Sie ja, sagte E. Honecker. Unser Hauptanliegen ist, nie wieder darf von deutschem Boden ein Krieg ausgehen. Dazu können wir beide viel tun, indem wir prüfen, was machbar ist, und weitere Schritte festlegen.

---

[16] Gemeint war während des Treffens am 12./13. 12. 1981.
[17] Vgl. Nr. 10.

12. Gespräch Mischnick – Honecker am 5. März 1984 (Ost-Berlin)

[a] Unterlagen Dahlmeyer/Mischnick: »Vermerk über das Gespräch des Vorsitzenden der FDP-Fraktion im Deutschen Bundestag, Herrn Wolfgang Mischnick, mit dem Generalsekretär des ZK der SED und Vorsitzenden des Staatsrates der DDR, Herrn Erich Honecker, am Montag, 5. 3.1984, Berlin (Ost), Haus des Staatsrates«

Beginn: 11.00 Uhr
Ende: 12.55 Uhr

1. Teilnehmer:
Seitens der FDP: Herr Wolfgang Mischnick, Herr Horst Dahlmeyer[1] (bis 12.10 Uhr)
Seitens der DDR: Herr Erich Honecker, Staatssekretär Frank-Joachim Herrmann (bis 12.10 Uhr)

2. Das Gespräch umfaßte sechs Komplexe
a) Erinnerung an die erste Begegnung vor 10 Jahren
b) Internationale Beziehungen und Verhandlungen
c) Einschätzung der Politik der neuen Moskauer Regierung
d) Wirtschaftliche Beziehungen zwischen Bundesrepublik Deutschland und DDR
e) Umweltschutzfragen
f) Vieraugengespräch

3. Ergebnis des Gespräches
Zu 2a):
Der Generalsekretär des ZK der SED, Herr Erich Honecker, erinnert an das erste Treffen mit Herrn Mischnick und Herrn Wehner vor zehn Jahren[2] und erläutert noch einmal, wie schwer ihm damals die Entscheidung gefallen sei, dieses Gespräch mit den damaligen Zusagen zu führen, aber gerade jetzt zeige sich bei dem Stand der Ost-West-Beziehungen, wie richtig die damalige Entscheidung gewesen sei. Sie habe in den Beziehungen zwischen der DDR und der Bundesrepublik den großen Durchbruch gebracht, an dem Herr Mischnick großen Anteil gehabt habe. Der Generalsekretär stimmt einer Definition der deutsch-deutschen Beziehungen von Herrn Mischnick zu, als dieser sagt, gegenüber

---

[1] Horst Dahlmeyer, Persönlicher Referent des Vorsitzenden der FDP-Bundestagsfraktion Mischnick.
[2] Vgl. Wiegrefe/Tessmer, Wehners Besuch, in: Deutschland Archiv 6 (1994), wo die Aufzeichnungen der DDR-Seite, versehen mit einer sorgfältigen Einleitung, abgedruckt sind.

früher sei der Zustand der, daß bei den deutsch-deutschen Beziehungen kein Schnupfen mehr auftrete, wenn es zwischen den beiden Großmächten Abkühlung gebe, und es in den Berlin-Fragen auch nicht mehr zu einer Lungenentzündung komme.

Zu 2b):

Der Generalsekretär betont, daß der Nachrüstungsbeschluß durchaus eine Belastung der Beziehungen zwischen Ost und West sei, aber es sei ebenso deutlich geworden, daß die Anstrengungen für Abrüstung und Frieden in beiderseitigem Interesse fortgesetzt werden müssen. Dabei spielt für ihn die Bedeutung eines Vertrages über das Verbot chemischer Waffen eine wesentliche Rolle, auch als Ansatzpunkt, um über andere internationale Probleme, einschließlich der nuklearen Waffen, sprechen zu können. Herr Mischnick betont, daß auch die Bundesregierung und die FDP-Bundestagsfraktion diesem Thema einen wichtigen Stellenwert einräumen. Man habe in diesem Zusammenhang besonders die Bereitschaft der UdSSR begrüßt, im Falle einer Vereinbarung, die Vernichtung aller chemischen Waffen durch Kontrolle an Ort und Stelle überprüfen zu lassen. Ein weiterer Schwerpunkt des Gesprächs war der von Generalsekretär Honecker angesprochene Gedanke eines Gewaltverzichtsvertrages, dem er zusammen mit den Verbündeten des Warschauer Paktes ein großes Gewicht für die Beziehungen zwischen Ost und West beimesse. Sehr deutlich spricht sich Herr Honecker dafür aus, daß es hierüber bald zu Gesprächen und zu einer Vereinbarung komme, einschließlich des Gedankens einer atomwaffenfreien Zone in Europa. Herr Mischnick betont, die FDP habe mit ihren Vorschlägen zu einer europäischen Friedensordnung gleiche Überlegungen ins Gespräch gebracht. Dieser Diskussionsbeitrag der Liberalen solle ebenfalls Gewaltanwendung ausschließen, und der Gedanke einer atomwaffenfreien Zone nehme bei der Diskussion in der FDP ebenfalls einen großen Raum ein. Einigkeit in dem Gespräch besteht auf beiden Seiten in der Beurteilung der Bedeutung der Wiener Verhandlungen zur Reduzierung der konventionellen Bewaffnung und über die in Stockholm stattfindende Europäische Sicherheits- und Abrüstungskonferenz. Hier sei die Chance gegeben, in Randzonen schon kleinere Fortschritte bei der Abrüstungs- und Entspannungsproblematik zu erzielen. In diesem Zusammenhang lobt Generalsekretär Honecker das Wirken von Bundesaußenminister Genscher bei dem Zustandekommen des Ergebnisses von Madrid, beim Zustandekommen der Konferenz in Stockholm und zur Wiederaufnahme der Wiener MBFR-Verhandlungen. Ausdrücklich bedauert Generalsekretär Honecker, daß er bisher leider nur aus zwei traurigen Ereignissen (gemeint sind die Trauerfeierlichkeiten für Generalsekretär Breshnew und Generalsekretär Andropow)[3] und nur kurz Gelegenheit gehabt habe, mit dem Bundesaußenminister einen Gedankenaustausch zu führen. Zu den Wiener MBFR-Verhandlungen stellt Generalsekretär Honecker ausdrücklich fest, daß seitens des Warschauer Paktes man aufhören werde mit dem »Soldaten zählen«, sondern den Vorschlag der Verifikation der Endhöchststärken zum Ausgangspunkt der Überlegungen machen werde und dann jeder Seite überlassen werden solle, wie sie diese ausfülle. Auf die ausdrückliche Frage, ob es richtig sei, daß es zu einem Signal aus Moskau komme zur Weiterführung der Raketenverhandlungen, wenn man die Fragen des Gewaltverzichtsvertrages von westlicher Seite aufgreife, antwortet Generalsekretär Honecker wörtlich: »Ja, so ist es, ganz gleich an welchem der aufgemachten Verhandlungstische, in Stockholm, Wien, Genf oder anderswo, diese Frage einer Lösung zugeführt werde.« Hierbei ließ Generalsekretär Honecker offen, ob die INF-Verhandlungen und START-Verhandlungen zusammengefaßt behandelt werden oder getrennt. Herr Mischnick erinnert an dieser Stelle an einen Satz von Herbert Wehner, daß man sich, bevor man einen Verhandlungstisch verlasse, überlegen solle, wie man wieder daran komme.

Zu 2c):
Herr Mischnick schneidet die Frage an, wie der Generalsekretär die Lage nach dem Führungswechsel in Moskau und der Wahl von Herrn Konstantin Tschernenko zum Generalsekretär des ZK der KPdSU einschätzt. Generalsekretär Honecker unterstreicht, daß Kontinuität zur Westpolitik von Generalsekretär Andropow gegeben sei. Es bestehe, wie bereits betont, großes Interesse an Vereinbarungen vor allem im Bereich der chemischen Waffen und im Rüstungsbereich. Man vertrete im Kreml nach wie vor die Forderung des Warschauer Paktes nach einer Rückkehr zum Zustand vor der Nachrüstung auf beiden Seiten. Es gehe dabei nicht um eine sofort zu realisierende Erwartung des Abzuges der bisher stationierten Truppensysteme, sondern um entspannungs- und abrüstungspolitische Zielvorstellungen, die nur durch einen längeren diplomatischen Prozeß verwirklicht werden könnten. Generalsekretär Honecker legt an dieser Stelle Wert darauf, daß ein protokollarisches Ereignis bei den Trauerfeierlichkeiten für Generalsekretär Andropow beachtet werden sollte. Honecker wörtlich: »Der West-Tisch wurde wieder aufgemacht, an dem u. a. die Außenminister Gromyko, Shultz, Genscher, die Außenminister Schwedens und Jugoslawiens sich zu einem Gespräch trafen.« In diesem Zusammenhang sind sich beide Gesprächspartner einig, daß es dazu zu einem Gipfel-

---

[3] Honecker und Außenminister Genscher waren bei den Trauerfeierlichkeiten für Breshnew im November 1982 – vgl. Nr. 1 – und für Andropow im Februar 1984 – vgl. Nr. 11 – zusammengetroffen.

treffen zwischen Präsident Reagan und Generalsekretär Tschernenko kommen sollte, wobei Herr Honecker hinzufügt, daß solch ein Treffen jedoch nicht im amerikanischen Wahlkampf[4] vermarktet werden dürfe. Herr Mischnick bestätigt, daß dies ihm auch schon der rumänische Außenminister Andrei[5] so mitgeteilt habe. Er habe auch gegenüber US-Außenminister Shultz deutlich gemacht, daß die FDP und die Bundesregierung solch ein Gipfeltreffen für notwendig halten, damit deutlich gemacht werde, daß die Nachrüstung nicht das Endziel der NATO sei und der Ost-West-Dialog offengehalten werde.

Zu 2d):
Beide Gesprächspartner heben die große Bedeutung der wirtschaftlichen Zusammenarbeit für die politischen Beziehungen zwischen beiden Staaten in Deutschland hervor. Herr Honecker erläutert sodann die Entschuldungspolitik der DDR, lobt den Warenaustausch 1983 in Höhe von 15 Mrd. DM, davon etwa die Hälfte an Lieferungen in die Bundesrepublik, die andere Hälfte Bezüge aus der Bundesrepublik. Dies sei gegenüber 1982 eine Steigerungsrate von 8%. Man habe 1983 in der DDR ein Wirtschaftswachstum von rund 4,6% erreicht und erwarte dasselbe für 1984. Herr Honecker und Herr Mischnick erwarten aufgrund der verbesserten konjunkturellen Lage eine weitere positive Entwicklung des Handels zwischen der DDR und der Bundesrepublik. Die Leipziger Messe, so der Generalsekretär, werde die Bereitschaft der DDR zeigen, daran mitzuwirken. Beide Gesprächspartner sind sich darüber einig, daß kleinere und mittlere Betriebe stärker in den Warenaustausch einbezogen werden sollten. In diesem Zusammenhang bringt Generalsekretär Honecker die Überlegung einer Erhöhung des Swing zur Sprache, denn auf DDR-Seite sehe man die Sorge, daß ein Abbau des Swing auf lange Frist gesehen gerade das Geschäftsgebaren für die kleinen und mittleren Betriebe beeinträchtigen könnte. Herr Honecker betont, daß man seitens der DDR auch weiterhin den Swing nicht voll ausnutzen wolle. Die mit Frankreich ins Auge gefaßte Verdoppelung des Warenaustausches in den nächsten Jahren, so Generalsekretär Honecker, werde den Handel mit der Bundesrepublik nicht beeinträchtigen. Man wolle vielmehr mit der Bundesrepublik und mit Frankreich bei der Mikroelektronik einen neuen Schwerpunkt setzen. Am Rande des Gedankenaustausches über Wirtschaftsfragen teilt der Generalsekretär Herrn Mischnick mit, daß er heute den Abschluß eines Vertrages mit dem Volkswagenwerk über die Herstellung von Motoren in der DDR gebilligt habe.[6] Er habe dies getan im Interesse des deutsch-deut-

---

[4] Bei den Präsidentenwahlen in den USA am 6. 11. 1984 wurde R. Reagan wiedergewählt.
[5] Stefan Andrei, Außenminister von Rumänien.
[6] Der Vertrag zwischen der DDR und der Volkswagen AG wurde endgültig erst Anfang November 1984 unterzeichnet. Er sah die Lieferung von Anlagen zur Lizenzfertigung von VW-Mo-

schen Handels, obwohl eine starke Konkurrenz aus dem Ausland vorhanden gewesen sei und die vorzeitigen Veröffentlichungen über dieses Geschäft in der Bundesrepublik ihm die Lage nicht erleichtert habe.

Zu 2e):
Beide Gesprächspartner sind sich einig, daß es in Fragen des Umweltschutzes angesichts der Situation um die Natur bald zu konkreten Vereinbarungen kommen müsse. Honecker wörtlich: »Als ich das Fichtelgebirge sah, standen mir Tränen in den Augen.« Er habe auch mit dem Partei- und Staatschef der ČSSR, Herrn Dr. Husak[7], gesprochen und ihm gesagt, daß er sich an den Umweltmaßnahmen beteiligen müsse, da er, so Honecker wörtlich, »der größte Dreckspatz sei«. An diese Frage müsse in der Tat mit allen modernen Technologien herangegangen werden, damit eine Verbesserung der Situation erreicht werde. Herr Mischnick unterstreicht, daß die Bundesregierung hierfür jederzeit zu Gesprächen zur Verfügung stehe.

Zu 2f):
In dem Vieraugengespräch erläutert Herr Mischnick die Vorstellungen von Herrn Bundeskanzler Dr. Kohl über den Besuch von Generalsekretär Honecker in der Bundesrepublik und betont, daß die Bundesregierung ihrerseits alles tun werde, damit der Besuch gut vorbereitet werde. Herr Generalsekretär Honecker nimmt diese Mitteilung mit großem Interesse entgegen und wiederholt seinerseits, daß er an einem Besuch in der Bundesrepublik interessiert sei. Sodann kommt die Ausreiseproblematik zur Sprache, wobei Herr Honecker betont, daß er es selbst durchgesetzt habe, daß jetzt mehr Menschen ausreisen dürften. Dies sei für ihn nicht einfach gewesen. Zu den Problemfällen in den Botschaften weist Herr Honecker darauf hin, daß künftig nicht mehr mit Zusicherungen für eine baldige Ausreise gerechnet werden könnte.[8] Herr Mischnick weist darauf hin, daß auch in Zukunft die Möglichkeit bestehen müsse, Fälle besonderer Art so wie früher zu lösen. Generalsekretär Honecker schließt dies nicht aus, macht aber deutlich, daß dies nicht zum Normalfall werden könne. Botschaften und die Ständige Vertretung dürften nicht zu einer Schleuse werden. Herr Mischnick wendet ein, man werde aber auch niemanden vor die Tür setzen können. Im Zusammenhang mit den Besuchsreisen bemerkt Herr Mischnick, daß nach Beobachtungen der Bundesregierung eine großzügigere

toren (1,05 l und 1,3 l) zum Einbau in den Trabant und den Wartburg vor sowie die Lieferung von 2400 VW-Transportern. Vgl. Innerdeutsche Beziehungen (1986), S. 191.

[7] Gustav Husak, seit 1968 Staats- und Parteichef der ČSSR.

[8] In der Botschaft der Bundesrepublik in Prag hielten sich zu dem Zeitpunkt des Gesprächs 35 DDR-Bürger auf, die in die Bundesrepublik ausreisen wollten. Sie kehrten am 6. April 1984 in die DDR zurück, nachdem ihnen von der DDR eine baldige Übersiedlung in die Bundesrepublik zugesagt wurde.

Handhabung der Reisebestimmungen dazu führen könnte, Emotionen bei der Bevölkerung in der DDR abzubauen. Ein Ausbau des Reiseverkehrs könne durchaus als ein Ventil wirken. Generalsekretär Honecker stimmt dieser Einschätzung zu und sieht durchaus Möglichkeiten, den Reiseverkehr großzügiger handzuhaben, sagt allerdings einschränkend, dies könne jedoch nicht ohne weiteres formalisiert werden. Hinsichtlich der Kontakte mit der Volkskammer regt Generalsekretär Honecker an, daß auch die FDP Verbindung aufnehmen solle.[9] Herr Mischnick antwortet, daß diese Frage für die FDP kein eigentliches Problem sei. Herr Mischnick kommt noch einmal auf das Thema Umweltschutz zurück und erläutert seine Überlegung, Lösungsmöglichkeiten für dieses Thema einmal im Kreise der Fraktionsvorsitzenden der Freiheitlichen Partei Österreichs, der Liberal-Demokratischen Partei Deutschlands, der Demokratischen Partei Polens und der Tschechoslowakischen Sozialistischen Partei und der FDP zu erörtern. Generalsekretär Honecker sagt Herrn Mischnick seine Unterstützung für dieses Vorhaben zu. Zum Abschluß des Vieraugengesprächs kommt Herr Honecker auf seine Forderungen von Gera zu sprechen. Besonderes Gewicht mißt er auch dem Problem der Elbe-Grenze bei. Bei der Frage der Staatsbürgerschaft unterstreicht Herr Honecker, daß es der DDR um die Respektierung gehe. Herr Mischnick betont gegenüber Herrn Honecker, daß er dieses zur Kenntnis nehme.

[...]

H. Dahlmeyer *[Paraphe handschriftlich]*

[b] SAPMO ZPA IV 2/1/620, auch J IV/685: »Niederschrift über das Gespräch des Generalsekretärs des ZK der SED und Vorsitzenden des Staatsrates der DDR, Erich Honecker, mit dem Vorsitzenden der FDP-Fraktion im Bundestag der BRD, Wolfgang Mischnick, am 5. März 1984«

Beide Gesprächspartner äußerten zu Beginn ihre Befriedigung über die Möglichkeit zu diesem aktuell-politischen Meinungsaustausch und würdigten seine Bedeutung gerade in der jetzigen internationalen Situa-

[9] In einem Gespräch mit dem LDPD-Vorsitzenden Manfred Gerlach am 5. 3. nachm. wurde »die Zusammenarbeit zwischen LDPD und FDP« besprochen. Auf Mischnicks Anfrage sagte Gerlach die Entsendung »gewählter Vertreter als Beobachter« zum nächsten FDP-Parteitag zu. »Nach dem Parteitag sollten die Kontakte zwischen den Führungen und der FDP fortgesetzt werden.« Punkt 6 des »Vermerks« von Dahlmeyer.

tion. Dabei übermittelte W. Mischnick Grüße von H. Kohl an E. Honecker, die dieser erwiderte. Im vergangenen Jahrzehnt, so sagte W. Mischnick, sei man in der Entwicklung der Beziehungen zwischen beiden deutschen Staaten ein erhebliches Stück vorangekommen. Nach dem Koalitionswechsel in Bonn sei der FDP daran gelegen gewesen, ihre Grundlinie einzuhalten, was ihr auch gelungen sei, in manchem besser, als zu vermuten war. Auch in der Union gebe es viele, die gleichen Sinnes seien. H.-D. Genscher wolle vernünftige gemeinsame Wege gehen, soweit das machbar sei.

E. Honecker erinnerte an sein Treffen mit H. Wehner und W. Mischnick vom 31. Mai 1973 am Pinnowsee², wodurch die Grundlage für eine vertrauensvolle Zusammenarbeit gelegt worden sei. Seitdem seien viele Veränderungen erreicht worden, die allerdings oftmals nicht so gewürdigt wurden, wie sie es verdienten. Die DDR habe die Beteiligung der FDP an der neuen Koalition in Bonn stets als ein stabilisierendes Element für die Entwicklung der Beziehungen zwischen beiden deutschen Staaten betrachtet. Dies nicht so sehr, weil Genscher an der Spitze der FDP stehe und die Aufgaben eines Vizekanzlers und Außenministers erfülle; er sei ihm bisher nur bei zwei traurigen Anlässen begegnet.[3] Als Fraktionschef habe W. Mischnick maßgeblich die Voraussetzungen für die kontinuierliche Fortsetzung der Beziehungen geschaffen.

Der Beginn der Stationierung von Pershing II und Cruise Missiles in der NATO habe zu Überlegungen geführt, wie es danach weitergehe. Bei Ihnen wird stationiert, bei uns wird gegenstationiert; denn die westliche Stationierung muß ausbilanziert werden. Niemand wisse, wie die Dinge auf längere Sicht laufen. Durch die Stationierung sei die internationale Lage nicht sicherer, sondern unsicherer geworden. Bereits vor der Stationierung hätten wir erklärt, daß dann, wenn sie komme, eine neue Lage entstehe.

Für viele sei die Entwicklung des Verhältnisses zwischen der DDR und der BRD überraschend gewesen, für ihn nicht, sagte E. Honecker und verwies auf den zweimaligen Briefwechsel und die Telefonate zwischen H. Kohl und ihm sowie auf die beiderseitige Begegnung anläßlich der Trauerfeierlichkeiten für J. Andropow in Moskau.[10] Von vornherein habe festgestanden, daß die Politik mit dem Beginn der Stationierung nicht aufhöre und auch nicht aufhören dürfe. Daß beide deutsche Staaten im Dialog und in der Zusammenarbeit geblieben seien, habe sein Gewicht für die internationale Friedenssicherung. Schon beim ersten Treffen von 1973 sei als Ausgangspunkt festgestellt worden, daß es zwei Staaten auf deutschem Boden mit verschiedener Gesellschaftsordnung gibt und daß sie in zwei verschiedenen Bündnissen stehen. Das sei klar, doch nicht ganz so klar sei, wie sich die internationalen Dinge in

[10] Vgl. Nr. 2, 3, 10 und 11.

der Perspektive weiterentwickelten. Überlegt werden müsse, was man selbst dazu tun könne, sie günstig zu beeinflussen.

W. Mischnick betonte auf seiner Seite das übereinstimmende Interesse, den Schaden so gering wie möglich zu halten und alle Möglichkeiten zu nutzen, um in den Bündnissen Mißverständnisse abzubauen, sie gar nicht zuzulassen, das gegenseitige Vertrauen zu verstärken. Dies sei auch bei den Diskussionen in der Koalition zu spüren; es werde von der überwältigenden Mehrheit mitgedacht. Schwierige Situationen seien nicht auszuschließen, aber vom Grundsatz her werde es erkannt.

Vorrangig für beide deutschen Staaten, so sagte E. Honecker, sei ihr Beitrag zur Friedenssicherung; ihrem Wirken für die Entspannung komme große Bedeutung zu. Die Rede K. Tschernenkos vor Wählern in Moskau würdigend, in der die Abwendung eines Kernwaffenkrieges als das Wichtigste bezeichnet wird[11], verwies E. Honecker auf den Vorschlag für das Verbot der chemischen Waffen, ihrer Entwicklung und Produktion, für die Vernichtung aller Vorräte sowie für die Kontrolle eines solchen Abkommens. Eine Vereinbarung über diese Fragen habe K. Tschernenko eingeordnet in die sowjetisch-amerikanischen Beziehungen; sie können darin zu einer echten Wende führen, auch in der internationalen Situation.[12] Nach diesem jüngsten sowjetischen Vorschlag gebe es kein Argument mehr gegen ein Verbot der chemischen Waffen.

W. Mischnick sprach sich positiv über ein solches Verbot der chemischen Waffen aus und unterstrich, die Bereitschaft der Sowjetunion, hier mit Kontrollen einverstanden zu sein, habe große Bedeutung, die nicht überall sofort erkannt worden sei. Dies sei ein wichtiger Punkt, wie man ein Stück weiterkommen könne. K. Tschernenkos Erklärung sei sehr rasch erfolgt. Die Sorge sei gewesen, daß dem Wechsel in der sowjetischen Führung eine längere Übergangzeit folgen werde.

Wichtig sei, erklärte E. Honecker, daß die Wiener Verhandlungen über den Truppenabbau in Mitteleuropa weiterliefen. Weder die Sowjetunion noch die DDR könnten hier jedoch als Wahlhelfer für Reagan auftreten. Wie W. Mischnick bemerkte, sei ihm dies klar. Nach 4 Jahren Regierungszeit sei die Berechenbarkeit größer, als wenn etwas neues komme. Die Wahrscheinlichkeit, daß Reagan wiedergewählt werde, sei groß.[3] E. Honecker charakterisierte die Politik Reagans als abenteuerlich, was auch von hervorragenden Persönlichkeiten in den USA selbst festgestellt werde. Mit seiner Politik habe Reagan erheblichen Anteil an der Verschärfung der internationalen Situation und für

[11] Gemeint war die Rede von Parteichef K. Tschernenko vom 2. 3. 1984 aus Anlaß der Wahlen zum Obersten Sowjet. Vgl. AdG 1984, S. 27479 ff.

[12] Auf der Abrüstungskonferenz, die am 7. 2. 1984 in Genf begonnen hatte und sich vorrangig mit dem Verbot chemischer Waffen befaßte, hatte die UdSSR am 21. 2. neue Vorschläge vorgelegt. Vgl. AdG 1984, S. 27418 und 27488.

die Probleme der Europäer bringe er kein Verständnis auf. W. Mischnick: Da gibt es eine Wellenbewegung.

E. Honecker sagte, wenn H. Kohl auf seinen Partner einwirken wolle, daß es wieder zu Gesprächen kommt, so sei das eine verdienstvolle Sache. Von Prag und Moskau aus hätten die führenden Repräsentanten unserer Länder konstruktive Vorschläge gemacht, was aber fehle, sei der Widerhall in der NATO. Unsere Länder seien für das Einfrieren und die Reduzierung der Atomwaffen und, wenn es nicht gleich zu einem atomwaffenfreien Europa komme, für atomwaffenfreie Zonen. In ihrem Vorschlag, zwischen Warschauer Pakt und NATO einen Vertrag über den Verzicht auf die Anwendung militärischer Gewalt und über die Aufrechterhaltung friedlicher Beziehungen abzuschließen[13], stecke viel drin. Nach dem Verbot der chemischen Waffen wäre dies der wichtigste Schritt, um die Menschheit vor der Selbstvernichtung in einem Nuklearkrieg zu bewahren.

W. Mischnick bemerkte, der Gewaltverzicht stecke auch in den Überlegungen, eine europäische Friedensordnung zu schaffen. Es gelte, in Wien und Stockholm weiterzukommen, um ihn dann stärker zu berücksichtigen. Als Anknüpfungspunkt könne vielleicht die »Friedensnote« Erhards aus der Zeit dienen, da noch keine diplomatischen Beziehungen bestanden.[14] Man müsse die Texte herauskramen und prüfen, ob man vom Grundlegenden her nicht an manches anknüpfen könne. Seitens der USA gebe es noch sehr große Skepsis. Man dürfe sich nicht in eine Außenseiterposition begeben.

E. Honecker sagte, die Regierung der USA spreche viel vom Frieden, aber die Taten fehlten. Europa müsse mehr europäische Politik machen, was vor allem die westlichen Länder betreffe. Europa den Frieden zu erhalten, bedeute, auch den Weltfrieden zu erhalten; hier gehe es um nichts Egoistisches. Für die Bundesrepublik, aber auch die USA, wäre ein Atomkrieg die Selbstvernichtung. Es müsse verhindert werden, daß die Welt in ein atomares Inferno gerät. Die Abrüstung sei nicht nur im atomaren, sondern auch im konventionellen Bereich erforderlich. Um beide Komponenten zu erfassen, biete der Vorschlag von Prag für einen Gewaltverzichtsvertrag eine gute Grundlage. Er enthalte auch Prinzipien, die in der UNO-Charta niedergelegt sind. Das Verbot der chemischen Waffen, der Abschluß eines Gewaltverzichtsvertrages lägen im Interesse der DDR und der BRD, sie seien das A und O der Gesamtpolitik zur Friedenssicherung.

[13] Zu diesem von den Warschauer-Pakt-Staaten im Januar 1983 unterbreiteten Vorschlag eines solchen Gewaltverzichtsabkommens siehe Nr. 2, Anm. 6.

[14] Die »Note zur Abrüstung und zur Sicherung des Friedens«, die sog. Friedensnote, war von der Bundesregierung am 25. 3. 1966 allen Staaten, mit denen sie diplomatische Beziehungen hatte, sowie den arabischen und den Warschauer-Pakt-Staaten – mit Ausnahme der DDR – übersandt worden. Zum Inhalt und zur Reaktion auf die Friedensnote vgl. AdG 1966, S. 12402ff., 12439 und 12444f.

W. Mischnick sagte, gegen einen Gewaltverzichtsvertrag werde oft eingewandt, daß es bereits soundso viele Abkommen gebe, in denen dies drinsteht. Wenn aber ein zusätzliches Papier mehr Vertrauen schaffe, müsse man es überlegen. Er werde es je nach der Situation vorantreiben. Auf dem Karlsruher FDP-Parteitag sei der Gewaltverzicht in die Resolution aufgenommen worden[15], allerdings dürfe er keine Vorbedingung sein.

E. Honecker antwortete auf die Frage W. Mischnicks, wie er im Augenblick die Chancen einschätze, die Verhandlungen über Mittelstreckenraketen und strategische Rüstungen zusammenzufassen, um die Gespräche voranzutreiben, ob das für einige Zeit ein »Niemandsland« bleiben werde oder ob man es besser ruhen lasse und in anderen Fragen weiterkomme. Bei realistischer Einschätzung, so sagte er, müßten sich beide Seiten wieder herantasten, und dabei sei entscheidend, in Verhandlungen ein Verbot chemischer Waffen herbeizuführen. Es gelte, die Politik der friedlichen Koexistenz fortzusetzen. Gestützt sehe er die Erklärung unserer Staaten, daß zur Situation vor dem Beginn der Stationierung der NATO zurückgekehrt werden müsse. Das sei bei den Treffen führender Repräsentanten seinerzeit in Prag und Moskau festgestellt und auch kürzlich, bei ihrem Treffen anläßlich der Trauerfeiern für J. Andropow, bekräftigt worden. Zu H. Kohl habe er in Moskau gesagt: Treten Sie ein für den Abbau der Pershing II und Cruise Missiles und wir für den Abbau der bei uns stationierten Raketen.[16]

In seinen Gesprächen mit dem damaligen Bundeskanzler H. Schmidt habe ihm dieser erklärt, er habe Angst vor den SS 20. Wie E. Honecker klargestellt habe, sei SALT II zwar von den USA unterschrieben, aber nicht ratifiziert worden, weswegen es nicht zu SALT III und damit nicht zu Verhandlungen über die »Grauzonenwaffen«, also auch diejenigen mittlerer Reichweite, kam. Durch die NATO-Stationierung sei eine neue Rüstungsspirale in Gang gesetzt worden. Die Länder des Warschauer Paktes wurden durch diese sogenannte Nachrüstung zu Gegenmaßnahmen gezwungen, um das militärstrategische Gleichgewicht aufrechtzuerhalten. Noch in Wien, bei SALT II, habe J. Carter festgestellt, daß ein Gleichgewicht bestehe.[17] Eine Veränderung zu unseren Ungunsten könne nicht zugelassen werden. Mit der Stationierung sei die Gegenstationierung verbunden. Die Pershing II erreichten Moskau in 5 bis 6 Minuten, die in der DDR aufgestellten Systeme größerer Reichweite seien in 1 oder 2 Minuten am Ziel. Mehr Sicherheit sei nicht

[15] Es handelte sich um die vom FDP-Parteitag vom 18./19. 11. 1983 beschlossene Resolution zur Friedens- und Sicherheitspolitik.

[16] Siehe Nr. 11.

[17] Bezieht sich auf die Position von US-Präsident Jimmy Carter bei den SALT-II-Verhandlungen, bevor sich die Situation durch den Einmarsch in Afghanistan zuspitzte. Das SALT II Abkommen war beim Gipfeltreffen in Wien am 18. 8. 1979 von Carter und Breshnew unterzeichnet worden. Vgl. AdG 1979, S. 22688 ff.

entstanden. Mit solchen Dingen dürfe nicht gespielt werden. Die DDR sei jedoch nicht für ein Gleichgewicht des Schreckens.

Die Sowjetunion müsse eine Gesamtrechnung machen, die sowohl die atomaren Mittelstreckenwaffen als auch die strategischen Raketen enthalte. So hilflos, wie die NATO sich selber dargestellt habe, sei sie nicht gewesen, wenn man an ihren Besitz luft- und seegestützter Raketen denke.

1945 habe man sich geschworen: Nie wieder Krieg, und man habe sich für die Ächtung der Atomwaffe eingesetzt. Ihm sei es gleich, ob über die Mittelstreckenraketen und die strategischen Rüstungen zusammen oder getrennt verhandelt werde. Das Problem sei, den Einstieg in die Verhandlungen zu ermöglichen. Seines Erachtens könnte der Weg über ein Verbot der chemischen Waffen führen, von dem es heiße, daß es auch im US-Ministerium geprüft werde. Er könne nur hoffen, daß H. Kohl seine Wirkungskraft in dieser Hinsicht beweisen werde.

W. Mischnick meinte, jeder auf seiner Seite müsse die atomare Wirkungskraft beurteilen. Er bedaure, daß der Abzug von 1000 atomaren Sprengköpfen der USA aus Europa von sowjetischer Seite nicht seiner Bedeutung entsprechend gewertet worden sei.[18] Man habe einen Stopp der sowjetischen Raketenaufstellung erwartet, der nicht eingetreten sei. Das sei ein Fehler gewesen. In Zwischenstadien müsse man intensiv an bestimmte Dinge herangehen, um Entscheidungen zu vermeiden, welche die Lage erschweren.

Bekanntlich gebe es verschiedene Ansichten über die Ursachen der Verschärfung in der internationalen Lage, sagte E. Honecker. Er erinnerte an L. Breshnews seinerzeitige Mitteilung, daß die Sowjetunion aus der DDR 20 000 Mann und 1000 Panzer abziehen werde[19], die in der NATO kein Gegenstück gefunden habe. L. Breshnew habe für den Zeitpunkt der Verhandlungen ein Moratorium für die SS 20 angekündigt, und dies sei trotz aller westlichen Diskreditierung eingehalten worden. Um die Realisierung des Brüsseler Doppelbeschlusses zu verhindern, hätten unsere Länder klar angekündigt, daß die beabsichtigte Stationierung zur Gegenstationierung führen werde. Das sei weder für die DDR noch für die Sowjetunion ein leichter Entschluß gewesen; denn bis dahin hatte die UdSSR keine Atomwaffen außerhalb ihrer Landesgrenzen aufgestellt.

Jetzt müsse man die Chance wahrnehmen, um eine Atmosphäre des Vertrauens zu schaffen, stellte E. Honecker fest. Wir seien für atom-

---

[18] Dieser auf einen Vorschlag von Bundeskanzler Schmidt vom 13. 11. 1979 zurückgehende Abzug von 1000 atomaren Sprengköpfen war schon bis 1981 vollzogen worden. Vgl. AdG 1981, S. 25096.

[19] Nach dieser Ankündigung von L. Breshnew vom Oktober 1979 hatte der Abzug von ersten Einheiten im Dezember 1979 begonnen. Die Rückverlegung dieser Truppen war im August 1980 beendet worden. Vgl. AdG 1980, S. 23732.

waffenfreie Zonen – auf dem Balkan, im Norden und entsprechend dem Palme-Vorschlag[20] auch in Mitteleuropa –, für ein atomwaffenfreies Europa überhaupt.

Die USA wollten die vor fast 10 Jahren unterzeichneten Verträge mit der UdSSR über die Einschränkung der unterirdischen Kernwaffenversuche und über Kernexplosionen zu friedlichen Zwecken nicht ratifizieren. Auch die Verhandlungen über das vollständige und allgemeine Verbot der Kernwaffenversuche wollten sie nicht zu Ende führen. Dazu bemerkte W. Mischnick, er sei für ein Einfrieren der atomaren Rüstungen, aber die USA und ein Teil der CDU seien dagegen.

E. Honecker verwies auf die von K. Tschernenko vorgeschlagenen Normen für die Beziehungen zwischen den Kernwaffenmächten, die wichtige Elemente enthielten. Am Verhandlungstisch müsse Schritt für Schritt herausgefunden werden, was möglich sei.

Bei seinen Begegnungen in Moskau habe H.-D. Genscher von vielen Verhandlungstischen gesprochen.[3] Für Wien hätten wir feste Vorstellungen: Festlegung einer beiderseitigen Höchstgrenze der Truppenstärke von 900 000 Mann, Kontrollfähigkeit der Maßnahmen zum Truppenabbau und auch Verdachtskontrollen. Man müsse wegkommen von der Soldatenzählerei und konkrete Ergebnisse erreichen, damit die Konferenz nicht ewig dauere.

W. Mischnick hob die engen Kontakte zwischen H.-D. Genscher und A. Gromyko hervor. Beide seien sich seit Jahren bekannt, und man könne vieles bewerkstelligen. An verschiedenen Tischen, so hoffe er, müsse es zu Ergebnissen kommen.

W. Mischnick erklärte sich für den generellen Verzicht auf A-B-C-Waffen. Ein Vetorecht der Bundesrepublik bei Atomwaffen komme entgegen französischen Überlegungen nicht in Frage; denn es seien dann Eigenwaffen.

E. Honecker und W. Mischnick sprachen sich dafür aus, intensiv an der Normalisierung der Beziehungen zwischen der DDR und der BRD gemäß dem Grundlagenvertrag zu arbeiten. Zur DDR-Staatsbürgerschaft sagte W. Mischnick, es gehe darum, auf lange Zeit ihre Respektierung zu erwirken. Hier gebe es mehr Übereinstimmung mit der DDR als mit der CDU. Das Fortbestehen der »Zentralen Erfassungsstelle« Salzgitter bezeichnete er als Nonsens.

W. Mischnick drückte seine Zufriedenheit mit der Behandlung humanitärer Fälle durch die DDR aus, er teile voll und ganz die Meinung der DDR in diesen Fragen. Dies sei auch der Standpunkt der Bundesregierung. Fragen der Wohnsitzänderung, der Ausreisen von DDR-Bürgern fallen ausschließlich in die souveräne Entscheidung der zuständigen Stellen der DDR, hatte E. Honecker unterstrichen. DDR-Bürgern,

[20] Die Vorschläge Schwedens, die sich auf die der Palme-Kommission von April 1982 stützten, waren im Dezember 1982 unterbreitet worden. Siehe Nr. 4, Anm. 6.

die beabsichtigen, mit Unterstützung von BRD-Botschaften ihre Ausreise zu erlangen[8], ist deshalb mitzuteilen, daß die Botschaften dafür keine Zuständigkeiten haben. Es ist nicht zulässig, diese Bürger zu registrieren und ihnen gegenüber Erklärungen abzugeben, sich für ihre Anliegen einsetzen zu wollen oder ihnen gar Aufenthalt in BRD-Botschaften zu gewähren. Sie sind an die zuständigen Organe der DDR zu verweisen, die solche Anliegen entsprechend den gesetzlichen Bestimmungen der DDR prüfen und entscheiden werden.

E. Honecker hob die Notwendigkeit hervor, hinsichtlich der Feststellung der Elb-Grenze endlich zu einem Resultat zu gelangen, worauf W. Mischnick sagte, er verstehe das Ganze nicht, sei schon immer für eine Vereinbarung gewesen.

Auf eine entsprechende Frage W. Mischnicks antwortete E. Honecker, daß im Handel zwischen der DDR und der BRD unsererseits keine Umorientierung erfolge. Er bewies die wachsende Wirtschaftskraft der DDR, die es auch ermögliche, ihren internationalen Verpflichtungen gerecht zu werden. Am Beispiel der Kombinate erläuterte er die moderne Leitung der Volkswirtschaft, die Förderung des wissenschaftlich-technischen Fortschritts und die effektivere Gestaltung der Produktion. H. Dahlmeyer[21], Begleiter W. Mischnicks, warf hier ein, daß Mitarbeiter beauftragt würden, die wirtschaftliche Entwicklung der DDR exakt darzustellen, wisse er, aber daß sich der Staatschef selber so intensiv mit diesen Fragen befasse, habe er noch nicht erlebt.

Im Auftrage von Bundeskanzler H. Kohl erneuerte W. Mischnick die Einladung an E. Honecker zu einem Besuch in der BRD. H. Kohl rechne mit diesem Besuch spätestens im Herbst. Er werde alles tun, damit er von Erfolg gekrönt sein werde. H. Kohl, so Mischnick, meine es ehrlich.

Herrmann *[Unterschrift]*

---

21 Im Original »Dahlmeier«

13. Gespräche Lambsdorff, Strauß, Zeyer und Lafontaine – Honecker am 11. März 1984 (Leipzig)

[a] SAPMO ZPA J IV/865: »Niederschrift über das Treffen des Generalsekretärs des ZK der SED und Vorsitzenden des Staatsrates der DDR, Erich Honecker, mit dem Bundesminister für Wirtschaft der BRD, Otto Graf Lambsdorff, am 11. März 1984 in Leipzig«

E. Honecker hob zu Beginn des Gesprächs die Bedeutung hervor, die der Entwicklung der ökonomischen Beziehungen zwischen der DDR und der BRD in der gegenwärtigen internationalen Situation zukommt. Im Jahre 1983 seien positive Ergebnisse erreicht worden. Die DDR sei bereit, den Handel mit der BRD zum gegenseitigen Vorteil auszubauen.

O. G. Lambsdorff brachte seinen Dank für die Gelegenheit zu diesem Treffen noch in so später Stunde nach einem für E. Honecker so arbeitsreichen Tag zum Ausdruck. In guter und lebhafter Erinnerung sei ihm die erste Begegnung am Werbellinsee[1]; seither sei in den beiderseitigen Beziehungen auf handels- und wirtschaftspolitischem Gebiet eine Menge vorwärtsbewegt worden, wofür er insbesondere G. Mittag seinen Dank abstatten wolle. Es gebe Zahlen, aber hervorzuheben sei vor allem die Reibungslosigkeit der Abwicklung; vieles, was vor 4 Jahren noch ein Problem war, sei heute gelöst. Kontinuierlich werde man weitergehen und die Entwicklung fördern. Wenn auch die DDR daran interessiert sei, so stelle dies die Grundlage für eine positive Entwicklung dar. Als Gebiete, auf denen Fortschritte möglich seien, bezeichnete O. G. Lambsdorff den Umweltschutz, Wissenschaft und Forschung, ein Kulturabkommen. Er würde sich freuen, wenn G. Mittag zur Messe in Hannover und nach Bonn komme; der Bundeskanzler stehe für einen Termin zur Verfügung.[2]

Noch wichtiger sei ihm, von E. Honecker zu hören, wann er die Bundesrepublik besuchen werde. H. Kohl und H.-D. Genscher sähen diesem Besuch mit Erwartung entgegen; man müsse ihn sorgfältig, mit nicht zu langen Terminen vorbereiten. Nach Ansicht seiner Seite werde der Besuch Zeichen setzen in einer nicht einfacher gewordenen weltpolitischen Situation. Die DDR und die BRD sollten Gesprächsmöglichkeiten nutzen, die man sehe und die es ermöglichten, einen Einfluß auf

---

[1] Lambsdorff gehörte als Wirtschaftsminister mit zur Delegation von Bundeskanzler Helmut Schmidt bei den Gesprächen vom 11. – 13. 12. 1981 im Gästehaus des DDR-Staatsrates am Döllnsee, zumeist als Treffen am Werbellinsee bezeichnet.

[2] Günter Mittag kam nach dem Messebesuch in Hannover nach Bonn und führte dort am 6. 4. 1984 ein Gespräch mit Bundeskanzler Kohl.

die Verbündeten auszuüben, der im Interesse der deutschen Staaten liege.

Handels- und wirtschaftspolitische Beziehungen könnten die politischen Beziehungen nicht ersetzen, ihnen aber sehr behilflich sein und sie abrunden. Das gelte auch für das Verhältnis der Bundesrepublik zur UdSSR. Der BRD sei daran gelegen, sie intakt zu halten, obwohl die Großwetterlage nicht immer so sei. Bei völliger Klarheit über die Unterschiedlichkeit politischer Standpunkte wolle man pragmatische Lösungen im Interesse beider Seiten, wolle politische Gegensätze nicht verkleistern, aber dazu beitragen, sie erträglicher zu machen.

Die letzten 3 bis 4 Jahre hätten gezeigt, daß dieser Weg richtig sei. In der BRD sei er nicht abhängig von wechselnden parteipolitischen Konstellationen. Niemand habe so schnell erkannt, was die Realitäten erfordern, als der neue Koalitionspartner der FDP in Bonn.

E. Honecker unterstrich, daß den Beziehungen zwischen der DDR und der BRD heute ein besonderer Stellenwert zukomme. Sie seien ein Gradmesser, ob sich die Dinge zum Guten oder zum Schlechten entwickelten, und könnten eine günstige, stabilisierende Auswirkung auf das internationale Klima haben. Nicht nur unter dem Gesichtspunkt des Übergangs von einer Regierung zu einer anderen in Bonn gelte dies, sondern vor allem wegen der Zuspitzung der Weltlage. Vieles hänge von der Großwetterlage ab, auch im wirtschaftlichen Bereich. Die Beziehungen zwischen der DDR und der BRD beruhten auf einer tragfähigen Grundlage und fügten sich ein in das Ost-West-Verhältnis insgesamt. Zwar sei dieses Verhältnis gegenwärtig nicht gut, aber die Situation sei nicht ausweglos.

Mehr Raketen, so stellte E. Honecker fest, bedeuteten nicht mehr Sicherheit; das habe seine Auswirkungen auf das politische Leben in der Welt. Die Frage habe sich ergeben, wie es nach der Stationierung weitergehe. Auf dem 7. Plenum des ZK der SED sei geantwortet worden, daß es jetzt erst recht darauf ankomme, für Rüstungsbegrenzung und Abrüstung zu kämpfen sowie den Schaden, der durch die Stationierung entsteht, zu begrenzen. In der DDR, von ihren Verbündeten – E. Honecker verwies auf die seinerzeitige Erklärung J. Andropows[3] –, in der internationalen Öffentlichkeit überhaupt sei dieser Standpunkt gut aufgenommen worden. Die Handelsbeziehungen gingen weiter, wobei die BRD eine beträchtliche Rolle spiele. In Moskau habe man sich über die politischen »Eckdaten« verständigt. Die Prager Deklaration des Warschauer Vertrages[4] und die Moskauer Deklaration[5] der Repräsentanten

[3] Zu den Abrüstungsvorschlägen von Generalsekretär Juri Andropow vgl. Nr. 3, Anm. 12 und Nr. 9, Anm. 4
[4] Zur Prager Erklärung vom Januar 1983 siehe Nr. 2, Anm. 6.
[5] Zur »Gemeinsamen Erklärung« des Treffens der Warschauer-Pakt-Staaten vom 26. 6. 1983 in Moskau vgl. Nr. 5, Anm. 10.

sozialistischer Länder bleiben gültig für die Führung des Ost-West-Dialogs zur Friedenssicherung. Es habe erreicht werden sollen, daß es nicht zur Stationierung der Pershing II und Cruise Missiles kommt. Da die NATO stationiert, muß unsere Seite gegenstationieren. Die Lage sei nicht sicherer, sondern unsicherer geworden.

E. Honecker befürwortete eine Entwicklung der Beziehungen zwischen der DDR und der BRD in gesunden Bahnen, um zu gutnachbarschaftlichen Beziehungen zu gelangen. Im Jahre 1983 seien positive Ergebnisse zu verzeichnen gewesen, und die DDR sei bereit, sie auszubauen. E. Honecker wies auf die Struktur des Handels und auf die Beziehungen zwischen den Banken hin, ohne die man in der Welt keinen Handel treiben könne. Bei seinem kürzlichen Gespräch mit W. Mischnick[6] habe er auf dessen Frage, ob die DDR eine Umorientierung beabsichtige, geantwortet, daß dies nicht der Fall sei. Es gebe, wie die Fachleute sagten, eine Wettbewerbssituation, aber keine Umorientierung. Selbstverständlich könne man die Gesamtbeziehungen nicht auf die Wirtschaft reduzieren, obwohl sie für beide Seiten große Bedeutung habe.

An Verhandlungen über Probleme des Umweltschutzes sei die DDR interessiert. Hinsichtlich Wissenschaft und Forschung müsse das Problem der Einbeziehung West-Berlins im Einvernehmen mit der Sowjetunion gelöst werden; die DDR sei kein Unterzeichner des Vierseitigen Abkommens über Berlin-West. Was ein Kulturabkommen betreffe, so sollten die Verhandlungen fortgesetzt werden.[7] Die Familienzusammenführung sei ins Laufen gekommen.[8] Jetzt werde wegen der Ansammlung in den BRD-Lagern von westlichen Medien eine Kampagne geführt, die sich sowohl gegen das Verlangen der Bundesregierung an die DDR richte, mehr Ausreisen zu genehmigen, als auch gegen das Bestreben der DDR, diese Sache vom Tisch zu bringen.

Mit einem Besuch in der BRD sei er einverstanden, sagte E. Honecker, doch müsse man noch den Termin vereinbaren. Er gehe davon aus, daß nicht wieder der »Tod eines Transitreisenden« dazwischen komme.[9] Wegen seiner Verpflichtungen ließe sich ein Termin ungefähr für Herbst ins Auge fassen, etwa September. Die Grüße, die O. G. Lambsdorff von H. Kohl und H.-D. Genscher ausgerichtet hatte, erwiderte E. Honecker.

[6] Vgl. Nr. 12.
[7] Die letzte Verhandlungsrunde hatte am 5. 3. 1984 stattgefunden; das nächste Treffen war am 4. 5. 1984.
[8] Die DDR hatte am 15. 9. 1983 eine Verordnung und Durchführungsbestimmungen zur Familienzusammenführung erlassen. – In einem Beschluß zum Bericht der Lage der Nation stellte der Deutsche Bundestag am 9. 2. 1984 fest, »die Familienzusammenführung hat sich positiv, aber bei weitem nicht zufriedenstellend entwickelt«. Siehe Innerdeutsche Beziehungen (1986), S. 151 ff. und 172.
[9] Vgl. Nr. 3, bes. Anm. 1, 3 und 11.

O. G. Lambsdorff dankte für den Terminvorschlag. Die Gespräche, die E. Honecker in Moskau mit H. Kohl[10] und in Berlin mit W. Mischnick[11] geführt habe, seien sehr konstruktiv, offen und wohltuend gewesen. Angesichts der gegenwärtigen Situation liege es im Interesse beider Seiten, für Abrüstung und Rüstungskontrolle zu arbeiten. Die Stockholmer Konferenz, die Wiener Truppenabbau-Verhandlungen seien dafür Foren, auch der Vorschlag für das Verbot der chemischen Waffen sei ein guter Ansatzpunkt. Ebenso sei der Gewaltverzichtsvertrag ein nachdenkenswertes Thema. Worum es gehe, sei, das Niveau der gegenseitigen Rüstungen herunterzubringen.

Mit Interesse habe er die Feststellung E. Honeckers gehört, daß in den Handels- und Wirtschaftsbeziehungen keine Verlagerung oder Umorientierung beabsichtigt sei. Der rege Handelsaustausch entwickele sich aber mehr zu Konsumgütern als zur Investitionsseite. Die Indiskretionen in der BRD über die Vereinbarung mit dem Volkswagenwerk[12] seien ärgerlich. Um so mehr sei die politische Entscheidung zu begrüßen, sie trotzdem zu realisieren. In der BRD vorhandene Meinungen, damit würden Abhängigkeiten geschaffen, seien unbegründet. Ähnliches habe es schon aus Anlaß des Erdgasgeschäfts mit der Sowjetunion gegeben.

In der Familienzusammenführung sei vieles geschehen und verbessert worden. Die Bundesregierung habe ein großes Interesse an diskretem Vorgehen. Als nicht befriedigend bezeichnete O. G. Lambsdorff die Mindestumtauschregelung und plädierte dafür, Reisegelegenheiten in die BRD in größerem Maße zu ermöglichen. Was Wissenschaft und Forschung sowie das Kulturabkommen betreffe, so habe E. Honecker mit Recht auf das notwendige Einvernehmen mit der Sowjetunion wegen der Einbeziehung Westberlins hingewiesen, aber vielleicht könne man unterhalb dessen pragmatische Lösungen finden.

E. Honecker unterstrich als übereinstimmenden Standpunkt, daß die Gestaltung der Beziehungen zwischen der DDR und der BRD zur Entspannung der internationalen Situation beitragen müsse. Als besonders wichtig bezeichnete er den Abschluß eines Vertrages über den Verzicht auf die Anwendung militärischer Gewalt und über die Aufrechterhal-

[10] Siehe Nr. 11.
[11] Siehe Nr. 12.
[12] Die Vereinbarung zwischen der Volkswagenwerk AG und der DDR über die Lieferung von Fertigungsanlagen zur Produktion von VW-4-Takt-Motoren (1,05 l und 1,3 l) für den Einbau in »Wartburg« und »Trabant« und zur Lieferung von VW-Transportern wurde erst Anfang November 1984 unterzeichnet, wurde zu dieser Zeit aber schon in der Presse diskutiert. Vgl. Innerdeutsche Beziehungen (1986), S. 191. – Voraus ging die Lieferung von 10 000 Golf in die DDR, mit der, so referierte Günter Mittag eine Äußerung von Franz Josef Strauß vom 6. 4. 1984 ihm gegenüber, von einem Teil der Medien »wirklich eine sinnlose Propaganda betrieben« werde. Vgl. die Aufzeichnung von Mittag über dieses Gespräch in: SAPMO ZPA J IV 2/2A/2644.

tung friedlicher Beziehungen, das Verbot der chemischen Waffen und den Fortgang der Wiener Verhandlungen über den Truppenabbau. Um zur Lösung der Probleme zu gelangen, gelte es, mehr Vertrauen zu schaffen.

Bis auf die Regelung der Einbeziehung Westberlins könne das Abkommen über Wissenschaft und Forschung fertiggestellt werden. E. Honecker würdigte die Bedeutung des Vierseitigen Abkommens über Berlin-West und den damit verbundenen Gewinn. 23 Millionen Transitreisende seien 1983 gezählt worden, 1,5 Millionen mehr als 1982. Inzwischen sei auch das Problem der Westberliner S-Bahn geregelt worden[13], für deren Betrieb die DDR in den letzten Jahren 1,6 Milliarden Mark an Zuschüssen habe zahlen müssen.

E. Honecker charakterisierte den Schaden der USA-Hochzinspolitik und der Überbewertung des USA-Dollars nicht nur für die westlichen Länder. Auf seiner kürzlichen USA-Reise habe O. G. Lambsdorff durchaus europäische Interessen vertreten. Wie K. Gysi[14] bei seinem Aufenthalt in den USA habe feststellen können und wie aus den DDR-Besuchen von Amstutz und Burt[15] hervorgehe, tue sich etwas in den Beziehungen zwischen den USA und der DDR. Doch werde der DDR im Handel mit den USA die Meistbegünstigung vorenthalten, was diesen Handel behindere, ihn letztlich uninteressant mache. Man müsse die Konfrontation abbauen.

O. G. Lambsdorff bemerkte, dies sei auch seine Meinung. In Washington habe H. Kohl auf Spitzengespräche gedrängt und auch die Wirtschaftsprobleme angesprochen.[16] Realistisch müsse man jedoch sehen, daß sich in den USA im Wahljahr alles innenpolitisch ausrichte. Würde Reagan wiedergewählt, so könnte er mehr inneres Bestreben fühlen, zum Weltfrieden beizutragen, als man im Augenblick geneigt sei anzunehmen. Wir, die wir alle diese Lasten zu tragen haben und die ja auch viel Geld kosten, sagte O. G. Lambsdorff, müssen zu Fortschritten kommen. Sie seien möglich, wenn auf beiden Seiten der Wille dazu vorhanden sei.

E. Honecker betonte das grundlegende Interesse der DDR an der weiteren Gestaltung der Beziehungen zwischen der DDR und der BRD

---

[13] Das Abkommen über den Übergang der S-Bahn in Berlin-West von der Reichsbahn der DDR auf die Berliner Verkehrsbetriebe (BVG) war am 30. 12. 1983 unterzeichnet worden. Die Übergabe war am 9. 1. 1984 erfolgt. Vgl. Innerdeutsche Beziehungen (1986), S. 165 ff.

[14] Klaus Gysi (SED), Staatssekretär im DDR-Kultusministerium für Kirchenfragen.

[15] Richard Burt, Europa-Direktor im State Department der USA, hatte Anfang März 1984 eine sehr positive Bewertung der innerdeutschen Beziehungen vorgenommen. – Bei Amstutz handelte es sich um einen Beamten des US-Landwirtschaftsministeriums, der nach der Rückkehr einer Besuchsreise Investitionen in der DDR empfahl, die ein »sicheres Risiko« sei. Siehe AdG 1984, S. 28135.

[16] Bundeskanzler Kohl war vom 4.–7. 3. 1984 zu einem offiziellen Besuch in den USA. Vgl. AdG 1984, S. 27484.

entsprechend den Interessen der Friedenssicherung und der gegenseitig vorteilhaften Zusammenarbeit.

[b] SAPMO ZPA J IV/865: »Niederschrift über das Gespräch des Generalsekretärs des ZK der SED und Vorsitzenden des Staatsrates der DDR, Erich Honecker, mit dem bayerischen Ministerpräsidenten und CSU-Vorsitzenden, Franz Josef Strauß, am 11. März 1984 in Leipzig«

E. Honecker stellte einleitend fest, sein erstes Treffen mit F. J. Strauß[17], das noch vor dem Beginn der Raketenstationierung stattgefunden hatte, habe sich günstig auf die Atmosphäre in den Beziehungen zwischen der DDR und der BRD ausgewirkt. In einer Zeit, da sich die internationalen Dinge kompliziert hätten, komme dem jetzigen Treffen um so mehr Bedeutung zu. Mit dem Beginn der Stationierung der USA-Erstschlagwaffen sei eine neue Lage entstanden. Jetzt komme es darauf an, darauf einzuwirken, daß eine weitere Verschärfung der internationalen Situation vermieden und eine Rückkehr zur Entspannung ermöglicht wird. Die USA seien am Zuge.

F. J. Strauß bezeichnete es als klug und staatsmännisch weise, daß E. Honecker im Zusammenhang mit der Stationierung darauf orientiert habe, den Schaden möglichst zu begrenzen, keine weitere Verschärfung und Verhärtung eintreten zu lassen und das Erreichte zu bewahren. Mit Dankbarkeit habe er die Änderung der Atmosphäre in den Beziehungen zwischen beiden deutschen Staaten aufgenommen, woraus deutlich werde, daß es weitergehe. Als er kürzlich in Syrien weilte, habe er im Zimmer des Verteidigungsministers, eines Freundes und Bekannten, ein Bild des Staatsratsvorsitzenden gesehen. Er habe ihm seine Meinung über den Standpunkt E. Honeckers zur Schadensbegrenzung gesagt. Der syrische Minister habe geantwortet: Da hängt sein Bild.

Diese Feststellung, so bemerkte E. Honecker, habe in der Tat ein breites internationales Echo gefunden. Allerdings wäre es besser gewesen, wenn es zur Stationierung überhaupt nicht gekommen wäre. In Moskau habe er H. Kohl erklärt, am besten wäre es, er schicke das Zeug zurück, dann schickten wir auch das unsere zurück.[18] Es gehe darum, die Rüstungen zu begrenzen und zu reduzieren. Er kenne die Sowjetunion seit seinem ersten Besuch vor 50 Jahren; sie wolle keinen Krieg. F. J. Strauß: Wir müssen alle dafür sorgen, daß das Zeug nicht losgeht. In seinen letzten 1000 Reden habe er scharf der Meinung widerspro-

---

[17] Vgl. Nr. 5.
[18] Vgl. Nr. 11.

chen, man könne nicht wissen, ob die Sowjetunion einen Krieg wolle. Seine felsenfeste Überzeugung sei, daß es eine militärische Gefahr in Europa nicht gebe. Die Russen wollten keinen Krieg. Heute seien nur zwei Formen von Krieg möglich – entweder durch Knopfdruck, darüber brauche man nicht zu reden, oder durch Vormarsch auf dem Lande, und der sei sinnlos.

Wie E. Honecker sagte, gehe er davon aus, daß sich schließlich die Einsicht auch auf der anderen Seite durchsetze und es zu keinem Krieg komme. In Moskau habe er H. Kohl erklärt, alle müßten sich Gedanken darüber machen, wie die Entwicklung der Dinge voranzubringen sei. Die Stockholmer Konferenz und die Wiener Truppenabbau-Verhandlungen könnten vielleicht ein Einstieg sein, um ein Verbot der chemischen Waffen zu erreichen. Auch die B-Waffen gehörten dazu. Jetzt gebe es die neuen Vorschläge der Sowjetunion und des Warschauer Paktes zu dieser Frage.[19]

Wenn keine Atomwaffen vorhanden wären, hätte es vielleicht schon lange Krieg gegeben, meinte F. J. Strauß; sie machten ihn unmöglich. Natürlich seien da auch Dumme, die mit dem Kopf durch die Wand wollten, aber man müsse ihnen klarmachen, daß es gescheiter sei, durch die Tür zu gehen.

E. Honecker unterstrich die Friedenssicherung als wichtigstes Anliegen, von dem auch die Beziehungen zwischen der DDR und der BRD unmittelbar berührt seien. Enttäuscht von den Ergebnissen der vergangenen Zeit könnten nur diejenigen sein, die sie in den Sog der negativen internationalen Entwicklung hätten ziehen wollen. Man müsse das verteidigen, was in der Zeit der Entspannung erreicht worden sei.

Er wisse es zu schätzen, sagte E. Honecker, daß F. J. Strauß wiederholt erklärt habe, daß die DDR ihre Zusage eingehalten hat, obwohl seitens der BRD viele Wünsche bestünden. Auch die DDR habe viele Wünsche. Insgesamt seien die Beziehungen besser geworden. Er habe im Prinzip zugesagt, im Herbst die Bundesrepublik zu besuchen; Termin und Themen der Gespräche müßten noch vereinbart werden. Auf ökonomischem Gebiet komme es darauf an, bestimmte Diskriminierungen, die noch bestehen, zu beseitigen und den freien Handel zum gegenseitigen Vorteil zu gewährleisten. Wo gleiche Chancen bestünden, müsse man sie nutzen. In allen Fragen müsse man vom Grundlagenvertrag ausgehen, in dem davon die Rede ist, daß beide deutsche Staaten selbständig sind in ihren inneren und äußeren Fragen.

F. J. Strauß bemerkte, er habe unlängst im »ZDF-Magazin« wieder erklärt, was die DDR versprochen hat, habe sie gehalten. Der Anstieg

[19] Honecker bezog sich wohl vor allem auf die Moskauer Erklärung vom 26. 6. 1983; vgl. oben sowie Nr. 5, Anm. 11.

der Zahl bewilligter Ausreisen sei sehr hilfreich.[20] Richtig sei, daß die BRD manches nicht bekommen habe, aber man müsse unterscheiden, was man wünsche und was die DDR versprochen habe. Zum Kopfschütteln veranlasse ihn, wenn einige Medien der BRD jetzt im Zusammenhang mit den Ausreisen behaupteten, die DDR schiebe mißliebige Bürger ab. Bisher habe es immer geheißen, die DDR lasse sie nicht heraus. Jetzt schiebe sie nicht ab, sondern erlaube ihnen die Ausreise, und wieder werde geschimpft.[21]

E. Honecker sagte, die humanitären Fälle würden weitgehend bereinigt, abgesehen von Problemen in bestimmten Fragen, wobei er sich gegen die Stimmungsmache von Medien der BRD wegen der starken Belegung von Lagern in der BRD wandte. F. J. Strauß bezeichnete diese Berichte als störend. Er habe H. Kohl gebeten, allen Botschaften im Ausland einen entsprechenden Auftrag zu erteilen, damit die auch für die BRD sehr unangenehmen Asylfälle unterblieben[22]; er habe die Bundesregierung gewarnt. E. Honecker stellte fest, daß die westlichen Botschaften in der DDR, auch die der USA, solche Fälle nicht aufnehmen. Die einzige Ausnahme sei die Ständige Vertretung der BRD. Das schädige die Bemühungen im humanitären Bereich.

Hinsichtlich seiner Bemühungen im humanitären Bereich habe E. Honecker gute Botschafter in Gestalt der katholischen Bischöfe von Dresden und Meißen[23], meinte F. J. Strauß. Vielleicht sei es möglich, in Fällen, die unter Zeitdruck stünden (Krankheit, naher Tod), die bisher unterschiedliche Praxis der Reisegenehmigungen zu ändern.

Der Handel zwischen beiden deutschen Staaten, so F. J. Strauß, habe sich gut und sehr ausgeglichen entwickelt; der Swing baue sich ab. Mit einigem Schmunzeln habe er einen Bericht des Wirtschaftsministeriums der BRD über die ökonomische Lage der DDR gelesen, in dem es heiße, man erwarte einen recht günstigen Verlauf und finde pessimistische Urteile weit übertrieben. Die DDR stehe auf sehr solidem Boden. Dagegen werde sich Polen in diesem Jahrzehnt kaum mehr erholen, auch Rumänien entwickle sich nicht günstig.

[20] Im Jahr 1984 lag die Zahl von Ausreiseerlaubnissen vergleichsweise hoch. Auf das ganze Jahr bezogen wurden sie 35 000 Personen gewährt. Vgl. Innerdeutsche Beziehungen (1986), S. 14.

[21] Ähnliche Kritik an den Medien übte Strauß auch in seinem Gespräch mit G. Mittag am 6. 4. 1984. Nach dessen Aufzeichnung (vgl. Anm. 12) hatte er u. a. gesagt: »Dieselben, die bisher in der BRD von einem ›Zuwenig‹ an Übersiedlern aus der DDR reden würden, die reden jetzt von einem ›Zuviel‹.«

[22] In der Botschaft der Bundesrepublik in Prag hielten sich zu diesem Zeitpunkt 35 DDR-Bürger auf, die ausreisen wollten. – Vgl. auch die in der Aufzeichnung von Mittag über ein »Gespräch« mit Strauß am 6. 4. 1984 (siehe Anm. 12) referierte Kritik von Strauß an dem »Schmierentheater«, das in Berichten von Medien »über Asylanten in einigen Botschaften getrieben würde, was auch die Darstellungen über die Stoph-Nichte betreffen würde«.

[23] Es handelte sich um das Bistum Dresden-Meißen unter Bischof Gerhard Schaffran, der einen Weihbischof zur Seite hatte.

E. Honecker hob nochmals die Verpflichtung beider deutscher Staaten hervor, das Ihre zur Friedenssicherung beizutragen. Als er zuvor mit den Vertretern der japanischen Wirtschaft zusammengekommen war, habe er ihnen gesagt, jeder Krieg in Europa wäre ein Atomkrieg. Dem stimmte F. J. Strauß zu, indem er bemerkte, für Europa gebe es nur eine Alternative – kein Krieg oder Atomkrieg; jeder konventionelle Krieg führe zum Atomkrieg. 6 Jahre sei er Soldat gewesen und 6 Jahre Verteidigungsminister; er kenne das »Geschäft«. Er halte E. Honecker für einen überzeugten Friedenskämpfer.

Als er sich in den USA aufhielt, habe er Vizepräsident Bush gefragt, ob er eine wirtschaftliche Konfrontation wünsche. Das habe dieser verneint. Heute hätten die USA nicht mehr die Sorge, daß es zu einem neuen Berlin-Konflikt kommen könnte. Sie seien mit ganz anderen Dingen beschäftigt, z. B. mit Nicaragua.

Auf eine Frage von F. J. Strauß nach K. Tschernenko antwortete E. Honecker, daß er ein Mann sei, der den Frieden wolle und ganz in diesem Sinne die Politik J. Andropows weiterführe.

E. Honecker verwies auf das Lutherjahr in der DDR, in dem auf einer breiten Basis internationaler Beteiligung von Bischöfen und weiteren Persönlichkeiten, bis hin zu den USA, das Interesse am Frieden zum Ausdruck gekommen sei. Kürzlich sei K. Gysi in den USA gewesen, auch bei R. Reagan und beim ehemaligen Stabschef. Offenbar komme auch dort die Meinung auf, daß es nicht möglich sei, einen Atomkrieg zu führen. Die jetzigen Maßnahmen seien seinerzeit schon von R. Nixon unterschrieben worden. Dabei habe sich auch gezeigt, daß religiöse Kreise in den USA überrascht seien vom Verhältnis Staat/Kirche in der DDR, von der Freizügigkeit für beide Kirchen.

[c] SAPMO ZPA J IV/865: »Niederschrift über die Zusammenkunft des Generalsekretärs des ZK der SED und Vorsitzenden des Staatsrates der DDR, Erich Honecker, mit dem saarländischen Ministerpräsidenten Werner Zeyer am 11. März 1984 in Leipzig«

E. Honecker begrüßte es, daß W. Zeyer in seinen Darlegungen bei der Begegnung am saarländischen Ausstellungsstand auf der Messe von den Realitäten des Lebens ausgegangen sei, davon, daß es zwei voneinander unabhängige deutsche Staaten in ihren jeweiligen Bündnissystemen gibt. Der erste DDR-Besuch W. Zeyers werde in seinem Land zweifellos ein gutes Echo finden. Verschiedene Meinungen zu ideologischen Fragen brauchten kein Hindernis für die Lösung politischer Probleme zu sein. Das sei offenbar auch die Ansicht H. Kohls, über den W. Zeyer sagte, daß er ihn seit 30 Jahren kenne.

Wenn er im Herbst, etwa im September, die Bundesrepublik besuche, habe er selbstverständlich vor, der Einladung W. Zeyers ins Saarland zu folgen und Wiebelskirchen bzw. Neunkirchen zu sehen.

28 Betriebe der klein- und mittelständischen Industrie nähmen an der Leipziger Messe teil, was von ihrem großen Interesse zeuge. Die DDR wolle die Entwicklung der Wirtschaftsbeziehungen mit der BRD, auch mit dem Saarland, fördern. Im Jahre 1983 habe der Export der DDR ins Saarland 41 Millionen Mark, also 5,9% mehr als 1982, betragen, der Import 150,6 Millionen Mark, also 40% mehr als 1982.

Wegen der Kohle-Umstellung in der DDR sei der Importbedarf an diesem Rohstoff allerdings nicht so groß gewesen. Auf Wunsch der Bundesregierung habe die DDR dagegen von der Arbed-Stahl, Völklingen, ihrem größten Partner im Saarland, mehr Stahl bezogen. Insgesamt hätten [die] Lieferungen 107,5 Millionen Mark umfaßt. Die bisher für 1984 vorgesehenen Bezüge würden noch etwas erhöht.

Die Fleischlieferungen seien infolge der im Saarland aufgetretenen Erkrankungen von Tieren (Schweinepest) beeinträchtigt worden, was W. Zeyer nicht bekannt war.

W. Zeyer bemerkte, die DDR habe, und das sage er nicht als Vorwurf, tüchtige Einkäufer, welche die Preise drückten. Aber die Aufträge aus der DDR hätten den saarländischen Betrieben Beschäftigung gebracht. Arbed-Stahl sei das Sorgenkind, das man mit einem speziellen Programm und einem Aufwand von 3 Milliarden DM bis 1986 wieder in die schwarzen Zahlen zu bringen hoffe. In 20 Jahren hätten die Saar-Bergwerke 40000 Arbeitsplätze abgebaut.

E. Honecker stellte fest, von der Friedenssicherung, dem Abbau der Spannungen hänge nicht nur das Wohl und Wehe der Bürger der DDR und der BRD ab, sondern dies beeinflusse die Lage in der ganzen Welt. Er habe es begrüßt, daß W. Zeyer in seiner Rede am Messestand von Bürgern der DDR gesprochen habe. In den Beziehungen zwischen beiden deutschen Staaten gebe es noch Hemmnisse, die Fortschritte behinderten. Notwendig sei die Respektierung der Staatsbürgerschaft der DDR. Nach Ansicht W. Zeyers liege darin ein schwieriges Problem, vielleicht das schwierigste, worauf E. Honecker erklärte, daß man es dennoch lösen müsse. Zudem enthalte der Grundlagenvertrag die eindeutige Aussage, daß beide deutsche Staaten jeweils unabhängig über ihre inneren und äußeren Angelegenheiten entscheiden. W. Zeyer meinte, er sehe keine Möglichkeit; kein Bundeskanzler, gleich welcher Partei, habe hier einen Spielraum.

E. Honecker verwies auf die notwendige Feststellung des Verlaufs der Elbgrenze, die schon lange getroffen sein könnte und nach der viele andere Verträge in Kraft treten würden. Das Fortbestehen der sogenannten Zentralen Erfassungsstelle Salzgitter widerspreche dem Grundlagenvertrag.

Die DDR gehe davon aus, was machbar ist. Zwar sei H. Kohl bereit, bestimmte Dinge auch schnell zu entscheiden, aber ihm seien Grenzen gesetzt. Auch künftig sei die DDR an der Entwicklung normaler Beziehungen zur BRD interessiert. Das entspreche ihrer Politik des Friedens und der Zusammenarbeit.

[d] SAPMO ZPA J IV/865: »Niederschrift über die Begegnung des Generalsekretärs des ZK der SED und Vorsitzenden des Staatsrates der DDR, Erich Honecker, mit dem Vorsitzenden des SPD-Landesverbandes Saar und Oberbürgermeister von Saarbrücken, Oskar Lafontaine, am 11. März 1984 in Leipzig«

E. Honecker und O. Lafontaine erörterten eingehend Fragen der internationalen Situation und der Beziehungen zwischen der DDR und der BRD unter dem Gesichtspunkt der durch die Raketenstationierung geschaffenen Tatsachen. Dabei sagte O. Lafontaine, wenn heute im Saarland Wahlen stattfinden würden, dann würde seine Partei sie gewinnen.[74] E. Honecker stellte fest, worauf es ankomme, sei, so zu arbeiten, daß der Wahlsieg zur gegebenen Zeit errungen werden könne. Wegen seiner standhaften Haltung gegen die Aufstellung der USA-Raketen in der BRD genieße O. Lafontaine auch bei den Bürgern der DDR großes Ansehen.

Wie O. Lafontaine feststellte, befinde sich die SPD in einem Prozeß der Neuorientierung, der durch den Stimmungsumbruch in der Stationierungsfrage ausgelöst worden sei und mehrere Jahre andauern werde. In der Friedensbewegung der BRD sei nach der Kraftanstrengung, mit der diese Stationierung verhindert werden sollte, ein gewisses Abflauen eingetreten, aber im Herbst werde es wieder zu Aktionen kommen.

E. Honecker legte dar, daß auf die weit verbreitete Frage, wie es nach dem Beginn der Stationierung weitergehen soll, von der 7. Tagung des ZK der SED geantwortet wurde. Jetzt erst recht müsse der Kampf für den Frieden, für Begrenzung und Reduzierung der Rüstungen verstärkt geführt werden. Das habe ein großes Echo gefunden. In den Erklärungen des Warschauer Paktes von Prag und des Treffens höchster Repräsentanten sozialistischer Länder in Moskau seien dazu konkrete

[24] Die Landtagswahlen im Saarland fanden am 10. 3. 1985 statt. Mit 49,2% der Stimmen errang die SPD die absolute Mehrheit der Mandate. Die CDU erhielt nur mehr 37,3%.

265

Vorschläge enthalten.[25] Ausführlich erläuterte E. Honecker das Eintreten der DDR für das Einfrieren der nuklearen Waffenarsenale, für die Schaffung atomwaffenfreier Zonen mit dem Ziel eines atomwaffenfreien Europa, für das Verbot der chemischen Waffen, für den Abschluß eines Vertrages über den Verzicht auf die Anwendung militärischer Gewalt und über die Aufrechterhaltung friedlicher Beziehungen. Ihr Hauptanliegen sei die Verhinderung eines nuklearen Infernos.

Anhand seines Meinungsaustausches mit H. Kohl, W. Mischnick, O. G. Lambsdorff, F. J. Strauß und W. Zeyer[26] charakterisierte E. Honecker die verschiedenen Aktivitäten, mit denen die DDR bestrebt ist, zur Friedenssicherung beizutragen und dementsprechende Schritte zur Normalisierung der Beziehungen zwischen der DDR und der BRD zu unternehmen. Durch die Stationierung und die notwendige Gegenstationierung sei die Lage nicht sicherer, sondern unsicherer geworden. Es habe aber festgestanden, daß damit die Politik nicht aufhören werde, und davon sei die DDR ausgegangen.

O. Lafontaine bemerkte, um die Dinge in der SPD vorwärtszutreiben, sei es sein Bestreben, immer einen Schritt weiter zu tun als die Partei selbst. Dabei werde es bleiben.

Wenn E. Honecker die BRD besuche, dann sei er, falls er nicht nach Neunkirchen eingeladen werde, selbstverständlich in Saarbrücken willkommen.

---

[25] Siehe oben, bes. Anm. 4 und 5.
[26] Siehe oben sowie Nr. 11 und 12.

14. Gespräch H.-J. Vogel – Honecker am 14. März 1984 (Berlin-Ost)

[a] Archiv H.-J. Vogel: »Berlin, den 15. März 1984, Vermerk Betr.: Gespräch zwischen dem Vorsitzenden der SPD-Bundestagsfraktion, Dr. Hans-Jochen Vogel, und dem Generalsekretär des Zentralkomitees der SED und Vorsitzenden des Staatsrates der DDR, Erich Honecker, am 14. März 1984 in Berlin«

1.
Am 14. März 1984 fand im Gebäude des Staatsrats ein Gespräch zwischen Dr. Hans-Jochen Vogel und Erich Honecker statt, an dem außerdem teilnahmen:
von seiten der SPD-Bundestagsfraktion:
Jürgen Wischnewski, Egon Bahr, Karsten Voigt sowie Dr. Dieter Schröder
von seiten der DDR:
Hermann Axen, Egon Krenz, Dr. Günter Mittag sowie Staatssekretär Frank-Joachim Herrmann, stellvertretender Abteilungsleiter des ZK, Gunter Rettner.

2.
In den Vorbesprechungen zu dem Gespräch war die Herausgabe einer gleichlautenden Presseerklärung abgesprochen worden. Der von der SPD-Fraktion vorgeschlagene Text (Anlage 1) war im Grundsatz gebilligt worden. Vor Beginn des Gesprächs übergab die DDR-Seite einen Änderungsvorschlag (Anlage 2).[1] Die redaktionellen Änderungswünsche wurden akzeptiert. Die inhaltlichen Vorschläge zur Abrüstungsdiskussion der Entscheidung im Verlauf des Gesprächs überlassen.

3.
Zu Beginn des Gesprächs erklärte Honecker, daß er sich freue, Punkte der Übereinstimmung feststellen zu können, daß man aber auch über andere Punkte sprechen wolle. Es schloß sich daran sogleich ein Meinungsaustausch über die offenen Fragen der gleichlautenden Presseerklärung an. Aufgrund der gegenseitigen Erläuterungen wurde Übereinstimmung erzielt, in den von der SPD vorgeschlagenen Text neben den redaktionellen Änderungen lediglich einen Hinweis auf den Wunsch nach geregelter Entspannung und Zusammenarbeit sowie eine Formu-

---

[1] Über die Presseerklärung war am 6. 3. 1984 zwischen Honeckers Staatssekretär Frank-Joachim Herrmann und Vogels Referenten Dieter Schröder verhandelt worden. Vgl. dessen »Vermerk« vom 6. 3. 1984 über dieses Gespräch im Archiv Vogel.

lierung zur Entmilitarisierung im Weltraum aufzunehmen. Auf dieser Grundlage wurde dann eine gleichlautende Presseerklärung (Anlage 3) mit Sperrfrist bis 16.00 Uhr vereinbart.[2]

Honecker nahm Bezug auf das am 29. Mai 1983 mit Dr. Vogel geführte Gespräch.[3] Er stellte fest, daß sich seither die internationale Situation verändert hätte. Die erfolgten Raketenstationierungen erforderten Schlußfolgerungen. Dr. Vogel hätte in jüngster Zeit die Möglichkeit gehabt, in der Welt zu sondieren, welche Auffassungen sich entwickelt hätten. Für die DDR wolle er auf die Stellungnahme des Zentralkomitees vom November 1983 verweisen.[4] Entsprechend den Beschlüssen des Warschauer Vertrages räume die DDR der Sicherung des Friedens eine Bedeutung ein, die alles andere überrage. Diese Grundeinstellung gelte auch für das Verhältnis beider deutschen Staaten zueinander. Begriffe wie Verantwortungsgemeinschaft oder Sicherheitspartnerschaft würden von der DDR aufgegriffen. Man müsse fragen, was beide deutschen Staaten tun können, um zu verhindern, daß von deutschem Boden jemals wieder ein Krieg ausgeht. Selbstverständlich müsse man auch die Frage nach der Ursache der jüngsten Entwicklung stellen. [...] Er sei gegen die Stationierung, wenn sie weitergehe, würde die Lage immer ernster. Ziel müsse es sein, Frieden zu schaffen mit immer weniger Waffen. Das Wettrüsten bringe weniger Sicherheit. Dies müsse in einer Zeit zugespitzter internationaler Probleme besonders beachtet werden. Durch die inzwischen eingetretene Entwicklung hätte auch das Vertragswerk zwischen den beiden deutschen Staaten Schaden genommen. Man müsse berücksichtigen, daß der Kern des Grundlagenvertrages ein festes Eintreten beider deutscher Staaten dafür gewesen sei, daß von deutschem Boden nie mehr Krieg ausgehen darf. Die amerikanischen Raketen seien nicht Bewahrer des Friedens. Durch sie hätte die Gefahr eine ganz konkrete Form angenommen. Nach dem Beginn der Stationierung hätten die Bundesrepublik Deutschland wie auch die DDR weniger Sicherheit. Die Lage sei komplizierter geworden. Die Politik dürfe nicht Grenzen überschreiten, hinter denen es keine Umkehr gebe. Die DDR habe in den letzten Monaten viel getan, um einer Verschlechterung der Lage entgegenzuwirken. Man habe viele Gespräche geführt, viele Außenminister seien nach Berlin gekommen, man habe um Verständnis für den Standpunkt der sozialistischen Länder werben können.

[...] Das wichtigste sei jetzt herauszufinden, bei welchen Fragen am ehesten eine Einigung zu erzielen sei. Nach seiner Einschätzung sei dies zuerst bei der Frage des Verbotes, der Produktion und Lagerung che-

[2] Siehe unten [c]. Für den Wortlaut der Presseerklärung u. a. Informationen der Sozialdemokratischen Bundestagsfraktion 14. 3. 1984.

[3] Siehe Nr. 4.

[4] Siehe Nr. 10, Anm. 5.

mischer Kampfstoffe einschließlich der Kontrolle, wie die Sowjetunion vorgeschlagen hätte[5], auch einschließlich der Verdachtskontrolle, möglich. Dieser Vorschlag sei international günstig aufgenommen worden und könne daher noch vor den amerikanischen Präsidentenwahlen verhandlungsfähig sein. Als zweiten Schritt halte er den Abschluß eines Vertrages über die Nichtanwendung militärischer Gewalt und die Entwicklung friedlicher Beziehungen für möglich. Er kenne die Vorschläge Dr. Vogels zu diesen Themen. Erste Voraussetzung für einen solchen Vertrag seien vertrauensbildende Maßnahmen, danach müßte mit Verhandlungen begonnen werden, die dann auch zu Ergebnissen führen würden. Man könne nicht von heute auf morgen an einen Tisch kommen. Die Verhandlungen würden auch gewiß lange dauern. [...] Er spreche dies gegenüber Dr. Vogel besonders an, weil die Entspannungspolitik von den Sozialdemokraten eingeleitet worden sei. Es sei ihre Politik. An dritter Stelle müsse dann der Stopp der weiteren Stationierung von Raketen und der Abbau bestehender Systeme erreicht werden. Wenn man schon nicht darauf vertraue, daß die Vereinigten Staaten mit der Sowjetunion zu einer Initiative kämen, müsse man fragen, was denn die Bundesrepublik Deutschland und die DDR daran hindere, auf einen Abbau der Systeme auf ihrem Territorium hinzuwirken. Man müsse über die Fragen ernsthafter nachdenken. Er habe schon in seinem Gespräch mit Dr. Vogel am 29. Mai 1983 den Eindruck gewonnen, daß sie beide sich des Ernstes der Lage bewußt sind, die sich aus der Stationierung von Raketen ergibt. In der DDR habe die der Stationierung im Bundesgebiet folgende Stationierung sowjetischer Raketen keinen Jubel ausgelöst. [...] Die DDR hätte mit der Sowjetunion vereinbart, daß auf ihrem Territorium nur in dem Maße stationiert wird wie in der Bundesrepublik Deutschland. Das Gleichgewicht sei wichtig, denn es habe in 30 Jahren dazu beigetragen, Frieden in Europa zu bewahren. Das sei für die ganze Welt von Nutzen gewesen. Er schlage daher vor, die Raketen in der Bundesrepublik Deutschland abzubauen, damit sie auch in der DDR wieder verschwinden könnten. [...]

Die Entwicklung der Beziehungen zwischen der Bundesrepublik Deutschland und der DDR hätte sich positiv auf die Entwicklung der Politik in der Welt ausgewirkt. Der Grundlagenvertrag hätte nicht nur zur Entspannung, sondern auch zur Wahrung der Unabhängigkeit und Selbständigkeit der beiden Staaten in inneren und äußeren Angelegenheiten beigetragen. Wenn die jetzige Bundesregierung erkläre, daß das Vertragssystem eingehalten werde, dann gehöre dazu auch der Passus über den gleichberechtigten Umgang zwischen den beiden deutschen Staaten, der für alle Fragen zwischen beiden Staaten gelte. Dr. Vogel hätte oft darauf hingewiesen, daß die gegenwärtige Koalition diese Po-

---

[5] Gemeint waren die am 21. 2. 1984 von der UdSSR bei der Genfer Abrüstungskonferenz vorgelegten Vorschläge. Vgl. Nr. 12, Anm. 12.

litik fortführt. Aber es gebe verschiedene revanchistische Gedankengänge, die stärker in Erscheinung treten. Man könne nicht in einem Atemzug sagen, daß man die Beziehungen zur DDR entwickeln, aber ihre Entwicklung nicht hinnehmen wolle. Dazu gehöre die Staatsangehörigkeitsfrage. Das Grundgesetz sei kein Problem. Die Experten sollten zunächst einmal prüfen, was unter Staatsbürgerschaft zu verstehen sei. Das Reichs- und Staatsangehörigkeitsgesetz sei ein altes Gesetz aus der Wilhelminischen Zeit. Es habe inzwischen viele Wandlungen durchgemacht. Auch das Grundgesetz sei schon geändert worden. Die DDR verlange eine Respektierung beispielsweise ihrer Paßhoheit. Wie man dieses erreichen könne, sei eine Aufgabe für die Fachleute. Er wolle nur an Staatsangehörigkeitskollisionen in anderen Ländern erinnern, beispielsweise in Großbritannien. Er frage, wie es mit Doppelstaatern sei. Die Bundesregierung könne nicht der Vormund für Bürger der DDR sein. Er jedenfalls würde in die Bundesrepublik Deutschland als Bürger der DDR kommen und nicht unter dem für Stoph geschaffenen Sondergesetz.[6] Er bedaure auch, daß bei vielen Vertragsverhandlungen wegen der Staatsangehörigkeitsfrage ein Stillstand eingetreten sei. Der zweite Punkt sei die Elbegrenze. Er frage sich, ob man schon einmal ernsthaft überlegt hätte, welche Möglichkeiten zur Zusammenarbeit und zu einer besseren Entwicklung beiden Staaten wegen dieser Frage verlorengingen. Er kenne den ausgearbeiteten Protokollvermerk ganz genau. Er erinnere an die Möglichkeiten für Sportboote, für die Fischerei, einschließlich der Fischerei westdeutscher Fischer in der DDR. Man solle den Grenzverlauf in der Talsohle feststellen. Die britischen Unterlagen wiesen aus, daß die Grenze an einigen Stellen eindeutig in der Flußmitte verlaufe. In der Praxis würde die Mitte heute als Grenze angenommen.[7] Wenn man hier Fortschritte erziele, sei Entgegenkommen in anderen Fragen vorstellbar. Der dritte Punkte sei Salzgitter. Dort würden Handlungen von Bürgern der DDR in der DDR erfaßt. Das verstoße gegen das internationale Recht. Die DDR könnte eine ähnliche Stelle einrichten.

Er wolle andere Fragen nicht betonen, sondern nur diese drei, weil für sie bei an den Realitäten orientiertem Nachdenken Lösungen möglich seien. Solche Lösungen würden positive Folgen für die gesamte Entwicklung haben. Um deutlich zu machen, was möglich sei, verweise er auf das Vier-Mächte-Abkommen. 1983 hätten 23 Mio. Transitreisen stattgefunden. Die S-Bahn-Frage sei gelöst worden, die der DDR 1,6 Milliarden »Valuta-Mark« Verluste eingebracht hätte. [...] Er

[6] Siehe Nr. 4, Anm. 23.
[7] Zur Elbgrenze-Frage siehe Nr. 1, Anm. 15. – Über die Festlegung des noch offenen Grenzverlaufs auf der Elbe sprach u. a. G. Mittag mit Ministerpräsident E. Albrecht am 5. 4. 1984. Vgl. den »Bericht über den Besuch der Bundesrepublik durch Günter Mittag« am 5./6. 4. 1984 in: SAPMO ZPA J IV 2/2A/2664.

denke für die Zukunft auch an die weitere Gestaltung der Verhältnisse zwischen der DDR und Berlin (West). Er verwende diese Formel, die mit dem früheren Regierenden Bürgermeister von Weizsäcker ausgehandelt worden sei. Er spreche nicht von »Beziehungen«. Der Besuch des Regierenden Bürgermeisters von Weizsäcker bei ihm hätte sich gut ausgewirkt.[8] Man solle jetzt die Fragen, die praktisch lösbar sind, lösen. Bei allem müsse das oberste Ziel sein zu verhindern, daß von deutschem Boden wieder ein Krieg ausgehe. Das müsse man auch stets im Bundestag beachten. Die Verträge seien die Grundlage einer solchen Entwicklung, eine so orientierte Politik würde auch die internationale Entwicklung erleichtern.

Dr. Vogel dankte für die Darlegungen, denen er mit großer Aufmerksamkeit zugehört hätte. Er wolle zunächst zu dem Erfolg der laufenden Leipziger Messe gratulieren. Das ›Neue Deutschland‹ vom 12. März 1984 hätte er mit Schmunzeln gelesen, daneben hätte er die ›Prawda‹ vom gleichen Tage gelegt, in der über seinen Besuch in Moskau berichtet würde.[9] Es hätte sich durch die von Willy Brandt eingeleitete Politik vieles verändert. Die Ereignisse in Leipzig[10] seien ein Beweis für die neue Qualität der Beziehungen. Wenn man sich 10 Jahre zurückerinnere, erkenne man, was aufgrund dieser Politik möglich geworden sei. Hervorheben wolle er auch das gewachsene internationale Gewicht der deutschen Staaten. Ein weiterer bemerkenswerter Beweis für die Veränderungen sei, daß die politischen Kräfte, die lange einen fundamentalen Widerstand gegen diese Politik geleistet hätten, ihre Position gänzlich geändert hätten. Sie hätten sich endlich auf den Boden der Realität gestellt. Es könne dabei nicht verwundern, daß sie – wie Neubekehrte oft – etwas eifrig seien. Für solche Verhaltensweisen gebe es schon biblische Beispiele. Wenn man das alles beiseite lasse, zeige dies gerade die Qualität und die innere Logik der heutigen Beziehungen zwischen beiden Staaten. Er nehme zustimmend zur Kenntnis, daß heute bei zunehmenden internationalen Spannungen beide Seiten auf eine Abwehr gefährlicher Entwicklungen in Europa und darüber hinaus hinwirken wollten.

Seit dem Zusammentreffen im Mai 1983 hätte sich der Rüstungswettlauf beschleunigt. Er stimme allerdings mit Honecker nicht in der Beurteilung der Ursachen überein. Er stimme jedoch darin mit ihm überein, daß das Wettrennen beängstigend sei. Es würden dabei Ressourcen verschwendet. Zu Recht melde sich Widerspruch der Dritten Welt, die Er-

[8] Vgl. Nr. 8.

[9] H.-J. Vogel hatte zusammen mit einer SPD-Delegation, der u. a. auch E. Bahr und H. J. Wischnewski angehörten, zuvor Moskau besucht und dort auch Gespräche mit Generalsekretär K. Tschernenko geführt. Von Moskau aus war Vogel mit seiner Begleitung dann direkt in die DDR geflogen.

[10] Gemeint war die Leipziger Frühjahrsmesse, bei der Honecker mit Vertretern der Bundesregierung am 11. 3. 1984 Gespräche geführt hatte. Vgl. Nr. 13.

klärung von Neu-Delhi[11] mache dies besonders deutlich. Ein Stopp bei der Stationierung von Mittelstreckenraketen sei das vorrangige Ziel, das man erreichen müsse, um den Wettlauf zum Stehen zu bringen. Nach seinen Besuchen sei er bedrückt und besorgt. Die Positionen der Weltmächte seien weit voneinander entfernt. Der Forderung der Vereinigten Staaten, an den Verhandlungstisch zurückzukehren, stünde die Forderung der Sowjetunion gegenüber, die Lage, wie sie vor dem Herbst 1983 bestanden hätte, wiederherzustellen. Das Fazit sei entmutigend. Es würde weiter gerüstet. Es bestehe damit die Gefahr, daß nach einiger Zeit eine neue, noch höhere Stufe der Rüstung erreicht würde. Die Sozialdemokraten seien gegen die Stationierung gewesen, weil nach ihrer Überzeugung im Sommer und im Herbst 1983 eine Reduzierung der Mittelstreckenraketen auf den Stand von vor 1977/78 möglich gewesen wäre. Danach hätte der Westen nicht stationiert. Dann wäre ein Ende des Wettrüstens eingetreten. Die Sorgen Helmut Schmidts hätten sich daraus ergeben, daß nur für interkontinentale Raketen eine Begrenzung ausgehandelt worden sei. Deshalb hätte er eine weitergehende Einigung gefordert.

Die Sozialdemokraten fühlten sich zusätzlich legitimiert, die Rüstungsfrage weiter nachdrücklich anzusprechen, weil sie nicht nur über die Rüstung in anderen Ländern gesprochen, sondern die Rüstung im eigenen Lande abgelehnt hätten. Jetzt werben sie für einen neuen Anfang. Zu denken sei an eine Zusammenlegung der Tische, die Einbeziehung der kurzen Reichweiten. Ein erster Schritt müsse es sein, auf beiden Seiten die Stationierung nicht fortzuführen. Und zwar nicht nur in der Bundesrepublik, sondern auch in anderen Staaten. Gegenwärtig gebe es dazu keine realistische Alternative. Erwägungen über die Festlegung von Normen für den Umgang zwischen den Weltmächten und mit den Staaten, die nicht über Atomwaffen verfügen, stehe er grundsätzlich positiv gegenüber. Er frage aber auch, wie sich die Politik der Vereinigten Staaten weiterentwickeln würde und wie die jüngsten Veränderungen der Sowjetunion sich auswirken würden. Er bezweifele, ob sich in den Vereinigten Staaten schnell eine Änderung der Politik einstellen würde, wolle jedoch nicht übersehen, daß die Vereinigten Staaten sehr flexibel seien und oft schon überraschend reagiert hätten. Er halte in dieser Frage Zurückhaltung für klüger. Er hoffe auf einen neuen Ansatz, der aber nicht vollständig den Vorstellungen einer der beiden Seiten entsprechen könne.

Zu anderen Vorschlägen für die Rüstungskontrolle bemerkte er, daß alle Möglichkeiten, auf anderen Feldern Fortschritte zu erzielen, ge-

---

[11] Bei der Gipfel-Konferenz der Blockfreien Staaten vom 7.–12.3.1983 in Neu-Delhi war die sog. »Botschaft von Delhi« verabschiedet worden, mit der an die Großmächte appelliert wurde, das Wettrüsten einzustellen und die durch Abrüstung freiwerdenden Mittel zur Förderung der Entwicklung der Dritten Welt einzusetzen. Vgl. AdG 1983, S. 26451 ff.

nutzt werden sollten. In Wien ginge es um einen Ausweg aus der Datendiskussion. Hinsichtlich der Frage der Verifikation sei er etwas optimistischer, weil er annehme, daß der neue Vorschlag zur Kontrolle der chemischen Waffen, den die Warschauer Vertragsstaaten gemacht hätten[5], Ansätze enthalte, das sonst von sozialistischen Staaten so hochgehaltene Souveränitätsprinzip neu zu überdenken. Dann könne manches leichter werden, als es bisher erscheine. Er fordere außerdem, das bisher Verhandelte in Kraft zu setzen. Die Bundesrepublik Deutschland hätte eigene Ansprüche aus ihrem Beitritt zu dem Abkommen über die Nichtverbreitung von Kernwaffen. Entschieden wende er sich auch gegen eine militärische Nutzung des Weltraums. Er erinnere sich noch gut an die Entwicklung der 20er und 30er Jahre, die er zu einem Teil bewußt miterlebt hätte. Er frage sich, ob die bitteren geschichtlichen Lehren richtig verarbeitet worden seien.

Er befürworte daher eine Vereinbarung über den Gewaltverzicht, auch nach dem Abschluß des Grundlagenvertrages, des Moskauer Vertrages und der Konferenz von Helsinki. Er teile nicht unbedingt die Auffassung derer, die im Abschluß eines solchen Vertrages eine Entwertung der vorausgegangenen Verträge sehen wollen. Er frage allerdings, wer die Partner einer solchen Vereinbarung sein sollten, ob alle, die an der Stockholmer Konferenz[12] teilnehmen, oder die Paktsysteme als Vertragspartner in Erwägung gezogen werden könnten. Grundsätzlich sei er für umfassende und sehr konkrete Fortschritte. Das Ziel sei selbstverständlich der Verzicht auf den Einsatz militärischer Gewalt. Weitverbreitet sei die Vorstellung, daß die neue Bundesrepublik Deutschland auf dem Gebiet der konventionellen Bewaffnung unterlegen sei. Zum Abbau der daraus entstehenden Ängste sei ein Abkommen über den Verzicht auf den ersten Einsatz von Gewalt sehr wichtig. Auch die Idee, die Rüstungsausgaben zu senken[13], könne positiv beurteilt werden. Die Frage stelle sich allerdings, wie eine solche Absprache überwacht werden könnte. Das sei schon ein Problem der Transparenz der öffentlichen Haushalte. Das müsse insbesondere mit Blick auf die Staaten des Warschauer Paktes gesagt werden. Die Verwirklichung sei sehr schwierig.

Willy Brandt hätte aufgefordert, die Rüstungsausgaben zu senken und aus den eingesparten Mitteln der Dritten Welt zu helfen. In Neu-Delhi sei eindrucksvoll unterstrichen worden, daß es ein dringendes Gebot sei, die Ressourcen nicht für militärische Aufwendungen zu ver-

---

[12] Siehe Nr. 11, Anm. 5.
[13] Während der Gespräche der SPD-Delegation in Moskau – vgl. Anm. 9 – war die Bildung einer Arbeitsgruppe mit Vertretern der KPdSU vereinbart worden, in der Kriterien für die Einsparung bei Rüstungsetats und die Verwendung von Teilen der eingesparten Gelder für die Entwicklungsländer erarbeitet werden sollten. Bahr informierte darüber im Anschluß an das Gespräch mit Honecker Axen. Vgl. den »Vermerk« in: SAPMO ZPA IV 2/1/620.

schwenden.[11] Man könne nicht übersehen, daß in der Dritten Welt die Konfliktstoffe wachsen und daß sich daraus Kriege entwickeln könnten. Die Entwicklung in Mittelamerika gebe zu solchen Sorgen Anlaß. Die Ursache der Konflikte sei die große Not der Menschen, die sich andere dann für ihre Zwecke zunutze machen. Die Prager Vorschläge dazu vom Januar 1983[14] würde er daher begrüßen, wie alles, was konkrete Vorschläge enthalte, zu begrüßen sei.

Der Vorschlag zu den chemischen Waffen[5] treffe auf Interesse, insbesondere die Fortschritte in der Frage der Kontrolle seien zu begrüßen. Diese Ansätze müsse man weiterverfolgen. Wenn über die Entfernung von Kernwaffen gesprochen werde, solle man diese Idee auch auf die chemischen Waffen, die in der Bundesrepublik Deutschland und der DDR lagern, ausdehnen. Wenn er verdächtigt werde, ein lieber Idealist zu sein, so denke er, daß man mit einem solchen Verdacht gut leben könne. Die Menschen forderten den Beweis für die Fähigkeit der Politiker, daß sie die eingetretene Gefahr erkennen und eingrenzen können. Vielleicht könne dies zunächst einmal für die chemischen Waffen geschafft werden.

Zu den bilateralen Beziehungen bemerkte Dr. Vogel einleitend, daß hier nach seiner Auffassung eindrucksvolle Fortschritte erzielt worden seien. Die Gesprächsdichte sei bemerkenswert, die Wirtschaftsbeziehungen, die Einbeziehung der Banken, die allererste Korrektur in der Frage des Mindestumtausches.[15] Auch die Verbesserung der Situation an der Grenze wirke sich günstig aus. Er nehme insoweit auf Strauß Bezug. Er wolle jedoch auch deutlich machen, daß er die Verbesserung noch nicht als endgültige Antworten akzeptieren könne. Positive Entwicklungen auf anderen Gebieten wolle er nicht verschweigen, bei der Post, die S-Bahn-Lösung[16], den Besuch des Regierenden Bürgermeisters von Weizsäcker bei Honecker[17], das Luther-Jahr und das Marx-Jahr, die Ehrungen für Beitz und Ludwig[18]. Das alles gebe Anstoß, über Beziehungen zur DDR nachzudenken.

Es gebe jedoch eine Reihe von Feldern, wo weitere Verbesserungen wünschenswert seien: beim Handel z. B. durch ein Rahmenabkommen, ein Abkommen über Gestattungsproduktionen sowie die Zusammenarbeit in Drittländern, beim Reiseverkehr insbesondere auch hin-

[14] Siehe Nr. 2, Anm. 6.
[15] Die DDR hatte am 27. 9. 1983 Rentner und Jugendliche bis zum 14. Lebensjahr vom Mindestumtausch befreit. Vgl. Innerdeutsche Beziehungen (1986), S. 154.
[16] Die Vereinbarung »über die S-Bahn in Berlin«, d. h. ihren Übergang in West-Berlin von der Reichsbahn auf die Stadt, war am 30. 12. 1983 getroffen worden. Siehe Innerdeutsche Beziehungen (1986), S. 165ff.
[17] Siehe Nr. 8.
[18] Zur Ehrung für Berthold Beitz vgl. Nr. 7, bes. Anm. 21; bei Peter Ludwig handelte es sich um den Aachen/Kölner Kunstmäzen, der die Ehrendoktorwürde in Leipzig erhalten hatte. Das Marx-Jahr fand aus Anlaß des 100jährigen Todesjahres statt.

sichtlich des Mindestumtausches. Die in den letzten Monaten aufgetretenen Probleme von Personen, die die DDR verlassen wollten, schienen ihm leichter lösbar, wenn für individuelle Reisen dem Alter nach auch in anderer Beziehung Erleichterungen geschaffen würden. Zu fragen sei auch, ob die Städte Hamburg und Hannover in den kleinen Grenzverkehr einbezogen werden könnten. Ferner sei der Umweltschutz ein Problem von wachsender Bedeutung. Beim Kulturabkommen und beim Wissenschaftsabkommen erinnere er an die bereits im Herbst 1982 im Gespräch mit Hans-Jürgen Wischnewski erreichten Absprachen.[19] Er frage, warum die Zusammenarbeit zwischen der Akademie der Wissenschaften und der Deutschen Forschungsgemeinschaft immer noch nicht vorankomme. Positiv werte er die Entwicklung des Jugendaustausches und hoffe, daß dort nicht nur eine Konsolidierung des Erreichten, sondern auch weitere Verbesserungen möglich seien. Er habe schon überlegt, ob man Schüler in beiden Staaten anregen sollte, Aufsätze über die Sicherheitsfrage zu schreiben, und sie dann darüber diskutieren lassen könne.

Dr. Vogel wandte sich dann den als humanitären Fragen bezeichneten Problemen zu. Er bewertete die Qualität der in jüngster Zeit gefundenen Lösungen und würdigte den Einsatz von Rechtsanwalt Dr. Wolfgang Vogel und der anderen Beteiligten auf beiden Seiten. Zu den von Honecker aufgeworfenen Fragen bemerkte Dr. Vogel, daß hinsichtlich der Staatsangehörigkeit die verfassungsrechtliche Situation ernstgenommen werden müßte. Gedanken an eine Änderung des Grundgesetzes seien unrealistisch. Dafür gebe es keine Voraussetzungen. Er stelle dabei nicht die Frage nach einer Beteiligung der Vier Mächte. Er sehe unterhalb der Ebene von Verfassungsänderungen ein Feld für weitere Überlegungen. Man müsse aus dem Grundlagenvertrag auch insoweit Folgerungen ziehen. Man müsse nach der Personalhoheit der beiden deutschen Staaten fragen und dann überlegen, was konkret zu geschehen habe. Er sei dafür, daß dies durch Experten untersucht werde. Auch dann werde aber noch der Punkt bleiben, wie zu verfahren sei, wenn einer sich auf die deutsche Staatsangehörigkeit beruft. Es werde dann schwierig, den Schutz zu verweigern. Die Bemerkung Honeckers über das ius solis rege zum Nachdenken an.

Die Frage der Elbegrenze halte er für lösbar bei beiderseitigem guten Willen. Nach seiner Auffassung sei keine der beiden Auslegungen der vorhandenen Materialien zwingend. Wenn man sich darüber einige, sei nach dem Interesse zu entscheiden. Anders wäre es nur, wenn der Grenzverlauf eindeutig für eine Position festgestellt werden könnte.

---

[19] Der Staatsminister im Kanzleramt Hans-Jürgen Wischnewski und Vertreter der DDR hatten von Anfang Mai bis September 1982 intensiv über Regelungen verhandelt, bei der ein sog. »Non-paper« übergeben wurde, so am 6. 5. und am 2. 9. 1982. Vgl. die Unterlagen in: SAPMO ZPA J IV 2/2A/2474, IV 2/2035/86.

Dann wäre jede von dieser Position abweichende Grenzlinie eine Veränderung, die nicht möglich sei. Hinsichtlich der Erfassungsstelle Salzgitter könne er eine genauso klare Antwort geben. Die Einrichtung entspreche nicht dem erreichten Stand der Beziehungen. Die Sozialdemokraten wollten Bewegung in die Sache bringen, er gehe davon aus, daß bis zum September auf Bundesebene eine zustimmende Haltung zu erreichen sei. Fraglich bleibe allerdings die Haltung einzelner Länder.

Dr. Vogel erklärte weiter, daß er den Verlauf des Besuchs der Bundestagsfraktion bei der Volkskammer für ermutigend halte.[20] Er habe positive Berichte bekommen, die zeigten, daß eine Entwicklung in die richtige Richtung eingeleitet worden sei.

Die Weiterentwicklung der Beziehungen zwischen beiden deutschen Staaten erfordere Geduld. Mit Geduld und Sinn für die Realität sei vor 10 Jahren in Deutschland eine Politik begonnen worden, die, wie man gegenwärtig erkennen könne, sehr erfolgreich sei. So müsse man auch an die Fragen der Raketen und der anderen Rüstungsprobleme herangehen. Die erfolgreichen Methoden der Entspannungspolitik müßten auch für diese Bereiche genutzt werden. Beide Staaten sollten in ihren Bündnissen die ihnen gegebenen Möglichkeiten einsetzen. Dann blieben immer noch große Differenzen bestehen, aber ernste Problem würden gelöst und notwendige Verbesserungen ermöglicht.

Honecker dankte für die Ausführungen Dr. Vogels herzlich und gab auf die angeschnittenen Fragen folgende Antwort:

– Man solle den Einstieg in eine Verhandlung über die Beseitigung der chemischen Waffen versuchen und vielleicht die bakteriologischen Waffen einbeziehen,

– vorbehaltlich der genauen Formulierung sei er mit Verhandlungen über einen Vertrag über den Verzicht auf militärische Gewaltanwendung einverstanden,

– er halte es für richtig, in Wien endlich damit aufzuhören, zunächst über die Ausgangsdaten zu streiten, die Frage der Kontrolle scheine ihm sehr viel wichtiger, er sei für feste Kontrollpunkte und Verdachtskontrollen, wolle jedoch gleich deutlich machen, daß die Verbindungsstäbe der Vier Mächte für solche Aufgaben nicht genutzt werden dürften.

– Er sei dafür, die Haushaltspositionen für militärische Anwendungen zu kürzen, er täte das gerne, das würde die Lösung sozialer Aufgaben auch in der Dritten Welt erleichtern.

– Die DDR unterstütze die Vorschläge Olof Palmes für eine Reduzierung der Rüstung und stelle ihr ganzes Territorium zur Verfügung,

<hr />

[20] Eine Delegation der SPD-Bundestagsfraktion unter Leitung des stellv. Fraktionsvorsitzenden Horst Ehmke hatte die Volkskammer am 8./9. 3. 1984 besucht.

er werde Ende Juni in Stralsund mit Palme zusammentreffen.[21] Man müsse wenigstens erreichen, die atomaren Gefechtsfeldwaffen zu entfernen,

- bei den großen Fragen sei er skeptisch, eine Rückkehr der Sowjetunion an den Tisch ohne den guten Willen der Vereinigten Staaten sei unmöglich. Der letzte Vorschlag, auf das Niveau von 1976 zurückzukehren, sei eine Chance gewesen, aber die Vereinigten Staaten hätten sich nicht interessiert gezeigt. Daher sei jetzt die Weigerung der Sowjetunion richtig. Der Aufwand von 1,6 Bio. Dollar für die Rüstung der Vereinigten Staaten könne nicht übersehen werden. Die Vereinigten Staaten wollten bei den Mittelstreckenraketen die Systeme und die Struktur der sowjetischen Bewaffnung verändern. Die sowjetische Bewaffnung sei landgestützt. Die Sowjetunion könne sich nicht ihr Waffensystem zerstören lassen.
- Die Entwicklung von SALT II zeige, daß es auch anders möglich sei. Man müsse den Kurs halten und eine Umkehr zur Zusammenarbeit vollziehen.

Zu den Bemerkungen Dr. Vogels über die bilateralen Beziehungen wolle er kurz folgendes antworten:

- Die Umkehr der CDU sei unübersehbar. Es sei das historische Verdienst der sozialdemokratischen Partei unter Willy Brandt, diese Politik in Gang gesetzt zu haben.
- Die Entwicklung des Handels zeige klare Fortschritte, dazu müßten aber auch die Banken gehören. Sie müßten den seit der Entwicklung in Polen eingetretenen Boykott beenden. Der Dollar mache sich auf dem europäischen Markt negativ bemerkbar.
- Der Reiseverkehr habe ein beachtliches Ausmaß erreicht, und auch eine weitere Ausweitung des Reiseverkehrs von Ost nach West sei möglich. Voraussetzung sei eine gesunde Atmosphäre.
- Der Jugendaustausch würde von der Bundesrepublik Deutschland nur zu 50% genutzt.
- Schließlich müsse man auf die Abwicklung der Grenzkontrollen hinweisen, die verglichen mit den Zuständen innerhalb der EG, wo man an der italienischen Grenze 36 Fragen ausfüllen müsse, ideal sei.
- Ein Rechtshilfeabkommen hielte er für möglich.
- Die Respektierung der Staatsangehörigkeit sei eine vordringliche Frage. Jüngste Zwischenfälle in Hamburg, wo Beamte die DDR-Pässe beanstandet hätten, machten dies deutlich.

4.

Nach diesem Gespräch führten Dr. Vogel und Honecker, Wischnewski und Dr. Mittag, Bahr und Axen, Voigt und Krenz Einzelgespräche von

---

[21] Gemeint waren die Vorschläge für eine atomwaffenfreie Zone. Das Treffen mit Olof Palme fand am 29./30. 6. 1984 statt. Vgl. AdG 1984, S. 27833 f.

etwa einer Stunde Dauer, in denen die angeschnittenen Fragen teilweise vertieft wurden.[22]

5.
Herrn Dr. Vogel – als Material für die Unterrichtung über das Gespräch.

Dieter Schröder *[Unterschrift]*

[b] ZPA IV 2/1/620: »Niederschrift über das Gespräch des Generalsekretärs des ZK der SED und Vorsitzenden des Staatsrates, Erich Honecker, mit dem Vorsitzenden der Sozialdemokratischen Bundestagsfraktion, Hans-Jochen Vogel, am 14. März 1984«

E. Honecker begrüßte H.-J. Vogel und seine Begleitung recht herzlich zu der Zusammenkunft, die es ermögliche, im Meinungsaustausch jene Punkte zu finden, in denen bei der Beurteilung der gegenwärtigen Entwicklungsphase Übereinstimmung bestehe, und jene zu behandeln, die zu einem späteren Zeitpunkt lösbar seien. [...]

Die Sicherung und Festigung des Friedens, so betonte E. Honecker, sei die alles überragende Frage. Das gelte auch für die Beziehungen zwischen beiden deutschen Staaten. Begriffe wie »Verantwortungsgemeinschaft« und »Sicherheitspartnerschaft« könnten nur bedeuten, was beide deutsche Staaten aktiv tun könnten, um die durch die Stationierung veränderte Lage, die Zuspitzung der internationalen Situation wieder zum Guten zu wenden.

[...] Aufgrund des NATO-Doppelbeschlusses seien die Genfer Verhandlungen von den USA so geführt worden, daß sie die Vorbereitung der Stationierung und deren Beginn abdecken sollten. Diese Fragen, sagte E. Honecker, habe er über 15 1/2 Stunden lang mit H. Schmidt behandelt. Wie die Entwicklung zeige, habe E. Honecker die Dinge richtig beurteilt.

In seinen verschiedenen Gesprächen mit BRD-Politikern habe er festgestellt, daß die DDR der Bewertung der Situation durch die BRD nicht folgen könne. Für die Stationierung gebe es keine Rechtfertigung. Wenn weiter stationiert werde, trete das Gegenteil dessen ein, was H. Kohl sage: Frieden schaffen mit immer weniger Waffen. Erneut sei das Wettrüsten in Gang gesetzt worden, was nicht mehr, sondern weniger

---

[22] Unterlagen über diese Gespräche finden sich u. a. in: SAPMO ZPA IV 2/1/620.

Sicherheit gebracht habe. Das europäische Vertragswerk habe Schaden genommen, das seinerzeit auch dank des Wirkens von W. Brandt zustande gekommen sei. Sein Kern sei, beide deutschen Staaten sollten dafür eintreten, daß von deutschem Boden nie mehr ein Krieg ausgeht. [...]

Es komme auf eine Politik an, die von dem Postulat ausgehe, daß Europa nicht zur Geisel einer Politik werden darf, die Grenzen überschreitet, von wo es kein Zurück gibt, betonte E. Honecker. In den letzten Monaten habe die DDR viel getan, um einer solchen Entwicklung entgegenzuwirken. Darüber habe er auch mit Politikern der BRD, ob sie nun in der Regierungsverantwortung oder in der Opposition stünden, gesprochen. E. Honecker verwies auch auf die Gespräche mit den Außenministern Frankreichs, der nordischen Länder, Spaniens sowie auf die bevorstehende Begegnung DDR/Italien auf dieser Ebene.

Honecker erläuterte dann die Vorstellungen der Warschauer-Pakt-Staaten zur Rüstungs- und Sicherheitspolitik und hob besonders die Vorschläge zum Verbot chemischer Waffen und zum Gewaltverzicht hervor.

Die DDR sei für die Fortführung friedlicher Beziehungen. Die Leipziger Frühjahrsmesse sei eine Demonstration dafür, daß der Entspannungsprozeß in Europa und der Welt tiefe Wurzeln geschlagen hat. Eingeleitet worden sei er maßgeblich von der seinerzeitigen sozialdemokratischen Regierung in Bonn und natürlich von der Sowjetunion, der DDR und den anderen sozialistischen Ländern. Jetzt müsse die weitere Stationierung der Raketen gestoppt und die bereits bestehenden Systeme müßten abgebaut werden. In diesem Sinne habe er in Moskau zu H. Kohl gesagt[23], was eigentlich daran hindere, daß die BRD die dort stationierten Pershing II und Cruise Missiles zurückziehe und die DDR die auf ihrem Territorium stationierten Raketenkomplexe.

Beim seinerzeitigen Gespräch mit H.-J. Vogel sei man sich bewußt gewesen, was es bedeute, wenn es zur Stationierung komme. Zu den Gegenmaßnahmen haben wir in der DDR gesagt, daß sie natürlich keinen Jubel bei uns auslösen, aber notwendig sind, um das Gleichgewicht zu erhalten. In der Bundesrepublik heiße es oft, man habe Angst vor den SS 20. Dazu möchte er sagen, in der DDR habe man Angst vor der Pershing II, vor der Verlagerung des atomaren Potentials der USA gegen die Sowjetunion, die mit der Proklamierung des »Enthauptungsschlages« verbunden werde.

Durch die Stationierung und die Gegenstationierung wachse die Gefahr für die BRD und Europa. [...]

Die Gestaltung normaler, schon gar nicht zu reden von gutnachbarliche Beziehungen zwischen der DDR und der BRD, sei in jedem Falle

[23] Vgl. Nr. 11.

positiv für die Entwicklung in der Welt. Im Grundlagenvertrag sei nicht nur die Entspannung erwähnt, sondern auch die Wahrung der Unabhängigkeit und Selbständigkeit jedes der beiden deutschen Staaten in seinen inneren und äußeren Angelegenheiten. Das sei weitergehend als die Krim-Vereinbarung zwischen W. Brandt und L. Breshnew.[24] Wenn die jetzige Regierung der BRD sage, daß das Vertragssystem eingehalten werde, so gehöre dieser Passus unbedingt dazu. Damit stünden alle Fragen der Entwicklung der beiderseitigen Beziehungen im Zusammenhang.

H.-J. Vogel habe mehrfach darauf hingewiesen, daß die gegenwärtige Regierungskoalition die von der sozial-liberalen Koalition inspirierte Politik fortsetze. Das stimme zu einem großen Teil. Aber bei seinem Gespräch mit H. Kohl[23] habe er darauf hingewiesen, daß verschiedene revanchistische Gedankengänge stärker in Erscheinung treten. Wie E. Honecker sagte, rufe das Sorge hervor; es wirke sich auf die Beziehungen nicht günstig aus. Man könne nicht davon reden, daß man die Beziehungen zur DDR entwickeln wolle und gleichzeitig völlig außer acht lassen, daß beide unabhängig sind und über ihre inneren und äußeren Angelegenheiten selbst entscheiden.

Dazu gehöre die Frage der Staatsbürgerschaft der DDR, betonte E. Honecker. Er wisse, daß dies wegen des Grundgesetzes für die Regierung der BRD keine leichte Sache sei, doch könne man Experten einsetzen, die klären, was unter Staatsbürgerschaft zu verstehen ist. Das Staatsbürger-Gesetz, auf das man sich in der BRD berufe, gehe auf die Wilhelminische Zeit zurück, sei in der Weimarer Zeit und auch unter Hitler verändert worden. [...] Die DDR verlange die Respektierung ihrer Staatsbürgerschaft, wozu die Paßhoheit gehört.

Auf keinen Fall könne die Bundesregierung den Vormund für Bürger der DDR spielen. Wenn er in die BRD komme, so als Bürger der DDR und nicht unter den Bedingungen des Handschellengesetzes[6], betonte E. Honecker. Schließlich sei die DDR schon lange Mitglied der UNO und ihrer Spezialorganisationen. Bedauerlich für die praktische Politik sei es, daß verschiedene Verträge wegen der Haltung Bonns zur Frage der Staatsbürgerschaft nicht zustande kommen, z. B. über die Rechtshilfe.

E. Honecker stellte fest, beiden Staaten gehe viel verloren, weil der Protokollvermerk über die Feststellung der Elbgrenze nicht in Kraft gesetzt werden könne. Alles werde dadurch blockiert. Seit drei Jahrzehnten handhabe man die Strom-Mitte als Grenze. Eine Lösung dieses Problems würde es der DDR erleichtern, der BRD in anderen Fragen entgegenzukommen.

Die Tätigkeit der sogenannten Erfassungsstelle Salzgitter, wo es, wie

---

[24] Bei dem Treffen Breshnew – Brandt vom 16. – 18. 9. 1972 in Oreanda auf der Krim wurden keine Vereinbarungen getroffen, sondern nur das Terrain ausgelotet. Über das Treffen vgl. Willy Brandt, Begegnungen und Einsichten, Hamburg 1976, S. 459ff.

er gelesen habe, inzwischen 30 000 Registrierte gebe, verstoße gegen das internationale Recht. Ihrerseits komme die DDR nicht auf die verrückte Idee zu registrieren, was in der BRD geschieht.

Zu gutnachbarlichen Beziehungen könne es kommen, wenn man von der realen Lage ausgehe, was positive Folgen für die gesamte Entwicklung hätte.

E. Honecker würdigte das Vierseitige Abkommen über Westberlin. 1983 seien 23 Millionen Transitreisende, d. h. 1,5 Millionen mehr als 1982, und 7,1 Millionen Kraftfahrzeuge, d. h. 400 000 mehr als 1982, gezählt worden.

Gelöst worden sei das S-Bahn-Problem in Westberlin, und zwar ohne Statusprobleme. [...] Auch im Verhältnis zu Westberlin realisiere die DDR das Vertragssystem. Übrigens habe R. v. Weizsäcker bei seinem Besuch Wert darauf gelegt, von Verhältnis zu sprechen statt von Beziehungen.[8]

E. Honecker unterstrich, daß beide deutsche Staaten nicht nur zusammen leben, sondern unter Beachtung der Realitäten des Lebens, auf der Grundlage des Vertragssystems und der weiteren Abkommen vernünftig zusammenarbeiten sollten. Seitens der DDR bestehe der Wille dazu; denn dadurch würde auch die internationale Politik erleichtert.

H.-J. Vogel dankte für die Ausführungen E. Honeckers, denen er und seine Begleitung mit großer Aufmerksamkeit zugehört hätten. Er gratulierte zu dem großen Erfolg des Auftaktes der Leipziger Messe. In Moskau hätten sie die Montagsausgabe des ›Neuen Deutschland‹ mit Aufmerksamkeit und nicht ohne Schmunzeln gelesen.[9] Der Auftakt in Leipzig sei ein Beweis für die Qualität, welche die Beziehungen zwischen beiden deutschen Staaten inzwischen erreicht habe.[10] Gestern sei man an einem Ort gewesen, wo der Moskauer Vertrag abgeschlossen[9], heute, wo der Grundlagenvertrag vorbereitet worden sei.

Was aufgrund der vor 10 Jahren begonnenen Politik möglich geworden sei, finde auch internationale Aufmerksamkeit. Die Kräfte, die dieser Politik lange Zeit hartnäckigen und fundamentalen Widerstand entgegensetzten, hätten ihre Einstellung geändert und seien auf den Boden dieser Politik getreten. Das sage er mit Genugtuung. Neubekehrte verhielten sich manchmal besonders eifrig, um nachzuholen, dafür gebe es biblische Beispiele.

Über den ursprünglichen Ansatz hinaus hätten die Beziehungen zwischen der BRD und der DDR an Gewicht gewonnen, um in einer Zeit zunehmender Spannungen und Konfrontation der Sprachlosigkeit der Beteiligten vorzubeugen. Mit den Kräften und den Möglichkeiten der Beteiligten gelte es, auf die Minderung der Spannungen, auf die Umkehr von Prozessen hinzuwirken, deren Gefahren weit über Europa hinausgingen.

Seit der letzten Begegnung mit E. Honecker[4], sagte H.-J. Vogel, habe sich der Wettlauf bei den Mittelstreckenraketen besorgniserregend beschleunigt. Über die Ursachen bestehe nicht in allen Punkten Übereinstimmung. Das Wettrennen habe ein beängstigendes Tempo angenommen, und die Ressourcen der Völker würden für ein Übermaß an Rüstungen verschwendet, was immer deutlicher auf Widerstand in der Dritten Welt stoße. Er verweise dazu auf die Erklärung der Blockfreien von Delhi unter Vorsitz Indira Gandhis.[11] Diese Völker würden die Weltmächte, die Regierungen und Bündnissysteme, jene, die über die Möglichkeit verfügten, den Wettlauf zu bremsen, immer dringender ansprechen.

Bei den Mittelstreckenraketen sei es das nächste und dringendste Ziel, daß der Wettlauf zum Stehen komme. Nach den Besuchen in den USA und in Moskau sei er bedrückt und besorgt. Die Positionen der Weltmächte stünden sich weit entfernt gegenüber. Die USA sagten, die Sowjetunion solle an den Verhandlungstisch zurückkehren und Zugeständnisse machen, zu denen sie vor der Stationierung nicht bereit war. Die Sowjetunion sage, die USA sollten zur Lage vor dem Herbst 1983 zurück, eher seien keine Verhandlungen möglich, also fordere sie die Beseitigung der Raketen. Das Fazit sei für ihn entmutigend. Jetzt gehe das Wettrüsten weiter, und es bestehe die Gefahr, daß der teuflische Mechanismus der Nach-Nach-Nach-Rüstung eine weitere Umdrehung nehme.

Die SPD habe der Stationierung in ihrem Land nicht zugestimmt. Im Herbst habe es geschienen, als sei ein Ergebnis erreichbar, wonach die Sowjetunion auf den Stand von 1977/78 reduzieren würde. Dann hätte der Westen nicht stationiert; dem Wettrennen wäre ein für allemal ein Ende beschieden gewesen. Für die SPD sei es eine zusätzliche Legitimation, daß sie für eine Kraft spreche, die sich nicht nur gegen die Stationierung von Raketen bei anderen wende, sondern dieser Stationierung im eigenen Land ihr Nein entgegensetze. Dazu sehe er keine Parallele in einem anderen Land.

Die SPD werbe für einen neuen Verhandlungsansatz und vertrete ihn unbeschadet der Skepsis gegenüber ihrem Vorschlag, die beiden Verhandlungstische in Genf zusammenzulegen und auch die nuklearen Raketen kurzer Reichweite einzubeziehen. [...]

Er sei von einem neuen Verhandlungsansatz überzeugt, aber von keinem, der vollständig der Position der einen oder anderen Weltmacht entspreche. Auf dem Gebiet der Rüstungskontrolle sollten alle Möglichkeiten genutzt werden, um Fortschritte zu erzielen. Es sei nicht ausgeschlossen, daß die westliche Seite in Wien aus der Soldatenzählerei herausfinde. Von entscheidender Bedeutung sei die Verifikation. Hier sei er etwas optimistischer, weil es gelungen sei, einer für die Souveränitätsprinzipien sozialistischer Länder ausschlaggebenden Frage, nämlich der Kontrolle an Ort und Stelle, näherzutreten.

Zu dem, was E. Honecker über das Verbot der chemischen Waffen gesagt habe, sei er der Hoffnung, daß man dem näher sei als vor vielen Jahren. In Kraft gesetzt werden müßten die ausgehandelten Teststopp-Verträge. Die SPD sei gegen die Militarisierung des Weltraums, die gerade noch gefehlt hätte.

H.-J. Vogel äußerte sich positiv über einen Gewaltverzichtsvertrag. Dazu gebe es den Einwand, es bedeute eine Entwertung, wenn noch einmal aufgeschrieben werde, was schon in der UNO-Deklaration enthalten sei. Dennoch halte er einen solchen Vertrag für gut. Die Ansichten divergierten, wer ihn abschließen solle. Es bestehe eine Präferenz für den Abschluß durch die Teilnehmer der Stockholmer Konferenz, die Teilnehmerstaaten beider Bündnisse, aber es würden auch andere Auffassungen vertreten. Wie er meine, sollten Fortschritte so kompakt wie möglich erreicht werden. Als einen entscheidenden Punkt bezeichnete er dabei den von E. Honecker genannten Verzicht auf den Ersteinsatz von Atomwaffen. Doch leide die ganze Sache darunter, daß man in seinem Volk verbreitet meine, der Warschauer Pakt sei konventionell überlegen, während er in Moskau gehört habe, er sei unterlegen.

Eine umfassende Vereinbarung über den militärischen Gewaltverzicht sei begrüßenswert und werde von ihm unterstützt. Positiv stelle er sich auch zu dem Vorschlag des Warschauer Paktes für die Senkung der Rüstungsausgaben.[13] Allerdings sei die Verifikation der Haushalte nicht auf gleichem Niveau. Im Westen gebe es bis zum Extrem getriebene Transparenz, in den sozialistischen Ländern verhalte es sich damit wesentlich schwieriger. Unter Hinweis auf die Tätigkeit der von W. Brandt geleiteten Nord-Süd-Kommission sagte H.-J. Vogel, es gelte, die freiwerdenden Mittel für die Entwicklungsländer einzusetzen. Es gehe nicht an, im Norden der Halbkugel Ressourcen zu verschwenden auf Kosten der südlichen Halbkugel. Die Konflikte in der Dritten Welt hätten ihre Ursache zutiefst in sozialen Spannungen, und wachsende Konflikte könnten schnell zu kriegerischen Auseinandersetzungen führen.

Man habe die Prager Deklaration[14] begrüßt. Um bei den chemischen Waffen Fortschritte zum Verbot zu erreichen, sei eine Vorablösung in Europa denkbar, die man weiter verfolgen solle. Was E. Honecker über die Kernwaffen gesagt habe, sei auch auf diesem Sektor der Prüfung wert.

Er könne sehr gut damit leben, daß man ihn oft verdächtige, ein Idealist zu sein, bemerkte H.-J. Vogel. Aber er halte es für ein ganzes Stück Politik, daß die Menschen endlich den Beweis in die Hand bekämen, daß die Verantwortung Tragenden fähig sind, dem Wahnsinnsprozeß der Anhäufung schrecklichster Waffen nicht nur Einhalt zu gebieten, sondern ihn auch zurückzudrehen. Genf sei eine große Enttäuschung gewesen; vielleicht könne man es auf dem Gebiet der chemischen Waffen schaffen.

In den bilateralen Beziehungen konstatierte H.-J. Vogel eindrucksvolle Fortschritte. Er sprach von der zunehmenden Gesprächsdichte, der wirtschaftlichen Entwicklung, der Zusammenarbeit der Banken, der Korrektur des Mindestumtausches.[15] Die Grenzsituation werde von einem, dessen Unbefangenheit außer Betracht stehe, in ihren Veränderungen als günstig beurteilt, insgesamt aber befinde sie sich in einem Zustand, der nicht die letzte Antwort auf die Situation in Europa sein könne. Auch das Postabkommen und die S-Bahn-Regelungen[16] seien zu nennen. Als einen Fortschritt bezeichnete H.-J. Vogel außerdem das Treffen E. Honecker/R. v. Weizsäcker.[17] Es sei gut gewesen, daß Weizsäcker es getan habe, und es sei gut zu wissen, daß er Bundespräsident werde. Schließlich erwähnte H.-J. Vogel das Lutherjahr und die Karl-Marx-Gedenk-Veranstaltungen sowie die Ehrungen für Beitz und Ludwig.[18]

Als Felder weiterer Verbesserungen sehe er u. a., daß der Handel und die wirtschaftliche Zusammenarbeit eine weite und wichtige Perspektive hätten; er denke an ein Rahmenabkommen über das Jahr 2000 hinaus. Wünschenswert sei der Ausbau der Gestattungsproduktion. Ebenso befürworte er die Entwicklung der Zusammenarbeit in Drittländern.

Manche Probleme, die sich in den letzten Monaten als lösbar erwiesen, würden an Dringlichkeit verlieren, wenn die individuellen Reisemöglichkeiten in die BRD verbessert würden. Im kleinen Grenzverkehr befürworte er die Einbeziehung großer Städte. Ein Rahmenabkommen auf dem Gebiet des Umweltschutzes wäre gut, ebenso der Abschluß des Wissenschafts- und Technik- sowie des Kulturabkommens. Zu begrüßen wäre es, wenn die Akademie der Wissenschaften der DDR und die Forschungsgemeinschaft der BRD die Dinge noch weiter in Gang brächten. Ausbaufähig sei der Jugendaustausch, wobei vorgeschlagen werde, daß einige Schulklassen auf beiden Seiten niederschreiben, was sie unter Sicherheit verstehen und wodurch sie sich bedroht fühlen. Das könne ausgetauscht und mit einer Diskussion der Beteiligten verbunden werden.

Ausdrücklich möchte er bei humanitären Fällen die Qualität der gefundenen Lösungen anerkennen, sagte H.-J. Vogel.

Hinsichtlich der Staatsbürgerschaft der DDR sei es nach der Verfassungslage in der BRD völlig unrealistisch zu glauben, daß die grundgesetzlichen Bestimmungen geändert werden könnten; dafür fehle es an den Voraussetzungen. Auch gebe es Stimmen, dies sei eine Frage, die bei richtiger Betrachtung in den Bereich dessen gehöre, was sich die Vier Mächte vorbehalten hätten. Wir haben die DDR voll anerkannt, und dazu gehört die Personalhoheit, stellte H.-J. Vogel fest. Das werde er morgen dort sagen, wo sie ihre Diskussionen führten. Die Schwierigkeit bestehe darin, daß denjenigen, die sich im Sinne des Grundgesetzes auf die deutsche Staatsbürgerschaft berufen, diese nicht verweigert werden könne.

Die Feststellung der Elbgrenze sei eine Frage beiderseitigen guten Willens. So müsse man eine Lösung suchen, die der Qualität der beiderseitigen Beziehungen und der beiderseitigen Interessen Rechnung trage.

Alle Erfahrungen sprächen dafür, daß man Realitäten eines Tages zur Kenntnis nehmen müsse. Auch Salzgitter sei klar. Als Justizminister habe er mehrere Jahre gezögert. Diese Einrichtung habe dem Stand von 1961 entsprochen, aber heute sei sie überholt. Die Reaktion in der BRD auf die SPD-Äußerungen dazu seien so, daß er es für möglich halte, was den Bund angeht, bis September eine Lösung zu finden. Es gebe aber die Länderverantwortung; so sei dies eine Frage der Zeit.

Zum Besuch der SPD-Parlamentarier-Delegation bei der Volkskammer[20] bemerkte H.-J. Vogel, die Berichte darüber seien ermutigend und positiv, dies sei ein Schritt in die richtige Richtung.

In zehn Jahren, so sagte er abschließend, habe man mit Geduld und Bereitschaft Dinge erreicht, die viele, sogar Optimisten, für unmöglich hielten. Daraus erwüchsen Kraft und Zuversicht, daß es auf dem schwierigsten Feld, dem der Mittelstreckenraketen, zu Fortschritten kommen könne. Dazu sollten beide deutsche Staaten in ihren jeweiligen Bündnissen alle Möglichkeiten nutzen.

E. Honecker dankte für die Darlegungen. Als möglichen Einstieg in neue Verhandlungen erachte er das Verbot der chemischen Waffen und die Beseitigung der Gefahr eines chemischen Krieges, ebenso ein Verbot der bakteriologischen Waffen. Von beiden Seiten sei ein Kontrollsystem schon vorgegeben. Auch die USA sollten einsteigen. Zu verhandeln sei immer besser.

Richtig sei, daß in Wien mit der Datenfuchserei aufgehört werden müsse. Die sozialistischen Länder hätten vorgeschlagen, die Obergrenze der Truppenstärke auf beiden Seiten mit 900 000 Mann festzulegen, und zugleich Kontrolle zugesagt, bis hin zur Bestimmung der Kontrollpunkte. Die DDR wäre froh, wenn sie ihren Verteidigungsetat kürzen könnte, um ihre sozialen Aufgaben zu lösen und auch die Entwicklungsländer zu unterstützen.

Auf einen Schlag werde ein atomwaffenfreies Europa nicht zu erreichen sein. Deshalb unterstütze die DDR den Palme-Vorschlag und sei bereit, ihr gesamtes Territorium dafür zur Verfügung zu stellen. Ende Juni treffe er sich mit Palme in Stralsund.[21] Auch mit Papandreou werde er darüber sprechen.[25]

Die Sowjetunion könne nicht an einen Verhandlungstisch zurück-

[25] Mit dem Vorsitzenden der griechischen Sozialistischen Partei Andreas Papandreou führte Honecker bei dessen Besuch in der DDR vom 4. – 6. 7. 1984 Gespräche. Vgl. AdG 1984, S. 27871 ff.

kehren, solange die andere Seite ohne den Willen sei, zu Ergebnissen zu gelangen. Durch den sowjetischen Vorschlag, bei Mittelstreckenwaffen auf das Niveau von 1976 zurückzugehen, sei eine große Chance geboten worden, aber die USA seien darauf nicht eingegangen, weil sie an Ergebnissen nicht interessiert waren. Es sei richtig, daß die UdSSR es ablehne, zum Schein und zur Täuschung der internationalen Öffentlichkeit Verhandlungen zu führen.

Unter Hinweis auf die von den USA geplanten Rüstungsausgaben in Höhe von 1,6 Billionen Dollar erinnerte E. Honecker an die dort verkündeten Thesen vom »Totrüsten« der sozialistischen Länder. Je eher man zur Einsicht komme, daß das gegen jede Vernunft sei, desto besser. Aber die USA wollten mit ihren Vorschlägen in der Raketenfrage völlig das System und die Struktur der sowjetischen Verteidigung verändern. K. Voigt warf ein: Richtig. Man müsse, fuhr, E. Honecker fort, Kurs darauf halten, den internationalen Prozeß umzukehren von der Konfrontation zur Zusammenarbeit.

Zu den bilateralen Beziehungen sagte er, er könne verstehen, daß H.-J. Vogel die Umstellung bestimmter Persönlichkeiten in der BRD auf die Realitäten mit Interesse verfolge. H. Kohl sei, wie er ihm in Moskau mitgeteilt habe[23], sehr erfreut gewesen, als er den Schrank mit Dokumenten zu den Beziehungen mit der DDR geöffnet habe. In dieser Richtung könne man weitermachen. E. Honecker nannte es das Verdienst der deutschen Sozialdemokratie, solcher Persönlichkeiten wie W. Brandt und E. Bahr, in der BRD den Anstoß zur Veränderung der Entwicklung in den Beziehungen mit der DDR gegeben zu haben.

Was Handel und Wandel angehe, so habe er in Leipzig gegenüber O. G. Lambsdorff[26] geäußert, daß zur ökonomischen Zusammenarbeit die Banken gehören. 85% der westlichen Banken würden vom Dollar beherrscht. Aufgrund der USA-Hochzinspolitik flössen jährlich 50 Milliarden Dollar in die USA.

H. Schmidt sei erfreut gewesen, daß O. G. Lambsdorff die seinerzeit am Werbellinsee verabredete Umbenennung der »Treuhandstelle für den Interzonenhandel« in »Treuhandstelle für Industrie und Handel« eingehalten habe.

Seit Abschluß des Vertragssystems habe der Reiseverkehr ein großes Ausmaß angenommen. Die von der DDR gebotenen Möglichkeiten im Jugendaustausch nehme die BRD jedoch nur zu 65% wahr. In dringenden Familienangelegenheiten habe die DDR vieles getan, allerdings gehört dazu eine gesunde Atmosphäre. Im Unterschied zur Praxis zwischen den Ländern der EG, wo die LKW-Fahrer beim Grenzübertritt 36 Fragen beantworten müßten, handhabe die DDR die Grenzkontrolle geradezu ideal.

[26] Siehe Nr. 13 [a].

E. Honecker erklärte zur Staatsbürgerschaft der DDR, um eine Anerkennung gehe es nicht; sie sei längst da. Worum es sich handele, sei die Respektierung. Man könne nicht dulden, daß, wie unlängst in Hamburg eine Jugendgruppe, Bürger der DDR in der BRD von irgendwelchen Beamten schikaniert werden. Das zerstöre auf unserer Seite die Bereitschaft zu Fortschritten.

[c] ZPA IV 2/1/620: »Vermerk über das Gespräch zwischen Genossen Erich Honecker und Hans-Jochen Vogel, Mitglied des Präsidiums des Parteivorstandes und Vorsitzender der Bundestagsfraktion der SPD am 14. 03. 1984 in Berlin«

Zu Beginn des Gesprächs wurde die gemeinsame Presseerklärung endgültig abgestimmt.[2] In der Presseerklärung sind alle wichtigen Fragen der abgestimmten Außenpolitik der sozialistischen Gemeinschaft, insbesondere die wichtigsten Forderungen über
– Stationierungsstopp und Abzug der Raketen
– Vertrag über Verbot der Produktion, der Lagerung und Anwendung chemischer Kampfstoffe unter entsprechender Kontrolle
– Verzicht auf Ersteinsatz von Kernwaffen
– Vertrag über Verzicht auf militärische Gewaltanwendung und Aufrechterhaltung friedlicher Beziehungen
– Einfrieren und Reduzierung der nuklearen Rüstung, Einfrieren und Reduzierung der Rüstungsbudgets
– Verhinderung der Militarisierung des Kosmos
– Schaffung atomwaffenfreier Zonen
– Bildung einer von atomaren Gefechtsfeldwaffen freien Zone in Mitteleuropa.
Hans-Jochen Vogel äußerte seine Genugtuung über den konstruktiven Verlauf und Inhalt der Gespräche in Moskau.[9] Er sagte, was Genosse K. U. Tschernenko gesagt habe, habe Hand und Fuß. Auch die Gespräche mit den anderen Mitgliedern der Führung der KPdSU sowie den teilnehmenden Generalen des Ministeriums für Verteidigung der UdSSR hätten der Delegation der SPD viel gegeben.
Auf eine entsprechende Frage von Erich Honecker hinsichtlich der Orientierungen für den kommenden Parteitag der SPD (Mai 1984 in Essen) sagte H.-J. Vogel, der kommende Essener Parteitag werde die prinzipiell ablehnende Position der SPD gegenüber der Stationierung der amerikanischen Raketen in Westeuropa bekräftigen. Es werde kein Zurück hinter die Beschlüsse des Kölner Parteitages vom November

1983 geben. Er gehe davon aus, daß, wenn die Pershing II und die Cruise Missiles verschwänden, dann auch die neu stationierten sowjetischen Raketenkomplexe wegfallen werden.

Ausgehend von seinen Gesprächen und Informationen in den USA seien er und die anderen Mitglieder der Delegation der Meinung, daß die USA in Genf nicht mit dem Ziel eines realen Ergebnisses verhandelt haben, sondern nur die Stationierung ihrer Raketen in Westeuropa durchsetzen wollten. Zwar habe in den Gesprächen in den USA der Vorschlag eines Treffens zwischen Genosse K. U. Tschernenko und Präsident Reagan eine Rolle gespielt, aber er, H.-J. Vogel, habe den Eindruck, daß die USA nichts für das Zustandekommen des Treffens konstruktiv unternehmen wollen. Er, Vogel, habe die Hoffnung, daß später die USA-Administration ernsthafte Schritte zum Dialog und zu sachlichen Verhandlungen unternehmen werde.

Auf die Feststellung des Genossen Erich Honecker, daß die Zustimmung der SPD-Fraktion im Bundestag zur revanchistischen Entschließung der CDU/CSU und FDP in der sogenannten Deutschlandfrage[27] bei uns ernsthaftes Befremden ausgelöst hat, sagte H.-J. Vogel, der Text der Entschließung entspräche dem Text des Moskauer Vertrages von 1970 und dem dabei überreichten Brief »zur deutschen Einheit«.

Genosse Erich Honecker erwiderte, daß es hier nicht um die Form des Textes, sondern um den Inhalt, um die Zielsetzungen gehe. Diese Zielsetzung sei revanchistisch. Wie könne man für friedliche Beziehungen zwischen beiden deutschen Staaten und ihre weitere Normalisierung sein und gleichzeitig als Perspektive sich die Beseitigung der Arbeiter- und Bauernmacht der DDR stellen?

Auf die Frage von Genosse Honecker, weshalb der SPD-Vorstand H. Apel als Kandidaten für den Vorsitz der SPD in Westberlin vorgeschlagen habe, der bekanntlich ja auf dem Parteitag in Köln und bei der Abstimmung im Bundestag im November 1983 gegen die Beschlüsse der SPD in der Raketenfrage aufgetreten sei bzw. sich der Stimme enthalten habe, antwortete H.-J. Vogel, daß ursprünglich H. Ristock als Vorsitzender der SPD Westberlin und damit als künftiger Kandidat für den Posten des Regierenden Bürgermeisters vorgesehen war. Da H. Ristock nun von sich aus seine Kandidatur zurückgezogen hat, sei im Interesse eines erfolgreichen Abschneidens der SPD gegenüber der CDU und FDP in Westberlin H. Apel als Vorsitzender des Landesverbandes der SPD und damit als Spitzenkandidat der künftigen Wahlen zum Abgeordnetenhaus und Senat von Westberlin vorgesehen worden.

Das Gespräch dauerte ca. 35 Minuten und verlief in konstruktiver Atmosphäre. H.-J. Vogel äußerte seine Zufriedenheit über Verlauf und Inhalt der mit der Führung der SED geführten Gespräche.

[27] Die gemeinsame Entschließung von CDU/CSU, SPD und FDP zum Bericht zur Lage der Nation und zur Deutschlandpolitik war am 9. 2. 1984 vom Bundestag verabschiedet worden.

15. Gespräch Rau – Honecker am 11. Januar 1985 (Ost-Berlin)

[a] Unterlagen J. Rau: »Gespräch des Staatsratsvorsitzenden der DDR, Erich Honecker, und des Ministerpräsidenten von NRW, Johannes Rau, am 11. 1. 85 in Berlin (Gebäude des Staatsrates)«

Teilnehmer DDR: E. Honecker, H. Häber, F. J. Hermann, K. Seidel
NRW: J. Rau, K. D. Leister, H. O. Bräutigam, F. Schreiber

Der Ministerpräsident überreicht zunächst als Gastgeschenk eine Karte aus dem 18. Jahrhundert, auf der die Geburtsorte der beiden Politiker sowie die Landeshauptstadt Düsseldorf eingezeichnet sind.

E. H. heißt den Gast willkommen, er habe ihn am Vorabend schon »in Ihrem Fernsehen« sehen können und dabei auch festgestellt, »wie schön die Semper-Oper geworden« sei.[1] Er weist dann noch auf die Stationen Buchenwald und Weimar hin.

J. R. schildert den Eindruck, den Buchenwald bei ihm hinterlassen habe. Er bedankt sich für die freundliche Aufnahme und das interessante Programm. Er zeigt sich beeindruckt von der Aufgeschlossenheit seiner Gesprächspartner und bemerkt, daß er während des Krieges in Erfurt zur Schule gegangen sei. Sein letzter Besuch in der DDR habe während der Feierlichkeiten zum Luther-Jahr 1983 stattgefunden.[2]

E. H. würdigt diese Feiern als ein großes Ereignis und bedauert, daß einige Einladungen (u. a. Bundespräsident)[3] nicht angenommen wurden. Ansonsten seien Gäste aus aller Welt (»sogar aus Südafrika«) in die DDR gereist.

J. R. weist auf die Teilnahme von Weizsäckers an der Feier in Wittenberg hin.

E. H. zeigt sich erstaunt über eine angebliche Äußerung des Bundespräsidenten anläßlich des Neujahrsempfangs: »Wer den Frieden will, kann die Teilung nicht hinnehmen.«[4] Diese Erklärung sei bedauerlich, besonders dann, wenn man nach einem mehrstündigen Gespräch einen gewissen Grundkonsens erreicht zu haben geglaubt habe.[5] Er erinnert daran, daß Veränderungen am Status quo zu Kriegen führen können.

---

[1] NRW-Ministerpräsident Johannes Rau besuchte vom 9. – 12. 1. 1985 die DDR.

[2] Aus Anlaß der Feierlichkeiten zum 500. Geburtstag von Martin Luther 1983 hatte Johannes Rau im November die DDR besucht.

[3] Bundespräsident Carstens hatte die Einladung zu dem Festakt zum Lutherjahr in der Deutschen Staatsoper Berlin mit Termingründen abgesagt. Schreiben Carstens an Honecker vom 24. 8. 1983, in: SAPMO ZPA J IV/126.

[4] Honecker bezog sich auf die Ansprache von Bundespräsident von Weizsäcker beim sog. »Neujahrsempfang« am 10. 1. 1985.

[5] Siehe Nr. 8.

J. R. bedauert, daß man die Teilung nicht überwinden kann und erinnert an die Bemühungen der SED und der SPD in den 50er Jahren.[6]

E. H. stellt fest, daß diese Chancen zu Beginn der 50er Jahre vertan wurden. Heute sei »die Friedensfrage die allumfassende Frage«. Ohne Erhaltung des Friedens sei »die Menschheit gefährdet«. Deshalb müsse von den bestehenden Realitäten ausgegangen werden. Erinnerungen an die Vergangenheit seien wichtig, jetzt aber müsse mit dem Dialog der Weltmächte begonnen werden. Der Generalsekretär sieht in dem Verhandlungsergebnis von Genf[7] einen »positiven Ansatz«, weist jedoch auf die Schwierigkeiten hin, zu konkreten Ergebnissen zu kommen.

Der Weltraum dürfe nicht militarisiert, sondern solle friedlich genutzt werden. Insofern sei er erfreut über die Erklärung von Präsident Reagan.[8] Die Weltraumrüstung werde zur »entscheidenden Frage«. »Wir dürfen den Himmel nicht in die Hölle verwandeln.« Er vermisse zu diesem Komplex ein klares Wort der Bundesregierung, so wie dies beispielsweise die Regierungen von Frankreich und Italien geäußert hätten.

Er fordert ein Gleichgewicht auf niedrigerem Niveau und geht von langwierigen Verhandlungen aus.

Nochmals betont E. H. die Gefahr eines Kernwaffenkrieges und die damit verbundene Vernichtung der Menschheit. Der Generalsekretär gibt eine positive Einschätzung der Genfer Ergebnisse und betont, daß es zu »vollkommen neuen Verhandlungen« kommen müsse, »die mit der Qualität der bisherigen Verhandlungen nichts zu tun haben«.

Die Friedenspolitik der DDR würde von der Bevölkerung verstanden und unterstützt.

Die Bundesregierung fordert er auf, eine ebenso feste Position zu vertreten und gegenüber den Vereinigten Staaten hart zu bleiben.

J. R. weist auf die Haltung der SPD zu Rüstungsfragen hin und schildert den schwierigen Entscheidungsprozeß während des Kölner Parteitages zur Ablehnung der Stationierung neuer Mittelstreckenraketen in Europa.[9] Er stellt fest, daß der Friedenswille in beiden deutschen Staaten ausgeprägt sei.

Das Jahr 1985 stelle für die Deutschen eine besondere Herausforderung dar. Es sei sehr wichtig, wie die Diskussion um den 8. Mai geführt

<hr>

[6] Rau spielte mit der hier referierten Bemerkung wohl weniger auf die SPD, als auf die Gesamtdeutsche Volkspartei unter Gustav Heinemann an, der er selbst zunächst angehört hatte und die sich dezidiert für die gesamtdeutsche Priorität verwandt hatte. Vgl. unter [b].

[7] Die Außenminister der USA, George P. Shultz, und der UdSSR, Andrej A. Gromyko, hatten sich bei ihren Gesprächen in Genf am 7./8. 1. 1985 auf eine Wiederaufnahme der im November 1983 abgebrochenen Abrüstungsgespräche verständigt. Vgl. AdG 1985, S. 28356ff.

[8] Reagan hatte sich bei einem Besuch in Japan am 2. 1. 1985 für »wirksame Abrüstungsvereinbarungen« mit der Sowjetunion ausgesprochen. Vgl. AdG 1985, S. 28346.

[9] Der Bundesparteitag der SPD in Köln am 18./19. 11. 1983 hatte die Nachrüstung mit 583 gegen 14 Stimmen und bei 3 Enthaltungen abgelehnt.

werde. Man müsse die unterschiedlichen Gefühle und Erlebnisse der Menschen berücksichtigen. Was für den einen Befreiung sei, sei für den anderen Niederlage, den dritten Vertreibung, den vierten Wiederbeginn. Wichtig sei, aus dem Gedenken an diesen Tag einen Impetus für den Frieden zu machen. Von deutschem Boden müsse Frieden ausgehen. Dazu müßten die Deutschen jeweils ihre Beiträge organisieren.

J. R. fordert dazu auf, die Verhandlungen redlich und zügig zu führen. An der Art, wie die Deutschen mit ihren Partnern umgehen, könnten sie einen Beitrag zur Entspannung leisten. Die Verhandlungen sollten auch tatsächlich zur Abrüstung führen und nicht zu immer neuen Aufrüstungen wie bisher.

Er hofft, daß Reagan sich in seiner zweiten Amtsperiode gegenüber der Sowjetunion flexibler verhalten werde. Die SPD werde von der Bundesregierung fordern, auf die Amerikaner einzuwirken. J. R. weist auf die erfolgversprechenden Gespräche zwischen der SPD (Bahr) und der SED (Axen) über chemische Waffen in Mitteleuropa hin.[10]

E. H. bemerkt, er habe den Weg der SPD nach dem Doppelbeschluß mit Interesse verfolgt. In den neuen Papieren zur Deutschlandpolitik[11] sehe er wichtige Veränderungen. Er zitiert ein Umfrageergebnis (aus dem westdeutschen Fernsehen), nach dem 56% der jungen Menschen (unter 30 Jahren) die jetzige Politik der Bundesregierung ablehnen. Anschließend referiert er einen Artikel eines ehemaligen Präsidentenberaters, der dargelegt habe, daß die USA ihre Rüstung aus militärischen und ökonomischen Gründen ändern müßten.

Er gehe davon aus, daß es nach einem Nuklearkrieg keine Deutschen mehr gebe. In diesem Sinne betont er seine Übereinstimmung mit den Rüstungsgegnern und weist auf den Einfluß der Gewerkschaften in der Bundesrepublik Deutschland hin.

Es sei jetzt Aufgabe der Politiker in allen Ländern, dafür einzutreten, daß Verhandlungen zu Ergebnissen führen. Die Verhandlungen seien auf der Basis der Gleichberechtigung zu führen.

Dies gelte auch für die deutsch-deutschen Verhandlungen. Auch für diesen Bereich sei die Friedensfrage das »Thema Nr. 1«.

Sodann konstatiert E. H. in der Bundesrepublik Deutschland einen Trend nach rechts (und verweist u. a. auf Äußerungen von Dregger und Lintner[12] sowie nochmals die des Bundespräsidenten).

Die Bundesregierung fördere eine Politik, die Vertriebenenfunktio-

[10] Die gemeinsame Arbeitsgruppe von Sicherheitspolitikern der SPD und SED über die Schaffung einer von Chemiewaffen freien Zone in Europa hatte am 2./3. 7. 1984 erstmals beraten. Weitere Treffen hatten am 20./21. 9. und 5./6. 7. 1984 stattgefunden.

[11] Gemeint sein dürfte besonders das Deutschlandpolitische Positionspapier der SPD-Bundestagsfraktion vom 7. 11. 1984.

[12] Alfred Dregger war Vorsitzender der CDU/CSU-Fraktion des Deutschen Bundestages, Eduard Lintner (CSU) Vorsitzender der Arbeitsgruppe Deutschlandpolitik und Berlin-Fragen der CDU/CSU-Fraktion.

näre ermuntere. Das Motto des Schlesiertreffens sei schmerzhaft[13] und löse in den Nachbarländern Beunruhigung aus. »Die Zeit für solche Töne ist aus.« Die Zeit sei gegen Militarismus und Revanchismus.

J. R. stellt fest, daß die Grenzen in Europa nicht zur Disposition stehen und verweist in diesem Zusammenhang auf Äußerungen von Willy Brandt und des Bundespräsidenten anläßlich des Empfangs des Staatschefs von Rumänien.[14] Auch er sei betroffen vom Motto des Schlesiertreffens; man könne dies auch als Entwicklung nach »rechts« deuten, es gebe aber auf der anderen Seite auch den Besuch des bayerischen Ministerpräsidenten beim Staatsratsvorsitzenden der DDR.[15] Die Version, es entstehe in der Bundesrepublik Deutschland ein neuer Revanchismus, treffe nicht zu. Es gebe aber noch Leute, die mit alten Vorbildern lebten. Bei allen Auffassungsunterschieden, die er zur Bundesregierung habe, halte er fest, daß diese nicht an Grenzänderungen denke.

E. H. möchte nicht unterstellen, daß verantwortliche Politiker in der Bundesrepublik Deutschland Grenzveränderungen wollten, er halte es jedoch für »beachtenswert«, daß von neuem die »alten Töne« zu hören seien. Er weist auf die »qualitative Umwandlung« der von Willy Brandt konzipierten Ostpolitik hin. Selbst im ›Vorwärts‹ tauchten neue Momente auf.

Mit einem Hinweis auf die saarländische Geschichte machte Honecker deutlich, daß es immer unterschiedliche Positionen einzelner Deutscher gegeben habe. Es sei wichtig, daß der Ministerpräsident von NRW einen realistischen Eindruck von der Position der DDR gewinne. Er halte die Mitglieder der Bundesregierung nicht für Revanchisten, aber sie müssen von der Realität zweier souveräner Staaten ausgehen. Bundeskanzler Schmidt, mit dem er am Werbellinsee konstruktive Gespräche geführt habe, habe diese Realität ausgedrückt, als er nach seinem DDR-Besuch im Bundestag von den »Bürgern der DDR« gesprochen habe.[16] Ab Mitte des Jahres 1984 sehe er eine neue Entwicklung innerhalb der Regierungskoalition. Es scheinen sich in der Bundesrepublik Deutschland die Kräfte durchzusetzen, die nicht die Ostpolitik der früheren sozialdemokratisch geführten Bundesregierung

[13] Das Motto »Schlesien ist unser« für das Schlesiertreffen vom 14. – 16. 6. stieß in der Öffentlichkeit auf vielfältige Kritik, nachdem es im Januar 1985 bekannt geworden war.

[14] Der rumänische Staats- und Parteichef Nicolaie Ceauşescu war vom 15. – 17. 10. 1984 zu einem Staatsbesuch in der Bundesrepublik, vgl. AdG 1985, S. 28803f.

[15] Siehe Nr. 5.

[16] In seiner Erklärung vom 18. 12. 1981 vor dem Bundestag zu diesem Treffen hatte Bundeskanzler Schmidt diese Bezeichnung nur einmal in dem Kontext verwandt, wir sollten »nicht aus den Augen verlieren, daß nicht alle Bürger der Deutschen Demokratischen Republik – ich verwende hier die Terminologie des Bundesverfassungsgerichts –, die zu uns kommen, bei uns Rechte in Anspruch nehmen wollen, die jedem Deutschen zustehen«. In seinem Bericht zur Lage der Nation vom 9. 4. 1981 hatte Bundeskanzler Schmidt davon gesprochen, daß die »Bürger der DDR ohne Identifikation mit der Deutschen Nation nicht leben können«. Wortlaut u. a. in: Innerdeutsche Beziehungen 1980–1986, S. 81–87, Zitat S. 85, und S. 95–98, Zitat S. 98.

fortsetzen wollen. Das internationale Gewicht der Bundesregierung sei entsprechend geringer geworden.

J. R. betont, die SPD wolle das Erbe von Willy Brandt und Helmut Schmidt verteidigen. Die von dem Staatsratsvorsitzenden zitierten Äußerungen nennt er »unbedacht«.

E. H. berichtet, er stehe mit Bundeskanzler Kohl »in lockerem Kontakt«. Er warne vor Äußerungen wie denen von Dregger, Lintner, Windelen.[17]

Der Ministerpräsident verteidigt Minister Windelen und stellt fest, daß dieser sich mit kritischen Äußerungen gegenüber der DDR sehr zurückgehalten habe.

E. H. sagt, MP Strauß sei für ihn eine große Überraschung gewesen. Er habe ihm gegenüber eine »realistische Position« vertreten. Strauß stehe zu seinem Wort; er sei ein »Realpolitiker«.

Grundfragen seien nicht wichtig. Allein die Gefahr eines Atomkrieges sei wichtig. Nach dem Stationierungsbeschluß der NATO befänden sich erstmals auch A-Waffen auf dem Boden der DDR (die in weniger als einer Minute sämtliche Stationierungsstandorte der Pershing II-Raketen erreichen könnten). Dies sei eine schreckliche Vorstellung.

J. R. betont: »Wir müssen weiterkommen im Kultur- und Jugendaustausch.« Auch beim Umweltschutz sei es sehr wichtig, vorwärts zu kommen. Dabei verwies er auf den erfolgreichen Besuch von Minister Farthmann in der DDR.[18]

E. H. bekräftigt, die DDR sei am Umweltschutz »stark interessiert«. (Hinweis auf die Umweltkonferenz in München und die besonderen Kontakte zu Bayern.)

Hinsichtlich des Abschlusses eines Kulturabkommens äußert er sich optimistisch. Selbstverständlich müsse dabei von zwei selbständigen Staaten ausgegangen werden. Der Abschluß des Abkommens sei von der »Gesamtsituation« abhängig. Zu den »Reisen« bemerkte der Generalsekretär, nachdem er die Zahlen (1,5 Mio. DDR-Bürger, 6 Mio. Bürger aus der Bundesrepublik Deutschland) genannt hatte: Die Bundesregierung »tue sich schwer«. Für DDR-Bürger bestehe die Gefahr, von Polizeikräften an der Grenze schikaniert zu werden. Deren Dienstvorschriften müßten geändert, die Paßhoheit der DDR respektiert werden und die Begegnungen ohne Geheimdienste stattfinden.[19]

»Hemmnisse und Diskriminierungen« seien abzubauen und die

---

[17] Heinrich Windelen war Bundesminister für Innerdeutsche Beziehungen.

[18] Friedhelm Farthmann, NRW-Minister für Arbeit, Gesundheit und Soziales, hatte am 20. 11. 1984 in Ost-Berlin Gespräche mit dem DDR-Minister für Umweltschutz und Wasserwirtschaft, Hans Reichelt, geführt.

[19] Vgl. dazu den Leitartikel des ›Neuen Deutschland‹ vom 30. 1. 1985, in dem Grundsätze für die »Respektierung der Staatsbürgerschaft« formuliert und »Beispiele für die Mißachtung der Staatsbürgerschaft der DDR durch die BRD« aufgelistet wurden. Abgedr. auch in: Innerdeutsche Beziehungen (1986), S. 202–205.

»Zwei-Staaten-Existenz« anzuerkennen. Über Flüchtlinge und Familienzusammenführungen sollten keine »Siegesmeldungen« verbreitet und auf »Propaganda« müsse verzichtet werden.

J. R. stimmt der letzten Bemerkung zu und weist darauf hin, daß er sich nicht öffentlich zu humanitären Fällen geäußert habe.

E. H. weist darauf hin, daß es auch mit Bürgern anderer Staaten (z. B. Polen, Schweden) Familienzusammenführungen gebe. Wichtig sei, zu einem »normalen Verhalten« zu kommen. Die DDR sei an regem Kulturaustausch interessiert. (Filme und Bücher aus dem Westen würden gezeigt und gedruckt.)

J. R. hofft, daß auch für intensive Kulturbeziehungen von Genf positive Signale ausgehen.

E. H. kritisiert die Kalender des Gesamtdeutschen Instituts.[20]

J. R. stellt dazu die kritische Haltung von NRW klar.

Der Generalsekretär drückt seine Freude über den Besuch des Ministerpräsidenten aus.

Er weist sodann auf die erfolgreiche wirtschaftliche Entwicklung der DDR hin (zitiert Wachstumsziffern), betont, daß sie nicht mehr unter Mangel an Arbeitskräften leide und es gelinge, die Freisetzungen durch neue Arbeitsplätze zu kompensieren (p. a. 300 000 neue Arbeitsplätze). Es sei gelungen, die Arbeitsproduktivität zu steigern und neue Industriezweige zu entwickeln. Der Haupthandelspartner bliebe die Sowjetunion. Der Westhandel mache 30 % aus. Für die Kooperation mit westdeutschen Firmen sehe er Verbesserungsmöglichkeiten.

J. R. weist auf die Umstrukturierungsprobleme eines Teils der Wirtschaft in NRW hin. Er betont die wichtige Rolle des deutschdeutschen Handels für NRW und bittet den Staatsratsvorsitzenden, die DDR solle ihren Anteil an den Lieferungen aus NRW ausbauen. Nach einem Hinweis auf die Handelsbeziehungen zwischen NRW und der Sowjetunion berichtet er über seine Gespräche mit Vertretern der Sowjetunion. Anschließend erinnert er Honecker an die Einladung von Bundeskanzler H. Schmidt zum Besuch der Bundesrepublik Deutschland und drückt seine Hoffnung aus, ihn in Düsseldorf begrüßen zu können.

E. H. stellt fest, er wolle die Reise »zu einem geeigneten Zeitpunkt« antreten. Die Absage habe er bedauert, sie habe sich aber als richtig herausgestellt.[21] Schiwkoff[22] habe ihm vom Besuch abgeraten. Der Besuch Ceauşescus sei eine Enttäuschung gewesen. Auch habe die Propaganda westlicher Medien geschadet. Er halte sich im übrigen an die Äußerun-

---

[20] Auf dem Kalender für 1985 befanden sich Abbildungen von Landschaften und Gebieten östlich der Oder-Neiße, die früher zum Deutschen Reich gehört hatten.
[21] Zur Anfang September 1984 erfolgten erneuten Verschiebung des Besuchs vgl. Innerdeutsche Beziehungen (1986), S. 189 sowie Einleitung.
[22] Todor Schiwkow, Staats- und Parteichef Bulgariens.

gen von Andreotti[23] und nehme die Furcht vor einer Einigung der Deutschen in den Nachbarstaaten ernst.

J. R. weist den Generalsekretär auf die Diskussion hin, die eine Äußerung von Hans Apel[24] über die Deutsche Frage ausgelöst habe.

E. H. stellt fest, daß vor einer Reise für niemanden eine »Rechnung aufgemacht« werden dürfe, die erst erfüllt werden müsse, bevor er reisen dürfe. Über die Gründung der DDR sei vor Jahrzehnten entschieden worden – es existieren jetzt zwei Staaten.

J. R. weist den Generalsekretär darauf hin, daß die SPD für eine Überwindung der Blöcke eintrete. Die beiden deutschen Staaten sollten zur Überwindung der Gegensätze so viel wie möglich gemeinsam tun. Deshalb sollten sie den 8. Mai als gemeinsame Chance sehen. Eine Möglichkeit dazu seien gemeinsame Veranstaltungen von Städten der DDR und der Bundesrepublik Deutschland, beispielsweise von Köln und Dresden. Er erinnert daran, wie er den 8. Mai in Wuppertal erlebte.

E. H. reagiert positiv und erwidert, daß die Oberbürgermeister zu der in Nürnberg geplanten Veranstaltung der SPD fahren können[25] und daß geplant sei, den 40. Jahrestag der Kapitulation des Hitlerregimes zum gesetzlichen Feiertag zu machen. Dieses Datum sei für ihn ein Tag der Befreiung, nicht der Katastrophe. Anschließend erzählte E. H., wie er das Ende des Krieges in Berlin und seine letzten Jahre in Gefangenschaft in Plötzensee und Brandenburg erlebt habe.

J. R. schildert seine Eindrücke an der Gedenktafel für Heilmann[26] in Buchenwald, zu dessen Kindern er Kontakt habe.

E. H. empfindet die junge Generation in der Bundesrepublik Deutschland, die »einen eigenen Weg« suche, für interessant – »ohne dabei die Grünen zu meinen«.

J. R. macht einige Bemerkungen zu den Grünen und das Verhältnis der SPD zu ihnen.

E. H. berichtet von seiner Arbeit als Jugendsekretär in Düsseldorf und Essen sowie von den Kontakten zu G. Heinemann.[27]

[23] Der christdemokratische italienische Außenminister Giulio Andreotti hatte am 13. 9. 1984 erklärt: »Der Pangermanismus muß überwunden werden. Es gibt zwei deutsche Staaten, und zwei müssen es bleiben.« Siehe AdG 1984, S. 28145.

[24] Hans Apel, Spitzenkandidat der SPD für die Wahlen in Berlin am 10. 3. 1985.

[25] An der SPD-Veranstaltung am 7. 5. 1985 zum Gedenken an den 8. Mai 1945 nahmen Bürgermeister aus den Ländern und Städten teil, die von Krieg und NS-Terrormaßnahmen besonders hart getroffen worden waren; aus der DDR kam der Dresdener Oberbürgermeister Gerhard Schill mit einer Delegation.

[26] Ernst Heilmann, Fraktionsvorsitzender der preußischen Landtagsfraktion der SPD 1921–1933, seit 1933 im KZ, war nach langjährigen schweren Mißhandlungen 1940 im KZ Buchenwald ermordet worden.

[27] Honecker leitete 1933 den Kommunistischen Jugendverband im Ruhrgebiet, der nach dem Machtantritt Hitlers die Arbeit in der Illegalität weiterführte. G. Heinemann, seit 1928 bei den Rheinischen Stahlwerken in Essen, der vor 1933 dem Christlichen Volksdienst nahe stand, gehörte zu den führenden Köpfen der Bekennenden Kirche.

J. R. schließt einige persönliche Bemerkungen zur Familie des ehemaligen Bundespräsidenten an. Daran knüpft er Hinweise auf die gemeinsame Verantwortung der Deutschen (Verantwortungsgemeinschaft) und ihrer gemeinsamen Sicherheitsinteressen (Sicherheitspartnerschaft) an.

Der Generalsekretär zeigt dem Ministerpräsidenten eine geplante Presseverlautbarung und fragt, ob er dagegen Bedenken habe.

Mit gegenseitigen guten Wünschen wird das offizielle Gespräch beendet. Es schließt sich ein 20minütiges Vier-Augen-Gespräch an.

Bewertung

Das etwa 80minütige Gespräch verlief in einer freundlichen, gelockerten und offenen Atmosphäre. Es war geprägt von dem Willen beider Partner, den gegenseitigen Standpunkt zu erfahren und sich kennenzulernen. Im Laufe des Gesprächs wurde (besonders) der Generalsekretär immer gelöster. Dieser benutzte, ebenso wie der Ministerpräsident, keinerlei Unterlagen. Honecker führte ein untaktisches Gespräch. Seine Körpersprache drückte sein Interesse an dem Besucher aus. Alle Teilnehmer haben den Generalsekretär als sehr beeindruckend empfunden.

[b] SAPMO ZPA J IV/851: »Vermerk über das Gespräch des Generalsekretärs des Zentralkomitees der SED und Vorsitzenden des Staatsrates der DDR, Genossen Erich Honecker, mit dem Ministerpräsidenten des BRD-Bundeslandes Nordrhein-Westfalen und stellvertretenden SPD-Vorsitzenden, Johannes Rau, am 11. Januar 1985 im Gebäude des Staatsrates«

An dem Gespräch nahmen teil:
von DDR-Seite: Genosse Herbert Häber, Mitglied des Politbüros und Sekretär des Zentralkomitees der SED, Genosse Frank-Joachim Herrmann, Staatssekretär, Leiter der Kanzlei des Vorsitzenden des Staatsrates, Genosse Karl Seidel, Leiter der Abteilung BRD im Ministerium für Auswärtige Angelegenheiten
von BRD-Seite: Dr. Klaus-Dieter Leister, Staatssekretär, Chef der Staatskanzlei von Nordrhein-Westfalen, Dr. Hans Otto Bräutigam, Leiter der Ständigen Vertretung der BRD, Folker Schreiber, Persönlicher Referent von Rau

Genosse Erich Honecker hieß Rau in der DDR willkommen. Er hoffe, daß Rau einen persönlichen Eindruck von der DDR erhalte.[1] Ihm sei auch die Möglichkeit gegeben worden, die Semper-Oper noch vor der Eröffnung zu besichtigen. Ein solcher Besuch während der Restaurierung sei erstmals möglich geworden. Die feierliche Einweihung werde am 13. Februar erfolgen. Dazu werde das gesamte diplomatische Korps eingeladen. Rau habe sicher auch einen bewegenden Eindruck bei seinem Besuch in Buchenwald erhalten.

Rau bestätigte dies. Besonders eindrucksvoll sei für ihn die Führung in Buchenwald durch den Leiter der Gedenkstätte gewesen, der selbst noch Häftling war. Er sei in Erfurt, Weimar und Dresden freundlich aufgenommen worden und sehr beeindruckt von dem Gesehenen. Der amtierende Vorsitzende des Rates des Bezirkes Erfurt habe einen sehr dynamischen Eindruck gemacht; ebenso habe er ein nützliches Gespräch in Weimar mit dem Oberbürgermeister geführt. Das letzte Mal sei Rau anläßlich der Luther-Feiern in der DDR gewesen.[2]

Genosse Erich Honecker wies auf die Bedeutung der Luther-Feiern in der DDR hin. Aus aller Welt seien zahlreiche offizielle Vertreter insbesondere aus der Geistlichkeit anwesend gewesen. Einige Einladungen für Persönlichkeiten aus der BRD seien »aus Termingründen« nicht angenommen worden.[3]

Die Bemerkung von Rau, daß damals auch der jetzige Bundespräsident von Weizsäcker die DDR besucht habe, nahm Erich Honecker zum Anlaß, um das Erstaunen über die gestrige Erklärung des Bundespräsidenten[4], mit dem er noch als Regierender Bürgermeister von Westberlin zusammengetroffen sei[5], zum Ausdruck zu bringen. Weizsäcker habe erklärt, wer den Frieden wolle, könne die Teilung nicht hinnehmen. Solle das bedeuten, daß er Krieg haben wolle. Diese Erklärung sei bedauerlich und könne nicht akzeptiert werden. Es sei doch klar, daß die Teilung nicht überwunden werden könne.

Rau warf ein, dies sei schade. In den 50er Jahren habe auch die DDR die Überwindung der Teilung angestrebt. Rau habe Heinemann nahe gestanden. Heinemann habe sich damals sehr für die Wiedervereinigung eingesetzt.[6]

Genosse Honecker erwiderte, diese Chance sei damals vergeben worden. Er hoffe, mit Rau einer Meinung zu sein, daß heute die Frage des Friedens als die alles umfassende Frage betrachtet werden müsse. Ohne Erhaltung des Friedens werde alles andere unwichtig. Es gehe um die Weiterexistenz der Menschheit. Erinnerung an Vergangenes sei vielleicht angenehm, aber heute würden sich die Geister in der Frage Krieg und Frieden scheiden. Nachdem die UdSSR und die USA den Dialog über den gesamten Komplex von Fragen der nuklearen und Weltraumrüstung aufnehmen wollen, sehe die DDR einen positiven Ansatz, wenn es auch kompliziert und langwierig sein werde, Ergebnisse zu erreichen. [...] Die Verhinderung der Weltraumrüstung sei die entscheidende Frage. Was nütze es, auf der Erde die Raketen zu beseitigen, wenn sie im Weltraum stationiert würden. Wir würden ein klares Wort der BRD in dieser Frage vermissen. Politiker wie Mitterrand, Pertini, Craxi[28], selbst Frau Thatcher hätten sich klar geäußert, dagegen habe es bisher noch kein Wort von Bundeskanzler Kohl gegeben, daß die BRD gegen die Militarisierung des Weltraumes sei.

[...]

Die DDR bewerte die Ergebnisse der Begegnung in Genf sehr positiv.[7] Es handle sich um vollkommen neue Verhandlungen, die nicht mit den früheren in Zusammenhang gebracht werden könnten. Auf der kürzlichen 9. Tagung des ZK der SED seien diese Fragen erörtert worden. Unser Standpunkt werde vom Volk der DDR unterstützt. Er habe bei der gestrigen Jagd die Möglichkeit gehabt, mit Arbeitern und Bauern zusammenzukommen. Das seien Leute mit hellen Köpfen, die Bescheid wissen. Sie unterstützten unsere Linie der Friedenssicherung uneingeschränkt. Die DDR erwarte, daß die BRD ebenso fest auf den Positionen des Friedens stehe, nicht nur mit Worten, sondern mit Taten. Man müsse aktiv etwas tun, daß von deutschem Boden kein Krieg mehr ausgeht.

Rau erklärte darauf, die Haltung seiner Partei zu diesen Fragen brauche er hier nicht näher zu erläutern. Die SPD habe die bekannte Entscheidung zur Frage der Stationierung von Raketen getroffen, als sie nicht mehr in der Regierungsverantwortung war.[9] Im Friedenswillen der Menschen gebe es keine Unterschiede in beiden deutschen Staaten. Nach einem Nuklearkrieg stehe nicht mehr die Frage eines Wiederaufbaus, dann sei menschliches Leben unmöglich. 1985 sei ein Jahr besonderer Herausforderung. In der BRD werde die Frage diskutiert, wie man dieses Jahr begehen soll. Manche redeten über Niederlage, andere über Befreiung, wieder andere über Vertreibung und schließlich sei es der Beginn des Wiederaufbaus. Die Mehrzahl der Menschen habe das Nazireich nicht mehr erlebt. Aus dem Gedenken an den 8. Mai 1945 müsse ein Anstoß zum Frieden entstehen. Genosse Erich Honecker habe in seiner Rede gestern in Magdeburg[29] erklärt, von deutschem Boden dürfe nie mehr ein Krieg, sondern Frieden ausgehen. Er stimme dem zu, das sei eine zusätzliche Qualität.

Auch sei er froh über das Ergebnis in Genf und begrüße, daß über alle Fragen des nuklearen Wettrüstens im Zusammenhang verhandelt werden soll. Die Verhandlungen sollten zügig geführt werden. Er hoffe, daß ein deutscher Beitrag dazu geleistet werden könne. Die Verhandlungen müßten zu wirklicher Abrüstung führen. Man sei bereits auf

[28] Allessandro »Sandro« Pertini war seit 1978 italienischer Staatspräsident, Bettino Craxi seit 1983 italienischer Ministerpräsident.
[29] Wortlaut u. a. in: ›Neues Deutschland‹.

dem richtigen Wege mit SALT II gewesen. Der Präsidentenwechsel in den USA habe es aber blockiert. Der jetzige USA-Präsident brauche keine Rücksicht mehr auf seine Wiederwahl zu nehmen. Er habe daraus die Hoffnung, daß er den Versuch machen werde, dazu beizutragen, um den Frieden sicherer zu machen. Aber es gebe Kontroversen innerhalb der USA-Regierung, den Shultz-Flügel und den Weinberger-Flügel.[30] Er sei überzeugt, daß die BRD-Regierung, für die er nicht zu sprechen habe, in der Frage der Weltraumrüstung die gleiche Position beziehe, wie die von Genossen Erich Honecker zitierten anderen westlichen Staatsmänner. Die SPD werde darauf drängen, daß ein klares Wort gesprochen werde. Rau verwies darauf, daß die Gespräche zwischen SED und SPD zur Frage des Verbots der chemischen Waffen ein nützlicher Beitrag zur Friedenssicherung seien.[10]

Genosse Erich Honecker erklärte, er habe aufmerksam den Weg der SPD vom NATO-Doppelbeschluß zum Kölner Parteitag verfolgt. Er habe sich auch mit dem jüngsten SPD-Papier vertraut gemacht.[11] Offensichtlich habe sich eine große Veränderung in den Positionen der SPD vollzogen. Das sei die Widerspiegelung der Veränderung in der Haltung breiter Kreise der BRD-Bevölkerung. Er habe im BRD-Fernsehen gehört, daß 56% der Menschen unter 30 Jahren die jetzige Politik der BRD ablehnen. Die Mehrheit der Bevölkerung wolle von dem »Teufelszeug« der Raketen nichts wissen. [...]

Die Friedensfrage sei auch die Kernfrage für das Verhältnis der beiden deutschen Staaten. Er wolle nicht verhehlen, daß wir erstaunt sind, daß sich von ersten Briefen Kohls an ihn, in denen über Kontinuität der Politik und Völkerrechtssubjektivität der DDR die Rede gewesen sei, bis heute in der BRD eine Wende nach rechts vollzogen habe und eine neue Lage entstanden sei. Das finde seinen Ausdruck eben in solchen Äußerungen wie der Weizsäckers und anderer. Dazu gehört auch die Tatsache, daß in der BRD Treffen unter der Losung »Schlesien ist unser« stattfinden.[13] Wenn ein Bundeskanzler solche Treffen besuchen wolle[31], müsse das entsprechende Gefühle hervorrufen, nicht nur bei uns, sondern in ganz Europa.

Rau erwiderte, er wolle betonen, daß die Grenzfragen nicht zur Diskussion stehen. Willi *[sic!]* Brandt habe wiederholt darauf hingewiesen, auch der Bundespräsident während des Besuches von Ceauşescu.[14] Auch er sei betroffen über manche Töne in der BRD. Was die Rechtsentwicklung betreffe, so stimme das leider in manchen Punkten; aber es gebe auch andere Entwicklungen. Wer hätte sich vor Jahren vorgestellt, daß ein bayerischer Ministerpräsident Genossen Erich Honecker besuche.[15] Er glaube nicht, daß die These, es gebe einen neuen Revanchis-

---

[30] Caspar Weinberger, Verteidigungsminister der USA.

[31] Bundeskanzler Kohl hielt auf diesem Treffen eine Rede. Seine beabsichtigte Teilnahme war zu diesem Zeitpunkt bekannt geworden. Vgl. AdG 1985, S. 28460.

mus in der BRD, zutreffe. Es gebe Leute, die mit Leitbildern von gestern und vorgestern operierten. Sie fühlten sich heute stärker. Aber die Zahl derjenigen, die an eine Revision von Grenzen und an »Befreiung« denken, sei minimal. Bei allen Unterschieden zur Bundesregierung sei er überzeugt, daß auch Bundeskanzler und Außenminister eine Politik wollten, die die Verträge nicht in Frage stellen. Das gelte auch für den CSU-Vorsitzenden.

Genosse Erich Honecker erklärte dazu, er möchte keiner verantwortlichen Persönlichkeit in der BRD unterstellen, daß sie bewußt auf Krieg zusteure. Aber daß seit einiger Zeit stärkere Akzente auf Grenzänderungen gesetzt würden, sei unverkennbar.

Durch Willy Brandt sei eine Wende in den Beziehungen zwischen beiden deutschen Staaten eingeleitet worden. Das betreffe auch das Verhältnis der BRD zur Sowjetunion, zu Polen, zur ČSSR u. a. sozialistischen Staaten. Nach dem Regierungswechsel habe es den Anschein gehabt, als ob es in bezug auf die Ostpolitik wie bisher weitergehen solle. Aber in letzter Zeit würden Fragen wieder aufgeworfen, die früher nicht mehr in den Vordergrund gerückt worden seien. Das sei ein neues Moment.

[...]

In anderen Staaten werde die Entwicklung in beiden deutschen Staaten mit großer Aufmerksamkeit verfolgt. Wir seien nicht der Meinung, daß die BRD nur aus Revanchisten bestehe. Die Mehrheit der Menschen geht von den Realitäten aus, von der Existenz zweier deutscher Staaten mit unterschiedlicher Ordnung, die in ihren inneren und äußeren Angelegenheiten souverän sind. In dieser Frage beziehe die SPD heute eine Position, die nach dem Treffen am Werbellinsee auch Helmut Schmi/d/t vertreten habe. Er habe im Bundestag zum ersten Mal von Bürgern der DDR gesprochen. Danach seien positive Veränderungen möglich geworden, deren Ergebnisse aber im wesentlichen die neue Regierung geerntet habe. Seit Mitte vergangenen Jahres gebe es aber eine deutliche Entwicklung, von der bisherigen Linie der Ostpolitik abzurücken. Das habe nicht zuletzt dazu geführt, daß die BRD auch international nicht mehr das Gewicht wie früher habe.

Genosse Erich Honecker erklärte, die DDR werde ihre Linie weiterführen. Es könnten aber Zeiten kommen, wo es schlechter gehen werde, wenn solche Störer zum Zuge kommen wie Dregger, Lintner, Reddemann[32] und Windelen. Rau warf hier ein, Windelen nehme inzwischen realistischere Positionen ein.

Genosse Erich Honecker fuhr fort, was Strauß betreffe, so sei die Veränderung von dessen Haltung auch für ihn eine Überraschung gewesen. Aber Strauß sei Realpolitiker. Er wende sich gegen Entwicklun-

---

[32] Gerhard Reddemann MdB (CDU).

gen, die zum nuklearen Krieg führen können. Er verstehe, wenn man an den Grenzfragen rühre, könne nur Schlechtes herauskommen.

Genosse Erich Honecker verwies darauf, daß als Antwort auf die Raketenstationierung in Westeuropa, insbesondere in der BRD, zum ersten Mal auch auf dem Territorium der DDR Raketen stationiert seien, die die Stationierungsräume der Pershing-Raketen in einer Minute erreichen könnten. Er betonte erneut nachdrücklich, daß das wichtigste heute sei, die Kriegsgefahr zu beseitigen, alles andere sei zweitrangig.

Rau erklärte, damit stimme er völlig überein. Er wolle nicht verschweigen, daß es Entwicklungen in der BRD gebe, die er nicht für gut halte. Die SPD wolle dagegensteuern. Deshalb sei er auch dankbar für diesen Besuch. Die SPD habe ein Erbe von Willy Brandt zu hüten. Das werde ihn allerdings nicht daran hindern, die Bundesregierung zu verteidigen, wenn sie angegriffen werde.

Rau verwies auf die Bedeutung des besseren gegenseitigen Kennenlernens. Er finde es daher gut, wenn man beim Kultur- und Jugendaustausch ein Stück vorankommen könnte. Ein wichtiger Punkt sei die Frage des Umweltschutzes. Er fände es gut, wenn hier konkrete Vereinbarungen zustande kämen. Der kürzliche Besuch seines Umweltministers Farthmann in der DDR[18] habe ihn darin bestärkt.

Genosse Erich Honecker erwiderte, auch die DDR sei an diesen Fragen interessiert. Sie habe an der Umweltkonferenz in München teilgenommen. Es gebe Kontakte zu Bayern wegen der Waldschäden. Die DDR habe selbst Erfahrung auf diesem Gebiet. Er verwies auf die erfolgreiche kulturelle Entwicklung der DDR, vom Arbeitsplatz bis zum Wohngebiet. Es gebe eine breite Entwicklung der Talente in vielen Gebieten.

Die DDR sei dafür, das Kulturabkommen abzuschließen. Natürlich hänge diese Frage mit der Gesamtatmosphäre zusammen. Man brauche im Grund nur ein Musterabkommen zwischen Staaten unterschiedlicher Ordnung als Beispiel zu nehmen, dann werde man vorankommen. Was Reisen und gegenseitiges Kennenlernen betreffe, so tue sich die BRD etwas schwer. Genosse Erich Honecker verwies auf den großen Umfang des gegenseitigen Reiseverkehrs. Aber es drohe die Gefahr, daß die BRD-Polizei durch formale Anwendung der Dienstvorschriften dies gefährdet. Erst kürzlich wieder sei eine Jugendgruppe aus der DDR durch die bayerische Grenzpolizei Schikanen unterworfen worden, sogar verbunden mit Drohungen. Man müsse in der BRD die Dienstvorschriften ändern.[19] Man müsse sich in der BRD bewegen können, ohne durch Geheimdienste befragt zu werden. Wenn die gegenseitige Bewegung erleichtert werden solle, dann müsse man Diskriminierungen beseitigen. Ausgegangen könne nur davon werden, daß zwei Staaten auf deutschem Boden mit unterschiedlicher Gesellschaftsordnung bestehen. Man solle in der BRD endlich aufhören, aus der Tatsache, daß ein DDR-Bürger wegbleibe, jedesmal eine Propagandakampagne zu machen. Wenn die DDR mehr Familienzusammenführung ermögliche, dann würden daraus Siegesmeldungen in der BRD gemacht. Er habe viele Schreiben von DDR-Bürgern vorliegen, die flehentlich darum bitten, zurückkehren zu können. Kinder wollten wieder in ihre Pioniergruppen. Es werde überlegt, wie man hier verfahren solle.

Genosse Erich Honecker verwies darauf, es müsse sich alles normal vollziehen. Manche DDR-Bürger seien heute aufgrund von Eheschließungen u. ä. in Österreich oder in Schweden. Dort werde mit solchen Fragen keine Propaganda gemacht.

Rau sagte, er stimmte dem völlig zu. Öffentliche Diskussionen über solche Fragen erschwerten vernünftige Lösungen. Je normaler man solche Fälle behandle, um so besser sei es.

Genosse Erich Honecker erklärte, die DDR sei für die Entwicklung der kulturellen Beziehungen. In der DDR liefen viele westliche Filme, und sie bringe viele Bücher aus westlichen Ländern, auch aus der BRD, heraus.

Er habe jetzt einen Kalender des »Gesamtdeutschen Instituts« in die Hände bekommen. Wenn er diesen Kalender mit zur Tagung des Politisch Beratenden Ausschusses des Warschauer Vertrages nehmen würde, würden alle dort sagen, damit werde bestätigt, daß die BRD die Forderung nach den Grenzen des Deutschen Reiches von 1937 erhebe.[20]

Auf Fragen der Entwicklung der DDR eingehend, erklärte Genosse Erich Honecker, daß sich in der DDR ein großer Aufschwung vollziehe, es gebe Vollbeschäftigung, Wirtschaftswachstum, hohe Steigerung der Arbeitsproduktivität, Erfolge bei der Entwicklung der Mikroelektronik. Die Intensivierung und Rationalisierung der Produktion werde durchgeführt, ohne das Arbeitslosigkeit entstünde. Frei werdende Arbeitskräfte würden in neue Industriezweige überführt. In den letzten drei Jahren seien 560 Mio. Arbeitsstunden jährlich durch Rationalisierung eingespart worden.

Die DDR habe umfangreiche Wirtschaftsbeziehungen mit der Sowjetunion. Er werde am Montag Genossen Baibakow[33] empfangen. Der Handelsumsatz mit der Sowjetunion habe 15 Mrd. Rubel erreicht, dafür gebe es kein Beispiel in der Welt. Die DDR sei bestrebt, auch mit westlichen Ländern, darunter der BRD, die Kooperation auszubauen.

Rau sagte, daran sei man sehr interessiert. Nordrhein-Westfalen habe gute Beziehungen zur RSFSR.[34] Im Januar werde er ein Essen für den sowjetischen Teil der Gemischten Delegation BRD/Sowjetunion geben. Er hoffe, daß er einmal Genossen Erich Honecker in Düsseldorf begrüßen könne und daß er auch in das Saarland fahren werde.

[33] Nikolaj K. Baibakow, Vorsitzender des staatlichen Planungsamtes der UdSSR 1965 – Okt. 1985.
[34] Russische Sozialistische Föderative Sowjetrepublik.

Genosse Erich Honecker erwiderte, darüber könne man zum gegebenen Zeitpunkt nachdenken, wenn entsprechende Voraussetzungen vorhanden seien. Es habe sich im nachhinein als völlig richtig erwiesen, den Besuch in der BRD nicht durchzuführen.[21] Bei dem Besuch des Genossen Ceaușescu sei nicht viel herausgekommen. Man müsse auch sehen, daß es international nicht mehr um die Begegnung von Staatsmännern zweier unabhängiger deutscher Staaten gegangen sei, sondern man habe die Frage gestellt, was »die Deutschen« machen, ob sie sich etwa »einigten«. Das habe entsprechende Signale z. B. in Paris und Rom ausgelöst. Er verwies in diesem Zusammenhang auf die Erklärung von Andreotti, daß es zwei deutsche Staaten gebe und dabei solle es bleiben.[23] Andreotti wisse als erfahrener Politiker sehr gut, daß jeder Versuch zur Veränderung der realen Lage nur zum Schlechten führen könne.

Man habe in der BRD erklärt, er könne zwar in die BRD kommen, aber nur, wenn er dies oder jenes tue, und man habe einen ganzen Katalog von Forderungen aufgestellt. Er habe in der letzten Zeit viele Besuche in anderen Staaten durchgeführt, aber nie erlebt, daß man ihm vorher gesagt habe, er könne nur kommen, wenn er etwas mitbringe.

Die DDR habe bekanntlich lange Zeit um die Einheit Deutschlands gekämpft. Man habe auf der anderen Seite die Losung ausgegeben, Freiheit geht vor Einheit. Die Frage sei seit langem entschieden. Die BRD sei ein Teil der NATO, die DDR Teil des Warschauer Vertrages. Die Ergebnisse des Zweiten Weltkrieges könne man nicht revidieren.

Rau entgegnete, aber es wäre schön, wenn es weder NATO noch Warschauer Vertrag gebe.

Genosse Erich Honecker erwiderte, die DDR trete bekanntlich für die Auflösung von NATO und Warschauer Vertrag ein. Es gebe entsprechende Vorschläge der sozialistischen Staaten. Das erfordere aber ein Klima gegenseitigen Vertrauens, eine Periode der Zusammenarbeit. Statt dessen sei Europa in eine Art neuen Kalten Krieg hineingeschlittert.

Rau kam auf den 8. Mai zurück und sagte, man müsse die Chance nutzen, so viel wie möglich für den Frieden zu tun. Die SPD wolle in Nürnberg eine entsprechende Veranstaltung zum 8. Mai durchführen.[25]

Genosse Erich Honecker wies darauf hin, daß eine Delegation aus Dresden zu der Veranstaltung in Nürnberg entsandt würde. Rau sagte, er hoffe, daß Delegationen aus der DDR auch in die durch den Krieg schwer zerstörten Städte nach Nordrhein-Westfalen kämen, z. B. nach Köln.

Genosse Erich Honecker verwies darauf, daß heute der Gemeinsame Aufruf zum 40. Jahrestag in der DDR veröffentlicht worden sei.[35] Die DDR betrachte diesen Tag als Tag der Befreiung und nicht als Katastro-

[35] Der »Gemeinsame Aufruf« der Staats- und Gesellschaftsorgane der DDR; ›Neues Deutschland‹, 11. 1. 1985.

phe. Er informierte, daß beschlossen werden wird, den 40. Jahrestag zum gesetzlichen Feiertag in der DDR zu erklären.

Im Zusammenhang mit dem 8. Mai stellte Rau an Genossen Erich Honecker die Frage, wo er sich bei Kriegsende befunden habe.

Genosse Erich Honecker berichtete, daß er die letzten zwei Jahre vor Kriegsende als Gefangener in Berlin eingesetzt war, um Bomben zu beseitigen. Es sei ein Himmelfahrtskommando gewesen. Er habe die Schrecken der Nazidiktatur und des Hitlerkrieges unmittelbar in Berlin am eigenen Leib erfahren. Diese Erfahrung dürfe nicht vergessen werden, und man müsse daraus die notwendigen Schlußfolgerungen ziehen. In der DDR sei dies getan worden. Dies müsse auch in der BRD geschehen. Es sei bemerkenswert, daß viele aus der jüngeren Generation in der BRD ihren Weg suchen.

Anschließend erklärte Genosse Erich Honecker, daß er den Besuch von Rau in der DDR begrüße. Rau habe als Ministerpräsident des größten BRD-Bundeslandes einen Einblick in das Leben der DDR nehmen können. Auch die BRD hätte nach 1945 einen anderen Weg gehen können, wenn nicht die scharfen Eingriffe der Westmächte erfolgt wären, z. B. die Suspendierung der hessischen Verfassung.[36] Rau konnte nicht umhin, dem zuzustimmen.

Seidel *[Unterschrift]*

---

[36] Bei der Volksabstimmung am 1. 12. 1946 in Hessen über die Verfassung votierten 71,9% für eine Überführung von Großindustrien in Gemeineigentum. Die U.S.-Militärregierung suspendierte jedoch diesen Verfassungsartikel.

16. Gespräch Kohl – Honecker am 12. März 1985 (Moskau)

SAPMO ZPA J IV 2/2A/2739: »Niederschrift über das Gespräch zwischen dem Generalsekretär des ZK der SED und Vorsitzenden des Staatsrates der DDR, Erich Honecker, und dem Bundeskanzler der BRD, Helmut Kohl, am 12. März 1985 in Moskau« – als »Anlage 6« zum »Bericht über die Teilnahme einer Partei- und Staatsdelegation der DDR unter Leitung des Generalsekretärs des ZK der SED und Vorsitzenden des Staatsrates der DDR, Genossen Erich Honecker, an den Trauerfeierlichkeiten für Genossen K. U. Tschernenko am 12. und 13. März 1985 in Moskau«; Vermerk »EH 12. 3. 85«. – Zur Westquelle siehe Nr. 11.

E. Honecker begrüßte H. Kohl und wertete die Begegnung als eine gute Möglichkeit, über aktuelle politische Probleme zu sprechen.[1] Mit großer Aufmerksamkeit habe er die Rede des neuen Generalsekretärs des ZK der KPdSU, M. Gorbatschow, zur Kenntnis genommen, deren internationaler Teil die Welt zu einem neuen Ansatz in den Fragen von Krieg und Frieden ermuntere, die auf der Tagesordnung der Weltpolitik stehen.[2] Die DDR begrüße es, daß die im Kontakt Gromyko/Shultz vereinbarten neuen Verhandlungen in Genf über den Gesamtkomplex der Nuklear- und Weltraumwaffen begonnen haben.[3] Durch A. Gromyko sei er seinerzeit über das Zustandekommen dieser Verhandlungen informiert worden, auch von amerikanischer Seite habe er entsprechende Hinweise erhalten. Wenn man nach der Begleitmusik in einigen westlichen Massenmedien gehe, so müßte man pessimistisch sein, aber es sei zu begrüßen, daß der Dialog zustande gekommen ist. Die Genfer Verhandlungen eröffneten die Möglichkeit, die Abrüstung nach dem Prinzip der Gleichheit und gleichen Sicherheit zu erörtern, wobei es um drei komplexe Probleme gehe – Weltraumwaffen, Interkontinentalraketen, Mittelstreckenraketen –, mit dem Endziel der Beseitigung aller nuklearen Waffen. Es wäre zu begrüßen, wenn auch die BRD eine so konsequente Haltung dazu einnehmen würde wie die DDR, sagte E. Honecker. Nur durch effektive Verhandlungen könne es zum Entspannungsprozeß kommen, der für beide Seiten und die ganze Welt vorteilhaft sei.

---

[1] Das Gespräch fand anläßlich der Trauerfeierlichkeiten für den verstorbenen Generalsekretär Tschernenko statt.

[2] Gorbatschows Rede vor dem ZK der KPdSU nach seiner Wahl zum neuen Generalsekretär am 11. 3. 1985 ist u. a. abgedr. in: AdG 1985, S. 28562 f.

[3] Siehe Nr. 15, Anm. 7. Die Rüstungskontrollverhandlungen in Genf waren am 12. 3. 1985 wieder aufgenommen worden.

H. Kohl hieß es ausdrücklich gut, daß nicht die deutsch-deutschen Fragen, sondern die Weltpolitik zum Hauptthema des heutigen Gesprächs gemacht werden solle, denn sie sei tatsächlich das Hauptthema.

Die Beziehungen zwischen der BRD und der DDR würden sich nie in wünschenswerter Weise entwickeln, wenn sich das Weltklima verhärtet. Die Position der BRD zu den Genfer Verhandlungen sei eindeutig, er habe das seinerzeit schon J. Andropow klar gesagt.[4] Nochmals wolle er ganz klar betonen, daß er in keiner Form raketensüchtig sei. Wo man auch immer politisch stehe, ein Deutscher, der nicht den Verstand verloren habe, müsse nahe dem Ende dieses Jahrhunderts die Lektion der Geschichte begriffen haben. Zu wirklichen Verhandlungen gebe es keine Alternative, die einzige sei die Apokalypse. Die Frage sei, wie man sich unter verschiedenen ideologischen Verhältnissen bei Respektierung des Standpunktes des anderen einrichten könne, um in einer menschlich vernünftigen Weise miteinander umzugehen.

Nach der Stationierung sei die Position der BRD im Bündnis ungleich stärker als vorher. Im Verhältnis zu den USA und den anderen EG-Staaten gelte die BRD als ein zuverlässiger Freund und Partner. Das erhöhe ihre Verantwortung und ihre Chance. Die CDU werde im Juni 40 Jahre alt. Unter ihren 34 Gründern seien 17 aus Gefängnissen und KZ gekommen. Es sei wichtig, wo man geschichtlich herkommt. Auf einer Kundgebung in Saarbrücken habe er z.B. an Willi Graf erinnert.[5] Die Verantwortung sei geradezu physisch spürbar, mit Händen greifbar.

Mit R. Reagan habe er am 30. November 1984 in einem Kommuniqué[6] erklärt, es gehe nicht nur um militärische Abrüstungsgespräche, sondern wünschenswert seien auf breiter Front auch wirtschaftliche und kulturelle Verbesserungen der Beziehungen. Dies sei ganz klar sein Ziel, daran halte er fest. Die Verhandlungen in Genf können erfolgreich sein, man müsse nur auf beiden Seiten einige Dinge bedenken. Man dürfe sich von niemandem unter Zeitdruck setzen lassen, das wäre tödlich angesichts der Schwierigkeiten der Probleme wie des Aufbaus von Kontrollmechanismen usw. Man müsse Geduld haben. Nicht nur die Verhandlungspartner, sondern auch wir müßten Einfluß ausüben. Jede Seite müsse auch für das Sicherheitsverständnis der anderen Verständnis haben.

[4] Kohl oder der Protokollant verwechselte wohl Andropow und Tschernenko. Gemeint war Kohls Gespräch mit Generalsekretär Tschernenko anläßlich des Moskau-Besuches zu den Trauerfeierlichkeiten für Generalsekretär Andropow im Februar 1984; vgl. Nr. 11.

[5] Bei ihrem ersten Treffen am 13. 2. 1984 in Moskau – vgl. Nr. 11 – hatten Kohl und Honecker über gemeinsame Bekannte im Saarland und die Familie von Willi Graf gesprochen, der zur deutschen Widerstandsgruppe »Weiße Rose« gehörte und 1943 hingerichtet worden war. Mit einem Schreiben vom 8. 1. 1985 hatte Bundeskanzler Kohl Honecker ein Buch mit Briefen von Willi Graf übersandt, handschriftlich unterzeichnet »Mit freundlichen Grüßen Ihr Helmut Kohl«.

[6] Die nach dem eintägigen Arbeitsbesuch Kohls am 30. 11. 1984 veröffentlichte gemeinsame Erklärung trug den Titel »Dem Frieden verpflichtet«. Vgl. AdG 1985, S. 28805f.

Auf dem Wege vom Flugplatz habe er die symbolische Panzersperre vor Moskau gesehen. In 130 Jahren habe das russische Volk zwei Invasionen aus Europa erlebt, das sei ein Alptraum. Er sage es bei jeder Gelegenheit, auch dem USA-Partner.

Beim Zeitfaktor müsse man bedenken, und es könnte hilfreich sein, wenn E. Honecker dies bei seinen sowjetischen Partnern verdeutliche, daß der USA-Präsident jetzt auf dem Höhepunkt seines Ansehens stehe. Schon werde diskutiert, wer 1988 USA-Präsident werde. Wenn Reagan in der alle bewegenden Sache etwas bewegen wolle, so sei seine Zeit nicht unbegrenzt. Mache jeder seinen Teil an Einfluß geltend, so bestehe eine reelle Chance. Auf Feldern, wo man etwas machen könne, solle man Bewegung hineinbringen. Darin stimme er mit Mitterrand, Thatcher, Craxi und den Regierungschefs der Benelux-Länder überein. Reagan sei nach seinem intellektuellen Niveau ein Mann, der keine großen Ausflüge intellektueller Art mache, hier befinde er sich sicher in der Nähe von Truman[7], von dem man sage, er habe vieles Unwesentliche ganz falsch gemacht, aber wesentliche Dinge richtig entschieden. Ins Buch der Geschichte wolle er als Friedensfürst, nicht aber als das Gegenteil eingehen. Man müsse ihn als Amerikaner verstehen, was für Europäer nicht immer leicht sei.

Gute Chancen seien in der Sache gegeben. M. Gorbatschow sei der jüngere, sei dynamisch. Wenn sie aufeinander zugingen, gäbe es seit über einem Jahrzehnt zum ersten Mal wieder eine echte Chance. Die USA-Haushaltsentwicklung zwinge wegen der hohen Staatsverschuldung zu Umschichtungen. Dazu brauche Reagan den Kongreß, und das werde zu einer gewissen überparteilichen Zusammenarbeit führen, was sich auch auf die Verhandlungsbereitschaft auswirken könne. Entscheidungen in Moskau könnten dazu beitragen, die Dinge voranzutreiben. Von ganz entscheidender Bedeutung für Genf sei G. Shultz.

BRD und DDR hätten eine besondere Pflicht, wenn man an den Satz denke, von deutschem Boden soll nie wieder Krieg, sondern Frieden ausgehen. Diesen Satz sollte man ernst nehmen. Ich glaube, sagte H. Kohl, wir beide tun das.

E. Honecker sagte, der Meinungsaustausch trotz unterschiedlicher Gesellschaftsordnungen und Positionen sei notwendig und nützlich. Die BRD gehöre der NATO, die DDR dem Warschauer Vertrag an, das müsse man in Rechnung stellen. Wenn es zu Entspannung komme, profitierten beide, wenn nicht, könne die ganze Welt zugrunde gehen. Gegenwärtig bestehe die große Chance zu einer Wende in der Welt von der Konfrontation zur Zusammenarbeit auf entscheidenden Gebieten, wo es um die Zukunft der Menschheit gehe. Die Rede M. Gorbatschows[2] mache deutlich, daß die Sowjetunion die Politik fortsetzt, die

---

[7] Harry S. Truman, Präsident der USA 1945–1952.

wir aktiv unterstützen und seit langem verfolgen. Darüber habe er schon heute mit M. Gorbatschow gesprochen, morgen werde er ein längeres Gespräch mit ihm haben. Für die Rüstungsbegrenzung und Abrüstung sei der ernsthafte Wille beider Seiten wichtig, zu einem Ergebnis zu gelangen. Dies sei eine Frage des Willens, nicht die des Zeitdrucks. Könne man diesen Willen auf USA-Seite voraussetzen, auf unserer Seite sei er in jedem Fall vorhanden. In der Rede M. Gorbatschows werde H. Kohl die Feststellung finden, daß die Sowjetunion die Interessen der anderen Seite berücksichtigt und niemanden übervorteilen will. Es gehe um den ganzen Komplex der Weltraum- und Nuklearwaffen, und er halte es für goldrichtig, diese Fragen im Zusammenhang zu behandeln. Das sei auch das Ergebnis der Gespräche Gromyko/Shultz gewesen, das bekanntlich noch unter K. Tschernenko zustande gekommen sei. Vor allem müsse man verhindern, daß Waffen dorthin gelangen, wo sie noch nicht sind, man müsse also die Militarisierung des Weltraums ausschließen.

Jetzt sei vom »Krieg der Sterne« die Rede, von einem strategischen Verteidigungsprogramm, das die Atomwaffen überflüssig machen solle. Aber während man in den USA von Frieden spreche, sei dort eine Aufrüstung ungeheuren Ausmaßes im Gange, der gegenüber sich die Sowjetunion nicht gleichgültig verhalten könne. Nützlich wäre ein Einfrieren der Atomwaffen. Das ermögliche, ohne Zeitdruck weitere Regelungen hinsichtlich des Weltraums zu treffen. Sehr günstig und richtig wäre es, mit einem Stopp der Produktion von Waffen aller Art zu beginnen. Wenn Reagan nicht als Mann des Krieges, sondern als Friedenswahrer in die Geschichte eingehen möchte, dann habe er die Möglichkeit, seine Worte im Wahlkampf über Rüstungskontrolle und Abrüstung jetzt zu realisieren.

Man müsse dahin wirken, stellte E. Honecker fest, daß keine neuen Waffensysteme in den Weltraum gebracht werden. Hinter dem Schirm von Forschungsaufgaben werde die Stationierung vorbereitet. Kein Wissenschaftler könne garantieren, daß die Welt nicht vom Kosmos aus zerstört wird. Auch außerhalb der Verhandlungen der Großmächte bestünden Möglichkeiten zur Lösung weiterer Probleme, z. B. Verbot der chemischen Waffen. Es bestehe die reale Chance, die negative Entwicklung in der Welt umzukehren. Auf der Stockholmer Konferenz, bei den Wiener Truppenabbauverhandlungen sollten entsprechende Zeichen gesetzt werden. Die Konfrontation bringe niemandem etwas Gutes, belaste die internationalen Beziehungen und treibe die Welt an den Rand des Abgrunds. Die DDR begrüße das Zustandekommen der Genfer Verhandlungen und gehe davon aus, daß beide Seiten den Willen haben, zu Ergebnissen zu gelangen. Im Rahmen der gesteckten Ziele sei abzuwägen, was man unterstützend tun könne.

H. Kohl sagte, er gehe nicht auseinander in diesem Punkt. Bei einem

Gespräch mit E. Teller, dem »Vater« der USA-Wasserstoffbombe, sei deutlich geworden, daß der Forschungsrahmen technologisch ungeheure Probleme bedinge.[8] Das Programm könne 80 Milliarden DM und mehr kosten. Es führe bis ins nächste Jahrhundert. Dies alles sei von großen Auswirkungen, nicht zuletzt auf den Nord-Süd-Konflikt, ob es einem nun passe oder nicht. Die BRD sei voll integriert in die Genfer Verhandlungen, was sich schon aus dem Charakter der Sache ergebe, und könne Einfluß nehmen. Wegen ihrer geopolitischen Lage sei sie besonders gefordert, er sehe eine besondere Verantwortung und eine besondere Chance.

E. Honecker stellte fest, eben sie müsse man nutzen. Es müsse Abstand genommen werden von dem gesamten Projekt der Weltraumwaffen. Seitens der Sowjetunion bestehe der ernsthafte Wille zu einer Übereinkunft, die gewährleistet, daß Waffen gar nicht erst in den Weltraum gebracht werden und das Gleichgewicht auf einem niedrigen Niveau der Waffen aufrechterhalten wird. Wie seine Gespräche mit Fachleuten über die Lasertechnik und ähnliche Probleme bestätigt hätten, existieren keine Erkenntnisse, die irgendwem garantierten, daß bei Zustandekommen eines Abwehrschildes kein Gegenschlag erfolgen kann. Der Traum, durch die Militarisierung des Weltraumes über Generationen hinweg ein solches System zu schaffen, mit dem die Völker ohne Sorge leben könnten, sei völlig unsinnig. Der Verzicht auf Waffen im Weltraum wäre eine Grundlage für die Reduzierung der Waffen auf der Erde. Die Forschung solle friedlichen Zwecken dienen. In jedem Falle sei die friedliche Zusammenarbeit besser als die Konfrontation.

M. Gorbatschow werde genau die Linie der Rüstungsbegrenzung und Abrüstung, des Gleichgewichts auf einem niedrigen Niveau der Waffen fortsetzen, wie sie auch von J. Andropow und K. Tschernenko verfolgt worden sei. So habe die Sowjetunion ihre Genfer Verhandlungsdelegation instruiert, in jeder Begegnung nach effektiven Ergebnissen zu streben. Ähnliches sei von amerikanischer Seite zu hören. Das berechtige zu Hoffnung. H. Kohl bemerkte hierzu, er sei gedämpft optimistisch. Im Zusammenhang mit der gewaltigen Aufrüstung der USA und ihrer hohen Staatsverschuldung stellte E. Honecker fest, daß die sozialen Fragen im Kapitalismus um so weniger gelöst werden können. Druck ergäbe sich auch auf die sozialistischen Länder. Was das Nord-Süd-Problem betreffe, so wäre es besser, die für die Aufrüstung ausgeworfenen Milliarden zu nutzen, um eine demokratische Wirtschaftsordnung zu schaffen.

H. Kohl bemerkte, er sehe eine Chance auch für die Weiterentwicklung der Beziehungen zwischen der BRD und der DDR. Seit seinem

---

[8] Das Gespräch fand wahrscheinlich bei der XXII. Internationalen Wehrkundetagung in München statt, bei der Kohl am 9. 2. 1984 gesprochen hatte und bei der Edward Teller eine US-Wissenschaftler-Delegation leitete. Vgl. AdG 1985, S. 28594f.

Amtsantritt habe er eine Reihe von Schritten getan, an die seine Vorgänger nicht zu denken gewagt, geschweige denn unternommen hätten. Diese Entwicklung habe ihm nicht geschadet, im Gegenteil. Er habe E. Honecker als einen Partner kennengelernt, auf den Verlaß sei.

E. Honecker stellte fest, er habe mit großem Interesse die Erklärung H. Kohls vor dem Bundestag zur Kenntnis genommen, daß die Unverletzlichkeit der Grenzen und die Achtung der territorialen Integrität und der Souveränität aller Staaten in Europa in ihren gegenwärtigen Grenzen eine grundlegende Bedingung für den Frieden sind.[9] Auf der Leipziger Messe habe er dies voll unterstrichen. H. Kohls Feststellung sei notwendig gewesen, da es wegen verschiedenster Äußerungen in der BRD Irritationen in Ost und West gegeben habe. Bei der Grenzfrage handle es sich um eine Frage von Krieg oder Frieden. Eine Änderung der bestehenden europäischen Grenzen sei sowieso nicht zu erreichen, und Versuche dazu könnten höchstens dazu führen, daß die Staaten in Trümmer gehen. H. Kohls Erklärung, mit der er sich bekanntlich im Widerspruch zu einigen Unionsabgeordneten befunden habe, sei von großer Tragweite und diene auch der Verbesserung der Bedingungen für die Entwicklung der Beziehungen zwischen der DDR und der BRD.

Im Verlauf des Gesprächs wurde ins Auge gefaßt, auf dem Gebiet des Umweltschutzes durch Experten einen Vertrag oder eine Vereinbarung vorbereiten zu lassen, die Verhandlungen über den Abschluß eines Kulturabkommens, orientiert auf ein positives Ergebnis, weiterzuführen und die Wirtschaftsbeziehungen fortzuentwickeln. Beide Seiten bekräftigten, daß der Grundlagenvertrag die solide Basis für die Gestaltung und den Ausbau der Beziehungen zwischen der DDR und der BRD darstellt.[10]

[9] In dem Bericht zur Lage der Nation im geteilten Deutschland hatte Bundeskanzler Kohl am 27. 2. 1985 gesagt: »Wir bekräftigen jetzt und für die Zukunft den Warschauer Vertrag« und die »verankerte ›Unverletzlichkeit der Grenzen und die Achtung der territorialen Integrität und der Souveränität aller Staaten in Europa in ihren gegenwärtigen Grenzen‹ als ›eine grundlegende Bedingung für den Frieden‹«. Abgedr. u. a. in: Innerdeutsche Beziehungen (1986), S. 206 ff., hier S. 208.

[10] In der gemeinsamen Erklärung von Kohl und Honecker vom 12. 3. 1985, die als Moskauer Erklärung bekannt wurde, wurde das »große Gewicht« des »politischen Dialogs« und »der Zusammenarbeit zwischen Ost und West« betont. »Fortschritte zum Wohle der Menschen« seien »in hohem Maße geeignet«, »zur Verbesserung des politischen Klimas und zur Vertrauensbildung in den Ost-West-Beziehungen beizutragen. – Die Unverletzlichkeit der Grenzen und die Achtung der territorialen Integrität und der Souveränität aller Staaten in Europa in ihren gegenwärtigen Grenzen sind eine grundlegende Bedingung für den Frieden, wurde erklärt. Von deutschem Boden darf nie wieder Krieg, von deutschem Boden muß Frieden ausgehen. – Beide Seiten treten dafür ein, alle Anstrengungen zu unternehmen, um auf der Basis des Grundlagenvertrages normale gutnachbarliche Beziehungen zwischen der Deutschen Demokratischen Republik und der Bundesrepublik Deutschland im Interesse von Frieden und Stabilität in Europa zu entwickeln und auszubauen.« Abgedr. u. a. in: Bulletin 14. 3. 1985; Innerdeutsche Beziehungen (1986), S. 212.

17. Gespräch H.-J. Vogel – Honecker am 16. Mai 1985 (Ost-Berlin)

[a] Archiv H.-J. Vogel: »Dr. Dieter Schröder, 16. Mai 1986, I. Gespräch zwischen dem Vorsitzenden der Bundestagsfraktion der SPD, Dr. Hans-Jochen Vogel, und dem Vorsitzenden des Staatsrats der DDR und Generalsekretär der SED, Erich Honecker, am 16. Mai 1985«

1.
Am 16. Mai 1985 fand im Gebäude des Staatsrats ein Gespräch zwischen Dr. Hans-Jochen Vogel und Erich Honecker statt, an dem in Begleitung von Hans-Jochen Vogel teilnahmen: Dr. Jürgen Schmude, Stellvertr. Vorsitzender der Bundestagsfraktion der SPD, Eugen Selbmann, Mitarbeiter der Fraktion der SPD des Deutschen Bundestages, und Prof. Dr. Dieter Schröder;
als Begleitung von Erich Honecker: Egon Krenz, Mitglied des Politbüros der SED und Stellvertr. des Ministers für Auswärtige Angelegenheiten der DDR, und Staatssekretär Frank-Joachim Herrmann. Das Gespräch dauerte knapp drei Stunden. Die letzte halbe Stunde des Gesprächs wurde unter vier Augen geführt.

2.
Erich Honecker begrüßte einleitend die Möglichkeit, den begonnenen Meinungsaustausch fortzusetzen und zu vertiefen. Dr. Vogel habe ihm einige Anregungen für Gesprächsthemen übermittelt. Er wolle diese aufgreifen, und man werde Punkt für Punkt feststellen, wo man sich verständigen könne, man müsse auch klarlegen, wo es für eine Verständigung noch ungelöste Probleme gibt. Übereinstimmung stelle er in der Grundfrage fest, das sei für ihn die Friedensfrage. Ehe er sich zu Einzelheiten äußere, wolle er den Sozialdemokraten zu ihrem eindrucksvollen Erfolg bei den Wahlen in Nordrhein-Westfalen[1] gratulieren. Er tue dies besonders deshalb, weil dadurch die Aussicht auf einen Regierungswechsel in Bonn verbessert würde. Das könne dazu beitragen, den Frieden stabiler und die Zusammenarbeit enger zu machen.

Hans-Jochen Vogel dankte für die Begrüßung und für die Glückwünsche zu dem Wahlerfolg in Nordrhein-Westfalen. Er wolle aber auch den großen Erfolg im Saarland[2] erwähnen. Darin schlage sich auch

---

[1] Bei den Landtagswahlen in NRW am 12. 5. 1985 hatte die SPD 52,1% der Stimmen errungen, ein Plus von 5,9%; die CDU war auf 36,5% gefallen (– 6,3%).

[2] Nach dem Erfolg bei den Landtagswahlen im Saarland am 10. 3. 1985, bei der die SPD 49,2% errang, war Oskar Lafontaine am 9. 4. 1985 zum neuen saarländischen Ministerpräsidenten gewählt worden. – Am 10. 3. hatten daneben noch Landtagswahlen in Berlin und Kommunalwahlen in Hessen stattgefunden.

der Wille der Wähler nieder, den Frieden sicherer zu machen. Er wolle aber auch unterstreichen, daß es sich ganz besonders um einen persönlichen Erfolg von Johannes Rau handele.

Man stehe gegenwärtig noch sehr stark unter dem Eindruck der Veranstaltung des Kriegsendes am 8. Mai. Sehr eindrucksvoll sei das Nürnberger Friedensgespräch der Sozialdemokraten verlaufen[3], und er wolle insbesondere dafür danken, daß der Oberbürgermeister von Dresden[4] an dem Gespräch teilgenommen hat. Er habe einen hervorragenden Eindruck hinterlassen. Für ihn persönlich sei auch sehr beeindruckend die Fahrt gewesen, die er gemeinsam mit den Berliner Sozialdemokraten am vergangenen Wochenende nach Theresienstadt und Lidice gemacht hätte.[5] Die Aufmerksamkeit Honeckers wolle er aber auch auf die Rede des Bundespräsidenten zum 8. Mai lenken.[6] Dies sei eine bedeutende Ansprache gewesen, und er sei stolz darauf, wie die Sozialdemokraten Richard von Weizsäcker, seinen Nachfolger im Amt des Regierenden Bürgermeisters von Berlin, als Kandidaten für das Amt des Bundespräsidenten unterstützt hätten. Erwähnen wolle er aber auch das Friedenswort der evangelischen Kirchen in beiden deutschen Staaten.[7] Es zeige eindrucksvoll die Rolle, die die Kirchen in beiden deutschen Staaten zu spielen hätten. Er habe aus Rom gehört, wie gut der Besuch des Staatsratsvorsitzenden in Italien verlaufen sei und welcher positive Eindruck sich aus dem Gespräch im Vatikan ergeben hätte.[8] Schließlich wolle er nicht versäumen, zum Wiederaufbau der Semper-Oper in Dresden zu gratulieren. Für das Gespräch schlage er vor, daß man in einer ersten Runde sich mit den Problemen der Friedenssicherung befasse und in einer zweiten Runde dann bilaterale Fragen erörtere. Honecker erklärte sich mit diesem Verfahrensvorschlag einverstanden.

a)

Zu dem Problem der Friedenssicherung bemerkte Dr. Vogel einleitend, daß es noch immer nicht gelungen sei, den Rüstungswettlauf zu ver-

[3] Zu diesem von der SPD veranstalteten Friedensgespräch waren Bürgermeister aus Städten verschiedener Länder geladen, die vom Krieg besonders hart betroffen worden waren, so u. a. aus Coventry, Leningrad. Vgl. Nr. 15, Anm. 25.

[4] Gerhard Schill (SED), Oberbürgermeister von Dresden.

[5] H.-J. Vogel hatte mit einer Gruppe von ca. 400 Sozialdemokratinnen und Sozialdemokraten am 11. 5. 1985 das ehemalige Konzentrationslager Theresienstadt und Lidice besucht. Der Ort und seine Einwohner waren von NS-Deutschland liquidiert worden.

[6] Zu Weizsäckers bekannter Rede zum 40. Jahrestag des Kriegsendes und der Befreiung bei der gemeinsamen Gedenkstunde von Bundestag und Bundesrat siehe u. a. AdG 1985, S. 28742 ff.

[7] Das vom Rat der Evangelischen Kirche Deutschland und vom Bund der Evangelischen Kirchen in der DDR anläßlich des 40. Jahrestages des 8. Mai 1945 verabschiedete »Wort zum Frieden« war am 18. 3. 1985 veröffentlicht worden.

[8] Honecker war am 23./24. 4. 1985 zu einem offiziellen Besuch in Italien. Am 24.4. empfing ihn Papst Johannes Paul II. Vgl. AdG 1985, S. 28693.

langsamen, vielmehr müsse man eine Beschleunigung auf beiden Seiten feststellen. Dies werde immer besorgniserregender, besonders im Hinblick auf die Pläne für militärische Maßnahmen im Weltraum. Er habe zur Kenntnis genommen, daß die Sowjetunion sich zur Frage der Rüstung im Weltraum nunmehr mit einem klaren Nein geäußert hätte, nachdem sie vorher auch in dieser Richtung Aktivitäten entfaltet habe. Er habe jedoch Sorgen hinsichtlich der Entwicklung bei den Genfer Gesprächen, insbesondere die, daß hinter dem Vorhang der Genfer Gespräche die Rüstung ungehemmt weitergetrieben würde. Wichtig sei daher die Vereinbarung eines Moratoriums, Verhandlungen würden sinnlos, wenn der Wettlauf weiterginge. Die Beendigung des Rüstungswettlaufs sei auch deshalb vordringlich, weil der Wohlstand der Völker nicht weiter verschleiert werden dürfe, sondern für die Entwicklung der Dritten Welt eingesetzt werden müsse.

Als Opposition pflege die SPD ihre Kontakte im Bündnis, sie suche das Gespräch aber auch über die Grenzen des Bündnisses hinaus. Mit der SED bestehe eine Arbeitsgruppe zu Fragen der chemischen Rüstung; mit Polen über vertrauensbildende Maßnahmen; am Sonntag habe er mit Bilak[9] über die Bildung einer Arbeitsgruppe für Umweltschutzfragen mit der ČSSR gesprochen; im Verhältnis zu Ungarn stünden Wirtschaftsfragen im Vordergrund. Am meisten hätten sich die Gespräche mit der SED konkretisiert. Er habe jedoch den Eindruck, daß in der letzten Phase ein Rückschlag eingetreten sei. An sich sei man sich in der Frage der Verdachtskontrolle schon einig gewesen. Die nun von der SED gewünschten Änderungen brächten Probleme. Die zentrale Frage sei die Frage der Kontrolle. Er könne sich nicht damit einverstanden erklären, daß man das Kontrollorgan jetzt als Konsultativ-Organ definieren und seine Befugnisse von einer Geschäftsordnung abhängig machen wolle, die das Kontrollorgan erst in der Zukunft erlassen solle. Das sei ein Rückschritt gegenüber den mit Hermann Axen geführten Gesprächen.[10]

– Zur internationalen Entwicklung wolle er die Aufmerksamkeit auf die Entwicklung der Europäischen Gemeinschaft lenken. Die Sozialdemokraten treten dafür ein, daß die 320 Millionen Europäer neue Anstrengungen zu mehr Selbstbehauptung unternehmen. Dazu gehöre es, dem Europäischen Parlament mehr Rechte zu geben, das Veto zu beseitigen und unter anderem auch eine gemeinsame Technologiepolitik zu gestalten. Damit werde keine neue Supermacht entstehen. Richtig und notwendig sei vielmehr, daß die Europäer sich als moderierenden Faktor in die internationale Politik einbrächten. Es genüge nicht, die SDI-

---

[9] Mit dem Sekretär des ZK der Tschechoslowakischen KP Vasil Bilak hatte Vogel bei seinem ČSSR-Besuch – vgl. Anm. 5 – gesprochen.

[10] Das letzte Treffen der Arbeitsgruppe hatte am 11./12. 4. 1985 stattgefunden. Die Gespräche wurden am 9./10. 6. fortgesetzt.

Idee abzulehnen. Zugleich müsse man das von Mitterrand vorgeschlagene zivile Weltraumprogramm[11] und den Bau eines europäischen wetterunabhängigen Aufklärungssatelliten voranbringen.

– In bezug auf andere Regionen der Welt sei hinsichtlich der Entwicklung in Mittelamerika die sozialdemokratische Position klar. Bei der Beurteilung der Haltung der Bundesregierung solle man nicht die Position von Außenminister Genscher übersehen. Man müsse den neuen Demokratien in Südamerika helfen. Bei der Beurteilung der Nahostfrage stütze er sich auf die Eindrücke seines kürzlichen Besuchs in Israel. Beide Seiten mußten und würden sich schließlich auch bewegen. Er frage sich jedoch, wie weit der israelische Ministerpräsident ohne Bruch seiner Koalition gehen könne.[12] Dabei müsse man dann auch die Möglichkeit vorgezogener Wahlen bedenken. Anzusprechen sei auch die Lage in Afghanistan. Nach wie vor sei er der Meinung, daß hier ein großer Fehler begangen worden sei. Wer die Vereinigten Staaten wegen des Umgangs mit ihren südlichen Nachbarn kritisiere, könne über die Lage in Afghanistan nicht hinwegsehen.

Er sei in diesem Jahr noch nicht in Moskau gewesen, hege aber die Hoffnung, daß der neue Generalsekretär der KPdSU schon aufgrund seines Alters innerhalb seiner Gesellschaft neue politische Dynamik entwickeln könnte. Was man bisher von ihm gehört habe, bestärke den Eindruck, daß es sich um eine entschlossene Persönlichkeit mit neuen Perspektiven handele. Man freue sich, daß möglicherweise zum 10. Jahrestag von Helsinki eine hochrangige Versammlung unter Beteiligung von Reagan und Gorbatschow zustande kommen könnte. Das sei sehr zu begrüßen. Von einem solchen Zusammentreffen könnte Ermutigung für die Lösung von Problemen ausgehen, wenn es gut vorbereitet worden sei.

Am Schluß seiner Bemerkung wolle er noch einmal unterstreichen, daß es ein Irrtum wäre, zu glauben, daß die Bundesregierung in allen Fragen eine gegenteilige Auffassung vertrete. Als Beispiel wolle er die Haltung des Bundestagsabgeordneten Rühe in der Grenzfrage ansprechen.[13] Außenminister Genscher bemühe sich in gewissem Umfang, die außenpolitische Kontinuität zu sichern. Zu erwähnen sei außerdem der Bundespräsident. Andererseits seien auch deutsch-nationale Töne nicht zu überhören. Natürlich könne und wolle die Opposition nicht anstelle der Regierung sprechen.

[11] Dieses zunächst vom französischen Ministerpräsidenten Mitterrand zur Weltraumforschung angeregte Projekt lief unter der Bezeichnung »Eureka«. Vgl. AdG 1985, S. 28841 f.

[12] Seit dem 13. 9. 1984 regierte in Israel eine neue Koalition der nationalen Einheit unter Shimon Peres von der Arbeiterpartei.

[13] Volker Rühe, zu der Zeit stellvertretender Fraktionsvorsitzender der CDU/CSU, hatte in einer Bundestagsrede am 6. 2. 1985 gesagt, der Warschauer Vertrag mit Polen habe eine »politische Bindewirkung«, die »auch von einem wiedervereinigten Deutschland nicht ignoriert werden könnte«.

Honecker dankte für die Darlegungen. Man habe in den Tagen um den 8. Mai gefühlt, wie lebendig in den Völkern die Erinnerung an den Sieg der Anti-Hitler-Koalition immer noch sei. Es bestehe der Wunsch, eine Wiederholung eines solchen Krieges zu verhindern. Er habe aufmerksam die Diskussionen in der Bundesrepublik verfolgt, die Veranstaltung der Sozialdemokraten in Nürnberg, die Rede des Bundespräsidenten. Vieles aus dieser Rede könne er nur unterstreichen. Die Bemerkungen über die Befreiung, über die Aussöhnung mit dem Osten, der Hinweis, daß die Ursachen des 8. Mai am 30. Januar 1933 gelegt worden seien. Er habe auch die Ausführungen über die Opfer, die die Arbeiterklasse, auch die Kommunisten gebracht haben, wahrgenommen. Alles zusammen ergäbe den Eindruck, daß die Feiern am 8. Mai im Widerspruch zu den Vorgängen um Bitburg stünden.[14] Die Frage der SS-Gräber sei nicht durchdacht, das schade der Bundesrepublik mehr als den Vereinigten Staaten. Er wende sich nicht gegen einen Besuch an Soldatengräbern, die DDR erinnere mit dem Mahnmal Unter den Linden an alle Opfer, aber er frage sich, ob man das Problem der SS im eigenen Bündnis überhaupt verständlich machen könne. Das sei ein unwürdiger Vorgang gewesen, gerade deshalb habe er die Rede Richard von Weizsäckers als besonders erfrischend empfunden. Er bitte, seine Bemerkungen dem Bundespräsidenten zu übermitteln.

– Mit Freude habe er die Reise der Sozialdemokraten nach Theresienstadt und Lidice unterstützt.[5] Er habe im Fernsehen die Berichte über die Reise verfolgt und könne auch sagen, daß von der ČSSR der Besuch sehr positiv aufgenommen worden sei.

– Das gemeinsame Wort der Kirchen aus Anlaß des 8. Mai habe er gern gehört, wesentlich sei das Bekenntnis zum Frieden und der Wille, einen Dritten Weltkrieg zu verhindern.

– Seit der letzten Zusammenkunft mit Dr. Vogel habe sich hinsichtlich der Verhandlungen zwischen der Sowjetunion *[und]* den USA eine gewisse Entwicklung ergeben. *Honecker sprach sich für einen Stationierungsstopp von Mittelstreckenraketen auf beiden Seiten, für ernsthafte Verhandlungen über »ein ausgewogenes Verhältnis der Waffen« und gegen SDI aus.* Wenn die Vereinigten Staaten nicht davon abließen, den Weltraum zu militarisieren, dann gäbe es keine Hoffnung für Abrüstung auf der Erde. Damit wachse die Gefahr für die Menschheit. Man müsse vor allem an Reaktionsfehler und technische Fehler denken, deren Folgen nicht auszudenken seien. Weltweit müsse man sich gegen eine solche Entwicklung wenden.

– Die Äußerungen von Dr. Vogel und dem SPD-Vorsitzenden Brandt in der Diskussion des Bundestages habe er genau zur Kenntnis

[14] Zu der umstrittenen, von Bundeskanzler Kohl durchgesetzten Veranstaltung auf dem Soldatenfriedhof Bitburg während des Staatsbesuches von Reagan vom 1. 5.–6. 5. 1985 vgl. AdG 1985, S. 28725 ff.

genommen.[15] Aus den ihm vorliegenden Berichten habe er den Eindruck, daß diese Auffassungen auch von vielen amerikanischen Bürgern geteilt würden. [...] *Honecker befürwortete »eine Rüstungskontrolle« und eine Begegnung Gorbatschow – Reagan.*

– Die Entwicklung in Südamerika beurteile er positiv. Er wolle jedoch darauf hinweisen, daß ein Eingriff der Vereinigten Staaten in Nicaragua alles schlagartig verändern würde. Im übrigen treten nur zwei oder drei Regierungen für ein Embargo ein. Nach seiner Meinung sei die Entwicklung in Südamerika hausgemacht und keineswegs von Moskau gesteuert.

Zu den Gesprächen mit den Sozialdemokraten über die chemischen Waffen sei er der Meinung, daß Axen neue Vorschläge übermittelt habe und daß bei der nächsten Besprechung eine Übereinstimmung erzielt werden könnte. Die neuen Vorschläge beträfen die Kontrolle. Man solle bei der Formulierung jedoch bedenken, daß die Arbeitsgruppe ein politisches Dokument erstellen würde und daß die Regierungen später noch andere Gesichtspunkte zu berücksichtigen hätten. Die Kontrollfrage wurde schon in Wien diskutiert. [...] Bei der Kontrollfrage hinsichtlich der chemischen Waffen wolle er darauf hinweisen, daß es sehr leicht sei zu behaupten, man wolle das Vorhandensein chemischer Waffen überprüfen, um dann in Wirklichkeit nach Raketen zu sehen. Das nächste Gespräch der Arbeitsgruppe werde am 2. und 3. Juni stattfinden.[16] Seine Seite sei für einen Abschluß mit Alternativen für beide Seiten.

– [...] *Honecker kritisierte erneut die amerikanischen SDI-Pläne und sprach dann die Situation in Nahost und die Palästinenser-Frage an.* Israel sei gegen eine Beteiligung der PLO. Man müsse jedoch fragen, wie es zu einer Konföderation zwischen einem palästinensischen Staat und Jordanien kommen könne, wenn es keinen palästinensischen Verhandlungspartner gäbe. Auf Dauer würde Israel gewinnen, wenn es sich zurückzieht und eine Garantie seiner Nachbarn einschließlich der Sowjetunion und der Vereinigten Staaten für seinen Bestand erhält.

– Hinsichtlich Afghanistan habe er nicht den gleichen Standpunkt wie Dr. Vogel. Fehler hin, Fehler her – man müsse nach einer Verhandlungslösung suchen. Dieses bedeutet, daß die Lieferung von Waffen und die Zuführung von Personal über die offenen Grenzen Afghanistans eingestellt würden. Es seien Verhandlungen mit Pakistan und

[15] Honecker bezog sich auf die Reden Vogels und Brandts vom 25. 4. 1985 zu der Aussprache zur sog. »Halbzeitbilanz«, bei der die Bitburg-Thematik eine große Rolle spielte. Vgl. AdG 1985, S. 28728.

[16] Siehe Anm. 10. – Am 19. 6. 1985 wurde die Vereinbarung der gemeinsamen Arbeitsgruppe veröffentlicht. Sie bestand aus einem »Rahmen für ein Abkommen zur Bildung einer von chemischen Waffen freien Zone in Europa«, einer »Erläuterung zum Rahmenabkommen« und einem »Gemeinsamen Kommuniqué«. Vgl. Moseleit (1991), S. 58f.

wohl auch mit dem Iran anzuregen. Die Sowjetunion sei bereit, die Truppen zurückzuziehen, wenn die afghanische Regierung dies wünsche.

Zur Entwicklung der Sowjetunion könne man bemerken, daß er mit Gorbatschow seit langem bekannt sei. Aus Anlaß der Ehrung für Ernst Thälmann habe er mit ihm ein langes Gespräch geführt.[17] An erster Stelle stünde die Frage der Friedenssicherung, dies sei die Kernfrage der heutigen Zeit. Er habe auch sonst in allen Fragen mit ihm volle Übereinstimmung festgestellt, die Sowjetunion wolle eine Übereinkunft mit den Vereinigten Staaten. Die DDR unterstützt diese Absicht. Die Sowjetunion ist zu weitergehenden Schritten bereit. Sie sei flexibel. Sie gehe immer davon aus, daß es in einem Dritten Weltkrieg weder Sieger noch Besiegte geben werde, daher müsse man die Entwicklung unter Kontrolle halten.

Dies habe er auch mit dem Papst besprochen.[8] Man sei nach einer sehr kurzen Begrüßung gleich zu den entscheidenden Problemen vorgedrungen. Er habe den Papst gebeten, sein moralisches Gewicht einzusetzen, damit der Himmel nicht der Vorhof der Hölle werde. Er beurteile das Gespräch positiv.

Zwischen der DDR und der Bundesrepublik Deutschland würden am 24. 5. die Konsultationen über die Rüstungsfragen fortgesetzt.[18] Er sehe, daß es auch in der Bundesregierung realistische Elemente gebe, die die Politik von Brandt fortsetzen wollen. Er sei der Meinung, daß eine konservative Bundesregierung unter Beteiligung der FDP immer noch besser sei als eine reine CDU-Regierung, die FDP hindere den rechten CDU-Flügel an einer gefährlichen Politik. Dies habe sich in der letzten Sitzung des Bundestages deutlich gezeigt. Er habe auch die Äußerung von Brandt im Radio Bremen[19] gut verstanden. Er wolle schließlich noch einmal unterstreichen, daß die Beziehungen zwischen den beiden deutschen Staaten davon abhängen, daß sie an einer besonders empfindlichen Stelle der Weltpolitik lägen.

Dr. Vogel entgegnete, daß es gut wäre, wenn ein gemeinsames Papier zur Kontrolle der chemischen Waffen zustande käme. Es wäre natürlich ein politisches Papier. Eine Verständigung in dieser Frage würde weithin als Ermutigung empfunden. Entscheidend sei die Fassung der Ziffer 11[20], er hoffe, daß man eine Formulierung, die in der Nähe des

---

[17] Ernst Thälmann, Vorsitzender der KPD 1925–1933, 1944 im KZ Buchenwald ermordet. – Gorbatschow und Honecker hatten am 5. 5. 1985 ein Gespräch geführt. Vgl. die »Information« in: SAPMO ZPA IV 2/1/631.

[18] Am 24. 5. 1985 empfing der stellvertretende DDR-Außenminister Kurt Nier den Abrüstungsbeauftragten der Bundesregierung Friedrich Ruth zu Gesprächen in Berlin-Ost.

[19] Gemeint sein könnte Brandts Kritik an der »unverantwortlichen« Bitburg-Planung Kohls. Vgl. AdG 1985, S. 28730.

[20] Vgl. oben Anm. 16. – Bei Ziffer 12 (in der DDR-Aufzeichnung fälschlich Ziffer 11) wie bei einigen anderen Punkten gab es offenbar Einwände der Sowjetunion. Vgl. die Unterlagen in:

Papiers vom März liegt, vereinbaren könne. Bei allem denke auch er daran, daß die SPD in einigen Jahren wieder Regierungsverantwortung übernehmen müßte.

b)

Dr. Vogel wandte sich dann den bilateralen Problemen zu. Hinsichtlich der Wirtschaftsbeziehungen sprach er sich für eine Erweiterung in Volumen und Qualität aus. Er hoffe auch, daß man bei den Swing-Verhandlungen zu einem guten Ende käme.[21] Er sehe auch einen Zusammenhang zu den nichtkommerziellen Zahlungen von Ost nach West. Davon seien viele Bürger, vor allem Rentner, betroffen, sie hofften auf eine Erweiterung.

– Hinsichtlich des Besucher- und Reiseverkehrs wolle er auf den im voraus übermittelten sozialdemokratischen Vorschlag für das gemeinsame Kommuniqué hinweisen.[22] Er sei der Meinung, daß leichtere und häufigere Besuche Übersiedlungswünsche dämpfen könnten. Bezüglich der Modalitäten für Besucher aus West-Berlin gäbe es eine Reihe von Spekulationen über die Gründe der Ungleichbehandlung. Er könne den Wahrheitsgehalt nicht beurteilen, er wolle allerdings deutlich machen, wie wünschenswert eine baldige Angleichung sei. Dazu gehöre vor allem die Frage der Übernachtungen.

– Im Bereich des Umweltschutzes freue er sich über die in Gang gekommenen Gespräche, auch über das Problem der Kernanlagensicherheit. Mehr Fortschritte beim Kampf gegen die Luftverschmutzung seien möglich. Über andere Fragen, wie die Rechtshilfe, wolle er heute nicht sprechen, hier gebe es unverändert die bekannten Probleme. Lösbar erschiene ihm jedoch die Frage des Kulturabkommens.[23] Ein ganz wichtiger Punkt seien die Verkehrsprobleme, insbesondere die Elektrifizierung der Eisenbahn von Berlin ins Bundesgebiet. Es gäbe auch innerhalb der sozialdemokratischen Fraktion Differenzen, ob die Strecke über Stendal oder über Braunschweig nach Hannover vorzuziehen sei, auf jeden Fall sei der Eisenbahnverkehr umweltfreundlicher und deshalb besonders zu fördern. Bei der Südautobahn hoffe er auf eine baldige Reparatur des grenznahen Abschnitts, die für den Luftverkehr ge-

SAPMO ZPA IV 2/2035/78 und die betreffenden Akten der sog. Arbeitsprotokolle des Politbüros sowie Protokolle der Sitzungen des SPD-Präsidiums.

[21] Zum Ergebnis vgl. Nr. 18, Anm. 12.

[22] In dem Kommuniqué-Text heißt es (Wortlaut der »Pressemitteilung« vom 16. 5. 1985 in: Archiv Vogel): »Hans-Jochen Vogel verwies auf das starke Interesse an Begegnungen, die durch die Besuchsregelung für dringende Familienangelegenheiten ermöglicht werden sollen. Er berichtete über den vielfältigen Wunsch, daß diese Möglichkeiten intensiver genutzt werden könnten.«

[23] Das Kulturabkommen wurde erst am 6. 5. 1986 abgeschlossen. Siehe Innerdeutsche Beziehungen (1986), S. 259ff.

troffene erste Vereinbarung[24] sei zu begrüßen. Die Wünsche hinsichtlich des Fischfangs in der Lübecker Bucht einschließlich der Idee, den Fang dann in Wismar zu verarbeiten und die Waren in das Bundesgebiet zu liefern, wolle er ausdrücklich erwähnen. Bei den sogenannten Geraer Forderungen sei er der Auffassung, daß in der Frage der Elb-Grenze die Interessen beider Seiten berücksichtigt werden könnten. Weder die Feststellung der Grenze am Ostufer noch die in der Strommitte sei zwingend. Man müsse deshalb eine umfassende und einvernehmliche Lösung finden. Bei der Staatsangehörigkeit sei nicht mit vielen neuen Argumenten zu rechnen, für unsere Seite gelte das Grundgesetz und das Bundesverfassungsgerichtsurteil. Soweit darunter Spielraum vorhanden sei, solle man ihn nutzen. Die von der Friedrich-Ebert-Stiftung angeregten Expertengespräche seien nicht in Gang gekommen, er frage sich, ob in diesem Jahr ein neuer Anlauf unternommen werden sollte. Der Spielraum sei jedenfalls sehr eng.

– Ungelöst sei immer noch das Problem der Kontakte zwischen dem Bundestag und der Volkskammer. Der Bundestagspräsident würde den Präsidenten der Volkskammer gern in Bonn begrüßen, aber er frage sich, was eine solche Begegnung nütze, wenn sie mit bösen Geräuschen verbunden sei. Eine endgültige Entscheidung gebe es jedoch noch nicht. Er bedaure dies und überlege, wie man den Faden pflegen könnte. Dabei sei der Gedanke aufgekommen, daß man sich gegebenenfalls zunächst auf der Ebene von Vizepräsidenten treffen könnte.

– Er wolle auch noch einmal die 750-Jahr-Feier Berlins ansprechen. Er hielte es für wünschenswert, den Informationsaustausch dichter zu gestalten. Er habe die Vorbereitungen seitens der DDR im November besichtigt. Niemand käme um die Feststellung herum, daß im Bezirk Mitte das Herz Berlins sei.

– Weitere Fragen von Interesse seien die Einreise von Asylanten über Schönefeld. Die SPD vertrete hier einen liberalen Standpunkt, ohne Asyl in anderen Staaten hätten viele Sozialdemokraten das Dritte Reich nicht überlebt. Dennoch müsse er diese Frage ansprechen.

Insgesamt sei die Entwicklung nicht unerfreulich. Bei allem sei der Einfluß der Weltlage nicht zu übersehen. Aber man müsse die Spielräume nutzen, damit das Gewebe dichter wird und Stillstand nicht zu Rückschlägen führt.

Honecker entgegnete, daß die DDR gegenwärtig durch Initiativen gegenüber der Bundesrepublik dem Stillstand der Beziehungen entgegenwirke. Auch gegen die Großwetterlage. Es sei jedoch nicht von der Hand zu weisen, daß deutsch-deutsche Beziehungen schwierig würden, wenn die Bundesrepublik sich nicht von der SDI abhalten lasse. Er

[24] Am 10. 7. 1984 war zwischen dem DDR-Verkehrsminister Otto Arndt und der Deutschen Lufthansa eine Vereinbarung über Flüge der Lufthansa und der Interflug der DDR zu Messen in Düsseldorf, Hamburg, Stuttgart und Leipzig geschlossen worden. Vgl. ebd. S. 33.

habe deshalb am 11. April 1985 dem Bundeskanzler einen Brief geschrieben und darin auch auf die Möglichkeit einer friedlichen Erforschung des Weltraums hingewiesen.[25] Er habe den Bundeskanzler gewarnt, den guten Willen der Sowjetunion betont und darauf aufmerksam gemacht, daß in Genf alle Staaten einen Beitrag leisten müssen. Dem Brief habe er eine Broschüre von Manfred von Ardenne zu dem Problem beigegeben. Er übergab eine Kopie des Briefes mit der Anlage zur vertraulichen Verwendung an Dr. Vogel. Bisher habe die Bundesregierung nicht reagiert, die DDR habe die Absicht, den Brief Ende Mai im Umfeld der Konsultationen über Rüstungskontrolle mit der Bundesrepublik zu veröffentlichen.

– Er habe gerade erfahren, daß ein Unterausschuß des Repräsentantenhauses einen Antrag auf Errichtung eines Fernsehsenders in Westberlin für Fernsehsendungen in die DDR verweigert hatte.[26] Dabei sei auch auf eine Beteiligung des Bundesministeriums für innerdeutsche Beziehungen hingewiesen worden. Die Sache sei zwar zur Zeit erledigt, er wolle jedoch davor warnen. Die Errichtung eines solchen Senders sei eine Völkerrechtsverletzung, die scharfe Reaktionen von seiner Seite hervorrufen würde.

– Die Entwicklung der Beziehungen zwischen beiden deutschen Staaten sei gut, die DDR sei an einem weiteren Ausbau interessiert. Im Wirtschaftsverkehr habe sie seit drei Jahren einen Aktivsaldo und ihre Schulden abbauen können. Seit der Regierung Brandt habe es in den Wirtschaftsbeziehungen gute Entwicklungen gegeben. Verglichen mit dem Warenaustausch zwischen der DDR und der Sowjetunion sei der

[25] Wortlaut dieses Schreibens in: SAPMO ZPA J IV 2/2A/2749. Kohls Antwort an Honecker war am 15. 5. 1985 erfolgt, Honecker aber erst am 18. 5. (Paraphe »EH 18. 5. 85«) zugegangen. Schreiben in: SAPMO ZPA J IV 2/2A/2756. Kohl bezog sich auf sein Treffen mit Honecker und sein letztes Gespräch mit Mittag in Bonn. Nach seinem »Eindruck« sei »dadurch eine Bewegung in Gang gekommen, die wir nützen müssen, um weiterführende Ergebnisse zum Wohle der Menschen zu erzielen«. Die »beiden Staaten« müßten »weiterhin alle Anstrengungen unternehmen, um auf der Basis des Grundlagenvertrages unbeschadet der unterschiedlichen Auffassungen zu grundsätzlichen Fragen normale gutnachbarliche Beziehungen zwischen unseren beiden Staaten zu entwickeln und auszubauen«. Kohl hob hervor, daß die KSZE-Folgetreffen »dem KSZE-Prozeß neue Impulse geben können«, und sprach sich dafür aus, die mit den am 12. 3. 1985 begonnenen amerikanisch-sowjetischen Verhandlungen sich bietenden Chancen zu nutzen. Die Bundesregierung unterstütze »uneingeschränkt« die zwischen den beiden »vereinbarten Verhandlungsziele« und trete »mit Nachdruck« für »kooperative Lösungen« bei dem »Wechselverhältnis zwischen offensiven und defensiven Waffensystemen und den Erfordernissen der strategischen Stabilität« ein. Voraussetzung für »Fortschritte in der Abrüstung und Rüstungskontrolle« seien eine »spürbare Verbesserung des Verhältnisses« zwischen USA – Sowjetunion und NATO – Warschauer Pakt. »Umfassend angelegte Verständigung und Ausgleich zu suchen, bedeutet die Lehren der Geschichte in die Tat umsetzen in der gemeinsamen Überzeugung, daß von deutschem Boden Frieden ausgehen muß. Ich stimme mit Ihnen überein, daß dazu auch das Andenken an die Widerstandskämpfer gegen die nationalsozialistische Gewaltherrschaft gehört. Mit freundlichen Grüßen [handschriftlich] Helmut Kohl.«

[26] Es ging darum, daß Rias (Rundfunk im amerikanischen Sektor) Berlin ein Fernsehprogramm ausstrahlen wollte.

Handel zwischen den beiden deutschen Staaten gering (nur ¹/₅), aber im Vergleich zum Handel mit den übrigen Staaten sei er groß. Die DDR wolle ihre Wirtschaftsbeziehungen zum Westen im allgemeinen und auch zu den USA ausbauen, aber unter keinen Umständen auf Kosten der Wirtschaftsbeziehungen mit der Bundesrepublik Deutschland. Zu Swing wolle er nur anmerken, daß er für die DDR unverzichtbar sei, daß jedoch Probleme beim Swing von seiner Seite nicht als Signal für einen weiteren Ausbau des Handels verstanden würden. Die Bundesregierung müsse sich entscheiden. Den größten Schaden würden allerdings die kleinen Geschäftsleute im Westen haben. Richtig sei, daß auch der nichtkommerzielle Zahlungsverkehr dann abgebaut würde.

– Für die Regelung des Besucher- und Reiseverkehrs sei die DDR zuständig. In Helsinki sei bestätigt, daß diese Fragen nach dem Recht der einzelnen Staaten zu entscheiden seien, auch das Paßgesetz der Bundesrepublik ermögliche die Verweigerung eines Passes. Gegenwärtig fahre jeder zehnte DDR-Bürger in den Westen, ca. 4 Mio. Bundesbürger kämen jährlich in die DDR. Es seien viele Verbesserungen eingeführt worden. Er denke auch daran, demnächst die Zahl der Geheimnisträger mit Reiseverbot zu verringern. Er erwarte dann aber auch keine Diskriminierung von SED-Mitgliedern, vor allem an der bayerischen Grenze. Honecker übergab sodann ein Papier, in dem die Absicht der FDJ, den Jugendaustausch fortzusetzen, bekundet wurde. Hinsichtlich der Reisemodalitäten für West-Berliner dürfe man nicht übersehen, daß es Unterschiede zum kleinen Grenzverkehr gebe, teilweise auch Verbesserungen, so sei bei Besuchen in der »Hauptstadt« die Ausreisezeit auf 2.00 Uhr verlegt worden. Im kleinen Grenzverkehr gebe es darüber hinaus erhebliche Verkehrsprobleme, die man verbessern müsse.

– Beim Umweltschutz machten die Expertengespräche gute Fortschritte. Wie man zu Vereinbarungen komme, sei noch offen, aber Regelungen seien nötig. [...] *Honecker sprach dann noch die Verhandlungen über ein Kulturabkommen und über Verkehrsverbesserungen an.* Bei dem Fischfang in der Lübecker Bucht bestehe ein Zusammenhang mit der Grenzfrage an der Elbe. Alle Unterlagen wiesen aus, daß seit 1949 die Strommitte als Grenze behandelt worden sei. Es sei der Entwurf eines gemeinsamen Protokolls vorhanden, der dies bestätige.[27]

– In der Staatsangehörigkeitsfrage sei die westliche Haltung unverständlich. Die völkerrechtlichen Regelungen müssen Vorrang haben, es gebe keinen Staat ohne Staatsbürger. Die Bundesrepublik müsse die Fürsorgepflicht für Bürger der DDR aufgeben. Es gebe zwei Staaten, die Konsequenzen müsse man respektieren.

– Er sehe, daß hinsichtlich der Beziehungen zwischen Bundestag und

[27] Vgl. Nr. 1, Anm. 15.

Volkskammer Bundestagspräsident Jenninger in eine schwierige Lage gekommen sei, aber der Volkskammerpräsident, der in aller Welt protokollarisch einwandfrei empfangen werde, würde in Bonn nicht durch die Hintertür kommen.[28] Hier müsse eine Normalisierung erfolgen. Die Anregung zu einem Kontakt auf Vizepräsidentenebene wolle er überprüfen, in Frage käme dann ein Mitglied des Präsidiums der Volkskammer.

– Hinsichtlich der 750-Jahr-Feier gebe es einen Austausch zwischen SPD und SED. Hier sei sein alter Bekannter Ristock[29] sehr aktiv. Er habe mit Richard von Weizsäcker Informationskontakte abgesprochen[30], die DDR habe ihr vorläufiges Programm veröffentlicht, insbesondere die Baumaßnahmen. Es könne weitere Informationen, aber keine gemeinsamen Vorbereitungen geben.

– Auf die Rückfrage, ob bei der Frage der Reiseverbesserung für die West-Berliner die Betonung der Modalitäten von Besuchen in der »Hauptstadt« eine Perspektive auf Annäherung an Regelungen für den kleinen Grenzverkehr bei Besuchen, die außerhalb der Stadt erfolgen, andeuten solle, erklärte Honecker, daß er eine solche Perspektive nicht ausschließen wolle. Er bat schließlich, seine Mitteilung über die geplante Erweiterung des Reiseverkehrs von Ost nach West nicht öffentlich zu machen.

Am Schluß wurde die als Anlage beigefügte gemeinsame Pressemitteilung abgestimmt.[31] Bei der Verabschiedung bat Honecker Herrn Dr. Vogel, dem SPD-Vorsitzenden Brandt seine besonderen Grüße auszurichten.

3.
In dem Vier-Augen-Gespräch übergab Dr. Vogel Honecker die als Anlagen beigefügten beiden Listen.[32]

II. Herrn Dr. Vogel mit der Bitte um Genehmigung.

Schröder *[Unterschrift]*

---

[28] Der für Mitte Juni 1985 vorgesehene Besuch von Volkskammerpräsident Horst Sindermann in Bonn wurde am 19. 5. 1985 abgesagt. Er fand erst im Februar 1986 statt.
[29] Harry Ristock, über lange Jahre in der Berliner SPD einer der wichtigsten Politiker, galt als sog. Alt-Linker.
[30] Die Absprache bezog sich auf die Amtszeit von Richard von Weizsäcker als Regierender Bürgermeister von Berlin. Vgl. Nr. 8.
[31] Zur Presseerklärung vgl. auch AdG 1985, S. 28992.
[32] Die Listen enthielten sog. »humanitäre Fälle«, die erstere bezog sich auf Familienzusammenführung/Ausreisewünsche, die zweite auf Einreiseverweigerungen.

E. Honecker begrüßte H.-J. Vogel und seine Begleitung. Er sei erfreut über die Fortsetzung der Gespräche, die es ermöglichten, über Fragen zu beraten, in denen es übereinstimmende Auffassungen gebe, sowie über solche, in denen dies nicht der Fall sei. In den Grundfragen der Friedenssicherung, die entscheidend seien, bestehe weitgehend Übereinstimmung. Ohne sich in die inneren Angelegenheiten der BRD einzumischen, gratuliere er zu dem ausgezeichneten Wahlergebnis für die SPD in Nordrhein-Westfalen.[1] Dies eröffne die Möglichkeit eines Bonner Regierungswechsels in der späteren Entwicklung, was zur Stabilisierung des Friedens in Europa und in der Welt sowie zu einer engeren Zusammenarbeit beider deutscher Staaten beitragen könne.

H.-J. Vogel dankte für die Begrüßung und die Fortsetzung der Gespräche. Seit er Vorsitzender der SPD-Bundestagsfraktion sei, sei dies die dritte Begegnung mit E. Honecker. Nordrhein-Westfalen setze Hessen und das Saarland[2] fort – Berlin sei ein Sonderfall. Die Menschen, die das Wahlergebnis ermöglichten, hätten damit ihrer Meinung zu den sozialen Fragen und zur Friedenssicherung Ausdruck gegeben. Außerdem sei dies ein großer persönlicher Erfolg Raus.

Wir alle stehen noch unter dem Eindruck des 8. Mai, der Erinnerung an das Kriegsende und die Befreiung von der nationalsozialistischen Gewaltherrschaft, sagte H.-J. Vogel. Beim Nürnberger Friedensfestival[3] sei deutlich geworden, welchen Charakter ihre Erinnerungen hätten. Ausdrücklich danke H.-J. Vogel für die Teilnahme des Dresdner Oberbürgermeisters, Genossen Schill[4], der die richtige Einstellung gehabt und die richtigen Worte gefunden habe. Er verwies auf seine Besuche in Lidice und Terezin.[5] Die Rede des Bundespräsidenten anläßlich des 8. Mai[6] habe vieles zurechtgerückt, was vorher ins Zwielicht geraten sei. In seinen Ämtern habe er bisher viele Nachfolger gehabt, auf diesen sei er etwas stolz; bekanntlich habe die SPD die Kandidatur Weizsäckers unterstützt. Auch das Friedenswort der evangelischen Kirchen in beiden deutschen Staaten, das nicht ungeteilte Zustimmung gefunden habe, sei ein wichtiger Beitrag zum 8. Mai gewesen.

H.-J. Vogel beglückwünschte E. Honecker zur Eröffnung der Semper-Oper und seiner Dresdner Rede sowie zum Erfolg seines Besuches in Rom, insbesondere auch im Vatikan[8], wohin er gute Gesprächsverbindungen besitze, so daß dies nicht nur eine Redensart sei.

E. Honecker stimmte dem Vorschlag H.-J. Vogels zu, in einer ersten Runde des heutigen Gesprächs die Friedenssicherung und in einer zweiten bilaterale Fragen zu behandeln. Was die internationale Situation angehe, so sagte H.-J. Vogel, habe sich der Rüstungswettlauf leider nicht verlangsamt, sondern beschleunigt. Die neueste Entwicklung sei noch besorgniserregender, weil beide Seiten den Weltraum einbeziehen. Gegenüber der Initiative ihres Hauptverbündeten (SDI) habe sich die SPD klar geäußert. Sie nehme nicht ohne Genugtuung zur Kenntnis, daß die Sowjetunion nein zur Militarisierung des Weltraums sagt.

Das Zustandekommen der Genfer Verhandlungen sei ermutigend, aber es erwecke Besorgnis, daß diese Verhandlungen als eine Art Schutzwand für die weitere Aufrüstung benutzt werden könnten, so daß die sinnlose Verschwendung von Volkswohlstand weitergehe. Die SPD habe keine veränderte Position hinsichtlich der BRD-Zugehörigkeit zum westlichen Bündnis, das sei mit dem Essener Parteitagsbeschluß klargestellt. Ein Sonderweg der BRD würde die Sicherheit Europas nicht wachsen lassen. Doch werde die SPD innerhalb ihres Bündnisses ihren Beitrag leisten, daß Fehlentwicklungen korrigiert und der wahnsinnige Rüstungswettlauf beendet würden. In diesem Zusammenhang unterstütze die SPD auch den Appell der 6 Staatschefs. Sie sei für ein Moratorium. Davon würden die Verhandlungen gewinnen, bei einem Andauern des Rüstungswettlaufs gebe es keinen Gewinn an Sicherheit.

H.-J. Vogel verwies auf die Kontakte der SPD mit sozialistischen Staaten. Mit der DDR gebe es bekanntlich die Arbeitsgruppe zu chemischen Waffen, mit der Sowjetunion sei eine Arbeitsgruppe zur Einsparung der Rüstungskosten und ihrer Verwendung für die Dritte Welt vereinbart[33], seit einiger Zeit bestehe eine Arbeitsgruppe mit der PVAP zu vertrauensbildenden Maßnahmen, mit V. Bilak sei eine Gruppe zu Umweltproblemen verabredet worden.[9] Im Sommer werde man auch mit Ungarn eine Arbeitsgruppe zu wirtschaftlichen Fragen bilden, woran Budapest sehr interessiert sei. Am erfreulichsten verliefen die Gespräche mit der SED, sowohl was die Dichte als auch die Konkretheit der Treffen angehe. Allerdings sei in der letzten Phase ein Rückschlag zu verzeichnen. Hinsichtlich der Verdachtskontrolle habe zunächst Einigkeit bestanden, dann habe die SED Änderungen und Modifikationen vorgeschlagen. Aber die Kontrollfrage sei ganz entscheidend. Die Vorschläge der SED seien ein Rückschritt gegenüber dem Text vom März diesen Jahres.[10]

Die SPD rücke die europäische Entwicklung wieder stärker in den Mittelpunkt. Immerhin gebe es 320 Millionen Europäer in der EG und ein erhebliches wirtschaftliches Potential. Es müßten Anstrengungen zur stärkeren Selbstbehauptung Europas unternommen werden, die über den gegenwärtigen Stand hinausgingen. Europa solle keine wei-

---

[33] Zur Einrichtung dieser Arbeitsgruppe vgl. Nr. 14, Anm. 13.

tere Supermacht werden, aber mit 2000 Jahren Geschichte und blutigen Erfahrungen könne es moderierend auf die Entwicklung in der Welt einwirken.

H.-J. Vogel stellte fest, die SPD sage nicht nur nein zu Reagans SDI, sondern auch ja zu dem Vorschlag Mitterrands für ein europäisches Forschungsprogramm.[11] Ein wetterunabhängiger europäischer Aufklärungssatellit wäre nützlich, um nicht auf die Informationen anderer angewiesen zu sein. Zum Schwur werde es auf einer Regierungskonferenz der EG-Länder im Sommer kommen. Die Griechen und die Dänen zögerten noch, die Engländer, pragmatisch wie sie seien, warteten ab, aber wenn das Projekt Perspektive habe, würden sie mitmachen.

Die Haltung der SPD zur Lage Mittelamerikas sei klar. Auch in der Bundesregierung gebe es gewichtige Stimmen für die Linie Genschers und der Konferenz von San José. Insbesondere freue sich die SPD über die Fortschritte in der Demokratie Argentiniens und Brasiliens, denen man noch mehr helfen müsse.

In Nahost seien die Chancen für den Frieden nach dem Regierungswechsel in Israel gewachsen. Die PLO solle sich bewegen. Gefördert werden sollten die Bemühungen Mubaraks und Husseins, dort gebe es Ansätze. Peres stehe vor der Frage, die Koalition aufs Spiel zu setzen oder die Einigkeit zu erhalten.

H.-J. Vogel bemerkte, Afghanistan sei ein Fehler gewesen, und wenn die SPD die USA kritisiere, dann müsse sie auch diesen Fall erwähnen.

Es bestehe sehr große Hoffnung, daß der jetzige Generalsekretär der KPdSU die Chance habe und wahrnehme, daß wieder Dynamik und Bewegung in manche Dinge kommt. Alles, was man höre, bestärke die SPD darin, daß es sich um einen entschlossenen, in längeren Perspektiven denkenden Staatsmann handele. Lange sei die Situation in der sowjetischen Führung statisch gewesen.

Zum 10. Jahrestag der Schlußakte von Helsinki sagte H.-J. Vogel, man müsse aus diesem Anlaß so hochrangig wie möglich leitende Persönlichkeiten versammeln. Wie aus Wien zu hören sei, sei es auch möglich, daß sich USA-Präsident Reagan und Generalsekretär Gorbatschow dort treffen könnten. Das wäre ermutigend und nur sehr zu begrüßen.

Es wäre ein Irrtum zu glauben, daß die gegenwärtige Bundesregierung in allen Fragen zur SPD im Gegensatz stehe. Bei der Grenzdebatte sei dies ganz deutlich geworden. V. Rühes Rede[13] sei nicht nur eine Eintagsfliege gewesen. H.-D. Genscher zeige eine gewisse Kontinuität, und für die SPD sei die Sache wichtiger als der Unmut über die Person. Auch R. v. Weizsäcker stehe nicht allein. Es gebe auch deutschnationale Töne, die mit Sorge erfüllten, aber das sei nicht das Ganze.

E. Honecker dankte für die Darlegungen. In der Zeit um den 8. Mai hätten alle gefühlt, wie lebendig der Sieg der Anti-Hitler-Koalition in den Völkern ist. Die Diskussion habe gezeigt, alle müßten dafür sorgen, daß eine solche Entwicklung wie Faschismus und Krieg nicht noch einmal eintritt. Wir haben die Diskussion in der BRD, das Nürnberger Friedensfestival und die Rede R. v. Weizsäckers aufmerksam verfolgt, sagte E. Honecker. Vieles in dieser Rede sei nur zu unterstreichen, sie habe tatsächlich einiges auf die Positionen gerückt, wo es hingehöre.

So habe R. v. Weizsäcker von Befreiung gesprochen, von Aussöhnung mit den Völkern des Ostens, habe den 30. Januar 1933 als Anfang charakterisiert, die Opfer der Arbeiterklasse im Kampf gegen Hitler gewürdigt, auch die Kommunisten. Im Widerspruch dazu stehe der Gang nach Bitburg und die Verneigung vor den SS-Gräbern. Das habe dem Ansehen der Bundesregierung mehr geschadet als dem des USA-Präsidenten.[14] Nicht die Verneigung vor Soldatengräbern sei hier die Frage, denn auch die DDR habe ein Mahnmal für die Opfer des Faschismus und Militarismus, wo Kränze niedergelegt werden. Aber es sei symbolhaft, daß ausgerechnet SS-Gräber gewählt wurden, um Versöhnung zu verkünden und die Bündnisverpflichtungen der BRD gegenüber den USA zu bekräftigen. Das habe in der BRD und in der ganzen Welt Proteste ausgelöst.

Es sei erfrischend, daß R. v. Weizsäcker die Dinge zurechtgerückt habe. Mit Freude sei der Besuch H.-J. Vogels in Terezin und Lidice[5] unterstützt worden, den auch die tschechoslowakischen Genossen gut aufgenommen hätten. Auch in der DDR würden die Schritte der Kirchen in ihrem gemeinsamen Wort positiv bewertet. Die Bewegung zum 8. Mai sei ein weltweites Bekenntnis zum Frieden, zur Verhinderung eines Dritten Weltkrieges.

Seit dem letzten Treffen mit H.-J. Vogel habe es begrüßenswerte, aber auch negative Entwicklungen gegeben. [...] *In längeren Passagen erläuterte Honecker seine Position zum Stationierungsstopp von Mittelstreckenraketen, zu SDI und zu Abrüstungsverhandlungen.*

Die Erklärungen H.-J. Vogels und W. Brandts im Bundestag[15] seien in der DDR zur Kenntnis genommen worden. Das habe nichts mit Antiamerikanismus zu tun. Viele Bürger der USA seien der gleichen Meinung. [...] *Die DDR befürworte ein Gipfeltreffen Gorbatschow – Reagan und ein klares Nein zu SDI.*

Die Lage in Argentinien und Brasilien sei positiv zu bewerten, eine weitere Entwicklung aber notwendig. Wenn ein grober Eingriff der USA in Nicaragua erfolge, dann würde dadurch die Welt mit einem Schlage verändert. Nur zwei oder drei Regierungen unterstützten das US-Embargo gegen Nicaragua, während die Welt es ablehne. Die Entwicklung in Lateinamerika sei hausgemacht und nicht von der »Hand Moskaus« gesteuert, sie sei keine Bedrohung der USA. In ganz Lateinamerika vollziehe sich eine Abwanderung von diktatorischen zu demokratischen Systemen, so in Argentinien, Brasilien, Uruguay und anderswo. Ganz Lateinamerika verurteile das US-Embargo gegen Nicaragua.

Was die Arbeitsgruppe chemischer Waffen betreffe, so habe H. Axen neueste Vorschläge übermittelt, und bei der nächsten Besprechung sollte eine Übereinkunft auch in der Kontrollfrage möglich sein. Diese Initiative beider Parteien sei ein politisches Dokument. Von den Regierungen, die dies zu verhandeln hätten, werde noch manches berücksichtigt werden müssen. H. Axen sei beauftragt, so zu verhandeln, daß man abschließen könne.[16] Natürlich hänge die Kontrollfrage mit verschiedenen anderen Problemen zusammen und müsse komplex gesehen werden, z. B. im Hinblick auf die Wiener Konferenz.

Honecker kritisierte erneut SDI und sprach dann die Situation in Nahost und die Palästinenserfrage an. Israel sträube sich, die PLO zu Verhandlungen hinzuzuziehen. Über eine Konföderation zwischen einem palästinensischen Staat und Jordanien könne erst entschieden werden, wenn dieser palästinensische Staat da ist. Eine Lösung des Nahostkonflikts müsse natürlich eine Garantie für alle existierenden Staaten einschließen.

Hinsichtlich Afghanistan vertrete die DDR einen anderen Standpunkt, sagte E. Honecker. Es bestünden Möglichkeiten für eine Verhandlungslösung, wenn der Zufluß von Waffen, Munition und Söldnern von außen unterbunden wäre. Die Sowjetunion sei zum Truppenabzug bereit, sobald die afghanische Regierung diese Truppen nicht mehr benötige. Es müsse zu Verhandlungen und zu Vereinbarungen mit Pakistan und Iran kommen.

E. Honecker stellte fest, er kenne M. Gorbatschow gut, schon von früher. Im Gespräch mit ihm[17] sei die Friedenssicherung der erste Komplex gewesen, und in dieser Kernfrage der heutigen Zeit bestehe volle Übereinstimmung. Die Sowjetunion sei an Übereinkommen mit den USA interessiert und werde alles tun, um eine Basis dafür zu schaffen. Sie sei sehr beweglich und zu weitgehenden Schritten bereit. In einem Dritten Weltkrieg werde es weder Sieger noch Besiegte geben, daher müsse man zu Regelungen gelangen, um die Entwicklung unter Kontrolle zu behalten.

Darüber habe er auch mit dem Papst gesprochen.[8] In der zugespitzten internationalen Situation möge er seine moralische Position noch stärker einsetzen, um die Abrüstung zu unterstützen und zu verhindern, daß der Himmel in einen Vorhof der Hölle verwandelt wird. Der Papst habe gemeint, dies sei hauptsächlich Sache von Politikern, aber er könne sich dieser Einsicht nicht verschließen.

Am 24. Mai, so fuhr E. Honecker fort, fänden Konsultationen zwischen den Außenministern beider deutscher Staaten über Abrüstung statt.[18] Auch in der Bundesregierung gebe es einige realistische Elemente zur Fortsetzung der von Brandt/Genscher begründeten Ostpolitik. Eine CDU/FDP-Regierung sei immer noch besser als eine reine CDU/CSU-Regierung. Jene, welche die »Wende« mitgemacht haben, entdeckten nun, daß es eine Wende zum Schlechteren war. In der Union seien Kräfte vorhanden, deren Politik nur zu einer Verschärfung führen könne. Die Beziehungen zwischen der DDR und der BRD seien eine sehr empfindliche Stelle in der Weltpolitik.

H.-J. Vogel stimmte zu, daß das Dokument zu den chemischen Waffen nur ein politisches Papier sein könne, denn die SPD könne nicht anstelle der Bundesrepublik handeln. Es wäre ermutigend, wenn beim nächsten Treffen der Arbeitsgruppe eine Lösung der Kontrollfrage gefunden würde, und er hoffe, daß diese dicht bei Ziffer 12[20] des März-Papiers liege.

Anschließend ging H.-J. Vogel auf Fragen der bilateralen Beziehungen ein, so auf wirtschaftlichem Gebiet, auf dem Gebiet des Umweltschutzes, des Verkehrs, der Abkommensverhandlungen, des Reise- und Besucherverkehrs, der parlamentarischen Kontakte sowie der 750-Jahr-Feier Westberlins. Zu den offenen Grundfragen (Staatsbürgerschaft, Elbgrenze, Salzgitter) vertrat er die bekannte Position der SPD.

E. Honecker stellte fest, daß die DDR, übereinstimmend mit ihren Verbündeten, auch zu einer Zeit, da die internationale Lage weiter zugespitzt wurde, mit der BRD im Gespräch geblieben sei. Doch sei nicht von der Hand zu weisen, daß es zu einer schwierigen Situation in den Beziehungen kommen könne, wenn es nicht gelinge, die BRD-Regierung von der Beteiligung am Reaganschen Weltraumprogramm abzuhalten. E. Honecker verlas und übergab H.-J. Vogel vertraulich die Kopie seines Briefes vom 11. April 1985 an H. Kohl, der bisher unbeantwortet geblieben sei.[25]

Nachdrücklich warnte E. Honecker vor dieser Tage bekanntgewordenen Plänen zur Errichtung eines USA-Fernsehsenders in Westberlin, der dem sogenannten Innerdeutschen Ministerium in Bonn zur Verfügung gestellt werden und ausschließlich in die DDR hineinstrahlen soll.[26] Dies wäre ein Verletzung des Völkerrechts und der Schlußakte von Helsinki. Die DDR würde mit äußerster Schärfe reagieren.

Die Wirtschaftsbeziehungen zwischen der DDR und der BRD seien gut, und die DDR sei an ihrem Ausbau interessiert. Wenn die BRD keinen neuen Swing vereinbaren wolle, dann sei dies allerdings kein Signal für die Entwicklung des Handels. Fragen des nichtkommerziellen Zahlungsverkehrs hingen eng damit zusammen.

Fragen des Reiseverkehrs seien ausschließlich eine Angelegenheit der DDR. In der Schlußakte von Helsinki wurde zu Recht gesagt, daß sie nach den Gesetzen jeden Staates zu regeln sind. Auch das Paßgesetz der BRD lege fest, daß die Aushändigung von Pässen verweigert werden könne. Im übrigen reise jeder 10. Bürger der DDR jährlich in die BRD bzw. nach Westberlin, und die DDR habe bekanntlich im vergangenen Jahr eine Reihe weiterer Erleichterungen im Reiseverkehr eingeführt.

Auf dem Gebiet des Umweltschutzes gebe es Kontakte zwischen den zuständigen Stellen beider Staaten. Am 4./5. Juni 1985 fänden weitere Expertengespräche dazu statt.

Der Abschluß des Kulturabkommens[23] sei in diesem Jahr möglich unter der Voraussetzung, daß die in Westberlin befindliche »Stiftung preußischer Kulturbesitz« dabei ausgeschaltet wird.

Hinsichtlich der Verkehrsbeziehungen sei bereits H. Schmidt mitgeteilt worden, daß sich die DDR zunächst auf die Elektrifizierung der Eisenbahn in der Nord-Süd-Relation konzentriert. Über Fragen der Grunderneuerung bestimmter Autobahnabschnitte werde bekanntlich verhandelt.

Nachdem in dem Bericht des Verfassungsschutzes der BRD die Diskriminierung der Jugendgruppen aus der DDR nicht mehr aufgenommen worden sei[34], sei die FDJ bereit, die Vereinbarungen über den Jugendaustausch wieder zu realisieren.

Was den Besuch einer Volkskammerdelegation der DDR in der BRD betreffe, so verstehe niemand in der Welt, warum der Präsident der Volkskammer entsprechend seiner Funktion in der BRD nicht in gleicher Weise behandelt werden könne wie in allen anderen westeuropäischen Ländern. Ob unter den gegebenen Bedingungen eine Delegation der SED-Fraktion entsandt werden könne, werde geprüft.

Zu Fragen der 750-Jahr-Feier bestünden Kontakte und ein Informationsaustausch zwischen den Beauftragten der DDR und den Beauftragten des Westberliner Senats. Sie würden fortgesetzt.

Die Haltung der BRD zur Staatsbürgerschaft der DDR ebenso wie zur Elbgrenze sei völlig unverständlich. Es gebe in der Welt keinen Staat ohne Staatsbürger. Dieser Tatsache, die von allen Staaten der Welt respektiert wird, müsse auch die BRD Rechnung tragen. Die BRD müsse auf ihre angemaßte Fürsorgepflicht für Bürger der DDR verzichten.

H.-J. Vogel dankte für das Gespräch, das er als interessant und nützlich bezeichnete. Vereinbart wurde, die Kontakte fortzusetzen. E. Honecker und H.-J. Vogel stimmten eine Pressemitteilung über das Gespräch ab.[31]

---

[34] Noch im »Verfassungsschutzbericht 1983« (1984 herausgegeben) wurde der Besuch von Jugendgruppen aus der DDR in der Bundesrepublik als »subversive Aktivitäten« geführt. Im 1985 publizierten Bericht für »1984« war dies nicht mehr der Fall. Vgl. Innerdeutsche Beziehungen (1986), S. 178 und 217f.

18. Gespräch F. J. Strauß – Honecker am 1. September 1985 (Leipzig)

SAPMO ZPA J IV 2/2A/2787: »Niederschrift über das Gespräch des Generalsekretärs des Zentralkomitees der SED und Vorsitzenden des Staatsrates der DDR, Erich Honecker, mit dem bayerischen Ministerpräsidenten und CSU-Vorsitzenden, Franz Josef Strauß, am 1. September 1985 anläßlich der Eröffnung der Herbstmesse in Leipzig« – Zur Westquelle siehe Nr. 5.

E. Honecker begrüßte F. J. Strauß und stellte fest, dieses Treffen mit dem bayerischen Ministerpräsidenten und CSU-Vorsitzenden auf der Leipziger Messe sei zustande gekommen, um, wie Strauß es selbst ausgedrückt habe, gemeinsame Interessen im Sinne der Erhaltung des Friedens zu fördern und nicht zuzulassen, daß sie von anderen belastet oder gar kaputtgemacht werden. Bei diesem Unterfangen könne Strauß mit der vollen Unterstützung E. Honeckers rechnen. Als überzeugter Gegner des Krieges müsse man alles tun, um den Frieden zu erhalten. Notwendig sei, daß nicht nur die DDR, sondern auch die BRD eine solche Politik konsequent und zielbewußt durchführen sollte.

Honecker äußerte sich befriedigt, daß die Bundesregierung sich noch nicht auf SDI festgelegt habe und zu Eureka eine positive Haltung einnähme.

Als das Wichtigste betrachte er, daß beide Seiten helfen, die Weichen auf Frieden und Zusammenarbeit zu stellen, betonte E. Honecker. Seit der letzten Zusammenkunft mit F. J. Strauß habe sich einiges verändert. Man sollte alles vermeiden, was zu einer Verhärtung führt. Jetzt stünden der Besuch M. Gorbatschows bei F. Mitterrand und das Treffen zwischen M. Gorbatschow und R. Reagan bevor. Hauptinhalt, er sei gut informiert, dürfte sein, daß man zur Abrüstung auf der Erde kommen und die Militarisierung des Kosmos nicht zulassen sollte. [...] [...]

Wir Deutsche, sei es in der DDR oder in der BRD, haben allen Grund, für mehr Vertrauen einzutreten, für mehr Frieden, sagte E. Honecker. Deshalb habe er damals seinen Brief an Bundeskanzler Kohl gerichtet[1], den F. J. Strauß gewiß kenne. Hier handele es sich nicht um Propaganda, sondern um reale Politik.

[1] Gemeint sein könnte das Honecker-Schreiben vom 4. 2. 1983 an Kohl, in dem er dafür warb, die Bundesregierung solle »angesichts der Verantwortung der beiden deutschen Staaten für den Frieden« die Initiative der schwedischen Regierung für eine »von nuklearen Gefechtsfeldwaffen freie Zone« in Europa unterstützen; abgedr. u. a. in: Innerdeutsche Beziehungen (1986), S. 135 f., oder wohl eher sein Schreiben vom 5. 10. 1983, ebd. S. 154 f., in dem er vor dem »Stationierungsautomatismus« warnte und für Schritte warb, »die uns einem gesicherten Frieden in Europa näherbringen und dem Weltfrieden dienen«.

Mit Interesse habe er von F. J. Strauß gehört, daß eine kriegstreiberische Politik in den USA nicht durchzusetzen sei und daß sich maßgebliche Leute dort klar darüber seien, daß ein Atomkrieg einem Holocaust gleichkommen würde. Er denke, er sei richtig informiert, bemerkte E. Honecker, was F. J. Strauß bejahte. Wenn dem so sei, dann sei um so mehr zu hoffen, daß das Treffen Gorbatschow/Reagan[2] zu Ergebnissen führt, welche die Welt in die richtige Richtung bringen. Beide Großmächte dürften keine weitere Zuspitzung der internationalen Lage zulassen.

M. Gorbatschow komme mit gutem Willen zu diesem Treffen in Genf. Bei ihrem letzten Gespräch habe ihm M. Gorbatschow gesagt[3], die Partei- und Staatsführung der Sowjetunion sei bestrebt, ein gutes Verhältnis zu den USA herzustellen. Das werde nicht leicht sein, aber ein annehmbares Verhältnis unter Beachtung der Unterschiede in den Positionen zu dieser oder jener Frage sei gut für die ganze Welt.

Was will Gorbatschow, fuhr E. Honecker fort. Er kenne ihn, und beide verstünden sich gut. Gorbatschow wolle das Beste für sein Volk und alle anderen Völker, er sei dafür, alle Fragen auf dem Wege von Verhandlungen zu lösen, sei für den Abbau der Konfrontation und für Zusammenarbeit. Selbstverständlich gebe es zwei unterschiedliche Gesellschaftssysteme, und niemand könne den anderen davon überzeugen, daß seins das beste sei. Aber im Atomzeitalter könne man nur im Frieden zusammenleben.

In seinem Interview für die USA-Zeitschrift ›Time‹[4], das am Abend veröffentlicht werde, stelle M. Gorbatschow fest, es ist »eine unumstößliche Tatsache, daß wir nur gemeinsam überleben oder untergehen können, ganz gleich, ob wir einander gefallen oder nicht«. Das ist, sagte E. Honecker, auch unsere grundsätzliche Position in dieser Frage.

Gorbatschow wolle verhindert, daß die Welt einem atomaren Holocaust zum Opfer fällt. In diesem Zusammenhang sei auch das einseitige Moratorium der Sowjetunion für Kernexplosionen zu sehen. Reagan sei nicht gut beraten gewesen, als er diesen Vorschlag abgelehnt habe. Die Sowjetunion sei bereit, auf alle Tests zu verzichten, auch auf solche zu friedlichen Zwecken, um Mißtrauen abzubauen, das daran hindere, zu effektiven Abrüstungsschritten zu kommen. Diese Frage stehe auch für die DDR an erster Stelle.

Seit dem Antritt M. Gorbatschows habe sich vieles zum Guten gewandelt, sei vieles zum Guten in Bewegung gekommen. Die Sprachlo-

---

[2] Das Gipfeltreffen fand vom 19. bis 21. 11. 1985 in Genf statt. Vgl. AdG 1985, S. 29375 ff.

[3] Honecker und Gorbatschow waren zuletzt am 29./30. 8. während eines Arbeitstreffens der Warschauer Pakt-Staaten zusammengekommen. Am 2. 7. 1985 hatten Honecker und Gorbatschow telefoniert.

[4] Das Interview vom 28. 8. wurde in ›Time‹ am 1. 9. 1985 veröffentlicht. Vgl. AdG 1985, S. 29107f.

sigkeit habe aufgehört und damit ein gefährlicher Abschnitt in der internationalen Entwicklung. In Genf seien Gespräche im Gange, wobei wir noch immer hofften, daß beide Seiten von der gemeinsamen sowjetisch-amerikanischen Erklärung ausgehen, die Mittel-, die Langstreckenwaffen und die Weltraumwaffen im Zusammenhang zu behandeln. F. J. Strauß: Auch die Kurzstreckenraketen? E. Honecker: Auch die Kurzstreckenraketen. Wir sind dafür, daß die nuklearen Waffen ganz verschwinden, unterstrich Honecker, sind für Abrüstungsmaßnahmen auch auf anderen Gebieten nach dem Prinzip der Gleichheit und der gleichen Sicherheit, für Gewährleistung dieses Prinzips auf einem immer niedrigeren Niveau der Waffen. Wir wollen in Frieden an der Zukunft bauen. Dies sei auch der Sinn seines Treffens mit dem bayerischen Ministerpräsidenten und CSU-Vorsitzenden. Gemeinsam habe man ein Stück Geschichte geschrieben. Man habe vieles gelöst, aber noch nicht alle Möglichkeiten genutzt.

Auf eine Frage von F. J. Strauß nach seinem Besuch in der BRD antwortete E. Honecker, hier habe es sich um eine eigene Entscheidung gehandelt. Das ganze Politbüro sei für den Besuch gewesen. Im Urlaub habe er sich die Sache überlegt und vorgeschlagen, ihn zum damaligen Zeitpunkt nicht durchzuführen, weil er mehr geschadet als genutzt hätte. Das habe sich aus der Art der Vorbereitung in der BRD ergeben. Er sei kein Protokollmensch, aber man müsse miteinander abstimmen, wie ein solcher Besuch behandelt werden müsse. E. Honecker verwies außerdem auf die Auseinandersetzung mit dem Revanchismus. Dabei gehe er nicht davon aus, daß die Mehrheit der Bundesbürger Revanchisten seien. Übrigens sei es auch nicht zu dem Besuch T. Shiwkows gekommen.[5]

Wichtig sei, was getan wurde, obwohl sein BRD-Besuch nicht stattfand, stellte E. Honecker fest. Die DDR habe alle Vereinbarungen realisiert. So habe sie die Tür geöffnet für die Erweiterung der Reisen in dringenden Familienangelegenheiten. Um so erstaunlicher sei es, daß kürzlich in der BRD behauptet wurde, die DDR dehne die »Kontaktsperre« aus. Sie habe im Gegenteil den Kreis der Geheimnisträger verkleinert, er betreffe die Armee, das Innenministerium und die Staatssicherheit.

Großzügig gehandhabt würden Besuche in die DDR. Nicht nur, daß jetzt jährlich 2,4 Millionen Bürger der BRD solche Reisen unternähmen, es gäbe auch die Touristik ganzer Fraktionen von Landtagen zu uns. So etwas sei früher nie zu verzeichnen gewesen.

E. Honecker stellte fest, daß die Kontakte zwischen den Regierungen

[5] Der für den Herbst 1984 vorgesehene Besuch von Todor Schiwkow, dem bulgarischen Staats- und Parteichef, war verschoben worden. Bei einem Aufenthalt von Außenminister Genscher am 7./8. 2. 1985 in Bulgarien erklärte Schiwkow sein Interesse, ihn möglichst bald nachzuholen.

der DDR und der BRD auch in der Zeit der Sprachlosigkeit nicht unterbrochen wurden, sie hätten sogar dazu beigetragen, diese Sprachlosigkeit zu überwinden. Über die gemeinsame Erklärung A. Gromyko/G. Shultz[6], komplexe Verhandlungen in Genf aufzunehmen, habe sich die DDR gefreut. Wenn danach gearbeitet werde, sei dies ein großer Schritt nach vorn. Die DDR habe die Kontakte zur BRD nicht nur nicht abgebaut, sondern verstärkt. Als Beweise nannte E. Honecker u. a. die verschiedenen Reisen von G. Mittag in die BRD, seine Gespräche mit Politikern wie L. Späth und J. Rau.[7] Nicht zuletzt auf dem Gebiet des Umweltschutzes habe es viele Kontakte gegeben, und sie würden fortgesetzt.

Hinsichtlich der wirtschaftlichen Beziehungen zwischen beiden deutschen Staaten stimme er mit dem überein, was O. Wolff von Amerongen in seinem jüngsten Interview gesagt habe.[8] [...]

[...]

Die DDR sei nicht unbedingt erpicht darauf, aber es könne eine Gemeinsame Wirtschaftskommission DDR/BRD gebildet werden. Solche Kommissionen bestünden bereits zwischen anderen sozialistischen Staaten und der BRD.

Die Kontakte zwischen den Außenministerien der DDR und der BRD in Abrüstungsfragen sollten weitergeführt werden.

Unbedingt in diesem Jahr solle man das Kulturabkommen abschließen.[9] Dafür gebe es genügend Muster. Auch die Einbeziehung von Berlin (West) nach den bisher vereinbarten Klauseln, übereinstimmend mit dem Vierseitigen Abkommen, sei kein Problem.

Wieder in Gang gekommen sei die Jugendtouristik, und die DDR werde sie weiter fördern.

In der Asylantenfrage sei die DDR der BRD entgegengekommen, was mit Rücksicht auf ihre eigenen Interessen keineswegs einfach gewesen sei.[10]

Die DDR sei für den Abschluß eines Umweltschutz-Abkommens.

Schließlich hätten die DDR und die BRD die bekannten Vereinbarungen über die Erneuerung der Süd-Autobahn unterzeichnet.[11]

Es sei also eine Menge getan worden, um die Beziehungen weiterzu-

[6] Vgl. Nr. 15, Anm. 7.

[7] Günter Mittag hatte zuletzt die Bundesrepublik im April 1985 anläßlich der Hannover-Messe besucht und Gespräche in Bonn u. a. am 18. 4. mit Bundeskanzler Kohl geführt. Vgl. AdG 1985, S. 28991 f.

[8] Otto Wolff von Amerongen, der Präsident des DIHT, erhielt am 17. 9. 1985 die Ehrendoktorwürde der Universität Jena.

[9] Das Kulturabkommen wurde erst am 6. 5. 1986 abgeschlossen. Innerdeutsche Beziehungen 1980–1986, S. 259 ff.

[10] Vgl. Einleitung 1, 2a).

[11] Die betr. »Vereinbarung über Verbesserungen im Transitverkehr« war am 15. 6. 1985 getroffen worden. Innerdeutsche Beziehungen (1986), S. 216 ff.

entwickeln, stellte E. Honecker fest. Nochmals wolle er betonen, daß die Friedenssicherung die entscheidende Frage sei. Außerdem gehe es um die Entkrampfung der Beziehungen durch Maßnahmen im gegenseitigen Interesse beider Staaten und ihrer Bürger. Die DDR denke wie M. Gorbatschow: Gemeinsam überleben oder gemeinsam untergehen.

F. J. Strauß erklärte, er habe vor, dem Bundeskanzler subjektiv ehrlich und inhaltlich objektiv richtig über das Treffen mit E. Honecker zu berichten. H. Kohl habe ihn bei der Vorbereitung seiner Reise am Urlaubsort gebeten, Grüße zu übermitteln, verbunden mit der Bemerkung, daß einem Besuch E. Honeckers nicht nur nichts im Wege stehe, sondern daß er jederzeit erwünscht sei. Ohne diesen Besuch bagatellisieren zu wollen, so F. J. Strauß, sollte man ihn auch nicht dramatisieren, als ob damit eine welthistorische Begegnung stattfinde. Die Ergebnisse der Entwicklung in den Beziehungen seien erfreulich, und man solle den Besuch nicht mit Erwartungen epochaler Dinge befrachten, weswegen die westlichen Verbündeten dann womöglich die Ohren spitzen würden: Was geht da vor?

Im Resümee der bisherigen Bemühungen sei festzustellen, daß die Kontakte zwischen der BRD und der DDR auf verschiedenen Gesprächsebenen normal verlaufen. Er erwähnte die kooperativen Kommissionen, auch die Rechtshilfeverhandlungen. Die Verhandlungen über ein Kulturabkommen seien weit vorangeschritten, und man solle dieses Abkommen abschließen.

F. J. Strauß bezog sich dann auf eine Expertise seiner Mitarbeiter zum Stand und zu Fragen der Beziehungen zwischen beiden deutschen Staaten, die er im einzelnen nicht verifizieren könne, aber doch zur Sprache bringen wolle. Mit Anerkennung sei zu vermerken, daß die DDR trotz der Schwierigkeiten, die sich für sie ergeben, den Asylantenstrom gestoppt hat. Das gelte vor allem für Asylanten aus Sri Lanka. Sorgen bereiteten jetzt Afrikaner, die über alle möglichen Wege in die BRD kämen, namentlich immer dann, wenn in einem der afrikanischen Länder wieder einmal ein Putsch stattgefunden habe.

Als ein politisches Signal bezeichnete F. J. Strauß die Erhöhung des Swing, für die er sich stark eingesetzt habe.[12] Mit Schäuble und anderen habe er darüber gesprochen, dieses Abkommen ab 1986 für jeweils 5 Jahre abzuschließen.

Die Aufstockung des nichtkommerziellen Zahlungsverkehrs durch die DDR werde mit Anerkennung registriert.

Im großen und ganzen gebe es im beiderseitigen Handel ein Gleichgewicht, wobei die DDR teilweise mehr exportiert habe als umgekehrt.

---

[12] Durch die Vereinbarung vom 5. 7. 1985 über den Swing wurde der zinslose Überziehungskredit für die DDR im innerdeutschen Handel für den Zeitraum 1986 bis 1990 auf 850 Mio. Verrechnungseinheiten festgesetzt; zuvor waren es zuletzt 600 Mio. Verrechnungseinheiten. Innerdeutsche Beziehungen (1986), S. 218 ff. und 117.

Während des ersten Halbjahres 1985 habe sie im Handel mit den westlichen Staaten, auch im OECD-Handel, einen Überschuß erzielt und sei bestrebt, die Bilanz aktiv zu erhalten. Sie habe ihre Kredit- und Zahlungsfähigkeit bewiesen.

F. J. Strauß sprach sich für eine möglichst umfassende Zusammenarbeit im Umweltschutz aus. Die DDR emittiere 5 Millionen Tonnen Schwefel, die BRD jedoch nur 3 Millionen Tonnen. Als Ursache werde angesehen, daß die DDR sich hauptsächlich auf die Verwendung von Braunkohle stütze, und daraus entstünden Probleme.

Die Grenzkontrollen durch die Organe der DDR seien zügig, höflich und korrekt. Dies dauere an, aber es sei ein eisigerer Eindruck zu verzeichnen. Die Kontrollen verliefen wieder strenger. Wie F. J. Strauß sagte, habe er immer den Standpunkt vertreten, daß von der DDR keine offene Grenze wie zwischen Bundesländern zu erwarten sei, weil sie ein anderes Gesellschaftssystem und andere Verbündete habe.

Festzustellen sei, daß die DDR keine Vereisung, keinen Rückfall in die Sprachlosigkeit wolle.

F. J. Strauß hob die positive Bedeutung der Regelung vieler Härtefälle familiärer Art durch die DDR hervor, für die zu danken sei.

Zum Problem des Grenzverlaufs im Elbe-Bereich bemerkte er, hier verstehe er vieles einfach nicht, hier würden von Stellen in Bonn und Niedersachsen immer wieder juristische Fäden gezogen. Er brachte zum Ausdruck, daß er eine einvernehmliche Regelung für möglich hält. E. Honecker sagte, man müsse von dem ausgehen, was ist. Für die 93 in Frage stehenden Kilometer Grenzabschnitt habe bereits ein Protokollentwurf vorgelegen[13], aufgrund dessen niemand etwas verlieren, niemand etwas gewinnen würde. Für die BRD entstünden keinerlei Nachteile. Die Grenzkommission müßte lediglich entsprechende Aufträge erhalten. F. J. Strauß sagte, er nehme dies geistig zu Protokoll.

F. J. Strauß äußerte sich sichtlich überrascht zu den Klarstellungen E. Honeckers hinsichtlich der im Westen behaupteten Ausdehnung einer sogenannten Kontaktsperre für Bürger der DDR. Man müsse sich fragen, von welcher Seite solche Behauptungen kämen. Nach seiner Rückkehr wolle er sich für die Angelegenheit interessieren.

Auf den Mindestumtauschsatz wolle er nicht weiter eingehen, ihn aber erwähnen, weil er in der Expertise seiner Mitarbeiter angeführt sei. Bei einem Schwarzmarkthandel mit Währung der DDR im Verhältnis von 1:4 könne man natürlich in der DDR fürstlich einkaufen. Er habe stets den Standpunkt vertreten, daß die DDR den Mindestumtausch nicht zur Drosselung des Besucherverkehrs, sondern zur Verhinderung der Schwarzmarktpreise für ihre Währung eingeführt habe. Im Zusam-

[13] Siehe Nr. 1, Anm. 16

menhang mit dem Besucherverkehr werde in der ihm vorliegenden Expertise auch die Senkung des Reisealters für Bürger der DDR genannt.

F. J. Strauß sagte, auf seiner Seite freue man sich über die Verstärkung des Jugendtourismus, zu der es nach der Herausnahme aus dem Verfassungsschutzbericht[14] wieder gekommen sei. Auch die Junge Union Bayerns sei mit einem umfangreichen und fruchtbaren Programm in der DDR unterwegs gewesen, wofür er besonders danken wolle.

Im Umweltschutz sei die BRD bereit, Entschwefelungstechnik zur Verfügung zu stellen. Die ČSSR habe ein entsprechendes Angebot zur kostenlosen Übernahme akzeptiert. Von der Papierfabrik Blankenstein der DDR gingen Geruchsbelästigungen aus, die offenbar nicht durch Schwefeldioxid verursacht würden. Im Herbst 1984 habe die DDR eine Prüfung zugesagt, deren Ergebnis in diesem Jahr vorliegen solle.

F. J. Strauß bat, Peter Ehrlich von der Komischen Oper, Berlin, eine Gastregie am Stadttheater Würzburg zu ermöglichen. Er setzte sich für ein Gastspiel der Bayerischen Staatsoper in Dresden oder Berlin ein. Ein solches Gastspiel der Bayerischen Philharmoniker im Leipziger Gewandhaus sei eingeleitet.

Interessiert zeigte sich Strauß an kleineren Sportbegegnungen. Gewünscht werde eine Kulturtagung der CSU-nahen Hans-Seidel-Stiftung in Dresden über Probleme einer europäischen Kulturpolitik.

Schließlich verwies er auf sich anbahnende Möglichkeiten eines Luftverkehrsabkommens.

Im weiteren Verlauf des Gesprächs rückte nochmals das SDI-Projekt in den Mittelpunkt. Wie F. J. Strauß sagte, stehe er ihm gegenüber vor einem Rätsel, das sich vielleicht allmählich zu lichten beginne. Beide Seiten sprächen vom militärischen Gleichgewicht, und jede Seite verstehe etwas anderes darunter. Durch die Stationierung der Mittelstreckenraketen sei hier etwas in Bewegung gekommen. Nach der Rede J. Andropows vom September 1983 habe er erklärt, daß er diese Rede als nicht sachdienlich betrachte.[15] Die Nachrüstung der NATO werde stattfinden. Jetzt sei dies Tatsache. Auf der einen Seite stünden SS 20, auf der anderen Pershing II und Cruise Missiles. Könne man nicht beides wieder entfernen?

E. Honecker stellte dazu fest, zum ersten Mal sei die DDR auf ihrem Territorium zu solchen Raketen gekommen, und gerade deswegen sei sie gegen die Stationierung der Pershing II gewesen. Sie sei dafür, daß

---

[14] Im »Verfassungsschutzbericht 1983« wurde der Besuch von Jugendtourismusgruppen aus der DDR als »subversive Aktivitäten« gekennzeichnet, während im 1985 erschienenen »Verfassungsschutzbericht 1984« der deutsch-deutsche Jugendtourismus nicht mehr erwähnt wurde. Innerdeutsche Beziehungen (1986), S. 178 und 217 f.

[15] Juri Andropows Erklärung vom 28. 9. 1983 kritisierte vor allem die Politik der USA. Vgl. AdG 1983, S. 27803 ff.; zur Bewertung durch Strauß vgl. Strauß (1989), S. 478 f.

die Gegenstationierung verschwindet, wenn das verschwindet, was im Westen aufgebaut wurde. Man könne durchaus einen Vorstoß zur Reduzierung ins Auge fassen mit dem Ziel eines späteren Abbaus. Allerdings wisse er nicht, wie die weiteren Verhandlungen zwischen der Sowjetunion und den USA verlaufen werden.

Nach der Stationierung habe die Sowjetunion in der gemeinsamen Erklärung Gromyko/Shultz die Verbindung von Kurz-, Mittel- und Langstreckenwaffen sowie Weltraumwaffen hergestellt. Die Sowjetunion sei zu einer einseitigen Abrüstung auf der Erde nicht bereit, wenn *[die USA]* ihr SDI-Projekt im Weltall nicht aufgeben. Seinerzeit habe es Gromyko erklärt, und Gorbatschow erkläre es jetzt, daß es um die Gewährleistung des Gleichgewichts unter Beseitigung des Mißbrauchs des Weltalls für militärische Zwecke geht.

F. J. Strauß bemerkte, er halte das Sicherheitsbedürfnis der Sowjetunion für übertrieben. An den gegenseitigen Anrechnungen sei bisher alles gescheitert, was zum Beispiel bei den Wiener Verhandlungen zum Ausdruck komme, die schon in die 800. Runde gingen.[16] Bereits vom Scheitern der damaligen Genfer Verhandlungen sei er überzeugt gewesen. A. Gromyko habe ihm gegenüber von einer Überlegenheit des Westens gesprochen, habe zusammengerechnet, was nicht zusammenzubringen sei, unter Anziehung Frankreichs und Englands. Es stelle sich die Frage, warum der Westen diese Überlegenheit nicht genutzt habe.

Bei uns, so sagte F. J. Strauß, wird die Gegenstimmung gegen die nukleare Abschreckung immer stärker, sie ist auf die Dauer keine Lösung. Dazu führte er die Stellungnahmen der Bischöfe[17], auch Äußerungen von K. Biedenkopf an. Was sei dann die Alternative?

Er sei in einer Zeit aufgewachsen, da es hieß: Gott strafe England, siegreich woll'n wir Frankreich schlagen. Jahrelang sei dies eine Art Gesellschaftsspiel gewesen, und es habe viele blutige Kriege gegeben. Heute fühle sich die BRD von Frankreich und England nicht bedroht. Seinetwegen könnten diese Länder so viele Atomwaffen besitzen, wie sie wollten.

Was also solle mit der nuklearen Abschreckung werden. Sei sie zu modifizieren, zu relativieren oder abzubauen?

E. Honecker stellte fest, die SDI beseitige die nukleare Abschreckung nicht, sondern erhöhe die Gefahr eines Atomkrieges. Dabei bringe sie, wie namhafte Wissenschaftler bewiesen hätten, keine 100%ige Sicherheit. Daher werde weder die eine noch die andere Seite

---

[16] Tatsächlich war bei den Wiener MBFR-Verhandlungen die 36. Runde zu Ende gegangen; die 37. begann am 26. 9. 1985. Die Zahl »800« bezog sich wahrscheinlich auf die Summe aller einzelnen Treffen bei den bisherigen Gesprächs-»Runden«.

[17] Gemeint war wohl das anläßlich des 40. Jahrestages des 8. Mai 1945 gemeinsam vom Rat der Evangelischen Kirchen Deutschlands und vom Bund der Evangelischen Kirchen in der DDR herausgegebene »Wort zum Frieden«, das am 18. 3. 1985 veröffentlicht worden war.

auf die Abschreckungstheorie, er betone das Wort »Theorie«, verzichten.

Als er den Papst besucht habe, habe er ihn aufgefordert, sein moralisches Gewicht stärker für die Friedenssicherung einzusetzen.[18] Der Papst habe geantwortet, vor allem die Politiker müßten so vernünftig sein, daß Abhilfe geschaffen wird. Doch mache auch er sich Gedanken, wie ein Weg zur Abrüstung gefunden werden könne.

Durch SDI gebe es keine 100%ige Sicherheit, aber mehr Aufrüstung und Gegenrüstung. Die Gefahr eines Erstschlages unter SDI-»Schutz« nehme zu. Man müsse die ganze Sache auf eine Schiene bringen, die die Abrüstung auf der Erde nach dem Prinzip der Gleichheit und gleichen Sicherheit sowie Nichtmilitarisierung des Weltraums gewährleistet. Hierfür sei der Vorschlag der Sowjetunion für die Schaffung einer Weltorganisation zur friedlichen Nutzung des Kosmos sehr bedeutsam. Wie wolle man wieder zu normalen Verhältnissen kommen, wenn durch SDI die Aufrüstung forciert werde?

Nach seiner Ansicht seien Pershing II, Cruise Missiles einerseits und die bei uns aufgestellten Raketensysteme größerer Reichweite andererseits jetzt für die Sowjetunion zu einer zweitrangigen Frage geworden, sagte E. Honecker. Das Ganze habe H. Schmidt eingebrockt. Ihm habe er damals gesagt: Wenn stationiert wird, dann wird gegenstationiert. So sei es gekommen.

Das Gleichgewicht stelle Reagan durch sein »Sternenkriegs«-Programm, das später in SDI umbenannt worden sei, in Frage. Auf eine Militarisierung des Weltraums müsse verzichtet werden.

F. J. Strauß meinte, der Abbau der Rüstung auf der Erde sei die einzige Möglichkeit, den Aufbau der Rüstungen im Weltraum zu verhindern.

E. Honecker unterstrich, daß die USA bis jetzt keine Bereitschaft zeigen, mit der Sowjetunion konkrete Vereinbarungen zu treffen. Auch für ihn sei Frankreichs Atomwaffenbesitz nicht besorgniserregend. Allerdings könne man ihn nicht außer acht lassen. Das habe er auch gegenüber L. Fabius[19] zum Ausdruck gebracht und betont, daß die Sowjetunion lediglich die Berücksichtigung der französischen Atomwaffen fordert, nicht aber darüber verhandeln will. Mehr als 80% des Atomwaffenpotentials der Welt lägen bei der Sowjetunion und den USA, und diese beiden Mächte müßten zu einem Abkommen gelangen. Auch M. Thatcher habe inzwischen verlautbart, daß sie neue Überlegungen anstellen werde, wenn die Sowjetunion und die USA eine Vereinbarung erreichten.

[18] Honecker hatte den Vatikan am 24. 4. 1985 besucht.
[19] Der französische Ministerpräsident Laurent Fabius war am 10./11. 6. 1985 zu einem offiziellen Besuch in der DDR und hatte dabei mehrere Gespräche mit Honecker geführt. Vgl. AdG 1985, S. 28857f.

Bei der Vorbereitung des Treffens von M. Gorbatschow und R. Reagan komme es darauf an, eine günstige Atmosphäre zu schaffen, um ein Übereinkommen zu ermöglichen, das es erlaubt, die Konfrontation abzubauen. Das sei die Alternative, nach der F. J. Strauß gefragt habe.

F. J. Strauß sagte, Mitterrand mache es sich leicht. Er lehne SDI ab, aber die verstaatlichte Industrie Frankreichs stehe Schlange, sich daran zu beteiligen. Für die BRD laute die Frage, wie man verhindern könne, daß sich ihre Industrie beteilige, aber das Know-how dem Staat zugute komme.

E. Honecker erklärte dazu, ein Abkommen zwischen der Sowjetunion und den USA über die gesamten Probleme würde weitere Fortschritte erleichtern. Aber wenn die BRD der SDI zustimme, dann könne man sich gut vorstellen, welches Echo dies in der ganzen Welt finden würde.

F. J. Strauß wiederholte abschließend, daß nach seiner Auffassung eine kriegstreiberische Politik in den USA nicht durchzusetzen sei. Was noch in den fünfziger Jahren möglich gewesen wäre und auch theoretisch begründet wurde, daß ein Krieg unvermeidbar sei, finde heute in den USA keine Basis. Es könnte sich nur um eine Schicht von Verschwörern und kriminellen Elementen handeln, die sich unter Ausnutzung ihrer Macht, ausgehend auch von Fehleinschätzungen, militärische Vorteile von einer kriegerischen Auseinandersetzung versprechen. Für die verantwortlichen Politiker der USA, das möchte er nochmals betonen, sei klar, daß eine Auseinandersetzung, geführt mit Atomwaffen, einem Holocaust gleichkommen und Hunderte Millionen Menschen das Leben kosten würde, einschließlich der Tatsache, daß bei einem solchen Holocaust weder die BRD noch die DDR noch andere Staaten überleben würden. Sein fester Eindruck sei, daß beide Großmächte keine weitere Zuspitzung der internationalen Lage zulassen wollen.

Zu Reagans Verhandlungsführung sei festzustellen, daß er selbst die Verhandlungslinien in der Gesprächsführung kenne. Es könne aber nicht davon ausgegangen werden, daß er im Detail im Stoff steht und daher sehr auf die Zuarbeiten seiner Experten angewiesen sei. E. Honecker bemerkte dazu, daß Reagan hoffentlich bei dem in Aussicht genommenen Treffen mit Gorbatschow dann die richtige Beratung habe.

19. Gespräch Brandt – Honecker am 19. September 1985 (Ost-Berlin)

Die erbetene Nutzung der Unterlagen im Nachlaß Willy Brandt wurde vom Archiv der sozialen Demokratie mit dem Hinweis abgelehnt, daß eine Benutzung des Nachlasses erst möglich ist, wenn sich der Beirat der Bundeskanzler-Willy-Brandt-Stiftung konstituiert habe. Der für das Präsidium der SPD verfaßte »Bericht« (19a) wurde schriftlich vorgelegt, da Willy Brandt an der betreffenden Präsidiumssitzung vom 23. 09. 1985 nicht teilnahm.

[a] SPD-Vorstandsarchiv, Protokolle und Akten des Präsidiums: »Karl-Heinz Klär. 23. September 1985. Bericht über das Gespräch zwischen Willy Brandt und Erich Honecker am 19. September 1985 im Gebäude des Staatsrates der DDR«

Anwesend: Hermann Axen, Günter Schabowski, Prof. Otto Reinhold, Frank-Joachim Herrmann, Gunter Rettner
Egon Bahr, Wolfgang Clement, Günter Gaus, Karl-Heinz Klär

In seiner Begrüßung nannte Erich Honecker Willy Brandts Besuch »politisch wichtig, nützlich und zeitgemäß«. Dies – wie das weitere, was er ausführen werde – sei die einheitliche Meinung ihrer Partei- und Staatsführung, die nicht in sogenannte Falken und Tauben auseinanderfalle.

In seiner Analyse der internationalen Lage (»nach wie vor kompliziert«) hob er auf das Streben der USA nach militärischer Überlegenheit als Ursache der Spannungen ab und stellte der Hartleibigkeit »des Pentagon« den guten Willen der sowjetischen Führung entgegen. Er erinnerte daran, daß die letzte Rüstungsrunde mehr Waffen und weniger Sicherheit gebracht habe und daß es »kein Geheimnis« sei, daß seiner Seite daran liege, daß die seit 1983 in Bundesrepublik und DDR neu aufgestellten Waffen bald wieder verschwänden.

Ein Problem noch größerer Tragweite werde nun durch SDI aufgeworfen. Als Grund nannte er vorrangig die destabilisierende Wirkung (Verletzung von SALT und ABM-Vertrag). Eine Verwirklichung von SDI werde »zwangsläufig« die Lage in Europa verschärfen. Die Beziehungen zwischen den beiden deutschen Staaten würden »unabwendbar« dann in Mitleidenschaft gezogen, falls die Bundesregierung als einzige westliche Regierung das SDI-Programm der USA reell unterstützen und mittragen werde.

Honecker, der den technologischen Folgenutzen von SDI gering veranschlagte, begrüßte Eureka – ungeachtet dessen, daß die sowjetische Führung mit i h r e r Eureka-Analyse noch nicht fertig sei – und redete einer Zusammenarbeit mit Interkosmos das Wort. Er betonte die Verantwortung auch der kleinen und mittleren Staaten für eine entspannte Entwicklung der internationalen Beziehungen und strich, ganz allgemein, den von Europa zu leistenden Beitrag heraus. Er bekannte sich eindeutig zur Sicherheitspartnerschaft. Die Gespräche zwischen SPD-Bundestagsfraktion und SED über eine chemiewaffenfreie Zone und deren Ergebnis wertete er in diesem Zusammenhang als außerordentlich positiv.[1] Große Bedeutung komme auch der in Moskau von ihm und Bundeskanzler Kohl gemeinsam abgegebenen Erklärung zu.[2] Des Bundeskanzlers alleinige Erklärungen seitdem hörten sich weiterhin gut an, sie bewegten leider nichts auf westlicher Seite. Mit Blick auf das anstehende Gipfeltreffen von Präsident Reagan und Generalsekretär Gorbatschow äußerte er die Hoffnung, daß »etwas auf den Weg gebracht« werde. Gehe man indes nach dem Stand der öffentlichen Auslassungen auf seiten der US-Administration, sei nichts zu erwarten.

Im zweiten Teil seiner Ausführungen, die bilateralen Beziehungen ansprechend, unterstrich Honecker einleitend, daß die Existenz zweier deutscher Staaten stabilisierend wirke und eine Änderung dieses Zustandes auch im Westen niemanden verlocke. Bei der Behandlung der zwischen den beiden Regierungen strittigen Punkte ging er nur kurz auf die Erfassungsstelle in Salzgitter (»permanente Einmischung in die Angelegenheiten der DDR«), um so ausführlicher auf das Problem der Elbgrenze ein.[3] Er sagte, sie seien »sehr hart in dieser Frage«; das Problem müsse gelöst werden, da sich »sonst nichts von Bedeutung bewegen werde«. Zur Frage der Staatsangehörigkeit vertrat er die Forderung nach »Respektierung«.

Hinsichtlich der humanitären Angelegenheiten machte Honecker den Rechtsstandpunkt seiner Seite klar, um dann auf die günstige Entwicklung des Reise- und Besucherverkehrs hinzuweisen und daran zu erinnern, wie man den nördlichen Autobahnneubau gegen militärische Bedenken in Ost und West durchgesetzt habe. Er sagte schließlich, sie seien guten Willens, Reisen in dringenden Familienangelegenheiten positiv zu entwickeln. Später verstärkte er diese Aussage noch, indem er ausführte, es sei ihr »fester Wille, daß Reisen in dringenden Familienangelegenheiten erweitert werden«. Auch den Jugendaustausch werde man – ungeachtet der finanziellen Belastungen, die das bedeute – för-

[1] Am 16. 6. 1985 war die Vereinbarung der Arbeitsgruppen veröffentlicht worden, die aus einem »Rahmen für ein Abkommen zur Bildung einer von chemischen Waffen freien Zone in Europa«, einer »Erläuterung zum Abkommen« und einem »gemeinsamen Kommuniqué« bestand. In: Sozialdemokratischer Pressedienst, Ausgabe 1191 vom 19. 6. 1985.

[2] Zur »Moskauer Erklärung« von Kohl und Honecker siehe Nr. 16. – Der betreffende Satz wurde wörtlich in das Kommuniqué übernommen.

[3] Siehe Nr. 1, Anm. 15.

dern. Schließlich betonte er, daß die Gründe dafür, daß seine Reise nach Bonn noch nicht zustande gekommen sei, bei der Bundesregierung lägen. Wie könne er nach »dorthin kommen«, solange die Bundesregierung es nicht vermöge, Horst Sindermann als zweithöchsten Repräsentanten der DDR angemessen zu empfangen?[4]

In seiner Erwiderung ging Willy Brandt zunächst auf den Punkt ein, den Erich Honecker zuletzt angesprochen hatte. Er sagte, die deutschen Sozialdemokraten würden den Besuch des Generalsekretärs in der Bundesrepublik begrüßen (»obwohl wir als Partei nicht unmittelbar etwas davon hätten«), und empfahl, in der Handhabung Honecker- und Sindermann-Besuch zu koppeln. Danach wandte er sich den internationalen Fragen zu und erläuterte Punkt für Punkt die Auffassungen der SPD. U. a. ging er auf die Wiener Abrüstungskonferenz der SI Mitte Oktober ein und teilte mit, daß auch die Regierung der VR China um die Entsendung einer Delegation gebeten worden sei.[5] Es schlossen sich Ausführungen zu den bilateralen Beziehungen an. Dabei führte Willy Brandt u. a. aus, daß die Herstellung von Partnerschaften zwischen Städten der Bundesrepublik und der DDR erwünscht sei, und kündigte an, daß Günter Gaus eine Liste human zu regelnder Fälle übergeben werde. Er legte Wünsche betreffend Wiedereinreise Übersiedelter und Gleichstellung der Westberliner dar.

Erich Honecker erläuterte in seiner zweiten Einlassung, die gewünschten Städtepartnerschaften scheiterten allein an der Nichtrespektierung der DDR-Staatsbürgerschaft durch die Organe der Bundesrepublik. Er mochte äußerstenfalls hier und da eine Ausnahmeregelung für möglich halten, solange eine grundlegende Änderung der bundesrepublikanischen Position nicht erfolge. (Konkret nannte er als Nutznießer einer möglichen Ausnahme Saarlouis.[6]) Zum internationalen Bereich merkte er über das bereits Berichtete hinaus an, daß die DDR »ein ordentliches Verhältnis« zur Volksrepublik China habe und er eine gute persönliche Beziehung zu Hu Yaobang[7] pflege, den er aus der gemeinsamen Zeit als Jugendführer kenne. Den größten Teil seiner Ausführungen nahm ein Bericht über den Stand der wirtschaftlichen Entwicklung der DDR ein. Er sagte, man rechne im Rahmen des kommenden Fünfjahresplans mit einer Steigerung des BIP von 4–5%, betonte (Leipziger Messe) die direkte Ankoppelung der DDR-Produktion an Weltmarktstandards und bemerkte nicht ganz beiläufig, daß die DDR bei der Befriedigung der westlichen Nachfrage nach numerisch

---

[4] Der für Mitte Juni 1985 geplante Besuch von Volkskammerpräsident Horst Sindermann war am 19. 5. 1985 von der DDR abgesagt worden. Sindermann besuchte erst im Februar 1986 Bonn.

[5] Am 26. 9. 1985 begann in Wien die 37. Runde der MBFR-Verhandlungen.

[6] Die Stadt Saarlouis im Saarland bemühte sich um eine Städtepartnerschaft. Im April 1986 wurde die Partnerschaft mit Eisenhüttenstadt vereinbart.

[7] Hu Yaobang, Generalsekretär der KP China.

gesteuerten Werkzeugmaschinen gar nicht nachkomme. Die fortschreitende Entwicklung der Mikroelektronik bzw. die darauf gründende Rationalisierung – u. a. mittels CAD und CAM – spare der DDR-Volkswirtschaft jährlich 500 Mio. Arbeitsstunden. Dieser Fortschritt erlaube jetzt die Realisierung eines massiven Wohnungsbauprogramms und rücke eine nachhaltige Verkürzung der Arbeitszeit in den Bereich des Möglichen. Er kündigte an, man werde höchstwahrscheinlich die Wochen-, nicht die Lebensarbeitszeit verkürzen: Bei zunehmender Lebenserwartung sei es inhuman, die älteren Menschen immer früher aus der Arbeitswelt zu entfernen. Abschließend sagte er, es sei in Ordnung, wenn zunehmend Mittel für die Entwicklung der Länder der Dritten Welt freigemacht würden und der Gefährdung der natürlichen Umwelt auch grenzüberschreitend begegnet werde.

Willy Brandt ging in seiner zweiten Einlassung u. a. auf die Lage in der Bundesrepublik ein. Er korrigierte dabei irrige Einschätzungen, wie man sie bis in die jüngste Vergangenheit hier und da vernehmen konnte.

Erich Honecker warf dazwischen, daß ihn das gute Ergebnis der saarländischen Sozialdemokratie nicht überrascht habe, schon eher das der nordrhein-westfälischen SPD[8]; er stimme im übrigen mit Willy Brandt überein, daß die Beziehungen zwischen den Regierungen unabhängig von der innenpolitischen Konstellation so gut wie möglich gestaltet werden müßten.

(Im übrigen wird verwiesen auf das gemeinsame Kommuniqué, die Tischreden von Willy Brandt und Erich Honecker, Willy Brandts Erklärung vor der Pressekonferenz am 20. September.)[9]

KK/23. Sept. 1985

---

[8] Zu den Siegen der SPD bei den Landtagswahlen am 10. 3. 1985 im Saarland und am 12. 5. 1985 in NRW siehe Nr. 17, Anm. 1 und 2.

[9] Der Text des Kommuniqués, der Tischrede Willy Brandts am 18. 9. 1985 bei dem offiziellen Essen und der Wortlaut der Ausführungen Brandts in der Pressekonferenz am 20. 9. 1985 liegen dem »Bericht« bei.

[b] SAPMO ZPA IV 2/1/638: »Niederschrift über das offizielle Gespräch zwischen dem Generalsekretär des ZK der SED und Vorsitzenden des Staatsrates der DDR, Erich Honecker, und dem Vorsitzenden der SPD, Willy Brandt, am 19. September 1985«

E. Honecker begrüßte W. Brandt und seine Begleitung in der DDR. Er wertete den Besuch W. Brandts als politisch wichtig, nützlich und zeitgemäß. Dabei dankte er dem Gast für dessen Kranzniederlegung am Mahnmal für die Opfer des Faschismus und Militarismus. Er hoffe, daß sich dessen Besichtigung des Museums für Deutsche Geschichte gelohnt habe. Man dürfe die Vergangenheit nicht verdrängen, um desto sicherer in die Zukunft zu gehen.

W. Brandts Besuch biete die Möglichkeit, den Dialog über Grundfragen unserer Zeit zu führen und damit einen Beitrag zur Friedenssicherung zu leisten. Mit Recht habe W. Brandt kürzlich darauf hingewiesen, daß es nicht nur das Recht, sondern geradezu die Pflicht sei, sich umfassend zu informieren, sachliche Zusammenarbeit anzuregen und friedenssichernde Initiativen zu fördern. Das gelte auch für die DDR. In der Tat gebe es heute objektive Gründe dafür, keinen Faktor auszusparen, wenn man sich in Ost und West, Nord und Süd um eine Politik bemühe, die das Überleben der Menschheit möglich macht. Denn nach einem Atomkrieg würden selbst diejenigen, die dann aus ihren Führungsbunkern stiegen, keine lebenswerten Bedingungen mehr vorfinden.

In der DDR werde W. Brandts persönlicher Anteil am Zustandekommen des europäischen Vertragswerkes und des Entspannungsprozesses der 70er Jahre hoch geachtet und nicht vergessen. Das wolle er, so E. Honecker, zu Beginn ausdrücklich betonen. E. Honecker gratulierte W. Brandt zu der am Morgen bekanntgewordenen Verleihung des »Albert-Einstein-Friedenspreises«.

W. Brandt sprach seinen Dank für die Einladung E. Honeckers zum Besuch aus, ebenso für das gestrige Programm.[10] Zusätzlich zu anderen Kontakten sei es nützlich, in diesem Rahmen miteinander zu sprechen. Er teile E. Honeckers Meinung, daß die Grundfragen in den Vordergrund gestellt werden sollten, was nicht ausschließe, auch Fragen der Beziehungen zwischen der BRD und der DDR zu erörtern, Fragen beider Länder und ihrer politischen Gruppierung.

Die Verleihung des »Albert-Einstein-Preises«, er danke für die Gra-

---

[10] Bei seinem Besuch in der DDR wurde Brandt von Egon Bahr, dem stellv. Bundesgeschäftsführer Wolfgang Clement, seinem Büroleiter Karl-Heinz Klär, Günter Gaus und seiner Ehefrau Brigitte begleitet. Am 17. 9. hatten Brandt und seine Begleitung u. a. das Museum für Geschichte besucht. Brandt traf sich mit dem Evangelischen Landesbischof Hempel und Konsistorialpräsident Stolpe, was er auch öffentlich auf der Pressekonferenz am 20. 9. mitteilte. Vgl. Anm. 9. In dem »Bericht« für das Politbüro – SAPMO ZPA 2/1/638 – wird dies so vermerkt: »Auf Wunsch Willy Brandts fand eine Begegnung mit Vertretern der Evangelischen Kirchen in der DDR statt.«

tulation, unterstreiche, was E. Honecker über den Ernst der Lage gesagt habe. Der Stiftung, die diesen Preis vergibt, gehörten größtenteils Naturwissenschaftler an, so auch zwischen 120 und 150 »echte« Nobelpreisträger, also Nobelpreisträger auf dem Gebiet der Physik, der Medizin usw. Gegenwärtig sei man dort dabei, einen Appell zu formulieren, der von der ernsten Sorge ausgehe, daß die nukleare Katastrophe innerhalb der nächsten 15 Jahre stattfinden könnte, nicht einmal, weil es Politiker so wollten, sondern wegen der wirkenden Mechanismen.

Gestern habe er mit dem argentinischen Präsidenten Alfonsin gesprochen, der eine sehr einfache Formel gebraucht habe: das Recht der Vielen auf Leben. Das sei für ihn ein Hauptpunkt der Begründung für die bekannte Anti-Atomkriegs-Initiative der Staatsmänner von 5 Kontinenten.[11]

Wie gesagt, sei er sehr einverstanden, über die Grundfragen zu sprechen, bemerkte W. Brandt, wobei er feststellen könne, daß man in der Frage Krieg oder Frieden sehr nahe beieinander sei, sich zum Teil in Übereinstimmung befinde. Für das vorliegenden Kommuniqué sei eine gute Arbeit geleistet worden, und er stimme ihm zu.[12]

E. Honecker sagte, die Naturwissenschaftler, von denen W. Brandt der »Albert-Einstein-Preis« zuerkannt wurde, seien Leute, die ja wissen müßten, um was es bei der nuklearen Gefahr gehe. Notwendig seien vor allem der Stopp des Wettrüstens und die Verhinderung seiner Ausdehnung auf den Kosmos. Es sei gut zu wissen, daß es hierin Übereinstimmung gebe. Mit seinen Darlegungen vertrete er, E. Honecker, zugleich die einheitliche Meinung der gesamten Partei- und Staatsführung, die auch die jüngste Initiative zur Schaffung einer chemiewaffenfreien Zone in Mitteleuropa einstimmig unterstützt habe.[13]

[...]

Leider, fuhr E. Honecker fort, sei es so gekommen, wie wir es vorausgesagt hatten. Jetzt gebe es nicht weniger, sondern mehr Waffen, aber nicht mehr, sondern weniger Sicherheit. Er begrüßte es, daß die SPD seit ihrem Kölner Sonderparteitag eine klare Haltung gegen die Raketenstationierung beziehe. Wir möchten, sagte er, daß die Raketen bei Ihnen verschwinden und daß die Raketenkomplexe größerer Reichweite bei uns ebenfalls verschwinden. Diese Komplexe deckten das ge-

---

[11] Raul Ricardo Alfonsin hatte am 16.–18. 9. 1985 die Bundesrepublik Deutschland besucht. – Mit der »Anti-Atomkriegs-Initiative« war die »Deklaration von Delhi« der Gipfelkonferenz der Staats- und Regierungschefs von Argentinien, Indien, Mexiko, Schweden und Tansania vom 28. 1. 1985 gemeint. Vgl. AdG 1985, S. 28425f.

[12] Siehe Anm. 9.

[13] Gemeint war der gemeinsame Vorschlag der Regierungen der DDR und der ČSSR an die Bundesregierung, über eine Vereinbarung über die Bildung einer chemiewaffenfreien Zone zu verhandeln, die zunächst die Territorien dieser drei Staaten umfassen solle. Honecker hatte diesen Vorschlag Bundeskanzler Kohl in einem Schreiben vom 12. 9. 1985 unterbreitet. Abgedr. u. a. in: Innerdeutsche Beziehungen (1986), S. 222.

samte Stationierungsgebiet von Pershing II und Cruise Missiles ab, deren Aufstellung das Drohpotential an der Grenze zwischen beiden Systemen und Bündnissen verstärkt habe.

[...]

E. Honecker verwies auf die ersten Tests der USA mit ASAT-Antisatellitenwaffen unter Kampfbedingungen, zu denen jetzt sogar einige westliche Zeitungen feststellten, daß sie bestehenden Verträgen zuwiderlaufen, und betonte, daß die Zeit drängt. Der Protest gegen die Weltraumrüstung sei weltweit. Auch führende Naturwissenschaftler der BRD hätten vor SDI gewarnt. Sie selbst tragen diese Bewegung mit. Auch das Unternehmerlager in der BRD, das habe er bei seinem gestrigen Gespräch mit O. Wolff von Amerongen wieder bemerkt[14], sei sich keineswegs einig. Die Zweifel reichten, was an der Haltung der FDP deutlich werde, bis in die Bonner Regierungskoalition.

Jedoch gehörten führende Mitglieder der BRD-Regierung zu den wenigen in der Welt, die die USA-Pläne politisch gutheißen und sie rechtfertigen. Dies sei bedauerlich angesichts der Tatsache, daß von deutschem Boden zwei Weltkriege ihren Ausgang nahmen, davon der zweite mit 50 Millionen Toten, darunter 6 Millionen Deutsche, 6 Millionen Juden und 20 Millionen Bürger der Sowjetunion.

E. Honecker informierte, daß er im Zusammenhang mit SDI am 26. Juni einen Brief an H. Kohl gerichtet habe, ohne bisher eine Antwort zu erhalten.[15] Er übergab den Wortlaut dieses Briefes an W. Brandt. Darin werde betont, daß eine Zustimmung der BRD-Regierung zu SDI schwerlich mit dem gemeinsam vertretenen Standpunkt in Übereinstimmung zu bringen sei, dazu beizutragen, Frieden zu schaffen mit immer weniger Waffen.

[...]

Von den Treffen M. Gorbatschow und F. Mitterrand sowie M. Gorbatschow und R. Reagan seien Ergebnisse zu erhoffen, die eine Aussicht darauf eröffnen, daß das Wettrüsten auf der Erde gestoppt und seine Ausdehnung auf den Weltraum verhindert wird. Auch die anderen Staaten, ob groß oder klein, trügen eine hohe Verantwortung. Bei

[14] Honecker empfing den Vorsitzenden des Ostausschusses der deutschen Wirtschaft und Präsidenten des Deutschen Industrie- und Handelstages am 18. 9. 1985 zu einem Gespräch. Am 17. 9. war Otto Wolff von Amerongen die Ehrendoktorwürde der Universität Jena u. a. für sein »Wirken zugunsten des friedensfördernden Dialogs zwischen Ländern mit unterschiedlichen Gesellschaftsordnungen« verliehen worden. Vgl. AdG 1985, S. 29199.

[15] Wortlaut dieses Schreibens vom 25. 6. 1985, das im Unterschied zu dem vom 12. 9. nicht veröffentlicht wurde, in: SAPMO ZPA IV 2/2A/2772, Anl. 1. Die Antwort Kohls erfolgte erst mit einem Brief vom 26. 9. 1985, der ebenfalls nicht veröffentlicht wurde, während Kohls Antwort vom 27. 9. auf den Brief vom 12. 9. 1985 im Bulletin vom 1. 10. 1985 publiziert wurde. Danach abgedr. in: Innerdeutsche Beziehungen (1986), S. 223. Während die Bundesregierung bei dem Honecker-Brief die Schlußfloskel »Mit vorzüglicher Hochachtung Erich Honecker« mit publizierte, ließ sie Kohls »Mit freundlichen Grüßen« und sein eigenhändiges »Ihr Helmut Kohl« aus. Originale der Schreiben in: vorl. SED 41664. – Vgl. Nr. 20, bes. Anm. 6.

ihren kürzlichen Gesprächen habe L. Fabius[16] Frankreich und die DDR zu den mittleren Staaten gerechnet, wogegen er nicht protestiert habe. Natürlich mindere dies alles nicht die Rolle der Großmächte Sowjetunion und USA. Es gehe um die Lebensfrage der gesamten Menschheit.

[...]

Es bestehe eine gewisse Hoffnung, daß beim Treffen M. Gorbatschow/R. Reagan zumindest etwas auf den Weg gebracht wird. Nach den bisherigen Erklärungen Reagans könne man allerdings den Eindruck gewinnen, daß das Treffen scheitern werde. Eine gewisse Skepsis sei schon angebracht.

Erklärungen über Frieden und Entspannung allein, wie sie H. Kohl abgebe, bewegten nicht viel, stellte E. Honecker fest. Sie müßten zu praktischer Politik werden. In diesem Zusammenhang hob E. Honecker die Bedeutung seiner gemeinsamen Erklärung mit H. Kohl in Moskau vom 12. März 1985 hervor, in der zum ersten Mal in einem solchen Dokument von der DDR und der BRD die Unverletzlichkeit der Grenzen und die Achtung der territorialen Integrität und der Souveränität aller Staaten in Europa zu ihren gegenwärtigen Grenzen als eine grundlegende Bedingung für den Frieden bezeichnet werden.[2]

Leider schienen in der BRD jene zu überwiegen, die zu einer Beteiligung an SDI tendieren. Unser Ziel sei es, eine solche Beteiligung zu verhindern. Deshalb habe er O. Wolff von Amerongen mit auf den Weg gegeben: Wenn schon die Stationierung von Pershing II und Cruise Missiles zu Spannungen führte, so würde ein Beteiligung der BRD – vielleicht als einzige Regierung in Europa – an SDI erst recht keine angenehme Lage für die Entwicklung der Beziehungen zwischen der DDR und der BRD schaffen.

Wir sind keine Vermittler zwischen der Sowjetunion und den anderen Kernwaffenmächten, sagte E. Honecker. Die Sowjetunion hat als Großmacht selbst die Möglichkeit, auf die Weltlage einzuwirken, damit die Gefahren eines nuklearen Infernos beseitigt werden. Die DDR trage die Politik ihres Bündnisses mit und sei dafür, daß sich sowohl die großen als auch die kleinen Staaten für den Frieden engagieren. So habe sich die DDR auch dafür eingesetzt, daß sich die Beziehungen zwischen beiden deutschen Staaten nicht verschärften, was bestimmte Auswirkungen auf die internationale Lage gehabt habe.

In seinen Gesprächen mit A. Papandreou, B. Craxi, F. Sinowatz, P. Trudeau u. a.[17] habe er betont, daß die DDR an guten Beziehungen interessiert bleibt. Aber es sei Skepsis geboten, daß etwas in die Speichen

---

[16] Siehe Nr. 16, Anm. 10.
[17] Aufzeichnungen über diese Gespräche in: SAPMO ZPA, Bestände des ZK, Politbüro und Büro Honecker. Es handelte sich um die Regierungschefs von Griechenland, Italien, Österreich und Kanada.

geschoben werde, das die Entwicklung bremsen könnte. Das gelte vor allem für eine Beteiligung der BRD an SDI.

[...]

E. Honecker hob die große Verantwortung beider deutscher Staaten für die Friedenssicherung hervor. Auch im Grundlagenvertrag sei verankert worden, daß sie für den Frieden wirken müßten. Die wichtigste Lehre der Vergangenheit sei, alles zu tun, damit von deutschem Boden nie wieder ein Krieg ausgeht. Für die DDR und ihre Regierung sei dies klar. Von der BRD möchte man gern hoffen, daß es auch ihr klar sei, aber leider sei es ihr nicht so klar. Das habe er H. Kohl auch in Moskau gesagt.[18] Alles Wortgeprassel lasse die Tatsache nicht übersehen, daß es in der BRD eine immer größere Anhäufung von Waffen gebe, woran nichts ändere, daß man veraltete Atomwaffen wegwerfe und sie durch neue ersetze. Beide deutschen Staaten sollten auf Ergebnisse in so wichtigen Fragen hinwirken wie die Einstellung aller Kernexplosionen, der Nichteinsatz von Kernwaffen, der Abschluß eines Vertrages über Gewaltverzicht, die Schaffung atomwaffenfreier Zonen.

Die DDR schätze die Position, die von der SPD in diesen Fragen eingenommen wird, sagte E. Honecker. Er teile den Standpunkt der Sicherheitspartnerschaft. Sicherheit sei nur miteinander, nicht gegeneinander möglich.

E. Honecker würdigte die Tätigkeit der Arbeitsgruppe von SED und SPD zur Schaffung einer chemiewaffenfreien Zone in Mitteleuropa und dankte den seitens der SPD Beteiligten für ihren Beitrag.[1] Wir sind überhaupt für die Beseitigung aller chemischen Waffen, fuhr er fort. Mit dem gemeinsam erarbeiteten Dokument sei ein Beispiel gegeben, wie man anfangen könne. Anderen stehe frei, sich anzuschließen. TASS habe dieses Ergebnis hoch bewertet. Jetzt sei das Dokument der SED und der SPD offizielles Dokument der DDR und der ČSSR geworden.[19] Weltweit gebe es ein starkes Echo auf den von beiden Regierungen an die Regierung der BRD gerichteten Vorschlag.

Das von SED und SPD erzielte Ergebnis sei eine große Initiative und zeige, wie man unter Hintanstellung bestimmter trennender Probleme, so wichtig sie auch sein mögen, vorankommt. Im Vordergrund stehe die gemeinsame Initiative zur nuklearen Abrüstung, und sie liege im Interesse der gesamten Menschheit.

Von unserer Seite sei auch in Übereinstimmung mit unseren Verbündeten gehandelt worden. Die internationale Zustimmung beweise, daß trotz ideologischer Unterschiede, trotz des Bekenntnisses zu verschiedenen Bündnissystemen abrüstungspolitische Fortschritte möglich sind. In vielen Kommentaren werde die Ernsthaftigkeit der unterbreiteten Vorschläge hervorgehoben. Den Dank der Parteiführung der

[18] Vgl. Nr. 16.
[19] Vgl. Anm. 13.

SED sprach E. Honecker insbesondere H. Axen und E. Bahr[20] für ihren Anteil und W. Brandt für seine Unterstützung aus.

Die Absicht, die Gespräche zwischen beiden Parteien über Rüstungsbegrenzung und Abrüstung fortzusetzen, werde begrüßt. Als weiterer wichtiger Schritt sei die Erörterung von Fragen der Bildung einer atomwaffenfreien Zone in Europa entsprechend dem Vorschlag der Palme-Kommission zu betrachten. Noch intensiver sollten sich beide Parteien mit den Plänen zur Militarisierung des Weltraumes auseinandersetzen und für das Zusammenwirken von Ost und West, Nord und Süd bei seiner friedlichen Nutzung eintreten.

Die Bundesregierung habe Bedenken geäußert, daß die Regierung der DDR an ihr vorbei Außenpolitik betreibe. Das stimme natürlich nicht. Bekanntlich stehe die Regierung der DDR in einer ganzen Reihe von Fragen mit ihr im Kontakt. Dies entlasse sie nicht aus der Verantwortung, mit der stärksten Oppositionspartei zu sprechen. So sei es auch zu der Zeit gewesen, als die SPD an der Regierung war. Damals sei ebenfalls mit der CDU/CSU-Opposition gesprochen worden.[21] Jetzt habe die Bundesregierung zu tun, um mitzukommen, da die SED und die SPD die Vordenkerarbeit geleistet hätten.

Honecker sprach sich für einen »größeren Beitrag Europas zur Gesundung der Weltlage« und gegen SDI aus.

Mit der SPD bestehe Übereinstimmung, daß die Entspannung neu belebt werden muß. Die Schlußakte von Helsinki sei Grundlage für die Zusammenarbeit der KSZE-Staaten. Obwohl sich nicht alle Erwartungen erfüllt hätten, sei der Nutzen des seit Helsinki Erreichten offensichtlich.

Auf dem Wege von Verhandlungen müßten auch die regionalen Konfliktherde in der Welt gelöst werden, sei es im Süden Afrikas, in Nahost, der Karibik oder anderswo.

E. Honecker sprach sich dafür aus, das europäische Vertragssystem, darunter den Grundlagenvertrag zwischen der DDR und der BRD, weiter mit Leben zu erfüllen. Dieses System sei eine gute Grundlage für die künftige Entwicklung der Beziehungen in Europa.

Den Entwurf für das Kommuniqué über sein Treffen mit W. Brandt habe er sich angesehen und sei damit einverstanden. Dadurch werde eine gute Grundlage für das Zusammenwirken beider Parteien, für das Zusammenwirken mit allen gesellschaftlichen Kräften und Organisationen gegeben.

Die Beziehungen zwischen DDR und BRD seien ein wichtiger Teil

[20] Hermann Axen leitete die Arbeitsgruppe auf SED-Seite, Egon Bahr die der SPD.
[21] Seit 1985 hatten zunächst Walter Leisler Kiep mit Rückendeckung des Parteivorsitzenden Kohl, später u. a. auch Ottfried Hennig und Peter Lorenz ausgiebige Gespräche mit führenden SED-Vertretern geführt. Vgl. dazu sowie zu den Kontakten von Strauß und der CSU Einleitung I, 1a).

der europäischen Zusammenarbeit und von nicht zu unterschätzender Bedeutung für das Klima in Europa und darüber hinaus. Worauf es ankomme, sei die Friedenssicherung und das Streben nach Entspannung, sei die Entwicklung gegenseitig vorteilhafter Beziehungen auf der Basis der souveränen Gleichheit, Unabhängigkeit und Nichteinmischung. Die Existenz beider deutscher Staaten sei ein grundlegender Faktor der europäischen Nachkriegsordnung, ihrer Stabilität und des internationalen Kräftegleichgewichts. Daran zu rütteln hieße, Frieden und Stabilität zu gefährden.

Es müsse respektiert werden, daß es zwei deutsche Staaten mit unterschiedlicher Gesellschaftsordnung und unterschiedlicher Bündniszugehörigkeit gibt. Das Deutsche Reich Bismarckscher Prägung sei in den Flammen des Zweiten Weltkrieges untergegangen. Träumereien über eine Wiederherstellung der Grenzen von 1937 seien gefährlich, nicht nur für die Bürger der DDR und der BRD.

Bei seinen Gesprächen mit verschiedensten westlichen Staatsmännern, so E. Honecker, habe er keinerlei Vorliebe dafür gefunden, beide deutschen Staaten zusammenzufügen. So sei dies im Gespräch mit dem neu akkreditierten Botschafter der USA in der DDR[22] zur Sprache gekommen, allerdings nicht in dem Sinne, daß die Anwesenheit der USA-Truppen in der BRD etwa eine Hoffnung auf Wiedervereinigung wäre, sondern vielmehr, wie die Beziehungen zwischen der DDR und den USA aktiviert werden können. Auch für L. Fabius sei die Wiedervereinigung ein Schreckgespenst.

Man müsse die Tatsachen nehmen, wie sie sind. Alle europäischen Völker könnten gut mit zwei deutschen Staaten leben. Grenzfragen seien letztlich Fragen von Krieg und Frieden. Die DDR wolle keine Konfrontation und keine Verhärtung der Beziehungen. Sie sei für konstruktive Schritte offen und wolle den Dialog mit allen dazu bereiten Kräften.

E. Honecker ging auf die noch offenen Grundfragen in den Beziehungen zwischen DDR und BRD ein und nannte die Achtung der Grenze als Grenze zwischen souveränen Staaten, die Regelung des Grenzverlaufs auf der Elbe Mitte Strom, Respektierung der DDR-Staatsbürgerschaft von der Achtung der Paßhoheit bis zur Auflösung der »Erfassungsstelle« Salzgitter.

In zwei Fragen beginne sich etwas zu bewegen. 1. Die »Erfassungsstelle« Salzgitter sei von Ministerpräsident Lafontaine schon aufgekündigt worden[23], und man könne nur hoffen, daß andere SPD-geführte Landesregierungen folgen. 2. Was die Feststellung der Elbe-Grenze auf

[22] Neuer Botschafter der USA in der DDR war am 16. Sept. 1985 Francis J. Meehan geworden.
[23] Die neue, seit dem 9. 4. 1985 amtierende Landesregierung unter Lafontaine hatte angekündigt, daß sie für »Salzgitter«, eine Einrichtung der Länder, künftig nicht mehr mit aufkomme.

den restlichen 93 km betreffe, so sei man sich in der Grenzkommission bereits einig gewesen, aber das sei am Einspruch Albrechts gescheitert.[3] In der Bundesregierung gebe es Kräfte, die für eine Festlegung auf Elbemitte sind. So sei es schon seit 1945, und jetzt solle dies festgehalten werden. Dann könnte auch eine Reihe anderer Abkommen in Kraft treten.

Zu den sogenannten humanitären Fragen sagte E. Honecker, hier handele die DDR übereinstimmend mit der Schlußakte von Helsinki, wonach Entscheidungen über Fragen der Ein- und Ausreise, darunter die Familienzusammenführung, im Einklang mit Recht und Gesetz jedes Staates zu stehen haben. Auch das Paßgesetz der BRD besage, daß »die Erteilung eines Passes versagt werden kann, wenn die innere oder äußere Sicherheit oder sonstige erhebliche Belange der BRD gefährdet sind«.

Als seinerzeit mit E. Bahr verhandelt wurde, sei das Ausmaß, das der Reiseverkehr bis heute erreicht hat, nicht vorstellbar gewesen. Diese Entwicklung habe sich als stabilisierendes Element bewährt. Das beziehe sich auch auf Reisen in dringenden Familienangelegenheiten. Andere Berichte in BRD-Medien seien eine Ente. Jährlich besuche etwa jeder 10. Bürger der BRD oder Westberlins die DDR, umgekehrt sei es ähnlich. Die Zahl der Reisen in dringenden Familienangelegenheiten sei im 1. Halbjahr 1985 gegenüber dem gleichen Zeitraum des Vorjahres beträchtlich gestiegen. Die DDR beweise also guten Willen. Dafür spreche auch die Tatsache, daß von den zuständigen Stellen der DDR bei Anträgen auf Verlegung des Wohnsitzes in die BRD und Berlin (West) bis 17. September 1985 in 12 984 Fällen positiv entschieden wurde, obwohl sich dabei 468 Kinder befanden, die ja noch nicht selbst über ihre Staatsbürgerschaft entscheiden können.

Neugebaut worden sei der Nordabschnitt der Autobahn nach Hamburg. Das sei keine leichte Sache gewesen.

E. Honecker wertete die Beziehungen zwischen SED und SPD positiv. Es habe viele Begegnungen, Gespräche und Seminare zu aktuellen Fragen der Friedenssicherung sowie der Gesellschaftswissenschaften gegeben. Der gegenwärtige Stand der Parteibeziehungen sei bedeutsam und tragfähig.

E. Honecker erinnerte an seine Gespräche mit H.-J. Vogel, J. Rau, E. Bahr, O. Lafontaine[24], H. Wehner und weiteren SPD-Vertretern. Auch die zahlreichen Begegnungen anderer Mitglieder der Partei- und Staatsführung mit namhaften sozialdemokratischen Politikern hätten gezeigt, daß der Meinungsaustausch für beide Seiten fruchtbar und nützlich ist. Er sollte weitergeführt werden.

[24] Vgl. Nr. 4, 6, 13, 14, 15 und 17. Mit Lafontaine hatte Honecker ein Gespräch am 11. 3. 1984 geführt, als Lafontaine noch Oberbürgermeister von Saarbrücken war. Vgl. Nr. 13. – Zu der Unterredung am 13. 11. 1985 siehe Nr. 20.

Morgen empfange er 52 Mitglieder von BRD-Betriebsräten aus Völklingen, die um Information über die DDR gebeten hätten und ihrerseits über die BRD informieren wollten.

E. Honecker erklärte sich damit einverstanden, in das Kommuniqué über sein Treffen mit W. Brandt einzufügen, daß beide Seiten für die Förderung des Jugendaustausches eintreten. Bisher hätten 35 000 Jugendliche der BRD die DDR besucht und fast 10 000 der DDR die BRD. In der BRD koste ein Tagesaufenthalt immerhin 80 Mark, bei uns nur 20 Mark. Hier sei ein großes Entgegenkommen der DDR zu verzeichnen.

Von Bedeutung sei auch die Fortsetzung der Kontakte zwischen Abgeordneten der Volkskammer der DDR und des Bundestages der BRD. Allerdings bestünden Hemmnisse, auf Einladung der SPD-Fraktion den Präsidenten der Volkskammer zu entsenden, weil Jenninger nicht klar damit komme, ihn zu einem Besuch zu sich einzuladen, und zwar nicht in irgendeinem Café.[4] Der Volkskammerpräsident könne den Besuch sofort realisieren, aber er müsse vom Präsidenten des Bundestags in dessen Amtsräumen empfangen werden. In der ganzen Welt werde er von Kaisern und Königen empfangen.

Wenn man schon wolle, daß E. Honecker in die BRD komme, dem Präsidenten der Volkskammer aber kein gleichberechtigtes Auftreten gestatte, wieso lade man dann E. Honecker ein?

W. Brandt sagte, er wolle sich für die umfassende Darlegung des Standpunktes von E. Honecker sehr bedanken. Die deutschen Sozialdemokraten würden es sehr begrüßen, wenn er seinen Besuch wahrnehmen könnte. Er wisse, wieviel Quatsch seinerzeit auf westdeutscher Seite gemacht worden sei, hoffe aber, daß dies bei E. Honecker nicht zuviel bittere Gefühle hinterlasse haben. Obwohl die SPD von einem solchen Besuch nicht viel hätte, die Regierung hätte viel davon, könne der Besuch eine Hebelwirkung zeitigen. Man soll es doch koppeln: Der Besuch E. Honeckers gehe nur, wenn das mit dem Besuch des Volkskammerpräsidenten in Ordnung gebracht werde. Bei der SPD-Fraktion sei der Volkskammerpräsident willkommen, aber natürlich nur, wenn ihn der Bundestagspräsident empfängt.

Hinsichtlich des Gipfels der beiden Großmächte sei er nicht sehr optimistisch. Er könne nicht sehen, wie man nennenswerte Fortschritte erreiche, wenn man nicht bei der Vereinbarung der beiden Außenminister bleibe. Im Moment sehe es nicht so aus. Eine weitere Drehung der Rüstungsschraube werde wohl nicht erspart bleiben. Gewisse Zeichen der Entlastung sehe er darin, daß die USA und die UdSSR über einige regionale Probleme auf 5 Gebieten im Gespräch seien. Das sei besser, als wenn es das nicht gäbe. Es sei ein Fortschritt, daß beide sagten, es solle nicht bei einer Begegnung bleiben. Freilich sei dies ein mageres Ergebnis.

W. Brandt stellte Übereinstimmung mit E. Honecker hinsichtlich der Notwendigkeit fest, die Militarisierung des Weltraums zu verhindern, vor allem wegen der Destabilisierung, die eine solche Militarisierung brächte, aber auch wegen der Verschwendung von Ressourcen. Daß SDI keinen sicheren Schutz biete, sei ein weiterer Haupteinwand. Die Vermutung sei berechtigt, daß sich auf seiten der BRD die Industrie lauwarm verhält. Einige der avanciertesten Firmen seien am zurückhaltendsten.

Das Eureka-Projekt halte er für sehr bedeutungsvoll und befürworte eine Einbeziehung von mehr neutralen Staaten in die vorbereitenden Gespräche. Eine solche Brücke könnte wichtig sein. Frankreich sei gegenwärtig wegen seiner Tests im Pazifik in Schwierigkeiten, auf anderen Gebieten voranzukommen. Im nächsten Monat werde die Sozialistische Internationale ein Treffen über die SDI betreffenden Themen abhalten.

Aufmerksam habe er verfolgt, was E. Honecker bei seinen verschiedenen Auslandsreisen gesagt habe, sagte W. Brandt. Auch darin bestehe Einigkeit, so W. Brandt, daß jeder sich in seinem Bündnis und bei anderen bemühen solle.

Zur Stationierung bemerkte er, seinerzeit habe sich H. Schmidt verkalkuliert. Er habe geglaubt, etwas in Bewegung zu setzen, das eher zu Verhandlungen führen würde. Das habe sich als Fehleinschätzung erwiesen. Eine sozialdemokratische Bundesregierung werde alles daran setzen, um die stationierten Raketen wieder wegzuverhandeln, auf beiden Seiten. Darin sei die Mehrheit der Menschen in der BRD mit der SPD einer Meinung.

Was über die C-Waffen zu Papier gebracht wurde, habe große Bedeutung, unterstrich W. Brandt. Bei seinem Moskau-Besuch im Mai[25] habe er den Eindruck gehabt, daß man dort die prinzipielle Bedeutung des Schrittes gar nicht so klar gesehen hätte. Dann aber sei man doch zu einer gemeinsamen Beurteilung gekommen.

Die SPD könne sich nicht an die Stelle der Regierung setzen wollen, also müsse sie die Regierung bewegen, daß sie sich auf diesen Weg begebe, oder sich darauf vorbereiten, daß eine künftige andere Regierung diese Verantwortung übernimmt. Das gelte auch für die nächste Stufe, wobei W. Brandt auf die Unterstützung des Palme-Berichts verwies.

Die kleineren westlichen Nachbarn reagierten positiv auf die Initiative zu den C-Waffen. Morgen reise E. Bahr nach Brüssel, um die Diskussion weiterzuführen.

W. Brandt bemerkte, die SPD sei jetzt dabei, mit Vertretern der PVAP etwas zu Papier zu bringen, was wahrscheinlich im November

---

[25] W. Brandt hatte bei seinem Moskau-Besuch vom 26.–29. 5. 1985 am 27. 5. ein mehrstündiges Gespräch mit Gorbatschow geführt. Vgl. AdG 1985, S. 28839f.

vorliegen werde. Barcikowski sei ja kürzlich in der BRD gewesen.[26] Anläßlich des 15. Jahrestages der Unterzeichnung des Vertrages mit Polen wolle man etwas vorlegen, das etwas über das hinausgehe, worüber in Stockholm verhandelt wird.

W. Brandt stellte fest, von weiteren Rüstungsrunden auf atomarem Gebiet gingen schreckliche Gefahren aus. Die im nächsten Monat in Wien stattfindende Konferenz[5] wolle Vertreter der USA, der Sowjetunion sowie der nichtpaktgebundenen Staaten anhören, auch China wolle etwas sage. Darüber habe er in Moskau gesprochen, wo man den Meinungsaustausch für nützlich halte.

Er fahre viel herum, sei in Washington, London, Paris, Prag, Warschau, und daher hätte er es als komisch empfunden, wenn er, im Wissen um die Rolle der DDR in ihrem Bündnis und überhaupt, nicht hierher gekommen wäre.

Gebe es eine zweite Phase der Entspannungspolitik, so würden hoffentlich die Erfahrungen aus der ersten Phase berücksichtigt. Dabei sei es egal, ob man von einer zweiten Phase der Entspannungspolitik oder der Ost-West-Politik spreche. Unterschiedliche Bezeichnungen meinten dieselbe Sache. Möglichkeiten sehe er außer im politischen Bereich auch in Wirtschaft, Kultur und Umweltschutz.

An M. Gorbatschow habe er die Frage gerichtet, was dessen Feststellung in seiner Rede bedeute, daß es sich nicht nur um die Beziehungen zwischen Sowjetunion und USA drehe. M. Gorbatschow habe Europa in seiner Vielfältigkeit geschildert und von Zusammenarbeit bis an den Punkt gesprochen, ob zwischen EG und RGW etwas zustande kommen könne, nicht nur im Handel, der laufe gut, sondern auch auf anderen Gebieten.

Bei seinem BRD-Besuch habe der österreichische Minister Steyrer[27] einen fruchtbaren Gedanken geäußert, indem er sich für die Schaffung eines internationalen Umweltschutzfonds eingesetzt habe. Dazu kämen selbstverständlich die sicherheitspolitischen Gesichtspunkte.

Aus dem, was er seinerzeit mit L. Breshnew diskutiert habe[28], sei etwas anderes herausgekommen. Gedacht gewesen sei an eine Verbindung von Sicherheitspolitik und Zusammenarbeit. Dann sei das eine in Wien angekommen, das andere, etwas überlastet, in Stockholm.

Für Helsinki habe er sich eigentlich immer ein schlankeres Dokument gewünscht. Heute würden die Dinge oft so dargestellt, als hätte E. Honecker dort unterschrieben, die eigene Ordnung aufzugeben, als wäre nie vereinbart worden, zur politischen und militärischen Entspannung zu kommen.

---

[26] Kasimierz Barcikowski, Mitglied des Politbüros der Polnischen Vereinigten Arbeiterpartei.

[27] Kurt Steyrer, österreichischer Gesundheitsminister.

[28] Gemeint sein dürfte das Treffen mit Breshnew im September 1971 in Oreanda auf der Krim.

W. Brandt sagte, ihm liege an den Zusammenhängen zwischen Rüstung und Elend in der Welt. Nächste Woche bringe er in Bonn ein kleines Buch heraus, ›Der organisierte Wahnsinn/Wettrüsten und Welthunger‹. Darin würden Möglichkeiten gezeigt, die sich ergäben, wenn man wenigstens einige Prozent Aufrüstung umlenken würde. So könnten große Teile Afrikas nach Methoden bewässert werden, die man schon an anderen Stellen der Welt ausprobiert habe. Mit der sowjetischen Seite habe die SPD darüber schon mehrfach diskutiert, sei aber nicht weit gekommen. Jetzt wolle man in Düsseldorf ein Institut schaffen, das sich ganz dieser Thematik zuwende.

Was E. Honecker über das Deutsche Reich gesagt habe, veranlasse ihn nicht zum Widerspruch, stellte W. Brandt fest. Bei sich zu Hause sage er: »Wieder« wird nichts. Was die Zukunft bringe, könne auch keiner wissen. Wenn Europa im nächsten Jahrhundert mehr zusammenwachse, wäre möglicherweise auch die Frage, ob beide deutsche Staaten eine engere Verbindung eingehen könnten.

Auch wir stehen zu den Verträgen, betonte W. Brandt. Es sei nützlich, daß die Passage aus der Erklärung von E. Honecker und H. Kohl (über die Grenzen) in das jetzige gemeinsame Kommuniqué aufgenommen worden sei.[2]

Zu Salzgitter sagte W. Brandt, wenn Schröder Ministerpräsident werde, mache er den Laden dicht. Es bestünden Chancen, daß die SPD dort stärkste Partei werde. Schröder gehöre zu den tüchtigsten jungen Leuten, zur nachrückenden Generation der SPD, wie auch Lafontaine, Engholm, Hauff. Er würde es begrüßen, wenn Schröder die DDR besuchen könne, wozu E. Honecker erklärte, daß dies jederzeit möglich sei.[29]

Mit der Elbgrenze wäre man längst fertig, wenn man das auf Regierungsebene besprechen könnte, sagte W. Brandt. Es sei zudem traurig, daß an dieser nichtgelösten Frage auch der Umweltschutz, der Gewässerschutz scheitere.

Die Respektierung der DDR-Staatsbürgerschaft und -Paßhoheit sei auf seiten der SPD klar, genau in dieser Präsentation des Problems.

Positiv entwickelt hätten sich die Beziehungen auf den Gebieten der Wirtschaft und des Umweltschutzes. Vom Kulturabkommen höre er, daß es Chancen habe, vernünftig zu Ende verhandelt zu werden. Hoffentlich werde es dann nicht zu restriktiv gehandhabt.

Daß der Jugendaustausch wieder in Gang gekommen ist, bewerte er positiv. Er fände es gut, würden gelegentlich auch Schulklassen darin einbezogen.

W. Brandt bemerkte, hinsichtlich der Reiseerleichterungen habe sich E. Honecker zu Recht auf die Rechtsgrundlagen bezogen. Er kenne die

[29] Siehe Nr. 21.

Verordnung der DDR von 1982[30] gut und stütze sich darauf, nicht auf eigene Wunschvorstellungen. Ihm erschiene es gut, wenn sich die Reiseanlässe noch erweitern ließen, so daß man sich nicht erst zum 70. Geburtstag besuchen könne. Daher wolle er anregen, den Kreis der Reiseberechtigten zu erweitern, das Reisealter allgemein zu überprüfen. Legal aus der DDR Übergesiedelte hätten den Wunsch, die DDR wieder zu besuchen, allerdings sei es unmöglich, wenn einige von ihnen meinten, sie könnten schon 14 Tage später wieder zurückfahren.

Kommunalpolitiker, so W. Brandt, seien der Auffassung, in den Städtekooperationen, die sich teilweise ganz gut bewährten, könne sich etwas entwickeln.

Schließlich habe ihn die Bundesregierung gebeten, ihre Dankbarkeit zu übermitteln, daß die DDR die Ausreise der Tamilen gestoppt habe.[31] Begrüßen würde man eine Zurückdrängung auch bei Einreisewilligen aus anderen Ländern.

W. Brandt meinte, zwischen SPD und SED seien gute Arbeitsbeziehungen wichtiger als formalisierte Beziehungen. Deshalb solle man keinen großartigen Vertrag darüber abschließen. Die Zusammenarbeit z. B. mit der Grundwertekommission werde als hilfreich empfunden.

Historische Daten seien manchmal eine Last. Die Würdigung der Ereignisse im Jahr 1945 sei in der BRD eine zum Teil keineswegs befriedigende Geschichte gewesen, wobei W. Brandt ausdrücklich die Rede R. v. Weizsäckers zum 8. Mai als positiv hervorhob. 1986 bringe die Erinnerungen daran, daß sich die Entwicklung der Parteien in beiden Teilen Deutschlands sehr unterschiedlich vollzogen habe.[32] Darauf wolle er aufmerksam gemacht haben.

E. Honecker bekräftigte die Übereinstimmung beider Seiten in Grundfragen der Zeit. In den Parteibeziehungen sollte in der gegenwärtigen Weise weitergearbeitet werden, ohne alles zu formalisieren. Die Kontakte würden auch von der SED als wichtig und fruchtbar bezeichnet.

Die DDR habe den festen Willen, Reisen in dringenden Familienangelegenheiten zu erweitern, und habe, entgegen den Berichten westlicher Medien, die Voraussetzungen dafür geschaffen.

Das Nichtzustandekommen von Städtepartnerschaften hänge immer noch mit der Nichtrespektierung der DDR-Staatsbürgerschaft zusammen.

Die Erklärungen W. Brandts zu Salzgitter und zur Elbegrenze nehme er gern zur Kenntnis. Durch Lösungen auf dem Verhandlungswege könnten beide Seiten nur gewinnen.

[30] Es handelte sich um die Verordnung zu Reisen »von Bürgern der DDR« vom 15. 2. 1985, abgedr. u. a. in: Innerdeutsche Beziehungen (1986), S. 100.

[31] Vgl. Einleitung I, 2a).

[32] Brandt bezog sich auf die Zwangsvereinigung zur SED.

Er mache aus dem Interesse auf unserer Seite kein Geheimnis, daß die SPD die Bundestagswahlen gewinnt, sagte E. Honecker. In der Zeit des Wahlkampfes komme sein BRD-Besuch nicht in Frage. Angesichts des XI. Parteitages und der folgenden Wahlen zur Volkskammer im Juni 1986 sehe er einen Termin nur danach.

Die Beziehungen zwischen der DDR und der BRD entwickelten sich auf den verschiedenen Gebieten, insbesondere auch, wie im Grundlagenvertrag festgelegt, in Wirtschaft und Handel. Sowohl was dessen Volumen als auch dessen Struktur betreffe, sei die DDR für Förderung. 1970 habe der Warenumsatz 5 Mrd. Mark betragen, 1985 seien es über 16 Mrd. Mark. Die Wirtschaft der DDR wachse dynamisch, und dies werde sich im nächsten Fünfjahresplan fortsetzen. 70% ihres Außenhandels realisiere die DDR mit den sozialistischen Ländern, vor allem der Sowjetunion, 30% mit dem NSW.[33] E. Honecker erläuterte außerdem die Verwirklichung der Sozialpolitik.

Er unterstütze den Gedanken, daß die Abrüstung bestimmte Mittel für die Dritte Welt freisetzen und den Weg zu einer neuen internationalen Wirtschaftsordnung erleichtern könne.

Die DDR sei bestrebt, ihre Beziehungen zur VR China zu entwickkeln, was von der Sowjetunion als flankierende Maßnahme zu deren eigenen Bemühungen um Normalisierung betrachtet werde. Von der neuen Führung in Peking – er kenne Hu Yaobang[7] und etliche andere Mitglieder gut – sei die These von der Unvermeidbarkeit eines Dritten Weltkrieges aufgegeben worden, was positiv zu bewerten sei. Die Gestaltung der Beziehungen zur VR China werde als Beitrag betrachtet, die internationale Lage zu beruhigen, und die USA müßten dies in Rechnung stellen.

E. Honecker gab der Gewißheit Ausdruck, daß eine zweite Phase der Entspannungspolitik Zukunft habe. 1. diene sie der Friedenssicherung, 2. könne sie für die BRD bei der Arbeitsbeschaffung eine große Rolle spielen.

Wie W. Brandt bemerkte, hätten ihn die Grünen gebeten, bei E. Honecker für sie ein gutes Wort einzulegen, was er mit großem Zögern tue. Dort gebe es Leute, die gute Fragen aufwerfen, wobei sie besser darin seien, Fragen aufzuwerfen, als sie zu beantworten, andere seien wirr. Ob sie in den nächsten Bundestag kämen, wisse keiner. Für praktische Politik seien sie schwierige Leute.

Nach seinem letzten Besuch bei E. Honecker habe ihm H. Schmidt[34] in einem Vermerk über das Gespräch mitgeteilt, für eine Regierungsübernahme durch die SPD sehe er keine Chance vor 1991 oder 1995. Dies sei unerlaubter Pessimismus. Er, W. Brandt, habe nach der 83er

---

[33] N(icht) S(ozialistisches) W(irtschaftsgebiet).
[34] Siehe Nr. 7.

Wahl erklärt, daß ein langes Tal der Tränen vor der SPD liege. Zwar gebe es für 1986 keine Garantie, es zu schaffen, aber es bestehe jetzt eine andere Situation. Vielleicht kippt die SPD den Bundesrat noch vor der Bundestagswahl. Die Partei sei lebendig und organisatorisch dabei vorwärtszukommen. Den Entwurf ihres Programms wolle sie nächsten Sommer zur Diskussion stellen.

J. Rau sei Spitzenkandidat, solle aber nicht bei jeder Kleinigkeit verbraucht werden. In Umfragen werde ein großer Abstand zwischen Kohl und Rau sichtbar. Im Süden finde Rau ebensoviel Zustimmung wie im Norden, etwas weniger im Westen. Wenn kein SPD-Erfolg zu erreichen sei, werde er nicht Oppositionsführer, dann bleibe er Ministerpräsident in NRW.

E. Honecker teilte den Eindruck von den Chancen der SPD. Die Dinge entwickelten sich in der Tat anders, als es H. Schmidt gesagt habe. Die DDR halte Kurs auf die Unterstützung der SPD. Alles, was seinerzeit mit H. Schmidt als Bundeskanzler vereinbart worden war, habe die DDR, nun allerdings mit H. Kohl, realisiert. Sie halte Wort.

[c] SAPMO ZPA IV 2/1/638: »Notiz über das Gespräch unter vier Augen zwischen dem Generalsekretär des Zentralkomitees der SED und Vorsitzenden des Staatsrates der DDR, Erich Honecker, und dem Vorsitzenden der Sozialdemokratischen Partei Deutschlands, Willy Brandt, am 19. September 1985«

W. Brandt fragte, wie bei Reisen von DDR-Bürgern in die BRD eine weitere Förderung beabsichtigt sei – durch mehr Beteiligte, also Erweiterung des Kreises, eine schnellere Bearbeitung ihrer Reiseanträge o. ä., oder ob es für eine Herabsetzung des Reisealters noch zu früh sei.

E. Honecker antwortete, an eine Herabsetzung des Alters sei nicht gedacht. Er sei Gegner einer Aufteilung der Bevölkerung. So werde im Zusammenhang mit dem XI. Parteitag eine Verkürzung der täglichen Arbeitszeit überlegt, nicht aber eine Verkürzung der Lebensarbeitszeit, wofür nicht die Mehrheit sei, denn viele Rentner wollten weiter arbeiten.

Jährlich reisten 2,4 Mio. Bürger der BRD in die DDR und 1,5 bis 1,6 Mio. Bürger der DDR in die BRD. Erweitert werden solle die Möglichkeit der Begegnungen in einem vernünftigen Rahmen. Bis auf echte Geheimnisträger habe die DDR alle Einschränkungen beseitigt.

W. Brandt wiederholte die Frage nach DDR-Besuchen von Übersiedlern in die BRD, worauf E. Honecker antwortete, die jetzige Praxis sei, daß sie nach 5 Jahren wieder einreisen könnten. In den meisten Fällen wollten die ehemaligen Nachbarn in der DDR diese Leute nicht wiederhaben. Die Frage werde dennoch geprüft.

E. Honecker übergab W. Brandt mehrere Materialien zur Information:

- Beispiele für Aktivitäten der Regierung der DDR gegenüber der Regierung Schmidt, die mit der Regierung Kohl fortgeführt bzw. zum Abschluß gebracht wurden,
- Entwicklung des Einreise-, Ausreise- und Transitverkehrs sowie der Übersiedlung von Bürgern der DDR nach der BRD und Westberlin,
- zur Entwicklung der Jugendtouristik zwischen beiden deutschen Staaten,
- zu den Beziehungen mit der VR Polen, insbesondere zum Jugendaustausch,
- zur Entwicklung der SED.

W. Brandt sagte, wenn er von Journalisten danach gefragte werde, wolle er zu der »Nachrichtensache« der letzten Tage[35] erklären, dies sei nicht Gegenstand des Gesprächs gewesen. Im übrigen sei er der Meinung, seit es Staaten gibt, gebe es auch immer wieder Versuche, militärisch gut unterrichtet zu sein.

---

[35] Im August kam es in der Bundesrepublik zur Aufdeckung mehrerer spektakulärer Spionagefälle und zur Absetzung mutmaßlicher DDR-Spione in die DDR, u. a. des hochrangigen Verfassungsschutzbeamten Hans-Joachim Tiedge. Vgl. AdG 1985, S. 29109f.

20. Gespräch Lafontaine – Honecker am 13. November 1985 (Ost-Berlin)

SAPMO ZPA J IV 2/2A/2823, auch J IV/853 und J IV 2/201/1665 und 1667: »Stenografische Niederschrift. Offizielles Gespräch des Generalsekretärs des Zentralkomitees der Sozialistischen Einheitspartei Deutschlands und Vorsitzenden des Staatsrates der Deutschen Demokratischen Republik, Erich Honecker, mit dem Ministerpräsidenten des Saarlandes und Landesvorsitzenden der Sozialdemokratischen Partei Deutschlands Saar, Oskar Lafontaine. Mittwoch, 13. November 1985 (Beginn 15.15 Uhr)«

Der Leiter des Büros des Ministerpräsidenten des Saarlandes teilte am 6. 10. 1994 mit, daß keine betreffenden Unterlagen gefunden werden konnten. Nach mündlicher Auskunft von Oskar Lafontaine wurden von seiner Seite keine Aufzeichnungen angefertigt.

Erich Honecker: Sehr geehrter Herr Ministerpräsident! Meine Herren des Kabinetts der saarländischen Regierung!

Ich möchte Sie im Namen des Zentralkomitees unserer Partei, des Staatsrates und des Ministerrates recht herzlich begrüßen. Zugleich sei mir erlaubt, Ihnen, Herr Ministerpräsident, noch einmal meine Glückwünsche auszusprechen zu Ihrer Wahl als Ministerpräsident des Saarlandes und selbstverständlich den anderen Herren Ministern ebenfalls.[1]

Wir sind alle erfreut, daß Sie zum jetzigen Zeitpunkt die Deutsche Demokratische Republik besuchen. Die Beziehungen zwischen der Deutschen Demokratischen Republik und dem Saarland als einem der Bundesländer haben sich in den letzten Jahren konstruktiv entwickelt, und wir denken, daß der Meinungsaustausch, den wir heute und morgen führen, dazu beitragen wird, uns nicht nur über politische Fragen zu verständigen und gegenseitig zu informieren, sondern auch die Beziehungen auf eine breitere Basis zu stellen.

[...]

Oskar Lafontaine: Herr Generalsekretär! Meine Herren! Ich möchte mich sehr herzlich bedanken, zunächst für die freundliche Einladung, aber auch für den freundlichen Empfang. Der Gegenstand unseres Besuches ist klar. In erster Linie geht es um die Verbesserung unserer Be-

---

[1] Lafontaine wurde begleitet vom Minister für Wirtschaft, Hans-Joachim Hoffmann, und vom Stellvertreter des Ministers für Arbeit, Hans-Peter Weber. Daneben gehörten der 9-köpfigen Delegation u. a. noch der ehemalige Wirtschaftsminister Manfred Schäfer (CDU) vom Vorstand der saarländischen Investitionsbank und der Vorsitzende der SPD-Landtagsfraktion, Reinhard Klimmt, an.

ziehungen. Dabei denke ich natürlich in erster Linie an das Saarland, und in Ihrer Person, Herr Generalsekretär, haben wir stets einen Anknüpfungspunkt gefunden, um die Beziehungen zur Saar zu verbessern. Ich weiß aber auch, daß Sie interessiert sind und sich sehr bemühen um die Verbesserung der deutsch-deutschen Beziehungen. Die Landesregierung des Saarlandes möchte im Rahmen ihrer Möglichkeiten natürlich dazu beitragen, daß diese Politik fortgesetzt wird.

Wir kennen auch Ihre Sorgen, die der internationalen Aufrüstung gelten, und Ihr Bemühen, dazu beizutragen, daß dieser Prozeß gestoppt wird. Sie kennen unsere Haltung dazu, und ich glaube, wir können feststellen, daß uns nichts anderes übrigbleibt, als unermüdlich zu versuchen, Lösungen zu finden, um diesen für die Menschheit verhängnisvollen Prozeß zu stoppen. Insofern richten wir auch unsere Augen erwartungsvoll nach Genf, und wir hoffen, daß diese Gespräche erfolgreich sein werden. Wir jedenfalls wollen auch in der Zukunft, unabhängig von Ergebnissen, die kommen werden oder nicht kommen werden, unseren Beitrag dazu leisten, daß der Gedanke des Friedens und der Völkerverständigung auch praktische Realität wird, wenn es um die Aufrüstung *[sic!]* geht. Das heißt, zur Realität wird dieser Gedanke erst, wenn man beim Rüstungsstopp angelangt ist oder gar einmal zu wirklichen Abrüstungsschritten kommt.

Ich glaube auch, und das wissen Sie, der Sie die Geschichte des Saarlandes, was die frühere Geschichte angeht, besser kennen als die meisten hier am Tisch, daß die Geschichte des Saarlandes besonders prädestiniert ist, sich Gedanken darüber zu machen. Wir haben in der jüngeren Geschichte es geschafft, uns mit ehemaligen »Feinden« zu versöhnen: mit unseren französischen Nachbarn, und uns schwebt immer wieder vor, dieses Modell der Versöhnung zu übertragen auch auf den Ost-West-Konflikt. Und soweit eben Saarländerinnen und Saarländer einen Beitrag dazu leisten können, sollten sie das immer wieder tun.

Natürlich wissen wir, daß jeder im jeweiligen Bündnis seine Verpflichtungen hat. Dennoch glaube ich, daß jeder seinen Beitrag dazu leisten muß, um die Dinge nach vorn zu bringen im Rahmen der Möglichkeiten, die bestehen.

Ich soll Ihnen auch Grüße – jetzt wechsle ich einmal die Rolle – von Willy Brandt überbringen, der seine Gespräche mit Ihnen als sehr fruchtbar bezeichnet hat und eine Fortsetzung dieses Dialogs wünscht. Dasselbe gilt für den Vorsitzenden der SPD-Bundestagsfraktion.

Nun vielleicht zu den saarländischen Problemen. Wir hatten in der Vergangenheit bereits eine Reihe von erfolgreichen Vereinbarungen und Kontakten auf kulturellem Gebiet, auf dem Gebiet des Sports und auf dem Gebiet der Wirtschaft. Ich meine, daß wir versuchen sollten, hier noch etwas weiter voranzukommen. Es wäre darum wünschenswert, um beim Sport, beim Populärsten, zu beginnen, wenn dort die Kontakte institutionalisiert würden und wir weitere Möglichkeiten der sportlichen Begegnung haben könnten.

Wir hatten aufgrund Ihrer Vermittlung in der Vergangenheit bereits einen funktionierenden Jugendaustausch, der sich sehr gut anließ, und ich würde vorschlagen, daß wir diesen Jugendaustausch jetzt auch auf der Ebene eines Bezirkes, auf der Ebene eines Landes institutionalisieren.

Wir hatten in der Vergangenheit kulturellen Austausch. Es gab eine Filmwoche der DDR im Saarland. Es gab auf Ihre Vermittlung das Gastspiel eines Kabaretts, das sehr gut aufgenommen wurde und das die Vorstufe war zu einer weiteren Gegenvorstellung hier. Es bietet sich an, auch einmal durch den Austausch von Gastspielen von Theatern diese kulturellen Kontakte fortzusetzen.

Uns würde auch interessieren, daß bestehende Verbindungen zwischen Universitäten vertieft werden. Auf jeden Fall besteht die Bereitschaft der Saar-Universität dazu.

Entscheidend für uns sind natürlich auch die wirtschaftlichen Kontakte. Auch hier haben wir in der Vergangenheit bereits Gelegenheit gehabt, die eine oder andere Vereinbarung abzuschließen. Es gibt traditionelle Verbindungen. Ich möchte all denjenigen danken, die in der Vergangenheit dazu beigetragen haben, diese Verbindungen aufrechtzuerhalten, und ich würde darum bitten, daß wir insbesondere morgen zu der einen oder anderen Vereinbarung noch kommen, die das Vorhandene fortführt. Leider ist Herr Hoffmann krank.[1] Wir hoffen alle, daß er morgen wieder dabei sein kann. Wenn nicht, müssen wir eine andere Regelung finden. Ich habe es bereits vorhin kurz diskutiert.

Ich glaube auch, daß wir versuchen sollten, auf der politischen Ebene im weiteren Sinne Kontakte zu knüpfen. Wir würden es begrüßen, wenn eine Delegation eines Bezirkes der DDR einmal Gast im Saarland wäre und daß man dies vielleicht zu einem regelmäßigen Austausch entwickeln könnte zwischen saarländischen Politikern, Vorsitzenden von Parteien und Politikern der DDR, des Landtages etwa.

Sie wissen, Herr Generalsekretär, meine Herren, daß seit längerem der Wunsch besteht, Städtepartnerschaften einzugehen. Wir kennen die Schwierigkeiten, die noch vorhanden sind. Aber wir würden es trotzdem begrüßen, wenn wir eine Vorwegregelung etwa für Saarlouis[2] finden könnten.

Die Stadt hat quer durch die Fraktionen diesen Beschluß im Stadtrat gefaßt, was ich auch als sehr positiv ansehe. Es hat keinen Sinn, solche Verbindungen etwa nur auf der Basis einer Mehrheit einzugehen. Es

[2] Die Stadt Saarlouis ging dann im April 1986 die erste Städtepartnerschaft mit Eisenhüttenstadt ein. Siehe dazu unten.

sollten alle mit von der Partie sein. Vielleicht kann man hier eine Regelung finden.

Ich wäre Ihnen auf jeden Fall dankbar, meine Herren, wenn Sie in diesem Sinne unser Gesprächsangebot aufnehmen würden und wenn wir hier zu Ergebnissen kämen und wenn die Beziehungen zwischen der Deutschen Demokratischen Republik, eines bestimmten Bezirkes, und dem Saarland zu einer Normalität würden. So habe ich vorhin meine Bemerkung mit der Normalität verstanden, als die Presse hier war. Wir haben ja alle nichts gegen die Presse. Manche meinten, es sei etwas Besonderes. Es wäre gut, wenn die Beziehungen einmal selbstverständlich würden, daß dennoch der Sachverhalt als die Normalität des zwischenstaatlichen Miteinanders angesehen würde. – In diesem Sinne noch einmal im Namen aller Mitglieder der Delegation vielen Dank für die freundliche Aufnahme.

Erich Honecker: Ich danke Ihnen, Herr Ministerpräsident, recht herzlich für Ihre Darlegungen. In der Tat sind sie dazu angetan, alle Probleme zu behandeln, die Erfahrungen und Meinungen auszutauschen, die wichtig sein werden nicht nur heute, sondern auch für die nächsten Tage.

Mit Recht haben Sie darauf hingewiesen, daß es vor allen Dingen darauf ankommt, der Wirklichkeit ins Auge zu schauen. Und in Verbindung damit ergibt sich selbstverständlich die Schlußfolgerung zu versuchen, nach Möglichkeit etwas zu ändern. Dabei denke ich insbesondere an unser Hauptanliegen. Das ist die Bewahrung und Sicherung des Friedens. Ich weiß, daß von Ihrer Seite aus auf diesem Gebiet eine sehr große Initiative entwickelt wird. Sie können davon ausgehen, daß auch von unserer Seite aus ein Gleiches getan wird. Wir stehen alle zusammen vor der Situation, daß die internationale Lage nach wie vor große Gefahren für den Weltfrieden enthält. Sie ist – wenn ich mich so ausdrücken darf – seit unserer letzten Zusammenkunft[3] nicht besser, sondern sie ist schlechter geworden. Bis jetzt gibt es trotz des bevorstehenden Treffens zwischen Michail Gorbatschow und Ronald Reagan[4] keinen Anhaltspunkt für den Abbau der internationalen Spannungen, in die ja auch die beiden deutschen Staaten einbezogen sind. Das kann niemand leugnen.

Die Regierung der Bundesrepublik Deutschland – Sie mögen mir die Bemerkung verzeihen, das ist keine Einmischung in die inneren Angelegenheiten der Bundesrepublik – gehört leider zu den wenigen in Europa, die die wahnwitzigen Aufrüstungspläne der USA-Administration gutheißen. Sie hat allerdings, wie heute offiziell mitgeteilt wurde, noch keinen Beschluß gefaßt über die Beteiligung an SDI. Aber sie hat

---

[3] Lafontaine und Honecker hatten sich am 11. 3. 1984 in Leipzig getroffen. Vgl. Nr. 13.
[4] Die Genfer Gipfelkonferenz fand vom 19. – 21. 11. 1985 statt.

zugleich die Absicht bekundet, im Dezember eine Entscheidung darüber zu treffen, und zwar in Richtung auf die Befürwortung von SDI.[5]

Angesichts dieser Situation kann man nur hoffen, daß das bevorstehende Treffen zwischen Genossen Gorbatschow und Herrn Ronald Reagan zu bestimmten Ergebnissen führt, das heißt, einen Prozeß der Entspannung in Gang setzt. Sonst käme die Bundesregierung aufgrund ihrer gegenwärtigen Haltung in die Lage, einen Beschluß zu fassen, der nicht nur dazu beitragen würde, die internationale Situation weiterhin zu verschärfen, sondern auch das größte Unheil für die Menschheit herbeizuführen, das nukleare Inferno, das wir ja verhindern möchten für die gegenwärtige Generation und für die kommenden Generationen.

Ich habe Herrn Bundeskanzler Kohl auf diese Situation seit längerem aufmerksam gemacht. Ich habe auch vor kurzem eine Antwort bekommen.[6] Wir haben vereinbart, darüber nichts zu veröffentlichen. Man kann nur soviel sagen, zumal es ja auch öffentlich erklärt wurde, daß der Bundeskanzler für SDI ist, um zumindest an die Hochtechnologien heranzukommen, wie man uns offiziell gesagt hat. [...]

[...]

Wenn vorige Woche gesagt wurde, die Industrie der Bundesrepublik erwarte eine Beteiligung an SDI, so kann ich sagen: Ich habe in der letzten Zeit mit vielen Industriellen der Bundesrepublik gesprochen, und alle waren gegen SDI, einschließlich die Herren Beitz und Wolff von

---

[5] Bei der Tagung der WEU am 2. – 5. 12. 1985 sprachen sich die sieben Mitgliedsstaaten für eine Beteiligung an SDI aus.

[6] Es handelt sich um Kohls Schreiben vom 26. 9. 1985 an Honecker, das im Gegensatz zu dem Kohl-Brief vom 27. 9. nicht publiziert wurde. Es befindet sich in: SAPMO ZPA J IV 2/2A/2807. Kohl schrieb darin zu SDI: »Die Forschungsvorhaben, die in der strategischen Verteidigungsinitiative des amerikanischen Präsidenten zusammengefaßt sind, stehen im Einklang mit den Bestimmungen des ABM-Vertrages und sind daher u. a. auch im Hinblick auf Aktivitäten der Sowjetunion in diesem Bereich gerechtfertigt.« Der Bundeskanzler würdigte u.a. die wirtschaftlichen Vereinbarungen, »die Unterbindung der illegalen Einreise von Staatsbürgern aus Sri Lanka sowie die Wiederaufnahme des Jugendaustausches« und den »konstruktiven Geist« und das »positive Klima« der Beziehungen. In der »Begegnung« Honecker – Strauß sehe er »einen wichtigen Beitrag zur Intensivierung des Dialogs zwischen den politisch Verantwortlichen Ihrer Seite und der Bundesregierung sowie Politikern der sie tragenden Parteien. Sicherlich sind Sie mit mir darin einig, daß wir trotz der derzeitigen erfreulichen Bewegungen in unseren Beziehungen von Normalität und guter Nachbarschaft noch weit entfernt sind. Wichtig ist, daß wir vor allem im Reiseverkehr und im humanitären Bereich, aber auch beim Problem der illegalen Einreise von Ausländern substantiell vorankommen.« Gerade »in schwierigen Zeiten« komme es darauf an, »durch mehr Begegnungen und Kontaktmöglichkeiten zwischen den Menschen in Ost und West Mißtrauen abzubauen, Verständnis zu fördern und Vertrauen zu bilden«. Zu »mehr Verständigung« zwischen Ost und West könnten »unsere beiden Staaten« einen »wichtigen Beitrag leisten.« Kohl hob die Bedeutung der laufenden Verhandlungen in Genf, Stockholm und Wien hervor, würdigte die KSZE-Schlußakte als »eine politische Kursbestimmung für eine europäische Friedensordnung« und befürwortete eine Fortführung des KSZE-Prozesses »in seiner ganzen thematischen Breite«. »Unsere beiden Staaten sind hier besonders gefordert.« Das Schreiben war handschriftlich unterzeichnet mit »Ihr Helmut Kohl«.

Amerongen.[7] Mir ist das also rätselhaft. Es gibt, abgesehen davon, ob SDI sich verwirklichen läßt, ob sich wirklich das erfüllt, was Ronald Reagan der Menschheit verspricht, gegenwärtig keinen Wissenschaftler von Bedeutung in der Welt, der die absolute Verteidigung der Welt sicherstellen könnte bei den Plänen und Träumen, die man hat.

[...]

Jedenfalls habe ich Herrn Kohl darauf aufmerksam gemacht, daß durch die Befürwortung der Aufrüstungspläne der USA mehr Waffen geschaffen werden, aber mit mehr Waffen nicht mehr Frieden geschaffen werden kann, im Gegenteil. Hinzu kommt die besondere Verpflichtung der beiden deutschen Staaten, dahingehend zu wirken, daß von deutschem Boden niemals wieder ein Krieg ausgeht. Dies zu erkennen ist unseres Erachtens wichtig für die Menschheit, wichtig für beide deutschen Staaten und wichtig für die Bürger. Die Stellung dazu entscheidet selbstverständlich über die Frage Sein oder Nichtsein der Menschheit. Unseres Erachtens ist es notwendig, mit dem Wettrüsten auf der Erde Schluß zu machen und seine Ausdehnung in den Kosmos zu verhindern. [...]

Ich sage hier an diesem Tisch ganz offen: Wir haben nicht die Absicht und nicht die Illusion, die Bundesrepublik Deutschland vom Bündnis mit den USA wegzubringen. Wir sind Realisten. Es gibt zwei souveräne deutsche Staaten. Damit ist die Grundlage für eine spätere Normalisierung geschaffen worden.

Es kam zum Grundlagenvertrag, zur weltweiten völkerrechtlichen Anerkennung der Deutschen Demokratischen Republik.

Als vor kurzem der stellvertretende Vorsitzende des Staatsrates Herr Gerald Götting[8] als Vertreter der Deutschen Demokratischen Republik vor der UNO das Wort ergriff, hat er, wie er mir mitteilte, schon Beifall bekommen, bevor er gesprochen hat. Das wollte ich zum Ansehen unseres Staates, zum Ansehen der Deutschen Demokratischen Republik in der Welt sagen.

Die Existenz der beiden deutschen Staaten ist ein grundlegender Faktor der europäischen Nachkriegsordnung, ein Faktor des internationalen Gleichgewichts. Ohne das zu beachten, kann man keine reale Politik machen. An dieser Realität rütteln zu wollen, wie das einige möchten, heißt, Frieden und Stabilität in Europa und in der Welt zu gefährden. Die Beziehungen zwischen der Deutschen Demokratischen Republik und der Bundesrepublik Deutschland sind ein wichtiger Bestandteil der europäischen Zusammenarbeit, der europäischen Sicherheit.

[7] Zu Wolff von Amerongen siehe das Gespräch mit Honecker am 18. 9. 1985, vgl. Nr. 19, Anm. 14. Mit Berthold Beitz, dem Krupp-Bevollmächtigten, hatte Honecker am 23. 9. 1985 ein Gespräch geführt.

[8] Gerald Götting, Vorsitzender der CDU in der DDR und stellv. Vorsitzender des Staatsrates der DDR.

Mir ist nicht unbekannt, daß die offizielle Politik der BRD leider nicht frei ist von Widersprüchen. Sie ist manchmal, wenn ich das so ausdrücken darf, realitätsfern. Realitätsnah waren wir am 12. März dieses Jahres in Moskau, als Bundeskanzler Helmut Kohl und ich die gemeinsame Erklärung abfaßten, in der wir zum Ausdruck brachten, daß die Unverletzlichkeit der Grenzen, die Achtung der territorialen Integrität und Souveränität aller Staaten in Europa in den gegenwärtigen Grenzen eine grundlegende Bedingung für die Erhaltung des Friedens sind.[9]

So hat mich gestern ein Korrespondent der ›Saarbrücker Zeitung‹ gefragt[10], ob nicht ein gewisser Widerspruch bestehe zwischen dieser Erklärung und dem »Brief zur deutschen Einheit«. Ich habe ihm gesagt, die Dinge sind so, daß dieser Brief nicht Gegenstand des Vertragswerkes ist. Entscheidend ist – das möchte ich hier unterstreichen – für uns das europäische Vertragssystem, das gesamte europäische Vertragssystem, das heißt der Moskauer Vertrag, in dem eine ähnliche oder dieselbe Formulierung enthalten ist über die Achtung der europäischen Grenzintegrität, das Abkommen von Helsinki, das ich selbst mit unterschrieben habe, das Vierseitige Abkommen über Berlin (West), der Warschauer Vertrag und das Abkommen von Prag. Hinzufügen möchte ich, daß im Grundlagenvertrag, der im Anschluß daran gefaßt wurde, ebenfalls eine solche Festlegung steht. Ich will nicht sagen, daß die Geschichte nicht weitergeht, natürlich geht die Geschichte weiter. Wir wußten damals in Sulzbach nicht, wie sie in 30 Jahren aussehen wird[11], und wir wissen auch nicht, wie es in 50 Jahren sein wird. Geht es allerdings nach dem Wunsch der Völker, dann soll es eine Welt ohne Krieg und wenn ohne Krieg, dann auch ohne Waffen sein. Wir wissen, daß das ein Ideal ist, aber man muß ja bestimmte Ideen haben, für die man kämpfen kann.

Deshalb scheint es uns in jedem Falle besser zu sein, Wunschträumen in der Politik keinen Platz zu lassen, sondern im Gegenteil von Realitäten auszugehen. Mit Wunschträumen vom Fortbestehen des Deutschen Reiches in den Grenzen von 1937 werden Emotionen geweckt. [...]

[...]

Aber ich möchte kein Streitgespräch, sondern wollte nur Sachverhalte darstellen, soweit das notwendig ist. Jedenfalls sind wir dafür, und ich möchte es noch einmal betonen, die Beziehungen zwischen

---

[9] Siehe Nr. 16.

[10] Das Interview Erich Honeckers mit dem stellv. Chefredakteur Erich Vollmer für die ›Saarbrücker Zeitung‹ erfolgte am 12. 11. 1985. Es wurde veröffentlicht in der Ausgabe vom 13. 11. 1985; Abdruck auch in: Europa-Archiv 40 (1985), Dok. D 640ff.

[11] Als Vorsitzender der FDJ hatte Honecker 1955 an einem Treffen in Sulzbach, in dem damals noch selbständigen Saarland teilgenommen.

der Deutschen Demokratischen Republik und der Bundesrepublik Deutschland in jeder Beziehung zu normalisieren. In dem bekannten Interview, das ich angeführt habe, habe ich betont, daß die Beziehungen gut sind. Allerdings enthält die Zukunft noch viel Unbekanntes, und wir teilen mit Ihnen die Meinung, daß es günstig wäre, sowohl für die Menschheit als auch für Bürger in beiden deutschen Staaten, die Konfrontation abzubauen und zur Zusammenarbeit zurückzukehren. Das ist der Hauptinhalt unserer gesamten Außenpolitik und damit Gegenstand unserer täglichen Arbeit zur allseitigen Stärkung der Deutschen Demokratischen Republik.

Ich habe nicht die Absicht, im einzelnen auf die Entwicklung der Deutschen Demokratischen Republik einzugehen. Sie haben die Möglichkeit, etwas Einblick zu nehmen, wenn Sie mit dem Vorschlag einverstanden sind, nach Dresden zu fahren.

Honecker äußerte sich dann über die positive Entwicklung der Wirtschaftsbeziehungen und bezog sich dabei besonders auf den Warenaustausch mit Firmen aus dem Saarland.

Was die einzelnen Fragen auf den anderen Gebieten betrifft, die meines Erachtens sehr wichtig sind und von Ihnen, Herr Ministerpräsident, hier angeschnitten wurden, so möchte ich sagen, daß wir von unserer Seite aus ebenfalls dafür sind, die Beziehungen in der begonnenen Richtung weiter auszubauen. Wir sind sehr einverstanden, daß diese Kontakte auf politischer Ebene mit einem Bezirk verstärkt werden, und möchten deshalb eine Abordnung des Saarländischen Landtages mit dem Blick auf alle Fraktionen einladen, 1986 die DDR zu besuchen. Dabei sollte auch ein Gespräch mit Vertretern eines Bezirkstages der DDR in dieses Programm einbezogen werden. Wir bieten an, und man kann auswählen, die Gespräche in Berlin oder in Cottbus zu führen. Man kann auch andere Bezirke wählen. Ich weiß nicht, zu welchen Bezirken Sie bessere Beziehungen unterhalten. Cottbus ist ein sehr vielseitiger Bezirk. Wir haben dort Braunkohle, Kraftwerke, Chemieindustrie, Mikroelektronik usw. Aber das eine schließt das andere nicht aus. Man kann sich leicht darüber verständigen, wie die Sache weitergehen soll.

Die nächste Frage betrifft den Sport. Es ist bekannt, daß wir schon bestimmte sportliche Aktivitäten zwischen der Saar und der DDR entfalten. Wir haben gehört, daß Pfingsten 1986 an der Saar wiederum ein internationales Sportfest stattfindet, und falls eine Einladung erfolgt, würden ihr unsere Sportler folgen. Man könnte zwischen den Sportverbänden auch weitere Vereinbarungen treffen. Wir unterstützen jedenfalls Ihren Vorschlag, Herr Ministerpräsident, auf dem Gebiet des Sports die Beziehungen auszubauen.

Was die Frage des Jugendaustausches betrifft, so möchte ich sagen, daß der Zentralrat der FDJ und der Bundesjugendring mit ihrem Protest erreicht haben, daß sich der Bundesverfassungsschutz nach offiziellen Berichten nicht mehr in diese Beziehungen einmischt und der Jugendaustausch wieder in Gang gekommen ist.[12] Wir sind dafür, daß der Zentralrat der Freien Deutschen Jugend mit dem Landesjugendring, dem Ring der Jugend des Saarlandes zu einem weiteren Jugendaustausch kommt, einschließlich der Touristengruppen.

Vor kurzem habe ich mit einem Mädchen aus Wiebelskirchen gesprochen, sie kam mit einer Touristengruppe des Saarlandes, die mir sagte, meine Schwester sei wohlauf.

Sie haben die Frage des Kulturaustausches aufgeworfen. Wir sind dafür, daß dieser Kulturaustausch auf eine noch breitere Basis gestellt wird. Ich möchte Ihnen, Herr Ministerpräsident, die Zusage geben, daß die Saarbrücker Staatstheater zu einem Gastspiel in die Deutsche Demokratische Republik eingeladen sind, und im Gegenzug könnte unter Umständen das Mecklenburger Staatstheater im Saarland gastieren. Ich schlage Mecklenburg nicht vor, weil es das Ende der Welt ist, sondern weil Mecklenburg ein sehr lebendiges Theater hat. Man kann aber auch ein anderes wählen.

Die nächste Frage ist die der Verbindung zwischen Universitäten. Sie haben die Saarbrücker Landesuniversität vorgeschlagen. Wir sind dafür, daß die Saarbrücker Universität Verbindung mit der Leipziger Universität aufnimmt. Man kann in den Besprechungen entscheiden, welchen Schwerpunkt man auswählt. Dort ist die Medizinische Fakultät sehr stark vertreten. Warum erwähne ich die Medizinische Fakultät? Weil gerade jetzt im Kampf für den Frieden die Medizin eine große Rolle spielt. Sie sind sogar mit dem Nobelpreis ausgezeichnet worden. Jedenfalls ist die Karl-Marx-Universität Leipzig offen. Wir müßten sie dann verständigen, damit eine Einladung erfolgt. Soweit zu dieser Frage.

Was die Städtepartnerschaft betrifft, und dazu wurde ich in dem Interview schon angesprochen, so werden wir diese Sache prüfen. Ich wußte nicht, daß man unbedingt Halberstadt haben wollte. Aber bitte, wenn es Halberstadt sein soll, so wollen wir sie nicht enttäuschen. Wenn alle Fraktionen eine solche Bitte aussprechen, so sind wir dafür, daß dem entsprochen wird. Die Eisenhüttenstädter hatten schon ein Schreiben an Sie geschickt.[13] Man kann mit den Eisenhütterstädtern sprechen. Es geht auch mit Halberstadt. Das ist für uns kein Problem. Wir möchten Ihnen, Herr Ministerpräsident, sagen, wir sind für diese Städtepartnerschaft zwischen der Deutschen Demokratischen Repu-

[12] Siehe Nr. 18, Anm. 14.
[13] Die erste Städtepartnerschaft wurde am 25. 4. 1986 zwischen Saarlouis und Eisenhüttenstadt vereinbart. Unterlagen dazu wie zu den anderen Städtepartnerschaften finden sich u. a. in: SAPMO ZPA vorl. 41661, Aktentitel: »Städtepartnerschaft DDR-BRD.« Vgl. Innerdeutsche Beziehungen (1986), S. 254f.

blik und der Bundesrepublik. Eisenhüttenstadt kann man auch mit einer anderen Stadt verbinden.

Zusammenfassend möchte ich sagen, Sie sind vertraut mit unseren Grundpositionen in der Frage des Zusammenwirkens beider deutscher Staaten, und es ist unsere Sache, unter Berücksichtigung der Realitäten in der Welt die Beziehungen zwischen der Deutschen Demokratischen Republik und der Bundesrepublik auszubauen. Wir meinen, daß dieses Zusammenwirken der Sache des Friedens dient und der weiteren Entwicklung der zwischenstaatlichen Beziehungen entsprechend den Grundsätzen, die international üblich sind und die selbstverständlich auch den Menschen helfen, eine Zukunft in Frieden aufzubauen.

Ich hoffe, ich habe Ihre Zeit nicht zu sehr in Anspruch genommen.

Oskar Lafontaine: Ich bedanke mich sehr, das entspricht in etwa den Erwartungen, mit denen wir hergereist sind. Und wir sind überzeugt, daß die Wege, die wir dann gemeinsam gehen wollen, wirklich geeignet sind, die Beziehungen voranzubringen; denn wir kommen nur weiter, wenn wir die Menschen zusammenbringen, ob es der Sport ist oder der Jugendaustausch, ob es die Wirtschaft ist, was ja sehr wichtig ist, oder die Kultur, die Universitäten. Das ist eben mehr als irgendeine Erklärung oder ein leeres Wort. Deshalb möchte ich mich herzlich bedanken.

Erich Honecker: Danke schön. Könnten wir noch vereinbaren, wann morgen die Gruppen zusammentreten?[14]

Oskar Lafontaine: 9 Uhr?

Erich Honecker: Einverstanden. Dann darf ich Sie noch zu einem Gespräch zu mir bitten.[15]

Oskar Lafontaine: Ich habe noch eine kleine Erinnerung, weil von Sulzbach die Rede war, ich möchte das Archiv des Herrn Staatsratsvorsitzenden etwas ergänzen, denn da war eine sehr wichtige Kundgebung. Das darf ich für die Kollegen sagen, die das nicht kennen, und ich möchte diese Auswahl als Erinnerung überreichen. Wir haben das mitgebracht. Vielleicht steht da auch ein junger Mann noch in der Volksmenge, ich habe es nicht ausfindig machen können.

Erich Honecker: Ich möchte mich recht herzlich für diese Bereicherung meines Archives bedanken.

Ende des offiziellen Gesprächs: 16.15 Uhr

[14] Am 14. 11. 1985 fanden u. a. Verhandlungen des saarländischen Wirtschaftsministers Hoffmann, der u. a. vom Vorstandsvorsitzenden der Asko Deutsche Kaufhaus, Helmut Wagner, begleitet wurde, im Ministerium für Außenhandel statt. Lafontaine selbst führte an diesem Tag ein Gespräch mit Hermann Axen.

[15] In dem »Bericht« über den Besuch Lafontaines für das Politbüro (J IV 2/2A/2823) hieß es nur: »Entsprechend einer Bitte Oskar Lafontaines fand eine eineinhalbstündige Unterredung unter vier Augen statt.« In den oben angeführten Akten gibt es darüber keine Aufzeichnung.

21. Gespräch G. Schröder – Honecker am 18. Dezember 1985 (Ost-Berlin)

[a] Unterlagen G. Schröder: »Vermerk über das Gespräch mit Erich Honecker« [vom 18. 12. 1985] mit Datum vom 20. 2. 1986.

Vermerk über das Gespräch mit Erich Honecker
Teilnehmer: Erich Honecker, Hermann Axen, Mitglied des Politbüros und Sekretär des ZK der SED, Gunter Rettner, Leiter der Abteilung für internationale Politik und Wirtschaft des ZK, und Frank-Joachim Herrmann, Leiter der Kanzlei des Vorsitzenden des Staatsrates; Gerhard Schröder, Karl Ravens, Dr. Peter Struck, Dr. Heinz Thörmer.[1]

Erich Honecker eröffnete das Gespräch. Er wies darauf hin, daß die DDR im Zeichen der Vorbereitung des 11. Parteitages der SED stehe. Schwerpunkte dieses Parteitages seien die Friedenssicherung sowie die weitere Stärkung der DDR in bezug auf die Entwicklung des gesellschaftlichen Lebens und die ökonomische Entwicklung.

Gerhard Schröder begann die Aussprache mit der Frage nach der Einschätzung der DDR nach den Genfer Gesprächen zwischen Gorbatschow und Reagan. Dazu gehöre auch die Perspektive der Entwicklung der Beziehungen zwischen den USA und der UdSSR sowie der Blöcke in Europa und eben auch der deutschen Staaten.

Die SPD habe ja mit der SED gemeinsam die Diskussion über die chemie- und atomwaffenfreien Zonen geführt. Hier gebe es sicherlich Anknüpfungspunkte.

Drei Fragen, so Schröder, seien in seinen bisherigen Gesprächen von seiten der DDR angesprochen: die Erfassungsstelle, die Markierung der Elbgrenze und die Frage der Staatsbürgerschaft.[2] Er habe dazu sich mehrfach schon in der Bundesrepublik geäußert und wolle das hier gerne wiederholen:

1. Eine SPD-Landesregierung werde den Vertrag über die Erfassungsstelle in Salzgitter aufkündigen.

---

[1] Heinz Thörmer, persönlicher Referent von G. Schröder; er hat diesen »Vermerk« verfaßt.
[2] Schröder und seine Begleitung hatten am 17. 12. 1985 zunächst Quedlinburg besucht und dort u. a. mit dem Bürgermeister und dem 1. Sekretär der Bezirksleitung Halle der SED gesprochen. Nach dem Eintreffen in Ost-Berlin führten sie am 17. 12. 1985 noch ein Gespräch mit DDR-Umweltminister Hans Reichelt. Vgl. den »Vermerk über das Gespräch mit dem Minister für Umweltschutz der DDR und Stellvertreter des Vorsitzenden des Ministerrates der DDR Hans Reichelt« in Unterlagen G. Schröder und den »Bericht« über den Besuch vom 17.–19. 12. 1985 in: SAPMO ZPA J IV 2/2A/2846 sowie den »Ablaufplan« für den Besuch vom 17.–19. 12. 1985.

2. In der Frage der Elbgrenze dürfe man nicht an dogmatischen Positionen festhalten. Vielmehr müsse man eine Markierung im Geist des Einigungswillens verhandeln und parallel dazu verhandeln, wie die Elbe sauberer werde.

3. Die DDR sei ein Staat mit Territorium und Volk, folglich auch mit einer Staatsbürgerschaft. Die Erwartung, daß diese respektiert werde, sei berechtigt. Allerdings gäbe es den Art. 116 Grundgesetz. Darin steckten auch alliierte Vorbehalte, Fragen des Berlin-Status und andere Probleme, die in bezug auf die Staatsbürgerschaft nicht ausgeklammert werden könnten.

Als die Niedersachsen besonders interessierenden Probleme nannte Schröder:

- einen Theateraustausch mit dem Staatstheater in Hannover;
- eine Erweiterung des Kulturaustausches etwa in Form von Ausstellungen von DDR-Künstlern in Niedersachsen;
- die verkehrsmäßig bessere Anbindung des Landkreises Lüchow-Dannenberg;
- eine Erweit[er]ung des Jugendaustausches;
- eine Erweiterung des Sportaustausches;
- die Einbeziehung der Stadt Hannover in den kleinen Grenzverkehr;
- zusätzliche Übergänge für den kleinen Grenzverkehr.

In seiner Erwiderung ging Erich Honecker zuerst auf die internationalen Beziehungen und die Friedenssicherung ein, die er für das Wichtigste halte.

Die Ergebnisse von Genf begrüße er.[3] Es gälte nun ganz konkret, das Rad von Konfrontation zur Zusammenarbeit, zu einer neuen Phase der Entspannungspolitik zurückzudrehen. Wichtige Fragen seien in Genf behandelt worden, aber leider sei in den Grundfragen noch keine Lösung in Sicht. So sei es z. B. ein Problem, von der Abrüstung auf der Erde zu reden und die Rüstung im Kosmos voranzutreiben.

Die DDR hat allerdings die Hoffnung auf weitere konkrete Ergebnisse. Aus den weiteren Verhandlungen müsse eine Vereinbarung über atomare und konventionelle Abrüstung auf der Erde herauskommen. Zwei Weltkriege seien von deutschem Boden ausgegangen. Ein dritter würde alles vernichten. Von den beiden deutschen Staaten bliebe als erstes nichts mehr übrig.

Auch deshalb sollten die Europäer Schritte unternehmen, ihr Haus selbst zu bestellen. Westeuropa dürfe sich nicht an eine Politik hängen, die unberechenbar sei. Dabei sei für ihn allerdings klar, daß die Westbindung der Bundesrepublik Deutschland fester Bestandteil ihrer Politik sei. Er habe die Rede von Johannes Rau in Ahlen im Fernsehen ver-

---

[3] Gemeint war das Gipfeltreffen von Gorbatschow und Reagan in Genf, das am 21. 11. 1985 mit einer gemeinsamen Erklärung abgeschlossen wurde. Vgl. AdG 1985, S. 29375 ff. sowie unten [b].

folgen können und könne dem, was Johannes Rau zur Bündnispolitik gesagt habe, zustimmen.[4]

Eine Beteiligung der Bundesrepublik an SDI würde die Spannungen in der Welt nicht vermindern, sondern erhöhen und hätte darüber hinaus negative Auswirkungen auf die Beziehungen zu den beiden deutschen Staaten.

Zwischenfrage von Schröder: Hätte die Form eines Briefwechsels in bezug auf SDI schon Auswirkungen auf die innerdeutschen Beziehungen?[5]

Honecker: Seiner Meinung nach habe die Bundesregierung eine schlechte Position. Frankreich lehne SDI ab. Gleiches gelte für Italien, Spanien und Griechenland. Der Briefwechsel sei seiner Meinung nach eine Verschleierung bzw. ein Feigenblatt, um eine in dieser Frage isolierte USA-Regierung zu unterstützen. Ein solcher Schritt der Bundesregierung höbe sich negativ von der allgemeinen Entwicklungstendenz ab. In den USA gebe es großen Widerstand gegen SDI, wenn dieser sich durchsetze, wie stünde dann die Bundesregierung da. Im übrigen drohen dem Verhältnis Bundesrepublik – Frankreich Gefahren. Mitterrand lehne SDI ganz eindeutig ab. Wenn die Bundesregierung zustimmen würde, dann könne das als Abwendung von Frankreich gedeutet werden.

Die Initiative von SED und SPD zur chemie- bzw. atomwaffenfreien Zone in Europa habe eine große weltweite Diskussion ausgelöst. Das sei zu begrüßen. Die DDR wolle eine Regierungsvereinbarung mit der Bundesrepublik zur chemiewaffenfreien Zone und – bei entsprechenden Vereinbarungen – auch zur atomwaffenfreien Zone. Die Verhandlungen zur atomwaffenfreien Zone würden im Februar weitergeführt werden zwischen SED und SPD.[6]

In weiten Bereichen führe die Bundesregierung die Ostpolitik fort. Die DDR wolle die Bundesregierung nicht aus der Verantwortung des Vertragswerkes entlassen und den Dialog weiterführen. Die DDR-Regierung ist entsprechend dem Vorschlag der Bundesregierung bereit, in Genf die Fragen der chemischen Abrüstung zu behandeln.[7] Zitat: Wir müssen lernen, miteinander zu leben.

[4] Der SPD-Parteivorstand hatte am 15. 12. 1985 bei seiner Sitzung in Ahlen (Westfalen) Johannes Rau zum Kanzlerkandidaten der SPD nominiert. – Rau bekannte sich in seiner Rede zur Einbindung der Bundesrepublik in die NATO.

[5] Siehe Nr. 20, bes. Anm. 5 und 6.

[6] Am 6. 12. 1985 hatte das erste Treffen der Arbeitsgruppe von SPD und SED über eine von atomaren Gefechtsfeldwaffen freie Zone in Europa stattgefunden; das zweite Treffen war am 14./15. 2. 1986.

[7] In seinem veröffentlichten Schreiben vom 27. 9. 1985 an Honecker hatte Bundeskanzler Kohl vorgeschlagen, »unsere Delegationen« bei der Genfer Konferenz sollten Gespräche über ein »weltweites Chemie-Waffen-Verbotsabkommen« führen. Damit könnten »unsere Regierungen einen wertvollen Beitrag zur Förderung der laufenden Genfer Verhandlungen leisten«. Siehe: Innerdeutsche Beziehungen (1986), S. 223 sowie Nr. 19, Anm. 15.

Die Frage der Auflösung der Erfassungsstelle Salzgitter, der Markierung der Elbgrenze und der Respektierung der Staatsbürgerschaft würden bei einer Lösung sicher sehr günstige Auswirkungen auf das Verhältnis der beiden deutschen Staaten untereinander haben. Im übrigen sei das für andere Staaten in der Welt nur ein Ausdruck von deutschen Querelen, die keiner richtig ernst nehme.

Schon 1975 habe man sich in einem Protokoll auf die Markierung der Elbgrenze geeinigt.[8] Dies sei dann abgelehnt worden. Die Grenzkommission solle die Grenze markieren. Die Schiffahrt auf der Elbe bleibe offen. Schon jetzt führen die Grenzboote beider Länder dort. An dieser Praxis brauche bis zur Vereinbarung nichts geändert zu werden.

Einem Austausch zwischen einem Theater der DDR und dem Staatstheater in Hannover stände nichts im Wege. Man müsse prüfen, welches Theater der DDR am besten dafür geeignet sei. Honecker nannte Dresden oder Leipzig. Eine Stichstraße nach Lüchow-Dannenberg sei mittelfristig möglich.

Der Erweiterung des Jugend- und Sportaustausches stände nichts im Wege. Hier könnte der Bundesjugendring mit der FDJ Kontakt aufnehmen. Aber auch der Landesjugendring mit der FDJ.

Auch eine Einbeziehung Hannovers in den kleinen Grenzverkehr sei mittelfristig nicht ausgeschlossen.

Angesprochen auf einen möglichen Besuch Honeckers in der Bundesrepublik nannte Honecker verschiedene Termine, die feststünden. Wenn, dann müsse so ein Besuch im ersten Halbjahr stattfinden. Es war herauszuhören, daß dies nach dem XI. Parteitag der SED Ende April 1986 möglich sein könne.

Es wurden dem Staatssekretär 15 Wünsche nach Familienzusammenführung bzw. Ausreise übergeben.[9]

Anlage Presseerklärung und Programm.[10]

Hannover, den 20. Februar 1986

Th*[örmer] [Paraphe]*

---

[8] Siehe Nr. 1, Anm. 15.

[9] Vgl. die »Notiz« vom 18. 12. 1985 zu diesem Gespräch mit Honecker in: Heinz Thörmer/ Rolf Wernstedt, Wenden oder: Die deutsche Einheit als historischer Lernprozeß, Marburg 1991, S. 17: »Es bestätigt sich, daß er sich tatsächlich persönlich um Ausreisewünsche und Wünsche zur Familienzusammenführung kümmert. Gerhard Schröder übergibt ihm eine ganze Liste solcher Wünsche. Honecker meint, das werde wohl in Ordnung gehen. Man wird sehen. Nachtrag Februar 1986: Die ersten Rückmeldungen gehen ein. Honecker hat Wort gehalten.«

[10] Vgl. den in Anm. 1 zitierten »Ablaufplan«. Wortlaut der Presseerklärung in den Presseerklärungen der SPD Niedersachsen »Hannover, den 20. Dezember 1985, Nr. 128/85«.

[b] SAPMO ZPA J IV 2/2A/2846 und J IV/853: »Niederschrift über das Gespräch des Generalsekretärs des Zentralkomitees der SED und Vorsitzenden des Staatsrates der DDR, Erich Honecker, mit dem stellvertretenden Vorsitzenden des Landesverbandes Niedersachsen der SPD, Gerhard Schröder, am 18. Dezember 1985«

E. Honecker hieß den Gast im Namen des Zentralkomitees der SED und des Staatsrates herzlich willkommen. Als W. Brandt ihn bei seinem Besuch gebeten habe, G. Schröder als Spitzenkandidat der SPD zu den Landtagswahlen in Niedersachsen zu einem Gespräch zu empfangen[11], sei es für ihn keine Frage gewesen, dies zu tun. Der Besuch in der DDR biete G. Schröder die Möglichkeit, sich mit dem Leben ihrer Bürger näher vertraut zu machen. Im heutigen Meinungsaustausch könne man eine Reihe von Fragen von beiderseitigem Interesse behandeln. Wie er erfahren habe, sei G. Schröder mit der vorbereiteten Pressemitteilung einverstanden, was dieser bejahte.

Gegenwärtig, so E. Honecker, stehe unsere Republik, und davon habe sich G. Schröder bereits selbst überzeugen können, im Zeichen der Vorbereitung des XI. Parteitages der SED, deren Kernpunkt zwei Fragen seien. Die erste sei die Friedenssicherung als alles übergreifende Frage überhaupt, sei es für die Völker, sei es für die Politiker in den beiden unterschiedlichen Gesellschaftssystemen. Zweitens gehe es um die weitere allseitige Stärkung der DDR, um die Entwicklung des gesellschaftlichen Lebens im weitesten Sinne des Wortes, insbesondere um die Entwicklung auf ökonomischem Gebiet, denn schließlich sei die Ökonomie von grundlegender Bedeutung für das Wirken in der Politik.

Auf den Vorschlag E. Honeckers nahm dann G. Schröder das Wort. Von W. Brandt und J. Rau, denen er bei dem Ahlener Treffen der SPD begegnet sei, habe er ganz herzliche Grüße zu überbringen, für die E. Honecker ebenso herzlich dankte. Nach einem etwas zögerlichen Beginn sei dort der erfolgreiche Versuch unternommen worden, den Kanzlerkandidaten der Partei zu nominieren und ihn mit dem erforderlichen Vertrauen auszustatten.[4] G. Schröder sprach sich für die Erörterung aller Themen mit E. Honecker aus, die in diesem Kreis behandelt werden könnten. Mit Umweltminister Reichelt habe er bereits einen nützlichen Meinungsaustausch geführt[12], es sei eine Reihe von Fragen geklärt worden, einige seien offen geblieben. Jetzt habe er großes Interesse daran, die Meinung E. Honeckers zu einigen Fragen zu hören, so seine Einschätzung der Situation nach dem Genfer Gipfel, der Perspek-

---

[11] Siehe Nr. 19.

[12] Mit dem DDR-Minister für Wasserwirtschaft und Umweltschutz, Hans Reichelt, hatten G. Schröder und seine Delegation, u. a. der Vorsitzende der SPD-Landtagsfraktion in Niedersachsen, am 17. 12. 1985 ein Gespräch geführt. – Vgl. Anm. 2.

tiven für die Entwicklung der Beziehungen zwischen den dort vertretenen Mächten und auch der Beziehungen zwischen beiden deutschen Staaten. Sehr aufmerksam sei in der SPD die Diskussion über atomwaffenfreie und von Chemiewaffen freie Zonen, die E. Bahr geführt und H. Axen sehr beeinflußt hätte, beobachtet worden. Auch wolle er sich zu einigen Fragen äußern, die insbesondere Niedersachsen beträfen.

Von vornherein habe er, wie man wisse, zu den von E. Honecker in seiner Geraer Rede dargelegten Punkten ohne Wenn und Aber Position bezogen, bemerkte G. Schröder. So stehe fest, daß eine von ihm geführte Regierung Niedersachsens die »Erfassungsstelle« Salzgitter aufkündigen würde, von der er schon immer gesagt habe, daß sie den Beziehungen nicht zuträglich sei. Hinsichtlich der Elbgrenze solle nicht an dogmatischen Positionen festgehalten werden. Den Menschen, die dort wohnen, nütze es mehr, wenn Einigungswille vorhanden sei und man die Elbe sauberer bekomme. Dies sei viel wichtiger als fruchtloser Streit über dogmatische Positionen. Richtig sei, wenn die DDR darauf verweise, daß sie ein Staat mit seinem Territorium, seinem Staatsvolk und seiner Staatsbürgerschaft ist. Die Erwartung an jeden, der staatliche Beziehungen unterhält, dies zu respektieren, sei gerechtfertigt und sinnvoll. Als eine andere Frage bezeichnete es G. Schröder, was man in der BRD mit dem Artikel 116 des Grundgesetzes mache, in dem auch die alliierten Vorbehaltsrechte und die Grenzen von 1937 zum Ausdruck kämen. Diejenigen, die glaubten, ihn als Rechtsstandpunkt vertreten zu müssen, seien von der Geschichte überholt. E. Honecker: Sie sind von der Geschichte schon seit langem überholt.

Auf spezifische niedersächsische Probleme eingehend, äußerte G. Schröder den Wunsch, daß das Staatstheater Hannover zu einem denkbaren Theater der DDR in Beziehung treten möchte. Seine Partei beteilige sich nicht an der öffentlichen Diskussion über ein Kulturzentrum, weil sie nicht zu denen gehöre, die da meinten, man könnte Fortschritte machen, wenn der Partner von so etwas aus der Presse erführe.

Woran ihm ferner liege, sei, die sehr schwierige Region Lüchow-Dannenberg verkehrsmäßig besser anzubinden. Ob es die Chance gebe, auf dem Boden des Akzeptierens von Realitäten hier weiterzukommen. Auch frage er nach den Chancen für die Entwicklung des Jugendaustausches, einem verstärkten Austausch von Sportlern.

E. Honecker hob die internationale Friedenssicherung als wichtigste Frage bei der Gestaltung der Gesamtbeziehungen hervor und stellte in dieser Beurteilung Übereinstimmung beider Seiten fest. Nach wie vor würden das Stattfinden und die Ergebnisse des Genfer Gipfels von der DDR sehr begrüßt. Die gemeinsame Erklärung M. Gorbatschows und R. Reagans[13] stelle eine Art Rahmenprogramm für künftige Verhand-

[13] Siehe Anm. 3.

lungen dar, die zu bestimmten Resultaten führen sollen. Allein die Tatsache, daß der Gipfel zustande gekommen sei und eine gewisse Sprachlosigkeit zwischen den großen Mächten habe überwunden werden können, sei günstig für alle in der Welt, die eine Rückkehr von der Konfrontation zur Zusammenarbeit oder, wie man in der BRD sage, eine zweite Phase der Entspannungspolitik, Rüstungsbegrenzung und Abrüstung durchsetzen wollen.

Honecker äußerte sich dann im einzelnen zu den Ergebnissen des Genfer Gipfels, die hoffentlich zu »weiteren« Ergebnissen führen würden.

[...] Von der 11. Tagung des Zentralkomitees der SED sei festgestellt worden, daß das Weltgewissen die Weltentwicklung bestimmen und effektive Maßnahmen herbeiführen müsse. Die Menschheit lehne das Wettrüsten und seine Ausdehnung auf den Kosmos ab. Auch die SPD beziehe hier die gleiche Position.

Möge man darüber denken, wie man wolle, von deutschem Boden seien zwei Weltkriege ausgegangen, und ein dritter würde die Menschheit vernichten, auch von beiden deutschen Staaten bliebe dann nichts übrig. Danach müsse man handeln. Für die Europäer bestehe die große Möglichkeit, Schritte zu tun, um das europäische Haus selbst zu bestellen, wobei nicht daran gedacht sei, die westeuropäischen Länder von den USA zu lösen. Die Europäer sollten sich auf sich selbst besinnen, statt einer unberechenbaren Politik nachzuhängen, welche die Gefahr des eigenen Untergangs in sich birgt. Hier übten die USA einen starken Druck auf ihre Verbündeten aus, der bis zum Handelskrieg gehe und nichts Gutes bringe.

Wenn die Bundesregierung eine Beteiligung an SDI beschließe und unterstütze, dann sei dies nicht nur eine große Sünde, es trage dazu bei, die Spannungen in der Welt zu erhöhen. Spannungen zwischen den Systemen des Sozialismus und des Kapitalismus wirkten sich auch negativ auf die Beziehungen zwischen beiden deutschen Staaten aus. Wir sind entschiedene Anhänger des Friedens, sind dafür, Konfrontation durch Zusammenarbeit zu ersetzen, unterstrich E. Honecker. Entspannung zwischen den Großmächten fördere auch die Entspannung zwischen den anderen Staaten. Es sei unsinnig zu glauben, daß alle anderen unberührt bleiben, wenn sich die Großmächte am Rande des Krieges bewegen.

Wir hoffen, daß die Bundesregierung heute keinen Beschluß faßt, der die Bundesrepublik an die Vorbereitung des »Sternenkrieges« der USA kettet[5], sagte E. Honecker. Das wäre ein schlechter Dienst an den Interessen des Friedens und der Zusammenarbeit. Auf eine Frage G. Schröders nach den möglichen Konsequenzen eines Beschlusses zur Beteiligung der BRD an SDI antwortete E. Honecker, eine Folge wäre zum Beispiel, abgesehen von Großbritannien, eine Verschlechterung der

Position der BRD in Europa. Die Mehrzahl der europäischen Länder sei gegen SDI. So hätten F. Mitterrand und der französische Verteidigungsminister SDI abgelehnt. Damit ergebe eine Beteiligung der BRD für ihr Verhältnis zu Frankreich nichts Gutes, trage ein negatives Element in die Beziehungen. Der Prozeß der Annäherung der BRD an Frankreich sei durchaus zu begrüßen. In seiner Jugendzeit, so E. Honecker, habe es geheißen: »Siegreich wollen wir Frankreich schlagen«. Aktuellen Kommentaren sei jetzt zu entnehmen, daß die Haltung der BRD gerade in der Frage einer SDI-Beteiligung sehr ernst beobachtet wird. Eine Loslösung der BRD von Frankreich zugunsten ihrer Hinwendung zu den USA werde in Frankreich auf starke Abneigung stoßen. Mit Recht habe F. Mitterrand erklärt, die Europäer sollten den Weltraum zu friedlichen Zwecken erforschen. Er befürworte Hochtechnologien in Verbindung mit Eureka.

Eine Ablehnung von SDI durch die BRD, fuhr E. Honecker fort, würde günstigere Bedingung für ihre Beziehungen zur DDR und zu den anderen Staaten des Warschauer Paktes schaffen. Als Vorwand würden ökonomische Interessen von Firmen der BRD angeführt, was lediglich zur Verschleierung der Tatsache diene, daß große Teile der Industriellen gegen SDI sind. O. Wolff von Amerongen, B. Beitz[14] und andere hätten E. Honecker gegenüber und auch öffentlich klare Stellungnahmen in dieser Richtung abgegeben. B. Craxi habe keine große Sympathie für SDI gezeigt, A. Papandreou sei absolut dagegen, in Spanien sei die Position ähnlich.

Beteilige sich die BRD an SDI, so würde sich dieser Schritt negativ von den Entwicklungstendenzen in der Welt abheben, die auf Abrüstung und Nichtmilitarisierung des Weltraums zielten. Die von Bonn beabsichtigte Form eines Briefes sei nur ein Feigenblatt für das Zusammengehen mit der USA beim SDI-Pojekt.

[...]

Eine weitere Zuspitzung der internationalen Situation würde sich auch auf die Beziehungen zwischen der DDR und der BRD auswirken. Gestern habe der Bundeskanzler erklärt, vom Genfer Gipfel sei eine neue Initiative zum Gespräch zwischen Ost und West ausgegangen. Beginne man aber mit der Aufrüstung im Weltraum, so könne man nicht mit Ergebnissen der Abrüstung auf der Erde rechnen.

E. Honecker wandte sich dann der Frage chemiewaffenfreier Zonen und eines von atomaren Gefechtsfeldwaffen freien Korridors entsprechend dem Vorschlag O. Palmes zu. Die Initiative von SED und SPD, eine chemiewaffenfreie Zone in Europa zu schaffen, habe bekanntlich zu der Regierungsofferte von DDR und ČSSR an die BRD geführt und ein weltweites Echo gefunden. In ihrem Antwortbrief habe die Bundes-

---

[14] Siehe Nr. 19 und Nr. 20.

regierung geschrieben, sie sei für ein generelles Verbot dieser Waffen und erachte es für zweckmäßig, über das Problem am Rande von Genf zu verhandeln[7]. Das habe die DDR nicht abgelehnt, man könne auch in Genf Kontakte aufnehmen. Wir seien für ein weltweites Verbot, aber man müsse einen Anfang machen. Daher würden wir die Verhandlungen fortsetzen, in dem Bestreben mit der BRD zu einer Vereinbarung zu kommen.

Was die von atomaren Gefechtsfeldwaffen freie Zone angehe, so hätten wir seitens der Sowjetunion größte Unterstützung bei der Ausarbeitung der entsprechenden Dokumente. Die DDR sei ja nicht im Besitz von Atomwaffen, also müsse sie mit ihrem Verbündeten sprechen. Die Bundesregierung erhebe in diesem Zusammenhang den Vorwurf, die DDR verhandle mehr mit der Opposition.[6] Dabei sei die DDR ja bereit, mit der Bundesregierung zu verhandeln, aber diese nicht.

Über etliche Fragen sei man dennoch im Gespräch. Im Fernsehen habe sich W. Schäuble erst gestern wieder damit gebrüstet, welche Erfolge die Bundesregierung, entgegen anderslautenden Behauptungen, dabei erreicht habe. Es sei ein Verdienst der Opposition, daß die Bundesregierung bereit war, die Ostpolitik weiterzuführen. Das komme auch in E. Honeckers gemeinsamer Erklärung mit H. Kohl in Moskau zum Ausdruck[15], die H. Kohl am liebsten rückgängig machen möchte.

Die DDR habe gerade wegen der Zuspitzung der Weltlage für den Dialog gekämpft, um die BRD nicht aus ihrer Verantwortung zu entlassen. Auch für das Zustandekommen des Gipfeltreffens zwischen M. Gorbatschow und R. Reagan sei dies von Bedeutung gewesen. Mit Recht habe M. Gorbatschow festgestellt, daß wir lernen müssen, miteinander zu leben.

Nochmals wolle er als entscheidend unterstreichen, so E. Honecker, daß der Himmel nicht in einen Vorhof der Hölle verwandelt wird, und dafür zu sorgen, daß kein Dritter Weltkrieg den Erdball zerstört. Eine Beteiligung der BRD an SDI sei ein Verstoß gegen das Friedensgebot, das beiden deutschen Staaten von der Geschichte auferlegt ist. H. Kohl habe gesagt: Frieden schaffen mit immer weniger Waffen, von deutschem Boden solle nie wieder Krieg, sondern Frieden ausgehen. Dies sei die Verpflichtung sowohl für die BRD als auch für die DDR. Doch die Entwicklung gehe zu immer mehr, nicht immer weniger Waffen. Die Zukunft der Menschheit erfordere, für den Frieden einzutreten.

E. Honecker erklärte, wenn die »Erfassungsstelle« Salzgitter aufgelöst, die Elbgrenze geregelt, wenn akzeptiert werde, daß die DDR als Staat auch Staatsbürger hat, dann hätte das günstige Auswirkungen auf die Beziehungen zwischen beiden deutschen Staaten. Ohnehin verstünden die Regierungen anderer Staaten diese Probleme nicht, betrachte-

[15] Siehe Nr. 16.

ten sie als deutsche Querelen. B. Kreisky[16] z. B. habe ihm gesagt, er kenne keinen Staat ohne Staatsbürger.

Zur Regelung der Elbgrenze habe man sich in der Grenzkommission schon 1975 auf ein Protokoll geeinigt.[8] Seit 1945 werde die Grenze in Strommitte praktiziert, und jetzt habe die DDR neue Materialien zu dieser Praxis überreicht. Seines Wissens, bemerkte E. Honecker, sei die Elbe, ebenso wie der Rhein, schon im Versailler Vertrag internationalisiert worden. Unsere Patrouillenboote seien zunächst im Auftrag der sowjetischen Besatzungsmacht auf der Elbe gefahren, danach im Auftrag der DDR. Würden die verbliebenen 90 km geregelt, könnten viele weitere Verträge in Kraft gesetzt werden. Durch Ergebnisse in dieser Frage werde die Grundlage für weitere Schritte zur Entwicklung der Beziehungen zwischen der DDR und der BRD geschaffen. Die Bemerkung G. Schröders, ob der Schutz der Elbgewässer nur vorankomme, wenn die Grenzregelung erreicht werde, quittierte E. Honecker mit der Feststellung, das sei vollkommen richtig. Man könne nicht über die Qualität des Wassers verhandeln ohne Klarheit über die Grenze.

Zu den anderen Fragen, die G. Schröder aufgeworfen hatte, sagte E. Honecker, das Staatstheater Hannover könne mit einem Theater der DDR in Kontakt treten, zu klären sei auf unserer Seite lediglich, mit welchem. Eine Stichbahn werde geprüft, wobei dieses Problem nur mittelfristig zu lösen und von der Veränderung der Haltung abhängig sei, die von der Bundesregierung zu einer Reihe anderer Fragen bezogen wird. Der Jugendaustausch sei wieder in Gang gekommen. Jetzt liege es beim Bundesjugendring und beim Zentralrat der FDJ, ihn zu entwickeln und weiterhin positiv zu gestalten. Auf die Frage G. Schröders nach einer Einbeziehung des Großraums Hannover in den »kleinen Grenzverkehr« bekräftigte E. Honecker, wenn sich der Standpunkt der BRD ändere, realitätsbezogen sei, bestehe die Möglichkeit, auch dieses Problem zu lösen.

G. Schröder dankte für die Ausführungen E. Honeckers. Er äußerte sich zur Wahlsituation in Niedersachsen sowie zu den Aussichten der SPD auch bei den Bundestagswahlen. Die SPD verfüge über eine politische Strategie bis 1987 und verwirkliche dabei eine Etappenstrategie, wobei sie bis 1985 relativ erfolgreich gewesen sei. Im Saarland habe O. Lafontaine glanzvoll gewonnen, allerdings bei günstigeren Voraussetzungen und einem bequemeren Gegner. In Hessen seien die Bedingungen sehr schwierig, dort regiere H. Börner unter Tolerierung der Grünen. Es habe sich bestätigt, daß die Einschätzung, es komme zu einer Erosion der Partei und ihrer Wählerschaft, wenn ein solcher Weg beschritten werde, nicht stimme.

Die nächste Etappe sei Niedersachsen. Dort gehe es um eine Land-

---

[16] Bruno Kreisky, österreichischer Alt-Bundeskanzler.

tagswahl mit deutlich bundespolitischen Bezügen. Es gebe zögernde Menschen, welche die ökonomische Politik der Regierung noch nicht in voller Tragweite erkannt hätten und sie ablehnten.

Die SPD gehe von der Möglichkeit aus, Niedersachsen vernünftiger zu regieren und Einfluß auf die Bundespolitik zu nehmen. Dann könne sie soziale Verschlechterungen blockieren, torpedieren und dazu beitragen, in Sachen Frieden und Beziehungen zwischen beiden deutschen Staaten weiterzukommen. Eine offensivere Umsetzung einer progressiven Position im Verhältnis zwischen beiden deutschen Staaten sei von moralischer Qualität, die sich in Wählerstimmen auswirke.

Ökonomisch verfolge die SPD das Ziel einer Machtbalance, sozialpolitisch die Verhinderung konservativer Verschlechterungen, in der Politik zu den Beziehungen zwischen beiden deutschen Staaten mache sie ein spezifisches Angebot. Über den Bundesrat wolle sie auf die Politik der Bundesregierung einwirken.

Was eine rot-grüne Konstellation angehe, so sei dies eine Schwierigkeit. Er habe gesagt, so etwas werde die SPD in Niedersachsen nicht machen. Dies sei eine taktische Position. Im Frühsommer habe eine wirklich reale Chance zur absoluten Mehrheit (49%) bestanden, wie Umfragen ergeben hätten. Aber das sei unter dem Einfluß der Landtagswahlen von Nordrhein-Westfalen gewesen und jetzt nicht mehr so. Er werde es nicht zurückweisen, auch mit den Stimmen der Grünen zum Ministerpräsidenten gewählt zu werden. Doch proklamiere er keine Rot-Grün-Konstellation, damit es andere nicht ausnutzen.

Für die SPD eröffne sich eine gewisse Chance, es zu schaffen mit 36,6% der Wählerstimmen, mehr habe sie nicht. Sie seien unter K. Ravens im März 1982 unter außerordentlich schwierigen Bedingungen erzielt worden. In der Spätphase der sozial-liberalen Koalition seien es 30 bis 35% gewesen. Jetzt sei die Position günstiger, und die SPD werde gewinnen, ob sie siegen werde, hänge ab von der Entwicklung bei den Grünen und der Gesamtsituation in der BRD.

Seine Partei gehöre nicht zu den Krisengewinnlern, sagte G. Schröder, dabei sei die Lage in Niedersachsen nicht so gut wie in der BRD insgesamt, vor allem hinsichtlich der hohen Arbeitslosigkeit. In Leer betrage sie 20%. Viele Menschen hätten Erfahrungen mit Krise und Not, man könne bei ihnen mit Aufschwungparolen nichts ausrichten. Hinzu komme, daß die Regierungspartei immer über Vorteile verfüge, z. B. wegen ihres Apparates. Die Union investiere Erhebliches in den Wahlkampf, und die Auseinandersetzung sei sehr hart.

Über das heutige Gespräch mit E. Honecker sei er sehr froh, weil die Politik zwischen beiden deutschen Staaten ein Hauptaspekt dieser Auseinandersetzung sein werde. Er bleibe bei seinem Standpunkt.

Bei den Landtagswahlen in Bayern werde die SPD besser abschneiden, aber nicht gewinnen. In Schleswig-Holstein werde B. Engholm, der zu einer sehr schwierigen Zeit dort angetreten sei, eine große Wirkung erzielen.

Ob sich 1987 eine Chance ergebe, die Bundesregierung zu stellen, hänge von zwei Faktoren ab. Gelinge es J. Rau, sein Ergebnis von Nordrhein-Westfalen (52% SPD, CDU unter 40%) zu wiederholen, so bestehe die Chance, die Bundestagswahl zu gewinnen. Er vermöge nicht einzuschätzen, ob es gelinge, aber ausgeschlossen sei es nicht.

Stelle die SPD aufgrund des Wahlresultats in Niedersachsen die Mehrheit im Bundesrat, werde sie stärkste Partei, und dies sei möglich, könne gegen sie nur schwer regiert werden. In der Union, personifiziert durch L. Späth und F. J. Strauß, zeigten sich bestimmte Interessen, sei die Neigung nicht unterentwickelt, mit der SPD zu regieren. So sei vorstellbar, daß es ein bis zwei Jahre nach der Wahl bei einer denkbaren Verschlechterung der ökonomischen Situation – der nächste Abschwung komme bestimmt und werde von Experten für 1987 vorausgesagt – zu einer Diskussion über die Zusammenarbeit komme. Er, G. Schröder, sei kein Freund davon. Aber es müsse überlegt werden, wie die SPD im Zentralstaat an der Macht teilhaben könne.

Zu einer möglichen Mehrheit von SPD und Grünen bemerkte G. Schröder, es berge gewisse Gefahren in sich, wenn man rechnerische Arbeit zur politischen machen wolle. Er spreche von der Bundespolitik, nicht von den Ländern. Könne die SPD in einer solchen Konstellation überleben? Hier habe er große Bedenken. Eine SPD-Minderheitsregierung könne überleben, aber eine Koalition mit den Grünen nicht.

Andererseits könne eine verbesserte ökonomische Situation in eine Mehrheit für die Union umschlagen.

Alle Möglichkeiten für die SPD, sagte G. Schröder, hingen an Niedersachsen, und man gehe in die politische Offensive über die Veränderung der Mehrheit im Bundesrat.

E. Honecker danke G. Schröder für seine offenen Darlegungen. Die SED mache eine zukunftsorientierte Politik. Wir unterstützen einen Meinungsumschwung in der BRD zugunsten einer SPD-Regierung. Natürlich treffen wir uns auch mit konservativen Kräften wie F. J. Strauß. Bei einer entsprechenden Politik der SPD sei es möglich, den günstigen Trend fortzusetzen und diesen Umschwung eher zu erreichen, als seinerzeit prophezeit. In der Änderung der Mehrheitsverhältnisse in Niedersachsen sehe er dabei eine wichtige Frage.

Die Regierung Kohl werde die Menschen nicht so weit manipulieren können, daß sie nicht erkennen, um was es geht. Werde doch die jetzt hervorgezauberte Konjunktur von Massenarbeitslosigkeit begleitet. In der DDR sei dieses Gespenst unbekannt, sei es unverständlich, daß Jugendliche keinen Beruf erhalten, daß man mit Vierzig zum »alten Eisen« gehört.

Eine realistische Einstellung zur DDR sei hilfreich. Nicht umsonst sei die Bundesregierung bestrebt, gute Beziehungen zu ihr zu unterhalten. In der Periode, da eine Eiszeit drohte, habe die DDR erklärt: Jetzt erst recht alles für den Frieden, und sie habe den Dialog fortgesetzt. Die Entwicklung habe gezeigt, daß dieser eingeschlagene Weg, gestützt auf die gemeinsamen Beschlüsse des Politischen Beratenden Ausschusses des Warschauer Vertrages, richtig war.

Der Genfer Gipfel sei in gewissem Maße eine Befreiung gewesen, in der Weltpolitik sei vieles in Bewegung geraten. Damit sei ein Prozeß eingeleitet, der zu mehr Zusammenarbeit führe, auch wenn die Rüstung weitergehe.

G. Schröder erklärte, in der Phase der Verhärtung habe E. Honecker durch seine persönliche Haltung dafür gesorgt, daß die Entspannung als Chance offen blieb. Dies sei eine historische Leistung. Auf diesem Hintergrund beginne sich auch das Bild der Menschen von ihm zu verändern, wie es in der BRD bisher immer vorgeführt worden sei. Deshalb sei in der BRD der Wunsch so ausgeprägt, ihn bei einem Besuch zu sehen. Werde er kommen, und werde SDI ein Hindernis sein?

E. Honecker sagte, er gehe davon aus, daß sich in der Grundstimmung der Bundesbürger gegenüber der DDR ein bestimmter Umschwung vollziehe. In der Mehrheit sei diese Stimmung nicht mehr feindlich, sondern realistisch, interessiert daran, daß sich normale Beziehungen entwickeln.

Wenn er die BRD besuche, dann nur in der ersten Hälfte des Jahres 1986, denn er habe nicht die Absicht, als Wahlhelfer der CDU aufzutreten. Noch unklar sei, welche Haltung die Bundesregierung zu SDI beziehe und welche Entwicklung eintreten werde. Jetzt stünden für die SED der XI. Parteitag und die Wahlen zur Volkskammer im Mittelpunkt.

Eine Zuspitzung der Situation zwischen der DDR und der BRD würde nicht der SPD, sondern der CDU den Wahlkampf erleichtern. Auch für den Fall eines Beschlusses der BRD, sich an SDI zu beteiligen, dürfe man es nicht zu einer solchen Zuspitzung kommen lassen. Doch sei es nicht zu übersehen, daß die US-Administration beabsichtigt, ihren abenteuerlichen Kurs fortzusetzen.

E. Honecker bewertete die Entwicklung der Wirtschafts- und Handelsbeziehungen unter maßgeblicher Beteiligung von Firmen und Unternehmen Niedersachsens als positiv. 1984 habe der Umsatz über 1,2 Mrd. VE betragen, per Ende September 1985 mehr als 1 Mrd. VE. Insgesamt werde der Umsatz 1984 in diesem Jahr übertroffen werden. In den letzten Jahren seien insbesondere die Beziehungen zu Unternehmen wie Salzgitter AG, Volkswagenwerk, Bühler-Miag Braunschweig und Hanomag-Baumaschinen Hannover ausgebaut worden. Umfangreiche Aufträge aus der DDR für Lohnwalzung von Brammen hätten zu einer spürbaren Entlastung der angespannten Situation hinsichtlich der Auftragslage in den Stahlwerken Peine der Salzgitter AG geführt. Die Verträge über den Kauf einer Motorenfertigungsanlage des Volkswagenwerkes durch die DDR werden in den nächsten Jahren die Handelsentwicklung günstig beeinflussen. Regelmäßig beteiligt sich die DDR an der Hannover-Messe.

Ausführlich sprach E. Honecker über die Entwicklung der DDR, die erfolgreiche Verwirklichung unserer Wirtschafts- und Sozialpolitik, die großen Aktivitäten auf allen gesellschaftlichen Gebieten zur Vorbereitung des XI. Parteitages. Anhand der Planergebnisse bewies er das fortgesetzt stabile und dynamische Wachstum der Volkswirtschaft, erläuterte die breite Einführung und Anwendung der modernsten Technologien. So werde der XI. Parteitag auch im Zeichen des Siegeszuges der Mikroelektronik stehen. Breiten Raum nahmen die sozialen Maßnahmen, insbesondere der Wohnungsbau, die Leistungen unseres sozialistischen Bildungssystems, von Wissenschaft und Kultur ein.

G. Schröder dankte in herzlichen Worten für das wertvolle Gespräch und die gute Atmosphäre dieser Begegnung, die für ihn bewegend und erlebnisreich gewesen sei.

SAPMO ZPA J IV/962: »Notizen über Gespräche des Generalsekretärs des ZK der SED und Vorsitzenden des Staatsrates der DDR, Erich Honecker, mit ausländischen Persönlichkeiten am Rande der Trauerfeierlichkeiten in Stockholm am 14. und 15. März 1986«[1]

1. Mit dem Außenminister der USA, George Shultz [...]

2. Mit dem Vorsitzenden der SPD und Vorsitzenden der Sozialistischen Internationale, Willy Brandt

Nach einer herzlichen Begrüßung erinnert Willy Brandt an seinen letzten DDR-Besuch und die dabei geführten Gespräche.[2] Er unterstrich, daß ihn das Erlebte und Gehörte nach wie vor beeindrucke. Der Anlaß dieses erneuten Zusammentreffens in Stockholm sei gewiß bedauerlich, andererseits wäre dies aber eine beeindruckende Demonstration für den Frieden. Genosse E. Honecker erwiderte, daß auch in der DDR der Aufenthalt W. Brandts in guter Erinnerung sei. Er informierte darüber, daß ab heute in Stralsund auf Beschluß der Stadtverordneten-Versammlung ein zentraler Platz den Namen Olof Palmes trage. W. Brandt beglückwünschte Genossen E. Honecker zu dieser Idee und wandte sich mit den Worten an seine Begleitung: »Das muß man dem Dohnanyi in Hamburg[3] sagen. Er sollte auch so etwas machen.«

3. Mit dem Ministerpräsidenten von Nordrheinwestfalen, Johannes Rau

Rau dankte für die Glückwünsche E. Honeckers zu den letzten Wahlerfolgen der SPD[4] und erklärte, das verpflichte alle Parteiorganisationen der SPD in der Bundesrepublik. Unter Bezugnahme auf den Besuch E. Honeckers in der BRD setzte sich Rau dafür ein, daß E. Honecker auch den Besuch Nordrhein-Westfalens in das Programm mit einschließe. Rau meinte, aus seiner Sicht sei der Zeitraum Ende Juni/Anfang Juli günstig für den Besuch. Später wäre schlechter. Rau sprach sich lobend über den Besuch des Genossen Sindermann in der BRD aus. Sein Auftreten sei für die SPD eine große Hilfe gewesen. Er habe

[1] Es waren die Trauerfeierlichkeiten für den am 28. 2. 1986 ermordeten schwedischen Ministerpräsidenten Olof Palme, u. a. Vizepräsident der Sozialistischen Internationale und Vorsitzender der Unabhängigen Kommission für Abrüstung und Sicherheit.

[2] Vgl. Nr. 19.

[3] Klaus von Dohnanyi, 1981–1988 Erster Bürgermeister von Hamburg.

[4] Bei den Kommunalwahlen am 2. 3. 1986 in Schleswig-Holstein hatte die SPD sich von 34,6% auf 40,3% verbessert und die CDU von 50,1% auf 44,2% stark verloren. Vgl. AdG 1986, S. 29680.

sehr geschätzt, daß ihm der Volkskammerpräsident einen Krankenbesuch in der Wohnung abgestattet habe und sei dafür sehr dankbar.[5] Rau bestand hartnäckig auf ein Foto mit Genossen E. Honecker, das er für den Wahlkampf brauche.

4. Mit Egon Bahr

Bahr drückte seine Freude über die Begegnung mit Genossen E. Honecker aus und erklärte, daß sein Besuch in der BRD sehr erwartet werde.

5. Mit Hans-Jochen Vogel, Fraktionsvorsitzender der SPD

Vogel brachte zum Ausdruck, daß zwar der Anlaß dieses Zusammentreffens in Stockholm traurig sei, daß es aber zugleich uns allen gelingen müsse zusammenzukommen, um zu verhindern, daß mit unserem Erdball Schreckliches geschieht. Dies sei auch immer das Ziel Olof Palmes gewesen. Vogel erklärte, er sei von den Trauerfeierlichkeiten tief beeindruckt. Nach seiner Auffassung sei es wichtig, daß die DDR hier so repräsentativ vertreten sei. Die DDR spiele ja auch eine unbestrittene Rolle bei der Suche nach dauerhaftem Frieden.

6. Mit dem Präsidenten Nicaraguas, Daniel Ortega [...]
7. Mit dem Premierminister Norwegens, Kare Willoch [...]
8. Mit dem Vizepräsidenten der Republik Kuba, Dr. Carlos Rafael Rodriguez [...]
9. Mit dem stellvertretenden Vorsitzenden des Staatsrates der SRR, Gheorghe Radulescu [...]
10. Mit dem Mitglied der Palme-Kommission, Juri Arbatow [...]
11. Mit dem Generalsekretär der Polisario, Mohamed Abdelaziz [...]
12. Mit dem Sekretär für Internationale Politik der Partei der Arbeit (PvdA) der Niederlande, Van Traa [...]
13. Mit dem Vorsitzenden der Linkspartei-Kommunisten Schwedens, Lars Werner [...]
14. Mit dem Präsidenten Finnlands, Mauno Koivisto [...]
15. Mit dem Außenminister Algeriens, Dr. Taleb Ibrahimi [...]
16. Mit dem Präsidenten Zyperns, Spyros Kyprianou [...]
17. Mit dem Präsidenten der Sozialdemokratischen Partei der Schweiz, Hubacher [...]

[5] Volkskammerpräsident Horst Sindermann hatte bei seinem Besuch vom 19.–22. 2. 1986 in der Bundesrepublik u. a. Gespräche mit Bundeskanzler Kohl, Bundestagspräsident Philipp Jenninger, dem CDU/CSU-Fraktionsvorsitzenden Alfred Dregger, dem Vorsitzenden der CSU-Landesgruppe Theodor Waigel, dem FDP-Fraktionsvorsitzenden Wolfgang Mischnick, dem SPD-Vorsitzenden Willy Brandt, dem SPD-Fraktionsvorsitzenden H.-J. Vogel geführt und auch J. Rau aufgesucht. Vgl. den Bericht Sindermanns mit Anlagen in: SAPMO ZPA J IV 2/2A/2861.

18. Mit dem Vorsitzenden der niederländischen Partei der Arbeit (PddA), Joop den Uyl [...]
19. Mit dem Präsidenten der FDR El Salvadors, Guillermo Unso [...]
20. Mit dem Bundeskanzler Österreichs, Dr. Fred Sinowatz [...]
21. Mit dem Vorsitzenden der Sozialistischen Fortschrittspartei Libanons, Walid Joumblatt [...]
22. Mit dem Ministerpräsidenten Simbabwes, Robert Mugabe [...]

Weitere Begegnungen hatte Genosse Erich Honecker mit Lubomir Strougal, Kazimierz Barcikowski, Helmut Kohl, Andreas Papandreou, dem stellvertretenden Ministerpräsidenten Irans Alireza Moayeri und dem Außenminister Sri Lankas, A. C. S. Hameed.

SAPMO ZPA J IV/885: »Gerhard Beil. Berlin, den 17. 3. 1986. Vermerk über ein Gespräch des Generalsekretärs des ZK der SED und Vorsitzenden des Staatsrates der DDR, Genossen E. Honecker, mit dem Regierenden Bürgermeister von Berlin (West), Eberhard Diepgen, am 16. März 1986 in Leipzig«

Das für den Regierenden Bürgermeister angefertigte Gesprächsprotokoll fehlt in den einschlägigen Akten der Senatskanzlei. Es wurde vom RBm mit einem persönlichen Schreiben an Bundeskanzler Kohl übersandt. In den Akten wird mehrfach vermerkt, so am 23. 4., 26. 5., 9. 6., 11. 9. und 19. 9. 1986, daß die Protokollaufzeichnung noch immer fehlt.

Genosse E. Honecker begrüßte Eberhard Diepgen zu Beginn des Gespräches anläßlich seines Aufenthaltes zur Leipziger Frühjahrsmesse 1986. Er hob die Nützlichkeit eines solchen Gespräches für die Fortführung der Beziehungen zwischen der DDR und Berlin (West) hervor.

Eberhard Diepgen bedanke sich für die Möglichkeit, mit dem Vorsitzenden des Staatsrates zusammenzutreffen und damit die Kontakte seines Vorgängers von Weizsäcker fortzuführen.[1] Aus seiner Sicht sei die generelle politische Situation geprägt von der Hoffnung der Menschen auf Frieden über die Grenzen hinweg. Diese Hoffnung würde bekräftigt durch die Gespräche Ronald Reagans mit Michail Gorbatschow. Wichtig sei, den Frieden zu sichern und Spannungsursachen zu vermeiden. Unter Hinweis auf das Interview des Genossen Erich Honecker mit der BRD-Wochenzeitschrift ›Die Zeit‹[2] hob Diepgen hervor, daß es eine Fülle von Möglichkeiten und gemeinsamen Interessen zwischen Berlin (West) und der DDR gäbe. Er verstehe seine Aufgabe als Politiker, mit dafür zu sorgen, in Mitteleuropa eine Zone des Friedens und der Entspannung zu schaffen. Dazu würden auch Verbesserungen des Reise- und Besucherverkehrs zwischen Berlin (West) und der DDR, die weitere Vertiefung der ökonomischen Zusammenarbeit und Fragen des Umweltschutzes gehören. Seit seinem Gespräch mit Genossen Günter Mittag vor zwei Jahren anläßlich der Leipziger Frühjahrsmesse habe es besonders auf dem Gebiet der Wirtschaftsbeziehungen deutliche Fortschritte gegeben, aber auch für andere Bereiche könnte man das

[1] Vgl. Nr. 8. – Zur Vorbereitung dieses Gesprächs hatte die Bundesregierung der Senatskanzlei Unterlagen übersandt, darunter Sprechzettel für das Gespräch Kohl – Sindermann. Unterlagen in den Akten der Senatskanzlei Leipziger Messe vom 12. 3. 1986 bis 30. 7. 1986, Bd. XI.
[2] ›Die Zeit‹ vom 30. 1. 1986, auch abgedr. in: Innerdeutsche Beziehungen (1986), S. 226 ff.

feststellen. Der Senat von Berlin (West) gehe von der Einhaltung des Vier-Mächte-Status aus und setze sich für die strikte Anwendung des Vier-Mächte-Abkommens ein. Dadurch sind die erreichten Fortschritte im Verhältnis zur DDR möglich geworden. Diepgen möchte nicht, daß die Möglichkeiten der Entspannung auf einigen Gebieten an Westberlin vorbeigehen. In diesem Zusammenhang nannte Diepgen den Jugendaustausch, den Gebietsaustausch zwischen Berlin (West) und der DDR, die 750-Jahr-Feier Berlins und die Einreise von Ausländern nach Berlin (West) über die DDR. Er wisse, daß alle diese Themen nur in einem bestimmten Umfeld gelöst werden könnten. Glaube aber, daß praktikable Lösungen möglich sind, so, wie das bereits im Gespräch seines Amtsvorgängers mit Genossen Erich Honecker erfolgte.

Im Zusammenhang mit der 750-Jahr-Feier betonte Diepgen, daß auch beim Austausch von Kulturobjekten aus seiner Sicht keine »Erbsenzählerei« erfolgen sollte, sondern unter Berücksichtigung der gegenseitigen Interessenlage das Machbare zwischen den zuständigen Beauftragten vereinbart werden könnte.[3]

Genosse E. Honecker antwortete, daß die Friedenssicherung die alles übergreifende Frage ist, die die Politik der DDR bestimmt. Es geht um das Überleben der Menschheit, das nur im Frieden möglich ist. Auch alle anderen Fragen können nur im Frieden gelöst werden. Der zwischen der UdSSR und den USA in Gang genommene Dialog ist ein Gewinn für die Menschheit.

Eingehend auf die Beziehungen der DDR zu Westberlin hob Genosse E. Honecker hervor, daß das Vierseitige Abkommen über Berlin (West) von großer Bedeutung ist für die Sicherheit und Beruhigung der Lage in Europa sowie für die Bürger in Berlin (West). Dieses Abkommen hat einen Spannungsherd in der Mitte Europas liquidiert. Die DDR ist für die volle Einhaltung des Vierseitigen Abkommens über Westberlin. Wenn von Zeit zu Zeit die Beziehungen belastet werden, dann ist das darauf zurückzuführen, daß der in diesem Abkommen enthaltene Passus, daß Berlin (West) kein Bestandteil der Bundesrepublik Deutschland ist und nicht von ihr regiert werden darf, nicht immer beachtet wird. Eingehend auf die Ausführungen Diepgens betonte Genosse E. Honecker, daß die DDR nicht die Absicht hat, daß Entspannungselemente an Berlin (West) vorbeigehen. Der von Diepgen vorgeschlagene Gebietsaustausch steht im Zusammenhang mit dem Vierseitigen Abkommen, und das Einverständnis der Vier Mächte ist nach wie vor notwendig.[4] Gleichzeitig müssen aber auch die politischen Gesamt-

[3] Seit 1981 waren schon mehrfach Kulturgüter zwischen Berlin-West und Ostberlin ausgetauscht worden. Anfang April 1986 erfolgte ein weiterer Kulturgüteraustausch. Vgl. Innerdeutsche Beziehungen (1986), S. 81, 144f. und 245f.

[4] Der Gebietsaustausch wurde am 1. 4. 1988 vertraglich vereinbart. Er betraf insgesamt 184 Hektar. Vgl. AdG 1988, S. 32075.

bedingungen gesehen werden. Forderungen der Revanchistenverbände, »Schlesien ist deutsch und unser«, schaffen für die Lösung solcher Themen keine guten Bedingungen. Was die Vereinbarungen über das Südgelände betrifft, so sind sie seitens des Senats von Westberlin nicht eingehalten worden. Wenn die Absicht besteht, den Jugendaustausch zu erweitern, dann kann der Jugendring Westberlins entsprechende Verbindung zum Zentralrat der FDJ bzw. zu Jugendtourist aufnehmen.

Genosse E. Honecker erläuterte, daß die 750-Jahr-Feier in der Hauptstadt der DDR, Berlin, aktiv vorbereitet wird. Zur Zeit wird die Programmgestaltung vorgenommen, die durch das Festkomitee bestätigt werden muß. Zwischenzeitlich sind die gegenseitigen Informationen wieder in Gang gekommen und werden seitens der DDR durch Staatssekretär Löffler[5] wahrgenommen. Bis 1987 werden wesentliche Teile der Neugestaltung des historischen Kerns der Hauptstadt der DDR abgeschlossen sein. Dazu gehöre auch die Gestaltung des Platzes der Akademie, wo bekanntlich das Schiller-Denkmal stand, das sich jedoch noch in Westberlin befindet.[6] Es gibt bekanntlich, so führte Genosse E. Honecker aus, zwei Veranstaltungen zur 750-Jahr-Feier; die eine in der Hauptstadt der DDR und die zweite in Berlin (West). Die DDR wird ihre Türen für Besucher aus Berlin (West) zum Besuch von Kulturveranstaltungen öffnen.

Das wechselseitige Auftreten von Ensembles aus aller Welt in der Hauptstadt der DDR und Berlin (West) ist bei entsprechenden Vereinbarungen der zuständigen Stellen möglich. Eingehend auf den Stand der ökonomischen Beziehungen der DDR zu Berlin (West), betonte Genosse E. Honecker, daß die DDR bereit ist, den weiteren Ausbau zu unterstützen. Dabei gibt es positive Erfahrungen bei der Errichtung von Industrieobjekten durch Westberliner Firmen. Die DDR hat auch dem Antrag zur Durchführung der Erdgasleitung durch ihr Hoheitsgebiet nach Westberlin zugestimmt. Auch zu anderen von Westberliner Seite vorgeschlagenen Themen ist die DDR bereit, in Verhandlungen einzutreten und die Vorschläge gründlich zu prüfen. Das betrifft die Lieferungen und den Bezug von Elektroenergie und die Verbesserung des Eisenbahnverkehrs. Dabei ist der Grundsatz des gegenseitigen Gebens und Nehmens zu wahren und die Hoheitsrechte der DDR [sind] jederzeit zu respektieren.

Eberhard Diepgen würdigte das Vierseitige Abkommen über West-

<hr>

[5] Kurt Löffler (SED), Staatssekretär im DDR-Ministerium für Kultur und stellvertretender Vorsitzender des Komitees der DDR zum 750jährigen Bestehen von Berlin.

[6] Im Rahmen des Kulturgüteraustausches in Berlin wurde Anfang April 1986 das Schiller-Denkmal nach Ostberlin gebracht, wo es auf seinem alten Standort auf dem Platz der Akademie (früher und heute Gendarmenmarkt) aufgestellt wurde. Siehe: Innerdeutsche Beziehungen (1986), S. 245f.

berlin als wesentliche Grundlage der Politik zur Verbesserung der Beziehungen zur DDR. Er betonte nochmals, daß der Senat von Berlin (West) für die volle Einhaltung und Anwendung dieses Abkommens eintritt. Bezüglich des Südgeländes der Eisenbahn wird der Senat eine Lösung auch unter vorteilhaften Bedingungen für die Deutsche Reichsbahn anstreben. Die Kontakte zwischen beiden Seiten sind wieder aufzunehmen.

Diepgen erklärte sein Einverständnis zum gegenseitigen Austausch von Kulturgütern, darunter das Schiller-Denkmal. Zwischen den Beauftragten sollten entsprechende Vereinbarungen getroffen werden.

Des weiteren bat Diepgen um Überprüfung der Verbesserung des Besucher- und Reiseverkehrs von Berlin (West) in die DDR sowie um stärkere Berücksichtigung Westberliner Sportclubs und Mannschaften im Rahmen des Sportkalenders mit der DDR. Zurückkommend auf die bevorstehende 750-Jahr-Feier sprach Diepgen die Renovierung des zur Deutschen Reichsbahn gehörigen Fernbahnhofs Zoo an. Die Finanzierung der Renovierung würde aus Mitteln des Senats erfolgen.

Außerdem sprach er die Bitte aus, Lösungen zu finden, die den freien Zugang von Ausländern über das Gebiet der DDR nach Westberlin einschränken.[7]

Genosse E. Honecker betonte zum Ersuchen Diepgens nach Einschränkung des freien Zugangs von Ausländern über das Territorium der DDR nach Westberlin, daß die DDR strikt das allgemeine Recht auf Transitfreiheit wahrt und die dazu abgeschlossenen internationalen Verträge respektiert. Das ist offensichtlich ein schwieriges völkerrechtliches Problem. Dazu kommt, daß in Berlin (West) die Besatzungsmächte Hoheitsrechte haben. Das würde auch durch die Ausweisung von drei koreanischen Staatsbürgern sichtbar. Vereinbarungen mit der Regierung der BRD könne es dazu nicht geben, weil sie nicht zuständig sei, und der Senat von Berlin (West) hätte offensichtlich nur eingeschränkte Rechte. Trotzdem könnten die Völkerrechtler das Thema nochmals prüfen.

Zur stärkeren Einbeziehung Westberliner Sportler in den Sportaustausch verwies Genosse E. Honecker darauf, daß mit dem DTSB für 1987 entsprechende Vereinbarungen getroffen werden sollten. Für 1986 sei der Sportkalender bereits verhandelt.

Die DDR wird prüfen, ob eine weitere Erleichterung des Reiseverkehrs zwischen Berlin (West) und der DDR möglich ist. Die Ausstellung der Mehrfachberechtigung an den Grenzübergangsstellen zur

---

[7] Auf dem Sprechzettel für das Vier-Augen-Gespräch war zum Thema »Asylantenzustrom« vermerkt, der Senat beobachte wie die Bundesregierung mit tiefer Sorge, daß der »Zustrom illegal einreisender Ausländer« auch »nach dem 1. 2. 1986 unvermindert« anhalte. Akten der Senatskanzlei betr. »RBm Besuch der Leipziger Messe vom 16.–18. März 1986«, Landesarchiv Berlin 7157 Bd. I. – Vgl. auch Einleitung II, 2a).

Hauptstadt der DDR ist nicht möglich. Dies könne ebenfalls über die Besucherbüros abgewickelt werden.

Eine Renovierung des Bahnhofs Zoo sei möglich, das müsse auf Kosten des Westberliner Senats erfolgen und darf keine Eigentumsrechte der DDR berühren. Genosse Honecker verwies dazu auf die Zuständigkeit des Ministeriums für Verkehrswesen der DDR.

Im weiteren Verlauf des Gespräches wurde von beiden Seiten eine positive Bilanz über den erreichten Stand der Handels- und Wirtschaftsbeziehungen zwischen der DDR und Berlin (West) gezogen. Der Umsatz im Warenverkehr ist 1985 auf mehr als 3 Milliarden VE angestiegen, wobei die Bezüge der DDR um mehr als 30% erhöht wurden. Dabei waren Erzeugnisse des Maschinenbaus und der Elektrotechnik/Elektronik Wachstumsträger sowie Erzeugnisse der Bekleidungsindustrie. Charakteristisch ist die Zunahme der Einbeziehung vorrangig mittelständischer Betriebe in die Lieferungen an die DDR. An der Leipziger Frühjahrsmesse 1986 beteiligt sich erstmals der WEMA-Verband (Zusammenschluß mittelständischer Firmen des Apparatebaus und der Elektrotechnik Westberlins) mit einem Gemeinschaftsstand. Im Monat April 1986 wird im Internationalen Handelszentrum, Hauptstadt der DDR, ein Symposium über Umwelttechnologien durch den WEMA-Verband durchgeführt. Dem Anliegen zur stärkeren Belieferung des Westberliner Marktes mit Baustoffen und Baumaterialien aus der DDR wird entsprochen werden.

E. Diepgen und sein Wirtschaftssenator Pieroth[8] bestätigten die gegebene Einschätzung zum Stand der Handels- und Wirtschaftsbeziehungen. Ihrerseits wurde die positive Entwicklung im Jahre 1985 hervorgehoben, wobei auch in Zukunft auf die noch stärkere Einbeziehung mittelständischer Firmen in den Warenaustausch Wert gelegt wird. Die Durchführung des Symposiums zu Umwelttechnologien Westberliner Firmen im Internationalen Handelszentrum der DDR wird als ein wichtiger Schritt für die verstärkte Einbeziehung dieser Firmen in die Realisierung beabsichtigter Vorhaben der DDR auf dem Gebiet der Umwelttechnologien gesehen.

E. Diepgen bedankte sich für das Gespräch und gab der Hoffnung Ausdruck, daß es zu praktischen Lösungen führen wird.

Genosse E. Honecker unterstrich abschließend, daß die Sicherung des Friedens die wichtigste Frage der Gegenwart und der Zukunft ist. Darüber besteht Übereinstimmung. Es geht in den politischen Beziehungen zu Westberlin darum, mehr Vertrauen zu schaffen. Die von E. Diepgen vorgetragenen Wünsche werden geprüft.[9] Dies alles kann

---

[8] Elmar Pieroth (CDU), Senator für Wirtschaft und Arbeit Berlin (West), der bei den Gesprächen anwesend war.

[9] Im Kontext dieses Treffens wurde eine Liste mit Fällen zur Familienzusammenführung und

fruchtbar für die weitere Entwicklung der Beziehungen zwischen der DDR und Berlin (West) zum Wohle der Menschen sein.

G. Beil *[Unterschrift]*

Übersiedlung und eine weitere mit langjährigen Einreiseverweigerungen übergeben. Sie bezogen sich jeweils auf Berlin. Unterlagen in den Akten der Senatskanzlei, a.a.O.

24. Gespräch Bangemann – Honecker am 16. März 1986 (Leipzig)

SAPMO ZPA J IV/885: »Gerhard Beil. Leipzig, den 18. 3. 1986. Vermerk über ein Gespräch des Generalsekretärs des ZK der SED und Vorsitzenden des Staatsrates der DDR, Genossen Erich Honecker, mit dem Vorsitzenden der FDP und Bundesminister für Wirtschaft der BRD, Dr. Martin Bangemann«

Nach schriftlicher Mitteilung vom 25. 8. 1994 besitzt Dr. Martin Bangemann »keine Niederschriften oder Unterlagen« über das Gespräch.

Genosse Erich Honecker begrüßte Martin Bangemann und brachte seine Überzeugung zum Ausdruck, daß dieses Gespräch einen Beitrag zur Entwicklung der Beziehungen mit der BRD leisten wird.

Martin Bangemann bedankte sich für die Möglichkeit, mit dem Vorsitzenden des Staatsrates der DDR zusammenzutreffen und informierte einleitend über seine Eindrücke von der Leipziger Frühjahrsmesse, die er am Vormittag besucht hatte. In den Gesprächen mit ca. 50 Ausstellern aus der BRD wäre ihm ein optimistisches Bild über die Geschäftsmöglichkeiten mit der DDR vermittelt worden. Sowohl die Großunternehmen als auch die Vielzahl mittelständischer Firmen der BRD seien sehr zuversichtlich hinsichtlich der weiteren Entwicklung der Handels- und Wirtschaftsbeziehungen mit der DDR. M. Bangemann schätzte ein, daß das erreichte Ergebnis im Handel 1985 gut war, der Warenverkehr ausgeglichen gestaltet wurde und die Struktur des Handels verbessert werden konnte. Dies bleibe weiterhin beiderseitiges Anliegen. Besonders erfreulich sei die weitere Einbeziehung einer Vielzahl mittelständischer Unternehmen der BRD. Zusammenfassend stellte er fest, daß alle Vorhaben auf wirtschaftlichem Gebiet, wie sie im Vorjahr mit Genossen Günter Mittag besprochen worden sind, realisiert wurden.

Genosse Erich Honecker stimmte dem zu und erklärte, daß sich die ökonomischen Beziehungen mit der BRD gut entwickelt haben. Im Jahr 1985 wurde ein bedeutendes Ergebnis im Handel bei hochgradiger Ausgeglichenheit zum Nutzen beider Staaten erreicht. Die DDR ist entschlossen, ihren Beitrag zur Fortentwicklung der Wirtschaftsbeziehungen zu leisten. Die Leipziger Frühjahrsmesse zeigt, daß die Angebote der Kombinate bei Hochtechnologien international starke Beachtung finden und sich daraus gute Möglichkeiten auch zur Erreichung von Strukturverbesserungen im Handel mit der BRD ergeben. Voraussetzung dafür, so führte Genosse Erich Honecker weiter aus, daß die alles überragende Frage die Sicherung des Friedens ist und bleibt. Auch in den Beziehungen zwischen beiden deutschen Staaten bleibe dies das oberste Gebot. Mit dem Bundeskanzler Kohl habe 1985 Übereinstimmung darüber bestanden, alles zu tun, damit von deutschem Boden nie wieder ein Krieg ausgeht.[1] In der letzten Erklärung des Kanzlers fehlt dieser Passus.[2] Die BRD-Regierung hat bisher keine eindeutige Stellungnahme zu den jüngsten Vorschlägen der UdSSR zur Einstellung der Atomtests bezogen. Bekanntlich ist die UdSSR wiederum in Vorleistung gegangen und hat sich verpflichtet, so lange keine Kerntests durchzuführen, solange die USA keine unternimmt.[3] Die zwischen der UdSSR und den USA aufgenommenen Verhandlungen in Genf haben bisher noch zu keinen Ergebnissen geführt.[4] Seitens der USA wird versucht, bei den drei Verhandlungskomplexen über Mittelstreckenraketen, Interkontinentalwaffen und Verhinderung der Militarisierung des Weltraums das Problem SDI auszusparen. Genosse Erich Honecker unterstrich nachdrücklich, daß die DDR entschieden für die Beibehaltung des militärisch-strategischen Gleichgewichts auf niedrigstem Niveau eintritt und keinesfalls eine Ausdehnung der Militarisierung auf den Weltraum zugelassen werden darf. Die Verwirklichung des SDI-Programms bringt nicht mehr Sicherheit, sondern Eskalation des Rüstens und Militarisierung des Alls. Die Gefahr eines nuklearen Infernos, das die ganze Menschheit vernichten kann, wird potenziert.

Der Friedenswille der Menschheit ist entscheidend; er wird gleichfalls beiden deutschen Staaten unterstellt. Deshalb ist es notwendig, daß von beiden deutschen Staaten beruhigend auf die internationale Lage eingewirkt wird. Es wäre daher sehr nützlich, wenn während der Dauer der Verhandlungen in Genf alle Maßnahmen unterlassen werden, die zu einer Belastung der Verhandlungen führen, zum Beispiel durch eine Zustimmung bzw. Unterstützung der BRD-Regierung zu SDI. Genosse E. Honecker betonte weiter, daß es darauf ankomme, das militärstrategische Gleichgewicht zu erhalten und demzufolge keine einseitigen Verschiebungen zuzulassen. Die BRD-Regierung sollte diesen Standpunkt ebenfalls einnehmen und in dieser Richtung wirken. Die BRD-Regierung solle nichts unternehmen, was die Verhandlungen UdSSR – USA beeinträchtigt oder belastet. Das bezieht sich vor allem auf das Unterlassen jeglicher unterstützender Maßnahmen von staatlicher Seite der BRD für die Realisierung des SDI-Programms.

[1] Siehe Nr. 16.
[2] Bezog sich auf den von Kohl gegebenen Bericht der Bundesregierung zur Lage der Nation im geteilten Deutschland vom 14. 3. 1986. Kohl gebrauchte nun die Formulierung: »Krieg und Gewalt dürfen und werden niemals Mittel deutscher Politik sein. « Wortlaut u. a. in: Innerdeutsche Beziehungen (1986), S. 237ff.
[3] Gemeint sind die von Gorbatschow gemachten Vorschläge zur Abrüstung vom 15. 1. 1986, mit denen die UdSSR gleichzeitig einseitig das Atomteststopp-Moratorium verlängerte. Vgl. AdG 1986, S. 29512.
[4] Am 4. 3. 1986 war die am 16. 1. begonnene Runde der amerikanisch-sowjetischen Abrüstungsverhandlungen zu Ende gegangen.

M. Bangemann erklärte, daß die BRD-Regierung zum SDI-Programm der USA keinen zustimmenden Beschluß gefaßt habe. Mit Kabinettsbeschluß sei festgelegt, daß keine Beteiligung von staatlicher Seite der BRD am Forschungsprogramm von SDI erfolgt und auch keine Haushaltsmittel dafür zur Verfügung gestellt werden. Im Zusammenhang mit dem SDI-Projekt würden immer mehr und neue Fragen auftreten. Über die Anwendung bzw. Einrichtung eines solchen Systems im Weltall müsse, da es noch viele offene Fragen gebe, mit den Bündnispartnern geredet werden. Die BRD-Regierung wird die Frage hinsichtlich Notwendigkeit und Zweckmäßigkeit von SDI nicht allein beantworten, sondern diese Frage müsse ausschließlich im Bündnis, aber auch zwischen den beiden Bündnissen beraten werden. Er selbst habe den Verhandlungsauftrag gegenüber den USA, günstige Rahmenbedingungen für die BRD-Firmen auszuhandeln, die sich am Forschungsprogramm gemeinsam mit USA-Firmen beteiligen wollen. Es gehe also um wirtschaftspolitische Probleme, die im Zusammenhang mit der Sicherung des Technologietransfers stehen. Dieser Standpunkt der BRD-Regierung sei von ihm in Washington klar gesagt worden. Bangemann legte dazu weiter dar, daß es die Bundesregierung den Firmen überläßt, ob diese sich am Forschungsprogramm SDI beteiligen wollen. Nach seiner Einschätzung würden die Firmen nur unter der Voraussetzung eines gesicherten Technologietransfers, der Erreichung praktisch verwertbarer Ergebnisse im Hochtechnologiebereich am Forschungsprogramm teilnehmen. Eine Reihe namhafter und bedeutender Unternehmen der BRD hätten daran kein Interesse.

Martin Bangemann erklärte weiter, daß die Bundesregierung von der Ernsthaftigkeit des Friedenswillens der UdSSR überzeugt ist und auch davon, daß die UdSSR wie die USA in Genf zu Erfolgen kommen wollen. Die Erklärung von Genf[5] wird durch die Regierung der BRD voll unterstützt. Nach seiner Auffassung wäre es wichtig, daß beide zu Teilergebnissen in Genf kommen, um im internationalen Rahmen Vertrauen zu bilden und so den Gesamtprozeß der Beruhigung der internationalen Lage positiv zu beeinflussen. Ein solches Ergebnis könnte z. B. die Ächtung aller chemischen Waffen sein.

Eingehend auf das Verhältnis zwischen der BRD und der DDR hob Bangemann hervor, daß es seit einem Jahr sichtbare Fortschritte gegeben habe. Die ökonomischen Beziehungen wurden ausgebaut, was besprochen wurde zwischen ihm und Genossen Honecker, wäre erfüllt. Dabei hob er die Swingregelung, das Kulturabkommen, das umfangreiche Einbeziehen mittelständischer Firmen in den Wirtschaftsverkehr, insbesondere bei Investitionsgüterlieferungen, hervor. Noch nicht zufriedenstellend sei die Regelung der Einreise von Asylanten über Westberlin.

[5] Gemeint ist die gemeinsame amerikanisch-sowjetische Erklärung nach der Genfer Gipfelkonferenz Reagan/Gorbatschow vom 19. – 21. 11. 1985. Wortlaut u. a. in: AdG 1985, S. 29377f.

Auf eine entsprechende Frage beurteilte M. Bangemann die Erfolgschancen der FDP bei den bevorstehenden Bundestagswahlen im Jahr 1987 für seine Partei als gut. Er rechne mit einem Stimmenanteil von 8 bis 9%. Dies auch deshalb, weil aufgrund guter wirtschaftlicher Entwicklung in der BRD, eines hohen Bilanzüberschusses, einer festen Geldwertstabilität und des Rückgangs der Arbeitslosenzahlen die Grundstimmung in der Bevölkerung positiv sei.

Auf die Ausführungen von M. Bangemann eingehend, führte Genosse Erich Honecker aus, vor allem kommt es darauf an, daß alles unterlassen wird, was die in Genf in Gang gekommenen Verhandlungen belasten könnte. Die USA-Regierung versucht jetzt, SDI aus den Verhandlungen mit der UdSSR auszuklammern. Auch bei den anderen Themen der Vereinbarungen von Genf ist man auf Grund der Haltung der USA nicht weitergekommen. Das vom Generalsekretär der KPdSU, Genossen M. Gorbatschow, vorgelegte Programm, bis zum Jahr 2000 jegliche Atomwaffen vom Erdball zu verbannen[6] – das umfassendste Programm zur Friedenssicherung überhaupt –, zeigt die Ernsthaftigkeit der Bemühungen der UdSSR zur Friedenserhaltung, gleichwohl wie die Verhandlungsbemühungen um Ergebnisse in Genf. Es kommt darauf an, erklärte E. Honecker, daß die europäischen Staaten ihr ganzes Gewicht einsetzen, um zu Fortschritten bei der Rüstungsbegrenzung und Abrüstung und damit zur dauerhaften Friedenssicherung zu kommen. Eine Zuspitzung der internationalen Lage würde sich auch auf das Verhältnis der europäischen Staaten und das der DDR und BRD auswirken.

Es kommt vor allem darauf an, nichts zu unternehmen, was die Verhandlungen in Genf belasten könnte. M. Gorbatschow will zu Ergebnissen kommen, und die DDR wird das mit allen Kräften unterstützen. Es wäre hilfreich, wenn die Regierung der BRD eine ähnliche Haltung wie die DDR einnehmen würde. Die DDR ist dafür, so führte Genosse E. Honecker aus, alles zu realisieren, was in der Vereinbarung Reagan – Gorbatschow enthalten ist.[7] Gegenwärtig fehlt es aber durch die Haltung der USA an konkreten Schritten, um weiterzukommen. Die UdSSR hat vorgeschlagen, die Atomtests nicht mehr weiterzuführen; wenn die USA das gleiche tut, wäre das schon ein wichtiges Ergebnis. Unsere Frage ist, so betonte Genosse E. Honecker, wie sichern wir der Menschheit einen dauerhaften Frieden. Die europäischen Staaten müssen das unterstützen.

Auf die weiteren Themen eingehend, verwies Genosse Erich Honecker darauf, daß die DDR weder politisch noch ökonomisch an den Asylanten interessiert ist. Was die BRD betrifft, ist das Problem gelöst. Unter Bezugnahme auf sein Gespräch vom Vortag mit dem Regieren

---

[6] Siehe Anm. 3.
[7] Siehe Anm. 5.

den Bürgermeister von Westberlin, Diepgen[8], informierte Genosse E. Honecker, daß die DDR durch die Völkerrechtler das Problem nochmals prüfen wird. Klar ist jedoch, daß Westberlin in die mit der BRD getroffene Regelung nicht einbezogen werden kann, da Westberlin entsprechend dem Vierseitigen Abkommen nicht Bestandteil der BRD ist und auch nicht von ihr regiert werden kann. Der Senat von Westberlin hat keine Hoheitsrechte, es existiert der Besatzungsstatus. Es gibt keine Grenzkontrolle bei Einreisen nach Westberlin. Die DDR hält sich strikt an den internationalen Grundsatz der Transitfreiheit. Die DDR muß ihre Entscheidung auch unter dem Gesichtspunkt ihres Verhältnisses und der Nichtbeeinträchtigung der Beziehungen zu den Ländern treffen, aus denen die Asylanten kommen.

Die erreichten Ergebnisse auf wirtschaftlichem Gebiet sind gut. Die Vereinbarungen, wie Swing u. a., sind abgeschlossen. Die Dienstleistungsvereinbarung ist fertig verhandelt, ebenfalls das Kulturabkommen. Die geplante Entwicklung der Wirtschaft der DDR, die Genosse Erich Honecker an Hand einiger Zahlen erläuterte, enthält gute Ansatzpunkte, auch 1986 und in den kommenden Jahren die wirtschaftlichen Beziehungen zu erweitern.

Abschließend erklärte Genosse E. Honecker, daß es entscheidend für die Beziehungen zwischen der DDR und der BRD ist, daß wir unsere Verantwortung für die Sicherung des Friedens voll wahrnehmen, daß die Verhandlungen in Genf zu positiven Ergebnissen geführt werden und damit wesentlich zur Beruhigung der internationalen Lage beigetragen werden kann. Das ist notwendig und nützlich, damit sich auch die Beziehungen zwischen der DDR und der BRD weiter gut entwickeln können. Genosse E. Honecker bedankte sich für das Gespräch mit M. Bangemann und wünschte ihm eine gute Rückreise.

G. Beil *[Unterschrift]*

---

[8] Siehe Nr. 23.

25. Gespräch Rau/Lafontaine – Honecker am 7. Mai 1986 (Ost-Berlin)

SAPMO ZPA IV 2/1/652 sowie J IV/885: »Gedächtnisprotokoll über das Gespräch zwischen dem Generalsekretär des ZK der SED und Vorsitzenden des Staatsrates der DDR, Erich Honecker, und dem stellvertretenden Vorsitzenden der SPD und Ministerpräsident von Nordrhein-Westfalen, Johannes Rau, sowie dem Ministerpräsidenten des Saarlandes, Oskar Lafontaine, am 7. Mai 1986«

Johannes Rau teilte am 9. 9. 1994 mit, daß er über dieses Gespräch keine Niederschriften besitzt. Nach mündlicher Auskunft von Oskar Lafontaine verfertigte er keine Aufzeichnungen, und das Büro des Ministerpräsidenten des Saarlandes bedauerte am 6. 10. 1994, daß keine »Unterlagen« dazu gefunden werden konnten.

E. Honecker hieß J. Rau und O. Lafontaine willkommen. Er begrüßte herzlich den Bundeskanzlerkandidaten der SPD, der hoffentlich der Bundeskanzler von morgen ist. Ebenso freue er sich, mit dem Ministerpräsidenten des Saarlandes zusammenzutreffen. Es treffe sich gut, daß am Vorabend des 41. Jahrestages der Befreiung vom Hitlerfaschismus diese Begegnung stattfindet. In diesen Tagen würde überall in der DDR der Jahrestag der Befreiung feierlich begangen.

Was unser Gespräch betrifft, sagte E. Honecker, können wir frei und offen über alle Fragen sprechen. Uns interessiere vor allem die alles übergreifende Frage der Friedenssicherung. Er möchte klar zum Ausdruck bringen, daß wir an einem Regierungswechsel in der BRD interessiert sind. Wir wünschen, daß J. Rau im Januar 1987 die Wahlen gewinnt.

Die internationale Situation gehe mehr in Richtung einer Verschärfung als in Richtung Entspannung. Wir alle haben das Genfer Gipfeltreffen zwischen M. Gorbatschow und R. Reagan und die dort vereinbarte gemeinsame Erklärung begrüßt. Die Initiative Gorbatschows vom 15. Januar 1986[1] sowie die von ihm auf dem XI. Parteitag der SED unterbreiteten Vorschläge hätten das Bild über den Willen der Sowjetunion und der Staaten des Warschauer Vertrages, zu effektiven Schritten der Rüstungsbegrenzung und Abrüstung zu kommen, vervollstän-

[1] Die Erklärung Gorbatschows vom 15. 1. 1986 zu Abrüstungsfragen enthält insbesondere einen Stufenplan zur Beseitigung der Atomwaffen auf der ganzen Welt und umfassende weitere Abrüstungsvorschläge auch bei den konventionellen Waffen, Wortlaut u. a. in: AdG 1986, S. 29512 ff.

digt.[2] Es seien Vorschläge, die den Wünschen der westlichen Seite weitgehend entgegenkommen. Dabei denke er z.B. an die Frage der Mittelstreckenwaffen. Das vom Westen gebrauchte Argument des konventionellen Übergewichts der Armeen des Warschauer Vertrages sei nunmehr mit dem Vorschlag, vom Atlantik bis zum Ural bei entsprechender Kontrolle auch die konventionellen Waffen drastisch zu reduzieren, gegenstandslos geworden.

Leider, so setzte E. Honecker fort, nutze die Regierung der BRD die Chance nicht, damit Europa und die Welt aus dem Tal des Schreckens herauskommen. So seien wir besorgt, welchen Weg künftig die BRD gehe. In seinem Brief an H. Kohl habe er seinerzeit vor einer Beteiligung der BRD an SDI gewarnt.[3] Bei seinem ersten Gespräch mit M. Bangemann[4] habe dieser noch gesagt, es sei nicht mit einer Regierungsvereinbarung mit den USA zu SDI zu rechnen. Er habe sich mit den Dokumenten ausführlich vertraut gemacht, sagte E. Honecker, es sei schon erstaunlich, was da alles unterschrieben worden ist.

Das Bild runde sich ab, wenn man die Haltung der Bundesregierung im Zusammenhang mit den US-amerikanischen Terror-Flügen gegen Libyen sieht.[5] Das Auftreten von Kohl auf dem Tokioter Gipfel[6] habe die USA mehr ermuntert, als von weiteren Schritten abgehalten. Hinzu komme die im Zusammenhang mit der im Atomkraftwerk Tschernobyl[7] aufgetretenen Havarie entfachte Hysterie und antisowjetische Kampagne.

Wenn man alles zusammennehme, könne man sagen, daß seitens der Bundesregierung nichts getan wird, um die Chance des Augenblicks zu nutzen, damit die Welt von Atomwaffen völlig befreit wird. Diese Fragen berührten nicht nur die Interessen der sozialistischen Länder, sondern aller Staaten in der Welt. Die Welt nähere sich immer mehr durch das andauernde Wettrüsten einem Punkt, von dem es kein Zurück mehr gäbe.

Es müsse erreicht werden, daß der Dialog zwischen den beiden Weltmächten weitergeführt wird. Gegenwärtig bestehe die Gefahr, daß dem ersten Treffen zwischen M. Gorbatschow und R. Reagan kein zweites folgt. Seitens der USA sei bisher kein konstruktiver Schritt erfolgt, im

[2] Der XI. Parteitag der SED hatte vom 17. – 21. 4. 1986 stattgefunden. Honecker und der Parteitag hatten sich hinter Gorbatschows Vorschläge gestellt.

[3] Vgl. Nr. 19, Anm. 15 und Nr. 20, Anm. 6.

[4] Bangemann hatte am 11. 3. 1985 in Ost-Berlin ein Gespräch mit Günter Mittag geführt und dabei auch Honecker kurz getroffen. Vgl. Innerdeutsche Beziehungen (1986), S. 35.

[5] Zu den Luftangriffen der USA auf Tripolis und Bengasi in Libyen und ihrer Vorgeschichte, u. a. die Anschläge auf ein TWA-Flugzeug und die Diskothek La Belle in Berlin (West) vgl. AdG 1986, S. 29797.

[6] Der 12. Weltwirtschaftsgipfel der sog. G-7-Staaten hatte vom 4. – 6. 5. 1986 in Tokio stattgefunden.

[7] Das schwere Reaktorunglück in Tschernobyl hatte sich am 26. 4. 1986 ereignet.

Geiste des in Genf vereinbarten Verhandlungszieles voranzukommen. Bis zum heutigen Zeitpunkt gäbe es keinerlei Anzeichen, daß die USA auch nur auf einer der drei vereinbarten Verhandlungsebenen Entgegenkommen zeige. Im Gegenteil hätte sie durch ihr Vorgehen gegen Libyen, mit dem Auftauchen der US-Flotte vor der Krim-Küste und mit ihrer antisowjetischen Kampagne im Zusammenhang mit der Havarie in Tschernobyl ihre Provokationen verstärkt.

Honecker äußerte sich noch weiter zu Tschernobyl.

Wir denken so, setzte E. Honecker seine Ausführungen fort, im Zusammenhang mit all den Ereignissen der letzten Zeit sei es um so notwendiger, den Himmel in der BRD aufzuhellen, daß ein Regierungswechsel erforderlich ist und das in erster Linie wegen des Kurses der derzeitigen Regierung in der Friedensfrage. Eindeutig möchte er wiederholen, daß die DDR einen Sieg der SPD bei den Bundestagswahlen 1987 begrüßen würde. Es sei erschreckend, wie wenig die Regierung der BRD begreife, worum es heute gehe. Das betreffe auch Fragen der Beziehungen zwischen beiden deutschen Staaten.

In diesem Zusammenhang informierte E. Honecker die SPD-Politiker ausführlich über die durch staatliche Stellen der BRD verfügten Eingriffe in den Reiseverkehr mit der DDR. So habe das Reisebüro Interkontakt der BRD dem Reisebüro der FDJ Jugendtourist mitgeteilt, daß auf Weisung mehrerer Bundesministerien sowie der Kultusminister der Bundesländer aufgrund des Reaktorunfalls von Tschernobyl Reiserestriktionen für Bürger der BRD in sozialistische Länder verfügt wurden. Auf Weisung des Kultusministers für Baden-Württemberg seien 10 Jugendreisegruppen in die DDR abgesagt worden. Einige Gruppen, die sich bereits in der DDR befanden, wurden aus der BRD zurückgerufen.

Ich möchte sagen, fuhr E. Honecker fort, daß Sie, Herr Rau, und Sie, Herr Lafontaine, sehr mutige Leute sind, daß Sie in ein radioaktiv verseuchtes Land gekommen sind. Auch wundere ich mich, daß die BRD Westberlin noch nicht aufgegeben hat. J. Rau entgegnete darauf, daß er sogar nach Moskau fahre.[8] E. Honecker sagte, aus allen vorliegenden Unterlagen gehe hervor, daß zu keiner Zeit eine Gefahr für die Bevölkerung der DDR bestanden habe. Was sich in der BRD vollziehe, sei doch ein Wahnsinn. Die Bevölkerung dort werde verunsichert, die Bauern könnten ihr Gemüse nicht mehr verkaufen, die Kinder nicht mehr auf die Spielplätze gehen, obwohl seriöse Wissenschaftler der Bundesrepublik einschätzen, daß die Werte der radioaktiven Substanzen weit unter dem Pegel liegen.

Die in der BRD geführte Kampagne stehe in engem Zusammenhang mit der Frage der Friedenssicherung. Er habe den Eindruck, als solle

[8] Johannes Rau besuchte im Juni 1986 Moskau und führte mit M. Gorbatschow am 25. 6. 1986 ein Gespräch.

abgelenkt werden von den Friedensvorschlägen der Sowjetunion und der DDR. Gerade deshalb komme es darauf an, dahin zu wirken, daß der gesunde Menschenverstand obsiegt und nicht das Mißtrauen geschürt wird.

Auf den XI. Parteitag der SED eingehend informierte E. Honecker über die Hauptrichtungen der weiteren Gestaltung des entwickelten Sozialismus in der DDR. Die DDR nehme eine stabile Entwicklung und würde große Zustimmung im Volk finden. Man brauchte nur in die Gesichter der 650 000 Menschen zu sehen, die allein in Berlin am 1. Mai demonstrierten. Er habe schon viele Mai-Demonstrationen erlebt, aber so etwas noch nicht. Das sei in allen Städten und Dörfern der Republik so gewesen. E. Honecker übergab den Gästen die Übersicht über die Entwicklung der Volkswirtschaft in den ersten vier Monaten des Jahres 1986.

E. Honecker betonte, SED und SPD müßten sich verständigen, alles dafür zu tun, damit die Chance gewahrt wird, die sich aus den Friedensvorschlägen Gorbatschows ergäben. Alles, was beim Besuch W. Brandts vereinbart wurde, würde auch erfüllt werden. Im Mai 1986 empfange er den Spitzenkandidaten der SPD für die Landtagswahl in Bayern, Hiersemann.[9] Vogel käme Ende Mai.[10] Er würdigte die Ergebnisse der Vereinbarung zwischen SED und SPD in bezug auf die Schaffung einer von chemischen Waffen freien Zone in Europa und hob die Gespräche der Expertengruppen zu Fragen der Bildung einer von atomaren Gefechtsfeldwaffen freien Zone in Europa hervor.[11]

J. Rau und O. Lafontaine bedankten sich sehr herzlich für die Ausführungen E. Honeckers. J. Rau sagte, er bedanke sich, daß dieses Gespräch möglich wurde. Als Kanzlerkandidat, das habe er mehrfach erklärt, wolle er für eine zweite Phase der Entspannungspolitik wirken, vor allem mit dem Blick auf die Beseitigung aller Mittelstreckenwaffen in Europa und den Ausbau der Wirtschaftsbeziehungen zwischen der Bundesrepublik und den sozialistischen Ländern. In einem Antrag an den bevorstehenden Parteitag der SPD sei deutlich gemacht, daß im Falle der Ergebnislosigkeit von Verhandlungen zwischen der UdSSR und den USA in Genf eine von der SPD geführte Regierung eigene Abrüstungsvorschläge unterbreiten werde. Diesen Antrag zu unterstützen, sei ihm nicht leichtgefallen, da er objektiv für eine Verbesserung der Beziehungen der SPD zu den USA wirken müsse. Allerdings dürfte die BRD kein Wurmfortsatz der USA sein.

Die Vorschläge M. Gorbatschows seien sehr hilfreich. Das betreffe sowohl Genf als auch die Vorschläge vom 15. Januar und vom XI. Par-

[9] Siehe Nr. 27.
[10] Siehe Nr. 28.
[11] Das 3. Treffen der Arbeitsgruppe Atomwaffenfreie Zone hatte am 29.4. stattgefunden. Das nächste war am 29./30. 5. 1986.

teitag der SED. Er möchte unterstreichen, daß es solch umfangreiche Abrüstungsangebote noch nie gegeben hätte. Darüber müsse intensiv geredet werden. Was die Haltung der Bundesregierung diesbezüglich betreffe, sehe er eine differenzierte Position. Die Berliner Vorschläge Gorbatschows[12] würden eindeutig begrüßt. Von Gewicht sei die Linie Genschers.

Es sei tatsächlich so, daß sich nach dem Genfer Gipfel bisher in den USA nichts Positives bewegt habe. O. Lafontaine fügte hinzu, er habe von Beginn an nicht geglaubt, daß die USA gegenwärtig ihren Kurs ändern würden.

Zu Tschernobyl, führte J. Rau weiter aus, gäbe es in der Bundesrepublik eine große Verunsicherung. Es dürfe nicht übersehen werden, daß die Bevölkerung der Bundesrepublik in allen Fragen der Atomenergie eine große Sensibilität aufweise. Immerhin gäbe es seit mehr als zehn Jahren eine intensive Diskussion über das Für und Wider zu Fragen der friedlichen Nutzung der Atomenergie. Die Havarie in Tschernobyl habe dies verstärkt.

Das Hauptproblem bestehe darin, daß man acht Tage lang faktisch ohne genaue Informationen gewesen sei. Die Bundesregierung habe die Folgen der Havarie in den ersten Tagen verharmlost. Er glaube nicht, daß sie eine antisowjetische Kampagne wolle. Es müsse aber berücksichtigt werden, daß die Angst der Menschen sehr groß sei. Er habe vor zwei Tagen auf einer Veranstaltung erlebt, wie es zu neurotischen Reaktionen selbst einer Journalistin gekommen ist. Da brauche man sich nicht zu wundern, was in den Zeitungen steht. Viele Eltern seien besorgt um ihre Kinder und holten sie selbst von Ausflügen in die Bundesrepublik zurück. Er wolle nicht über die Informationspolitik der UdSSR richten. Wenn man sich die Frage vorlege, wie die Bundesregierung in einem vergleichbaren Vorfall in der Bundesrepublik reagiert hätte, könne das gar nicht beantwortet werden, weil niemand geglaubt habe, daß der Super-GAU tatsächlich eintreten könne.

Er stimme der Meinung E. Honeckers ausdrücklich zu, daß die Havarie in Tschernobyl nicht zum Anlaß genommen werden dürfe, um von den Gefahren des atomaren Wettrüstens abzulenken. Vielmehr müsse man sich dafür einsetzen, daß alle Atomwaffen verschwinden.

O. Lafontaine fügte hinzu, daß er schon immer die Auffassung vertreten habe, daß Kernreaktoren letztendlich Bomben mit Langzeitwirkung seien. Man dürfe die Reaktion des Kultusministers von Baden-Württemberg nicht überbewerten. Sie richte sich keinesfalls gegen die

[12] In einem Grußwort vor dem XI. Parteitag der SED hatte M. Gorbatschow am 18. 4. 1986 Vorschläge zur Abrüstung bei den konventionellen Streitkräften und Waffen unterbreitet, die sog. Berliner Initiative. Vgl. AdG 1986, S. 29937f.

DDR. Er gehe davon aus, daß L. Späth von dieser Entscheidung nichts wußte und sie zurückgenommen wird.[13]

E. Honecker erwiderte, daß es ihm nicht um die berechtigten Sorgen der Menschen in der Bundesrepublik gehe, die er verstehe, sondern um die von der Presse entfachte Hetze. Er habe die Schlagzeile der BILD-Zeitung vor Augen, in der es lautete »Super-GAU – 30000 Tote«.

O. Lafontaine sagte, das sei natürlich eine schlimme Sache, wenn man den Verbreitungsgrad der BILD-Zeitung bedenke. Er habe aber den Eindruck, daß die Stimmung der Menschen in der BRD in der DDR falsch verstanden werde. M. Gorbatschow hätte für seine Abrüstungsvorschläge bis hinein in konservative Zeitungen eine gute Resonanz gefunden. Der Reaktorunfall habe das teilweise leider beschädigt. Man müsse beachten, daß in der Bundesrepublik eine ganz andere Diskussion geführt würde. Die mangelnden Informationen hätten geschadet. Er möchte sagen, daß es ihn als Physiker auch heute keineswegs befriedige, wie spärlich nach wie vor die Informationen aus der Sowjetunion sind. Zum Beispiel wäre sehr wesentlich gewesen zu wissen, welche Reaktortemperaturen herrschten. Dann wüßte man auch, ob noch mit den weit gefährlicheren Alphastrahlen zu rechnen ist. Persönlich gesehen würde er seiner Frau und seinen Kindern gegenwärtig abraten, nach Rumänien, Ostpolen oder in die Gegend von Kiew zu reisen. Er möchte die dringliche Bitte äußern, in der DDR richtig zu verstehen, daß die große Mehrheit der Friedensbewegung und die Antiatomkraftwerk-Bewegung nicht antisowjetisch orientiert sind. Dafür spreche auch seine Person. Leider habe die Sowjetunion hier einen klaren Fehler gemacht, der den Vorsprung, den sich Gorbatschow erarbeitet hatte, etwas schrumpfen lasse.

E. Honecker ergriff erneut das Wort und sagte, er wolle noch einmal klarmachen, worum es ihm gehe. Es sei normal, wenn man in der Bundesrepublik Maßnahmen zum Schutze der Bevölkerung treffe. Das sei auch unsere Position. Niemand würde der Bundesregierung Vorwürfe machen, wenn sie notwendige Maßnahmen ergreift. Wenn es in der DDR erforderlich gewesen wäre, hätten wir nicht gezögert, unpopuläre Anordnungen zu treffen. Der Weg, den die DDR gegangen ist, sei ein verantwortungsvoller Weg. Wir hatten uns dafür entschieden, daß die Wissenschaftler sprechen.

In diesem Zusammenhang informierte E. Honecker über die im Politbüro getroffenen Maßnahmen, so über die Veränderungen des gesamten Meldesystems und entsprechende Veröffentlichungen zur Information der Bevölkerung der DDR. Zu keiner Zeit habe eine Gefahr für die Menschen in der DDR bestanden. Als einziges sozialistisches Land habe die DDR relativ schnell die Werte veröffentlicht. Die Mes-

---

[13] Vgl. dazu Nr. 26.

sungen der Radioaktivität des Bodens wurden vervollkommnet. Natürlich könne er nur für die DDR sprechen. Bei uns gäbe es ausschließlich Druckwasserreaktoren.

Allerdings müsse man sagen, daß es bei aller Liebe zur Kernenergie noch keine perfekte Sicherheit gibt. Das hätten wir immer im Auge gehabt. Niemand habe mit einer solchen Katastrophe gerechnet. Offensichtlich versagten in Tschernobyl alle Sicherheitsvorkehrungen. Er könne aus voller Verantwortung sagen, daß in der Sowjetunion und in der DDR mit allem gebotenen Ernst an der Vervollkommnung der Sicherheitsanlagen für Kernreaktoren gearbeitet wird.

Was die Sorgen um die Kinder betrifft, so habe er auch Enkel, fügte Honecker hinzu. Im Interesse ihres Überlebens und ihrer Zukunft müsse man vor allem eine verantwortungsvolle Politik für den Frieden, die Verhinderungen einer nuklearen Katastrophe und insbesondere die Militarisierung des Weltraums verfolgen.

Wenn man das Auftreten H. Kohls in Tokio[6] einschätze, müsse man feststellen, daß damit eine ganze Weltkampagne entfacht wird. Mit der Sorge um den Menschen habe das nichts zu tun. Was die Presseberichterstattung in der BRD betreffe, bestehe das Problem offensichtlich darin, daß einige einflußreiche Leute die Stimmungen der Menschen ausnutzen, um zumindest eine höhere Auflage ihrer Zeitung zu erzielen. Damit wolle man erreichen, daß die Massenstimmung gegen die atomare Hochrüstung eingedämmt wird. Auch soll die Kampagne ablenken vom Beitritt der BRD zu SDI.

Unseres Erachtens ist aber die SDI-Beteiligung der BRD kein Beitrag zur Abrüstung, sondern ein Beitrag zur Hochrüstung und damit schließlich zum Krieg, setzte E. Honecker fort. Bekanntlich soll SDI den Erstschlag ermöglichen. Es sei ein großer Irrtum, fortdauernd Millionen für die Hochrüstung zu verpulvern, anstatt sie für die Beseitigung der Arbeitslosigkeit einzusetzen. Das Wesentliche sei aber, daß die BRD drauf und dran ist, die Chancen für eine Verbesserung der internationalen Lage zu verspielen.

Auf die Frage E. Honeckers, wie denn die DDR gegenwärtig auf die Haltung der BRD-Regierung reagieren solle, antworteten die SPD-Politiker: Das Wichtigste, was jetzt getan werden könnte, wäre, die Verhandlungen über ein Umweltabkommen zwischen der BRD und der DDR schnell abzuschließen. Was man brauche, sei eine Umweltaußenpolitik. Ein solches Abkommen wäre ein wichtiger Punkt, der den jetzt entstandenen Eindruck in der BRD wegnehmen könnte. E. Honecker sagte, daß die Verhandlungen über das Umweltabkommen weitergeführt werden. Allerdings gäbe es einige Fragen im Zusammenhang mit dem Umweltbundesamt der BRD in Westberlin.

In Beantwortung einer Frage der Gäste über seine weiteren Reisevorhaben noch in diesem Jahr führte E. Honecker aus: Der Terminkalender sei in den nächsten Monaten außerordentlich angespannt. Jetzt konzentrierten wir uns auf die Vorbereitungen der Wahl zur Volkskammer und zu den Bezirkstagen am 8. Juni. Danach gäbe es wichtige Termine, die mit der Konstitution der staatlichen Organe zusammenhängen. Im Juni reise er nach Schweden. Dann gehe er in Urlaub. Insofern sei es sehr schwierig, einen Termin für die Reise in die BRD zu finden. Er habe auch W. Brandt gesagt, er komme zu einem Zeitpunkt in die Bundesrepublik, der für beide Seiten günstig ist.[14] Er habe keineswegs die Absicht, als Wahlhelfer der CDU aufzutreten. Nachdem E. Bahr im Auftrag von W. Brandt vorgeschlagen hatte, die Reise nicht im Mai durchzuführen, sondern erst nach den Landtagswahlen in Niedersachsen[15], sei es jetzt sehr schwer, zu einer Entscheidung zu kommen.

Zum Abschluß des Gesprächs unterbreitete E. Honecker an J. Rau Vorschläge für die Aufnahme einer Städtepartnerschaft mit Wuppertal. Nachdem J. Rau Zwickau als Partnerstadt für Wuppertal nicht für zweckmäßig erachte, schlage er vor, Rostock, Schwerin, Neubrandenburg oder Gotha zu prüfen. J. Rau sagte, er wolle diese Vorschläge mit der Bürgermeisterin von Wuppertal besprechen und schnell eine Antwort übermitteln. J. Rau bedankte sich für die Entsendung des Dresdener Staatsschauspiels nach Düsseldorf. Er habe gestern abend die Künstler aus der DDR begrüßt. Sie seien große Meister ihres Faches.

[14] Siehe Nr. 19.
[15] Die Landtagswahlen in Niedersachsen fanden am 15. 6. 1986 statt.

26. Gespräch Späth – Honecker am 16. Mai 1986 (Ost-Berlin)

SAPMO ZPA IV 2/1/652 sowie J IV 2/2A/2882 und J IV/885: »Berlin, 16. Mai 1986. Vermerk über das Gespräch des Generalsekretärs des ZK der SED und Vorsitzenden des Staatsrates der DDR, Genossen Erich Honecker, mit dem baden-württembergischen Ministerpräsidenten und stellvertretenden Vorsitzenden der CDU, Lothar Späth, am 16. Mai 1986 im Gebäude des Staatsrates«

Nach schriftlicher Mitteilung vom 5. 8. 1994 verfügt Ministerpräsident a. D. Lothar Späth »persönlich über keine Aufzeichnungen« zu dem Gespräch. Gegen eine »Einsichtnahme« der betreffenden Akten des Landes Baden-Württemberg hatte er keine Einwände. Das Staatsministerium teilte am 14. 10. 1994 mit, daß dort »weder Aufzeichnungen« von L. »Späth noch von einem Mitarbeiter« vorhanden seien.

Genosse E. Honecker begrüßte L. Späth herzlich. Er hoffe, daß Späth einen angenehmen Aufenthalt in der DDR und die Möglichkeit gehabt habe, Land und Leute etwas kennenzulernen. Der Besuch Späths würde als Beitrag zum politischen Dialog und zur Entwicklung der Beziehungen zwischen der DDR und der BRD hoch eingeschätzt. Er sei als Ministerpräsident von Baden-Württemberg wie als stellvertretender CDU-Vorsitzender eine bekannte Persönlichkeit in der BRD.

Späth bedankte sich für die Möglichkeit des Meinungsaustausches mit Genossen E. Honecker, für die Einladung in die DDR und die Gastfreundschaft. Er habe bereits nützliche Gespräche führen können und Einblick in eine Reihe von Fragen erhalten, die ihn besonders interessierten, insbesondere der wirtschaftlichen und technischen Entwicklung. Späth hob dabei das Gespräch mit Genossen H. Weiz hervor.[1] Er erklärte, er wolle durch seinen Besuch dazu beitragen, die praktische Zusammenarbeit weiter voranzubringen.

Genosse E. Honecker legte im weiteren dar: Die DDR sei offen für den Ost-West-Dialog; sie trete ein für die Entwicklung der Beziehungen von Staaten unterschiedlicher sozialer Ordnung. Trotz aller strittigen Fragen gebe es vieles die Völker Verbindendes. Späth habe einen Eindruck erhalten, was die DDR in den Jahren nach 1945 geschaffen habe, wie sie jetzt daran gehe, die Beschlüsse des XI. Parteitages zu realisieren und die Volkswahlen zum 8. Juni vorzubereiten. Die Menschen in der DDR seien wie woanders besorgt über die atomare Aufrüstung in der Welt, die die Existenz der ganzen Menschheit bedrohe. Auf dem

---

[1] Herbert Weiz (SED), DDR-Minister für Wissenschaft und Technik.

XI. Parteitag der SED seien die Positionen der DDR zu den Fragen der Friedenssicherung wie auch bei der weiteren Gestaltung der entwickelten sozialistischen Gesellschaft klar dargelegt worden. Die DDR leiste ihren Beitrag zur Friedenssicherung im Rahmen des Warschauer Vertrages und durch eigene Initiativen. Das Beispiel Tschernobyl mache deutlich, welche Gefährdungen selbst von der friedlichen Anwendung der Kernkraft ausgehen können. Was würde erst bei der militärischen Anwendung geschehen. Die Menschheit müsse einen Ausweg suchen. Das einzig vernünftige Verhalten sei, trotz unterschiedlicher Gesellschaftsordnungen friedlich zusammenzuleben. Es gebe nun einmal die zwei gesellschaftlichen Ordnungen. Hinzu komme noch das Nord-Süd-Problem, die drängenden Fragen der »Dritten Welt«.

Genosse E. Honecker betonte, daß sich die internationale Lage in den letzten Jahren nicht verbessert, sondern weiter zugespitzt habe. Ursache seien die enormen Rüstungsanstrengungen der USA, die sich von der Zusammenarbeit abgewandt und den Weg der Konfrontation eingeschlagen hätte. In den zurückliegenden Jahren seien durch die Verständigung zwischen den USA und der UdSSR SALT I und II und der ABM-Vertrag zustande gekommen. Im Zusammenhang mit der Stationierung der Pershing II und der Cruise Missiles hätten aber die Gespräche aufgehört. Wir seien zur Gegenstationierung gezwungen gewesen. Zum ersten Mal in der Geschichte der DDR sei dieses Teufelszeug auf unserem Boden. Es handle sich um Raketenkomplexe, die in der Lage seien, das ganze Stationierungsgebiet der Pershing II zu überdecken. Es habe sich damit erwiesen, daß mehr Waffen nicht mehr Frieden bedeuten.

Durch das Treffen Gorbatschow/Reagan habe es einen Hoffnungsschimmer gegeben. Man habe gemeinsame Vereinbarungen über gute Absichten in der Zukunft getroffen und sich dazu bekannt, daß ein Atomkrieg nicht geführt werden dürfe. In Genf sei der Wille zur Abrüstung bekräftigt worden, sowohl was die Mittelstrecken- wie die Langstreckenwaffen und die Nichtausdehnung des Wettrüstens auf den Weltraum betreffe. Seit dem Genfer Gipfel, der viel Hoffnung erweckt habe, sei man aber auf diesem Wege nicht vorwärts gekommen. Unter dem Vorwand des Kampfes gegen den Terrorismus habe es den Piratenakt der USA gegen Libyen gegeben.[2] Es sei unannehmbar, daß man Frauen und Kinder töte, nur weil in Westberlin eine Bombe detoniert sei. Niemand habe das Recht, einen anderen Staat zu überfallen.

Genosse E. Honecker unterstrich nachdrücklich, man müsse alle strittigen Fragen auf dem Weg von Verhandlungen lösen. Sicherheit könne nicht gegeneinander, sondern nur miteinander gewährleistet werden. Wenn die Menschheit überleben wolle, müßte man miteinan-

[2] Siehe Nr. 25, Anm. 5.

der verhandeln. Die Mittelstreckenwaffen müßten wegverhandelt werden. Die Sowjetunion habe das Angebot gemacht, diese Frage aus dem Gesamtpaket herauszunehmen. Es müßten auch die Raketenkomplexe großer Reichweite verschwinden. Man müsse eine Vereinbarung erzielen über die Einstellung der Atomtests. Die Sowjetunion habe hier mit dem Moratorium Vorleistungen erbracht.[3] Es gebe auch auf anderen Gebieten entsprechende Vorschläge, z. B. über chemiewaffenfreie Zonen. Auf dem XI. Parteitag der SED habe M. Gorbatschow Vorschläge für die Abrüstung auf konventionellem Gebiet vom Atlantik bis zum Ural unterbreitet.[4] Vorschläge gebe es jetzt also genügend, zum Teil sogar beiderseits übereinstimmend. Was fehle, sei der ernste Wille der USA, zu Lösungen zu kommen.

Genosse E. Honecker bekräftigte nachdrücklich, die DDR bedauere außerordentlich, daß die BRD die Sternenkriegspläne der USA aktiv unterstütze und das SDI-Abkommen mit den USA abgeschlossen habe. [...]

Honecker erläuterte Späth seine bekannte Kritik an SDI.

L. Späth erwiderte, er stimme der Feststellung E. Honeckers zu, daß es keine Alternative zum friedlichen Miteinander gebe. Das gelte auch für die Feststellung, daß von deutschem Boden nie Gewalt und Krieg mehr ausgehen dürfe, sondern daß alles getan werden müsse, um dies zu verhindern. Späth verwies in diesem Zusammenhang auf die Bedeutung der Gemeinsamen Erklärung zwischen E. Honecker und H. Kohl vom 12. März 1985.[5] Er verwies auch auf die Erklärung von Bundespräsident von Weizsäcker am 8. Mai 1985 wie auf die Erklärung von Kohl zur Lage der Nation.[6] Es sei eine gemeinsame Position, daß man dahin arbeiten müsse, den Frieden zu erhalten. Tschernobyl habe gezeigt, daß die Risiken der Technik gemeinsam gemeistert werden müßten. Das werde auch durch die jüngste Rede von M. Gorbatschow bestätigt.[7] Auch Bundeskanzler Kohl habe vorgeschlagen, diese Fragen international zu erörtern.[8]

Es sei tatsächlich ein großes Problem, wie der Geist von Genf erhalten werden könne. Es fehle nicht an Vorschlägen. Wichtig sei nun, bei den Verhandlungen zu konkreten Ergebnissen zu gelangen. Späth ver-

[3] Trotz der von den USA im März 1986 vorgenommenen Atomwaffentests hatte Gorbatschow das einseitige Atomteststopp-Moratorium der UdSSR am 14. 5. bis zum 6. 8. 1986 verlängert.

[4] Siehe Nr. 25, Anm. 12.

[5] Vgl. Nr. 16.

[6] Gemeint war die fast identische Formulierung in dem Bericht zu Lage der Nation vom 27. 2. 1985 – vgl. Nr. 16, Anm. 9 – und ähnlich im Bericht zur Lage der Nation vom 14. 3. 1986; abgedr. u. a. in: Innerdeutsche Beziehungen (1986), S. 237 ff., die betreffende Textpassage auf S. 238.

[7] Gemeint sein dürfte die Fernsehansprache Gorbatschows am 14. 5. 1986 zu Tschernobyl. Wortlaut u. a. in: AdG 1986, S. 29908 ff.

[8] In Kohls Rede vor dem Bundestag vom 14. 5. 1986.

wies darauf, daß in der BRD nicht nur die USA-Vorschläge unterstützt würden, sondern daß die Bundesregierung auch sehr positiv auf die sowjetischen Vorschläge reagiert habe. Er unterstrich, daß es neben der Genfer Dreiteilung: Weltraum, strategische Waffen und Mittelstreckenwaffen, rasch zu einer Lösung der europäischen Situation kommen müsse. Späth erklärte, die Pershing II und die Cruise Missiles gefielen der BRD-Bevölkerung so gut wie der DDR die Raketen auf ihrer Seite. Die Bevölkerung wolle diese Waffen weghaben, das sei unbestritten. Er wolle nicht näher darauf eingehen, daß der NATO-Doppelbeschluß gefaßt worden sei, als die CDU in Bonn noch keine Regierungsverantwortung getragen habe. Schuldzuweisungen würden ohnehin nicht weiterführen. Beide deutschen Staaten allein könnten nicht allzuviel bewirken. Frankreich und Großbritannien würden sich z. B. nicht an den Verhandlungen beteiligen. Er gehe davon aus, daß man Schritt für Schritt zu praktischen Lösungen kommen müsse. Er wisse, daß die DDR das SDI-Abkommen der BRD mit den USA ablehne. Man müsse aber sehen, daß sich dieses Abkommen von dem unterscheide, was Großbritannien mit den USA abgeschlossen habe. Kohl habe bereits 1985 in München erklärt, daß SDI nur der Grundlagenforschung diene und nur im Zusammenhang mit dem ABM-Vertrag gesehen werden dürfe.[9] Das sei noch einmal gegenüber den USA deutlich gemacht worden. Man habe klargemacht, daß es keine Verletzung der ABM-Vereinbarung geben dürfe. Späth erklärte, er habe ursprünglich die technologische Seite der Sache stark vertreten. Er wolle nun einräumen, daß SDI am Ende für die Grundlagenforschung nicht so interessant sei, wie das jetzt gesehen werde. Der Idealfall, daß ein System gefunden werden könne, das Atomraketen 100% wirkungslos mache, sei wenig wahrscheinlich. Natürlich wäre ein solches System besser als die jetzige atomare Abschreckung. Jetzt könne schon ein Computerunfall zum Konflikt führen. Insofern sei natürlich die erste Priorität: Weg mit den Atomwaffen. Er sei sich auch klar, daß die Sowjetunion Überlegungen über eine Gegenstrategie im Falle von SDI anstellen würde. Die USA hätten aber entschieden, Grundlagenforschung über ein SDI-System zu betreiben, und man habe der BRD angeboten, sich daran zu beteiligen. Die DDR sage, das sei im Sinne des Friedens ein unmoralischer Vorgang. Für die BRD stelle sich aber die Frage, daß die USA Unterstützung dafür erwarten. Er habe ursprünglich eine andere Überlegung gehabt, nämlich ein gemeinsames selbständiges westeuropäisches Forschungsprojekt als Teil von SDI. Dazu seien aber die Franzosen und die Engländer nicht bereit gewesen. Die Franzosen hätten dafür Eureka vorgeschlagen.[10]

[9] Späth bezog sich auf Kohls Rede vom 9. 2. 1985 bei der XXII. Internationalen Wehrkundetagung in München. Vgl. AdG 1985, S. 28594f.
[10] Zum Eureka-Projekt vgl. Nr. 17, Anm. 11.

Gegenwärtig überlege man, ob man nicht am Drei-Länder-Eck zwischen Frankreich, der BRD und der Schweiz einen zentralen Forschungsbereich entwickeln könne. Was für Eureka vorgesehen sei, könne letztlich auch für militärische Zwecke genutzt werden. Auch die Japaner seien schnell in der Lage, auf militärische Forschung überzugehen. Das wichtigste sei, zwischen den USA und der Sowjetunion Abrüstungsergebnisse zu erreichen, die die Zielsetzung von SDI überflüssig machen würden. Das SDI-Abkommen sei für die BRD eigentlich nur insofern wichtig, als die beteiligten Firmen in der Verwertung ihrer Forschungsergebnisse nicht blockiert werden könnten. SDI aus der Welt zu schaffen, könnten nur die Sowjetunion und die USA miteinander lösen. Noch so viele Erklärungen anderer könnten das nicht bewirken. L. Späth wies darauf hin, daß hier auch Unterschiede in der amerikanischen und der sowjetischen Mentalität eine Rolle spielen. Die Sowjetunion sei sehr strategisch angelegt, sie würde den USA Dinge unterstellen, die gar nicht real seien. Er wolle nicht widersprechen, daß die Amerikaner einen Hang zur technischen Überlegenheit hätten. Für sie sei das eine Frage der Macht und Stärke der USA. Man dürfe den USA aber keine langfristige grundsätzliche Strategie des Krieges unterstellen.

Für ihn sei klar, wenn Europa stärker Einfluß ausüben wolle, hänge das von seiner technologischen Qualität ab. Die Technologiefrage würde in den nächsten Jahren eine große Rolle spielen. Nicht zuletzt daher sei er interessiert, die technische Zusammenarbeit zwischen der DDR und der BRD zu fördern. Das würde ein stabilisierendes Element für die Gesamtbeziehungen sein. Natürlich bleibe die BRD dem Bündnis mit den USA treu, aber man könne versichert sein, daß die BRD ihren Einfluß auf die USA nützen würde. Für Europa gebe es keine Alternative zum friedlichen Nebeneinander. Das beziehe er auch auf die Grenzfragen. Man dürfe die BRD hier nicht nach Äußerungen einzelner »Vertriebenen«-Politiker werten.

Genosse E. Honecker sagte unter Verweis auf die Tagung des Politisch Beratenden Ausschusses des Warschauer Vertrages am 10./11. Juni, dort würde man die Weltlage analysieren und Schlußfolgerungen ziehen. Man könne davon ausgehen, daß die Initiativen zur Friedenssicherung weitergeführt würden. Eine Lehre aus dem Unglück von Tschernobyl sei, und dazu habe M. Gorbatschow gesprochen, daß man gemeinsam größtmögliche Sicherheit der Kernkraft gewährleisten müsse. In einer Zeit, wo die Welt auf Ergebnisse in den Verhandlungen zwischen der Sowjetunion und den USA hoffe, dürfe man nichts tun, um diese Verhandlungen zu stören, insbesondere nichts, um die Sternenkriegspläne der USA zu unterstützen. *Honecker kritisierte mit den bekannten Argumenten dann SDI.*

Genosse E. Honecker wies darauf hin, daß die SDI-Beteiligung der

BRD in den sozialistischen Ländern ernste Beunruhigung hervorrufe. Man sage, die Deutschen wollten wieder den Finger am Abzug haben. Die 20 Millionen Toten der Sowjetunion, 6 Millionen Polen, 6 Millionen Juden und *[der]* anderen Länder könne niemand vergessen. Alle lebten noch unter diesem Trauma. Auch davon ausgehend habe er Kohl seinerzeit aufgefordert, von einer staatlichen Unterstützung von SDI abzusehen.[11] Notwendig sei, auf irgendeinem Gebiet den Anfang zu machen. Die DDR sei für ein neues Treffen Gorbatschow – Reagan.

Genosse E. Honecker legte Späth die auf dem XI. Parteitag der SED formulierten Vorschläge der DDR für einen aktiven Beitrag zur Rüstungsbegrenzung und Abrüstung dar.[12] Er wies darauf hin, die DDR trete ein für

- die vollständige Einstellung der Nukleartests als den ersten Schritt, um die Welt von Atomwaffen zu befreien;
- den Stopp der Stationierung und die schrittweise Demontage der in Europa bereits aufgestellten Nuklearsysteme;
- die Beseitigung aller Mittelstreckenraketen in Europa;
- die Schaffung von kern- und chemiewaffenfreien Zonen;
- die Errichtung einer von atomaren Gefechtsfeldwaffen freien Zone in Mitteleuropa;
- eine radikale Gesundung der internationalen Lage und die zuverlässige Gewährleistung der Sicherheit der Völker.

Die DDR wolle nicht Konfrontation, sondern Zusammenarbeit.

Im weiteren ging Genosse E. Honecker auf einige der von L. Späth erwähnten Fragen ein. *Honecker pries dann die »Weltspitzenerzeugnisse« der DDR.* Die DDR sei an der friedlichen Erforschung des Weltraumes führend beteiligt. In diesem Zusammenhang verwies Genosse E. Honecker darauf, daß z. B. führende BRD-Firmen wie Siemens und Zeiss erklärt hätten, sie brauchten SDI nicht.

L. Späth warf ein, das Problem in der BRD sei nicht, was auf Firmenebene laufe, sondern die Qualität der Großforschungszentren in Westeuropa sei zurückgegangen. Zu viele junge Leute gingen in die USA, weil sie dort bessere Bedingungen hätten.

Honecker kritisierte erneut SDI.

Genosse E. Honecker sagte, er wolle, was die Beziehungen betreffe DDR – B*[aden-]*W*[ürttemberg]*, keine umfassenden Darlegungen machen, sondern nur darauf verweisen, daß die ökonomischen Beziehungen zwischen der DDR und dem BRD-Bundesland Baden-Württemberg gering entwickelt seien. Ihr Anteil am Gesamthandelsumsatz betrage nur 4,6%. Die DDR sei dafür, diese Beziehungen auszubauen. Man müsse prüfen, auf welchen Gebieten dies geschehen könne.

L. Späth stimmte dem uneingeschränkt zu. Er erklärte, die unbefrie-

[11] Siehe Nr. 19, Anm. 15 und Nr. 20.
[12] Vgl. Nr. 25, Anm. 2.

digende Lage hänge in gewissem Maße mit einer strukturellen Besonderheit in Baden-Württemberg zusammen. Dort gebe es neben einigen großen Konzernen viele mittelständische Betriebe. Sie müßten mehr einbezogen werden. Baden-Württemberg habe in Moskau eine größere Ausstellung veranstaltet, danach sei der Handel mit der Sowjetunion um 30% angestiegen. Die Stärke der mittelständischen Betriebe liege in ihren Möglichkeiten bei der Modernisierung von Betrieben. Die mittelständischen Betriebe Baden-Württembergs müßten stärker mit DDR-Betrieben zusammengebracht werden. »Salamander« sei ein gutes Beispiel. Man könne auch auf Drittmärkten kooperieren. Er habe den Austausch zwischen der TU Dresden und der TU Stuttgart angeregt.

Bräutigam[13] warf ein, ob es nicht zweckmäßig sei, eine Gemeinschaftsausstellung Baden-Württembergs auf der Leipziger Messe zu organisieren. L. Späth stimmte dieser Überlegung für die Leipziger Frühjahrsmesse 1987 zu.

Genosse E. Honecker schlug vor, daß der Minister für Außenhandel der DDR, Genosse Beil, mit dem Wirtschaftsminister von Baden-Württemberg zusammenkommt, um diese Fragen zu besprechen. Vielleicht sollten auch die Handelskammern eingeschaltet werden.

L. Späth begrüßte diese Vorschläge. Er werde das Notwendige einleiten. Wenn die DDR interessiert sei, eine Wirtschaftsdelegation nach Baden-Württemberg zu entsenden, werde er das organisieren. Eine solche Delegation könne noch in diesem Jahr kommen. Dazu könnte man vorher entsprechende Vorschläge austauschen.

Genosse E. Honecker stimmte dem zu. Abschließend informierte er Späth über einige Fragen der Entwicklung der DDR. Die Entwicklung in der DDR könne sich sehen lassen. *Er lobte die »Zunahme« des Nationaleinkommens und die Verbesserung des »Lebensstandards« der Bevölkerung.*

L. Späth äußerte sich sehr beeindruckt über das, was er auf dem Gebiet des Bauwesens gesehen habe, insbesondere in Dresden. Dort begreife man ganz besonders die Sorge der Menschen um den Frieden. Er sehe eine große Chance für die Zusammenarbeit der beiden deutschen Staaten auf dem Gebiet der Technologie, auch im Vergleich mit anderen sozialistischen Ländern, da die DDR einen hohen Standard habe.

Genosse E. Honecker bemerkte, daß die beiden deutschen Staaten einen wichtigen Beitrag zur Friedenssicherung leisten müßten. Die BRD habe ein großes Gewicht in ihrem Bündnis. Europa müsse dafür sorgen, daß der Frieden in der Welt erhalten bleibt. 40 Jahre Frieden müßten weitergeführt werden. Dann könne man auch mehr für den Nord-Süd-Dialog tun. Die DDR unterstütze in diesem Zusammenhang die Einberufung einer Mittelmeerkonferenz.

---

[13] Hans Otto Bräutigam, Leiter der Ständigen Vertretung der Bundesrepublik in der DDR.

L. Späth bemerkte, er nehme von seiner Reise viele konstruktive Eindrücke mit nach Hause.

Im Verlauf des Gesprächs übermittelte L. Späth Grüße von Bundeskanzler Kohl und von B. Beitz. Genosse E. Honecker bat Späth, seinerseits Grüße an Kohl, Strauß und Beitz zu übermitteln.

Seidel *[Unterschrift]*

[a] Unterlagen Hiersemann: »Notiz zum Gespräch mit dem Generalsekretär des Zentralkomitees der SED und Vorsitzenden des Staatsrates der DDR Erich Honecker am 21. Mai 1986 in Ostberlin«

Honecker heißt Hiersemann und seine Delegation[1] willkommen. Hiersemann überbringt Grüße von Brandt, Vogel und Rau.

Im Vordergrund der Ausführungen des Staatsratsvorsitzenden steht seine Besorgnis um die Bewahrung des Friedens. Das Gipfeltreffen in Genf[2] habe keine Fortschritte gebracht. Die SDI-Pläne werden von ihm als »teuflisch« bezeichnet. Es handele sich hier um die Schaffung einer Erstschlagkapazität für die USA. Enttäuscht zeigt er sich darüber, daß auch die Bundesrepublik dem SDI-Vertrag beigetreten sei. Honecker hatte Kohl in einem Brief aufgefordert, dies nicht zu tun.[3] Er streitet der gegenwärtigen Bundesregierung den Willen zur Abrüstung ab. Ho. betont enorme Kosten, die durch das Wettrüsten entstehen. Die USA sollten sich jedoch nicht dem Glauben hingeben, sie könnten den Osten totrüsten. Er hebt die besondere historische Verantwortung der beiden deutschen Staaten für die Bewahrung des Friedens hervor.

Der Staatsratsvorsitzende verweist auf die jüngsten Vorschläge von Gorbatschow zur Abrüstung.[4] Demnach sollen alle Atomwaffen bis zum Jahr 2000 abgeschafft sein. Die Vorschläge der UdSSR zielten auch auf eine bedeutende Reduzierung der konventionellen Waffen vom Atlantik bis zum Ural. Vor allem gehe es auch darum, den Nukleartests und damit auch der Nuklearrüstung einen Riegel vorzuschieben. Die Mittelstreckenraketen müßten auf beiden Seiten verschwinden. In einem erneuten Gipfeltreffen sehe er nur dann einen Sinn, wenn bestimmte Erfolgsgarantien dadurch gesichert sind.

Als wichtigen Beitrag zur Sicherung des Friedens sieht Honecker die gemeinsamen politischen Initiativen von SPD und SED zur Schaffung einer chemiewaffenfreien Zone in Europa. Dies gelte ebenso für die begonnenen Gespräche zwischen beiden Parteien zur Schaffung eines von nuklearen Gefechtsfeldwaffenfreien Korridors in Europa. Honecker stellt eine weitgehende Übereinstimmung von DDR und SPD fest, was die Sicherung des Friedens betrifft.

Hiersemann betont das besondere Interesse wie auch die besondere

---

[1] Zur Delegation von K. H. Hiersemann bei dem Besuch in der DDR gehörten noch Klaus Hamann, Hans Kollo, Fridolin Scheuble, Dr. Seebauer, Hubert Weiger.

[2] Gemeint war das Gipfeltreffen Gorbatschow – Reagan vom 19. – 21. 11. 1985.

[3] Vgl. Nr. 19, Anm. 15 und Nr. 20, Anm. 6.

[4] Vgl. Nr. 25, bes. Anm. 1 und 12.

Verpflichtung beider deutscher Staaten bezüglich der Sicherung des Friedens. Auch er zeigt sich über die Ergebnisse des Genfer Gipfeltreffens enttäuscht. Mit Interesse habe er die jüngsten Abrüstungsvorschläge von Gorbatschow verfolgt. Er vertrete auch die Forderung nach der Schaffung einer atomwaffenfreien Zone in Europa mit dem Ziel, Atomwaffen gänzlich abzuschaffen. Er bringt seine Hoffnung zum Ausdruck, daß die Gespräche zwischen SPD und SED über Abrüstungsfragen auch zwischen den beiden Staaten stattfinden. Dies wäre mit Bestimmtheit die Absicht einer von Sozialdemokraten geführten Bundesregierung. Rau hätte sich bereits dazu erklärt, als Bundeskanzler die Mittelstreckenraketen wieder wegzuverhandeln.[5]

Der Bundesregierung würde im übrigen nicht der Wille zur Abrüstung fehlen. Der Handlungsspielraum der Bundesrepublik gegenüber den USA sei jedoch enger geworden. Hiersemann betont, daß der Austritt aus der Nato keine sozialdemokratische Forderung sei. Eine solche Forderung würde die Abrüstungsmöglichkeiten erschweren und Unsicherheit in die Bevölkerung tragen. Hier findet er das Verständnis von Honecker, für den nicht der Nato-Austritt im Vordergrund steht, sondern die Friedenssicherung und Kriegsverhinderung. Hiersemann macht nochmals eindeutig klar, daß die SPD gegen jedwede Beteiligung der Bundesregierung am SDI-Projekt ist.

Einen breiten Raum nahm in dem Gespräch der Reaktorunfall in Tschernobyl und seine Folgen ein.

Honecker sieht für die DDR keine Möglichkeit, kurzfristig aus der Kernenergie auszusteigen. Man müsse sich jedoch um Alternativen zur Kernenergie bemühen, niemand sei 100%ig gegen ein solches Unglück, wie es in Tschernobyl geschehen ist, gefeit.

Honecker findet die Formel »Einstieg in den Ausstieg« sympathisch. Jeder hätte aus dem Reaktorunfall in der Sowjetunion seine Erfahrungen zu ziehen. Es muß auf mehr Sicherheit gedrängt werden, auf ein höheres Maß an internationaler Zusammenarbeit, auf den Austausch von Erfahrungen. Es dürfe keine Geheimniskrämerei geben. Auf Anfrage von Hiersemann erklärt Honecker, daß auch die DDR in internationalen Gremien wie der UNO ihr Wissen und ihre Erfahrung offen darlegen würde. Er betont, daß es keine »systemimmanente« Kernenergie gebe.

Hiersemann begrüßt, daß die DDR noch mehr Wert auf Sicherheit bei den Kernkraftwerken legen will. Der internationale Austausch von Wissen und Erfahrung müsse wesentlich verstärkt werden. Der Unfall von Tschernobyl könne im übrigen auch zur Folge haben, daß das Bewußtsein der Öffentlichkeit dafür geschaffen wird, was ein Atomkrieg bedeuten würde. Dies gebe neue Chancen für Abrüstungsbemühungen.

[5] Vgl. Nr. 25.

Die Entwicklung der Wirtschaftsbeziehungen zwischen der DDR und der Bundesrepublik bezeichnet Honecker als normal. Bayern läge im Warenaustausch nach NRW an zweiter Stelle. Die Handelsbeziehungen seien durchaus noch ausbaufähig. Vor allem die mittelständische Industrie könne noch stärker vertreten sein, z. B. auch auf der Leipziger Messe. Positiv greift der Staatsratsvorsitzende den Vorschlag von Hiersemann auf, Wirtschaftsdelegationen zwischen Bayern und Baden-Württemberg auszutauschen (analog Baden-Württemberg).[6]

Zur Zusammenarbeit auf dem Gebiet des Umweltschutzes zwischen Bayern und der DDR bemerkt Ho., daß der Bau der Abwasseranlagen in Sonneberg Ende 1987 abgeschlossen sein wird.[7] Bezüglich der Werra-Versalzung seien weitere Vereinbarungen möglich. Eine allgemeine Vereinbarung zum Umweltschutz zwischen der Bundesrepublik und der DDR sei weit gediehen. Der Abschluß würde jedoch durch das Problem der Einbeziehung des Umweltbundesamtes in Berlin blockiert.

Im Kraftwerk Blankenstein habe man in den letzten 4 Jahren den Ausstoß der Schwefeldioxyde um die Hälfte eingeschränkt.[8] Weitere Anstrengungen würden unternommen werden.

In der Verkehrspolitik sei die DDR gegenwärtig dabei, die Süd-Nord-Strecken der Bahn zu elektrifizieren. Der Ausbau der Strecken zwischen Berlin und der Bundesrepublik stagniere. Dies sei ein finanzielles Problem.

Bezüglich des Transits von Asylanten in die Bundesrepublik beachtet die DDR das Prinzip der Transitfreiheit gemäß der Konvention von Barcelona. Von Asylanten aus bestimmten Ländern werde für eine Transiterlaubnis die Vorlage eines Visums der Bundesrepublik verlangt.[9]

Honecker geht auf mehrere Bitten und Vorschläge von Hiersemann ein: So befürwortet er die Städtepartnerschaft Erlangen/Jena. Er will den von Hiersemann mitgebrachten Brief des Oberbürgermeisters von Erlangen dem Stadtrat von Jena übergeben.[10] Er befürwortet ebenfalls die Einrichtung einer Umweltkommission zwischen Bayern und der DDR bzw. zwischen der SED und der bayerischen SPD. Diese Kommission könnte Daten austauschen, eine Bestandsaufnahme der Probleme aufnehmen und gemeinsame Lösungen suchen.

[6] Gemeint war zwischen Bayern und der DDR. – In dem anschließenden Gespräch mit Außenhandelsminister Gerhard Beil wurden Einzelheiten besprochen und ein erstes Treffen von Wirtschaftsdelegationen für November 1986 in Aussicht genommen. Nach »Notiz« über das Gespräch mit Beil am 21. 5. 1986 in Unterlagen Hiersemann.

[7] Diese Abwasseranlagen sollten die Verschmutzung der Röden vermindern.

[8] Neben dem Kraftwerk in Blankenstein (gegenüber dem bayerischen Lichtenberg) erzeugte auch die Papierfabrik in Blankenstein erhebliche Umweltbelastungen.

[9] Vgl. Einleitung I, 2a).

[10] Die Städtepartnerschaft Erlangen – Jena wurde am 19. 3. 1987 unterzeichnet.

Angesprochen wird auch der geplante Besuch des Staatsvorsitzenden in der Bundesrepublik. Ein Termin vor der Bundestagswahl 1987 ist wahrscheinlich nicht vorgesehen.

Hubert Weiger[11] regt an, daß es zur Einrichtung eines offiziellen Kontakts zwischen dem BN[12] und der entsprechenden Organisation in der DDR kommt. Honecker begrüßt die Idee.

Hiersemann vereinbart abschließend die Übergabe mehrerer Petitionen.

Teilnehmer: Siehe Anlage Neues Deutschland.[13]

[b] SAPMO ZPA J IV 2/2A/2888 und IV 2/1/652 sowie J IV 2/201/1689: »Niederschrift über das Gespräch des Generalsekretärs des Zentralkomitees der SED und Vorsitzenden des Staatsrates der DDR, Genossen Erich Honecker, mit Karl-Heinz Hiersemann, stellvertretender Vorsitzender der SPD-Fraktion im Bayerischen Landtag, Mitglied des SPD-Landesvorstandes und -präsidiums, am 21. Mai 1986«

E. Honecker begrüßte K.-H. Hiersemann herzlich und äußerte die Erwartung, daß der Besuch und das heutige Gespräch zur Entwicklung und Vertiefung der Beziehungen zwischen der DDR und der BRD beitragen werde. Für die Einladung dankend sagte K.-H. Hiersemann, er sehe in dem Gespräch einen hohen Nutzen für beide Völker und im Interesse der Friedenssicherung. Er überbrachte herzliche Grüße von W. Brandt, J. Rau und H.-J. Vogel, die E. Honecker ebenso erwiderte.

Er freue sich, daß es entsprechend einer Anregung W. Brandts zu dieser Begegnung gekommen sei, stellte E. Honecker fest. Sie könne für beide Seiten sehr hilfreich sein, für die SPD angesichts eines anstrengenden Wahlkampfes, für uns, die wir bestrebt sind, in einer angespannten internationalen Situation unseren Beitrag zur Friedenssicherung zu leisten. Wie K.-H. Hiersemann sei er der Meinung, daß Frieden nicht gegeneinander, sondern nur miteinander geschaffen werden kann. In diesem Jahr habe es bereits eine Reihe Besuche von führenden SPD-Vertretern in der DDR gegeben, so von H.-J. Vogel, der am 28. Mai erneut erwartet werde[14], von J. Rau, O. Lafontaine und G. Schröder[15],

[11] Vgl. Anm. 1.

[12] Mit »BN« könnte der Bayerische Naturschutzbund gemeint sein.

[13] Gemeint war der Bericht über das Treffen in ›Neues Deutschland‹ vom 22. 5. 1986.

[14] Siehe Nr. 28. – Im Jahr 1986 war H.-J. Vogel bisher nur am 11.4. in Ost-Berlin gewesen.

[15] Der Besuch von G. Schröder hatte schon im Dezember 1985 stattgefunden, vgl. Nr. 21.

verschiedene Mitglieder des Politbüros des ZK der SED seien in die BRD gereist, so H. Sindermann und H. Axen.[16] Der Verkehr, der sich hier entwickelt habe, sei nicht einseitig, vor kurzem erst sei auch der baden-württembergische Ministerpräsident Späth, stellvertretender Vorsitzender der CDU, in Berlin empfangen worden.[17]

E. Honecker bezeichnete von allen Fragen, die uns bewegen, die Friedensfrage als entscheidend, sowohl aus der Sicht auf die Beziehungen zwischen beiden deutschen Staaten als auch in ihrer weltweiten Bedeutung überhaupt.

Honeckers Ausführungen umfaßten die übliche Palette, d. h. Kritik an SDI, die Betonung des Abrüstungs- und Friedenswillens des Ostens und der Erwartung, daß ein Gipfeltreffen zu konkreten Ergebnissen führe.

K.-H. Hiersemann sagte, er unterschreibe uneingeschränkt, was E. Honecker über das besondere Interesse der beiden deutschen Staaten und ihre besondere Verpflichtung zum Frieden dargelegt habe. Die SPD sehe die Entwicklung nach Genf[2] mit ähnlicher Sorge. Viele Bürger in der BRD hätten gemeint, auf Genf würden konkrete Schritte folgen. Doch jetzt sei die Lage noch unsicherer als zur Zeit des Genfer Treffens.

Die atomare Aufrüstung auf beiden Seiten habe ein Ausmaß erlangt, das den Frieden bedrohe. Zusätzliche Drehungen der Rüstungsspirale machten den Frieden nicht sicherer, sondern unsicherer. Die SPD lehne SDI und eine Beteiligung daran ab, auch eine Beteiligung der BRD an der sogenannten friedlichen Forschung, die auf militärische Anwendung gerichtet sei. In Washington habe er vor einigen Wochen mit dem US-Abrüstungsbeauftragten Dean gesprochen, der festgestellt hat, daß es einen 100%igen Schutz nicht gibt. E. Honeckers Formulierung sei richtig, wonach SDI einen gedeckteren Erstschlag ermöglichen soll. Durch SDI werde die Erstschlagkapazität weiter aufgerüstet, deswegen sei SDI ein falscher Weg. Dazu sei die Position der SPD eindeutig.

Tschernobyl führe dazu, daß die Menschen mehr über die Folgen eines Atomkrieges nachdenken werden, vor allem was er für Europa bedeuten würde, fuhr K.-H. Hiersemann fort. Das eröffne eine Chance, die man nützen müsse. Die SPD erzeuge nicht Panik, sondern vertrete eine behutsame Position, um die Abrüstung weiter zu treiben. Mit Interesse habe er die Vorschläge der Sowjetunion zur Kenntnis genommen. Eine Position wie die der USA, die rein Nein sagen, könne nicht befriedigen. Es sei an der Zeit, konstruktive Gegenvorschläge zu ma-

---

[16] Horst Sindermann hatte in seiner Eigenschaft als Präsident der Volkskammer vom 19.–23. 2. 1986 die Bundesrepublik besucht und dabei am 20. 2. ein fast zweistündiges Gespräch mit dem Bundeskanzler geführt. – Axen war Mitte Februar 1986 u. a. zu den Gesprächen der SPD-SED-Arbeitsgruppe über eine atomwaffenfreie Zone in Bonn.
[17] Siehe Nr. 26.

chen und die sowjetische Verhandlungsbereitschaft auszuloten. Aber gerade diese Chance werde verschenkt.

Hinsichtlich der chemiewaffenfreien Zone hätten SPD und SED einiges bewegt, die SPD wäre froh, wenn sich auch die Regierungen bewegten. Mit den Gesprächen über die atomwaffenfreie Zone befinde man sich noch am Anfang. Für den Palme-Vorschlag habe er großes Verständnis. Wenn es gelänge, die Atomwaffen von mitteleuropäischem Boden zurückzudrängen und schließlich ganz verschwinden zu lassen, würde der Frieden sicherer. Er finde es sehr gut, daß E. Honecker bald Schweden besuche. Das sei sehr sinnvoll und wichtig.

Als eine eher kontraproduktive Diskussion bezeichnete es K.-H. Hiersemann, wenn die Bundesversammlung der Grünen jetzt den Austritt der BRD aus der NATO verlangt habe. Das sei nicht die Position der SPD. Dadurch werde den konservativen Kräften die Möglichkeit eröffnet, Angstszenarien aufzubauen, die der Abrüstung entgegenstünden. Dies sei eine Position, welche die SPD mit Sicherheit nicht eingehen werde.

Zur Frage der Kernenergie bemerkte K.-H. Hiersemann, die Forderung der Grünen, »sofort abschalten«, sei unrealistisch. Die Rückkehr zu alten Kohlekraftwerken sei nicht nur aus wirtschaftlichen Gründen fragwürdig, sondern wäre auch mit immensen Auswirkungen auf die Luftverschmutzung, das Waldsterben verbunden. Auch »irgendwann aussteigen« sei keine haltbare Position. Am Wochenende hätten die Ministerpräsidenten sozialdemokratisch geführter Bundesländer richtig beschlossen, daß ein konkreter Zeitplan erarbeitet werden müsse.

Mit großem Interesse habe er E. Honeckers Formulierung aufgenommen, daß der Frieden nur miteinander, nicht gegeneinander sicherer gemacht werden könne. Das sei ein hervorragender Ansatz, den er vollinhaltlich mittrage, gerade auch im Hinblick auf die besondere Verpflichtung beider deutscher Staaten. Er sehe Möglichkeiten, in beiden Blöcken die Verhandlungsbereitschaft zu vergrößern, wobei die BRD in der NATO ihren eigenen Sicherheitsbeitrag leisten müsse. Die Diskussion über die konventionelle Bewaffnung stehe in der SPD noch am Anfang, erstmals sei kürzlich ein Papier dazu verabschiedet worden.[18] Man müsse alles tun, um die beiderseitigen Beziehungen zu normalisieren und beizutragen, daß ein dritter Weltkrieg nicht möglich wird.

K.-H. Hiersemann begrüßte es sehr, daß E. Honecker im Zusammenhang mit der Kernenergie auf mehr Sicherheit Wert lege. Es sei eine absurde Diskussion, daß Tschernobyl in der BRD nicht geschehen könne. Er kenne keinen Wissenschaftler, der ein Restrisiko ausschließt. Das mache die Ängste der Bürger aus. Von seiner Partei werde versucht, die Kernenergie zu ersetzen. Das Drängen nach mehr Sicherheit

---

[18] Gemeint sein könnte das Papier der »Studiengruppe Alternative Sicherheitspolitik«, die von Andreas von Bülow geleitet wurde.

müsse auch dazu führen, daß es international zu mehr Austausch und Information komme. Nach seiner Meinung solle sich die UNO mit Standards und Informationen zwischen den Ländern beschäftigen, und er würde es sehr begrüßen, wenn die DDR dieser Forderung zustimmen könnte.

E. Honecker stellte fest, je weiter die Dinge fortschritten, desto mehr erweise sich die Friedenssicherung als dringendste Frage, die gelöst werden muß, will die Menschheit nicht untergehen. Setze die NATO die Aufrüstung fort, werde der Warschauer Pakt antworten. [...]

Als sehr bedeutungsvoll bezeichnete E. Honecker die Übereinstimmung zwischen SED und SPD in wesentlichen Bereichen der Friedenssicherung, in der Ablehnung der Raketenstationierung, der Weltraumrüstung der USA und der BRD-Beteiligung, in der Befürwortung eines C-Waffen-Verbots und eines Gewaltverzichtsvertrages. Die SED schätze die Tätigkeit der Arbeitsgruppe beider Parteien zu den C-Waffen hoch ein. Die jetzigen Gespräche über eine atomwaffenfreie Zone könnten dazu beitragen, etwas voranzukommen und die Aufmerksamkeit der internationalen Öffentlichkeit auf die Lösung dieser Frage zu lenken. Durch vielfältige Initiativen dieser Art sei es möglich, den Druck auf die USA zu verstärken, sich die Vorschläge der Sowjetunion und der anderen sozialistischen Länder, die als Paket in Sofia angenommen worden seien, näher anzusehen.

Am 10./11. Juni werde der Politische Beratende Ausschuß des Warschauer Vertrages tagen und analysieren, wie sich die Lage seit Genf entwickelt hat, welche Schlußfolgerungen zu ziehen sind. *Nach weiteren Ausführungen zur Sicherheits- und Friedensfrage und zur Entwicklung der bilateralen Beziehungen sprach Honecker den Handel mit Bayern an.* Nach Nordrhein-Westfalen nehme Bayern den 2. Platz im Handel mit der DDR ein. 1986 hätten 45 Unternehmen aus Bayern an der Leipziger Frühjahrsmesse teilgenommen, doch konnten die mittelständischen Betriebe noch stärker vertreten sein. Umgekehrt betätige sich die DDR seit vielen Jahren an Messen in Bayern. Die Wirtschaftsbeziehungen DDR/Bayern seien ausbaufähig.

K.-H. Hiersemann sagte, die Mittelstreckenraketen seien der Kern der Beschlußlage in der SPD und der Ankündigungen J. Raus für die Politik einer nach den Bundestagswahlen eventuell von der SPD geführten Bundesregierung. Man werde alles daran setzen, um die Pershing II und die Cruise Missiles wegzubekommen, wobei man davon ausgehe, daß im Gegenzug auch die Raketen auf dem Territorium der DDR verschwänden. Er sei nicht in der Lage, die Abrüstungsvorschläge Gorbatschows im Detail zu gewichten. Man solle in konkrete Verhandlungen eintreten und nicht mit Nein reagieren.

Was E. Honecker über den fehlenden Willen zur Abrüstung gesagt habe, könne er nicht unterschreiben. Die Position der BRD gegenüber den USA sei nicht mehr so stark wie früher. Sie habe sich hinsichtlich SDI, so heiße es, »nicht entziehen« können.

Außerordentlich begrüße er die Bereitschaft der DDR zur Mitarbeit in den internationalen Gremien für mehr Sicherheit bei der Kernenergie.

Im Handel mit der DDR liege Bayern nach Nordrhein-Westfalen zwar an 2. Stelle, aber die Struktur der ausgetauschten Güter müsse wohl überdacht werden. Er schlage nach dem baden-württembergischen Beispiel vor, eine Wirtschaftsdelegation der DDR nach Bayern zu entsenden. Dazu bemerkte E. Honecker, man könne eine solche Delegation schicken, andererseits werde F. J. Strauß das gleiche Interesse haben.

E. Honecker betonte, um abzurüsten, müsse man den Willen dazu haben. Gegenüber H. Kohl habe er offen festgestellt, daß es der Bundesregierung an diesem Willen fehle, wenn sie gleichzeitig ihre Bereitschaft erklärt, SDI beizutreten. Das habe er H. Kohl schriftlich gegeben und auch eine schriftliche Antwort erhalten, in der es heiße, SDI solle beitragen, Atomwaffen überflüssig zu machen.[3] Kein vernünftiger Mensch könne einen solchen Satz unterschreiben, zumal sogar in der US-Administration kontroverse Diskussionen geführt würden. [...]

Der Geheimvertrag der BRD mit den USA zu SDI sei noch nicht einmal dem Bundestag vorgelegt worden.[19] Die USA können bestimmen, was geschieht. Im Grunde beteilige man sich an der Vorbereitung eines neuen Angriffskrieges, erklärten doch die USA ganz offen, daß sie militärische Überlegenheit wollen. Man tue gut daran, in dieser Frage einen festen Standpunkt zu beziehen. E. Honecker sagte, er spreche der Bundesregierung den Willen zur Abrüstung ab, weil sie entgegen unseren Warnungen SDI beigetreten ist. [...]

Honecker lobte die positive Wirtschaftsentwicklung der DDR. Solche Zuwachsraten habe kein anderer Staat auf der Welt gehabt. Er pries besonders den Wohnungsbau.

E. Honecker behandelte sodann einige Fragen der Beziehungen zur BRD, die Bayern berühren, so die Gewässergüte der Röden, die Entsalzung der Werra, die weit fortgeschrittenen Verhandlungen über eine Regierungsvereinbarung zum Umweltschutz. Hier würden durch die von der BRD geforderte Einschätzung *[sic!]* des Bundesamtes für Umweltschutz in Westberlin Hindernisse errichtet, die keine zu sein brauchten. Bestehe die BRD weiter darauf, was mit dem Vierseitigen Abkommen nicht in Übereinstimmung zu bringen sei, werde es kein Abkommen geben. Weitere Themen waren die Luftbelastungen im

---

[19] Gemeint war die von Bundeswirtschaftsminister Bangemann und US-Verteidigungsminister Caspar Weinberger am 27. 3. 1986 unterzeichnete Vereinbarung über die Mitwirkung der Bundesrepublik Deutschland bei SDI. Die Regierung Kohl hatte sich zur Geheimhaltung des Abkommens verpflichtet. Vgl. AdG 1986, S. 30195ff. sowie Nr. 24 und 28.

bayerischen Raum, die Abwicklung des grenzüberschreitenden Verkehrs, die Grunderneuerung von Autobahnteilstrecken, die Verbesserung des Eisenbahntransitverkehrs, Fragen des Luftverkehrs sowie die Asylanten. Die DDR, so E. Honecker, sei gegen den Terrorismus, vor allem gegen solchen Staatsterrorismus wie die Piratenakte der USA gegen Libyen[20] und ihre Gewaltandrohung gegen Syrien, ebenso die Machenschaften im karibischen Raum. Eigentlich gehe es hier um Kriegshandlungen.

K.-H. Hiersemann übergab einen Brief des Oberbürgermeisters von Erlangen und unterstützte den darin geäußerten Wunsch nach einer Städtepartnerschaft mit Jena. E. Honecker stimmte diesem Wunsch zu. Da er am 23. Mai Jena besuche, werde er Gelegenheit nehmen, das Schreiben dem Oberbürgermeister auszuhändigen, der es im Rat der Stadt behandeln werde.

Die Frage K.-H. Hiersemanns nach dem Zeitpunkt eines BRD-Besuchs beantwortete E. Honecker mit der Feststellung, daß er nicht als Wahlhelfer der CDU kommen werde. Das habe er auch H. Kohl mitgeteilt.[21]

K.-H. Hiersemann äußerte sich zu den Aussichten der SPD bei den Landtagswahlen in Bayern[22] und stellte fest, vor dem Ergebnis der Wahlen in Niedersachsen sei dies schwer zu bewerten. Dort könne Schröder nur Ministerpräsident werden, wenn ihn die Grünen zumindest tolerierten.[23] Bleibe Albrecht Ministerpräsident, dann bestünden zwei Szenarien. Entweder bleibe Kohl, angeknackst, Bundeskanzler, oder es werde ein schneller Wechsel vollzogen, der nur Stoltenberg heißen könne. Nicht absehbar sei die Weiterentwicklung der Kernenergiediskussion in Hessen. Vielleicht platze die dortige Koalition. In Bayern wolle die SPD über 36% erreichen. Wenn sie ihr Wahlziel nicht realisieren könne, sei eine Demotivation für die Bundestagswahl zu befürchten.

K.-H. Hiersemann dankte für das sehr nützliche Gespräch mit E. Honecker.

Herrmann *[Unterschrift]*

---

[20] Siehe Nr. 25, Anm. 5.
[21] Vgl. Einleitung.
[22] Die Landtagswahlen in Bayern fanden am 12. 10. 1986 statt.
[23] Bei den Landtagswahlen in Niedersachsen am 15. 6. 1986 errang die CDU die absolute Mehrheit, obwohl sie 6,4 Prozentpunkte verlor. Ernst Albrecht blieb Ministerpräsident.

28. Gespräch H.-J. Vogel – Honecker am 28. Mai 1986 (Hubertusstock)

[a] Privatarchiv H.-J. Vogel: »Prof. Dr. Dieter Schröder, Berlin, den 28. Mai 1986. Vermerk über das Gespräch zwischen Dr. Hans-Jochen Vogel und Erich Honecker am 28. Mai 1986«

1.
Am 28. Mai 1986 hat im Jagdschloß Hubertusstock ein Gespräch zwischen Dr. Hans-Jochen Vogel und Erich Honecker stattgefunden. An dem Gespräch nahmen in Begleitung Dr. Vogels teil: Dr. Jürgen Schmude, MdB, Eugen Selbmann, SPD-Fraktion, Prof. Dr. Dieter Schröder; in Begleitung Erich Honeckers: das Mitglied des Politbüros Joachim Herrmann, Staatssekretär Frank-Joachim Herrmann. Das Gespräch begann um 10.30 Uhr, um 13.15 Uhr schloß sich ein Vier-Augen-Gespräch an, das gegen 14.00 Uhr beendet wurde. Das Zusammentreffen wurde mit einem gemeinsamen Mittagessen abgeschlossen.

2.
Zu Beginn des Gesprächs erinnerte Erich Honecker an die seit 1983 mit Dr. Hans-Jochen Vogel geführten Gespräche und erwähnte seine jüngsten Begegnungen mit Johannes Rau und Oskar Lafontaine.[1] Er bemerkte, daß man in einer Zeit lebe, in dem dem Frieden eine Chance gegeben werden muß. Man könne feststellen, daß in Europa diese Auffassung immer mehr Boden gewinne. Dies zeige sich jedoch noch nicht immer in den Handlungen aller Regierungen. Der sowjetische Parteichef Gorbatschow hätte Vorschläge unterbreitet, die schließlich zum Genfer Gipfel geführt hätten. Mit seinen Berliner Vorschlägen[2] hätte Gorbatschow Möglichkeiten auch für eine Abrüstung im konventionellen Bereich bis zum Ural aufgezeigt. Es sei in der Vergangenheit immer der Einwand vorgebracht worden, wenn man die atomare Rüstung stoppe, erhalte der Warschauer Pakt im konventionellen Bereich ein Übergewicht. Die neuen sowjetischen Vorschläge, die zwischen den Mitgliedern des Warschauer Paktes abgestimmt worden seien, sollten diesem entgegentreten, damit man auf allen Gebieten vorwärtskomme. Der XI. Parteitag der SED habe zwei Fragen in den Mittelpunkt gestellt: 1. die Friedenssicherung und 2. die Entwicklung der sozialistischen Gesellschaft in der DDR. Es sei das Ziel der Politik der DDR, nicht nur einen Abbau der Konfrontation zu bewirken, sondern zu mehr Zusammenarbeit zu gelangen. Beides sollte Thema des Gesprächs

---

[1] Siehe Nr. 25.
[2] Siehe Nr. 25, Anm. 12.

mit Dr. Vogel sein. Er könne nicht verhehlen, daß nach seiner Auffassung die gegenwärtige Bundesregierung nicht konstruktiv auf die Vereinigten Staaten einwirke. Exemplarisch sei die Beteiligung am SDI-Projekt. Bangemann habe einen Versuch gemacht, der auf eine Verniedlichung hinauslaufe.[3] Die Bundesregierung habe ihre Verabredung mit den Vereinigten Staaten nicht öffentlich vorgelegt, man kenne allerdings die Publikationen einer Kölner Zeitung.[4] Es mag dahingestellt sein, ob ein solcher Bericht zutrifft. Auf jeden Fall sei unbestritten, daß mehr unterschrieben als veröffentlicht worden sei. Diese Politik sei für die DDR eine Enttäuschung. Lange Zeit habe man Hoffnung auf eine andere Politik der Bundesrepublik Deutschland gesetzt. Man habe insbesondere gehofft, daß sie dazu beitragen würde, die Sprachlosigkeit zwischen den Großmächten zu überwinden. Es habe im Januar 1985 den Beginn eines Dialogs zwischen den Vereinigten Staaten und der Sowjetunion gegeben, der Genfer Gipfel habe Hoffnungen geweckt, diese würden durch das Sternenkriegsprogramm, ein Begriff, den er von Reagan übernehme, zerstört. Reagan würde in seiner Politik doch nur noch von Großbritannien unterstützt. Er vermisse auf der Seite der Bundesrepublik eine gewisse Ernsthaftigkeit bei der Auseinandersetzung mit den anstehenden Problemen. Außerdem müsse man sich darüber klar sein, daß SDI keinen wirksamen »Regenschirm« über Westeuropa und den USA aufspanne; durch eine zusätzliche Massierung von Raketen rings um dieses Gebiet könne die Wirkung aufgehoben werden. Die Verfechter des SDI müßten sich außerdem Rechenschaft darüber geben, wie verwundbar ihre Technik im Weltraum sei. Seines Erachtens käme es darauf an, ernsthaft über Gorbatschows Vorschläge nachzudenken.

Am 10. und 11. Juni würde der Politische Beratende Ausschuß des Warschauer Paktes zusammentreten. Er könne schon jetzt sagen, daß dort kein grober Keil auf den Klotz gesetzt würde. Man habe vielmehr die Absicht, die Vorschläge Gorbatschows weiter durchzuarbeiten. Das Teststopp-Moratorium gelte bis zum August, bis zum Gedenktag an den Bombenabwurf auf Hiroshima und Nagasaki.[5] Er trete weiter dafür ein, weitere Schritte in die richtige Richtung zu unternehmen. Es gehe um eine Einschränkung des atomaren Wettrüstens und auch darum, die konventionellen Rüstungsprobleme in Angriff zu nehmen. Die ganze Welt und insbesondere die beiden deutschen Staaten brauchten Frieden.

[3] Siehe Nr. 24.
[4] Der Kölner ›Express‹ hatte die am 27. 3. 1986 getroffene Vereinbarung über die Mitwirkung der Bundesrepublik bei SDI in Teilen abgedruckt. Anschließend erschienen Teile der Vereinbarung und dazugehörende Dokumente im ›Spiegel‹ Nr. 17 vom 21. 4. 1986, S. 27ff. – Vgl. Nr. 27, Anm. 19.
[5] Siehe Nr. 26, Anm. 3.

3.

Dr. Hans-Jochen Vogel übermittelte zunächst die Grüße von Willy Brandt, Helmut Schmidt, Herbert Wehner, Johannes Rau und Oskar Lafontaine. Angesichts der großen Zahl von Besuchern, die Honecker in der letzten Zeit empfangen habe, habe er fast gezögert, ihn erneut für ein Gespräch in Anspruch zu nehmen. Er wisse aber, daß aufgrund der von Herbert Wehner begonnenen Tradition diese Begegnungen eine besondere Bedeutung hätten. Außerdem fühle er sich durch seine häufigen privaten Besuche in der DDR in besonderer Weise legitimiert. Er könne heute feststellen, daß er inzwischen eine gefühlsmäßige Zuneigung zu Menschen und Land entwickelt hätte, und sehe auch die Fortschritte in den Fragen, die die Menschen bewegen.

Es gelte immer noch das, was man bei der ersten Begegnung im Jahre 1983[6] angesprochen habe, daß im Geiste des Grundlagenvertrages solche Begegnungen zur Verbesserung der Lebensverhältnisse beitragen könnten. Für die Staatschefs hätte Helmut Schmidt einen Anfang gesetzt. Er sei sicher, daß die Mehrheit des Volkes diesen Dialog begrüße. Er freue sich, feststellen zu können, daß die Jugendbegegnungen nach dem letzten Gespräch wieder in Gang gekommen seien. Städtepartnerschaften, bei denen jetzt auch eine Verbindung zwischen Erlangen und Jena anstehe, könnten ermutigend wirken. Die Beziehungen zwischen der Volkskammer und der SPD-Fraktion hätten mit dem Besuch des Volkskammerpräsidenten Sindermann einen Höhepunkt erreicht und auch über den Rahmen der SPD hinaus inzwischen eine positive Beurteilung gefunden. Der Widerstand aus den Reihen der CDU werde schwächer; in seinem Meinungsaustausch mit dem Bundestagspräsidenten[7] zeige sich, daß ernsthafte Konflikte wegen der Behandlung der Berliner Bundestagsabgeordneten nicht mehr gesehen werden.

Zur internationalen Lage wolle er feststellen, daß nach Genf Hoffnungen und Erwartungen geweckt worden seien. Den Worten von damals entspreche die tatsächliche Entwicklung allerdings nicht. Man stimme darin überein, daß der Weltraum nicht für militärische Zwecke in Anspruch genommen werden dürfe. Auch die Kirchen beider deutscher Staaten hätten sich zu Beginn des Jahres zu Recht besorgt über dieses Vorhaben geäußert. Er betrachte die SDI-Beteiligung der Bundesregierung als ernsten politischen Fehler. Die Bundesrepublik Deutschland lade sich damit ohne große Not eine Verantwortung für Fehlentscheidungen auf, obwohl eine andere Politik möglich gewesen wäre. Mit Bedauern, aber ohne Überraschung, habe er zur Kenntnis genommen, daß auf der östlichen Seite dies als belastender Schritt für die Beziehungen der Bundesrepublik Deutschland angesehen würde. Er

---

[6] Siehe Nr. 4.

[7] Bundestagspräsident Philipp Jenninger hatte auch den Volkskammerpräsidenten Sindermann bei dessen Besuch im Februar 1986 zu einem Gespräch in seiner Dienstvilla empfangen.

könne die Erklärung von Johannes Rau unterstreichen, daß eine sozial-demokratisch geführte Bundesregierung die Vereinbarung kündigen würde.[8] Das schließe nicht die Beteiligung einzelner Firmen aus; nach der Wirtschaftsverfassung der Bundesrepublik Deutschland könne man Firmen nicht an einer Beteiligung hindern, eine politische Verantwortung würde jedoch eindeutig abgelehnt werden.

Die Sozialdemokraten träten entschieden für den Abbau der Raketen ein. Nach Tschernobyl könne man sich vorstellen, daß allein schon eine Rakete genüge, um ein Inferno auszulösen. Man habe mit den Vereinigten Staaten gemeinsame Erfahrungen und grundlegende politische Werte. Man könne jedoch nicht übersehen, daß in den Vereinigten Staaten glücklicherweise eine Erfahrung darüber fehle, was ein Krieg im eigenen Land bedeuten könne. Der amerikanische Bürgerkrieg liege weit zurück. Die Sozialdemokraten seien überzeugt, daß Sicherheit nur noch miteinander und nicht gegeneinander zu finden sei. Er habe aufmerksam die Papiere gelesen, die Vertreter der Grundwertekommission mit Vertretern des Gesellschaftswissenschaftlichen Instituts der SED in Freudenberg ausgetauscht hätten.[9] Es gehe dort um neue Formen der friedlichen Koexistenz. Dieser Versuch könne historische Bedeutung gewinnen.

Zu dem Reaktorunglück von Tschernobyl wolle er in diesem Zusammenhang anmerken, daß jetzt in das Bewußtsein vieler Europäer die Erkenntnis eingetreten sei, was eine einzige Kernwaffenexplosion bedeuten könne. Es sei damit übrigens auch klargeworden, daß die Unterscheidung zwischen militärischen und zivilen Aspekten der Kernenergie höchst fragwürdig sei. Auf militärischem Gebiet müsse man die Vereinigten Staaten zu ernsthaften und konstruktiven Auseinandersetzungen mit den Vorschlägen Gorbatschows drängen. Er sei enttäuscht, daß das Angebot eines Moratoriums nicht aufgegriffen worden sei. Das sei eine Frage, in der die Haltungen aller Bundesregierungen seit 1949 übereinstimmten. Er vermute, daß es den Vereinigten Staaten in erster Linie darum gehe, ihre Lasertechnik zu erproben. Das mache ihn sehr besorgt. Er sei auch beunruhigt über die bisherige Reaktion auf den sowjetischen Vorschlag zu den Mittelstreckenraketen. Es komme jetzt darauf an, daß beide deutsche Staaten unter Beachtung der Bündnisverpflichtungen tun, was sie können, um eine Verbesserung herbeizuführen.

Der von SPD und SED ausgearbeitete Vorschlag für eine chemiewaf-

[8] J. Rau hatte als Kanzlerkandidat der SPD zu der von der Bundesregierung geschlossenen Vereinbarung erklärt, es bleibe bei der Ablehnung von SDI durch die SPD. Vgl. AdG 1986, S. 30198.

[9] Bei dem 4. Treffen von Vertretern der Grundwertekommission der SPD mit Vertretern der Akademie für Gesellschaftswissenschaften am 14. – 19. 2. 1986 in Freudenstadt/Schwarzwald (im »Vermerk« von D. Schröder fälschlich Freudenberg) war mit dem Austausch beiderseitiger Papiere erstmals über das spätere SPD/SED-Papier diskutiert worden.

fenfreie Zone sei ermutigend. Es sei unverständlich, daß die Bundesregierung die Vereinigten Staaten zwar zum Abzug ihrer Chemiewaffen gedrängt, aber nicht Verhandlungen mit der östlichen Seite aufgenommen habe, nun wegen der chemischen Waffen in der DDR ähnlich zu verfahren. Jetzt rede man über einen atomwaffenfreien Streifen; das sei eine sehr viel schwierigere Frage, allein schon wenn man an das Problem der mehrfach verwendbaren Artilleriewaffen denke. Er sei erfreut, daß der Vorschlag von Kontrollen an Ort und Stelle jetzt von Gorbatschow übernommen worden sei.[10] Der Vorschlag zur Beschränkung der konventionellen Rüstung müsse jetzt in Wien präzisiert und weiter behandelt werden. Wenn jemand erkläre, alle Vorschläge zielten nur auf eine Beeinflussung der öffentlichen Meinung, dann müsse er sie gerade zum Gegenstand von Verhandlungen machen, um seine Behauptung erhärten zu können.

Er sei nach wie vor der Meinung, daß der in Helsinki in Gang gesetzte Prozeß geeignet sei, um die europäische Friedensordnung voranzubringen. Die Grenzen dürften nicht mehr in Frage gestellt werden. Von großer Bedeutung seien auch die Menschenrechtsaspekte. Deshalb sei er nun etwas ratlos, nachdem in Bern die Vereinigten Staaten gegen den Rat aller Europäer die dort mögliche Einigung gestoppt hätten.[11] Er denke insbesondere an die Passage über die Beseitigung von Altersgrenzen für Reisen. Das sei für die Deutschen eine außerordentlich wichtige Angelegenheit. Honecker warf an dieser Stelle ein, daß er über das Verhalten der Vereinigten Staaten sehr gestaunt hätte. Gerade die von Dr. Vogel angesprochene Passage sei für die DDR nicht leicht gewesen. Deshalb hätte eine Sondersitzung des Politbüros stattgefunden. Die DDR sei bereit gewesen, das Dokument zu unterzeichnen. Dr. Vogel fuhr fort, daß nach seiner Meinung Ansätze für die weitere Entwicklung zu erkennen sei[en] und daß es sich nicht nur um leere Sätze handele. Man sei über das Stadium hinaus, wo man sich gegenseitig versichere, daß man keinen Krieg wolle. Inzwischen spreche man über konkrete Verbesserungen. Er wünsche, daß dieses, wo es immer möglich sei, fortgesetzt würde. Gorbatschow habe durch seine Politik Aufmerksamkeit und Respekt gefunden. Der Vorgang in Tschernobyl habe dann Anlaß zu kritischen Fragen gegeben; es sei gut, daß Gorbatschow dies dann durch seine Fernsehrede[12] zum Teil bereinigt habe, aber zweifellos sei durch die Behandlung des Reaktorunglücks eine Irritation entstanden. Er frage Honecker jetzt ganz direkt, was die Politiker

[10] Siehe Nr. 25, Anm. 12.

[11] Das am 14. 5. 1986 in Bern begonnene Expertentreffen über menschliche Kontakte und humanitäre Fragen, darunter Reisen und Familienzusammenführung, endete am 25. 5. 1986 ohne Einigung auf ein Schlußdokument. Entscheidend war die Weigerung der USA und ihrer Delegation, dem Dokument zuzustimmen, das von allen KSZE-Mitgliedern, darunter die Bundesrepublik, befürwortet wurde. Vgl. AdG 1986, S. 29918.

[12] Siehe Nr. 26, Anm. 7.

in den beiden deutschen Staaten noch tun könnten, um die Schwierigkeiten zu überwinden. Es sei klar, daß niemand bei solchen Gesprächen den Rahmen seiner Möglichkeiten verlassen solle, aber was die Sozialdemokraten bisher versprochen hätten, das würde für sie auch nach der Wahl gelten. Er höre, daß in der DDR gefragt würde, ob dies wirklich alles ernstgemeint sei, und wolle dazu nur bemerken, daß er in diesem Punkte ein großer Pedant sein werde. Die Sozialdemokraten stellten keine Wechsel aus, die sie zu Protest gehen ließen. Er frage also mit Ernst, was noch weiter getan werden könne.

4.
Erich Honecker erklärte, daß er den Eindruck einer Übereinstimmung in Grundfragen der Gegenwart habe. Auf beiden Seiten wolle man ein atomares Inferno verhindern. Große Sorge habe ihm das Verhalten der USA bereitet, das sich in dem »Piratenakt« gegen Libyen offenbart hätte.[13] Nur durch Besonnenheit in Ost und West habe ein Krieg verhindert werden können. Die Vereinigten Staaten hätten sich über das Völkerrecht einfach hinweggesetzt. Sie hätten das Leben von Frauen und Kindern geopfert, es sei bei allem noch ein Glück, daß 30–40% der Bomben, die abgeworfen worden seien, nicht explodiert seien. Die Besonnenheit der Sowjetunion, der Staaten des Warschauer Paktes, der arabischen Staaten und auch der westeuropäischen Staaten habe einen Krieg verhindert. Er freue sich, daß er mit Dr. Vogel in Kernfragen übereinstimme. Er fürchte unverändert, daß eines Tages die Welt in ein atomares Inferno geraten wird. Die Vorstellung, daß man aufrüsten müsse, um abrüsten zu können, sei nicht mehr länger aufrechtzuerhalten. […]

[…] Er habe erfahren, daß Gorbatschow in bezug auf die Bundesrepublik Deutschland wenig ansprechbar sei. An einen Besuch in Bonn denke Gorbatschow überhaupt nicht. Für ihn sei zunächst das Verhältnis zu Reagan entscheidend. Ganz uninteressant sei, sich mit Persönlichkeiten zu unterhalten, die noch päpstlicher sein wollen als der Papst. Die Europäer wüßten, was ein Krieg bedeutet. Die Vereinigten Staaten hätten im Zweiten Weltkrieg einen Blutzoll geleistet, aber sie seien vom Kriege im eigenen Land verschont geblieben. Wer Nagasaki besucht habe, der wisse, daß die Folgen des Atombombeneinsatzes von damals heute noch wirkten, das sei das Schlimmste dieser Waffe. Der Unfall in Tschernobyl habe einen Eindruck gegeben von den Folgen eines Atomkrieges für Europa. Daraus könne man nur schließen, daß mit aller Macht gegen eine solche Entwicklung vorgegangen werden müsse. […]

[13] Siehe Nr. 25, Anm. 5.

Honecker sprach sich für ein Teststopp-Moratorium aus und gegen SDI.

Auf der Berner Konferenz seien sich alle Europäer einig gewesen, wie man den in Helsinki eingeleiteten Prozeß weiterführen wolle. Die DDR sei nicht über alle dort festgelegten Punkte begeistert gewesen, insbesondere in der Frage der Altersgrenze für Besuchsreisen. Dennoch habe sie zugestimmt, obwohl sie danach Gesetze hätte ändern müssen. Das habe sie jedoch als Beitrag zur Vertrauensbildung akzeptiert. Das sei für sie eine Vorleistung für die Abrüstung gewesen. Die Haltung der Vereinigten Staaten sei ihm unverständlich, sie enthülle, daß es dort um ganz anderes ginge. [...] Es sei notwendig, daß die Europäer ihr Haus selbst bestellen. Damit wolle er nicht die Bündnisfrage stellen, dieses sei eine falsche Frage. Es ginge darum, daß die NATO und der Warschauer Pakt den Weg zur Zusammenarbeit fänden. Das sei die friedliche Koexistenz. Dies sei aber nur möglich, wenn auf beiden Seiten der Wille zur Zusammenarbeit und Abrüstung bestehe. [...]

Honecker sprach sich für die Beseitigung aller atomaren Waffen in Europa aus und äußerte sich dann zu Tschernobyl.

5.

Dr. Vogel begrüßte, daß beide Seiten die Notwendigkeit einer internationalen Zusammenarbeit nicht nur bei der Verhinderung von Kriegen sehen. Zu den Bemerkungen über Libyen wolle er unterstreichen, daß seine Seite für Terrorismus keinerlei Sympathie hätte. Aufgrund der Erfahrungen, die die Deutschen gemacht hätten, sei man auch gegen militärische Aktionen. Das sei ein verfehlter Weg. Man müsse sich fragen, wo ein solcher Weg, wenn man ihn erst einmal eingeschlagen hat, aufhören wird. Polizeiliche Maßnahmen zur Bekämpfung des Terrorismus seien die geeigneten friedlichen Mittel, und er habe daher mit Genugtuung die Bereitschaft der DDR, hier mitzuarbeiten, vernommen.

Zu dem Geschehen in Tschernobyl wolle er noch einmal feststellen, daß es nicht angemessen sei, dies zum Gegenstand einer politischen Kampagne zu machen. Er müsse allerdings beklagen, daß die Sowjetunion Informationen zunächst überhaupt nicht, dann zu langsam und nicht umfassend genug gegeben habe. Wer einen halben Kontinent beunruhige, muß über das wahre Geschehen informieren. Wer vom Haus Europa spreche, müsse auch bereit sein, dann, wenn in seiner Wohnung ein Zimmerbrand entsteht, die übrigen Mitbewohner, die davon sehr schnell in Mitleidenschaft gezogen werden können, zu benachrichtigen. Gorbatschow habe das dann mit seiner Fernsehansprache zum Teil nachgeholt. Dabei blieben Fragen offen. Die Grundhaltung zur Kernenergie habe sich gewandelt. Die programmatischen Festlegungen der SPD zu dieser Frage seien früher sehr emphatisch gewesen. In einem mühsamen Prozeß habe man in den siebziger Jahren gelernt, daß hier

Zweifel hinsichtlich der Beherrschbarkeit angebracht seien, auf dem Parteitag in Essen habe man sich dann 1984 für einen schrittweisen Ausstieg entschieden. Tschernobyl habe gezeigt, daß die Menschheit mit Katastrophen neuer Art rechnen müsse. Die Möglichkeiten zur Vorsorge seien nicht sehr groß. Die Sozialdemokraten wollten nicht, daß die Kernkraftwerke innerhalb von sechs Monaten abgeschaltet würden, dies hätte negative Folgen für die Umwelt, für den Arbeitsmarkt und für die Wirtschaftsentwicklung. Es werde sicher auch eine ernste internationale Diskussion der Probleme geben. Es dürfe keine Hysterie geben, aber man müsse nachdenken. Man müsse begreifen, daß die alten Souveränitätsvorstellungen der Staaten hier nicht mehr gelten.

6.

Erich Honecker bemerkte, daß es sich hier um Fragen handele, die nicht mehr an den Grenzen haltmachten. Erich Honecker erläuterte noch einmal die Informationslage in der DDR und ergänzte, daß wohl die Lage in Tschernobyl von der Zentrale in Moskau nicht gleich richtig erfaßt worden sei. [...] Verantwortungslos seien jedoch Zeitungen, die etwa gemeldet hätten, daß 30 000 Menschen in der Sowjetunion bereits den Tod gefunden hätten. Man müsse anerkennen, daß keine Seite die besten Kernkraftwerke hätte, es bestehe nach wie vor ein großer Unsicherheitsfaktor. Wenn die DDR noch über Steinkohlevorräte verfügte, wäre für ihn keine Frage, daß dann die Kernenergie nicht in Frage käme. Die Braunkohlen ließen sich jedoch nicht beliebig transportieren, daher habe die Kernenergie im Norden der DDR eine unverzichtbare Bedeutung. Er bedaure, daß der Bau des nächsten großen Kernkraftwerkes bei Stendal schon in Gang sei. Er habe veranlaßt, daß das ganze Projekt noch einmal überprüft werde.

7.

Dr. Vogel erläuterte die besonderen Probleme der Entscheidungsfindung in einem Bundesstaat und wies auf die Pressefreiheit hin, die jedoch Verantwortungslosigkeiten nicht rechtfertigen könne. Darüber habe es in der Bundesrepublik Auseinandersetzungen gegeben.

Dr. Vogel schlug dann vor, sich bilateralen Fragen zuzuwenden und stellte einleitend fest, daß seit dem Inkrafttreten des Grundlagenvertrages eine ganze Menge erreicht worden sei. Es werde bei der Beurteilung der Beziehungen zwischen den beiden deutschen Staaten oft nur ein kurzer Augenblick gesehen, man müsse die ganze Dimension und die ganze Zeit im Auge behalten. Ein neuer Fortschritt sei das Inkrafttreten des Kulturabkommens[14], dieses solle man richtig nutzen, die dabei ver-

---

[14] Das Kulturabkommen zwischen der Bundesregierung und der Regierung der DDR war am 6. 5. 1986 unterzeichnet worden und trat am gleichen Tage in Kraft. Wortlaut u. a. in: Innerdeutsche Beziehungen (1986), S. 259 ff.

einbarte Einbeziehung Berlins sei akzeptabel, er hoffe, daß auch das
Rahmenabkommen für den Umweltschutz vorankomme. In der Frage
des Umweltbundesamtes habe er neue Hoffnungen, nachdem er von
der Möglichkeit einer personalen Lösung für die Experten gehört
habe.[15] Zur Entwicklung der Verkehrsverbindung wolle er nur anmerken, daß bei der Frage der Elektrifizierung der Eisenbahn bald eine
neue Diskussion zu erwarten sei, nachdem die DDR nunmehr im Zuge
ihres inneren Ausbaus einen Teil der Strecke Berlin–Hamburg elektrifi-
ziert habe. Er wolle auch erneut daran erinnern, daß ein Übergang im
Raum Lüchow-Dannenberg erwünscht sei. Zu den Forderungen hinsichtlich der Zentralen Erfassungsstelle in Salzgitter, zur Feststellung
der Elbe-Grenze und zur Staatsangehörigkeit könne er nur die früheren
Standpunkte wiederholen. Er hoffe, daß für die Frage der Elbe-Grenze
in nicht allzu langer Zeit eine konkrete Lösung gefunden werde. Dabei
solle man auch die Ostseefischer nicht vergessen und die besonderen
Probleme, die sich hinsichtlich einiger Grenzkorrekturen im Berliner
Raum ergeben.

Wichtig sei ihm die Einbeziehung Hamburgs und Hannovers in den
kleinen Grenzverkehr. Die Fragen von Reisen von Ost nach West und
der Familienzusammenführung hätten für seine Seite einen hohen Stellenwert, hier stehe er in besonderer Weise in der Nachfolge Wehners. Er
wolle gern feststellen, daß die Entwicklung auch in diesen Bereichen
günstig verlaufen sei, er habe hier eigene positive Erfahrungen. Er habe
jedoch unverändert Sorgen in zwei Punkten, nämlich erstens hinsichtlich des Ausmaßes von Reisebeschränkungen, die aus der beruflichen
Tätigkeit begründet werden, und zweitens hinsichtlich der Besuche ehemaliger DDR-Bürger. Es gäbe auch im Westen Reisebeschränkungen
für bestimmte Personenkreise, die beträfen dort jedoch höchsten zwei
bis drei Promille der Bevölkerung. In der DDR liege dieser Anteil deutlich höher. Es sei eine Anpassung an internationale Maßstäbe wünschenswert. Er wolle weiterhin an dieser Stelle die Schwierigkeiten ansprechen, die legal ausgereisten ehemaligen DDR-Bürgern bei Besuchsreisen, die sie drei und vier Jahre nach ihrer Ausreise beantragten, bereitet würden. Sorge bereite ihm das insbesondere, wenn es um Besuche bei
kranken Eltern und ähnliche humanitäre Anlässe ginge. Er wünsche sich
sehr, daß Verbesserungen in diesem Bereich auch auf Berlin (West) ausgedehnt würden. Die Schwierigkeiten, die sich dabei ergäben, seien ihm
in der unterschiedlichen Behandlung von Asylbewerbern deutlich ge-

---

[15] Die Schwierigkeiten ergaben sich durch eine Beteiligung der in Berlin-West ansässigen
Bundesbehörden, d. h. in diesem Fall des Bundesumweltamtes. Bei dem schließlich nach 18 Ver-
handlungsrunden am 10. 6. 1987 paraphierten Umweltabkommen wurde eine sog. personenbe-
zogene Lösung vereinbart, d. h. bei gemeinsamen Tagungen etc. sollten Experten des Bundesumweltamtes nicht als Vertreter dieser Behörde, sondern als Person eingeladen und zugezogen
werden. Vgl. AdG 1987, S. 31134.

worden. Zur 750-Jahr-Feier bitte er, das, was im Rahmen einer guten Nachbarschaft möglich ist, auch zu tun, nämlich Besuche zu erleichtern und Folgeveranstaltungen im Westen zu ermöglichen.

Die jüngsten Probleme hinsichtlich der Ausweise von Diplomaten[16] seien eine Vier-Mächte-Angelegenheit, und er könne nur die Notwendigkeit einer vollen Anwendung und strikten Einhaltung des Vier-Mächte-Abkommens unterstreichen. Besonders sensibel sei es, wenn Veränderungen bei den Militärregierungen und bei den Militärmissionen vorgenommen würden; er habe jedoch gehört, daß diese von der Regelung überhaupt nicht betroffen seien.

8.

Erich Honecker entgegnete, daß es in den letzten zehn bis zwanzig Jahren Veränderungen in den Beziehungen zwischen der DDR und der Bundesrepublik Deutschland einschließlich Berlin (West) gegeben hätte. Er erinnere sich, daß früher Besucher der Leipziger Messe nur bestimmte Kreise um Leipzig aufsuchen durften, heute stehe die DDR für alle Besucher offen. Seit den Zeiten seiner ersten Begegnung mit Herbert Wehner habe sich viel verändert, heute gebe es einen regen Kontakt, auch notwendige Kontakte mit der gegenwärtigen Bundesregierung. Den Rahmen aller solcher Begegnungen bildeten die Verträge zwischen beiden deutschen Staaten, sie seien Teil des europäischen Vertragssystems, das voll angewendet und strikt eingehalten werden müßte. Bei dem Kulturabkommen habe man die Stiftung Preußischer Kulturbesitz ausgeklammert, und man werde nicht genau kontrollieren, ob bei Ausstellungen möglicherweise dieses oder jenes Exponat der Stiftung gezeigt wird. Er sei aber der Meinung, daß im Zuge der Entwicklung die Kulturgegenstände dorthin zurückgebracht werden müßten, wo sie sich vor dem Zweiten Weltkrieg befunden hätten. Dieses müsse vernünftig, Schritt für Schritt gelöst werden. Auch beim Umweltschutz müsse man einen ähnlichen Weg suchen. Es handele sich um die Lösung grenzübergreifender Probleme. Er müsse jedoch daran erinnern, daß die Sowjetunion für den Status Berlin (West) mit zuständig sei. Sie habe schon vor Jahren erklärt, daß das Umweltbundesamt nicht akzeptabel sei. Die DDR pflege daher heute eine Zusammenarbeit mit den Bundesländern. Wenn man die Frage des Umweltamtes ausklammere, dann würde man in der Praxis nicht so sehr auf die Herkunft der Experten sehen, niemand wird sortieren, wohin denn einer gehört. Im

[16] Die DDR hatte ab 26. 5. 1986 verfügt, daß beim Grenzübertritt innerhalb Berlins in Ost-Berlin akkreditierte Angehörige von Gesandtschaften ihre Diplomatenpässe statt wie bisher ihre Dienstausweise vorzeigen müßten. Auf diese Maßnahme, die offensichtlich darauf zielte, der Grenze zwischen Ost- und West-Berlin den Anschein einer völkerrechtlichen Staatsgrenze zu verleihen, reagierte der Westen mit Kritik und Protest. – Am 28. 5. wurde vom MfAA mitgeteilt, Botschaftsangehörige der drei Westalliierten könnten auch künftig weiter die Grenze zwischen West- und Ost-Berlin ohne Diplomatenpaß passieren.

Vier-Mächte-Abkommen, daran müsse er immer wieder erinnern, sei ein Abbau der Bundespräsenz vorgesehen; mit der Errichtung des Umweltbundesamtes sei das Gegenteil getan worden, die vernünftigste Lösung wäre es, das Problem auszuklammern. Zur Elbe-Frage habe seine Seite die Absicht, dieses zum Hauptthema der nächsten Sitzung der Grenzkommission zu machen. Dann ließen sich auch die Wünsche in der Lübecker Bucht erfüllen. Er müsse daran erinnern, daß bereits 1975 die Grenzkommission gemeinsam ein Protokoll über die Grenze in der Elbe aufgesetzt hätte[17], das dann aber wegen Albrechts Widerstand nicht unterzeichnet worden sei. Auf Albrecht habe inzwischen auch Strauß – vergeblich – einzuwirken versucht. Es seien alle praktischen Probleme gelöst, nunmehr könne die Grenzkommission auch den Grenzverlauf feststellen. Das würde zu einer Verbesserung der gesamten Beziehung führen. Über Salzgitter und die Staatsangehörigkeit wolle er nicht reden. Sein Wunsch wäre es allerdings, die Handelsbeziehungen weiter zu verbessern. Die Kontaktverbote in der DDR seien inzwischen erheblich eingeschränkt, für SED-Mitglieder seien sie grundsätzlich aufgehoben, das betreffe rund 2 Millionen Menschen. FDGB-Mitglieder seien bereits frei, leider würden in dieser Beziehung immer noch Märchen erzählt, und es gäbe möglicherweise auch noch einige bürokratische Hemmnisse. Hinsichtlich der Einreise ehemaliger DDR-Bürger könne er nur wiederholen, daß diesen bei der Ausreise ausdrücklich klargemacht worden sei, daß sie einen Abschied vollzögen. Diejenigen, die vor 1971 die DDR verlassen hätten, bildeten keine Problemgruppe, die jüngeren Fälle müsse man im Auge behalten. Dort, wo es sich wirklich um ernsthafte humanitäre Fälle handele, werde man eine Lösung finden. Die Einreiseverbote richteten sich grundsätzlich gegen Angeber, die nach der Ausreise die Vorzüge ihrer Übersiedlung demonstrativ in der DDR vorzeigten. Die bisherige Fristenregelung würde man irgendwann überdenken.

Zu der 750-Jahr-Feier Berlins könne er als Vorsitzender des Komitees nur sagen, daß die Veranstaltungen allen offenstehen, prinzipiell sei man für einen Austausch des Ensembles. Er könne aber jetzt schon erkennen, daß viele Veranstaltungen ausverkauft seien, das gelte insbesondere für das Schauspielhaus und den Friedrichstadtpalast. Auf dem Programm stünden auch viele Veranstaltungen mit Westberliner und westdeutschen Solisten und Ensembles. Seine Seite kapsele sich also nicht ab.

Zu den jüngsten Problemen von Diplomaten müsse er daran erinnern, daß die DDR mit Vorwürfen gegen die libysche Botschaft vor einiger Zeit massiv gebeten worden sei, schärfer zu kontrollieren. Man habe dies den Vereinigten Staaten sofort zugesagt. Die DDR sei gegen

---

[17] Siehe Nr. 1, Anm. 15.

Terrorismus, das habe sie besonders deutlich bei ihrem Einsatz während der Münchener Olympiade gezeigt. Terror nütze nur rechten Gruppen; er, Honecker, sei stets gegen individuellen Terror eingetreten. Er müsse feststellen, daß ihm bisher keinerlei Beweise gegen Libyen vorgelegt worden seien; der amerikanische Angriff sei nach dem Völkerrecht nicht gerechtfertigt gewesen. Auch die Vereinigten Staaten wüßten, daß die DDR zu jeder internationalen Zusammenarbeit gegen den Terrorismus bereit sei, auch zu einer Zusammenarbeit mit dem CIA. Die DDR verlange jetzt, daß die Diplomaten bei ihr den Diplomatenpaß vorzeigten, anders könne sie nicht erkennen, ob es sich um Diplomaten oder möglicherweise um Terroristen handele. Daß daraus ein Medienspektakel gemacht werde, sei ungerechtfertigt. Die Botschaften der drei Mächte, die Militärregierungen und die Militärmissionen seien ausgenommen. Man habe festgestellt, daß die rote Karte des Außenministers kein fälschungssicherer Ausweis sei. Wenn es gewünscht werde, werde man andere Ausweise ausstellen.

Die Möglichkeiten der DDR zur Einschränkung des Asylantenzustroms nach West-Berlin seien begrenzt, nur die Alliierte Kommandantur Berlin hätte ein Recht zur vollen Kontrolle. Wenn die Alliierten dieses ausübten, dann sollten sie die Asylanten in die DDR zurückschieben, Interflug hätte Anweisung, auf solche Flüge zu verzichten.[18] Das bringe etwa einen Einnahmeverlust von jährlich 3 Mio. DM. Es sei auch bereits eine Fluglinie eingestellt worden. Die DDR könne aber niemanden an der Grenze nach West-Berlin aufhalten, und sie könne auch niemanden, der von West-Berlin im Transit in die Bundesrepublik reise, daran hindern; gerade auf dieses Recht hätte die DDR im Rahmen des Vier-Mächte-Abkommens verzichtet. Grundsätzlich würden von der DDR keine Beförderungen von Personen zugelassen, die nicht im Zielland auch eine Einreiseerlaubnis hätten. Das Problem hinsichtlich West-Berlins sei viel komplizierter, es sei keine einfache Frage, sie sei schwerer als die sogenannten Geraer Forderungen zu lösen. Die DDR müsse dabei auch sehen, daß sie Verpflichtungen aus anderen internationalen Abkommen hätte.

9.
Am Schluß des Gesprächs wurde das in der Anlage beigefügte gemeinsame Kommuniqué verabschiedet.[19]

10.
In dem vertraulichen Gespräch übergab Hans-Jochen Vogel die beigefügte Liste mit besonders schwierigen Fällen einer Familienzusammen-

[18] Vgl. Einleitung I, 2a) und Nr. 23, 29 und 30.
[19] Das dem »Vermerk« Schröder beiliegende gemeinsame Kommuniqué erschien u. a. in: Informationen der Sozialdemokratischen Bundestagsfraktion vom 28. 5. 1986.

führung. Es wurde in dem vertraulichen Gespräch außerdem verabredet, daß Fälle von Einreiseverweigerungen für ehemalige DDR-Bürger, die besondere humanitäre Fragen berühren, in Zukunft zwischen Staatssekretär Herrmann und Professor Schröder erörtert werden sollen.

Schröder *[Unterschrift]*

[b] SAPMO ZPA u. a. J IV 2/2A/2899 und IV 2/1/652: »Niederschrift über das Treffen des Generalsekretärs des Zentralkomitees der SED und Vorsitzenden des Staatsrates der DDR, Genossen Erich Honecker, und des Vorsitzenden der SPD-Bundestagsfraktion, Hans-Jochen Vogel, am 28. Mai 1986 im Jagdschloß Hubertusstock am Werbellinsee«

E. Honecker begrüßte H.-J. Vogel herzlich und drückte seine Freude aus, sich von Zeit zu Zeit zu treffen, was sich auf die weitere Entwicklung der Beziehungen sehr fruchtbar auswirke. Seit der letzten Begegnung habe sich in beiden deutschen Staaten und in den Beziehungen zwischen ihnen vieles ereignet. Die SPD stehe vor großen Kämpfen, so G. Schröder anläßlich der Landtagswahlen in Niedersachsen. Vor kurzem habe er K.-H. Hiersemann empfangen, dessen Persönlichkeit und dessen Auftreten ihn beeindruckt hätten, er sei in Bayern ein echter Widerpart zu Strauß. Auch mit J. Rau und O. Lafontaine habe er Gespräche geführt.

Wir sind in einer Zeit angelangt, in der man dem Frieden eine Chance geben muß, sagte E. Honecker. In Europa habe es zwar eine Besserung gegeben, aber von Regierungsseite der BRD werde noch nicht ernsthaft an die Probleme herangegangen, um sie schrittweise zu lösen. Die Vorschläge M. Gorbatschows hätten zum Genfer Gipfel geführt, dessen Ergebnisse dazu beitragen sollten, die Gespräche über den Komplex der Mittelstreckenwaffen, der Langstreckenwaffen, der Nichtausdehnung der Rüstungen auf den Kosmos zu intensivieren. E. Honecker hob den auf dem XI. Parteitag der SED von M. Gorbatschow verkündeten, ergänzenden Vorschlag zur bedeutenden Verringerung der konventionellen Waffen vom Atlantik bis zu Ural hervor.[2] Bekanntlich sei von westlicher Seite immer wieder eingewandt worden, wenn es zu einem Stopp der Rüstungen auf atomarem Gebiet komme und zur Nichtausdehnung der Rüstungen auf den Weltraum, dann entstehe ein Übergewicht der Sowjetunion und der Staaten des Warschauer Vertrages über den Westen auf konventionellem Gebiet. Der Vorschlag M. Gorbatschows und sein Auftreten seien vorher mit der DDR und den anderen sozialistischen Ländern abgestimmt worden und werde von ihnen mitgetragen. Er solle die Möglichkeit schaffen, auf einem Gebiet voranzukommen. Von besonderer Bedeutung sei ein Stopp der atomaren Tests.

Auf dem XI. Parteitag hätten zwei Fragen im Vordergrund gestanden. Erstens die Friedenssicherung, die nicht gegeneinander, sondern nur miteinander möglich sei und nicht nur den Abbau der Konfrontation, sondern zugleich die Entwicklung der Zusammenarbeit in Europa einschließe. Zweitens die weitere Gestaltung der sozialistischen Gesellschaft in der DDR. Die Frage sei, wie es hinsichtlich der Friedenssicherung weitergehen soll.

Die gegenwärtige Regierung der Bundesrepublik wirke im Gegensatz zu ihren Versicherungen nicht konstruktiv auf die amerikanische Seite ein, in den Grundproblemen zu Vereinbarungen mit der Sowjetunion zu gelangen. Ihre Beteiligung an SDI habe negative Folgen. Als M. Bangemann kurz vor Unterzeichnung der Vereinbarungen mit den USA in Berlin war, habe er versucht, die Dinge zu verniedlichen.[3] Das Geheimabkommen mit den USA sei noch nicht einmal dem Bundestag vorgelegt worden, seinen Inhalt habe eine Kölner Zeitung bekanntgemacht.[4] Bonn habe aber mehr unterschrieben, als man veröffentlicht habe. Für uns bedeute der SDI-Beitritt der Bundesrepublik eine bestimmte Enttäuschung, zumal lange Zeit über die Hoffnung bestanden habe, daß sich die Bundesrepublik nicht am amerikanischen »Sternenkriegs«-Programm beteiligen werde.

Es sei, blicke man auf die zurückliegende Zeit, darum gegangen, die Sprachlosigkeit der Großmächte zu überwinden, was durch die gemeinsame sowjetisch-amerikanische Erklärung vom 15. Januar, durch den Beginn der Verhandlungen über den Komplex der drei Fragen – Mittelstreckenwaffen, Langstreckenwaffen, Nichtmilitarisierung des Kosmos – geschehen sei. Das Treffen M. Gorbatschow/R. Reagan in Genf habe hoffnungsvoll gestimmt. Doch dann hätten die USA eine große Aktivität zur Durchführung ihres »Sternenkriegs«-Programms entwickelt, er sage ausdrücklich »Sternenkriegs«-Programm, weil es Reagan selbst ursprünglich so genannt und es aufgrund des negativen Echos später in »Strategische Verteidigungsinitiative« umbenannt habe. Damit werde begonnen, den Weltraum zu militarisieren. Die USA hätten stark auf die britische Unterstützung gerechnet, die ihnen auch gegeben worden sei, die BRD habe sich nachgerade vorgedrängt, um beteiligt zu sein.

Solange man anstrebt, den Kosmos zu militarisieren, besteht keine Chance, auf der Erde zur Abrüstung zu kommen, unterstrich E. Honecker. Dabei bezweifelten nicht wenige Politiker und Wissenschaftler die Erreichbarkeit der für SDI angegebenen Zielstellung. Mit SDI werde weder über den USA noch über Europa ein Regenschirm aufgespannt. Die Sowjetunion sei in der Lage, auf SDI wirksam zu antworten. Allein durch eine Massierung interkontinentaler Raketen sei es möglich, ein Übergewicht zu verhindern, das durch die Installierung von SDI zugunsten der USA geschaffen werden solle. Ihre Technik im Weltraum sei verwundbar, auch seien technische Fehler nicht auszuschließen.

Unbedingt muß dem Frieden eine Chance gegeben werden, und das verlange, ernsthaft auf die Vorschläge M. Gorbatschows und des Warschauer Vertrages einzugehen. Am 10. und 11. Juni werde der Politische Beratende Ausschuß des Warschauer Vertrages in Budapest tagen und über alle diese Fragen beraten. Wir werden die Dinge nicht so behandeln, daß wir auf einen groben Klotz einen groben Keil setzen, sondern unsere Vorschläge zur Friedenssicherung durcharbeiten. Was jetzt zur Friedenssicherung nicht zu erreichen sei, werde später nachgeholt. Bei der Behandlung der konventionellen Waffen sei davon auszugehen, daß sie nicht mehr so konventionell seien wie früher, sondern daß es sich um intelligenzintensive Waffen mit großer Vernichtungskraft handele.

Bis zum Jahrestag des Atombombenangriffs auf Hiroshima am 6. August 1986 gelte weiter das sowjetische Moratorium für alle Kernwaffentests.[5] Es wäre ein Schritt in die richtige Richtung, wenn die Atommächte, nicht nur die Sowjetunion und die USA, einen Atomteststopp vereinbaren würden. Die Welt braucht den Frieden, betonte E. Honecker, und beide deutsche Staaten auch.

H.-J. Vogel übermittelte Grüße W. Brandts, H. Schmidts, H. Wehners, J. Raus, O. Lafontaines, die E. Honecker erwiderte. Eigentlich habe er mit der heutigen Begegnung gezögert und sich gefragt, ob er nicht wegen der großen Zahl der Besucher aus der Bundesrepublik bei E. Honecker pausieren solle, aber dann habe er sich an die Vereinbarung vor drei Jahren in Fortsetzung dessen erinnert, was H. Wehner in Gang gesetzt hatte, und gemeint, es sei zweckmäßig, sich kontinuierlich zu treffen. Eine zusätzliche Legitimation leite er daraus her, daß er die DDR mehrfach als Privatmann besucht und ein Bild von ihr gewonnen habe. Bei ihm habe sich eine geradezu gefühlsmäßige Zuneigung zum Land und seinen Menschen entwickelt. Früher sei die DDR auch für ihn ein »weißer Fleck auf der Landkarte« gewesen. Seitdem sehe er die Fortschritte, erlebe, was die Menschen bewege, so kürzlich während seines Pfingstaufenthaltes in Dresden und Herrenhut.

1983, beim ersten Treffen[6], habe man besprochen, daß die Treffen im Geiste des Grundlagenvertrages der Sicherung des Friedens, der Verbesserung der Beziehungen, der Lebensverhältnisse der Menschen in beiden deutschen Staaten dienen sollten. Auch auf der Ebene der Staats- und Regierungschefs beider deutscher Staaten halte er solche Begeg-

nungen für wünschenswert. 1981 habe H. Schmidt mit dem Treffen am
Werbellinsee einen Anfang gesetzt. Ohne nach Parteien zu unterscheiden, werde die Fortführung solcher Begegnungen, von einigen Rechts-
kräften in der BRD abgesehen, begrüßt. Die beiderseitigen Kontakte
hätten sich während der letzten Jahre gut entwickelt. Insbesondere den
Jugendaustausch, der trotz einiger Irritationen weiter im Gang sei, bezeichnete H.-J. Vogel als ermutigend, ebenso die Städtepartnerschaft
Saarlouis/Eisenhüttenstadt, zu der jetzt, wie ihm K.-H. Hiersemann
gesagt habe, eine Partnerschaft Erlangen/Jena kommen werde.

Auch die Kontakte zwischen der SPD-Bundestagsfraktion und der
Volkskammer der DDR hätten sich gut entwickelt, wobei der äußerst
erfolgreiche Besuch H. Sindermanns in der Bundesrepublik ein Höhepunkt gewesen sei, der über die SPD-Fraktion hinaus eine sehr positive
Resonanz gefunden habe. Anfang Juni werde eine Delegation der FDP-
Fraktion zur Volkskammer reisen. Als überfällig bezeichnete H.-J. Vogel die Aufnahme offizieller Beziehungen zwischen beiden Parlamenten. Nachdem sich der Widerstand dagegen in der Union eine Zeitlang
verstärkt habe, werde er jetzt wieder schwächer. P. Jenninger spiele
eine eher konstruktive Rolle.[7] Wichtig sei die Gleichbehandlung der
(West) Berliner Bundestagsabgeordneten, die auch am Beispiel seiner
eigenen Person so erprobt sei, daß er unter Hinweis darauf manchen
anderen beruhigen könne.

H.-J. Vogel sagte, nach dem Genfer Gipfel habe es Hoffnungen gegeben, und man habe es begrüßt, daß die Zeit der Sprachlosigkeit zu Ende
zu sein schien. Bei den Erwartungen, die damals geweckt wurden, verzeichne man mit zunehmender Besorgnis, daß den Worten nicht die
entsprechenden Taten folgten. Die Rüstungswelle gehe weiter, ihre
Ausdehnung auf den Weltraum nehme zu. Auch die Kirchen seien sehr
kritisch und besorgt gegenüber jeder militärischen Inanspruchnahme
des Weltraumes, durch wen auch immer.

Die Beteiligung der Bundesregierung an SDI sei ein ernster politischer Fehler. Damit lade sich die Bundesrepublik die Verantwortung
für eine Fehlentwicklung auf, die sie nicht hätte übernehmen müssen.
In jedem Bündnis bestünden Zwänge, größere und kleinere, doch in
diesem Fall hätte die Bundesrepublik ohne größere Komplikationen
ablehnen können. Andere hätten ja abgelehnt, z. B. Frankreich und
Belgien. In der Beteiligung der Bundesrepublik sehe der Warschauer
Vertrag einen Schritt, der nicht fördert, sondern belastet.

J. Raus deutlichstes Wort sei gewesen, daß eine sozialdemokratische
Bundesregierung die SDI-Vereinbarung mit den USA kündigen werde.[8]
Aufgrund der verfassungsrechtlichen Lage könne sie einzelne Firmen
nicht daran hindern, wenn die SPD auch keine ermutige, sich zu beteiligen. Die SPD lehne aber jede politische Mitverantwortung ab. In Ge-

sprächen, die er mit Ball[20] und anderen USA-Vertretern geführt habe, seien die riesigen Kosten, die SDI verursache, erwähnt worden. Vielleicht, habe es ferner geheißen, würden von 10 anfliegenden Raketen 7 oder 8 zerstört, aber 3 oder 2 träfen ins Ziel. Für die Vernichtung Europas, so meinten manche nach Tschernobyl, würde schon eine einzige Rakete genügen.

Mit den USA habe die SPD eine Reihe von Grundauffassungen gemeinsam, aber eine fehle den USA, die Erfahrung, was Krieg und Zerstörung im eigenen Land bedeuten. Das sei der US-Administration einfach nicht im Bewußtsein. Aber jeder Deutsche, jede russische Frau wisse es.

Jetzt sei die Situation so, daß Sicherheit nur noch miteinander, nicht gegeneinander möglich sei. In den ausgetauschten Papieren der SPD-Grundwertekommission und der wissenschaftlichen Institutionen der SED sei der Gedanke der friedlichen Koexistenz weiterentwickelt und festgestellt, daß der eben genannte Zustand einschneidende Folgen für die internationalen Beziehungen haben muß.[9] Dies sei von geradezu historischer Bedeutung. Tschernobyl, fuhr H.-J. Vogel fort, habe den Menschen die Vorstellung zu Bewußtsein gebracht, was eine einzige Kernwaffenexplosion bedeuten würde. Die scharfe Trennungslinie zwischen militärischer und »absolut sicherer« ziviler Nutzung der Kernenergie sei brüchig geworden.

Die SPD dränge, daß konkrete Vorschläge auf den Verhandlungstisch kommen. Eine Zeitlang habe man nicht sicher erkannt, ob Gorbatschows Vorschläge auch am Verhandlungstisch eintreffen würden. Jetzt wisse man aber, daß sie in Genf eingetroffen seien. Die SPD dränge die amerikanische Seite, sich konstruktiv und ernsthaft dazu zu äußern. Sie sei enttäuscht, daß das sowjetische Moratorium nicht von den USA aufgegriffen werde, denn dies biete eine Chance, an einer wichtigen Stelle zum Ende zu kommen. Zu befürchten sei, daß der maßgebliche Grund für die USA darin bestehe, die Lasertechnik ausprobieren zu wollen, denn für herkömmliche Waffen brauchten sie die Testergebnisse nicht. Darüber sei man sehr besorgt. Das gelte auch für die Reaktion auf den Vorschlag hinsichtlich der Mittelstreckenwaffen.

Angesichts all dessen sei es um so wichtiger, das zu tun, was beide deutsche Staaten in ihrer Bündniszugehörigkeit tun können. Die Bündnisfrage werde die SPD nicht aufwerfen, denn das würde die Stabilität nicht vermehren, sondern vermindern. Das Projekt der Schaffung einer chemiewaffenfreien Zone sei wirklich ermutigend, und er verstehe die Bundesregierung nicht, die immer noch erzähle, bis 1993 würden die Bestände abgezogen. Dieser Vorschlag biete ihr eine Chance, auch mit der SPD zu reden. Gelegentlich würden die Dinge so dargestellt, als

---

[20] William Ball, Berater von Präsident Reagan im Weißen Haus.

hätten SPD und SED ein Regierungsabkommen geschlossen, aber die SPD habe den gemeinsamen Vorschlag immer als Sondierungs-, als Klärungsmaterial verstanden. In der Arbeitsgruppe über den atomwaffenfreien Streifen sei es ein bißchen schwieriger, vor allem wegen der Artillerie, der Mehrfachwaffen.

Gorbatschows Vorschläge zu den konventionellen Waffen[10] seien gut, selbst wenn man geglaubt habe, sie seien mehr für Public Relations bestimmt als von sachlichem Gehalt. Man müsse herausfinden, was damit ist. Das scheine in der US-Administration nur mühsam vor sich zu gehen. Selbst H. Schmidt, der öfter drüben gewesen sei, kenne sich in dieser Regierung auch nicht mehr aus.

H.-J. Vogel sprach sich für die Förderung des Helsinki-Prozesses aus, wobei außer der Friedenssicherung auch der Menschenrechtsaspekt eine große Rolle spiele. Nach der Berner Konferenz sei man ratlos. In dem von den USA abgelehnten Dokument sei eine Passage drin, die der SPD besonders gut gefallen habe.[11] Die USA-Regierung handele nicht klug. Es gebe mehr und mehr Fälle, in denen mehr und mehr Europäer gegen sie seien, in diesem Falle seien es alle.

Gute Ansätze seien vorhanden, es nicht bei einer ständigen Wiederholung der Feststellung, daß von deutschem Boden nie wieder Krieg ausgehen darf, zu belassen. Gorbatschow, den er nicht persönlich kenne, habe nicht nur an Aufmerksamkeit, sondern auch an Respekt gewonnen. Allerdings gebe es wegen Tschernobyl auch Fragen und Probleme. Es sei gut, daß Gorbatschow inzwischen in die Öffentlichkeit gegangen sei[12], aber eine gewisse Irritation sei geblieben.

Was können wir noch tun, welche Möglichkeiten bestehen, fuhr H.-J. Vogel fort. Was die Wahlen betreffe, so sei davon auszugehen, daß bei einer Regierungsverantwortung der SPD das mit der DDR Besprochene auf den Tisch kommt. Indem er sich auf gelegentliche Stimmen des Zweifels bezog, ob sich die SPD auch daran halten werde, betonte er, hier sei er ein Pedant. Die SPD werde keinen Wechsel zu Protest gehen lassen.

E. Honecker stellte fest, nach seinem Eindruck bestehe in den Grundfragen der Gegenwart, vor allem hinsichtlich der Abwendung eines atomaren Infernos, weitgehende Übereinstimmung. Jeder Krieg in Europa würde zu einem solchen Inferno führen, jeder Konflikt auf der Erde könne sich dazu ausweiten. Auf den Piratenakt der USA gegen Libyen[13] verweisend betonte er, daß Weiterungen nur durch Besonnenheit der Sowjetunion, der sozialistischen Staaten, der arabischen Länder und auch westeuropäischer Regierungen verhindert worden seien. Hier habe es sich nicht um Vergeltung, sondern um Aggression gehandelt. Wir lehnen den Terrorismus ab. Es sei aber empörend, daß sich ein Präsident über alle völkerrechtlichen Regeln hinwegsetzt, ein Land überfällt, Frauen und Kinder umbringen läßt.

Die heutige internationale Auseinandersetzung berge die Gefahr in sich, eines Tages zu einem atomaren Inferno zu führen. Der Losung »erst aufrüsten, dann abrüsten« dürfe niemand nachhängen, auch nicht, um das Gesicht zu wahren. [...]

[...] Gorbatschow sei entschlossen, der Abrüstung auf der Erde und der Nichtausdehnung des Wettrüstens in den Kosmos das Tor zu öffnen. Die Bundesrepublik spiele in dieser Frage gegenwärtig keine konstruktive, ja man könne sagen eine negative Rolle.

H.-J. Vogel habe selbst davon gesprochen, daß die Deutschen zwei Weltkriege hinter sich haben und wissen, was das bedeutet. Die USA hätten für den Sieg über den Hitlerfaschismus einen hohen Zoll gezahlt, aber den Krieg im eigenen Land und seine Schrecken kennen sie nicht. Bei seinem Besuch in Nagasaki habe er gesehen, daß das Schlimmste des Atombombenangriffs die Spätfolgen sind. Mit aller Macht müsse man dafür eintreten, daß es nicht zu einem Atomkrieg kommt.

Honecker sprach sich für ein Teststopp-Moratorium aus und gegen SDI.

Auf der Berner Konferenz, sagte E. Honecker, seien sich alle europäischen Staaten einig gewesen, ein Schlußdokument anzunehmen. Auch die DDR sei nicht über alles erfreut, was in diesem Dokument stehe, habe aber zugestimmt, um auf einem Gebiet den KSZE-Prozeß fortzusetzen und Vertrauen zu schaffen.

[...] Die Europäer müßten dazu übergehen, ihr Haus selbst zu bestellen. Die Frage des Bündnisses der Bundesrepublik stehe nicht, daran zu wackeln sei zwecklos. Doch müßten die NATO und der Warschauer Pakt nicht nur koexistieren, sondern auch Wege der Zusammenarbeit auf allen Gebieten öffnen. Die Politik der friedlichen Koexistenz sei nur möglich bei gegenseitigem Willen zur Zusammenarbeit und zur Verhinderung einer weiteren Aufrüstung.

Sich auf die von H.-J. Vogel geäußerten DDR-Eindrücke beziehend, betonte E. Honecker die Verpflichtung, für die jetzige und die kommenden Generationen den Frieden zu erhalten, als oberstes Gebot unserer Politik. [...]

Honecker sprach sich für die Beseitigung aller atomaren Waffen in Europa aus und äußerte sich dann zu Tschernobyl.

H.-J. Vogel sprach sich für die internationale Zusammenarbeit zur Verhinderung einer kriegerischen Atomkatastrophe und die Verbesserung der Nutzung der Atomenergie zu friedlichen Zwecken aus. Völlig verfehlt sei es, aus Tschernobyl eine Kampagne zu machen, dieses Ziel hätten manche Äußerungen in den USA und der Bundesrepublik gehabt. Doch habe die Sowjetunion erst überhaupt nicht, dann zu langsam und nicht umfassend informiert. Um so mehr als Folgen für den ganzen Kontinent eingetreten seien, hätten sie die Verpflichtung gehabt, die Nachbarn zu unterrichten.

In der SPD sei hinsichtlich der Kernenergie ein langer, mühsamer, belastender Prozeß zu verzeichnen. Von Parteitag zu Parteitag habe die Skepsis zugenommen. Beide Optionen müßten offenbleiben. Tschernobyl zeige eine Katastrophengefahr völlig neuer Art – keine räumliche, keine zeitliche Begrenzung. Oberhalb bestimmter Strahlungswerte gebe es überhaupt keinen Schutz. Auch er sei gegen Hysterie. Die Forderung der Grünen »abschalten« sei abwegig. Bei Verwendung anderer Energiequellen werde die herkömmliche Schadstoffbelastung in die Höhe gehen, und man müsse Wälder opfern, erhielte Arbeitsmarktprobleme. Man suche nach einem Übergang, der die verschiedenen Aspekte optimiert.

Die Sorge der Menschen lasse sich nicht auf diesen Konfliktfall begrenzen. Die Gentechnologie werfe ähnliche Fragen auf. Tschernobyl habe auch herkömmliche Vorstellungen von nationaler Souveränität gesprengt.

H.-J. Vogel sagte, für Ghaddafi empfinde die SPD keine besonderen Sympathien, aber militärische Aktionen gegen Wohnviertel seien zur Bekämpfung des Terrorismus völlig ungeeignet. Wie könne man Unschuldige schützen, indem man Unschuldige töte. Wo höre das dann auf. Mit Genugtuung habe er gehört, daß sich E. Honecker für die Verbesserung der Zusammenarbeit im Kampf gegen den Terrorismus ausgesprochen habe.

Bei der Behandlung bilateraler Fragen stellte H.-J. Vogel fest, seit Abschluß des Grundlagenvertrages sei eine Menge erreicht worden. Oft sei man geneigt, nur den Augenblick zu sehen, als selbstverständlich zu beurteilen, was vor 20 oder 15 Jahren noch nicht möglich war. Die SPD habe das Kulturabkommen begrüßt[14], das beiderseits genutzt werden solle. Gut wäre es, auch beim Umweltabkommen zu Stuhle zu kommen, bei dem offenbar die Einbeziehung des Umweltbundesamtes in Berlin (West) der schwierigste Punkt sei.[15]

Weiter ging H.-J. Vogel auf Fragen der Verkehrsverbindungen, die Feststellung der Elbegrenze, Fragen des Reiseverkehrs, der Familienzusammenführung, der Einreise ehemaliger DDR-Bürger in die DDR, das Asylantenproblem, die 750-Jahr-Feier in Berlin und die Paßpraxis an den Grenzübergangsstellen in Berlin ein.

E. Honecker unterstrich, in den vergangenen Jahren sei in den Beziehungen zwischen der DDR und der BRD, im Verhältnis zwischen der DDR und Westberlin einiges zum Guten verändert worden. Mit der SPD bestehe seitens der SED ein reger Kontakt, auch die Kontakte zwischen den Regierungen beider deutscher Staaten würden weitergeführt. Beim Kulturabkommen habe die DDR ihr Wort eingelöst, die Stiftung Preußischer Kulturbesitz auszuklammern, und so habe das Abkommen unterschrieben werden können. Das Umweltabkommen sei fast fertig und die von Bonn geforderte Einbeziehung des Umweltbundesamtes in Westberlin tatsächlich das Hindernis. Es werde kein Umweltabkommen unter Einbeziehung des widerrechtlich in Berlin (West) angesiedelten Umweltbundesamtes geben.

Bei der sogenannten Kontaktsperre für DDR-Bürger handele es sich um ein großes Märchen. Der in der DDR in Frage kommende Kreis entspreche dem in der BRD. E. Honecker legte dazu die bekannte Position der DDR dar.

E. Honecker sagte, die Paßpraxis an den GÜST in Berlin[16] sei eine Maßnahme zur Bekämpfung des Terrorismus. Diesen Kampf zu unterstützen, sei die DDR bekanntlich von westlicher Seite gebeten worden.

Die Veranstaltungen zur 750-Jahr-Feier Berlins – H.-J. Vogel bemerkte, der historische Teil Berlins liege tatsächlich bei uns – stünden allen Besuchern offen. Vorbereitet sei ein umfangreiches Programm repräsentativer kultureller Darbietungen, das er näher erläuterte. Es werde ein großer Anziehungspunkt sein.

Beide Seiten vereinbarten eine Pressemitteilung über das Treffen[19] und stimmten darin überein, ihren kontinuierlichen Meinungsaustausch fortzusetzen.

Herrmann *[Unterschrift]*

443

*SAPMO ZPA u. a. J IV 2/2A/2924, IV 2/1/657 und J IV/841: »Ver-
merk über das Gespräch des Generalsekretärs des Zentralkomitees der
SED und Vorsitzenden des Staatsrates der DDR, Genossen Erich Ho-
necker, mit dem Bundesminister für besondere Aufgaben und Chef des
Bundeskanzleramtes, Dr. Wolfgang Schäuble, am 29. August 1986 im
Hause des Zentralkomitees«*

*Zu dem Ersuchen an Dr. Wolfgang Schäuble um Unterlagen zu diesem
und anderen Gesprächen mit Honecker wurde vom Leiter des Büros des
Vorsitzenden der CDU/CSU-Fraktion des Deutschen Bundestages am
4. 8. 1994 mitgeteilt, Dr. Schäuble könne »nicht weiterhelfen: Er verfügt weder über Aufzeichnungen noch Material«. Verwiesen wurde auf
evtl. »noch« im Bundeskanzleramt vorhandene »einschlägige Unterlagen«. Die darauf schriftlich geäußerte Bitte an den Staatsminister beim
Bundeskanzler, diese Akten zur Verfügung zu stellen, wurde am 17. 11.
1994 abschlägig beschieden. Vgl. Nr. 11.*

An dem Gespräch nahmen teil:
von BRD-Seite: Dr. Hans Otto Bräutigam, Leiter der Ständigen Vertretung der BRD in der DDR
von DDR-Seite: Genosse Oskar Fischer, Genosse Frank-Joachim
Herrmann, Genosse Hans Schindler, amt. Leiter der Abt. BRD im
MfAA

Genosse E. Honecker begrüßte Schäuble und seine Begleitung und bat
Schäuble um dessen Ausführungen.
    Schäuble dankte für die Begrüßung und übermittelte Genossen E.
Honecker die persönlichen Grüße von Bundeskanzler Helmut Kohl.
Er erklärte, daß er beauftragt sei, unter Hinweis auf die Gespräche von
Bundeskanzler Kohl mit Genossen E. Honecker in Moskau und in
Stockholm[1] das Interesse der Bundesregierung und ganz besonders des
Bundeskanzlers an einer weiteren positiven Entwicklung der Bezie-
hungen zwischen der BRD und der DDR zum Ausdruck zu bringen.
Obwohl die Rahmenbedingungen für die Entwicklung der Beziehun-
gen nicht immer einfach gewesen seien, hätten sie sich gut entwickelt.
Damit seien die Bedingungen für die Weiterentwicklung der Beziehun-
gen heute insgesamt günstiger.

---

[1] Zu Moskau siehe Nr. 16. Bei den Beisetzungsfeierlichkeiten am 15. 3. 1986 für den am 28. 2.
ermordeten schwedischen Ministerpräsidenten Olof Palme hatten Kohl und Honecker sich getroffen. Vgl. Nr. 22.

Schäuble führte aus, daß die UdSSR zu einer veränderten Einschätzung der Beziehungen zur Bundesrepublik gekommen sei, was sich an den Ergebnissen des Besuches von Außenminister Genscher in Moskau[2] und der Unterzeichnung einiger Abkommen zeige. Er gehe davon aus, daß sich die Beziehungen zur Sowjetunion weiter intensivieren werden. Daraus ergebe sich auch eine Chance für die Entwicklung der Beziehungen der BRD zu anderen sozialistischen Staaten. Schäuble betonte, daß sich die Bundesregierung der Rolle der BRD im Gesamtfeld der internationalen Beziehungen bewußt sei, und sie habe auch ihr möglichstes getan, um positiv auf die Entwicklung der Beziehungen zwischen den USA und der Sowjetunion einzuwirken. In dieser Hinsicht übe die Bundesregierung Einfluß auf die USA aus. Das gelte für eine Reihe internationaler Probleme. Bereits Anfang 1986 habe sich der Bundeskanzler für einen Teststopp von Kernwaffen ausgesprochen, was zweifellos im Lichte der Vorschläge von Gorbatschow zu sehen sei. Auch nach der August-Rede von Gorbatschow[3] habe die Bundesregierung positiv reagiert.

Schäuble versuchte darzulegen, daß die BRD auf die Lösung einer ganzen Reihe von Fragen der Abrüstung und Rüstungskontrolle positiv einwirke. Bereits auf dem CDU-Parteitag in Essen[4] habe Bundeskanzler Kohl auf den Zusammenhang zwischen Offensiv- und Defensivwaffen verwiesen. Nach Meinung der Bundesregierung könnten auch beim Verbot der chemischen Waffen gemeinsame Ansatzpunkte gefunden werden. Dagegen würden bei der Frage der Mittelstreckenraketen sehr unterschiedliche Positionen existieren, wodurch man von einer Lösung noch weit entfernt sei.

Schäuble erklärte weiter, daß sich [der] zur Zeit abzeichnende Erfolg der Stockholmer Konferenz[5] nach Meinung der BRD positiv auf die Verhandlungen in Wien auswirken wird. Er ging dann auf die Beziehungen der BRD zu ihren Verbündeten ein, die er als sehr eng charakterisierte. Dabei hob er besonders die Beziehungen zu Frankreich und den USA hervor.

Schäuble erklärte weiter, daß es möglich sein müsse, vor dem von ihm dargestellten Hintergrund der internationalen Lage auch die Beziehungen zwischen der BRD und der DDR zu entwickeln. Dabei käme es darauf an, nicht die unterschiedlichen Standpunkte in der Vordergrund

---

[2] Genscher hatte vom 20. – 22. 7. 1986 die Sowjetunion besucht.

[3] In einer Fernsehrede am 18. 8. 1986 hatte Gorbatschow eine weitere Verlängerung des einseitigen Atomteststopp-Moratoriums der UdSSR bis zum 1. 1. 1987 verkündet. Vgl. AdG 1986, S. 30242.

[4] Dieser CDU-Parteitag in Essen hatte vom 20. – 22. 3. 1985 stattgefunden.

[5] Nach der 11. Runde der »Stockholmer Konferenz über vertrauens- und sicherheitsbildende Maßnahmen und Abrüstung in Europa« wurden große Fortschritte konstatiert. Am 22. 9. 1986 billigten die Delegierten das zwischenzeitlich ausgearbeitete Schlußdokument. Vgl. AdG 1986, S. 30078 und 30278f.

zu stellen, sondern sich ausgehend von den bisherigen Ergebnissen auf das Machbare zu konzentrieren. Die Bundesregierung habe dankbar zur Kenntnis genommen, daß sich nach den Gesprächen zwischen Bundeskanzler Kohl und Genossen E. Honecker der Reiseverkehr positiv einwickelt habe. Jetzt würde die Chance bestehen, in absehbarer Zeit Abkommen auf dem Gebiet des Umweltschutzes und der wissenschaftlich-technischen Zusammenarbeit abzuschließen. Auch auf dem Gebiet der Verkehrsbeziehungen seien weitere Fortschritte möglich. Die Bundesregierung werde auch die von Außenminister Oskar Fischer in dem Gespräch am Vormittag angesprochenen Probleme einer Prüfung unterziehen.[6]

Bundesminister Schäuble ging dann auf das sogenannte Asylantenproblem ein. Er erklärte, daß nicht zugelassen werden sollte, daß aus diesem Problem Belastungen für die Beziehungen entstehen. 1986 rechne man mit insgesamt 100 000 Asylanten, davon würden mehr als 50 Prozent über den Flugplatz Schönefeld kommen. Die Bundesregierung habe versucht, die DDR aus der öffentlichen Diskussion dieser Frage in der BRD herauszuhalten, was aber angesichts der genannten Zahlen nicht mehr möglich gewesen sei. Er möchte ausdrücklich betonen, daß die DDR mit der Gestattung der Durchreise der Asylanten gegen keinerlei rechtliche Positionen verstoße. Er habe deshalb auch keine Forderungen an die Adresse der DDR zu stellen. Die Bundesregierung gehe aber davon aus, daß es zu gutnachbarlichen Beziehungen gehöre, wenn sie die Bitte äußere, daß die DDR bei der Lösung dieses Problems helfen möge. Eine solche Bitte richte sie an alle Nachbarstaaten.[7]

Schäuble betonte, daß es in der Frage der Asylanten bei den regierungsfähigen politischen Kräften der BRD weitgehend übereinstimmende Auffassungen geben würde. Er erläuterte die Verfassungslage der Bundesregierung und verwies auf die sich aus der Tatsache ergebenden Schwierigkeiten, daß nur 16 Prozent der Asylanten als politisch Verfolgte anerkannt werden können. Schäuble wiederholte noch mal, daß das Asylantenproblem im Interesse der Weiterentwicklung der Beziehungen gelöst werden sollte.

Genosse E. Honecker dankte für die Grüße des Bundeskanzlers. Er stimmte zu, daß sich die Umweltbedingungen für die Beziehungen

[6] Bei dem Gespräch mit Schäuble am 29. 8. 1986 hatte Außenminister Fischer den Standpunkt der DDR zu den Beziehungen zur Bundesrepublik und zu »Westberlin« dargelegt und dabei ausdrücklich darauf verwiesen, »daß es sich nur um eine Information handele und die BRD für West-Berlin keine Zuständigkeit besitzt«. Siehe den »Vermerk über das Gespräch des Ministers für Auswärtige Angelegenheiten der DDR, Oskar Fischer, mit dem Bundesminister für besondere Beziehungen und Chef des Bundeskanzleramtes der BRD, Dr. Wolfgang Schäuble, am 29. 8. 1986 im Gästehaus Puschkinallee des MfAA« (mit Anlagen) in: SAPMO ZPA IV 2/1/657.

[7] Das Asylproblem hatte Schäuble gleichlautend schon in der Unterredung mit Außenminister Fischer angesprochen, vgl. vorherige Anm.

zwischen der DDR und der BRD tatsächlich verändert hätten, aber entscheidende internationale Probleme fortbestehen. Für das Gipfeltreffen zwischen USA-Präsident Reagan und Generalsekretär Gorbatschow gebe es nach wie vor keinen Termin[8] und in den entscheidenden Kernfragen würde zwischen den USA und der UdSSR keine Übereinstimmung bestehen. Zweifellos sei mit dem Treffen in Genf die »Sprachlosigkeit« überwunden worden, aber es müßten jetzt konkrete Maßnahmen folgen. Es existiere ein konkretes Programm, die Welt bis zum Jahr 2000 von Kernwaffen zu befreien, aber es fehle die Zustimmung der USA dazu. Auch in der Frage der Weltraumrüstung gebe es keine Zugeständnisse von seiten der USA. Es sei eine Tatsache, daß derjenige, der abrüsten will, nicht erst den Weltraum mit Rüstungen zu belasten brauche. Die USA würden weitere Maßnahmen treffen, um das Wettrüsten in den Kosmos zu tragen. Genosse E. Honecker betonte, daß die bitteren Lehren von Tschernobyl und anderer Ereignisse zeigen, daß ein Kernwaffenkrieg die Vorstufe zur Hölle sei. Das habe er in einem Gespräch auch dem Papst gesagt, der zugestimmt habe. Ein Teststopp für Kernwaffen wäre ein erster Schritt zu Maßnahmen zur Abrüstung und Rüstungsbegrenzung. Dem einseitigen sowjetischen Moratorium müsse ein zweiseitiges folgen. Das sei inzwischen zur Weltmeinung geworden.

Genosse E. Honecker brachte die Auffassung zum Ausdruck, daß bei dem vorgesehenen Treffen zwischen USA-Präsident Reagan und Genossen Gorbatschow bestimmte Ergebnisse erreicht werden müßten. [...] Er betonte, daß sowohl die DDR als auch die Bundesrepublik in ihrem jeweiligen Bündnis dazu beitragen müßten.

Genosse E. Honecker legte die Haltung der DDR zu den entscheidenden Fragen der Friedenssicherung dar. Dabei unterstrich er die Notwendigkeit regionaler Lösungen in der Frage der Mittelstreckenwaffen. [...]

Genosse E. Honecker verwies insbesondere auf die neuesten Vorschläge, die Genosse Gorbatschow in Wladiwostok unterbreitet hat, die Schritte zur Abrüstung und Rüstungsbegrenzung im asiatischen Raum einbeziehen.[9] [...]

Genosse E. Honecker unterstrich nochmals, daß natürlich die Zusammenarbeit zwischen der DDR und der BRD in den internationalen Entspannungsprozeß eingefügt ist. Es sei kein Geheimnis, daß die Haltung der Bundesregierung in einigen Fragen der Rüstungsbegrenzung

[8] Erst Anfang Oktober 1986 wurde mitgeteilt, daß ein Treffen von Gorbatschow mit Reagan in Reykjavik stattfinde, das Reagan jedoch ausdrücklich nur als »Begegnung«, nicht als Gipfeltreffen bezeichnete. Diese »Begegnung« fand am 11./12. 10. 1986 statt. Vgl. AdG 1986, S. 30351 ff.
[9] Es handelte sich um die außenpolitische Grundsatzrede, die Gorbatschow am 28. 7. 1986 in Wladiwostok gehalten hatte. Vgl. AdG 1986, S. 30114 ff.

die DDR ermuntert habe, Genossen Gorbatschow auf die Rolle der BRD aufmerksam zu machen. Er stimme zu, daß die Gespräche von Außenminister Genscher in Moskau[2] ein neues Blatt in der Geschichte der Beziehungen zwischen der UdSSR und der BRD aufgeschlagen haben.

Genosse E. Honecker betonte, daß sich die Beziehungen zwischen der DDR und der BRD nach Abschluß des Grundlagenvertrages und nach den Begegnungen auf höchster Ebene gut entwickelt haben. Es sei aber Tatsache, daß beide Staaten in den Beziehungen stets dann erfolgreich vorangekommen seien, wenn beide Seiten von den Realitäten und den Normen der internationalen Beziehungen ausgegangen seien. Leider könne die DDR nicht übersehen, daß die Beziehungen oft von Handlungen überschattet würden, für die sie keine Verantwortung trage.

Genosse E. Honecker bat Schäuble, dem Bundeskanzler mitzuteilen, daß die DDR die Erklärungen des Bundeskanzlers, daß von deutschem Boden nie wieder Krieg, sondern nur noch Frieden ausgehen darf, begrüße. Diesen Erklärungen müßten aber konkrete Taten folgen. Es wäre günstig, wenn zwischen beiden deutschen Staaten Gespräche über Fragen der Friedenssicherung, so z. B. über die Schaffung chemiewaffenfreier- und kernwaffenfreier Zonen, aufgenommen würden. Natürlich wären auch Gespräche über ein weltweites Verbot der Chemiewaffen möglich. Die Konsultationen zwischen den Außenministerien zu diesen Fragen sollten fortgeführt werden.

Genosse E. Honecker erklärte, daß er aber nicht verhehlen könne, daß es auf seiten der BRD Schritte gebe, die der vom Kanzler geäußerten Friedenspflicht zuwiderlaufen. Das betreffe sowohl die Raketenstationierung, die SDI-Beteiligung als auch das Auftreten Kohls am 13. August 1986 im ehemaligen Reichstag.[10] In diesem Zusammenhang müsse man vermerken, daß die Verleumdung der DDR in letzter Zeit verstärkt wurde. Die DDR sehe darin ein Zeichen dafür, daß einige Politiker der BRD sich von den Realitäten lösen möchten. Leider würden dazu auch einige öffentliche Erklärungen von Schäuble gehören, in denen er Forderungen an die Adresse der DDR gestellt habe. Die DDR müsse gar nichts. Die Politik der DDR werde von den zuständigen Gremien in Berlin bestimmt und nirgend anderswo.

Genosse E. Honecker bekräftigte den Willen der DDR, den Dialog mit verantwortlichen Politikern der BRD fortzusetzen. Dadurch sei es

[10] In seiner Rede bei der zentralen Gedenkstunde im Reichstagsgebäude zum 25. Jahrestag des Berliner Mauerbaus hatte Bundeskanzler Kohl u. a. gesagt, wir dürften »uns nicht an dieses Monument der Unmenschlichkeit gewöhnen. [...] Solange es Mauer, Stacheldraht und Schießbefehl gibt, kann von Normalität in Deutschland keine Rede sein.« Die Mauer sei der sichtbare Ausdruck für den grundlegenden Unterschied »zwischen dem demokratischen Rechtsstaat Bundesrepublik Deutschland und dem kommunistischen Zwangssystem der DDR«. Vgl. AdG (1986), S. 30164f.

möglich, einen Beitrag zur Gesundung der internationalen Lage zu leisten, was im Interesse der Menschen in beiden Staaten liegen würde. Er erinnerte daran, daß die Gespräche mit Bundeskanzler Kohl immer nützlich für beide Seiten gewesen seien. Er betonte, daß bei einer entsprechenden Atmosphäre Fortschritte in den Beziehungen möglich sind. Das erfordere aber, daß die Bundesregierung realistische Positionen zugrunde lege und von den Normen der internationalen Beziehungen ausgehe. Welche Auswirkungen eine gute Atmosphäre auf die Entwicklung der Beziehungen hat, hätten seine Gespräche mit Bundespräsident v. Weizsäcker und Bundeskanzler Kohl unterstrichen.[11] Die BRD müsse aber begreifen, daß sie mit der DDR nur auf der Grundlage des Prinzips der souveränen Gleichheit sprechen könne.

Auf einzelne Vereinbarungen eingehend, hob Genosse E. Honecker insbesondere das Kulturabkommen hervor, das sich in der Praxis bereits bewähre. Das Abkommen über wissenschaftlich-technische Zusammenarbeit könne abgeschlossen werden, wenn im Hinblick auf Westberlin die Formulierungen aufgenommen werden, wie sie zwischen der UdSSR und der BRD vereinbart wurden.

Auf den Brief des Bundeskanzlers eingehend[12], erklärte Genosse E. Honecker, daß es auch in der Sicherheit der Kernkraftwerke Fortschritte in den Beziehungen zwischen der DDR und der BRD gebe. Die DDR unterstütze ausdrücklich die im Rahmen der IAEA[13] gefaßten Beschlüsse und trete hinsichtlich der Sicherheit von Kernkraftanlagen auch für eine gute Zusammenarbeit mit der BRD ein.

Zu Westberlin betreffende Fragen verwies Genosse E. Honecker auf

---

[11] Vgl. Nr. 2, 3, 8, 10, 11, 16.

[12] In einem Schreiben vom 14. 7. 1986 an den Generalsekretär der SED und Staatsratsvorsitzenden Honecker hatte Kohl seine Übereinstimmung mit Honecker über eine »Regierungskonferenz« zu Fragen nuklearer Sicherheit und den Willen betont, »langfristig zu einem Abbau der Nuklearwaffen zu kommen«. Er sehe »gute Möglichkeiten« bei den laufenden Abrüstungs- und Rüstungskontrollverhandlungen. Er begrüße die positive Entwicklung bei den »Reisen in dringenden Familienangelegenheiten«, verhehle aber nicht, »daß sich die Kontaktverbote, Einreiseverweigerungen und der Mindestumtausch nach wie vor als gravierende Probleme für die betroffenen Menschen darstellen«. Zur Verbesserung der bilateralen Beziehungen gehöre auch, »daß das Problem der illegal zu uns einreisenden Ausländer gelöst wird. Die Lösung dieser Frage ist dringend. Der fortgesetzte Zustrom« der »über den Flughafen Schönefeld illegal einreisenden Ausländer belastet den Stand des Verhältnisses zwischen unseren beiden Staaten zunehmend und berührt den Stand der Beziehungen, die durch Verläßlichkeit und Berechenbarkeit sowie das Bemühen um gute Nachbarschaft gekennzeichnet sein sollten«. Das Schreiben schloß mit den Sätzen: »Nach meiner Überzeugung können wir – um eine Formulierung von Ihnen, sehr geehrter Herr Generalsekretär, aufzugreifen – die bestmögliche Vorsorge für die Menschen dadurch gewährleisten, daß wir die Bedingungen für die Bildung von mehr Vertrauen zwischen Ost und West entscheidend verbessern. Dies setzt voraus, nicht das Trennende in Europa zu betonen, sondern nach Wegen zu suchen, um das Verbindende und die vorhandenen gemeinsamen Interessen für die Stärkung des Friedens nutzbar zu machen.« Das Schreiben war handschriftlich unterzeichnet: »Ihr Helmut Kohl«. Schreiben in: SAPMO ZPA J IV J/126.

[13] International Atomic Energy Agency – Internationale Atomenergiebehörde.

eine Erklärung des CDU-Politikers Lorenz[14], der gesagt hat, daß Westberlin seit 15 Jahren frei von Krisen sei. Er stimmte dieser Erklärung zu und betonte, daß diese Tatsache ein unmittelbares Ergebnis des Vierseitigen Abkommens sei. Die DDR trete dafür ein, daß es auch in Zukunft so bleibe.

Genosse E. Honecker erklärte, daß das sogenannte Asylantenproblem in erster Linie von der BRD gelöst werden müsse. Er verwies auf letzte Veröffentlichungen in den Zeitungen ›Die Zeit‹ und ›Frankfurter Rundschau‹, in denen heftige Kritik an der Haltung von Politikern der BRD geübt wird.[15] Er betonte, daß das Asylantenproblem eine äußerst diffizile Frage sei. Er selbst sei in seinem Leben mehrfach auf politisches Asyl und freien Transit zum Asylort angewiesen gewesen. Die Asylbereitschaft verschiedener Staaten habe vielen Menschen während der Zeit des Hitlerfaschismus das Überleben ermöglicht. Aus dieser Sicht sei es zu begrüßen gewesen, daß in das Grundgesetz der BRD nach dem Zweiten Weltkrieg so weitgehende Formulierungen aufgenommen wurden. Sicher habe das auch für heute noch Bedeutung. Eingehend auf den Vorwurf, daß die DDR die Durchreise der Asylanten ermögliche, erklärte E. Honecker, daß in der Zeit vom 1. 1. 1986 bis 31. 7. 1986 ca. 30 000 Asylanten von Schönefeld nach Westberlin gereist sind. Davon seien lediglich ca. 10 000 mit der Interflug angereist. Der große Rest verteile sich auf andere Fluggesellschaften.[16] Auch der Hinweis, daß die Interflug damit Gewinn mache, sei völlig unberechtigt. Die Einnahmen aus der Beförderung von Asylanten würden sich bei der Interflug auf 6,1 Mio. M belaufen, dem entspreche ein Gewinn von 3,5. Mio M. Diese Summe sei zu verschmerzen. Es zeige sich, daß das Asylantenproblem demnach durch eine Einigung zwischen der DDR und der BRD gar nicht gelöst werden kann. Es würde ja die Tatsache bestehen bleiben, daß die Mehrzahl der Asylanten von anderen Luftverkehrsgesellschaften nach Schönefeld geflogen wird.

Genosse E. Honecker hob hervor, daß es völlig unberechtigt sei, der DDR zu unterstellen, daß sie mit ihrer Haltung in der Asylantenfrage eine Veränderung des Status von Westberlin erreichen wolle. Der Status von Westberlin sei im Vierseitigen Abkommen festgeschrieben und solle so bleiben. In Westberlin würde es aber einige Dinge geben, die die Einreise von Asylanten fördern. So gebe es eine Anweisung, daß sich Personen 31 Tage lang ohne Anmeldung in Westberlin aufhalten

[14] Peter Lorenz, Parlamentarischer Staatssekretär und Berlin-Beauftragter der Bundesregierung, früher Vorsitzender der CDU in Berlin (West).

[15] Zur Erörterung des Asylproblems in der Bundesrepublik, die durch den von Bundesinnenminister Zimmermann am 23. 7. 1986 vorgelegten »Bericht zur Asylantenproblematik« und zur Haltung der DDR angefacht wurde, vgl. AdG 1986, S. 30168 ff.

[16] Nach von Zimmermann für diesen Zeitraum genannten Zahlen benutzten ca. 60–70% die Aeroflot, die restlichen 30–40% verteilten sich auf Interflug, Syrian Arab Airlines, Balkan Airlines und Turkish Airlines.

können. Es stimme auch nicht, daß – wie behauptet wird – durch Kontrollen in Westberlin eine neue Grenze geschaffen würde.[17] Kontrollen würden bereits jetzt auf Westberliner Seite durchgeführt, wie z. B. bei der Fahndung nach Terroristen und die ohnehin stattfindende Zollkontrolle.

Genosse E. Honecker verwies darauf, daß der Regierende Bürgermeister von Westberlin, Diepgen, in einem Gespräch in Leipzig ihm gegenüber erklärt habe, daß Schönefeld nicht das Entscheidende sei.[18] In Leipzig sei auch besprochen worden, daß die politischen Gespräche zwischen dem Senat von Westberlin und der DDR fortgesetzt werden sollen. Leider habe sich Diepgen an diese Zusage nicht gehalten.

Gen. Honecker erinnerte an die Bemerkung Schäubles zur positiven Entwicklung des Reiseverkehrs und verwies darauf, daß auch diese Entwicklung die entsprechende Atmosphäre vorausgesetzt habe. Er nannte einige Zahlen zur Entwicklung des Reiseverkehrs: 1981 gab es zwischen beiden deutschen Staaten 3,4 Mio. Reisende, 1985 = 4,5 Mio. und 1986 waren es bis 31. 7. bereits 2,6 Mio. Zu den Reisen von DDR-Bürgern in dringenden Familienangelegenheiten nannte er folgende Zahlen: 1985 = 139000, 1986 bis 31. 7. = 238737.

Genosse E. Honecker betonte nochmals die Bereitschaft der DDR zur Fortsetzung des Dialogs und zur Entwicklung der Zusammenarbeit zwischen der DDR und der BRD auf der Grundlage der bestehenden Vereinbarungen. Er erklärte die Bereitschaft, daß sich Experten der DDR und der BRD zu Gesprächen über die sogenannte Asylantenfrage treffen.

Abschließend ging Genosse E. Honecker auf einen Brief ein, den er von Bundeskanzler Kohl erhalten habe und in dem Kohl auf die Rolle der Geheimdienste eingegangen sei.[19] Er betonte, daß dieses Thema kein Stoff für solche Briefe sei. Jeder wisse, daß Geheimdienste schon immer existiert hätten und ihre Aufgaben erfüllen. Das sei auch in der BRD so. Der Bundeskanzler könne aber davon ausgehen, daß der Geheimdienst der DDR die strikte Anweisung habe, das Kanzleramt und die Bundesregierung zu meiden. Er ging auch auf die Machenschaften des BND gegen den DDR-Wissenschaftler Dr. Meißner ein.[20] Meißner sei eine öffentliche Persönlichkeit, und es sei einfach lächerlich, was

[17] Während u. a. der SPD-Fraktionsvorsitzende H.-J. Vogel und einige CSU-Politiker sich für Kontrollen an der Sektorengrenze zu Ost-Berlin aussprachen, befürchteten andere Politiker davon eine Aufwertung zur »Staatsgrenze«. Vgl. AdG 1986, S. 301691 f.

[18] Vgl. Nr. 23.

[19] Das Schreiben konnte bisher nicht gefunden werden. Es stand wohl im Kontext mit dem Fall Meißner, vgl. die folgende Anm.

[20] Franz Herbert Meißner, stellv. Institutsdirektor bei der Akademie der Wissenschaften (Ostberlin), war nach einer Festnahme in Berlin (West) zunächst beim BND in München und dann wieder in die DDR zurückgekehrt. Dort verkündete er, er sei verschleppt und unter Drogen gesetzt worden. Vgl. Der Spiegel, Nr. 30 vom 21. 7. 1986, S. 76 ff.

ihm angedichtet wurde. Meißner sei jetzt in Urlaub und werde anschließend seine Tätigkeit weiter ausüben.

Genosse E. Honecker forderte nochmals ausdrücklich, ihm in Briefen künftig nicht mehr solche Dinge mitzuteilen.

Schäuble dankte für die Offenheit der Darlegungen von Genossen E. Honecker und erklärte, daß ihn die Darstellung der persönlichen Erlebnisse von Genossen E. Honecker im Zusammenhang mit der Asylantenfrage sehr beeindruckt hätten. Schäuble versuchte, öffentliche Äußerungen von Regierungspolitikern und von ihm selbst mit der Rolle der Medien in der BRD zu begründen. Er selbst würde sich aber sehr darum bemühen, daß die Beziehungen nicht durch die Medien belastet werden. Er war bemüht, seine von Genossen E. Honecker angesprochenen Äußerungen zu bagatellisieren. Zum Asylantenproblem unterbreitete Schäuble die Vorstellungen, daß die DDR den Transit nur gestatten sollte, wenn der Sichtvermerk des Ziellandes vorliegen würde. Schäuble begrüßte die Möglichkeit von Expertengesprächen und benannte den Leiter der Ständigen Vertretung der BRD, Dr. Bräutigam, als seinen persönlichen Beauftragten für diese Gespräche.

Genosse E. Honecker erwiderte, daß von seiten der DDR das Ministerium für Auswärtige Angelegenheit für diese Gespräche zuständig sei. Er äußerte die Erwartung, daß bis zu seinen Reisen in asiatische Länder Ergebnisse dieser Gespräche vorliegen.

Zum Abschluß des Gesprächs bat Genosse E. Honecker Bundesminister Schäuble, Grüße an Bundeskanzler Kohl zu übermitteln. Er betonte nochmals, daß sich die DDR ihrer Verpflichtung bewußt ist und konsequent für Ruhe und Sicherheit im Zentrum Europas eintritt. Die Gesprächspartner stimmten darin überein, das Stattfinden und den Inhalt des Gesprächs vertraulich zu behandeln.

Das Gespräch verlief in einer sachlichen Atmosphäre.

Schindler *[Unterschrift]*

SAPMO ZPA u. a. IV 2/1/657, J IV 2/2A/2924, IV 2/2038/78, J IV/843: »Vermerk über ein Gespräch des Generalsekretärs des ZK der SED und Vorsitzenden des Staatsrates der DDR, Genossen Erich Honecker, mit dem Mitglied des Parteivorstandes der SPD, E. Bahr (5. 9. 1986)« – Zur Westquelle vgl. Nr. 6

Das Gespräch kam auf Bitte des Vorsitzenden der SPD, W. Brandt, zustande. An dem Gespräch nahm teil: Genosse H. Axen.

Genosse E. Honecker sagte bei der Begrüßung, daß er E. Bahr entsprechend des Wunsches des SPD-Vorsitzenden W. Brandt empfange. Er gab Bahr das Wort.

E. Bahr dankte im Namen von W. Brandt für die Möglichkeit dieses Gespräches. Es gehe um die Asylantenfrage. Dieses Problem habe eigentlich diese Rolle gar nicht verdient. Es sei hochgespielt und emotional beladen worden. Wir verstehen, daß die Behandlung anderer Themen der BRD-Regierungskoalition im Wahlkampf Schwierigkeiten macht und sie davon durch die Asylantenkampagne ablenken möchte. Die BRD-Regierung sei sich jetzt nicht einig über die Grundgesetzänderung. Sie verspreche sich aber im Herbst von der Propaganda einen großen Effekt. Die Taktik der BRD-Regierung besteht darin, nach dem Hochpeitschen des Themas dann im Spätherbst nach eventuell guten Gesprächen mit der DDR mit einem Ergebnis einen großen Erfolg im Wahlkampf zu erreichen. Die SPD erhebe den Vorwurf an Kohl, monatelang einen solchen Lärm entfaltet zu haben, aber dieses Thema selbst erst am 25. 9. offiziell im Bundeskabinett zum ersten Mal zu behandeln.[1] Kanzleramtsminister Schäuble habe ihm vor einigen Tagen gesagt, er habe in dieser Frage ein konstruktives Gespräch mit E. Honecker geführt.[2] Man habe sich auf die Fortsetzung von Gesprächen zwischen Bräutigam und Beauftragten des Außenministeriums der DDR geeinigt.

Eine Analyse des Problems ergebe, daß für das Hochspielen des Asylantenproblems keine objektiven Gründe vorhanden sind. Dies geschehe vielmehr aus subjektiven Gründen. Es wäre jetzt zum psychologischen Problem in der BRD-Öffentlichkeit geworden. Die Regie-

---

[1] Die Bundesregierung hatte schon am 27. 8. 1986 verschiedene Maßnahmen zur Eindämmung des Asylantenzustroms beschlossen, über weitere Maßnahmen, u. a. eine Grundgesetzänderung, wollte sie am 25. 9. im Rahmen eines Treffens mit den Länderchefs und Parteiführern beraten. Vgl. AdG 1986, S. 30363 f.

[2] Siehe Nr. 29.

rungskoalition sage: Da über 50 Prozent der Asylanten über die DDR kämen, spielt die DDR eine Schlüsselfrage. Es sei klar, die DDR gewinnt mit diesem Problem an Einfluß auf die BRD wie noch nie zuvor, vor allem zum ersten Mal in diesem Umfang in der Innenpolitik der BRD. Das wäre sehr wichtig, wenn es der Sache der Verständigung dienen würde. Er, Bahr, mache jetzt in seiner Darstellung erst einmal eine gewisse Pause. Er frage sich, wie liegen die Interessen der DDR. Gewiß können Sie nicht sicher sein, ob die SPD bei den Bundestagswahlen gewinnen wird. Wir sind es auch nicht. Die Meinungsumfragen zeigen zur Zeit eine Differenz von 3 Prozent zugunsten der CDU. Außerdem müsse man noch bedenken, daß eine Reihe bisher unbekannter Fragen einen Einfluß auf den Wahlkampf ausüben werden, zum Beispiel Zustandekommen und Ergebnisse einer 2. Gipfelkonferenz, der weitere Verlauf der Asylantenfrage. Anfang Dezember sei er, Bahr, in der Lage, mit plus oder minus 1% Genauigkeit etwa eine Aussage über den Wahlausgang zu treffen.

Wir verstehen, daß Sie Ihre Linie der Verbesserung der Beziehungen zwischen beiden deutschen Staaten natürlich auch bei Fortbestand der bisherigen Regierungskoalition fortsetzen wollen. Wir berücksichtigen diese Notwendigkeit. Er erhebt sich nur die Frage: Gibt es eine Möglichkeit, eine Regelung zu erreichen – nicht eine geschriebene Vereinbarung, sondern eine Regelung, bei der jeder entscheidungsfrei bleibt –, die auch im Hinblick auf das Wahlergebnis vom 25. 1. 1987[3] günstig wäre.

Im Auftrag von W. Brandt möchte ich mitteilen: Wir wollen in aller Form erklären, daß bei der Regierungsübernahme durch die SPD die Regierung der BRD voll die Staatsbürgerschaft der DDR respektieren wird und damit dieses Thema beerdigt wird. Dies soll Teil einer offiziellen Regierungserklärung sein und würde von unserem Kanzlerkandidaten J. Rau zuvor (etwa Ende Oktober) bei der Bekanntgabe seines Regierungsprogramms eindeutig gesagt werden.[4]

E. Honecker: Ich danke für Ihre Ausführungen. Aus Ihren Darlegungen geht schon hervor, daß es sich um keine einfache Frage handelt. Es geht dabei ja nicht nur um die Fragen der BRD, der DDR und Berlin (West), sondern durch das Hochspielen dieses Themas ist es bereits eine Angelegenheit der Weltöffentlichkeit geworden.

Ich habe bereits zu Kanzleramtsminister Schäuble gesagt, das Asylantenproblem ist nicht unsere, sondern Ihre Frage, die der BRD-Regierung. Die CDU/CSU haben im Gegensatz zu Vertretern der evangelischen und katholischen Kirchen, die sich gegen die ausländerfeindliche Behandlung in der BRD ausgesprochen haben, diese ganze Hetzkampagne inszeniert.

[3] Der Tag der Bundestagswahlen.
[4] Siehe weiter unten.

Hinzu kommt, wenn wir, ohne irgendwelche Vereinbarungen, Maßnahmen treffen sollten, so dürfen wir nicht außer acht lassen, daß das Fragen sind, die auch andere Länder betreffen. Vor allem müssen Sie bedenken, in Berlin (West) besteht eine Anordnung der Kommandanten der Westmächte, daß jeder Einreisende sich 31 Tage in Berlin (West) aufhalten kann und erst danach die Frage seines weiteren Verbleibs bzw. seiner Weiterreise entschieden werden muß. Auch dies zeigt, wie kompliziert diese Frage ist und daß auch dies nicht von der DDR abhängig ist. Aus dieser Sachlage heraus haben wir 2 in der BRD-Öffentlichkeit verbreitete Argumente als falsch zurückgewiesen:

a) Angeblich wolle die DDR durch ihre Forderung, die westlichen Besatzungsmächte und der Senat von Westberlin müssen Entscheidungen treffen, nur die Grenze um Westberlin sanktionieren. Aber es gibt doch schon immer Zollkontrollen an den Übergangsstellen.

b) Wurden im Zusammenhang mit den Terroristenfahndungen sehr wohl strengere Kontrollen ohne Beeinträchtigung des Westberlin-Status ergriffen.[5]

Es gibt also keine stichhaltige Widerlegung unseres Argumentes, daß von Westberlin aus selbst Maßnahmen im Zusammenhang mit dem Asylantenproblem getroffen werden müssen. Aber wir wollen uns nicht bei diesem Formkram allein aufhalten. Wir sind nicht an einer Verletzung des Status, wie er vom Vierseitigen Abkommen festgelegt ist, interessiert. Wir sind für die Aufrechterhaltung eines guten politischen Klimas in Berlin. Wir schauen weiter. Wir wollen, daß ein zweites Gipfeltreffen zwischen Michail Gorbatschow und Ronald Reagan mit konkreten Ergebnissen zustande kommt. Ein Treffen ohne Ergebnis wäre ein Rückschlag. Auch in den Gesprächen mit dem belgischen Premierminister Martens[6] waren wir uns einig, daß ein ergebnisloses Gipfeltreffen eine Enttäuschung, einen Rückschlag bedeuten würde. Das ist unsere Linie. Alles andere sind untaugliche Versuche, die DDR zu diskreditieren und damit im Bundestagswahlkampf die nationalistische Propaganda anzuheizen.

Wir beschäftigen uns schon seit langer Zeit mit dieser ganzen Angelegenheit. Wir kennen die internationale Konvention von Barcelona von 1922. Wir wissen auch, daß sie von den meisten Staaten heute nicht mehr eingehalten wird. Aber wir sind sehr überrascht, daß die SPD eine schlechte Position in dieser Frage hinsichtlich der DDR öffentlich eingenommen hat.[7] Obwohl Ihnen wohl bekannt ist, daß die DDR keines-

---

[5] Vgl. Nr. 28, Punkt 8.

[6] Der belgische Ministerpräsident Wilfried Martens war am 3./4. 9. 1986 zu einem offiziellen Staatsbesuch in der DDR gewesen.

[7] In einem Antrag des Parteivorstandes zum Parteitag – vgl. nächste Anmerkung – zum Asylproblem hieß es u. a., die DDR würde »die schwierige Lage häufig bedrängter Menschen für ihre Zwecke ausnutzen«.

wegs Urheber dieses Problems ist, auch nicht aus ökonomischen Gründen. Unser Genosse G. Rettner nahm als Gast an Ihrem Nürnberger Parteitag teil. Es ist außerordentlich bedauerlich, daß H.-J. Vogel im Gespräch zu G. Rettner sich dazu verstieg, die SED leiste mit ihrer Haltung der CDU/CSU Vorschub, wäre praktisch ein Verbündeter der CDU.[8] Herr Bahr, dazu will ich Ihnen in aller Klarheit, in aller Entschiedenheit sagen: Daß ich 1985/86 nicht die Einladung zum Besuch der BRD wahrgenommen habe, liegt einzig und allein daran, weil ich nicht als Wahlhelfer der CDU in Erscheinung treten wollte. Wir wollten nicht, daß die SPD, wie man uns sagte, 6% weniger Stimmen erhält. Sie wissen, darauf hat Kohl sehr sauer reagiert. Das ist seine Sache, aber daß [man] seitens Führung der SPD, die doch genau weiß, daß wir alles tun, um der SPD nicht zu schaden, uns einen solchen Antrag auf dem Parteitag anhängt[9] und daß H.-J. Vogel solche Äußerungen tut, das beunruhigt und befremdet uns sehr. Das entspricht nicht dem Inhalt der Gespräche, die ich mit W. Brandt[10] geführt habe. Wir verstehen, daß die Asylantenfrage jetzt, nicht durch unsere Schuld, in der BRD zu einer politischen Frage geworden ist.

(Genosse E. Honecker bewies dann anhand exakter Zahlen über den Strom der Asylanten sowohl nach Herkunftsländern als auch nach Fluggesellschaften, daß ein Großteil der Asylanten nicht über Schönefeld, sondern direkt über andere Länder in die BRD kommt. Von den Transitreisenden über Schönefeld kommt nur ein geringer Teil über die Linie Interflug.[11] Die Behauptung, der entscheidende Teil der Asylanten käme über Schönefeld, entspricht überhaupt nicht den Tatsachen.)

E. Honecker: Der Regierende Bürgermeister von Berlin (West), Diepgen, habe ihm bereits erklärt, daß Schönefeld nicht die Hauptsache sei.[12] Ich hätte Schäuble nicht empfangen, aber ich entsprach damit einer Bitte von Kohl.

(Genosse E. Honecker informierte dann ausführlich über Inhalt und Verlauf des Gesprächs mit Schäuble.)

Gen. E. Honecker: Schäuble hat im Gespräch mit uns ausführlich bestätigt, daß wir unsere Zusicherung über die Verbesserung des Reiseverkehrs eingehalten haben. Die Zahl der Reisenden in die BRD vom

[8] Nach dem von G. Rettner für das Politbüro verfaßten »Bericht über den ordentlichen Parteitag der SPD vom 25. bis 29. August 1986 in Nürnberg« (SAPMO ZPA J IV 2/2A/2924) hatte H.-J. Vogel ihm gesagt, »sein Stolz verbiete es, Bitten an die DDR zu richten«, aber die DDR-Führung müsse sich klar sein, daß der »Stimmungsumschwung zu Gunsten der SPD durch die Fortsetzung des Asylantenzustroms über West-Berlin empfindlich gestört werde. Die Unionsparteien wollten die Asylantenfrage zum Wahlkampfthema machen.«

[9] Siehe Anm. 7.

[10] Siehe Nr. 19.

[11] Siehe Nr. 29.

[12] Siehe Nr. 23.

1. 1.–31. 7. 1986 betrug 238 000. Sie sehen, wie großzügig wir verfahren. Was die Asylantenfrage betrifft, so haben wir in der Parteiführung beraten, wie wir bei Wahrung aller völkerrechtlichen Positionen auf der Ebene einer technischen Vereinbarung zwischen Fluggesellschaften eventuell auf einer Hauptlinie des Zustroms eine Regelung erreichen können. Die 3,5 Mio. Gewinn, die die Interflug durch die Reisen erzielt, sind aber für uns nicht ausschlaggebend. Selbst die FDP habe sich in dieser Frage von der CDU/CSU distanziert. Außenminister Genscher habe dies in einem Gespräch mit einem Vertreter unseres ZK erklärt. Um so mehr bedauern wir den Beschluß des SPD-Parteitages, denn es gehe ja darum, sich nicht von der Hauptorientierung des Kampfes um Arbeitsbeschaffung, Verteidigung der sozialen Interessen und der Friedenssicherung abdrängen zu lassen. Immerhin haben wir durch unsere Verhandlungen über eine chemiewaffenfreie Zone in Europa und jetzt durch die Verhandlungen über *[einen]* atomwaffenfreien Korridor die Position der SPD doch gestärkt. Aber allzu viel Hilfe von unserer Seite könnte schaden. Wir werden also die Angelegenheit prüfen, Herr Bahr, und – wie gesagt – ohne die geringste Veränderung der rechtlichen Positionen, sondern auf technischem Gebiet eine Entschärfung schaffen.

E. Bahr: Ich danke Ihnen aufrichtig für Ihre Offenheit und umfassende Information. In der Beurteilung der Gesamtlage sehe ich fast keine Unterschiede. Wir sind uns einig über die Bedeutung des Gipfeltreffens. Wir sind weiter entschieden gegen SDI. Kohl hat sich in der Frage des Gipfeltreffens etwas bewegt, weil er im Hinblick auf den Wahlkampf das tun muß. Wir sind für ein Ergebnis des zweiten Gipfeltreffens, das wahrscheinlich im Dezember doch stattfindet.

Was das Asylantenproblem betrifft, bitten wir um Verständnis. Was Vogel gesagt hat, das war nicht in Ordnung. Wir haben einen taktischen Fehler begangen. Übrigens hat die Asylantenfrage auf dem Parteitag keine Rolle gespielt. Natürlich unterstützt die DDR/SED nicht die CDU. Die CDU/CSU legt es darauf an, die DDR zu verleumden und dabei die Lösung hinauszuzögern. Aber ich möchte sagen, daß in der Bevölkerung der BRD leider ein zunehmender Unwille über den Zustrom der Asylanten wächst. Bei den griechischen, italienischen, jugoslawischen Gastarbeitern habe man sich abgefunden. Auseinandersetzungen begannen bereits mit den Türken. Aber jetzt sollen gar »Schwarze« kommen. 75 Prozent der Wähler haben durch die Manipulierung Angst vor einer Überfremdung. Die Kohl-Regierung spielt die Ängste dieser 75 Prozent hoch. Das müssen wir zerschlagen.

Wenn Kanzlerkandidat J. Rau in der Lage wäre zu erklären, wir haben mit der DDR gesprochen, sie gibt sich Mühe, dann wäre das eine große Hilfe. Das ist unsere Grundüberlegung. Die Statusfrage nach dem Vierseitigen Abkommen sehe ich wie Sie. Ich habe der CDU erklärt, »macht euch nicht in die Hosen«. Die Demarkationslinie um Westberlin ist doch faktisch eine Staatsgrenze. Immerhin haben die Westmächte 10 Jahre nach dem 13. August 1961 mit der UdSSR das Vierseitige Abkommen unterzeichnet. Also: Was die Grenzkontrollen betrifft, so wären diese Parolen dumme Ausreden. Außerdem, wenn das Grundgesetz geändert würde, müssen sich die Westmächte das sehr überlegen, ob sie diese Änderung für Westberlin übernehmen könnten. Wir verstehen, die Regierung der BRD muß mit den Regierungen der Abflugländer alles regeln. Diese Aufgabe kann ihr nicht die DDR abnehmen. Wenn die DDR, wie Sie andeuten, sich in dieser Frage kooperativ verhalten kann, ohne etwas zu formalisieren, so wäre das ausgezeichnet.

Ich schlage vor, meine 3 Vorsitzenden[13] jetzt sofort zu informieren und Sie dann über unsere Meinung zu unterrichten und Ihnen eventuell den Entwurf einer Erklärung von Rau zu dieser Frage übersenden, die wir vereinbaren.

E. Honecker: Ich bin mit Ihrer Beurteilung soweit einverstanden. Herr Rau möchte bitte einen Satz sagen, daß die Asylantenfrage eine internationale Angelegenheit, ein Gesamtproblem ist. Sie kennen die Beschlüsse der Regierungen Großbritanniens, Frankreichs usw. Außerdem, nur in der BRD wird diese Frage zur Ausländerfeindlichkeit, ja zum Rassismus hochgespielt. Das gibt es weder in Frankreich noch in den anderen Ländern. Also bitte informieren Sie. Wir werden uns dann die Erklärung von Rau ansehen, wir wollen Kohl nicht nutzen.[14] Was den Wahlkampf betrifft, so hat der SPD-Parteitag selbst hingewiesen, daß dies eine harte Auseinandersetzung wird. Aber vor allem muß man Kohls Argument vom »Aufschwung« zerschlagen. Was für ein Aufschwung bei über 2 Millionen Dauerarbeitslosen! Dabei liege die wirkliche Zahl laut DGB viel höher. Ich möchte sagen, es gibt durchaus

[13] D. h. W. Brandt und die beiden Stellvertreter H.-J. Vogel und J. Rau.
[14] Egon Bahr übersandte Axen am 11. 9. einen Entwurf, in dem u. a. stand, Honecker habe Bahr »auf Wunsch« Raus empfangen. Axen wies diesen Entwurf in einer Stellungnahme für Honecker zurück mit dem Bemerken, er entspreche nicht der zwischen Honecker und Bahr getroffenen Verständigung vom 5. 9. 1986. Nach einem umfangreicheren Telegrammwechsel Bahr – Moldt – Axen und einem Treffen Bahr – Axen am 17. 9. lag dann die »Grundlinie« für die Erklärung Raus fest, die dieser am 18. 9. abgab und die besagte, er habe »von der Führung der DDR die Zusage bekommen, daß nur solche Personen im Transit befördert werden, die über ein Anschlußvisum anderer Staaten verfügen«. Die betreffende Verlautbarung des DDR-Außenministeriums mit Geltung ab 1. 10. 1986 erfolgte am gleichen Tag. – Zum Zusammenhang siehe Einleitung. – Die betreffenden Dokumente finden sich in: SAPMO ZPA IV 2/2035/89 und sind enthalten in: Jochen Staadt, Expertise (Dokumentation) für die Enquetekommission des Deutschen Bundestags »Aufarbeitung von Geschichte und Folgen der SED-Diktatur in Deutschland« zu dem Thema: Versuche der Einflußnahme auf die politischen Parteien der Bundesrepublik nach dem Mauerbau.

Chancen, falls ein energischer Wahlkampf geführt wird. Ein bestimmtes Umdenken ist doch im Bewußtsein der Bevölkerung der BRD im Gange. Diesen Prozeß muß man weiter in Richtung Entspannung umkehren.

E. Bahr: Ich danke herzlich für dieses Gespräch und werde Sie sofort intern informieren.

E. Honecker: Bitte übermitteln Sie W. Brandt, J. Rau und H.-J. Vogel beste Grüße.

Axen 8. 9. 86 *[Unterschrift]*

SAPMO ZPA J IV/942: »Niederschrift über das Gespräch des General-
sekretärs des ZK der SED und Vorsitzenden des Staatsrates der DDR,
Genossen Erich Honecker, mit dem Ministerpräsidenten des BRD-Bun-
deslandes Rheinland-Pfalz, Bernhard Vogel, am 13. Februar 1987 im
Amtssitz des Staatsrates«

Ministerpräsident Bernhard Vogel teilte am 26. 9. 1994 mit, er habe we-
gen der »ungewöhnlichen Arbeitsbelastungen« noch keine Zeit zur
Ordnung und Sichtung der betreffenden Unterlagen gefunden und
denke deswegen »zur Zeit noch nicht an eine Offenlegung«.

Genosse E. Honecker begrüßte B. Vogel. Er freue sich, daß Vogel die
Gelegenheit wahrnehme, die DDR zu besuchen. Er hoffe, daß Vogel
trotz der Kürze der Zeit einen Eindruck von der Umgestaltung Berlins
erhalten habe. Er habe gerade den Entwurf einer Illustrierten zur
750-Jahr-Feier Berlins[1] gesehen. Dort werde sehr eindrucksvoll deutlich, wie sich Berlin verändert habe.
 Genosse E. Honecker bat Vogel um seine Ausführungen.
 Vogel übermittelte Grüße von Bundeskanzler Kohl und verband dies
mit dem Hinweis, daß Kohl die Einladung an Genossen E. Honecker
zum Besuch der BRD auch für die neue Bundesregierung bekräftige.[2]
Kohl möchte, daß Dialog und sachliche Zusammenarbeit die Grundlage der Beziehungen zwischen der BRD und der DDR bleiben. Er sei
dankbar für die positiven Schritte, die in der Vergangenheit getan werden konnten. Kohl betrachte unverändert die Moskauer Gespräche mit
E. Honecker vom März 1985 und die dort vereinbarte Gemeinsame Erklärung[3] als Grundlage der Beziehungen. Kohl gehe davon aus, daß die
BRD zu keinem Land des Warschauer Vertrages bessere Beziehungen
haben sollte als zur DDR. Er rechne damit, daß es in diesem Jahr zu einer weiteren Begegnung Gorbatschow – Reagan komme.[4] Im Vorfeld
einer solchen Begegnung sei es sehr wichtig, welche Positionen die
DDR gegenüber der UdSSR und die BRD gegenüber den USA einnehmen. Die beiden Staaten gehörten zu den einflußreichsten Bündnis-

---

[1] Die 750-Jahr-Feiern Berlins waren in Ost-Berlin schon am 1. 1. 1987 begonnen worden.
[2] Bei den Bundestagswahlen am 25. 1. 1987 hatte die bisherige Koalition mit 257 Sitzen
(CDU/CSU 223, FDP 34) eine klare Mehrheit gewonnen.
[3] Vgl. Nr. 16.
[4] Das dritte Gipfeltreffen von Reagan und Gorbatschow fand am 7./8. 12. 1987 in Washington
statt.

partnern der UdSSR bzw. der USA. Vogel betonte, er sei sicher, daß Kohl in der Regierungserklärung Mitte März[5] die Dinge in dieser Form ansprechen werde.

Genosse E. Honecker bedankte sich für die Grüße von Bundeskanzler Kohl und erwiderte sie. Er nehme dessen von Vogel übermittelte Erklärungen zur Kenntnis, insbesondere, daß Kohl gewillt sei, ausgehend von den Moskauer Gesprächen und der Gemeinsamen Erklärung die Beziehungen zwischen beiden deutschen Staaten zu entwickeln, und daß dies seinen Ausdruck in der bevorstehenden Regierungserklärung finden werde. Seit der Moskauer Begegnung sei natürlich viel Wasser den Rhein und die Mosel hinabgeflossen. Es bestünden unverändert zahlreiche Probleme.

Genosse E. Honecker betonte eindringlich, daß die DDR die Frage des Friedens unverändert als Hauptfrage auch in den Beziehungen zwischen der DDR und der BRD betrachte. Die BRD habe gerade einen sturmbewegten Wahlkampf hinter sich, den er nicht analysieren wolle. In diesem Wahlkampf seien seitens des Bundeskanzlers Äußerungen gefallen, die nicht dazu beigetragen hätten, die Beziehungen DDR – BRD[6] zu fördern. Er habe in seiner kürzlichen Rede vor den 1. Kreissekretären der SED sowohl zur internationalen Lage wie zu den Beziehungen zwischen der DDR und der BRD und der inneren Lage der DDR Stellung genommen.[7] Er hoffe sehr, daß in Verbindung mit der Konstituierung des neuen Bundestages und der Regierungserklärung alles vom Tisch komme, was die Beziehungen belaste. Dabei denke er vor allem an die Äußerungen von Kohl in Dortmund über KZs in der DDR.[8] Angesichts dessen sei es für ihn nicht leicht, an einen Besuch in der BRD zu denken. Ausgehend von den Moskauer Gesprächen habe die DDR seither großes Entgegenkommen gezeigt, sogar im Jahr des Wahlkampfes, z. B. in der Asylantenfrage und bei Reisen in dringenden Familienangelegenheiten.[9] Dies zeige ihren guten Willen. Wir würden

[5] Helmut Kohl gab die Regierungserklärung am 18. 3. 1987 ab. Die deutschlandpolitischen Passagen sind auch abgedruckt in: Texte zur Deutschlandpolitik III/5 (1987), S. 30ff. – Kohl wandte sich darin gegen »Illusionen« von einem »deutschen Sonderweg« und betonte, die Deutschen würden »nur zusammenkommen können, wenn der Ost-West-Gegensatz in einer dauerhaften, übergreifenden europäischen Friedensordnung aufgehoben« sei.

[6] Honecker spielte besonders auf die Äußerungen von Bundeskanzler Kohl in einer Wahlkampfrede am 4. 1. 1987 in Dortmund über 2000 »politische Gefangene in Gefängnissen und Konzentrationslagern« der DDR an. Vgl. AdG 1987, S. 30922 f.

[7] Für Honeckers Rede vom 6. 2. 1987 vor den 1. Sekretären der SED-Kreisleitungen vgl. ›Neues Deutschland‹ vom 7. 2. 1987; die betreffenden deutschlandpolitischen Passagen auch in Texte zur Deutschlandpolitik III/5 (1987), S. 21 f.

[8] Siehe Anm. 6.

[9] Zur Asylfrage vgl. Einleitung I, 2a). – Besonders bei Reisen jüngerer Menschen in sog. dringenden Familienangelegenheiten war die Genehmigungspraxis im Jahr 1986 deutlich großzügiger geworden. Vgl. Innerdeutsche Beziehungen (1986) S. 250; Texte zur Deutschlandpolitik III/5 (1987), S. 379. In seiner Rede vor den 1. Kreissekretären – vgl. Anm. 7 – nannte Honecker die Zahl von 573 000 Reisen unterhalb des Rentenalters in dringenden Familienangelegenheiten.

es außerordentlich begrüßen, wenn in der Regierungserklärung eine klare Sprache gefunden werde, damit sich die Beziehungen zwischen der DDR und der BRD wie zwischen anderen Staaten entwickeln können.

Genosse E. Honecker betonte, daß die Friedenssicherung die Hauptfrage der Gegenwart ist. Das Treffen von Reykjavik[10] habe gezeigt, daß es nicht nur notwendig, sondern auch möglich ist, zur Abrüstung zu kommen. Es sei zu hoffen, daß SDI nicht die Abrüstung auf nuklearem wie auf konventionellem Gebiet behindere. Die sozialistischen Staaten hätten bekanntlich die nukleare Abrüstung durch den Vorschlag für die Abrüstung von konventionellen Waffen ergänzt. Damit würde die Behauptung gegenstandslos, daß bei einer nuklearen Abrüstung ein Übergewicht der sozialistischen Staaten auf konventionellem Gebiet entstehen würde. Die sozialistischen Staaten seien einverstanden mit umfassenden Kontrollen. Für alle Waffenarten müsse das Prinzip der Gleichheit und gleichen Sicherheit gelten. SDI sei der Hinderungsgrund in Reykjavik gewesen, um zu einer Vereinbarung zu kommen. Inzwischen würden in Genf die Verhandlungen weitergehen. Wichtig sei, daß die BRD ihr Gewicht zum Stopp der Kernwaffentests in die Waagschale werfe sowie für die Stärkung des ABM-Vertrages eintrete. Dies wäre von Nutzen für die Abrüstungsbemühungen.

Die DDR unterstütze in jeder Beziehung die Bemühungen M. Gorbatschows, zur Abrüstung auf der Erde zu kommen und die Ausdehnung des Wettrüstens auf das Weltall zu verhindern. Das sei die Kernfrage. Es gehe darum, daß die Menschen vor der Wahl stehen, entweder gemeinsam zu überleben oder gemeinsam unterzugehen.

Die DDR werde ihren geschichtlichen Weg weitergehen, die entwickelte sozialistische Gesellschaft zu gestalten, und offenkundig werde auch die BRD ihren Weg gehen. Nicht darum gehe es also, sondern darum, daß die beiden deutschen Staaten ihre Friedenspflicht erfüllen, daß nie mehr von deutschem Boden Krieg, sondern immer nur Frieden ausgeht, daß sie ihren Beitrag zu Frieden und Abrüstung in der Welt leisten.

Vogel erwiderte, er möchte zunächst etwas zum Wahlkampf sagen. E. Honecker habe ihn als sturmbewegt bezeichnet. Natürlich sei ein Wahlkampf keine Fronleichnamsprozession. Er sei in Dortmund bei der Rede von Kohl dabei gewesen. Er lege Wert auf die Feststellung, daß es sich nicht um eine von langer Hand vorbereitete Aussage über die KZs in der DDR gehandelt habe. Kohl habe zunächst eine positive Aussage über die Entwicklung der Beziehungen zur DDR gemacht. Das habe im Mittelpunkt gestanden. Die Äußerung über die KZs sei in einem Nebensatz in einer frei gesprochenen Rede gefallen. Sie sei auch

[10] Das zweite Gipfeltreffen Reagan – Gorbatschow hatte am 11./12. 10. 1986 stattgefunden. Vgl. AdG 1986, S. 30353ff.

nie wiederholt worden. Es handle sich also nicht um den Ausdruck der Absicht, eine andere Politik gegenüber der DDR einzuleiten.

Vogel verwies darauf, daß er erfreut gewesen sei, in der Rede des Genossen E. Honecker vor den 1. Kreissekretären die Aussage über die Fortschritte in den Beziehungen zwischen der DDR und der BRD zu lesen. Er habe auch die Beurteilung des Wahlergebnisses gelesen.[11] Er sehe dies allerdings anders, insbesondere was die FDP betreffe.

Er halte für entscheidend, was E. Honecker zum Stichwort Frieden eben ausgeführt habe. Der Frieden sei tatsächlich die alles überwölbende Frage. Der Weg der UdSSR und der USA nach Reykjavik und danach sei positiv. Die BRD stimme voll der Null-Lösung zu, auch wenn sie davon ausgehe, daß Verhandlungen über Raketen kürzerer Reichweite folgen müßten. Das sehe die DDR offensichtlich auch so. Jeder der beiden Staaten müsse sein Gewicht in die Waagschale werfen. Beide Staaten hätten in besonderem Maße die Verpflichtung, daß die Vereinbarungen der Supermächte nicht über die Köpfe der europäischen Staaten hinweg getroffen würden. Diese Aufgabe nehme die BRD besonders ernst. Er wolle auf die Vereinbarung zwischen Reagan und Kohl hinweisen, daß ab 1992 keine chemischen Waffen in der BRD mehr gelagert sein würden.[12] Dies sei ein Beitrag zur weltweiten Vernichtung der chemischen Waffen. Er stimme der Feststellung E. Honeckers zu, daß nie mehr von deutschem Boden Krieg ausgehen dürfe. Er möchte aber hinzufügen, daß aus unterschiedlichen gesellschaftlichen Entwicklungen keine Konflikte entstehen dürften. Man müsse sich um Abrüstung bemühen, aber auch die Fähigkeit entwickeln, trotz Meinungsverschiedenheiten im Grundsätzlichen den Dialog und die Zusammenarbeit so zu gestalten, daß daraus gute Nachbarschaft erwachse. Man müsse sich auch dort respektieren, wo man sich nicht überzeugen könne. Durch kleine Schritte müsse eine Verbesserung der Beziehungen erreicht werden. Er halte es für richtig, daß er unmittelbar nach der Bundestagswahl diesen Besuch in der DDR mache. Er hoffe, daß auch höherrangige Besuche möglich würden.

Genosse E. Honecker betonte nochmals nachdrücklich, daß die Ausfälle gegen die DDR, ob nun mit oder ohne Manuskript, der Entwicklung der Beziehungen nicht dienlich gewesen seien. Er sei zutiefst von der Rede Kohls betroffen gewesen. Ausgehend von der Begegnung in Moskau 1985 sei manches in Bewegung gebracht worden, z. B. die Entscheidung über Asylanten, die für die DDR bekanntlich nicht leicht ge-

---

[11] Siehe Anm. 7. – Honecker stellte die »provokanten Ausfälle« gegen die DDR in einen Zusammenhang mit den Stimmenverlusten der Koalition. Tatsächlich war die CDU/CSU von 48,8% im Jahr 1983 auf 44,3% gesunken, die FDP hatte allerdings leicht gewonnen (9,1% gegen 7,0% im Jahr 1983).

[12] Die Zusage über den Abzug der chemischen Waffen bis 1992 hatte Präsident Reagan bei einem Treffen mit Bundeskanzler Kohl und Außenminister Genscher am 6. 5. 1986 anläßlich des Weltwirtschaftsgipfels in Tokio gegeben. Vgl. AdG 1986, S. 29939f.

wesen sei. Die Reisen in dringenden Familienangelegenheiten seien großzügig erweitert worden. Er glaube, Kohl selbst habe nicht angenommen, daß diese Reisen jetzt in einem solchen Umfang erfolgen würden. Trotzdem sei es zu diesem Ausfall gegen die DDR gekommen, nur um ein paar Stimmen zu gewinnen. Genosse E. Honecker erklärte, er habe Kohl bisher für einen ernsthaften Politiker gehalten, sei aber in seiner Auffassung erschüttert worden. Man könne nicht nur über gegenseitiges Vertrauen reden, sondern müsse auch danach handeln. Beide Staaten lebten nicht auf einer Insel der Seeligen, sondern sie seien eingeordnet in die Weltlage.

Im übrigen, fuhr Genosse E. Honecker fort, sei die Rechnung nicht aufgegangen. Die CDU habe zwei Millionen Stimmen verloren, die FDP habe Stimmen gewonnen.[13] Das sei vor allem das Verdienst von Genscher, der sich für die Fortsetzung der Entspannung und normale Beziehungen zur DDR eingesetzt habe.[14] Das Ziel der CDU/CSU, die Mehrheit zu erreichen, sei nicht erreicht worden. Viele Menschen in der DDR erklärten, sie könnten nicht verstehen, daß E. Honecker in die BRD fahren wolle. Selbst sein Enkel habe ihn in diesem Sinne gefragt. Es werde also eine bestimmte Zeit brauchen, um das Klima zu verändern. Die DDR hoffe, daß in Verbindung mit der Regierungserklärung von Bundeskanzler Kohl eine Grundlage für einen eventuellen Besuch in der BRD geschaffen werde.

Genosse E. Honecker hob hervor, daß wir an einem erneuten Treffen Gorbatschow – Reagan interessiert seien. Er wisse von M. Gorbatschow und E. Schewardnadse, daß die Sowjetunion ein solches Treffen wolle. Dazu müßten aber die USA bestimmte Hindernisse beseitigen. Man müsse an den Ergebnissen von Reykjavik festhalten. Das betreffe die 50%ige Reduzierung der strategischen Waffen, die Beseitigung der Mittelstreckenwaffen in Europa, die Aufrechterhaltung des ABM-Vertrages und die Verständigung über Laborversuche bei SDI. Wenn es zur Beseitigung der Mittelstreckenwaffen in Europa komme, dann würden die Gegenmaßnahmen der sozialistischen Staaten rückgängig gemacht werden, d. h., die Raketen größerer Reichweite würden aus der DDR entfernt werden.

Hinsichtlich der Beziehungen gebe es eine Reihe wichtiger Fragen, die gelöst werden müßten. Das sei die Respektierung der Staatsbürgerschaft der DDR, die Beseitigung der Erfassungsstelle Salzgitter, die Feststellung des Grenzverlaufs auf der Elbe, wie er jetzt ist. Dazu gebe es auch neue Dokumente der Briten.[15] Man brauche nur den Protokollvermerk von 1975 zu unterzeichnen. Da sei ferner das Problem der

[13] Siehe Anm. 11.

[14] Das Außenministerium hatte am 6. 1. 1987 eine Erklärung abgegeben, in der es sich von Kohls Äußerungen distanzierte.

[15] Britische Dokumente zur Feststellung der Elbgrenze wiesen, obwohl sie zum Teil nicht

Rückführung von Jugendlichen. Die DDR tue dies ohne Vorbehalte, die BRD halte sie unter Berufung auf Urteile von Jugendgerichten zurück.

Wenn man die Elbfrage regele, dann würden Vereinbarungen über den Binnenschiffsverkehr, den Sportbootverkehr, den Hochwasserschutz, die Fischerei und selbst die Frage der Gewässergüte der Elbe möglich. Es gehe nicht darum, irgend etwas zu verändern, sondern die Grenzkommission brauche nur den Zustand festzustellen, wie er seit 40 Jahren existiert.

Was Fragen betreffe wie das Abkommen Wissenschaft und Technik, die Umweltvereinbarung, die Elektrifizierung der Eisenbahnstrecke Helmstedt/Westberlin, die Werra-Entsalzung und die Rückführung von Kulturgütern, so habe Vogel diese Fragen mit G. Mittag besprochen.[16] Hinsichtlich der großzügigen Handhabung von Reisen in dringenden Familienangelegenheiten wolle er nur zur Information darauf verweisen, daß die DDR vorher 19 Mio., jetzt aber 50 Mio. Devisen dafür ausgebe. Dies sei von uns im Geist der Moskauer Gespräche getan worden. Unter Hinweis auf die Funktion von Vogel als Ministerpräsident von Rheinland-Pfalz verwies Genosse E. Honecker auf die guten wirtschaftlichen Beziehungen der DDR zu Rheinland-Pfalz. Auch dies sei mit G. Mittag besprochen worden. Die DDR beziehe bekanntlich mehr von Rheinland-Pfalz als umgekehrt. Das Verhältnis sei 1:3,5. Die DDR sei an der Erweiterung des Kulturaustausches mit Rheinland-Pfalz und auch des Jugendaustausches interessiert. Insgesamt bestünden für die Entwicklung der Beziehungen zu Rheinland-Pfalz gute Voraussetzungen.

Vogel erwiderte, er möchte vor der Täuschung warnen, als seien die zwei Millionen Wähler der CDU/CSU wegen einer Auseinandersetzung zwischen Genscher und Kohl verlorengegangen. Kohl habe kurz vor der Wahl klargemacht, daß er die Weiterführung der Entspannungspolitik wolle und die Verträge achte. Nicht von Kohl sei diese Auseinandersetzung in den Wahlkampf hineingetragen worden. Die FDP habe auch deshalb Stimmen gewonnen, weil Wähler besorgt gewesen seien, sie würde die 5-Prozent-Hürde nicht überschreiten. Man würde Kohl Unrecht tun, wenn man behaupte, daß er die Entspannungspolitik und die Verträge hätte in Frage stellen wollen. Die CDU/CSU habe auch nie die Erwartung gehabt, die Mehrheit zu erreichen.

Bundeskanzler Kohl sei daran interessiert, daß sich Gorbatschow und Reagan erneut treffen. In diesem Sinne nehme man Einfluß auf die USA. Was die Mittelstreckenraketen betreffe, so habe er die Äußerung

konsistent waren, auf die Strommitte als Grenze in dem umstrittenen Abschnitt hin. Vgl. Dieter Schröder, Die Elbe-Grenze. Rechtsfragen und Dokumente, Baden-Baden 1986; Der Spiegel, Nr. 20 vom 12. 5. 1986, S. 63 ff.

[16] D. h. bei einem dem Gespräch mit Honecker vorangegangenen Treffen.

von E. Honecker aufmerksam zur Kenntnis genommen. Atomwaffenfreie Zonen seien gut, besser seien jedoch Zonen frei von der Gefährdung durch Atomwaffen. Deshalb messe man der Vereinbarung über
Raketen kürzerer Reichweite so große Bedeutung bei.

Was die von E. Honecker aufgeworfenen Fragen der Beziehungen
anbetreffe, so sei ihre Fundamentalität unterschiedlich. In der Frage der
Staatsbürgerschaft habe die BRD eine grundsätzlich andere Position als
die DDR. Hier sei man an das Grundgesetz gebunden. Salzgitter und
Elbe hingegen seien nicht in dieser Weise durch das Grundgesetz festgeschrieben. Was Salzgitter betreffe, möchte er erklären, je weniger
Notwendigkeit bestehe, etwas zu erfassen, um so weniger bestehe die
Notwendigkeit, diese Stelle aufrechtzuerhalten. Wenn Deutsche nicht
mehr in Lebensgefahr geraten, wenn sie von Deutschland nach
Deutschland wollen, falle ein wesentlicher Grund für die Erfassungsstelle weg. Wenn es neue Dokumente zur Elbe gebe, müsse man diese
prüfen. Zur Frage der Zurückführung von Jugendlichen sei er nicht auf
dem laufenden.

Vogel erklärte, er möchte E. Honecker im Falle seines Besuches in
der BRD nach Trier einladen.[17] Er würde ihn gern durch das Geburts-
haus von Karl Marx führen. Was Städtepartnerschaften anlange, so verstehe er, daß dies schrittweise erfolgen müsse, inflationäre Entwicklungen seien unrealistisch. Vogel verwies darauf, daß eine Städtepartnerschaft zwischen Trier und Weimar bereits im Gange sei.[18] Es gebe auch
den Wunsch dazu von Mainz mit Erfurt. Er bitte, auch an einen solch
kleinen Ort wie Asbach im Westerwald zu denken. Er sei erfreut darüber, daß Genosse E. Honecker die Erweiterung des Jugendaustausches angesprochen habe. Was den Kulturaustausch betreffe, so wolle
er darauf verweisen, daß der Maler Max Slevogt in der Pfalz zu Hause
sei. In Dresden befänden sich Bilder von ihm, und es wäre gut, wenn
man Ausstellungen von Slevogt mit Dresden austauschen könne.

Hinsichtlich der wirtschaftlichen Beziehungen erklärte Vogel, er
wisse, daß man zu einer ausgeglichenen Bilanz kommen müsse. Der beste Weg würde über mittelständische Unternehmen führen. Große Unternehmen wie BASF brauchten seine Unterstützung nicht. Man müsse
aber einen Weg finden, um für mittelständische Unternehmen mehr
Kontakte zu schaffen. Jede Verbesserung der wirtschaftlichen [Bezie-
hungen] sei positiv für die Verbesserung der politischen Beziehungen.
Was den Besucherverkehr betreffe, so erkenne man die Bemühungen der
DDR an. Er hoffe aber, daß auch solche Personen, die keine Familien-
beziehungen hätten, reisen könnten. Es wäre auch gut, wenn Westber-

---

[17] Bei seinem Besuch in der Bundesrepublik besuchte Honecker Trier und das Karl-Marx-
Haus. Vgl. Nr. 41 und 58.

[18] Das Abkommen über die Städtepartnerschaft Trier–Weimar wurde am 24. 5. 1987 paraphiert und am 5. 9. 1987 unterzeichnet.

liner Jugendliche in den Jugendaustausch einbezogen würden. Er hoffe insbesondere, daß im Zusammenhang mit der 750-Jahr-Feier Berlins dazu Verbesserungen möglich seien. Seiner Meinung nach sollte bei den Feiern die Gemeinsamkeit der Stadt deutlich werden.

Genosse E. Honecker antwortete auf die Darlegungen von Vogel wie folgt: Die grundsätzliche Frage, die die Beziehungen vor allem anderen berühre, sei das Wirken für die Friedenssicherung; man erwarte, daß die BRD in ihrem Bündnis aktiv für Vereinbarungen zwischen den USA und der UdSSR, für ein neues Treffen Gorbatschow – Reagan eintrete. Er sei informiert, daß es noch große Schwierigkeiten zu überwinden gebe. Erst die gestrige Erklärung des USA-Abrüstungsbeauftragten Adelman habe dies erneut unterstrichen.[19] Wir Europäer müßten an unserem Haus arbeiten. Die DDR strebe nicht die Lockerung der Beziehungen zwischen der BRD und den USA an, sie könne dies gar nicht. Wichtig sei aber, daß die BRD wie die DDR einen aktiven Beitrag für die Abrüstung auf der Erde wie im Weltall leiste. Er möchte dabei an die Äußerung von Bundeskanzler Kohl anknüpfen, wonach Reagan als Friedenspräsident in die Geschichte eingehen möchte.

Hinsichtlich der Beziehungen dürfe man keine Politik des Alles oder Nichts betreiben. Die DDR habe bedeutende Beiträge zur Entspannung an der Grenze geleistet, z. B. durch die Entminung und die Beseitigung der sogenannten Todesautomaten. Aber man müsse eben sagen, es handele sich zugleich um die Grenze zwischen den beiden Weltsystemen. Es handle sich um militärisches Sperrgebiet. Für Reisen mit entsprechenden Dokumenten gibt es genügend Grenzübergänge. Er habe F. J. Strauß gefragt, wie es in der BRD mit dem Schießbefehl stehe. Dabei habe sich gezeigt, daß es zwischen der DDR und der BRD keinen Unterschied gebe.[20] Die DDR sei für vertrauensbildende Maßnahmen. Das setze aber voraus, daß die Beziehungen nicht ständig belastet würden.

Natürlich gebe es in den Beziehungen Fragen unterschiedlichen Gewichtes. Die DDR müsse aber entschieden darauf bestehen, daß DDR-Bürger wie Bürger dritter Staaten behandelt würden. Wir hätten nicht die Absicht, das Grundgesetz der BRD zu ändern, aber das Völkerrecht gehe bekanntlich vor. Man müsse z. B. aufhören, DDR-Bürgern, die in der BRD arbeiten, Wahlaufforderungen zu schicken. Das Saarland und Hamburg würden die Erfassungsstelle Salzgitter nicht mehr unterstützen. Je eher sie verschwinde, um so besser sei es für die Beziehungen. Die Existenz dieser Erfassungsstelle sei ein direkter Angriff auf die Souveränität der DDR. Die DDR werde das nicht hinnehmen.

---

[19] Kenneth L. Adelman, der Chef der US-Rüstungskontrollbehörde, hatte u. a. erklärt, daß »die Europäer nicht berechtigt sind, uns zu belehren, wie eine richtige Auslegung des ABM-Vertrages ist«. Vgl. AdG 1987, S. 30810.

[20] Vgl. Nr. 5.

Gen. E. Honecker sagte, wenn er nach Trier kommen sollte, werde er gerne Gast von Vogel sein und mit ihm die für uns heilige Stätte des Geburtshauses von Karl Marx besuchen. Die DDR sei für die Entwicklung der Beziehungen, auch der Wirtschaftsbeziehungen. Dabei könnten die mittelständischen Betriebe stärker einbezogen werden, einschließlich der Weinfirmen. Wichtig sei aber auch, stärkere Absatzmöglichkeiten für die Waren der DDR zu schaffen.

Vogel erwiderte, er möchte nochmals auf die Erfassungsstelle Salzgitter zurückkommen. Wenn es nicht mehr zu Toten an der Grenze komme[21], wäre diese Stelle viel leichter zu beseitigen. Man stehe dazu, daß Frieden von den beiden deutschen Staaten ausgehen müsse, man möchte aber auch, daß Menschen an der Grenze nicht mehr zu Tode kommen.

Gen. E. Honecker betonte darauf erneut nachdrücklich, daß wir die Existenz der Erfassungsstelle Salzgitter als eine ungeheuerliche Einmischung in die Angelegenheiten der DDR betrachten. Er wünsche auch keine Toten an der Grenze. Nur die verfassungsmäßigen Organe der DDR seien für die Gesetzlichkeit der DDR zuständig. Eine von der BRD beanspruchte Obhutspflicht für alle Deutschen werde nicht anerkannt. Wenn man von vertrauensbildenden Maßnahmen spreche, dann wäre die Auflösung dieser Stelle ein wichtiger Beitrag dazu. Jeder, der sich an die Grenze begebe, müsse wissen, daß dies militärisches Sperrgebiet sei. Die DDR müsse entschieden auf die Respektierung ihrer Staatsbürgerschaft bestehen. Vogel erklärte, es sei für ihn eine wichtige Aussage, daß E. Honecker keine Toten an der Grenze wolle. Er sei auch nicht für die Einmischung in die Angelegenheiten anderer Länder. Aber heute gäbe es Entwicklungen, die nicht nur Angelegenheit eines Landes seien. Die BRD fühle sich z. B. verpflichtet, gegen die Apartheid aufzutreten. Damit stimme sie sicher mit der DDR überein. Dies sei keine Einmischung in innere Angelegenheiten. Für das Klima zwischen beiden deutschen Staaten sei es eine schwerwiegende Angelegenheit, wenn Menschen an der Grenze zu Tode kommen. Für die Bereitschaft in der BRD, über die Auflösung der Erfassungsstelle Salzgitter nachzudenken, sei diese Frage von großer Bedeutung.

Genosse Honecker wies den Vergleich mit der Apartheid entschieden zurück. Es werde auch Propaganda mit Toten gemacht, die es überhaupt nicht gebe. Bekanntlich würden in der BRD die Colts locker sitzen. Je mehr sich die Beziehungen normalisieren, um so eher könnten manche schwierigen Fragen gelöst werden. Die DDR habe im übrigen auch eine Verantwortung für die Sicherheit der ausländischen Truppen

---

[21] Am 21. 11. 1986 waren zwei Flüchtlinge von DDR-Grenzsoldaten erschossen worden, als sie versuchten, die Grenzanlagen mit einem LKW zu durchbrechen. Am 24. 11. verlor wieder ein Flüchtling das Leben bei dem Versuch, die Mauer zu überwinden.

in der DDR. Über Fragen ihres Grenzregimes bestimmte nur die DDR. Es werde so sein wie die Beziehungen.

Vogel sagte, er glaube, daß Reagan wie Gorbatschow ein Interesse daran hätten, den in Reykjavik eingeschlagenen Weg weiterzugehen. Reagan brauche auf manches keine Rücksicht mehr zu nehmen, da er nicht wiedergewählt werden müsse.

Viele Politiker in der BRD wünschten eine Intensivierung der Beziehungen zur DDR. Das gelte ganz besonders für Bundespräsident von Weizsäcker.

Genosse E. Honecker bat Vogel, Bundespräsident von Weizsäcker die besten Grüße und seinen Respekt für dessen Auftreten zu übermitteln. Wenn man dieses Auftreten zum Maßstab der Beziehungen mache, dann würde vieles besser gehen.

Genosse E. Honecker stimmte dem Vorschlag von Vogel zu, gegenseitige Ausstellungen des Malers Max Slevogt durchzuführen.

Auf die Frage des Genossen E. Honecker an Bräutigam[22], wie die BRD zur Rückführung von Jugendlichen stehe, erklärte dieser, daß tatsächlich in der BRD die Jugendrichter die Entscheidung darüber hätten. Sie würden dem Willen der Jugendlichen ab 16 Jahre Rechnung tragen. Eine ganze Reihe Jugendlicher sei in die DDR zurückgekehrt. Die DDR könne davon ausgehen, daß es keinen grundsätzlichen Standpunkt gebe, daß die Jugendlichen nicht zurückkehren sollten. Er werde die Darlegungen des Genossen E. Honecker den Verantwortlichen in der BRD zur Kenntnis bringen.

Genosse E. Honecker erwiderte, die DDR verhalte sich in dieser Frage korrekt. Sie schicke Jugendliche zurück. Sie fordere, daß dies auch von der BRD geschehe. Auch die DDR könne natürlich Gerichtsentscheidungen herbeiführen. Aus ihrer Sicht aber müßten junge Leute zurückkehren.

Genosse E. Honecker bemerkte abschließend, er betrachte die Begegnung als nützlich, auch wenn es in manchen Fragen gegensätzliche Auffassungen gebe. Er möchte nochmals bekräftigen, daß wir im Zusammenhang mit der Regierungserklärung eine Position der BRD erwarten, die im Sinne von Zusammenarbeit und gutnachbarlichen Beziehungen liegt. Wir hätten keine Illusionen. Es handele sich um Staaten mit unterschiedlicher Ordnung und Bündniszugehörigkeit. Aber man müsse Kurs auf vernünftige Zusammenarbeit nehmen. Genosse Honecker verwies auf die dynamische Entwicklung der DDR. Sie werde ihren Kurs des Friedens und des sozialistischen Aufbaus konsequent fortsetzen. Die DDR habe ein industrielles Wachstum von 4–5% jährlich, eine große Steigerung der Arbeitsproduktivität. Sie orientiere auf die Anwendung der Schlüsseltechnologien. All dies sei Vorausset-

---

[22] Hans Otto Bräutigam, Leiter der Ständigen Vertretung der Bundesrepublik Deutschland in der DDR.

zung für die konsequente Fortsetzung ihrer Sozialpolitik. Es gebe ein vielfältiges demokratisches Leben in der DDR.

Vogel bedankte sich für das offene und ehrliche Gespräch. Er überreichte Genossen E. Honecker das Faksimile der Geburtsurkunde von Karl Marx sowie seine Rede zum 100. Geburtstag von Karl Marx.

An dem Gespräch nahmen teil: Genosse Staatssekretär Frank-Joachim Herrmann, Leiter der Kanzlei des Vorsitzenden des Staatsrates; Genosse Karl Seidel, Leiter der Abteilung BRD im MfAA, und Hans Otto Bräutigam, Leiter der Ständigen Vertretung der BRD in der DDR.

Seidel *[Unterschrift]*

32. Gespräch Lafontaine – Honecker am 12. März 1987 (Ost-Berlin)

SAPMO ZPA IV 2/1/666 und J IV 2/2A/2989: »Niederschrift über das Gespräch des Generalsekretärs des ZK der SED und Vorsitzenden des Staatsrates der DDR, Erich Honecker, mit dem Ministerpräsidenten des Saarlandes und Vorsitzenden der SPD-Saar, Oskar Lafontaine, am 12. März 1987« – Zur Westquelle vgl. Nr. 20

E. Honecker hieß O. Lafontaine im Namen des ZK der SED, des Staatsrates und des Ministerrates herzlich willkommen. Mit dieser Begegnung würden die beiderseitigen langfristigen und fruchtbaren Kontakte im Interesse des konstruktiven Zusammenwirkens der DDR und des Saarlandes auf politischem, wirtschaftlichem und kulturellem Gebiet fortgesetzt. Am Vorabend habe O. Lafontaine, wie von ihm gewünscht, ein Konzert Peter Maffays besucht, das im Rahmen der Veranstaltungen zu 750 Jahre Berlin stattfand. Anläßlich dieses Jubiläums gebe es hier ein konzentriertes Kulturengagement aus aller Welt, was von der internationalen Rolle der DDR und ihrer Hauptstadt zeuge. Mit Recht werde gesagt, so etwas habe Berlin noch nicht gesehen.

Entsprechend unseren Gepflogenheiten, so E. Honecker, schlage er vor, daß O. Lafontaine als erster das Wort nehme.

O. Lafontaine dankte herzlich für den freundlichen Empfang. Er freue sich, hier zu sein und wichtige Fragen erörtern zu können. Von W. Brandt, H.-J. Vogel und J. Rau sowie von vielen Bekannten aus dem Saarland überbringe er E. Honecker herzliche Grüße. Danken wolle er zugleich für die gute Zusammenarbeit in den letzten Jahren, und zwar allen, die dazu beigetragen haben. Tatsächlich sei es gelungen, auf vielen Gebieten etwas auf den Weg zu bringen.

Besondere Akzente seien auf kulturellem Gebiet gesetzt worden, so durch die Buchausstellung der DDR und andere Ausstellungen, die Filmwoche, das Gastspiel der »Pfeffermühle«, des Schweriner Theaters mit seiner beeindruckenden ›Faust‹-Inszenierung, die sehr gut aufgenommen worden sei. Auch im Sport liefen die Beziehungen recht gut. Aufmerksamkeit erbitte er für das internationale Sportfest in Rehlingen. Vor der Kommunalwahl sei er mit W. Brandt dort gewesen, die SPD habe einen Sprung von 10% gemacht.

Ebenfalls gut sei es in den Beziehungen auf wirtschaftlichem Gebiet vorangegangen, was u. a. in der Ausweitung des Handelsvolumens während der letzten beiden Jahre zum Ausdruck komme. An einer Weiterentwicklung sei er sehr interessiert. Die Kohlelieferungen stiegen im Moment, und das sei gerade deswegen von Bedeutung, weil der Bergbau in der Bundesrepublik zurückgehe, nicht zuletzt weil sich die

Stahlproduktion verringere und weniger Kohle brauche. Ebenso wirke sich die Kernenergie aus. Camphausen werde geschlossen. 74% der Anteile an den Saar-Bergwerken lägen beim Bund, die Saar-Regierung verfüge über die Sperrminorität, müsse aber zahlen, und das könne sie nicht. Gut beurteilt würden auch die Messekontakte mit der DDR. Insgesamt müsse man weiter vorankommen.

O. Lafontaine brachte dann einige Vorschläge zur Sprache. Auf gesundheitspolitischem Gebiet gingen sie dahin, ein gemeinsames Forschungsprojekt zu AIDS in Angriff zu nehmen. In der Bundesrepublik sei AIDS ein beherrschendes Thema, das von den Medien bis zum Exzeß behandelt werde. Ein solches gemeinsames Projekt wäre gut, es könne durch ein gemeinsames Forum von Wissenschaftlern und Gesundheitspolitikern DDR/Saarland eingeleitet werden. Es wäre eine neue Variante in den Beziehungen, etwas auf einem speziellen Fachgebiet gemeinsam zu machen.

Vorschlagen wolle er ferner gemeinsame Kurse in der Berufsausbildung, z. B. auf dem Gebiet der Datenverarbeitungstechnik. An Volkshochschulen des Saarlandes werde zur Berufsausbildung bereits etliches getan.

Im Zusammenhang mit den Städtepartnerschaften zwischen Saarlouis und Eisenhüttenstadt, Neunkirchen und Lübben sowie Saarbrücken und Cottbus regte er ein Gespräch der Oberbürgermeister mit Bürgern der jeweils anderen Stadt an, das im ZDF gesendet werden kann.

O. Lafontaine sprach eine offizielle Einladung für J. Herrmann zu einem Besuch des Saarlandes aus, die mit Dank angenommen wurde.[1]

E. Honecker beurteilte in seinen Ausführungen die Entwicklung der Beziehungen zwischen der DDR und dem Saarland dank der guten Kontakte auf allen Gebieten positiv. In der Politik gebe es hinsichtlich der Friedensfrage weitgehende Übereinstimmung, auch auf kulturellem und sportlichem sowie auf wirtschaftlichem Gebiet gehe es gut voran. [...]

Zu den Vorschlägen O. Lafontaines sagte E. Honecker, er stimme einem gemeinsamen Forschungsprojekt zu AIDS sowie einem Forum von Wissenschaftlern in der DDR oder im Saarland zu. Die Einordnung in die Zusammenarbeit des Ministeriums für Gesundheitswesen der DDR und des Ministeriums für Arbeit, Gesundheit und Sozialordnung des Saarlandes sei sehr gut möglich. In der DDR hätten wir uns hinsichtlich der Veröffentlichungen zu AIDS einige Zeit zurückgehalten, dann aber damit begonnen. Auf einer kürzlichen Veranstaltung der

---

[1] Joachim Herrmann, Mitglied des Politbüros und Sekretär des ZK der SED, besuchte mit einer Delegation, der u. a. auch Gunter Rettner, Leiter der Abt. für Internationale Politik und Wirtschaft, angehörte, vom 1. – 3. 6. 1987 das Saarland. Vgl. seinen »Bericht« in: SAPMO ZPA J IV 2/2A/3029.

Charité hätten unsere Wissenschaftler mitgeteilt, daß sie meinen, erste Schritte zur Bekämpfung des Verursacher-Virus getan zu haben. Natürlich wäre es eine große Sache, ein Gegenmittel zu finden.

Ebenso stimmte E. Honecker gemeinsamen Kursen in der Berufsausbildung zu, was im einzelnen vereinbart werden solle.

Zu den Städtepartnerschaften sagte er, ein Bericht über den derzeitigen Aufenthalt der Vertreter von Saarlouis und ihre Gespräche mit den Vertretern von Eisenhüttenstadt zeige, daß sich etwas entwickelt. E. Honecker übergab O. Lafontaine diesen Bericht. Ebenso gehe es mit den Partnerschaften Lübben/Neunkirchen und Cottbus/Saarbrücken voran. Am Dienstag sei auch über die Kontakte zwischen dem Bezirkstag Cottbus und dem Landtag des Saarlandes gesprochen worden. Er sei mit dem Vorschlag O. Lafontaines für die Fernsehsendung einverstanden, die im Rahmen der Städtepartnerschaften realisiert werden könne.

E. Honecker stellte fest, daß den Beziehungen DDR/Saarland vom Standpunkt der Perspektive Wirkungen über das beiderseitige Verhältnis hinaus zukommen. O. Lafontaine besuche die DDR in einer veränderten Situation der Bundesrepublik. Die Bonner Koalition werde im Ergebnis der Bundestagswahlen fortgesetzt. Das wichtigste Ergebnis dieser Wahlen sei die schwere Niederlage der CDU/CSU.[2] Das werde Auswirkungen über das Jahr 1987 hinaus haben. Es handele sich um eine Art Zäsur. Das Wahlergebnis deute darauf hin, daß die CDU den Zenit überschritten hat, und wenn nicht sie, so doch Kohl, der gestern mit Mühe und Not zum Bundeskanzler gewählt worden sei.[3] Trotz der Wahlniederlage der CDU/CSU mit einem Stimmenverlust von 2 Millionen sei nicht anzunehmen gewesen, daß es für ihn so schwierig werde, Bundeskanzler zu bleiben.

Es zeige sich, daß bei Wahlen in der BRD mit Ausfällen gegen die DDR nichts zu gewinnen ist. An solchen Ausfällen habe es Kohl nicht fehlen lassen. Wir hätten kühl reagiert und uns nicht provozieren lassen. Bei seinem kürzlichen Gespräch mit B. Vogel[4] habe er offen zum Ausdruck gebracht, daß wir angesichts der gemeinsamen Erklärung von E. Honecker und H. Kohl vom März 1985 nicht mit solchen Ausfällen gerechnet hätten. Aber die Quittung hätten ja die Wahlen gebracht.

Bei einem konsequenteren Wahlkampf der SPD wäre eine neue Mehrheit nicht völlig ausgeschlossen gewesen, fuhr E. Honecker fort.

[2] Bei den Bundestagswahlen 1987 hatten CDU/CSU 44,3% gegenüber 48,8% im Jahr 1983 erhalten.

[3] Bei der Wahl des Bundeskanzlers am 11. 3. 1987 erhielt Kohl 253 von 468 abgegebenen Stimmen, d. h. nur vier mehr als die erforderliche absolute Mehrheit. Von den anwesenden CDU/CSU- und FDP-Abgeordneten verweigerten ihm 15 ihre Stimme.

[4] Siehe Nr. 31.

Der SPD hätten nur 4% gefehlt. O. Lafontaine: Jetzt bekommen wir auch noch unser Fett ab. E. Honecker: Die FDP habe die verbreitete Angst vor einem Krieg genutzt. Genscher sei scharf für die Fortsetzung der Ost-West-Beziehungen, die Stärkung des ABM-Vertrages, den Abzug der Mittelstreckenraketen eingetreten. Dadurch sei die FDP zu ihrem Ergebnis gekommen. Wir sind für eine neue Mehrheit links von der CDU bei den nächsten Bundestagswahlen. Das würde der Zukunft Europas und der Zusammenarbeit der beiden deutschen Staaten am besten dienen.

Mit der SPD stimmen wir in vielen Fragen der Friedenssicherung voll und ganz überein, sagte E. Honecker. Das wolle er nochmals bekräftigen. Die internationale Lage bleibe sehr kompliziert. Doch habe M. Gorbatschow ein neues Moment in die Außenpolitik gebracht, den Vorschlag zur Beseitigung aller Mittelstreckenraketen in Europa, der SS 20 wie der Pershing II und Cruise Missiles.[5] Komme die Vereinbarung mit den USA zustande, so werde die Sowjetunion im Einvernehmen mit der DDR und der ČSSR die Gegenmaßnahmen rückgängig machen. Das sei vorher mit der UdSSR konsultiert worden, er selbst habe mit M. Gorbatschow darüber gesprochen.

Die Aufschnürung des Pakets von Reykjavik habe auf die Welt erleichternd gewirkt.[6] Jetzt bestehe die Chance, auf dem in Reykjavik eingeschlagenen Weg weiterzukommen. Der »Vater der Null-Lösung« (Reagan) reagiere zurückhaltend, er versuche, neue Momente einzuführen, um von Reykjavik wegzukommen. Aber wenn auf breiter Basis dafür eingetreten werde, bestehe durchaus die Möglichkeit, noch in diesem Jahr ein Abkommen über die Beseitigung der Mittelstreckenwaffen in Europa zu erreichen. Das sei ein wichtiger Schritt zur Beseitigung der Atomwaffen in der Welt überhaupt.

Fast gleichzeitig mit der Veröffentlichung des Vorschlages von M. Gorbatschow hätten das ZK der SED, der Staatsrat und der Ministerrat der DDR in einer Erklärung diesen Vorschlag begrüßt und unterstützt. In meiner Botschaft an Kohl habe ich erklärt, es führe zur Entspannung und zur Verbesserung der Beziehungen zwischen der DDR und der BRD, wenn auch er ihn unterstütze.[7] Damit sollte Kohl auf seinen Brief vom Oktober 1986[8] festgenagelt werden, den E. Honecker noch nicht

[5] Gorbatschow hatte den USA am 28. 2. 1987 ein Abkommen über den Abbau der Mittelstreckenwaffen in Europa angeboten. Vgl. AdG 1987, S. 30863.
[6] Das Treffen Gorbatschow/Reagan in Reykjavik fand am 11./12. 10. 1986 statt. Gorbatschow hatte damals seine Abrüstungsvorschläge als »Paket« vorgebracht. Obwohl das Treffen ohne formelles Ergebnis zu Ende ging, gab es doch so etwas wie eine Verständigung über den Rahmen bestimmter Abrüstungsmaßnahmen. Vgl. AdG 1987, S. 30353 ff.
[7] Honecker bezog sich auf seine »mündliche« Botschaft und seinen kurzen Brief vom 2. 3. 1987 an Kohl. Siehe: SAPMO ZPA J IV J/114.
[8] In seinem Schreiben vom 29. 10. 1986 (in: SAPMO ZPA J IV J/126) an den Generalsekretär erklärte Kohl, er habe bei seiner Unterredung mit Reagan den Eindruck gewonnen, »daß in

beantwortet habe. Wir verhandeln mit der Regierung in Bonn, die da ist. Nachdem sich Genscher so stark gemacht hatte, kam die Mitteilung von Ost, Kohl unterstütze den Vorschlag M. Gorbatschows, zumal wegen der zugesagten Kontrolle.[9]

Wir meinen, daß die Vereinbarung zwischen der Sowjetunion und den USA über die Mittelstreckenwaffen, die zugleich die beiden Paktsysteme berührt, der wichtigste nächste Schritt ist, erklärte E. Honekker. Dabei verlieren wir die anderen Fragen nicht aus dem Auge – die 50%ige Reduzierung der strategischen Offensivwaffen, die Stärkung

Reykjavik der Prozeß des Dialogs und der Verständigung zwischen Ost und West vertieft worden« sei. Mit Honecker teile er »die Auffassung, dieses Momentum zum nutzen«. Das »vorrangige Interesse der Bundesregierung« gelte »einer Vereinbarung bei den Mittelstreckenwaffen«. Eine Lösung liege »im gesamteuropäischen Interesse«. Der erfolgreiche Abschluß der Stockholmer Konferenz habe »gezeigt, daß Lösungen nicht durch eine Politik des Alles oder Nichts, sondern nur durch schrittweise, kompromißbereite Annäherung gefunden werden können. Wir sollten daher beiderseits darauf hinwirken, Ergebnisse dort zu erreichen, wo sie möglich sind, vor allem in den Verhandlungen über die für die Europäer in Ost und West wichtigen Mittelstreckenraketen zu einem Abkommen zu gelangen.« Bei den chemischen Waffen stehe man in Genf nahe vor einer Vereinbarung über ein weltweites Verbot chemischer Waffen. Bei seinen Gesprächen in Washington habe er die Notwendigkeit von Abkommen auf diesen beiden Gebieten »betont«, und Reagan habe ihm zugestimmt und die »Bereitschaft erklärt, hier zu Ergebnissen zu gelangen«. Er teile dies Honecker mit, »weil ich mich mit Ihnen darin einig weiß, daß diese Fragen von weitreichender Bedeutung für die Entwicklung des West-Ost-Verhältnisses insgesamt sind. – Nicht minder wichtig bleiben daneben Bemühungen um eine allgemeine Verbesserung der internationalen Lage durch Intensivierung der Zusammenarbeit und Ausgestaltung der bilateralen Beziehungen in Europa. Die beiden deutschen Staaten sind in besonderem Maße aufgerufen, dazu einen Beitrag zu leisten, der – wie wir beide übereinstimmend in der Erklärung von Moskau am 12. März 1985 festgestellt haben – ›Fortschritte zum Wohle der Menschen‹ bringt.« Auf diesem Gebiet seien in den letzten Monaten wichtige Schritte erfolgt; das Kulturabkommen sei in Kraft und Verhandlungen über Abkommen zum Umweltschutz und über wissenschaftlich-technische Zusammenarbeit fast abschlußreif. Der »Reiseverkehr in dringenden Familienangelegenheiten« habe sich »weiter positiv« entwickelt, »wenngleich im Bereich der menschlichen Kontakte immer noch gravierende Probleme bleiben«. Kohls Brief schloß damit, durch die Asylentscheidung »der Regierung der DDR vom 18. September« sei ein »Problem geregelt worden«, das »die Beziehungen zwischen den beiden deutschen Staaten zu belasten drohte. Diese Entscheidung ist ein Beispiel dafür, daß trotz unterschiedlicher Grundpositionen pragmatische Regelungen im Interesse guter Nachbarschaft möglich sind. Das Gespräch, das Bundesminister Dr. Schäuble in meinem Auftrag über diese und andere Fragen am 29. August 1986 mit Ihnen und Außenminister Fischer geführt hat, war sehr nützlich. Es hat deutlich gemacht, wie wichtig vertrauliche politische Kontakte in den Beziehungen zwischen unseren Staaten sind. Ich möchte Ihnen deshalb vorschlagen, den Meinungsaustausch unter beiderseitiger Wahrung der Vertraulichkeit in nächster Zeit fortzusetzen. Bundesminister Dr. Schäuble steht dafür zur Verfügung. Eine Erörterung der Entwicklungsmöglichkeiten in den Beziehungen zwischen den beiden deutschen Staaten und der Fragen, die – ungeachtet unterschiedlicher Grundsatzpositionen – in den kommenden Jahren gelöst oder einer Lösung nähergebracht werden können, wäre aus meiner Sicht für beide Seiten von Nutzen. Mit freundlichen Grüßen *(handschriftlich)* Ihr Helmut Kohl.«

[9] Zur Reaktion Genschers und der Bundesregierung vgl. AdG 1987, S. 30863, dazu kam die »mündliche« Mitteilung Kohls an Honecker am 12. 3. 1987; vgl. SAPMO ZPA J IV 2/2A/2989 und J IV J/114; zum Inhalt siehe Nr. 33, Anm. 3. – Friedhelm Ost war Pressesprecher der Bundesregierung.

des ABM-Vertrages, das Verbot der Atomtests, die Nichtaufrüstung des Kosmos. [...]

Die Welt sei tatsächlich an einem Wendepunkt angelangt, an dem es ums Überleben gehe. Diese neue Lage verlange ein neues Denken und Handeln. In einem Atomkrieg würde es weder Sieger noch Besiegte geben. Man müsse rechtzeitig erkennen, daß Sicherheit nur gegenseitig möglich sei. Die Politik der friedlichen Koexistenz habe neue Dimensionen erlangt. Ideologische und soziale Gegensätze dürften nicht auf die zwischenstaatlichen Beziehungen übertragen und schon gar nicht mit militärischen Mitteln ausgetragen werden.

Das sei Kern der Friedenspolitik der DDR. Wir nähmen es sehr ernst mit der These, daß von deutschem Boden nie wieder Krieg ausgehen darf, sondern nur noch Frieden. Verwirklicht werden könne dies nur, wenn in der BRD eine Politik zum Tragen komme, die dem gerecht wird. Ausfälle gegen die DDR können den Prozeß des Zusammenlebens und der Zusammenarbeit nur schwächen oder gar zerstören.

Gegenüber B. Vogel[10] habe E. Honecker offen gesagt, daß wir jetzt die Regierungserklärung des Bundeskanzlers[11] abwarten. Davon werde die Weiterentwicklung der Beziehungen stark abhängig sein. Wenn in der Regierungserklärung das stehe, was man aufgrund der Weltlage erwarten muß, dann werde sich das auf die Beziehungen zwischen der DDR und der BRD günstig auswirken. In Leipzig werde er mit Strauß sprechen, der mit Tandler und Waigel anreise, sowie mit Bangemann und Späth.[12]

E. Honecker stellte fest, daß die Zusammenarbeit der SED und der SPD, insbesondere im Hinblick auf die Schaffung einer chemiewaffenfreien Zone und eines atomwaffenfreien Korridors in Europa, international stärker zum Tragen kommt. Im Westen werde gesagt, eine Denuklearisierung Europas bedeute ein konventionelles Übergewicht des Warschauer Paktes. Unser Programm sieht aber die Abrüstung sowohl auf nuklearem als auch auf konventionellem Gebiet vor. In der DDR wurden schon entsprechende Vorbereitungen für die NVA getroffen. Würde der Vorschlag des Warschauer Paktes an die NATO zur konventionellen Rüstung um 50 bis 25% realisiert, so wäre dies eine große Erleichterung.

Das gelte auch für die Verwirklichung des großen Reformprogramms der Sowjetunion zur gewaltigen strukturellen Veränderung der Volkswirtschaft und zur Verbesserung des materiellen und kulturellen Lebensniveaus des Volkes. Auf die DDR würde es sich gut auswirken, wenn weniger Geld in die Rüstung fließen müsse. Jetzt würden übrigens zum ersten Mal Beobachter der Bundeswehr Manövern in der

[10] Siehe Nr. 31.
[11] Kohl gab die Regierungserklärung am 17. 3. 1987 ab.
[12] Vgl. Nr. 33, 35, 36.

DDR beiwohnen, und umgekehrt würden künftig auch Offiziere der NVA zu Manövern in die BRD entsandt.

Die Chance zur Abrüstung, die Gorbatschows Vorschläge bieten, muß im Interesse der Menschheit und ihrer Zukunft genutzt werden, unterstrich E. Honecker. Sonst wird die Welt ins Wettrüsten mit all seinen schwerwiegenden Folgen für die USA, für Europa, für die unter ihrer Schuldenkrise stöhnenden Entwicklungsländer zurücktaumeln.

Man müsse bestrebt sein, die Beziehungen zwischen beiden deutschen Staaten von Störungen aus dem ideologischen Bereich freizuhalten. Hätte die DDR zur BRD solche Beziehungen wie zum Saarland, so könnten viele Fragen schon grundsätzlich gelöst sein oder sie wären besser lösbar. Die Bundesregierung müsse sich dazu durchringen, der Gemeinsamen Erklärung E. Honecker/H. Kohl von 1985[13] in der Gestaltung der beiderseitigen Beziehungen das nötige Gewicht zu geben.

B. Vogel habe im schon erwähnten Gespräch[6] erklärt, daß die Elbgrenze und Salzgitter keine Grundgesetzqualität hätten, nur die Staatsbürgerschaft. Schon H. Schmidt habe aber anerkannt, daß die Respektierung der Staatsbürgerschaft der DDR das mindeste sei. Die Personalhoheit der DDR sei ohnehin durch den Grundlagenvertrag gegeben. Beide deutsche Staaten, so heiße es dort, entscheiden souverän über ihre inneren und äußeren Angelegenheiten. Dazu gehört auch das Gesetz über die Staatsbürgerschaft der DDR. Völkerrecht gehe vor nationalem Recht. Völkerrechtlich sei die DDR weltweit anerkannt. Wir verstünden, daß die für eine Grundgesetzänderung in der BRD notwendige Zweidrittelmehrheit gegenwärtig nicht vorhanden ist. Notwendig sei die Respektierung der DDR-Staatsbürgerschaft, nicht ihre Anerkennung. Noch immer würden in der BRD weilende Bürger der DDR diskriminierend behandelt, erhielten z. B. Einberufungsbefehle zur Bundeswehr. Das widerspreche sogar dem Grundgesetz, denn es gelte ja nur in seinem Wirkungsbereich.

In der Grenzkommission brauche nur anerkannt zu werden, was seit der Existenz der zwei deutschen Staaten vorhanden ist – der Verlauf der Elbgrenze auf der Strommitte. Jetzt seien neue britische Dokumente vorgelegt worden[14], aber die Hauptsache sei die jahrzehntealte Praxis. Das sei schon so gewesen, bevor die DDR, übrigens später als die BRD, gegründet wurde.

Die sogenannte Erfassungsstelle Salzgitter sei eine völkerrechtswidrige Einrichtung. Deshalb hätten wir die Entscheidung Dohnanyis begrüßt, die Zahlungen dafür einzustellen.[15] Dem Bundeskanzler habe E. Honecker mitteilen lassen, die Einrichtung als solche sei für ihn eigentlich uninteressant, wohl aber, daß damit das Völkerrecht verletzt wird.

---

[13] Siehe Nr. 16.
[14] Vgl. Nr. 31, Anm. 15.
[15] Klaus von Dohnanyi, Bürgermeister von Hamburg, Chef einer SPD-FDP-Koalition.

Man maße sich dort an zu entscheiden, was Recht und was Unrecht ist. Die DDR könnte ebenso verfahren, aber sie tut es nicht.

Sie sei an gutnachbarlichen Beziehungen, an mehr Normalität interessiert. Das würde sich günstig auf die Lage in Europa, auf den Bau des europäischen Hauses auswirken.

[...]

Die DDR setze ihre außenpolitischen Aktivitäten im Sinne des Friedensdialogs mit allen fort, auch mit der BRD. Wenn die Dinge sich positiv entwickelten, werde er seinen Besuch in der BRD wahrnehmen.

Auf die 750-Jahr-Feier Berlins eingehend, teilte E. Honecker vertraulich mit, daß M. Gorbatschow, W. Jaruzelski, G. Husak, T. Shiwkow, J. Kadar und N. Ceauşescu unsere Gäste sein werden.

E. Honecker sprach eine offizielle Einladung an O. Lafontaine zur Teilnahme am Staatsakt zum 750jährigen Bestehen von Berlin am 23. Oktober 1987 aus. Wahrscheinlich würden Einladungen auch an Rau, Wedemeier (Bremen) und eventuell an Späth ergehen.

Gestern habe er von Diepgen eine Einladung zur Eröffnungsveranstaltung in West-Berlin am 30. April erhalten.[16] Immerhin sei dies der Vorabend des 1. Mai. Er könnte sich auch auf die Formulierung berufen, mit der seinerzeit der Bundespräsident und Kohl ihre Ablehnung der Teilnahme an den Luther-Feiern in der DDR begründeten: Termingründe. Jedenfalls werde man Diepgens Einladung prüfen. Sie sei keine Antwort auf die Einladung, die Diepgen von E. Honecker erhalten hat.[17] Es sei eine Antwort durch Gegeneinladung.

Einige Fragen seien noch zu klären. Zum Beispiel gehe aus Veröffentlichungen hervor, daß der teilnehmende Bundespräsident und der Bundeskanzler Grußworte sprechen werden. Nach den bisherigen Informationen werde aber dem DDR-Staatsratsvorsitzenden keine Möglichkeit dazu gegeben. Das sei keine Gleichberechtigung.

E. Honecker stellte fest, daß die DDR in den Beziehungen zur BRD einen konstruktiven Kurs verfolgt und auch die Beziehungen zu den Bundesländern, insbesondere zum Saarland, fördert. Kontakte würden auch helfen, Zukunftsfragen zu lösen.

O. Lafontaine dankte für diese, wie er sagte, sehr interessanten Ausführungen. In der Abrüstungsfrage, ebenso in weiteren Fragen, so SDI und Atomteststopp, gebe es Übereinstimmung. Jetzt habe Gorbatschow bei der Null-Lösung auch den Rückzug der Kurzstreckenraketen angeboten. Damals habe die Sowjetunion noch die Anrechnung der französischen und britischen Systeme gewollt. Auf einem bestimmten Level an Zerstörungskapazität könne man ruhig einseitig etwas wegnehmen, ohne etwas zu verlieren. Auch daraus erkläre sich wohl die Flexibilität Gorbatschows.

[16] Vgl. AdG 1987, S. 30924. Diepgens Einladung erfolgte mit Datum 10. 3. 1987. Vgl. Nr. 34.
[17] Die Einladung an Diepgen war schon im November 1986 ergangen.

Für ihn sei die Frage, ob es gelingt, für die sozialistischen und sozialdemokratischen Parteien in Westeuropa eine einheitliche Konzeption zu finden. O. Lafontaine verwies auf seine Position zur militärischen NATO-Integration der BRD. H. Schmidt habe sich für ein französisches Oberkommando eingesetzt, das wäre eine wichtige Sache. Motiv des Standpunktes von O. Lafontaine sei, nicht in eine globale Auseinandersetzung verwickelt zu werden. In verschiedenen Ländern, so in Spanien und Griechenland, würden Diskussionen geführt. Wie gesagt, sei die Frage, ob es gelingt, stärker einheitliche Auffassungen der sozialistischen und sozialdemokratischen Parteien zu entwickeln, sehr wichtig.

Frankreich betrachte die Initiativen der SPD und der SED besonders mißtrauisch. Immer noch sei die Bundesrepublik ein Glacis. Bei konventionellen Streitkräften sei dies realistischer als bei nuklearen. Wir müßten unsere Kontakte zur Abrüstung stärker im europäischen Raum rückkoppeln und sie ausweiten. O. Lafontaine verwies darauf, daß gerade in Frankreich der Gedanke der Selbständigkeit am meisten ausgeprägt sei. Darin seien letztlich alle Gaullisten, auch die Kommunisten [einig].

Die Abrüstung diene dem wirtschaftlichen Fortkommen. Das wüßten Sozialisten wie Kommunisten. An solchen Schritten sei der Sowjetunion schon aus ökonomischen Interessen gelegen. Es wäre gut, wenn in den USA eine Administration wie die Kennedys mit mehr Flexibilität vorhanden wäre. Wie es jetzt laufen werde, wisse er nicht. Abkommen seien nicht ausgeschlossen, weil Reagan außenpolitischen Erfolg suche, aber man müsse die notwendige Skepsis behalten.

Die Elbefrage errege die Saarländer nicht besonders, sie interessiere allenfalls, wer, wenn der Fisch geteilt wird, den Kopf erhält und wer den Schwanz. Entscheidend seien die Haltung und die Bewegung der Bundesregierung. Auch die niedersächsische Landesregierung habe dabei mitzureden.

Zur 750-Jahr-Feier Berlins würden immer wieder Fragen gestellt, auch von Diepgen, der wohl gebeten hätte, nicht allein zum Staatsakt der DDR zu erscheinen, was jetzt wohl behoben sei. Diepgen jedenfalls würde die Einladung E. Honeckers gern annehmen, habe aber Schwierigkeiten im eigenen Landesverband.

Mit Prognosen zur Entwicklung in der Bundesrepublik müsse man vorsichtig sein. Ende 1986 habe er diese Entwicklung so eingeschätzt, wie sie danach gekommen sei. Die Aussage »nie mit den Grünen« sei ein Fehler gewesen. Man müsse dem Volk eine Wurst vor die Nase hängen: der Sieg ist möglich, ohne eine Wurst sei es ein Problem, würde kein Eifer entwickelt.

Die CDU habe Angst, daß rechts neben ihr eine Partei groß werde. Das sei der Grund für die Ausfälle gewesen.

Die ökonomisch-soziale Entwicklung werde in den nächsten Jahren rezessiv verlaufen. Zwar könne man nicht genau sagen, wann, aber das werde kommen. In der Regel laufe eine solche Entwicklung gegen die Regierung. Es müßte möglich sein, eine neue Mehrheit zustande zu bringen, wenn das linke Spektrum nicht zu viele Fehler begehe.

Was die Lage in Hessen betreffe, so sei dort eine große Dummheit gemacht worden. Worüber sich dort die SPD und Grüne katzbalgten, sei nicht Sache der Landesregierung, sondern der Bundesregierung.[18] Das Atomgesetz regele das ganz klar.

Sorgen bereite Hamburg, wo die SPD in schlechter Verfassung sei. Ein Einbruch bei den Wahlen würde sich negativ auswirken.[19]

O. Lafontaine stellte fest, es sei gut, daß die CDU etwas verloren habe, sie habe erkannt, daß außenpolitisches Keilen gegen die sozialistischen Länder nichts bringt. Er hoffe, daß die CDU dies auch in der Regierungserklärung zu erkennen gibt.

Gorbatschow mache eine hervorragende Figur. Er irritiere die Gegner, die überlegten, was sich in der Sowjetunion eigentlich tut.

Für den Frieden seien eigentlich alle, aber man brauche mehr konkrete Schritte, keinen allgemeinen Schmus. Der Bundeskanzler müsse sich in einer Frage bewegen, eine klare, unmißverständliche Aussage machen. Das interessiert auch uns, meinte O. Lafontaine, aber leider habe er darauf keinen Einfluß.

E. Honecker dankte für die Darlegungen O. Lafontaines. In der Friedensfrage sehen wir die Hauptfrage, sagte er. Die Welt muß die Chance nutzen, die durch Gorbatschow gegeben ist. Er kenne Gorbatschow und dessen Kollektiv sehr gut. Seine Politik beinhalte, ohne Zerstörung des Gleichgewichts wegzukommen von der gegenseitigen Abschreckung, hin zur Einpendelung auf der Basis gegenseitigen Vertrauens. Beide Seiten sollen nur über ein Verteidigungspotential verfügen. Gorbatschow stehe auf der richtigen Position, sein Kollektiv ebenfalls.

Wenn die Bundesregierung dem Abbau aller Mittelstreckenwaffen zustimmt, wäre das sehr gut. Wir sind für die Befreiung der Welt von allen Atomwaffen.

Für eine neue Mehrheit in der Bundesregierung bei der nächsten Bundestagswahl sehe er eine Möglichkeit, sofern die Oppositionskräfte, vor allem die SPD als stärkste von ihnen, die entsprechende Basis erreichen.

Kohl habe Aufschwungstheorien verbreitet, obwohl er gewußt habe, daß es schon bergab ging. Gestern habe Breit[20] von 4 Millionen Arbeitslosen gesprochen. Die Bundesrepublik werde von einer neuen zykli-

---

[18] In Hessen war die Rot-Grüne-Koalition unter Holger Börner am 9. 2. 1987 im Streit über die Hanauer Plutonium-Fabrik Alkem zerbrochen. Vgl. AdG 1987, S. 30878 ff.

[19] Die Landtagswahlen in Hamburg fanden am 5. 4. 1987 statt.

[20] Ernst Breit, Vorsitzender des DGB.

schen Krise nicht verschont. Es könne sein, daß die Bundestagswahl in eine Situation führt, die eine neue Mehrheit ermöglicht.

Was den Vorschlag H. Schmidts betreffe, so habe Schmidt durch sein Auftreten schon 1977 die Pershing II und Cruise Missiles beschert. Für Frankreich spiele die »Grande nation« tatsächlich eine große Rolle.

E. Honecker betonte, es stehe fest, daß ein Atomkrieg weder führbar noch gewinnbar ist. Nach Tschernobyl sei dies noch klarer.

Abschließend erklärte er, wir seien dafür, die Beziehungen zwischen der DDR und dem Saarland weiter beispielhaft zu entwickeln.

33. Gespräch Bangemann – Honecker am 15. März 1987 (Leipzig)

SAPMO ZPA IV 2/1/666 und J IV 2/2A/2989: »Niederschrift über das Gespräch des Generalsekretärs des ZK der SED und Vorsitzenden des Staatsrates der DDR, Erich Honecker, mit dem Bundesminister für Wirtschaft der BRD und Vorsitzenden der FDP, Martin Bangemann, am 15. März 1987 in Leipzig« – Zur Westquelle vgl. Nr. 24

E. Honecker äußerte sich sehr erfreut, M. Bangemann anläßlich der Leipziger Frühjahrsmesse 1987 in der DDR begrüßen und einen Gedanken- und Meinungsaustausch führen zu können. Dabei wolle er M. Bangemann zu den guten Ergebnissen der von ihm geführten Partei bei der Bundestagswahl beglückwünschen. Dieses Abschneiden sei ein Ausdruck dafür, daß insbesondere die auf Entspannung und Zusammenarbeit gerichtete Politik der FDP in der Bevölkerung der BRD große Zustimmung findet.

Angesichts der internationalen Lage und auch der anstehenden bilateralen Fragen komme dem Dialog mit führenden Politikern der BRD großes Gewicht zu. Für die DDR sei von Interesse, nach der Bundestagswahl und unmittelbar vor Beginn eines neuen Regierungsabschnittes der CDU/CSU-FDP-Koalition mit dem Parteivorsitzenden der FDP sowie alten und neuen Wirtschaftsminister der BRD zusammenzutreffen.[1]

Auch weiterhin lasse sich die DDR gegenüber der BRD strikt von den Erfordernissen der Politik der friedlichen Koexistenz leiten, d. h. von der Achtung des Völkerrechts und der Berücksichtigung der legitimen Interessen beider Seiten, stellte E. Honecker fest. Sie erwarte, daß die neue Regierung der BRD in gleicher Weise an die Beziehungen herangeht.

Unter diesem Aspekt werde die Regierungserklärung von Bundeskanzler Kohl[2] bewertet werden. Zu hoffen sei auf Vernunft und Realismus und darauf, daß es beim klaren Bekenntnis zu den abgeschlossenen Verträgen bleibt. Unter Bezug auf die mündliche Botschaft von Bundeskanzler Kohl[3] hob E. Honecker hervor, es gelte, die beiderseitigen

---

[1] Die FDP hatte bei der Bundestagswahl am 25. 1. 1987 9,1% erzielt gegenüber 7,0% im Jahr 1983.

[2] Siehe Nr. 32, Anm. 11.

[3] Der Wortlaut dieser »Mündlichen Botschaft« vom 12. 3. 1987 findet sich u. a. in: SAPMO ZPA J IV 2/2A/114. Kohl bedankte sich für Honeckers Brief und mündliche Botschaft vom 2. 3. und betonte, die Bundesregierung habe sich »seit langem für eine Lösung des Problems der atomaren Mittelstreckenraketen eingesetzt« und begrüße Gorbatschows Erklärung vom 28. 2. 1987. Damit sei »ein wesentliches Hindernis für die Genfer Verhandlungen beseitigt worden«. Kohl habe in seinem Schreiben vom 30. 10. 1986 »eine Fortsetzung des politischen Meinungsaustau-

Beziehungen entsprechend der Gemeinsamen Erklärung vom 12. März 1985 vorwärtszuführen.

Für uns ist und bleibt die Sicherung des Friedens die Kernfrage des Verhältnisses zwischen der DDR und der BRD, sagte er. Die DDR stehe zu ihrer Verpflichtung, daß von deutschem Boden nie wieder Krieg, sondern nur noch Frieden ausgehen darf, und erwarte es auch von der BRD. Dies sei um so wichtiger, als die internationale Lage infolge des unveränderten Strebens der USA und der NATO nach militärischer Überlegenheit kompliziert bleibt. Noch große Anstrengungen seien erforderlich, um den Frieden sicherer zu machen.

Die Welt stehe an einem Wendepunkt. Es gehe um das Überleben der Menschheit. Das verlange ein neues Denken und Handeln. Heute sei Sicherheit nur noch miteinander aufgrund gleicher Sicherheit für alle möglich. Die Politik der friedlichen Koexistenz erlange neue Dimensionen. Ideologische und soziale Gegensätze dürften nicht auf zwischenstaatliche Beziehungen übertragen und schon gar nicht mit militärischen Mitteln ausgefochten werden. Das sei heute die Kernfrage des Umgangs zwischen Staaten unterschiedlicher Systeme. Hauptziel aller Politik müsse die Friedenssicherung sein.

E. Honecker wertete das Treffen von Reykjavik als Ausdruck dieses Strebens, das gezeigt habe, daß praktische Vereinbarungen zur Abrüstung nicht nur notwendig, sondern auch möglich sind. Die Chance von Reykjavik dürfe nicht dem SDI-Projekt der USA geopfert werden. Wir verhehlen nicht unsere eindeutige Ablehnung, das Wettrüsten ins Weltall auszudehnen. Die Haltung der BRD-Regierung dazu entspreche noch nicht den Erfordernissen der Zeit. Zwar sage sie, die BRD beteilige sich nicht an SDI, aber Firmen der BRD arbeiten daran mit. Wer das Wettrüsten auf der Erde beenden wolle, dürfe nicht Waffen im Kosmos stationieren. Angeknüpft werden müsse dort, wo man in Reykjavik Lösungen am nächsten war.

Deshalb unterstütze die DDR uneingeschränkt die jüngste Initiative M. Gorbatschows, unverzüglich gesonderte Vereinbarungen über die Beseitigung der Mittelstreckenraketen in Europa zu treffen.[4] Dieses Teufelszeug müsse verschwinden. Es eröffne sich die historische Chance, Europa für immer von nuklearen Waffen zu befreien. Im Falle der Verwirklichung des Gorbatschow-Vorschlages werde die DDR

sches über die Entwicklungsmöglichkeiten in den Beziehungen zwischen den beiden deutschen Staaten angeregt. Diese Anregung ist in den letzten Monaten wiederholt worden. Der Bundeskanzler möchte erneut einen solchen Meinungsaustausch vorschlagen, bei dem auch Sicherheitsfragen einschließlich der Voraussetzungen für den Abbau atomarer Mittelstreckenraketen in Europa erörtert werden könnten. Bundesminister Dr. Schäuble steht für dieses Gespräch zur Verfügung. Ein Termin könnte noch in diesem Monat vereinbart werden.« Vom Politbüro wurde Außenminister Fischer mit »dem Meinungsaustausch« mit Schäuble beauftragt. Prot. der Politbürositzung vom 17. 3. 1987; J IV 2/2A/2989. Zum Fortgang siehe Nr. 37.

    [4] Siehe Nr. 32, Anm. 5.

unmittelbar die Rückführung der auf ihrem Territorium stationierten Raketenkomplexe größerer Reichweite mit der Sowjetunion vereinbaren. Darüber hätten bereits Gespräche stattgefunden. Dazu gehörten auch Vereinbarungen über die Kontrolle des Abzugs. Gestern habe er gehört, bei den Genfer Verhandlungen seien 42 Seiten schon geschrieben. Er hoffe, daß man auch die letzten Seiten bald fertigbekomme.

An Bundeskanzler Kohl habe er sich mit der Aufforderung gewandt, den sowjetischen Vorschlag zu unterstützen und entsprechend im NATO-Bündnis zu wirken[5], die DDR tue dies in ihrem Bündnis auch, sagte E. Honecker. Von der Frage der Raketenstationierung, der Gefahr der gegenseitigen Vernichtung, seien die DDR und die BRD besonders betroffen. Deshalb habe er vorgeschlagen, daß sich Regierungsbeauftragte zu einem Meinungsaustausch treffen, was die DDR und die BRD tun können, um die Chance zu nutzen. Aus der ihm mündlich übermittelten Botschaft H. Kohls[6] gehe hervor, daß die Bundesregierung dazu bereit ist. Auch habe E. Honecker dem Wunsch zugestimmt, W. Schäuble zu empfangen, nachdem dieser mit unserem Außenminister Gespräche geführt haben werde.[7]

Es verstehe sich, daß sich die Realisierung des Vorschlags von M. Gorbatschow unmittelbar und günstig auf die Beziehungen zwischen der DDR und der BRD auswirken würde. Diese Beziehungen hätten sich konstruktiv entwickelt, insbesondere auch auf ökonomischem Gebiet, ungeachtet eines Rückgangs infolge des Preisverfalls bei bestimmten Rohstoffen. [...]

Honecker setzte sich für Abrüstung und den Abbau der Konfrontation ein, wozu beide deutsche Staaten »einen aktiven Beitrag« leisten sollten.

E. Honecker charakterisierte die Beziehungen zwischen der DDR und der BRD als wichtigen Teil der europäischen Zusammenarbeit. Diese sei nicht vorstellbar ohne die Zusammenarbeit beider deutscher Staaten, und das sei das Prinzip, nach dem die DDR arbeite. Wenn sich beide deutsche Staaten strikt von ihrer Friedenspflicht leiten lassen, können sie wohltuend auf die Situation Europas einwirken.

Die Existenz von zwei deutschen Staaten sei ein grundlegender Faktor der europäischen Nachkriegsordnung und des internationalen Kräftegleichgewichts. Es müsse respektiert werden, daß es zwei souveräne, voneinander unabhängige deutsche Staaten mit unterschiedlicher Gesellschaftsordnung und Bündniszugehörigkeit gibt. Das sei die Grundvoraussetzung für die Entwicklung ihrer Beziehungen.

Vorangehen werde es, wenn sich beide Seiten von Sachlichkeit, Berechenbarkeit und Berücksichtigung legitimer Interessen leiten lassen.

[5] Siehe Nr. 32, Anm. 7.
[6] Siehe Anm. 3.
[7] Siehe Nr. 37.

Die DDR wolle den Dialog fortsetzen, vertragliche Regelungen auf weiteren Sachgebieten anstreben, die Handels- und Wirtschaftsbeziehungen ausbauen. Sie sei für Zusammenarbeit in den Bereichen Umweltschutz, in Wissenschaft und Kultur sowie auf humanitärem Gebiet. Dementsprechend seien ihre Staatsorgane angewiesen.

E. Honecker hoffe, daß keine störenden Elemente auftreten und man weiter vorankommen werde. Für erforderlich halte er auch Schritte, um noch offene politische Grundfragen zu regeln. Das betreffe z. B. die Elbgrenze Mitte Strom. Es wäre erfreulich, wenn sich wenigstens auf einem Gebiet etwas bewegen würde. In der Grenzkommission gebe es ein fertiges Protokoll.[8] Zu begrüßen wäre, wenn sich die BRD bereit finden würde, es zu unterzeichnen. Dann könnte eine ganze Reihe anderer Verträge wirksam werden, so Vereinbarungen über den Binnenschiffahrtsverkehr, den Sportbootverkehr, den Hochwasserschutz und die Fischerei, die Gewässergüte der Elbe. Auch würde es die Verhandlungen über weitere Fragen günstig beeinflussen.

Wir legen Wert auf die Respektierung der Staatsbürgerschaft der DDR, insbesondere ihrer Personalhoheit, erklärte E. Honecker. Daß dies nicht geschehe, behindere weitere Vertragsabschlüsse. Noch immer erhielten z.B. in der BRD weilende Bürger der DDR Einberufungsbefehle der Bundeswehr.

Schließlich gehe es um die Abschaffung der »Erfassungsstelle« Salzgitter, die eine Verletzung der Souveränitätsrechte der DDR darstelle.

Die DDR habe auch im letzten Jahr ihr Bestreben zur Normalisierung, zur Entwicklung gutnachbarlicher Beziehungen bewiesen. Davon zeuge nicht zuletzt ihre Entscheidung zum Asylantenproblem, die ihr keineswegs leichtgefallen sei. Sie habe Nachbarn, Fluggesellschaften verschiedener Länder landeten in Schönefeld.

Zu nennen sei die Aufnahme von Partnerschaften zwischen Städten der DDR und der BRD. So seien vor wenigen Tagen Partnerschaften zwischen Schwerin und Wuppertal, Jena und Erlangen vereinbart worden. Weitere würden folgen, wobei nicht an eine Schwemme gedacht sei, sondern an den Ausbau aufgrund guter Erfahrungen. Orientiert werde nicht auf Städte mit Mehrheiten, sondern auf die Zustimmung möglichst aller Fraktionen. M. Bangemann: Darum möchte er als Vorsitzender der FDP sehr bitten, denn seine Partei habe nicht immer die Mehrheit.

Insgesamt, so stellte E. Honecker fest, seien in den beiderseitigen Beziehungen viele Fortschritte zu verzeichnen, die in der BRD auch öffentlichkeitswirksam als Erfolge der Regierungskoalition in Bonn dargestellt würden. Befremden müsse aber, daß viele Entscheidungen der

---

[8] Siehe Nr. 1, Anm. 15.

DDR, die für sie oft nicht einfach waren, als Selbstverständlichkeiten abgetan werden.

Honecker sprach dann ausführlich über die Handels- und Wirtschaftsbeziehungen, die ein »wichtiger stabilisierender Faktor« seien.

Die DDR, so sagte E. Honecker, bekräftige ihre Gesprächsbereitschaft und ihre konstruktive Haltung zu Gesprächen und Vereinbarungen.

Zusammenfassend vertritt die DDR die Auffassung, daß viel Positives erreicht wurde, die DDR dafür das Ihrige getan hat und bei realistischer und konstruktiver Haltung der BRD-Regierung sich weitere Möglichkeiten zum Ausbau der Beziehungen auf vielen Gebieten ergeben. Voraussetzung dafür ist und bleibt die zuverlässige Sicherung des Friedens und die Schaffung eines internationalen Klimas der Entspannung. Daran mitzuwirken sollte verstärkt das Ziel beider deutscher Staaten sein.

M. Bangemann dankte herzlich für die Darlegungen und insbesondere die Glückwünsche zum Wahlerfolg seiner Partei. Er übermittelte Grüße von H. Kohl, ebenso Grüße von H.-D. Genscher und W. Mischnick. Im Namen der Bundesregierung wolle er herzlich und uneingeschränkt Dank für die Fortschritte in den Beziehungen während der letzten 2 Jahre aussprechen.

Auf einigen Gebieten seien sie schwierig gewesen und hätten viel Arbeit erfordert. Wenn dies in der Öffentlichkeit der Bundesrepublik nicht immer so zum Ausdruck komme, dann sei der Grund dafür nicht mangelnder Wille der Bundesregierung. In der Bundesrepublik sind wir so verfaßt, daß wir uns selber betrügen und Gutes, das wir getan haben, nicht immer zum Ausdruck kommt, sagte M. Bangemann. Außerdem gebe es Kräfte, die dieses Gute nicht begrüßten. M. Bangemann nannte den Abschluß des Kulturabkommens, die positive Entwicklung der persönlichen Kontakte im Reiseverkehr. Mit gegenseitiger Unterstützung sollten die guten Ergebnisse weiter vorangebracht werden.

Die Bundesregierung habe den festen Willen, diese Politik fortzusetzen. In der Koalition habe man sich über das Verhältnis der Bundesrepublik zu den östlichen Nachbarn und zur DDR eingehend unterhalten. Während des Wahlkampfes habe es Irritationen gegeben. Der Eindruck habe entstehen müssen, daß die Parteien, welche in Bonn die Mehrheit bilden, diese Fragen anders beurteilen als seine Partei, die FDP.

H. Kohl habe sich sehr darüber gefreut, daß ihm E. Honecker als erster Staatschef zu seiner Wahl als Bundeskanzler gratulierte.

Mit der Politik der Entspannung habe man viel Zustimmung gefunden. Der Stimmengewinn von 2% für die FDP sei zum großen Teil darauf zurückzuführen, daß die Menschen Kontinuität in diesem Bereich

der Politik wollten. Als große Erleichterung bezeichnete es M. Bangemann, daß es in den Koalitionsverhandlungen darüber keinen Streit gegeben habe. Grundlage für die Klärung sei ein sehr intensives Gespräch
gewesen. Dabei habe Übereinstimmung bestanden, daß es im Interesse
der Bundesrepublik und der friedlichen Entwicklung Europas liege,
diese Politik fortzusetzen. Also beruhe die Politik der Koalition auf einer gesicherten Grundlage.

Seinen Ausdruck finde dies in den Erklärungen zur Abrüstungspolitik. Das Angebot M. Gorbatschows zu den Mittelstreckenwaffen sei
weder zurückgewiesen noch mit zusätzlichen Bedingungen versehen,
sondern begrüßt worden. Es sei eine Grundlage, die Verhandlungen in
Genf weiterzuführen und zu begleiten. Offene Fragen könnten geregelt
werden. Natürlich könne es nicht nur um die Mittelstreckenraketen gehen, auch ein Abkommen über die Raketen kurzer Reichweite und die
atomaren Gefechtsfeldwaffen sollte verhandelt werden. Dies solle kein
Junktim sein. Die Null-Lösung, wenn sie sicher sei, müsse auch bein-
halten, daß über die Raketen kürzerer Reichweite verhandelt und eine
Vereinbarung getroffen werde.

Er sei sehr froh, daß Reykjavik keine Mauer gewesen sei, obwohl
es so erschien, fuhr M. Bangemann fort. Die Verlagerung des Rüstungswettlaufs in den Weltraum liege nicht im Interesse der Menschen, die eine friedliche Entwicklung wollen. Daran ändere sich
auch dadurch nichts, daß sich westdeutsche Firmen an SDI beteiligen
möchten. Die mit den USA getroffene Vereinbarung enthalte deren
rechtliche Verpflichtung, den ABM-Vertrag einzuhalten. Man sei
also bemüht, SDI nicht zum Stolperstein für die Abrüstung werden
zu lassen.

Es sei sehr gut und produktiv, daß das Angebot Gorbatschows diese
Schwierigkeit ausgeräumt habe. Was das konventionelle Gleichgewicht, ein Übergewicht des Warschauer Paktes angehe, so könne man
darüber ebenfalls verhandeln. Nichts sollte daran hindern, hinsichtlich
der Abrüstung einen vernünftigen Zustand zu erreichen.

Die Regierungserklärung im Bundestag werde zeigen, daß die beiden
deutschen Staaten dabei eine wichtige Rolle zu spielen haben, und zwar
sowohl in ihren Bündnissen als auch für die Weltöffentlichkeit. Hier,
an der Grenzlinie, gleichen Friedenswillen zu bekunden, könne nur
eine Ermunterung für alle Friedwilligen sein. In diesen Fragen, auch in
der Frage eines Testabkommens, seien sich BRD und DDR jetzt sehr
nahe, was er sehr begrüße.

Die Regierung der BRD habe auf die Einhaltung des ABM-Vertrages
durch die USA gedrängt. Unterschiedlich bewertet werde die Frage,
wo sich atomwaffenfreie Zonen erstrecken sollen oder ob man einen
Gesamtansatz wähle. Letztlich seien dies methodische Fragen, wobei
ein Gesamtansatz vorzuziehen sei. Nochmals wolle er betonen, daß es

Unterschiede in instrumentellen Überlegungen seien, nicht aber im Grundsätzlichen.

Wir sehen die politische Bedeutung des Dialogs und würden es begrüßen, ihn, wenn möglich, in das Gesamtkonzept einzubetten, sagte M. Bangemann. Wo es in den Beziehungen beider deutscher Staaten Fortschritte gebe, sollten sie ausgebaut werden, z. B. im Reiseverkehr, bei den Städtepartnerschaften. Wenn dies auch Fortschritte für Berlin (West) bedeuten könne, wäre das seiner Seite recht.

Beim Umweltschutz denke er an das Abkommen, aber auch an praktische Maßnahmen, an Pilotprojekte, das Angebot an Technologie, das nicht gleich mit Gegenleistungen beantwortet werden müsse.

Einen Elektrizitätsverbund sehe er zugleich als ein Stück Umweltpolitik. Auf seiner Seite sei man sehr gern bereit, dies in Einzelheiten zu verhandeln.

Die Bundesregierung gehe davon aus, daß es zwei deutsche Staaten mit zwei unterschiedlichen Gesellschaftsordnungen und in zwei Bündnissystemen gibt. Zu gewaltsamer Änderung bestehe keinerlei Absicht. Doch über die Grenzen hinweg entstünden mehr Kontakte, und sie könnten sich auch in der politischen Zusammenarbeit ausprägen, bis hin zu Kontakten zwischen der EG und dem RGW.

Unabhängig von der Respektierung der staatlichen Existenz sollte deutlich gemacht werden, daß es zwei deutsche Staaten gibt, die benachbart seien, eine gemeinsame Geschichte und, hoffentlich, auch eine gemeinsame Zukunft hätten. Gemeint sei keine revanchistisch betrachtete Gemeinsamkeit des gegenseitigen Aufzwingens, sondern Zusammenarbeit, die vielleicht auch ein Element der internationalen Zusammenarbeit sein könne.

M. Bangemann ging sodann auf die von E. Honecker dargelegten einzelnen Fragen der Beziehungen zwischen der DDR und der BRD ein. Das Autobahn-»Nadelöhr«[9] werde sofort aufgegriffen. Zur Elektrifizierung der Eisenbahnstrecke Hannover–Berlin werde in Kürze ein vernünftiges Angebot unterbreitet. In der Bundesregierung sei zu klären und dementsprechend zu verhandeln, wie die Wirtschaftsbeziehungen besser zu institutionalisieren und zu formalisieren seien. Die Form müsse man gemeinsam besprechen, sie solle stärker ausdrücken, daß es sich um Beziehungen zwischen zwei deutschen Staaten handelt.

Insgesamt habe E. Honecker die Wirtschaftsbeziehungen treffend dargestellt, auch die Gründe für den Rückgang im Warenaustausch. Erreicht worden sei eine Strukturverbesserung, eine stärkere Breite der verschiedenen Kooperationsformen. In der Finanzierung gebe es keine Schwierigkeiten, wobei M. Bangemann auch die Swing-Vereinbarung hervorhob.

[9] Es ging um den Abschnitt bei Wartha/Herleshausen, wo, bedingt durch Grenzverlauf und ein fehlendes Autobahnstück, über eine Landstraße gefahren werden mußte. Vgl. auch Nr. 36.

Was die Embargo-Frage betrifft, so habe die BRD ihre Partner dazu gebracht, sich den Problemen liberaler zuzuwenden. Sie seien dem Gedanken aufgeschlossen, daß man mit solchen Sachen den Handel totschlagen könne. Das Embargo müsse abgewehrt und aufgehoben werden, dafür bestünden jetzt bessere Positionen, da sich die Haltung der BRD-Partner gelockert habe.

Salzgitter sehe er im Zusammenhang mit der Entwicklung der Gesamtbeziehungen. Je normaler die Situation an der Grenze sei, um so weiter könne man gehen.

M. Bangemann sprach von zwei großen Linien, die in den Beziehungen ausgebaut werden sollten, auch auf wirtschaftlichem Gebiet. Zum einen sei die Zusammenarbeit in Europa nicht als Sache der EG allein zu verstehen. Dort müsse sie gestärkt werden, darüber hinaus systemübergreifend europäisch. Hier bestehe die Chance, zur Sicherung des Friedens in der Welt beizutragen. Ein Beginn in dieser Richtung könne auf andere Regionen ausstrahlen.

Zum anderen könne gerade durch das Instrument der Wirtschaftsbeziehungen zur friedlichen Entwicklung der Welt beigetragen werden. Man solle sie nicht nur als Mittel eigenen Gewinns betrachten, sondern des Transports der Kooperation auch zwischen unterschiedlich entwickelten Ländern. Sein demnächst bevorstehendes Treffen mit Antonow[10] werde wichtig sein, ein Beispiel für die Bedeutung der Wirtschaftsbeziehungen. Die Sowjetunion sei bereit, im Bereich der Unternehmenskooperation neue Wege zu gehen. Mit China entwickelten sich die Wirtschaftsbeziehungen der BRD exzellent. Das einzige Problem sei noch das notwendige Kapital, wobei er verstehe, daß sich China nicht unmäßig verschulden wolle.

Auch auf der kommenden GATT-Konferenz werde sich die BRD für den Freihandel einsetzen und dafür, die Vorteile der Kooperation zu erkennen. Die USA neigten manchmal zu Protektionismus, den man aber bekämpfen müsse. Nach dem 60. Geburtstag Genschers reise M. Bangemann nach Neuseeland, um mit den Handelsministern des GATT Bilanz zu ziehen und weiterzukommen.

Die Bundesregierung, sagte M. Bangemann, setze sich energisch für Zusammenarbeit im Interesse des Friedens ein. »Wenn wir es zusammen tun, kann das ein exemplarisches Beispiel sein, was man erreichen kann.«

E. Honecker stellte weitgehende Übereinstimmung in den Grund- und Detailfragen fest. Alle sollten sich für Zusammenarbeit im europäischen Rahmen, für den Bau des europäischen Hauses einsetzen, EG und RGW, Warschauer Vertrag und NATO. »Wir wollen die Zusammenarbeit im europäischen Haus bei aller Unterschiedlichkeit

[10] Der stellv. Ministerpräsident der UdSSR, Alexej K. Antonow wurde für April 1987 zu einem Besuch in Bonn erwartet. Vgl. Nr. 37, Anm. 8.

der Systeme, wollen auch die Zusammenarbeit beider deutscher Staaten.«

Die sowjetische Initiative zur Beseitigung der Mittelstreckenraketen sei der Beginn des Weges in die Zukunft der Befreiung der Menschheit von allen Atomwaffen. Sie ermögliche weitere Vereinbarungen. In der Welt werde den Beziehungen zwischen beiden deutschen Staaten eine große Bedeutung für den Frieden beigemessen. Dies sei auch bei seinem Besuch in China deutlich geworden und trete bei seinen Begegnungen mit westlichen Staatsmännern immer wieder zutage.

34. Gespräch Diepgen – Honecker am 15. März 1987 (Leipzig)

[a] Senatskanzlei Berlin, RBm Besuch in Berlin Ost/DDR 26. 11. 86–12. 2. 88, Bd. III (7157): »Betr.: Gespräch des Regierenden Bürgermeisters Diepgen mit dem Generalsekretär Honecker am 15. März 1987 in Leipzig«[1]

Teilnehmer: RBm Diepgen, Senator Pieroth, MR Rösch (TSI)[2], LSR Hennenhöfer (SenWiArb), SR Kaltofen (Senkanzlei);
    Generalsekretär Honecker, Politbüromitglied Dr. Mittag, Minister für Außenhandel Dr. Beil, Hauptabteilungsleiter Steger (MAH), Staatssekretär Frank-Joachim Herrmann (Kanzlei des Staatsratsvorsitzenden).

GS Honecker begrüßte den Regierenden Bürgermeister und seine Begleitung. Er erklärte, er freue sich, daß der Regierende Bürgermeister wiederum Gelegenheit zur Reise nach Leipzig gefunden habe. Das Gespräch im Vorjahr[3] sei aus seiner Sicht äußerst fruchtbar gewesen. Vieles habe erfüllt werden können. Jetzt stünden Fragen an, welche die Zukunft stark beeinflußten.

RBm Diepgen dankte für die Möglichkeit zum Gedankenaustausch. Er hoffe, daß dieser zu einer Tradition im Interesse gutnachbarlicher Beziehungen werde. Er habe die Hoffnung, daß es im Jahr 1987 zu einem Durchbruch komme. Eine entscheidende Weichenstellung sei die Auflösung des Paketes von Reykjavik durch Generalsekretär Gorbatschow.[4] Er sei optimistisch, daß dadurch Fortschritte im Bereich der Abrüstung einschließlich der konventionellen Waffen möglich würden. Er schließe sich dem Wort des Generalsekretärs von der »Koalition der Vernunft«[5] an und sei sich mit ihm und dem Bundeskanzler einig in der besonderen Verantwortung beider deutscher Staaten für den Frieden. In diesem Sinne habe er auch die Note des Generalsekretärs an den Bundeskanzler verstanden.[6]

---

[1] Das Protokoll wurde mit Datum vom 16. 4. 1987 vorgelegt. Ihm beigefügt waren Aufzeichnungen von Kaltofen vom 20. 3. 1987 über das Gespräch unter dem Titel »Bericht über den Gesprächsverlauf«, die von Hennenhöfer bei der Abfassung des Protokollvermerks mit berücksichtigt wurden. Mit Stempel vom 19. 3. 1987 versehen war eine kurze »Zusammenfassung der Ergebnisse« des Treffens von »RBm Diepgen/GS Honecker am 15. 3. 1987 in Leipzig« von »Hennenhöfer/Kaltofen«.

[2] TSI = Treuhandstelle für Interzonenhandel.

[3] Siehe Nr. 23.

[4] Vgl. Nr. 32, Anm. 6.

[5] Den Begriff »Koalition der Vernunft« hatte Honecker schon in einem offenen Schreiben an Kohl vom 5. 10. 1983 und der Bundeskanzler in einem Antwortbrief vom 24. 10. 1983 verwendet. Vgl. Innerdeutsche Beziehungen (1986), S. 154 und 158.

[6] Siehe Nr. 32, Anm. 8.

Es stünden aber auch noch andere Themen auf der Tagesordnung, die alle »Körbe« von Helsinki beträfen. Was die von ihm im Vorjahr angesprochenen Punkte angehe, so habe es in einigen Fällen Fortschritte gegeben. Dies betreffe beispielsweise den Austausch von Kulturgütern, die Renovierung des Bahnhofs Zoo, die bedauerlicherweise sehr viel teurer als geplant geworden sei (Dr. Mittag: »Das ist weltweit so.«) und beim Asylantenproblem. Hierfür wolle er sich bedanken. Die übrigen, von ihm im Vorjahr im einzelnen angesprochenen Punkte blieben weiter auf der Tagesordnung. Er wolle sich diesmal auf einige Schwerpunkte konzentrieren. Das Jahr 1987 böte mit der 750-Jahr-Feier Chancen zur guten Entwicklung der beiderseitigen Nachbarschaft. Probleme könnten gemeinsam im Sinne der Kooperation gelöst werden.

Er habe zuvor mit Bundesminister Bangemann unmittelbar nach dessen Gespräch mit dem Generalsekretär[7] gesprochen. Offenbar sei dieses Gespräch sehr konstruktiv verlaufen. Er habe gehört, daß die DDR zu Verbesserungen im Eisenbahnverkehr, zu einer Zusammenarbeit in der Energieversorgung, die ja eine Verbindung zur Umweltproblematik habe, bereit sei. Und er habe auch von dem Projekt eines Heizkraftwerkes in Berlin (Ost) gehört. Er begrüße die Kooperationsbereitschaft der DDR besonders, da es sich ja in allen Fällen auch um Projekte handele, die Berlin einschlössen und Berlin zugute kämen.

Hinsichtlich der 750-Jahr-Feier hoffe er, daß die Beauftragten zu einem guten Abschluß kämen.[8] Allerdings dürfe es nicht nur zu einem Austausch auf der »Chefebene« kommen, die Erleichterungen müßten auch unmittelbar für die Bevölkerung spürbar werden. Hinsichtlich der angestrebten Verbesserungen im Reise- und Besucherverkehr sei insbesondere die Anwendung einiger Regelungen auf die Berliner noch offen. Dies betreffe die Geltungsdauer der Mehrfachberechtigungsscheine sowie die bereits im Vorjahr angesprochene Entbürokratisierung durch Abstempelung der Mehrfachberechtigungsscheine an der Grenze. Außerdem fehle noch immer die Übernachtungsmöglichkeit im Zuge der Zwei-Tage-Regelung. Im Vorjahr sei eine Fortsetzung der Gespräche über den Gebietsaustausch zugesagt worden. Leider gebe es dort noch keine Fortschritte. Die Position des Senats sei es, das Vier-Mächte-Abkommen strikt einzuhalten und voll anzuwenden. Dies bedeute für ihn auch, seine Chancen voll auszuschöpfen. Dazu gehörten Verbesserungen bei der Kommunikation durch Erleichterungen im Reise- und Besucherverkehr und der Gebietsaustausch. Das Ziel seiner

---

[7] Siehe Nr. 33.

[8] Die »Beauftragten« für die Gespräche zur Durchführung der 750-Jahr-Feier waren für Berlin (West) der stellvertretende Leiter des Arbeitskreises zur Koordinierung der 750-Jahr-Feier Berlins Detlef Stronk und für die DDR der stellvertretende Vorsitzende des Komitees zum 750jährigen Bestehen von Berlin Kurt Löffler. Das nächste Gespräch war am 23. 3. 1987.

Seite sei die Entwicklung gutnachbarlicher Beziehungen. Dies bedeute, daß man konkret an die Probleme herangehe und sie unter Wahrung der gegebenenfalls bestehenden unterschiedlichen Rechtspositionen zu lösen versuche.

Hinsichtlich des innerdeutschen Handels könne er eine Aufwärtsbewegung feststellen. Für Berlin sei es besonders gut gelaufen. Er schlage vor, daß die hierfür Verantwortlichen so weitermachen sollten.

GS Honecker dankte für die Ausführungen des Regierenden Bürgermeisters und erklärte, ihn habe die volle Übereinstimmung in der Frage der Friedenssicherung beeindruckt. Nach der »Gorbatschow-Offensive« bestehe in diesem Jahr die Möglichkeit einer Vereinbarung zwischen den USA und der SU. Dann erscheine auch die Rücknahme der Kurzstreckenraketen vom Gebiet der DDR möglich. Er habe ja gesagt, daß man nicht begeistert sei von diesem »Teufelszeug«. Das müsse weg. Dafür sei jetzt eine Chance gegeben. In diesem Sinne habe er sich an den Bundeskanzler gewandt und die Antwort erhalten, daß sich die Bundesregierung ebenfalls für eine Abrüstungsvereinbarung einsetze.[9] Es dürfe in diesen Fragen »keine Junktims« geben. Er erinnerte an den Vorschlag, eine Zone der Beseitigung atomarer Gefechtsfeldwaffen zu schaffen. Er sehe große Chancen, Europa auf diese Weise bis zum Jahr 2000 atomwaffenfrei zu machen. Es ergäben sich auch Möglichkeiten des Zusammenwirkens des RGW und EG-Staaten. Auch das Verhältnis der NATO zum Warschauer Pakt könne verbessert werden. Es sei eine Vertrauensbasis zu schaffen.

Was die Beziehungen der DDR zu Berlin (West) angehe, so sei im Jahr der 750-Jahr-Feier durch die Beauftragten eine Möglichkeit entstanden weiterzukommen. Er sei einverstanden mit dem Grundsatz, daß die Ergebnisse der Tätigkeit der Beauftragten nicht nur der »Chefetage«, sondern auch den Menschen selbst zugute kommen sollten. Er habe die letzte Aussprache mit dem Regierenden Bürgermeister noch in lebhafter Erinnerung. Man habe das Asylproblem verstanden, und man habe geholfen, obwohl es nicht leicht gewesen sei. Schließlich seien vor allem andere Fluggesellschaften anderer Länder betroffen gewesen. Für die Interflug sei das finanzielle Problem nicht so groß gewesen.[10] Noch seien alle Probleme im gegenseitigen Verhältnis nicht gelöst, aber es sei etwas erreicht worden. Hinsichtlich des Bahnhofs Zoo bedauere er, daß die Renovierung teurer geworden sei, aber es sei wichtig, daß man Wort gehalten habe. Auch die kulturellen Aktivitäten hätten sich positiv entwickelt. Im Besucherverkehr gäbe es eine besonders erfreuliche Entwicklung. Im Jahr 1986 hätten 573 000 DDR-Bürger unterhalb des Rentenalters das nichtsozialistische Wirtschaftsgebiet bereist. Man habe keine gesonderte Statistik für den Verkehr nach Berlin (West), aber

[9] Siehe Nr. 33, Anm. 3.
[10] Vgl. Einleitung II, 2a) sowie Nr. 29 und 30.

darunter seien sicher viele Reisende nach Berlin (West) gewesen. Diese Entwicklung habe nicht allen gefallen, aber man wolle daran festhalten.

Im Warenverkehr mit Berlin (West) habe es eine erfreuliche Entwicklung gegeben, Steigerungsraten bei den Investitionsgütern bis zu 100%. Es habe sich etwas getan, und er gehe davon aus, daß sich weiterhin etwas tun werde.

Hinsichtlich der 750-Jahr-Feier habe auch er den Wunsch, daß die Gespräche der Beauftragten zu einem günstigen Ergebnis führten. Der Regierende Bürgermeister könne hierzu selbst einen Beitrag leisten durch die Beantwortung seines Schreibens.[11] Aber er verstehe seine Situation, er verstehe, daß noch Klärungsbedarf bestehe.

Bei den Bezirksfeiern könnten Verbindungen der Bürgermeister der Stadtbezirke aufgenommen werden. Dabei habe er keinerlei bestimmte Bezirke im Auge, bat aber zur Kenntnis zu nehmen, daß es in der Hauptstadt drei neue Bezirke, Marzahn, Niederschönhausen und Hellersdorf gebe. In Marzahn beispielsweise wohnten bereits jetzt über 150 000 Menschen. Was die Teilnahme ständiger Einwohner von Berlin (West) an Veranstaltungen in Berlin (Ost) angehe, so sei die Möglichkeit des Zutritts zu bestimmten Veranstaltungen geschaffen worden. Ensembles, die in der Hauptstadt aufträten, könnten auch in Berlin (West) auftreten. Bisher habe es bereits über 180 Veranstaltungen (z. B. Gastspiele aus Paris und Spanien) auf seiner Seite gegeben. Es bestehe auch die Möglichkeit der Teilnahme an dem großen Festumzug am 4. Juli [in] den Straßen Unter den Linden. Denkbar sei auch die weitere Rückführung von Kulturgütern. Das Schillerdenkmal werde demnächst aufgestellt. Man solle die Beauftragten bitten, daß sie alles andere klärten.

Voraussetzung für jeden Fortschritt sei allerdings, daß der Frieden gewahrt bleibe und daß die Existenz von zwei unabhängigen deutschen Staaten nicht in Frage gestellt werde.

Hinsichtlich der vorgeschlagenen »Entbürokratisierung« im Reise- und Besucherverkehr sei man in der Prüfung. Die Verlängerung der Gültigkeitsdauer der Mehrfachberechtigungsscheine von drei auf sechs Monate stehe vor einer positiven Prüfung. Auch die Frage der Übernachtung werde weiter geprüft. Er müsse jedoch darauf hinweisen, daß man die Aufenthaltsdauer bereits bis 2 Uhr morgens verlängert habe.[12] Das Problem des Gebietsaustauschs werde durch die gegenwärtige Situation begünstigt. Damals habe die Situation im Schatten der Äußerungen über »Schlesien ist unser«[13] gestanden, man habe nicht gleichzeitig über Gebietsaustausch sprechen können. Es bestehe jetzt das

---

[11] Siehe Nr. 32, Anm. 17.

[12] Die Verlängerung der Aufenthaltsdauer für Tagesaufenthalte von Westberlinern war zum 1. 7. 1982 erfolgt. Vgl. Innerdeutsche Beziehungen (1986), S. 24.

[13] Gemeint war das Motto des Schlesiertreffens vom 14. – 16. 6. 1985. Vgl. Nr. 15, bes. Anm. 13 und 31.

Einverständnis, über den Gebietsaustausch weiter zu sprechen. Den Äußerungen des Regierenden Bürgermeisters über das Vier-Mächte-Abkommen, seine strikte Einhaltung und volle Anwendung, stimme er zu. Wichtig sei die Gleichberechtigung.

RBm Diepgen erklärte, hinsichtlich der Einladungen zur 750-Jahr-Feier hätten die Beauftragten gute Fortschritte erzielt. Er wolle erklären, daß er die Einladung des Generalsekretärs, für die er sich bedanke, gerne annehmen möchte. Er gehe auch davon aus, daß die noch bestehenden Probleme gelöst werden könnten. Dies gelte nach seiner Ansicht ebenfalls für die Gegeneinladung.[14] Man müsse dabei beachten, daß es sich um einen komplexen politischen Bereich handele, bei dem niemand überfordert werden sollte. (GS Honecker nickte.) Sein Ziel sei eine Entkrampfung zwischen den beiden Stadthälften, die Entwicklung nachbarschaftlicher Beziehungen, wofür das Jahr 1987 besondere Chancen biete. Er persönlich sei überzeugt, daß die Frage einer Übernachtung in Berlin (Ost) im Reise- und Besucherverkehr regelbar sei. Zur Entbürokratisierung gehöre auch, daß die Mehrfachberechtigungsscheine unmittelbar an der Grenze abgefertigt werden könnten. Eine Gefahr für Stauungen an der Grenze könne er nicht erkennen. Er sei dankbar, wenn dies unmittelbar im Zusammenhang mit dem Gesamtkomplex geprüft werde. Die Beauftragten für den Reise- und Besucherverkehr sowie für den Gebietsaustausch sollten bald zusammenkommen.

GS Honecker erklärte zur Einladungsfrage, er schätze die Bemühungen des Regierenden Bürgermeisters auf diesem Gebiet hoch ein. Es müsse in diesem Zusammenhang auf die strikte Einhaltung des Vier-Mächte-Abkommens und die Gleichberechtigung der anwesenden Gäste geachtet werden. Wenn der Bundespräsident von Weizsäcker, der Bundeskanzler sowie »ich oder mein Stellvertreter« gleichzeitig teilnähmen, müsse Gelegenheit zu einem Grußwort bestehen. Im übrigen müsse noch geklärt werden, ob bei der West-Berliner Veranstaltung drei oder vier Teilnehmer des Vier-Mächte-Abkommens eingeladen würden. Er wolle auch daran erinnern, daß eine erste Einladung durch ihn vor immerhin sechs Monaten erfolgt sei. Es wäre gut, wenn bald eine Beantwortung erfolge. Wichtig sei die gleichberechtigte Behandlung. Dies sei für ihn keine persönliche oder Statusfrage. Dies seien aber alles Fragen, die die Beauftragten klären sollten.

Die Frage der Übernachtung im Reise- und Besucherverkehr werde geprüft. Allerdings hätten seine Leute einen starken Einwand: In Berlin sei man schließlich »näher beisammen« als im kleinen Grenzverkehr. Aber seine Stellen würden dies nochmals prüfen. Dies gelte auch für die Abfertigung von Mehrfachberechtigungsscheinen an der Grenze, wo-

[14] Siehe Nr. 32.

bei dort allerdings die Gefahr eines Staus gesehen werde. Auch die Frage der unterschiedlichen Benutzung von unterschiedlichen Übergängen bei Ein- und Ausreise werde geprüft, wobei diese teilweise schon gehandhabt werde, nämlich bei Einreisen über zwei Tage hinaus. Was die Begegnung der Menschen angehe, so sei der Austausch auf Bezirksebene möglich. Vielleicht sei das »eine Schnapsidee«, die er sofort zurückziehe, wenn sie Sorge bereite.

RBm Diepgen erklärte, das Vier-Mächte-Abkommen sei die Grundlage der Politik des Senats. Man setze aber möglicherweise mehr Energien bei der Anwendung des Abkommens ein, als vielleicht andere vorher. Es müsse klar sein, daß der Status nicht verändert werde, dies sei Grundvoraussetzung für alles Weitere.

GS Honecker meinte, ihn habe die Äußerung des Regierenden Bürgermeisters, daß wir gar nicht in der Lage seien, den Status zu ändern, sehr beeindruckt. Es sei schon viel erreicht worden, begonnen habe dies mit seiner Begegnung mit von Weizsäcker.[15] Verbesserungen habe es im Bereich der Kultur, der Ökonomie und im Reiseverkehr gegeben. Man habe auch die Einbeziehung im Jugendaustausch erreicht. Bei gutem Willen sei vieles möglich. Man habe leider die eindeutige Information, daß eine Einladung an den Oberbürgermeister der Hauptstadt, Krack, zur 750-Jahr-Feier in Berlin (West) nicht ergehen werde.[16] Man habe trotzdem entschieden, daß die anderen Bürgermeister kommen sollten. Man lasse sie fahren. Aber man bedaure, daß der Oberbürgermeister der Hauptstadt nicht kommen könne. Die Beauftragten Stronk und Löffler[17] sollten weiter daran arbeiten.

RBm Diepgen erklärte, es könne alles nur schrittweise gehen. Bei allem müsse man den Gesamtzusammenhang beachten. Bislang stünden die Veranstaltungen im April und im Oktober im Vordergrund. Aber es gebe schließlich auch noch die Eröffnung des Ephraim-Palais.

GS Honecker erklärte hierzu, ein Besuch sei möglich. Löffler habe erklärt, man müsse sich nur anmelden.

RBm Diepgen kam nochmals auf das Problem der Übernachtungsmöglichkeit zu sprechen. Man solle mal nicht zu sehr auf den kleinen Grenzverkehr und das nähere Beisammensein in Berlin sehen, sondern sich die Probleme älterer Menschen deutlich machen. Für die sei es zum Teil sehr schwierig, nach einer Familienfeier noch in der Nacht aufzubrechen, um nach Berlin (West) zurückzukehren. Im übrigen wolle er nur noch anmerken, daß auch hinsichtlich des Jugendaustauschs die Probleme noch nicht gelöst seien. Es gebe Schwierigkeiten, über die die Beauftragten sprechen sollten.

GS Honecker ging auf das Beispiel des Regierenden Bürgermeisters

---

[15] Vgl. Nr. 8.
[16] Erhard Krack (SED), Oberbürgermeisters von Berlin-Ost.
[17] Vgl. Anm. 8.

beim Besuch eines älteren Menschen im anderen Teil der Stadt ein. Man werde die Angelegenheit auch unter diesem Gesichtspunkt prüfen. Im übrigen nahm er das Beispiel zum Anlaß, über seinen Aufenthalt in Berlin vor dem Krieg zu berichten. Aus dieser Zeit kenne er auch Berlin (West) durch einige Besuche auf illegalen Veranstaltungen der KPD. Er erwähnte auch einen Besuch im amerikanischen Club, bei dem er [...][18] getroffen habe.

RBm Diepgen bedankte sich für das Gespräch und wies in diesem Zusammenhang noch einmal auf die Bedeutung der Energiepolitik sowie des Umweltschutzes hin. Er erwähnte in diesem Zusammenhang die Bewag und das Projekt eines Heizkraftwerkes. Er bestätigte nochmals, daß sich die jeweiligen Beauftragten kurzfristig treffen und miteinander sprechen sollten. In humanitären Angelegenheiten überreichte er zwei Namenslisten.

GS Honecker brachte abschließend seine Anerkennung für die Arbeit des Regierenden Bürgermeisters zum Ausdruck und erklärte, viele Fortschritte im beiderseitigen Verhältnis seien auch ein Ergebnis der Begegnung im Vorjahr.

(Dauer des Gesprächs: 1 Stunde)

Hennenhöfer[19]
(nach Diktat verreist)

[b] SAPMO ZPA IV 2/1/666: »Vermerk über das Gespräch des Generalsekretärs des ZK der SED und Vorsitzenden des Staatsrates der DDR, Erich Honecker, mit dem Regierenden Bürgermeister von Berlin (West), Eberhard Diepgen, am 15. März 1987 in Leipzig«

E. Honecker verband die Begrüßung E. Diepgens mit der Hoffnung auf einen nützlichen Meinungsaustausch. E. Diepgen äußerte die Zuversicht, daß 1987 ein Jahr des Durchbruchs und der Weichenstellungen hinsichtlich der Abrüstung werden könne. Mit der Aufschnürung des Pakets von Reykjavik durch den Vorschlag M. Gorbatschows[4] verbänden sich viele Hoffnungen. Für die Lösung der zur Verhandlung stehenden Fragen wolle er das Seine tun.

E. Diepgen würdigte, zum Verhältnis zwischen Berlin (West) und

---

[18] Name vom Autor ausgelassen, da es nicht eindeutig war, ob es sich um eine Persönlichkeit der Zeitgeschichte handelt.
[19] Siehe Anm. 1.

der DDR übergehend, den Austausch von Kulturgütern, die Renovierung des Bahnhofs Zoo und die Entscheidungen der DDR in der Asylfrage. Auch wegen des 750jährigen Jubiläums von Berlin hoffe er auf weitere Fortschritte in der Zusammenarbeit. Dabei trug er Wünsche für Regelungen im Zusammenhang mit der 750-Jahr-Feier nicht nur, wie er sich ausdrückte, auf der Chefebene, sondern für die Menschen, für den Reise- und Besucherverkehr vor, so u. a. zur Verlängerung der Gültigkeit der Mehrfachbesuchsscheine von 3 auf 6 Monate, zur Erweiterung der Übernachtungsmöglichkeiten bei Besuchen. Er setzte sich für weiteren Gebietsaustausch ein.

E. Honecker unterstrich die Friedenssicherung in ihrer grundlegenden Bedeutung auch für das Verhältnis zwischen der DDR und Westberlin. Die sowjetische Initiative zur Beseitigung der Mittelstreckenwaffen biete eine große Chance auf dem Wege zur Abrüstung, die mit dem Blick auf das Ziel einer atomwaffenfreien Welt bis zum Jahre 2000 konstruktiv genutzt werden müsse.

Die beiderseits erreichten Fortschritte seien nicht gering zu schätzen, und die DDR habe ihren guten Willen durch Taten bewiesen. Was die 750-Jahr-Feier Berlins angehe, so könne die gegenseitige Teilnahme über die Bürgermeister der Stadtbezirke vereinbart werden. Generell sollten die Beauftragten der Regierung der DDR und des Senats von Berlin (West) die von E. Diepgen zur Sprache gebrachten Vorstellungen prüfen und jeweils Vorschläge unterbreiten.

E. Diepgen sagte, er möchte die Einladung E. Honeckers zur Teilnahme am Staatsakt der DDR anläßlich des 750jährigen Bestehens von Berlin gern annehmen.[11] Hier gehe er davon aus, daß alle noch anstehenden Probleme gelöst werden. So sehe er es auch im Hinblick auf seine Einladung an E. Honecker nach West-Berlin.[14] Kein Beteiligter dürfe dabei überfordert werden.

E. Honecker verwies darauf, daß seine Einladung an E. Diepgen noch nicht beantwortet ist. Zu der an ihn selbst gerichteten Einladung sagte er unter Hinweis auf die vom Senat beabsichtigten Modalitäten der Veranstaltung, es blieben noch Fragen offen, die der Klärung bedürften. Ausgegangen werden müsse von seiner gleichberechtigten Teilnahme.[20] Außerdem stellte er fest, daß Oberbürgermeister Krack[16] von E. Diepgen keine Einladung erhalten habe, dennoch würden einige Bürgermeister der DDR sich an dem geplanten Treffen in West-Berlin beteiligen.

Die DDR, betonte er, sei auch weiterhin für die strikte Einhaltung und volle Anwendung des Vierseitigen Abkommens über Berlin (West). Sie bleibe an einem Verhältnis gegenseitig vorteilhafter Zusammenarbeit und guter Nachbarschaft interessiert.

[20] Honecker sagte am 13. 4. 1987 seine Teilnahme an den 750-Jahr-Feiern in Berlin-West ab. Vgl. AdG 1987, S. 30925.

35. Gespräch F. J. Strauß – Honecker am 15. März 1987 (Leipzig)

SAPMO ZPA IV 2/1/666: »Niederschrift über das Gespräch des Generalsekretärs des ZK der SED und Vorsitzenden des Staatsrates der DDR, Genossen Erich Honecker, mit dem Ministerpräsidenten von Bayern und Vorsitzenden der CSU, Franz Josef Strauß, am 15. März 1987 in Leipzig« – Zur Westquelle vgl. Nr. 5

E. Honecker begrüßte F. J. Strauß und erklärte, er freue sich, daß F. J. Strauß die Möglichkeit gefunden habe, sich über die Messe zu informieren und ein Gespräch über beiderseits interessierende Fragen zu führen. Im Hinblick auf die internationalen Fragen sowie die weitere Gestaltung der Beziehungen zwischen der DDR und der BRD nach den Bundestagswahlen sei dieser Meinungsaustausch von besonderer Bedeutung.

Seit dem letzten Gespräch zur Leipziger Herbstmesse 1985[1] hätten sich die Beziehungen zwischen beiden deutschen Staaten, auch zwischen der DDR und dem Freistaat Bayern, auf vielen Gebieten positiv entwickelt. [...] Erhebliche Fortschritte gebe es ebenso auf den Gebieten der Kultur und des Sports sowie im humanitären Bereich.

Auch weiterhin lasse sich die DDR gegenüber der BRD strikt von der Politik der friedlichen Koexistenz, der Achtung des Völkerrechts und der Berücksichtigung der gegenseitigen Interessen leiten. Sie erwarte, daß die neue Regierung der BRD in gleicher Weise herangeht. Unter diesem Aspekt werde die Regierungserklärung von Bundeskanzler Kohl bewertet werden.[2] Zu hoffen sei, daß darin Vernunft und Realismus zum Ausdruck kommen und daß es beim klaren Bekenntnis zu den abgeschlossenen Verträgen bleibt.

Als die Kernfrage des Verhältnisses zwischen beiden deutschen Staaten bezeichnete E. Honecker die Sicherung des Friedens. Die DDR stehe zu der Verpflichtung, daß von deutschem Boden nie mehr Krieg, sondern nur noch Frieden ausgehen darf, und erwarte es auch von der BRD.

[...]

Die DDR sei dafür, dort anzuknüpfen, wo man in Reykjavik der Einigung am nächsten war. Deshalb unterstütze sie die neue Initiative M. Gorbatschows, das Verhandlungspaket aufzulösen und unverzüglich eine gesonderte Vereinbarung der Sowjetunion und der USA über die Beseitigung der Mittelstreckenraketen in Europa zu treffen, wobei ein Teil nur in asiatischen Gebieten der Sowjetunion und in den USA ver-

---

[1] Siehe Nr. 18.
[2] Siehe Nr. 32, Anm. 11.

bleibe.[3] Damit eröffne sich die große Chance, die nukleare Last in Europa zu verringern. Wenn dieser Vorschlag verwirklicht wird, dann wird die DDR die Rückführung der in der DDR stationierten operativ-taktischen Raketen größerer Reichweite mit der Sowjetunion vereinbaren.

Bekanntlich habe sich E. Honecker an Bundeskanzler Kohl mit der Aufforderung gewandt, den sowjetischen Vorschlag zu unterstützen und entsprechend auf die USA einzuwirken.[4] E. Honecker verwies darauf, daß er sich schon vor Jahren für den Abzug dieses Teufelszeugs eingesetzt habe. Zu begrüßen sei das Bekenntnis aller Fraktionen des Bundestages auf dessen erster Tagung nach der Wahl zum Abzug der Mittelstreckenraketen.[5] Ihrer Beseitigung solle auch der Abzug der Raketen kürzerer Reichweite sowie der atomaren Gefechtsfeldwaffen folgen.

Die DDR und die BRD seien in der Frage der Raketenstationierung in Europa besonders betroffen. F.J. Strauß selbst habe festgestellt, daß im Falle eines Atomkrieges nichts übrigbleiben werde, vor allem von beiden deutschen Staaten. Die Realisierung des Vorschlages von M. Gorbatschow würde sich auch auf die Beziehungen zwischen der DDR und der BRD günstig auswirken.

Honecker befürwortete die von Gorbatschow propagierte Abrüstung und den Abbau der »Konfrontation«.

E. Honecker wertete die Beziehungen zwischen der DDR und der BRD als wichtigen Teil der europäischen Zusammenarbeit. Von diesen Beziehungen müßten Impulse für die friedliche Zusammenarbeit in Europa ausgehen, und es dürften auf keinen Fall zusätzliche Belastungen entstehen.

Bei seinen Gesprächen mit Staatsmännern aus aller Welt werde ihm immer wieder die Frage nach dem Verhältnis der beiden deutschen Staaten gestellt, sagte E. Honecker. Es sei gut, könne aber noch besser werden.

Respektiert werden müsse, daß es zwei deutsche Staaten mit unterschiedlicher Gesellschaftsordnung und Bündniszugehörigkeit gibt. Das sei die Grundvoraussetzung für die Entwicklung der Beziehungen. Weiter vorangehen werde es, wenn sich beide Seiten von Sachlichkeit, Berechenbarkeit und der Berücksichtigung legitimer Interessen leiten lassen. Das Erreichte sollte nicht aufs Spiel gesetzt, sondern ausgebaut werden. Das aber setze die Achtung der Souveränität, Gleichberechtigung und Nichteinmischung voraus.

[3] Siehe Nr. 32, Anm. 5.
[4] Siehe Nr. 32, Anm. 7.
[5] Die konstituierende Sitzung des neuen Bundestages war am 18. 2. 1987. Gemeint war aber die Tagung am 12. 3. 1987, in der es eine aktuelle Stunde zu den »jüngsten Vorschlägen für ein Abkommen« zur Beseitigung der Mittelstreckenraketen gab.

Wenn die beiderseitigen Beziehungen besser seien als ihr Ruf, dann sei der Anteil von F. J. Strauß daran hervorzuheben. E. Honecker verwies als Beispiele für das Erreichte auf die Maßnahmen der DDR im Gebiet ihrer Staatsgrenze (Beseitigung der Selbstschußanlagen und Minen) sowie im Reise- und Besucherverkehr. Im vergangenen Jahr hätten 573 000 Bürger der DDR unterhalb des Rentenalters in dringenden Familienangelegenheiten Reisen in die Bundesrepublik und andere westliche Länder unternommen. Nicht zurückgekehrt seien lediglich 0,02 %, eine verschwindend geringe Zahl. Die DDR wolle diese Linie fortsetzen.

Sie führe den Dialog mit den entscheidenden politischen Kräften in der BRD weiter, sei für vertragliche Regelungen auf weiteren Sachgebieten und wolle die Handels- und Wirtschaftsbeziehungen ausbauen. Sie sei für die Zusammenarbeit beim Umweltschutz, bei Wissenschaft und Kultur sowie auf humanitärem Gebiet.

E. Honecker hob die Notwendigkeit hervor, endlich auch Schritte zur Regelung der noch offenen politischen Grundfragen zu tun. Dies betreffe die Auflösung der Erfassungsstelle Salzgitter und die Regelung der Elbgrenze Mitte Strom. Bei der Elbgrenze gehe es darum, den Zustand zu fixieren, der nunmehr seit 40 Jahren besteht. In Verbindung damit könnten auch viele andere mit der Elbe zusammenhängende Fragen geregelt werden. B. Vogel habe bei seinem kürzlichen Treffen mit ihm in Berlin zu diesen beiden Punkten – Salzgitter und Elbgrenze – festgestellt, daß sie keine Grundgesetzqualität hätten.[6]

Honecker bewertete die Handels- und Wirtschaftsbeziehungen überwiegend positiv, bei denen Bayern »einen führenden Platz« einnehme. Er ging dann auf die bilateralen Projekte zum Umweltschutz, zum Ausbau der Transitwege und zum Kulturaustausch ein.

Zu den Städtepartnerschaften erklärte E. Honecker, dies hätten die Herren der jeweiligen Städte auf ihrer Basis zu entscheiden. Bei den bisher zustande gekommenen hätten alle Fraktionen zugestimmt. Jetzt sei eine solche Partnerschaft zwischen Bremen und, man überlege dies noch, eventuell Rostock im Gespräch. Die Beziehungen auf kommunaler Ebene dürften nicht isoliert gesehen, sondern müßten in den Zusammenhang mit der Entwicklung der Gesamtbeziehungen gestellt werden. So sei die Zeit lange reif, um normale Beziehungen zwischen der Volkskammer und dem Bundestag bzw. auch auf anderen politischen Ebenen herzustellen. Unabhängig davon werde gegenwärtig die Möglichkeit der Aufnahme einer Städtepartnerschaft zwischen Plauen und Hof geprüft.

Ausgangspunkt der DDR sei, unterstrich E. Honecker, daß sich, wenn der Weg zum Abbau der Konfrontation beschritten wird, neue

---

[6] Siehe Nr. 31.

Möglichkeiten eröffnen, das europäische Haus noch besser zu bestellen. In Verbindung damit sei auch eine engere Zusammenarbeit der DDR und der BRD möglich. Dazu werde die DDR weiter beitragen.

F. J. Strauß sprach seinen Dank für die Einladung zu diesem Gespräch aus, dessen zeitlicher Rahmen sich bei der starken Belastung des Generalsekretärs aus der Eröffnung der Leipziger Messe in Grenzen halten müsse. Danken wolle er insbesondere für die zusammenhängende Darstellung, die E. Honecker soeben gegeben habe. Da es für ihn schwer sei, die einzelnen Punkte im Kopf zu behalten, bat er um eine schriftliche Zusammenfassung, die ihm E. Honecker zusagte. Dies alles müsse man in Bonn in Gang setzen, und er werde das tun.

Schon 1973, in der Debatte zur damaligen Regierungserklärung nach der Bundestagswahl, habe F. J. Strauß festgestellt: »Pacta sunt servanda« (»Verträge müssen eingehalten werden«). Dies werde von ihm ernst genommen, und auch E. Honecker nehme es damit ernst. Seit 1983 hätten sich die Verhältnisse in der Abfertigung an der Grenze schlagartig und stark verändert. Auch der Transitverkehr laufe reibungslos. Dies sei das Ergebnis des Eingreifens von E. Honecker. So sei es möglich gewesen, gewisse psychologische Barrieren auszuräumen und weitere Formen der Zusammenarbeit zu gewinnen.

Trotz der Mißtöne aus der Bundesrepublik habe die DDR die Selbstschußanlagen und auch die Minen an der Grenze beseitigt. Positiv vermerke er weiter die sehr erfreuliche Entwicklung bei Reisen in dringenden Familienangelegenheiten. Er sei Realist und wisse daher, daß man nicht alles auf einmal machen könne. Da manches Unfreundliche in der Bundesrepublik gesagt worden sei, habe er dies in seinen Reden immer erwähnt.

Auch wenn der Ministerpräsident Bayerns ein kleiner Mann sei, so wolle er doch sagen, daß er die Entscheidung M. Gorbatschows im Zusammenhang mit den Mittelstreckenraketen für weise erachte, das Junktim aufzugeben. Diese Entwicklung habe in Westeuropa großen psychologischen Widerhall gefunden. Man müsse das Teufelszeug wegdrücken und eine Nachrüstung bei Kurzstreckenraketen in der Bundesrepublik überflüssig machen, indem man auch sie abbaue. Er gehe davon aus, daß die Beseitigung der Mittelstreckenraketen nach Abschluß eines Abkommens innerhalb von 6 Monaten erfolgen werde.

Verhandlungspflicht bestehe für die USA bei Raketen mit einer Reichweite von 1200 bis 500 km, was darunter liege, gehöre zu den atomaren Gefechtsfeldwaffen. Als Obergrenze gelte der gegenwärtige Bestand von 500 bis 1250 im Osten, innerhalb dessen habe auch der Westen freie Hand. Man sollte sich aber auf einem möglichst niedrigen Niveau treffen. Dahin wirke er, und auch H. Kohl tue es. Das würde die atomare Bedrohung verringern.

Erstaunen äußerte F. J. Strauß über die Entwicklung in den USA, wo zuerst die Raketenstationierung betrieben worden sei und Reagan jetzt für die Abschaffung der Atomraketen überhaupt binnen 5 Jahren eintrete. Er halte das für utopisch. Nach seiner Ansicht müsse die Menschheit mit der Atomwaffe leben, solange es in der Welt einen gibt, der sie herstellen kann. Doch könne die Gefahr, auch durch die Beseitigung der Mittelstrecken- und Kurzstreckenraketen, auf einen Bruchteil reduziert werden.

Ein Krieg in Europa wäre das physische Ende der Zivilisation und der hier lebenden Menschheit. Tote könnten keine Politik miteinander machen, deshalb sei er für eine vernünftige Politik. Die Bedrohung sollte auf ein Minimum der Verteidigungsfähigkeit beider Seiten abgebaut werden. Bei Kurzstreckenraketen betrage gegenwärtig das Verhältnis immerhin 10:1. Was die konventionellen Rüstungen und Streitkräfte angeht, so habe bei den Verhandlungen in Wien bereits die dritte Generation von Diplomaten das Rentenrecht erworben.

Im Auftrage H. Kohls wolle er E. Honecker sagen, daß man seinem Besuch in der Bundesrepublik entgegensehe. Dabei würde er, F. J. Strauß, ihn auch gern in München begrüßen.[7] E. Honecker antwortete, komme er nach Bonn, so komme er bestimmt auch nach München, wofür F. J. Strauß dankte.

Die Fragen der Handels- und Wirtschaftsbeziehungen, fuhr F. J. Strauß fort, könnten in Hannover oder Bonn mit G. Mittag näher besprochen werden.[8] Großen Wert lege er auf Gespräche über Umweltschutz, Waldschäden, Rauchgasentschwefelung, Entstickungsanlagen. Wichtig seien ferner Fragen der Abfallverwertung. In diesem Jahrhundert und weit darüber hinaus sehe er keinen Weg, auf Kernenergie verzichten zu können. Diese Frage habe inzwischen zu einer Art Glaubenskrieg geführt. Doch sei in der Bundesrepublik durch Kernenergie noch kein Mensch ums Leben gekommen. Manche wollten einfach gefährdet sein, um beleidigt sein zu können.

Nicht nur die Verwendung von Braun-, sondern auch von Steinkohle sei umweltbelastend. In der Bundesrepublik werde man Kernkraft nicht durch Kohlekraftwerke ersetzen. Der Anteil der Kernkraft an der Energieproduktion betrage dort 60% und solle auf 70% anwachsen. E. Honecker: In der DDR sind es 12%.

Von der Solartechnik zur Energiegewinnung sei man noch weit entfernt, meinte F. J. Strauß. Frühestens im Jahr 2005 sei damit zu rechnen. Zur solaren Energieproduktion würden außerdem große Mengen toxischer Gase benötigt, woraus ebenfalls Gefährdung entstehe.

F. J. Strauß sprach sich für den schnellsten Abschluß des Umweltab-

[7] Zu dem Aufenthalt Honeckers in Bayern bei seinem offiziellen Besuch in der Bundesrepublik im September 1987 siehe Nr. 41 und 59.

[8] Günter Mittag kam am 1. 4. 1987 zu Besuch nach Bonn und traf dabei zu einem Gespräch mit Bundeskanzler Kohl zusammen.

kommens mit der DDR aus. Ihm sei gesagt worden, die Reaktion der DDR stehe noch aus. Durch den Abschluß dieses Abkommens könnten die Gespräche über Umweltschutz belebt werden.[9]

Er warf die Frage nach der Möglichkeit eines Erdgasanschlusses für Oberbayern bei Hof auf.

Der ›Berliner Zeitung‹ habe er entnommen, daß in unserer Charité bemerkenswerte Entdeckungen bei der Entwicklung von Antikörpern gegen AIDS gelungen seien. Gegenwärtig sei Bayern Zielscheibe schwerer Angriffe, weil es eine verdeckte Meldepflicht für AIDS anstrebe. Immerhin würden bei amtsärztlichen Untersuchungen in entsprechenden Formblättern 35 Fragen nach anderen, weniger gefährlichen Erkrankungen gestellt. Ihm liege auf dem Gebiet der Erforschung und Bekämpfung von AIDS an Zusammenarbeit mit der DDR. Vielleicht könnten sich Ärzteteams treffen, könnte man in der Forschung zur Herstellung eines Impfserums kooperieren. Die DDR scheine auf diesem Gebiet weiter zu sein als die Bundesrepublik. Nach seiner Kenntnis habe wohl auch O. Lafontaine bei seinem kürzlichen Besuch danach gefragt.[10]

Er danke für die Prüfung der Städtepartnerschaft Hof/Plauen und hob den Wert der kulturellen Beziehungen hervor. Wie er wisse, seien die Berufsfeuerwehren der Bundesrepublik auf Kontaktsuche, weswegen er zu erwägen gebe, ob nicht einmal Feuerwehrleute der DDR nach München eingeladen werden könnten und umgekehrt. Mit China gebe es das.

E. Honecker dankte F. J. Strauß für seine Darlegungen. In den Grundfragen des Friedens bestehe Übereinstimmung. Aus seiner Kenntnis der gesamten Diskussion in der sozialistischen Gemeinschaft wolle er nochmals betonen, daß wir für die Abschaffung aller Atomwaffen sind. Das hätten auch Gorbatschow und Reagan vereinbart.

[...]

Weil nicht alles auf einmal gehe, sei es gut, kein Junktim herzustellen.

In Genf sei bereits ein 42-Seiten-Papier ausgearbeitet. Alle Mittelstreckenwaffen, außer 100 im asiatischen Teil der Sowjetunion und in den USA, sollen beseitigt werden.[11] Dann würden die Raketenkomplexe größerer Reichweite aus der DDR und der ČSSR abgezogen. Anschließend erfolgten Verhandlungen über den Abbau aller anderen Atomwaffen in der Reichweite, darunter auch derer mit 500 bis 1200 km. Alle sollten verschwinden.

---

[9] Das Umweltabkommen wurde am 10. 6. 1987 paraphiert. Vgl. AdG 1987, S. 31134.

[10] Siehe Nr. 32.

[11] Bei der UNO-Abrüstungskonferenz in Genf hatten die USA am 13. 3. 1987 einen Entwurf in dieser Richtung vorgelegt, mit dem die UdSSR weitgehend übereinstimmte. Vgl. AdG 1987, S. 30865.

Th. Waigel[12]: Bis wann? E. Honecker: Die Voraussage sei schwierig. Eine Vereinbarung über die Beseitigung der Mittelstreckenwaffen werde ein halbes Jahr brauchen. Verhandelt werde auf der Grundlage des USA-Vorschlages. Strittig sei noch die Kontrolle an Ort und Stelle, zumal in den USA Privatbetriebe produzieren und dort Gesetze aufgehoben werden müßten.

Auf die Frage von F. J. Strauß, wie er den Stellungswechsel in den USA bewerte, antwortete E. Honecker, Reykjavik sei eine große Überraschung gewesen. Beim ersten Gipfel habe Reagan die Feststellung unterschrieben, daß der Atomkrieg nicht führbar sei und nicht nach militärischer Überlegenheit gestrebt werden dürfe. Dann sei das Treffen in Reykjavik vereinbart worden. Reagan sei davon überrascht gewesen, daß Gorbatschow in seinen Vorschlägen so weit ging. Gescheitert seien konkrete Vereinbarungen daran, daß Reagans SDI-Projekt mit dem ABM-Vertrag kollidiert.

Auch in der Sowjetunion sei Reykjavik neu durchdacht worden mit dem Ergebnis: Da ein Atomkrieg die Selbstvernichtung der Menschheit wäre, muß man dafür sorgen, daß die Atomraketen verschwinden. Weil im Westen gesagt wird, die Beseitigung dieser Waffen sei nicht möglich, weil ein konventionelles Übergewicht des Warschauer Vertrages bestünde, hätten wir vorgeschlagen, auch über den Abbau der konventionellen Rüstungen und Streitkräfte zu verhandeln. Natürlich erfordere dies eine Vertrauensbasis. F. J. Strauß bemerkte, die Halbierung (der strategischen Offensivwaffen) in 5 Jahren sei jedenfalls realistischer als eine Null-Lösung in 10 Jahren.

E. Honecker erklärte, hinsichtlich der Kernkraftwerke seien die Standpunkte gleich. Was die AIDS-Bekämpfung betreffe, so sei in unserer Charité erst ein Anfang gemacht worden. Die mit O. Lafontaine getroffene Vereinbarung über die Zusammenarbeit könne durchaus auf München ausgedehnt werden.

Abschließend bat er F. J. Strauß, H. Kohl und den anderen Persönlichkeiten seine besten Grüße zu übermitteln. Die Entwicklung des guten Kontaktes zwischen der DDR und Bayern sei erfreulich.

---

[12] Theo Waigel, damals Vorsitzender der CSU-Landesgruppe im Bundestag, nahm an dem Gespräch mit Honecker teil.

SAPMO ZPA J IV/942: »Niederschrift über das Gespräch des Generalsekretärs des ZK der SED und Vorsitzenden des Staatsrates der DDR, Erich Honecker, mit dem Ministerpräsidenten des BRD-Bundeslandes Baden-Württemberg und stellvertretenden CDU-Vorsitzenden, Lothar Späth, am 16. März 1987 in Berlin« – Zur Westquelle vgl. Nr. 26

E. Honecker hieß L. Späth herzlich willkommen und äußerte sich erfreut darüber, daß nach dem Zusammentreffen auf der Leipziger Messe[1] heute die Möglichkeit zum Meinungsaustausch besteht. Die Bilanz der Beziehungen, darin stimme er mit den Darlegungen L. Späths vom Vortag voll überein, sei positiv. So sei der Warenaustausch zwischen der DDR und der BRD 1986 in der Höhe von 15,2 Mrd. VE realisiert worden, über 1 Mrd. VE mit Baden-Württemberg. Man sei auf dem richtigen Weg. Einverstanden sei er auch damit, der wirtschaftlichen, wissenschaftlich-technischen und kulturellen Zusammenarbeit besondere Aufmerksamkeit zu widmen. Er betonte das Interesse der DDR an der Weiterentwicklung der wirtschaftlichen Zusammenarbeit mit dem Hinweis auf die Teilnahme von 120 Ausstellern aus Baden-Württemberg an der Messe, was die Möglichkeit beweise, voranzukommen.

Er freue sich über das gestrige Treffen am Stand von Baden-Württemberg, dessen Kürze von der Presse offenbar zunächst nicht richtig verstanden worden sei. Doch L. Späth habe entsprechend reagiert.

Nach dem beiderseitigen Treffen im Mai vergangenen Jahres[2] hätten sich die Beziehungen zwischen der DDR und Baden-Württemberg gut entwickelt, insbesondere auf dem Gebiet von Wirtschaft und Handel. Es habe nützlichen Besuchsaustausch gegeben, so durch den Aufenthalt von H. Weiz in Stuttgart.[3] Sein Bericht sei im Politbüro und im Ministerrat behandelt worden, und es sei Wert darauf gelegt worden, die Beziehungen weiter zu entwickeln. Wirtschaftsminister Herzog und Wissenschaftsminister Engler hätten die DDR besucht.[4] Das bekannte Stuttgarter Ballett habe bei uns gastiert. Zwischen Karlsruhe und Halle

---

[1] Während des Besuches auf der Leipziger Messe hatte Honecker am 15. 3. 1987 Gespräche mit Bangemann, Diepgen und Strauß geführt. Vgl. Nr. 33, 34 und 35. Über das kurze Zusammentreffen mit L. Späth siehe weiter unten.

[2] Siehe Nr. 26.

[3] Wissenschaftsminister Herbert Weiz hatte Baden-Württemberg mit einer Delegation vom 16. – 19. 9. 1986 besucht. Sein Bericht war in der Politbürositzung vom 30. 9. 1986 beraten worden.

[4] Martin Herzog hatte im Oktober 1986 Gespräche in der DDR geführt. Helmut Engler, Minister für Wissenschaft und Kunst.

werde eine Städtepartnerschaft vorbereitet.[5] Wir seien interessiert, diese Kontakte weiter voranzubringen. Es sei für uns von Interesse, nach der Bundestagswahl erneut einen führenden Vertreter der CDU zu treffen. Die DDR lasse sich strikt von den Erfordernissen der Politik der friedlichen Koexistenz und der Zusammenarbeit leiten, von der Achtung des Völkerrechts und der Berücksichtigung der gegenseitigen Interessen. Sie erwarte, daß die neue Regierung der BRD wie wir an die Entwicklung der Beziehungen herangeht. Unter diesem Aspekt würden wir auch die Regierungserklärung von Bundeskanzler Kohl bewerten.[6] Als besonders wichtig erachten wir, an der Gemeinsamen Erklärung vom 12. März 1985 festzuhalten.[7]

Kernfrage der Beziehungen bleibe die Sicherung des Friedens. Die DDR stehe zu der Verpflichtung, daß von deutschem Boden nie mehr Krieg, sondern nur noch Frieden ausgehen darf. Zu erwarten sei, daß auch von der Bundesregierung dahin gewirkt wird. Das liege im Interesse der Menschen in beiden deutschen Staaten und in der Welt. Auf das Verhältnis zwischen der DDR und der BRD werde er im Ausland immer wieder angesprochen.

E. Honecker stellte fest, daß die internationale Lage infolge des unveränderten Strebens der USA und der NATO nach militärischer Überlegenheit kompliziert bleibt. Noch große Anstrengungen seien nötig, um den Frieden sicherer zu machen.

Honecker äußerte sich dann zu divergierenden Auffassungen in den USA zu SDI, zur neuen Dimension »friedlicher Koexistenz« und zu Reykjavik. Man solle »dort« anknüpfen, wo eine »Einigung am nächsten« schien.

Deshalb unterstütze die DDR die neue Initiative M. Gorbatschows zur Beseitigung der Mittelstreckenraketen in Europa.[8] Als erfreulich wertete E. Honecker das zustimmende Echo auf diese Initiative im Bundestag. Eine Vereinbarung zwischen der Sowjetunion und den USA über die Beseitigung der Mittelstreckenwaffen sei die Voraussetzung dafür, die Gegenmaßnahmen auf unserer Seite rückgängig zu machen und die Raketenkomplexe größerer Reichweite aus der DDR abzuziehen.

In seinem Brief an Kohl, so fuhr E. Honecker fort, habe er zur Unterstützung des sowjetischen Vorschlages aufgefordert.[9] Auch die DDR setze sich dafür ein. In Verbindung damit käme es zum Beginn von Ver-

[5] Die Vereinbarung über die Städtepartnerschaft Karlsruhe – Halle wurde am 29. 5. paraphiert und am 17. 9. 1987 unterzeichnet.
[6] Die Regierungserklärung wurde am 18. 3. 1987 abgegeben.
[7] Vgl. Nr. 16.
[8] Siehe Nr. 32, Anm. 5
[9] Siehe Nr. 32, Anm. 7.

handlungen über die Kurzstreckenraketen bis hin zu den atomaren Gefechtsfeldwaffen.

Seinerzeit habe er erklärt, daß die DDR über die Gegenmaßnahmen nicht begeistert sei, sagte E. Honecker. Die Gefährlichkeit der Lagerung von Atomwaffen auf diesem Gebiet sei offenbar. Jetzt müsse die Initiative Gorbatschows, die ja einen ursprünglichen USA-Vorschlag aufnehme, genutzt werden, um auf dem Weg der Abrüstung weiterzukommen. Die Beseitigung der Mittelstreckenraketen sei ein solcher Schritt. Wir seien für vertrauensbildende Maßnahmen, und dies komme auch darin zum Ausdruck, daß demnächst Offiziere der Bundeswehr zu Manövern in der DDR erscheinen werden.[10]

Honecker betonte den Willen des Warschauer Paktes zur Abrüstung mit dem Ziel »gleicher Sicherheit«.

Europa müsse seine Verantwortung für die eigene Sicherheit wahrnehmen. Wir seien nicht darauf aus, Westeuropa von den USA zu trennen, so wie wir uns nicht von der UdSSR trennen lassen. Aber die Konfrontation müsse abgebaut und die Zusammenarbeit verstärkt werden.

Beide deutsche Staaten sollten einen aktiven Beitrag leisten und entschieden eintreten für die Beseitigung der Mittelstreckenwaffen. Wie aus der mündlichen Botschaft H. Kohls an ihn hervorgehe, unterstütze dieser seinen Vorschlag zu Gesprächen von Beauftragten beider Seiten.[11]

Es wäre gut, würde auch die BRD eintreten für die Verhinderung der Militarisierung des Weltraumes, die Einstellung aller Kerntests, die strikte Einhaltung von Salt II und des ABM-Vertrages, die Schaffung eines atomwaffenfreien Korridors und einer von chemischen Waffen freien Zone in Europa sowie ein weltweites Verbot der chemischen Waffen. Das wäre ein wirksamer Beitrag für die Menschen.

Der politische Dialog, sagte E. Honecker weiter, sei ein wesentliches Instrument, um Wege zu Vereinbarungen freizumachen. Einen anderen Weg, zu Vereinbarungen zu gelangen, gebe es nicht. Um den Frieden zu sichern, gehe die DDR mit allen zusammen, die sich von Vernunft, Realismus und gutem Willen leiten lassen.

Die Beziehungen zwischen der DDR und der BRD seien ein wichtiger Teil der europäischen Zusammenarbeit. Wenn sich beide Staaten strikt von ihrer Friedenspflicht leiten lassen, könne sich dies wohltuend auf das internationale Klima auswirken. Vom Verhältnis zwischen der DDR und der BRD dürften keine zusätzlichen Belastungen für Europa ausgehen, sie sollten vielmehr Impulse für die friedliche Zusammenarbeit geben.

[10] Mit anderen militärischen Beobachtern aus westlichen Ländern nahmen ab 25. 3. 1987 auch Offiziere der Bundeswehr als Beobachter bei Manövern in der DDR teil. Vgl. AdG 1987, S. 30926.
[11] Zur »mündlichen Botschaft« Kohls vom 12. 3. 1987 siehe Nr. 33, Anm. 3.

Die Existenz beider deutscher Staaten sei ein grundlegender Faktor der europäischen Nachkriegsordnung und des internationalen Kräftegleichgewichts. In diesem Zusammenhang messe die DDR der Gemeinsamen Erklärung vom 12. März 1985 mit H. Kohl großes Gewicht bei, wonach die Unverletzlichkeit der Grenzen und die Achtung der territorialen Integrität und Souveränität aller Staaten in Europa in ihren gegenwärtigen Grenzen eine grundlegende Bedingung für den Frieden sind.[7]

Es gibt zwei deutsche Staaten mit unterschiedlicher Gesellschaftsordnung und Bündniszugehörigkeit, unterstrich E. Honecker. Daran könne niemand vorbeigehen. Es freue ihn, daß es in den Beziehungen zu Baden-Württemberg nie eine andere Position gegeben habe. Beide Seiten müßten Sachlichkeit, Berechenbarkeit und Berücksichtigung legitimer Interessen walten lassen. Das Erreichte dürfe nicht aufs Spiel gesetzt werden, sondern es müsse ausgebaut werden. Das setze die Achtung der Souveränität, Gleichberechtigung und Nichteinmischung voraus.

Die DDR wolle den Dialog mit den entscheidenden politischen Kräften in der BRD fortführen, strebe vertragliche Regelungen auf weiteren Sachgebieten an und wolle die Handels- und Wirtschaftsbeziehungen entwickeln. Sie sei für Zusammenarbeit im Umweltschutz, in Wissenschaft und Kultur sowie auf humanitärem Gebiet.

Notwendig sei, endlich auch an die Regelung noch offener politischer Grundfragen zu gehen. Die BRD müsse durch praktische Maßnahmen die Respektierung der Staatsbürgerschaft der DDR gewährleisten und dies auch im Rechtshilfeverkehr akzeptieren. Es habe schon einen Bundeskanzler gegeben, der im Bundestag von Bürgern der DDR gesprochen hat.

Die »Erfassungsstelle« Salzgitter müsse aufgelöst werden, nicht weil wir darunter leiden würden, sondern weil dies eine klare Verletzung der Souveränität der DDR sei. Schließlich sei erforderlich, daß Bürger der DDR, die zeitweilig in der BRD arbeiten, dort als Bürger dritter Staaten behandelt werden.

E. Honecker nannte weiter die gegenseitige Rückführung illegal eingereister Minderjähriger und die Aufgabe einer »Obhutspflicht« gegenüber DDR-Bürgern.

Bei der Regelung der Elbgrenze Mitte Strom gehe es darum, den Zustand zu fixieren, wie er bereits 40 Jahre besteht. In Verbindung damit könnten auch andere mit der Elbe zusammenhängende Fragen geregelt werden. E. Honecker verwies auf Vereinbarungen über den Binnenschiffsverkehr, den Sportbootverkehr, zum Hochwasserschutz, auf dem Gebiet der Fischerei und auf die Aufnahme von Gesprächen zur Gewässergüte der Elbe.

Die Zeit sei lange schon reif, normale Beziehungen zwischen der Volkskammer und dem Bundestag herzustellen.

Die DDR sei für die Normalisierung der bilateralen Beziehungen und habe dafür bereits viel getan. Hier nenne er nur das Kulturabkommen, das Umweltschutzabkommen, das Abkommen über Wissenschaft und Technik, die Entwicklung des Handels, den Reise- und Besucherverkehr, den Jugendtourismus, die Asylantenregelung. 1986 seien 573 000 Bürger der DDR unterhalb des Rentenalters in die BRD und andere westliche Länder gereist[12], manche nicht einmal in dringenden Familienangelegenheiten. Nur 0,02% seien nicht zurückgekehrt.

Zu den Beziehungen zwischen der DDR und Baden-Württemberg führte E. Honecker aus, der Handelsumsatz habe sich erheblich erhöht, wobei die Steigerung der DDR-Bezüge von über 25% sehr beachtlich sei und über den Resultaten des Handels zwischen der DDR und der BRD insgesamt liege. Dort sei, bedingt durch die Mineralölpreise, ein wertmäßiger Rückgang um 9% zu verzeichnen.

Das Wirtschaftspotential Baden-Württembergs gebe den Außenhandelsbetrieben und Kombinaten der DDR Möglichkeiten, Produkte des Maschinen- und Anlagebaus, der Elektrotechnik, der Leichtindustrie und der Textilindustrie zu liefern und den Absatz auszubauen. Gute Voraussetzungen, die Lieferungen der DDR nach Baden-Württemberg zu erhöhen, bestünden bei Werkzeugmaschinen und Werkzeugen gegenüber Daimler-Benz und Bosch sowie bei Lieferungen von elektrotechnischen Erzeugnissen an mittelständische Unternehmen. Das sollte gefördert und unterstützt werden, um durch höhere Exporte auch die Importmöglichkeiten der DDR zu erweitern.

Seit 10 Jahren bestehe eine gute Zusammenarbeit mit der Salamander AG in der Gestattungsproduktion. Das habe sich für beide Seiten gelohnt. Auf dem Gebiet der Gestattungsproduktion sollte nach weiteren Möglichkeiten der Ausweitung gesucht werden.

Die DDR sei zur kurzfristigen Unterzeichnung des Umweltschutzabkommens und des Abkommens über Wissenschaft und Technik bereit. Dazu sollte auch die BRD eine konstruktive Haltung einnehmen. Ohne neue Belastungen bestünden genügend Möglichkeiten für den Ausbau der Zusammenarbeit. Natürlich bewegten sich die beiderseitigen Beziehungen nicht außerhalb des gesamten Ost-West-Verhältnisses, und daher sei es immer richtig, für deren Verbesserung einzutreten.

Wie E. Honecker sagte, entnehme er einem vorliegenden Material über die Entwicklung der Handels- und Wirtschaftsbeziehungen zu Baden-Württemberg, daß 1986 der Export der DDR 363,5 Mio. VE (Zunahme: 4,3%) betragen habe, der Import 680 Mio. VE (Zunahme: 42,8%). Der Gesamtumsatz habe sich auf 1043,5 Mio. VE belaufen (Zunahme: 26,5%).

[12] Vgl. Nr. 31, Anm. 9.

Was die Struktur des Handels betreffe, so seien Hauptpositionen der DDR im Export Textilien und Bekleidung, Erzeugnisse der Elektrotechnik, der Feinmechanik/Optik und der Chemie. Importiert würden vor allem Schuhe und Lederwaren, Erzeugnisse des Maschinenbaus, der Elektrotechnik und Chemie, Textilien und Bekleidung.

Mit Salamander werde ein jährliches Umsatzvolumen von 200 Mio. VE realisiert, mit Bosch 25 Mio. VE, zu Daimler-Benz gebe es traditionell gute Geschäftsbeziehungen, und die Firma sei bereit, die DDR noch mehr in die Investitionstätigkeit einzubeziehen. Weiter entwickelt wurde die Zusammenarbeit mit der Energie- und Verfahrenstechnik GmbH. Mit der Badischen Maschinenfabrik Durlach GmbH, Karlsruhe, werde ein Anlagenimportobjekt mit einem Gesamtwert von 73 Mio. VE realisiert. Gute Zusammenarbeit gebe es auch mit der Trumpf GmbH und weiteren mittelständischen Unternehmen.

E. Honecker brachte seine Wertschätzung für die starke Beteiligung Baden-Württembergs an der Leipziger Messe und das Interesse zum Ausdruck, die Möglichkeiten für den Ausbau des Handels zu nutzen. Insbesondere sei der Austausch von Hochtechnologien dafür wichtig. Baden-Württemberg spiele auf diesem Gebiet – der ihm übergebene Ausbildungsroboter zeige es – eine große Rolle. Man könne sich gegenseitig gut ergänzen. Die Erweiterung ihrer Exportmöglichkeiten vergrößere zugleich die Importmöglichkeiten der DDR.

1934 sei er zum ersten Mal in Stuttgart gewesen, sagte E. Honecker. Damals seien die Flugzeugstaffeln Hitlers aufgestiegen und hätten eine neue Gefahr für den Frieden angekündigt. »Wir waren überzeugt, Hitler führt zum Krieg.« Jetzt sei die Stadt neu aufgebaut. Man müsse eine Situation verhindern, aus der es kein Zurück gebe, die Menschheit müsse weiterleben. So wirke die DDR in ihrem Bündnis und in ihren Beziehungen.

L. Späth dankte für die Möglichkeit, das beiderseitige Gespräch vom Mai vorigen Jahres[2] fortzusetzen, das zu konkreten Ergebnissen geführt habe. Ein Zeichen dafür seien die von E. Honecker genannten Zahlen und die jetzige Leipziger Messe.

Zu der Zeit, aus der E. Honecker sein Erlebnis in Stuttgart geschildert habe, sei er selbst noch ein Kind gewesen. Leipzig habe er im Jahre 1956 als 18jähriger gesehen, es sei ein Trümmerstadt-Erlebnis gewesen. Jetzt könne man sich überzeugen, daß die Gebäude mit Lust und Liebe wiederhergestellt worden seien.

Der Verantwortung für den Frieden sei auch er sich bewußt. Gegenwärtig gebe es Signale zu neuen Initiativen hinsichtlich der Mittelstreckenraketen. Noch nie sei man der Lösung in einem ganz entscheidenden Abrüstungsteil so nahe gewesen. Im Geiste von Reykjavik müsse weitergemacht werden. Konkrete Maßnahmen zu den Mittelstreckenraketen wären der beste Schritt. Gelinge er, so könne der Anschluß an weitere Schritte gefunden werden. Dies sollte nicht belastet werden, sondern man sollte von dem Vorschlag ausgehen, der auf dem Tisch liegt, und sich dann mit den Kurzstreckenraketen und konventionellen Waffen befassen.

Es gelte, ein Gleichgewicht durch Abrüstung zu suchen, was für die europäische Entwicklung wichtig sei. In Paris habe er dies auch mit F. Mitterrand und J. Chirac[13] erörtert. Dort sei man in der Beurteilung vorsichtiger. Doch habe die Logik des Nachrüstungsbeschlusses auch eine Rücklogik. Wenn die Mittelstreckenraketen beseitigt würden, sollte man mutig die nächsten Schritte vorbereiten. Seine Seite könnte noch stärker auf die Diskussion in den USA einwirken, wo welche für eine weichere Linie und welche für Abgrenzung seien. Den neuen Stabschef im Weißen Haus, Baker[14], halte er für eine besonnenen Mann.

Zu SDI sagte L. Späth, die BRD habe erklärt, wie wichtig der ABM-Vertrag ist. Jetzt sollte man alles auf die Mittelstreckenraketen konzentrieren und das Problem über Genf bringen, einschließlich der Lösung des Verifizierungsproblems. Das wäre eine große Entlastung, die Kraft geben würde. Ein solcher Schritt sei von großer Eigendynamik, und wenn beide Seiten dazu bereit seien, könnte ein Schritt nach dem anderen getan werden, um die Bündnisse als Verteidigungs- und Sicherheitsbündnisse zu gestalten. Sicherheitsbedürfnisse dürften nicht zu mehr Rüstung führen. Für die Bundesrepublik und die anderen europäischen Staaten, auch diejenigen mit gesonderten Waffenarsenalen in der NATO, handele es sich hier um ein Stück gemeinsamer europäischer Interessenlage.

L. Späth äußerte sich optimistisch, daß man in absehbarer Zeit weiterkommen werde, und bezeichnete es als gut, daß M. Gorbatschow die Mittelstreckenraketen aus dem Pakt herausgenommen hat. Je mehr man verkopple, desto mehr rechneten mit und desto weniger komme heraus. Die Bundesregierung bewerte Gorbatschows Initiative als große Chance. In allen Beziehungen gebe es nur den einen Sinn, ein gutnachbarliches Verhältnis herzustellen. Die Regierungserklärung werde zeigen, daß die Gemeinsame Erklärung H. Kohl/E. Honecker vom März 1985 als ganz wichtige Position in den Beziehungen gesehen wird.

Er quittiere die positive Bewertung der sehr großzügigen Handhabung des Besucherverkehrs durch die DDR, sagte L. Späth. Reisen können sei eine wichtige Sache. Über schwierige Fälle werde in einer Atmosphäre vertrauensvoller Zusammenarbeit gesprochen. Er danke insbesondere für Reisegenehmigungen, die von der DDR außerhalb dringender Familienangelegenheiten erteilt werden. Die Städtepartnerschaften sollten ausgetestet und in Grenzen gehalten werden. Da gebe es gegenwärtig einen Boom, ausgedrückt in mindestens 100 neuen Vor-

---

[13] Jacques Chirac, zu der Zeit französischer Ministerpräsident.
[14] James Baker, unter Reagans Nachfolger Präsident George Bush Außenminister der USA.

schlägen. L. Späth begrüßte die vorbereitete Partnerschaft Karlsruhe – Halle und erwähnte den Wunsch nach einer solchen Partnerschaft zwischen Fellbach und Meißen. Er habe volles Verständnis, daß es nicht zu 100 Partnerschaften im nächsten Jahr kommen könne.

Sich auf Meldungen der Zeitung ›Die Welt‹ über angebliche Verurteilung von DDR-Bürgern beziehend, meinte L. Späth, sie reflektierten keine offizielle Position, und er habe keine Befürchtungen, sehe darin keine Anhaltspunkte für reale Probleme. E. Honecker erklärte, daß diese Meldungen falsch sind.

L. Späth bezeichnete es als vorteilhaft, wenn die Abkommen über Wissenschaft und Technik und Umweltschutz bald zustande kämen. Das Kulturabkommen laufe, trotz der Schwierigkeiten, die aus dem Föderalismus der Bundesrepublik entstünden. Dies seien gute Ansätze. Das Stuttgarter Ballett sei ganz begeistert gewesen. In Arbeit befinde sich der Kontakt zwischen dem Weimarer National-Theater und den Festspielen in Ludwigsburg.

Im Abkommen über Wissenschaft und Technik sehe er eine Basis für den Ausbau der Kontakte, wobei die Universitäten enger zusammengeführt werden könnten. Zur einseitigen Entwicklung im Handel, wovon die Zahlen zeugten, bemerkte L. Späth, man habe darüber u.a. mit Salamander beraten. Es gebe Spielräume für einen Ausgleich durch Lieferungen.

Im Zusammenhang mit der Hochtechnologie stellte er fest, daß Spezialmaschinen in Baden-Württemberg gern gekauft würden, aber er denke auch an andere Maschinen. Vorgesehen sei ein Besuch von G. Beil mit einer Delegation, um den Standard bei Verarbeitungs- und Werkzeugmaschinen zu zeigen.[15] Dann würden auch mehr Firmen, insbesondere kleinere Unternehmen, kaufen. L. Späth befürwortete eine Ausstellung als »DDR-Tag« mit der Industrie- und Handelskammer. Er sprach sich für den Ausbau der Zusammenarbeit zwischen den Universitäten und insbesondere im Forschungsbereich aus. Gut wäre, eine Technische Universität in Halle 7 der Leipziger Messe zu schicken. Wie er wisse, seien W. Biermann[16] und sein Partner in Baden-Württemberg einig, daß es besser sei, zusammenzukommen und zusammenzuarbeiten, als die Rechtsanwälte zu füttern.

Nach seiner Ansicht befinde man sich überhaupt in einer Phase verstärkter Chancen für Zusammenarbeit. Mit der Gestaltung der deutsch-deutschen Beziehungen werde auch ein Stück Atmosphäre in Europa geschaffen. Man müsse die Bündnisse respektieren, pragmatisch zusammenarbeiten und gute Nachbarschaft entwickeln. Wie sich in Leipzig zeige, sei man auf einem guten Weg. Eine Situation in den Beziehungen, wie sie in den letzten Jahren entstanden sei, habe es nicht

---

[15] Siehe Nr. 51.

[16] Wolfgang Biermann, Generaldirektor der VEB Carl Zeiss in Jena.

oft gegeben, und sie müsse genutzt werden. Der Wille zum Frieden und zur guten Nachbarschaft sei beiderseits vorhanden.

Nachdem die neue Bundesregierung ihre Arbeit aufgenommen habe, hoffe er auf internationale Initiativen. Komme E. Honecker in die Bundesrepublik, so würde er ihn gern auch nach Baden-Württemberg einladen. Dabei sei ihm bewußt, daß E. Honecker, wenn er alle Einladungen wahrnehmen wolle, wohl mindestens ein Vierteljahr in der Bundesrepublik bleiben müßte. Also werde ein Aufenthalt in Stuttgart sicher nicht möglich sein, was E. Honecker bestätigte.

E. Honecker stellte fest, im Grunde bestehe Übereinstimmung in allen erörterten Fragen, sowohl was die Friedenssicherung als auch die Zusammenarbeit betreffe. Diesen Meinungsaustausch betrachte er als einen Impuls für das weitere Vorgehen. Mit den Vorschlägen L. Späths, einschließlich einer repräsentativen DDR-Ausstellung in Stuttgart oder anderswo, auf der sich insbesondere die mittelständischen Betriebe Baden-Württembergs mit unseren Erzeugnissen vertraut machen können, sei er einverstanden. Das gleiche gelte für die Zusammenarbeit der Universitäten. Mit Interesse habe er L. Späths Erklärung vor der Presse gelesen.[17] Bei einer Grundhaltung, wie er sie dargelegt habe, würden sich die Beziehungen zwischen der DDR und Baden-Württemberg sehr gut entwickeln.

L. Späth sagte, Baden-Württemberg werde wieder zur Leipziger Messe kommen. Mit Hilfe der Landesregierung, die drei Viertel der Kosten getragen habe, was sie natürlich nicht immer tun könne, sei der Anteil der Aussteller aus Baden-Württemberg auf der jetzigen Messe stark vergrößert worden. Dadurch könne es zu festen Geschäftsbeziehungen, insbesondere für die mittleren Betriebe, kommen, wenn auch nicht für alle der jetzt anwesenden. Gerade in ihrem Interesse sei die von ihm schon erwähnte Darstellung der wichtigsten Maschinenbauprodukte der DDR von Bedeutung.

E. Honecker unterstrich, wenn die Bundesregierung beim Grundtenor der Gemeinsamen Erklärung vom 12. März 1985 bleibe, dann würden die Beziehungen zwischen der DDR und der BRD gut vorankommen. Entscheidend für diesen Prozeß sei, sich gegenseitig zu respektieren. Alle Störungen müßten ausgeschaltet werden.

---

[17] Späth hatte u. a. gesagt, bei dem gegenwärtigen deutsch-deutschen Klima sei die Situation für weitere Schritte in den Beziehungen Bonn – Ost-Berlin besonders günstig. Vgl. AdG 1987, S. 30926.

SAPMO ZPA J IV 2/2A/2995 und IV 2/1/666: »Niederschrift über das Gespräch des Generalsekretärs des ZK der SED und Vorsitzenden des Staatsrates der DDR, Genossen Erich Honecker, mit dem Bundesminister für besondere Aufgaben und Chef des Bundeskanzleramtes der BRD, Dr. Wolfgang Schäuble, am 27. März 1987 im Amtssitz des Staatsrates« – Zur Westquelle vgl. Nr. 29

E. Honecker begrüßte W. Schäuble als Beauftragten der Regierung der BRD. Er sei erfreut, daß entsprechend der Übereinkunft mit Bundeskanzler Kohl die Gespräche über Fragen von großer Bedeutung auf dem Gebiet der Abrüstung sowie zu den Beziehungen zwischen der DDR und der BRD geführt werden können.[1] W. Schäuble habe gestern die Möglichkeit gehabt, mit dem Beauftragten der Regierung der DDR, Außenminister Fischer, einen Meinungsaustausch zu führen.[2] Außenminister Fischer habe ihn über die Ergebnisse informiert. Anschließend gab E. Honecker W. Schäuble das Wort zu seinen Ausführungen.

W. Schäuble bedankte sich für die Gelegenheit des Gesprächs und für die erwiesene Gastfreundschaft. Er sei beauftragt, herzliche Grüße von Bundeskanzler Kohl an E. Honecker zu übermitteln. Kohl würde sich freuen, wenn er E. Honecker entsprechend seiner Einladung in der BRD begrüßen könne.

W. Schäuble betonte, man habe gestern in der Tat gründlich zwischen den Beauftragten beider Regierungen über viele Fragen der Abrüstung und Rüstungskontrolle gesprochen. Man werde innerhalb der Bundesregierung das Ergebnis dieser Gespräche sehr sorgfältig prüfen und gegebenenfalls auf das von Minister Fischer übergebene Non-paper zurückkommen.[3]

W. Schäuble betonte, es gebe Übereinstimmung in der Frage, daß beide Seiten für einen möglichst raschen Abschluß einer Vereinbarung über Mittelstreckenwaffen eintreten, so wie es in Reykjavik ins Auge gefaßt worden sei. Bundeskanzler Kohl habe bereits in seinem Brief an E. Honecker vom Oktober 1986[4] auf diese Position der BRD verwie-

---

[1] Siehe Nr. 32, Anm. 8, und Nr. 33, Anm. 3.

[2] Über diese Unterredung siehe den 17 Schreibmaschinenseiten langen »Vermerk über das Gespräch des Ministers für Auswärtige Angelegenheiten der DDR, Genossen Oskar Fischer, mit dem Bundesminister für besondere Aufgaben und Chef des Bundeskanzleramtes der BRD, Dr. Wolfgang Schäuble, am 26. 3. 1987 in Berlin«; Anlage 2 zu dem »Bericht« über Schäubles Aufenthalt in: SAPMO ZPA J IV 2/2A/2995.

[3] Das »Non-paper« liegt dem »Bericht« ebenfalls bei. Die Seiten 1–8 des »Vermerks« bezogen sich nur auf Abrüstung und Rüstungskontrolle.

[4] Siehe Nr. 32, Anm. 8.

sen. Die BRD werde auch ihren Beitrag im Zusammenhang mit der notwendigen Verifikation leisten.

Es gebe auch Übereinstimmung, W. Schäuble verwies in diesem Zusammenhang ausdrücklich auf das Kommuniqué der Moskauer Außenministertagung[5], unverzüglich in Verhandlungen über die Raketen kürzerer Reichweite einzutreten mit dem Ziel einer Begrenzung auf einem möglichst niedrigen Niveau, der Beseitigung von Ungleichgewichten und der schließlichen Beseitigung.[6]

Es bestehe wohl auch Übereinstimmung, daß die Beseitigung von Ungleichgewichten im konventionellen Bereich notwendig sei und daß möglichst bald darüber Verhandlungen geführt werden sollten, um ein Gleichgewicht auf niedrigem Niveau zu erreichen.

Die Bundesregierung begrüße auch das Ziel, bei den strategischen Waffen zu einer 50%igen Reduzierung zu kommen. Das sei ein wichtiger Schritt in Richtung auf Frieden schaffen mit weniger Waffen. W. Schäuble informierte, er habe aufmerksam zur Kenntnis genommen, daß man auch darin übereinstimme, möglichst rasch zu einer Vereinbarung über ein weltweites Verbot chemischer Waffen zu kommen.[7] Die BRD trete dafür ein, noch 1987 eine solche Vereinbarung zu erreichen. Die Gespräche dazu sollten zwischen den Vertretern der DDR, der BRD und der ČSSR in Genf weitergeführt werden.

Die Bundesregierung unterstütze auch den Ansatz, daß die Sowjetunion und die USA 10 Jahre auf die Kündigung des ABM-Vertrages verzichten. Sie trete für eine strikte Einhaltung des ABM-Vertrages ein. Dazu gehöre auch, daß man hinsichtlich der Interpretation dabei bleibe, was im Vertrag stehe. Die BRD sei für eine restriktive Interpretation.

W. Schäuble betonte, beide Staaten sollten gemeinsam oder im jeweiligen Bündnis für diese Ziele eintreten, in denen man übereinstimme. Die BRD habe dies bisher getan und werde dies auch fortsetzen.

W. Schäuble betonte, hinsichtlich der Beziehungen zur DDR wie auch zu anderen sozialistischen Staaten habe die BRD gute Fortschritte erzielt. Sie befinde sich in einer guten Phase der Entwicklung der Beziehungen zur Sowjetunion. Jetzt wolle man die Folgevereinbarungen aus dem Abkommen über Wissenschaft/Technik abschließen. Jetzt erwarte man den Besuch des stellvertretenden sowjetischen Ministerpräsidenten Antonow in Bonn.[8] Die Bundesminister für Landwirtschaft und Forschung würden in Kürze in die Sowjetunion fahren, um die er-

[5] Zu den Abschlußerklärungen der Außenminister-Tagung der Warschauer-Pakt-Staaten vom 24./25. 3. 1987 siehe AdG 1987, S. 30976f.
[6] Dazu und zum folgenden ausführlicher S. 4ff. und 7f. des »Vermerks«.
[7] Siehe S. 6f. des »Vermerks«.
[8] Vgl. Nr. 33, Anm. 10.

wähnten Folgevereinbarungen zu unterzeichnen.[9] Ferner gebe es Gespräche mit der Sowjetunion, daß Bundespräsident v. Weizsäcker am 17. Mai in die Sowjetunion reise.[10] Dies alles biete auch gute Chancen, um die bilateralen Beziehungen zwischen der DDR und der BRD weiter positiv zu entwickeln.

W. Schäuble bedankte sich dafür, daß es durch die DDR möglich gewesen sei, eine Lösung in der Asylantenfrage zu erreichen. Das finde eine sehr positive Würdigung.[11] W. Schäuble erinnerte in diesem Zusammenhang an das Gespräch E. Honeckers mit Kohl in Moskau am 12. März 1985.[12] Bundeskanzler Kohl habe in seiner jüngsten Regierungserklärung bekräftigt, daß die Bundesregierung ausgehend von der Erklärung vom 12. März 1985 und auf der Basis des Grundlagenvertrages die Beziehungen weiterentwickeln möchte.[13] In den zurückliegenden Jahren seien bedeutsame Fortschritte erreicht worden. Gegenseitige Vereinbarungen und Zusagen seien eingehalten worden. Der Reiseverkehr habe sich so entwickelt, wie es E. Honecker seinerzeit in Moskau zugesagt habe. Dies sei ein Beweis dafür, daß das Vertrauen auf beiden Seiten wachse. Es sei die Absicht der Bundesregierung, sich in der weiteren Zusammenarbeit auf das Machbare zu konzentrieren und sich gegenseitig nicht zu überfordern. Dabei sollten Regelungen in der einen Frage nicht von einer anderen abhängig gemacht werden, bei denen man heute noch keine Lösung erreiche. Bei der Entwicklung der Beziehungen dürfe Westberlin nicht ausgeklammert werden. Auch dabei müssen Lösungen gefunden werden, die beide Seiten nicht überfordern.

W. Schäuble wies darauf hin, daß die Bundesregierung daran interessiert sei, eine Art Arbeitsprogramm oder Themenliste für die Entwicklung der Beziehungen zu vereinbaren. Dabei sei wichtig, daß diese Fragen in den politischen Gesamtzusammenhang eingebunden werden müssen. Es gehe also nicht nur um Expertengespräche. Man solle versuchen, Gespräche der Experten in dem notwendigen Maße durch Kontakte auf politischer Ebene abzusichern.

W. Schäuble verwies auf die positive Entwicklung im Reiseverkehr. Natürlich gebe es weitergehende Wünsche. Man habe mit Interesse in Bonn zur Kenntnis genommen, daß E. Honecker in seinen Gesprächen

[9] Am 22. 4. unterzeichnete Forschungsminister Heinz Riesenhuber in Moskau ein deutsch-sowjetisches Nuklearabkommen und am 23. 4. 1987 Bundesgesundheitsministerin Rita Süssmuth ein Abkommen über Zusammenarbeit im Gesundheitswesen und in medizinischer Wissenschaft.

[10] Der Besuch von Bundespräsident von Weizsäcker in der UdSSR fand vom 6. – 11. 7. 1987 statt.

[11] Vgl. bes. Nr. 28 und 29.

[12] Siehe Nr. 16.

[13] Gemeint waren Passagen in Kohls Regierungserklärung vom 17. 3. 1987; vgl. AdG 1987, S. 30884.

in Leipzig gesagt habe, die Zahl von 2 Millionen könne weiter anwachsen.[14] Er möchte erinnern, daß E. Honecker in einem früheren Gespräch mit Strauß über das Thema der Kontaktverbote gesprochen habe.[15] Man bitte darum, zu einer weiteren Reduzierung dabei zu kommen. Man bitte auch darum, dem Thema der Einreisebeschränkungen Aufmerksamkeit zu widmen. Die BRD sei bereit, Fragen zu erörtern, die mit der Entwicklung des Reiseverkehrs in wirtschaftlicher Hinsicht zusammenhängen. Vielleicht könne man im Zusammenhang mit den Handelsbeziehungen hier weiterführende Lösungen finden. Die Bundesregierung glaube nicht, daß die Mindestumtauschregelung der DDR mit einer Erweiterung des Reiseverkehrs zu vereinbaren sei.

W. Schäuble erklärte, man habe mit Befriedigung von Diepgen[16] gehört, daß E. Honecker in einer Reihe von Fragen des Reiseverkehrs mit Westberlin Verbesserungen in Aussicht gestellt habe. Er möchte dabei noch einmal auf das Thema der Zwei-Tage-Regelung verweisen. Die Westberliner sollten von den Fortschritten der Beziehungen nicht ausgeschlossen bleiben.

W. Schäuble sagte, er möchte auf eine Überlegung verweisen, die E. Honecker in einem Interview mit einer BRD-Zeitschrift geäußert habe, daß man Hannover und Hamburg in den grenznahen Verkehr einbeziehen könnte.[17] Die BRD trete für eine weitere Entwicklung des Jugendaustausches ein, vor allem gleichgewichtig in beiden Richtungen und auch für die Einbeziehung von Westberliner Jugendlichen. Im Sportverkehr gebe es eine Reihe von Möglichkeiten zur Verbesserung. BRD-Sportorganisationen möchten nicht nur Austausch von Spitzensportlern, sondern auch mehr als bisher den Breitensport einbeziehen. Es sollte auch möglich sein, daß mehr Schlachtenbummler die Sportler begleiten könnten. Es werde begrüßt, daß es bei Städtepartnerschaften erste erfolgversprechende Ansätze gebe. Man habe den Hinweis der DDR zur Kenntnis genommen, daß es hier nur Schritt für Schritt vorwärts gehen könne. Man wolle nicht auf eine Welle von Städtepartnerschaften drängen. Es werde auch die Möglichkeit von Partnerschaften zwischen Stadtbezirken »in Berlin« begrüßt. Für die BRD sei ein wichtiges Thema, ob man im Telefonverkehr zusätzliche Leitungen schalten könne. Im Postverkehr beunruhige die zunehmende Zahl von zurückgewiesenen Paket- und Geschenksendungen (140 000 im Jahre 1986). Man bitte um eine Überprüfung. Ein Bereich, bei dem man erhebliche atmosphärische Verbesserungen schaffen könne, sei der nichtkommer-

---

[14] Siehe Nr. 33–36.
[15] Am 1. 9. 1985, siehe Nr. 18.
[16] Zum letzten Gespräch Diepgen – Honecker am 15. 3. 1987 siehe Nr. 34.
[17] In dem weithin bekanntgewordenen Interview Honeckers in der ›Zeit‹ vom 30. 1. 1986 hatte Honecker auf entsprechende Fragen der ›Zeit‹ geantwortet: »Über die Einbeziehung dieser oder jener Stadt in den grenznahen Verkehr kann man immer sprechen.«

zielle Zahlungsverkehr (Uraltkonten, Paragraph 6 über Vermögenswerte). Die Bundesregierung hoffe, daß die positive Entwicklung im humanitären Bereich sich fortsetzen werde. Die Bundesregierung höre zunehmend Klagen darüber, daß sich DDR-Bürger, die einen Übersiedlungsantrag stellen, der Gefahr strafrechtlicher Verfolgung ausgesetzt sehen. Er wolle nochmals auf diese Frage hinweisen, obwohl er nicht in Frage stelle, was E. Honecker Bangemann dazu erklärt habe.[18] Man wäre dankbar, wenn die Betreuungsmöglichkeiten der Ständigen Vertretung für Häftlinge verbessert werden könnten und die Frage der Haftbedingungen geprüft würde.

W. Schäuble betonte, er habe gestern mit Aufmerksamkeit die Äußerungen von Außenminister Fischer gehört, daß auch die DDR keine Toten an der Grenze wolle.[19] Solche Vorfälle an der Grenze würden die Beziehungen belasten.

E. Honecker habe im Gespräch mit Bangemann Fragen der Verkehrsbeziehungen angesprochen. Dabei müsse man sich jedoch klar sein, daß dies in große finanzielle Dimensionen führe. Man müsse dabei über die Prioritäten reden und klären, was in welchem Zeitraum möglich sei. Man sei bereit, Sondierungsgespräche zu diesen Fragen zu führen. E. Honecker habe gegenüber Bangemann auch Fragen von Autobahntransitstrecken angesprochen. Es sei mit Interesse vermerkt worden, daß die DDR bereit sei, im Bereich Wartha zu einer Verkürzung der Autobahn beizutragen. Es sei auch das Thema der Grunderneuerung angesprochen worden. Nach Auffassung der BRD sei die Instandhaltung der Transitstrecke durch die Transitpauschale abgegolten. Sie habe seinerzeit im Zusammenhang mit der Grunderneuerung Triptis erklärt, dies sei der letzte Abschnitt, wo sie sich an den Kosten für die Grunderneuerung beteilige. 1989 seien neue Gespräche über die Transitpauschale zu führen. Man müsse sich also über den Gesamtzusammenhang verständigen.

W. Schäuble erklärte, er plädiere dafür, die Verhandlungen über das Umweltabkommen bald zum Abschluß zu bringen. Die Erwartungen der Menschen dazu in beiden Staaten seien groß. Man solle im Hinblick auf die Verhandlungen zur Werra-Versalzung eine gemeinsame Anstrengung unternehmen, um weiterzukommen. In das Umweltabkommen sollte eine Formulierung aufgenommen werden, die die Werra-Vereinbarung von formellen Problemen frei halten würde.

Es sei in Bonn mit Interesse zur Kenntnis genommen worden, was E.

---

[18] Zum Gespräch Bangemann – Honecker am 15. 3. 1987 siehe Nr. 33.

[19] Nach dem »Vermerk« – siehe Anm. 2 – hatte Fischer zu dem von Schäuble angesprochenen »Schußwaffengebrauch« bemerkt, »Fragen des Grenzregimes« seien eine »souveräne Angelegenheit der DDR«. Jeder wisse, »daß es sich um Sperrgebiete« mit »besonderen Ordnungen« handele. »Außerdem müsse man beachten, daß es sich um die Grenze zwischen den beiden Weltsystemen handle, und die DDR habe eine große Verantwortung für alles, was sich hinter der Grenze befinde. Im übrigen wolle auch die DDR keine Toten an der Grenze.«

Honecker im Hinblick auf einen Stromverbund erklärt habe. Dazu sollten Gespräche zwischen den Energieversorgungsunternehmen geführt werden. Die VEBA sei dazu bereit. Es könnten Möglichkeiten des gegenseitigen Austausches von Strom unter Einbeziehung von Westberlin geschaffen werden. Man könne dies auch mit Fragen des Umweltschutzes im »Berliner Raum« verbinden.

Die BRD sei dafür, die Verhandlungen über das Abkommen Wissenschaft/Technik bald zum Abschluß zu bringen. Die BRD habe ihre Vorschläge für ein Arbeitsprogramm übermittelt. Man erwarte nun die Vorschläge der DDR. Im kulturellen Bereich werde die BRD in Kürze ihre Vorschläge für ein neues Arbeitsprogramm übergeben. Sie sei für eine große Vielfalt im kulturellen Austausch. In diesem Zusammenhang verwies W. Schäuble darauf, daß das Bundesland Rheinland-Pfalz eine große Salier-Ausstellung plane. Sie könne auch in der DDR gezeigt werden, wenn daran Interesse bestehe. Man bitte um einen entsprechenden Hinweis. Schließlich sei die Bundesregierung interessiert, nach dem Abschluß der neuen Konventionen der IAEA[20] nunmehr auch die Fragen der Zusammenarbeit auf kerntechnischem Gebiet zwischen der DDR und der BRD zu vereinbaren.

W. Schäuble betonte abschließend, die Bundesregierung sei interessiert, die Zusammenarbeit auf allen Ebenen voranzubringen.

E. Honecker bedankte sich für die Darlegungen Schäubles. In einer Reihe wichtiger Fragen gebe es Übereinstimmung. Er begrüße das. Das Eintreten der BRD für eine Vereinbarung über die Beseitigung der Mittelstreckenraketen in Europa ohne Wenn und Aber, wie das W. Schäuble im Meinungsaustausch mit O. Fischer zum Ausdruck gebracht habe[21], sei ein wichtiger Beitrag, um ein Abkommen zwischen der Sowjetunion und den USA in dieser Frage zu fördern. Aus Sicht der DDR müsse es möglich sein, ein solches Abkommen noch in diesem Jahr zu erreichen. Das würde sich zweifellos günstig auf die Lage in Europa und der Welt auswirken. Die Moskauer Außenministerkonferenz der Warschauer Vertragsstaaten[6] habe bekräftigt, daß unmittelbar nach einem Abkommen über die Mittelstreckenraketen der Abzug der Raketen größerer Reichweite aus der DDR und der ČSSR erfolgen werde. Die DDR habe von Anfang an gesagt, daß mehr Raketen nicht mehr Sicherheit bringen. Die DDR habe es begrüßt, daß sich die sowjetische Führung entschlossen habe, das Paket von Reykjavik aufzulösen und in Verhandlungen über die Null-Lösung einzutreten. Niemand würde etwas verlieren, wenn unverzüglich eine Vereinbarung darüber geschlossen würde. Die DDR sei dafür, dann unmittelbar weiter über die Kurzstreckenraketen zu verhandeln. Die DDR habe bekanntlich entspre-

[20] International Atomic Energy Agency – Internationale Atomenergie-Kommission.

[21] In dem »Vermerk« – siehe Anm. 2 – wurde Schäubles Aussage so referiert, die Bundesregierung trete für eine Null-Lösung bei den Mittelstreckenraketen »ohne Wenn und Aber« ein.

chend der Initiative von Palme[22] vorgeschlagen, die atomaren Gefechtsfeldwaffen zu beseitigen und das ganze Territorium der DDR einzubeziehen. Die DDR sei bereit zu Kontrolle an Ort und Stelle. Die BRD-
Regierung trete für eine Gesamtlösung ein. Die DDR unterstütze auch
dies, obwohl ein atomwaffenfreier Korridor eine Gesamtlösung fördern würde.

E. Honecker bemerkte mit Befriedigung die Übereinstimmung hin-
sichtlich einer 50%igen Kürzung der strategischen Offensivwaffen.[23]
Es bleibe die Frage der konventionellen Rüstung und Streitkräfte. Die
Warschauer Vertragsstaaten hätten vorgeschlagen, auch darüber in
Verhandlungen einzutreten, bezogen auf das Gebiet vom Atlantik bis
zum Ural. Die DDR sei für Gleichgewichtigkeit. Man müsse nach dem
Prinzip der Gleichheit und der gleichen Sicherheit zu einem niedrigeren
Niveau kommen. Er stimme auch dem Gedanken zu, daß die Warschauer Vertragsstaaten und die NATO das Schwergewicht auf Verteidigung und nicht auf Angriff legen. Die Vereinbarung von Stockholm
trage dazu bei. Die Teilnahme von Beobachtern an Manövern sei schon
ein Schritt zu mehr Vertrauen.

E. Honecker betonte nachdrücklich, daß die DDR die Friedenssicherung als die Kernfrage aller Politik betrachte. Das sei auch die Kernfrage der Beziehungen zwischen der DDR und der BRD. Daher sei die
Übereinstimmung in einer Reihe wichtiger Fragen der Abrüstung, wie
sie in den Gesprächen mit W. Schäuble zum Ausdruck gekommen sei,
von erheblicher Bedeutung. Wichtig sei, das gegenseitige Vertrauen zu
stärken. Die DDR sei für vertrauensbildende Maßnahmen. Das alles
trage dazu bei, ein atomares Inferno abzuwenden und die Konfrontation abzubauen. Die DDR sei in jeder Hinsicht entschlossen, alles zu
unterstützen, um bei der Abrüstung weiter voranzukommen und die
Menschheit von der Angst eines dritten Weltkrieges zu befreien.

E. Honecker betonte, er habe in seiner kürzlichen mündlichen Botschaft und in seinem Brief an Bundeskanzler Kohl unterstrichen[24], daß
Fortschritte bei der Abrüstung auch günstige Voraussetzungen für die
Entwicklung der bilateralen Beziehungen schaffen würden. Er stimme
zu, daß in den letzten Jahren trotz der gespannten internationalen Lage
in den Beziehungen Schritte vorwärts gemacht werden konnten.

Hinsichtlich der Asylantenfrage sei die DDR der BRD bei einem
Problem entgegengekommen, das für sie nicht leicht gewesen sei. Man
habe mit Befriedigung vermerkt, daß sich Bundeskanzler Kohl in seiner
Regierungserklärung ausdrücklich auf die Gemeinsame Erklärung vom
12. März 1985 bezogen habe. Sie müßte weiter mit Inhalt gefüllt wer-

[22] Vgl. Nr. 4, Anm. 6 und Nr. 5, Anm. 12.
[23] Sie war in dem Gespräch Schäuble – Fischer konstatiert worden. Vgl. den »Vermerk«
(Anm. 2), S. 5.
[24] Vgl. Nr. 32, Anm. 7.

den. Die DDR habe bewiesen, daß sie trotz mancher Irritationen konsequent auf Zusammenarbeit orientiere.

E. Honecker ging dann auf eine Reihe von Fragen ein, die W. Schäuble aufgeworfen hatte.

Die DDR habe sich immer gegen die Teilung der Bevölkerung in eine Gruppe gewandt, die reisen könne, und eine, die dies nicht könne. Auf BRD-Seite dürfe man auch nicht aus den Augen verlieren, daß nicht wir eine separate Währung eingeführt hätten. Damit sei ein entscheidender Schritt getan worden, um die Menschen voneinander zu trennen. Dann erfolgte bekanntlich die Gründung der BRD und danach die der DDR. Die DDR gehe von den Realitäten aus. Wenn sich die Gesamtlage weiter gut entwickle, würden sich auch die Möglichkeiten für den Reiseverkehr erweitern.

Bei dem letzten Gespräch mit W. Schäuble im August 1986[25] habe dieser sicher nicht geglaubt, daß neben 1,5 Millionen Reisenden im Rentenalter 1986 573 000 Personen unterhalb des Rentenalters reisen konnten. Eine positive Entwicklung auch auf diesem Gebiet erfordere gegenseitiges Vertrauen. Viel hänge auch davon ab, daß möglichst vermieden werden müsse, vorhandene Unterschiede der Gesellschaftsordnungen so übersteigert darzustellen, daß der Reiseverkehr belastet werde.

Zum Problem der ehemaligen Staatsbürger der DDR erklärte E. Honecker: Die DDR sei nicht daran interessiert, daß jemand mit Erlaubnis umsiedle und dann sofort wieder mit einem protzigen geliehenen Wagen vor der Tür stehe. Wer übersiedle, müsse wissen, wofür er sich entschieden habe. Inzwischen gebe es viele Anträge von Leuten, die sich in der BRD nicht zurechtfinden. Die DDR mache darüber keine Propaganda. Im übrigen sei die DDR nicht eng in dieser Frage.

Städtepartnerschaften könne man Schritt für Schritt entwickeln. Sie führten zu Begegnungen zwischen den Menschen, z. B. auch auf sportlichem und kulturellem Gebiet. Die DDR fördere Städtepartnerschaften. Sie lege Wert darauf, daß auf BRD-Seite alle Fraktionen des jeweiligen Stadtparlamentes dafür seien.

Die DDR sei dafür, bei den Abkommen Umweltschutz und Wissenschaft/Technik weiter voranzukommen. Was die Einbeziehung Westberlins betreffe, so müsse sie entsprechend dem Vierseitigen Abkommen und nach dem Modell erfolgen, daß die Sowjetunion mit der BRD vereinbart habe.

E. Honecker verwies darauf, daß die DDR mit Bayern und mit dem Saarland eine Zusammenarbeit zur Bekämpfung von AIDS vereinbart habe.[26] Dies werde zwischen der Charité und den Universitäten München und Saarbrücken angestrebt.

E. Honecker erklärte, daß die Schaffung einer gemeinsamen Kom-

[25] Siehe Nr. 29.
[26] Vgl. Nr. 32 und 35.

mission zu Fragen des Handels und der wirtschaftlich-technischen Zusammenarbeit für beide Seiten sehr nützlich sein könnte. Die DDR habe solche Kommissionen mit zahlreichen westlichen Ländern.

Die Frage des nichtkommerziellen Zahlungsverkehrs könne man prüfen. Das beste wäre allerdings, in der BRD das Militärregierungsgesetz Nr. 52 zu beseitigen.[27] Es sei überholt und verhindere den Transfer. DDR-Bürger hätten Milliardenbeträge in der BRD stehen. Das Geld könne nicht transferiert werden. Der Zahlungsverkehr müsse so gestaltet werden, wie dies zwischen anderen Ländern üblich sei.

Unter Bezug auf die Äußerung von W. Schäuble im Gespräch mit O. Fischer zur Frage der Rückführung Minderjähriger[28] erklärte E. Honecker, auch in der DDR gebe es Jugendgerichte. Diese Frage dürfe aber nicht den Gerichten überlassen werden. Die DDR führe Kinder, die ausgerissen sind, unverzüglich zurück.

Zu der Behauptung W. Schäubles über eine angebliche Strafverfolgung von Personen, die einen Übersiedlungsantrag gestellt haben, erklärte E. Honecker, er habe diese Angelegenheit nach der Unterredung mit Bangemann nochmals überprüfen lassen. Es habe keinen Fall dieser Art gegeben. Wenn der BRD solche Fälle bekannt seien, dann solle sie diese über ihre Ständige Vertretung mitteilen.

Zu der Bemerkung W. Schäubles über die Kontaktverbote verwies E. Honecker darauf, daß alle Kontaktverbote aufgehoben worden seien, auch für Mitglieder der SED. Ausgenommen seien Angehörige der NVA und der Staatssicherheit. Auch in der BRD gebe es entsprechende Ordnungen über Reisen von Beamten in die DDR.

E. Honecker erklärte, was die Grenzordnung der DDR angehe, so unterstreiche er die Ausführungen von Außenminister Fischer. Die DDR wolle keine Toten an der Grenze. Gespräche mit Strauß hätten ergeben, daß der Schießbefehl in der DDR nicht anders gehandhabt werde als in der BRD.[29] Je weniger über diese Fragen geredet werde, desto besser sei es.

E. Honecker verwies darauf, daß sich der Jugendaustausch gut entwickelt. Die DDR wolle ihn weiter fördern. Der Aufenthalt von Jugendlichen der DDR in der BRD sei allerdings teurer als umgekehrt. Inzwischen seien auch Westberliner Jugendliche einbezogen.

[27] Das Militärregierungsgesetz Nr. 52 vom 7. 7. 1945 über die Sperre und Aufhebung von NS-Vermögen zielte vor allem auf die Sperrung und Beaufsichtigung 1. des Reichs- und Parteivermögens der NSDAP, 2. des Vermögens abwesender Eigentümer und 3. des durch Zwang oder unrechtmäßig enteigneten Vermögens. Verbunden damit war das Militärregierungsgesetz Nr. 53 über die Devisenwirtschaft.

[28] Nach dem »Vermerk« – siehe Anm. 2 – hatte Schäuble Fischer gesagt, es gäbe dafür gesetzliche Regelungen, »die durch die Jugendämter« verwirklicht würden. Entscheidend sei bei allem »das Wohl des Kindes«.

[29] Honecker bezog sich u. a. auf sein Gespräch mit Strauß am 24. 7. 1983; vgl. Nr. 5.

Die Frage der Einbeziehung Hannovers und Hamburgs in den grenznahen Verkehr werde weiter geprüft.

Was Westberlin angehe, so würden die Probleme, die mit Diepgen[30] in Leipzig besprochen worden seien, geprüft. Die DDR sei für eine konstruktive Entwicklung. Sie halte sich stets an das Vierseitige Abkommen, wonach Westberlin kein Teil der BRD sei und von ihr nicht regiert werden dürfe. Die DDR sei für die volle Einhaltung und strikte Anwendung des Vierseitigen Abkommens.

Was die Modernisierung der Eisenbahnverbindungen anbelange, so führe die DDR gegenwärtig die Elektrifizierung in Nord-Süd-Richtung durch. Von BRD-Seite sei die Frage einer Schnellverbindung Paris–Köln–Berlin–Moskau aufgeworfen worden. Die DDR sei bereit, zu den Fragen der Verbesserung des Eisenbahnverkehrs entsprechende Gespräche zu führen.

Was den Stromverbund betreffe, sei die DDR einverstanden, daß die entsprechenden Unternehmen darüber Verhandlungen führen.

Hinsichtlich des Umweltschutzes im Zusammenhang mit den Braunkohlekraftwerken in der DDR würden die Dinge verzerrt dargestellt, so als ob Dreck nur aus der DDR komme. Das hänge aber bekanntlich von der Windrichtung ab. Ein Teil der Luftverschmutzung würde in Westberlin selbst verursacht. Was die Hauptstadt der DDR angehe, so werde sie vollständig auf Erdgas umgestellt. Entsprechend ihren internationalen Verpflichtungen werde die DDR Maßnahmen treffen, um den Schwefeldioxydausstoß um 30% zu verringern.

Die Äußerungen von W. Schäuble, daß sich die BRD künftig nicht mehr an den Kosten für die Grunderneuerung von Autobahntransitstrecken beteiligen werde, könne nicht akzeptiert werden. Der Transitverkehr sei heute weit umfangreicher als ursprünglich angenommen. Die Transitstrecken würden hauptsächlich durch BRD-Bürger und Westberliner benutzt. Für Grunderneuerungen reiche die Transitpauschale nicht aus. Die BRD müsse sich auch künftig an den Kosten für Grunderneuerung beteiligen.

Die Frage einer Ausstellung von Rheinland-Pfalz in der DDR werde geprüft werden.

Die DDR sei bereit, eine Vereinbarung über die kerntechnische Zusammenarbeit abzuschließen. Sie habe die beiden IAEA-Konventionen ratifiziert.

E. Honecker betonte nachdrücklich, daß es ein großer Fortschritt wäre, wenn hinsichtlich der Elbgrenze der vor 10 Jahren ausgehandelte Protokollvermerk endlich unterzeichnet werden könne. Das würde auch uns helfen, bestimmte Fragen zügiger in Angriff zu nehmen. Dann

[30] Vgl. Nr. 34.

könnte insbesondere eine Reihe weiterer Fragen im Zusammenhang mit der Elbe gelöst werden.

Was den Vorschlag W. Schäubles betreffe, eine Themenliste für weitere Gespräche und Verhandlungen abzustimmen, so könne man sich darüber verständigen.

E. Honecker bekräftigte nochmals, daß die Übereinstimmung in einer Reihe von wichtigen Fragen der Abrüstung die Zusammenarbeit auf anderen Gebieten erleichtern würde.

Abschließend kam E. Honecker auf die Frage seines Besuches in der BRD zu sprechen. Es gelte: im Prinzip ja. Das Problem sei die Terminabstimmung. E. Honecker verwies auf zahlreiche Verpflichtungen, die er im Laufe des Jahres habe, so daß es ihm nicht möglich sei, heute einen Termin zu nennen. Er schlage vor, sich im weiteren über einen geeigneten Termin zu verständigen.

W. Schäuble erklärte, seitens des Bundeskanzlers werde sich ein Termin finden, wenn E. Honecker einen für ihn geeigneten Termin nenne. Es bestand Übereinstimmung, daß diese Frage weiter vertraulich behandelt werden soll. W. Schäuble sagte zu, gegenüber der Presse dazu nichts zu äußern.

E. Honecker bat abschließend Schäuble, Bundeskanzler Kohl für dessen Grüße zu danken und seine Grüße an Kohl zu übermitteln sowie zum Ausdruck zu bringen, daß er über diesen ersten Kontakt zwischen den Beauftragten der Regierungen beider Staaten befriedigt sei.

An dem Gespräch nahmen teil: der Minister für Auswärtige Angelegenheiten der DDR, Genosse Oskar Fischer; der Leiter der Kanzlei des Vorsitzenden des Staatsrates, Genosse Staatssekretär Frank-Joachim Herrmann; der Leiter der Abt. BRD im MfAA, Genosse Karl Seidel, sowie der Leiter der Ständigen Vertretung der BRD in der DDR, Dr. Hans Otto Bräutigam; der Abteilungsleiter im BRD-Bundeskanzleramt, Dr. Claus-Jürgen Duisberg, und der Mitarbeiter des Ministeriums für »innerdeutsche« Beziehungen, Dr. Burkhard Dobiey.

38. Gespräch Mischnick – Honecker am 10. April 1987 (Ost-Berlin)

SAPMO ZPA IV 2/1/666: »Niederschrift über das Gespräch des Generalsekretärs des ZK der SED und Vorsitzenden des Staatsrates der DDR, Genossen Erich Honecker, mit dem stellvertretenden Bundesvorsitzenden und Vorsitzenden der Bundestagsfraktion der FDP, Wolfgang Mischnick, am 10. 4. 1987 im Amtssitz des Staatsrates«

W. Mischnick und H. Dahlmeyer versicherten in Gesprächen am 24. 10 und 3. 11. 1994, daß von ihrer Seite keine Gesprächsaufzeichnungen vorliegen.

E. Honecker begrüßte W. Mischnick. Er freue sich, während des Aufenthaltes von W. Mischnick in der DDR anläßlich seiner Teilnahme am Parteitag der LDPD die Möglichkeit zu einem Meinungsaustausch mit ihm zu haben. W. Mischnick sei ja ein alter Bekannter. E. Honecker verwies darauf, daß er zur Leipziger Messe die Möglichkeit gehabt habe, mit Bundesminister Bangemann zu sprechen.[1] Es sei ein nützliches Gespräch gewesen, das sich auf die Entwicklung der Beziehungen günstig auswirke. W. Mischnick sei über die Grundfragen der Politik der DDR im Bilde, und er möchte W. Mischnick als Gast das Wort zu seinen Ausführungen geben.

W. Mischnick bedankte sich für die Begrüßung. Er freue sich, daß sich seit der letzten Begegnung vor drei Jahren[2] vieles so entwickelt habe, wie er es damals erhoffte. Nach den bekannten Beschlüssen von 1982 sei er sich dessen nicht so sicher gewesen. Bei den kürzlichen Koalitionsgesprächen zur Regierungsbildung habe es in den Fragen der Außen-, Ost- und Deutschlandpolitik zwischen den drei Partnern keine wesentlichen Differenzen gegeben. Auch Strauß sei mit großer Nüchternheit an die Probleme herangegangen. Es habe keine Schwierigkeiten bereitet, in die Regierungserklärung das Eingehen auf die Vorschläge von M. Gorbatschow zu den Mittelstreckenraketen aufzunehmen. Er sei sicher, daß man die zustimmende Position der BRD zur Beseitigung der Mittelstreckenraketen in Europa auch im weiteren gut durchstehen werde, wenn es der UdSSR und den USA gelinge, etwas zustande zu bringen. Der letzte Brief von Kohl an Reagan[3] mache deutlich, daß es auf seiten der BRD keine Schwierigkeiten geben werde. Man sei interessiert, daß es im Zusammenhang mit einer Vereinbarung

---

[1] Siehe Nr. 33.
[2] Siehe Nr. 12.
[3] Der Brief dürfte sich auf die neuen INF-Vorschläge Gorbatschows und die Reaktion der Bundesrepublik und der USA bezogen haben. Vgl. AdG 1987, S. 30862 ff.

über die Mittelstreckenraketen innerhalb von sechs Monaten zu weiteren Verhandlungen über die anderen Raketen komme. Die Dinge sollten ohne Junktim parallel laufen. Man wünsche, daß auch die Frage des konventionellen Bereiches mit einbezogen werde. Auch dieses Gebiet müsse weiter verhandelt werden.

W. Mischnick betonte, die Null-Lösung sei das Ziel. Dabei bleibe es, auch wenn noch 100 Raketen auf jeder Seite bestehen bleiben würden. Wenn mitunter Spitzenpolitiker in der BRD andere Äußerungen machten, dann vor allen Dingen, um sich bei den anstehenden Wahlkämpfen abzuschirmen. Das habe z. B. auch bei Strauß im Hinblick auf das Verhältnis der CSU zu den sog. Republikanern eine Rolle gespielt. Man dürfe nicht verkennen, daß, je weiter sich die Grünen entwickelten, die Gefahr entsprechender Entwicklungen auf der rechten Flanke bestehen würden. Strauß wolle die rechten Kräfte einbinden.

E. Honecker warf ein, das Auftreten von Strauß im Bundestagswahlkampf habe der FDP Stimmen gebracht.

W. Mischnick bestätigte, daß Strauß der FDP sehr geholfen habe. Natürlich gebe es in der CDU/CSU Leute, die mit der Regierungsposition hinsichtlich der Null-Lösung nicht einverstanden seien. Das beeinträchtige jedoch die gemeinsame Linie der Koalition nicht.

E. Honecker erwiderte auf die Darlegungen W. Mischnicks, man treffe sich in einem günstigen Augenblick. Man stimme offenkundig in vielen Hauptfragen der Friedenssicherung überein. Die DDR sei schon immer davon ausgegangen, daß die Friedenssicherung die Kernfrage der Beziehungen zwischen beiden deutschen Staaten sei. Dadurch, daß sich die BRD, auch dank der Initiativen von Genscher und der FDP überhaupt, auf die Null-Lösung festgelegt habe und die Sowjetunion andererseits durch die Auflösung des Paketes von Reykjavik neue Möglichkeiten für Verhandlungen geschaffen habe, seien nun neue Möglichkeiten entstanden, in den Abrüstungsfragen voranzukommen. [...] Es sei eine entscheidende Frage, daß die DDR und die BRD ohne Wenn und Aber dafür sind, die Mittelstreckenraketen in Europa zu beseitigen. Es sei von großer Bedeutung, daß sie hier einen gemeinsamen Nenner gefunden hätten. Es sei zu begrüßen, daß Bundeskanzler Kohl in seinem Brief an Reagan für die Null-Lösung eintrete.

E. Honecker betonte, sobald eine Vereinbarung über die Mittelstreckenraketen getroffen sei, würden die operativ-taktischen Raketen größerer Reichweite aus der DDR und aus der ČSSR zurückgezogen. Dann werde dieses Teufelszeug verschwinden. [...] Es bleibe noch die Frage der Verhandlungen über die Raketen unter 1000 km Reichweite. Die UdSSR wie die DDR seien dazu bereit. Die UdSSR sei unter Führung von M. Gorbatschow entschlossen, alles zu tun, damit Europa von Atomwaffen frei wird. M. Gorbatschow werde heute in einer Rede in Prag auf eine Reihe von Fragen in diesem Zusammenhang eingehen, darunter auch auf die Frage der Raketen mit einer Reichweite von 500–1000 km.[4] In diesen Zusammenhang gehöre auch der Vorschlag der DDR und der ČSSR, einen atomwaffenfreien Korridor mit entsprechenden Kontrollmöglichkeiten zu schaffen. Natürlich werde der Weg zur Befreiung der Welt von Kernwaffen langwierig sein. Man müsse aber von beiden Seiten aufeinander zugehen. [...]

[...] Das Auftreten von M. Gorbatschow heute werde erneut die große historische Chance sichtbar machen, die Atomwaffen zu beseitigen.

E. Honecker erklärte, daß jetzt oft die Frage gestellt werde, ob der Kurs der Sowjetunion auf innenpolitischem Gebiet unumkehrbar sei oder nicht. Er möchte eindeutig erklären, dieser Prozeß sei unumkehrbar. Dafür seien alle Voraussetzungen geschaffen. Die Sowjetunion werde alle Reformen durchführen, die zur Beschleunigung ihrer wirtschaftlichen und sozialökonomischen Entwicklung notwendig seien. Die DDR begrüße dies außerordentlich. Es gehe darum, daß die Sowjetunion nicht nur militärisch stark sei, sondern daß sie auch auf dem Gebiet der zivilen Wirtschaft ihr Potential stärke. *Honecker sprach dann über die enge wirtschaftliche Kooperation DDR-UdSSR bis hin zum Megabit-Chip und die »großen Fortschritte« der DDR in der Technik.*

E. Honecker wies darauf hin, daß es in der DDR nicht um die Frage der Beschleunigung auf sozialpolitischem Gebiet gehe. Die DDR habe schon immer viel dafür getan, u. a. durch fünf Rentenerhöhungen. 1971 habe der Anteil von monatlichem Einkommen bis 1200 M 3,1% betragen, von 1200–1600 M 23,4%, über 1600 M 7,4%. Jetzt betrage letzterer Prozentsatz 73,5%. Der Lebensstandard in der DDR liege nicht niedriger als in der BRD und am höchsten von allen sozialistischen Ländern. Bei Fernsehern und Kühlschränken habe die DDR das Niveau der BRD erreicht, bei PKWs noch nicht. Hier gebe es zur Zeit 53 pro 100 Haushalte. Die DDR habe sich die Aufgabe gestellt, bis 1990 eine weitere Million Wohnungen zu bauen oder zu modernisieren und damit die Wohnungsfrage als soziales Problem zu lösen. Das sei eine große Errungenschaft. Es gebe ein jährliches Wachstum der Arbeitsproduktivität von 7–8%. Dies wirke sich auf die Erhöhung des Nationaleinkommens aus. Es gebe eine große Kaufkraft der Bevölkerung. Auf dem Gebiet der Landwirtschaft habe die DDR fast so hohe Erträge wie die BRD erreicht. Dabei müsse man berücksichtigen, daß die BRD bessere Böden habe. Seit drei Jahren würden über 11 Mio. t Getreide geerntet. Das reiche für die eigene Versorgung. BRD-Bauern, die die DDR besuchten, seien über die Entwicklung der Landwirtschaft der DDR erstaunt. Die dynamische Entwicklung unserer Volkswirtschaft

[4] Gorbatschow trug seine neuen Abrüstungsvorschläge am 10. 4. 1987 in Prag vor. Vgl. AdG 1987, S. 30980f.

gestatte eine Wirtschafts- und Sozialpolitik, die sich stimulierend auf die Leistungsbereitschaft auswirke. Durch die Entwicklung der Hochtechnologien würde es möglich, die Arbeitszeit bei Beibehaltung des jetzigen Rentenalters zu verkürzen.

W. Mischnick warf ein, diese Ausführungen seien für ihn sehr interessant. In der BRD würde gegenwärtig sogar die Verlängerung der Arbeitszeit angesichts der geburtenschwachen Jahrgänge diskutiert. Durch die Technisierung werde es immer schwieriger, für Schwerauszubildende Arbeitsplätze zu finden.

E. Honecker erwiderte, früher sei man der Meinung gewesen, daß durch die technische Entwicklung die Qualifizierung nicht mehr so hoch zu sein brauche. Die Praxis habe gezeigt, daß das Gegenteil der Fall sei. Hochtechnologie erfordere eine hohe Qualifizierung. Die DDR habe ein entsprechendes Bildungssystem geschaffen. Seit Gründung der DDR habe es 1,6 Millionen Absolventen von Hoch- und Fachschulen gegeben.

Die DDR habe die Mittelschichten nicht beseitigt, sondern wolle sie festigen. Das betreffe den Dienstleistungs- und Handelsbereich und die Handwerker. Auch in der DDR nehme der Dienstleistungsbereich zu.

W. Mischnick sagte, er habe in Weimar mit M. Gerlach[5] gesprochen, ob es nicht möglich sei, zwischen den Handwerkskammern Kontakte, insbesondere den Erfahrungsaustausch, zu verstärken. Dies sei ein wichtiger Bereich für die Zukunft. Die FDP wolle dies fördern.

E. Honecker erwiderte, darüber könne man nachdenken. Er möchte nochmals feststellen, was die großen Fragen der Friedenssicherung betreffe, könne man davon ausgehen, daß wir in bezug auf die Null-Lösung bei Mittelstreckenraketen übereinstimmen und daß die Frage der Raketen kürzerer Reichweite ebenfalls auf den Weg gebracht werden muß. Dann komme es darauf an, die Anstrengungen auf das Gebiet der strategischen Waffen zu richten. In den USA würden die Stimmen zunehmen, daß die Sternenkriegspläne die Abrüstung behindern. Es sei völlig unsinnig, auf der Erde abzurüsten und im Kosmos aufzurüsten.

W. Mischnick erklärte in diesem Zusammenhang, er habe 1985 in Moskau sowjetischen Gesprächspartnern erklärt, er verstehe ihre Besorgnis, aber man solle dabei nicht übersehen, was wirklich real sei. Der Nutzen von SDI werde sich möglicherweise als so gering erweisen, daß man das ganze Programm mit Fragezeichen versehen müsse. Er begrüße die Erklärung von E. Honecker über die Notwendigkeit der Einbeziehung der konventionellen Waffen in die Verhandlungen. Dies sei für die BRD von großer Bedeutung. Auch ein konventioneller Krieg wäre verheerend.

Zu der Bemerkung von E. Honecker, daß die gegenwärtige Entwick-

[5] Manfred Gerlach, stellv. Staatsratsvorsitzender der DDR und Vorsitzender der LDPD, deren Parteitag in Weimar Mischnick gerade besucht hatte.

lung in der Sowjetunion unumkehrbar sei, sagte W. Mischnick, er sei von Anfang an dieser Meinung gewesen. Er sei froh, in diesem Gespräch eine Bestätigung dafür zu erhalten. Er stimme zu, daß es sich um eine historische Entwicklung handle, die große Chancen biete.

E. Honecker bekräftigte dies. Einstein habe gesagt, daß man im nuklearen Zeitalter alles neu überdenken müsse. Jeder vernünftige Mensch verstehe, daß nukleare Kriege nicht führbar seien. Die Politiker hätten die Aufgabe, Kriege überhaupt unmöglich zu machen.

Auf den Einwurf von W. Mischnick, Hiroshima habe bei allem Schrecklichem auch die Erkenntnis vermittelt, daß es keine Kernwaffenkriege geben dürfe, erwiderte E. Honecker, als er bei seinem Japan-Besuch in Nagasaki die Folgen der Atombombe gesehen habe, habe sich bei ihm die Überzeugung verstärkt, daß alle nuklearen Waffen beseitigt werden müssen.

E. Honecker hob hervor, daß sich das Wirken der FDP in dieser Richtung positiv in der BRD ausgewirkt habe. Er verwies auf die Gemeinsame Erklärung mit Helmut Kohl vom 12. März 1985. Auch Strauß habe ihm bei wiederholten Gesprächen erklärt, ein Atomkrieg sei ein Verbrechen. Wichtig sei, daß die Koalition in Bonn in dieser Frage eine feste Position beziehe. Dies werde sich auch auf die Beziehungen zwischen der DDR und BRD positiv auswirken. Unsere Vorschläge dazu lägen auf dem Tisch.

W. Mischnick führte dazu aus: Es wäre gut, wenn man in den Fragen Umwelt und Wissenschaft und Technik zum Abschluß kommen könne. Früher habe es die Überlegung gegeben, ob man im Bereich der Kerntechnik zusammenarbeiten könne. Die BRD habe auf diesem Gebiet einen hohen Sicherheitsstandard. Er frage, ob es jetzt ein Interesse der DDR gebe, in der Frage der Sicherheit von Kernkraftwerken mit der BRD zusammenzuarbeiten. Von großer Bedeutung sei der Gewässerbereich. Es gehe vor allem um die Sauberhaltung der Elbe. Ein wichtiger Punkt sei die Elektrifizierung der Eisenbahn zwischen Hannover und Westberlin. Er sei froh darüber, daß man hinsichtlich der Autobahnverbindung bei Obersuhl vorankommen könne. Er sei sich klar, daß dabei die Frage der Autobahn bis Hermsdorfer Kreuz eine Rolle spiele. All dies werfe natürlich finanzielle Fragen auf. Bei der FDP gebe es die Bereitschaft, weiter voranzukommen.

W. Mischnick erklärte, er kenne das Interesse der DDR an der Regelung der Elbgrenze. Schäuble gebe sich alle Mühe, mit Niedersachsen darüber zu sprechen. Es sei hilfreich, jetzt öffentlich nicht darüber zu reden, auch im Hinblick auf die Wahlen in Schleswig-Holstein im September. Es werde auf neue Dokumente verwiesen. Es werde wichtig sein, ob von britischer Seite ein Signal komme, daß damals bei den Karten ein dicker Stift und nicht ein schmaler verwendet worden sei. Wenn man bei Obersuhl etwas zustande bringen könne, würde dies auch positiv für die Frage der Elbgrenze sein.

E. Honecker erwiderte, er möchte in aller Offenheit auf die aufgeworfenen Fragen eingehen. Er kenne die Autobahn bei Obersuhl. Es gehe um ein Angebot der DDR. Sie erwarte dafür ein Entgegenkommen in einer Frage, die in der Praxis seit 40 Jahren entschieden sei, nämlich der Grenze auf der Elbe. Wenn es auf diesem Gebiet zu einer einvernehmlichen Regelung komme, würde dies die Lösung anderer Fragen begünstigen. Bekanntlich gebe es bereits seit 1976 zur Elbgrenze einen ausgehandelten Protokollvermerk.[6] Ein Einverständnis zur Feststellung der Elbgrenze wäre ein wichtiger politischer Schritt. Dann könne man auch über andere Fragen im Zusammenhang mit der Elbe sprechen.

Honecker sprach sich für einen möglichst baldigen Abschluß des Umweltabkommens und des Wissenschaft-Technik-Abkommens aus und erklärte sich »prinzipiell« für »Verkehrsfragen« und eine Kooperation zur Sicherheit bei Kernkraftwerken aufgeschlossen.

W. Mischnick sagte, er möchte noch einige humanitäre Fragen aufwerfen. Mit den Städtepartnerschaften gehe es nach seiner Kenntnis gut voran. Er möchte sich ausdrücklich dafür bedanken, daß eine Städtepartnerschaft zwischen Fellbach und Meißen ermöglicht wurde. Er stellte die Frage, ob es möglich sei, über Städtepartnerschaften den Sportaustausch zu erweitern, auch im Jugendbereich. Er sei interessiert, wie E. Honecker die weitere Entwicklung im Reise- und Besucherverkehr sehe. Er möchte zunächst mit großer Befriedigung sagen, daß sich auf diesem Gebiet viel getan habe. Er habe von Schäuble gehört, daß die DDR bereit sei, den Reise- und Besucherverkehr weiter zu entwickeln. Wie stehe es um bestimmte Kreise von DDR-Bürgern, die keine Besucher empfangen dürfen?

E. Honecker erwiderte, er habe bereits gegenüber Herrn Schäuble zum Ausdruck gebracht, daß das, was als Kontaktverbote bezeichnet werde, generell beseitigt wurde.[7] Es habe für SED-Mitglieder ein solches Verbot gegeben. Es sei aufgehoben worden. Es gebe in der DDR, wie auch in der BRD, Geheimnisträger. Für sie würden natürlich besondere Regelungen gelten (Angehörige der Staatssicherheit und der NVA).

Was die Städtepartnerschaften betreffe, so sei es zunächst darum gegangen, Erfahrungen zu sammeln. Auch die Städtepartnerschaften würden dazu beitragen, Kontakte zwischen den Menschen zu erweitern. Bei der Genehmigung von Reisen in dringenden Familienangelegenheiten verfahre die DDR großzügig. Es werde nicht sehr streng die Dringlichkeit geprüft. Die DDR sei interessiert, zu immer mehr Nor-

---

[6] Vgl. Nr. 1, Anm. 15.
[7] Siehe Nr. 37.

malität in den Fragen des Reiseverkehrs zu kommen. 1986 habe es 573 000 Reisen in dringenden Familienangelegenheiten gegeben. Dazu komme der Jugendtourismus.

Auf die Frage von W. Mischnick, ob eine Chance gesehen werde, beim Mindestumtausch weiterzukommen, erwiderte E. Honecker, er sehe dabei keine Chance. Der Schwarzmarkt verderbe alle Chancen. Ein Umtauschverhältnis von 5:1 sei nicht akzeptabel. Es könne nicht hingenommen werden, daß jemand bei uns im Restaurant für ein oder zwei DM ein Essen einnehmen könne, für das er in der BRD 10 DM und mehr zu bezahlen habe. Im übrigen habe die DDR in der Frage des Mindestumtausches Entgegenkommen gezeigt. Jugendliche seien befreit, der Umtausch von Rentnern reduziert worden.

W. Mischnick nahm das zur Kenntnis. Allgemein sei die Diskussion zu dieser Frage in der BRD zurückgegangen. Klagen gebe es von älteren Menschen. Eine weitere Frage sei, ob für die Westberliner mehr herauskommen würde.

E. Honecker antwortete, wenn ein Westberliner einen Zwei-Tage-Aufenthalt beantrage, bekomme er ihn. Gegenwärtig werde geprüft, ob man bei älteren Menschen etwas verändern könne. Bekanntlich hätte die DDR schon vor längerer Zeit den Aufenthalt von 24.00 Uhr auf 2.00 Uhr des folgenden Tages verlängert. Geprüft werde jetzt, ob man die Gültigkeitsdauer der Mehrfachberechtigungsscheine von drei Monaten auf 6 Monate verlängern könne. E. Honecker bemerkte, trotz aller Zuspitzung der Lage habe die DDR auf dem Gebiet des Reise- und Besucherverkehrs viel getan. Sie wolle ihn systematisch erweitern.

W. Mischnick verwies darauf, daß in der innenpolitischen Diskussion in der BRD die Besuchsmöglichkeiten für die Übergesiedelten eine Rolle spielten.

E. Honecker wies darauf hin, daß jetzt der 1. Januar 1981 der Stichtag sei. Er werde zu gegebener Zeit angepaßt werden. Man wolle verhindern, daß legal Ausgereiste 14 Tage später mit einem Leihwagen wieder in die DDR einreisen wollen.

W. Mischnick kam nochmals auf die Entwicklung in der Sowjetunion zu sprechen. Wie könne man die Entwicklung im gesellschaftlichen Bereich der Sowjetunion einschätzen? Vorab veröffentlichte Auszüge aus dem Interview mit Kurt Hager aus dem ›Stern‹[8] seien in der BRD so dargestellt worden, als ob die DDR gewisse Vorbehalte zu dieser Entwicklung in der UdSSR habe.

E. Honecker legte dazu dar, er habe seit langem ein sehr enges Verhältnis zu M. Gorbatschow. Er kenne dessen Meinung, daß es ein Feh-

---

[8] Es handelte sich um das bekannt-berüchtigte Interview mit dem ›Stern‹, in dem Kurt Hager »Glasnost« und »Perestroika« zum ›Tapetenwechsel‹ herabqualifizierte. Das ›Neue Deutschland‹ veröffentlichte am 10. 4. 1987 daraus Auszüge. Vgl. Einleitung sowie Garton Ash (1993), S. 261.

ler sei, wenn andere sozialistische Staaten alles, was in der UdSSR geschehe, kopieren würden. Die DDR führe seit langem konsequent eine Linie der Einheit von Wirtschaft und Sozialpolitik durch. Die Sozialpolitik könne man nur beschleunigen, wenn sich die Wirtschaft gut entwickle. Man müsse auch sehen, daß die UdSSR 280 Millionen Einwohner habe, die DDR 16,9 Millionen. Jeder müsse von seiner konkreten Situation ausgehen. Sie sei in der DDR in vielen Bereichen anders als in der UdSSR. Man könne nicht alles übernehmen. Wir hätten schon 1945 erklärt, daß wir nicht die Absicht hätten, das Sowjetsystem zu übernehmen. Die Sowjetunion studiere unsere Erfahrungen, umgekehrt würden wir gute Erfahrungen der Sowjetunion für die DDR übernehmen. Eins möchte er nachdrücklich betonen, das Bündnis zwischen der DDR und der UdSSR ist unverbrüchlich und wird weiter gefestigt.

W. Mischnick bedankte sich für das offene und sachliche Gespräch. Er hoffe, daß man sich bald wiedersehen werde.

E. Honecker betonte abschließend ebenfalls die Nützlichkeit des Gesprächs. Er bat W. Mischnick, Grüße an Bangemann und Genscher zu übermitteln. Auch er hoffe, daß man sich dieses Jahr noch wiedersehe.

An dem Gespräch nahmen teil: der Leiter der Kanzlei des Vorsitzenden des Staatsrates, Staatssekretär Frank-Joachim Herrmann, der Leiter der Abt. BRD im MfAA, Karl Seidel, sowie der persönliche Referent W. Mischnicks, Horst Dahlmeyer.

39. Gespräch H.-J. Vogel – Honecker am 15. Mai 1987 (Hubertusstock)

[a] Archiv H.-J. Vogel: »Professor Dr. Dieter Schröder. Berlin, 15. Mai 1987. Vermerk über das Gespräch zwischen Dr. Hans-Jochen Vogel und Erich Honecker am 15. Mai 1987«

1.
Am 15. Mai 1987 hat im Jagdschloß Hubertusstock ein Gespräch zwischen Dr. Hans-Jochen Vogel und Erich Honecker stattgefunden. An dem Gespräch nahmen in Begleitung Dr. Vogels teil: Eugen Selbmann, SPD-Fraktion, Professor Dr. Dieter Schröder; in Begleitung Erich Honeckers: Staatssekretär Frank-Joachim Herrmann, Gunter Rettner, Abteilungsleiter im ZK der SED, Karl Seidel, Ministerium für Auswärtige Angelegenheiten. Das Gespräch begann um 10.00 Uhr, um 12.30 Uhr schloß ein Vier-Augen-Gespräch an, das gegen 13.00 Uhr beendet wurde. Das Zusammentreffen wurde mit einem gemeinsamen Mittagessen abgeschlossen.

2.
Zu Beginn des Gesprächs bemerkte Erich Honecker, daß mit der Rede des Bundeskanzlers die Chance der 750-Jahr-Feier vertan worden sei.[1] Die am Vortag gehaltene Rede des Oberbürgermeisters von Berlin[2], die im ›Neuen Deutschland‹ veröffentlicht worden sei, zeige, daß man auch eine andere Rede hätte halten können. Honecker überreichte sodann eine Sonderausgabe der ›Neuen Berliner Illustrierten‹ zur 750-Jahr-Feier Berlins.

Zu Beginn des eigentlichen Gesprächs wurde die von den Mitarbeitern vorbereitete gemeinsame Pressemitteilung von den Gesprächsteilnehmern bestätigt (Anlage).[3] Erich Honecker merkte an, einige Berichterstatter hätten darauf aufmerksam gemacht, daß in den Erklärungen in der Vergangenheit die Frage der Abrüstung Vorrang vor bilateralen Problemen gehabt habe. Er sei der Auffassung, daß die Friedensfrage die erste Frage sei. Wenn sie nicht geklärt wäre, dann seien alle Lösungen für die anderen Fragen in Gefahr. Seiner Auffassung nach gehe die Kritik daneben; der Frieden sei mit Recht in allen Gesprächen in den Mittelpunkt gestellt worden.

---

[1] Bundeskanzler Kohl hatte am 30. 4. 1987 zur Eröffnung der 750-Jahr-Feier in Berlin gesprochen; abgedr. u. a. in: Texte zur Deutschlandpolitik III/5, 1987, S. 45 ff.

[2] Erhard Krack (SED), Oberbürgermeister von Berlin (Ost).

[3] Die »Gemeinsame Presseerklärung« ist u. a. publiziert in: Informationen der Sozialdemokratischen Bundestagsfraktion, Ausgabe 827 vom 15. 5. 1987.

Erich Honecker beglückwünschte Dr. Vogel sodann zu seiner jüngsten Bundestagsrede.[4] Er hätte dem dort Gesagten nichts hinzuzufügen gehabt. Dr. Vogel habe zu Recht den Gegnern der Abrüstung attestiert, daß sie eine große historische Chance vertun würden. Es zeige sich inzwischen schon, daß Bundesverteidigungsminister Wörner kaum Verbündete in der NATO findet. Die Darstellung der ›Frankfurter Rundschau‹ vom heutigen Tage gebe das deutlich wieder. Er halte auch die Bemerkung der Sozialdemokraten für zutreffend, daß die CDU sich immer mehr auf eine antiamerikanische Position begäbe. Nach dem Treffen von Reykjavik habe Gorbatschow das Paket aufgeschnürt. Im Gespräch mit US-Außenminister Shultz sei die doppelte Null-Lösung entwickelt worden; es sei jetzt der Weg zu einem Abbau der Mittelstreckenraketen ohne Wenn und Aber geebnet. Dazu passe auch der gemeinsame Vorschlag von SED und SPD für einen atomwaffenfreien Korridor. Auch eine kontrollierte Beseitigung der Atomartillerie sei möglich. An der gegenwärtigen Position der Bundesregierung interessiere ihn inzwischen auch die Frage, ob sie bei den nächsten Wahlen einen Niederschlag finden werde. Dies seien nur Begrüßungsworte, er bäte Dr. Vogel zuerst, das Wort zur Sache zu ergreifen. Er führe das Gespräch in der Hoffnung, daß es zur Abrüstung helfe.

3.

Dr. Vogel bedankte sich für die Begrüßung und unterstrich, wie wichtig die Kontinuität des Gesprächs sei. Wenn man es über die Jahre betrachte, zeige sich, daß daraus doch Wichtiges hervorgegangen sei. Man habe den Anstoß für den Vorschlag des Atomkorridors gegeben, die Gespräche über die chemiewaffenfreie Zone angeregt. Das alles seien wichtige Dinge.

Dr. Vogel übermittelte sodann Grüße von Willy Brandt, Herbert Wehner und Helmut Schmidt. Auf eine Bemerkung Honeckers über die Nominierung Dr. Vogels für das Amt des SPD-Vorsitzenden[5] äußerte er, daß dies für ihn ein sehr ehrenvoller Vorschlag sei. Die sozialdemokratische Tradition und die Maßstäbe, die Willy Brandt für dieses Amt gesetzt habe, stellten eine besondere Verpflichtung dar. Er mache sich keine Illusionen; es müsse viel getan werden. Die Partei werde indes bei allen Problemen, die sie gegenwärtig hätte, diejenigen enttäuschen, die auf ihre Schwäche setzten.

Auch für ihn habe die Friedenssicherung einen hohen Rang. Im Mittelpunkt der Diskussion stehe die doppelte Null-Lösungg. Es sei von

[4] Es handelte sich um die Rede H.-J. Vogels anläßlich der Regierungserklärung von Kohl am 7. 5. 1987. Vgl. AdG 1987, S. 31069.

[5] Nachdem Willy Brandt am 23. 3. 1987 von seinem Amt als Parteivorsitzender zurückgetreten war, hatte der Parteivorstand den Fraktionsvorsitzenden H.-J. Vogel zum Nachfolger Brandts nominiert.

großem Interesse, daß Gorbatschow westliche Vorschläge aufgegriffen hätte. Angesichts der vernünftigen und konstruktiven amerikanischen Politik in dieser Frage habe man erwartet, daß es nun vorangehen würde. Desto mehr müsse man überrascht sein, daß praktisch die ganze CDU dagegen sei. Ihm seien auch innenpolitische Gründe für diese Haltung nicht mehr erkennbar. Es gäbe Vermutungen, daß während der Abwesenheit des Bundeskanzlers aus Bonn Ministerpräsident Strauß, Fraktionsvorsitzender Dregger und der Abgeordnete Rühe Vorfestlegungen getroffen hätten.[6] Die Sozialdemokraten überlegten, den Vorgang erneut ins Parlament zu bringen. Wenn die FDP bei ihrer Haltung bleibe, dann sei die CDU in dieser Frage ohne Mehrheit. Er sei ziemlich sicher, daß am Ende der Diskussion eine Vereinbarung über Raketen größerer Reichweite stehen werde, im nächsten Zug werde es dann um Raketen bis 500 km gehen. Die Gegner dieser Entwicklung brächen auch aus der Logik des Doppelbeschlusses aus. Die Sozialdemokraten hätten daher die Menschen ermutigt, selbst ihre Meinung zu sagen; sie könnten dadurch auch dem Bundeskanzler bei seiner Entscheidungsfindung helfen. Wichtig sei es, auch die Bemühungen um eine Abrüstung im konventionellen Bereich zu verstärken; hier sei die Überlegenheit des Warschauer Paktes deutlich. Er sei für Fortschritte in der Abrüstungsfrage in allen Bereichen; es sei jedoch nicht realistisch, alles auf einmal anzugehen. Neue Qualität hätten die Überlegungen zum Korridor, sie bedeuteten ja auch einen Abzug der Atomartillerie und der Trägerflugzeuge. Die Diskussion über die chemiewaffenfreie Zone habe die Lösungen der Probleme der Verdachtskontrolle ein gutes Stück vorangebracht, heute seien die dort gefundenen Formulierungen die Basis für die Vorschläge anderer. Das sei eine erfreuliche Entwicklung.

Dr. Vogel nahm sodann Bezug auf ein Non-paper mit Vorschlägen für Abrüstungsmaßnahmen im konventionellen Bereich, das ihm der Ständige Vertreter der DDR in Bonn übergeben hätte.[7] Er gehe davon aus, daß die jeweilige Bündniszugehörigkeit bei allen Überlegungen beachtet und respektiert würde. Die NATO-Debatte sei in der SPD mit dem Nürnberger Parteitag erledigt.[8] Langfristig bleibe allerdings das Ziel, eine Friedensordnung ohne Warschauer Pakt und ohne NATO zu schaffen. Die Sozialdemokraten freuten sich, daß sie zur Zeit mit den Vereinigten Staaten politisch wieder stärker übereinstimmen. Für die jetzige amerikanische Linie seien zwei Faktoren ursächlich. Nämlich

---

[6] Zum Widerstand der drei Genannten zu den Abrüstungsvorschlägen vgl. AdG 1987, S. 31069.

[7] Bei dem Vogel vom Leiter der Ständigen Vertretung, Moldt, übergebenen Non-paper handelte es sich wohl um das schon Schäuble von Außenminister Fischer übergebene Papier; vgl. Nr. 37.

[8] Der Parteitag in Nürnberg hatte vom 25. – 29. 8. 1986 stattgefunden.

der Wunsch des amerikanischen Präsidenten, zum Ende seiner Amtszeit auf dem Gebiet der Abrüstung einen großen Erfolg vorweisen zu können. Und das Bemühen, die Iran-Affäre durch neue positive Schlagzeilen zu überwinden.

Zum ersten Teil der vorbereiteten gemeinsamen Erklärung merkte Dr. Vogel an, es gehe um Kontinuität und Berechenbarkeit. Dabei habe der Helsinki-Prozeß geholfen. Ein ganz entscheidender Faktor sei aber auch die Entwicklung in der Sowjetunion. Gorbatschows Programm sei faszinierend, die Tragweite der von ihm eingeleiteten Entwicklung sei hoch einzuschätzen. Er hoffe auf einen guten Verlauf. Man höre mit Interesse, was die Sowjetunion jetzt zu Europa sage. Man fühle sich manchmal an Peter I. erinnert. Mit der Entwicklung in der Sowjetunion würden viele Hoffnungen verbunden; auch die Bundesregierung sollte dafür nicht blind sein. Die Äußerung des Bundeskanzlers vom November finde er degoutant; aber noch schlimmer sei eigentlich gewesen, daß man als Propaganda abgetan habe, was sich in Wahrheit als eine Revolution darstelle.[9]

4.

Erich Honecker dankte für die Darlegungen und Grüße. Er bat, diese zu erwidern. Er stehe zu dem, was besprochen worden sei. Zu den inneren Problemen der SPD wolle er sich nicht äußern, die Entwicklung der SPD sei aber auch für ihn wichtig. Mit Interesse hätte er das jüngste Interview von Kreisky[10] zur Lage der Sozialdemokratie gelesen. Er stimme Kreisky in der Einschätzung zu, daß die SPD die Kraft hat, wieder zur bestimmenden Partei in der Bundesrepublik zu werden. Das sei nicht nur für die Politik zwischen der DDR und der Bundesrepublik günstig, sondern für die weitere Entwicklung in der ganzen Welt. Davon hänge in einem hohen Maße auch die Friedenssicherung ab. Dr. Vogel habe mit Recht darauf hingewiesen, daß die sowjetische Führung mit Gorbatschow zu neuen Lösungen vordringe. Das bedeute nicht, daß die Sowjetunion früher andere Absichten verfolgt hätte; aber nach Reykjavik sei es doch ein großer Entschluß gewesen, das Paket aufzuschnüren. Man habe sich bei einem Treffen der politischen Führung des Warschauer Paktes für diese Auflösung entschieden, weil man ein Europa ohne Mittelstreckenraketen wünsche und so die Entwicklung zu einer Welt ohne Atomwaffen eingeleitet werden könnte. Das klinge utopisch, aber man müsse Utopien haben. Er halte das gegenwärtige

[9] Bundeskanzler Kohl hatte in einem Interview mit dem US-Nachrichtenmagazin ›Time‹, das in der Ausgabe vom 20. 10. 1986 erschien und vollständig mit den umstrittenen Passagen am 6. 11. veröffentlicht wurde, den Vergleich Goebbels – Gorbatschow gezogen und Gorbatschow als einen »modernen, kommunistischen Führer« charakterisiert, der sich auf »Public Relations« verstehe. Vgl. AdG 1987, S. 30831 f.
[10] Bruno Kreisky (SPÖ), österreichischer Altbundeskanzler.

Ziel für realistisch, zunächst einmal mit der Reduzierung auf 100 Waffen in Asien und Amerika den Einstieg in die Abrüstung zu beginnen. Das sei die erste Chance zu einer Abrüstung seit 1940, diese müsse man wahrnehmen. Mit Befriedigung könne man feststellen, daß die Synthese aus den Vorschlägen der Sowjetunion und der Vereinigten Staaten weltweit Unterstützung finde. Honecker erläuterte sodann die Beurteilung der quantitativen Situation durch die DDR an Hand eines Schaubildes, das das Verteidigungsministerium hergestellt hat. Er schloß die Erläuterung mit der Bemerkung, daß er hoffe, das Teufelszeug bald loszuwerden.

Die gemeinsamen Vorschläge von SED und SPD seien richtig gewesen. Man könne jetzt auch an den Abbau der Atomartillerie denken, das könnte ein wirklich großer Einstieg in die Abrüstung sein. Er finde interessant, daß in den Vereinigten Staaten General Rogers[11] mit seiner Opposition inzwischen ziemlich alleine stehe. Das Verhältnis zwischen dem amerikanischen Präsidenten und der Sowjetunion sei entscheidend. Ministerpräsident Strauß hätte ihn auf der Leipziger Messe gefragt, ob er sich denn erklären könne, was die Wandlung in Reagans Denken hervorgerufen hätte.[12] Er wisse das nicht, vielleicht sei es auch mit ein Ergebnis der gemeinsamen Bemühungen von SED und SPD. Ihm käme es aber auf die Ursachen gar nicht so sehr an; es gehe ihm vielmehr darum, daß man die neue politische Entwicklung nutze. [...]

Am 28. und 29. Mai 1987 würde in Berlin eine Sitzung des Beratenden Politischen Ausschusses des Warschauer Pakts stattfinden; nicht wegen der 750-Jahr-Feier, sondern weil gegenwärtig die DDR den Generalsekretär stellt. Dort würden die Vorschläge Gorbatschows noch einmal beraten und die Lage analysiert. Er hätte inzwischen die Materialien für die Sitzung eingesehen und sei zu dem Eindruck gelangt, daß der Warschauer Pakt alle Maßnahmen trifft, damit der Verteidigungscharakter beider Bündnisse auch im Bewußtsein der Volksmassen verankert würde. [...]

Gorbatschow habe eine neue Mannschaft in der Sowjetunion aufgebaut, er findet die volle Unterstützung der Partei und des Volkes und des Warschauer Paktes. Die Politik Gorbatschows werde Bestand haben und die Welt in Richtung auf eine Abrüstung bewegen. Ein dritter Weltkrieg, ein Atomkrieg, auch ein konventioneller Krieg müsse vermieden und das europäische Haus gebaut werden. Honecker erklärte sodann, daß er wie Dr. Vogel der Meinung sei, daß es gegenwärtig nicht um einen Austritt aus der NATO oder dem Warschauer Pakt gehe. Er hielte eine solche Entwicklung in den NATO-Ländern sogar für unklug, sie würde die Hoffnung auf Beziehungen zwischen NATO und

---

[11] Bernhard W. Rogers, Oberkommandierender der NATO.
[12] Vgl. Nr. 35.

Warschauer Pakt stören. Er habe dieses jüngst mit Marschall Kulikow[13] besprochen. Er wolle vertraulich darüber informieren, daß Bundeskanzler Kohl die Sowjetunion gebeten habe, eine Arbeitsgruppe aus sowjetischen Offizieren und Offizieren der Bundeswehr zur Prüfung von Abrüstungsvorschlägen zu bilden.[14] Die Sowjetunion habe dem zugestimmt. Er halte das für einen richtigen Schritt. Er wolle noch einmal betonen, daß im Augenblick eine historische Chance bestehe. Dabei gehe es nicht nur um die Vermeidung eines Weltkrieges, sondern zugleich darum, die Möglichkeit zu neuen inneren Aufbaumaßnahmen zu schaffen. Die Sowjetunion habe sich vieles vorgenommen.

5.

Dr. Vogel dankte für die Darlegungen und Informationen. Über die Pläne hinsichtlich einer gemeinsamen Prüfung durch Offiziere der Sowjetunion und der Bundeswehr sei ihm eine Andeutung gemacht worden. Er wolle noch einmal unterstreichen, daß es sich um eine historische Chance handele. Wenn man diese nicht nutze, müsse man sich Vorwürfe bis ans Ende der Tage machen. Er wolle auch seinerseits noch einmal die Gefährlichkeit der konventionellen Waffen unterstreichen. Man lebe nicht mehr im Jahr 1870. Die Wirkung einer konventionellen Waffe, die ein Kernkraftwerk trifft, sei so verheerend wie die einer Kernwaffe. Es sei wichtig, diesen Zusammenhang zu erkennen. Das sei auch ein Grund für die Zurückhaltung der SPD gegenüber der friedlichen Nutzung der Kernenergie. Er wolle zu dem Thema noch zwei konkrete Punkte anmerken. Nämlich erstens, daß der Bundestagsabgeordnete von Bülow, der sich sehr intensiv mit dem Problem der strukturellen Nichtangriffsfähigkeit befasse, gerne mit Vertretern der NVA in Dresden ein Gespräch führen würde.[15] Zum anderen bitte er zu überlegen, ob in geeigneter Weise und zur rechten Zeit noch einmal die Ergebnisse der gemeinsamen Arbeitsgruppen der Öffentlichkeit bewußt gemacht werden sollten. Die Möglichkeiten könnten zunächst zwischen Egon Bahr und Hermann Axen besprochen werden.[16] Gerade zu einem Zeitpunkt, zu dem die Entwicklung der doppelten Null-Lösung doch eher zuversichtlich betrachtet werden könne, sei es nützlich die Ergebnisse der Arbeitsgruppen als Hinweise auf Wege zu weiteren Fortschritten noch einmal ins Gespräch bringen. Er könne inzwischen

[13] Viktor G. Kulikow, Marschall der sowjetischen Armee.

[14] Honecker war durch Marschall Kulikow, H.-J. Vogel durch General Wellershoff informiert.

[15] Andreas von Bülow, Leiter einer Arbeitsgruppe der SPD zur strukturellen Nichtangriffsfähigkeit in Europa, traf bei seinem Besuch am 7.–10. 7. 1987 in der DDR mit Experten der Militärakademie »Friedrich-Engels« (in Dresden) und des DDR-Ministeriums für Nationale Verteidigung zusammen und hielt einen Vortrag vor NVA-Angehörigen. Vgl. den »Bericht über den Besuch« mit Anlagen in: SAPMO J IV 2/2A/3041/42 und IV 2/2 035/79.

[16] Bahr und Axen führten ihr nächstes Gespräch am 14. 8. 1987.

davon ausgehen, daß die Vorschläge von den Sozialdemokratischen Parteien in Europa unterstützt würden, möglicherweise mit Einschränkungen auf französischer Seite. Er bitte auch zu überlegen, ob noch andere Staaten des Warschauer Paktes für die Vorschläge zu aktivieren seien.

6.
Erich Honecker erwiderte, daß bei beiderseitigen Vorteilen gemeinsame Anstrengungen immer nützlich seien, er sei daher für die Sondierungen von Bülows. Die Erfahrungen mit den Manöverbeobachtern hätten gezeigt, daß man sich ernsthaft um eine Verteidigungskonzeption bemühen müsse. Wenn ein Nuklearkrieg nicht führbar und zu verhindern sei, dann müsse man auch über die Verhinderung eines konventionellen Konflikts zwischen den Vereinigten Staaten und der Sowjetunion nachdenken. Das eröffne für die Europäer neue Möglichkeiten.

Das Kräfteverhältnis von NATO und Warschauer Pakt im konventionellen Bereich, so Honecker, sei – trotz Asymmetrien in einigen Bereichen – »ungefähr« gleich.

Erich Honecker sprach sich auch dafür aus, den Ergebnissen der gemeinsamen Arbeitsgruppen größere internationale Wirkung zu verschaffen. Sie seien überall positiv aufgenommen worden, vielleicht mit Einschränkungen in Frankreich. [...]

7.
Dr. Vogel dankte für die Darlegungen. Bei der Bewertung der Stärke der beiden Seiten gebe es vorerst sicher noch Meinungsverschiedenheiten. Aber ein Besuch Andreas von Bülows könne bei einem Abbau solcher Meinungsverschiedenheiten helfen. Er sei der Meinung, daß auch ein konventioneller Krieg künftig keinen Sieger mehr kennen würde, das hätte man schon nach dem Zweiten Weltkrieg erkennen können. Das zur Zeit für die Rüstung aufgewendete Geld werde an anderer Stelle dringend benötigt. Er wolle nur auf das Problem des Nord-Süd-Gefälles hinweisen. Die Sozialdemokraten sprächen über diese Frage mit der KPdSU. Zur Förderung der weiteren Entwicklung sei es notwendig, dafür zu arbeiten, daß Europa mit einer Stimme redet; es sei unmöglich, daß 330 Millionen Menschen bei den Verhandlungen in Genf, bei denen es auch um ihr Schicksal ginge, nicht repräsentiert seien.

8.
Erich Honecker bemerkte, daß man früher gesagt habe, man wisse, wie man Kriege anfängt, aber nicht, wie sie ausgehen; heute wisse man auch, wie sie ausgehen. Die Einschätzung der Gefahr konventioneller

Waffen beim Zusammentreffen mit Kernkraftwerken teile er. Die gegenwärtigen Abrüstungsbemühungen seien ein Gebot der Vernunft. [...]

9.

Dr. Vogel wandte sich sodann den bilateralen Fragen zu. Er nahm Bezug auf die vorbereitete gemeinsame Erklärung und unterstrich die Fortschritte, die seit dem Inkrafttreten des Grundlagenvertrages erzielt worden sind. Der zweite Absatz auf Seite 3 des Entwurfs der gemeinsamen Erklärung[17] biete eine gute Zusammenfassung der gegenwärtigen Möglichkeiten. Die Sozialdemokraten unterstützen alle diese Ansätze, auch den Vorschlag einer gemischten Kommission zur Entwicklung der wirtschaftlich-technischen und der Handelsbeziehungen. Wenn die Erörterungen konkreter würden, müsse man allerdings mit besonderer Sorgfalt auf die Rolle der Treuhandstelle für Industrie und Handel achten; das sei auch im Hinblick auf die europäischen Gemeinschaften ein empfindlicher Punkt, der pfleglich behandelt werden müsse. Auch hinsichtlich der Einbeziehung von Berlin (West) dürften keine Probleme entstehen. Ansprechen wolle er auch die Probleme des Umweltschutzes. Insbesondere interessiere ihn, ob für die Werra eine Lösung in Sicht sei. Wichtig sei die Zusammenarbeit im Umweltschutz auch für das östliche Oberfranken. Sehr erfreulich seien die Ansätze für die Lösung der Verkehrsprobleme. Jede Verbesserung des Eisenbahnverkehrs sei ebenfalls ein Beitrag zum Umweltschutz, die Eisenbahn müsse konkurrenzfähiger werden. Bedeutsam sei auch die Bereitschaft, ernsthaft über einen Stromverbund unter Einbeziehung von Berlin (West) zu reden. Er verstehe das so, daß es dabei auch um eine direkte Leitung vom Bundesgebiet nach Westberlin gehe. Die Sozialdemokraten seien bereit, die entsprechenden Initiativen im Bundestag zu unterstützen. Er wolle jedoch nicht verschweigen, daß auch ein sozialdemokratischer Bundesfinanzminister bei allen Vorhaben finanzielle Grenzen setzen müßte. Dies gälte sicher noch viel mehr für den gegenwärtigen Finanzminister.

Im Entwurf der gemeinsamen Erklärung seien auch die Geraer Stichworte erwähnt.[18] Das sei in Ordnung. Bei der Staatsangehörigkeitsfrage gäbe es nichts Neues. Hier seien die Positionen beider Seiten unverän-

---

[17] Siehe Anm. 3; der Inhalt dieses Absatzes entspricht dem im folgenden von Vogel Gesagten.

[18] Die betreffende Formulierung in der »Gemeinsamen Erklärung« (siehe Anm. 3) lautete so: »Die Gesprächspartner führten einen offenen Meinungsaustausch über Fragen der Staatsbürgerschaft, der Elbe-Grenze und der Erfassungsstelle Salzgitter. Sie stimmten darin überein, daß es nunmehr an der Zeit sei, den Elbe-Grenzverlauf auch im Abschnitt zwischen Lauenburg und Schnackenburg einvernehmlich festzustellen. Erich Honecker bekräftigte erneut, daß im Zuge einer einvernehmlichen Grenzfeststellung auch die Interessen der Elbe-Anwohner, der Nutzer der Elbe und der Ostseefischer berücksichtigt werden könnten. Er begrüßte die Haltung der SPD-Bundestagsfraktion zur Erfassungsstelle Salzgitter.«

dert. In der Frage der Elbegrenze und der Erfassungsstelle Salzgitter gäbe es jedoch möglicherweise Bewegung. Die Bundesregierung setze sich wegen der Elbegrenze offenbar mit Ministerpräsident Albrecht auseinander. Die Auflösung der Erfassungsstelle – das wolle er klarstellen – würde die Kompetenzen der Staatsanwaltschaft nicht ändern.

Dr. Vogel erläuterte sodann, daß ihn die humanitären Probleme auch persönlich sehr beschäftigten. Sie spielten in seinem Berliner Bürgerbüro eine besondere Rolle. Deshalb habe er auch einen guten Überblick über die Lage. Deshalb wolle er sich für die Verbesserungen bei der Familienzusammenführung und beim Reiseverkehr bedanken. Es gäbe aber Punkte, bei denen noch weitere Verbesserungen wünschenswert seien. Dazu gehöre die Praxis der Einreisegenehmigungen. Es gehe ihm um eine Überprüfung der Karenzzeiten und um den weiteren Abbau von Kontaktverboten. Er hoffe hier auf weitere Fortschritte. Wahrscheinlich könnten bei der Familienzusammenführung klare rechtliche Bestimmungen helfen, Ärger zu vermeiden. Er bitte, daß bei Reisen die Genehmigungspraxis soweit wie nur irgend möglich ausgeweitet würde. Er wolle auch schwierige Kategorien ansprechen. Hier gehe es ihm insbesondere um Menschen, die die DDR vor vielen Jahren verlassen und dabei gegen mehrere Bestimmungen der DDR verstoßen hätten. Gefreut habe er sich, daß in die gemeinsame Erklärung die Bereitschaft aufgenommen worden sei, Hamburg, Hannover und Kiel in den kleinen Grenzverkehr einzubeziehen.[19]

Dr. Vogel informierte darüber, daß ihm zahlreiche Wünsche für Städtepartnerschaften mitgeteilt worden seien. Er wolle sich in dieser Frage mit konkreten Vorschlägen zurückhalten und nur die Möglichkeit einer Partnerschaft zwischen Hannover und Leipzig ansprechen. Es gäbe darüber schon Vorgespräche; er bitte um eine Förderung. Wie er gehört habe, sei auch die Städtepartnerschaft zwischen Hof und Plauen auf einem guten Wege.

Dr. Vogel merkte sodann an, daß zu den Kontakten zwischen Bundestag und Volkskammer nichts Neues zu berichten sei. Er hoffe, daß sich mit einiger Geduld das Problem lösen lasse.

Traurig stimme ihn die Lage, die durch die Absage der Einladung zu den 750-Jahr-Feiern eingetreten sei. Damit seien Möglichkeiten verschüttet worden. Er habe nicht verstanden, wieso man dem – durch die Entwicklung überholten – Brief des Regierenden Bürgermeisters aus dem Jahre 1986 im nachhinein eine solche Bedeutung beigelegt hätte.[20]

---

[19] Der betreffende Satz in der »Erklärung« – vgl. Anm. 3 – lautete: »Er *[Honecker]* bekräftige die Bereitschaft, die Städte Hannover, Hamburg und Kiel in die Regelung des grenznahen Verkehrs einzubeziehen.«

[20] Als Begründung für die Absage Honeckers (am 13. 4.), an der Feier in Berlin-West teilzunehmen, wurde ein Schreiben Diepgens vom 4. 7. 1986 angeführt, in der er die Länderministerpräsidenten ersucht hatte, nicht am Staatsakt der DDR teilzunehmen. Vgl. AdG 1987, S. 30925.

Herr Diepgen hätte in die Einladungsfrage viel investiert und für seine mutige Initiative nicht bei allen seinen Freunden Beifall gefunden. Dr. Vogel wollte allerdings nicht verschweigen, daß er insbesondere beim Anhören der Rede des Bundeskanzlers[21] überlegt habe, wie sich Honecker im Falle seiner Anwesenheit wohl verhalten hätte. Honecker warf ein, ob denn der Regierende Bürgermeister inzwischen einsähe, daß man solches nicht machen könne. Dr. Vogel fuhr fort, er hoffe, daß die Vorgänge keinen bleibenden Schaden verursachten. So beschäftige ihn die Frage, warum die Verhandlungen über den Gebietsaustausch in Berlin abgesagt worden seien. Früher habe Honecker eine Beziehung dieser Problematik zur Frage der Elbegrenze hergestellt, jetzt müsse man aufpassen, daß die Argumentation nicht umgedreht werde.

Es bleibe die Frage, wieso man die 750-Jahr-Feier nicht besser genutzt habe. Er hätte sich vorstellen können, daß eine Rede gehalten worden wäre, die in ihrer Qualität und Akzeptanz der Rede des Bundespräsidenten vom 8. Mai 1985 entsprochen hätte. Was möglich sei, ohne sich etwas zu vergeben, hätten die Ansprache von Willy Brandt und von Bürgermeister Bradley gezeigt.[22] Der Vorgang bleibe bedauerlich.

10.
Erich Honecker führte aus, daß die gemeinsame Erklärung zu bilateralen Fragen insgesamt ein konstruktiver Abschnitt sei. Man könne zu konstruktiven Ergebnissen kommen. Er hätte der Bundesregierung ein Non-paper zu allen diesen Fragen übermittelt.[23] Man habe gegenüber Bundesminister Schäuble den Willen der DDR unterstrichen, die Beziehungen zur Bundesrepublik weiterzuentwickeln. Die DDR sei jedoch nicht von der Bundesrepublik abhängig. Die DDR wird nicht einstürzen, wenn die Bundesrepublik eine Zusammenarbeit ablehne. Es gehe aber in der Sache um den Nutzen für beide Seiten und für Europa. Das betreffe den Ausbau der Wirtschaft, aber auch die kulturellen Beziehungen. Seitens der DDR sei alles getan worden, um ein Umweltschutzabkommen und ein wissenschaftlich-technisches Abkommen unterschriftsreif zu machen. Zu den Verkehrsproblemen könne er erklären, daß beispielsweise nach sorgfältigem Studium der Situation in der Gemeinde Obersuhl eine gute Lösung für die dortige Führung der Autobahn gewonnen worden sei. Zur Elektrifizierung der Eisenbahn müsse er erklären, daß im laufenden Fünf-Jahr-Plan keine Kapazitäten für eine Elektrifizierung der Strecke Berlin–Hannover zur Verfügung stünden. Die Schwierigkeiten ergäben sich aus Finanzierungsproble-

---

[21] Siehe Anm. 1.
[22] Aus Anlaß der Feierlichkeiten zur 750-Jahr-Feier in Berlin-West am 30. 4. 1987. – Tom Bradley, Oberbürgermeister von Los Angeles (Demokratische Partei).
[23] Siehe Nr. 37.

men. Die Bundesregierung hätte allem im Prinzip zugestimmt. Darüber hinaus gäbe es bei den Autobahnen infolge des wachsenden Verkehrs Modernisierungsbedürfnisse. Man müsse sehen, daß es hier auch Interessen der Bundesrepublik gebe und die DDR daher auf Angebote warte.

Zum Stromverbund wolle er anmerken, daß die DDR seinerzeit dem Projekt einer Stromverbindung von Kaliningrad in die Bundesrepublik widersprochen habe. Diese Leitung hätte wichtige landwirtschaftliche Gebiete der DDR durchschnitten und ökonomische Verluste für die DDR mit sich gebracht. Bei dem neuen Projekt sei dies anders. Die DDR hoffe, davon auch ihrerseits Vorteile zu haben. Ihr gehe es vor allem um eine Lösung für die Spitzenlast. Daß es Möglichkeiten zur Lösung solcher Probleme gebe, zeige sich bei der Verlegung des neuen Postkabels vom Bundesgebiet nach Berlin (West). Die Bundesrepublik liefere das Material, die DDR leiste die Arbeiten. Inzwischen sei die DDR sogar soweit, daß sie das Material selbst produzieren könne.

Die DDR orientiere sich in ihrer Politik an der Machbarkeit. Die Elbegrenze sei unter diesem Gesichtspunkt die leichteste Frage. Er wolle auch wiederholen, daß Salzgitter nicht in die Zeit paßt, dieses hindere nur an positiven Entwicklungen bei anderen Maßnahmen. Bei einer Lösung der Elbefrage sei die DDR bereit, etwas für die Fischer zu tun. Man könne das Problem leicht aus der Welt schaffen, man müsse nur das Protokoll von 1975 unterschreiben. Er habe darüber auch mit Ministerpräsident Strauß gesprochen, auch dieser habe keine Einwendungen.[24] Auch die DDR brauche politische Erfolge, dann könne sie auch mehr machen.

Zu der Frage der Einreiseverweigerungen wolle er mit aller Deutlichkeit sagen, daß Mitglieder des kürzlich von Professor Seiffert gegründeten Vereins keine Aussicht auf eine Einreiseerlaubnis hätten.[25] Wenn Seifferts Verein meine, etwas für die Unterstützung der Menschen tun zu sollen, so möge er sich um die Bergarbeiter im Bundesgebiet kümmern. Von den ehemaligen DDR-Bürgern könnten 80% ohne »Quarantäne« einreisen. Er sei auch für einen weiteren Abbau, das gelte aber nicht für Deserteure. In anderen Fällen könne man großzügiger sein.

Die DDR sei nicht bereit, Personen, die aus der Staatsbürgerschaft entlassen worden seien, wieder ganz zurückzunehmen. Die Probleme ergäben sich schon daraus, daß die Wohnungen inzwischen neu vergeben seien. Das bringe Unruhe in die Bevölkerung. Ausnahmen würden nur bei Familien mit Kindern gemacht, wenn die Kinder sich in der Bundesrepublik nicht einleben können. Zum Reiseverkehr könne er

[24] Vgl. Nr. 35.
[25] Prof. Wolfgang Seiffert, Universität Kiel, Mitbegründer des Vereins »Demokratisierung der DDR«, bis 1978 Professor an der DDR-Akademie für Staats- und Rechtswissenschaften.

mitteilen, daß im Jahre 1986 573 000 Menschen unterhalb des Rentenalters in dringenden Familienangelegenheiten aus der DDR in die Bundesrepublik gereist seien. Die Entwicklung setze sich fort. Im ersten Quartal 1987 seien bereits rund 216 000 Menschen gereist. Dies bringe jedoch auch ein Kostenproblem mit sich. Im Jahre 1986 seien durch die Reisen Kosten in Höhe von 65 Mio. Valuta-Mark entstanden. Berücksichtige man die Kosten der Rentenreisen, so ergäbe sich eine Gesamtbelastung von 170 Mio. Valuta-Mark. Erst jetzt erkenne man die volle Dimension des Problems.

Man habe nicht berücksichtigt, daß die Fahrkarten in der DDR bei der Reichsbahn gekauft würden, daß jedoch häufig der größere Teil des Reiseweges im Gebiet der Bundesbahn zurückgelegt würde und bei den Abrechnungen zwischen den beiden Bahnverwaltungen daher große Ausgleichszahlungen der Reichsbahn an die Bundesbahn abgeführt werden müßten. Die DDR sei bereit, den Begriff der Familienangelegenheiten weit auszulegen, sie sei aber nicht in der Lage, finanzielle Belastungen in der jetzt erkennbaren Höhe auch noch 1988 zu tragen. Man müsse darüber sprechen, wie die Devisenbelastung aus dem Reiseverkehr verringert werden könnte. Dazu habe man bereits die Bundesregierung gefragt. Er sähe die beste Lösung in einer generellen Fahrpreisermäßigung. Schon jetzt bekämen die Rentner eine Fahrpreisermäßigung von 30%. Es wäre aus der Sicht der DDR besser, wenn alle eine Fahrpreisermäßigung von 69% bekämen. Hier müsse eine bessere Lösung gesucht werden.

Die DDR habe nicht die Absicht, die Reisen in dringenden Familienangelegenheiten in einer Verordnung zu regeln. Man wolle vielmehr den generellen Begriff schrittweise weiter auslegen. Es seien inzwischen die meisten Kontaktverbote überprüft und aufgehoben worden, nicht nur Mitglieder der (DDR) CDU, sondern auch Mitglieder der SED könnten reisen. Es könne noch weitergehen, wenn man mehr Vertrauen schaffe.

Honecker erklärte sodann, daß er sich gern an die Rede des Bundespräsidenten vom 8. Mai 1985 erinnere, sie habe die volle Zustimmung der DDR. Er kenne von Weizsäcker. Der Senat hätte seine 750-Jahr-Feier als Möglichkeit nutzen können, Gemeinsamkeiten darzustellen. Das sei jedoch nicht geschehen. Die erwähnten Reden hätten ihn gezwungen aufzustehen, wenn er dort gewesen wäre. Daß es auch anders ginge, hätte der Oberbürgermeister von Berlin in seiner Rede vom 14. Mai 1987 gezeigt.[26] Es sei schon unmöglich gewesen, daß der Bundeskanzler sich zum Hauptredner gemacht hätte. Diese Art von Bundespräsenz wirke bis Moskau. Er wolle jedoch unterstreichen, daß die Absagen auf Entscheidungen der DDR zurückgingen. Es sei innerhalb des

[26] Der Oberbürgermeister von Berlin (Ost) Krack hatte zur Einweihung der restaurierten Nikolaikirche gesprochen.

Warschauer Paktes lediglich die Frage der Teilnahme an dem Bürgermeistertreffen abgestimmt worden.[27] Man müsse daran denken, daß dieses Treffen zum ersten Mal Bürgermeister aus Ost und West in Berlin (West) zusammengebracht hätte. Wegen der Alliierten Kommandantur wäre er als Staatsoberhaupt keinesfalls nach Berlin (West) gefahren. Aber er hätte sich vorgestellt, daß auf der Ebene der Stadtbezirke Kontakte und Begegnungen zustande kommen. Hier hätte es wirklich eine Chance gegeben. Man müsse an dem gesunden Menschenverstand einiger Beteiligter zweifeln. Man frage sich, ob sie die Realitäten nicht sähen, ob sie wirklich glaubten, sie könnten diese beseitigen. Die Probleme könnten nur im europäischen Haus, das Stein für Stein gemeinsam aufgebaut wird, gelöst werden. Um die Mühseligkeit des Prozesses zu verdeutlichen, wolle er sagen, daß er heilfroh gewesen wäre, wenn das, was heute erreicht worden sei, in dem Gespräch zwischen ihm und Bundeskanzler Schmidt 1981 erreichbar gewesen wäre. Damals habe man sich mit schlechteren Regelungen zufrieden geben müssen.

11.

Dr. Vogel entgegnete, Honecker wisse wohl, wie er über die Mauer denke. Aber es bestehe zweifellos ein gravierender Unterschied zwischen der Rede, die Brandt, und der, die Kohl anläßlich der 750-Jahr-Feier gehalten hätte. Zur Bundespräsenz bei der Feier habe er eine andere Meinung als Honecker. Jedenfalls sei aber zu bedenken, in welchem Maße sich der Regierende Bürgermeister in seiner eigenen Partei für die Einladungen engagiert hätte. Diepgens Rede[28] sei auch weniger problematisch gewesen als die von Kohl. Das Verhalten Kohls sei ihm unverständlich. Man müsse sich aber auf seiten der DDR fragen, wer sich über die jetzt eingetretene Entwicklung eigentlich freue. In erster Linie die ›Berliner Morgenpost‹, die Kochstraße[29] und die ›Frankfurter Allgemeine Zeitung‹. Jeder deutsche Politiker müsse außerdem daran denken, daß die Nachbarn Deutschlands zusehen; auch im Westen stieße man auf Grenzen. Er wolle daher nur noch einmal darum bitten, jetzt nicht zuviel aufs Spiel zu setzen.

12.

Honecker bemerkte, daß die West-Berliner Sozialdemokraten Diepgen zurecht daran erinnert hätten, daß er möglicherweise auch mit der Sowjetunion ein Gespräch vorher hätte führen sollen. Aber das sei nicht das eigentliche Problem. Die Regierenden Bürgermeister Vogel und

---

[27] Aus Anlaß der 750-Jahr-Feier fanden internationale Bürgermeister/innen-Treffen in Berlin (West) und Berlin (Ost) vom 1.–5. 6. 1987 statt.
[28] Rede zur Eröffnung der Festveranstaltung am 30. 4. 1987 in Berlin (West), abgedr. u. a. in: Texte zur Deutschlandpolitik III/5 (1987), S. 42 ff.
[29] Sitz des Axel-Cäsar-Springer-Verlags- und Pressehauses.

von Weizsäcker hätten eine Basis für die Beziehungen geschaffen, von Weizsäcker hätte Diepgen auch gut eingeführt.

Wenn von einer Einwirkung der Mächte auf den Vorgang die Rede sei, so wolle er nicht verschweigen, daß der stellvertretende amerikanische Außenminister Whitehead[30] bei seinem kürzlichen Besuch in der DDR den Abteilungsleiter Seidel darauf angesprochen hätte, daß die Vereinigten Staaten als Folge der deutsch-deutschen Kontakte eine Lockerung der Beziehungen zwischen der Bundesrepublik Deutschland und den Vereinigten Staaten befürchten. Die Vereinigten Staaten seien darüber als einzige der in Berlin bestimmenden Mächte in Sorge. Die sowjetische Botschaft in der DDR sei für das Vier-Mächte-Abkommen verantwortlich, habe sich zur 750-Jahr-Feier jedoch nicht eingemischt. Die Einladungen, die er zu dem Staatsakt ausgesprochen habe, hätten überhaupt keine Probleme bereitet. Er hätte jedoch den Eindruck gehabt, daß die Gegeneinladung als Störung geplant gewesen sei. Davon habe er sich jedoch nicht beirren lassen wollen und öffentlich deutlich gemacht, daß auf der Ebene der Bezirksbürgermeister die Kontakte gepflegt werden sollten. Er betonte noch einmal, daß die 750-Jahr-Feier nichts mit dem Status zu tun hätte. Die nachfolgende Entwicklung, Kohl als Hauptredner und der Diepgen-Brief von 1986, hätten die Situation dann jedoch geändert. Die CDU müsse sich fragen, ob sich der Hang zum Nationalismus auszahle. Er stelle fest, daß sie bei der Bundestagswahl 2,2 Millionen Stimmen verloren hätte. Er frage sich, ob sie aus allem gelernt hätte. Die Mauer kann nur bei Beachtung der Realitäten und Vertrauen verschwinden. Dr. Vogel warf ein, daß er schon froh sei, wenn die Mauer durchlässiger werde, dieses könne jedoch nur auf dem eingeschlagenen Weg geschehen. Honecker fuhr fort, daß Äußerungen zum Geltungsbereich des Vier-Mächte-Abkommens die Sache noch weiter zugespitzt haben. Das gehöre überhaupt nicht zur 750-Jahr-Feier. Er bleibe aber zurückhaltend. Die Politik würde selbstverständlich auch in bezug auf Berlin (West) weitergehen. Die DDR sei bereit zur Einbeziehung West-Berlins in den Energieverbund, an dem sich auch die DDR selbst beteiligen wolle. Gerade dies sichere die beiderseitigen Vorteile. Der Energieverbund helfe auch dem Kohlenbergbau in der Bundesrepublik. Das Vorhaben eines Gebietsaustausches sei nicht gestrichen, es würde zu einem entsprechenden Zeitpunkt fortgesetzt. Ihm täte es leid, daß Diepgen nun auch nicht bei der Eröffnung des Ephraim-Palais am 4. Juli eingeladen werden könnte. Er bedauere auch, daß der SPD-Chef Momper so schnell abgesagt hätte.[31] Er höre, daß er jetzt nach Marzahn zu einem Stadtteilfest wolle, und frage sich, ob man das genehmigen solle. Dr. Vogel erläuterte, daß sich Wal-

---

[30] US-Vizeaußenminister John C. Whitehead stattete nach Honeckers Besuch in Bonn der DDR am 10./11. 11. 1987 einen offiziellen Besuch ab.

[31] Walter Momper, Vorsitzender der SPD in Berlin (West).

ter Momper in einer schwierigen Situation befunden und im allgemeinen vernünftig reagiert hätte. Es komme darauf an, den gesamten Vorgang nicht kontraproduktiv zu behandeln.

13.
Dr. Vogel sprach sodann die Verwarnung von westdeutschen Journalisten durch das Ministerium für Auswärtige Angelegenheiten an.[32] Er frage sich, welche Gesetze diese denn eigentlich verletzt hätten. Die Medien der DDR hätten doch auch über die Vorgänge in Kreuzberg berichtet, niemand hätte das getadelt.

Honecker erwiderte, über die Vorgänge in Kreuzberg hätten die Medien der DDR die Bilder von ›dpa‹ bezogen, das sei auch im übrigen kein vergleichbarer Vorgang. Man müsse zum Hintergrund wissen, daß die DDR auch für Beziehungen zu den Grünen sei, obwohl er dafür sei, daß die SPD eine von den Grünen unabhängige Politik betreibe. Jetzt gäbe es auch in der DDR Grüne, die von der AL gefördert würden. Man wisse, daß es hier Einreiseverbote gäbe. Er erinnere an die Aktion bezüglich der sowjetischen und amerikanischen Botschaft.[33] Jetzt hätte die Absicht bestanden, in der Tschechoslowakei zu einer Demonstration für Dubček zu fahren. Der Gruppe sei vorher mitgeteilt worden, daß dieses nicht gestattet würde. Ein Teil habe sich daran gehalten, ein Teil sei zum Flugplatz gegangen. Bei der Sache hätte ›Der Spiegel‹ mitgewirkt, da sei vieles kein Zufall gewesen.[34] Die DDR hätte Maßnahmen insbesondere aus Solidarität zur ČSSR ergriffen. Wenn Dr. Vogel in der Pressekonferenz dazu gefragt würde, könne er sagen, daß er die Frage gestellt hätte, die Antwort brauche er nicht zu nennen.

14.
Dr. Vogel überreichte zum Schluß des Gesprächs Erich Honecker ein Handbuch der SPD-Parteitage 1863 bis 1908. Erich Honecker bedankte sich und äußerte, daß das Treffen sich gelohnt habe. Dr. Vogel sei stets willkommen, Gespräche trügen zu Lösungen der Probleme bei.

[32] Die Verwarnungen geschahen wegen dem Regime unliebsamer Berichterstattung. – Anläßlich von Konflikten bei einem Rockkonzert am 7./8. 6. kam es zu schweren Behinderungen von Journalisten aus der Bundesrepublik. Vgl. AdG 1987, S. 31198.

[33] Siehe Nr. 9.

[34] Honecker machte fast stets westliche Medien für Protestaktionen in der DDR verantwortlich.

E. Honecker begrüßte H.-J. Vogel, auch als designierten Nachfolger von Willy Brandt als Vorsitzendem der SPD.[5] Die Pressemitteilung sei abgestimmt. Wenn H.-J. Vogel keine Einwände habe, könne man sie so veröffentlichen.[3]

H.-J. Vogel stimmte dem zu.

E. Honecker übergab H.-J. Vogel die Sondernummer der ›Neuen Berliner Illustrierten‹ zum Berlin-Jubiläum.

Einleitend sagte E. Honecker, auf BRD-Seite gebe es Äußerungen, wonach sich diese Gespräche zu sehr mit der Abrüstung und zu wenig mit bilateralen Fragen beschäftigen würden. Das stimme nicht, und außerdem sei die Friedenssicherung die wichtigste Frage. Wenn sie nicht gelöst würde, werde man auch andere Fragen nicht regeln können. Angesichts der Gefahr, daß alles in einem atomaren Inferno untergehe, stehe die Frage der Friedenssicherung mit Recht im Mittelpunkt der Pressemitteilung.

E. Honecker beglückwünschte H.-J. Vogel zu dessen letzter Rede im Bundestag.[4] Er habe ihr nichts hinzuzufügen. *Das Folgende deckt sich weitgehend mit den betreffenden Passagen in [a].* Er sei gespannt, inwieweit bei den bevorstehenden Wahlen die negative Position der BRD-Regierung ihren Niederschlag finden werde. Umfragen zeigten, daß 80–83% der Bevölkerung der BRD für konkrete Abrüstungsmaßnahmen eintreten. Dies müsse man weiter ermuntern.

H.-J. Vogel bedankte sich für die Begrüßung. Die jetzige Begegnung sei ein kleines Jubiläum, nämlich die 5. Begegnung dieser Art. Er schätze die Kontinuität dieser Gespräche hoch ein. Aus ihnen seien bedeutsame konkrete Ergebnisse hervorgegangen. Er stimme zu, daß die Friedenssicherung das übergreifende zentrale Thema sei. Von seinen Gesprächen mit E. Honecker seien Anstöße für konkrete gemeinsame Schritte ausgegangen, nämlich die Initiativen über den atomwaffenfreien Korridor und die chemiewaffenfreie Zone.

Willy Brandt, Helmut Schmidt und Herbert Wehner hätten gebeten, herzliche Grüße an E. Honecker zu übermitteln. Was seine Wahl auf dem SPD-Parteitag im Juni zum Vorsitzenden der SPD betreffe, so sei dies ein ehrenvoller Vorschlag, aber auch eine neue schwere Bürde. Man werde an ihn die Maßstäbe anlegen, die insbesondere Willy Brandt gesetzt habe. Er werde das Notwendige tun. Die SPD sei gegenwärtig aus vielen Gründen nicht in bester Verfassung. Diejenigen würden sich jedoch täuschen, die dies als langfristige Tendenz darstellten und sagten, die SPD habe ihre Aufgabe erfüllt. Die SPD werde sich den Anforderungen der Zeit stellen.

Was die Friedenssicherung betreffe, so stehe die Diskussion um die beiden Null-Lösungen im Mittelpunkt. Er begrüße, daß M. Gorbatschow das Junktim zwischen SDI und den Mittelstreckenraketen aufgelöst habe und nun auch die Raketen kürzerer Reichweite einbeziehe. Man hätte erwarten müssen, daß dies Zustimmung auch innerhalb der Koalition in Bonn finden würde. Es gebe keine einleuchtenden Gründe für die ablehnende Haltung der CDU/CSU. Offenkundig seien im Zusammenwirken zwischen Strauß, Dregger und Rühe entsprechende Festlegungen getroffen worden[6], die möglicherweise auch aus dem militärischen Bereich beeinflußt wurden. Die Haltung der SPD habe er in seiner letzten Bundestagsrede dargelegt. Man überlege, diese Frage ins Parlament zu bringen. Wenn die FDP bei ihrer Haltung bleibe, habe die CDU/CSU keine Mehrheit. Er glaube, daß im Endergebnis die Vereinbarung über die Raketen größerer Reichweite zustande komme und sich dann für die Raketen kürzerer Reichweite eine Vereinbarung anschließen könne. Bemerkenswerterweise gebe es jetzt auch eine Übereinstimmung zwischen der SPD und den früheren Verfechtern des Doppelbeschlusses wie H. Schmidt.

H.-J. Vogel unterstrich, daß es wichtig sei, die Bemühungen um die konventionelle Abrüstung zu verstärken. [...]

[...]

Wie sich die gegenwärtige Diskussion in der BRD über diese Fragen auf die Wahlen auswirke, bleibe abzuwarten. Die FDP sei zweifellos in einer günstigen Situation. Die SPD müsse darauf achten, diese Tendenz nicht noch zu verstärken. Genscher und die FDP müßten nun auch einhalten, was sie angekündigt hätten. Eine SPD-Regierung hätte zweifellos nicht nur die Vorschläge der Sowjetunion und der DDR aufgegriffen, sie wäre von sich aus an die DDR herangetreten, um unter voller Wahrung der Bündnisloyalität aktiv zur Friedenssicherung beizutragen.

In der SPD habe es eine Zeitlang eine NATO-Debatte gegeben. Nach dem Nürnberger Parteitagsbeschluß sei diese Debatte beendet.[8] Die Frage der NATO-Mitgliedschaft der BRD sei kein aktuelles Thema mehr. Die SPD halte am Gedanken einer europäischen Friedensordnung fest, in der es weder den Warschauer Vertrag noch die NATO gebe. Das stehe aber gegenwärtig auf einem anderen Blatt. Die Übereinstimmung mit der USA-Regierung in Fragen der Raketenabrüstung sei für manche in der SPD jetzt ein »Aha-Erlebnis«. Reagan wolle offenkundig am Ende seiner Amtszeit noch etwas zu Wege bringen. Er habe auch Probleme mit dem »Irangate«. Die SPD wolle keinen Dauerkonflikt mit den USA. Sie wolle Kontinuität und Berechenbarkeit auch in dieser Frage. Sie unterstütze den Helsinki-Prozeß. Es gebe jetzt

Leute in der SPD, die sagen, der Doppelbeschluß sei gar nicht so schlecht gewesen. Helmut Schmidt habe jetzt erklärt, das sei die Stunde seines persönlichen Triumphes.

H.-J. Vogel betonte, für die SPD sei von großer Bedeutung, was jetzt in der Sowjetunion vor sich gehe. Dies sei ein faszinierender Vorgang. Man hoffe, daß dies alles einen guten Verlauf nehme. Man unterstütze auch, was unter dem Stichwort Europa von der sowjetischen Führung gesagt werde. Der Vergleich Kohls von M. Gorbatschow mit Goebbels sei degoutant gewesen. Noch negativer sei die Äußerung von Kohl zu bewerten, daß alles nur sowjetische Propaganda sei.[9]

E. Honecker dankte für die Darlegungen Vogels und die Grüße von Brandt, Schmidt und Wehner. Er bat, sie ebenso herzlich zu erwidern. Wir stünden zu dem, was seinerzeit mit ihnen abgesprochen worden sei. [...]

[...] Nunmehr bestünden zwischen M. Gorbatschow und R. Reagan weitgehend übereinstimmende Vorschläge in der Frage der Mittelstreckenraketen. Strauß habe ihn gefragt, wie es zu dieser Wandlung bei Reagan komme. Er habe erwidert, ganz gleich aus welchen Gründen, man müsse diese Chance nutzen.[12] [...]

[...] Mehr als 1000 Raketen und 1500 Atomsprengköpfe würden verschwinden. Leider sei es so, daß die BRD-Regierung, die davon spreche, Frieden mit weniger Waffen zu schaffen, dagegen auftrete und erneut von der Gefahr aus dem Osten rede. Diese Position sei unverständlich.

E. Honecker informierte H.-J. Vogel, daß am 28. und 29. Mai in Berlin eine Tagung des Politischen Beratenden Ausschusses des Warschauer Vertrages stattfindet. [...]

Was die Politik von M. Gorbatschow betreffe, so gehe er mit einer neuen Mannschaft an die Arbeit. Er genieße die volle Unterstützung der KPdSU, im sowjetischen Volk und durch die Warschauer Vertragsstaaten. Diese Politik werde Bestand haben und die Welt in Richtung Abrüstung bewegen. Wichtig sei dabei der Ausbau des europäischen Hauses. Er teile die Meinung von H.-J. Vogel, daß nicht auf der Tagesordnung stehe, aus NATO und Warschauer Vertrag auszutreten. Es wäre unklug, jetzt Propaganda über den Ausstieg aus der NATO zu machen. Unser Vorschlag bleibe bestehen, zwischen NATO und Warschauer Vertrag Kontakte aufzunehmen. Er habe dies gerade mit Marschall Kulikow[13] besprochen. Er wolle H.-J. Vogel darüber informieren, daß sich Bundeskanzler Kohl an die Sowjetunion mit dem Vorschlag gewandt habe, daß sich sowjetische und Bundeswehroffiziere treffen, um über die Abrüstungsproblematik zu sprechen.[14] Die Sowjetunion habe dem zugestimmt. Klar müsse sein, wenn die Abrüstungschancen jetzt nicht genutzt würden, werde es lange dauern, bis sie sich wieder bieten.

H.-J. Vogel dankte für die Informationen. Über die beabsichtigten Gespräche zwischen sowjetischen und Bundeswehroffizieren sei er durch den Generalinspekteur der Bundeswehr Wellershoff informiert. Er möchte den Gedanken der historischen Chance zur Abrüstung unterstützen, die noch vor drei Jahren niemand für möglich gehalten hätte. Er unterstütze die Darlegung von E. Honecker über die Gefährlichkeit der konventionellen Waffen. Man müsse dabei auch die Kombination von konventionellen Waffen und Kernkraftwerken berücksichtigen, die bei konventionellen Auseinandersetzungen eine Rolle spielen würde.

H.-J. Vogel erklärte, er möchte in diesem Zusammenhang zwei Fragen aufwerfen: Es habe erste Sondierungen gegeben, ob Herr von Bülow, der der Fachmann der SPD auf dem Gebiet der Nichtangriffsfähigkeit sei, nicht ein Gespräch mit Vertretern der bewaffneten Kräfte der DDR haben könnte.[15] Man würde dies sehr begrüßen.

Ferner werde in der SPD erwogen, in welcher Weise man die Ergebnisse der Arbeitsgruppe SED/SPD über den atomwaffenfreien Korridor und die chemiewaffenfreie Zone wieder stärker in die internationale Diskussion bringen könne. Darüber sollten Egon Bahr und Hermann Axen sprechen.[10] Es sei bemerkenswert, daß die SPD bei ihren Partnerparteien in Westeuropa damit immer mehr Resonanz finde. Vielleicht könnte die DDR die anderen Staaten des Warschauer Vertrages dafür noch stärker interessieren.

E. Honecker erwiderte, wenn die SPD einen Vorteil für sich und das gemeinsame Vorgehen sehe, könne man ein Gespräch mit Herrn von Bülow führen. Die Frage der Nichtangriffsfähigkeit stimme mit unserem Konzept überein. Auch wir seien interessiert, auf diesem Gebiet weiter voranzukommen. *Zum Kräfteverhältnis NATO – Warschauer Pakt übereinstimmend mit [a].*

Was die Ergebnisse der Arbeitsgruppe SED/SPD betreffe, so könne man beraten, wie eine noch größere internationale Wirkung erreicht werden könne. Bei vielen Gesprächen, die er in letzter Zeit mit ausländischen Politikern geführt habe, habe es ein zustimmendes Echo gegeben. [...]

[...]

H.-J. Vogel erklärte, in der Frage der Bewertung des Stärkeverhältnisses der beiden Bündnisse werde es vorerst noch Meinungsverschiedenheiten geben. Dregger erkläre, die Beseitigung der Raketen mit einer Reichweite von 500–1000 km werde die Gefahr eines konventionellen Krieges erhöhen[35], d. h. er geht von einem Überfall der Sowjetunion aus. Aber selbst bei der Generalität der Bundeswehr sei klar, daß es heute auch bei einem konventionellen Krieg keine Sieger mehr gebe.

[35] Alfred Dregger, der Fraktionsvorsitzende von CDU/CSU, hatte so in einer Erklärung vom 28. 4. 1987 argumentiert. Vgl. AdG 1987, S. 31067.

Bedeutungsvoll sei, daß man die Ausgaben für die Rüstung für viel wichtigere Dinge verwenden solle, insbesondere für die Nord-Süd-Entwicklung.

E. Honecker bemerkte, wenn man an die Kernkraftwerke denke, dann sei es ein Gebot der Vernunft, auch die konventionelle Abrüstung voranzutreiben. [...]

Auf bilaterale Fragen eingehend, sagte H.-J. Vogel, die Pressemitteilung sei dazu erfreulich detailliert. Seit Abschluß des Grundlagenvertrages sei viel bewegt worden. Auf BRD-Seite seien es in erster Linie die Sozialdemokraten gewesen, die den Grundlagenvertrag durchgesetzt hätten. [...]

Siehe unter [a].

Das Stichwort Geraer Forderungen sei aufgeworfen.[18] In der Frage der Staatsbürgerschaft komme man über das Bekannte sicher nicht hinaus. Bei der Elbgrenze habe er den Eindruck, daß die Dinge in Gang kämen. Hier müsse sich Albrecht bewegen. Die FDP in Niedersachsen habe sich realistisch geäußert. Die »Erfassungsstelle« Salzgitter habe ihre Existenzberechtigung verloren. Bekanntlich hätten das Saarland und Hamburg konkrete Schritte in dieser Richtung unternommen.[36] Er ermutige die beiden anderen SPD-regierten Länder auch dazu.

Die Fragen des Reiseverkehrs seien ein Punkt, der ihn besonders berühre. Er möchte aus seiner eigenen Erfahrung dankbar erklären, daß sich nicht nur die Familienzusammenführung, sondern der Besucherverkehr deutlich verbessert hätten, wenn auch weitere Verbesserungen wünschenswert seien. Das betreffe insbesondere den Kreis der Personen, die sowohl bei Reisen in die BRD wie in die DDR Probleme hätten. Er sei nicht unrealistisch und sehe ein, daß für Übersiedler eine »Karenzzeit« notwendig sei. Er wäre aber dankbar, wenn man in mittlerer Perspektive in dieser Frage weiterkäme. Hinsichtlich der Familienzusammenführung wäre es für alle Beteiligten besser, wenn es klare rechtliche Aussagen gäbe, wer dafür in Frage käme und wer nicht. Er freue sich sehr über die Möglichkeit der Einbeziehung von Hannover, Hamburg und Kiel in den grenznahen Verkehr.[19] Die Städtepartnerschaften entwickelten sich gut. Er bekomme viele Anfragen, habe aber nur zwei mitgebracht, nämlich den Wunsch nach einer Städtepartnerschaft zwischen Hannover und Leipzig. Hier gebe es ja schon erste Kontakte, sowie nach einer Städtepartnerschaft Plauen – Hof.

E. Honecker warf ein, Plauen – Hof sei bereits beschlossen.

Was die Beziehungen zwischen Volkskammer und Bundestag betreffe, sei Jenninger plötzlich rückfällig geworden. Er habe ihm einen Brief geschrieben mit der Frage, wo Westberliner Abgeordnete dis-

---

[36] Gemeint war die Einstellung von Zahlungen für Salzgitter. Vgl. Nr. 19, Anm. 23 und Nr. 32, Anm. 15.

kriminiert würden. Man müsse in dieser Frage noch etwas Geduld haben.[37]

H.-J. Vogel erklärte, was die jüngsten Entwicklungen betreffe, so sei er traurig gewesen, daß die gegenseitigen Besuche zur 750-Jahr-Feier Berlins nicht zustande gekommen seien. Er habe nicht ganz verstanden, warum ein zurückliegender Brief von Diepgen eine solche Rolle gespielt habe.[20] Man brauche mit ihm nicht über die Rede von Kohl am 30. April in Westberlin[1] zu streiten, aber Diepgen tue ihm leid. Er habe in diesen Fragen viel investiert und sich viel Ärger eingehandelt.

E. Honecker warf ein, hoffentlich habe Diepgen eingesehen, daß man so nicht handeln kann. Man könne nicht den Staatsratsvorsitzenden der DDR einladen und dann so auftreten.

H.-J. Vogel erwiderte, es gehe aus seiner Sicht jetzt darum, einen bleibenden Schaden zu verhindern. Er habe gehört, daß auch die Verhandlungen über den Gebietsaustausch abgesagt worden seien. Man müsse darauf achten, daß die Gegner der Elbregelung dies jetzt nicht zum Vorwand nehmen könnten. Er sei ja dafür, daß E. Honecker in die BRD reise, aber leider habe Kohl die Chance nicht wahrgenommen, in Westberlin eine Rede zu halten wie Bundespräsident von Weizsäcker am 8. Mai 1985. H.-J. Vogel bemerkte, ihm sei so manches durch den Kopf gegangen, als er dabei gesessen und diese Rede von Kohl gehört habe.

E. Honecker wies darauf hin, man solle sich einmal vorstellen, in welche Lage er gekommen wäre, wenn er an der Veranstaltung teilgenommen hätte. Die Reden seien schon lange fertig gewesen, und sie wären nicht anders gehalten worden.

Im weiteren erklärte E. Honecker, der Abschnitt über die bilateralen Fragen in der Pressemitteilung sei sehr konstruktiv gehalten. Bei gutem Willen könne man zu Ergebnissen kommen. Die DDR habe der BRD-Regierung dazu ein Non-paper übermittelt. Dies unterstreiche unseren Willen, die Beziehungen zur BRD entsprechend den Prinzipien der friedlichen Koexistenz weiterzuentwickeln.

[...] *Siehe unter [a].*

E. Honecker betonte, daß die DDR großen Wert darauf lege, daß die Frage der Elbgrenze geregelt und die »Erfassungsstelle« Salzgitter beseitigt werde. Diese »Erfassungsstelle« passe nicht in die Zeit. Die DDR sei dafür, daß, nicht zuletzt aufgrund neuer britischer Dokumente, der Protokollvermerk von 1975 zur Elbgrenze unterzeichnet werde. Auch Strauß habe keine Einwände dagegen gehabt.[24] Er habe Strauß erklärt, er solle Einfluß auf Albrecht nehmen. Die DDR erwarte den Beweis des guten Willens der BRD in Fragen, die lösbar seien.

Was Einreisen von Personen betreffe, die legal oder auf anderem

---

[37] Vgl. Nr. 44.

Wege in die BRD gegangen seien, so habe er diese Frage prüfen lassen. Danach hätten schon jetzt 80% der ehemaligen DDR-Bürger die Möglichkeit, ohne »Karenzzeit« in die DDR zu reisen. Dazu gehörten allerdings keine Personen, die desertiert seien. E. Honecker verwies in diesem Zusammenhang darauf, daß Mitglieder des Vereins zur »Demokratisierung der DDR«, der jetzt von Prof. Seiffert gegründet wurde, keine Einreise bekommen würden.[25] Sie sollten sich in der BRD für die Demokratisierung einsetzen. Was die Frage der Rückkehr von ehemaligen DDR-Bürgern beträfe, so werde die DDR dies weiterhin nur in Ausnahmefällen gestatten. Der Beschluß gelte weiter: Wer legal ausreist, kann nicht zurück.

E. Honecker verwies darauf, daß er in Gesprächen mit anderen SPD-Politikern, wie O. Lafontaine, G. Schröder und B. Engholm[38] erklärt habe, die Erweiterung von Reisen in dringenden Familienangelegenheiten würde die DDR 60 Mio. an Devisen jährlich kosten. Es habe sich herausgestellt, daß dies zu wenig sei. Die Zahl der Reisenden in dringenden Familienangelegenheiten steige. 1986 seien es 573 000 gewesen, im 1. Quartal 1987 bereits 216 000. Die Kosten für die Reisen in die BRD einschließlich der Rentnerreisen würden 170 Mio. Devisen jährlich betragen. Dies sei für die DDR ein Problem geworden. Schäuble sei dies mitgeteilt worden. Die DDR stelle nicht die Frage einer Beteiligung der BRD. Sie habe aber die Frage aufgeworfen, die Fahrpreisermäßigung für Rentner von 33 1/3% auf 66 2/3% zu erhöhen, um die Devisenverrechnung mit der Bundesbahn der BRD zu reduzieren. Die DDR sehe sich außerstande, 1988 die Devisenausgaben in noch erhöhterem Maße fortzusetzen. Die Kontaktverbote für Reisen in westliche Länder seien mit Ausnahme eines engen Kreises von Geheimnisträgern aufgehoben worden.

H.-J. Vogel habe an die Rede von Weizsäcker am 8. Mai 1985 erinnert. Diese Rede habe unsere Zustimmung gefunden. Leider habe der Westberliner Senat jetzt anders gehandelt. Anstatt die Möglichkeiten dieser Veranstaltung für die Gestaltung eines vernünftigen Verhältnisses zur DDR zu nutzen, sei sie für Ausfälle gegen die DDR und andere sozialistischen Staaten genutzt worden. Er hätte die Veranstaltung verlassen müssen, wenn er teilgenommen hätte.

E. Honecker verwies in diesem Zusammenhang auf die Rede von Oberbürgermeister Krack bei der Einweihung der Nikolaikirche.[26] Sie sei so gehalten gewesen, daß sie für niemanden Anstoß hätte erregen können. Es sei unverständlich, warum die 750-Jahr-Feier Berlins für solche Ausfälle genutzt worden sei. Gegenwärtig gebe es einen ungestörten Strom von Besuchern aus Westberlin in die DDR und umge-

<hr>

[38] Zu den Gesprächen mit Lafontaine und Schröder siehe Nr. 32, 25, 21 und 20. – Engholm hatte die DDR zuletzt vom 5. – 8. 4. 1987 besucht und u. a. am 6. 4. mit Axen gesprochen. Ein Gespräch Honecker – Engholm hatte jedoch nicht stattgefunden.

kehrt. Der Jugendaustausch sei auf Westberlin ausgedehnt worden, und dann trete Diepgen mit Forderungen auf, Berlin müsse vereinigt werden, Schießbefehl und Mauer müßten weg. Man habe die Veranstaltung zu einer Demonstration der Bundespräsenz genutzt.[28] Danach sei Kohl erneut in Westberlin mit einer Rechtfertigung aufgetreten. Aber er hätte sich dies vorher überlegen müssen. Unsere Zusagen zur Teilnahme am Bürgermeistertreffen in Westberlin wurden zurückgenommen, nachdem die Voraussetzungen dafür entfallen waren.[27] Die Chance, daß Bürgermeister auch aus anderen sozialistischen Ländern in Westberlin anwesend waren, sei vom Senat verspielt worden. Angesichts dessen müsse man am gesunden Menschenverstand der anderen Seite zweifeln.

H.-J. Vogel erwiderte, er danke für die Offenheit. Wie er über Mauer und Grenzregime denke, sei bekannt. Er wende sich nicht dagegen, daß man diese Fragen bei einem solchen Anlaß wie am 30. April in Westberlin anspreche. Es komme aber auf die Art und Weise an. Das Auftreten von Willy Brandt sei akzeptabel gewesen.[22] Die Frage der Bundespräsenz sehe er auch anders als die DDR. Er sei keineswegs ein Parteifreund von Diepgen, aber er möchte nochmals betonen, dieser habe sich in einem Maße bewegt, das zu respektieren sei. Die Rede von Kohl sei nicht akzeptabel gewesen. Was ihn beunruhige sei, wer sich in Westberlin und in der BRD über die eingetretene Entwicklung freue, das sei die Springerpresse und die FAZ. Die Verbesserung und Normalisierung der »deutsch-deutschen« Beziehungen werde von allen Nachbarn aufmerksam verfolgt. Das mache auch die Grenze deutlich, die für beide deutsche Staaten gegeben sei. Er bitte, daß nun nicht alles eingestellt werde, was bisher auf den Weg gebracht werden konnte.

E. Honecker sagte, Diepgen sei von der SPD daran erinnert worden, daß er versäumt habe, mit der 4. Macht zu sprechen. Das sei jedoch nicht das Entscheidende, sondern das konkrete Verhalten des Senats. Die Basis für vernünftige Beziehungen hätten Vogel und v. Weizsäcker gelegt. Nachdem v. Weizsäcker die Bitte ausgesprochen habe, mit seinem Nachfolger gut umzugehen, hätte die DDR vieles in Bewegung gesetzt. Der sowjetische Botschafter, der die Verantwortung für die Verwirklichung des Vierseitigen Abkommens hat, habe sich überhaupt nicht in diese Frage eingeschaltet. Es habe keinerlei sowjetische Einwände gegen unsere Absichten gegeben. E. Honecker habe erklärt, daß die Jubiläumsfeiern nichts mit den Statusfragen zu tun hätten. Dann hätten wir von dem Brief Diepgens erfahren.[20] Er habe ihn nicht widerrufen. Zudem gab es den Hinweis, daß Bundeskanzler Kohl der Hauptredner auf der Veranstaltung in Westberlin sein werde. Die CDU/CSU habe wegen ihres nationalistischen Wahlkampfes über 2 Mio. Wähler verloren. Man hätte also erwarten können, daß Kohl und Diepgen zurückhaltender auftreten.

In einer Zeit, wo es Anzeichen für eine Entspannung gebe, die Lage von Westberlin aus zuzuspitzen, sei unbegreiflich. Man könne eine Jubiläumsfeier nicht zum Anlaß nehmen, um Unruhe zu stiften. Es werde natürlich mit Westberlin weitergehen. Die DDR habe bekanntlich den Bau der Erdgasleitung nach Westberlin gestattet. Über Fragen der Energie werde verhandelt. Bei einer entsprechenden Situation könne man auch über den Gebietsaustausch reden.

Es sei bedauerlich, daß der Westberliner SPD-Vorsitzende Momper seine Teilnahme an der Festveranstaltung in der DDR abgesagt und sich sofort mit Diepgen solidarisch erklärt habe. Momper wolle morgen nach Marzahn kommen. Er wisse nicht, ob die zuständigen Stellen eine Genehmigung dazu geben.

H.-J. Vogel erwiderte, Momper sei ein vernünftiger Mann, der eine schwierige Aufgabe zu bewältigen habe. Er habe sehr emotional reagiert. Die DDR habe erklärt, sie habe im Hinblick auf das Auftreten von Kohl im Wahlkampf Gelassenheit gezeigt. Dieser Grundsatz solle auch gegenüber Leuten gelten, die für eine vernünftige Entwicklung eintreten. Wenn Momper jetzt bei der Einreise Schwierigkeiten hätte, wäre das nicht gut.

E. Honecker erklärte, er verstehe dies als Bitte. Unter diesen Umständen würden wir Momper fahren lassen, möchten aber H.-J. Vogel bitten, auf ihn entsprechend einzuwirken. Die DDR habe sich bisher gegenüber der SPD in Westberlin sehr konstruktiv verhalten.

H.-J. Vogel kam darauf zu sprechen, daß die in der DDR akkreditierten BRD-Journalisten wegen Maßnahmen gegen zwei Fernsehkorrespondenten beunruhigt seien.[32] Er frage, ob sie gegen Gesetze der DDR verstoßen hätten.

E. Honecker erklärte dazu, es gebe auch in der DDR eine Art grüne Gruppe. Zusammen mit Vertretern der AL in Westberlin hätten diese Leute jetzt die Absicht gehabt, sich mit der »Charta 77« in Prag zu treffen. Die DDR sei im Interesse ihres brüderlichen Verhältnisses zur ČSSR nicht interessiert, daß diese Teilnahme erfolgte. Das sei diesen Leuten mitgeteilt worden. Einige von ihnen, die trotzdem reisen wollten, wurden auf dem Flugplatz zurückgehalten.[34] Dabei habe sich herausgestellt, daß BRD-Journalisten diese Sache direkt organisiert hätten. Daraufhin wurden zwei dieser Journalisten vom MfAA verwarnt.

H.-J. Vogel nahm dies zur Kenntnis.

E. Honecker erklärte abschließend, die regelmäßigen Begegnungen seien nützlich. H.-J. Vogel sei in der DDR willkommen. Das offene gegenseitige Verhältnis trage dazu bei, die Dinge voranzubringen. Er schätze die heutige Aussprache trotz unterschiedlicher Meinungen in verschiedenen Fragen hoch ein.

E. Honecker informierte Vogel abschließend kurz über den bevorstehenden Bauernkongreß und die gute Entwicklung der DDR-

Landwirtschaft sowie über die Fortschritte der DDR bei der Entwicklung von Hochtechnologien.

An dem Gespräch nahmen teil: Staatssekretär Frank-Joachim Herrmann, Leiter der Kanzlei des Vorsitzenden des Staatsrates der DDR, Gunter Rettner, Leiter der Abteilung Internationale Politik und Wirtschaft des ZK der SED, Karl Seidel, Abteilungsleiter im Ministerium für Auswärtige Angelegenheiten der DDR, sowie Eugen Selbmann, Außenpolitischer Berater der SPD-Bundestagsfraktion, und Professor Dr. Dieter Schröder.

Seidel *[Unterschrift]*

40. Gespräch Wedemeier – Honecker am 1. Juli 1987 (Berlin-Ost)

SAPMO ZPA IV 2/2 035/79: »Niederschrift über das Gespräch des Generalsekretärs des ZK der SED und Vorsitzenden des Staatsrates der DDR, Genossen Erich Honecker, mit dem Präsidenten des Senats der Freien Hansestadt Bremen, Bürgermeister Klaus Wedemeier, am 1. Juli 1987 im Amtssitz des Staatsrates«

Der Chef der Staatskanzlei der Freien Hansestadt Bremen teilte am 31. 8. 1994 mit, daß der Bürgermeister »keine Unterlagen« über das Gespräch übermitteln könne, »da er keine Aufzeichnungen vorgenommen hat«.

E. Honecker begrüßte K. Wedemeier. Die DDR habe seine Teilnahme am Bürgermeistertreffen in Berlin hoch bewertet.[1] Sie sei interessiert, die Beziehungen zu Bremen weiter zu entwickeln. Anschließend werde K. Wedemeier Rostock besuchen. Angesichts der ähnlichen Struktur zwischen Bremen und Rostock seien gute Voraussetzungen für eine fruchtbare Partnerschaft zwischen beiden Städten gegeben.

K. Wedemeier bedankte sich herzlich für die Einladung und die Gesprächsmöglichkeit. Er habe den Auftrag, Grüße des Bremer Senats an E. Honecker zu überbringen. Bremen sei das kleinste Bundesland, aber die älteste Stadtrepublik überhaupt. Bremen habe Probleme, vor allem bei den Werften, wo viele Arbeitsplätze verlorengegangen seien. Seine Lage sei nicht so gut wie die von Rostock. Bremen lege seit jeher Wert auf Völkerverständigung und Zusammenarbeit. Von Bremen seien schon immer Impulse für die Friedenssicherung ausgegangen. K. Wedemeier verwies auf das verdienstvolle Wirken von Wilhelm Pieck in Bremen.[2]

Jetzt bestehe zum ersten Mal die Chance, wirkliche Abrüstungsschritte zu erreichen und die Atomwaffen von deutschem Boden zu entfernen. Die BRD und die DDR hätten in ihren Bündnissen die besondere Verpflichtung, diesen Prozeß voranzubringen. Das schaffe auch gute Voraussetzungen, um die bilateralen Beziehungen weiter zu entwickeln. Die Landesregierung Bremen trete für die doppelte Null-Lösung ein. Sie unterstütze die Vereinbarungen zwischen der SED und der SPD über kern- und chemiewaffenfreie Zonen. Sie unterstütze auch ausdrücklich die Erklärung, die beim kürzlichen Besuch von H.-J. Vo-

---

[1] Am Bürgermeistertreffen in Berlin (Ost) vom 1. – 5. 6. 1987 aus Anlaß der 750-Jahr-Feier nahmen Stadtoberhäupter von 168 Städten in 83 Ländern teil. Vgl. AdG 1987, S. 31198.

[2] Wilhelm Pieck, Staatspräsident der DDR 1949–1960, war von 1905–1910 Mitglied der Bremer Bürgerschaft gewesen.

gel in der DDR vereinbart wurde.[3] Die Entwicklung des Dialogs zwischen der DDR und der BRD sei positiv. Der Erklärung zwischen E. Honecker und H. Kohl vom 12. März 1985[4] komme dabei besondere Bedeutung zu. Wenn man realistisch herangehe, gebe es noch bedeutende Möglichkeiten, in den Beziehungen weiterzukommen. Bei der Städtepartnerschaft mit Rostock sei Bremen besonders interessiert an der Verstärkung des gegenseitigen Austausches, z. B. beim Sport und bei der Jugend.

E. Honecker erklärte zu den Darlegungen K. Wedemeiers, sie gingen von dem einzig richtigen Standpunkt aus, daß beide deutsche Staaten eine besondere Verantwortung für Frieden, Entspannung und Zusammenarbeit hätten. E. Honecker bedankte sich für die Übergabe der Broschüre mit Reden von Wilhelm Pieck in Bremen. Er sei beeindruckt von dessen Wirken auf kommunalpolitischem Gebiet in Bremen. W. Pieck habe eine hervorragende Rolle als erster Präsident der DDR gespielt. Er bedeute uns sehr viel.

Die Entwicklung habe sich so vollzogen, daß heute zwei deutsche Staaten mit unterschiedlicher Gesellschaftsordnung und Bündniszugehörigkeit bestehen. Daran könne nicht gerüttelt werden. Dies sei auch der Kern der Gemeinsamen Erklärung zwischen ihm und H. Kohl vom 12. März 1985.

K. Wedemeier habe mit Recht von der Chance für die Abrüstung gesprochen. Diese Chance sei in der Tat einmalig. Nachdem sich die UdSSR und die USA darauf verständigt hätten, daß es in einem Krieg weder Sieger noch Besiegte geben könne, gebe es nur eine Schlußfolgerung, man müsse lernen, miteinander zu leben. Ein Zusammenleben unter der Drohung mit der nuklearen Abschreckung sei keine annehmbare Perspektive für die Menschheit. [...]

[...] Es wäre gut, wenn man die Militärausgaben wesentlich reduzieren und für zivile Zwecke verwenden könnte, nicht zuletzt für die Unterstützung der Entwicklungsländer. Deshalb sei auf der kürzlichen Tagung des Warschauer Vertrages auch eine Erklärung über die Notwendigkeit der Unterstützung der Entwicklungsländer angenommen worden.[5] In dieser Frage gebe es weitgehende Übereinstimmung mit der SPD.

E. Honecker betonte die Bereitschaft der DDR, die Konsultationen mit der BRD zu Fragen der Abrüstung und Sicherheit regelmäßig weiter zu führen.

---

[3] Siehe Nr. 39.

[4] Siehe Nr. 16.

[5] Gemeint war das von der Tagung des Politischen Beratenden Ausschusses der Warschauer Pakt-Staaten am 29./30. 5. 1987 in Berlin (Ost) verabschiedete Dokument »zur Überwindung der Unterentwicklung und zur Schaffung einer neuen internationalen Wirtschaftsordnung«. – Vgl. AdG 1987, S. 31106ff., bes. S. 31109ff.

K. Wedemeier erwiderte, er sei hoffnungsvoll, daß es zu Fortschritten bei der Abrüstung kommen werde, nicht zuletzt angesichts des Drucks der Öffentlichkeit.

Zu den Beziehungen zwischen der DDR und der BRD erklärte E. Honecker, es bewege sich einiges trotz gewisser Irritationen in letzter Zeit. Wir wollen das verwirklichen, was in der Erklärung mit H.-J. Vogel zum Ausdruck komme. Die DDR sei für die Entwicklung der Zusammenarbeit auf politischem, wissenschaftlichem und kulturellem Gebiet.

K. Wedemeier sagte, Bremen habe schon sehr früh Handelsbeziehungen mit der DDR aufgenommen. Bremen sei der Sitz des Handelsvereins BRD – DDR. Man sei interessiert, im Frühjahr 1988 im Handelszentrum in Berlin eine Ausstellung über neue Technologien im Bereich der Lebensmittelindustrie zu zeigen. Man wolle auch, daß sich DDR-Firmen in Bremen präsentieren. Für die Leipziger Frühjahrsmesse 1988 bereite man einen firmenbezogenen Stand vor. K. Wedemeier verwies auf Schwierigkeiten im Telefonverkehr nach dem Norden der BRD.

Ein großes Problem für Bremen sei die Versalzung der Weser. Er sei sehr interessiert, daß es in den Fragen der Entsalzung von Werra und Weser vorwärts gehe.

E. Honecker erwiderte, daß die Tätigkeit des Handelsvereins BRD – DDR hoch eingeschätzt werde. Die DDR sei interessiert, den Handel mit Bremen zu entwickeln. Der Wunsch nach einer Ausstellung im Handelszentrum werde ernsthaft geprüft. Wedemeier werde über die Entscheidung informiert. Was die Telefonverbindungen betreffe, so müsse man prüfen, was verbessert werden könne. Die Umstellung auf Lichtleiterkabel werde insgesamt wirksame Veränderungen bringen.

Was die Versalzung der Werra und Weser betreffe, so müsse man auch darauf verweisen, daß die Kaliabwässerverpressung durch die BRD die Sicherheit des Kaliabbaus in der DDR gefährde. Die DDR sei für die Fortführung der Verhandlungen. Dabei müßte ein annehmbarer Interessenausgleich gefunden werden. Die DDR habe ihre Position in einer Erklärung vom 3. Juni gegenüber der BRD nochmals klargestellt.[6] E. Honecker übergab K. Wedemeier den Text dieser Erklärung.

H. O. Bräutigam[7] warf ein, das Papier der DDR werde geprüft. Auch die BRD wolle ein gegenseitig akzeptables Ergebnis und die Verhandlungen zum schnellstmöglichen Zeitpunkt fortsetzen.

K. Wedemeier bedankte sich dafür, daß die DDR umfangreiche und wertvolle Archivalien an Bremen zurückgegeben habe. Er rege an, daß nun auch eine Verständigung über den Austausch kriegsbedingt verlagerter Museumsgüter erfolgen solle.

[6] Vgl. dazu Nr. 41 und 43.
[7] Zu den weiteren Teilnehmern an der Unterredung siehe Ende des Textes.

E. Honecker erklärte, die DDR sei dafür. Was ausgelagert wurde, müsse an den früheren Standort zurück. Für Hemmnisse liege die Ursache nicht bei der DDR. Es gehe hier bekanntlich um die Frage der ›Stiftung Preußischer Kulturbesitz‹. Die DDR halte ihren Anspruch aufrecht, daß alles zurückgeführt werde.

K. Wedemeier verwies darauf, daß Bremen im Kulturaustausch mit der DDR viel getan habe, u. a. durch Kunstausstellungen. Bremen möchte das fortsetzen, z. B. erneut DDR-Kulturtage durchführen und Bremer Kulturtage in der DDR veranstalten. Man sei an Kontakten zwischen dem Mecklenburgischen Folklore-Institut und dem Zentrum für niederdeutsche Sprache in Bremen interessiert. Bremen möchte auch in die Zusammenarbeit auf der Grundlage des Abkommens über Wissenschaft und Technik einbezogen werden, einschließlich der Zusammenarbeit zwischen Hochschulen. Schließlich gebe es den Wunsch, die bereits bestehende Zusammenarbeit zwischen dem Institut für Herz- und Kreislaufforschung der DDR in Buch und dem entsprechenden Institut in Bremen auszubauen.

E. Honecker erwiderte, daß wir den Kulturaustausch mit Bremen positiv einschätzen. Die DDR sei bereit, Bremen stärker zu berücksichtigen. Vielleicht könnte man im Rahmen der Städtepartnerschaft damit in Rostock beginnen. Man könne sich direkt mit dem Folklore-Institut in Verbindung setzen und auf Bezirksebene eine entsprechende Vereinbarung treffen. Wenn das Abkommen Wissenschaft und Technik unterzeichnet sei, könne man entsprechende Projekte in bezug auf Bremen prüfen, auch z. B. unter Einbeziehung der Universität Rostock. Was die Zusammenarbeit der Institute in Buch und Bremen betreffe, werde dies geprüft werden. Im Prinzip stehe dem nichts entgegen.

K. Wedemeier lud E. Honecker bei einem BRD-Besuch nach Bremen ein. E. Honecker dankte für die Einladung. Ob er im Rahmen eines BRD-Besuches Bremen besuchen könne, könne er jetzt nicht sagen. Vorgesehen seien Besuche in Nordrhein-Westfalen, im Saarland und in Bayern.

K. Wedemeier drückte seine Genugtuung darüber aus, demnächst eine Delegation der FDJ-Fraktion der Volkskammer in Bremen begrüßen zu können. Er bedankte sich für die Einladung E. Honeckers zur Teilnahme am Staatsakt zur 750-Jahr-Feier Berlins am 23. Oktober; mit der offiziellen Antwort möchte er jedoch bis nach den Bremer Wahlen im September warten.[8]

Abschließend wünschte E. Honecker K. Wedemeier noch einen angenehmen und nützlichen Aufenthalt in Rostock. Er bat ihn, herzliche Grüße an H.-J. Vogel zu übermitteln.

---

[8] Die Wahlen zum Bremer Landesparlament fanden am 13. 9. 1987 statt.

An dem Gespräch nahmen teil:

Staatssekretär Frank-Joachim Herrmann, Leiter der Kanzlei des Vorsitzenden des Staatsrates; Karl Seidel, Leiter der Abteilung BRD im MfAA; Dr. Hans Otto Bräutigam, Leiter der Ständigen Vertretung der BRD in der DDR; Dr. Hans Helmut Euler, Staatsrat, Chef der Senatskanzlei von Bremen; Reinhold Ostendorf, Leiter der Pressestelle des Senats.

Seidel *[Unterschrift]*

41. Bericht über Honeckers Besuch in der Bundesrepublik, 7. – 11. September 1987

SAPMO ZPA IV 2/2A/3054: »Bericht über den offiziellen Besuch des Generalsekretärs des Zentralkomitees der Sozialistischen Einheitspartei Deutschlands und Vorsitzenden des Staatsrates der Deutschen Demokratischen Republik, Erich Honecker, in der Bundesrepublik Deutschland vom 7. bis 11. September 1987«

1.
Der offizielle Besuch fand auf Einladung des Bundeskanzlers der BRD, Helmut Kohl, statt.

Der Beschluß des Politbüros des ZK der SED vom 30. 6. 1987 wurde erfüllt.

Genosse Erich Honecker hatte eine Begegnung mit Bundespräsident Richard von Weizsäcker in dessen Amtsräumen, die in offener und aufgeschlossener Atmosphäre verlief. Weizsäcker wurde zu einem Besuch der DDR eingeladen, die Einladung wurde mit Dank angenommen. Bundespräsident R. v. Weizsäcker gab zu Ehren Erich Honeckers ein Essen, bei dem Toaste ausgetauscht wurden.

Im Mittelpunkt der Begegnungen des Genossen Erich Honecker in Bonn standen intensive Gespräche mit Bundeskanzler Helmut Kohl in dessen Amtssitz. Sie fanden sowohl im offiziellen Rahmen als auch im engeren Kreis statt. In den Gesprächen wurden durch Genossen Erich Honecker die Fragen der Friedenssicherung, Abrüstung und Entspannung in den Mittelpunkt gestellt. Ferner fand ein Meinungsaustausch zu Stand und Perspektive der bilateralen Beziehungen statt. Die Beratungen verliefen in einer sachlichen Atmosphäre.

Bundeskanzler H. Kohl gab zu Ehren des Genossen Erich Honecker am 7. September ein Essen. Genosse Erich Honecker lud am 8. September zu einem Essen ein. Bei beiden Essen wurden Toaste ausgetauscht.

In Bonn hatte Genosse Erich Honecker eine Begegnung mit dem Präsidenten des Bundestages der BRD, Philipp Jenninger. Genosse Erich Honecker verwies auf die Verantwortung der Parlamente für die Sicherung des Friedens und die Bedeutung normaler Beziehungen zwischen Volkskammer und Bundestag.

Genosse Erich Honecker empfing in seiner Residenz Schloß Gymnich den Vorsitzenden der DKP, Herbert Mies; den Vorsitzenden der SPD und Vorsitzenden der SPD-Bundestagsfraktion, Hans-Jochen Vogel; den Vorsitzenden der SPD-Landtagsfraktion in Schleswig-Holstein, Björn Engholm; den Vorsitzenden der CDU/CSU-Bundestagsfraktion, A. Dregger, und den Vorsitzenden der CSU-Landesgruppe im Bundestag, Theo Waigel; den Vorsitzenden der FDP-Bundestagsfraktion, Wolfgang Mischnick, sowie die Fraktionssprecher der Grünen im Bundestag, Waltraud Schoppe, Karitas Hensel und Regina Michalik.

Ebenfalls in Gymnich hatte Genosse Erich Honecker eine Begegnung mit dem Ministerpräsidenten von Baden-Württemberg, Lothar Späth (CDU).

Genosse Erich Honecker besuchte den früheren Vorsitzenden der SPD-Bundestagsfraktion, Herbert Wehner, in dessen Wohnung in Bonn.

Vor dem von ihm gegebenen Essen in Bonn hatte Genosse Erich Honecker eine Begegnung mit den Vertretern der Grünen Gert Bastian und Petra Kelly. Im Anschluß an das Essen empfing er den Ehrenvorsitzenden der SPD, Willy Brandt.

In Köln traf Genosse Erich Honecker auf Einladung von Otto Wolff von Amerongen im Haus des »Deutschen Industrie- und Handelstages« mit zahlreichen führenden Vertretern der Wirtschaft der BRD zusammen. Daran nahmen auch Generaldirektoren von Kombinaten und Außenhandelsbetrieben der DDR teil.

Genosse Erich Honecker hatte in Düsseldorf eine Begegnung mit dem Ministerpräsidenten von Nordrhein-Westfalen, Johannes Rau (SPD), der ein Essen gab. Nach dem Essen traf Genosse Erich Honecker mit dem früheren BRD-Bundeskanzler Helmut Schmidt zusammen.

Genosse Erich Honecker besuchte Wuppertal und besichtigte das Friedrich-Engels-Haus.

In Essen besuchte Erich Honecker Villa Hügel und traf dort mit dem Vorsitzenden der Krupp-Stiftung, Berthold Beitz, und mit Persönlichkeiten aus Wirtschaft, Wissenschaft und Kultur der BRD zusammen. In Essen hatte Genosse Erich Honecker eine herzliche Begegnung mit dem Antifaschisten Albert Weichert.

In Trier führte Genosse Erich Honecker ein Gespräch mit dem Ministerpräsidenten von Rheinland-Pfalz, Bernhard Vogel (CDU), und besuchte in dessen Begleitung das Karl-Marx-Haus. B. Vogel gab für Genossen Erich Honecker ein Essen.

Genosse Erich Honecker traf im Saarland mit dem Ministerpräsidenten des Saarlandes, Oskar Lafontaine, zusammen, der für ihn ein offizielles Essen gab. Bei einem vorherigen freundschaftlichen Beisammensein in einem kleinen Kreis hatte Genosse Erich Honecker ein Gespräch mit dem Vorsitzenden der SPD-Fraktion des Landtages von Niedersachsen, Gerhard Schröder.

Genosse Erich Honecker besuchte Neunkirchen und wurde dort von Oberbürgermeister Peter Neuber (SPD) willkommen geheißen. Er hatte ein Zusammentreffen mit Bürgern Neunkirchens im Bürgerhaus.

In München traf Genosse Erich Honecker mit dem Ministerpräsidenten von Bayern, Franz Josef Strauß (CSU), zusammen, der für Genossen Erich Honecker ein Essen gab.

Genosse Erich Honecker besuchte das ehemalige Konzentrationslager Dachau und legte an der Gedenkstätte einen Kranz nieder. Auf dem Gelände des Konzentrationslagers traf er mit Antifaschisten aus der BRD zusammen. Erich Honecker wurde vom Oberbürgermeister von Dachau, Lorenz Reitmeier, von Vertretern der katholischen und evangelischen Kirchen sowie vom Präsidenten der israelitischen Kultusgemeinde von Bayern, Simon Snopkowski, begrüßt. Mitglieder des Komitees der Antifaschistischen Widerstandskämpfer der DDR wohnten der Begegnung bei. Sie legten im Auftrag Erich Honeckers Kränze an Gedenkstätten der katholischen, evangelischen und jüdischen Opfer des Faschismus sowie am ehemaligen Krematorium nieder.

Die Gespräche und Begegnungen fanden in sachlicher und aufgeschlossener Atmosphäre statt. Bei Begegnungen mit der BRD-Bevölkerung wurde Genosse Erich Honecker ein herzlicher Empfang zuteil.

Genosse Günter Mittag und Genosse Gerhard Beil erörterten mit dem Wirtschaftsminister der BRD, Martin Bangemann (FDP), Fragen der Handels- und Wirtschaftsbeziehungen zwischen der DDR und der BRD.[1] Sie hatten im Saarland eine Begegnung mit Vertretern der Wirtschaft und des Handwerks.[2]

Genosse Oskar Fischer führte in Bonn Gespräche mit dem Außenminister der BRD, Hans-Dietrich Genscher, sowie mit Bundesminister Frau Dorothee Wilms.[3] Er traf mit dem Oberbürgermeister von Saar-

---

[1] Die »Aktennotiz« über dieses Gespräch ist abgedruckt in: Honecker (1994), S. 218–220.

[2] Die sog. »Mitteilung« über dieses Treffen am 10. 9. 1987 ist publiziert ebd. S. 221.

[3] »Anlage 24« ist der achtseitige »Vermerk über das Gespräch des Genossen Oskar Fischer mit Frau Bundesminister Dorothee Wilms im Bundeskanzleramt am 7. September 1987«. Danach konzentrierte sich Frau Wilms vorrangig auf »Reisemöglichkeiten und menschliche Kontakte«. Zu lösen seien noch »Probleme« wie »Reiseverweigerungen für ehemalige DDR-Bürger«, Einreiseverbote für einzelne Personen, »Kontakt- und Reiseverbote für DDR-Bürger«, die Einbeziehung und besondere Wünsche Westberlins, Mindestumtausch, Erweiterung des »kleinen Grenzverkehrs« etc. und »die Lage an der Grenze«, wo »mit dem Abbau der Minen- und Selbstschußanlagen ein Schritt in die richtige Richtung gegangen worden« sei. »Jetzt hoffe man, daß der Schußwaffengebrauch in der DDR tatsächlich modifiziert werde.« – »Weitere Wünsche beträfen« Fragen der sog. Altguthaben, »humanitäre Hilfe bei Häftlingen«, »sogenannte Benachteiligungen für DDR-Bürger, die einen Ausreiseantrag stellen«, einzelne humanitäre Fälle, aufgeführt in einer Liste, Pflege von Soldatengräbern, Werra-Entsalzung, Elb-Verschmutzung etc. – Fischer vertrat in bezug auf »Grenzregime« und »Kontaktverbote« die bekannten Positionen Honeckers. Nach dem »Vermerk« verstand sich Frau Wilms dazu, daß bei der »Elbgrenze« gegenwärtig ein »Prozeß der Neubewertung der Dokumente« stattfinde, der bei der Staatsbürgerschaft gelegentlich »Pannen« vorkämen, bei Salzgitter die Bundesregierung hoffe, daß es »eines Tages nicht mehr existieren müsse«. – Nach dem »Vermerk über das Gespräch des Ministers für Auswärtige Angelegenheiten der DDR, Genossen Oskar Fischer, mit dem Vizekanzler und Bundesminister des Auswärtigen der BRD, Hans-Dietrich Genscher, in dessen Arbeitszimmer im Auswärtigen Amt in Bonn am 8. September 1987« (»Anlage 23«) »begrüßte« Genscher »die Möglich-

brücken, H.-J. Koebnick, und anderen Bürgern im Saal des Rathauses zusammen und trug sich in das Goldene Buch der Stadt ein.

Während des Besuches wurden durch die Genossen Hans Reichelt, Herbert Weiz und Georg Sitzlack unterzeichnet:

– Vereinbarung zur weiteren Gestaltung der Beziehungen auf dem Gebiet des Umweltschutzes;
– Abkommen über die Zusammenarbeit auf den Gebieten von Wissenschaft und Technik;
– Vereinbarung auf dem Gebiet des Strahlenschutzes.[4]

Über den Besuch wurde ein »Gemeinsames Kommuniqué« vereinbart und am 8. September 1987 veröffentlicht.[5]

2.

In seinen Ausführungen zur internationalen Lage verwies Genosse Erich Honecker auf die Notwendigkeit gemeinsamen Handelns aller Staaten, um das Wettrüsten zu beenden und eine Wende von der Konfrontation zu Abrüstung, Entspannung und Zusammenarbeit durchzusetzen. Bestehende Differenzen dürften kein Hindernis für das Zusammenwirken gegen die Gefahr eines Nuklearkrieges sein. Schlüsselfrage sei jetzt ein Abkommen über die Beseitigung nuklearer Mittelstreckenraketen längerer und kürzerer Reichweite. Es eröffne die Möglichkeit, zum ersten Mal zu tatsächlicher Abrüstung zu kommen und das Tor zu weiteren Schritten der Abrüstung zu öffnen. Die gebotene Chance müsse genutzt werden.

Genosse Erich Honecker hob die Notwendigkeit hervor, daß beide deutsche Staaten die doppelte Null-Lösung bei den Mittelstreckenraketen ohne Wenn und Aber unterstützen. Noch bestehende Hindernisse müßten überwunden werden. Hier müßte die Haltung der BRD eindeutig sein und bleiben. Dies betreffe nicht zuletzt die Pershing Ia-Raketen. (In diesem Zusammenhang wurde H. Kohl über das Gespräch mit Armand Hammer informiert.[6])

Genosse Erich Honecker verwies auf die große Bedeutung der Berliner Gipfelkonferenz der Staaten des Warschauer Vertrages.[7] Auf der Tagung seien Wege und Möglichkeiten zur Beseitigung der nuklearen

keit«, sich »auch im Bonner Auswärtigen Amt zu einem Gespräch zu sehen«, nachdem sich beide »an vielen Plätzen der Welt getroffen haben«. Genscher akzentuierte vor allem die Abrüstungsfragen. – Diese beiden Gesprächsvermerke sind abgedruckt in: Honecker (1994), S. 222–226 (Fischer – Genscher) und S. 227–234 (Fischer – Wilms).

[4] Die Abkommen, Vereinbarungen und die bei der Unterzeichnung abgegebenen Erklärungen sind u. a. abgedruckt in: Texte zur Deutschlandpolitik III/5 (1987), S. 211–224; vgl. auch AdG 1987, S. 31410 f.

[5] Das »Gemeinsame Kommuniqué« wurde am 8. 9. 1987 veröffentlicht. Abgedruckt ist es u.a. in: Texte zur Deutschlandpolitik III/5 (1987), S. 203 ff.; AdG 1987, S. 31411.

[6] Armand Hammer, amerikanischer »business man«, der sich um Brückenschläge zu dem Sowjetimperium bemühte und der zuvor die DDR besucht hatte.

[7] Sie hatte am 28./29. 5. 1987 stattgefunden.

Gefahr, zur Befreiung der Menschheit von der Last der atomaren und konventionellen Rüstungen aufgezeigt worden. Eine wichtige Rolle spiele der Vorschlag, Gespräche über die Militärdoktrinen zu führen. Der Warschauer Vertrag sei bereit, alles zu tun, damit jede Seite von der Nichtangriffsfähigkeit der anderen Seite überzeugt werde.

Genosse Erich Honecker betonte, daß die Warschauer Vertragsstaaten für eine radikale Reduzierung der strategischen Offensivwaffen, für die strikte Einhaltung des ABM-Vertrages sowie für das Verbot der Kerntests eintreten und dafür sind, noch in diesem Jahr ein Abkommen über das globale Verbot der chemischen Waffen zu erreichen. Genosse Erich Honecker bekräftigte, daß bei Fortschritten auf dem Weg der Befreiung Europas von Kernwaffen das Problem der Reduzierung der Streitkräfte und konventionellen Rüstungen wachsende Bedeutung für die internationale Sicherheit erlange. Die nukleare Abrüstung solle durch entsprechende Maßnahmen auf konventionellem Gebiet ergänzt werden. Vorhandene Asymmetrien müßten nicht durch Nachrüstung, sondern durch Abrüstung ausgeglichen werden.

Genosse Erich Honecker hob nachdrücklich die Verantwortung beider deutscher Staaten für die Friedenssicherung hervor. Sie sei die Kernfrage des Verhältnisses zwischen DDR und BRD. Die DDR unterstütze den Gedanken einer Verantwortungsgemeinschaft und Sicherheitspartnerschaft. Sie stehe zu der Verpflichtung, alles zu tun, damit von deutschem Boden nie wieder Krieg, sondern nur noch Frieden ausgehe. Genosse Erich Honecker verwies darauf, daß die DDR als spezifischen Beitrag der DDR und der BRD dazu die Schaffung eines atomwaffenfreien Korridors in Mitteleuropa und einer chemiewaffenfreien Zone in Europa betrachtet.

Genosse Erich Honecker informierte über das gesellschaftliche Leben, die dynamische Entwicklung der Volkswirtschaft, die soziale und kulturelle Entwicklung der DDR. Das Lebensniveau des Volkes wurde systematisch gehoben. Zur Weiterführung ihres Kurses brauche die DDR nichts dringlicher als den Frieden. Sie gewährleiste die praktische Verwirklichung der Menschenrechte.

Bundeskanzler Helmut Kohl verwies darauf, daß er gegenwärtig eine günstige internationale Situation sehe, deren Möglichkeiten genutzt werden müßten, um Fortschritte bei Abrüstung und Rüstungskontrolle zu erreichen. Die BRD-Regierung wolle solche Fortschritte. Sie trete für ein Abkommen zwischen den USA und der Sowjetunion über die Beseitigung der Mittelstreckenwaffen ein. Dies müsse noch zur Amtszeit Reagans erreicht werden. Dies sei ein wichtiges Element in einem Gesamtkonzept der Abrüstung. Die BRD lege großen Wert darauf, daß dann auch über die Frage der Raketen bis 500 km und über die konventionelle Abrüstung gesprochen werde, wo es ein Übergewicht der Sowjetunion gebe. Sie trete für die weltweite Beseitigung der chemischen Waffen ein. Mit seiner Erklärung zu den Pershing Ia habe er deutlich gemacht, daß die BRD zu ihrem Ziel stehe: Frieden schaffen mit weniger Waffen. Beide deutsche Staaten müßten ihren Beitrag zum Frieden leisten und in ihren Bündnissen dafür wirken. Jeder sollte das Notwendige tun, um das Klima zwischen Ost und West zu verbessern. Dabei hätten solche Fragen wie Wirtschaft, Kultur und Menschenrechte besonderes Gewicht. Die BRD wolle ihre Beziehungen zur Sowjetunion und den anderen sozialistischen Staaten verbessern.

3.

Eine bedeutsame Rolle in den Gesprächen spielten Stand und Entwicklung der bilateralen Beziehungen.

Genosse Erich Honecker hob hervor, daß die DDR die weitere Normalisierung der Beziehungen zwischen beiden deutschen Staaten als wichtigen Beitrag zur Entspannung betrachtet. Die DDR halte an der Vertragspolitik mit der BRD fest. Der Grundlagenvertrag und die Gemeinsame Erklärung vom 12. März 1985 würden dafür gute Voraussetzungen bieten. Es müsse von den Realitäten, von der Existenz zweier voneinander unabhängiger, souveräner deutscher Staaten mit unterschiedlicher Gesellschaftsordnung und Bündniszugehörigkeit ausgegangen werden. Alles andere seien Wunschträume.

Genosse Erich Honecker verwies auf die Fortschritte in den Beziehungen in den letzten Jahren, darunter auch im Reise- und Besucherverkehr. Bei Vernunft und gutem Willen könne man gut vorankommen.

Genosse Erich Honecker hob nachdrücklich die Notwendigkeit hervor, die noch offenen politischen Grundfragen zu regeln. Er unterstrich die Bereitschaft der DDR, die politischen Beziehungen auszubauen, bei anstehenden Sachfragen zu gegenseitig annehmbaren Regelungen zu kommen und die Handels- und Wirtschaftsbeziehungen zum gegenseitigen Vorteil zu entwickeln.

Bundeskanzler Helmut Kohl erklärte im Hinblick auf die bilateralen Fragen, ungeachtet der Gegensätze in Grundsatzfragen solle die praktische Zusammenarbeit entwickelt werden. Die BRD bekenne sich zum Grundlagenvertrag. Sie halte fest an der »Einheit der Nation«, sie wolle, daß »alle Deutschen in gemeinsamer Freiheit zueinander finden könnten«. Die BRD bekenne sich zum Gewaltverzicht. Sie achte die bestehenden Grenzen, wolle aber die Teilung auf friedlichem Weg überwinden. An der »Grenze mitten durch Deutschland dürfe Androhung von Gewalt nicht länger ein Mittel der Politik sein«. Wirklicher Friede sei nicht möglich ohne Gewährleistung der Menschenrechte. Die BRD stehe zum Vierseitigen Abkommen. Die Entwicklung der Bindungen »des westlichen Teils der Stadt an die BRD« sei unverzichtbar. Bei den Beziehungen zwischen der DDR und der BRD könne

Westberlin nicht ausgeklammert werden. In den Beziehungen müsse
man sich auf das Machbare konzentrieren und sich nicht überfordern.
Für die BRD stünden Kontakte zwischen den Menschen im Vordergrund.

H. Kohl sprach sich für die Entwicklung der Wirtschaftsbeziehungen aus. Es gehe insgesamt um eine Entwicklung der Zusammenarbeit,
wo immer dies möglich sei. Nach eingehenden Diskussionen gab H.
Kohl die vertrauliche Zusicherung, sich für eine einvernehmliche Regelung der Frage der Elbgrenze in kurzer Frist einzusetzen. In einem Gespräch Erich Honeckers mit E. Albrecht trat dieser ebenfalls in diesem
Sinne auf.[8]

4.
Zusammenfassende Wertung:

1. Der erste offizielle Besuch des Genossen Erich Honecker in der BRD
war ein bedeutender politischer Erfolg für die DDR, ein wichtiges Ergebnis ihrer Politik der Vernunft und des Realismus. Der Besuch ist das
wichtigste Ereignis in den Beziehungen zwischen der DDR und der
BRD seit Abschluß des Grundlagenvertrages. Er ist von weitreichender
Wirkung und historischer Bedeutung. Neben dem Grundlagenvertrag
und der Gemeinsamen Erklärung vom 12. März 1985 bildet das Gemeinsame Kommuniqué über den Besuch vom 8. September 1987 die
Basis für die künftige Gestaltung der Beziehungen mit der BRD. Das
Stattfinden des Besuches und die durchgesetzte politische und protokollarische Behandlung des Genossen Erich Honecker als Staatsober-
haupt eines anderen souveränen Staates dokumentierten vor aller Welt
Unabhängigkeit und Gleichberechtigung beider deutscher Staaten, un-

---

[8] In den »Anlagen« zu dem Bericht, in denen die verschiedenen Gespräche dokumentiert sind,
gibt es dazu keine Niederschrift. Wie Ministerpräsident a.D. Ernst Albrecht am 12. 9. 1994
schrieb, existieren auch keine Aufzeichnungen von seiner Seite. In dem »ungestörten, zwanglo-
sen Gespräch«, das nach dem offiziellen Essen beim Kaffee stattfand, habe er Honecker »folgendes« dargelegt: »Weder ihm noch mir gehe es in der Frage der Elbgrenze um ein paar Qua-
dratmeter Wasser.« Er wisse, daß die DDR »auf einem Grenzverlauf Mitte Strom bestehe«;
»wir wiederum« könnten sie »auf keinen Fall« in Strommitte festsetzen. – Er wolle »ihm aber
einen Vorschlag« machen und sich auf die Lösung der Meinungsverschiedenheiten über den
Verlauf der Grenze zwischen Niedersachsen und den Niederlanden beziehen. »Dort hätten wir
das Problem gelöst, indem wir, d. h. die Bundesrepublik Deutschland, Verträge mit den Niederlanden geschlossen hätten, die von dem Satz ausgingen: ›Unbeschadet der unterschiedlichen
Rechtsauffassungen über den Verlauf der Grenze ... vereinbaren die Vertragspartner...‹ Auf
dieser Grundlage hätten wir alle wichtigen Fragen betreffend die Schiffahrt, die Wasserschutzpolizei, die Zollkontrollen, die wasserbaulichen Maßnahmen usw. praxisorientiert geregelt. Ich
würde ihm vorschlagen, daß die Bundesrepublik und die DDR in bezug auf den fraglichen El-
be-Abschnitt ähnlich verfahren sollten. – Herr Honecker stellte mehrere Fragen und erklärte
dann am Schluß unseres Gesprächs, er halte das für einen interessanten Vorschlag, der vielleicht
einen für beide Seiten gangbaren Weg weise.« – Zur Erörterung der Elbfrage bei den Gesprächen im Kanzleramt siehe Nr. 43.

terstrichen ihre Souveränität und den völkerrechtlichen Charakter ihrer Beziehungen. Damit wurde allen revanchistischen und »innerdeutschen« Bestrebungen ein schwerer Schlag versetzt. Das konnten auch Äußerungen von Kohl und anderen über »Rechtspositionen« und zur »Einheit der Nation« nicht ändern.

Es ist bedeutungsvoll, daß gerade eine CDU/CSU-geführte Regierung gezwungen war, dem Besuch und seinem Ablauf in dieser Form zuzustimmen. Sie konnte nicht umhin, den Nachkriegsgegebenheiten in Europa und dem Willen der Mehrheit der BRD-Bevölkerung für Frieden, Entspannung und normale Beziehungen zur DDR Rechnung zu tragen.

Verlauf und Ergebnisse des Besuches des Genossen Erich Honecker widerspiegeln das gestiegene Ansehen der DDR, die Kraft ihrer Friedenspolitik und ihre gewachsene internationale Ausstrahlung.

2. Angesichts der komplizierten internationalen Lage hatten die Gespräche zwischen dem Generalsekretär des ZK der SED und Vorsitzenden des Staatsrates der DDR, Genossen Erich Honecker, und dem Bundeskanzler der BRD, Helmut Kohl, sowie anderen führenden Persönlichkeiten der BRD großes Gewicht, um den Frieden zu festigen und der Gefahr eines nuklearen Infernos entgegenzuwirken.

Ausgehend von der Rolle der BRD bei der Friedenssicherung in Europa war der Besuch ein bedeutungsvoller Schritt, um die BRD weiter an den Prozeß der friedlichen Koexistenz zu binden. Der Konfrontationspolitik der USA wurde entgegengewirkt. Dabei wurde an Interessenunterschiede der BRD gegenüber den USA angeknüpft. Damit leistete die DDR einen wichtigen Beitrag zur praktischen Umsetzung der Friedenspolitik der sozialistischen Staaten, insbesondere der bedeutsamen Initiativen von M. Gorbatschow und der Berliner Gipfelkonferenz des Warschauer Vertrages.

Der Besuch hatte herausragendes internationales Gewicht. Er ist ein bedeutungsvoller Beitrag zur Verbesserung des Klimas in Europa sowie zur weiteren Festigung der internationalen Stellung der DDR; er stärkt die DDR als gleichberechtigten Partner in den Beziehungen zu anderen kapitalistischen Industrieländern.

3. Durch sein offensives Auftreten leistete Genosse Erich Honecker einen entscheidenden Beitrag, um die Politik des sozialistischen deutschen Staates und der sozialistischen Staaten zu den Fragen des Friedens, der Abrüstung und Entspannung umfassend und überzeugend darzulegen, die Position realistisch eingestellter Kräfte innerhalb der herrschenden Kreise der BRD zu stärken, eine Koalition der Vernunft und des Realismus zu fördern und den Differenzierungsprozeß in der Regierungskoalition bis in die CDU/CSU hinein zu verstärken.

Die DKP, die Friedensbewegung und alle demokratischen, friedliebenden Kräfte in der BRD wurden unterstützt. Der Besuch hatte positive Wirkungen zur Unterstützung der Politik der SPD.

4. Genosse Erich Honecker stellte die gemeinsame Auffassung, wonach von deutschem Boden nie wieder Krieg, sondern stets nur Frieden ausgehen dürfe, in den Mittelpunkt des Besuches. Beiden deutschen Staaten erwachse die Verpflichtung, aktiv für Frieden, Abrüstung und Entspannung nach dem Prinzip der Gleichheit und gleichen Sicherheit einzutreten. Die DDR und die BRD müßten einen wichtigen Beitrag leisten, um die Abrüstung voranzubringen und die friedliche Zusammenarbeit in Europa zu fördern. Nur so würden sie der Verantwortungsgemeinschaft für den Frieden gerecht. Bundeskanzler Kohl mußte dem zustimmen.

Genosse Erich Honecker stellte die Notwendigkeit des Abschlusses einer Vereinbarung über die globale Beseitigung der Mittelstreckenraketen in den Mittelpunkt als Einstieg zur nuklearen Abrüstung und begründete die Vorschläge zur Schaffung eines kernwaffenfreien Korridors in Mitteleuropa und einer chemiewaffenfreien Zone in Europa.

Es wurde unterstrichen, daß sich die Beziehungen zwischen der DDR und der BRD nicht von der internationalen Entwicklung abkoppeln lassen und daß beide Staaten zugleich aktiv und positiv darauf einwirken müssen. Für die DDR sei und bleibe die Friedensfrage die alles übergreifende Frage auch für die bilateralen Beziehungen.

Bundeskanzler Kohl konnte nicht umhin, den Willen der BRD zu betonen, zur Abrüstung und Entspannung beizutragen und die Unterstützung der globalen doppelten Null-Lösung bei den Mittelstreckenraketen zu bekräftigen. Noch vor dem Besuch war er zu der Erklärung über die Beseitigung der Pershing Ia gezwungen. Die dadurch möglich gewordene Übereinstimmung in der Unterstützung der globalen doppelten Null-Lösung durch beide deutsche Staaten ist ein entscheidendes Ergebnis des Besuches des Genossen Erich Honecker in der BRD.

5. Von beiden Seiten wurde der Grundlagenvertrag und die Gemeinsame Erklärung zwischen Erich Honecker und Helmut Kohl vom 12. März 1985 als die Basis für die Beziehungen bekräftigt.

Genosse Erich Honecker verwies darauf, daß

- die Unverletzlichkeit der Grenzen und die Achtung der territorialen Integrität und der Souveränität aller Staaten in Europa in ihren gegenwärtigen Grenzen eine grundlegende Bedingung für den Frieden sind;
- der Kerngedanke des Grundlagenvertrages, daß beide deutsche Staaten gegenseitig Unabhängigkeit und Selbständigkeit in ihren inneren

und äußeren Angelegenheiten respektieren, strikt eingehalten werden muß.

Die BRD-Seite mußte sich erneut zum Grundlagenvertrag und zur Gemeinsamen Erklärung vom 12. März 1985 bekennen sowie die Einhaltung der mit der DDR geschlossenen Vereinbarungen zusichern. Auf dieser Basis war es möglich, eine Verständigung über Schritte zur weiteren Normalisierung der Beziehungen zu treffen. Die Voraussetzungen für weitere Fortschritte in der Koexistenz- und Dialogpolitik wurden wesentlich verbessert.

Aus den konkreten Ergebnissen des Besuches ist festzuhalten:
- die Zusage der CDU/CSU/FDP-Koalition, an der Herstellung offizieller Kontakte zwischen Volkskammer und Bundestag zu arbeiten;
- Abschluß der drei Abkommen und Vereinbarungen zu den Fragen des Umweltschutzes, von Wissenschaft/Technik und des Strahlenschutzes; es wurde vereinbart, auf dem Gebiet des Umweltschutzes durch beide Seiten geeignete Objekte zu benennen und zu erörtern;
- Vereinbarungen, kurzfristige Gespräche zur Bildung einer Gemischten Kommission zur weiteren Entwicklung der wirtschaftlichen Beziehungen aufzunehmen;
- Übereinstimmung, die wirtschaftliche Zusammenarbeit zwischen Kombinaten und Außenhandelsbetrieben der DDR und Unternehmen der BRD weiterzuentwickeln und dabei solche Kooperationsformen wie die Zusammenarbeit beim Export von Anlagen und Ausrüstungen, besonders auf dritten Märkten, sowie bei der Gestattungsproduktion verstärkt zu entwickeln;
- Vereinbarung, kurzfristige Verhandlungen zum Abschluß von Regelungen und Vereinbarungen zum Ausbau und zur Elektrifizierung von Eisenbahnstrecken im Transitverkehr zwischen der BRD und Berlin (West) aufzunehmen;
- Übereinstimmung, hinsichtlich der Grunderneuerung bzw. des Ausbaus von Autobahnabschnitten, insbesondere im Transitverkehr BRD–Berlin (West), baldmöglichst Gespräche aufzunehmen; kurzfristige Aufnahme von Gesprächen im Zusammenhang mit einer eventuellen weiteren Offenhaltung der GÜST Staaken über den 31. 12. 1987 hinaus.
- Erwartung, daß die konkreten Fragen zum Bezug und zur Lieferung von Elektroenergie zwischen der DDR und der BRD unter Einbeziehung von Berlin (West) auf der kommerziellen Ebene gelöst werden und die entsprechenden Verhandlungen zum Abschluß langfristiger Vereinbarungen führen.
- Übereinstimmung, daß Fortschritte in den weiteren Verhandlungen zur Reduzierung der Salzbelastung der Werra möglich sind, wenn Einvernehmen über den Einsatz des in der BRD vorhandenen Verfahrens zur umweltschonenden Aufbereitung von Kalisalzen unter

Berücksichtigung der ökonomischen Interessen beider Seiten erzielt wird.

– Vertrauliche Zusicherung H. Kohls und E. Albrechts, sich für eine einvernehmliche Regelung der Frage der Elb-Grenze einzusetzen. Erklärung E. Honeckers, in diesem Fall neben dem Abschluß der bereits weitgehend ausgehandelten Vereinbarungen zum Binnenschiffsverkehr, Sportbootverkehr, Hochwasserschutz und zur Fischerei Verhandlungen über den Gewässerschutz der Elbe aufzunehmen sowie Hannover, Hamburg und Kiel in den grenznahen Verkehr einzubeziehen.[9]

– Zusage der DDR, einige Erleichterungen im Reise- und Besucherverkehr, einschließlich Berlin (West), einzuführen (Veränderungen bei den Einfuhrbestimmungen, Gestattung der Einreise für ehemalige DDR-Bürger, die vor dem 1. Januar 1982 die DDR verlassen haben, sofern es sich nicht um unerwünschte Personen handelt, Mitführung von Fahrrädern als Reisegebrauchsgegenstände). Absicht, intern und informell über einige mit Westberlin zusammenhängende Fragen weiter zu sprechen.

– Übereinstimmung, bei der Bekämpfung von AIDS noch enger zusammenzuarbeiten.

Bedeutungsvoll ist, daß zum erstenmal eine Begegnung zwischen den beiden Außenministern auf deutschem Boden, im Amtszimmer von BRD-Außenminister Genscher, stattfand und weitere derartige Begegnungen vereinbart wurden.[10]

6. Der Besuch leitete damit eine neue Etappe in den bilateralen Beziehungen zwischen beiden deutschen Staaten ein. Es wurde deutlich, daß neue positive Ergebnisse auf dem Weg der Normalisierung der Beziehungen zum Wohl der Völker in Europa und in beiden Staaten möglich sind, wenn von der realen Lage ausgegangen wird, d. h. von der Tatsache, daß im Ergebnis des Zweiten Weltkrieges und der Nachkriegsentwicklung zwei souveräne, voneinander unabhängige deutsche Staaten mit unterschiedlicher Gesellschaftsordnung und Bündniszugehörigkeit entstanden sind.

7. Der Besuch des Genossen Erich Honecker fand international und in den Medien der BRD ein außergewöhnlich großes Echo. In allen Weltagenturen und bedeutenden Zeitungen wurden der Besuch, sein Verlauf und seine Ergebnisse als bedeutendes Ereignis der Nachkriegsgeschichte hervorgehoben, mit dem der Entwicklung nach 1945 Rechnung getragen wurde. In der BRD war die Berichterstattung ausführlich, überwiegend sachlich und korrekt. Der Besuch gab eine breite

[9] Vgl. die vorherige Anm. sowie Nr. 43.
[10] Vgl. Anm. 3.

Möglichkeit, die internationale und die Öffentlichkeit der BRD mit dem Standpunkt der DDR zu internationalen Grundfragen, ihrer Friedenspolitik und ihrem konstruktiven Verhalten in den bilateralen Beziehungen vertraut zu machen.

In einem Abschnitt 5 des Berichts wurden auf zehn Seiten »Schlußfolgerungen« aufgelistet. Sie betrafen den ganzen Katalog der Gesprächsthemen und der Wünsche und Forderungen der DDR-Führung, jeweils mit den Namen der dafür Verantwortlichen.

42. Gespräch von Weizsäcker – Honecker am 7. September 1987 (Bonn)

SAPMO ZPA J IV 2/2A/3054: »Anlage 1. Niederschrift über das Gespräch unter vier Augen zwischen dem Generalsekretär des ZK der SED und Vorsitzenden des Staatsrates der DDR, Erich Honecker, und dem Bundespräsidenten der BRD, Richard von Weizsäcker, am 2.[1] September 1987 in Bonn«. – Abdruck nach der Aufzeichnung im Besitz Honeckers in: Honecker (1994), S. 106–113, mit kleineren Abweichungen.

Nach Mitteilung von Richard von Weizsäcker vom 21. 9. 1994 besitzt er »selbst keine Aufzeichnungen und Materialien« über dieses Gespräch. Vom Bundespräsidialamt kam keine Auskunft.

R. von Weizsäcker brachte seine Freude zum Ausdruck, E. Honecker in der Villa Hammerschmidt willkommen heißen zu können.[2] Bei seiner Amtsübernahme im Sommer 1984 habe er auf den baldigen Besuch E. Honeckers gehofft, allerdings habe sich das Haus damals im Umbau befunden.

Er freue sich, sagte R. v. Weizsäcker, daß E. Honecker der Einladung des Bundeskanzlers zum Besuch der BRD gefolgt sei. Seinen Gesprächen mit H. Kohl und vielen Bundesbürgern, die er treffen werde, wolle er natürlich nicht vorgreifen, aber losgelöst von den Vereinbarungen, die zu unterschreiben sein werden, liege ihm daran, sich in ernsthafter Weise über das auszusprechen, was beide Seiten beschäftigt, ob es bilaterale oder internationale Fragen seien.

E. Honecker äußerte seine Freude, nach dem seinerzeitigen Gespräch mit R. v. Weizsäcker im Berliner Schloß Niederschönhausen[3] erneut zusammenzutreffen, wobei er für alle Unterstützung danke, die R. v. Weizsäcker dem Zustandekommen der heutigen Begegnung habe zuteil werden lassen. Vieles, worüber man damals gesprochen habe, sei bereits Wirklichkeit geworden oder werde es mehr und mehr. Es bestünden gute Voraussetzungen, die Beziehungen zwischen der DDR und der BRD zu normalisieren und fruchtbringend zusammenzuwirken. Von den Beziehungen zwischen beiden deutschen Staaten hänge für die Gestaltung der Atmosphäre in Europa viel ab. Hierbei stimme er H. Kohl zu, der gesagt habe, beide deutsche Staaten seien nicht der Na-

---

[1] Fälschlich »2.« statt 7. September.

[2] Das Gespräch war 12.15 Uhr angesetzt, um 13.15 Uhr gab der Bundespräsident sein Essen für den Staatsgast.

[3] Siehe Nr. 8.

bel der Welt, sondern ein Teil der Welt, jedoch ein wichtiger. Vieles sei erreicht worden. Für das wesentlichste halte er, die große Chance zu nutzen, die sich gegenwärtig im Zusammenhang mit dem in Aussicht stehenden Abkommen der Sowjetunion und der USA über die Mittelstreckenwaffen ergebe. Diese Chance dürfe nicht versäumt werden.

Er wisse, daß die UdSSR und M. Gorbatschow fest entschlossen seien, zu einem Ergebnis zu gelangen. Auch gehe er vom Interesse R. Reagans aus, noch in diesem Jahr ein Abkommen abzuschließen und sich mit M. Gorbatschow in den USA zu treffen. Psychologisch hätte dies weltweit positive Auswirkungen. Es wäre die erste Vereinbarung über Abrüstung, und ihr könnten andere folgen. Gegenüber H. Kohl habe er sich erfreut über dessen Erklärung geäußert, daß ein solches Abkommen über die Beseitigung der Mittelstreckenwaffen nicht an den Pershing Ia-Raketen der Bundeswehr scheitern solle.[4] Aus dem Abkommen ergebe sich das Herangehen an alle anderen Fragen, nicht beschränkt auf die militärischen.

R. v. Weizsäcker sagte, für ihn sei es gewissermaßen schon ein Steckenpferd festzustellen, daß aus der Geschichte kein Beispiel bekannt sei, wonach Aufrüstung zu Frieden führt, wohl aber könne friedliche Zusammenarbeit zur Abrüstung führen. Isolierte Anstrengungen um Waffen allein seien nicht fähig, eine menschenwürdigere Atmosphäre zu schaffen. Hinsichtlich der Abrüstungsproblematik seien zuerst die großen Mächte gefragt, die jeder der beiden deutschen Staaten in seinem jeweiligen Bündnis nicht konterkarieren, sondern fordern und fördern solle, begleitet durch das Finden eigener Wege. Hier meine er, was die Schlußakte von Helsinki angehe, in erster Linie deren Korb II. Dies gelte für die beiden deutschen Staaten ebenso wie für die anderen und berühre nicht nur die Sicherheitsfrage, deren substantielles Gewicht er durchaus nicht verkenne.

Gleich E. Honecker vertrete er die Auffassung, es sei psychologisch von großer Bedeutung, daß erstmals Waffen wirklich beseitigt werden sollen. Was die Pershing Ia der BRD betreffe, so habe er auch bei seinem Besuch in Moskau darauf verwiesen, angesichts der Riesenwaffenarsenale in der Welt könne niemand ihre periphere Bedeutung verkennen. Wer die Abrüstung wolle, werde nicht behaupten, sie stehe oder falle mit den Pershing Ia. Das gelte auch für die BRD. Die Ankündigung H. Kohls, auf die Pershing Ia verzichten zu wollen[5], sei in der Sache überzeugend und wirkungsreich, im großen und ganzen sei sie so auch verstanden worden.

Sicherheitspolitisch seien nicht die Mittelstreckenraketen mit längeren Reichweiten für die BRD die größere Schwierigkeit. Wenn der jetzt

---

[4] Siehe Nr. 43.
[5] Kohl hatte diese Erklärung am 26. 8. 1987 vor der Presse abgegeben. Vgl. AdG 1987, S. 31372f.

beabsichtigte Abrüstungsschritt der einzige bliebe und die Raketen mit einer Reichweite unter 500 km erhalten würden, dann würde das verletzbare Engagement der Großmächte reduziert, aber das Risiko der Bündnispartner, die einander direkt gegenüberstehen, erhöht. Das böte keinen Sinn.

Er habe sich immer gegen ein numerisches Gleichgewicht gewandt und sei für die beiderseits zugestandene Fähigkeit eingetreten, über Sicherheit zu verfügen. Seit Jahrzehnten würden Modelle für waffenfreie Zonen entworfen, über die es viel Streit gegeben habe, insbesondere ideologischen. Er bevorzuge nicht den Begriff »waffenfreie Zonen«, sondern den Begriff »nichtangriffsfähige Verteidigung«. Die Beseitigung der Mittelstreckenraketen sei für die BRD und die DDR wirklich sinnvoll. Über vieles könne man verschiedener Meinung sein, aber nicht darüber, was 500 km sind. Daran dürfe man nicht hängenbleiben.

E. Honecker stimmte mit R. v. Weizsäcker voll und ganz überein. Wir hätten kein Interesse an den SS 20, Pershing II und Cruise Missiles gehabt, die zu einem Problem geworden seien, das zur internationalen Zuspitzung führte. Nach Reykjavik habe die Sowjetunion die Mittelstreckenwaffen aus dem Verhandlungspaket herausgenommen, und darüber seien wir froh gewesen. Vom Verhältnis zwischen der UdSSR und den USA hänge für die Stabilität der Lage in Europa viel ab.

Eine doppelte Null-Lösung bei Mittelstreckenwaffen entspreche unserer Konzeption, auf nuklearem Gebiet von Null zu Null weiterzuschreiten, und zwar nicht nur für Europa, sondern global. So seien wir dafür, nach einem Abkommen über die Mittelstreckenwaffen über die operativ-taktischen Raketen zu verhandeln. Auch müsse über die Verdünnung der Streitkräfte in Europa diskutiert werden, wofür W. Jaruzelski Vorschläge unterbreitet habe.[6] Wenn es um die Herstellung von Nichtangriffsfähigkeit gehe, dann gehörten auch die atomaren Gefechtsfeldwaffen auf die Tagesordnung. Angepackt werden müsse ebenso die Abrüstung auf konventionellem Gebiet. Hier sei die DDR für eine radikale Verringerung der Streitkräfte und Rüstungen vom Atlantik bis zum Ural.

Auf eine Frage R. v. Weizsäckers, wie er die technische Seite der Nichtangriffsfähigkeit beurteile, antwortete E. Honecker, der Westen spreche von einer Überlegenheit des Warschauer Paktes z. B. bei Panzern, also müsse man das prüfen. Nicht nur die Politiker müßten heute umdenken, sondern auch die Militärs und sich, statt am Sandkasten zu proben, wie man innerhalb von 3 Tagen in Warschau oder Moskau, am Rhein oder in Paris sein kann, auf Übungen der Verteidigungsfähigkeit umstellen.

Im nuklear-kosmischen Zeitalter sei es unmöglich, Krieg zu führen,

[6] Zu den Vorschlägen des polnischen Staatschefs Wojciech Jaruzelski vom 7. 5. 1987 vgl. AdG 1987, S. 31296.

denn das wäre der Untergang der Menschheit. M. Gorbatschow und R. Reagan hätten in der Absicht übereingestimmt, die Kriege überhaupt abzuschaffen. Auf dem Berliner Gipfel sei die Verteidigungsdoktrin der Staaten des Warschauer Vertrages beschlossen worden, die beinhalte, die Angriffswaffen-Systeme auszusondern.[7] Unterstrichen worden sei die Bereitschaft, bei einer Null-Lösung auch über die operativ-taktischen Raketen zu verhandeln. Das Argument von der konventionellen Überlegenheit dürfe nicht mehr gelten. Es gehe um gegenseitiges Vertrauen. Von dieser Problematik seien alle Staaten, die im Zentrum Europas liegen, ob DDR, BRD oder ČSSR und VRP, besonders betroffen.

Wir seien nicht nur für die Null-Lösung, die übrigens ein Vorschlag der NATO gewesen sei, sondern für die Beseitigung der Atomwaffen überhaupt, für eine atomwaffenfreie Welt bis zum Jahr 2000. In seinen verschiedenen Gesprächen mit M. Gorbatschow, sagte E. Honecker, habe er dessen feste Entschlossenheit bestätigt gefunden, diesen Weg zu gehen.

R. v. Weizsäcker bemerkte, aus seinen Unterredungen mit M. Gorbatschow[8] habe er den Eindruck gewonnen, daß dessen Idee der Umgestaltung in der Sowjetunion sehr ernst gemeint und wohlbegründet sei. Sie nehme auf seiner Prioritätenliste Platz 1 ein. Dazu setze er seine Abrüstungs- und Sicherheitspolitik in eine Beziehung, die in Einzelheiten noch weniger klar erkennbar sei. Gegenüber dem Westen sei seitens der Sowjetunion von Sicherheit und Abrüstung die Rede, aber nicht von sehr viel mehr. Offenbar werde eine gewisse Reduzierung der außenpolitischen Konfliktpunkte angestrebt, z. B. Afghanistan. Er bezweifle nicht die Ernsthaftigkeit dieser sowjetischen Politik. In den Ost-West-Beziehungen sei die sowjetische Position einfacher als die westliche, solange sie auf sicherheitspolitische Aspekte beschränkt bleibe. Nuklear seien Ost und West dem militärischen Gleichgewicht näher als konventionell.

Aus der Sowjetunion sei einiges wirklich Konstruktive zu hören, was friedliche Koexistenz heute bedeuten muß. Ohne das eigene System zu verraten, solle sie auf Zusammenarbeit gerichtet und auch als systemöffnend zu verstehen sein. M. Gorbatschow habe dies eindrucksvoll geschildert, und hier solle man auch weitermachen. Furchtbar Konkretes auf konventionellem Gebiet sei allerdings von der Sowjetunion nicht zu hören. Er sage das nicht, um sich zu beschweren, sondern im Interesse weiterer Fortschritte, deren Gewicht nicht hoch genug eingeschätzt werden könne.

[7] Vgl. Nr. 40, Anm. 5. Die Konferenz hatte eine Erklärung zur Militärdoktrin verabschiedet. Vgl. AdG 1987, S. 31106ff.

[8] Bei seinem Besuch in der UdSSR vom 6. – 11. 7. 1987 hatte Bundespräsident von Weizsäcker am 7. 7. ein längeres Gespräch mit Gorbatschow geführt.

E. Honecker unterstrich nochmals die diesbezüglichen Vorschläge der Sowjetunion und der anderen Staaten des Warschauer Vertrages zur drastischen Reduzierung der Streitkräfte und konventionellen Rüstungen. Auch seien unsere Länder für einen chemiewaffenfreien Korridor bzw. die weltweite Abschaffung dieser Waffen. Erfolge der Einstieg in die nukleare Abrüstung, so solle auch mit der konventionellen Abrüstung begonnen werden. Asymmetrien gelte es nicht durch »Nachrüstung« dessen zu beseitigen, der weniger Waffen hat, sondern durch Verringerung bei demjenigen, der mehr davon besitzt.

R. v. Weizsäcker sagte, er hoffe sehr darauf, daß es gelinge, den notwendigen und fälligen Einstieg in die Abrüstung noch in diesem Jahr zwischen Ost und West zu formalisieren. Für R. Reagan sei es nicht einfach. Immerfort müsse er sich gegen Leute verteidigen, die ihn zum Präsidenten gemacht haben, und sich auf diejenigen stützen, gegen die er sich habe durchsetzen müssen. Zu unterstreichen sei die Verantwortung der Europäer für sich selbst. Bündnisse und Partnerschaften seien kein Selbstzweck. Der KSZE-Prozeß enthalte die Instrumentarien und die Substanz, um die es gehe. Beide deutsche Staaten sollten nicht zu zweit gegen andere handeln, jeder von ihnen habe in seinem Bündnis einen Beitrag zu leisten.

E. Honecker erklärte, den KSZE-Prozeß gelte es vor allem zu nutzen, um das europäische Haus aufzubauen, wobei die Bündnisse der NATO-Staaten mit den USA und der sozialistischen Staaten mit der Sowjetunion bestehen bleiben. R. v. Weizsäcker bezeichnete den Bau dieses europäischen Hauses als um so nützlicher, je mehr Wohnlichkeit und Vorantrieb dort erreicht werde, wo es noch fehle.

Zu bilateralen Fragen stellte R. v. Weizsäcker fest, der Weg des Grundlagenvertrages zwischen BRD und DDR sei, prinzipiell gesprochen, der richtige. Man könne sich nicht über alles verständigen, das aber solle und dürfe nicht daran hindern, der Verantwortung jeder Seite in vernünftigem Umfang miteinander gerecht zu werden. Er sehe keinen Sinn darin, sich gegenseitig die Schuld zuzuschieben, daß sich in der Nachkriegszeit vieles auseinander entwickelt habe, was sich nicht hätte auseinander zu entwickeln brauchen. Insbesondere von manchen Medien würden Prophetien für die nächsten 100 Jahre angestellt. Immerhin sei die Geschichte offen, aber man solle nicht über die nächsten 50 Jahre spekulieren, sondern sich der Forderung des Tages stellen, in bezug auf Prinzipien jenen Umgangston finden, bei dem man sich nicht überfordert. Gelegentlich trete die BRD der DDR mit Äußerungen zu deutschen Frage nahe, umgekehrt müsse man mit Berlin (West) in der Praxis weiterkommen.

E. Honecker erklärte, mit dem Grundlagenvertrag hätten sich die Dinge positiv entwickelt. Trotz bestimmter Störungen sei vieles erreicht worden. Die Politik des Dialogs habe sich bewährt. E. Honecker wertete die Entwicklung des Reiseverkehrs insbesondere in diesem Jahr als Ausdruck dafür, was möglich ist, wenn man Vernunft walten läßt. Es komme der Normalisierung der Beziehungen zugute. Auch verwies er auf die Handhabung des Grenzregimes. Er sprach sich für offizielle Beziehungen zwischen der Volkskammer der DDR und dem Bundestag der BRD aus, wozu R. v. Weizsäcker bemerkte, hier seien ideologische Differenzen über die Wahl der Volksvertreter ins Parlament weniger das Problem als ideologische Differenzen in der jeweiligen Exekutive.

Was Berlin (West) angehe, so sei dies kein politischer Sozialfall in Europa, fuhr R. v. Weizsäcker fort. Das Vier-Mächte-Abkommen solle respektiert werden, aber die Beziehungen dürften sich nicht an Berlin (West) vorbei entwickeln.

R. v. Weizsäcker sagte abschließend, er begrüße E. Honecker als Vorsitzenden des Staatsrates der DDR, aber auch als Deutschen unter Deutschen im Sinne einer Geschichte, unter der E. Honecker als Deutscher gelitten habe. Bei seinem Besuch des Gropius-Baus in Berlin (West) habe er in einer dortigen Ausstellung Bilder aus E. Honeckers grausamster Lehrzeit gesehen.[9]

---

[9] Bezog sich auf die Ausstellung über den Widerstand gegen das NS-Regime. – Zur Tischrede v. Weizsäckers bei dem nachfolgenden Essen vgl. AdG 1987, S. 31407f.

43. Gespräche Kohl – Honecker am 7. und 8. September 1987 (Bonn)

SAMPO ZPA J IV 2/2A/3054, Anlage 2: »Niederschrift über die Ge-
spräche des Generalsekretärs des ZK der SED und Vorsitzenden des
Staatsrates der DDR, Genossen Erich Honecker, mit dem Bundeskanz-
ler der BRD, Helmut Kohl, am 7. September 1987 in Bonn«. – Abdruck
schon in: Honecker (1994), S. 114–148. – Zur Westquelle vgl. Nr. 11.

1. Gespräch im erweiterten Kreis[1] am 7. September 1987 (von 10.45 bis
12.00 Uhr).

Einleitend erklärte Kohl[2]:
»Ich heiße Sie, Herr Generalsekretär, und Ihre Begleitung hier in
Bonn willkommen. Sie besuchen zum erstenmal in offizieller Funktion
die Bundesrepublik Deutschland.

Dieser Arbeitsbesuch eröffnet vielfältige Möglichkeiten, die Beziehungen zwischen den beiden Staaten in Deutschland zum Wohle der
Menschen weiterzuentwickeln. Unsere Gegensätze in Grundsatzfragen werden wir nicht überwinden, aber was uns im Grundsätzlichen
trennt, sollte uns nicht an praktischer Zusammenarbeit hindern. Dies
entspricht auch dem Grundlagenvertrag, den die Bundesrepublik
Deutschland und die Deutsche Demokratische Republik am 21. Dezember 1972 unterzeichnet haben. Im Rahmen dieses Vertrages steht
auch Ihr Besuch.

Die Bundesrepublik hält fest an der Einheit der Nation, und wir wollen, daß alle Deutschen in gemeinsamer Freiheit zueinander finden
können. Diese Haltung hat im Grundlagenvertrag und im Brief zur
deutschen Einheit ihren Niederschlag gefunden.

Wir haben uns darin zugleich erneut zum Gewaltverzicht bekannt,
der ein zentrales Element der Politik der Bundesrepublik Deutschland
seit ihrer Gründung gewesen ist und bleiben wird. Wir achten die bestehenden Grenzen, aber die Teilung wollen wir auf friedlichem Weg
durch einen Prozeß der Verständigung überwinden. Bei unserer Begegnung in Moskau im März 1985 haben wir gemeinsam erklärt: Von deutschem Boden darf in Zukunft nur noch Frieden ausgehen.[3] Ich füge

---

[1] Zu den Teilnehmern siehe unten nach 4.
[2] Diese vorbereitete formelle Erklärung des Bundeskanzlers wie die nachfolgende Erwiderung Honeckers wurden von den Pressesprechern der Öffentlichkeit mitgeteilt; sie werden referiert in: AdG 1987, S. 31406f.
[3] Siehe Nr. 16, Anm. 10.

hinzu: Gerade auch an der Grenze mitten durch Deutschland darf Anwendung und Androhung von Gewalt nicht länger ein Mittel der Politik sein. Wirklicher Friede ist auch nicht möglich ohne Gewährleistung der Menschenrechte.

Für die Bundesrepublik Deutschland sind die Grundwerte der Freiheit und der Demokratie unverzichtbar. Deshalb stehen wir fest in der Gemeinschaft der westlichen Staaten.

In letzter Zeit hat es einen intensiven West-Ost-Dialog und eine positive Bewegung bei den Bemühungen um Abrüstung und Rüstungskontrolle gegeben. Der in Aussicht stehende Abschluß eines Abkommens zwischen den USA und der Sowjetunion über Mittelstreckenwaffen liegt im Interesse aller Europäer und ist ein wichtiges Element in einem Gesamtkonzept der Rüstungskontrolle und Abrüstung.

Mit meiner Erklärung zu den Pershing Ia[4] habe ich noch einmal deutlich gemacht, daß die Bundesregierung zu ihrem erklärten Ziel steht: Frieden schaffen mit weniger Waffen.

Eine Vereinbarung über den Abbau von Mittelstreckenwaffen macht die Beseitigung des bestehenden Ungleichgewichts bei bodengestützten nuklearen Flugkörpersystemen kürzerer Reichweite und im Bereich konventioneller Rüstungen besonders dringlich – übrigens auch die weltweite Beseitigung chemischer Waffen.

Wir erwarten, daß die DDR ihren Einfluß im Rahmen ihres Bündnisses geltend macht, damit es hier bald ebenfalls zu konkreten Schritten kommt.

Jeder Fortschritt in den Ost-West-Beziehungen eröffnet auch Chancen für das bilaterale Verhältnis. Andererseits können beide Staaten in Deutschland durch die Ausgestaltung der beiderseitigen Beziehungen zur Vertrauensbildung und zur Zusammenarbeit in den West-Ost-Beziehungen allgemein beitragen und damit auch die Lösung von Fragen der Sicherheit erleichtern.

Eine zentrale Frage für beide Staaten in Deutschland ist Berlin. Wir respektieren den besonderen Status der Stadt, wie er sich aus den Vereinbarungen und Beschlüssen der Vier Mächte aus der Kriegs- und Nachkriegszeit ergibt. Wir halten fest an der strikten Einhaltung und vollen Anwendung des Vier-Mächte-Abkommens von 1971. Dazu gehört aber auch die Erhaltung und Entwicklung der Bindungen des westlichen Teils der Stadt an die Bundesrepublik Deutschland. Das ist für uns unverzichtbar. Unsere Beziehungen können daher keinesfalls um Berlin herum entwickelt werden.

Herr Generalsekretär, ich denke, wir sind uns einig, daß Fragen, die zur Zeit nicht lösbar sind, nicht in den Vordergrund gestellt werden sollten, daß wir uns auf das Machbare konzentrieren müssen. Es müs-

[4] Vgl. Nr. 42, Anm. 5.

sen in jedem Fall Lösungen gefunden werden, die keine Seite überfordern.

Wir haben auf diese Weise in den vergangenen Jahren miteinander manches erreicht. Andererseits sind viele Wünsche und Fragen nach wie vor offen. Für uns stehen die Kontakte zwischen Menschen auf allen Ebenen und in allen Lebensbereichen im Vordergrund. Wir begrüßen die Zunahme des Reiseverkehrs, insbesondere die Vervielfachung der Reisen jüngerer Menschen aus der DDR. Wir streben aber letztlich einen freien Reiseverkehr an. Die bestehenden Beschränkungen sollten schrittweise abgebaut, der grenznahe Verkehr ausgeweitet und besonders auch in Berlin die offenen Fragen im Reise- und Besucherverkehr bald geregelt werden.

Wir wünschen einen verstärkten Austausch innerhalb der jüngeren Generation, einen Ausbau des Tourismus, weitere Städtepartnerschaften mit ihren vielfältigen Möglichkeiten für persönliche, sportliche und kulturelle Begegnungen. Ebenso sind beim Sportverkehr die Möglichkeiten noch lange nicht ausgeschöpft. Im Telefonverkehr werden dringend zusätzliche Leitungen benötigt. Generell muß die Kommunikation zwischen den Menschen in allen Bereichen verbessert werden. Wichtig ist gegenseitiges Kennenlernen und der Abbau von Vorurteilen. Auch die Arbeit der Journalisten kann dazu einen erheblichen Beitrag leisten; sie sollte deshalb nicht behindert werden.

Es geht uns immer und vor allem um die Menschen. Deshalb haben Menschenrechte und humanitäre Fragen in unseren Beziehungen eine herausragende Bedeutung. Wir konnten in der Vergangenheit vielfach Härtefälle lösen. Dies sollte auch weiter möglich bleiben.

Die Vertragsbeziehungen konnten in den letzten Jahren ausgebaut werden. Das Kulturabkommen hat deutliche Impulse für den Kulturaustausch gegeben. Morgen werden drei Verträge zum Umweltschutz, über wissenschaftlich-technische Zusammenarbeit sowie über einen Informations- und Erfahrungsaustausch auf dem Gebiet des Strahlenschutzes unterzeichnet.[5] Damit fügen wir unserer praktischen Zusammenarbeit einige wichtige Bausteine hinzu.

Wir haben eine gemeinsame Verantwortung für die Erhaltung der Lebensgrundlagen unseres Volkes. Auch die DDR muß erkennen, daß Umweltschutz von ihr höhere Aufwendungen verlangt. Die Probleme der Gewässerreinhaltung bei Werra und Elbe bedürfen dringlich einer Lösung. Gemeinsam sollten wir nach Wegen suchen, den Sorgen wegen der Umweltverträglichkeit der Abfalldeponie Schönberg zu begegnen.

Die Wirtschaftsbeziehungen zwischen den beiden Staaten haben sich in den letzten Jahren insgesamt positiv entwickelt. Sicher gibt es aber auch hier noch ungenutzte Möglichkeiten. Im nichtkommerziellen

[5] Siehe Nr. 41, Anm. 4.

Zahlungsverkehr muß weiter konstruktiv nach Verbesserungen gesucht werden. Hier könnten mit relativ geringem Aufwand viele Beschwernisse beseitigt werden.

Auf kommerzieller Ebene werden zur Zeit Gespräche über Stromlieferungen zwischen beiden Staaten unter Einbeziehung von Berlin (West) geführt. Wir hoffen, daß es hier zu einem erfolgreichen Abschluß kommt. Daneben bleibt der Ausbau von Verkehrsbedingungen, insbesondere für den Berlin-Verkehr, wichtig. Im Vordergrund stehen dabei aus unserer Sicht jetzt Verbesserungen im Eisenbahnverkehr. Auf längere Sicht sollten wir auch versuchen, im Luftverkehr zu einer Regelung zu kommen, die dann allerdings auch die Flughäfen in Berlin einschließen muß.

Herr Generalsekretär, es geht uns um eine Entwicklung der Zusammenarbeit beider Staaten, wo immer dies bei den sonst bestehenden Gegensätzen möglich ist. Sie soll den Menschen dienen, für die wir Verantwortung tragen. Wir können in diesen beiden Tagen sicherlich nicht überall zu detaillierten Absprachen kommen. Aber ich habe die Hoffnung, daß unsere Gespräche Impulse für einen Ausbau der Zusammenarbeit geben. Und ich hoffe, daß Ihr Besuch zu einer Vertiefung und Verstetigung des politischen Dialogs zwischen unseren beiden Staaten beiträgt. Ich möchte Sie gern beim Wort nehmen und mit Ihnen eine Politik der Vernunft und des Realismus entwickeln. Dies ist das Gebot unserer Verantwortung vor den Deutschen in Ost und West und für den Frieden in Europa.«

E. Honecker bedankte sich für die Einladung in die BRD. H. Kohl habe in seiner Erklärung einige wichtige Punkte aufgeworfen, die Inhalt des bevorstehenden Meinungsaustausches seien. Er möchte seinerseits folgendes feststellen:

Trotz gewisser hoffnungsvoller Anzeichen, die sich aus dem Stand der Verhandlungen zwischen der Sowjetunion und den USA in Reykjavik[6] ergeben, veranlasse die Lage in der Welt nach wie vor zur Besorgnis. Angesichts dessen scheine es heute im Interesse der Menschheit notwendiger denn je zu sein, alles für die Sicherung des Friedens zu tun.

Nachdem durch die gemeinsame Erklärung von M. Gorbatschow und R. Reagan bestätigt wurde, daß es in einem Kernwaffenkrieg weder Sieger noch Besiegte, sondern nur den gemeinsamen Untergang gäbe, betrachten wir es als eine Aufgabe der Vernunft, alles zu tun, um eine nukleare Katastrophe von der Menschheit abzuwenden. Das sei der Grund für unsere uneingeschränkte Unterstützung der Verhandlungen zwischen der Sowjetunion und den USA. Welche Differenzen aufgrund der unterschiedlichen Gesellschaftssysteme und Bündniszugehörigkeit auch bestehen mögen, sie dürften kein Hindernis für das Zu-

---

[6] Honecker bezog sich auf das Gipfeltreffen Gorbatschow/Reagan in Reykjavik vom 11./12. 10. 1986; vgl. Nr. 32, Anm. 6.

sammenwirken gegen die Gefahr eines nuklearen Krieges sein. Die Friedenshoffnungen der Menschen dürften nicht enttäuscht werden.

Auf dem Berliner Gipfeltreffen der Staaten des Warschauer Vertrages[7] hätten sie sich eingehend mit dieser Frage befaßt und seien zu der Schlußfolgerung gekommen, daß der Einstieg in die nukleare Abrüstung begleitet werden sollte von der Abrüstung auf konventionellem Gebiet vom Atlantik bis zum Ural. Das würde es beiden Seiten ermöglichen, entsprechend dem Prinzip der Gleichheit und der gleichen Sicherheit ihre Interessen zu wahren.

Bei der Behandlung dieser Kernfragen ließen wir uns davon leiten, daß es die zunehmende gegenseitige Abhängigkeit der Staaten, der wissenschaftlich-technische Fortschritt sowie Waffen von unerhörter Zerstörungskraft erforderlich machten, auf beiden Seiten neues Denken und neues Herangehen an die Fragen von Krieg und Frieden zu fördern. Wir seien dafür, die Militärpotentiale in Auftrag, Umfang und Fähigkeiten ausschließlich an dem zu orientieren, was für die Verteidigung ausreicht. Große Bedeutung würden wir der Erörterung der Militärdoktrinen sowohl des Warschauer Vertrages als auch der NATO beimessen. Wir seien dafür, alles zu tun, damit jede Seite von der Nichtangriffsfähigkeit der anderen Seite überzeugt wird.

Mit der Verwirklichung der doppelten Null-Lösung würde das Tor für weitere Schritte zur Abrüstung geöffnet. Die Ankündigung von H. Kohl, daß die BRD auf die Pershing Ia verzichtet, wenn es zur Beseitigung der Mittelstreckenraketen komme, werde von uns begrüßt. Wir machten um keine Waffenart einen Bogen und würden keinerlei Kontrollfragen ausschließen. Wir seien für ein kernwaffenfreies Europa, für eine kernwaffen- und chemiewaffenfreie Welt. Des weiteren würden wir für eine radikale Reduzierung der strategischen Offensivwaffen um 50% innerhalb von 5 Jahren bei gleichzeitiger Festigung des Regimes des ABM-Vertrages sowie für die unverzügliche Aufnahme von Verhandlungen über das vollständige Verbot der Kernwaffenversuche eintreten.

Ein Abkommen über die doppelte Null-Lösung würde unseres Erachtens einen erfolgversprechenden Gipfel zwischen M. Gorbatschow und R. Reagan ermöglichen. Es würde die Völker in der Hoffnung bestärken, daß es möglich sei, die Welt noch im zu Ende gehenden Jahrtausend überhaupt von Kernwaffen zu befreien, sowohl strategischer als auch taktischer Art. Die DDR unterstütze das Zustandekommen eines solchen Treffens.

Wir seien dafür, und nach dem Stand der Verhandlungen erscheine es auch real, möglichst noch in diesem Jahr ein Abkommen über das globale Verbot chemischer Waffen zu erreichen. Bei gutem Willen müßten sich noch offene Fragen relativ schnell lösen lassen.

[7] Vgl. Nr. 40, Anm. 5.

Wie er bereits erwähnt habe, würden wir nicht den Zusammenhang von Europas Kernwaffen und dem Problem der Reduzierung der Streitkräfte und konventionellen Rüstungen übersehen. Dementsprechend trete der Warschauer Vertrag, wie auf dem Berliner Gipfeltreffen betont wurde, dafür ein, die nukleare Abrüstung durch die konventionelle zu ergänzen. Es werde vorgeschlagen, bis zum Beginn der 90er Jahre die Streitkräfte und konventionellen Rüstungen in Europa um 25% zu reduzieren. Darüber hinaus hielten wir es für erforderlich, bis zum Jahr 2000 noch wesentlichere Reduzierungen der Streitkräfte, Rüstungen und Militärausgaben vorzunehmen.

Das Berliner Gipfeltreffen habe nochmals verdeutlicht, und er könne dies aus eigener Mitwirkung sagen, daß die sozialistischen Länder in den Verhandlungen mit allem Ernst gegenseitige Besorgnisse berücksichtigen. Sie treten dafür ein, Ungleichheit und Asymmetrien durch Abrüstungen und nicht durch »Nachrüstung« auszugleichen.

H. Kohl habe in seiner jüngsten Erklärung die Bitte ausgesprochen, daß die DDR und ihre Nachbarstaaten auf die Modernisierung einiger Kurzstreckensysteme verzichten.[8] Er wolle die Aufmerksamkeit darauf lenken, daß die Berliner Tagung die Bereitschaft des Warschauer Vertrages bekräftigt hat, im Sinne guter, vertrauensvoller Bedingungen für Verhandlungen in bezug auf die Entwicklung der Militärpotentiale äußerste Zurückhaltung zu üben, auf der Grundlage der Gegenseitigkeit die Streitkräfte und konventionellen Rüstungen nicht aufzustocken sowie für ein bis zwei Jahre ein Moratorium für Rüstungsausgaben zu verkünden.

Die Ergebnisse von Stockholm hätten ihre Erprobung und Bewährung in der Praxis erfahren. Sie trügen in der Tat zu mehr Vertrauen in den zwischenstaatlichen Beziehungen bei. Das spreche für weitere Schritte in dieser Richtung.

Für die DDR sei die Sicherung des Friedens die Kernfrage aller Politik überhaupt wie auch des Verhältnisses zwischen beiden deutschen Staaten. Sie stehe zu der Verpflichtung, die wir in unserer Gemeinsamen Erklärung vom 12. März 1985 bekräftigt haben, daß von deutschem Boden nie mehr Krieg, sondern stets nur noch Frieden ausgehen darf. Wir gingen davon aus, daß dies auch für die Regierung der BRD so bleibe.

Wir unterstützten den Gedanken einer Verantwortungsgemeinschaft wie auch einer Sicherheitspartnerschaft. Keiner könne seinen Frieden allein haben. Sicherheit müsse auf Gegenseitigkeit und Gleichheit beruhen.

Für die Lage in Europa sei es von nicht geringem Gewicht, ob das politische Klima an der sensiblen Trennlinie zwischen NATO und War-

---

[8] Honecker bezog sich auf Kohls Erklärung vom 26. 8. 1987, in der er auch den Verzicht auf die Pershing Ia ankündigte. Vgl. AdG 1987, S. 31372f.

schauer Vertrag von Ruhe und friedlicher Zusammenarbeit oder durch Spannungen gekennzeichnet ist. Als spezifische Beiträge der DDR und der BRD dazu betrachten wir die Initiativen zur Schaffung eines atomwaffenfreien Korridors durch Mitteleuropa und einer chemiewaffenfreien Zone in Europa. Wir unterstützten in diesem Zusammenhang ebenfalls die Initiativen für einen kernwaffenfreien Balkan und für ein kernwaffenfreies Nordeuropa.

Wie bekannt, denken wir in der ersten Phase an einen etwa 300 km breiten atomwaffenfreien Korridor längs der Trennlinie zwischen den Bündnissen. Die Sowjetunion habe ihre Bereitschaft erklärt, ihre Kernwaffen aus einem solchen Korridor abzuziehen, seinen Status zu respektieren und ihn zu garantieren.

Angesichts eines nahegerückten Abkommens über Mittelstreckenraketen könnte man auch darüber nachdenken, unverzüglich die Atomwaffenfreiheit auf ganz Mitteleuropa auszudehnen. Wir schlagen vor, daß diese Fragen einmal gründlich zwischen Experten beider Staaten erörtert werden.

Die DDR, auf deren Territorium sich keine chemischen Waffen befinden, halte an ihrem Vorschlag zur Bildung einer chemiewaffenfreien Zone fest. Sie könnte die erste Stufe im Rahmen eines globalen Verbots werden, an dessen baldiger Vereinbarung wir ebenso wie die BRD interessiert sind. Wir begrüßten die Gespräche zwischen den Delegationen der DDR, der BRD und der ČSSR in Genf zu diesen Fragen[9] und seien für deren zielstrebige Fortsetzung. Auch würden wir es für sinnvoll ansehen, sich mit der Möglichkeit des Auseinanderrückens besonders gefährlicher, für den Offensiveinsatz geeigneter konventioneller Militärpotentiale an der Trennlinie der beiden Bündnisse zu befassen. Die DDR denke, daß in diesem Zusammenhang der Jaruzelski-Plan[10] besonderes Gewicht gewinnen könnte.

Nutzen und Gewinn des seit Helsinki Erreichten für die Staatenbeziehungen wie auch für die Menschen seien offensichtlich. Die Schlußakte und der darauf aufbauende KSZE-Prozeß hätten sich als stabile Grundlage für die Gestaltung der Beziehungen zwischen Staaten unterschiedlicher Gesellschaftsordnung bewährt. Wesentlich sei, daß die grundlegenden Prinzipien dieses Prozesses nicht angetastet werden. Die DDR sei an Ergebnissen in allen Bereichen der Schlußakte interessiert. Unsere Initiativen zur Förderung des politischen Dialogs, von regionalen Initiativen zur Stärkung der Sicherheit und zur Entwicklung der Zusammenarbeit zwischen KSZE-Teilnehmerstaaten legten Zeugnis davon ab.

Ein weiteres wichtiges Ergebnis des Wiener Treffens sollte die Ein-

[9] Zu diesen Gesprächen über eine Abschaffung der chemischen Waffen bei dem sog. Chemiewaffen-Ausschuß in Genf vgl. AdG 1987, S. 31378.
[10] Siehe Nr. 42, Anm. 6.

berufung einer Konferenz zum gesamten Komplex der humanitären Fragen nach Moskau sein. Sie könnte besondere Bedeutung haben, um in der Menschenrechtsfrage voranzukommen.

Angesichts der heutigen Weltlage werde mehr denn je offensichtlich, daß die friedliche Koexistenz die einzig vertretbare Form der Beziehungen zwischen Staaten unterschiedlicher Gesellschaftsordnung sei. Ideologische und soziale Gegensätze würden nicht verschwinden, aber sie dürften nicht auf die zwischenstaatlichen Beziehungen übertragen und schon gar nicht mit militärischen Mitteln ausgetragen werden.

Alle Staaten könnten und müßten einen positiven Beitrag zur Friedenssicherung leisten.

Die DDR sei willens, im Interesse der Sicherung des Friedens mit allen Staaten und Kräften, die von Vernunft getragen gleiche Ziele verfolgen, unbeschadet unterschiedlicher Auffassungen in anderen Fragen zusammenwirken. Unsere Politik sei und bleibe es, Sicherheit und friedliches Zusammenleben in der Welt fest und stabil zu machen. Wir seien der Auffassung, daß beide deutsche Staaten alles tun sollten, damit nicht gefährdet wird, was in über vierzig Friedensjahren in Europa erreicht wurde. Das würden wir unter Koalition der Vernunft und des Realismus verstehen. Die DDR messe den Fragen der Friedenssicherung und Sicherheitspartnerschaft eine herausragende Bedeutung bei. Beide deutsche Staaten müßten dazu einen gewichtigen Beitrag leisten und in ihren jeweiligen Bündnissen auf entsprechende Ergebnisse hinwirken.

Was die bilateralen Fragen angehe, so könne man bedeutsame Fortschritte feststellen. Jetzt kommt es darauf an, das Erreichte zu festigen. Dazu gehöre auch die Entwicklung des Reiseverkehrs. Hier sei ein beachtlicher Stand erreicht worden. Bis Ende August hätten 3,2 Mio. Besucher aus der DDR Privatreisen nach der BRD gemacht, darunter 866 000 unterhalb des Rentenalters. E. Honecker übergab H. Kohl ein entsprechendes Zahlenmaterial. Die DDR sei dafür, in dieser Richtung die Dinge weiterzuentwickeln. Selbstverständlich setze dies die Bereitschaft der BRD zu einer Zusammenarbeit entsprechend den Prinzipien der Vernunft und des Realismus voraus. E. Honecker übergab H. Kohl ein Non-paper mit den Positionen der DDR zu einigen Sachfragen.[11]

Es gebe eine Reihe von Grundfragen, die gelöst werden müßten. Dazu gehöre vor allen Dinge die Frage des Grenzverlaufs auf der Elbe. Mitunter entstehe der Eindruck, eine Regelung Mitte Strom werde in

<hr />

[11] Siehe dazu das mit »Position zu einigen Sachfragen« überschriebene Papier der DDR-Führung; es ist abgedruckt in: Honecker (1994), S. 148-157. Es betraf folgende Sachkomplexe: Transitverkehr, Reise- und Besucherverkehr, »Westberlin betreffende Fragen des grenzüberschreitenden Verkehrs«, »weitere Fragen«, u. a. »Benutzung unterschiedlicher Grenzübergangsstellen«, »großzügigere Handhabung der Einfuhrbestimmungen der DDR« und »Schaffung weiterer Erleichterungen für die Einfuhr von Arzneimitteln«.

der BRD als ein großes Entgegenkommen an die DDR aufgefaßt, so als ob die BRD gewissermaßen Gebiet an die DDR verschenke oder als ob man gewichtige Rechtspositionen aufgebe. Hier gehe es um beiderseitige Interessen. Beide Seiten würden gewinnen. Es sollte auch im politischen Interesse der BRD liegen, die einzig noch offene Grenzfrage zu regeln und damit eine Reibungsfläche aus der Welt zu schaffen, zumal dabei niemand wirklich etwas verliere und nicht einmal sogenannte Rechtspositionen berührt werden. Zum anderen blockiere die BRD selbst den Abschluß von Vereinbarungen, an denen sie interessiert sei. Dabei gehe es auch um den Abschluß der weitgehend ausgehandelten Vereinbarungen zum Binnenschiffsverkehr, zum Sportbootverkehr, zur Fischerei und zum Hochwasserschutz. Auch Gespräche über die Gewässergüte der Elbe würden möglich. Die DDR gehe davon aus, daß man hier vorwärts kommen müsse. Wenn man das fixiere, was seit 1945 Praxis sei, könne dadurch eine Reihe anderer Fragen gelöst werden.

Was die wirtschaftlichen Fragen anbetreffe, so würden sie auf den entsprechenden Ebenen verhandelt. Darüber müsse dann abschließend entschieden werden.

Bei gutem Willen beider Seiten könne man weitere Schritte zur Normalisierung der Beziehungen gehen.

H. Kohl erklärte, er möchte die Gelegenheit nutzen, um im weiteren einige bilaterale Fragen zu besprechen. Als er sich zum ersten Mal mit E. Honecker getroffen habe[12], habe man vernünftig miteinander reden können. Dabei sei man sich einig gewesen, daß das wichtigste sei, aus der deutschen Geschichte zu lernen. Er habe neuerlich noch einmal nachgelesen, wie dieses Jahrhundert eröffnet worden sei. Es sei als Jahrhundert der Vernunft, des Friedens bezeichnet worden, und wie sei es tatsächlich verlaufen. Es sei eine sehr persönliche Entscheidung von ihm für diesen Besuch gewesen. Die beiden deutschen Staaten müßten ihren Beitrag zum Frieden leisten, natürlich könnten sie sich dabei nicht übernehmen. Sie seien nicht das Maß aller Dinge. Die DDR spiele im Warschauer Vertrag eine wichtige Rolle, die BRD in der NATO und im Rahmen der EG. Beide müßten Einfluß nehmen in Richtung einer Politik der Vernunft. Seine Entscheidung über die Pershing Ia sei ein Ausdruck dessen. Er sei der Auffassung, daß es möglich sein müsse, noch in der Amtszeit von Präsident Reagan zum Abschluß eines Abkommens zu gelangen. Reagan wolle einen Vertrag. Wenn man ihn jetzt nicht zustande bringe, dann werde es bis 1990 dauern. Niemand wisse überdies, wer der nächste USA-Präsident sei. Man dürfe nicht drei wichtige Jahre verlieren. Sein Ziel sei, daß der Vertrag über die Mittelstreckenraketen zustande komme. Dies sei mit gutem Willen von beiden Seiten möglich. Reduzierung von Waffen sei wichtig, aber es sei notwendig, die Dinge

---

[12] Siehe Nr. 11.

breiter zu sehen. Man müsse auf humanitärem, wirtschaftlichem und kulturellem Gebiet ebenfalls weiterkommen. Ein Vertrag über die Mittelstreckenraketen würde in der Sache noch nicht sehr viel bringen, im Verhältnis zu dem, was an Waffen existiere. Wichtig sei aber auch die psychologische Wirkung. Es bestehe die Chance, weitere Tore zu öffnen. Die BRD wolle das Notwendige dazu tun. Man dürfe z. B. die C-Waffen nicht vergessen, auch nicht die konventionellen Waffen, wo sich die BRD einem Übergewicht der Sowjetunion gegenübersehe. Für die BRD wie für die DDR sei die Frage der Raketen von einer Reichweite bis zu 500 km von besonderer Wichtigkeit. Für andere hätte dies offensichtlich geringere Bedeutung. Abrüstung sei kein Wert an sich. Die Sicherheit dürfe dadurch nicht geringer werden. Abrüstung müsse zu mehr Sicherheit führen. Krieg und Gewalt seien für die BRD kein Mittel der Politik. Eine kriegerische Auseinandersetzung in Europa würde den Untergang bedeuten. Jeder sollte das Notwendige tun, um das Klima zwischen Ost und West zu verbessern.

Neben der Abrüstung hätten solche Fragen wie Wirtschaft, Kultur, Menschenrechte besonderes Gewicht. Dies sei auch ein wichtiges Ziel im Verhältnis der BRD zur Sowjetunion. Die BRD sei interessiert, sich bietende Chancen für die Verbesserung der Beziehungen zur Sowjetunion zu nutzen. Das gelte auch für die Beziehungen zu anderen Staaten des Warschauer Vertrages. So werde der ungarische Ministerpräsident in Kürze nach Bonn kommen[13], um einige Verträge abzuschließen. Man sei interessiert, eine gewisse zurückhaltende Tendenz im Verhältnis zwischen der BRD und der ČSSR zu überwinden. Erst recht sei es notwendig, Fortschritte in den Beziehungen zur DDR zu machen. Das sei für die BRD sehr wichtig.

Er wisse nicht, wie es in der Sowjetunion mit der von M. Gorbatschow eingeleiteten Politik weitergehen werde. Die BRD sei nicht an einem Mißerfolg interessiert. Insgesamt glaube er, daß es gegenwärtig einen günstigen Zeitabschnitt mit Chancen für die Verbesserung der Lage gebe. Dazu seien viele kleine Schritte notwendig. Wichtig sei auch eine gegenseitige Vertrauensbasis durch das persönliche Kennenlernen. Er hoffe in diesem Sinne auf offene, vertrauensvolle Gespräche.

E. Honecker erwiderte, er möchte unterstreichen, daß die gegenseitige Offenheit notwendig ist, um Fortschritte zu erreichen. Es sei in der Tat so, daß die gegenwärtige weltpolitische Lage große Chancen biete, auch für die Entwicklung der Beziehungen zwischen beiden deutschen Staaten. Die Vorschläge M. Gorbatschows und sein Treffen mit Reagan hätten hier wichtige Impulse gegeben. Er teile die Auffassung von H. Kohl über die Bedeutung eines Abkommens über die Mittelstreckenraketen. Damit eröffne sich eine große Chance, um auf dem Gebiet der

---

[13] Der neue Ministerpräsident (seit 25. 6. 1987) Karoly Grosz besuchte vom 7. – 10. 10. 1987 die Bundesrepublik. Vgl. AdG 1987, S. 31638f.

Abrüstung vorwärts zu kommen. Auf dem Gipfeltreffen des Warschauer Vertrages in Berlin habe man den Gedanken eines gemeinsamen europäischen Hauses bekräftigt. Wir seien dafür, in Verbindung mit Schritten zur Abrüstung auch Schritte zu unternehmen, wie man das europäische Haus aufbauen und einrichten könne. Darin eingeschlossen sei, daß jeder seine Verantwortung in seinem Bündnis wahrnehmen würde. Er könne aus seinen Gesprächen mit M. Gorbatschow in Berlin nachdrücklich sagen, daß die Sowjetunion bei der nuklearen Abrüstung vorwärts kommen wolle, so wie es mit Reagan abgesprochen worden sei. E. Honecker bemerkte, daß er ebenfalls der Meinung sei, daß das Abkommen über die Mittelstreckenraketen so schnell wie möglich vereinbart werden müsse, um keine Verzögerungen durch die Präsidentenwahlen in den USA zuzulassen.

In den Beziehungen zwischen der DDR und der BRD habe es seit Abschluß des Grundlagenvertrages entscheidende Veränderungen gegeben. Wichtig sei, daß keiner den anderen überfordern dürfe. Es gebe heute Möglichkeiten, bis zum Jahr 2000 weitere positive Ergebnisse hinzuzufügen.

Die DDR trete dafür ein, im Zusammenhang mit dem Abkommen über die Mittelstreckenraketen von Null-Lösung zu Null-Lösung auf nuklearem Gebiet vorwärts zu gehen. Auf konventionellem Gebiet sei dies zweifellos schwierig. Hier werfe der Warschauer Vertrag die Frage der Militärdoktrin auf. Auch der Jaruzelski-Plan biete hier gute Möglichkeiten. Die DDR sei entschlossen, jede Chance zu nutzen. Ein dritter Weltkrieg dürfe nicht zugelassen werden. Das wäre der Untergang der Menschheit. Notwendig sei, für eine vernünftige Zusammenarbeit zwischen den Staaten einzutreten. In diesem Sinne würden wir auch den Meinungsaustausch bei diesem Besuch führen.

2. Gespräch im kleinen Kreis[14], 7. 9. 1987 (von 16.30 Uhr – 18.15 Uhr).

H. Kohl erklärte zu Beginn, er möchte nochmals seine grundsätzliche Position im Hinblick auf die Politik der Sowjetunion bekräftigen. Er sehe hier eine große Chance. Die BRD wolle auch ihre Beziehungen zu anderen Staaten des Warschauer Vertrages verbessern. Das gelte besonders auch für die DDR. Man müsse die Möglichkeiten der Beziehungen ausschöpfen.

Er habe es als sehr positiv empfunden, daß es möglich war, zum Teil ohne jede Öffentlichkeit, schwierige Fragen miteinander zu klären. Wichtig sei, offen zu sagen, was gehe und was nicht. Seinerzeit im Zusammenhang mit dem Kredit hätten viele gefragt, wie zahle sich dies

[14] Neben Kohl und Honecker nahmen daran noch W. Schäuble und C. J. Duisberg sowie von seiten der DDR F.-J. Herrmann und H. Seidel teil.

aus. Dies sei nicht sein Herangehen. Er gehe von der Perspektive aus und sei sich dabei einer breiten Unterstützung sicher. Natürlich spielten an einem Tag wie heute auch Emotionen eine Rolle.

H. Kohl schlug vor, im weiteren zunächst über Fragen der Kontakte zwischen den Menschen zu sprechen. Es sei für die BRD sehr wichtig, den jetzigen Weg im Reiseverkehr weiterzugehen. Er habe bei dem Gespräch in Moskau gesagt, daß kaum DDR-Bürger in der BRD bleiben würden.[15] Die Zahl von 0,02% bestätige dies. Die BRD sei an Kontinuität in dieser Frage interessiert.

E. Honecker legte in Erwiderung auf die Bemerkung H. Kohls folgendes dar: Die Politik von M. Gorbatschow sei als langfristige Politik angelegt. Die gesamte sowjetische Führungsgruppe sei entschlossen, diese Politik durchzusetzen. Es gehe darum, daß die sowjetischen Menschen endlich besser leben können. Die DDR habe besonders enge politische und ökonomische Beziehungen mit der Sowjetunion. Der Handelsumsatz betrage 15 Mrd. Rubel jährlich. Die Handelsbeziehungen mit der Sowjetunion seien ausgeglichen. Es gebe Vereinbarungen über die engste Zusammenarbeit auf dem Gebiet von Wissenschaft und Technik. Damit werde das Embargo des Westens auf dem Gebiet der Hochtechnologie durchbrochen. Die DDR produziere jetzt Speicher mit 8,16 und 32 Bit. 1989 werde die DDR Speicher mit einem Megabit produzieren. Die DDR arbeite mit der Sowjetunion auf anderen Bereichen eng zusammen, z. B. auf dem Gebiet der Lasertechnik und bei neuen Werkstoffen. Die DDR produziere eigene Lichtleiterkabel. Es gebe eine enge Zusammenarbeit von über 100 DDR-Kombinaten mit entsprechenden Betrieben der Sowjetunion. Mit keinem anderen sozialistischen Land gebe es eine solche enge Kooperation. In der DDR selbst gebe es eine stetige, dynamische wirtschaftliche Entwicklung. Das Nationaleinkommen wachse um 4–4,5% jährlich, die Arbeitsproduktivität um 7–8%. Die Modernisierung der Industrie werde zielstrebig durchgeführt. Die Vollbeschäftigung sei gesichert. Die Sozialpolitik spiele eine große Rolle. Der Lebensstandard der DDR-Bevölkerung sei sehr hoch. Seit 1970/71 seien 270 Mrd. M für den Wohnungsbau ausgegeben worden, mehr als für die Verteidigung. In der Versorgung der Bevölkerung habe die DDR das Niveau entwickelter Industrieländer. Sie versorge sich selbst mit landwirtschaftlichen Produkten. 70% des Außenhandels der DDR werde mit sozialistischen Ländern abgewickelt. Der nächste große Handelspartner sei die BRD. Die DDR sei dafür, daß der Handel und die wissenschaftlich-technische Zusammenarbeit mit der BRD ein hohes Niveau erreichten. Die DDR gehe davon aus, daß auch der Transfer von Hochtechnologie dabei möglich würde.

H. Kohl wies darauf hin, daß nach seiner Kenntnis, wenn im Herbst

[15] In den Aufzeichnungen über die beiden Gespräche in Moskau (13. 2. 1984 und 12. 3. 1985) wird dies nicht erwähnt. Vgl. Nr. 11 und 16.

das Abkommen über die Mittelstreckenraketen abgeschlossen werden könne, im nächsten Jahr eine Veränderung der COCOM-Liste erfolgen werde.

E. Honecker betonte, daß diese Embargobestimmungen sowieso nicht zu halten seien, wenn sich die auf dem XXVII. Parteitag der KPdSU[16] beschlossene Politik durchsetzen werde. Dabei werde die Sowjetunion auch auf Gebieten, wo sie heute noch Nachholbedarf habe, aufholen. Dabei spiele auch die Verbesserung des Schulsystems und der Berufsbildung eine Rolle. Die DDR sei entschlossen, die Beziehungen zur BRD zu erweitern und den Prozeß der Normalisierung weiter voranzubringen. Das setze natürlich auch in der BRD den entsprechenden Willen und ein entsprechendes Klima voraus.

H. Kohl erwiderte, er wolle diesen Prozeß psychologisch unterstützen. Er sei an Ergebnissen interessiert. Ihm komme es auf Tatsachen an.

Im folgenden wurden eine Reihe von Einzelfragen der bilateralen Beziehungen behandelt.

H. Kohl stellte die Frage nach den sog. Kontaktverboten.

E. Honecker erwiderte, die Kontaktverbote seien generell aufgehoben. Früher seien SED-Mitglieder einbezogen worden. Dies sei nicht mehr der Fall. Natürlich gebe es bestimmte Regelungen für Angehörige der Armee, der Staatssicherheit und des Innenministeriums.

H. Kohl fragte, ob eine Chance bestehe, Verbesserungen im grenznahen Bereich zu erzielen, insbesondere Hannover, Hamburg und Kiel in den grenznahen Verkehr einzubeziehen.[17]

E. Honecker erwiderte, die DDR sei dazu grundsätzlich bereit, wenn bei der Feststellung des Grenzverlaufs auf der Elbe positive Ergebnisse erreicht werden können. Wenn diese Frage geregelt sei, könne man sofort Hannover, Hamburg und Kiel einbeziehen.

H. Kohl erklärte, er möchte dazu ein offenes Wort sagen. Bei der jetzigen Begegnung sei dazu noch kein Beschluß möglich. Er stelle sich vor, in dieser Frage wie folgt vorzugehen: Bevor sich die Grenzkommission mit diesem Thema beschäftige, solle vorher ein Gespräch auf qualifizierter, politischer Ebene stattfinden.[18] Nach dem Besuch könne man in absehbarer Zeit darüber sprechen. Vorläufig solle man dieses Thema in der Öffentlichkeit nicht weiter erörtern. E. Honecker erklärte, er sei mit diesem Vorgehen einverstanden.

H. Kohl verwies auf einige Fragen im Zusammenhang mit Westberlin. Was könne man tun, um hier die notwendigen Verbes-

---

[16] Auf dem XXVII. Parteitag der KPdSU vom 25. 2. – 6. 3. 1986 war der von Gorbatschow markierte Weg vorsichtiger Reformen gebilligt worden. Vgl. AdG 1986, S. 29682 ff.

[17] In dem »Positions«-Papier – siehe Anm. 11 – hieß es dazu, der Einbeziehung dieser drei Städte werde »als Ausnahme und außerordentliches Entgegenkommen der DDR zugestimmt«.

[18] Zum Gespräch Honecker – Albrecht über die Elbgrenzfrage vgl. Nr. 41, bes. Anm. 8 und weiter unten.

serungen zu erreichen. Westberlin dürfe von den allgemein positiven Ergebnissen nicht ausgeklammert bleiben.

W. Schäuble ergänzte, Westberlin sei hinsichtlich des Reise- und Besucherverkehrs im Rückstand. 1984 seien Hoffnungen geweckt worden, die bis heute nicht verwirklicht seien. Wenn die Zwei-Tage-Regelung nicht eingeführt werden könne, stelle sich die Frage, ob man nicht doch im Zusammenhang mit den Mehrfachberechtigungsscheinen eine Erlaubnis am Grenzübergang erhalten könnte.

Eine weitere Frage sei die Herstellung von Partnerschaften zwischen Stadtbezirken in »Berlin«.

E. Honecker verwies auf eine ganze Reihe von Verbesserungen im Hinblick auf Westberlin. Es würden Gespräche über den Gebietsaustausch geführt. Bereits früher sei bei Ein-Tages-Besuchen eine Ausdehnung auf 2.00 Uhr des folgenden Tages erfolgt. Es stelle sich in diesem Zusammenhang auch die Frage der Sicherheit. Die USA legten sehr großes Gewicht darauf, daß bestimmte Personen nicht über die Grenze wechseln. Die Kontrolle müsse gesichert werden. Was die Zwei-Tage-Regelung betreffe, sei dies nicht in erster Linie ein Problem der Sicherheit, es hänge auch mit der Frage des Mindestumtausches zusammen. Man könne auch nicht zulassen, daß die Hauptstadt der DDR überflutet werde. Bekanntlich gebe es in Westberlin 200 000–300 000 Ausländer. Es gebe schon jetzt die Möglichkeit, für Einreisen in die DDR mehrere Tage zu beantragen. Die Gültigkeitsdauer der Berechtigungsscheine könne von 3 auf 6 Monate verlängert werden.[19] Eine Ausstellung der Visa an der Grenze würde aber zu Stauungen führen. Man müsse überlegen, ob man nicht in Grenznähe Büros einrichtet, damit die Visaausgabe nicht direkt am Grenzübergang erfolgen muß. Bisher könnten die Büros für den Reise- und Besucherverkehr in Westberlin keine Visa ausgeben, weil dies von Westberliner Seite als Hoheitsakt angesehen werde.

Es gebe den Wunsch der Westberliner Seite, über eine GÜST einzureisen und über die andere auszureisen. Die DDR müsse aber eine bestimmte Kontrolle haben, wer ein- und ausreist. Bei Einreisen vor mehr als 2 Tagen bestehe bereits die Möglichkeit der Einreise über die eine und der Ausreise über die andere GÜST. Die DDR sei bereit, diese Möglichkeit auch bei Reisen ab zwei Tagen einzuführen.

Der Westberliner Senat habe eine weitere Frage aufgeworfen, das sei Offenhaltung der GÜST Staaken.[20] Wenn dies der Fall sein

---

[19] Über eine solche mögliche Regelung war der Berliner Senat schon am 20. 8. 1987 »vertraulich« informiert worden. Vgl. »Position zu einigen Sachfragen«, Abschnitt »Westberlin«.

[20] Es handelte sich um den alten Grenzübergang für den Transit Berlin (West) – Hamburg. Als Voraussetzung für die weitere Offenhaltung für den PKW- und Omnibusverkehr nannte die DDR in dem Positionspapier, daß die Bundesrepublik die vollen Kosten für eine »Rekonstruktion und Erweiterung« sowie erforderliche Straßenbaumaßnahmen in Höhe von 400 Mio. DM

solle, würde dies eine Rekonstruktion erforderlich machen. Die DDR sei bereit, auch die Frage des Südgeländes bei der Eisenbahn erneut zu prüfen. Über all diese Fragen könne man sprechen.

E. Honecker verwies darauf, daß der Transitverkehr unbehindert sei. 27 Mio. Transitreisende benutzten die Transitstrecke. Dies sei von großer Bedeutung für Westberlin.

H. Kohl erklärte, er halte es für sinnvoll, nach dem Besuch erneut im kleinen Kreis über die mit Westberlin zusammenhängenden Fragen zu sprechen. Er benenne dafür W. Schäuble. Für die BRD sei dies ein wichtiger Punkt.

H. Kohl warf als weitere Frage den Mindestumtausch auf.

E. Honecker erklärte dazu, die DDR habe das Mögliche getan. Er sehe gegenwärtig keine Möglichkeiten der Veränderung. Diese Frage hänge auch mit der Währungsspekulation zusammen.

H. Kohl erwiderte, er habe dies zur Kenntnis genommen. Dieses Thema bleibe für die BRD aber offen.

H. Kohl erklärte, ein weiterer Punkt sei der Schießbefehl.

E. Honecker erwiderte, es gibt keinen Schießbefehl. Es gibt eine Anordnung zum Gebrauch von Schußwaffen, so wie es auch in der BRD eine solche Anordnung gibt. Jeder, der ein ordnungsgemäßes Visum hat, kann über einen Grenzübergang die Grenze überschreiten, ansonsten ist die Grenze militärisches Sperrgebiet.

E. Honecker zitierte aus dem »BRD-Gesetz über den unmittelbaren Zwang bei Ausübung öffentlicher Gewalt durch Vollzugsbeamte des Bundes vom 2. März 1974«, worin es heißt:

»Die… genannten Vollzugsbeamten können im Grenzdienst Schußwaffen auch gegen Personen gebrauchen, die sich der wiederholten Weisung, zu halten oder die Überprüfung ihrer Person oder der etwa mitgeführten Beförderungsmittel und Gegenstände zu dulden, durch die Flucht zu entziehen versuchen. Ist anzunehmen, daß die mündliche Weisung nicht verstanden wird, so kann sie durch einen Warnschuß ersetzt werden.«

In der Allgemeinen Verwaltungsvorschrift des Bundesministers des Innern zu diesem Gesetz heißt es ausdrücklich, daß ein zweiter Warnschuß als Androhung des Schußwaffengebrauchs gilt, wobei darauf hingewiesen wird, daß die Geschosse »nach Möglichkeit« fremdes Hoheitsgebiet nicht berühren sollen. Ziffer X dieser Vorschrift besagt u. a.:

»Kommt eine Person… vorübergehend in den Gewahrsam von Vollzugsbeamten, so kann die Person darauf hingewiesen werden, daß sie bei einer Flucht auch ohne erneute Androhung mit dem Gebrauch der Schußwaffe rechnen müsse. Flüchtet die Person trotz des Hinweises, so bedarf es keiner erneuten Androhung vor dem Gebrauch der

trage und den DDR-Standpunkt akzeptiere, daß die Bundesrepublik auch weiterhin für die »notwendigen Grunderneuerungen« von Autobahnen mit aufzukommen habe.

Schußwaffe... Das gleiche gilt im Grenzdienst, wenn jemand zur Überprüfung seiner Person oder der etwa mitgeführten Beförderungsmittel und Gegenstände festgehalten wird...«

Dies unterscheide sich nicht von der Anordnung bei uns. Wir seien nicht für solche Zwischenfälle. Es gebe auch weniger Zwischenfälle als Meldungen darüber. Wir wollten nicht, daß Menschen umkommen. Aber man müsse die Regelungen im militärischen Sperrgebiet beachten.

H. Kohl erklärte, er erwarte nicht, daß sich heute oder morgen etwas verändert, aber jede Meldung über einen solchen Zwischenfall sei von Übel. Wenn man in dieser Frage etwas bewegen könne, wäre das von großer Bedeutung. Jeder dieser Vorfälle beschäftige die Öffentlichkeit.

H. Kohl stellte die Frage, wie man den Tourismus verbessern könne.

E. Honecker sagte, die DDR sei für eine Ausweitung. Dazu gebe es auch eine Formulierung im Kommuniqué.[21] Es gebe Festlegungen für Hotelneubauten in Berlin, Dresden und Erfurt.

H. Kohl fügte hinzu, wenn sich auf diesem Gebiet etwas bewege, könne man auch über entsprechende Fragen wirtschaftlicher Art dabei sprechen. Er sei dafür, daß die Bundesbürger, insbesondere die Jugend, ehe sie nach Italien oder Frankreich fahren, Weimar oder Dresden besuchen.

E. Honecker verwies darauf, daß 1986 12 Millionen DDR-Bürger aus privaten Gründen in andere Staaten gereist seien, bis August 1987 9,1 Millionen; davon 1986 in sozialistische Staaten 7,5 Millionen, bis Ende August 1987 6 Millionen; in nichtsozialistische Staaten und Westberlin 4,4 Millionen 1986 und bis Ende August 1987 3,2 Millionen.

H. Kohl trug ein Anliegen des Zentralrates der Juden vor, der in Heidelberg eine jüdische Hochschule eröffnet habe, verbunden mit einem Archiv. Dieser habe die Bitte, 10–15 jüdische Bürger aus der DDR mit Stipendien dort studieren zu lassen.[22] Der Zentralrat der Juden habe Kohl ausdrücklich gebeten, diese Frage bei dem Besuch vorzutragen.

E. Honecker verwies darauf, daß er vor kurzem den Präsidenten des Weltrates der Juden[23] empfangen habe. Jetzt komme ein Rabbiner aus den USA an die Jüdische Gemeinde in Berlin. Was das Anliegen be-

---

[21] In dem »Gemeinsamen Kommuniqué« hieß es, Kohl und Honecker »stimmten darin überein, Möglichkeiten für eine schrittweise Entwicklung des touristischen Reiseverkehrs zu schaffen«, und wünschten, »den touristischen Jugendaustausch« zu fördern. Abdruck u. a. in: Texte zur Deutschlandpolitik III/5 (1987), S. 203 ff.; vgl. AdG 1987, S. 31411.

[22] Eine weitere Anlage zu dem »Bericht«, ursprünglich als »Anlage 26« gekennzeichnet, betraf »Während des Besuches vorgetragene Wünsche, zu denen Entscheidungsvorschläge zu unterbreiten sind«. Unter Punkt »8. Sonstige Fragen« war die »Bitte des Zentralrates« um die Zulassung des Studiums von »10–15 DDR-Bürgern« aufgeführt. Die Archivfrage bezog sich tatsächlich auf die Bitte des Zentralrates, eine »Archivbenutzung in der DDR zu gestatten«.

[23] Edgar Bronfman, Präsident des Jüdischen Weltkongresses.

treffe, das H. Kohl vorgetragen habe, könnte sich der Zentralrat der Juden an die Jüdische Gemeinde direkt wenden oder auch an das Hochschulwesen der DDR. Er gehe davon aus, daß man dem Wunsch nachkommen könne. Auch die Archivbenutzung werde ermöglicht werden.

H. Kohl sagte, er werde den Zentralrat der Juden informieren, daß er sich an die Jüdische Gemeinde in der DDR wendet.

H. Kohl kam auf die Frage von Städtepartnerschaften zu sprechen. Er messe diesen Partnerschaften große Bedeutung bei. Dabei sollten nicht nur die Bürgermeister reisen, sondern auch Begegnungen zwischen den Bürgern stattfinden. Als persönlichen Wunsch trug H. Kohl vor, zwischen Ludwigshafen und Zwickau oder Dessau eine Städtepartnerschaft zu begründen.

E. Honecker verwies darauf, daß bis jetzt 22 Städtepartnerschaften bestehen. Gerade jetzt sei Trier und Weimar vereinbart worden. Auch für eine Städtepartnerschaft zwischen Bonn und Potsdam gebe es Einverständnis. Die DDR sei dafür, Erfahrungen zu sammeln und Schritt für Schritt vorzugehen. Natürlich sollten sich dabei auch die Bürger begegnen.

H. Kohl trug das Angebot der Körber-Stiftung Hamburg vor, ein Stipendium für 10 Studenten der Naturwissenschaften aus der DDR zu vergeben als postgraduales Studium.

E. Honecker sagte, man werde dieses Angebot prüfen.[24]

W. Schäuble warf die Frage der Prioritäten hinsichtlich Ausbau von Eisenbahnen und Autobahnen auf. Auch die BRD könne nicht alles auf einmal machen. Für die BRD habe der Ausbau der Eisenbahn absolute Priorität. Was die Autobahn betreffe, so solle man das den Gesprächen im Zusammenhang mit der Transitpauschale im nächsten Jahr vorbehalten. Hierzu gehöre auch die Position der BRD, daß die Grunderneuerung nicht Bestandteil der Transitpauschale sei. Sie sei deshalb nicht in der Lage, jetzt eine Grundsatzerklärung abzugeben über die Beteiligung an Grunderneuerung und Autobahn. Es werde deshalb vorgeschlagen, jetzt Gespräche über die Eisenbahn zu führen und im nächsten Jahr über die Transitpauschale.

E. Honecker verwies in diesem Zusammenhang darauf, daß nach den bisherigen Festlegungen die GÜST Staaken Ende des Jahres geschlossen wird. Die DDR sei bereit, Staaken weiterhin für PKW und Kraftomnibusse auch nach dem 31. 12. 1987 offenzuhalten, wenn die Aufwendungen für die notwendige Rekonstruktion von der BRD-Seite getragen werde und wenn sie grundsätzlich erklärt, daß die Grunderneuerung bei Autobahnen nicht zur Transitpauschale gehört.[25] Die Schließung von Staaken wäre sicher psychologisch nicht gut. Die Frage der Grunder-

---

[24] Verantwortlich für die Prüfung war wie bei der Bitte des Zentralrates DDR-Kulturminister Hans-Joachim Hoffmann. Vgl. die Anlage »Wünsche«.
[25] Vgl. Anm. 20.

neuerung sei bisher immer außerhalb der Transitpauschale geregelt worden. – Was die Eisenbahn angehe, so seien wir dafür, entsprechende Gespräche aufzunehmen. Darüber sollte man auch auf Expertenebene sprechen.

W. Schäuble vertrat nochmals die Auffassung, die Frage der Rekonstruktion von Staaken solle man nicht mit der grundsätzlichen Frage der Grunderneuerung der Autobahn verbinden. Dies solle im Zusammenhang mit der Transitpauschale geschehen.

E. Honecker erklärte, er sei damit einverstanden, über diese beiden Fragen gesondert zu verhandeln.

H. Kohl stellte die Frage, welche Chancen die DDR für die Verbesserung des Luftverkehrs sehe.

E. Honecker erwiderte, die DDR sei seit langem bereit, dafür etwas zu tun. Aber hier gebe es bekanntlich Fragen, die grundsätzlich mit dem Luftverkehr nach Westberlin zusammenhängen. Es gebe bekanntlich die alliierten Lufttrassen. Die DDR sei bereit, daß die Lufthansa Schönefeld anfliege und die Interflug Flughäfen der BRD. Hierzu könnten entsprechende Gespräche zwischen Interflug und Lufthansa aufgenommen werden.

W. Schäuble warf ein, es sei undenkbar, mit der Lufthansa nach Schönefeld zu fliegen, wenn Tegel ausgeklammert bliebe. Auf BRD-Seite bestehe Interesse, Tegel anzufliegen.

E. Honecker erwiderte, es gebe nur die Möglichkeit, außerhalb der drei Luftkorridore zu fliegen. Über die anderen Fragen seien sich bekanntlich die vier Mächte nicht einig.

W. Schäuble erwiderte, er gestehe zu, daß es sich hier um eine schwierige Frage handle. Beide Seiten sollten sich bemühen, in mittelfristiger Perspektive diese Frage zu prüfen.

E. Honecker stimmte dieser Bewertung zu. Unabhängig von der Frage Schönefeld oder Tegel könne man erwägen, z. B. einen Flugverkehr zwischen Leipzig und Frankfurt einzurichten und einen solchen Verkehr nicht nur zur Messe zuzulassen.

H. Kohl stellte die Frage nach der Reinhaltung der Elbe. E. Honecker verwies darauf, daß diese Frage in einem engen Zusammenhang mit der Grenzregelung gesehen werden müsse. Für uns sei die Frage, worin für die BRD die Priorität bestehe, Reinhaltung der Elbe oder Reduzierung der Salzbelastung der Werra. Beides erfordere Kosten.

W. Schäuble warf ein, daß man jetzt tatsächlich darüber nachdenken könne, die Priorität von der Werra auf die Elbe zu verschieben. Eine Lösung der Frage der Reduzierung der Salzbelastung der Werra sei im Grund nur durch das ESTA-Verfahren[26] möglich. Dies sei sehr kostspielig.

---

[26] ESTA – technisch kompliziertes Verfahren bei Salzabbau und -verarbeitung.

E. Honecker bemerkte, es gebe dabei noch das Problem der Kaliabwasserverpressung zu beachten. Hierzu müsse man eine Lösung finden.

E. Honecker bemerkte abschließend noch einmal, wenn man die Frage der Elbgrenze klären könne, könne man andere Fragen lösen. Er müsse auch Rücksicht auf die Öffentlichkeit in der DDR nehmen.

Abschließend sprach E. Honecker an H. Kohl die Einladung zu einem offiziellen Besuch der DDR aus. Wenn H. Kohl den Wunsch nach einem privaten Besuch der DDR habe, möge er bitte Rechtsanwalt Vogel[27] verständigen.

3. Gespräch im kleinen Kreis am 8. September 1987 (10.00–11.00 Uhr)

Wie vereinbart, wurden einige humanitäre Fragen behandelt. W. Schäuble erklärte, für die BRD sei im Zusammenhang mit der Amnestie in der DDR[28] die Frage von Interesse, was mit den amnestierten politischen Häftlingen geschehe. Die Frage sei, ob man diesen Personenkreis nicht in die humanitären Bemühungen einbeziehen könne. Er möchte gern noch einmal bestätigt haben, daß es ein Mißverständnis sei, Gespräche über Familienzusammenführung nicht fortzuführen.

E. Honecker bestätigte dies. Dr. Vogel[29] werde weiter tätig sein.

E. Schäuble erklärte, im Vorfeld des Besuches habe man einige »Zufluchtfälle« lösen können. Das sei für das Klima des Besuches gut gewesen. Man solle auch in Zukunft Lösungen finden, die die Beziehungen nicht belasten.

Auf BRD-Seite seien viele Briefe seit Ankündigung des Besuches eingegangen. Sie enthielten viele Anliegen. Man möchte diese Briefe zur Prüfung übermitteln.[30]

E. Honecker erwiderte, es handele sich um eine allgemeine Amnestie. Es würden nur wenige in den Haftanstalten zurückbleiben. Es würden ca. 28 000 Personen von der Amnestie betroffen. Verbleiben würden nur Kriegs- und Naziverbrecher, wegen Militärspionage und Mord Verurteilte sowie einige Personen, die für die Öffentlichkeit gefährlich seien wie Sexualtäter. Die Gefängnisse in der DDR würden sich leeren. Auch diejenigen, die in der BRD als politische Häftlinge bezeichnet würden, würden unter die Amnestie fallen. Er wolle nicht ver-

---

[27] Rechtsanwalt Wolfgang Vogel, langjähriger Mittler auf seiten der DDR für humanitäre Fälle und besondere Aufgaben.

[28] Der Staatsrat der DDR hatte am 17. 7. 1987 eine allgemeine Amnestie beschlossen, die zum 7. 10. 1987, dem 38. Jahrestag der Gründung der DDR, in Kraft trat. Zu den Einzelheiten vgl. AdG 1987, S. 31275 und 31736.

[29] Siehe Anm. 27.

[30] In der Anlage »Während des Besuchs vorgetragene Wünsche« (vgl. Anm. 22) hieß es dazu unter »9. Petitionen: Die übergebenen Petitionen sind zu prüfen. Verantwortlich: Erich Mielke«.

hehlen, daß es über die Amnestie in der DDR geteilte Meinungen gebe. Manche Arbeitskollektive befürchten einen Rückgang ihrer Arbeitsergebnisse, wenn sie Amnestierte übernehmen müssen. Dazu würde entsprechende Aufklärungsarbeit geleistet. Er habe eine Aussprache mit dem Generalstaatsanwalt der DDR gehabt. Dieser habe die Aufmerksamkeit auf Personen gelenkt, die den Wunsch haben, in die BRD überzusiedeln. Er habe erwidert, daß in diesem Falle die Ausreise aus der DDR ohne Vorbehalte gestattet werden wird. Das beträfe auch, soweit dies gewünscht werde, die Familien. Das werde noch in diesem Jahr geschehen. Aus politischen oder Gewissensgründen verbleibe niemand in Haft.

Was die von Schäuble erwähnten Briefe betreffe, so würden sie geprüft werden. W. Schäuble trug vor, daß sich die Katholische Bischofskonferenz an Bundeskanzler Kohl gewandt habe, er solle bei dem Gespräch mit Erich Honecker die Situation der Angehörigen der beiden christlichen Kirchen in der DDR ansprechen, die sich in der Ausbildung und im Arbeitsleben benachteiligt sehen würden.

E. Honecker erwiderte, es gebe in der DDR keine Benachteiligung wegen der Zugehörigkeit zu einer Religionsgemeinschaft. Jeder habe die Chance der freien Entwicklung. Es sei so, daß, was das Studium betreffe, die sogenannten Humanfächer, wie Medizin, überlaufen seien. Es gäbe aber freie Plätze bei den technischen Fächern. Sollte es Fälle geben, daß sich jemand benachteiligt fühlt, werde das geprüft. Bei der Gratulation zu seinem Geburtstag hätten die katholischen Bischöfe das gute Verhältnis zwischen Staat und Kirche in der DDR hervorgehoben. Offen sei die Frage der Diözesan-Grenze. Diese Frage würden wir aber nicht in den Vordergrund stellen. Es werde zur katholischen als auch zur evangelischen Kirche ein gutes Verhältnis angestrebt.

Schäuble erklärte, es gebe noch die Frage nach der Amnestie für solche Personen, die die DDR illegal verlassen haben.

E. Honecker erwiderte, auch wer die DDR illegal verlassen hat, wird amnestiert. H. Kohl würdigte die Amnestie als eine Frage von großer politischer Bedeutung. Dies sei ein großer persönlicher Pluspunkt für Erich Honecker. Dies sei von Bedeutung für das gesamte Klima.

E. Honecker machte darauf aufmerksam, daß die DDR als einziges sozialistisches Land bisher die Frage der Amnestie mit der Abschaffung der Todesstrafe[31] verbunden habe. Dies werde seine Wirkung nicht zuletzt auf solche Schichten der Bevölkerung haben, die der Amnestie gegenwärtig noch skeptisch gegenüberstehen.

H. Kohl bat wie Schäuble, einige Probleme zum nichtkommerziellen Zahlungsverkehr vorzutragen. W. Schäuble warf die Frage auf, ob man nicht wenigstens einige kleine Probleme lösen könnte, die

---

[31] Mit der Amnestie hatte der Staatsrat der DDR am 17. 7. 1987 gleichzeitig auch die Abschaffung der Todesstrafe beschlossen. Siehe Anm. 28.

nicht viel kosten, z. B. die Möglichkeit der Abhebung von Sperrkonten zuzulassen, die Verwendungsmöglichkeiten für den Mindestumtausch zu erweitern und Anreize beim Konten-Transfer zu schaffen.

E. Honecker erwiderte, diese Fragen könne man nur im Zusammenhang mit den ökonomischen Problemen lösen. Die DDR schieße bereits 70 Mio. Devisen jährlich zu.[32] Es gäbe auch Sperrkonten für DDR-Bürger in der BRD aufgrund des Militärregierungsgesetzes 53. Wenn dieses Gesetz beseitigt würde, wäre es auch für uns leichter, manche Frage zu regeln.

Man müsse auch sagen, daß der Besucherverkehr dadurch erschwert werde, daß wir keine konvertiblen Währungen haben. Es wäre für uns leichter, 200 Mark an die Bürger zu geben, wenn man 200 DM dafür bekommen würde. Es gehe hier nicht zuletzt um eine Devisenfrage. In Verbindung mit der wirtschaftlichen Entwicklung würden auch bestimmte Fonds für diese Zwecke frei werden.

H. Kohl stellte die Frage, ob man die Schaltung zusätzlicher Telefonleitungen veröffentlichen könne.

E. Honecker erklärte sich damit einverstanden.

H. Kohl fragte, ob es möglich sei, über die Absicht der DDR, Hannover, Hamburg und Kiel in den grenznahen Verkehr einzubeziehen, öffentlich etwas zu sagen.

E. Honecker bekräftigte, daß diese Frage mit der Grenzregelung der Elbe zusammenhänge. Aus dem geführten Gespräch mit E. Albrecht[33] habe er den Eindruck, daß diese Frage gelöst werden könne. Er möchte hier im Sinne von Vertrauen gegen Vertrauen erklären, wenn die Frage der Elbgrenze gelöst werde, wird Hamburg, Hannover und Kiel in den grenznahen Verkehr einbezogen.

H. Kohl sagte, es sei nicht notwendig, daß wir uns gegenseitig unter Druck setzen. Man würde jetzt noch nicht über diese Frage sprechen. Er selbst werde in Kürze mit Albrecht reden, und dann würde man sich über das weitere Vorgehen verständigen. Wenn er gefragt werden würde, würde er antworten, daß man dazu mit der DDR im Gespräch sei.

[32] Honecker bezog sich offenkundig darauf, daß die DDR bei der Verrechnung der Ermäßigungen beim Eisenbahnverkehr 70 Mio. zuschieße. Schalck-Golodkowski hatte im Gespräch mit Schäuble am 17. 8. 1987 diese Frage schon aufgeworfen. Nach dem »Vermerk« Schalcks vom 18. 8. über dieses Gespräch (SPD-Dokumentation: Wer im Glashaus sitzt (1994), Anlage) hätte ihm Schäuble gesagt, daß Kohl und er dafür sorgen würden, diese Aufwendungen der DDR »spürbar zu mindern« und sie »um ca. 50 Mio. VE jährlich zu senken«. – Das Militärregierungsgesetz vom 7. 7. 1945 bezog sich auf die Sperrung von Devisen. Es stand im Zusammenhang mit dem Gesetz Nr. 52 vom gleichen Tage. Vgl. Nr. 37, Anm. 27.

[33] Vgl. Nr. 41, Anm. 8. In dem Schreiben vom 12. 9. 1994 hieß es im Anschluß an die Wiedergabe des Gesprächs, er müsse »leider hinzufügen, daß Herr Honecker am nächsten Morgen« im Gespräch mit dem Bundeskanzler »ganz etwas anderes erklärt hat, nämlich daß ich bereit sei, auf die Vorstellungen der DDR einzugehen«. Schäuble habe ihn davon unterrichtet und hinzugefügt, »er, Schäuble, habe in dem Gespräch gesagt, so wie er den Ministerpräsidenten Albrecht kenne, sei dies ausgeschlossen«.

E. Honecker betonte, die Grenzkommission solle das feststellen, was bereits seit 1945 Praxis sei und wie es schon die englische Besatzungsmacht damals gehandhabt habe. Wenn die Grenzfrage Elbe geregelt sei, werde die DDR der Einbeziehung von Hannover, Hamburg und Kiel in den grenznahen Verkehr zustimmen.

H. Kohl stellte die Frage nach der Einreise mit dem Fahrrad.

E. Honecker erwiderte, wir würden der Mitnahme von Fahrrädern als Reisegepäck zustimmen, das könne man veröffentlichen. Dies gelte für die Einreise aus der BRD wie aus Westberlin. Mehr sei nicht möglich, ansonsten gebe es zu viele Verkehrsprobleme.

Schäuble fragte erneut nach Stadtbezirkspartnerschaften in »Berlin«. Könne man öffentlich erklären, daß die Gespräche dazu wieder aufgenommen werden würden?

E. Honecker erklärte, das könne man tun. Diese Frage müsse man weiter erörtern. Wir wären dafür, daß Stadtbezirke miteinander Kontakte aufnehmen. Ob das zu Partnerschaften führt, müßte man sehen.

W. Schäuble kam nochmals auf Staaken zurück. Die mitgeteilten Kosten wären doch sehr hoch.[34] E. Honecker erwiderte dazu, das sollten die Fachleute besprechen. Wenn Staaken nach dem 31. 12. 1987 offenbleiben solle, so sei eine umfangreiche Rekonstruktion von der Frage der Grunderneuerung der Autobahn zu trennen. Jetzt sollten die Fachleute anhand von Leistungsverzeichnissen die Kostenfrage erörtern. Dies müsse schnell geschehen. Bei einer Einigung könnte man entscheiden, Staaken über den 31. 12. 1987 offen zu lassen.

H. Kohl erklärte, W. Schäuble solle dies in die Hand nehmen und schnell mit A. Schalck klären, was im Hinblick auf Staaken notwendig sei.[35]

Abschließend erklärte E. Honecker die Bereitschaft der DDR, in der AIDS-Forschung mit der BRD möglichst eng zusammenzuarbeiten. Wie überhaupt wir dafür wären, die Zusammenarbeit auf dem Gebiet des Gesundheitswesens weiter zu verbessern.

H. Kohl stimmte dem zu.

E. Honecker verwies in diesem Zusammenhang auch auf die Notwendigkeit, die Zusammenarbeit bei der Bekämpfung des Drogenmißbrauchs zu verstärken. Er habe kürzlich den Film gesehen ›Die Kinder vom Bahnhof Zoo‹. Dies sei erschreckend gewesen. Man müsse die Anstrengungen in dieser Richtung verstärken.

E. Honecker bestätigte gegenüber H. Kohl die Möglichkeit einer Städtepartnerschaft zwischen Dessau und Ludwigshafen.

[34] Vgl. Anm. 20.
[35] Schäuble und Schalck-Golodkowski erörterten bei ihrem nächsten Gespräch am 31. 10. 1987 neben der Frage der Grenzübergangsstelle Staaken eine Reihe weiterer Probleme, die der Umsetzung des im Kanzleramt mit Honecker Besprochenen dienten. SPD-Dokumentation: Wer im Glashaus sitzt (1994), Anlage; Filmer/Schwan (1994), S. 214 ff.

4. Gespräch im erweiterten Kreis am 8. September 1987
(11.00 – 11.45 Uhr)

H. Kohl eröffnete das Gespräch im Rahmen der Delegation. Er bat E. Honecker, das Wort zu einer Erklärung zu bilateralen Fragen zu ergreifen.

E. Honecker legte dar, daß im bisherigen Verlauf des Besuches viele Fragen einer Klärung zugeführt worden sind. Er möchte nochmals betonen, daß die DDR der Frage der Friedenssicherung größte Bedeutung beimesse. Die Friedenssicherung sei die Kernfrage unserer Beziehungen. Beide Staaten könnten sich ihre geographische Lage nicht aussuchen. Sie müßten mit ihr leben und die notwendigen Konsequenzen daraus ziehen.

Die DDR messe den Konsultationen zur Fragen der Rüstungsbegrenzung und Abrüstung, wie sie im Grundlagenvertrag vorgesehen sind, große Bedeutung bei. Auch halte die DDR gemeinsame Initiativen beider Staaten in UNO-Gremien zu Abrüstungsfragen durchaus für möglich.

Es bestehe sicher Übereinstimmung, daß sich die Beziehungen zwischen beiden deutschen Staaten nicht von der allgemeinen internationalen Entwicklung abkoppeln lassen. Zugleich hätten beide Staaten auch die Verpflichtung, durch eine entsprechende Gestaltung ihres Verhältnisses positiv auf die Weltlage einzuwirken. In diesem Sinne betrachteten wir auch die weitere Normalisierung der Beziehungen zwischen der DDR und der BRD als wichtigen Beitrag zur Entspannung. Das komme auch im Kommuniqué zum Ausdruck.

Die DDR hält an der Vertragspolitik mit der BRD fest. Dafür würden alle in den zurückliegenden Jahren geschlossenen Verträge und Vereinbarungen, mit dem Vertrag über die Grundlagen der Beziehungen als Ausgangspunkt, gute Voraussetzungen bieten. Von besonderer Bedeutung sei die Gemeinsame Erklärung vom 12. März 1985.

Vergleiche man die Lage im Jahre 1970 mit der heutigen, so könne niemand das Erreichte leugnen. Wenn wir trotzdem von einer umfassenden Normalisierung der Beziehungen noch entfernt seien, wenn noch mehr hätte erreicht werden können, würden wir die Ursache vor allem im Festhalten an Positionen sehen, welche die uneingeschränkte Anwendung des Völkerrechts gegenüber der DDR in Frage stellen.

Das Deutsche Reich sei im Feuer des Zweiten Weltkrieges untergegangen. Auf seinen Trümmern seien zwei voneinander unabhängige souveräne Staaten mit unterschiedlicher Gesellschaftsordnung und Bündniszugehörigkeit entstanden. Das seien die politischen und auch die völkerrechtlichen Realitäten. Im übrigen sei unbestritten, daß die BRD nicht auf ihre Existenz als kapitalistischer Staat verzichten will, ebensowenig habe die DDR die Absicht, sich als sozialistischer Staat aufzugeben. Es verstehe sich also von selbst, daß die Beziehungen zwischen der DDR und der BRD so gestaltet werden könnten, wie zwischen souveränen Staaten üblich. Das liege im Interesse des Friedens, der Menschen in beiden Staaten und der Entwicklung guter Nachbarschaft.

Die Existenz der beiden Staaten sei ein grundlegendes Element der europäischen Nachkriegsordnung. Daran rütteln, hieße Frieden und Stabilität gefährden. Wir meinten, und hierin stimmten wir mit der vorherrschenden Auffassung in Ost und West überein, daß Europa und die Welt gut damit leben können. Das habe letztlich auch im europäischen Vertragswerk bis hin zur Schlußakte von Helsinki seinen Niederschlag gefunden. Damit seien für die gegenwärtigen Grenzen in Europa verbindliche und dauerhafte Grundlagen geschaffen worden. Unverändert hielten wir die Feststellung in unserer Gemeinsamen Erklärung vom 12. März 1985 für bedeutsam, daß die Unverletzlichkeit der Grenzen und die Achtung der territorialen Integrität und Souveränität aller Staaten in Europa in ihren gegenwärtigen Grenzen grundlegende Bedingung für den Frieden sind.

Ohne die Gegensätze und Unterschiede zu verwischen, könne auf der Grundlage der geschlossenen Verträge und Abkommen und entsprechend den Prinzipien der friedlichen Koexistenz das in den Beziehungen Erreichte weiterentwickelt werden. Dabei müsse ein Kerngedanke des Grundlagenvertrages eingehalten werden, nämlich, daß beide deutsche Staaten gegenseitig Unabhängigkeit und Selbständigkeit in inneren und äußeren Angelegenheiten respektieren. Wenn sich beide Seiten von Realismus, Vertragstreue und gutem Willen sowie von der selbstverständlichen Achtung der Souveränität, Gleichberechtigung und Nichteinmischung leiten ließen, werde es weiter vorangehen.

Wir begrüßten die Fortschritte während der letzten Jahre in den bilateralen Beziehungen. Das Vertragssystem konnte erweitert werden, nicht zuletzt durch den Abschluß des Kulturabkommens 1986. Die Handels- und Wirtschaftsbeziehungen entwickelten sich trotz mancher Probleme. Der Reise- und Besucherverkehr habe bedeutend zugenommen. Der Transitverkehr zwischen der BRD und Westberlin habe einen gewaltigen Umfang (27 Mio. Transitreisende) erreicht. Verdachtskontrollen fielen kaum ins Gewicht. Die DDR wolle auch weiterhin diesen Transitverkehr reibungslos abwickeln.

Über die Lösung einer Reihe von wichtigen Fragen habe man sich während des Besuches verständigt. Die Voraussetzungen zur Weiterentwicklung der Beziehungen zwischen der DDR und der BRD unter Einschluß von Westberlin entsprechend dem Vierseitigen Abkommen seien geschaffen worden. Nach dem Gespräch in Moskau im März 1985 sei vieles in Gang gekommen. Die DDR habe den ernsthaften Willen, die Dinge weiter nach vorn zu entwickeln.

H. Kohl erwiderte, er könne letzterem nur zustimmen. Diese Tage hätten gezeigt, daß man ungeachtet der Gegensätze in Grundfragen die Beziehungen weiterentwickeln könne. Die BRD wolle die Chancen nutzen, die sich gegenwärtig bieten.

Anschließend erstatteten die Bundesminister Bangemann und Wilms Bericht über die Gespräche in den jeweiligen Gesprächsrunden.[36] Genosse G. Mittag und O. Fischer machten dazu jeweils ergänzende Bemerkungen. Dabei ging Gen. O. Fischer ausführlich auf sein Gespräch mit BRD-Außenminister Genscher ein.[37]

Zum Abschluß der offiziellen Gespräche erklärte H. Kohl, daß die Gespräche in einer konstruktiven Atmosphäre stattgefunden hätten. Sie hätten Chancen für die Zukunft eröffnet. Man könne auf dieser Grundlage weiter vorangehen. Es komme hinzu, daß man sich gegenwärtig in einer günstigen Phase der Ost-West-Beziehungen befinde. Es gehe um die Sicherung einer friedlichen Zukunft für die jetzige und kommende Generation.

E. Honecker bekräftigte diese Feststellungen.

Teilnehmer an den Gesprächen im erweiterten Kreis:
DDR: Genossen G. Mittag, O. Fischer, G. Beil, F.-J. Herrmann, K. Nier, E. Moldt, G. Rettner, C. Krömke, E. Krabatsch, W. Meyer, M. Niklas, K. Seidel.
BRD: M. Bangemann, D. Wilms, W. Schäuble, H. O. Bräutigam, F. Ost, D. v. Würzen, L. Rehlinger, E. G. Stern, W. Neuer, D. Kastrup, B. Dobiey, C.-J. Duisberg, R. Hofstetter.

Teilnehmer an den Gesprächen im kleinen Kreis:
DDR: Genossen F.-J. Herrmann, K. Seidel.
BRD: W. Schäuble, C.-J. Duisberg.

[36] Siehe Nr. 41, bes. Anm. 1 und 3.
[37] Siehe Nr. 41, bes. Anm. 3.

SAPMO ZPA J IV 2/2A/3054: »Anlage 3. Vermerk über das Gespräch des Generalsekretärs des ZK der SED und Vorsitzenden des Staatsrates der DDR, Genossen Erich Honecker, mit dem Präsidenten des BRD-Bundestages, Philipp Jenninger, am 8. 9. 1987 in dessen Amtssitz« – Honecker (1994), S. 158–161.

Der von Bundestagspräsident Philipp Jenninger angefertigte »Vermerk« über das Gespräch befand sich nicht unter den einschlägigen Akten des Parlamentsarchivs, auf die Herr Jenninger hingewiesen hatte und die eingesehen werden konnten. Der bewußt nicht als geheim klassifizierte Vermerk wurde von Jenninger am 16. 9. 1987 dem Kanzleramtsminister zur »persönlichen Unterrichtung« übersandt. Der Staatsminister beim Bundeskanzler lehnte mit Schreiben vom 17. 11. 1994 die erbetene Einsicht ab.

Ph. Jenninger hieß E. Honecker willkommen. Er habe die Genugtuung, daß er sich bereits in seiner früheren Funktion[1] um diesen Besuch bemüht habe. Der Besuch sei ein wichtiges Ereignis für die Beziehungen zwischen beiden deutschen Staaten. Er sehe auch heute seine Aufgabe darin, für Dialog und Zusammenarbeit einzutreten. Beide Staaten hätten ihren Beitrag für den Frieden zu leisten. Die Deutschen müßten aus der Geschichte lernen. Er freue sich, daß sich viel Positives entwickelt habe, viele schwierigen Probleme seien gelöst worden. Er habe damals mit der Unterstützung des Kredits[2] dazu beigetragen, ein Signal zu geben im Sinne von Vertrauen gegen Vertrauen. Er bedauere zwar, daß damals die Zwei-Tage-Regelung für Westberliner nicht erreicht worden sei, er habe aber die Hoffnung, daß man dies noch schaffen werde. Damals sei von seiten der DDR die Zunahme des Reiseverkehrs zugesagt worden. Heute sei dies erreicht. Wichtig sei, das Machbare in Angriff zu nehmen. E. Honecker habe erklärt, es gehe um eine Koalition der Vernunft. Auf dieser Basis könnten die Beziehungen weiter entwickelt werden. Ein Wunsch von ihm sei, den Reiseverkehr weiter auszubauen. Dies sei ein wichtiger Beitrag zum Zusammenleben, ein Stück Friedenspolitik. Der Friede ergebe sich nicht nur aus Abrüstungsvereinbarungen, sondern auch aus dem Zusammenleben der Menschen. Seine Bitte sei, Barrieren, Mauern abzubauen. Man könne die Welt, wie sie sei, nicht verändern. Aber für die Menschen könne man viel tun. Das

---

[1] Jenninger war von 1982 bis 1984 Staatsminister und Chef des Bundeskanzleramtes.
[2] Zu dem ersten Milliardenkredit siehe Nr. 2 und Nr. 5. – Zu Jenningers Rolle aus Sicht eines auf DDR-Seite Beteiligten vgl. Nitz (1994). Vgl. auch ›Der Spiegel‹ Nr. 40 (1994) S. 49ff.

sei eine wichtige Voraussetzung, um vielleicht eines Tages auch Schritte zu einer Neuformulierung des Grundlagenvertrages zu tun. Die Erweiterung des Reise- und Besucherverkehrs liege im wohlverstandenen Interesse der DDR. Er habe die Gelegenheit gehabt, mit jungen Menschen aus der DDR zu sprechen. Sie hätten ihm erklärt, ihre Heimat sei die DDR, aber sie möchten auch einmal die Welt sehen. Er gehe davon aus, daß der Besuch E. Honeckers dazu beitragen würde, unseren Teil zur Geschichte zu leisten.

E. Honecker bedankte sich für die Begrüßung. Er schätze den Beitrag von Ph. Jenninger zur Entwicklung der Beziehungen DDR/BRD hoch ein. Auf der Grundlage Vertrauen gegen Vertrauen sei vieles in Gang gekommen. Er gehe davon aus, daß dieser Besuch dazu beiträgt, die Beziehungen zwischen beiden Staaten zu stabilisieren. Man müsse von den Realitäten ausgehen, von der Existenz zweier unterschiedlicher deutscher Staaten. [...]

E. Honecker verwies darauf, daß uns die Frage bewege, die aus der Sicht der Entwicklung der Beziehungen bedeutsam sei, wie es um die Herstellung offizieller Beziehungen zwischen Bundestag und Volkskammer stehe. Ph. Jenninger sei ja schon mit Volkskammerpräsident H. Sindermann zusammengetroffen.[3] In der IPU[4] gebe es eine gute Zusammenarbeit. Einige Fraktionen des Bundestages hätten Kontakte zu Fraktionen der Volkskammer aufgenommen. Es wäre ein gutes Zeichen für die weitere Normalisierung der Beziehungen, wenn es zu offiziellen Beziehungen zwischen den Parlamenten käme. Die Parlamente beider deutscher Staaten hätten eine besondere Verantwortung dafür, daß von deutschem Boden nie wieder Krieg ausgehe. Dies sei auch eines der Kernthemen des Besuches.

E. Honecker erklärte nachdrücklich, daß die DDR alles tue, um den Frieden dauerhaft zu sichern. Sie sei für eine breite Koalition der Vernunft und des Realismus. Die Friedenssicherung sei die alles überragende Frage im Verhältnis der beiden Staaten. Das sei der Sinn einer Verantwortungsgemeinschaft und Sicherheitspartnerschaft. Er begrüße es sehr, daß sich aus den bisherigen Gesprächen in der BRD eine große Übereinstimmung in der Frage der Friedenssicherung [er]gebe. Nach einem nuklearen Krieg bestehe keine Möglichkeit mehr, über die Fehler der Politik zu sprechen.

Es sei, so Honecker, notwendig, den »Einstieg in die Abrüstung« zu beginnen.

Die DDR begrüße die Übereinstimmung zwischen der DDR und der BRD, die globale Null-Lösung zu unterstützen.

Er sei überzeugt, daß Ph. Jenninger einen Beitrag zur Herstellung of-

[3] Beim Besuch des Volkskammerpräsidenten Horst Sindermann Ende Februar 1986 in Bonn hatte Jenninger ihn zu einem Gespräch empfangen.
[4] Interparlamentarische Union.

fizieller Beziehungen zwischen Volkskammer und Bundestag leisten werde. Die Volkskammer unterhalte Beziehungen zu vielen westlichen Parlamenten, warum nicht zum Bundestag.

Ph. Jenninger erwiderte, E. Honecker habe zu Recht auf die Verantwortung der Parlamente verwiesen. Er habe sich zum Ziel gesetzt, die Beziehungen zu Parlamenten sozialistischer Staaten auszubauen. Er habe deshalb auch das Gespräch mit H. Sindermann gesucht und ihm gesagt, daß im Grundsatz auch die Frage von Beziehungen zur Volkskammer anstehe. Es gebe aber noch einige Hindernisse, z. B. müsse der »innerdeutsche« Ausschuß voll einbezogen werden und eine Gleichbehandlung auch der Westberliner Abgeordneten erfolgen. Diese Voraussetzungen spielten vor allem in der Fraktion der CDU/CSU eine Rolle. Er möchte diese Hindernisse abbauen. Die CDU/CSU-Fraktion müsse stärker eingebunden werden in die Kontakte zwischen Parlamentariern, um ihren Widerstand zu überwinden. Er müsse auf die CDU/CSU-Fraktion Rücksicht nehmen. Er sei für kleine Schritte. Auf diesem Wege denke er, das Ziel zu erreichen, Beziehungen zwischen Volkskammer und Bundestag herzustellen. Er teile völlig die Meinung E. Honeckers zur Friedenssicherung, der Einstieg durch die Null-Lösung sei wichtig.

Ph. Jenninger wünschte abschließend einen guten Verlauf des Besuches E. Honeckers in der BRD.

Seidel *[Unterschrift]*

45. Gespräch H. Mies/E. Weber – Honecker am 8. September 1987 (Schloß Gymnich)

SAPMO ZPA J IV 2/2A/3054: »Anlage 4. Vermerk über ein Gespräch des Generalsekretärs des ZK der SED und Vorsitzenden des Staatsrates der DDR, Genossen Erich Honecker, mit dem Vorsitzenden der DKP, Genossen Herbert Mies, und der stellvertretenden Vorsitzenden der DKP, Genossin Ellen Weber, im Schloß Gymnich am 8. September 1987« – *Honecker (1994), S. 162–164.*

Eingangs brachte Genosse Herbert Mies seine große Freude über den offiziellen Besuch des Genossen Erich Honecker in der BRD zum Ausdruck. Es sei ein bewegender Augenblick gewesen zu erleben, wie der Repräsentant des ersten Arbeiter- und Bauern-Staates auf deutschem Boden durch den Bundeskanzler der BRD empfangen wurde.

Erich Honecker sagte, daß er gerade H. Wehner besucht habe.[1] Wehner habe sich sehr darüber gefreut. Wir müssen berücksichtigen, sagte E. Honecker, daß sich die Normalisierung der Beziehungen zwischen der DDR und der BRD gerade über die SPD entwickelt habe. Jetzt sei auch die Regierung Kohl bereit, von den Realitäten auszugehen. Das gerade verabschiedete Kommuniqué über seinen offiziellen Besuch[2] unterstreiche das. Dieser Besuch und nicht zuletzt das Zeremoniell hat uns sehr berührt. Jahrzehnte haben wir darum gekämpft. Der Besuch stelle vor aller Welt klar, daß es zwei souveräne voneinander unabhängige deutschen Staaten gibt. Genosse Herbert Mies ging auf den von H. Kohl am Vorabend gehaltenen Toast ein. Er sei für ihn »zu grob gestrickt« gewesen.[3] E. Honecker erwiderte, daß er in seinem Toast vor allem die Friedenssicherung in den Mittelpunkt gerückt hätte.[4] Einer globalen doppelten Null-Lösung dürften keine Hindernisse in den Weg gelegt werden. Er habe Kohl Anerkennung für seine Erklärung ausgesprochen, daß die Pershing Ia verschwinden sollen.

Eine große Rolle habe in den Gesprächen das Erfordernis der Fortführung des politischen Dialogs zwischen beiden deutschen Staaten, die Weiterentwicklung der wirtschaftlichen, kulturellen, sportlichen

---

[1] Über den kurzen Besuch bei dem damals schon schwerkranken Herbert Wehner gibt es keinen »Vermerk«. Er war ebenso wie dieses Gespräch Honeckers mit den DKP-Vertretern im offiziellen Programm der Bundesregierung nicht aufgeführt.

[2] Siehe Nr. 41, Anm. 5.

[3] Gemeint war die Tischrede von Kohl bei dem offiziellen Abendessen in der Godesberger Redoute. Wortlaut u. a. in: Texte zur Deutschlandpolitik III/5 (1987), S. 194–199 und AdG 1987, S. 31408 f.

[4] Ebd. S. 199–202 bzw. S. 31409 f.

Beziehungen und auch humanitäre Fragen gespielt. Die anläßlich des Jahrestages der Gründung der DDR erlassene Amnestie und die Abschaffung der Todesstrafe habe die Gesprächspartner sehr beeindruckt.[5] Damit seien alle Menschenrechtsfragen in den Hintergrund getreten. Auf die Frage eines Korrespondenten, was die Gespräche erbringen würden, habe er geantwortet, keinesfalls eine Wiedervereinigung, sondern die bessere Zusammenarbeit zwischen beiden deutschen Staaten. Träumereien an den Kaminen hätten keinen Platz. Das wichtigste sei die Zusammenarbeit.

Genosse E. Honecker führte fort, man könne sagen, daß mit dem Besuch unsere gemeinsamen Ziele erreicht worden seien. Die aktive Politik der DDR gegenüber der BRD zahle sich aus. Die rechten Kreise hätten mit den Ergebnissen dieses Besuchs weiter an Positionen verloren. Es dürfe nicht übersehen werden, daß die Verbündeten der BRD die Reise mit einer gewissen Sorge verfolgten. Sie befürchteten, daß bessere Beziehungen der BRD zur DDR zur Lockerung ihres Verhältnisses zu den USA führen könnten.

Genosse Herbert Mies schätzte den Besuch als einen historischen Augenblick ein. Jene Kommunisten in der BRD, die noch zu der Generation Max Reimanns und Heinz Renners gehörten, spürten sehr deutlich, daß der jahrzehntelange Kampf sich gelohnt habe. Die Saat sei aufgegangen. Gerade angesichts der Lage der Arbeiter in der Stahl und in der Werftindustrie verweise die DKP auf die Erfordernisse der Zusammenarbeit mit der DDR. Wenn sich auch die Geister in der BRD scheiden würden, seien dies Tage zu einer Volksaussprache über die Beziehungen zur DDR geworden. Das berühre Millionen Familien. In der Mehrzahl der Presse, so sagte H. Mies, seien die Ergebnisse des Besuchs als ein »Sieg von Honecker« gewertet worden.

Das Gesamtbild der DDR, so sagte E. Honecker, sei in der Weltpresse positiv. Vor allem wurde hervorgehoben, daß Kommunisten in der Lage sind, einen modernen Staat zu leiten. Das müssen auch die Industriebosse anerkennen, mit denen er sich morgen treffen würde.[6] Die Weiterentwicklung der wirtschaftlichen Beziehungen zwischen der DDR und der BRD helfe Arbeitsplätze zu sichern und helfe auch den Kommunisten.

Genosse Herbert Mies bedankte sich abschließend dafür, daß im weiteren Besuchsprogramm der Besuch des Geburtshauses von Karl Marx in Trier und des Engels-Hauses in Wuppertal vorgesehen sind sowie die Gedenkstätte in Dachau besucht wird. Auch die Ehrerbietung

[5] Siehe Nr. 43, Anm. 31 und 32.

[6] An diesem auf Einladung von Otto Wolff von Amerongen am 9. 9. stattfindenden Treffen nahmen 400 Repräsentanten der Wirtschaft teil. Siehe den »Vermerk über ein Zusammentreffen mit dem Präsidenten des DIHT, Otto Wolff von Amerongen, am 9. September 1987« als »Anlage 13«, abgedr. in: Honecker (1994), S. 187f.

vor Ernst Thälmann zeige, daß Erich Honecker »nicht nur als Staatsmann, sondern auch als Partei- und Arbeiterführer« gekommen sei. In herzlichen Worten bedankte sich Genosse H. Mies für die Solidarität der SED gegenüber der DKP.

46. Gespräch H.-J. Vogel – Honecker am 8. September 1987 (Schloß Gymnich)

[a] Privatarchiv H.-J.Vogel, Bandabschrift des Diktats H.-J. Vogels vom 8. 9. 1987

Dr. Hans-Jochen Vogel am 8. September 1987 zum Gespräch mit Erich Honecker:

In dem Gespräch mit dem Staatsratsvorsitzenden und Generalsekretär, bei dem mich die Herren Ehmke, Bahr und Büchler sowie Herr Schröder begleitet haben, habe ich an die fünf Gespräche in den fünf zurückliegenden Jahren am Werbellinsee und in Berlin angeknüpft. Die Feststellung stand am Eingang, daß die Deutschlandpolitik, die Willy Brandt, Herbert Wehner, Egon Bahr, Helmut Schmidt gegen erhebliche Widerstände, zum Teil gegen erbitterte Widerstände durchgesetzt und dann fortgeführt haben, eine Entwicklung genommen hat, die selbst die Erwartungen von Optimisten Ende der sechziger Jahre erheblich übertroffen hat und daß ohne diese Politik auch dieser Besuch so nicht möglich gewesen wäre.

Konkret sind folgende Punkte von mir zur Sprache gebracht worden:

Die Sicherung des Friedens. Gerade zu einem Zeitpunkt, zu dem die beiden Supermächte in Genf sich aufeinander zu bewegen und die Null-Lösungen in greifbare Nähe gerückt sind, erscheint es sinnvoll, das in Gesprächen zwischen uns und der DDR-Führung entwickelte Projekt eines atomwaffenfreien Korridors auch zum Gegenstand von Gesprächen zwischen den Regierungen beider Staaten zu machen. Ähnliches gilt für das Projekt einer chemiewaffenfreien Zone. Und es bestand auch Übereinstimmung darüber, daß die Frage, was denn die strukturelle Nichtangriffsfähigkeit der Streitkräfte, von der ja gestern auch der Bundespräsident in seiner Tischrede gesprochen hat[1], für die Streitkräfte nicht nur der beiden Staaten, sondern *[auch]* für die Streitkräfte der beiden Bündnisse bedeuten könnte. Die Arbeitsgruppe, die sich schon mit den beiden anderen Themen beschäftigt hat, wird sich jetzt dieser Frage zuwenden.

Was die Beziehungen unter den Staaten angeht, so erscheint mir, auch unter dem Eindruck dieses Gesprächs, am konkretesten die Schaffung eines Stromverbundes, der Berlin-West einbezieht, die Modernisierung einer Eisenbahntransitstrecke aus Westdeutschland nach Ber-

---

[1] In seiner Tischrede bei dem von ihm gegebenen Mittagessen am 7. 9. hatte v. Weizsäcker u. a. an Honecker gewandt gesagt: »Wir wollen und wir können [...] auf gegenseitige strukturelle Nichtangriffsfähigkeit hinwirken.« Siehe AdG 1987, S. 31407.

lin, wobei die Modernisierung die Beförderungsbedingungen dem allgemeinen Standard anpassen würde.

Außerdem habe ich Anlaß zu der Annahme, daß hinsichtlich der Elbegrenze und der damit zusammenhängenden Fragen, nämlich Umweltprobleme, Sportfischereiprobleme, aber auch das Problem der Fischerei in der Lübecker Bucht, daß hier die Starre der letzten Jahre jetzt abgelöst werden könnte durch Verhandlungsbereitschaft, insbesondere auch auf seiten der Bundesregierung.

Was die Lebensverhältnisse der Menschen und die menschlichen Erleichterungen angeht, so habe ich die schon eingetretenen Reiseverbesserungen angesprochen, aber ich habe besonders darauf hingewiesen, daß eine Gruppe von Menschen hier nach wie vor sehr starken Beschränkungen unterliegt, von denen ich mir wünschen würde, daß sie abgebaut werden. Das sind die DDR-Bürger, die in den letzten Jahren legal in die Bundesrepublik übersiedelt sind und nun sehr große Probleme haben, die Erlaubnis zum Besuch ihrer Angehörigen in der DDR, ihrer Freunde, zu erhalten.

Ich habe angesprochen die Frage der Übernachtung der Westberliner, die Ostberlin besuchen, eine Angleichung an die Regelung, die für Westdeutsche gilt. Und ich habe deutlich gemacht, daß für uns nach wie vor das gilt, was der Dresdner Landesbischof Hempel 1985 bei einer Gedenkfeier – dem Gottesdienst aus Anlaß der 40. Wiederkehr des Jahrestages der Zerstörung Dresdens – gesagt hat, daß die Situation an der Grenze nach wie vor eine »blutende Wunde« sei und daß wir immer wieder drängen würden, diese Situation zu überwinden, wobei eine möglichst weitgehende Liberalisierung der Reisemöglichkeiten auch das andere Problem günstig beeinflussen würde.

Schließlich ergab sich Übereinstimmung in der Einschätzung des Papiers, das die Grundwertekommission der SPD und Vertreter der gesellschaftswissenschaftlichen Akademie der DDR vor einiger Zeit vorgelegt haben[2]: Keine Verwischung von Gegensätzen, keine Vertuschung auch geschichtlicher Wahrheiten, aber ein Ansatz und eine Perspektive, wie der Wettbewerb der Systeme, wie der Wettstreit der Systeme, wie auch Auseinandersetzungen über Gegensätze und Unvereinbarkeiten in einer Form ausgetragen werden können, die den Frieden fördert und nicht den Frieden gefährdet, die den Menschen in beiden deutschen Staaten und darüber hinaus in Europa das Leben erträglicher macht, sie mit Hoffnung und nicht mit Angst erfüllt. Ich habe dabei von mir aus das Fernsehgespräch in den Fernsehprogrammen der

[2] Das von der Grundwertekommission der SPD und der Akademie für Gesellschaftswissenschaften beim ZK der SED am 27. 8. 1987 veröffentlichte gemeinsame Papier trug den Titel ›Der Streit der Ideologien und die gemeinsame Sicherheit‹.

DDR angesprochen[3] und habe angeregt, daß diese Art von Diskussion, diese Art von Streitgespräch, da, wo Anlaß zum Streit besteht, auch in Fernsehprogrammen der Bundesrepublik, aber auch in Zukunft wiederum in Fernsehprogrammen der DDR, vielleicht sogar mit anderer Besetzung, fortgesetzt wird.

[b] SAPMO ZPA J IV 2/2A/2054: »Anlage 5. Vermerk über ein Gespräch des Generalsekretärs des ZK der SED und Vorsitzenden des Staatsrates der DDR, Genossen Erich Honecker, mit dem Vorsitzenden der SPD und Vorsitzenden der SPD-Fraktion im Bundestag der BRD, Hans-Jochen Vogel, im Schloß Gymnich am 8. September 1987« – Honecker (1994), S. 165–169.

Hans-Jochen Vogel sagte, er freue sich über die nunmehr 6. Begegnung seit seiner Amtsübernahme von H. Wehner[4], die er mit dem Generalsekretär des ZK der SED habe. Der Besuch von E. Honecker in der BRD zeige, daß die von Brandt, Wehner, Schmidt und Bahr verfolgte Politik der Normalisierung der Beziehungen zwischen beiden deutschen Staaten nicht mehr aufzuhalten sei. Diese Politik wirke selbständig weiter.

In seiner Erwiderung hieß E. Honecker H.-J. Vogel und seine Begleitung herzlich willkommen. Das Treffen in Bonn sei Ausdruck einer Entwicklung, die wir seit langem verfolgten. Es gehe um gleichberechtigte Beziehungen zwischen den beiden deutschen Staaten. Wenn man das Kommuniqué lese[5], könne man einen großen Fortschritt feststellen. Der Grundlagenvertrag und die anderen mit der BRD geschlossenen Verträge hätten dafür Voraussetzungen geschaffen.

H.-J. Vogel verwies darauf, daß, wie er sagte, mit dem gestrigen Tag der Grundlagenvertrag mit all seinen Elementen Wirklichkeit werde und darüber hinaus ein Schritt nach vorn gegangen worden sei. Die Politik, die in den 60er Jahren begründet wurde, trage jetzt ihre Früchte, und das über die Systemgrenzen hinweg. Beiden Seiten sei viel abverlangt worden. Rückblickend könne man sagen, es sei ein unglaublicher und ermutigender Weg gewesen. Von großer Bedeutung sei dabei in letzter Zeit gewesen, daß beide Parteien gemeinsam Wege zur Abrü-

[3] Eine Diskussion zwischen Erhard Eppler und Thomas Meyer für die Grundwertekommission mit Otto Reinhold, dem Delegationsleiter der SED-Seite, sowie Rolf Reißig von der Akademie über das Papier wurde vom DDR-Fernsehen am 1. 9. 1987 live gesendet.

[4] H.-J. Vogel war am 8. 3. 1983 zum Vorsitzenden der SPD-Bundestagsfraktion als Nachfolger Herbert Wehners gewählt worden und führte am 28. 5. 1983 – vgl. Nr. 4 – sein erstes Gespräch mit Honecker.

[5] Siehe Nr. 41, Anm. 5.

stung aufgezeigt hätten. Die Vorschläge für eine chemiewaffenfreie Zone und einen chemiewaffenfreien Korridor hätten ihre Wirkung. Jetzt sollten Initiativen zur Erreichung einer strukturellen Nichtangriffsfähigkeit folgen. Mit Aufmerksamkeit hätte man die von Bundespräsident von Weizsäcker in dieser Hinsicht gemachte Äußerung gehört. Eine Aufgabe bleibe es, in der Regelung der Frage der Elbegrenze voranzukommen. Positiv würde die SPD die Bestrebungen für einen Energieverbund und die Verbesserung des Eisenbahnverkehrs bewerten. Er wolle sich bei E. Honecker dafür bedanken, daß die Ergebnisse des zwischen der Grundwertekommission der SPD und der Akademie für Gesellschaftswissenschaften beim ZK der SED erarbeiteten Positionspapiers[2] in der DDR umfangreich veröffentlicht wurden.[6] In dem Papier werde konkret deutlich gemacht, wie ohne Verwischung der bestehenden Unterschiede in friedensfördernder Weise zusammengearbeitet werden kann. Die im DDR-Fernsehen gesendete Diskussion zwischen E. Eppler und O. Reinhold[3] zeige das konstruktive Herangehen der SED.

E. Honecker stimmte der Einschätzung von H.-J. Vogel zu den Ergebnissen des Besuches zu. Seine Gespräche mit Weizsäcker und Kohl hätten das bestätigt. Der Gedanke der Gleichberechtigung in den Beziehungen zwischen beiden deutschen Staaten habe sich durchgesetzt. Im Zentrum der Beziehungen stehe die Sicherung des Friedens. Die Mehrheit der Bevölkerung der BRD begrüße gutnachbarliche Beziehungen zwischen beiden Staaten. Dazu habe die SPD maßgeblich beigetragen. Die Anstrengungen von Brandt, Wehner, Schmidt und Bahr würden hoch geschätzt. Richtig sei, daß ein langer Atem gebraucht würde, um die angestrebten Ziele zu erreichen. E. Honecker drückte in diesem Zusammenhang seinen herzlichen Dank für die langjährigen Bemühungen der SPD aus. [...] Beide deutsche Staaten müßten ihren Beitrag zur Unterbrechung des Rüstungswettlaufs leisten. Heute begreife jeder, daß die Friedenssicherung der Kern jeglicher Politik sei. Er möchte darauf aufmerksam machen, so sagte E. Honecker, daß sich im Kommuniqué der Begriff der Sicherheitspartnerschaft[7] wiederfinde. Das sei ja unser gemeinsamer Sprachgebrauch. In seinen Gesprächen mit H. Kohl habe er darauf verwiesen, daß die Chance zum Einstieg in die nukleare Abrüstung genutzt werden müsse. Man könne von Null-Lösung zu Null-Lösung schreiten. Die Losung »mit weniger Waffen Frieden schaffen« hätten wir uns zueigen gemacht. Die BRD dürfe nicht Bremser von Vereinbarungen zwischen den USA und der UdSSR sein. H. Kohl habe ihm zugesagt, daß seine Erklärung zu den Pershing

---

[6] Das Papier wurde im ›Neuen Deutschland‹ vom 28. 8. 1987 veröffentlicht.
[7] Im Kommuniqué – vgl. Nr. 41, Anm. 5 – wurde das Wort »Sicherheitspartnerschaft« allerdings nicht gebraucht, wohl aber entsprach es der Tendenz.

Ia-Raketen[8] ernst gemeint ist. Genscher habe das noch einmal bestätigt.[9] Die entscheidende Frage sei, daß es noch in diesem Jahr zu einem Abkommen über die globale doppelte Null-Lösung kommt.

H.-J. Vogel wiederholte seine bekannten Auffassungen hinsichtlich der Ausdehnung der Aufenthaltsdauer von Westberliner Bürgern in der Hauptstadt der DDR sowie über die Ablehnung von Einreisegenehmigungen von ehemaligen Bürgern der DDR, die in die BRD übergesiedelt sind. Außerdem sprach er die Bitte aus, daß die Hochschule für Jüdische Studien in Heidelberg Archivmaterialien in der DDR einsehen darf.[10] Er stellte die Frage, ob zum Positionspapier der Grundwertekommission der SPD und der Akademie für Gesellschaftswissenschaften beim ZK der SED eine Fernsehdiskussion in der BRD durchgeführt werden könne.

Genosse Erich Honecker stimmte zu, daß Archivmaterialien in der DDR eingesehen werden können. Er begrüße es auch, wenn eine Arbeitsgruppe von SED und SPD zu Fragen der strukturellen Nichtangriffsfähigkeit ihre Arbeit aufnehme.

An dem Gespräch nahmen seitens der SPD der stellvertretende Vorsitzende der SPD-Fraktion im Bundestag, H. Ehmke, das Mitglied des Präsidiums der SPD, E. Bahr, und das Mitglied des Vorstandes der SPD-Bundestagsfraktion, H. Büchler, teil.

---

[8] Vgl. Nr. 42, Anm. 5.

[9] Nach dem »Vermerk« über das Gespräch Genscher – DDR-Außenminister O. Fischer am 8. 9. 1987 hatte Genscher dazu gesagt: »Die bekannten Erklärungen der BRD zu den Pershing Ia, die verschwinden werden, seien klar auf ein Abkommen gerichtet.« Anlage 23 zu dem »Bericht«; Abdruck in: Honecker (1994), S. 222–226. Vgl. Nr. 41, Anm. 3. – Schon zuvor hatte Genscher Otto Reinhold von der Akademie für Gesellschaftswissenschaften bei einem Gespräch am 31. 8. 1987 in Bonn versichert, mit Kohls Erklärung zu den Pershing Ia seien »von der Bundesregierung alle Hindernisse für eine doppelte Null-Lösung ausgeräumt«. Die von Kohl erwähnten Bedingungen seien nur genannt worden, »um das Gesicht zu wahren«. »Vermerk« Otto Reinholds für Generalsekretär Honecker vom 1. 9. 1987, in: SAPMO ZPA IV 2/2.035/83.

[10] Siehe Nr. 43, Anm. 22.

47. Gespräch Engholm – Honecker am 8. September 1987 (Schloß Gymnich)

SAPMO ZPA J IV 2/2A/3054: »Anlage 6. Vermerk über ein Gespräch des Generalsekretärs des ZK der SED und Vorsitzenden des Staatsrates der DDR, Genossen Erich Honecker, mit dem Vorsitzenden der SPD-Fraktion im Landtag von Schleswig-Holstein, Björn Engholm, im Schloß Gymnich am 8. September 1987« – Honecker (1994), S. 168f.

Von seiten Björn Engholms gibt es keine Aufzeichnungen, wie er am 20. 9. 1994 mitteilte.

Das Gespräch fand im Beisein des Vorsitzenden der SPD, Hans-Jochen Vogel, statt.

Erich Honecker begrüßte Björn Engholm sehr herzlich und drückte seine Freude aus, ihn kennenzulernen. B. Engholm dankte für die Möglichkeit des Gesprächs. Das sei vor den am 13. September in Schleswig-Holstein stattfindenden Landtagswahlen eine große Hilfe. Besonders dankbar sei er dafür, daß E. Honecker der Bitte entsprochen habe, daß ab sofort an dem an der Grenze von Schleswig-Holstein zur DDR gelegenen Schaalsee für Bürger der BRD das Baden erlaubt werde.[1] Das sei nur ein scheinbar kleines Problem, aber für die dort Ansässigen und für Urlauber wäre es von großer Bedeutung. B. Engholm sagte, er wolle das umgehend als Ergebnis seines Gesprächs mit E. Honecker bekanntgeben.

Erich Honecker verwies darauf, daß sein Besuch in der BRD und das Kommuniqué der SPD helfen wird. Für die SPD sei es ein großes Plus, daß sie die Vorreiterrolle für gut nachbarschaftliche Beziehungen zwischen beiden deutschen Staaten habe. B. Engholm stimmte dem mit der Bemerkung zu, daß gerade die SPD von Schleswig-Holstein Pionierarbeit geleistet hätte. Positiv würde sich auswirken, daß Lübeck, Kiel und Flensburg Partnerschaften mit Städten in der DDR aufnehmen können.

Im weiteren Verlauf des Gesprächs wurde über Möglichkeiten der Beteiligung von kleineren und mittleren Betrieben in die Wirtschaftsbeziehungen zwischen der BRD und der DDR gesprochen. Es gab Übereinstimmung, daß die Einbeziehung der Stadt Kiel in den grenznahen Verkehr in Abhängigkeit von der Regelung der Elbgrenze-

---

[1] Die Bitte hatte Egon Bahr bei einem Gespräch mit Axen am 14. 8. 1987 vorgetragen. Vgl. den »Vermerk« über dieses Gespräch in: SAPMO ZPA IV 2/2. 035/79. In seinem Schreiben vom 20. 9. 1994 kennzeichnete Engholm es so: Es war »als Geste, daß Bewegung in den deutsch-deutschen Beziehungen war, positiv«.

Frage gelöst werden kann. E. Honecker informierte in diesem Zusammenhang über sein Gespräch mit dem Ministerpräsidenten von Niedersachsen E. Albrecht.[2] Er sagte, Albrecht sei offensichtlich bereit, einzuschwenken. H.-J. Vogel bemerkte dazu, daß mit dem Verlust der absoluten Mehrheit die CDU stärker Rücksicht auf ihren Koalitionspartner, die FPD, nehmen müsse.[3] Wenn man so will, sei das auch ein Verdienst der SPD, daß Albrecht jetzt nicht mehr so könne wie früher. Zum Abschluß des Gesprächs wünschte E. Honecker B. Engholm, daß er die Wahl am kommenden Sonntag in Schleswig-Holstein gewinnen möge.

[2] Vgl. Nr. 41, bes. Anm. 8 und Nr. 43, Anm. 33.
[3] Bei den Landtagswahlen in Niedersachsen am 15. 6. 1986 war die CDU auf 44,3% (1982 50,7%) abgefallen, der Koalitionspartner FDP hatte sich stabilisiert (6% zu 5,9% 1982).

48. Gespräch Dregger/Waigel – Honecker am 8. September 1987 (Schloß Gymnich)

[a] Unterlagen A. Dregger: »14. September 1987, 1472/1/sch. Gesprächsnotiz über das Zusammentreffen Dr. Dregger/Dr. Waigel mit GS Honecker«

Ort: Schloß Gymnich
Zeit: 8. September 1987, 16.05 bis 16.40 Uhr
Gesprächsteilnehmer: a) GS Honecker, Herr Moldt (StäV DDR), Herr Rettner (ZK der SED)
b) Herr Dr. Dregger, Herr Dr. Waigel, Herr Kaack als Protokollant

Herr Dr. Dregger greift eingangs die Formulierung des Bundespräsidenten auf und begrüßt GS Honecker als »Deutschen unter Deutschen, wenngleich als einen deutschen Kommunisten«. GS Honecker geht hierauf mit der Bemerkung ein, daß Gemeinsamkeiten nicht geleugnet werden könnten; andererseits sei klar, daß es heute zwei deutsche Staaten gäbe, dies sei Realität. Von dieser Realität ausgehend gäbe es Wege der Zusammenarbeit; viele Fragen könnten in diesem Rahmen gelöst werden, was zugleich auch Fortschritte für die Menschen bringen könne. GS Honecker verweist in diesem Zusammenhang auf das soeben veröffentlichte Kommuniqué.[1]

Der Fraktionsvorsitzende spricht die aktuelle Diskussion in der Rüstungskontrollpolitik an und betont, daß es im Interesse aller Deutschen besser gewesen wäre, statt der jetzt angestrebten Teillösung (500 bis 5000 Kilometer) in einem ersten Schritt die nuklearen Waffensysteme unter 500 Kilometer abzurüsten, »die uns Deutsche vor allem bedrohen«. GS Honecker stimmt dieser Überlegung ausdrücklich zu und ergänzt, daß die Entwicklung durch die Politik Washingtons und Moskaus jetzt aber anders verlaufen sei. Hiervon müsse man ausgehen. GS Honecker verweist in diesem Zusammenhang auf die zusätzliche Initiative des polnischen KP- und Staatschefs Jaruzelski, der vorgeschlagen habe, in beiden Bündnissen zunächst vorrangig jene Waffensysteme abzurüsten, die eindeutig Offensivkapazität hätten.[2] Beiläufig äußert GS Honecker in diesem Zusammenhang, daß der Warschauer Pakt seinerzeit wie die NATO als defensives Verteidigungsbündnis gegründet worden sei. Insgesamt komme es jetzt, so Honecker, nicht nur für die

---

[1] Siehe Nr. 41, Anm. 5.
[2] Der polnische Staatschef Wojciech Jaruzelski hatte am 7. 5. 1987 einen neuen Plan zur Rüstungsreduzierung in Europa vorgelegt, der auch die beiderseitigen Militärdoktrinen einbezog. Vgl. AdG 1987, S. 31296.

Politiker, sondern insbesondere auch für die Militärs darauf an umzudenken. Hierfür müsse der Leitsatz gelten: Erhalt der Verteidigungsfähigkeit – keine Angriffsfähigkeiten.

Herr Dr. Waigel ergänzt um den Gedanken, daß nach den jetzt geplanten Abrüstungsschritten in Deutschland keine Zone minderer Sicherheit entstehen dürfe. Vor diesem Hintergrund sei die erdrückende konventionelle Überlegenheit des Warschauer Paktes für uns unerträglich. Die Sowjetunion wäre gut beraten, wenn sie in einem ersten Schritt 500 000 Mann und 8000 Panzer demobilisieren würde. GS Honecker antwortet mit einem Hinweis auf den Palme-Vorschlag, der in einem eng begrenzten Streifen durch Mitteleuropa alle atomaren Gefechtsfeldwaffen beseitigen will.

Herr Dr. Dregger schließt diesen Gesprächskomplex mit der Feststellung ab, daß es ein Stück gemeinsames Interesse sei, für Deutschland eine Sonderbedrohung durch nukleare Kurzstreckensysteme auszuschließen. GS Honecker stimmt dem mit einem eindeutigen »Ja« zu.

Der Fraktionsvorsitzende führt das Gespräch auf die Themenkomplexe Freizügigkeit und Schießbefehl und unterstreicht dies mit den Worten: »Der Schießbefehl verletzt die Würde der Deutschen und die Würde der deutschen Nation.« GS Honecker nimmt das Thema auf und erläutert, daß seit seiner Begegnung mit Bundeskanzler Kohl im März 1985[3] (Motto: »Vertrauen gegen Vertrauen«) eine spürbare Verbesserung für die Menschen eingetreten sei. Inzwischen würden Westreisen auch an Nicht-Verwandte genehmigt; im Jahre 1987 seien bereits über 860 000 Besucher aus der DDR unterhalb des Rentenalters in die Bundesrepublik Deutschland gereist. GS Honecker hebt hervor, daß die Rate von 0,02% Nichtrückkehrern kein Problem darstelle. Diese Entwicklung würde weitergehen und damit zugleich eine Entschärfung des Grenzproblems bedeuten. Im übrigen charakterisiert GS Honecker die Grenzanlagen als »militärische Sperrgebiete«, die es sicherlich auch in der Bundesrepublik gäbe, wenngleich möglicherweise nicht an der Grenze, sondern im Landesinnern. Herr Dr. Dregger weist in diesem Zusammenhang auf das zusätzliche Problem für etwa 1 Million Landsleute in der DDR hin, die aufgrund ihres Wohnsitzes in unmittelbarer Grenznähe gar keine Westkontakte haben dürften; auch dieses Problem müsse gelöst werden.

Als dritten Themenkomplex führt der Fraktionsvorsitzende die Frage der materiellen Erhaltung nationaler Kulturdenkmäler in der DDR in das Gespräch ein und nennt als Beispiele die Stadtbilder von Stralsund, Greifswald, Görlitz und – mit positivem Unterton – auch Dresden und gibt zu bedenken, ob mit privater Hilfe aus dem Westen noch mehr für den Erhalt nationaler Kulturgüter getan werden könne.

---

[3] Siehe Nr. 16.

GS Honecker geht hierauf mit der Bemerkung ein, die DDR sei stolz auf das bisher in diesem Bereich Geleistete und habe sich noch sehr viel vorgenommen. Exemplarisch nennt er Dresden und Ostberlin, wobei GS Honecker in auffälliger Weise mehrfach aufeinanderfolgend vom »Gendarmen-Markt« (alte Berliner Bezeichnung!) spricht und nicht die durch die SED in »Platz der Akademie« geänderte Bezeichnung benutzt. GS Honecker betont noch einmal: »Wir haben dies alles aus eigenem Antrieb gemacht, wir wollen das mit eigener Kraft weiter schaffen« und bedankt sich für das durch Dr. Dregger angesprochene Interesse, ohne weiter auf diesen Gedanken einzugehen.

Herr Dr. Waigel unterstreicht die frühere Gesprächspassage bezüglich des Grenzregimes und betont noch einmal, daß nach der eingehaltenen Zusage über den Abbau der Minen- und Selbstschußanlagen nunmehr auch der Schießbefehl definitiv abgeschafft werden müsse. Im übrigen ergänzt Herr Dr. Waigel das Gespräch um den Fragenkomplex »grenznaher Umweltschutz«, in dessen Rahmen es möglich sein müsse, auch unkompliziert auf unterer Ebene zusammenzuarbeiten. In diesem Zusammenhang gäbe es mit dem Papierwerk Blankenstein (Grenze Oberfranken) einen ganz konkreten Problemfall.

Hinsichtlich des innerdeutschen Sportverkehrs bittet Dr. Waigel um die Möglichkeit, nicht nur Spitzenbegegnungen zu verabreden, sondern vor allem dem Breitensport eine größere Chance zu geben. Diesen Gedanken greift GS Honecker mit dem Hinweis auf die gewachsenen Möglichkeiten im Rahmen der bereits beschlossenen und beabsichtigten Städtepartnerschaften auf. Auch auf diesem Wege solle weiter vorangegangen werden.

Das Gespräch fand in einer offenen Atmosphäre mit deutlicher, sachorientierter Sprache statt. Dabei wirkte GS Honecker durchgehend konzentriert und auf einem hohen Informationsniveau.

Kaack *[Unterschrift]*

[b] SAPMO ZPA J IV 2/2A/3054: »Anlage 7. Vermerk über ein Gespräch des Generalsekretärs des ZK der SED und Vorsitzenden des Staatsrates der DDR, Genossen Erich Honecker, mit dem Vorsitzenden der CDU/CSU-Bundestagsfraktion, Alfred Dregger, und dem Vorsitzenden der CSU-Landesgruppe im Bundestag der BRD, Theo Waigel, im Schloß Gymnich am 8. September 1987« – *Honecker (1994), S. 170–173.*

Eingangs begrüßte Dregger Erich Honecker als einen deutschen Kommunisten. Da er »deutscher Demokrat« sei, gebe es zwischen beiden Gemeinsamkeiten.

Erich Honecker erwiderte, daß man Gemeinsamkeiten erleben müsse. Vor allem jedoch käme es darauf an, sich von den Realitäten leiten zu lassen und nicht von Illusionen. Die Beziehungen der DDR zur Sowjetunion und den anderen Staaten des Warschauer Vertrages könne man nicht lockern. Die DDR habe ihrerseits auch nicht die Absicht, dies hinsichtlich der Beziehungen zwischen der BRD und den USA zu versuchen. Auf dieser Grundlage müßten beide Staaten ihre Zusammenarbeit miteinander entwickeln. In diesem Sinne sei das zwischen der DDR und der BRD vereinbarte gemeinsame Kommuniqué ein wichtiger Fortschritt in den Beziehungen.

Dregger bekannte sich zur Zusammenarbeit auf der Grundlage der abgeschlossenen Verträge. Er verwies zugleich auf die »rechtlichen Vorbehalte«, die ebenfalls berücksichtigt werden müßten. Er betonte, daß er für Frieden und Abrüstung eintrete. Er hätte nie Zweifel daran gelassen, daß er besonderes Interesse an Abrüstungsschritten im konventionellen Bereich habe. Angesichts der Tatsache, daß es im Bereich der Mittelstreckenraketen zu einer Vereinbarung zwischen der Sowjetunion und den USA kommen könne, und im Hinblick auf die Lage der BRD gehe es ihm besonders um Schritte zur nuklearen Abrüstung für Raketen mit einer Reichweite unter 500 km.

E. Honecker erklärte, daß die DDR bereit sei, von Null-Lösung zu Null-Lösung zu gehen. Die Beseitigung der Mittelstreckenraketen ermögliche den Einstieg in die Nuklearabrüstung. Die DDR ist dafür, sofort mit Verhandlungen auf konventionellem Gebiet zu beginnen. Dies um so mehr, da moderne konventionelle Waffensysteme heute eine bedeutend größere Zerstörungskraft als in früheren Jahren haben. Auch aus der Sicht der DDR gehe es um die Beseitigung von Asymmetrien. Diese sollten nicht durch Aufrüstung, sondern durch Abrüstung beseitigt werden. Erich Honecker betonte, daß die DDR dem Jaruzelski-Plan zur Verminderung der Streitkräfte und Rüstungen in Mitteleuropa[2] eine hohe Beachtung schenke. Die Sowjetunion und die USA hätten gemeinsam erklärt, daß ein nuklearer Krieg weder führ- noch gewinnbar ist. Die Aussage von A. Einstein, daß im nuklearen Zeitalter ein neues Denken erforderlich ist, gewinne eine immer größere Bedeutung. M. Gorbatschow habe diese Erkenntnis ergänzt.

Waigel warf ein, daß in diesem Zusammenhang berücksichtigt werden müßte, daß sich innerhalb und zwischen den Bündnissen differenzierte Interessen einzelner Bündnispartner darstellen würden. Auch wenn es zu einer ersten und zweiten Null-Lösung kommen sollte, bedeute dies seiner Meinung nach nicht, daß es gleiche Sicherheit für alle Staaten gäbe. Er behauptete, daß es zu einem drückenden Übergewicht der konventionellen Streitkräfte des Warschauer Vertrages kommen würde. Damit würde die BRD zu einer »Sicherheitszone dritter Kategorie«. Es stelle sich die Frage, ob nicht bereits im Vorfeld einer doppelten Null-Lösung 500 000 sowjetische Soldaten und 8000 Panzer abgebaut werden könnten.

E. Honecker erklärte, daß die DDR für den Abbau und die vollständige Beseitigung der atomaren Gefechtsfeldwaffen eintrete. Sie sei dafür, diese Waffen im Zusammenhang mit dem Palme-Vorschlag durch die Bildung eines atomwaffenfreien Korridors zu beseitigen. Die DDR würde dafür ihr gesamtes Territorium zur Verfügung stellen, wenn auch die BRD dazu bereit ist. Entsprechende Vorschläge habe sie der Bundesregierung mehrfach unterbreitet. Erich Honecker äußerte, daß jetzt eine Lage entstanden ist, die Mittelstreckenraketen vollständig zu beseitigen. In diesem Falle würden auch die in der DDR als Gegenmaßnahmen stationierten operativ-taktischen Raketen zurückgezogen werden. Das Ziel der DDR bleibt es, bis zum Jahr 2000 die Welt von atomaren Waffen zu befreien und dafür aktive Beiträge zu leisten.

Dregger sprach von der Notwendigkeit, in den Beziehungen zwischen beiden deutschen Staaten »schrittweise Freizügigkeit« zu schaffen. Die Lage an der Grenze aber sei weiterhin menschenunwürdig. Das würde die Beziehungen zwischen beiden Staaten immer wieder belasten. Waigel äußerte sich im gleichen Sinne.

E. Honecker führte aus, daß zu dem Gesamtproblem des Reiseverkehrs während der Verhandlungen mit Helmut Kohl ausführlich gesprochen worden sei. Er erwähnte in diesem Zusammenhang, daß sich die Zahl der DDR-Bürger, die im Rahmen dringender Familienangelegenheiten in die Bundesrepublik gereist sind, wesentlich erhöht habe. Was die Grenze anbetrifft, so handelt es sich um ein militärisches Sperrgebiet. Auch die Konzentration von Streitkräften in der DDR und in der BRD könne dabei nicht unberücksichtigt bleiben. Im übrigen würde sich der Mißbrauch der »grünen Grenze« durch die Ausweitung des Reiseverkehrs schrittweise aufheben. Zwischenfälle gäbe es immer weniger. In der DDR gäbe es keinen »Schießbefehl«. Es existiere eine Anordnung über den Gebrauch von Schußwaffen und zur Feststellung von Personen, die die Grenzordnung mißachten.

Dregger stellte die Frage nach Reise- und Besuchsmöglichkeiten von

Bürgern, die unmittelbar im Grenzgebiet wohnen. E. Honecker erwiderte, daß die DDR ständig überlege, wie der »Sperrstreifen« verringert werden könne.

Dregger kam auf die Restaurierung kultureller Bausubstanz in der DDR zu sprechen. Er habe Dresden, Bad Doberan, Görlitz und Stralsund gesehen. In Stralsund gebe es ein ganzes Stadtensemble, das noch in schlechtem Zustand sei. Er meinte, daß mit privater Unterstützung aus der BRD die Erhaltung von Baudenkmalen in der DDR gefördert werden könnte. Dafür wolle er etwas tun.

E. Honecker dankte ihm für das geäußerte Interesse. Stralsund kenne er sehr gut. Vieles habe sich positiv verändert. In diesem Zusammenhang erläuterte E. Honecker die großzügigen Maßnahmen zur Restaurierung von Kulturdenkmalen in der DDR. Er sagte: Wir haben unseren eigenen Ehrgeiz.

Waigel erwähnte den Wunsch, den Sportkalender weiter auszudehnen, und äußerte die Hoffnung auf eine konkrete Zusammenarbeit im grenznahen Raum auf dem Gebiet des Umweltschutzes. Konkret verwies er auf die Papierfabrik in Blankenstein.

E. Honecker lenkte die Aufmerksamkeit auf die Vereinbarung zwischen dem DTSB und dem DSB. Zur Erweiterung der Sportbeziehungen würden die Städtepartnerschaften entsprechende Möglichkeiten bieten.

Die Umweltschutzpolitik der DDR erfasse alle Bereiche und beziehe auch den grenznahen Raum ein.

Abschließend legte E. Honecker dar, daß im Gespräch mit der Bundesregierung auch über die Fragen der Verbesserung der Autobahnverbindungen gesprochen worden sei. Eine Verständigung habe man dahingehend erzielt, daß gegenwärtig der weiteren Verbesserung der Verkehrsverbindungen, vor allem auf dem Gebiet des Eisenbahnverkehrs, Priorität einzuräumen ist.

49. Gespräch Mischnick/Ronneburger – Honecker am 8. September 1987 (Schloß Gymnich)

SAPMO ZPA J IV 2/2A/3054: »Anlage 8. Vermerk über ein Gespräch des Generalsekretärs des ZK der SED und Vorsitzenden des Staatsrates der DDR, Genossen Erich Honecker, mit dem Vorsitzenden der FDP-Fraktion im Bundestag der BRD, Wolfgang Mischnick, und dem stellvertretenden Vorsitzenden der FDP-Fraktion, Uwe Ronneburger, im Schloß Gymnich am 8. September 1987« – Honecker (1994), S. 174–176. – Zur Westquelle siehe Nr. 38.

Zu Beginn des Gesprächs würdigte E. Honecker das Engagement der FDP für eine globale doppelte Null-Lösung für Mittelstreckenraketen. Es komme darauf an, unbedingt die Chance eines Einstiegs in die Abrüstung wahrzunehmen. Schritt für Schritt gelte es, die Abrüstung voranzubringen. Wir sind für die Beseitigung auch der atomaren Gefechtsfeldwaffen und für Abrüstung auf konventionellem Gebiet. Er möchte hervorheben, wir rechnen dabei mit der Unterstützung der Freien Demokraten. *Honecker äußerte sich zur Notwendigkeit der Abrüstung und des Umdenkens auch der »Militärs in West und Ost«.* E. Honecker sagte, er sei sehr befriedigt, mit welcher Umsicht und Entschlossenheit der Parteivorsitzende der FDP M. Bangemann gemeinsam mit G. Mittag die wirtschaftlichen Fragen angehe.[1] Mit Interesse habe er den jüngsten FDP-Parteitag verfolgt.[2] Eine Delegation der LDPD sei anwesend gewesen. Die Kontakte zwischen Politikern der FDP und Politikern der DDR werden dazu beitragen, daß die Entkrampfung zwischen den beiden deutschen Staaten vorangeht.

W. Mischnick sagte, er teile die Meinung E. Honeckers. Ergänzen wolle er, daß man in der Frage der Ächtung der chemischen Waffen einen Schritt näher kommen müsse. Das Problem der Asymmetrien sei ein wichtiger Punkt, aber eine nicht einfache Sache. Hier müßten Reifeprozesse erfolgen. Bei unserem Koalitionspartner, so sagte er, dauert es eben manchmal länger. Kürzlich habe er mit W. Jaruzelski gesprochen und auch mit ihm weitgehende Übereinstimmung festgestellt. Was die Fortführung des politischen Dialogs mit der DDR betreffe, sei er für eine Verbreiterung der Kontakte. Von großem Wert sei die Entwicklung von Städtepartnerschaften. Das würde auch die Entwicklung von offiziellen Beziehungen zwischen dem Bundestag und der Volkskammer fördern. Die FDP-Fraktion des Bundestages habe den Vorsit-

---

[1] Während Honeckers Besuch verhandelten Bangemann und Mittag/Beil; siehe Nr. 41, Anm. 1.

[2] Er hatte am 5./6. 9. 1987 in Kiel stattgefunden.

zenden des gesundheitspolitischen Ausschusses der Volkskammer offiziell eingeladen. Wenn er kommt, wird er von allen Fraktionen des Bundestages empfangen werden. Die Städtepartnerschaften würden jetzt schon ein gutes Beispiel für die Aufnahme der Parlamentsbeziehungen geben. Jetzt ginge davon ein Druck aus. Vor allem würde von den Bundestagsabgeordneten, in deren Wahlkreis eine Städtepartnerschaft vorhanden ist, im Bundestag auf Kontakte [ge]drängt. In diesem Zusammenhang betonte E. Honecker, daß Jenninger ihn gebeten habe, Einfluß auf die CDU/CSU in dieser Hinsicht zu nehmen. W. Mischnick sagte dazu, er begrüße es, daß mit Th. Waigel Gesprächskontakte bestehen.[3] Das sei sehr nützlich. Waigel sei ein Mann mit Zukunft. Oft müsse er eine Spreizstellung zwischen München und Bonn einnehmen.

Im weiteren Verlauf des Gesprächs sprachen Mischnick und Ronneburger Fragen der Familienzusammenführung und des Reiseverkehrs an. Mischnick begrüßte die Abschaffung der Todesstrafe in der DDR[4] und, wie er sagte, »die zeitweilige Aussetzung des Schießbefehls«. Er begrüße auch die beabsichtigte Verbesserung der Verkehrsverbindungen zwischen Berlin und Hannover. Er habe gehört, daß die Eisenbahn Priorität habe. Er wolle darum bitten, daß in den Fragen der Familienzusammenführung großzügiger verfahren wird. Er sprach ebenfalls die Ausdehnung der Aufenthaltsdauer für Westberliner Bürger bei Besuchen in der DDR an. Ronneburger sagte, er habe die dringende Bitte, im Sinne der Schlußakte von Helsinki auch gemeinsame Familienreisen von Bürgern der DDR in die BRD zu ermöglichen, so, wie es zwischen der BRD und den USA bereits Praxis sei.

Zum Abschluß des Gesprächs stellte E. Honecker Übereinstimmung in den sicherheitspolitischen Fragen fest. Der Besucherverkehr, so sagte E. Honecker, entwickele eine große Dynamik. Er verwies darauf, daß es für Bürger von Berlin (West) mehr als 170 000 Mehrfachberechtigungsscheine zum Besuch von Berlin gäbe, deren Gültigkeit von drei auf sechs Monate verlängert worden sei. Die Tagesaufenthalte wurden bis zwei Uhr des darauffolgenden Tages verlängert. Er möchte darauf hinweisen, daß auch weiterhin eine Kontrolle im grenzüberschreitenden Verkehr zwischen Berlin (West) und Berlin notwendig ist. Daran seien die Amerikaner ebenfalls interessiert. Auf den Wunsch von Ronneburger eingehend, bemerkte E. Honecker, daß ein gewöhnlicher Sterblicher auch heute nicht in die USA reisen könne und umgekehrt. Zu einer weiteren Ausdehnung des Reiseverkehrs zwischen der DDR und der BRD gehöre noch mehr Vertrauen und eine noch bessere Atmosphäre.

[3] Theodor Waigel war außer mit Honecker – vgl. Nr. 48 – schon am 15. 3. 1987 während der Leipziger Messe mit Schalck-Golodkowski zusammengekommen. Vgl. SPD-Dokumentation: Wer im Glashaus sitzt (1994), S. 10.
[4] Siehe Nr. 43, Anm. 31.

50. Gespräch Schoppe/Hensel/Michalik – Honecker am 8. September 1987 (Schloß Gymnich)

SAPMO ZPA J IV 2/2A/3054: »Anlage 9. Vermerk über ein Gespräch des Generalsekretärs des ZK der SED und Vorsitzenden des Staatsrates der DDR, Genossen Erich Honecker, mit Vertretern der Grünen im Schloß Gymnich am 8. September 1987« – Honecker (1994), S. 177–179. – Eine Aufzeichnung über dieses Gespräch wurde von den Vertretern der Grünen nicht angefertigt.

Seitens der Grünen nahmen am Gespräch teil: Waltraud Schoppe, Sprecherin der Bundestagsfraktion der Grünen; Karitas Hensel, stellvertretende Geschäftsführerin der Bundestagsfraktion, und Regina Michalik, Sprecherin des Bundesvorstandes der Grünen.

Erich Honecker hieß die Vertreterinnen der Grünen herzlich willkommen. Über die Aktivitäten der Grünen im Bundestag, so sagte er, sind wir über das Fernsehen gut informiert.

W. Schoppe führte aus, daß die Grünen die Friedenspolitik der DDR mit großer Aufmerksamkeit verfolgten. 1983 hätten sie sehr aufgeatmet, als Erich Honecker nach dem Beschluß über die Raketenstationierung in der Bundesrepublik auf der 7. Tagung des Zentralkomitees für Schadensbegrenzung eingetreten sei. Nunmehr sei es nur zu begrüßen, daß es zu einem Abkommen über die globale doppelte Null-Lösung kommt. Die Grünen hofften, daß die Initiativen des Berliner Gipfeltreffens der Warschauer-Pakt-Staaten[1] zur Überwindung der Militärblöcke führten und dazu beitragen, in Richtung einer europäischen Friedensordnung voranzukommen. Sie wolle bemerken, so sagte W. Schoppe, daß die Grünen ausschließlich für die Zweistaatlichkeit eintreten als Voraussetzung für einen dauerhaften Frieden in Europa.[2] Sie habe von einer Umfrage gehört, in der sich zahlreiche Menschen in der DDR für eine Wiedervereinigung aussprechen würden.[3] Die Grünen

---

[1] Vgl. Nr. 40, Anm. 4, und Nr. 41.

[2] In einem »Konkretion der Themen beim Honecker-Gespräch am 8. 9. 1987« überschriebenen Sprechzettel hieß es unter dem Stichwort »Waltraud *[Schoppe]*«: »Die Grünen im Bundestag hoffen auf wirksame Initiativen beider deutscher Staaten zur Unterstützung eines weltweiten und europäischen Abbaus aller Waffensysteme und ein aktives Eintreten zur Entwicklung des KSZE-Prozesses in Richtung auf eine europäische Friedensordnung ohne Militärblöcke.« Archiv Grünes Gedächtnis (1987), Deutsch-Deutsches, Honecker-Besuch.

[3] Möglicherweise liegt hier eine Verwechslung mit einer Infratest-Umfrage vom April/Mai 1987 nach den Gründen für die Zustimmung bzw. Ablehnung der Wiedervereinigung vor. In der DDR wurde erstmals 1988 und lediglich bei Schülern nach der Identität als Deutscher gefragt.

seien eine pazifistische Partei. So müßte E. Honecker auch verstehen, daß sie sich für Friedensgruppen in der DDR einsetzten, die Repressalien ausgesetzt seien. Hier handele es sich aber ausschließlich um Leute, die nicht gegen die DDR eingestellt seien. Außerdem warf sie die Frage auf, warum es in der DDR keinen Wehrersatzdienst gebe.

In seiner Erwiderung brachte E. Honecker zum Ausdruck, daß die DDR mit Hochachtung den Aktivitäten der Grünen im Bundestag und auch außerhalb der Parlamente begegne. In diesem Zusammenhang erinnerte er an seine in Berlin mit Vertretern der Grünen geführten Gespräche.[4] Die DDR trete entsprechend ihrer Verfassung dafür ein, daß von deutschem Boden nie wieder Krieg ausgehe. Das sei der Grund, weshalb sie für eine Schadensbegrenzung eingetreten sei.

Die Existenz zweier deutscher Staaten wird von den Völkern in Europa als ein Glück angesehen, sagte E. Honecker. Mit Sorge verfolgten sie pangermanische Bestrebungen bestimmter Kräfte in der BRD. Die Politik der DDR gegenüber der BRD sei in erster Linie darauf gerichtet, zur Friedenssicherung beizutragen. Unser Streben bestehe nicht darin, die BRD von den USA abzukoppeln. Das ginge auch gar nicht. Vielmehr wollen wir, daß die BRD ein aktiver Faktor des Friedens in Europa wird. Die Entwicklung habe dazu geführt, sagte E. Honecker, daß ein Abkommen über eine globale doppelte Null-Lösung für Mittelstreckenwaffen in die Nähe rückt. Auch ein nächstes Gipfeltreffen zwischen M. Gorbatschow und R. Reagan sei nicht mehr auszuschließen. In diesem Zusammenhang erläuterte E. Honecker den Vertreterinnen der Grünen die Friedensinitiativen der DDR und der Staaten des Warschauer Vertrages entsprechend den Beschlüssen des Berliner Gipfeltreffens.

E. Honecker führte weiter aus, daß die übergroße Mehrheit der Bevölkerung der DDR entschieden gegen einen Zusammenschluß zwischen der BRD und der DDR sei. Kapitalismus und Sozialismus verhalten sich zueinander wie Feuer und Wasser. Einen dritten Weg gebe es nicht. Die BRD habe erklärt, daß sie im westlichen Lager bleiben wolle. Die DDR bleibe unwiderruflich im sozialistischen Lager. Was die Frage nach dem Ersatzdienst betreffe, erläuterte E. Honecker, daß die DDR der einzige sozialistische Staat sei, der einen Wehrersatzdienst für Wehrpflichtige, die aus Gewissensgründen den Dienst an der Waffe ablehnen, habe. Damit hätten wir gute Erfahrungen gesammelt.

Er wolle, so sagte E. Honecker, eine Bemerkung zum Auftreten der Grünen in der DDR machen. Er empfehle, daß die Grünen vor allem

Die von Infratest für die Bundesregierung angestellten Untersuchungen zur Einstellung der DDR-Bevölkerung u. a. zur Wiedervereinigung waren bis zur »Wende« in der DDR geheime Verschlußsache. Vgl. Einleitung. – In den Vorbereitungspapieren der Grünen findet sich hierzu kein Hinweis.
[4] Vgl. Nr. 9.

ihre Tätigkeit auf dem Territorium der BRD entwickelten. Gegen Gespräche mit Vertretern der Regierung der DDR und mit dem Kulturbund der DDR, der sich sehr stark um Fragen des Umweltschutzes kümmere, sei nichts einzuwenden. Wenn die Grünen eine wirklich fruchtbare Arbeit über die Grenzen hinweg leisten wollten, sollten sie sich der Friedensbewegung des ganzen Volkes der DDR zuwenden, die die wirklich unabhängige Friedensbewegung ist. Er wolle in diesem Zusammenhang feststellen, daß in der DDR die sozialistische Demokratie weit entwickelt ist. Jeder zweite Bürger habe eine ehrenamtliche Funktion. Unsere Position sei, daß die Kernfrage jeglicher Politik die Kriegsverhinderung ist.

Die Sprecherin des Bundesvorstandes der Grünen, Regina Michalik, sagte, sie kenne mehr als 100 Fälle, wo Grünen die Einreise in die DDR verweigert worden sei.[5] Der Pressesprecher des Bundesvorstandes sei am letzten Sonntag zurückgewiesen worden. E. Honecker erwiderte, daß alle Bürger der BRD, auch alle Mitglieder der Grünen in die DDR reisen können, soweit sie sich an die Gesetze der DDR halten. Es sei ganz klar, daß jeder Staat auf seine Gesetze achtet.

Auf eine entsprechende Frage antwortete E. Honecker, daß das bereits mit H. Sindermann vereinbarte Symposium über Energie- und Umweltfragen[6] stattfinden könne. Einem Gegenbesuch des DFD[7] bei der Bundestagsfraktion der Grünen stehe nichts im Wege.[8]

[5] Die Zahl bezog sich allein auf das Jahr 1984. Eine damals von den Grünen erstellte Umfrage ergab für jenes Jahr 103 Fälle. Seither, mutmaßten die Grünen, sei die Zahl der Zurückweisungen eher noch gestiegen. Die Grünen, Pressedienst Nr. 150/87. Gegen Einreiseverweigerungen für »Grüne« hatten u. a. Petra Kelly, Lukas Beckmann und Antje Vollmer protestiert. Vgl. dazu etwa Kellys Briefwechsel mit Honecker vom 7. 8., 6. 9., 20. 9. 1984 und 15. 1. 1985 und das Schreiben von Antje Vollmer vom 18. 9. 1986. – Zum Zusammenhang vgl. Einleitung.

[6] Mit dem Volkskammerpräsidenten Sindermann hatten die Vertreter der Grünen Borgmann, Schily und Schierholz bei dessen Besuch Ende Februar 1986 in Bonn gesprochen; vereinbart worden war das Symposium nach Pressemitteilung Nr. 788/87 der »Grünen im Bundestag« im September 1986.

[7] Demokratischer Frauenbund Deutschlands (der DDR).

[8] Nach dem Gespräch wurde von den Grünen mit einem Brief von Karitas Hensel an Honecker (datiert auf den 7. 9. 1987) eine Liste mit Namen von Personen übermittelt, die aus der DDR ausreisen wollten, und eine weitere mit Namen ehemaliger DDR-Bürger, die Verwandte und Bekannte in der DDR zu besuchen wünschten. Schreiben mit Anlagen in: Archiv Grünes Gedächtnis (1987), Deutsch-Deutsches, Honecker-Besuch.

51. Gespräch Späth – Honecker am 8. September 1987 (Schloß Gymnich)

SAPMO ZPA J IV 2/2A/3054: »Anlage 10. Vermerk über das Gespräch des Generalsekretärs des ZK der SED und Vorsitzenden des Staatsrates der DDR, Genossen Erich Honecker, mit dem Ministerpräsidenten von Baden-Württemberg und stellvertretenden Vorsitzenden der CDU/CSU, Lothar Späth, am 8. 9. 1987 in Gymnich« – Honecker (1994), S. 180–182. – Zur Westquelle vgl. Nr. 26

E. Honecker wies einleitend auf die Bedeutung und den positiven Verlauf des Besuches hin. Späth habe großen Anteil am Zustandekommen des Besuches. Davon würden zweifellos starke Impulse für das gemeinsame Handeln zur Friedenssicherung und für die Normalisierung der Beziehungen ausgehen. Von Bedeutung seien die unterzeichneten Abkommen, insbesondere das Abkommen über Wissenschaft/Technik.[1] Späth habe wesentlich dazu beigetragen.

E. Honecker hob hervor, daß die Deutschen vernünftig miteinander umgehen müßten. Die Frage der Friedenssicherung sei die Hauptfrage. Im Mittelpunkt stehe jetzt der Abschluß eines Abkommens über die Beseitigung der Mittelstreckenraketen zwischen der Sowjetunion und den USA. Auch die BRD habe dazu positiv Stellung bezogen. Es gehe um den Einstieg in die nukleare Abrüstung. Das schaffe auch den Ausgangspunkt für die konventionelle Abrüstung, einschließlich der atomaren Gefechtsfeldwaffen. Die Berliner Gipfelkonferenz des Warschauer Vertrages habe dazu entsprechende Vorschläge unterbreitet.

L. Späth bedankte sich für die Möglichkeit des Gespräches. Er unterstütze völlig das, was E. Honecker gesagt habe. Der Besuch werde der Zusammenarbeit zwischen beiden deutschen Staaten Auftrieb geben. Von Bedeutung sei die Entwicklung des Reiseverkehrs, bei den Städtepartnerschaften und auf wirtschaftlichem Gebiet. Dabei sei die Einbeziehung auch kleiner und mittlerer Betriebe wichtig. Die BRD habe bei der Null-Lösung eine klare Position eingenommen. Sie habe die Erwartung, daß dies auch im Kurzstreckenbereich weiterführen werde. Er hoffe, daß es noch in diesem Jahr zu dem Abkommen über die Mittelstreckenwaffen kommen werde.

E. Honecker unterstrich, daß der Warschauer Vertrag in Berlin seine Militärdoktrin beschlossen und veröffentlicht habe. Der Verteidigungscharakter von Warschauer Vertrag und NATO müsse herausgearbeitet werden. Sowohl ein nuklearer wie ein konventioneller Krieg

---

[1] Dazu wurden noch Abkommen zum Umweltschutz und zum Strahlenschutz unterzeichnet. Siehe Nr. 41 unter 1.

müßten verhindert werden. Nach der Beseitigung der Mittelstreckenraketen müsse man im Zusammenhang mit der konventionellen Abrüstung über die Frage der Raketen bis 500 km sprechen.

L. Späth erwiderte, man erwarte, daß die Sowjetunion ein Signal in dieser Richtung gebe. Dies sei ein spezielles deutsches Interesse. Es gehe um Gleichgewicht auf niedrigster Ebene. Die Menschen wollten sehen, wie die Raketen abtransportiert werden.

L. Späth erklärte, Baden-Württemberg sei interessiert, mit der DDR weiter engstens zusammenzuarbeiten. Er verwies in diesem Zusammenhang auf die Besuche der Genossen Weiz und Stubenrauch[2] in Baden-Württemberg. Er möchte auf die Bedeutung von Universitätskooperation verweisen, insbesondere auf solchen Gebieten wie Mikroelektronik, Maschinenbau. Die Universität Stuttgart habe hier große Potenzen. Vielleicht könne man die Zusammenarbeit mit der TU Dresden ausbauen und auf längere Sicht institutionalisieren.

E. Honecker warf ein, dies müsse man prüfen.

L. Späth verwies auf die guten Erfahrungen in Baden-Württemberg in der Umsetzung von wissenschaftlichen Erkenntnissen in die Praxis. Dazu habe man bei Hochschulen Transferzentren eingerichtet, wo sich junge Leute bewähren könnten. Man erwarte demnächst den Besuch von Minister Beil.[3] Die Importmöglichkeiten aus der DDR seien noch nicht ausgeschöpft. Er sehe große Möglichkeiten vor allem im Maschinenbau und verwies auf die Zusammenarbeit mit Robotron. Man könne auch die Zusammenarbeit auf dritten Märkten verbessern. L. Späth ließ eine gewisse Skepsis hinsichtlich von Jointventures erkennen. Es gebe noch viele ungelöste Probleme. Die Direktzusammenarbeit sei aussichtsreicher. Was COCOM betreffe, so müsse man ein Stück praktischer Zusammenarbeit darüber hinweg entwickeln.

E. Honecker sagte, die Gedanken von Späth fielen bei uns auf fruchtbaren Boden. Die DDR sei an direkter Zusammenarbeit interessiert. Baden-Württemberg habe viele Bereiche, die dafür in Frage kämen. Was Dresden betreffe, so gebe es dort eine enge Zusammenarbeit zwischen TU und den Kombinaten. Dort gebe es auch das Institut von Manfred v. Ardenne.[4] Die DDR mache große Fortschritte bei den Schlüsseltechnologien bis hin zur Produktion des 1-Megabit-Speichers 1988/89. Das Embargo werde auf vielen Gebieten gemeinsam mit der Sowjetunion durchbrochen.

L. Späth bedankte sich dafür, daß Baden-Württemberg wieder einen

---

[2] Herbert Weiz (SED), Minister für Wissenschaft und Technik, Klaus Stubenrauch (SED), Staatssekretär im Ministerium für Wissenschaft und Technik. Vgl. Nr. 61.

[3] Gerhard Beil (SED), Ministerium für Außenhandel.

[4] Manfred von Ardenne, Atomphysiker und Leiter des bekannten Manfred von Ardenne-Forschungsinstitutes in Dresden.

Messestand bekommen habe. Zum ersten Mal würden die Universitäten Stuttgart und Karlsruhe ausstellen.

Man werde in Stuttgart einen Kongreß über Fragen des Städtebaus unter internationaler Beteiligung veranstalten. Man hoffe auf eine DDR-Teilnahme und werde dem zuständigen Ministerium in der DDR eine Einladung schicken.

E. Honecker begrüßte dies.

Seidel *[Unterschrift]*

52. Gespräch Bastian/Kelly – Honecker am 8. September 1987 (Bonn)

SAPMO ZPA J IV 2/2A/3054: »Anlage 11. Vermerk über eine kurze Begegnung des Generalsekretärs des ZK der SED und Vorsitzenden des Staatsrates der DDR, Genossen Erich Honecker, mit General a. D. Gert Bastian und der Bundestagsabgeordneten der Grünen, Petra Kelly, im Hotel Bristol am 8. September 1987« – Honecker (1994), S. 183 f. – In den Akten der Grünen fand sich keine Gesprächsaufzeichnung.

Zu Beginn der Begegnung übergaben G. Bastian und P. Kelly[1] E. Honecker ein Bild sowie einen Brief von Bärbel Bohley.

G. Bastian und P. Kelly gratulierten E. Honecker zum Erfolg des Besuches in Bonn. G. Bastian sagte, daß es sich um einen Durchbruch handele. Das werde auch in der Bevölkerung der Bundesrepublik so empfunden.

E. Honecker hob hervor, daß er in seinen Gesprächen mit Bundespräsident Weizsäcker und Bundeskanzler Kohl Übereinstimmung festgestellt habe, ohne Wenn und Aber einem Abkommen über die Beseitigung von Mittelstreckenraketen zum Gelingen zu verhelfen. Er habe gegenüber H. Kohl begrüßt, daß die Pershing Ia-Raketen verschrottet werden sollen. G. Bastian erwiderte, es sei sehr gut gewesen, daß H. Kohl gezwungen wurde, diese Erklärung noch vor dem offiziellen Besuch von E. Honecker abzugeben.[2] G. Bastian äußerte den Wunsch, einen Gedankenaustausch mit Generalen der DDR führen zu können.

E. Honecker fragte G. Bastian, welche Eindrücke er von seiner Reise in die Sowjetunion mitgebracht habe. G. Bastian sagte, er habe eine außerordentlich gute Reaktion der Menschen auf den Film ›Die Generale‹ gespürt. E. Honecker sagte dazu, daß der Film in der DDR mit großer Begeisterung aufgenommen worden sei. Hinsichtlich eines Gedankenaustausches G. Bastians mit Generalen der DDR gebe es schon heute die Genehmigung.

P. Kelly nutzte das Gespräch, um eine Reihe Briefe mit Wünschen für Einreisen in die DDR zu übergeben. Sie setzte sich vor allem für Bärbel Bohley ein, mit der sie in enger Verbindung stünde. Sie würde für B. Bohley im Herbst dieses Jahres eine Bilder-Ausstellung organisieren und bitte darum, daß sie zu diesem Zwecke in die BRD reisen

---

[1] Petra Kelly hatte sich ursprünglich um die Teilnahme an dem Gespräch der Grünen mit Honecker bemüht, für die der Vorstand jedoch Schoppe, Hensel und Michalik bestimmte. Unterlagen im Archiv Grünes Gedächtnis (1987), Deutsch-Deutsches, Honecker-Besuch. Im offiziellen Programm des Bundes war diese Begegnung nicht aufgeführt.

[2] Siehe Nr. 42, Anm. 5.

könne.[3] Außerdem setzte sie sich erneut für Roland Jahn ein und bat darum, daß er die Transitwege der DDR für Reisen von Berlin (West) nach der BRD benutzen dürfe.[4]

Genosse E. Honecker verabschiedete sich von Gert Bastian und Petra Kelly mit dem Bemerken, daß er jetzt H. Kohl und weitere Gäste des Empfangs begrüßen müßte.

[3] Die Besuchserlaubnis wurde B. Bohley verweigert, obwohl P. Kelly und G. Bastian sich dafür noch einmal brieflich bei Honecker verwandten. Siehe das Schreiben an Honecker vom 18. 11. 1987 mit Vermerk in: SAPMO ZPA J IV J/90. In der Pressemitteilung 812/87 der »Grünen im Bundestag« heißt es, bei »einigen konkreten Fällen bestehender Ausreiseverbote« habe Honecker »eine Überprüfung mit dem Ziel der künftigen Besuchserlaubnis zugesagt«.

[4] Roland Jahn, ein bekannter Friedensaktivist aus Jena, der 1982 verhaftet und 1983 ausgewiesen worden war.

SAPMO ZPA J IV 2/2A/3054: »Anlage 12. Vermerk über ein Gespräch des Generalsekretärs des ZK der SED und Vorsitzenden des Staatsrates der DDR, Genossen Erich Honecker, mit dem Ehrenvorsitzenden der SPD, Willy Brandt, im Hotel Bristol am 8. September 1987« – Honecker (1994), S. 185f. – Zur Westquelle vgl. Nr. 19.

Zu Beginn des Gesprächs[1] sagte W. Brandt, daß der Besuch E. Honeckers in der BRD historische Bedeutung habe. Keiner könne das wieder wegwischen. Der Weg bis hierher sei ein Hürdenlauf gewesen. Im Hürdenlauf seid ihr ja besser als wir. E. Honecker erklärte, er stimme zu, daß man bei einem Langstreckenlauf langen Atem brauche. W. Brandt bemerkte, er habe bereits bei den Olympischen Spielen 1972 in München gespürt, daß in der breiten Öffentlichkeit der Bundesrepublik Vorbehalte für bessere Beziehungen zur DDR immer weniger würden.

Auf sein Gespräch mit Weizsäcker und Kohl eingehend, sagte E. Honecker, daß im Zentrum die gemeinsame Verantwortung für die Friedenssicherung gestanden habe. Übereinstimmung habe geherrscht, daß die Pershing Ia nicht zum Hemmnis für ein Abkommen zwischen der UdSSR und den USA werden dürfte. Das würde auch das kommende Woche stattfindende Gespräch zwischen Shultz und Schewardnadse[2] erleichtern. E. Honecker informierte in diesem Zusammenhang über ein Gespräch mit A. Hammer[3] in Berlin.

Erich Honecker sagte, er möchte Willy Brandt persönlich im Namen der Führung der SED sehr herzlich für seinen großen Beitrag für die Entspannung in Europa und hinsichtlich der Normalisierung der Beziehungen zwischen beiden deutschen Staaten seinen Dank aussprechen. Der Wert des gemeinsamen Dokuments der Grundwertekommission der SPD und der Akademie für Gesellschaftswissenschaften beim ZK der SED werde hoch geschätzt.[4] Von großem Gewicht seien die gemeinsamen Vorschläge für eine chemiewaffenfreie Zone und einen atomwaffenfreien Korridor.

Sehr bewegt bedankte sich Willy Brandt für die an seine Person gerichteten herzlichen Worte betreffs der, wie er sagte, »Eisbrecherfunktion«. Er teile die Auffassung, daß die Linie des Gemeinsamen Doku-

---

[1] Im offiziellen Programm der Bundesregierung war dieses Gespräch nicht aufgeführt.
[2] Bei den dreitägigen Verhandlungen in Washington vom 15. – 18. 9. 1987 erfolgte eine Einigung über den Abbau der Mittelstreckenraketen.
[3] Siehe Nr. 41, Anm. 6.
[4] Vgl. Nr. 46.

ments zwischen SPD und SED gut sei, vor allem sei der Grundgedanke richtig, daß die bestehenden Gegensätze kein Hindernis für die Schaffung einer bleibenden Friedensordnung sein dürften. Bezug nehmend auf ein Gespräch, das er mit J. Kadar geführt habe, stellte er die Frage, ob man bei dem Trennungsstrich zwischen Sozialdemokraten und Kommunisten von 1918 stehenbleiben müsse? Er gab zu überlegen, ob nicht auch zwischen Sozialdemokraten und Kommunisten über die Friedensfrage hinaus Gemeinsamkeiten festzustellen seien, die es gelte hervorzuheben. Bei M. Gorbatschow gebe es ähnliche Gedanken. Eine andere Frage sei, daß eine Abstimmung zwischen unseren Parteien erforderlich ist, wie man die jeweiligen Nachbarn noch stärker für unsere Initiative für eine chemiewaffenfreie Zone und einen atomwaffenfreien Korridor interessieren kann.

Das heißt, so sagte Willy Brandt, was macht der eine und was der andere gegenüber seiner Gemeinde. Das große Problem seien für die SPD die Franzosen, und zwar alle politischen Richtungen. Ende Juli habe er Mitterrand besucht. F. Mitterrand sei sehr wirklichkeitsfremd. Notwendig sei, gemeinsame Schritte zu besprechen, wie auf Frankreich eingewirkt werden könne. E. Honecker erwiderte, das sei richtig. Er hätte eine Einladung von Mitterrand, wisse aber gegenwärtig nicht, wie er sich mit dem Blick auf die bevorstehenden Präsidentschaftswahlen verhalten solle. W. Brandt äußerte, es sei gegenwärtig unklar, ob Mitterrand noch einmal kandidiere. Wenn er es tue, würde er die Wahl gewinnen. Man könne davon ausgehen, daß die KPF ihn im zweiten Wahlgang unterstütze. Die Ehefrau Mitterrands rate aber von einer Kandidatur ab, da eine weitere siebenjährige Amtszeit in seinem fortgeschrittenen Alter eine zu große Belastung sei.

[a] SAPMO ZPA J IV 2/2A/3054: »Anlage 14. Gespräch unter vier Au-
gen zwischen dem Generalsekretär des ZK der SED und Vorsitzenden
des Staatsrates der DDR, Erich Honecker, mit dem Ministerpräsidenten
Nordrhein-Westfalens, Johannes Rau, am 9. September 1987 in Düssel-
dorf« – Honecker (1994), S. 189–193.

J. Rau begrüßte E. Honecker herzlich und bezeichnete seinen Besuch in
der BRD als einen Erfolg für die Menschen in beiden deutschen Staaten,
über den er sich freue. Nordrhein-Westfalen realisiere 30%, also den
stärksten Anteil des Warenaustausches mit der DDR und tätige auch
zunehmenden Wissenschaftsaustausch, insbesondere zwischen Aachen
und Dresden. Es bestehe eine Fülle beiderseitiger Kontakte, z. B. auch
beim Theateraustausch. Von den 396 Gemeinden des Landes wollten
über 100 zu Städtepartnerschaften gelangen. Dies alles sollte weiter
vorangebracht werden, wobei er überlege, ob man nicht auch in der
Entwicklungshilfe etwas in Gang bringen könne.

E. Honecker dankte für die Begrüßung und die einleitenden Worte
J. Raus. In der Tat gebe es viele regelmäßige Kontakte, nicht zuletzt wegen des stärksten Warenaustausches, dessen weitere Steigerung angestrebt werde. Von den in Bonn unterzeichneten drei Abkommen gingen neue Impulse für die Zusammenarbeit aus. Darüber sei bei seinem
Kölner Treffen mit Vertretern des Deutschen Industrie- und Handelstages, der Großindustrie und der mittelständischen Wirtschaft in aufgeschlossener Atmosphäre gesprochen worden.[1] Nachdem er sich mit
J. Rau in der DDR getroffen hatte[2], freue er sich, jetzt hier zu sein.
Auch W. Brandt habe im Gespräch den BRD-Besuch gerade zum gegenwärtigen Zeitpunkt sehr hoch eingeschätzt. Mit der SPD-Führung

---

[1] In dem »Vermerk« über dieses Treffen (siehe Nr. 41, Anm. 6) am 9. 9. in Köln heißt es: »Sowohl in der Begrüßungsansprache Otto Wolff von Amerongens wie auch in den Beiträgen des
Präsidenten des Bundesverbandes der Deutschen Industrie (BDI), Tyll Necker, des Vorsitzenden der Arbeitsgemeinschaft Handel mit der DDR, Herbert Bittlinger, des Vorstandsmitgliedes
der Hoechst AG, Jens-Uwe Thomsen, und des Vorstandsvorsitzenden der Brown Boveri AG,
Dr. Herbert Gassert, die als Vertreter der BRD-Wirtschaft das Wort nahmen, kam zum Ausdruck, daß der Besuch des Generalsekretärs in der BRD und dieses Wirtschaftsforum neue Impulse auf vielen Gebieten der wirtschaftlichen Zusammenarbeit auslösen.« Nach Einschätzung
Mittags war diese Begegnung davon bestimmt, »den Willen zu bekräftigen, die Wirtschaftsbeziehungen zwischen der DDR und der BRD weiter auszubauen und damit neue Möglichkeiten zu
erschließen«. Insgesamt seien mit diesem Treffen »gute Voraussetzungen geschaffen« worden,
»um die Handels- und Wirtschaftsbeziehungen weiter zu intensivieren und maßgebliche Vertreter der BRD-Wirtschaft für den verstärkten Abbau noch bestehender Handelshemmnisse zu gewinnen«.
[2] Vgl. Nr. 15 und 25.

bestehe ein enger Kontakt, der dazu beitrage, die Beziehungen zwischen beiden Parteien und beiden deutschen Staaten auf den verschiedensten Gebieten zu entwickeln.

J. Rau fragte, welche Gefühle wohl E. Honecker 50 Jahre nach jener Zeit bewegten, in der er schon einmal in Nordrhein-Westfalen gewesen und politisch tätig gewesen war. Diese Zeit, sagte E. Honecker, liege weit zurück und bewege ihn zugleich. Dabei denke er insbesondere an das Schicksal der 45 illegalen antifaschistischen Widerstandskämpfer, mit denen er zusammengearbeitet hatte, die damals verurteilt wurden und von denen er 7 vor dem »Volksgerichtshof« wiedergetroffen habe. Er erinnere sich an ein junges, von den Faschisten später umgebrachtes Mädchen, das für die Vorbereitung des Prozesses gegen ihn Schlüsselzeuge sein sollte und standhaft leugnete, ihn zu kennen. 1948 sei er zum letzten Mal in Duisburg gewesen und habe, zusammen mit Max Reimann, auf einer Kundgebung gesprochen.

Das wichtigste sei, die Zukunft friedlich zu gestalten. Dem hätten auch seine Gespräche in Bonn gedient. E. Honecker unterstrich die Übereinstimmung, die Mittelstreckenwaffen ohne Wenn und Aber zu beseitigen, und wertete die Erklärung H. Kohls positiv, in Verbindung damit auf die Pershing Ia zu verzichten. Das Miteinander in der Friedensfrage sei das größte Ergebnis. Mehr als 80% der Bürger der Bundesrepublik seien dafür. Ein Abkommen über die Mittelstreckenwaffen dürfe nicht an der BRD scheitern, darin habe man voll übereingestimmt. J. Rau: Strauß wird noch differenzieren. E. Honecker: Bei der Begegnung in Leipzig habe sich F. J. Strauß bei ihm erkundigt, woher dieser Sinneswandel der USA hinsichtlich der Mittelstreckenwaffen komme.[3] Hier gebe es jetzt eine große Umstellung.

Da sich J. Rau für die Behandlung der »Grenzfrage« und des »Schießbefehls« in den Bonner Gesprächen interessierte, sagte E. Honecker, dies habe dort weniger, mehr aber in den Trinksprüchen des Bundeskanzlers eine Rolle gespielt. Bei den Grenzen sei daran zu denken, daß sich an ihnen starke Gruppierungen des Warschauer Vertrages und der NATO gegenüberstehen und es sich um militärische Sperrgebiete handelt. Er habe H. Kohl die Anordnung der BRD für den Waffengebrauch vorgelesen[4], hier gebe es keinen Unterschied zu den entsprechenden Bestimmungen der DDR. Auch wir seien an Zwischenfällen nicht interessiert. Der Reiseverkehr entwickele sich in großem Ausmaß. Bis Ende August hätten 3,2 Millionen Bürger der DDR die BRD besucht, nur 0,02% seien nicht zurückgekehrt. Insgesamt seien 12,7 Millionen DDR-Bürger ins Ausland, darunter die Sowjetunion und die anderen sozialistischen Länder, gereist, und das bei einer Bevölkerungszahl von 16,9 Millionen. Reden wie unlängst am Brandenburger

[3] Siehe Nr. 35.
[4] Siehe Nr. 42 unter 2.

Tor in Berlin[5] trügen allerdings nicht dazu bei, die Bereitschaft der DDR zu fördern. Alles hänge vom Erhalt der Atmosphäre ab.

J. Rau fragte, wie E. Honecker die Entwicklung in der Sowjetunion sehe. Er unterhalte sehr enge Beziehungen zu M. Gorbatschow, und von den Repräsentanten der sozialistischen Länder habe er sich wahrscheinlich am häufigsten mit ihm getroffen. Für die UdSSR sei der sich dort vollziehende Prozeß unbedingt erforderlich, um das Lebensniveau des Volkes zu erhöhen. Auf diesem Gebiet sei ein Vergleich mit der DDR schier unmöglich, denn was Gorbatschow für die Sowjetunion anstrebe, habe die DDR bereits erreicht. Die Sowjetunion arbeite daran, Tempoverluste in der industriellen Entwicklung aufzuholen, wobei zu berücksichtigen sei, wieviel sie in die militärische Verteidigung habe investieren müssen. In der Landwirtschaft sei die DDR zum Selbstversorger geworden, während sie früher Getreide importieren mußte, und exportiere teilweise, z. B. Fleisch und Butter. Sie verfolge den Kurs der Einheit von Wirtschafts- und Sozialpolitik und könne keine Beschleunigung proklamieren. Es gebe bei uns den Lohn nach der Leistung – wie die Arbeit so das Geld – und keine Gleichmacherei. Im Vordergrund stehe die Intensivierung der Volkswirtschaft, und aufgrund dessen werde das sozialpolitische Programm verwirklicht. In der Sowjetunion sei die Lage anders. Die Führung arbeite intensiv daran, ihren neuen Kurs durchzusetzen, was nur zu begrüßen sei. E. Honecker verwies auf die Bedeutung des in der DDR realisierten sozialistischen Bildungssystems, das gleiche Bildung für alle Kinder des Volkes gewährleistet und den modernen Anforderungen entspricht.

Auf eine Frage J. Raus nach dem Verhältnis zu den Kirchen in der DDR antwortete E. Honecker, es habe sich seit seiner Begegnung mit den führenden Kirchenvertretern im Jahr 1978 gut entwickelt. Dazu habe die von Bischof Schönherr umrissene Aufgabe der Kirche im Sozialismus beigetragen. E. Honecker erinnerte an die Teilnahme der Bischöfe an solchen bedeutsamen Ereignissen wie der Einweihung des Nikolai-Viertels in Berlin. Die evangelische Kirche erhalte starke Unterstützung durch den Staat. Was die katholische Kirche betreffe, so sei dies z. B. beim Katholikentreffen in Dresden mit seinen 100 000 Teilnehmern deutlich geworden, was Altbischof Schaffran ausdrücklich gewürdigt habe. Im Gespräch, das er anläßlich seiner Italienreise mit dem Papst führte[6], habe Johannes Paul II. erklärt, seine Bischöfe hätten ihm bestätigt, daß das Verhältnis zwischen der katholischen Kirche und

---

[5] Honecker bezog sich auf die Rolle des US-Präsidenten Reagan am 12. 6. 1987 vor dem Brandenburger Tor, in der er an Gorbatschow appellierte, »wenn Sie die Liberalisierung wollen«, dann »öffnen Sie dieses Tor! Herr Gorbatschow, reißen Sie diese Mauer nieder.« Wortlaut u. a. in AdG 1987, S. 31137.

[6] Honecker war während seines offiziellen Staatsbesuches in Italien am 24. 4. 1985 vom Papst empfangen worden. Vgl. AdG 1985, S. 28693.

dem Staat gut sei. E. Honecker habe keinen Grund gesehen, das zu dementieren.

J. Rau stellte eine weitere Frage nach dem Verhältnis zwischen dem Staat und den Künstlern und einer »Entspannung« nach den seinerzeitigen Ereignissen um Biermann.[7] E. Honecker erwähnte, daß er erst vor wenigen Tagen mit der Schauspielerin und Sängerin Sonja Kehler zusammengetroffen sei, die häufiger in der Bundesrepublik als in der DDR auftrete. In einem Artikel in der Zeitung ›Die Welt‹ sei die Tätigkeit zahlreicher Künstler der DDR in der BRD hervorgehoben und als Ursache dafür, daß sie so gefragt sind, nicht zuletzt ihre gute Ausbildung in der DDR angeführt worden. E. Honecker verwies auf die Ausstellung mit Werken W. Sittes, auf die Kunstausstellung in Duisburg, die Beziehungen zwischen den Verbänden. Die Fragen von damals spielten keine Rolle mehr. Viel sei zur Rekonstruktion oder für den Neubau von Kunststätten in der DDR getan worden, z. B. das Deutsche Theater, die Kammerspiele, das Schauspielhaus, die Staatsoper, den Friedrichstadtpalast in Berlin.

Zu dem Interesse an weiteren Städtepartnerschaften, das J. Rau bekundete, bemerkte E. Honecker, bis jetzt gebe es 22, und es gehe darum, Erfahrungen zu sammeln.

J. Rau setzte sich für einen Leichtathletik-Länderkampf mit Nordrhein-Westfalen ein.

Das Gespräch wurde sodann im Kreis der Delegationen beider Seiten fortgesetzt.

[b] Unterlagen J. Rau: »Düsseldorf«, 9. 9. 1987; »Betr.: Besuch von Generalsekretär Honecker am 9. September 1987 in Düsseldorf, hier: Vermerk über das Delegationsgespräch«

[...]

Jetzt kamen Herr Generalsekretär Honecker und Herr Ministerpräsident Rau nach Beendigung ihres persönlichen Gespräches zusammen mit Herrn Staatssekretär Dr. Leister zum Delegationsgespräch hinzu. Herr Minister Dr. Posser berichtete über den Ablauf des Delegationsgesprächs[8] und betonte den Wunsch nach halbjährlichen Koordinie-

---

[7] Wolf Biermann, der kritische Liedermacher, war Ende 1976 ausgebürgert worden.

[8] Ein »Vermerk zur Beratung der Fachminister Nordrhein-Westfalens mit der DDR-Delegation am 9. September 1987 in Düsseldorf« ist abgedruckt in: Honecker (1994), S. 196f. Der Verlauf dieses Treffens wird auch referiert in den S. 1–8 des »Vermerks über das Delegationsgespräch« der Staatskanzlei NRW vom 9. 9. 1987. Diese Runde des Delegationsgesprächs fand zeit-

rungsgesprächen, die von den Ministern Professor Jochimsen und Dr. Beil eingeleitet würden.

Nach der Eintragung von Generalsekretär Honecker in das Gästebuch der Landesregierung wurden die Geschenke ausgetauscht.

Danach wurde das Gespräch unter Teilnahme von Generalsekretär Honecker und Ministerpräsident Rau fortgesetzt.

Herr Minister Schwier wiederholte den Wunsch der Landesregierung, 1989 oder 1990 Kultur und Kunst Nordrhein-Westfalens in Leipzig vorstellen zu können. Er bat den Generalsekretär, diese Idee »mitzunehmen, da NRW die vielfältigste Kulturlandschaft der Bundesrepublik« sei.

Minister Schwier sprach auch das »Schmuckstück Übersetzer-Kollegium in Straelen«[9] an. Dort werde mit Übersetzern vieler Länder, auch Osteuropas, unter zeitgeschichtlichen Aspekten zusammengearbeitet. Es wäre gut, wenn die dort typischen Fragen der Verständigung und der Verständlichkeit auch mit Fachleuten der DDR gepflegt werden könnten. Er erwähnte als Beispiel, daß ein niederländischer ehemaliger KZ-Häftling seine Erinnerungen geschrieben habe, deren Übersetzung ins Deutsche genauer sprachlicher Empfindsamkeit bedürfe.

Herr Minister Dr. Posser trug dann anstelle des Innenministers den Wunsch nach weiteren Städtepartnerschaften vor. Zu der bisher einzigen Städtepartnerschaft Nordrhein-Westfalens zwischen Wuppertal und Schwerin komme jetzt wohl die Verbindung zwischen Bonn und Potsdam hinzu. Mehrere andere Städte hätten den gleichen Wunsch. Die Landesregierung würde gerne die Wünsche der Landeshauptstadt Düsseldorf und von Lemgo beispielhaft unterstützen.

Ministerpräsident Rau ergänzte, daß über 100 nordrhein-westfälische Städte Wünsche nach Partnerschaften geäußert hätten. Die Landesregierung wäre froh, wenn die beiden Wünsche Düsseldorf und Lemgo erfüllt werden könnten. An Herrn Staatssekretär Moldt gewandt sagte Ministerpräsident Rau, er würde diese Frage gerne mit ihm näher besprechen.

Herr Minister Dr. Zöpel griff das Stichwort Lemgo auf. Eine Städtepartnerschaft mit Lemgo sei besonders gut geeignet, bewahrtes Bauerbe vorzustellen. Gerade in den letzten Tagen habe der Präsident der Bauakademie der DDR die Bitte an ihn gerichtet, die in Ost-Berlin laufende Ausstellung über die bauliche Entwicklung in der DDR in Nordrhein-Westfalen zeigen zu dürfen. Er habe hieran großes Interesse und

lich parallel zu der Unterredung Rau – Honecker statt. – Von der Landesregierung waren beteiligt die Minister Dieter Posser, Reimut Jochimsen, Anke Brunn, Günther Einert, Rolf Krumsiek, Klaus Matthiesen, Hans Schwier, Christoph Zöpel sowie zwei weitere Mitarbeiter. Die Vorschläge bezogen sich auf Ausstellungen wie über »Barock in Dresden« in der Villa Hügel, Städtepartnerschaften, besonders Düsseldorf und Lemgo, regelmäßige Wirtschaftsgespräche und Erfahrungsaustausch zum Städtebau und Bau-Ausstellungen.

[9] Straelen, in der Nähe zur niederländischen Grenze.

biete an, die NRW-Ausstellung ›40 Jahre Bauen in Nordrhein-Westfalen‹ auch in der DDR zu zeigen.

Herr Dr. Mittag faßte an dieser Stelle noch einmal kurz für Herrn Generalsekretär Honecker den Gesprächsverlauf zusammen. Es habe Anregungen für »neue Chancen und eine neue Qualität der Zusammenarbeit« gegeben mit Perspektiven in mehreren ineinandergreifenden Bereichen. Diese Bereiche müßten abgestimmt werden. Wichtig sei, daß die Zusammenarbeit auf Längerfristig[keit] und Berechenbarkeit baue. Die DDR wisse um die Bedeutung von Nordrhein-Westfalen und werde diese Gewichtung bei der Beurteilung der Projektwünsche berücksichtigen.

Generalsekretär Honecker faßte sein Gespräch mit Ministerpräsident Rau und seinen Eindruck aus dem Delegationsgespräch wie folgt zusammen: Er freue sich außerordentlich über den Rahmen, den der Besuch der DDR-Delegation in der Bundesrepublik und in Nordrhein-Westfalen gefunden habe. Für ihn sei die Frage der weiteren Entwicklung besonders wichtig. Die künftige Zusammenarbeit müsse auf politischer Ebene ebenso wie auf wirtschaftlicher, technologischer und kultureller Ebene erfolgen. Er wolle unterstreichen, daß es der Verdienst von Ministerpräsident Rau und seines Kabinetts sei, daß die Entwicklung so günstig verlaufe. Im Ergebnis sei es durchaus möglich, den Anteil Nordrhein-Westfalens noch weiter zu erhöhen und auch die Felder zu bestellen, wo man noch nicht so weit sei. In den Gesamtbeziehungen zwischen der DDR und der Bundesrepublik Deutschland hätten die Beziehungen zu Nordrhein-Westfalen ein besonderes Stabilisierungselement. Der Generalsekretär zitierte Kultusminister Schwier im übertragenen Sinne, daß alles, was für die Bundesrepublik gelte, auch für Nordrhein-Westfalen gelte. Er habe hier im heutigen Nordrhein-Westfalen »sehr früher einmal gewirkt«. Er freue sich deshalb um so mehr, daß von Nordrhein-Westfalen besondere Beiträge zur Verständigung mit der DDR ausgehen. Trotz aller Unterschiedlichkeiten besonders der gesellschaftlichen Systeme sei das Ergebnis der Gespräche in Nordrhein-Westfalen »positiv, konstruktiv und stimulierend für die weiteren Beziehungen«. Er habe mit Ministerpräsident Rau politische Gedanken ausgetauscht, deren Kern der beiderseitige Beitrag zur Gewährleistung des Friedens gewesen sei. Er freue sich auch über das klare Ergebnis der Bonner Gespräche: Die jetzt mögliche »doppelte Null-Lösung« bei einem Vertrag zwischen der Sowjetunion und den USA werde ein Einstieg in eine nukleare Abrüstung sein. Hieraus ergäben sich Konsequenzen für den politischen Dialog, der auch eine ganze Reihe von Projekten ermögliche. Auch heute seien Projekte in Wirtschaft, Handel, Wissenschaft und Technik besprochen worden. »Alle haben es in sich, und Herr Bräutigam wird Arbeit bekommen.«

Die besonderen Anliegen Nordrhein-Westfalens könnten im weiteren Verlauf der Zusammenarbeit »voll und ganz gelöst werden«, z. B. auch in Kunst und Literatur. Er habe mit dem Ministerpräsidenten über einen Artikel in der ›Welt‹ gesprochen, in dem begründet worden sei, warum so viele Dirigenten, Sänger oder bildende Künstler der DDR in der Bundesrepublik auftreten könnten. Ihm habe eine Künstlerin gesagt, dies hänge mit der besonders guten künstlerischen Ausbildung in der DDR zusammen. Er freue sich, daß dies die Bürger im Westen anerkennen. Ein verstärkter Kulturaustausch sei deshalb sehr wünschenswert. Gerne werde man auch prüfen, wie Übersetzer der DDR am Übersetzer-Kollegium in Straelen beteiligt werden könnten. Auf seiten der DDR komme wohl die Akademie der Künste in Betracht.

Der Wunsch nach mehr Städtepartnerschaften sei ihm »verständlich«. NRW sei in jeder Beziehung ein großes Land und müsse entsprechend auch bei Städtepartnerschaften berücksichtigt werden. Dazu gehörten auch die Sportbeziehungen. Gestern habe ihn Sportpräsident Daume gefragt, ob die DDR nicht einige Trainer für Leichtathletik ausleihen könne. Er habe daraufhin geantwortet, die brauche man in der DDR selbst. Aber eine bessere Zusammenarbeit der Sportverbände sei selbstverständlich.

Zurückkehrend zu den Städtepartnerschaften führte der Generalsekretär dann aus, man müsse mit den vorhandenen Städtepartnerschaften zunächst auch Erfahrungen sammeln. Wichtig sei, daß nicht nur die Ratsherren sich gegenseitig besuchten, sondern daß Kultur und Sport und andere Bereiche einbezogen würden. Er habe selber den Besuch einer Fußballmannschaft aus Zwickau in Neunkirchen ermöglicht. Er sehe ein, daß zu den beiden Städtepartnerschaften (neben Wuppertal jetzt auch Bonn) »unbedingt noch mehr gemacht werden müsse«.

Zu der Anregung von Bauausstellungen meinte der Generalsekretär, dies unterstütze er in jeder Beziehung.

Auf der Basis unterschiedlicher Ordnungen müsse man alle Maßnahmen durchleuchten und weiterführen und dabei das Gewicht Nordrhein-Westfalens beachten.

Ministerpräsident Rau schloß das Gespräch mit dem Hinweis darauf, daß er am gleichen Morgen ein Konferenzgespräch mit dem Vorsitzenden der SPD Vogel und dem saarländischen Ministerpräsidenten Lafontaine geführt habe. Er wisse, welche ganz persönliche Bedeutung der Besuch des Generalsekretärs im Saarland im Anschluß an den Besuch in Nordrhein-Westfalen habe.

Abschließend wünschte Herr Ministerpräsident Rau Generalsekretär Honecker und seiner Begleitung viel Erfolg für den weiteren Aufenthalt.

Könitzer *[Unterschrift]*

[c] SAPMO ZPA J IV 2/2A/3054: »Anlage 14a. Vermerk über das Ge-
spräch des Generalsekretärs des ZK der SED und Vorsitzenden des
Staatsrates der DDR, Genossen Erich Honecker, mit dem Ministerprä-
sidenten von Nordrhein-Westfalen, Johannes Rau, am 9. 9. 1987« – Ho-
necker (1994), S. 194 f.

An dem Gespräch nahmen die Minister der Landesregierung von
Nordrhein-Westfalen teil. Diese brachten in einem Vorgespräch Ein-
zelvorstellungen zur Entwicklung der Beziehungen zwischen der DDR
und Nordrhein-Westfalen zum Ausdruck (siehe Anlage).[8]

E. Honecker dankte dem Ministerpräsident Rau für die Einladung nach Nordrhein-Westfalen. Er gab die Freude darüber zum
Ausdruck, einen Meinungsaustausch über Fragen der weiteren Entwicklung der Beziehungen mit ihm führen zu können. Auf politischem, wirtschaftlichem, wissenschaftlich-technischem und kulturellem Gebiet ist ein reger Austausch zwischen Nordrhein-Westfalen und der DDR im Gange. Er hob die Verdienste von Ministerpräsident Rau in diesem Zusammenhang hervor. Ein Drittel des
Handelsaustausches DDR/BRD werde mit Nordrhein-Westfalen
realisiert. Dieser Anteil läßt sich noch weiter erhöhen. Nordrhein-
Westfalen erweise sich als stabilisierendes Element der Gesamtbeziehungen DDR/BRD. Es werde von Persönlichkeiten regiert, die
für die Notwendigkeit der weiteren Entwicklung Verständnis haben. Kernpunkt bleibe dabei die Sicherung des Friedens. Die sich
anbahnende Null-Lösung zwischen der Sowjetunion und den USA
ermöglicht den Einstieg in die Abrüstung. In Verbindung damit
werden auch Maßnahmen zur konventionellen Abrüstung notwendig. Die Pershing Ia darf für das Zustandekommen eines Abkommens kein Hindernis sein.

Das mit der Bundesregierung abgeschlossene Gemeinsame Kommuniqué unterstreicht, daß der Dialog mit der BRD durch Projekte auf
dem Gebiet der Wirtschaft und des Handels sowie der drei abgeschlossenen Abkommen fortgeführt wird und für beide Seiten zu Ergebnissen
gebracht werden kann. Für die Zusammenarbeit auf dem Gebiet der
Kultur gebe es Möglichkeiten. Die DDR ist an einem verstärkten Kulturaustausch interessiert.

Umweltminister Matthiesen machte den Vorschlag, die Zusammenarbeit auf dem Gebiet der Umwelttechnologie zu entwickeln.

Ministerin Brunn[10] (Wissenschaft) unterbreitete die Vorstellung,
eine Universitätspartnerschaft zwischen der TU Dresden und der rhei-
nisch-westfälischen Hochschule Aachen herzustellen. Gastdozenten
sollten zwischen den Kunsthochschulen ausgetauscht werden. Eine

---

[10] Im Original versehentlich »Brun«.

Hochschulpartnerschaft zwischen der Uni Bochum mit der Uni Jena sollte ermöglicht werden.

Moldt

55. Gespräch H. Schmidt – Honecker am 9. September 1987 (Düsseldorf)

SAPMO ZPA J IV 2/2A/3054: »Anlage 15. Vermerk über ein Gespräch des Generalsekretärs des ZK der SED und Vorsitzenden des Staatsrates der DDR, Genossen Erich Honecker, mit Helmut Schmidt im Schloß Benrath am 9. September 1987« – Honecker (1994), S. 198f. – Nach brieflicher Auskunft von Helmut Schmidt vom 3. 7. 1994 gibt es keine Aufzeichnung von seiner Seite.

H. Schmidt brachte seine Freude über die Begegnung[1] zum Ausdruck und stellte Fragen zur internationalen Lage, zur Entwicklung in der Sowjetunion und in der VR Polen. E. Honecker führte aus, daß die wichtigste aktuelle Frage, über die er mit Bundespräsident Weizsäcker und Bundeskanzler Kohl gesprochen habe, darin besteht, die Chancen, die sich mit dem Abschluß eines Abkommens über die globale doppelte Null-Lösung für Mittelstreckenwaffen ergeben, zu nutzen. Das sei das wichtigste. Einigkeit bestünde darin, daß dem Einstieg in die Abrüstung keine Hindernisse in den Weg gelegt werden dürften. H. Schmidt sagte, er gehe davon aus, daß M. Gorbatschow und R. Reagan das Abkommen wollten.[2] M. Gorbatschow brauche seiner Meinung nach einen Erfolg. Ein Abkommen über die Mittelstreckenraketen sei aber nur ein kleiner Erfolg, es stelle sich die Frage, was kommt dann? Vor allem würde die Umstellung der Rüstungsproduktion auf zivile Produktion ein komplizierter Vorgang sein. Perestroika habe viele Erwartungen geweckt, sei aber ein langer Weg. Seiner Meinung nach müsse M. Gorbatschow bald Ergebnisse vorweisen. Schmidt führte weiter aus, daß er kürzlich in Moskau gewesen sei, aber immer noch Schlangen vor den Geschäften erlebt habe.

E. Honecker erwiderte, daß er davon ausgehe, daß Gorbatschow es schaffen werde. In der Sowjetunion sei vieles in Bewegung gekommen, die Hauptfrage sei die soziale Frage. Auf diesem Gebiet würden große Anstrengungen unternommen. In diesem Zusammenhang seien die Beschlüsse des RGW hinsichtlich der wissenschaftlich-technischen Zusammenarbeit bis zum Jahr 2000 von großer Bedeutung. Auf eine entsprechende Frage zur Lage in Polen sagte E. Honecker, er treffe in wenigen Tagen W. Jaruzelski in Berlin.[3] Die politische Situation habe sich stabilisiert und die Autorität W. Jaruzelskis sei sichtbar gewachsen. Die

---

[1] Im offiziellen Besuchsprogramm der Bundesregierung ist dieses Treffen nicht aufgeführt.

[2] Siehe Nr. 53, Anm. 2.

[3] Honecker und Jaruzelski trafen sich in Berlin-Ost und Hubertusstock am 16. 9. 1987. Vgl. die Unterlagen in: SAPMO ZPA J IV 2/2A/3059.

katholische Kirche in Polen sei sehr national. Das würde helfen. Auf ökonomischem Gebiet habe sich die Lage ebenfalls verbessert. Als Problem stelle sich, daß der Papst seinerzeit Solidarnosc unterstützt hat. H. Schmidt warf in diesem Zusammenhang ein, seiner Meinung nach sei der Papst politisch naiv. Aus seiner Sicht sei es von großer politischer Bedeutung, wenn beide deutsche Staaten gute Beziehungen zu Polen haben.

H. Schmidt führte weiter aus, ihn bewege die Rolle des Islam in der heutigen Welt. Ihn beunruhige die Entwicklung sehr. Der Krieg zwischen Iran und Irak unterstreiche das. Zu befürchten sei, daß die islamischen Völker sich eines Tages alle einig sind und gegen uns losschlagen. Nicht zu unterschätzen sei der Einfluß des Islam auf die mittelasiatischen Republiken der Sowjetunion. Schon Breshnew hätte da seine Sorgen gehabt.

56. Gespräch Schröder/Lafontaine – Honecker am 9. September 1987 (Dillinger Hütte)

SAPMO ZPA J IV 2/2A/3054: »Anlage 17. Vermerk über ein Gespräch des Generalsekretärs des ZK der SED und Vorsitzenden des Staatsrates der DDR, Genossen Erich Honecker, mit dem Vorsitzenden der SPD-Fraktion im Landtag von Niedersachsen, Gerhard Schröder, im Gästehaus der Dillinger Hütte am 9. September 1987« – Honecker (1994), S. 203 f.

Weder von Gerhard Schröder noch von Oskar Lafontaine wurden Aufzeichnungen von diesem Treffen gemacht; schriftliche Auskünfte vom 24. 8. und 6. 10. 1994.

Das Gespräch fand im Beisein des stellvertretenden Vorsitzenden der SPD und Ministerpräsidenten des Saarlandes, Oskar Lafontaine, statt.

Erich Honecker erkundigte sich, wie es G. Schröder seit ihrem Zusammentreffen 1986[1] ergangen sei. G. Schröder sagte, daß das letzte Gespräch vor den Landtagswahlen in Niedersachsen stattgefunden habe. Für die Ablösung Albrechts habe nur 1 Mandat gefehlt. Er sei gewiß, daß er es das nächste Mal schaffen könne. Albrecht sei müde geworden, und die SPD sei in Niedersachsen im Aufwind. E. Honecker merkte an, daß ein Richtungswechsel in Niedersachsen zugunsten der SPD das Kräfteverhältnis in der BRD verändern würde. Gut sei, daß G. Schröder nicht aufgegeben habe und noch einmal zum Ministerpräsidenten kandidieren wolle.

G. Schröder äußerte sich sehr anerkennend über die Ergebnisse des offiziellen Besuchs des Genossen Honecker in Bonn. Das sei ein wahrer Durchbruch. Er hätte nicht erwartet, daß die Presse so umfangreich und so positiv reagiert. E. Honecker sagte in diesem Zusammenhang, daß die Beziehungen zwischen den beiden deutschen Staaten mit den Ergebnissen seines offiziellen Besuchs eine neue Qualität erhalten hätten. Die Bevölkerung der DDR bewerte den Besuch als endgültige völkerrechtliche Anerkennung der DDR, hinzu komme das große internationale Echo. G. Schröder interessierte sich für den Stand der Gespräche zur Lösung der Elbgrenze-Frage. E. Honecker informierte über sein Gespräch mit dem niedersächsischen Ministerpräsidenten Albrecht.[2] Albrecht habe das Problem der Elbgrenze von sich aus angesprochen und gesagt, daß man unter Berücksichtigung der völkerrechtlichen Situation zu einer Regelung kommen müsse. Man sei übereinge-

---

[1] Siehe Nr. 21. Es hatte am 18. 12. 1985 stattgefunden.
[2] Vgl. Nr. 41, bes. Anm. 8 und Nr. 43, bes. Anm. 33.

kommen, daß beide Seiten auf Expertenebene in der Grenz-Kommission die Verhandlungen positiv zu Ende führen. G. Schröder sagte in diesem Zusammenhang, daß E. Albrecht in letzter Zeit in einigen politischen Fragen konstruktiver geworden sei. So habe er sich im Landtag von Niedersachsen bereits vor der Kohl-Erklärung dafür ausgesprochen, daß die Pershing Ia abgeschafft werden. In der Frage der Erfassungsstelle Salzgitter bewege er sich aber noch nicht. Deshalb, so sagte G. Schröder, gebe er zu überlegen, ob es von Wert sei, daß die Stadt Salzgitter, die von der SPD regiert wird, eine Städtepartnerschaft mit der DDR unter der Bedingung aufnimmt, daß die Erfassungsstelle aufgelöst wird. Alle rechtlichen Fragen in diesem Zusammenhang müßten aber noch geprüft werden. E. Honecker stimmte dem unter der Bedingung zu, daß alle damit zusammenhängenden Fragen sorgfältig geprüft werden. Auf eine Äußerung von G. Schröder, es sei schade, daß die Vorreiterrolle der SPD in bezug auf die Verbesserung der Beziehungen zwischen BRD und DDR in diesen Tagen untergehe, antwortete E. Honecker, daß deshalb in der Pressemeldung über das Gespräch mit H.-J. Vogel die Rolle von Brandt, Wehner, Schmidt und Bahr besonders hervorgehoben ist.

57. Gespräch Lafontaine – Honecker am 10. September 1987 (Saarbrücken)

SAPMO ZPA J IV 2/2A/3054: »Anlage 18. Vermerk über das Gespräch des Generalsekretärs des ZK der SED und Vorsitzenden des Staatsrates der DDR, Genossen Erich Honecker, mit dem Ministerpräsidenten des Saarlandes, Oskar Lafontaine, am 10. 9. 1987 im Kabinettsaal der Landesregierung« – Honecker (1994), S. 205–211 (auch Teil 2). – Zur Westquelle vgl. Nr. 20.

Oskar Lafontaine begrüßte E. Honecker noch einmal herzlich und erklärte, er wolle im erweiterten Kreis thesenhaft einige Fragen berühren. Zunächst möchte er zu Partnerschaften zwischen Städten der Bundesrepublik und der DDR feststellen, daß seit dem Beginn von Saarlouis und Eisenhüttenstadt manches auf den Weg gebracht werden konnte. Diesen Weg gelte es mit Augenmaß weiterzugehen. Inzwischen sei er auch in die Rolle gesetzt worden, Botschafter für andere Städte, die Partnerschaften mit der DDR wünschten, zu sein, z. B. für Idar-Oberstein oder Zweibrücken. Hoffnungsvolle Ansätze gebe es auch bei Partnerschaften zwischen Hochschulen, z. B. zwischen Saarbrücken und der Karl-Marx-Universität Leipzig. Sicher wäre es nützlich, Kontakte zwischen Wissenschaftlern auf dem Gebiet des Umweltschutzes zu knüpfen. O. Lafontaine bat, auch den Jugendaustausch nicht zu vergessen, der so ermutigende Fortschritte mache. Zwischen dem Saarland und der DDR beginne auch die Kooperation im Gesundheitswesen. Beide Seiten sollten »Ausbildungsprojekte«, z. B. von Dillingen und »Schwarze Pumpe« im Saarland fördern. Der saarländische Rundfunk habe sein Interesse am Journalistenaustausch mit der DDR bekundet. Der Wirtschaftsaustausch werde von beiden Seiten für wichtig erachtet. Um ihn zu beleben und auf die von beiden Seiten gewünschte langfristige Grundlage zu stellen, müssen gemeinsam weitere, beide Seiten interessierende Projekte gefunden werden. Das Saarland sei z. B. interessiert an dem Hotel-Neubau in Jena. Vielleicht könne eine ökonomisch vernünftige Lösung gefunden werden. Wenn es um das Planetarium gehe, was die DDR zur Lieferung anbiete, so sei die Regierung des Saarlandes dabei, Sponsoren zu finden. Abschließend wolle er an eine Reihe persönlicher Ersuchen erinnern mit der Bitte, deren Erledigung gewissenhaft zu prüfen.

E. Honecker dankte noch einmal herzlich für die Einladung zum offiziellen Besuch des Saarlandes. Damit werde eine langfristige persönliche Verbindung zwischen der DDR und dem Saarland fortgesetzt. Anknüpfend an das letzte Gespräch mit O. Lafontaine im März 1987[1] in der DDR äußerte E. Honecker seine tiefe Befriedigung darüber, daß in der BRD in einer entscheidenden Frage die Bremsklötze für ein Abkommen der UdSSR mit der USA über die vollständige Beseitigung ihrer Mittelstreckenraketen aus dem Wege geräumt werden. Damit werde der Einstieg in die echte Abrüstung, insbesondere auf nuklearem Gebiet, möglich. Die Vorschläge der sozialistischen Staaten, bis zum Jahr 2000 eine von atomaren Waffen freie Welt zu schaffen, könnten so Wirklichkeit werden. E. Honecker verwies darauf, daß Dr. Armand Hammer[2] ihm vor kurzem in einem Gespräch erklärt habe, daß US-Präsident Reagan noch zu seiner Amtszeit zu dem Abkommen mit der Sowjetunion bereit sei. Doch äußerte er Sorge, daß die BRD hier bremst. Deshalb sei es erfreulich zu wissen, daß in der BRD nirgends ein Vertreter angetroffen werde, der den Verbleib der Pershing Ia und ihrer Sprengköpfe befürwortet. So kann es also zur doppelten Null-Lösung kommen. Die Lösung dieser entscheidenden Frage stimuliere zugleich auch die Einrichtung des gemeinsamen europäischen Hauses. Das, was wir jetzt tun, so wird allgemein festgestellt, ist wichtig für die friedlichen Perspektiven in Europa. Natürlich ist dazu vieles erforderlich: gegenseitiges Vertrauen im militärischen wie zivilen Bereich ebenso wie die Zusammenarbeit der Regierungen, von gesellschaftlichen Organisationen usw.

E. Honecker hob hervor, daß die DDR bereit sei, die bestehende gute Entwicklung der Zusammenarbeit zwischen der DDR und dem Saarland fortzuführen. Dabei lasse sie sich mit davon leiten, daß die Zusammenarbeit von Firmen beider Seiten ein stabilisierendes und vertrauensbildendes Element der Beziehungen ist. Die Entwicklung des Handelsvolumens habe sich innerhalb der letzten drei Jahre verdreifacht – von rund 94 Mio. 1984 auf mehr als 296 Mio. M für 1986. Auch der auf der jetzt stattfindenden Leipziger Messe abgeschlossene Vertrag über die Lieferung von 600 000 t Saarkohle an die DDR sei ein wichtiger Schritt. Weitere Chancen für den Austausch eröffneten sich auch mit den Strukturveränderungen, die beide Seiten im Handel anstreben. E. Honecker wies darauf hin, daß auf die oft gestellte Frage, ob die Saar von der DDR besonders gefördert werde, geantwortet werden könne, daß es nicht darum gehe, die Saar etwa besonders zu fördern, sondern daß dies Ergebnis der hier an der Saar in bezug auf den gegenseitig vorteilhaften Handel mit der DDR anzutreffenden besonderen Aufgeschlossenheit sei. Dabei träfe man sich auch in der Absicht, besonders die kleine und mittlere Industrie zu ermutigen und einzubeziehen. So habe E. Honecker z. B. mit dem führenden Vertreter der Computerfirma Nixdorf gesprochen, der gute Chancen für eine Kooperation mit

[1] Siehe Nr. 32.
[2] Siehe Nr. 41 unter 2.

Robotron oder anderen Elektronik-Kombinaten der DDR sehe und habe. Einverstanden könne man auch mit dem sein, was die Zusammenarbeit auf sportlichem, kulturellem und anderen Gebieten, so bei Wissenschaft und Technik, betreffe. Das gerade erst in Bonn unterzeichnete Abkommen dazu werde dies fördern. So stimme man praktisch auf allen Gebieten in dem Wunsche nach Ausbau der Zusammenarbeit überein, stellte E. Honecker fest.

O. Lafontaine schlug dann vor, die Gespräche im kleinen Kreis fortzusetzen.

Der Rest des Vermerks bezieht sich auf die Gespräche über Handelsfragen, die ohne Lafontaine und Honecker stattfanden.

Niklas

SAPMO ZPA J IV 2/2A/3054: »Anlage 19. Vermerk über ein Gespräch des Generalsekretärs des ZK der SED und Vorsitzenden des Staatsrates der DDR, Genossen Erich Honecker, mit dem Ministerpräsidenten des Saarlandes, Oskar Lafontaine, im kleinen Kreis am 10. September 1987 in der Staatskanzlei Saarbrücken«

In Fortsetzung des vorangegangenen Gespräches der Delegation bekräftigte E. Honecker die Bedeutung der Einbeziehung der mittleren und kleineren Betriebe des Saarlandes in die Wirtschaftsbeziehungen mit der DDR. Nach seinem Zusammentreffen mit den Industriellen in Köln[3] könne man keinesfalls mehr von »besonderen Handelsbeziehungen der DDR zum Saarland« sprechen. Die Veranstaltung in Köln sei sehr bedeutsam gewesen. Das hätte sich im ›Neuen Deutschland‹ besonders widergespiegelt. O. Lafontaine bekräftigte, daß das Saarland auch weiterhin für die Normalisierung der Beziehungen zwischen den beiden Staaten vorangehen wolle. E. Honecker sagte, daß sich O. Lafontaine auch zukünftig der Unterstützung durch die DDR sicher sein könne. Eine Veränderung des politischen Kräfteverhältnisses in der BRD zugunsten der SPD hätte eine große Bedeutung für die gesamte Lage in Europa und für die Beziehungen zwischen beiden deutschen Staaten. E. Honecker hob in diesem Zusammenhang hervor, daß die Politik der SED von allen Generationen in der DDR getragen würde. Die Einheit der Generationen sei ein wichtiges Unterpfand für die weitere Gestaltung der entwickelten sozialistischen Gesellschaft in der

[3] Siehe Nr. 54, Anm. 1 und Nr. 45, Anm. 6.

DDR. O. Lafontaine erwiderte, daß die SPD gerade unter der Kanzlerschaft von H. Schmidt in dieser Hinsicht große Fehler gemacht habe. Schmidt habe die Jugend nicht integriert und der Entwicklung der grünen Bewegung freien Raum gegeben. Ohne dem wäre die SPD heute eine 45-Prozent-Partei.

Auf seine Gespräche in Bonn eingehend, sagte E. Honecker, daß der freundliche Empfang ihn angenehm überrascht habe. In der DDR habe der Besuch ein außerordentlich großes Echo hervorgerufen. Vor allem wurde mit Freude bemerkt, daß sich H. Kohl im Verhältnis zur DDR politisch nach vorn bewegen mußte. Etwas anderes würde die Welt auch nicht verstehen. Auf die Rede H. Kohls vom 7. September[4] verweisend, sagte O. Lafontaine, daß E. Honecker gut beraten gewesen sei, so zu reagieren. E. Honecker antwortete, damit sei deutlich gemacht worden, daß sich die SED prinzipiell im Herangehen an die politischen Fragen von der CDU unterscheide.

[4] Gemeint war die Tischrede von Kohl bei dem Essen in der Godesberger Redoute. Vgl. Nr. 45, bes. Anm. 3 und 4.

SAPMO ZPA J IV 2/2A/3054: »Anlage 16. Vermerk über das Gespräch des Generalsekretärs des ZK der SED und Vorsitzenden des Staatsrates der DDR, Genossen Erich Honecker, mit dem Ministerpräsidenten von Rheinland-Pfalz, Bernhard Vogel, am 10. 9. 1987 in Trier« – Honecker (1994), S. 200–202. – Zur Westquelle vgl. Nr. 31.

E. Honecker verwies auf die Begegnung mit B. Vogel im Februar 1987 in Berlin.[1] Er bewertete den Verlauf seines Besuches in der BRD als positiv. Es habe fruchtbare Ergebnisse gegeben, sowohl hinsichtlich der Friedenssicherung wie der bilateralen Beziehungen. Das spiegele sich im Abschlußkommuniqué wider. Vom Besuch würden sich wichtige Impulse für viele Gebiete ergeben. Die wirtschaftlichen Beziehungen zwischen der DDR und Rheinland-Pfalz würden sich überdurchschnittlich entwickeln. Die DDR wolle die Beziehungen weiter voranbringen.

B. Vogel bedankte sich für den Besuch E. Honeckers in Rheinland-Pfalz. Er würdigte Verlauf und Ergebnisse des gesamten Besuches in der BRD. Er äußerte Zuversicht darüber, daß es zu einem Abkommen über die Mittelstreckenraketen kommen werde. Bundeskanzler Kohl habe dazu seinen Beitrag in der Frage der Pershing Ia geleistet. Das habe ihm viel Ärger in der eigenen Partei eingebracht. B. Vogel unterstütze die Entscheidung Kohls. Er trete dafür ein, daß nach einer doppelten Null-Lösung die Verhandlungen über die Kurzstreckenraketen und die konventionelle Rüstung weitergeführt würden. B. Vogel begrüßte, daß im Kommuniqué über den Besuch die Einbeziehung kleiner und mittlerer Betriebe in die wirtschaftliche Zusammenarbeit deutlich ausgesprochen sei.

E. Honecker erklärte, daß die DDR die Entscheidung H. Kohls zu den Pershing Ia positiv bewerte. Die Warschauer Vertragsstaaten seien bereit, nach dem Abkommen über die Mittelstreckenraketen Verhandlungen auf konventionellem Gebiet und über die Reduzierung der atomaren Gefechtsfeldwaffen zu führen. Das betreffe vor allem die beiden deutschen Staaten. Die DDR sei dafür, die Kernwaffen bis zum Jahr 2000 völlig zu beseitigen. In Verbindung damit stehe die Gestaltung des europäischen Hauses, vor allem auf wirtschaftlichem und kulturellem Gebiet. E. Honecker verwies auf die überdurchschnittliche Entwicklung des Handels zwischen der DDR und Rheinland-Pfalz in letzter Zeit.

[1] Siehe Nr. 31.

B. Vogel stimmte dem zu. Zwei Produkte lägen ihm besonders am Herzen, Wein und Schuhe. Er bitte, dies bei der Handelsentwicklung besonders zu berücksichtigen.

E. Honecker sagte Prüfung zu.

B. Vogel bedankte sich, daß die DDR gegenseitigen Ausstellungen über Slevogt zugestimmt habe. 1990 werde in Speyer eine Salier-Ausstellung durchgeführt, die man danach auch in der DDR zeigen möchte. Zur Ausstellung gehörten auch Exponate aus der Stiftung Preußischer Kulturbesitz, man könne sie nicht herausnehmen. Er möchte aber versichern, daß es keine Exponate seien, auf die die DDR Anspruch erhebe.

E. Honecker erklärte unter diesen Umständen die Bereitschaft der DDR, die Ausstellung zu übernehmen.

B. Vogel betonte, er verstehe, daß man bei den Städtepartnerschaften schrittweise vorgehen müsse. Man müsse vernünftig auswählen. Er bedankte sich für die Partnerschaft zwischen Dessau und Ludwigshafen und bat, die Partnerschaft zwischen Mainz und Erfurt im Auge zu behalten. Er halte es für wichtig, den Jugend- und Sportaustausch stärker einzubeziehen.

E. Honecker erwiderte, die DDR sei für eine angemessene Entwicklung bei den Städtepartnerschaften. Man müsse weiter Erfahrung sammeln. Dabei könne auch der Sport größeren Raum einnehmen. Die DDR sei für den Ausbau des Jugendtourismus.

B. Vogel verwies auf die Bedeutung von Universitätsbeziehungen. Er stellte die Frage, ob man einmal gegenseitig werde studieren können.

E. Honecker verwies darauf, daß jetzt Landwirtschaftspraktikanten ausgetauscht wurden. Studentenaustausch sei eine Frage der Entwicklung. Man müsse dies weiter prüfen. B. Vogel interessierte sich für das Bildungssystem der DDR. E. Honecker lud ihn ein, sich bei einem Besuch in der DDR mit ihrem Bildungssystem vertraut zu machen.

Seidel *[Unterschrift]*

SAPMO ZPA J IV 2/2A/3054: »Anlage 20. Gespräch unter vier Augen zwischen dem Generalsekretär des ZK der SED und Vorsitzenden des Staatsrates der DDR, Genossen Erich Honecker, und dem bayerischen Ministerpräsidenten Franz Josef Strauß am 11. September 1987 in München« – Honecker (1994), S. 212–227. – Zur Westquelle vgl. Nr. 5.

Einleitend, so sagte F. J. Strauß, wolle er sich zur Abrüstungsdiskussion in der Bundesrepublik äußern, in der die Problematik der Pershing Ia so kolportiert und in der Presse falsch dargestellt wurde, daß nur wenige sie verstünden. Damals habe er sich mit E. Honecker über die SS 20 und die Pershing II unterhalten, und man habe übereingestimmt, beides loswerden zu wollen.[1] Die Sowjetunion habe inzwischen ein dichtes Netz mobiler Kurzstreckenraketen mit einer Reichweite bis 450 km nachgeschoben. Wenn die doppelte Null-Lösung bei Mittelstreckenraketen komme, dann verblieben der Bundesrepublik nur die Pershing Ia. Die USA verfügten über 88 Systeme mit einer Reichweite bis 450 km, darunter die Lance-Raketen. Dem stünden nach Schätzungen der NATO 1300 Systeme auf der anderen Seite gegenüber. Hier liege der Haken der Null-Lösung.

Nun gebe es verschiedene Denkschulen. Nach dem Zweiten Weltkrieg sei es in Europa zu keinem Krieg mehr gekommen. 2500 Jahre lang seien Kriege geführt worden, einmal müsse Schluß damit sein. In den USA werde aber diskutiert, was geschehen solle, ergebe sich doch noch ein neuer Krieg. In der Militärgeographie werde dafür eine Verkürzung auf den deutschen Raum, beiderseits der Grenze, vorgesehen. Dies bedeute: »die USA in voller Sicherheit, Westeuropa in hoher Sicherheit, wir in vollem Risiko«. 80 bis 90% der militärischen Ziele in einem neuen Krieg lägen nur auf deutschem Boden – sowohl in der Bundesrepublik als auch in der DDR. Bei der heutigen Treffgenauigkeit der Waffen sei jeder Punkt in der Bundesrepublik und der DDR erreichbar.

F. J. Strauß betonte, er sei ein leidenschaftlicher Anhänger der Forderung »nie wieder Krieg«, alles müsse getan werden, um Krieg nie wieder denkbar, kalkulierbar und führbar zu machen. Deshalb sei er dafür, die Rüstungsstärken unter 500 km Reichweite anzugreifen, und zwar lieber von oben nach unten als von unten nach oben. Er bat E. Honecker, mit M. Gorbatschow darüber zu sprechen. H. Kohl habe seine

---

[1] Zu den früheren Gesprächen Strauß – Honecker siehe Nr. 5, 13, 18 und 35.

Erklärung, auf die Pershing Ia zu verzichten, u. a. damit begründet, daß er dem USA-Präsidenten einen Gefallen tun wolle. Auf keinen Fall sei F. J. Strauß für eine Politik, die Krieg wieder als denkbar erscheinen läßt.

E. Honecker stimmte mit F. J. Strauß in dessen Erklärung über die Nichtführbarkeit eines Krieges zu Lasten der DDR und der Bundesrepublik überein. Er verwies darauf, daß der Berliner Gipfel des Warschauer Vertrages die Auflösung des Verhandlungspakets, die Herausnahme der atomaren Mittelstreckenwaffen begrüßt und zugleich vorgeschlagen habe, in Verbindung mit der Beseitigung dieser Waffen auch zur Verringerung der Streitkräfte und Rüstungen auf konventionellem Gebiet vom Atlantik bis zum Ural zu kommen. Asymmetrien sollten nicht durch Aufrüstung, sondern durch Abrüstung ausgeglichen werden. Auch was die operativ-taktischen Raketen, die Reichweiten bis 500 km betreffe, sollten Maßnahmen zur Abrüstung vereinbart werden. Die strategischen Offensivwaffen sollten um 50% reduziert werden. Uns liege an der Beseitigung der gesamten Atomwaffen und jeder Bedrohung. Das hänge vor allem von einer Einigung zwischen der Sowjetunion und den USA ab.

E. Honecker hob die Bedeutung des Einstiegs in die reale Abrüstung hervor, den das Abkommen über Mittelstreckenwaffen bringe und dem alles andere folgen müsse. Die Nichtführbarkeit eines Atomkrieges sei bereits auf dem Genfer Treffen zwischen M. Gorbatschow und R. Reagan festgestellt worden. F. J. Strauß: Die Erde wäre schon nach den ersten Atomschlägen fast nicht mehr bewohnbar. Seit Tschernobyl, fuhr E. Honecker fort, habe sich vieles verändert. Wie M. Gorbatschow denke, werde an seinem Eintreten für die Abrüstung deutlich, daran, daß die Sowjetunion bestrebt ist, den Aufwand für die Rüstungen zu senken und die sozialen Lebensbedingungen des Volkes zu verbessern.

Die auf dem Berliner Gipfel angenommene Militärdoktrin des Warschauer Vertrages sei auf Verteidigung orientiert. In Richtung der Nichtangriffsfähigkeit müsse auf beiden Seiten umgedacht werden. Es gelte, auf Jahrzehnte hinaus zu gewährleisten, daß es zu keinem neuen Krieg kommt. Hier verwies E. Honecker auch auf die Vorschläge W. Jaruzelskis zur beiderseitigen Verdünnung der Truppen.[2] Wir seien für ein atomwaffenfreies Europa, seien für vertrauensbildende Maßnahmen, wovon jetzt auch die Teilnahme zweier Offiziere der NVA an Übungen der Bundeswehr zeuge. Die Beseitigung der Mittelstreckenwaffen sei der Anfang, alles weitere müsse noch bewerkstelligt werden, wahrscheinlich mit einem anderen USA-Präsidenten. Solange die strategischen Offensivwaffen nicht reduziert würden, bestehe die Gefahr der Vernichtung weiter.

[2] Vgl. Nr. 48, Anm. 2.

F. J. Strauß dankte für die Darlegungen E. Honeckers, die, wie er sagte, mit seinen langjährigen Überlegungen übereinstimmten. Alle Möglichkeiten, von außen einzudringen, müßten beseitigt werden.

Zu bilateralen Fragen übergehend, stellte F. J. Strauß fest, in den vergangenen Monaten hätten zwischen beiden Seiten hochrangige Gespräche in sehr guter Atmosphäre stattgefunden. Seit seinem Treffen mit E. Honecker von 1983[3] sei ein spürbarer Wandel eingetreten. Die Signale der DDR für guten Willen, so die großzügigen Reisegenehmigungen, die Amnestie für Straftäter, die Abschaffung der Todesstrafe, zu der sich noch nicht einmal Frankreich habe entschließen können, seien verstanden worden. Die Grenzlage sei weiterhin ruhig, die Grenzabfertigung korrekt und zügig, auch die Grenzsperranlagen seien verändert worden. E. Honecker habe Wort gehalten. Die Grenzanlagen zwischen der DDR und der Bundesrepublik könnten nicht so sein wie zwischen Bayern und Österreich, aber offenbar strebe E. Honecker als langfristige Zielsetzung eine ähnliche Situation an.

Als erfreulich bezeichnete F. J. Strauß die Entwicklung des Reiseverkehrs, insbesondere unterhalb des Rentenalters. Er verstehe dabei die Defensivsituation der DDR.

Im Zusammenhang mit dem Kulturabkommen sei der erste Arbeitsplan aufgestellt und ein Gastspiel der Bayerischen Staatsoper in Berlin (Ost) vereinbart worden, was E. Diepgen ihm, F. J. Strauß, gegenüber zu der Frage veranlaßt habe: Warum denn in Berlin (Ost)? Auf umweltpolitischem Gebiet seien zwei wichtige bayerische Probleme gelöst worden – das Hochwasser-Rückhalte-Becken im Rödental und die Kläranlage in Sonneberg.

Der Handel sei zurückgegangen, zur Zeit importiere Bayern viel mehr, als es exportiere.

F. J. Strauß würdigte die Zusammenarbeit mit der DDR auf dem Gebiet der AIDS-Forschung. Die bayerischen Mediziner sprächen von einem guten Erfahrungsaustausch und seien überrascht von der hohen Qualität, die sie dabei auf DDR-Seite angetroffen hätten.

Sodann unterbreitete F. J. Strauß einige Wünsche an die DDR. Hinsichtlich der Familienzusammenführung werde erbeten, die Ausreise- und Übersiedlungserlaubnisse wenigstens im bisherigen Umfang fortzusetzen. Wegen angeblicher Schikanen gegen Antragsteller erhalte er viele Briefe. Als schwierigen Punkt bezeichnete F. J. Strauß das Einreiseverbot für DDR-Bewohner, welche die DDR legal verlassen haben. Dabei wolle er ausdrücklich feststellen, daß die Kontaktverbote entsprechend der Zusage E. Honeckers abgebaut worden seien.

F. J. Strauß setzte sich dafür ein, die Möglichkeiten für den Reisever-

---

[3] Vgl. Nr. 5.

kehr von Bürgern der DDR unterhalb des Rentenalters zu erweitern, z. B. durch Garantie von Westreisen einmal im Jahr, sowie großzügige Genehmigungen für den Jugendaustausch zu erteilen. »Über den Zwangsumtausch rede ich nicht.« Gelegen sei ihm auch am Bewohnerverkehr im Grenzsperrgebiet.

Als notwendig erachtet werde von bayerischer Seite, die Probleme der Geruchsbelästigungen aus der Papierfabrik Blankenstein sowie der Schwefeldioxid-Emissionen[4] aus Industriebetrieben im Süden der DDR durch Filteranlagen zu lösen.

Im Handel erwarte Bayern eine Erhöhung der Bezüge durch die DDR, der Umfang der Kompensationsgeschäfte sollte eingeschränkt werden. Gebeten werde um eine größere Ausstellungsfläche für Bayern auf den Leipziger Messen. Wünsche einzelner Firmen seien:
– Dyckerhoff und Wichmann AG – Hotelbau in Berlin,
– Kraftwerkunion AG für ein Strahlenüberwachungssystem am Kernkraftwerk in Greifswald,
– Linde AG für Luftzerlegungsanlage Eisenhüttenstadt, Erweiterung Chemische Werke Buna, Ammoniakfabrik Leuna,
– Deutsche Airbus GmbH – Vorstellung von Flugmaterial der DDR.

F. J. Strauß nannte weiter den Anschluß von Berlin (West) an das Intercity-Netz über Ludwigstadt–Probstzella und Hof–Gutenfürst. Er befürwortete die Öffnung der Grenzübergänge Rottenbach–Eisefeld und Eußenhausen–Meiningen auch für den gewerblichen Güterverkehr sowie die Schaffung eines neuen Grenzübergangs bei Ludwigstadt (Landkreis Kronach) im Zuge der B 85. Interessiert sei seine Seite auch am Bau der Autobahn Hof–Plauen. Zur Sprache brachte er ferner eine »nationale Flugverbindung« zwischen der Bundesrepublik und der DDR unter der Beteiligung Münchens.

Sein Wunsch sei, daß die DDR ein Gastspiel des Leipziger Thomanerchores noch 1987 in München ermögliche, zu dem die Einladung von der Evangelischen Kirchengemeinde Erlöser-Kirche München-Schwabing auf Gemeindebasis ergehen würde.

An Städtepartnerschaften sei Bayern auch für Neustadt bei Coburg mit Sonneberg und für Neu-Ulm mit Meiningen interessiert. Gewünscht werde der Austausch von Feuerwehrleuten aus der DDR mit der Münchener Berufsfeuerwehr. Im Sportverkehr sollten Begegnungen des Breitensports stattfinden, etwa ein Leichtathletik-Vergleichskampf Bayern/thüringische Bezirke.

E. Honecker sagte die Prüfung dieser Wünsche und eine Information über die Entscheidung zu. Was die Autobahn-Fragen (Hof–Plauen) angehe, so meine Bonn, daß der Eisenbahnverkehr Priorität haben solle.

[4] Im Original versehentlich »Demissionen«.

Seit seiner Begegnung mit F. J. Strauß im Jahre 1983 sei eine Entwicklung eingeleitet worden, die ständig mehr Früchte trägt. F. J. Strauß trage dazu bei, indem er eine realistische, nicht eine illusionäre Politik bevorzuge.

60. Gespräch Lafontaine/Dohnanyi/Wedemeier – Honecker am 23. Oktober 1987 (Berlin-Ost)

SAPMO ZPA IV 2/2. 035/79: »Berlin, 26. 10. 1987. Notiz über ein Gespräch des Generalsekretärs des ZK der SED und Vorsitzenden des Staatsrates der DDR, Genossen Erich Honecker, mit den SPD-Politikern Oskar Lafontaine, Ministerpräsident des Saarlandes und stellvertretender Vorsitzender der SPD, Klaus von Dohnanyi, Präsident des Senats und Erster Bürgermeister der Freien und Hansestadt Hamburg und Mitglied des Parteivorstandes der SPD, sowie Klaus Wedemeier, Präsident des Senats und Bürgermeister der Freien Hansestadt Bremen am 23. Oktober 1987 in Berlin«

Weder von O. Lafontaine noch von K. Wedemeier und K. von Dohnanyi wurden Aufzeichnungen über das Gespräch angefertigt; schriftliche Mitteilungen vom 17. 8., 31. 8. und 6. 10. 1994.

Das Gespräch fand im Hause der Volkskammer der DDR statt. Seitens der SED nahmen die Mitglieder des Politbüros und Sekretäre des Zentralkomitees, die Genossen Hermann Axen, Joachim Herrmann und Günter Mittag teil. Zugegen war Gunter Rettner, Abteilungsleiter des ZK. Von BRD-Seite nahm außerdem der Chef der Staatskanzlei des Saarlandes, Staatssekretär Reinhold Kopp, teil. Anfangs begrüßte E. Honecker die SPD-Politiker im Namen des Zentralkomitees, des Staatsrates, des Ministerrates und des Komitees der DDR zum 750jährigen Bestehen von Berlin auf das herzlichste. Er freute sich, daß O. Lafontaine, K. von Dohnanyi und K. Wedemeier als Ministerpräsidenten von Bundesländern der BRD am Staatsakt der DDR zum 750jährigen Bestehen Berlins teilgenommen haben. Die Geschichte des deutschen Volkes, so sagte E. Honecker, sei nicht denkbar ohne die Geschichte Berlins. Das 750jährige Jubiläum Berlins habe deutlich gemacht, so wie er es auch in seiner Rede unterstrichen habe, daß von der Hauptstadt der DDR der Wille und die Entschlossenheit ausgehen für eine friedliche Zukunft ohne Atomkriegsgefahr, für ein friedliches Miteinander der Staaten und Völker zu wirken, sagte E. Honecker.

An O. Lafontaine gewandt, verwies E. Honecker darauf, daß man vor kurzem in Saarbrücken zusammengetroffen sei.[1] O. Lafontaine würdigte den Besuch E. Honeckers in der BRD als sehr erfolgreich. Von der Presse habe er die Frage gestellt bekommen, ob er empfehle, daß H. Kohl bei seinem Gegenbesuch Berlin einschließe. Er habe ge-

---

[1] Siehe Nr. 57.

antwortet, daß nach dem Besuch E. Honeckers in der Bundesrepublik protokollarisch eine deutliche Entkrampfung eingetreten sei. Seiner Meinung nach stünde einem Berlin-Besuch nichts mehr entgegen. K. von Dohnanyi warf ein, daß der Nachhall über die Reise von E. Honecker sehr groß sei. Die Gleichbehandlung beider Seiten werde jetzt als Selbstverständlichkeit angesehen. K. Wedemeier äußerte, daß die guten Wahlergebnisse in Bremen[2] auch in einem gewissen Zusammenhang mit dem BRD-Besuch E. Honeckers gesehen werden müßten.

E. Honecker führte weiter aus, daß er im Zusammenhang mit seiner Reise in die BRD zahlreiche Briefe erhalten habe. Darin käme zum Ausdruck, daß der größte Eindruck für viele Bürger der DDR darin bestünde, daß E. Honecker gemeinsam mit H. Kohl ein Ehrenbataillon der Bundeswehr abgeschritten habe. Er sei auch gefragt worden, welche Gedanken ihn bei den in Bonn gehaltenen Tischreden bewegt hätten. Das sei ganz natürlich. Feststellen wolle er, daß aus seiner Sicht das Entscheidendste die Tatsache des Stattfindens des Besuches und die gute Aufnahme durch die Bevölkerung der BRD ist. Von großem Gewicht seien seine Treffen mit Antifaschisten in Dachau und in der Villa Hügel gewesen. Fruchtbare Gespräche habe es mit Vertretern der Wirtschaft gegeben. Die Tischreden von H. Kohl seien mit Zwiespalt aufgenommen worden. Im Ergebnis des Besuches sei aber für alle klar, daß beide deutsche Staaten unabhängig voneinander und gleichberechtigt sind. Das Ergebnis des Besuches setze sich hinsichtlich seiner internationalen Bedeutung fort. Das habe er bei seinem jüngsten Staatsbesuch in Belgien[3] deutlich gespürt. Unterstreichen wolle er, so sagte E. Honecker, daß in den Gesprächen in Bonn eine große Übereinstimmung in der Friedensfrage mit der Mehrheit der Regierung festgestellt werden konnte. H. Kohl habe ihn darüber informiert, daß es zu einer Auseinandersetzung in der CDU-Fraktion darüber und über den Verlauf des Besuches gekommen sei. D. Wilms und A. Dregger hätten aber den Besuch verteidigt. K. v. Dohnanyi warf an dieser Stelle ein, daß A. Dregger seine Position in der CDU-Fraktion konsolidieren müsse. Unter Verweis auf das Abspielen von 3 Hymnen in München[4] sagte K. v. Dohnanyi, daß E. Honecker in Hamburg ebenfalls herzlich empfangen worden wäre. Das, was F. J. Strauß in München fertiggebracht habe, hätten wir in Hamburg auch gemacht, sagte K. v. Dohnanyi. E. Honecker müsse das nächste Mal unbedingt nach Hamburg kommen.

Im weiteren Verlauf des Gesprächs interessierte sich K. v. Dohnanyi für das Ergebnis des zwischen E. Honecker und E. Albrecht in Bonn

---

[2] Die Wahlen in Bremen hatten am 13. 9. 1987 stattgefunden. Die SPD errang 51,3%.

[3] Honecker war vom 13. – 15. 10. 1987 zu einem offiziellen Besuch in Belgien.

[4] Neben den Nationalhymnen der Bundesrepublik und der DDR war auch die Bayern-Hymne gespielt worden.

geführten Gesprächs.[5] E. Honecker antwortete, daß man übereingekommen sei, in der Grenzkommission eine Lösung anzustreben, die
eine Festlegung der Grenze Elbe Mitte, ungeachtet sogenannter
Rechtsstandpunkte, möglich macht. Dann seien auch andere damit in
Zusammenhang stehende Fragen, wie z. B. die Gewässergüte der Elbe
zu lösen. K. v. Dohnanyi sagte, daß gerade für Hamburg die Elbe-Ver-
schmutzung eine große Rolle spiele. Die Folgen für die Nordsee seien
unabsehbar. Da sei die Lage für die Ostsee besser. Genosse G. Mittag
verwies darauf, daß die hohe Verschmutzung der Nordsee am wenig-
sten durch die Elbe verursacht sei. K. v. Dohnanyi mußte dem zustimmen. E. Honecker verwies im weiteren Verlauf darauf, daß er in seinen
in Bonn geführten Gesprächen Elbe und Werra gleichermaßen behandelt habe. Er habe festgestellt, daß H. Kohl vor allem der Elbe die Priorität einräume, während M. Bangemann auch für Lösungen hinsichtlich
der Werra-Entsalzung eintrete.

   E. Honecker informierte die SPD-Politiker darüber, daß das Politbüro die Ergebnisse seines BRD-Besuches einstimmig hoch eingeschätzt habe. Das Echo sei insgesamt sehr gut gewesen, aber überra-
gend sei das internationale Echo. Zu allen Fragen, die mit den Ergebnissen des Besuches zusammenhängen, habe die Parteiführung Beschlüsse
angenommen. Das betreffe die Weiterführung der zwischenstaatlichen
Beziehungen und die Erfüllung aller eingegangenen Verpflichtungen.
Klar sei, daß die Beziehungen zwischen beiden deutschen Staaten nicht
losgelöst gesehen werden könnten vom Ost-West-Klima insgesamt.
Heute, so sagte E. Honecker, sei Shultz bei Gorbatschow.[6] Er gehe davon aus, daß es zu einer Einigung über die globale doppelte Null-Lösung komme.

   Auf die bilateralen Fragen eingehend, sagte E. Honecker, daß die
DDR den ökonomischen Beziehungen zur BRD eine hohe Bedeutung
beimesse. Gegenwärtig sei der Warenaustausch etwas rückläufig. Wir
sind dafür, so sagte er, die Wirtschaftsbeziehungen vor allen Dingen auf
den Gebieten von Wissenschaft und Technik stärker auszuweiten. Dabei käme den Beziehungen der DDR zu den Bundesländern der BRD
ein hoher Stellenwert zu. Darüber sei er sich auch mit L. Späth einig.
Mit Niedersachsen würden die ökonomischen Beziehungen ebenso
ausgebaut. Das sei nicht ohne Einfluß auf E. Albrecht. Verweisen wolle
er, so sagte E. Honecker, auf den Ausbau der Städtepartnerschaften.
Das könne eine Hilfe sein, um die Lage im Verhältnis zwischen den beiden deutschen Staaten weiter zu entkrampfen. Im Mittelpunkt stünden
dabei kommunale Kontakte, aber auch kulturelle und Sportbeziehungen. K. v. Dohnanyi sagte dazu, daß er mit großer Freude seinem kom-

   [5] Vgl. dazu Nr. 41, bes. Anm. 8 und Nr. 43, bes. Anm. 33.
   [6] Zum Gespräch Gorbatschow–Shultz am 23. 10. 1987 anläßlich von dessen Moskau-Besuch
vgl. AdG 1987, S. 31582 ff.

mende Woche stattfindenden Treffen mit dem Oberbürgermeister von Dresden, W. Berghofer, entgegensehe.

Im weiteren Verlauf des Meinungsaustausches ging E. Honecker auf das Verhältnis der SED zur SPD ein. Die DDR habe eigene Interessen an der weiteren Verbesserung der Beziehungen zur BRD. Sie strebten eine gute Zusammenarbeit an. Bei der gegenwärtigen CDU-FDP-Koalition müsse man immer einkalkulieren, daß diese Regierung wieder rückfällig wird. Vor allem innerhalb der CDU gäbe es zu viele Widerstände. Daraus resultierten auch die immer wieder anzutreffenden Versuche der Einmischung in die inneren Angelegenheiten der DDR. Er wolle unterstreichen, so sagte E. Honecker, daß die Beziehungen zur CDU nie besser sein könnten als zur SPD. Die SPD verfüge heute über eine Führung, die alle Voraussetzungen besitze, um eines Tages die CDU-FDP-Koalition in Bonn abzulösen. Gerade Schleswig-Holstein habe gezeigt, welche Überraschungen möglich sind.[7] Allerdings sei uns klargewesen, wie die SPD auf diese schreckliche Sache reagierte. Seines Erachtens dürfe man sich davon nicht aus dem Tritt bringen lassen. Er könne sich nicht erinnern, daß es eine solche korrupte Gesellschaft wie in Schleswig-Holstein jemals gegeben habe. Allerdings gäbe es auch Parallelen zum Ende der Weimarer Republik, in der alles mit der persönlichen Diffamierung von Politikern begonnen habe. Seiner Meinung nach müsse man den ganzen Sumpf der CDU an den Pranger stellen. K. Wedemeier erwiderte, in der Tat habe es eine solche Niedertracht in der ganzen politischen Entwicklung der Bundesrepublik noch nicht gegeben. O. Lafontaine warf ein, er wolle persönlich dafür sorgen, daß nach der Beerdigung Barschels[8], die am Dienstag erfolgen würde, die SPD eine andere Sprache einschlägt. Engholm sei ein redlicher Mann. Er müsse weitermachen, andernfalls würde es wie ein Eingeständnis aussehen, daß die SPD in Schleswig-Holstein an dem Skandal mitschuldig sei. K. v. Dohnanyi ging auf die verabredeten Neuwahlen in Schleswig-Holstein ein und bemerkte, daß aus seiner Sicht der Schaden für alle politischen Parteien groß sei, das werde sich mit Sicherheit in einer noch niedrigeren Wahlbeteiligung ausdrücken. Er wolle aber darauf verweisen, daß die SPD, selbst wenn sie in Schleswig-Holstein gewinnt, auch dann noch nicht über eine Mehrheit im Bundesrat verfügen würde. Leider habe man Hessen leichtfertig verspielt.

Er wolle, so führte K. v. Dohnanyi fort, die Aufmerksamkeit auf die Ende 1990 stattfindende Bundestagswahl lenken. Wenn man die wei-

[7] Bei den Wahlen in Schleswig-Holstein am 13. 9. 1987 hatte die CDU nach 37jähriger Regierungszeit ihre Stellung als stärkste Fraktion verloren. Sie erhielt nur mehr 42,6%, die SPD 45,2% der Stimmen. Am Vortag der Wahl war die ›Spiegel‹-Geschichte über die Barschel-Pfeiffer-Affäre bekannt geworden.

[8] Der frühere schleswig-holsteinische Ministerpräsident Uwe Barschel, der schließlich im Gefolge der Affäre am 2. 10. zurückgetreten war, hatte am 11. 10. 1987 in Genf, so damals die Ermittlungsbehörden, Selbstmord begangen.

tere Entwicklung der Bundesrepublik vor Augen habe, so sei es wichtig, daß die SPD im Interesse von Frieden und gesellschaftlicher Stabilität in die Regierung zurückkehre. Die SPD müsse noch tiefer darüber nachdenken, wie man den Leuten im Lande bewußt machen könne, über den Tag hinauszuschauen. Die SPD ließe deshalb stark die Themen von morgen in das Blickfeld rücken. Heute profitiere die Bundesregierung von dem, was die SPD Anfang der 70er Jahre eingeleitet habe. Die Frage sei aber, welche Erfordernisse für die nächsten 10–15 Jahre stünden. Außenpolitisch zeichne sich eine qualitativ neue Etappe ab. Für die SPD komme es darauf an, den Grundriß eines gemeinsamen europäischen Hauses aufzuzeichnen. Auch müsse man mehr deutschland- und außenpolitische Fantasie entwickeln. Das sei im Hinblick auf die bevorstehenden Wahlkämpfe, aber insbesondere für die nächste Bundestagswahl für die SPD unerläßlich.

E. Honecker stimmte K. v. Dohnanyi zu, er gehe davon aus, daß von den bevorstehenden Treffen in Moskau anläßlich des 70. Jahrestages der Großen sozialistischen Oktoberrevolution, zu dem Vertreter von mehr als 180 Parteien erwartet werden, auch weitere Impulse für die Gestaltung des europäischen Hauses ausgehen. Klar müsse man sich sein, daß es schwer sein werde, ein europäisches Haus zu bauen, wenn sich das Verhältnis zwischen der UdSSR und den USA nicht verbesserte. Ebenso sei es undenkbar, wenn sich die Beziehungen zwischen der DDR und der BRD nicht weiter normalisierten. Deshalb messe er dem gemeinsamen Dokument von SED und SPD eine große Bedeutung zu. So wie man allen Illusionen von einer Wiedervereinigung beider deutscher Staaten entschieden entgegentreten muß, müsse man die Zusammenarbeit auf allen Ebenen verbessern. Das Gerede von Wiedervereinigung habe auch die Ängste der westlichen Verbündeten der BRD vor einer noch engeren Zusammenarbeit zwischen beiden deutschen Staaten verstärkt. Insbesondere die USA befürchteten, die BRD könne aus nationalen Erwägungen heraus ein Stück von der USA wegrücken. Für Anfang 1988 habe er eine Einladung nach Frankreich[9], so sagte E. Honecker. Auch das belege, daß die Franzosen lieber für zwei deutsche Staaten seien. Kohl habe den Bedenken seiner Verbündeten Rechnung getragen, als er anläßlich des Besuches des USA-Vizepräsidenten Bush[10] die feste Verankerung der BRD im westlichen Bündnis bekräftigte und sagte, daß Träumereien am Kamin fehl am Platze seien. Insgesamt, das habe sein BRD-Besuch gezeigt, gäbe es Chancen für den weiteren Ausbau der Zusammenarbeit mit der BRD, fuhr E. Honecker fort. Wie aus dem Gemeinsamen Kommuniqué hervorgehe, gebe es eine weitgehende Übereinstimmung in der Friedensfrage. Ebenso klar sei aber, daß die Regierung Kohl nicht alles halten könne, was sie verspreche.

[9] Honecker stattete Frankreich vom 7. – 9. 1. 1988 einen offiziellen Besuch ab.
[10] George Bush unternahm in der zweiten Septemberhälfte 1987 eine Europareise.

O. Lafontaine kam auf den Vorschlag K. v. Dohnanyis zurück, er wolle E. Honecker voll zustimmen. Aus seiner Sicht wäre es aber gut, wenn man in naher Zukunft gemeinsame Vorstellungen entwickeln könnte, welche Vereinbarungen eine von der SPD geführte Regierung mit der DDR anstreben sollte. Unter Berücksichtigung der grundlegenden Interessen der DDR bei absoluter Anerkennung der Zweistaatlichkeit halte er es für notwendig zu prüfen, welche Schritte in der Perspektive möglich sind. In der BRD sei es inzwischen allgemeiner Konsens, daß die Zweistaatlichkeit eine Realität ist, an der niemand vorbei kann. Ebenso gewünscht würden aber grundlegende Verbesserungen vor allem für die Menschen. Deshalb wolle er die Bitte aussprechen, im Jahr 1988 gemeinsam eine Konzeption zu beraten, was aus der Sicht der DDR-Führung gehe und was nicht.

E. Honecker stimmte dem mit der Bemerkung zu, daß Genosse H. Axen diesbezüglich beauftragt sei, entsprechende Vorschläge auszuarbeiten. Sobald die Frage herangereift ist, müsse man sich zusammensetzen. Er wolle zugleich darauf verweisen, daß bereits jetzt schon viel getan werde. Das betreffe zum Beispiel den Reiseverkehr. Im Grunde genommen bedeute die Ausdehnung des Reiseverkehrs bereits heute freie Bewegung der Menschen. Unter Hinweis auf die am 1. November 1987 in Kraft tretenden Maßnahmen[11] informierte E. Honecker, daß der Verkehr flüssiger gemacht werde. Er wolle nicht verhehlen, daß, wenn die DDR die Grenze aufmachte, auch Tausende von Arbeitslosen in die DDR kommen würden. Bedeutende Steigerungen habe es auch im Jugendaustausch gegeben. Das zeige, wenn die Entwicklung Richtung Frieden, Beendigung des nuklearen Wettrüstens und Abrüstung gehe, dann sei vieles möglich. Die DDR sei an der Ausweitung der politischen Kontakte interessiert. Der politische Dialog könne durch nichts ersetzt werden.

K. v. Dohnanyi bedankte sich für die Ausführungen E. Honeckers. Zweifellos könne man auf dem Gebiete der Abrüstung, des Reiseverkehrs und auf anderen Gebieten weitere Verbesserungen anstreben. Was ihm vorschwebe sei aber ein qualitativ neuer Schritt in den Beziehungen. So schwebe ihm z.B. vor, wie er sagte, auf kulturellem Gebiet gemeinsame Schritte nach draußen zu gehen. O. Lafontaine warf dazu ein, ihm schwebe vor, daß man eine Stabilisierung auf der einen Seite koppeln müsse mit einem Maximum an Liberalisierung in den Beziehungen zwischen den beiden deutschen Staaten. E. Honecker erwi-

[11] Diese Maßnahmen betrafen eine gewisse liberalere Handhabung der Einfuhrbestimmungen der DDR, u. a. bei Literatur- und Druckerzeugnissen, Tonbändern und Videogeräten und -kassetten, eine Senkung bestimmter Einfuhrgebühren und eine günstigere Gestaltung der Hinterlegungsgebühren, verbesserte Möglichkeiten der Zollabfertigung sowie Erleichterungen bei der Einfuhr von Arzneimitteln. Vgl. dazu das Papier »Position zu einigen Sachfragen«, abgedr. in: Honecker (1994), S. 149ff.

derte, vor allem komme es jetzt darauf an zu realisieren, was mit der Regierung der BRD und was zwischen SED und SPD vereinbart ist. Wie es dann weitergeht, müsse man zum richtigen Zeitpunkt besprechen. Vorangehen könne es nur, wenn in der Kernfrage, die die ganze Menschheit bewegt, der Verhinderung einer nuklearen Katastrophe Fortschritte erzielt werden. Dazu sei ein Zusammengehen der Arbeiterbewegung unerläßlich. Die alten Fehler sollten nicht wiederholt und die Lehren aus der Geschichte gezogen werden. Deshalb sind wir auch weiterhin für eine fruchtbringende Zusammenarbeit mit der SPD, unterstrich E. Honecker.

61. Gespräch Spöri – Honecker am 12. November 1987 (Berlin-Ost)

SAPMO ZPA IV 2/2. 035/79 und J IV 2/2A/3072ff., TOP 5: »Gespräch des Generalsekretärs des Zentralkomitees der SED und Vorsitzenden des Staatsrates der DDR, Erich Honecker, mit dem Mitglied des Vorstandes der SPD-Fraktion im Bundestag der BRD und Spitzenkandidaten der SPD Baden-Württembergs zu den Landtagswahlen 1988, Dr. Dieter Spöri, am 12. November 1987«

Nach fernmündlicher Mitteilung gibt es keine Aufzeichnungen von Spöri.

E. Honecker begrüßte D. Spöri, dessen Besuch die Möglichkeit biete, sich mit dem Leben in der DDR näher vertraut zu machen und einen Meinungsaustausch über aktuelle politische Probleme zu führen.[1] Mit H.-J. Vogel komme er nicht selten zusammen, das nächste Treffen sei bereits programmiert. Die von D. Spöri übermittelten Grüße H.-J. Vogels erwidere er. Insgesamt entwickelten sich die beiderseitigen Beziehungen günstig. Wie sein offizieller Besuch in der BRD, seine Begegnungen in Nordrhein Westfalen, im Saarland, in Rheinland-Pfalz und in Bayern gezeigt hätten, sei bei einem Großteil der Bevölkerung der BRD eine Veränderung im Verhältnis zur DDR vor sich gegangen. Das habe verschiedene Ursachen und sei zugleich mit verschiedenen Hoffnungen verbunden. Für die Weiterentwicklung der Beziehungen und der Zusammenarbeit zwischen der DDR und der BRD, wie in Bonn festgelegt, bestünden gute Voraussetzungen.

D. Spöri unterstrich die positive Resonanz, die E. Honeckers BRD-Besuch allgemein gefunden habe, was auch durch die Ergebnisse von Umfragen belegt werde. In interessanten Gesprächen mit G. Beil[2] am Vortag hätten sich attraktive Perspektiven, insbesondere im Hinblick auf die Wirtschaftsbeziehungen zu Baden-Württemberg, abgezeichnet. Die Hoffnungen nach dem Besuch E. Honeckers und vor dem angekündigten Gipfeltreffen zwischen M. Gorbatschow und R. Reagan[3] verbänden sich vor allem damit, nach dem Einstieg in die Abrüstung bei den Mittelstreckenraketen auch den Einstieg in die Abrüstungsrunde

---

[1] D. Spöri wurde begleitet von Gunter Huonker MdB, Staatsminister unter Helmut Schmidt (1980–1982), und der Bundestagsmitarbeiterin Hannelore Bacher.

[2] Zum Gespräch mit Außenhandelsminister Gerhard Beil am 12. 11. vgl. den »Bericht« über den Besuch Spöris vom 11. – 13. 11. 1987 und die Aufzeichnung über diese Unterredung in: SAPMO ZPA u. a. J IV 2/2035/79.

[3] Bei dem Gipfeltreffen Gorbatschow – Reagan vom 7./8. 12. 1987 wurde u. a. das INF-Abkommen unterzeichnet. Zur Vorbereitung des Gipfels trafen sich die Außenminister Shultz und Schewardnadse am 23./24. 11. 1987 in Genf.

auf konventionellem Gebiet und bei den Nuklearwaffen mit einer Reichweite unter 500 km zu finden. Dies sollte ein paralleler Prozeß sein. Die Folge des Abkommens über die Mittelstreckenraketen dürfe nicht in einer Nachrüstung, ob bei luftgestützten Raketen oder der atomaren Artillerie, bestehen. Dazu neue Initiativen zu entwickeln, sei sehr wichtig, wobei D. Spöri auf die Arbeitsgruppe H. Axen/E. Bahr verwies.[4] Auf beide deutsche Staaten werde noch mehr positive Verantwortung zukommen als in der Vergangenheit, denn sie seien dann nicht nur Konsultierte, sondern an den Verhandlungen Beteiligte.

Der Warschauer Pakt verfüge über ein umfassendes Friedensprogramm, wobei wir in Rechnung stellten, daß nicht alles auf einmal möglich sei. Wie weit die US-Administration bei ihrer jetzigen Linie bleibe, hänge von der inneren Entwicklung in den USA, deren Verbündeten und der Weltöffentlichkeit ab. Tatsächlich sei die Menschheit abrüstungspolitisch in eine neue Phase eingetreten. Es gelte, die Probleme zu meistern, und in der DDR finde man dafür einen guten Partner.

D. Spöri bemerkte, E. Honeckers Information über einen weiteren Gipfel sei neu und positiv überraschend für ihn. Als Motivation für Bewegung sei erheblich, ob innenpolitisch oder außenpolitisch belastende Affären in den Hintergrund gedrängt würden. Die Position der SPD zu SDI sei bekannt. Bei der Diskussion über die nukleare Abrüstung und die Schrecken eines Atomkrieges sei in den Hintergrund gedrängt worden, was heute ein konventioneller Krieg bedeuten würde.

Er selbst habe ihn damals nur als Kind erlebt und erinnere sich der Menschen, die in ihm die Arme, die Beine verloren hatten. Sein Wahlkreis Heilbronn sei geschlagen und geschunden vom konventionellen Krieg. 1944 habe es dort 7000 Tote gegeben. Gegenwärtig sei Heilbronn einer der Standorte von Pershing II. Man sollte mehr Gewicht darauf legen, daß das konventionelle Waffenarsenal heute viel schrecklicher ist, als es zur Zeit des Zweiten Weltkrieges war, und hier die Abrüstung in Verbindung mit der nuklearen Kategorie vorantreiben. In der gemeinsamen Arbeitsgruppe SPD/SED sei das Konzept für ein atomares Auseinanderrücken entwickelt worden, dies sei auch für den konventionellen Bereich wichtig.

E. Honecker unterstrich, bei seinen Gesprächen in Bonn sei klargemacht worden, daß wir entsprechend dem Prinzip der Gleichheit und der gleichen Sicherheit sowohl für die weitere Abrüstung auf nuklearem Gebiet sind als auch für den Einstieg in die konventionelle Abrüstung, zumal in bestimmten Kreisen der NATO noch immer mit der »Überlegenheit« des Warschauer Paktes, mit der »Gefahr aus dem Osten« argumentiert werde. In der Bevölkerung sei der Wille zur Ab-

---

[4] Am 27. 11. 1987 trafen sich die Arbeitsgruppen zu einem ersten Gespräch über strukturelle Nichtangriffsfähigkeit.

rüstung stark angewachsen, anders verhalte es sich bei einigen Fachleuten und Medien wie der Springer-Presse. [...]

Die Welt werde nicht nur atomar bedroht, sondern auch durch schwere materielle, finanzielle Folgen der Überrüstung, die immense Summen verschlinge. [...] Die Hauptfrage der Gegenwart bestehe darin, bei der Abrüstung Schritt für Schritt vorwärts zu kommen.

E. Honecker befürwortete die Schaffung des gemeinsamen europäischen Hauses, eine Materie, die, wie er sagte, J. Whitehead weniger bekannt gewesen sei.[5] Es gelte, die Konfrontation vollkommen abzubauen und zur Festlegung einer gemeinsamen Hausordnung überzugehen, die den sozialistischen und den kapitalistischen Staaten die Zusammenarbeit ermöglicht. Dabei beabsichtigen wir weder, die BRD aus der NATO zu locken, noch ihre Bindungen zu den USA zu lockern. Das wäre unreal.

Albert Einstein habe festgestellt, das Aufkommen der Nuklearwaffen erfordere ein neues Denken, wenn die Menschheit überleben soll. M. Gorbatschow habe dies zur Weltpolitik gemacht. Europa müsse zusammenarbeiten statt in Konfrontation zu verharren. Das sei natürlich ein weiter Weg. Abrüstung und Entwicklung der Zusammenarbeit auf politischem, wirtschaftlichem und kulturellem Gebiet eröffneten große Perspektiven. Es komme darauf an, die Chance nicht nur des Augenblicks, sondern einer Zukunftssicherung auf lange Sicht zu nutzen.

D. Spöri meinte, sicher seien die Paktsysteme nur langfristig zu überwinden. Jegliche Diskussion*[en]* über Mitgliedschaften wirkten destabilisierend auf den Abrüstungsprozeß. Das neue Denken sei eingemündet in den Begriff der Sicherheitspartnerschaft. In seiner Moskauer Rede habe sich E. Honecker auf das gemeinsame Papier der SPD und der SED bezogen und gesagt, es enthalte Regelungen für friedliche Koexistenz und Sicherheitspartnerschaft.[6] Diese Rede sei auf seiner Seite mit Interesse zur Kenntnis genommen worden, ebenso das Interview O. Reinholds.[7] Ein anderer Artikel hätte gewisse Irritationen in der SPD hervorgerufen (G. Huonker: einschließlich der SPD-Führung), ob hier eine Uminterpretation vorgenommen werde.[8] Es sei für seine Seite von großem Interesse, daß davon keine Rede sein könne.

[5] Der US-Vizeaußenminister John C. Whitehead war am 10./11. 11. 1987 zu einem offiziellen Besuch in Berlin-Ost.

[6] Gemeint ist Honeckers Ansprache bei dem feierlichen Treffen am 4. – 7. 11. 1987 in Moskau zum 70. Jahrestag der Oktoberrevolution.

[7] Gemeint sein dürfte ein Interview Otto Reinholds nach dem Treffen der Vertreter von Grundwertekommission und Akademie der Wissenschaften vom 27. – 29. 10. 1987 in Berlin-Ost, bei dem u. a. über die Resonanz des Papiers gesprochen wurde. Reinholds unterrichtete Honecker darüber mit einem »Bericht«, u. a. in: SAPMO ZPA IV 2/2.035/79.

[8] Kurt Hager, der Chefideologe der SED, hatte in einem Artikel ›Friedenssicherung und ideologischer Streit‹ im ›Neuen Deutschland‹ vom 28. 10. 1987 das Papier indirekt kritisiert und sich davon distanziert, u. a. mit der Bemerkung, der Imperialismus sei »nicht friedensfähig«.

E. Honecker bekräftigte dies. Seine Darlegungen am ersten Tag des informellen Treffens in Moskau hätten auf allen Seiten, ob bei M. Gorbatschow und anderen führenden Persönlichkeiten der Sowjetunion, Vertretern der USA, Kanadas, Mittel- und Lateinamerikas, Afrikas oder Asiens, ein positives Echo gefunden. Die Hauptideen des gemeinsamen Papiers SED/SPD seien richtig verstanden worden: vor allem Friedenssicherung, Sicherheitspartnerschaft, Reformfähigkeit. Zwar enthalte das Papier auch unterschiedliche Standpunkte, aber sein Kern seien die Friedenssicherung, die radikale Absage an die Theorie der Abschreckung, der gemeinsame Kampf für das Überleben der Menschheit. Werden hier Fortschritte erreicht, so würden auch die anderen Fragen ihre Lösung finden. Selbstverständlich könne man unterdrückten Völkern nicht vorschreiben, wie sie ihre Fragen lösen sollen. Unter allen Umständen gelte es jedoch, einen Weltkrieg zu verhindern. Die durch Abrüstung freiwerdenden Mittel könnten auch für die unterentwickelten Länder genutzt werden. Das Papier spreche vom zivilisierten Umgang miteinander. Wir seien nicht dafür, sich gegenseitig totzuschlagen, sondern dafür, um Überzeugung zu ringen.

Zu Irritationen gebe es keinen Grund, wir stehen zum gemeinsamen Papier, sagte E. Honecker. Hier sei etwas geschaffen worden, das internationale Anerkennung finde. Auf dem informellen Treffen in Moskau habe es verschiedenste Standpunkte gegeben, kommunistische Parteien seien zugegen gewesen. Natürlich sei es zum Beispiel für D. Ortega[9] oder die Repräsentanten vom ANC[10] unter den Bedingungen ihres Kampfes schon schwerer, die Kernprobleme des SED/SPD-Dokuments zu verstehen. Aber man habe erfaßt, daß erstmals zwischen einer kommunistischen und einer sozialdemokratischen Partei Einigung erreicht worden ist, auf einer entscheidenden Basis vorwärtszugehen, sonst könnte es schlimmer kommen als damals in Heilbronn.

Er gehöre zu der Generation, die den Bombenkrieg miterlebt hat, fuhr E. Honecker fort und erinnerte an seine Tätigkeit als politischer Häftling im »Himmelfahrtskommando« in Berlin. Bei der Existenz der »Intelligenzwaffen« von heute wäre ein konventioneller Krieg unvergleichbar mit dem Zweiten Weltkrieg. Deshalb laute unser Vorschlag auf 25%ige Abrüstung bei konventionellen Waffen als ersten Schritt. Man müsse den nuklearen Krieg verhindern, der die Menschheit vernichten würde, und auch den konventionellen Krieg, der nicht konventionell wäre.

D. Spöri sagte, in der gegenwärtigen Situation sei Abrüstung nicht nur die existentielle Schicksalsfrage, ob die Menschheit sich selbst vernichtet oder zur Vernunft kommt, sondern auch ein weltwirtschaftliches Problem. Auch in einer hochkonjunkturellen Phase verzeichne

---

[9] Daniel Ortega, Präsident von Nicaragua.
[10] ANC – African National Congress, die Organisation der Schwarzen in Südafrika.

man in westlichen Ländern hohe Arbeitslosigkeit, zu deren Bekämpfung die von der Rüstung beanspruchten Mittel dringend gebraucht würden, ebenso zur Bekämpfung des Hungers und für die Entwicklung der Dritten Welt.

Das gemeinsame Papier SPD/SED habe auch in der BRD eine ungeheure, vorwiegend positive Resonanz gefunden. Daß die Diskussion darüber, bis in seine eigene Partei hinein, pluralistisch verlaufe, sei nicht überraschend. D. Spöri bezog sich positiv auf die Diskussion über das Papier im Fernsehen der DDR[11] und erneuerte den von H.-J. Vogel beim Treffen in Schloß Gymnich unterbreiteten Vorschlag für eine gemeinsame Diskussion auch im BRD-Fernsehen. Daran bestehe großes Interesse.

E. Honecker erklärte, er habe O. Reinhold empfohlen, dies mit der SPD-Seite zu klären, um entsprechende Festlegungen zu treffen. Partner sei hier die Akademie für Gesellschaftswissenschaften beim ZK der SED. Mit dem Papier seien auch die evangelischen Kirchen in beiden deutschen Staaten und katholische Kreise angesprochen worden.

D. Spöri bezeichnete es unter bezug auf sein Gespräch mit G. Beil[2] als erfreulich, was auch im wirtschaftlichen Bereich entsteht, und verwies dabei auf den zweiten DDR-Wirtschaftstag in Baden-Württemberg. Die technologische und wirtschaftliche Kooperation sollte auch auf der Gesprächsebene der beiden Parteien begleitet werden. Bei Veranstaltungen im Parteibereich der SPD zu wichtigen technologischen Themen, so im Dezember in Stuttgart, wolle man auch Vertreter der DDR einladen.

E. Honecker erinnerte an die Besuche von H. Weiz in Stuttgart[12] und stellte fest, die DDR habe Kräfte, die bei Spitzentechnologien ihr Wort mitreden könnten. Das entscheidende Problem bestehe in der Verbindung von Spitzentechnologie und Vollbeschäftigung. Zur modernen Technik könne man sich nicht feindlich verhalten, man brauche aber Wege, auf denen die Vollbeschäftigung garantiert wird. Die gegenwärtigen Kursstürze, die Börsenkräche riefen viele Fragen nach den Folgen hervor: Verschärfte Krise? Wieder Faschismus? Neuer Krieg? Zu rechnen sei mit einer schweren Erschütterung des westlichen Marktes und damit verbundener Auswirkungen auch auf die sozialistischen Länder. Wenn die Arbeitslosigkeit im Westen schon in Konjunkturzeiten anhalte, dann werde sie, die so viele Menschen moralisch degradiere und der Jugend Perspektivlosigkeit vor Augen führe, erst recht steigen.

D. Spöri äußerte die Befürchtung, beeinträchtigende Rückwirkungen würden sich auch für den deutsch-deutschen Handel ergeben. Allen sei zu wünschen, daß die wirtschaftspolitische Führungskraft ein Signal setze, daß der Prozeß gestoppt werden könne. Es bestehe Miß-

---

[11] Siehe Nr. 46, bes. Anm. 3.
[12] Siehe Nr. 51, bes. Anm. 2.

trauen gegenüber der wirtschaftspolitischen Strategie der USA, ihrer Bereitschaft, das Etatdefizit abzubauen. Ohne ganz dramatische Schritte zur Kurskorrektur in den USA sehe er kein Ende, doch sei deren Wahrscheinlichkeit nicht so groß.

G. Huonker stellte fest, der Besuch E. Honeckers in der BRD habe dort ein ungeheures Nachdenken in allen Parteien ausgelöst. H.-J. Vogel habe dabei von einer »List der Vernunft« gesprochen. Auch von den Medien sei der Besuch günstiger begleitet und kommentiert worden, als zu erwarten gewesen sei. (D. Spöri: Unter uns wäre es wohl nicht so gewesen.) Als H. Schmidt seinerzeit am Werbellinsee die Einladung ausgesprochen habe, seien von der Opposition viele Protokollfragen gestellt worden. Aber jetzt, an der Regierung, hätten dieselben Leute E. Honecker so empfangen, wie es sich gehört.

E. Honecker erklärte, es sei die Vorbedingung gewesen, daß er empfangen werde wie alle anderen Staatsoberhäupter. Jedenfalls habe der Besuch in der Weltöffentlichkeit ein positives Echo gefunden, was auch beim Moskauer Treffen zum Ausdruck gekommen sei. Nie zuvor sei international soviel über die DDR und die BRD berichtet worden wie in jenen 5 Tagen. (G. Huonker: In den USA war es ungeheuer.) In der Welt habe es ein Aufatmen gegeben, daß beide deutsche Staaten sich auf der Basis von gleich zu gleich verständigt hätten. Das habe Hoffnungen auf Verbesserungen geweckt.

Als bedauerlich bezeichnete es E. Honecker, daß H. Schmidt so rasch zurückgetreten sei, denn beim Treffen am Werbellinsee seien die Grundlagen für den Besuch gelegt worden. Man müsse eben einen langen Atem haben. Damals habe die Raketenfrage im Mittelpunkt gestanden. Bekanntlich habe er, E. Honecker, sich immer dafür eingesetzt, daß das Teufelszeug verschwindet. Wäre H. Schmidt etwas couragierter gewesen, hätte man erfolgreicher vorankommen können. Wir haben uns nicht durch Leute irritieren lassen, die einen Raketenzaun zwischen beiden deutschen Staaten errichten wollten.

E. Honecker verwies auf das Gemeinsame Kommuniqué zu seinem BRD-Besuch, in dem bekräftigt wird, daß beide deutsche Staaten ihre Beziehungen aufgrund der Unverletzlichkeit der Grenzen, der Souveränität, Unabhängigkeit und territorialen Integrität sowie der Nichteinmischung gestalten.[13] Auch werde die gemeinsame Position zu Abrüstungsfragen, zur doppelten Null-Lösung, zur Verringerung der strategischen Offensivwaffen, zum Globalverbot der chemischen Waffen unterstrichen und die Bereitschaft ausgedrückt, auch die Fragen der Raketen kürzerer Reichweite zu verhandeln.

Wir seien bereit, eine Lage herbeizuführen, die es ermöglicht, die »Wende-Regierung« in Bonn durch eine SPD-geführte Regierung ab-

---

[13] Zum Gemeinsamen Kommuniqué vgl. Nr. 41, Anm. 5.

zulösen. Allerdings müßten wir mit der Regierung verhandeln, die da ist. Als Kohl nach seiner Wahl zum Bundeskanzler den Stahlschrank geöffnet habe, habe er alle Papier gefunden, aufgrund derer er dann habe weitermachen können.

Zum Besucherverkehr, den D. Spöri ansprach und dessen positive Bedeutung er würdigte, bemerkte E. Honecker, inzwischen seien in diesem Jahr rund 4,2 Millionen gereist. Natürlich müsse alles noch besser werden, nur könne man nicht alles auf einmal erreichen. Ende des Jahres wolle die DDR Bilanz ziehen, und sie werde für uns nicht ungünstig sein. Hinsichtlich der Perspektive stelle sich die Finanzierungsfrage, die vor allem die Reichsbahn betreffe, auch sollten die Bürger der DDR nicht als Bittsteller dastehen.

Die von D. Spöri gewünschte Städtepartnerschaft zwischen Heilbronn und Frankfurt (Oder) könne aufgenommen werden. Mit diesen Städtepartnerschaften – so viele Städte habe die DDR nun auch wieder nicht – sollten jetzt Erfahrungen gesammelt werden.

Der Meinungsumschwung gegenüber der DDR sei schon vor seinem von D. Spöri als historisch bezeichneten Besuch in der BRD eingetreten. Daran habe auch die SPD ein Verdienst.

E. Honecker schilderte die bewegenden Eindrücke von seinen Begegnungen mit antifaschistischen Widerstandskämpfern, insbesondere auch bei der Ehrung ihres Vermächtnisses im ehemaligen KZ Dachau. In Neunkirchen und in Wiebelskirchen sei er mit großer Herzlichkeit und Freundlichkeit empfangen worden. Viele Leute hätten sich am Haus in der Kuchenbergstraße versammelt. »Aber ich wollte ja nicht ans Fenster treten.«

J. Whitehead, der gestern hier am Tisch gesessen habe[5], sei sehr realistisch an die behandelten Fragen herangegangen. Was die kapitalistische Presse darüber hochgeschossen habe, sei für ihn eine Nebensache gewesen. In den USA, so habe er wissen lassen, seien weniger die guten als die schlechten Seiten der DDR bekannt. Das ist natürlich nicht unsere Schuld, sagte E. Honecker. Die bei uns gültige Anordnung über den Schußwaffengebrauch halte dem stand, was es in der BRD gibt, stimmte fast völlig damit überein. Allerdings sei es z. B. ein Unterschied, daß in der DDR verboten sei, Schußwaffen gegen Kinder und Frauen sowie gegen alliiertes Personal anzuwenden. Schon lange würden sie nicht mehr gebraucht. Bei seinem Besuch habe er H. Kohl den Wortlaut der BRD-Anordnung mitgebracht.[14]

Im Januar 1988 werde er nach Frankreich reisen, wohin er von F. Mitterrand schon seit einiger Zeit eingeladen worden sei.[15] D. Spöri bemerkte, Frankreichs Position sei in der Abrüstungsfrage sehr proble-

[14] Siehe Nr. 43 unter 2.
[15] Der Staatsbesuch Honeckers in Frankreich erfolgte vom 7. – 9. 1. 1988.

matisch. E. Honecker sagte, in einer gemeinsamen Erklärung des Präsidenten der VR China, Li Xiannian, und F. Mitterrand[16] sei indessen die doppelte Null-Lösung bei den Mittelstreckenraketen begrüßt worden. Würden die Atomwaffen beseitigt, so könnten in der Perspektive auch Frankreich und Großbritannien sich dem nicht verschließen.

Herrmann *[Unterschrift]*

---

[16] Der Präsident der Volksrepublik China Li Xiannian war vom 7. – 11. 11. 1987 zu einem Staatsbesuch in Frankreich.

62. Gespräch Rau – Honecker am 14. Januar 1988 (Berlin-Ost)

[a] Unterlagen J. Rau: »Düsseldorf, den 19. Januar 1988. 1. Vermerk über das Gespräch des Ministerpräsidenten mit dem Staatsratsvorsitzenden und Generalsekretär Erich Honecker bei der Eröffnung der Beuys-Ausstellung anläßlich des Besuchs in Ostberlin am 14. Januar 1988«

Teilnehmer: Nordrhein-westf. Seite:
Ministerpräsident Dr. h. c. Rau, Minister Günther Einert, Fraktionsvorsitzender Prof. Dr. Friedhelm Farthmarn, Leiter der Ständigen Vertretung der Bundesrepublik Deutschland Staatssekretär Dr. Hans Otto Bräutigam, Chef der Staatskanzlei Dr. Klaus Dieter Leister.
SED-Seite: Staatsratsvorsitzender und Generalsekretär Erich Honecker, Leiter der Kanzlei des Vorsitzenden des Staatsrates Staatssekretär Frank-Joachim Herrmann, Leiter der Abteilung Intern. Politik und Wirtschaft des ZK der SED Gunter Rettner, Leiter der Abteilung BRD im M.f.a.A. Karl Seidel.

Erich Honecker begrüßte die Gelegenheit zu einem weiteren Gedankenaustausch. Er verwies auf seine umfassenden und ausführlichen Gespräche, die er im September vergangenen Jahres in der Bundesrepublik gehabt habe.[1] Dieser Besuch sei sehr positiv für die deutsch-deutschen Beziehungen gewesen und habe ein großes Echo im In- und Ausland gehabt. Seitdem habe sich einiges bewegt, vor allem sei das Washingtoner Abkommen über den Abbau der Mittelstreckenwaffen in Europa vom Dezember 1987 hervorzuheben.[2] Weitere Abrüstungsabkommen, u.a. zur Halbierung der strategischen Offensivwaffen, stehen an; dies werde sich vertrauensbildend auswirken. An dem Zustandekommen des Mittelstreckenabkommens hätten beide deutsche Staaten mitgewirkt. Er habe in einem vor kurzem geschriebenen Brief an Bundeskanzler Kohl seine weiteren Vorstellungen formuliert.[3] Jetzt müsse auch der Abbau der atomaren Kurzstreckenwaffen unter 500 km in Angriff genommen werden. Er habe diese Frage auch bei seinem kürzlichen Besuch in Paris erörtert.[4] Auch Frankreich sei an der Halbierung

---

[1] Siehe Nr. 54.

[2] Vgl. Nr. 61, Anm. 3.

[3] Eine Zweitschrift dieses Schreibens von Honecker an Kohl mit Datum vom 14. 12. 1987, das am 16. 12. zugestellt wurde, in: SAPMO ZPA J IV J/114. Das Schreiben wurde am 4. 1. 1988 von ADN veröffentlicht. Wortlaut u. a. in: AdG 1988, S. 32074.

[4] Zu Honeckers Staatsbesuch in Frankreich vom 7. – 9. 1. 1988 vgl. AdG 1988, S. 31795f. – Jacques Chirac war Ministerpräsident, Raymond Barre Präsidentschaftskandidat und früherer Ministerpräsident.

der strategischen Offensivwaffen interessiert. Vorbehalte gebe es jedoch beim Abbau der Kurzstreckenwaffen.

Die DDR trete auch für die Reduzierung der konventionellen Streitkräfte und für den Abbau der konventionellen Übergewichte ein.

Er hoffe, daß die Genfer Verhandlungen zu Afghanistan zu einem positiven Ergebnis führen werden.[5] Sorge bereiten die Zuspitzung der Lage im Nahen Osten, insbesondere im Golfkrieg, und die Lage in Lateinamerika.

Die DDR sei interessiert an der Normalisierung und Verbesserung der Beziehungen zur Bundesrepublik. Die Verabredungen, die anläßlich seines Besuchs in der Bundesrepublik getroffen worden seien, harrten allerdings noch der Umsetzung. Er denke dabei an die zentrale Erfassungsstelle Salzgitter und an das Stromverbundsystem. Die DDR habe Entgegenkommen gezeigt, aber die Bundesregierung zögere noch. Vielleicht seien innenpolitische Probleme an dem Zögern schuld. Die DDR sei jedenfalls interessiert, weiterhin Fortschritte im zwischenstaatlichen Verhältnis zu machen. Die DDR habe die Gewährung von Anträgen von DDR-Bürgern zum Besuch der Bundesrepublik großzügig gehandhabt. Allein im letzten Jahr seien über 5 Millionen Reisen aus der DDR in nichtsozialistische Länder, darunter 90% in die Bundesrepublik, erfolgt. Dabei bereiteten allerdings die unterschiedlichen Währungen in den beiden deutschen Staaten zunehmend Probleme. Hier sollte versucht werden, für die Zukunft Lösungen zu finden. Im übrigen sei ihm gesagt worden, daß von den DDR-Bürgern, die im letzten Jahr in die Bundesrepublik gereist seien, nur 0,02% in der Bundesrepublik geblieben seien. Hier schreite der Prozeß der Normalisierung voran, und die DDR sei bereit, diesen Prozeß weiter zu fördern.

Das Verhältnis zur SPD sei gut. Das sogenannte Ideologiepapier, das von SED und SPD ausgearbeitet worden sei, bedeute einen Fortschritt in den beiderseitigen Beziehungen. Dieses Papier sei im Zentralkomitee einstimmig gebilligt worden. Das Papier fände über die beiden deutschen Staaten hinaus in anderen Ländern, z. B. in Frankreich und Griechenland, große Beachtung. Unter Anspielung auf den gerade stattfindenden Besuch einer sowjetischen Wirtschaftsdelegation unter Leit[ung] des stv. Ministerpräsidenten Antonow in der DDR[6] wies Honecker auf die gute Wirtschaftsentwicklung in der DDR und die Fortschritte im vergangenen Jahr hin. Insbesondere im Bereich der Mikroelektronik habe die DDR enorme Schritte nach vorne gemacht.

Johannes Rau dankte für die Einladung nach Ostberlin und betonte auch seinerseits die große Bedeutung des Besuchs von Honecker in der

---

[5] Am 8. 2. kündigte Gorbatschow den Truppenrückzug an; am 14. 4. 1988 wurde das Afghanistan-Abkommen in Genf unterzeichnet, und am 15. 5. begann der sowjetische Truppenabzug.

[6] Antonow leitete die Delegation der UdSSR zu der Tagung der »Paritätischen Regierungskommission« UdSSR – DDR in Ost-Berlin. – Im Original »Leiter«.

Bundesrepublik. Er begrüßte die Fortschritte, die erstmalig in der Reduzierung von atomaren Waffen durch das Washingtoner Abkommen vom Dezember 1987 gemacht werden. Der Anteil der Deutschen an diesem Abkommen sei groß, insbesondere die SPD habe für die Null-Lösung seit vielen Jahren gekämpft. Es sei das Ziel der SPD, weitere Abkommen zur Abrüstung im atomaren wie im konventionellen Bereich zu erreichen. Allerdings gebe es in einigen Fragen durchaus Probleme mit den eigenen Verbündeten. Dies gelte allerdings auch für die DDR innerhalb ihres Bündnisses. Die SPD sei bemüht, bei den ihr verbündeten Parteien im Westen für die deutsche Position zu werben.

Sehr wichtig sei die baldige Lösung des Afghanistan-Problems.

Johannes Rau verwies auf das Interesse Nordrhein-Westfalens am Ausbau der kulturellen und wirtschaftlichen Beziehungen zur DDR. Der Kulturaustausch laufe sehr gut. Es gebe noch einige Wünsche, z. B. hinsichtlich des Besuchs des Kreuzchores von Dresden in Köln im Juni d. J. (E. Honecker sagte zu, eine positive Entscheidung zu ermöglichen.)

Nordrhein-Westfalen wolle im Herbst 1989 oder spätestens im Februar 1990 eine Kulturausstellung in Leipzig machen. Vom Termin wäre der Herbst 1989 wegen der Landtagswahl im Frühjahr 1990 besser (Honecker sagte hier wohlwollende Prüfung zu).

In den bilateralen wirtschaftlichen Beziehungen sollten Nordrhein-Westfalen und die DDR im Bereich des Umweltschutzes und der Umweltschutztechnik stärker zusammenarbeiten. Er verwies auf die Vereinbarung zwischen NRW und der ČSSR, die unter der Federführung von Umweltminister Matthiesen und dem Mitwirken der WestLB zustande gekommen sei und die Kooperation von nordrhein-westfälischen mit tschechoslowakischen Unternehmen vorsehe. Er regte an, daß bald eine NRW-Expertendelegation in die DDR reisen solle, um konkrete Projekte der Zusammenarbeit zu erörtern. Er werde, die Fragen der Vertiefung der Wirtschaftsbeziehungen auch noch mit Herrn Dr. Mittag bei dem verabredeten Mittagessen erörtern.[7] Er kündigte an, daß er die Leipziger Messe im März besuchen werde, und hoffe, dabei den Staatsratsvorsitzenden zu treffen. (Dieser sagte zu, ihn dort zu empfangen.)[8]

Im Bereich der Städtepartnerschaften gebe es noch viele Wünsche von NRW-Städten, und er hoffe auf weitere Übereinkünfte.

Der Sportaustausch habe zu einer ersten Vereinbarung eines Leichtathletik-Länderkampfes für Juni dieses Jahres in Düsseldorf geführt, was sehr begrüßt werde.

Das SED/SPD-Ideologiepapier betrachte er auch als positiven Beitrag zu den beiderseitigen Beziehungen.

[7] In dem nachfolgenden Gespräch mit Mittag ging es um Möglichkeiten der Ausweitung des Warenaustausches und der wirtschaftlichen Zusammenarbeit von Firmen aus NRW und Betrieben der DDR.

[8] Siehe Nr. 66.

Wichtig sei neben der militärischen Abrüstung auch ein Abbau der Feindbilder, um die Beziehungen zwischen den Menschen in den beiden deutschen Staaten positiv für die Zukunft zu gestalten.

Auf Fragen von Johannes Rau nach den Auswirkungen der in der DDR verfügten Amnestie[9] antwortete Erich Honecker, daß ihm die Amnestie große Kritik in der DDR eingebracht habe, weil über die Hälfte der amnestierten Gefangenen kriminelle Täter gewesen seien. Er habe die Amnestie dennoch radikal durchgeführt und verfügt, daß derjenige, der ausreisen wolle, dies auch könne.

Auf Fragen von Professor Farthmann hinsichtlich der Haltung der DDR zur friedlichen Nutzung der Kernenergie erwiderte Erich Honecker, daß die DDR nur aus 11% Kernenergie Strom erzeuge, 80% der Stromerzeugung erfolge aus Braunkohle, der Rest aus Gasturbinen. Die DDR plane keinen Ausbau der Kernenergie und sei bereit, wenn alternative Energiequellen zur Verfügung stünden, die Kernenergie abzubauen. Das Problem der DDR sei, daß sie keine Steinkohle habe und daher vorerst an der Kernenergie, wenn auch nur zu einem kleinen Teil, festhalten müsse. Er stimme allerdings zu, daß die Entsorgungsfrage überall ungelöste Probleme aufwerfe.

Das Gespräch dauerte insgesamt eineinhalb Stunden und fand in einer sehr sachlichen, offenen und freundlichen Atmosphäre statt. Beide Gesprächspartner verabredeten, ihr Gespräch in Leipzig anläßlich der Frühjahrsmesse fortzusetzen.

2. Herrn Ministerpräsident zur Kenntnis.

Leister [Unterschrift]

SAPMO ZPA IV 2/2. 035/80 und IV 2/1/678: »Niederschrift über das Gespräch des Generalsekretärs des ZK der SED und Vorsitzenden des Staatsrates der DDR, Erich Honecker, mit dem Ministerpräsidenten des BRD-Bundeslandes Nordrhein-Westfalen und stellvertretenden Vorsitzenden der SPD, Johannes Rau, am 14. Januar 1988 im Amtssitz des Staatsrates«

E. Honecker begrüßte Rau. Er freue sich, mit ihm nach der Begegnung in Düsseldorf im September 1987[1] wieder zusammentreffen zu können. Die damaligen Gespräche seien fruchtbar gewesen. Inzwischen habe

[9] Zur Amnestie vgl. Nr. 43, bes. Anm. 28 sowie AdG 1987, S. 31736.

sich auf internationalem Gebiet einiges getan, das Abkommen über die Beseitigung der Mittelstreckenraketen sei zustande gekommen.[2] Damit sei das Tor für Abrüstungsschritte geöffnet worden, vor allem für die Halbierung der strategischen Offensivwaffen. [...] Das würde außerordentlich vertrauensbildend sein. Beide deutsche Staaten hätten zum Abschluß des Abkommens über die Beseitigung der Mittelstreckenraketen beigetragen. Es sei zu hoffen, daß von allen Seiten jetzt genügend Druck gemacht würde, damit es zur Halbierung der strategischen Offensivwaffen komme. Er habe bei dem Besuch in Paris gespürt, daß die französische Führung von einem solchen Abkommen nicht unberührt bleiben würde. Die Position der beiden deutschen Staaten in der Frage der strategischen Offensivwaffen werde von Frankreich mitgetragen. Auch Frankreich trete für die Halbierung dieser Waffen ein. Aus seinen Gesprächen mit Mitterrand, Chirac und Barre habe er den Eindruck, daß in diesem Falle es dann auch kein Tabu mehr für die französischen Kernwaffen gebe.[4]

E. Honecker verwies darauf, daß während seiner Begegnung mit J. Rau in Düsseldorf die Frage der radikalen Reduzierung der konventionellen Streitkräfte und Rüstungen eine bedeutende Rolle gespielt habe. Nach dem Abschluß des Mittelstreckenraketen-Abkommens müsse man nun in dieser Richtung vorwärtsgehen. In seinem Brief an Bundeskanzler Kohl vom 14. Dezember 1987 habe er Vorschläge gemacht, wie die beiden deutschen Staaten weiter bei der Abrüstung aktiv sein sollten, z. B. sei es wichtig, keine Modernisierung von Kurzstreckenraketen zuzulassen.[3] Die Frage der Reduzierung der Raketen unter 500 km Reichweite habe für beide deutsche Staaten eine besondere Bedeutung, da faktisch nur sie davon getroffen werden könnten. Man müsse dies jetzt in Angriff nehmen. Diese Frage habe auch bei seinen damaligen Gesprächen mit den Vertretern der Regierung in Bonn eine Rolle gespielt, auch in dem Gespräch mit Strauß. Der Vorschlag von SED und SPD über einen kernwaffenfreien Korridor – wie auch für eine chemiewaffenfreie Zone – habe in diesem Zusammenhang große aktuelle Bedeutung.

Die DDR sei offen für die radikale Reduzierung auf konventionellem Gebiet wie für die Lösung des Problems der Raketen unter 500 km Reichweite. Dies sei zwar besonders bedeutsam für beide deutsche Staaten, aber es bleibe eine große Gefahr für alle, wenn Kernwaffen weiter existieren. Schon 5% der jetzt vorhandenen Kernwaffen würden ausreichen, um die Existenz der Menschheit zu bedrohen. Die DDR sei für die weltweite Befreiung von Kernwaffen.

E. Honecker verwies darauf, daß sich im Hinblick auf Afghanistan eine positive Entwicklung abzeichne. Man sei offensichtlich bei der Formulierung einer Vereinbarung einschließlich Garantien durch die UdSSR, die USA und Pakistan weit vorangekommen. Der 1. Mai als

Termin des Beginns des Abzugs der sowjetischen Truppen sei wahrscheinlich.[5]

Honecker äußerte Sorgen wegen des Golf-Konfliktes (Irak–Iran), Nahost und Nicaragua.

E. Honecker erklärte, wir seien weiterhin bestrebt, die Beziehungen zwischen der DDR und der BRD zu normalisieren. Die Ergebnisse seines Besuches in der BRD würden bei uns hoch eingeschätzt. Allerdings sei es so, daß man zwar ein gutes Kommuniqué vereinbart habe, in vielen Fragen gebe es aber keine Fortschritte. Er habe z. B. über die Feststellung der Elbgrenze mit Albrecht gesprochen.[10] Es habe feste Zusagen gegeben, aber bisher habe sich nichts getan. Hinsichtlich des Energieverbundes seien die Verhandlungen weit gediehen, es stehe aber immer noch die Zustimmung der BRD-Regierung aus. Die DDR sei weit entgegengekommen, es fehle aber bisher das Entgegenkommen der BRD-Seite. Ähnliches gelte auch für Westberlin. Es habe die Frage der Offenhaltung von Staaken gestanden. Er sei verwundert, weshalb die BRD-Regierung und der Senat nicht reagiert hätten. Die DDR habe die Benutzung des gesamten westlichen Autobahnringes für den Transitverkehr nach Westberlin angeboten, aber es gab von der anderen Seite kein erkennbares Interesse. Der Grenzübergang Staaken, der für den Wechselverkehr weiterbestehe, müsse in absehbarer Zeit rekonstruiert werden. In vielen Bereichen gebe es zwar eine erklärte Bereitschaft der BRD-Regierung, aber es gehe nicht vorwärts. Offenkundig sei ihr Interesse an der Lösung mancher Fragen erlahmt. Sicher spielten dabei auch finanzielle Fragen eine Rolle. Es sei aber bemerkenswert, daß sich selbst in Fragen, die man immer wieder an die DDR herangetragen habe, nichts bewege. Die DDR könne natürlich auch ohne dies leben. Aber sie wolle auf dem Wege der Normalisierung vorankommen.

Im Hinblick auf das Verhältnis von SED und SPD verwies E. Honecker auf die große Bedeutung des gemeinsamen Dokumentes ›Der Streit der Ideologien und die gemeinsame Sicherheit‹. Es habe in der ganzen Welt große Aufmerksamkeit gefunden. Die Grundwertekommission der SPD und die Akademie für Gesellschaftswissenschaften beim ZK der SED hätten eine große Arbeit geleistet. Es gehe um den zivilisierten Umgang miteinander. Strauß habe nach seiner Rückkehr aus Moskau erklärt, daß die Sowjetunion keine Angriffsabsichten habe.[11] Wozu brauche man dann eine überhöhte Rüstung? Es gehe um das Prinzip der gleichen Sicherheit für alle, um die Umstellung auf Nichtangriffsfähigkeit. Sein Besuch in der BRD habe auch insofern bedeutungsvolle Auswirkungen, als nunmehr Kohl in die ČSSR und nach Po-

[10] Siehe Nr. 41, bes. Anm. 8, und Nr. 43, bes. Anm. 33.
[11] Strauß hatte vom 28. – 31. 12. 1987 die Sowjetunion besucht. Vgl. dazu und zu dessen Bewertung: AdG 1988, S. 31805 f.

len reise.[12] Die sozialistischen Staaten handelten nach der abgestimmten Linie, die auf zwei Gipfeltreffen in Berlin beraten worden sei. Sie hätten ihre Friedensinitiativen breit entfaltet.

Honecker pries die »Erfolge der DDR auf dem Gebiet der Mikroelektronik«. Es gebe bedeutende Strukturveränderungen in der DDR. Es seien große Zentren für Mikroelektronik in Erfurt, Jena und Dresden geschaffen worden. Behauptungen, die er heute in BRD-Zeitungen über »Arbeitslosigkeit in der DDR« gelesen habe, seien unsinnig. Die DDR brauche dringend Arbeitskräfte, Vollbeschäftigung gehöre zum Sinn unseres Systems.

J. Rau bedankte sich für die Möglichkeit des Gespräches. Fragen der Abrüstung seien für beide Seiten eine ganz zentrale Frage. In der BRD sei man sich noch nicht völlig bewußt, was durch das Mittelstreckenraketen-Abkommen geschehen sei. Zum ersten Mal habe es damit eine Rüstungsreduzierung gegeben. Die SPD nehme für sich in Anspruch, dazu beigetragen zu haben. Es gebe nicht nur weniger Waffen, sondern auch ein anderes Klima. Das sei eine Basis für weitere Schritte. Die SPD sei eine Partei der »Vorräte«, sie habe alle Beschlüsse in dieser Richtung schon gefaßt, nur die Regierung zögere noch. Sie habe es auch nicht ganz leicht. Der Verdacht, daß die BRD eine Sonderrolle spielen wolle, sei im Westen immer wieder vorhanden. Den Spielraum, den beide deutsche Staaten in ihren Bündnissen hätten, müßten sie nutzen. Wenn die SPD mit den französischen Sozialisten Gespräche führe, gebe es durchaus nicht immer Einigkeit. Mitterrand habe außer Karl Marx auch de Gaulle gelesen. Die SPD werde in ihren Anstrengungen nicht nachlassen, was die strategischen Offensivwaffen und die konventionelle Abrüstung angehe. Die Bundeswehr bekomme zunehmend Probleme mit dem Altersaufbau. Auch deshalb müsse ein nationales Interesse daran bestehen, daß der Abrüstungsprozeß weitergehe. Die SPD werde neue Vorschläge dafür machen. Das Jahr 1987 habe eine Tür aufgestoßen. Ein Gefühl der Befreiung sei aber in der BRD noch nicht spürbar. Die SPD sei bestrebt, ihren Einfluß in der Sozialistischen Internationale geltend zu machen. Eine große Erleichterung werde es sein, wenn das Afghanistan-Problem nicht mehr existiere.

Der Besuch von E. Honecker in der BRD sei in guter Erinnerung. Er glaube, daß es richtig sei, bei Fragen, die noch nicht realisiert seien, ungeduldig zu sein. Man müsse Druck machen. Er seinerseits tue dies. So werde, wie vereinbart, im Juni ein Leichtathletik-Wettkampf zwischen Nordrhein-Westfalen und der DDR stattfinden. Es gebe eine Reihe von Feldern, wo noch große Möglichkeiten bestünden. Ein Projekt wie den Stromverbund habe es in dieser Dimension noch nicht gegeben. Er gehe davon aus, daß die offenen Fragen in den nächsten Wochen geklärt

---

12 Bundeskanzler Kohl besuchte am 26./27. 1. 1988 offiziell die ČSSR, im Jahr 1988 jedoch nicht Polen.

würden. Weiterkommen könne man im wissenschaftlich-technischen Bereich. Er möchte besonders auf Fragen des Umweltschutzes und der Zusammenarbeit bei Umwelttechnologien mit Firmen in Nordrhein-Westfalen hinweisen.

Mit der ČSSR sei eine entsprechende Vereinbarung getroffen worden. Er rege an, daß der bereits früher erörterte Gedanke wieder aufgenommen werde, Fachkontakte mit der DDR zu erweitern. Vielleicht könne der Umweltminister von Nordrhein-Westfalen, Matthiesen, mit einer Gruppe von Fachleuten die DDR besuchen. Der Kulturaustausch laufe gut. J. Rau warf in diesem Zusammenhang die bereits früher von J. Vogel geäußerte Idee der Tournee einer Rockband aus der DDR auf und verwies auf den Wunsch von Auftritten des Dresdener Kreuzchores. Hinsichtlich der Städtepartnerschaften würden einige Bürgermeister schwer begreifen, daß sie keine Städtepartnerschaft erhalten. Er wolle dies nur nochmals anmerken. Was Salzgitter angehe, hätten die SPD-Länder eine klare Position. Er habe geglaubt, daß sich auch die BRD-Regierung hier bewegen würde.

H. O. Bräutigam warf ein, was die Frage der Elbgrenze angehe, gebe es auf BRD-Seite Gespräche. Er hoffe, diese Frage sei auf gutem Wege.

Rau bekräftigte, daß das Dokument ›Der Streit der Ideologien‹ in der BRD eine große Rolle spiele. Es werde auch kontrovers diskutiert. Große Bedeutung habe seine volle Veröffentlichung im ND gehabt. Es habe natürlich auch solche Dinge wie das Hager-Interview[13] gegeben. Wichtig sei aber, daß etwas in Gang gekommen sei. Keiner müsse seine Position aufgeben, um mit dem anderen zusammenzuarbeiten. Insgesamt sei man auf einem guten Weg. Er habe die Hoffnung, daß man in dem bevorstehenden Gespräch mit Dr. Mittag[7] hinsichtlich der wirtschaftlichen Zusammenarbeit weiter vorankomme. J. Rau teilte mit, er habe die Absicht, zur Leipziger Frühjahrsmesse zu kommen.

E. Honecker erklärte, er werde ihn dort gern begrüßen.[8]

J. Rau verwies auf das Projekt einer Kulturausstellung von Nordrhein-Westfalen in der DDR. Als Termin sei Herbst 1989 oder Februar 1990 ins Auge gefaßt. Im Hinblick auf die Landtagswahlen in Nordrhein-Westfalen wäre der Termin Herbst 1989 besser.

E. Honecker erklärte das Einverständnis mit Herbst 1989.

Er verwies darauf, daß das Abkommen über Mittelstreckenraketen in der DDR einhellig begrüßt wurde. SED und SPD hätten an diesem positiven Ergebnis ihren Anteil. Die DDR sei seinerzeit für die Auf-

---

[13] Die Formulierung deutet zwar auf das berühmt-berüchtigte Interview des Chefideologen der SED Kurt Hager mit dem ›Stern‹ vom April 1987, in dem er Gorbatschows »Glasnost« und »Perestroika« auf einen »Tapetenwechsel« reduzierte. Gemeint war hier aber ein Artikel, der im ›Neuen Deutschland‹ vom 28. 10. 1987 abgedruckt wurde und in dem sich Hager partiell von dem »Papier« distanzierte und es indirekt kritisierte. Vgl. Nr. 61.

schnürung des Paktes von Reykjavik eingetreten. Er habe 1983 erklärt, man müsse den Schaden begrenzen. Das sei richtig gewesen. Es habe keine andere Wahl gegeben.

Auf die Frage *[von]* J. Rau, wie E. Honecker die Stellung M. Gorbatschows einschätze, erwiderte E. Honecker, die Stellung M. Gorbatschows sei unerschütterlich. Die UdSSR habe keine Ängste, wenn sich beide deutsche Staaten begegnen. Er habe sich mit M. Gorbatschow 1987 mehrmals getroffen. Die Menschen in der DDR fühlten sich bestätigt, durch ihr Wirken zur Abrüstung beigetragen zu haben.

Die DDR trete dafür ein, alles zu tun, damit die Welt bis zum Jahr 2000 atomwaffenfrei werde. Sie sei dafür, daß Ungleichgewichte durch Abrüstung beseitigt werden. Es gebe nunmehr auch zum ersten Mal Vereinbarungen über die gegenseitige Kontrolle. Auch die DDR habe eine solche Vereinbarung mit den USA abgeschlossen.[14]

Im Zusammenhang mit einigen von J. Rau aufgeworfenen Einzelfragen erklärte E. Honecker:

Die DDR sei zur Zusammenarbeit im Umweltschutz bereit. Was den Reiseverkehr betreffe, so habe es 1987 fünf Millionen Reisende aus der DDR in nichtsozialistische Länder gegeben. Fünf Millionen Besucher aus der BRD und Westberlin seien in die DDR gereist. Es gebe keinen vergleichbaren Reiseverkehr zwischen anderen sozialistischen und kapitalistischen Ländern. Natürlich werfe dieser Reiseverkehr auch ökonomische Fragen auf. Seine Finanzierung sei ein wichtiges Problem. Er habe Bundeskanzler Kohl gesagt, das sei keine Frage eines Almosens. Man könne diese Frage anders lösen. Man habe nun einmal die getrennte Mark, und man müsse entsprechende Regelungen finden. Hinsichtlich der Städtepartnerschaften könne man nur Schritt für Schritt vorgehen. Es gebe inzwischen eine große Anzahl von Partnerschaften. Die DDR habe auch Partnerschaften mit anderen westlichen Ländern. Die DDR habe nur eine begrenzte Anzahl von Städten, die dafür in Frage kämen.

Was den Hinweis auf das Interview von K. Hager zum Dokument ›Streit der Ideologien…‹ anbetreffe, möchte er deutlich sagen, daß K. Hager für die Akademie für Gesellschaftswissenschaften zuständig sei, die das Dokument mit erarbeitet habe. Die Parteiführung der SED habe das Dokument einstimmig gebilligt. Damit hätten wir nicht aufgehört, Kommunisten bzw. Sozialdemokraten zu sein. Es gebe viele Gemeinsamkeiten, vor allem bei der Friedenssicherung. Die DDR habe zu fast allen sozialistischen Parteien gute Beziehungen.

J. Rau fragte nach den Beziehungen zwischen der UdSSR und China.

---

[14] Gemeint war wohl, daß die Außenminister der DDR, ČSSR und UdSSR am 11. 12. 1987 ein Abkommen über Inspektionen im Zusammenhang mit dem INF-Vertrag unterzeichnet hatten, wie es parallel dazu die westlichen Stationierungsländer (Bundesrepublik, Großbritannien, Belgien, Niederlande, Italien) und die USA taten.

E. Honecker erklärte, mit der Zeit werde sich alles normalisieren. Die staatlichen Beziehungen hätten sich bereits weitgeh[end] normalisiert. Die DDR habe gute staatliche wie Parteibeziehungen mit China.

J. Rau fragte, ob M. Gorbatschow die BRD besuchen werde. E. Honecker erwiderte, er wisse dies nicht, halte es aber für möglich. M. Gorbatschow sei dazu bereit. Die UdSSR setze ihr ganzes Gewicht für die Friedenssicherung ein. Es gebe ein neues Herangehen an diese Frage. Die DDR sei interessiert, daß der Abrüstungsprozeß weitergehe. Sie wolle ihr sozialpolitisches Programm durchführen. Das Teufelszeug solle verschwinden.

J. Rau warf ein, man müsse in vielen Bereichen abrüsten, z. B. in der Schule und in der vormilitärischen Erziehung.

E. Honecker erwiderte, wenn die Rüstung und die Kriegsgefahr verschwinde, würden auch die Feindbilder verschwinden. Das eine sei die Folge des anderen. Er verwies in diesem Zusammenhang auf das Interview von Christa Wolf[15] mit ›Wremja‹, die dort diesen Zusammenhang gut dargelegt habe.

J. Rau erkundigte sich nach dem Verlauf der Amnestie in der DDR. E. Honecker erklärte, das sei nicht ganz einfach gewesen. Es habe sich vorwiegend um Kriminelle gehandelt. Trotzdem hätten wir uns dafür entschieden, aus humanitären Gründen eine radikale Amnestie durchzuführen. Zurückgeblieben seien 1600 Kriegs- und Naziverbrecher und wegen Mord Verurteilte.[9] Wer von den Amnestierten in die BRD ausreisen wollte, konnte ausreisen.

E. Honecker bekräftigte nochmals, die DDR wolle einen normalen Reiseverkehr. Von fünf Millionen Reisenden aus der DDR seien 0,027% nicht zurückgekehrt. Wenn jedoch jemand nicht zurückkomme, werde dies in den BRD-Medien groß aufgemacht und publizistisch gegen die DDR ausgespielt. Das sei dem Reiseverkehr nicht förderlich.

J. Rau stimmte dem zu.

E. Honecker verwies darauf, daß die Kontaktverbote aufgehoben seien. All dies sei möglich im Zusammenhang mit dem Fortgang der Abrüstung, mit der weiteren Normalisierung der Beziehungen.

J. Rau warf ein, der Reiseverkehr sei auch für die BRD im Hinblick auf das Begrüßungsgeld ein Problem.

E. Honecker erwiderte, es sei am besten, dies abzuschaffen. Die Menschen in der DDR hätten genug Geld. Man müsse entsprechende Möglichkeiten schaffen. Dies seien Probleme, die sich aus der Spaltung der Währung ergeben.

F. Farthmann fragte, ob es in der DDR bei der friedlichen Anwendung der Kernenergie ein Umdenken gebe.

[15] Christa Wolf, bekannte DDR-Schriftstellerin.

E. Honecker sagte dazu, die DDR verwende wenig Atomenergie, etwa 12%. Es gebe strenge Auflagen zur Sicherheit der Kernkraftwerke. Sobald es alternative Lösungen gebe, würde die DDR darauf umschalten. Die Kernenergie sei keine Ideallösung. Wenn die DDR Steinkohle hätte, brauchte sie keine Kernenergie. Die DDR sei an der Entwicklung der Kernfusion in der UdSSR beteiligt.

E. Honecker legte dar, daß sich die Wirtschaft der DDR gut entwickele. Das Wachstum des Nationaleinkommens habe 1987 4% betragen, die Steigerung der Arbeitsproduktivität 7%. Bis 1990 stelle sich die DDR ähnlich anspruchsvolle Aufgaben. [...] Die DDR habe eine bewährte Wirtschaftsstruktur, an der sie festhalte. Die Kombinatsdirektoren hätten große Vollmachten.

Auf die Frage von J. Rau, wie die DDR die Entwicklung RGW – EG sehe, erklärte E. Honecker, es gebe bekanntlich entsprechende Verhandlungen. Die DDR sei für normale Beziehungen zwischen RGW und EG. Ein Ergebnis liege aber noch nicht vor. Die DDR sei auch für Verhandlungen zwischen Warschauer Vertrag und NATO. Man müsse das gemeinsame europäische Haus aufbauen.

J. Rau übermittelte herzliche Grüße von W. Brandt, H.-J. Vogel und H. Schmidt an E. Honecker, die dieser erwiderte.

J. Rau bedankte sich abschließend für das Gespräch.

An dem Gespräch nahmen teil:
Staatssekretär Frank-Joachim Herrmann, Leiter der Kanzlei des Vorsitzenden des Staatsrates; Gunter Rettner, Kandidat des ZK der SED und Leiter der Abteilung Internationale Politik und Wirtschaft des ZK der SED; Karl Seidel, Leiter der Abteilung BRD im MfAA;
Günter Einert, Minister für Bundesangelegenheiten des Landes Nordrhein-Westfalen; Prof. Dr. Friedhelm Farthmann, Vorsitzender der Fraktion der SPD im nordrhein-westfälischen Landtag; Staatssekretär Dr. Klaus-Dieter Leister, Chef der Staatskanzlei von Nordrhein-Westfalen, und Dr. Hans Otto Bräutigam, Leiter der Ständigen Vertretung der BRD.

Seidel *[Unterschrift]*

63. Gespräch Lambsdorff – Honecker am 4. Februar 1988 (Berlin-Ost)

SAPMO ZPA IV 2/2. 035/83 und IV 2/1/678: »Niederschrift über das Gespräch des Generalsekretärs des ZK der SED und Vorsitzenden des Staatsrates der DDR, Genossen Erich Honecker, mit dem Mitglied des Präsidiums der FDP, Otto Graf Lambsdorff, am 4. Februar 1988 im Amtssitz des Staatsrates«

Nach Mitteilung von Otto Graf Lambsdorff vom 1. 8. 1994 gibt es keine »Niederschrift« dieses Gesprächs, sondern »es existiert nur ein sogenannter ›Drahtbericht‹ des damaligen Ständigen Vertreters der Bundesrepublik Deutschland«.

E. Honecker begrüßte O. G. Lambsdorff. Man kenne sich schon lange. Er freue sich daher über die Möglichkeit, den Meinungsaustausch über beiderseits interessiere[nde] Fragen mit ihm fortsetzen zu können. O. G. Lambsdorff werde bei uns als realistischer Politiker geschätzt.

O. G. Lambsdorff bedankte sich für die Möglichkeit des Gespräches. Er spreche nicht für die Bundesregierung, sondern für sich, seine Partei und in gewissem Maße für die Koalition. Er habe Bundeskanzler Kohl über die Begegnung unterrichtet. Kohl habe ihn gebeten, Grüße an E. Honecker zu übermitteln.

Die Fortschritte in den Beziehungen zwischen beiden deutschen Staaten seit seiner ersten Begegnung mit E. Honecker 1980[1] seien erheblich. Auch auf dem Gebiet der internationalen Sicherheit habe es Fortschritte gegeben, wie man sie 1980 nicht für möglich gehalten hätte. 1987 sei auf diesem Gebiet ein gutes Jahr gewesen. Zum ersten Mal habe man sich über einen Abrüstungsschritt verständigt. Beide deutsche Staaten hätten ihren Beitrag zum Abschluß des Mittelstreckenabkommens geleistet. Seine Partei und er selbst hätten die doppelte Null-Lösung von Anfang an für richtig gehalten. Es gebe zwar Stimmen im Westen, diese Null-Lösung sei ein Sicherheitsrisiko. Er teile diese Auffassung nicht. Es sei zu hoffen, daß es nun mit der Abrüstung der strategischen Waffen weitergehe. Natürlich liege dies bei den USA und der UdSSR; die beiden deutschen Staaten müßten aber ihre Meinung dazu äußern. Die FDP trete entschieden für das weltweite Verbot der chemischen Waffen ein. Genscher werde dies heute in Genf vor dem Abrü-

---

[1] Das Jahr 1980 stimmt nicht; die erste Begegnung hatte im Dezember 1981 stattgefunden, eine weitere am 11. 3. 1984. Siehe Nr. 13[a].

stungsausschuß deutlich machen.[2] Wichtig sei auch, im konventionellen Bereich Fortschritte zu erreichen. In Verbindung damit stehe die Frage der Kurzstreckenraketen. Er wisse, daß die DDR für die Null-Lösung auch bei diesen Waffen eintrete. Die Alliierten der BRD würden zwar für eine Reduzierung sein, aber die Null-Lösung hielten sie für noch zu früh. Er teile diese Bedenken, aber eine ganze Menge von diesen Raketen könne verschwinden. Zu all dem gehöre auch der KSZE-Prozeß. Im Korb III seien die Menschenrechte eingeschlossen. Er möchte offen sagen, daß man in der BRD die Ereignisse der letzten Wochen hier in Berlin nicht ohne Besorgnis verfolge. Man frage sich, warum die DDR auf diese Weise reagiere.[3] Es kämen Menschen in die BRD, die das nicht möchten. Es gehe um die Reputation der DDR und von E. Honecker persönlich. Die DDR habe an internationalem Ansehen sehr gewonnen. Man wolle dies in der BRD alles mit großer Delikatesse behandeln. Es gebe aber Befürchtungen über Auswirkungen auf die Beziehungen zwischen beiden Staaten. So vereinfacht, wie die Dinge im ›Neuen Deutschland‹ hinsichtlich einer Verschwörung von Journalisten mit westlichen Geheimdiensten behandelt worden seien, sei es denn doch nicht. Die Bundesregierung habe dagegen Protest erheben müssen. Journalisten würden das tun, was ihre Chronistenpflicht sei. Er gehe davon aus, daß sich an den Arbeitsmöglichkeiten der Journalisten nichts ändere. Man sei erleichtert über die Entscheidung zur Freilassung der Inhaftierten.[4]

O. G. Lambsdorff erklärte, über die Fortschritte in den Beziehungen könne man zufrieden sein. Im Bereich der menschlichen Erleichterungen lägen nun Zahlen vor, die man sich noch vor Jahren nicht erträumt hätte. O. G. Lambsdorff verwies darauf, daß der Telefonverkehr noch verbesserungsfähig sei. Es werde für ganz wichtig gehalten, daß ständig die Einbeziehung Westberlins in die Abkommen mit der BRD erfolge. Er stelle die Frage, ob sich die DDR in der Lage sehe, die »Zwei-Tage-Regelung« auch für Westberliner einzuführen. Die Vereinbarung über den Stromverbund sei ein großer Fortschritt, der noch vor geraumer Zeit nicht vorstellbar gewesen sei. Er habe gehört, daß nunmehr auch Termine für die Gespräche über die Eisenbahn in der Diskussion seien.

---

[2] Es handelte sich um eine Rede Genschers vor der Genfer Abrüstungskonferenz, deren Frühjahrssession am 2. 2. 1988 eröffnet worden war.

[3] Bei der Kundgebung zum 69. Jahrestag der Ermordung von Rosa Luxemburg und Karl Liebknecht waren über 100 Demonstranten von Friedens-, Umwelt- und Menschenrechtsgruppen festgenommen worden, die mit eigenen Spruchbändern, z. B. mit dem Luxemburg-Zitat »Freiheit ist immer Freiheit des anders Denkenden« demonstrierten. Zuvor waren Dissidenten aus dem Umfeld der Zionskirche, gegen die der Stasi am 25. 11. 1987 massiv eingeschritten war, abgeschoben worden. Am 26. 1. wurden weitere Bürgerrechtler inhaftiert. Zur gleichen Zeit und in den folgenden Tagen erfolgten Abschiebungen und Verurteilungen wegen »Zusammenrottung« und vorgeblicher »krimineller Handlungen«. Vgl. AdG 1987, S. 31735 ff. und 31882 ff.

[4] Ein Teil der bei der Demonstration am 17. 1. 1988 Verhafteten war wieder auf freien Fuß gesetzt worden. Vgl. Anm. 3. Ab 5. 2. wurden dann weitere freigelassen.

Dabei müsse man aus seiner Sicht nicht nur die Strecke zwischen Berlin und Hannover im Auge haben, sondern die gesamte Strecke Moskau–Paris. Auch im Umweltschutz werde man weiterkommen. Dies hoffe er auch für die Kali-Fragen. Mit dem Handel könne man nicht ganz zufrieden sein, worüber er ausführlich mit G. Mittag und G. Beil sprechen werde. Beide Regierungen hätten die Bildung einer Wirtschaftskommission beschlossen. Er hätte zwar, hätte man ihn gefragt, davon abgeraten, aber man müsse nun das Beste daraus machen. Er halte nicht viel von Kommissionen. Was die COCOM-Listen angehe, so habe der sowjetische Außenminister Schewardnadse in Bonn dazu deutliche Worte gesprochen.[5] Genscher habe dieses Thema gegenüber den USA aufgeworfen. Auch er selbst werde dies tun, wenn er in den nächsten Tagen in die USA reise. Die Wirtschaftsbeziehungen müßten kalkulierbar sein. Es läge auch im BRD-Interesse, diese Listen auf das Notwendigste zu beschränken. Ihn interessiere die Frage, was von den Reformen in der Sowjetunion sowohl für die DDR wie für die BRD auf wirtschaftlichem Gebiet zu erwarten sei.

E. Honecker dankte für die Darlegungen. O. G. Lambsdorff genieße unseren Respekt, wir hätten dies auch in für ihn schwierigen Zeiten[6] zum Ausdruck gebracht. O. G. Lambsdorff bedankte sich dafür.

E. Honecker bat O. G. Lambsdorff, Grüße an Bundeskanzler Kohl sowie an andere Politiker in der BRD zu übermitteln.

E. Honecker erklärte, daß er die Ergebnisse seines BRD-Besuches hoch einschätze. Der Besuch habe bereits im Zeichen der möglichen Vereinbarung über die Mittelstreckenraketen gestanden. Die in der DDR stationierten Raketen würden nun sogar noch vor der Ratifizierung des Abkommens abgezogen. Die Friedenssicherung sei die primäre Frage, die allem anderen vorgehe. Wenn die Existenz der Menschheit auf dem Spiel stehe, müsse man sich zuallererst darum sorgen. Die Weltpolitik sei in Bewegung gekommen. Die UdSSR und die USA gingen aufeinander zu. Jetzt gehe es um die Halbierung der strategischen Offensivwaffen, das Verbot der chemischen Waffen, die Beseitigung der Raketen bis 500 km Reichweite und um die radikale Reduzierung der konventionellen Rüstung. Er stelle mit Befriedigung eine weitgehende Übereinstimmung mit O. G. Lambsdorff in den Fragen der Friedenssicherung fest.

Die Raketen bis 500 km Reichweite beträfen vor allem die beiden deutschen Staaten. Strauß habe ihm erklärt, er hätte es lieber gesehen, wenn die Raketen bis 500 km Reichweite als erste beseitigt würden. Bei dem Frankreich-Besuch habe Mitterrand gesagt, er könne verstehen,

[5] Schewardnadse hatte bei seinem Besuch vom 17. – 19. 1. 1988 die COCOM-Liste als mehr als »anachronistisch« bezeichnet. Vgl. AdG 1988, S. 31669.
[6] Anspielung auf den Parteispendenprozeß, in dem Lambsdorff am 16. 2. 1987 vom Bonner Landgericht zu 180000 DM Geldstrafe verurteilt worden war. Vgl. AdG 1987, S. 30880f.

daß die »Deutschen« diese Raketen weghaben wollten.[7] Das berühre aber nicht Frankreich. Er habe erwidert, Mitterrand irre sich, auch Frankreich würde von den atomaren Auswirkungen nicht verschont bleiben. Es habe angesichts der Lage in der NATO offenkundig eine Änderung in der Haltung der BRD gegeben. [...]
[...]

E. Honecker betonte, die Friedensfrage sei auch die Hauptfrage in den Beziehungen zwischen beiden deutschen Staaten. Jeder verantwortliche Politiker in beiden Staaten müsse danach handeln. E. Honecker verwies auf seinen Brief an Bundeskanzler Kohl vom 14. Dezember 1987.[8] Es habe sich nicht um einen Propagandaschritt gehandelt, sondern darum, erneut das zu bekräftigen, was er über den Beitrag beider deutscher Staaten zur Abrüstung während des BRD-Besuches dargelegt habe. Bis jetzt liege noch keine schriftliche Antwort von Kohl vor. Er verstehe dabei, daß es in Frankreich und Großbritannien Bedenken gegen weitere Null-Lösungen gebe. Die DDR unterstütze völlig die Bemühungen der Sowjetunion und der USA, zu weiteren Ergebnissen zu kommen. Die DDR habe nicht die Sorge, abgehängt zu werden.

Was die Beziehungen betreffe, so sei bereits im Grundlagenvertrag festgelegt worden, gegenseitig die Unabhängigkeit in den inneren und äußeren Angelegenheiten zu respektieren. Es gehe um Beziehungen zwischen Staaten unterschiedlicher Gesellschaftsordnung und Bündniszugehörigkeit. Die DDR sei für die Fortsetzung des politischen Dialogs. In diesem Jahr stünden zahlreiche gegenseitige Besuche bevor. Wichtig sei, all das umzusetzen, was vereinbart wurde.

E. Honecker verwies in diesem Zusammenhang auf sein Gespräch mit E. Albrecht.[9] Er sei mit ihm überein gekommen, eine Lösung der Elbgrenze Mitte Strom zu suchen, wobei nach dem Vorschlag von E. Albrecht die beiderseitigen Rechtsauffassungen ausgeklammert bleiben sollten. Alle seien sich bei dem Besuch einig gewesen, daß das Problem gelöst werden müsse. Das würde zugleich den Weg für andere Abkommen frei machen. Wenn es keine Regelung der Grenzfrage gebe, würden diese Vereinbarungen blockiert. Die Grenzkommission brauche nur endlich festzustellen, was seit 1945 Praxis sei.

Die DDR sei für eine baldige Lösung der mit der Kali-Förderung im Werra-Gebiet zusammenhängenden Fragen. Es müßten die Dinge geregelt werden, die machbar seien. Dazu gehöre natürlich auch die Respektierung der Souveränität und Personalhoheit der DDR. An der Existenz zweier voneinander unabhängiger deutscher Staaten mit unterschiedlicher Gesellschaftsordnung und Bündniszugehörigkeit sei nicht zu rütteln.

[7] Vgl. Nr. 62, Anm. 3.
[8] Siehe Nr. 62, bes. Anm. 4.
[9] Siehe Nr. 41, bes. Anm. 8 und Nr. 43, bes. Anm. 33.

E. Honecker betonte, was die ökonomischen Beziehungen angehe, so müsse man Wege finden, um sie weiter auszubauen. Die DDR sei daran interessiert. Die DDR habe seit seiner letzten Begegnung mit O. G. Lambsdorff beträchtliche Fortschritte erreicht. Die DDR habe auf vielen Gebieten das COCOM-Embargo überwunden. *Honecker lobte die »leistungsfähige Mikroelektronik« der DDR, ihre Fortschritte bei High-Tech-Produkten und das Wirtschaftswachstum.*

Die DDR gehe davon aus, daß die vorgesehene Gemischte Wirtschaftskommission neue Möglichkeiten für die wirtschaftliche Zusammenarbeit zwischen der DDR und der BRD ausfindig machen könnte. Die Vereinbarung über den Stromverbund sei ein bedeutendes Ergebnis, allerdings fehle noch die Zustimmung der Bundesregierung.

H. O. Bräutigam warf ein, die Prüfung sei noch nicht abgeschlossen, aber es werde keine Probleme geben.

Ein nächster Schritt, so sagte E. Honecker, könne die Vereinbarung über den Ausbau einer Transiteisenbahnstrecke sein. Die DDR sei bereit, darüber zu verhandeln. Sie wünsche auch ein Ergebnis bei den Verhandlungen zu den Kali-Fragen.

Eine bedeutsame Entwicklung habe der Reiseverkehr genommen. 1986 hätte es 12 Millionen Reisen von DDR-Bürgern aus privaten Gründen ins Ausland gegeben, darunter 7,5 Millionen Reisen in sozialistische Länder, 4,4 Millionen in andere Länder. 1987 habe es 13,8 Millionen Reisen gegeben, darunter 8,6 Millionen in sozialistische Länder, 5,1 Millionen in andere Länder, darunter 5,062 Millionen in die BRD und nach Westberlin. Die DDR wolle auch in dieser Frage berechenbar bleiben.

E. Honecker betonte nachdrücklich, daß es bei uns sehr schlecht angekommen sei, daß man in der BRD einige Ereignisse in den letzten Wochen in Berlin bis hin zu Drohungen aufgebauscht habe. Es wäre ein leichtes gewesen, entsprechend den Gesetzen der DDR rigoros vorzugehen. Es sei bekannt gewesen, daß die Demonstration am 17. Januar gestört werden sollte, man wollte beweisen, was man kann. Die Demonstration für Karl Liebknecht und Rosa Luxemburg habe für uns eine große Tradition. Um so entschiedener müsse die Absicht zurückgewiesen werden, dabei Provokationen zu starten. Wir hätten sehr wohl registriert, daß die Telefone in diesem Zusammenhang zwischen der Hauptstadt der DDR und Westberlin in regem Betrieb gewesen seien.[10] Man versuche seit langem, unter dem Dach der Kirchen den Gottesdienst zu entweihen. Das gehe bis zu Ausschreitungen von »Skinheads«. Die Absicht habe offenkundig darin bestanden, durch laufende Unruhestiftung unter Einbeziehung der Kirchen den Ein-

[10] Das ›Neue Deutschland‹ und im Verbund damit das DKP-Organ ›Unsere Zeit‹ verbreiteten die Version, die »BRD-Geheimdienste« und von ihnen »bestellte und bezahlte Journalisten« würden »Provokationen« und »Opposition« schüren. Vgl. AdG 1988, S. 31883ff.

druck entstehen zu lassen, daß in der DDR eine instabile Lage bestehe. Die zuständigen Stellen hätten dazu die entsprechenden Maßnahmen getroffen. Krawczyk sei nicht hinausgeworfen worden. Ein Rechtsanwalt habe alle Fragen mit ihm besprochen.[11] Zur gestrigen »Aktuellen Stunde« im BRD-Bundestag müsse er deutlich sagen: Die DDR brauche man nicht mit der Anmaßung einer »Obhutspflicht für alle Deutschen« zur Besonnenheit aufzurufen. Wir könnten auch eine Obhutspflicht erklären für die Arbeitslosen in der BRD, für diejenigen, die vom KPD-Verbot betroffen worden seien. Im Gemeinsamen Kommuniqué vom 8. September 1987[12] sei vereinbart worden, die Unabhängigkeit in den inneren und äußeren Angelegenheiten gegenseitig zu respektieren. Wenn man an ruhigen Beziehungen zwischen der DDR und der BRD interessiert sei, dann dürfe man nicht in alte Denkweisen zurückfallen. Die DDR zeige große Geduld. Er habe sich die Rede von Bundeskanzler Kohl bei dem Essen in Bonn ruhig angehört.[13] Wir hätten sie sogar veröffentlicht. Wenn die DDR 1,5 Millionen Bürgern unterhalb des Rentenalters die Möglichkeit für Reisen in die BRD gebe, dann stehe sie mit 16,9 Millionen Einwohnern im Vergleich zur BRD mit 60 Millionen Einwohnern nicht schlecht da. Notwendig sei, alle diese Fragen behutsam zu behandeln. Kirche und Staat seien in der DDR getrennt. Die Bischöfe hätten einen klaren Standpunkt: Gottesdienst müsse Gottesdienst bleiben. Kirchen seien nicht der Ort, um politische Opposition zu organisieren. Außerdem gebe es in der DDR ein Vereinsgesetz. Die Grünen versuchten sogar über die Grenzen hinweg ihre Organisation auch in der DDR aufzubauen. Sie sollten sich um ihre Organisation in der BRD kümmern. Was die Menschenrechte betreffe, so verweise er auch auf die große Amnestie in der DDR. Es gebe zwar Rückfalltäter, aber die große Mehrzahl der Amnestierten nutze die Möglichkeit, wieder in die Gesellschaft zurückzukehren. Die DDR habe als einziges sozialistisches Land die Todesstrafe abgeschafft. Notwendig sei, zivilisiert miteinander umzugehen. Hier gebe es von seiten der BRD noch viel zu tun. Interessant sei z. B., daß die BRD-Journalisten eher am Ort waren als die bewußten »Demonstranten«.[14] Die DDR müsse darauf bestehen, daß auch die akkreditierten Journalisten die Gesetze der DDR einhalten.

[11] Den Liedermacher Stephan Krawczyk, dem die DDR-Sicherheitsbehörden u. a. »Zusammenrottung«, »kriminelle Handlungen« und »landesverräterische Beziehungen« vorwarfen, ließ die DDR am 2. 2. 1988 zusammen mit Freya Klier in die Bundesrepublik ausreisen, nachdem Rechtsanwalt Wolfgang Vogel (Berlin-Ost) Gespräche mit Staatssekretär Ludwig Rehlinger vom Innerdeutschen Ministerium über eine »menschliche Lösung« geführt hatte. Krawczyk und Klier widersprachen am 3. 2. der Version, sie seien »freiwillig« und »aus persönlichen Gründen« ausgereist. Vgl. AdG 1988, S. 31884.
[12] Siehe Nr. 41, bes. Anm. 5.
[13] Vgl. Nr. 45, bes. Anm. 3.
[14] Vgl. dazu den entsprechenden Tenor im ›Neuen Deutschland‹ vom 3. 2. 1988.

E. Honecker verwies darauf, daß die DDR nachdrücklich begrüße, was sich in der Sowjetunion unter der Führung von M. Gorbatschow vollziehe. Die DDR habe aber keinen Grund zu kopieren. Früher habe man uns vorgeworfen, die SED sei der Handlanger Moskaus; jetzt werfe man uns vor, daß wir nicht alles nachmachen. Die DDR werde das übernehmen, was ihren Interessen entspreche. Er sei derjenige Generalsekretär, der bisher am meisten mit M. Gorbatschow zusammengetroffen sei. Ausgangspunkt für die Umgestaltung in der Sowjetunion sei die Erkenntnis gewesen, daß die sozialökonomische Entwicklung beschleunigt werden müsse. Dabei habe sich gezeigt, daß man nun auch den geistigen Überbau verändern müsse. Das sei ein großer Vorgang in einem großen Land. Es sei nur zu begrüßen, wenn es in der Sowjetunion vorwärts gehe und wenn der Lebensstandard des sowjetischen Volkes verbessert werde.

E. Honecker verwies auf die großen sozialen Fortschritte in der DDR. Bis 1990 werde die Wohnungsfrage als soziales Problem gelöst. Seit 1970 würden dann über 3 Mio. Wohnungen gebaut oder modernisiert sein. Die Ausstattung der Familien mit technischen Konsumgütern sei gut. Es gebe eine breite demokratische Beteiligung der Bevölkerung an der gesamten gesellschaftlichen Entwicklung.

Versuche, die DDR unter dem Banner von »Glasnost« vom Wege abzubringen, seien aussichtslos. Die DDR werde ihre auf dem XI. Parteitag der SED beschlossene Politik weiter konsequent verwirklichen. Sie werde nicht am Bündnis mit der Sowjetunion rütteln lassen. Heute gebe es in der ganzen Welt die Überzeugung, daß vom Osten keine Gefahr drohe.

Die DDR wolle ihre Beziehungen zur BRD entsprechend den Verträgen weiterentwickeln. Sie wolle auch weitere Verträge abschließen, wenn die BRD-Regierung dazu bereit sei. Die FDP leiste hierbei einen positiven Beitrag, der von uns begrüßt werde. Wenn Bundeskanzler Kohl entschlossen sei, das Gemeinsame Kommuniqué umzusetzen, werde er dafür in der DDR einen entsprechenden Partner finden.

O. G. Lambsdorff erwiderte, er habe die Darlegungen zur Elbgrenze mit Interesse zur Kenntnis genommen und werde sie der Bundesregierung übermitteln. Was die Veränderungen in der Sowjetunion betreffe, sei er sich nicht sicher, welche Auswirkungen sie für die RGW-Staaten haben würden. Er verstehe, daß die DDR keine Kopien brauche. Er wolle im Sommer in die Sowjetunion fahren, um sich selbst ein Bild zu machen.

Was die jüngsten Vorgänge in Berlin betreffe, so sei die Reaktion der BRD-Regierung abgewogen, gemäßigt und vernünftig gewesen. Sie habe nicht versucht, Öl ins Feuer zu gießen.[15] Er verstehe, daß diese

---

[15] Kanzleramtsminister Schäuble hatte sogar Schalck-Golodkowski ausdrücklich die Zurückhaltung der Bundesregierung zugesichert. Vgl. Einleitung I. 2 c).

Vorgänge mit großer Aufmerksamkeit verfolgt und entsprechend beantwortet wurden. Er habe den Eindruck, daß sich die evangelische Kirche sehr verantwortungsbewußt verhalten habe.[16] Er stelle sich die Frage, ob sich diese jungen Menschen nicht auch in Zukunft bemerkbar machen und den Dialog suchen würden.

E. Honecker bemerkte, aus der Entwicklung in der Sowjetunion werde sich vor allem ein effektiveres Wirtschaftssystem mit Auswirkungen auch auf die Außenwirtschaftsbeziehungen ergeben. Die BRD werde es mit einer stärkeren Wirtschaftskraft zu tun haben. Was die DDR betreffe, so gebe es bekanntlich enge wirtschaftliche Beziehungen mit der Sowjetunion, die auf einer langfristigen Perspektive beruhen. Sie würden im gegenseitigen Interesse weiter ausgebaut. Dafür sei die starke ökonomische Position der DDR von großer Bedeutung.

E. Honecker bemerkte, es gebe keine Sorge um die Jugend, mit der Jugend würde breite Überzeugungsarbeit geleistet. Sie sei der Vorreiter des wissenschaftlich-technischen Fortschritts. Auch mit christlichen Jugendlichen würde das Gespräch geführt. Wogegen wir uns wenden, seien Versuche, die Gesetze der DDR demonstrativ zu unterlaufen. Wir handelten nach der Losung »Der Jugend Vertrauen und Verantwortung«.

Abschließend bekräftigte E. Honecker, daß die DDR an dem Vertragssystem mit der BRD festhalte und interessiert sei, es weiter auszubauen.

Lambsdorff und Bräutigam sagten, daß man darin voll übereinstimme.

H. O. Bräutigam erklärte, er möchte zur Frage der Elbgrenze sagen, daß Minister Schäuble im Gespräch mit Albrecht sei. Die Bundesregierung wolle bald eine Lösung. Es handle sich aber bei Albrecht um ein persönliches Problem.

Die hier akkreditierten BRD-Journalisten – jedenfalls die meisten – würden sich an die Gesetze halten.

E. Honecker bemerkte, er nehme das zur Kenntnis. Es gebe aber Journalisten, die Klamauk zu machen versuchen. Man müsse objektiv berichten. Es gehe um die Einhaltung des Gebotes der Nichteinmischung. Man brauche nicht davon auszugehen, daß die Volkskammer einberufen werde, um die Lage in der BRD zu behandeln.

An dem Gespräch nahmen teil: Staatssekretär Frank-Joachim Herrmann, Leiter der Kanzlei des Vorsitzenden des Staatsrates, Karl Seidel,

---

[16] Der Bischof der Evangelischen Kirche von Berlin-Brandenburg Gottfried Forck hatte für die Kirchenleitung am 31. 1. und 3. 2. 1988 zwar das »harte« Vorgehen kritisiert, sich aber zugleich von den »Aktivitäten am Rande der Demonstration« und von denen, die »eine Ausbürgerung zu erpressen suchten«, deutlich distanziert. Vgl. AdG 1988, S. 31884.

Leiter der Abteilung BRD im MfAA, sowie der Leiter der Ständigen
Vertretung der BRD, Dr. Hans Otto Bräutigam.

Seidel *[Unterschrift]*

64. Gespräch Diepgen – Honecker am 11. Februar 1988 (Berlin-Ost)

[a] Senatskanzlei Berlin, Gespräch RBm/GS am 11. 2. 1988, Presse- und Bürgerbriefe und 3. Gespräch RBm/GS am 11. Februar 1988, Bd. III (7311/03); Berlin, 11. 2. 1988: »Protokoll über das 3. Gespräch des Regierenden Bürgermeisters Eberhard Diepgen mit Generalsekretär und Staatsratsvorsitzenden Erich Honecker«

Termin: 11. Februar 1988.
Ort: Schloß Niederschönhausen, Gästehaus des DDR-Staatsrates.
Teilnehmer: Erich Honecker, Generalsekretär des Zentralkomitees der Sozialistischen Einheitspartei Deutschlands und Vorsitzender des Staatsrates der DDR, Staatssekretär Frank-Joachim Herrmann, Leiter der Kanzlei des Staatsrates, Dr. Walter Müller, Besuchsbeauftragter der Regierung der DDR, Eberhard Diepgen, Regierender Bürgermeister von Berlin und Mitglied des Vorstandes der Christlich Demokratischen Union Deutschlands, Staatssekretär Dr. Detlef Stronk, Chef der Senatskanzlei, Senatsdirigent Gerhard Kunze, Besuchsbeauftragter des Senats von Berlin.
Zeitlicher Ablauf: 10.00 bis 12.20 Uhr.
Letztes Gespräch: 15. März 1987/Leipziger Messe.
Anlagen: 1. Verbesserungsvorschläge der DDR, 2. 2-Tage-Besuche in Ost-Berlin, 3. Übersichtskarte der Eisenbahn-Transitstrecken, 4. Pressemeldung der DDR.
[...]

Allgemeines

1. Gegen 9.45 Uhr traf unser Wagen im Kontrollpunkt Bornholmer Straße ein, wo er von dem DDR-Protokollchef Jahsnowsky und einem Mitarbeiter erwartet wurde. [...]

Alsdann fuhren entsprechend der Absprache die Wagen in der Reihenfolge Polizei, Protokoll und RBm zum Schloß Niederschönhausen, wo sie ca. 9.55 Uhr eintrafen.

An der Fahrtstrecke waren zahlreiche Polizisten in Zivil und in Uniform verteilt.

2. Nach dem Eintreffen am Gesprächsort geleitete der Protokollchef den RBm und seine Begleiter in den Gartensaal, wo die Begrüßung durch GS Honecker stattfand. Dieser Vorgang wurde von zahlreichen Film- und Kamerajournalisten aufgenommen.

Nach der Begrüßung der Begleiter des GS begaben sich die Gesprächsteilnehmer in einen anschließenden Raum und nahmen an einem runden Tisch Platz. Hier wurde einer kleineren Gruppe von Kamerajournalisten erneut Gelegenheit zu Aufnahmen gegeben.

Das Gespräch begann kurz nach 10.00 Uhr und endete ca. 12.10 Uhr. Danach schloß sich ein Vier-Augen-Gespräch von etwa 10 Minuten Dauer zwischen RBm und GS an, das in demselben Raum stattfand, nachdem die übrigen Gesprächsteilnehmer den Raum verlassen hatten.

Begrüßung

3. GS begrüßte RBm mit folgenden Worten: »Ich denke, daß dieses Gespräch ähnlich nützlich sein wird wie das Gespräch mit Ihrem Vorgänger, dem jetzigen Bundespräsidenten Herrn von Weizsäcker.[1] Man hörte oft, daß der Entspannungsprozeß nicht an Berlin (West) vorbeigehen soll.« Er sei für praktische Fortschritte. Im vergangenen Jahr sei mit dem Zusammentreffen zwischen Gorbatschow und Reagan der Weg von der Konfrontation zur Zusammenarbeit beschritten worden.[2] Eine Verbesserung dieses Vorganges werde sich auch auf die übrige Welt auswirken. Deshalb habe auch der Politische Beratende Ausschuß des Warschauer Paktes diesen Prozeß begrüßt und eine entsprechende Festlegung getroffen.

Angesichts dieser Entwicklung stehe diese Begegnung unter einem günstigen Stern.

Erklärung des Regierenden Bürgermeisters (ca. 10.00–10.20 Uhr)

4. RBm dankte für die Möglichkeit dieses Zusammentreffens, stellte ebenfalls den Bezug zum Treffen Honecker/von Weizsäcker her und stellte fest, daß es seit dem letzten Gespräch mit dem GS bei der Leipziger Messe eine positive politische Entwicklung gegeben habe, die ihren erfreulichen Höhepunkt in dem Abschluß des INF-Vertrages und in dem Gipfeltreffen zwischen US-Präsident Reagan und GS Gorbatschow gefunden habe.[3] Damit sei, worauf der GS bereits hingewiesen habe, ein Beitrag zur Stabilität und zur Friedenssicherung auch in der Mitte Europas geleistet worden. Dazu hätten die beiden deutschen Staaten wichtige Beiträge geleistet. Die Bundesregierung habe die Pershing-Entscheidung getroffen, und die DDR habe den vorzeitigen INF-Raketen-Abbau angekündigt.

Er benutze die Gelegenheit, Grüße von Bundeskanzler Kohl zu

---

[1] Siehe Nr. 8.

[2] Es handelte sich um das 3. Gipfeltreffen von Reagan und Gorbatschow vom 7./8. 12. 1987 in Warschau.

[3] Das INF-Abkommen war formell bei dem Gipfeltreffen unterzeichnet worden. Vgl. Nr. 61, Anm. 3.

übermitteln und GS im ausdrücklichen Auftrag des Bundeskanzlers mitzuteilen, daß an der Antwort auf den Brief des GS an den Bundeskanzler (16. 12. 87)[4] weiter gearbeitet werde und daß auch die Abstimmung noch einige Zeit benötige.[5] Der Bundesregierung gehe es vor allem auch um den konventionellen Bereich, wo sie anstrebe, ein Gleichgewicht auf möglichst niedrigem Niveau zu schaffen sowie die Invasionsfähigkeit zu beseitigen. Durch derartige Maßnahmen sowie durch mehr Zusammenarbeit auf anderen Gebieten der Ost-West-Beziehungen soll ein Klima des Vertrauens geschaffen werden. In eine solche Entwicklung müsse auch, und da nehme er das Wort des GS auf, Berlin in praktische Fortschritte einbezogen werden. Darauf lege er besonderen Wert, denn die Entwicklung dürfe nicht um die Stadt herumgehen.

5. Diese Entwicklung habe auch das deutsch-deutsche Verhältnis der letzten Jahre positiv beeinflußt. Dies gelte insbesondere auch für die Absprachen und Vorhaben wie sie im »Gemeinsamen Kommuniqué« aus Anlaß des Bonn-Besuchs des GS ihren Niederschlag gefunden hätten. Aus Berliner Sicht bewerte er besonders positiv die Paraphierung des Stromliefervertrages unter Einbeziehung Berlins und die bevorstehende Aufnahme von Sondierungen über eine Schnellbahn Berlin–Hannover. Dieses Vorhaben liege ihm besonders am Herzen, denn es komme darauf an, die Verkehrsströme von Paris über Berlin nach Warschau zu leiten. Notwendig sei jedoch, daß eine solche Schnellbahn auch die erforderliche Geschwindigkeit entwickeln könne.

Weiter würdige er die überaus positive Entwicklung des Reiseverkehrs, die eine Begegnung von Millionen von Menschen ermöglicht habe. Er habe die Hoffnung auf eine weitere positive Entwicklung und weise beispielhaft auf immer noch bestehende Probleme ehemaliger DDR-Bürger hin, die die DDR vor 1982 verlassen haben, ihre alte Heimat zu besuchen.

Er stimme den Feststellungen des Bundeskanzlers während des GS-Besuchs uneingeschränkt zu, der erklärt habe, daß Berlin in vollem Umfang an der Zusammenarbeit zwischen den beiden Staaten in Deutschland teilhaben müsse.

6. Die Ereignisse der letzten Wochen[6] hätten bei vielen Menschen tiefe Besorgnis hervorgerufen. Er sei besorgt über mögliche Rückwirkungen auf das deutsch-deutsche Verhältnis. Mit Aufmerksamkeit sei registriert worden, daß durch Besonnenheit der entstandene Schaden begrenzt werden solle. Dies gelte insbesondere für die Möglichkeit, den Betroffenen eine Rückkehr zu ermöglichen. Obwohl er die Konfliktsi-

---

[4] Siehe Nr. 62, bes. Anm. 4 (Schreiben Honeckers vom Dezember 1987).
[5] Zu Kohls Schreiben vom 23. 3. 1988 siehe Nr. 67, Anm. 9.
[6] Vgl. Nr. 63.

tuation für die DDR sehe, sei seine Philosophie, daß es notwendig sei für uns alle zu lernen, mit Konflikten und offenem Dissens zu leben. In diese Richtung gehe auch die Erklärung des GS vom Herbst 1987, wo er folgendes erklärt habe: »Wir erachten die Mannigfaltigkeit der Meinungen und Ideen und rege geistige Kommunikation sowohl in unseren eigenen Reihen als auch mit Andersdenkenden als lebensnotwendig.«[7]

7. Wir wollten trotz des Dissenses, trotz unterschiedlicher gesellschaftspolitischer Positionen die Zusammenarbeit. Grundvoraussetzung sei, daß der Status nicht einseitig verändert würde.

8. Was das Jubiläumsjahr Berlins anbelange, so betrachte er als gebürtiger Berliner mit großer Zufriedenheit die bauliche Entwicklung im anderen Teil der Stadt als besonders bemerkenswert. Hierzu möchte er ausdrücklich gratulieren. Was die von ihm vertretene Seite anbelange, so stelle er mit Genugtuung fest, daß wir auch einen Beitrag dazu geleistet hätten; er nenne nur die Schloßbrücken-Figuren, die Bauteile des Ephraim-Palais und das Schiller-Denkmal. Ausdrücklich möchte er auch in diesem Zusammenhang die Gespräche Dr. Stronk und Löffler[8] erwähnen, auch wenn letztlich nicht das angestrebte Maß an Zusammenarbeit gelungen sei. Nicht unerwähnt möchte er auch den Ausbau des Bahnhofs Zoo lassen, der aufgrund der gemeinsamen Absprache in Leipzig zügig vorangekommen sei und der bald beendet werde.

9. Was den Reise- und Besucherverkehr anbelange, so sei leider noch nicht alles das erreicht worden, über das man sich bei den Gesprächen in Leipzig[9] unterhalten habe. Er hoffe jedoch auch hier auf einen Fortschritt.

10. Zu der positiven Bilanz rechne er auch die Initiative der Westmächte.[10] Diese Initiative liege im Trend, Berlin bei strikter Einhaltung und voller Ausschöpfung des Vier-Mächte-Abkommens in alle Fort-

[7] In diesem Interview im ›Neuen Deutschland‹ vom 13. 10. 1987 hatte Honecker wörtlich gesagt: »Freiheit der Meinungsäußerung und der Presse sind verfassungsmäßig garantiert und als elementare Menschenrechte anerkannt. Wir erachten die Mannigfaltigkeit der Meinungen und Ideen, eine rege geistige Kommunikation sowohl in unseren eigenen Reihen als auch mit Andersdenkenden als lebensnotwendig, weil nur so alle Potenzen unseres Volkes freigesetzt und erschlossen werden können.« – In einem Vorbereitungsvermerk vom 8. 2. 1988 wurden für Diepgen zu dieser Frage Formulierungen vorgeschlagen. Unterlagen im 3. Gespräch RBm/GS am 11. Februar 1988, Beiakte 2, Bd. II (vom 27. 1. 1988 bis 8. 2. 1988).

[8] Kurt Löffler, DDR-Staatssekretär, stellv. Vorsitzender des Komitees der DDR zum 750jährigen Bestehen von Berlin, und Detlef Stronk, stellv. Leiter des Arbeitskreises zur Koordinierung der 750-Jahr-Feier Berlins, hatten zur Vorbereitung und Koordinierung der Feiern in Berlin-West und -Ost zahlreiche Gespräche geführt.

[9] Siehe Nr. 34.

[10] Ende Dezember 1987 hatten die drei Westalliierten der UdSSR ein Aide-Memoire mit

schritte einzubeziehen. Das gelte auch für den Luftverkehr. Er wisse, daß gerade dieser Bereich sehr schwierig sei, weil hier viele Interessen zu berücksichtigen seien. Er erwähne nur die Frage des deutsch-deutschen Luftverkehrs und das Interesse von Interflug und Lufthansa. Er sehe nicht nur Interessen des Flughafens Tegel, sondern der Flughäfen im Berliner Raum, nämlich sowohl von Tegel als auch von Schönefeld. Daher sei es notwendig, zu einer Abstimmung der Rollen dieser beiden Flughäfen zu kommen. Im Hinblick auf den weiter im Ansteigen begriffenen Flugverkehr sehe er in dieser Frage ein besonders dringliches Anliegen. Er glaube, daß es möglich und an der Zeit sei, daß die Chancen hierfür ausgelotet würden.

Erklärung des Generalsekretärs (ca. 10.20–ca. 11.05 Uhr)

11. GS dankte für die Ausführungen des RBm und erklärte, daß man auch nach seiner Einschätzung eine positive Entwicklung konstatieren könne und daß dies insbesondere für den Bereich der vielfältigen Beziehungen zwischen der Hauptstadt und Berlin (West) gelte. Es gäbe noch viel zu tun und viele Möglichkeiten, angesichts der zahlreichen Verknüpfungen (»irgendwie gehören die ja doch zusammen«). Die entscheidende Frage sei, daß man an dieser positiven Entwicklung aktiv weiterarbeite. Die Wende von der Konfrontation zur Entspannung fördere die Zusammenarbeit unterschiedlicher Gesellschaftsordnungen. Dabei solle man sich nicht von Leuten stören lassen, denen diese ganze Richtung nicht paßt.

12. Seitdem der Abbau der Mittelstreckenraketen vereinbart worden sei, habe er auch die Hoffnung, daß der Ratifizierungsprozeß gut zu Ende gehe und daß darüber hinaus es auch in Genf vorwärts gehe. Wenn dies alles gelinge, werde sich auch die Atmosphäre hier und in Europa ändern. Daher begrüße er auch die Äußerungen des RBm über die Einbeziehung der konventionellen Waffen in diesen Prozeß mit dem Ziel der Nichtangriffsfähigkeit. Er danke für die Grüße von Bundeskanzler Kohl und bitte, die Grüße herzlich zu erwidern. Er habe in seinen Gesprächen mit Bundeskanzler Kohl und den Herren Dregger, Waigel und Strauß[11] zu diesen Fragen grundsätzliche Übereinstimmung erzielt.

Dagegen scheine der US-Verteidigungsminister nicht darauf verzichten zu können, wenn man seinen Ausführungen auf der Wehrkun-

Berlin-Vorschlägen überreicht, die sich u. a. auf die Schaffung eines Luftkreuzes Berlin bezogen. Vgl. AdG 1988, S. 31836 (Anm. 5.)

[11] Gemeint waren die Gespräche bei Honeckers Besuch in der Bundesrepublik; vgl. Nr. 43, 48 und 59.

de-Tagung in München folge.[12] Sollte es gelingen, auch die strategischen Offensivwaffen zu beseitigen, werde auch Frankreich seine derzeitige Position überdenken. Schließlich sei weiter notwendig, auch ein weltweites Verbot der chemischen Waffen. Er glaube, daß sich in der Frage der Wehrdoktrinen NATO und Warschauer Pakt näherkämen.

13. Was Berlin (West) anbelange, so sei die DDR unbedingt dafür, daß der Entspannungsprozeß auch an Berlin (West) nicht vorbeigehen dürfe. Nach wie vor sei die DDR für die strikte Einhaltung und volle Anwendung des »Vierseitigen« Abkommens. Dieses Abkommen habe sich bewährt und stelle eine gute Grundlage für weitere Entscheidungen dar.

Allerdings müsse man hier stets die Nichteinmischung in die inneren Angelegenheiten des anderen im Auge behalten.

14. Was die Ereignisse des 17. 1. (Liebknecht/Luxemburg-Marsch)[6] anbelange, so habe er nicht die Absicht, in eine Diskussion einzutreten. Bei den getroffenen Maßnahmen habe es sich um souveräne Entscheidungen der DDR gehandelt. Der gesamte Vorgang stünde in keinem Verhältnis zu den Maßnahmen beim Reagan-Besuch[13] und zu den Berufsverboten in Berlin (West). Der RBm habe mit Recht sein »Zitat« vorgetragen. Hierzu stehe er auch heute. Es habe sich bei dem bewußten Ereignis nicht um »Andersdenkende« gehandelt, sondern um eine bewußt angelegte Provokation anläßlich eines Trauermarsches für »Rosa und Karl«. Dies ergab sich u.a. auch daraus, daß man über die Störung des Gedächtnismarsches abgestimmt habe und daß man sich im Verhältnis 4:3 dafür entschieden habe. Leider sei es medienpolitisch so, daß 200 000 weniger zählten als 70.

Was die Kirche anbelange, so seien die evangelischen Bischöfe der Meinung, daß sich die Kirche nicht mißbrauchen lassen dürfe. Sie hätten nicht die Absicht, sich in die inneren Angelegenheiten der Kirche einzumischen. Er verweise auf einen »spontanen« Brief eines Pfarrers aus Marzahn, der heute im ND abgedruckt worden sei.[14] Abschließend möchte er sagen, daß diese Frage für ihn erledigt sei. Bei der Darstellung des Vorganges habe es sich um eine bewußte Entstellung gehandelt, und die DDR werde auch in Zukunft dafür sorgen, daß die Gesetze in jeder Beziehung beachtet werden.

[12] Frank Carlucci, Verteidigungsminister der USA, hatte sich auf der Wehrkundetagung in München am 7. 2. 1988 für eine Modernisierung der atomaren Kurzstreckenwaffen eingesetzt. Vgl. AdG 1988, S. 31948.

[13] Bei dem Besuch von Präsident Reagan am 12. 6. 1987 war es im Vorfeld zu Massendemonstrationen und zu Straßenschlachten zwischen der Polizei und Gruppen vermummter Demonstranten gekommen. Für den 12.6. wurde ein Demonstrationsverbot verhängt. Dennoch kam es erneut zu Ausschreitungen. Vgl. AdG 1988, S. 31137.

[14] ›Neues Deutschland‹ vom 11. 2. 1988.

15. Nunmehr wandte sich GS dem »Verhältnis zu West-Berlin« zu und trug auf der Grundlage einer schriftlichen Aufzeichnung folgendes vor:

– Für dieses Verhältnis gelte das Prinzip der guten Nachbarschaft. Damit würden die Beziehungen zwischen den beiden deutschen Staaten und die Verhältnisse im Europäischen Haus gefördert. Man müsse die Realitäten akzeptieren und Zusammenhänge beachten. Man dürfe nicht das Klima belasten, sondern das Machbare machen. Dazu gehöre auch die strikte Anwendung und volle Durchführung des Vierseitigen Abkommens, das sich positiv auf die Stabilität, auf die Lage Europas und auf die Entspannung insgesamt ausgewirkt habe. Dies gelte auch für eine Anzahl von Vereinbarungen. Man dürfe an diesem Abkommen nicht rütteln und auch die Belastbarkeit des Vierseitigen Abkommens nicht testen.

– Die Berlin-Initiative[10] sei bekanntlich nicht an die DDR gerichtet. Wenn man aber Fortschritte wolle, so müsse man sich von den Realitäten leiten lassen und sich nicht über die DDR hinwegsetzen. Sonst gerate man in eine Sackgasse. Probleme des Luftverkehrs seien auf diesem Wege nicht lösbar.

– Zu der Forderung des RBm, Berlin (West) von der Entwicklung zu den Beziehungen zur Bundesrepublik nicht abzukappen, könne er nur sagen, daß Berlin (West) in den Dialog der Entspannung einbezogen bleibt. Die Entwicklung der Beziehungen zu Berlin (West) sei ein unerläßliches Element der Entspannung, und gewachsene Bindungen würden nicht in Frage gestellt. Notwendig sei, das beiderseitige Verhältnis auszubauen. Seine Seite habe dazu einiges getan. Sie habe die Fernsprechbeziehungen verbessert und der Renovierung des Bahnhofs Zoo zugestimmt und sei bereit, die ökonomischen und wissenschaftlich-technischen Beziehungen zu entwickeln.

DDR-Verbesserungsvorschläge

16. Zu den Möglichkeiten einer solchen Entwicklung hätten Politbüro und Ministerrat der DDR einen Beschluß gefaßt, und zwar einen einstimmigen Beschluß. Diesen Beschluß möchte er hier vortragen und erläutern, und er übergebe zu diesem Zweck dem RBm eine schriftliche Fassung dieser Entschließung, ein »Non-paper«.

Der GS trug nunmehr auf der Grundlage dieser von ihm dem RBm übergebenen Aufzeichnung (Anlage 1)[15] die dort enthaltenen 19 Punkte vor.

[15] Diese Anlage 1 liegt dem Protokoll bei. Die undatierte, nicht gezeichnete Auflistung ist überschrieben: »Die Deutsche Demokratische Republik ist bereit, zur weiteren Verbesserung des Verhältnisses zu Berlin (West) beizutragen. Sie schlägt folgende Verbesserungen vor:« – Der wesentliche Gehalt wurde weiter unten im Protokoll bei der Diskussion über diese Punkte Nr. 1–19 referiert.

Weiter teilte GS die Bereitschaft der DDR mit, die vor einigen Jahren in Westdeutschland eingeführten Erleichterungen für den Kleinen Grenzverkehr auch entsprechend auf die West-Berliner anzuwenden. Demzufolge werde es möglich sein, in den Besucherbüros auch 2-Tages-Besuche mit Übernachtungsmöglichkeit in der Hauptstadt zu beantragen und durchzuführen. Er übergab hierzu eine Aufzeichnung (Anlage 2).[16]

Er füge hinzu, daß er persönlich für diese Gleichstellung noch kurzfristig den Auftrag erteilt habe. Er selbst habe noch vorgestern nicht gedacht, daß dieser große Wunsch unserer Seite erfüllt werden könne.

GS legte sodann ausführlich anhand von Zahlen dar, wie sich der Reiseverkehr in den letzten 2 Jahren entwickelt habe:

Insgesamt	davon sozialist. Staaten	nichtsozialist. Staaten
1986 12 Mio.	7,5	4,4
1987 13,816 Mio.	8,6	5,139

Reisen BRD/Berlin-West
familiär touristisch: 5,062 Mio.
davon Berlin-West von   2,6 (1986) auf 2,8 Mio. (1987)

dringende Familienangelegenheiten

	1986	1987
	573 000	1,286 Mio.
davon Berlin-West	65 551	172 444

Das sei eine »kolossale Ausdehnung des Reiseverkehrs«.

Dies werde sich auch weiterhin so vollziehen. Sie wollten mehr jungen Menschen die Möglichkeit geben, auch das nichtsozialistische Ausland zu besuchen. Man müsse Interesse haben, das nicht zu stoppen.

17. RBm dankte für die vorgeschlagenen Verbesserungen und hob insbesondere die Fortschritte im Reise- und Besucherverkehr hervor. Er stehe nicht an, seine vorangegangenen kritischen Bemerkungen zu korrigieren und festzustellen, daß mit der 2-Tage-Regelung ein Fortschritt erzielt worden sei. Was die Ausführungen zur Abrüstung anbelange, so bestehe in der Grundtendenz weitgehend Übereinstimmung. Dies betreffe auch die Ausführungen zum Vier-Mächte-Abkommen (»Weiter-

---

[16] Liegt als Anlage 2 dem Protokoll bei. Danach wurde Personen »mit ständigem Wohnsitz in Berlin (West)« bei Tageseinreisen nach Ost-Berlin der Aufenthalt bis 24.00 Uhr des nächsten Tages gestattet, sofern sie den »Mindestumtausch für 2 Tage in Höhe von 50,– DM« und »Visa-Gebühren in Höhe von 15,– DM« entrichteten. Unberührt blieb davon die seit 1. 7. 1982 geltende Regelung für »Tageseinreisen bis 2.00 Uhr« des folgenden Tages.

entwicklung bei strikter Einhaltung«). Was die Darlegungen des GS zu den Ereignissen der letzten Zeit anbelange, so sehe er unser Verhalten nicht als eine Einmischung in die Angelegenheit der DDR an. Es sei vielmehr davon auszugehen, daß die kritischen Hinweise der Zielsetzung der KSZE entsprächen und es deshalb auch insoweit eine Verantwortungsgemeinschaft gebe; denn diese sei nicht nur beschränkt auf den Bereich der Rüstung und Abrüstung. Bei uns gäbe es Sorgen wegen der Rückwirkungen. Er registriere mit Genugtuung, daß der Reiseverkehr nicht geschmälert werde.

18. Nunmehr entwickelte sich auf der Grundlage der A n l a g e 1 ein längerer Dialog zwischen RBm und GS, aus dem folgendes festgehalten wird:

Nr. 1. – Bezirkskontakte
RBm begrüßte diesen Vorschlag als einen Schritt vorwärts. Obwohl Zehlendorf eine Partnerschaft mit Potsdam angestrebt habe und möglicherweise enttäuscht sei, daß diese nicht zustande gekommen sei, werde er dem Bezirksbürgermeister von Zehlendorf empfehlen, das Angebot anzunehmen.

Nr. 2. – Weiterer Ausbau der Wirtschafts- und Handelsbeziehungen
Nachdem GS bereits auf die existierenden Kontakte Beil/Pieroth[17] hingewiesen hatte und mit ironischem Unterton bemerkt hatte, daß jetzt in der DDR auch das Wort »Liberalisierung« gebraucht werde, wurde Übereinstimmung darüber erzielt, daß diese Vorschläge auf der bestehenden Ebene weiter besprochen werden sollen.

GS erklärte seine Bereitschaft, auch selbst in Leipzig mit dem RBm zu sprechen.[18]
RBm dankte hierfür.

Nr. 3. – Elektroenergie
RBm begrüßte die Möglichkeit des Strombezugs sowohl für Berlin als auch für die DDR.
Es wurde gemeinsam festgestellt, daß die Angelegenheit auf gutem Wege sei.[19]

Nr. 4. – Schnellbahn
GS übergab eine »Übersichtskarte der Eisenbahn-Transitstrecken

[17] Der Außenhandelsminister der DDR, Gerhard Beil, und der Senator für Wirtschaft und Arbeit Berlin, Elmar Pieroth, führten regelmäßige Gespräche, zumeist auf der Leipziger Frühjahrs- und Herbstmesse, das nächste am 14. 3. 1988 in Leipzig.
[18] Tatsächlich führte Diepgen am 13. 3. 1988 bei der Leipziger Messe dann ein Gespräch mit Honecker. Vgl. Nr. 66.
[19] Vorgesehen und vorgenommen wurde die Unterzeichnung der Grundsatzvereinbarung zum 7. 3. 1988.

BRD/Westberlin« (Anlage 3)[20] mit der Einzeichnung der von der DDR
für den Ausbau und die Elektrifizierung vorgeschlagenen Eisenbahnstrecke Berlin–Oebisfelde (Nordstrecke) und bemerkte, daß er hierüber auch mit dem Bundeskanzler und Minister Schäuble gesprochen
habe, die diese Schnellbahn im Rahmen einer internationalen Linie Paris–Moskau sähen.[21]

RBm begrüßte die Bereitschaft der DDR und erklärte, daß der Senat
dieses Vorhaben weiter gegenüber der Bundesregierung fördern werde.
Er stellte klar, daß die Gespräche über den Gesamtkomplex, also auch
die Berliner Strecken betreffenden Fragen, auf der Ebene der für die
Sondierungen Beauftragten geführt werden sollten. GS stimmte dem
zu.

Ihm wäre es jedoch wegen des Fahrgastaufkommens lieber, die
Strecke über Magdeburg zu führen und den Ausbau so zu gestalten, daß
auch Höchstgeschwindigkeiten erzielt werden können.

GS meinte, daß man diese Fragen den Fachleuten überlassen solle.

Nr. 5. – Eisenbahngespräche in Berlin (West) (Südgelände)
RBm benutzte diese Gelegenheit, um GS klarzumachen, daß der neueste Wunsch der DDR-Unterhändler, erst eine Grundsatzvereinbarung
abzuschließen und dann Absprachen über einzelne Vorhaben zu treffen, zu einer unnötigen Verzögerung führe. Er bat daher den GS, den
Auftrag zu geben, daß beschleunigt eine konkrete Vereinbarung über
den Ausbau des Containerbahnhofs und über die Unterstützung des
Ausbaus des Sachsendamms erteilt werde.

GS erklärte sich hiermit einverstanden.

Nr. 6. – Bahnhof Zoo
RBm und GS stellten fest, daß dieses Vorhaben planmäßig läuft.

Nr. 7. – Schleuse Spandau
RBm stellte fest, daß der Senat nach wie vor Interesse am Bau der
Schleuse habe. Leider gebe es zwei Probleme:

1. Das eingeleitete Bürgerbegehren.

2. Die Arbeiten, die zum Schutz der Bevölkerung und der Schiffahrt
vor Giftgasen getroffen werden müssen. In der Zitadelle habe sich während des Krieges das Heeres-Giftgas-Laboratorium befunden, und dieses habe seine Spuren hinterlassen. Praktische Folge sei, das dortige
Erdreich sozusagen »mit dem Löffel« aufzunehmen und zu prüfen. In-
folgedessen sei mit erheblichen Verzögerungen zu rechnen. Außerdem
müsse man damit rechnen, daß eine neue Diskussion in unserer Öffentlichkeit initiiert werde, die sich damit beschäftige, ob das Vorhaben

---

[20] Die als »Übersichtskarte der Eisenbahn-Transitstrecken BRD/Westberlin« gekennzeichnete Karte liegt als Anlage 3 bei. Sie sah eine Streckenführung über Stendal vor.
[21] Gemeint war bei den Besprechungen im Kanzleramt am 7./8. 9. 1987; siehe Nr. 43.

auch nach dem neuesten Stand der Technik durchgeführt werde, um die Zitadelle nicht zu gefährden. Ggf. müsse man lieber noch zwei Jahre warten.

GS äußerte Verständnis (»Sie haben ja vollkommen freie Hand. Sie brauchen uns nur mitzuteilen, wann was machbar ist.«) und bat um Mitteilung der Entscheidung des RBm. Hierbei erwähnte er, daß er viele Briefe von Bürgern und Bürgerinitiativen erhalten habe, aber hier gehe es ja um große Fragen des Verkehrs. Notfalls müsse eben noch zwei Jahre gewartet werden.

GS stimmte dem Vorschlag des RBm zu, diesen Punkt aus der Auflistung herauszunehmen.

Nr. 8. – Umweltschutz
RBm dankte für die Bereitschaft zur Übermittlung von Emissionsdaten der Sondermüllverbrennungsanlage Schöneiche und wies darauf hin, daß man die Ebene noch klären müsse. Nach seinem Verständnis solle es sich um eine technische Ebene handeln.

GS stimmte dem zu.

Nr. 9. – Abnahme von Abwasser und Abfallstoffen
RBm erklärte das grundsätzliche Interesse an einer weiteren Abnahme und erklärte, daß die Gespräche von der Berlin Consult geführt würden.

Nr. 10. – Gebietsaustausch
Es wurde Übereinstimmung über den Wertausgleich in Höhe von DM 76 Mio. festgestellt.

RBm legte Wert auf einen alsbaldigen Abschluß der Vereinbarung und wies auf das Problem hin, daß seitens der DDR die Notwendigkeit gesehen werde, die zu unseren Gunsten bestehende Flächenbilanz von ca. 15 ha zu reduzieren. Er bat um Prüfung.[22]

GS wandte sich an Dr. Müller und erklärte, daß er in einer solchen Differenz zugunsten des Senats kein Problem sähe.

GS entsprach einer weiteren Bitte des RBm und erteilte den Auftrag zur Prüfung der Möglichkeit einer Durchfahrt Böttcherberg-Enge für die Personenschiffahrt (mit positiver Tendenz: »Das ist ja nicht das Potsdamer Gewässer.«).

Nr. 11. – Tourismus
Nr. 12. – Mehrfachberechtigungsscheine[23]
Beide Punkte wurden ohne weitere Diskussion abgehakt.

---

[22] Der Gebietsaustausch von insgesamt 184 Hektar wurde am 1. 4. 1988 zwischen Berlin-West und der DDR vertraglich vereinbart. Vgl. AdG 1988, S. 32075.

[23] Die übergebene Anlage 1 sah eine »Erweiterung der Nutzungsmöglichkeiten des Mehrfachberechtigungsscheines auf 10 Einreisen« vor, sofern bei der Antragstellung bereits ein zwei-

Nr. 13.–15. – Grenzübergangsstellen und Grenzbrücken
Es bestand Übereinstimmung, daß die Experten ihre Gespräche fortsetzen.[24]

Nr. 16. und 17. – Kultur
RBm dankte für diese Vorschläge und erneuerte die Anregung, daß die DDR sich auch an den Festwochen und an dem Theatertreffen beteiligen möge.

GS erwiderte, daß er eine solche Möglichkeit sehe und verwies auf die Worte »u. a.« am Ende der Nr. 17. Hierüber könne gesprochen werden.

RBm trug den weiteren Wunsch von Austauschkonzerten der Philharmoniker aus beiden Teilen Berlins vor.

GS antwortete, soviel er wisse, habe Herr von Karajan seine Bereitschaft bereits erklärt.

Nr. 18. – Kulturgüter
RBm bat um Prüfung der Rückführung der Humboldt-Sammlung von Heinz in das Schloß Tegel.

GS vermied eine klare Antwort und erklärte jedoch seine Bereitschaft, daß über die Kulturgüter Experten miteinander sprechen.

Nr. 19. – Sport
RBm wies darauf hin, daß die vorgeschlagene Ebene DTSB und Landessportbund Berlin die bekannten Probleme aufwerfe und daß eine Zustimmung zu diesem Punkt ihm daher heute nicht möglich sei.

GS, der offensichtlich auf diese Bedenken vorbereitet war, erwiderte, daß es bei den »Patenschaften« (gemeint: Städtepartnerschaften) auch Sportlertreffen außerhalb des Sportkalenders gebe. Da der Sportkalender für 1988 bereits abgeschlossen sei, sehe er nur diesen Weg. Auf keinen Fall sei eine Aussonderung von Berlin beabsichtigt. Entsprechende Patenschaften gebe es auch mit Sportorganisationen des Saarlandes.

RBm erneuerte seinen Wunsch, daß Berlin im Sportkalender stärker als bisher im Sportverkehr zwischen den beiden deutschen Staaten berücksichtigt werde, wobei es für uns darauf ankäme, daß darüber in der vorgesehenen Art und Weise verhandelt werde. Er bat um Überprüfung, ob nicht zwischen den beiden Teilen Berlins auch über die Durchführung von Sportveranstaltungen gesprochen werden könne.

Es bestand Übereinstimmung, daß über diese Frage jede Seite noch einmal ihre Position bedenkt und daß man sich zu gegebener Zeit über das weitere Verfahren verständigen wird. Evtl. könne dies geschehen, wenn es zu einem Zusammentreffen anläßlich der Frühjahrsmesse in Leipzig kommen sollte.

ter Einreisetermin feststand. – Zum Tourismus hieß es nur »Erweiterung der Möglichkeiten durch Ausbau der Hotelkapazitäten in der DDR«.
[24] Vgl. Genaueres unter [b].

Beide Seiten waren sich einig, den Punkt aus der Liste herauszunehmen.

Reise- und Besucherverkehr

19. GS erläuterte im Zusammenhang mit den Verbesserungen im Reise- und Besucherverkehr (Anlage 2)[16] die Abweichungen zwischen dem »Kleinen Grenzverkehr« in Westdeutschland und der 2-Tages-Regelung für die Berliner.

RBm begrüßte diese Entwicklung und fragte nach dem Inkrafttreten der Verbesserungen.

GS beantwortete diese Frage nicht klar; es war jedoch deutlich, daß diese neue Möglichkeit alsbald in Kraft gesetzt wird.[25] GS fügte hinzu, daß man sich auf seiner Seite um diesen Wunsch der Berliner sehr bemüht habe.

U-Bahn-Wagen

20. Für die von RBm erwähnte Überlassung von 50 U-Bahn-Wagen an die Ost-Berliner BVG zu besonders günstigen Bedingungen bedankte sich der GS.

Internationale Veranstaltungen in Berlin

21. RBm stellte die Frage, warum die DDR noch immer nicht an wichtigen internationalen Veranstaltungen in Berlin teilnehme. Hier denke er insbesondere an die Funkausstellung und an die Grüne Woche.

Da GS antwortete, daß dies an der Beteiligung von Repräsentanten der Bundesregierung bei der Eröffnungsveranstaltung liege, erläuterte der RBm in längeren Ausführungen die für eine Teilnahme sprechenden Erwägungen. Er machte insbesondere klar, daß weder die Schirmherrschaft noch die Eröffnung einer Veranstaltung durch einen Bundesrepräsentanten eine rechtliche Relevanz habe. Abgesehen hiervon sollte die DDR in Betracht ziehen, daß er die Einladungsschreiben selbst unterzeichne und daß derartige Veranstaltungen in Übereinstimmung mit dem Vier-Mächte-Abkommen stünden.

GS erklärte sich mit dem Vorschlag des RBm, den Vorgang prüfen zu lassen, einverstanden und daß dies auf der Ebene Pieroth/Beil geschehen solle.[26] GS informierte weiter, daß sowohl die Funkausstellung als auch die Grüne Woche von Vertretern der DDR stark besucht werde.

---

[25] Die Regelung trat zum 1. 3. 1988 in Kraft.
[26] Dieser Punkt war u. a. Gegenstand des Gesprächs Pieroth/Beil am 14. 3. 1988 in Leipzig.

22. GS knüpfte an die einleitenden Ausführungen des RBm in bezug auf den Luftverkehr an, wonach die »Alliierte Initiative« auch eine Verbesserung des Luftverkehrs einschließe, und erwähnte, daß der Luftverkehr auch Gegenstand von Gesprächen in Bonn gewesen sei. Hierbei stellte er klar, daß die DDR zwar den Flugverkehr betreffenden Beschlüssen des Kontrollrates mit dem Briefwechsel Sorin/Bolz 1955[27] zugestimmt habe, daß es sich dort jedoch nur um den Militärverkehr handele und daß es noch keine Vereinbarung für den Zivilverkehr gebe. Dieser habe sich inzwischen zu einem sehr dichten Verkehr entwickelt, durch den auch das Schloß Niederschönhausen betroffen sei. Da eine Flugschneise direkt über den Schloßpark führe, sei er dadurch auch persönlich betroffen. Die DDR lege Wert auf die Lufthoheit für den Zivilverkehr und verhalte sich gegenüber derartigen Initiativen entsprechend (»Wir streben Ordnung für die zivile Luftfahrt an«).

RBm entgegnete, daß es unterschiedliche Rechtspositionen gebe. Die »Alliierte Initiative« eröffne eine Perspektive für die Flughäfen im Berliner Raum. Angesichts der Ausweitung des Flugverkehrs und der bestehenden Dichte im Luftraum komme es darauf an, in Überlegungen einzutreten, wie diese Faktoren ohne Diskriminierung einer Seite und zum Nutzen aller Seiten in Übereinstimmung gebracht werden könnten. Gemäß Grundlagen- und Verkehrsvertrag stehe noch ein deutsch-deutsches Luftverkehrsabkommen aus.

GS brachte zum Ausdruck, daß er diese Haltung im Grundsatz teilt, bedauerte jedoch, daß der Berlin-Komplex bereits jetzt ins Gespräch gebracht worden sei. Besser wäre es gewesen, wenn, worüber er auch in Bonn gesprochen habe, erst der Verkehr z. B. von München nach Leipzig und Dresden verhandelt worden wäre. Inzwischen habe er erfahren, daß viele Gesellschaften im Berlin-Verkehr fliegen wollen. Er weise darauf hin, daß man mit seiner Seite sprechen müsse. Er sei für Gespräche der Experten von Lufthansa und Interflug.

RBm hielt dem entgegen, daß auch er ein deutsch-deutsches Luftverkehrsabkommen für notwendig halte, wobei man allerdings zuvor die Probleme im Berlin-Luftverkehr regeln müsse.

Rechtshilfe, Konzerte vor dem Reichstag

23. GS teilte RBm mit, daß das Rechtshilfeersuchen unserer Seite im Zusammenhang mit den Vorkommnissen an der Zionskirche[28] in den

---

[27] Lothar Bolz (NDP), 1953–1965 Außenminister der DDR; Valerian Sorin, ab 1. 1. 1956 erster Botschafter der UdSSR in der Bundesrepublik.

[28] Zu dem Vorgehen der Stasi gegen Dissidenten im Umfeld der Zionskirche vgl. Nr. 63, Anm. 3.

nächsten Tagen von dem Generalstaatsanwalt der DDR positiv beantwortet werde und daß auch Beweismittel übermittelt werden.

Weiter nahm GS Bezug auf ein Ersuchen unseres Generalstaatsan-
waltes (FS vom 10. 2.?) und teilte mit, daß keine Feststellungen getroffen werden konnten.

Beide Vorgänge wurden nur bruchstückweise vorgetragen.

Schließlich erwähnte GS das Rockkonzert vor dem Reichstag im vergangenen Jahr und verband damit die Erwartung, daß die Lautspre-
chereinstellung bei solchen Veranstaltungen mit einem derartigen Lärm
wegen ihrer Auswirkungen auf die Charité und auf andere Bürger in
Zukunft geändert werde.

RBm wies darauf hin, daß das sichergestellt sei.[29]

Kontakte der Jüdischen Gemeinden

24. RBm übergab GS eine Buch-Dokumentation zur Ausstellung ›To-
pographie des Terrors‹ unter Hinweis darauf, daß wir bereit seien, diese
Ausstellung – entsprechend den Wünschen der DDR – auch nach Ost-
Berlin zu vergeben. Als GS erwähnte, daß auch er in der Albrechtstraße
zwei Wochen inhaftiert gewesen sei, wies RBm ihn darauf hin, daß
diese Inhaftierung – zusammen mit einem Foto des GS in dem übergebenen Buch dokumentiert sei. GS war hiervon sichtlich berührt und
kommentierte seine illegale Arbeit und die Zusammenarbeit mit den
von ihm geführten Widerstandskämpfern. Er erinnere sich noch daran,
daß ihm von einem Gefängniswächter bei einem Gang zum Verhör aus
dem Keller in eines der darüber liegenden Stockwerke bedeutet worden
sei, daß eine gute Bekannte von ihm [...][30] vor einiger Zeit »hinunterge-
fallen« sei und dabei den Tod gefunden habe. In diesem Zusammenhang würdigte er auch den westdeutschen Film über die Widerstands-
bewegung ›Weiße Rose‹. Dies sei ein guter Film. So wie diese Studenten
seien sie damals auch gewesen. Daher habe ihn dieser Film besonders
angesprochen.

In diesem Zusammenhang kam GS schließlich auf die Jüdischen Gemeinden in Berlin zu sprechen und bat den RBm, Herrn Galinski wissen zu lassen, daß er die Kontakte der beiden Gemeinden sehr begrüße.

RBm wies auf Schwierigkeiten bei der Unterstützung der Jüdischen
Gemeinde im Ostteil der Stadt durch die Jüdische Gemeinde hin; ein
Problem, das lösbar sein müsse.

(Zuvor hatte RBm auf gewisse Probleme in diesen Beziehungen hingewiesen.)

GS sagte Unterstützung zu.

[29] Das Rockkonzert mit Michael Jackson fand am 19. 6. 1988 statt.
[30] Name vom Autor ausgelassen, da es sich nicht um eine Person der Zeitgeschichte handelt.

25. Nachdem die Mitarbeiter gegen 12.10 Uhr den Gesprächsraum verließen, fand ein Vier-Augen-Gespräch von etwa 10 Minuten Dauer statt.

Abfahrt

26. GS verabschiedete RBm und dessen Mitarbeiter in der Eingangshalle. Der Protokollchef brachte RBm zum Wagen und verabschiedete sich hier. Nachdem RBm und seine Begleitung im Wagen saßen, grüßte der GS von der Eingangstür dem RBm zu.

Die folgenden Punkte 27–29 beziehen sich auf den nachfolgenden Besuch in der Ständigen Vertretung der Bundesrepublik und die Rückfahrt.

Kunze *[Unterschrift]*

[b] SAPMO ZPA IV 2/1/678: »Niederschrift über die Unterredung des Generalsekretärs des Zentralkomitees der SED und Vorsitzenden des Staatsrates der DDR, Erich Honecker, mit dem Regierenden Bürgermeister von Berlin (West), Eberhard Diepgen, am 11. Februar 1988«

E. Honecker begrüßte E. Diepgen. Indem er an seine Begegnung mit R. v. Weizsäcker als damaliger Regierender Bürgermeister von Berlin (West) im Jahre 1983 erinnerte[1], äußerte er sich überzeugt, daß auch das heutige Treffen nützlich sein werde. Könne doch Berlin (West) aus dem wieder in Gang kommenden Entspannungsprozeß nicht ausgelassen werden. Durch den Gipfel M. Gorbatschow/R. Reagan sei eine Wende von der Konfrontation zur Zusammenarbeit eingeleitet worden. Eine Verbesserung der Beziehungen zwischen der Sowjetunion und den USA wirke sich auf die gesamte Weltlage günstig aus, und wir seien bestrebt, diese Entwicklung zu fördern. [...]
Im Vergleich mit 1983 stehe also das heutige Treffen mit dem Regierenden Bürgermeister von Berlin (West) unter einem günstigeren Stern. Den Prozeß des Übergangs von der Konfrontation zur Entspannung zu unterstützen, sei auch außerordentlich bedeutsam für die weitere Entwicklung der Beziehungen zwischen der DDR und Berlin (West). E. Honecker schlug vor, daß E. Diepgen als Gast zuerst das Wort nehme.

E. Diepgen bedankte sich für die Möglichkeit des Gesprächs und für das Verständnis, das seine Verschiebung im Dezember 1987[31] gefunden habe. In der Tat hätten sich die Entwicklungen zwischen Ost und West erfreulich gestaltet. Höhepunkte seien der Gipfel R. Reagan/M. Gorbatschow und der Abschluß des INF-Abkommens gewesen.[3] Dazu hätten beide deutsche Staaten ihren Beitrag erbracht, die DDR insbesondere durch ihre Ankündigung des vorzeitigen Raketenabbaus, die BRD durch den Verzicht auf die Pershing Ia.

E. Diepgen verwies auch auf die Vorschläge der DDR im Brief E. Honeckers an H. Kohl[4], dessen Grüße er ausrichtete. Die Antwort auf das Schreiben E. Honeckers werde vorbereitet.[5] Die Vorschläge der DDR beträfen auch die Beziehungen im Bündnis und machten Abstimmungen erforderlich, die zur Zeit stattfänden. Danach werde die Antwort unverzüglich übermittelt.

Ungeachtet unterschiedlicher Positionen möchte er für die »politische Gruppierung, die er vertrete«, die Notwendigkeit weiterer Fortschritte auf dem Gebiet der Rüstungsbegrenzung und Abrüstung, eines Gleichgewichts auf möglichst niedrigem Niveau, der Beseitigung von Asymmetrien und der Angriffsfähigkeit, der Vertrauensbildung betonen. Man dürfe sich nicht nur auf Abrüstung konzentrieren, sondern müsse größeres Vertrauen durch mehr Zusammenarbeit auf verschiedensten Gebieten schaffen.

In diesem Zusammenhang begrüßte E. Diepgen die Feststellung E. Honeckers, daß die Entwicklung der Zusammenarbeit in Europa nicht um Berlin (West) herumführen dürfe. Vielmehr müsse die Einbeziehung in diese Entwicklung an praktischen Beispielen sichtbar werden.

E. Diepgen begrüßte, daß das Gemeinsame Kommuniqué über den offiziellen Besuch E. Honeckers in der BRD im Sinne früher vorgebrachter Wünsche seiner Seite ein Reihe positiver Ansatzpunkte enthalte. Im einzelnen nannte er die bereits paraphierte Vereinbarung über die Errichtung von Stromübertragungsanlagen und die bevorstehende Aufnahme von Gesprächen über den Ausbau und die Elektrifizierung der Transiteisenbahnstrecke Berlin (West)−Oebisfelde.

Als weitere Fortschritte wertete E. Diepgen die Entwicklung im Reise- und Besucherverkehr, die Gespräche zwischen D. Stronk und K. Löffler[8], die Aufnahme der Verhandlungen über die Rekonstruktion von Eisenbahnanlagen in Westberlin, den Stand der Verhandlungen zum Gebietsaustausch sowie die Entwicklung im Bereich der wirtschaftlichen Beziehungen. Positive Ergebnisse habe auch das Jubiläumsjahr gebracht. Anerkennend äußerte sich Diepgen zu den Leistungen beim Ausbau der DDR-Metropole, wozu die Rückführung von Kulturgütern beigetragen habe.

[31] Zu dem im Zusammenhang mit der 750-Jahr-Feier Berlins zunächst geplanten Besuch vgl. Nr. 32, Anm. 17 und Nr. 34.

Hinsichtlich der »Probleme der letzten Zeit«, der Vorgänge um die Demonstration am 17. Januar[6], der Ausreise und der Tätigkeit verschiedener Gruppierungen gebe es im »Ballungsgebiet Berlin« lebhafte Diskussionen. E. Diepgen äußerte Besorgnis über Rückwirkungen auf das deutsch-deutsche Verhältnis und die Hoffnung auf eine positive Entwicklung. Seine Seite habe den Versuch der DDR registriert, mit Besonnenheit zu handeln und Schaden zu begrenzen. In diesem Zusammenhang bezog er sich auf ein ND-Interview vom Herbst vorigen Jahres, in dem E. Honecker gesagt habe, die Mannigfachigkeit der Ideen, auch die Meinung Andersdenkender würden geachtet.[7]

Ihm gehe es um mehr Zusammenarbeit trotz des ideologischen Dissenses, trotz unterschiedlicher Rechtsstandpunkte in gesellschaftspolitischen Fragen, zum inneren und äußeren Status. Es gelte, noch mehr zu lernen, mit dem Dissens zu leben und sich dementsprechend im Beziehungsgeflecht zu bewegen. Als einen Ausgangspunkt für weitere Fortschritte betrachte der Senat auch die sogenannte Berlin-Initiative der drei Westmächte.[10]

E. Diepgen bekräftigte die Übereinstimmung in der Formel »strikte Einhaltung und volle Anwendung« des Vierseitigen Abkommens, einschließlich der Möglichkeiten für die Entwicklung der Beziehungen zwischen der DDR und Westberlin, die darin mit dem Grundsatz des Ausbaus der Kommunikationen vorgesehen sind. Dies gelte auch für die Entwicklung des Luftverkehrs. Auf diesem Gebiet sollten die Interessen der Interflug und der Lufthansa sowie der Flughäfen Tegel und Schönefeld stärker verbunden werden. Berücksichtigt werden müsse dabei die Perspektive der Entwicklung des Luftverkehrs, der sich zweifellos weiter ausdehnen werde.

Hinsichtlich einer Regelung der für Berlin (West) anstehenden Probleme habe das Vierseitige Abkommen den Rahmen geschaffen, der durch entsprechende Vereinbarungen ausgefüllt werden könnte, und hier sehe es besser aus als vor vier Jahren und auch vor einem Jahr.

E. Honecker dankte für die Darlegungen E. Diepgens und stellte den übereinstimmenden Willen fest, das mit dem Gespräch anläßlich der Leipziger Messe[9] begonnene Werk fortzusetzen. Zwischen der Hauptstadt der DDR und Berlin (West) sowie umgekehrt bestünden vielseitige Beziehungen. Die entscheidende Frage sei, wie man aktiv dazu beitragen könne, daß die Wende von der Konfrontation zur Entspannung und zur Zusammenarbeit unterschiedlicher Systeme vollzogen und nicht von Leuten aufgehalten wird, denen die ganze Richtung nicht paßt. Jetzt sei die Ratifizierung des INF-Vertrages im Gange. Wir hofften auf ein gutes Ende und auf Fortschritte in Genf bei der Vorbereitung eines von M. Gorbatschow und R. Reagan zu unterzeichnenden Abkommens über die 50%ige Reduzierung der strategischen Offensivwaffen unter Einhaltung des ABM-Vertrages. Hierin habe er auch große Übereinstimmung in seinen Gesprächen mit H. Kohl feststellen können. Der Abschluß des Abkommens über die 50%ige Reduzierung würde die Atmosphäre in der Welt verändern. So habe ihm z. B. Mitterrand beim Paris-Besuch erklärt, für Frankreich werde es dann keinerlei Tabus auf dem Gebiet der Abrüstung geben.[32]

E. Honecker bekräftigte die Notwendigkeit einer radikalen Verringerung der konventionellen Waffen und Streitkräfte, der Beseitigung von Asymmetrien durch Abrüstung und verwies auf die entsprechenden Vorschläge der Staaten des Warschauer Vertrages, die Nichtangriffsfähigkeit sowohl des Warschauer Vertrages als auch der NATO herbeizuführen. Bei seinem BRD-Besuch sei das Interesse beider deutscher Staaten unterstrichen worden, auch die taktischen Atomwaffen mit einer Reichweite bis 500 km zu beseitigen. F. J. Strauß habe sogar gesagt, ihm wäre es lieber gewesen, hätte man bei diesen Waffen überhaupt angefangen.[33] Auf der kürzlichen Wehrkunde-Tagung in München habe F. Carlucci erklärt, auf Atomwaffen könne nicht verzichtet werden.[12] Eine Modernisierung der Atomwaffen, fuhr E. Honecker fort, verhindere die Abwendung der Gefahr eines Atomkrieges. Mit Interesse, so E. Honecker, haben wir die Erklärung H. Kohls, mitgeteilt von F. Ost, zur Kenntnis genommen, daß von der Bundesregierung noch keine Entscheidung getroffen sei.[34]

In seinem Brief an H. Kohl[4], den er ebenfalls grüße, habe er sich für weitere Schritte beider deutscher Staaten in Richtung Abrüstung eingesetzt. So sei auch der Vorschlag der Staaten des Warschauer Vertrages zu sehen, die Militärdoktrinen beider Bündnisse zu diskutieren. Wenn die vordringlichen Weltprobleme der Abrüstung gelöst würden, dann hätte dies günstige Auswirkungen, wenn nicht, dann wären die Auswirkungen negativ.

E. Diepgen betonte, daß es zwar die bekannten unterschiedlichen Positionen gebe, er aber im übrigen für die »von ihm vertretene Seite« in den Abrüstungsfragen eine »weitgehende Übereinstimmung« feststellen könne. Beide Seiten sollten dies in ihrem jeweiligen Bündnis vertreten. E. Honecker fuhr fort:

Die DDR sei unbedingt dafür, daß der Prozeß der Entspannung und der verstärkten Zusammenarbeit nicht an Westberlin vorbeigeht. Sie sei für die strikte Einhaltung und volle Anwendung des Vierseitigen Abkommens, das sich bewährt habe und sich weiter bewähren solle. Dazu gehöre auch die Nichteinmischung in die inneren Angelegenheiten anderer. Die DDR treffe ihre Maßnahmen in voller Souveränität. Übrigens stünden sie in keinem Verhältnis zu den Maßnahmen, die beim

---

[32] Zu Honeckers Staatsbesuch vom 7. – 9. 1. 1988 in Frankreich vgl. Nr. 62, bes. Anm. 3.
[33] Vgl. Nr. 59.
[34] Friedhelm Ost, Regierungssprecher und Chef des Presse- und Informationsamtes der Bundesregierung.

Reagan-Besuch in Westberlin getroffen worden waren[13], zu den Berufsverboten u. a. Was die von E. Diepgen erwähnten Vorgänge betreffe, so habe es sich nicht um Andersdenkende gehandelt, sondern um bewußte Provokateure und ihr vorher organisiertes Auftreten. Westlichen Medien seien 200000 Teilnehmer an der Demonstration zu Ehren Karl Liebknechts und Rosa Luxemburgs weniger wichtig gewesen als 70 Provokateure. Entstellt worden sei die Rolle der Kirche. Sie dürfe sich nicht von jenen mißbrauchen lassen, die sie als Schirm für Aufgaben nutzen wollten, die mit den Aufgaben der Kirche nichts zu tun haben. In die inneren Angelegenheiten der Kirche mischten wir uns nicht ein, in der DDR bestehe Religionsfreiheit. E. Honecker erwähnte den am selben Tag von ›ND‹ veröffentlichten Brief eines Pfarrers aus Berlin-Marzahn und dessen eindeutige Haltung.[14] Auch in Zukunft werde die DDR für die Einhaltung ihrer Gesetze in jeder Beziehung sorgen.

E. Honecker erklärte zu den Beziehungen zwischen der DDR und Berlin (West), daß die Entwicklung der Zusammenarbeit, die Verhütung von Spannungen und Komplikationen ein unerläßliches Element der Friedenssicherung und Entspannung in Europa seien. Grundlage hierfür seien die strikte Achtung der Realitäten, der Unantastbarkeit der Grenzen, die Respektierung der legitimen Interessen aller beteiligter Seiten. Man dürfe das Klima nicht belasten, müsse das Machbare tun. Unangebrachte Belehrungen oder gar Verleumdungen in Fragen, die innere Angelegenheit der einen oder anderen Seite sind, könnten das Klima nur belasten.

Der im Vierseitigen Abkommen gefundene Interessenausgleich aller an den Westberliner Angelegenheiten beteiligten Seiten habe einen positiven Einfluß auf die Stabilisierung der Lage im Zentrum Europas und die Entspannung in den Ost-West-Beziehungen ausgeübt. Auf seiner Grundlage sei es möglich gewesen, zu einer großen Anzahl wichtiger Vereinbarungen und Regelungen zu gelangen, die die Lebensverhältnisse von Berlin (West) wesentlich verbessert haben. Am Vierseitigen Abkommen zu rütteln oder es auf seine Belastbarkeit zu testen, hieße, dieses Fundament der zum Nutzen des Friedens und zum Wohle der Menschen erreichten Verbesserung der Lage in Frage zu stellen.

Was die sogenannte Berlin-Initiative der drei Westmächte[10] betreffe, so sei sie bekanntlich nicht an die DDR gerichtet, obwohl sie der wichtigste Partner von Berlin (West) bei der weiteren Verbesserung seiner Außenbeziehungen ist und sich der Weg guter Nachbarschaft auf der Basis der Gleichberechtigung und gegenseitigen Achtung schon über viele Jahre mit zunehmendem Erfolg bewährt. Es verstehe sich, daß auch künftige Fortschritte nur möglich werden, wenn sich die beteiligten Seiten von den bestehenden Realitäten leiten lassen. Versuche, sich über die DDR hinwegzusetzen oder irgendwelche Fragen zu ihren Lasten regeln zu wollen, würden nur in die Sackgasse führen.

Dies gelte auch für Fragen des Luftverkehrs von und nach Berlin (West). Die DDR respektiere zwar aufgrund des Briefwechsels Bolz – Sorin vom September 1955[27] die Benutzung der sogenannten Luftkorridore zur Versorgung der Garnisonen der Streitkräfte der drei Westmächte in Westberlin; eine Regelung des zivilen Luftverkehrs sei jedoch bislang nicht erfolgt. In dieser Hinsicht müsse Ordnung geschaffen werden, zumal dieser Flugverkehr ständig zunehme, was auch mit erheblichen Belastungen für die Bevölkerung in bestimmten Bereichen der Hauptstadt Berlin verbunden sei. Es verstehe sich, daß alle weiteren Fragen auf der Grundlage der Achtung der Lufthoheit der DDR nur im Wege ordnungsgemäßer Vereinbarungen mit der DDR geregelt werden könnten.

Wenn es die vier Mächte für zeitgemäß erachten, sich über Angelegenheiten von Berlin (West) zu verständigen, sei dies zweifellos ihre Sache. Fragen aber, die den Luftraum der DDR oder ihre Beziehungen zu Berlin (West) beträfen, seien auf diesem Wege nicht lösbar; sie unterlägen der souveränen Entscheidung der DDR.

E. Honecker stimmte der von E. Diepgen wiederholt erhobenen Forderung zu, den im Vierseitigen Abkommen verankerten Grundsatz stärker auszuschöpfen, wonach die Kommunikationen zwischen den Westsektoren Berlins und der DDR entwickelt werden sollen. Ohne Berlin (West) von den Verbindungen abkoppeln zu wollen, die es zur BRD unterhalte, sei damit der Weg gewiesen, um Berlin (West) noch stärker in die Entwicklung des Dialogs und der Zusammenarbeit einzubeziehen.

Die DDR habe wiederholt Initiativen ergriffen, um das beiderseitige Verhältnis auf der Grundlage der Gleichberechtigung und zum gegenseitigen Vorteil auszubauen und zu vertiefen, was sich namentlich für die Lebensverhältnisse von Berlin (West), seine Bevölkerung und Wirtschaft positiv ausgewirkt habe.

Auch seit der letzten Begegnung im Frühjahr 1987 seien neue Ergebnisse zu verzeichnen. So seien durch die Errichtung einer Lichtleiterkabelanlage zwischen Berlin (West) und der BRD über das Territorium der DDR sowie zusätzliche Fernsprechleitungen die Fernseh- und Fernsprechverbindungen für Berlin (West) verbessert worden.

Der erste Abschnitt der Bauarbeiten zur Renovierung des Bahnhofs Zoologischer Garten sei abgeschlossen. Die zweite Bauphase solle bis Anfang 1989 beendet werden.

Der Warenaustausch zwischen der DDR und Berlin (West) konnte erweitert werden. Insbesondere habe die DDR ihre Käufe auf den Gebieten des Maschinenbaus und der Elektrotechnik/Elektronik erhöht. Die Gespräche zwischen G. Mittag, G. Beil und E. Pieroth[18] hätten sich hierfür positiv ausgewirkt.

E. Honecker äußerte, daß dies und viele weitere Beispiele, darunter auch die von E. Diepgen selbst genannten, von der positiven Bilanz in der Entwicklung der beiderseitigen Beziehungen zeugten. Als neuen konstruktiven Beitrag unterbreitete er Vorschläge für die weitere Gestaltung der Beziehung auf den Gebieten der Wirtschaft, des Verkehrs, der Kultur, des Umweltschutzes u. a. Wie E. Honecker feststellte, wurden sie vom Politbüro einstimmig beschlossen, und er wolle es unterstreichen: einstimmig. Die Vorschläge wurden von E. Honecker verlesen, erläutert und E. Diepgen schriftlich übergeben (Anlage).[15]

E. Honecker teilte als weiteres Entgegenkommen im Reise- und Besucherverkehr mit, daß die DDR künftig Personen mit ständigem Wohnsitz in Berlin (West) bei Tageseinreisen in die Hauptstadt Berlin den Aufenthalt bis 24.00 Uhr des folgenden Tages gestatten werde. Voraussetzung dafür sei die Vornahme des verbindlichen Mindestumtausches für 2 Tage in Höhe von 50,– DM. Die seit dem 1. Juli 1982 geltende Regelung für Tageseinreisen bis 2.00 Uhr des auf die Einreise folgenden Tages bleibe davon unberührt.[16] Der Termin der Inkraftsetzung dieser Regelung werde dem Senat rechtzeitig mitgeteilt.[25]

Damit werde dem von Westberliner Seite wiederholt geäußerten Wunsch Rechnung getragen, ständigen Einwohnern Westberlins bei Einreisen in die DDR-Hauptstadt die gleichen Möglichkeiten wie BRD-Bürgern bei Einreisen in grenznahe Kreise der DDR zu gewähren. Dies sei ein weiterer Schritt zur Erleichterung des Reise- und Besucherverkehrs, der in den letzten Jahren eine wesentliche Ausweitung erfahren habe. Anhand vorliegender Vergleichsmaterialien der Jahre 1986 und 1987 erläuterte E. Honecker diese Zunahme insgesamt sowie insbesondere zwischen der DDR und BRD bzw. der DDR und Westberlin.

E. Diepgen bedankte sich für die von E. Honecker unterbreiteten Vorschläge zur weiteren Entwicklung der Beziehungen, einschließlich des neuen Schritts zur Verbesserung des Reise- und Besucherverkehrs Westberliner Bürger in die DDR-Hauptstadt. Er bezeichnete die Entwicklung auf diesem Gebiet insgesamt als einen bedeutsamen Fortschritt in den deutsch-deutschen Beziehungen. Als ein Problem sprach er die Frage der Besuchsmöglichkeiten ehemaliger DDR-Bürger an, die vor dem 1. Januar 1982 die DDR verlassen haben.

Ein positiver Schritt sei auch die Möglichkeit der Herstellung von Kontakten Westberliner Stadtbezirke zu DDR-Städten. Zehlendorf werde entsprechend auf Königs Wusterhausen orientiert.

Es bestand Übereinstimmung, daß für den weiteren Ausbau der Wirtschafts- und Handelsbeziehungen die Gespräche G. Mittags und G. Beils mit E. Pieroth während der Leipziger Frühjahrsmesse weitergeführt werden sollten.[17]

Hinsichtlich der Eisenbahntransitstrecke Berlin (West)–Oebisfelde erklärte E. Diepgen, daß diese Teil einer künftigen Magistrale Warschau–Paris sei und die Anbindung an neue Techniken, insbesondere Höchstgeschwindigkeiten, möglich sein müßte. Die Streckenführung sollte besser über Magdeburg erfolgen. Über notwendige Ergänzungen zwischen Staaken und Friedrichstraße müsse verhandelt werden.

Die Verhandlungen über die Rekonstruktion von Eisenbahnanlagen in Berlin (West) würden schwierige Fragen aufwerfen. Die einzelnen Objekte (Sachsendamm, Containerbahnhof) bedürften langwieriger Genehmigungsverfahren. Deshalb entstehe Zeitverzug, wenn zuvor erst ein »großer Rahmen« geschaffen, d. h. eine generelle Vereinbarung geschlossen werden müsse. Es bestand Übereinstimmung, diese Fragen gleichzeitig zu erörtern.

Zum Neubau der Schleuse in Westberlin-Spandau bat E. Diepgen, dieses Projekt mit Rücksicht auf Diskussionen in der Öffentlichkeit und langwierige Vorbereitungsarbeiten zunächst nicht als gemeinsames Vorhaben in der Öffentlichkeit zu nennen. Die Zusage zur Übermittlung von Emissionsdaten der Sondermüllverbrennungsanlage in Schöneiche nahm E. Diepgen mit Dank zur Kenntnis. Es bestand Übereinstimmung, daß Gespräche hierüber auf technischer Ebene geführt werden sollten.

E. Diepgen bestätigte, daß der Senat im Rahmen des Gebietsaustausches einen Wertausgleich von 76 Mio. DM leisten wird. Es wurde bestätigt, daß die Vereinbarung auf der Grundlage des jetzt vorliegenden Verhandlungsergebnisses, einschließlich einer bestimmten Flächendifferenz zugunsten von Berlin (West) (15 ha), baldmöglich abgeschlossen werden solle.[22]

Hinsichtlich der Durchfahrt von Westberliner Passagierschiffen und Sportbooten durch bestimmte Bereiche der Potsdamer Gewässer wurde Prüfung zugesagt.

Zu den Fragen der Grenzübergangsstellen Rudower Chaussee und Mahlow sowie der Instandsetzung von Grenzbrücken bestand Übereinstimmung, daß dazu entsprechende Expertengespräche aufgenommen bzw. weitergeführt werden sollten.

E. Diepgen begrüßte die zur Entwicklung der kulturellen Kontakte und zur Teilnahme an internationalen Veranstaltungen in Westberlin genannten Vorschläge. Seinerseits regte er an, daß auch eine Teilnahme der DDR am Internationalen Theatertreffen sowie an den Westberliner Festwochen erfolgen sollte.

Weiter bat E. Diepgen, die Frage der künftigen Teilnahme an der Grünen Woche und der Funkausstellung zu prüfen.

E. Honecker bekräftigte, daß die DDR sich an vielfältigen internationalen Veranstaltungen in Westberlin beteiligt, wenn diese in Übereinstimmung mit dem Vierseitigen Abkommen durchgeführt werden. Schirmherrschaften oder Eröffnungsveranstaltungen durch Bundespolitiker dagegen könnten nicht akzeptiert werden. Es wurde vorgesehen, hierüber den Meinungsaustausch auf Expertenebene fortzusetzen.

Auch zur Rückführung von Kulturgütern ist beabsichtigt, Expertengespräche durchzuführen.

Zu den Sportkontakten äußerte E. Diepgen, daß hierüber nicht die Sportverbände beider Seiten, sondern Vereine der »beiden Stadtteile« miteinander sprechen sollten. Demgegenüber betonte E. Honecker, daß die Zuständigkeiten der jeweiligen Sportorganisationen respektiert werden müßten. E. Diepgen bat daraufhin, diesen Punkt zunächst zurückzustellen.

Ergänzend kündigte E. Honecker an, daß zu dem vom Westberliner Generalstaatsanwalt gestellten Rechtshilfeersuchen zur Verfolgung von Beteiligten an den Ausschreitungen in der Zionskirche in Kürze eine Antwort erfolgen werde. Ebenso werde eine Information zu der durch einen Westberliner Bürger mitgeteilten angeblichen Straftat in der DDR-Hauptstadt erfolgen.

Auf eine entsprechende Aufforderung sagte E. Diepgen zu, daß das angekündigte Rockkonzert vor dem Reichstag[29] nicht zu einer Beschallung in Richtung DDR-Hauptstadt führen werde. Die Veranstalter seien beauflagt, hierfür die erforderlichen Vorkehrungen zu treffen.

Abschließend wurde Übereinstimmung geäußert, daß das Treffen nützlich war und Impulse für die weitere Entwicklung der beiderseitigen Beziehungen gegeben hat. Die Gespräche sollen fortgesetzt werden. Eine nächste Begegnung während der Leipziger Messe wurde in Aussicht genommen.[18]

An dem Gespräch nahmen von seiten der DDR Frank-Joachim Herrmann und Walter Müller teil. Der Regierende Bürgermeister wurde von Staatssekretär Dr. Detlef Stronk, Chef der Senatskanzlei, sowie dem Beauftragten des Senats, Senatsdirigent Gerhard Kunze, begleitet.

[a] Unterlagen J. Rau: Vermerk vom 18. März 1988 über »Gespräch Ministerpräsident Rau mit dem Generalsekretär Erich Honecker am 13. März 1988 in Leipzig«

Teilnehmer auf DDR-Seite: Erich Honecker, Günter Mittag, Außenhandelsminister Beil und zwei weitere Herren (offenbar Mitarbeiter).[1]
Teilnehmer auf NRW-Seite: Ministerpräsident, Wirtschaftsminister Jochimsen, Minister für Bundesangelegenheiten Einert, Staatssekretär Dörrhöfer-Tucholski, Müller-Reinig.

Nach der Begrüßung durch Honecker leitete der Ministerpräsident das Gespräch mit dem Hinweis ein, daß er und Honecker sich zum dritten Mal in sechs Monaten sähen[2], was zeige, daß die politischen Kräfte in der Bundesrepublik sehr interessiert seien, die Beziehungen zu vertiefen. Als ganz wichtig für die Bundesrepublik, die DDR und West-Berlin bezeichnete der Ministerpräsident den Stromlieferungsvertrag.

Landespolitisch sprach er sich für noch konkretere Zusammenarbeit beim Umweltschutz aus und bot die Fortsetzung der Gespräche auf Ministerebene (Minister Matthiesen) an; ferner das Interesse an besseren Flugverbindungen mit Leipzig und Berlin, den Partnerschaftsvertrag der Hochschulen Dresden und Aachen, den Wunsch nach mehr Städtepartnerschaften und regelmäßige Koordinierungstreffen.

Honecker äußerte sich zunächst zu Abrüstungsfragen: Er gehe fest davon aus, daß der Vertrag über den Abbau der Mittelstreckenraketen ratifiziert werde. Die Bundesrepublik und die DDR hätten dazu gute Beiträge geleistet. Ebenso rechne er mit dem Zustandekommen des Vertrages über die Halbierung der strategischen Offensivwaffen bei Beibehaltung des ABM-Vertrages. Das werde die politische Situation verändern. Auch in Frankreich denke man jetzt anders, wie er bei seinem Frankreich-Besuch erfahren habe. Daß die NATO-Tagung keinen Modernisierungsbeschluß gefaßt habe, halte er für sehr gut. Es müsse auch mit der radikalen Reduzierung konventioneller Waffen begonnen werden. Insgesamt stelle er eine Wende zum Guten fest.

Die Aussichten zur Zusammenarbeit auf allen Gebieten seien besser geworden. Das sei auch für die Dritte Welt gut. Die DDR sei bereit, ihr Scherflein dazu beizutragen.

Zum Umweltschutz sagte Honecker, die DDR sei »sehr stark be-

---

[1] Die beiden »weiteren Herren« waren Staatssekretär Frank-Joachim Herrmann und der Hauptabteilungsleiter im MfAA Wolfgang Steger. Siehe unten bei [b].
[2] Vgl. Nr. 62 (14. 1. 1988) und Nr. 54 (9. 9. 1987).

strebt«, diese Frage zu lösen. Über Luftverkehrsfragen solle verhandelt werden.

Die innenpolitische Entwicklung der DDR bezeichnete Honecker als sehr stabil und dynamisch. Man mache jetzt eine gewaltige Anstrengung im Wohnungsbau. Das werde Vertrauen schaffen. Wenn dieses Problem 1990 gelöst sei, habe man beträchtliche Mittel für andere Aufgaben frei.

Die Schwierigkeiten mit der evangelischen Kirche seien ausgeräumt. Er sei im Gespräch mit Bischof Leich übereingekommen, »daß die Kirche das macht, was zur Kirche gehört, und der Staat das, was des Staates ist«.[3]

Zum Thema Perestroika und Glasnost sagte Honecker, jedes Land müsse sich entsprechend seinen nationalen Bedingungen verhalten, alles andere wäre eine gefährliche Entwicklung. »Wir bauen den Sozialismus auf nach unseren Vorstellungen, jeder auf seine Weise.«

Das SED/SPD-Papier nannte er ein Dokument von großem internationalen Wert und bahnbrechend.

Zu der Ausreiseproblematik: Man habe gedacht, es gehe ohne eine Verordnung oder ein Gesetz. Das sei aber nun erforderlich und in Ausarbeitung.[4] Was die Finanzierung angehe, sollten die DDR-Bürger nicht als Bettler erscheinen. Die DDR-Führung denke darüber nach, ob es die Möglichkeit gebe, auch bei gespaltener Währung Mark gegen Mark zu tauschen. Dafür würden gegenwärtig verschiedene Modelle geprüft. Das Problem müsse einer Lösung zugeführt werden. Er verwies auf die Vereinbarung mit der ČSSR.[5] Eine ähnliche Vereinbarung werde bald auch mit Polen getroffen.

Vom Ministerpräsidenten auf den Reiseverkehr aus der Bundesrepublik in die DDR angesprochen, antwortete er positiv. Man werde Touristenzentren und Hotels bauen. Dabei komme dem Jugendaustausch große Bedeutung zu. Neben dem deutsch-polnischen und dem deutsch-tschechoslowakischen Jugendwerk seien ähnliche Vereinbarungen auch mit westlichen Ländern denkbar, wie die vor kurzem getroffene Vereinbarung mit Japan zeige. Im Zusammenhang mit dem Wassersport kam die Frage des Grenzverlaufs an der Elbe ins Gespräch. Honecker sagte, er werde sich gerne mit Ministerpräsident Albrecht zusammensetzen.

Auf nochmalige Frage des Ministerpräsidenten, ob Gespräche über

[3] Wie Honecker dem Generalsekretär des ZK der Tschechoslowakei Milos Jakes am 10. 3. 1988 sagte (vgl: »Niederschrift« in: SAPMO ZPA IV 2/1/679), hatte Bischof Werner Leich, der Vorsitzende des Bundes der Evangelischen Kirchen in der DDR, in dieser Unterredung u. a. die Gleichheit aller Bürger in der DDR gefordert.

[4] Die ab 1. 1. 1989 geltende neue Regelung für »Reisen von Bürgern der DDR nach dem Ausland« wurde erst am 14. 12. 1988 im Gesetzblatt der DDR verkündet. Vgl. AdG 1988, S. 32838f.

[5] Die Vereinbarung erfolgte beim Treffen Honecker – Jakes am 10. 3. 1988; siehe Nr. 66, bes. Anm. 5.

den Reiseverkehr bald stattfinden könnten, sagte Honecker, Modellbe-
rechnungen seien in Auftrag gegeben.

Honecker sprach sich für einen besseren Informationsaustausch mit
mittelständischen Unternehmen aus der Bundesrepublik aus und lobte
den Stromlieferungsvertrag: »Von Benningsen-Foerder hat das gut gemacht mit Stoltenberg.[6] Wunderbar, wunderbar.« Die DDR werde sich
an sieben Messen in Nordrhein-Westfalen beteiligen. Der Ministerpräsident sprach in diesem Zusammenhang die Frage der Kompensationsgeschäfte an. Honecker sagte, die DDR habe auf dem Gebiet der Mikroelektronik »Siemens eingeholt und gleichgezogen«. Zu den jüngsten Demonstrationen in der DDR sagte Honecker, einige dieser jungen Leute seien asozial, zum Beispiel »Grufties, die Rockkonzerte auf
Friedhöfen« veranstalteten.[7]

Dem Gespräch in dieser Runde schloß sich ein Vier-Augen-Gespräch des Ministerpräsidenten mit Honecker an.

Hinweis: Alle öffentlichen Äußerungen Honeckers gegenüber dem
Ministerpräsidenten stehen zur Verfügung.

Müller-Reinig *[Unterschrift]*

*[b] SAPMO ZPA IV 2/1/679 und J IV/925: »Niederschrift über das Ge-
spräch des Generalsekretärs des Zentralkomitees der SED und Vorsitzenden des Staatsrates der DDR, Erich Honecker, mit dem Ministerpräsidenten Nordrhein-Westfalens, Johannes Rau, am 13. März 1988 in
Leipzig«*

E. Honecker begrüßte J. Rau herzlich. Bei diesem Treffen könne das
Gespräch vom Vormittag am Gemeinschaftsstand Nordrhein-Westfalens fortgesetzt werden, dem die Medien große Aufmerksamkeit gewidmet hätten und das sich auf die weitere Entwicklung der Beziehungen zwischen der DDR und der BRD positiv auswirken werde. Der
Gast, so schlage er vor, möge als erster sprechen.

J. Rau äußerte seine Genugtuung, E. Honecker innerhalb von 6 Monaten zum dritten Mal zu sehen.[2] Das sei ein Beweis, daß die politischen
Kräfte in der BRD, die Sozialdemokraten schon seit langem, sehr daran

---

[6] Rudolf von Benningsen-Foerder war Vorstandsvorsitzender des Veba-Konzerns, Gerhard
Stoltenberg Bundesfinanzminister.
[7] Zu den Repressionsmaßnahmen, die u. a. am 6. 3. 1988 gegen Besucher der Sophienkirche
ergriffen wurden, vgl. Nr. 65, Anm. 3.

interessiert seien, die beiderseitigen Beziehungen zu verstärken und zu vertiefen. Er freue sich, daß E. Honecker in seiner Erklärung am NRW-Gemeinschaftsstand deutlich die Absicht ausgesprochen habe, das bei seinem BRD-Besuch vereinbarte Kommuniqué mit Leben zu erfüllen. Schon bei der Begegnung im Januar habe man feststellen können, daß die Dinge auf den Weg gebracht seien, und er stimme E. Honecker voll darin zu, daß sie dort auch gelassen werden müßten und nichts verzögert werden dürfe.

Als ein wichtiges Element bezeichnete J. Rau den Abschluß des Stromverbund-Vertrages. Beide Seiten wüßten noch gar nicht, wie weitreichend dieser Schritt für die BRD und Westberlin sei. Die beiderseitigen Bemühungen hätten sich ausgezahlt. Im Handel der BRD mit der DDR stelle Nordrhein-Westfalen ein Drittel des Gesamtvolumens. Hier seien noch einige Dinge zu machen, insbesondere zur Behebung von Informationsdefiziten von mittleren und kleineren Unternehmen, die nicht immer wüßten, wer in der DDR ihr Partner sein könne.

Ausgehend davon, daß man über die große Politik bereits am Vormittag gesprochen habe, sei er daran interessiert zu erfahren, wie E. Honecker die weitere Abrüstung, die Entwicklung nach dem außerordentlich wahrscheinlichen Ratifizierungsprozeß beim Vertrag über die Mittelstreckenraketen sehe. Aus landespolitischer Sicht interessiere ihn eine noch konkretere Zusammenarbeit im Umweltschutz, worüber die Umweltminister Mat[t]hiesen und Reichelt ihre Gespräche fortsetzen würden, sowie ein Flugverkehrsabkommen unter Einbeziehung von Frankfurt/Main. Als außerordentlich gut bewerte er das Zustandekommen eines Partnerschaftsvertrages zwischen der TU Dresden und der TH Aachen, die sozusagen ein technologisches Mekka sei. In der kulturellen Zusammenarbeit sei man ein ganzes Stück weitergekommen, was auch die von ihm besuchte Beuys-Ausstellung belege.[8] Es gebe mehr Städtepartnerschaften als bisher, hier sei der Hunger unersättlich, und nun müsse man warten, welche Möglichkeiten sich weiter zeigten. Für gut halte er, wenn die Ressortkollegen seines Kabinetts mit den zuständigen Stellen der DDR kooperierten, ständige Treffen verabredet würden. J. Rau fragte, wie E. Honecker die innenpolitische Situation der DDR sehe.

Die Ost-West-Beziehungen befänden sich auf gutem Weg. Unlängst sei F. J. Strauß aus Moskau zurückgekommen[9], wäre er doch 10 Jahre eher dorthin gefahren. E. Honecker: Er war zuerst in Leipzig. J. Rau: Ich bin dafür, diese Reihenfolge beizubehalten.

E. Honecker dankte für die Darlegungen und Fragestellungen J. Raus. Er gehe fest davon aus, daß es zur Ratifizierung des Vertrages über die

[8] Der Anlaß für Raus Besuch im Januar 1988 war die Eröffnung einer Ausstellung mit Werken von Joseph Beuys in der Akademie der Künste in Berlin-Ost gewesen.

[9] Strauß hatte vom 28. – 31. 12. 1987 die Sowjetunion besucht.

Mittelstreckenwaffen komme. In Vereinbarung mit der Sowjetunion habe die DDR bestimmte Vorleistungen erbracht, die als vertrauensbildende Maßnahmen zu verstehen seien. Die vom Territorium der DDR abgezogenen Raketen kürzerer Reichweite seien gestern in Kasachstan eingetroffen, wo sie nach der Vertragsratifizierung zerstört werden. Auf nuklearem Gebiet sei also der Abrüstungsprozeß eingeleitet. Dazu hätten die DDR und die BRD, diese zuerst mit Hangen und Bangen, schließlich aber doch, ihren Beitrag geleistet.

Auch gehe er fest davon aus, daß es zu einer Halbierung der strategischen Offensivwaffen der UdSSR und der USA bei Beibehaltung des ABM-Vertrages kommt. Das würde die internationale Situation, die Atmosphäre für die Abrüstung verändern. Wie er von seinem Besuch in Paris wisse, werde dann auch Frankreich über seine Beteiligung am Abrüstungsprozeß anders denken.

Als er die BRD besuchte, sei ihm in Bonn und München gesagt worden, daß man es dort lieber gesehen hätte, mit der Abrüstung bei Raketen unter 500 km Reichweite zu beginnen. F. J. Strauß, A. Dregger, T. Waigel, ganz abgesehen von W. Brandt und anderen SPD-Politikern, hätten den Standpunkt vertreten, daß es gut wäre, zur Liquidierung dieser Waffen zu gelangen.[10] Jetzt würden die Mittelstreckenraketen beseitigt, aber es gebe Widerstand hinsichtlich der Abschaffung der Raketen unter 500 km. [...]

[...] Die Raketen unter 500 km müßten wegverhandelt, mit der radikalen Reduzierung der konventionellen Streitkräfte und Rüstungen müsse begonnen werden. Das sei auch die Auffassung in unserem Bündnis. Asymmetrien bei Panzern und Kampfflugzeugen gelte es nicht durch Aufrüstung, sondern durch Abrüstung zu beseitigen.

Es brächte eine Wende zum Guten, wenn sich dies im Verlauf des Jahres 1988 vollziehe, wenn das Treffen M. Gorbatschow/R. Reagan im Mai stattfinde[11] und ein Abkommen über die Halbierung der strategischen Offensivwaffen unterzeichnet werde. Dadurch würde eine völlig neue Atmosphäre in der Welt entstehen, und die Aussichten für die Zusammenarbeit würden sich verbessern. Auch die Dritte Welt könnte aufatmen, da sich die Rüstungslast verringerte. Die DDR sei bereit, ihr Scherflein zur Lösung der Nord-Süd-Probleme beizutragen. [...]

E. Honecker ging sodann auf die einzelnen Fragen ein, die J. Rau aufgeworfen hatte.

Zum Umweltschutz. Wir seien in Verhandlungen bestrebt, diese Fragen zu lösen. In der DDR selbst sei dies nicht dadurch möglich, daß man die Chemiebetriebe abbaue. Wichtigste Energiequelle bleibe die

[10] Vgl. Nr. 59 (Strauß), 48 (Dregger und Waigel) und 53 (Brandt).
[11] Das 4. Gipfeltreffen zwischen Gorbatschow und Reagan fand vom 29. 5. – 2. 6. 1988 in Moskau statt. Ein Abkommen über die Halbierung strategischer Offensivwaffen wurde noch nicht abgeschlossen, es galt nur als »in Reichweite«.

Braunkohle, deren Förderung jährlich über 300 Mio. Tonnen betrage und auf 330 Mio. Tonnen gesteigert werden solle. 4 Tonnen Braunkohle seien gleich eine Tonne Erdöl. Auf der Münchener Umweltkonferenz habe die DDR der Verpflichtung zugestimmt, den Schwefeldioxidausstoß um 30% zu senken, wobei Schwefeldioxid für die Produktion genutzt werden solle.

Zu einem Luftverkehrsabkommen. Es bestünden Kontakte zwischen Interflug und Lufthansa, aber Verhandlungen seien noch nicht in Gang gekommen. In dieser Frage sprächen auch andere mit. Beschritten werden sollte der ursprünglich festgelegte Weg von Verhandlungen zwischen Interflug und Lufthansa.

Zur innenpolitischen Lage der DDR. Die Entwicklung verlaufe sehr stabil und dynamisch, und das gesellschaftliche Leben werde bereichert durch die vielfältige Aktivität der verschiedenen Parteien und Massenorganisationen. So bestimme der FDGB, der über 9,5 Millionen Mitglieder verfügt, sehr stark das gesellschaftliche Leben und das Betriebsklima mit. Befruchtet werde die gesamte Entwicklung durch die Beschlüsse des XI. Parteitages der SED, der die Einheit von Wirtschafts- und Sozialpolitik bekräftigt habe. In unserer ökonomischen Strategie konzentrieren wir uns auf die Hochtechnologie ohne Vernachlässigung anderer Bereiche, was manchmal nicht unkompliziert sei.

E. Honecker verwies darauf, daß das produzierte Nationaleinkommen, das 1971 127 Mrd. M betragen habe, gegenwärtig 241 Mrd. M erreiche. [...]

Honecker nannte dann weitere »Erfolgs«-Daten – Anstieg der Warenproduktion, des Wohnungsbaus, der Nettoeinkommen; das »breite sozialpolitische Netz« und das »Arbeitsgesetzbuch«. Im Haushaltsgesetz 1988 seien erstmals detailliert die Einnahmen und die Ausgaben nachgewiesen, und aus ihm gehe hervor, daß bei uns die Betriebe, im Unterschied zu anderen Ländern, rentabel arbeiten. Von ihnen komme der größte Anteil an den Einnahmen.

In diesem Zusammenhang erläuterte E. Honecker die Struktur unserer Volkswirtschaft mit 127 Kombinaten als Rückgrat. Diese Kombinate seien in etwa dem zu vergleichen, was die Bosse leiteten, die er bei seinem BRD-Besuch in Köln getroffen habe. Dabei sei deutlich geworden, daß beide Seiten etwas von Betriebsführung und Schlüsseltechnologien verstehen. [...]

Das rege gesellschaftliche und politische Leben in der DDR sei jedenfalls anders, als es in den Medien der BRD dargestellt werde. Bestimmte Diskussionen gebe es mit der evangelischen Kirche. In seinem Gespräch mit W. Leich[3] seien solche Probleme ausgeräumt und übereinstimmend festgestellt worden, daß die Kirche tut, was Sache der Kirche ist, und der Staat, was Sache des Staates ist. Bei uns bestehe Religionsfreiheit, gleichzeitig sei klar, daß alle vor dem Gesetz gleich sind.

E. Honecker hob die gesellschaftlichen Aktivitäten der verschiedenen Parteien und Massenorganisationen hervor, die Entwicklung des Sports, wovon in Calgary[12] wieder Zeugnis abgelegt worden sei. Heute morgen habe der kanadische Botschafter diese Leistungen gewürdigt. J. Rau: Die Bundesrepublik schwärmt von Katharina Witt. Was Perestroika und Glasnost angehe, fuhr E. Honecker fort, so baue jedes Land den Sozialismus entsprechend seinen Bedingungen auf. Wir unterstützten die Sowjetunion in ihren Bestrebungen, die sozialökonomische Entwicklung zu beschleunigen, und freuten uns, wenn die Ziele, die man sich dort stelle, bald erreicht würden. J. Rau habe mit M. Gorbatschow gesprochen.[13] E. Honecker werde ihn auf der nächsten Tagung des Politischen Beratenden Ausschusses[14] erneut treffen. Für den Sozialismus gebe es kein Modell, das überall angewandt werden könne. Jedes Land tue dies auf seine Weise, entsprechend dem jeweiligen Parteiprogramm. In der DDR werde der Sozialismus unter weltoffenen Bedingungen aufgebaut, für die nicht zuletzt das Einwirken zahlreicher westlicher Fernsehsender und Rundfunkstationen kennzeichnend sei. Der Streit der Ideologien, zu dem SED/SPD zusammen mit der gemeinsamen Sicherheit ihren Standpunkt geäußert haben, verlaufe recht munter und werde weitergeführt. Dieses Papier sei, wie er bei seinen Reisen habe feststellen können, von großem internationalen Wert, es sei auch in Moskau begrüßt worden.

Zum Reise- und Besucherverkehr zwischen der DDR und der BRD sowie Berlin (West) beantwortete E. Honecker eine diesbezügliche Frage J. Raus, eine Grundlage für die Genehmigung solcher Reisen sei in Vorbereitung. Ihr Umfang habe stark zugenommen, so hätten während der ersten beiden Monate dieses Jahres 550 000 Bürger der DDR Berlin (West) besucht. Gewisse Schwierigkeiten bereite die Finanzierung, denn die DDR wolle nicht, daß ihre Bürger als Bettler erscheinen, um 100 DM als »Begrüßungsgeld« entgegenzunehmen. Nachgedacht werde, ob sie Mark gegen Mark tauschen könnten. Für dieses Problem müsse eine Lösung gefunden werden, um auch Währungsspekulationen in Geldinstituten der BRD auszuschalten. Bei Reisen in sozialistische Länder bestehe das Problem nicht. So reisten 7 Millionen Bürger der DDR jährlich in die ČSSR. Mit M. Jakes[3] sei jetzt vereinbart worden, das bisherige Quotensystem aufzugeben. Das Verhalten der tschechoslowakischen Führung in dieser Frage sei lobenswert.

[12] In Calgary (Provinz Alberta, Kanada) fanden die Olympischen Winterspiele statt, bei denen Katharina Witt die Goldmedaille im Eiskunstlauf gewann.

[13] Das Treffen von Rau mit Gorbatschow hatte schon am 25. 6. 1986 stattgefunden.

[14] Es handelte sich um den »Politischen Beratenden Ausschuß« der Warschauer-Pakt-Staaten, de facto eine Art Gipfelkonferenz der Partei- und Staatschefs. Die turnusmäßige nächste Sitzung fand am 15./16. 7. 1988 in Warschau statt.

Insgesamt seien 13 Millionen Bürger am Reiseverkehr beteiligt, davon 5 Millionen mit Besuchen in der BRD und Berlin (West).

Zum Interesse J. Raus an einer Ausdehnung der Reisen von Bürgern der BRD in verschiedenste Regionen der DDR, zu Erholungsaufenthalten beispielsweise an der Ostsee und anderswo, bemerkte E. Honecker, daß der Tourismus ständig erweitert worden sei. Er verwies insbesondere auf den Jugendtourismus, den jährlichen Austausch von 350 000 Jugendlichen mit der VR Polen sowie auf die Absicht, sowohl mit der VR Polen als auch mit der ČSSR ein gemeinsames Jugendwerk ins Leben zu rufen.

Was den Ausbau der Kapazitäten für die Unterbringung angehe, so sei zu berücksichtigen, daß die DDR ihre Mittel vor allem auf den Wohnungsbau konzentriert, zu dem der Neubau und die Rekonstruktion vieler Kulturstätten wie des Deutschen Theaters, der Staatsoper, des Friedrichstadtpalastes, des Schauspielhauses, des Freizeitzentrums Berlin-Friedrichshain, des Pionierpalastes usw. kämen. Demnächst werde die NVA jene Unterkünfte für die sowjetischen Einheiten, die mit den Raketen kürzerer Reichweite in die Sowjetunion zurückgekehrt sind, dem FDGB übergeben. Wo die Raketen stationiert gewesen seien, könnten sich dann die Werktätigen erholen.

J. Rau warf ein, daß O. Lafontaine gute Beziehungen zu Eisenhüttenstadt unterhalte, aber nicht so gute zu den Gewerkschaften habe. E. Honecker sagte, er selbst sei immer an guten Beziehungen zu den Gewerkschaften interessiert. Sich für Arbeitszeitverzicht ohne Lohnausgleich einzusetzen, sei keine gewerkschaftliche Forderung. Aber er wolle sich hier nicht einmischen.

Die positive Entwicklung der Zusammenarbeit zwischen der DDR und Nordrhein-Westfalen würdigend, hob E. Honecker die Wirtschaftskraft Nordrhein-Westfalens hervor, die sich auch in seinem Anteil von 5 Mrd. V[errechnungs-]M am gesamten Warenaustausch mit der BRD in Höhe von 15,5 Mrd. VM ausdrückt. Es wurde festgestellt, daß in den folgenden Gesprächen zwischen G. Beil und R. Jochimsen[15] die weitere Schrittfolge für 1988 vereinbart werden soll.

E. Honecker teilte mit, daß wir uns bereits mit der Ausarbeitung des Planes für 1991 bis 1996 beschäftigten. Ins Auge gefaßt werde eine weitere Steigerung des produzierten Nationaleinkommens um 4 bis 5%, der industriellen Warenproduktion im gleichen Umfang, der Nettogeldeinnahmen der Bevölkerung um 4%, des Einzelhandelsumsatzes um 4%. Während des genannten Zeitraums werde kein so großes Wohnungsbauprogramm realisiert und würden die Kräfte an anderen Plätzen in der Wirtschaft eingesetzt. Zugleich werde in Rechnung gestellt, daß die kulturellen Ansprüche auch an das Wohnen wachsen.

[15] Raimund Jochimsen, Wirtschaftsminister von NRW, und Außenminister Beil, verhandelten im Anschluß über Wirtschaftsfragen.

[...] Zum 40. Jahrestag der DDR werde der 1-Megabit-Speicher fertig sein, am 4-Megabit-Speicher werde gearbeitet. Die Beschlüsse des XI. Parteitages, unterstrich E. Honecker, werden erfüllt.

Seitens der DDR nahmen an dem Gespräch Günter Mittag, Gerhard Beil, F.-J. Herrmann und Wolfgang Steger teil. J. Rau wurde begleitet von Prof. Dr. Raimund Jochimsen, Minister für Wirtschaft, Mittelstand und Technologie, Günther Einert, Minister für Bundesangelegenheiten, Staatssekretärin Heide Dörrhöfer-Tucholski, Dr. Klaus-Dieter Leister, Staatssekretär und Chef der Staatskanzlei, und Dr. Hans Otto Bräutigam, Leiter der Ständigen Vertretung der BRD in der DDR.

[a] *Landesarchiv Berlin, Rep. 2, Reg. sign. 7311/03 B 2, Bd. XVI. 6. 3. – 21. 7. 1988; Berlin, 15. 3. 1988: »Protokoll über das 4. Gespräch des Regierenden Bürgermeisters Eberhard Diepgen mit Generalsekretär und Staatsratsvorsitzenden Erich Honecker«*

Termin: 13. März 1988 (Sonntag)
Ort: Gästehaus des Ministerrates, Leipzig, Schwägerichenstr. 14
Teilnehmer: Erich Honecker, Generalsekretär des Zentralkomitees der Sozialistischen Einheitspartei Deutschlands und Vorsitzender des Staatsrates der DDR, Staatssekretär Frank-Joachim Herrmann, Leiter der Kanzlei des Staatsrates, Dr. Gerhard Beil, Minister für Außenhandel der DDR, Dr. Walter Müller, Besuchsbeauftragter der Regierung der DDR
Eberhard Diepgen, Regierender Bürgermeister von Berlin und Mitglied des Vorstandes der Christlich Demokratischen Union Deutschlands, Elmar Pieroth, Senator für Wirtschaft und Arbeit, Staatssekretär Dr. Detlef Stronk, Chef der Senatskanzlei, Ministerialrat Franz Rösch, Leiter der Treuhandstelle für Industrie und Handel, Senatsdirigent Gerhard Kunze, Besuchsbeauftragter des Senats von Berlin.
Zeitlicher Ablauf: 15.00 bis 16.05 Uhr
Letztes Gespräch: 11. Februar 1988/Schloß Niederschönhausen
Anlagen: 1. Muster von Einladungen zur Internationalen Grünen Woche, 2. Aufzeichnungen über DDR-Beteiligung an Veranstaltungen in Berlin (West) im Jahre 1988 (5 Bl.)

Allgemeines

1. Gegen 14.45 Uhr fuhren RBm und Begleitung – in 2 PKW des Senats – vom Hotel Merkur zum DDR-Gästehaus. Sie wurden hierbei begleitet von örtlicher Polizei mit einem PKW sowie von einem PKW des Sicherungskommandos des MfAA, das RBm bereits auf der Fahrt von Drewitz nach Leipzig eskortiert hatte. Die Wagen trafen gegen 14.55 Uhr vor dem Gästehaus ein.
2. RBm und seine Begleitung wurden sofort von GS und dessen Begleitung in einem größeren Raum begrüßt. An dieser Begrüßungszeremonie nahm eine größere Anzahl von Medienvertretern teil.
3. Von hier aus führte GS den RBm in einen anschließenden Raum, in dem das Gespräch an einem runden Tisch stattfand. Hier wurde den Medienvertretern noch einmal Gelegenheit gegeben, die Gesprächsteilnehmer zu filmen und zu fotografieren. Das Gespräch begann pünktlich um 15.00 Uhr.

4. GS begrüßte RBm freundlich und brachte seine Freude zum Ausdruck, daß schon jetzt das Gespräch in Niederschönhausen seine Fortsetzung finde.[1] Nachdem er kurz erwähnte, daß einige Fragen des letzten Gesprächs geklärt und andere in Arbeit seien, gab er sofort dem RBm das Wort.

Ausführungen des Regierenden Bürgermeisters (15.03–15.13 Uhr)

5. RBm dankte für die Möglichkeit der Fortsetzung des Gesprächs von Niederschönhausen und hob das positive Echo hervor, welches dieses letzte Gespräch gehabt habe. Er fügte hinzu, daß die konkreten Gesprächsergebnisse zum Teil bereits in die Praxis umgesetzt worden seien, wie z. B. die Möglichkeit der Übernachtung im Rahmen des Reise- und Besucherverkehrs im anderen Teil der Stadt.

Er freue sich, auch feststellen zu können, daß es auch einen Fortschritt gegeben habe im allgemeinen politischen Bereich. Er wolle nur erwähnen den Raketenabbau in der DDR und den letzten NATO-Gipfel, der ein Mehr an Sicherheit gebracht habe.[2] Ihm komme es aber insbesondere darauf an, daß die Fragen der Rüstungskontrolle nicht isoliert behandelt werden, sondern daß sie – entsprechend den Beschlüssen der KSZE – im Zusammenhang mit den vertrauensbildenden Maßnahmen und den humanitären Anliegen gesehen und behandelt werden. Ohne sich in die inneren Angelegenheiten der DDR einmischen zu wollen, bitte er, diesen letzteren Aspekten auch in der DDR besondere Aufmerksamkeit zu schenken. Dies gelte insbesondere bei der Stellung von Ausreiseanträgen seitens der Bürger der DDR.[3] In diesem Zusammenhang möchte er das Interesse der Bundesregierung und des Senats an einer weiteren positiven Entwicklung des Reiseverkehrs nicht nur von West nach Ost, sondern auch von Ost nach West unterstreichen. Hier dürfe es keine Rückschritte geben. Die Reaktion von Politikern unserer Seite auf die genannten Ereignisse sei von dem Bemühen getragen, zu einer Deeskalierung beizutragen.[4] Daher bitte er um Verständnis für die folgenden zwei Punkte: Einmal gehe es darum, denjenigen,

---

[1] Siehe Nr. 64.

[2] Mit dem Abzug von Mittelstreckenraketen kürzerer Reichweite aus der DDR war am 25. 2. 1988 begonnen worden. – Die letzte NATO-Gipfelkonferenz hatte am 2./3. 2. 1988 stattgefunden. Vgl. AdG 1988, S. 31993 ff.

[3] Die Ausreiseproblematik war besonders durch die nicht ganz freiwilligen Ausreisen von Freya Klier und Stephan Krawczyk am 2. 2. 1988 akut geworden. Sie stand im Zusammenhang mit dem verschärften Vorgehen der DDR-Instanzen gegen Dissidenten. Vgl. bes. Nr. 63. Eine Neuregelung »der Reisen von DDR-Bürgern« ins Ausland, die sich auch auf »ständige Ausreisen« bezog, erfolgte erst am 14. 12. 1988 mit Wirkung vom 1. 1. 1989. Vgl. AdG 1988, S. 32838 f.

[4] Vgl. Einleitung I, 2 c) sowie Nr. 63, Anm. 15.

die in die DDR zurückkehren wollen, eine solche Möglichkeit nicht zu verwehren. Dies sei für die weitere Entwicklung der Beziehungen von besonderer psychologischer Bedeutung. Zum anderen gehe es darum, eine gewisse Berechenbarkeit bei der Beurteilung und Entscheidung von Ausreiseanträgen sicherzustellen.

6. Nachdem seit dem letzten Treffen der Stromlieferungsvertrag unterzeichnet worden sei und inzwischen auch klargestellt worden sei, daß die Übernachtungsregelung auch eine Übernachtung im Hotel ermögliche[5], möchte er sich heute auf die folgenden Punkte konzentrieren: Tourismus, Übergänge, wirtschaftliche Zusammenarbeit, Teilnahme der DDR an Veranstaltungen in Berlin (West) und Schleuse Spandau.

7. Was die Schleuse Spandau anbelange, so *wiederholte Diepgen die Argumente aus Nr. 64.* Er habe dies heute noch einmal im Zusammenhang vorgetragen, weil er nunmehr auch die Öffentlichkeit informieren wolle.

8. Was den Tourismus anbelange, so interessiere ihn, auch die Auffassung des GS hierzu kennenzulernen. Er möchte gern wissen, welche Möglichkeiten der GS sehe. Die Interessenlage des Senats sei es, den Bürgern Erholungsmöglichkeiten in der DDR zu schaffen und bei der Errichtung entsprechender Baulichkeiten mitzuwirken. Besonderes Interesse bestehe vor allem für den Wochenendtourismus. Betonen möchte er jedoch, daß es zu keinen Abkapselungen zwischen den Gästen und der Bevölkerung kommen dürfe, wie er dies persönlich in Rumänien erlebt habe. Die Wirtschaft beider Seiten könne hier viel zu gegenseitigem Nutzen bewirken.

9. Während sich die DDR an der Internationalen Tourismus-Börse (ITB) beteilige, erfolge eine Beteiligung an der Internationalen Grünen Woche (IGW) leider immer noch nicht. Dies sei zu bedauern, denn gerade die IWG bietet sich geradezu als Testmarkt für die DDR an. Das Verhalten der DDR sei für uns nicht nachvollziehbar, da z. B. die Einladungspraxis bei der IGW dieselbe sei wie bei der ITB. Diese Praxis bestehe darin, daß die AMK[6] die Regierungen schriftlich einlade und daß der RBm zusätzlich die betreffenden Landwirtschaftsminister ebenfalls schriftlich einlädt. Was die Redner anbelange, so wolle er nur darauf hinweisen, daß er es sei, der diese Redner bittet, entsprechende Begrüßungsreden zu halten. Damit der GS sich ein Bild von der Einladungspraxis machen könne, überreiche er ihm hiermit je ein

---

[5] Siehe Nr. 64, bes. Anm. 16 und 19.
[6] AMK – Ausstellungs-, Messen- und Kongreß-GmbH.

Muster dieser beiden Einladungen (Anlage 1).[7] Ihm liege daran, nach der Prüfung Näheres über die Hintergründe der DDR zu erfahren.

10. Was die Zusammenarbeit im k u l t u r e l l e n B e r e i c h anbelange, so sei man mit einer Konkretisierung leider noch nicht weitergekommen. [...]

Erwiderung des Generalsekretärs (15.13 bis 15.26 Uhr)

11. GS führte einleitend aus, daß sich die DDR in ihrer Politik in allen Bereichen gleich geblieben sei. Insbesondere lege sie nach wie vor Wert darauf, auch im internationalen Bereich berechenbar zu sein. Er möchte feststellen, daß es seit dem Gespräch in Niederschönhausen keine wichtigen neuen Probleme gegeben habe. Aufgrund seiner Erfahrungen mit bundesdeutschen Politikern möchte er betonen, daß die DDR keine Politik mache, wie sie die Medien darstellten, sondern sie verhalte sich gemäß den Prinzipien der friedlichen Koexistenz in Richtung auf eine dynamische Politik. Es sei festzustellen, daß in der internationalen Politik sich die Wende zum Positiven stärker entwickelt habe. Als Beispiel nannte GS die Verschrottung der in der DDR abgebauten Raketen in Kasachstan, wo sie inzwischen angekommen seien. In den nächsten Tagen stehe die Übergabe des Komplexes Waren, in dem bisher die sowjetischen Raketen-Soldaten untergebracht gewesen seien, an den FDGB bevor. Dieser werde die Anlage als Ferienobjekt für etwa 840 Erholungssuchende benutzen. Weiter ziele die Politik der DDR auf eine Halbierung der strategischen Kurzstreckenwaffen sowie auf das Verbot der chemischen Waffen hin.

12. In diesem Zusammenhang nahm GS Bezug auf sein Gespräch mit Ministerpräsident Rau und Staatssekretär Bräutigam[8] und würdigte den Beitrag der Bundesregierung. Die DDR setze sich weiter ein für eine weltweite Zusammenarbeit und wende sich gegen eine Konfrontation. Er hob hervor, daß dies ein langwieriger Prozeß sei und daß es daher notwendig sei, das Vertrauen ineinander zu festigen.

13. GS wandte sich alsdann der seit 1. März bestehenden Möglichkeit der Übernachtung von West-Berlinern in Ost-Berlin aufgrund von Anträgen in den Besucherbüros zu und legte unter Bekanntgabe der nachstehenden Zahlen die positive Entwicklung – unter Einbeziehung auch des Reise- und Besucherverkehrs in beiden Richtungen – wie folgt dar:

[7] Die betreffenden Mustereinladungen liegen als Anlage 1 bei.
[8] Siehe Nr. 65.

Januar und Februar	*1987*	*1988*	
Einreisen aus Berlin (West)	167000	218000	+ 30,4%
Ausreisen nach Berlin (West)	375500	555000	+ 48%

Die Zahl der Übernachtungen in Berlin-Ost aufgrund der Antragstellung in den Reise- und Besucherbüros während der Zeit vom 1. bis 11. März 1988 hat im Verhältnis zu den 1-Tages-Besuchen in Berlin-Ost 8,3% betragen.

14. Anschließend griff GS das von RBm angeschnittene Problem der Übergänge auf und stellte fest, daß das DDR-Angebot des Ausbaus der Übergänge Rudower Chaussee und Mahlow noch in der Verhandlung sei, während dem Angebot des Ausbaus von Staaken vom Bundeskanzleramt leider wenig Interesse entgegengebracht worden sei. Ihm sei bekannt, daß die finanziellen Forderungen als zu hoch angesehen worden seien. Nach wie vor sei er jedoch damit einverstanden, wenn man darüber Verhandlungen führt.

Diskussion zwischen RBm und GS (15.26 bis 16.05 Uhr)

15. RBm knüpfte an die Bemerkungen des GS zu den Übergängen an und stellte die grundsätzliche Bereitschaft des Senats fest, die Gespräche über die dem innerstädtischen Verkehr dienenden Brücken fortzusetzen und zu einer Lösung zu kommen. Er sprach die Hoffnung aus, im Zusammenhang mit der Rekonstruktion der Oberbaumbrücke zusätzliche Möglichkeiten des Verkehrs zu eröffnen. Was den Übergang Staaken anbelange, so bestehe nach wie vor auf unserer Seite ein grundsätzliches Interesse an der Wiedereröffnung für den Transitverkehr nach Westdeutschland. Ihm sei in Erinnerung der Unterschied in den finanziellen Erwartungen.

Von seiten der DDR seien ca. 460 Mio. DM erwartet worden, während der Bund lediglich bereit gewesen sei, für die Reparatur des Kontrollbereichs ca. 12 Mio. DM zur Verfügung zu stellen.[9] Auch er möchte nicht verhehlen, daß ihm die Forderungen der DDR zu hoch

[9] Über die finanzielle Beteiligung des Bundes an einer Rekonstruktion zum Zweck der Wiedereröffnung von Staaken war in den Gesprächen im Kanzleramt bei Honeckers Besuch in Bonn – vgl. Nr. 43 – und anschließend zwischen Schäuble und Schalck-Golodkowski am 31. 10. 1987 verhandelt worden. Sie standen auch im Kontext mit den Gesprächen über eine neue Transitpauschale, die vorzeitig bereits 1988 aufgenommen wurden. Vgl. Nr. 63 unter 2 und 3 sowie Filmer/Schwan (1994), S. 214ff.

erschienen und daher der Überprüfung bedürften. Er wolle aber die Erklärung des GS, auch hierüber zu sprechen, aufgreifen und auch der Bundesregierung empfehlen, Gespräche aufzunehmen. In diesen Gesprächen sollte nicht nur über Staaken gesprochen werden, sondern auch über den Wunsch des Senats, im Süden – genauer im Südosten Berlins – einen neuen Übergang für den Verkehr in Richtung DDR, Bundesrepublik Deutschland und die Drittstaaten zu erhalten. Das Interesse Berlins an einem neuen Übergang liege darin, sowohl der Bevölkerung als auch der Industrie im Süden und im Südosten der Stadt einen schnell erreichbaren Übergang zum Berliner Ring und von da aus zu allen anderen Übergangsstellen zu schaffen. Hierfür komme in erster Linie in Betracht der Übergang Marienfelder Allee. *Die von der DDR angebotenen Alternativen eines Ausbaus der bestehenden »Übergänge Rudower Chaussee/Waltersdorfer Chaussee (Schönefeld) und Mahlow/Kirchhainer Damm (Müllübergang)« nannte Diepgen »weniger akzeptabel«.* Er würde der Bundesregierung und auch der DDR empfehlen, miteinander ein grundsätzliches Gespräch über einen zusätzlichen Übergang im Süden Berlins aufzunehmen und hierbei auch noch einmal das Problem Staaken zu erörtern. Er wolle jedoch nicht verschweigen, daß es aufgrund der derzeitigen Finanzlage schwierig werde, das Problem zu lösen, wenn die DDR zu hohe Finanzerwartungen habe.

16. GS erwiderte, daß die innerstädtischen Übergänge grundsätzlich verhandlungsfähig seien. Auf den Einwurf des RBm, daß er dankbar wäre, wenn in diese Verhandlungen auch der Übergang am Potsdamer Platz einbezogen werden könne – und zwar auch im Hinblick auf die Gestaltung des Stadtzentrums –, antwortete GS, daß auch hierüber gesprochen werden solle und daß man festhalten könne, daß innerstädtisch alles lösbar sei.

17. Was Staaken betreffe, so stellte GS auch hier die prinzipielle Bereitschaft seiner Seite zur Wiederaufnahme der Gespräche fest und meinte, daß die Frage der Finanzierung sehr wichtig für die DDR sei. Die Summe von 400 Mio. DM verteile sich auf 200 Mio. für den Grenzübergang selbst und auf 200 Mio. für den Zufahrtsweg zum Berliner Ring. Das Bundeskanzleramt habe zunächst von 10 Mio. und dann von 20 Mio. DM gesprochen. Diese Summen seien jedoch zu gering. Wenn hier keine realistische Lösung gefunden werde, sähe seine Seite auch keine Möglichkeit der Rekonstruktion.

18. Die Möglichkeit des Südübergangs im Bereich Marienfelder Allee werde seine Seite prüfen. [...]
Nachdem der Regierende Bürgermeister »zwecks Vermeidung von

Mißverständnissen« noch einmal expressis verbis darauf hinwies, daß über einen solchen Übergang im Süden auch der Transitverkehr nach Westdeutschland möglich sein müsse, bestätigte GS die Prüfung dieser Möglichkeit ausdrücklich.

19. In bezug auf die seitens des Senats angestrebte Ausweitung und Verstärkung des Tourismus in die DDR für West-Berliner erklärte der GS, daß hierüber auf der vorgesehenen Ebene Beil/Pieroth gesprochen werden könne.[10]

Auf Nachfrage des RBm, ob da auch der Wochenendbereich eingeschlossen sei, bestätigte GS dies.

Sen. Pieroth warf scherzhaft die Frage auf, ob die durch den Abzug der Raketen-Soldaten frei werdende Anlage nicht auch für Touristen benutzt werden könne. Beil gab schmunzelnd zur Antwort, daß bei diesen Touristen eine Mitgliedschaft im FDGB nicht gegeben sei.

GS betonte abschließend, daß in bezug auf den Tourismus die West-Berliner mit den Westdeutschen gleichbehandelt würden, daß jedoch das Problem der Auslastung der Hotels bestehe. Dies gelte insbesondere in bezug auf das geäußerte Interesse an Aufenthalten in Ostsee-Hotels. Diese seien in der Regel sofort ausgebucht. Daher werde auch geprüft, ob mehr Campingplätze zur Verfügung gestellt werden könnten, und man prüfe weiter, ob derartige Anlagen in den Naturschutzgebieten eingerichtet werden können. Hiermit verband er den Hinweis, daß in Gesprächen mit Repräsentanten der ČSSR der Wegfall der Besucherquoten vereinbart worden sei.

20. Bezüglich der Spandauer Schleuse sei er mit dem Vorschlag von RBm einverstanden, auch was die Mitteilung angehe.

21. Was die Durchfahrt der Böttcherberg-Enge durch weitere West-Berliner Personenschiffe zum Zwecke der Umfahrung vom Wannsee anbelange, so wies GS darauf hin, daß es Widerspruch von seiner Seite gegeben habe. Er habe jedoch die Anordnung gegeben, daß ihm dieser Vorgang vorgelegt werden solle und daß das Grenzregime eine Lösung nicht hindern solle.[11] Auf Frage von GS bestätigte RBm, daß die Böttcherberg-Enge bereits jetzt von der Güterschiffahrt durchfahren werde.

22. In bezug auf die Beteiligung der DDR an Veranstaltungen und Messen in Berlin (West) teilte GS mit, daß eine solche Teilnahme dort stattfinde, wo dies in Übereinstimmung mit dem Vierseitigen Ab-

---

[10] Beide trafen sich ebenfalls anläßlich der Leipziger Frühjahrsmesse am 14. 3. 1988 um 10.00 Uhr zu einem Gespräch im Hotel Astoria.

[11] Vgl. Nr. 64.

kommen stehe. Nicht akzeptiert werden könne eine Veranstaltung, wo diese Voraussetzungen nicht gegeben seien und wo es sich um BRD/EG-Veranstaltungen handele. Der Meinungsaustausch hierüber solle fortgesetzt werden. Wenn eine Übertragung der Modalitäten der ITB auf die IGW erfolge, dann seien sie einverstanden.

Honecker informierte an Hand einer Liste über die »Veranstaltungen«, an denen sich die DDR beteilige.

RBm dankte für diese Information und bat um Prüfung einer Teilnahme, insbesondere am Theatertreffen/Festwochen und Teilnahme von 4 Studenten an der Sommer-Universität. Weiter schlug er vor, die für Potsdam vorgesehene DDR-Ausstellung ›Großer Kurfürst‹ anschließend auch nach Berlin (West) zu geben.

GS erklärte seine Zustimmung zur Teilnahme an den Festwochen und seine Bereitschaft, die weiteren Wünsche zu prüfen. Bezüglich der Ausstellung ›Großer Kurfürst‹ gab er eine positive Haltung zu erkennen, bezüglich der Sommer-Universität würden sie die Form der Einladung prüfen (RBm: »Wissenschaftskolleg«).

23. RBm erklärte das nach wie vor bestehende positive Interesse des Senats an dem Projekt Heizkraftwerk.[12] GS verwies auf die Gesprächsebene Beil/Pieroth.

24. RBm trug erneut den Wunsch Berlins nach verstärkten Sportkontakten, insbesondere mit Mannschaften im anderen Teil Berlins, vor und erklärte nach Verweisung durch GS auf den Landesverband Berlin mit dem Sportbund der DDR, daß er einen unmittelbaren Kontakt zwischen den Vereinen anstrebe, wobei die auf dieser Ebene vereinbarten Begegnungen dann für den Sportkalender nachgemeldet werden könnten.

GS erwiderte, daß der DTSB Vollmacht habe zu Vereinbarungen mit dem DSB und daß darüber hinausgehende zusätzliche Vereinbarungen zwischen dem DTSB und Vertretern des West-Berliner Sports abgeschlossen werden können. Eine weitere Möglichkeit bestehe im Rahmen der Partnerschaftsabkommen, die zwischen Bezirken von Berlin (West) und Städten der DDR in Aussicht genommen seien.

Nach nochmaligen Einwendungen des RBm erklärte sich GS schließlich damit einverstanden, daß die Sportverbände solche Vereinbarungen abschließen könnten und daß dann eine Nachmeldung durch den DTSB/DSB erfolgen könne.

25. Zum Abschluß des Gesprächs dankte RBm Staatssekretär Herrmann für die Bemühungen zur Lösung der ihm anläßlich des letzten

---

[12] Siehe unter [b].

Gesprächs übergebenen humanitären Fälle und bat um Verständnis, daß anschließend Dr. Stronk ihm einige neue humanitäre Fälle übergeben werde.[13]

Weiter übermittelte RBm dem GS die Grüße des Bundeskanzlers, die GS mit Dank entgegennahm.

Kunze *[Unterschrift]*

[b] SAPMO ZPA IV 2/1/679 und J IV/925: »Berlin, den 14. 3. 1988. Niederschrift über die Unterredung des Generalsekretärs des ZK der SED und Vorsitzenden des Staatsrates, Erich Honecker, mit dem Regierenden Bürgermeister von Berlin (West), Eberhard Diepgen, am 13. März 1988«

E. Honecker begrüßte Diepgen zu der Begegnung, die als Fortsetzung der Unterredung in Niederschönhausen[1] zu werten sei. Im Ergebnis dieses Gesprächs seien bereits eine Reihe von Fragen einer Lösung zugeführt worden, über einige weitere würde verhandelt. Dies sei für die Entwicklung des beiderseitigen Verhältnisses zweifellos positiv zu werten.

E. Diepgen bedankte sich für die Möglichkeit des Gesprächs und unterstrich, daß die Begegnung in Niederschönhausen breites positives Echo gefunden habe. Er begrüßte das rasche Wirksamwerden der gegebenen Zusagen bzw. getroffenen Absprachen und wertete dies als Schritt zur Lösung der zahlreichen weiteren Fragen, die zwischen der DDR und Berlin (West) erörtert werden sollten.

E. Diepgen äußerte, daß zweifellos für solche Gespräche ein gutes Klima bestehe. Hiervon zeugten namentlich die jüngsten Entwicklungen auf dem Gebiete der Bemühungen um Rüstungsbegrenzung und Abrüstung, wobei er insbesondere den vorzeitigen Abzug von Raketen kürzerer Reichweite aus der DDR hervorhob.[2]

[13] Es gehörte zum Ritual der Gespräche mit Honecker, daß die Listen mit »humanitären Fällen« an den Staatssekretär Frank-Joachim Herrmann, den Leiter der Kanzlei des Vorsitzenden des Staatsrates, übergeben wurden, und zwar von der entsprechenden Begleitperson des Westpolitikers, in diesem Fall dem Chef der Senatskanzlei, Staatssekretär Detlef Stronk. Die am 11. 2. 1988 übergebene Liste hatte insgesamt 44 Fälle mit 70 Personen enthalten. Bei den Übersiedlungswünschen (14 Fälle mit 39 Personen) war in 3 Fällen (7 Personen) zugestimmt und in 11 Fällen (32 Personen) abgelehnt worden. Bei den Einreisen (28 Fälle und 28 Personen) erfolgte in 15 Fällen eine Zustimmung und bei 13 eine Ablehnung. Siehe die »Übersicht zum Prüfungsergebnis zu einer Liste des Regierenden Bürgermeisters von Berlin (West) Eberhard Diepgen vom 11. 2. 1988« als Anlage zu einem Schreiben des Leiters der Ständigen Vertretung der Bundesrepublik an den RBm von Berlin vom 29. 3. 1988 in: Akten der Senatskanzlei 7311/03 B1.

Vor diesem Hintergrund gehe es darum, erklärte Diepgen, die konzeptionellen Vorstellungen für die weitere Zusammenarbeit zu vertiefen, die Vertrauensbildung auf vielen Gebieten zu verstärken, um die Fortführung des KSZE-Prozesses und nicht zuletzt um humanitäre Fragen. Eine erhebliche Rolle spielten dabei jene Diskussionen, die in jüngster Zeit im Zusammenhang mit der Erteilung von Ausreisegenehmigungen geführt werden.[3] Auch im Reise- und Besucherverkehr komme es darauf an, für Kontinuität zu sorgen und keine Rückschritte zuzulassen. Von Bedeutung seien gegenwärtig insbesondere zwei Fragen, das sind Regelungen, die es Personen, die die DDR verlassen wollen, ermöglichen, in die DDR wieder zurückreisen zu können, und die Berechenbarkeit bei Entscheidungen über Ausreiseanträge.

E. Honecker stellte in seiner Erwiderung einleitend fest, daß weitere Fortschritte auf dem Wege der Entspannung und Friedenssicherung in der Tat eine Atmosphäre des Vertrauens und der Berechenbarkeit erforderten. Die DDR habe sich durch ihre kontinuierliche, auf Verständigung und Zusammenarbeit gerichtete Politik hierfür als verläßlicher Partner erwiesen.

Seit der Begegnung in Niederschönhausen seien keine neuen Probleme aufgetreten, es sei denn, man denkt an die Medienschau, die in jüngster Zeit auf westlicher Seite gegen die DDR veranstaltet würde.[14] Es gebe Bundespolitiker, die meinten, daß dies nicht zu umgehen sei. Es komme aber darauf an zu gewährleisten, daß die Arbeit konstruktiv weitergehe. Die DDR mache deshalb die Politik nicht so, wie einige Medien das verleumderisch darstellen. Wir verfolgen unsere Politik der friedlichen Koexistenz mit hoher Dynamik und Beharrlichkeit. Für Irritationen gibt es keine Grundlage.

Die internationale Entwicklung könne sich dabei fördernd oder hemmend auswirken. [...] E. Honecker führte weiter aus, daß wir noch in diesem Jahr die Halbierung der strategischen Offensivwaffen bei Beibehaltung des ABM-Vertrages ebenso wie das weltweite Verbot der chemischen Waffen erwarten. All dies seien Momente, die zu einer völligen Veränderung der internationalen Lage führen können. Dies Wirklichkeit werden zu lassen, bedürfe großer Anstrengungen aller, die politische Verantwortung tragen, einschließlich in Berlin (West). Die DDR habe hierfür einen großen Beitrag geleistet und schätze auch den Anteil der BRD hoch ein, den diese zum Zustandekommen des Abkommens über die Beseitigung der Raketen mittlerer und kürzerer Reichweite erbracht habe.

---

[14] Tatsächlich hatten sich die repressiven Maßnahmen der DDR-Behörden gegen Ausreisewillige und Dissidenten fortgesetzt. So kam es zu zahlreichen Festnahmen und zu massiven Kontrollen und Behinderungen von Gottesdienstbesuchern der Ost-Berliner Sophienkirche am 6. 3. 1988. In westlichen Medien war die Rede von Festnahmen und Verboten, am Gottesdienst teilzunehmen. Vgl. AdG 1988, S. 32773 f.

[...]

Was die praktischen Fragen betreffe, so sei von Westberliner Seite namentlich das Interesse an der erweiterten Möglichkeit im Reise- und Besucherverkehr bekundet worden, bei Tagesreisen den Aufenthalt bis 24.00 Uhr des folgenden Tages verlängern zu können. *Die von Honecker genannten Zahlen zu den Reisen entsprechen [a].* Der Anteil der Anträge, mit denen von der Möglichkeit einer Verlängerung des Aufenthaltes in der Hauptstadt Berlin Gebrauch gemacht werde, betrage 8,5%.[15]

Im weiteren Verlauf des Gesprächs erfolgte die Erörterung einer Reihe praktischer Fragen:

Auf die Frage von Diepgen, inwieweit durch wirtschaftliche Vereinbarungen über die Errichtung von Hotelkapazitäten die Möglichkeit des Tourismus Westberliner Bürger in nahe gelegene Gebiete der DDR erweitert werden könne, erklärte E. Honecker, daß dies zwischen Außenhandelsminister Gerhard Beil und Wirtschaftssenator Pieroth[10] im einzelnen erörtert werden sollte. Grundsätzlich sei eine solche Möglichkeit zu bejahen. Es gebe in dieser Hinsicht keine Unterschiede im Hinblick auf Berlin (West) gegenüber der BRD. Es sei verständlich, daß in Westberlin großes Interesse daran besteht, in attraktive Erholungsgebiete der DDR reisen zu können. Die DDR fördere die Möglichkeiten des Tourismus. Trotz des fortschreitenden Ausbaus der Hotelkapazitäten seien diese voll ausgelastet. Auch in den kürzlichen Gesprächen mit dem Generalsekretär der KPTsch, Jakes[16], sei die Erweiterung des Tourismus vereinbart worden. Stärkere Berücksichtigung fände der Jugendtourismus. Unter Beachtung der Erfordernisse des Naturschutzes würden hierfür auch die Campingplatzkapazitäten erweitert.

Weiter sprach E. Diepgen die Frage der Beteiligung der DDR an internationalen Veranstaltungen in Westberlin an. Er begrüßte die Teilnahme der DDR an der Internationalen Tourismusbörse und erklärte, daß auch die Landwirtschaftsschau Grüne Woche von hohem wirtschaftlichen Wert sei und als Veranstaltung der Ausstellungs-, Messen- und Kongreß-GmbH (AMK) den gleichen Charakter wie die ITB habe. Ferner bat E. Diepgen nochmals um die Beteiligung der DDR an den Westberliner Festwochen und dem Internationalen Theatertreffen. *Vgl. unter [a], Punkt 22.*

E. Honecker erklärte hierzu, daß die DDR bereits jetzt an zahlreichen internationalen Veranstaltungen in Berlin (West) teilnimmt, so-

---

[15] Bei [a] werden »8,3%« genannt.
[16] »Niederschrift« über das Gespräch von Honecker mit dem Generalsekretär des ZK der KP Tschechoslowakei am 10. 3. 1988 in: SAPMO ZPA IV 2/1/679. Honecker sagte dabei u. a. zu Jakes, »daß die BRD-Regierung sich bei den jüngsten Provokationen gegen die DDR, im Gegensatz zur SPD, zurückgehalten habe«.

weit diese in Übereinstimmung mit dem Vierseitigen Abkommen dort stattfinden. *Vgl. [a], Punkt 22.* Was die Grüne Woche betreffe, so müßte – soweit sie auf Einladung der AMK und des Senats stattfinde – die Teilnahme geprüft werden. Hinsichtlich der Veranstaltungen der EG in Berlin (West) müsse berücksichtigt werden, daß diese nicht mit dem Vierseitigen Abkommen in Übereinstimmung stehen und sich die DDR deshalb hieran nicht beteiligen kann. Der Durchführung der Ausstellung ›Großer Kurfürst‹ in Berlin (West) stimmte E. Honecker zu.

Hinsichtlich der Errichtung bzw. des Ausbaus von Grenz-übergangsstellen wurden folgende Fragen behandelt:

– Übereinstimmend wurde begrüßt, daß die Gespräche über die Instandsetzung und Finanzierung von grenzüberschreitenden Brücken, die dem Verkehr über Grenzübergangsstellen zwischen der Hauptstadt Berlin und Berlin (West) dienen, erfolgreich verlaufen. E. Diepgen bat in diesem Zusammenhang, nochmals die Möglichkeit der Öffnung des Zugangs zum unterirdischen S-Bahnhof Potsdamer Platz sowie eventuell entsprechende gebietsmäßige Veränderungen zu prüfen und in dieses Verhandlungsprojekt einzubeziehen.

– Auf die Bitte von Diepgen, die Wiederzulassung von Staaken für den Transitverkehr in die BRD vorzusehen, erklärte E. Honecker, daß während seines offiziellen Besuchs in der BRD dem Bundeskanzler ausdrücklich die Möglichkeit angeboten worden war, Staaken auch nach der Eröffnung der GÜSt Stolpe zusätzlich für den Transitverkehr in die BRD offenzuhalten. Die DDR habe dabei den Wunsch nach einer günstigen Gestaltung der Verkehrswege von Berlin (West) in die BRD im Auge gehabt. Der BRD-Seite sei jedoch verdeutlicht worden, daß die Grenzübergangsstelle Staaken dafür rekonstruiert und auch die erforderlichen Straßenanbindungen erneuert werden müssen. Dafür seien der BRD-Seite entsprechende Vorschläge, einschließlich in bezug auf die Finanzierung dieser Bauvorhaben unterbreitet worden. Das Angebot, das die BRD daraufhin unterbreitet habe, sei jedoch unzureichend gewesen.[17]

E. Diepgen wiederholte, daß der von der DDR geforderte Betrag in der Tat zu hoch gewesen sei. Es solle jedoch überlegt werden, ob die Verhandlungen nicht wieder aufgenommen werden könnten und zunächst Einvernehmen über die grundsätzliche Wiederzulassung von Staaken für den Transitverkehr in die BRD erzielt werden könnte. Danach sollte über konkrete Baumaßnahmen und ihre Finanzierung gesprochen werden. Wenn die DDR hiermit einverstanden sei, würde sich der Senat gegenüber der BRD-Regierung für ein solches Vorgehen einsetzen.

[17] Vgl. Nr. 43 sowie [a], Punkt 14 und 17.

E. Honecker bekräftigte, daß von seiten der DDR stets die Bereitschaft vorlag, über die Nutzung der GÜSt Staaken für den Transitverkehr in die BRD Gespräche zu führen. Für die notwendigen Baumaßnahmen sei seinerzeit eine Summe von 400 Mio. DM genannt worden, wobei 200 Mio. für die Grenzübergangsstelle und eine zusätzliche Summe für Straßenbauten erforderlich seien. Die BRD-Seite habe sich seither nicht mehr geäußert, von seiten der DDR sei diese Frage jedoch nach wie vor verhandlungsfähig. Es müsse allerdings berücksichtigt werden, daß dies die Übernahme der erforderlichen Kosten voraussetze; die DDR habe hierfür keine Mittel.

– Weiter sprach E. Diepgen die Frage der Errichtung einer neuen Grenzübergangsstelle im Bereich Marienfelder Allee/Schichauer Weg an, die sowohl dem Wechselverkehr als auch dem Transitverkehr in dritte Länder, einschließlich der BRD, dienen sollte. Zu den in diesem Zusammenhang von E. Honecker erwähnten Vorschlägen der DDR, unter der Voraussetzung der Übernahme der Kosten für erforderliche Baumaßnahmen die Grenzübergangsstellen Mahlow und Rudower Chaussee für den Personen- und Güterwechsel- bzw. Transitverkehr in dritte Länder – außer die BRD – zuzulassen, erklärte Diepgen, daß dies den Vorstellungen der Westberliner Seite nur teilweise entspreche. Hinsichtlich der GÜSt Mahlow sei zu berücksichtigen, daß aus verkehrstechnischen Gründen eine Erweiterung der Verkehrsrelationen auf Westberliner Seite nicht möglich sei. Die Fragen der Grenzübergangsstelle Rudower Chaussee sollten im Zusammenhang mit einer Erweiterung der Zusammenarbeit zwischen den Flughäfen Berlin-Schönefeld und Westberlin-Tegel erörtert werden.

E. Honecker stellte in Aussicht, daß die Frage der Errichtung einer Grenzübergangsstelle im Südwesten von Berlin (West) geprüft werde. Sofern hieran ein Interesse bestehe, müsse auch für dieses Projekt die Kostenfrage geklärt werden.

– Unter Bezugnahme auf die bereits während des Gesprächs in Niederschönhausen geäußerte Bitte sprach E. Diepgen nochmals die Frage der Zulassung des Passagierschiffsverkehrs in den Potsdamer Gewässern, einschließlich im Bereich der Babelsberger Enge und des Griebnitzsees, an. E. Honecker erwiderte darauf, daß hierzu eine Entscheidung vorbereitet werde. Da bereits jetzt in diesem Bereich Schiffsverkehr durchgeführt werde, würde es sich ungeachtet des Verlaufs der Grenze und der bestehenden Regelungen nur um die Einführung einer weiteren Kategorie dieses Schiffsverkehrs handeln.

– Zum Neubau der Schleuse in Westberlin Spandau *vgl. unter [a], Punkt 7.*

– Im Zusammenhang mit dem Abschluß des Vertrages über die Errichtung von Elektroenergieübertragungsanlagen äußerte Diepgen den Wunsch, auch das Projekt der Errichtung eines Heizkraftwerkes im Norden von Berlin auf Braunkohlebasis unter Verwendung westlicher Entschwefelungsanlagen zu erörtern, damit aus Umweltgründen die Heizgasversorgung in der Hauptstadt Berlin verstärkt werden könne. E. Honecker erklärte das grundsätzliche Einverständnis der DDR-Seite, daß hierüber Gespräche aufgenommen werden, die zwischen Außenhandelsminister Gerhard Beil und Wirtschaftssenator Elmar Pieroth geführt werden sollten.

– Auf eine entsprechende Frage von E. Diepgen bekräftigte E. Honecker die Möglichkeit, die Beziehungen auf dem Gebiete des Sports zwischen der DDR und Berlin (West) zu erweitern. Hierüber müsse zwischen den Vorständen des DTSB und des Landessportbundes von Berlin (West) gesprochen werden. Statusfragen spielten dabei keine Rolle, da es sich um gesellschaftliche Organisationen handele. Was den Bereich der Partnerschaftsbeziehungen Westberliner Stadtbezirke zu DDR-Städten betreffe, könnten Sportkontakte auch in diesem Rahmen abgesprochen werden. Unter Berücksichtigung der Einwände von E. Diepgen gegen selbständige Kontakte zwischen dem DTSB und dem Westberliner Landessportbund bestand Übereinstimmung, daß künftig zwischen diesen Organisationen zusätzliche Wünsche nach sportlichen Kontakten zwischen der DDR und Berlin (West) erörtert und diese als Ergänzung zum Sportprotokoll zwischen dem DTSB der DDR und dem DSB der BRD vereinbart werden.

E. Honecker und E. Diepgen brachten zum Ausdruck, daß sich das Gespräch wiederum als nützlich erwiesen habe. E. Diepgen dankte in diesem Zusammenhang für die Erledigung einer Reihe humanitärer Fälle.[13] Er betonte, daß er beauftragt sei, die Grüße von Helmut Kohl auf Parteiebene zu übermitteln.[18] E. Honecker bat, diese Grüße ebenfalls zu erwidern. Wirtschaftssenator Elmar Pieroth übermittelte ebenfalls Grüße des Bundeskanzlers, der ausrichten lasse, daß aus der Sicht der BRD die Gespräche fortgeführt werden könnten.

E. Honecker informierte den Regierenden Bürgermeister über die von seiten der DDR beabsichtigte Pressemeldung, der E. Diepgen zustimmte.[19] Er teilte seinerseits mit, daß er im Anschluß an die Unterredung gegenüber der Presse einige Berlin (West) interessierende praktische Fragen erläutern werde, die Gegenstand des Gesprächs waren.

An der Unterredung nahmen von seiten der DDR Gerhard Beil, Frank-Joachim Herrmann und Walter Müller teil.

---

[18] Bundeskanzler Kohl und Honecker korrespondierten auch auf der Parteiebene; Kohl schrieb dann als CDU-Vorsitzender, so mit einem Brief vom 4. 5. 1988, in dem er für die CDU mitteilte, sie halte den Vorschlag einer »kernwaffenfreien Zone« nicht für geeignet. Org. des Schreibens in: SAPMO ZPA J IV/114.

[19] Zur Pressemitteilung der DDR vgl. den Artikel im ›Neuen Deutschland‹ vom 14. 3. 1988, für die (West)-Berliner Seite ›Der Tagesspiegel‹ vom 15. 3. 1988.

Der Regierende Bürgermeister wurde von Wirtschaftssenator Elmar Pieroth, dem Chef der Staatskanzlei, Staatssekretär Dr. Detlef Stronk, dem Chef der Treuhandstelle für Industrie und Handel, Franz Rösch, sowie dem Beauftragten des Senats, Senatsdirigent Gerhard Kunze, begleitet.

SAPMO ZPA IV 2/1/679 und J IV/925: »Niederschrift über das Gespräch des Generalsekretärs des ZK der SED und Vorsitzenden des Staatsrates der DDR, Genossen Erich Honecker, mit dem derzeitigen Präsidenten des Bundesrates der BRD und Ministerpräsidenten von Rheinland-Pfalz, Dr. Bernhard Vogel, am 21. April 1988 im Amtssitz des Staatsrates« – Zur Westquelle vgl. Nr. 31

E. Honecker begrüßte seinen Gast und nahm Bezug auf das Gespräch, das er im September 1987 während seines offiziellen Besuches in der BRD in Trier mit B. Vogel geführt hat.[1] Er wies darauf hin, daß sich seitdem in der internationalen Lage eine ganze Reihe positiver Veränderungen vollzogen hat, jedoch die noch bestehenden Gefahren nicht übersehen werden können. Hinsichtlich der Beziehungen zwischen der DDR und der BRD und insbesondere zwischen der DDR und Rheinland-Pfalz stellte er fest, daß sich die Dinge so entwickelt haben, wie sie im September 1987 besprochen wurden. Beispielsweise habe es ein überdurchschnittliches Wachstum der ökonomischen Beziehungen zu Rheinland-Pfalz gegeben.

Nach dieser kurzen Einleitung übergab E. Honecker das Wort an B. Vogel.

B. Vogel dankte für die Möglichkeit des Gespräches. Er freue sich, den im vergangenen Jahr begonnenen Dialog mit E. Honecker fortsetzen zu können. Er übermittelte die Grüße und die besten Wünsche von Bundeskanzler Kohl an E. Honecker. Da er zur Zeit Präsident des Bundesrates der BRD sei, habe er auch die Vollmacht, die Grüße seiner Kollegen im Bundesrat zu übermitteln. Was noch vor einem Jahr in den Gesprächen als Hoffnung formuliert wurde, sei inzwischen Wirklichkeit geworden und habe in dem zwischen Ronald Reagan und Michail Gorbatschow abgeschlossenen Vertrag über die Beseitigung der Mittelstreckenraketen seinen Niederschlag gefunden. Dazu hätten beide Länder, die BRD und die DDR, ihren Beitrag geleistet. Die Bundesrepublik wünsche, daß dem Raketenabkommen nun auch Schritte in anderen Bereichen folgen sollten. Es gehe insbesondere um eine durchgängige Verbesserung der Beziehungen zwischen den Staaten, besonders im militärischen Bereich, aber auch darüber hinaus. Er verwies darauf, daß es seiner Meinung nach auch weitere gute Nachrichten aus der Welt gebe, so z. B. die Vereinbarung zu Afghanistan[2] und die derzeitigen Gespräche zwischen den USA und der UdSSR.

---

[1] Siehe Nr. 58.
[2] Das Afghanistan-Abkommen war am 14. 4. 1988 in Genf unterzeichnet worden; es trat zum 15. 5. in Kraft. Vgl. AdG 1988, S. 32110 ff.

B. Vogel betonte, daß Abrüstungsschritte im konventionellen Bereich gegenwärtig von besonderer Bedeutung seien. Man müsse anstreben, daß die Staaten sich nur noch auf die Verteidigungsmöglichkeiten konzentrieren und nicht auf die Angriffsmöglichkeit. Schritte dazu sollte es sehr bald geben, wozu auch ein weltweites Verbot der chemischen Waffen zähle. Hinsichtlich des weltweiten Verbotes der chemischen Waffen würde zwischen beiden deutschen Staaten weitestgehende Übereinstimmung bestehen. Der Vertrag über die Beseitigung der Mittelstreckenraketen vom Dezember 1987 dürfe keinesfalls der letzte Schritte auf dem Weg der Abrüstung sein.

E. Honecker erklärte, daß er der Bewertung der internationalen Lage, wie sie von B. Vogel vorgenommen worden sei, zustimme. Das Abkommen über die Mittelstreckenraketen sei ein bedeutender Schritt, dem weitere folgen sollten. *Er nannte als wichtig die »Halbierung der strategischen Offensivwaffen«, die »Herbeiführung der Nichtangriffsfähigkeit«, ein »weltweites Verbot« der chemischen Waffen und eine atomwaffenfreie Zone in Europa.* E. Honecker verwies darauf, daß während seines Besuches in der BRD ihm gesagt wurde, daß es besser wäre, als erstes die Raketen mit einer Reichweite unter 500 km zu beseitigen. In der Bundesrepublik sei der Begriff geprägt worden: je kürzer die Reichweite, desto deutscher die Toten.[3] Dem sei eigentlich nichts hinzuzufügen. Auch auf diesem Gebiet sind Fortschritte notwendig. E. Honecker betonte, er teile die Auffassung, daß seit seinem letzten Treffen mit B. Vogel Fortschritte hinsichtlich vertrauensbildender Maßnahmen erreicht wurden. In diesem Sinne müsse es weitergehen durch Schritte zur Halbierung der strategischen Offensivwaffen und zur Herstellung der Nichtangriffsfähigkeit. In den gegenwärtigen Verhandlungen gebe es dazu Überlegungen, wonach der Warschauer Vertrag seine Panzerwaffen reduziert und die NATO die Flugzeuge. Das müsse weiter erörtert werden.

B. Vogel erwiderte, daß er den Optimismus hinsichtlich weiterer Schritte zur Abrüstung teile. Er möchte auf einige Detailfragen eingehen. Die unterschiedlichen Positionen zwischen der BRD und der DDR in der Frage des weltweiten Verbots der chemischen Waffen bzw. der Schaffung einer chemiewaffenfreien Zone dürfe man nicht als Gegensatz verstehen. Zum weltweiten Verbot der chemischen Waffen bestehe Übereinstimmung, nur über die ersten Schritte dazu würde es unterschiedliche Auffassungen geben. Die Bundesregierung habe die Zusage von USA-Präsident Reagan, daß die USA ab 1992 keine Giftlager mehr in der BRD haben werden. Das könne doch auch als ein Beitrag zu einer chemiewaffenfreien Zone gesehen werden.

---

[3] Die Formulierung hatte Alfred Dregger, der Vorsitzende der CDU/CSU-Fraktion, gebraucht.

Zur Frage der Nichtangriffsfähigkeit hob B. Vogel hervor, daß das Offenlegen der Daten zweifellos wichtig sei, aber man dürfe nicht nur über eine gleichwertige Reduzierung sprechen, sondern müsse Obergrenzen festlegen.

Zur Modernisierung und zu den Raketen kürzerer Reichweite erklärte B. Vogel, daß in der NATO nach dem Abkommen über die Mittelstreckenraketen jetzt ein Abstimmungsbedarf bestehen würde. Das gelte ganz besonders hinsichtlich der Rückwirkungen auf Frankreich, aber auch die bevorstehenden Wahlen in den USA würden sich bereits auswirken. Das bringe zeitliche Verzögerungen mit sich.

B. Vogel hob hervor, daß die Delegationen der DDR und der BRD auf der KSZE-Folgekonferenz in Wien[4] trotz der bestehenden Differenzen erfreulich gut zusammenarbeiten würden. Das sei seiner Meinung nach der richtige Weg. Man müsse untereinander Kontakt halten und gleichzeitig auf die Bündnispartner einwirken. Die Feststellung: je kürzer die Reichweiten, desto deutscher die Toten, könne man auch noch erweitern und feststellen: je begrenzter ein Konflikt, desto deutscher der Konflikt. Bestimmte Arten der Sicherheitspartnerschaft dürften nicht auf dem Rücken derer errichtet werden, die sich an den Grenzen befinden.

B. Vogel verwies nochmals auf die große Bedeutung der Gespräche der führenden Politiker der BRD mit E. Honecker im September vergangenen Jahres und sprach die Hoffnung aus, daß in nicht ferner Zeit der Gegenbesuch von Bundeskanzler Kohl in der DDR stattfinden könne.

E. Honecker wiederholte seine Feststellung, daß in wichtigen Grundfragen Übereinstimmung bestehe, und legte erneut den Standpunkt der DDR zum weltweiten Verbot der chemischen Waffen und zur Schaffung einer chemiewaffenfreien Zone als ersten Schritt auf diesem Wege dar. Er hob hervor, daß in der DDR und der ČSSR keine chemischen Waffen existieren. Wenn die USA ab 1992 auch keine solchen Waffen mehr in der BRD lagern, sei doch eine gute Chance für ein Übereinkommen gegeben.

In der Frage der Nichtangriffsfähigkeit komme man nur weiter, wenn zunächst die Karten offen auf den Tisch gelegt werden, d. h. eine volle Darlegung der Ausrüstungen und der Personalstärke. Danach könnten Schritte zur Beseitigung der Asymmetrien festgelegt werden.

Die Armeen des Warschauer Vertrages würden heute nur noch vom Gesichtspunkt der Verteidigung aus operieren. Das bedeute zweifellos eine große Veränderung im militärischen Denken, denn so sei es nicht immer gewesen. Diese Veränderung sei besonders bei den letzten Manövern des Warschauer Vertrages in der DDR sichtbar geworden. In

[4] Die KSZE-Folgekonferenz hatte zuletzt vom 8. – 30. 3. 1988 in Wien getagt.

der Frage der Modernisierung unterstütze die DDR die Position der Bundesregierung, wonach kein Bedarf gegeben sei. Auch die DDR habe keinen Bedarf nach einer solchen Modernisierung.

E. Honecker unterstrich nachhaltig, daß durch das Abkommen über die Beseitigung der Mittelstreckenraketen ein Einstieg in die Abrüstung geöffnet wurde, dem weitere Schritte folgen müßten. Das sei der entscheidende Weg zur Schaffung von mehr Vertrauen.

E. Honecker erklärte, daß oft sehr viel über Fragen der Kontrolle diskutiert werde. Das Kontrollsystem funktioniere aber bereits ausgezeichnet. Das hätten auch die neulich von den USA in der DDR vorgenommenen Inspektionen gezeigt. E. Honecker betonte, daß sowohl die Bannung eines nuklearen Infernos als auch eines konventionellen Krieges von großer Bedeutung seien, denn konventionelle Waffen hätten heute auch einen gefährlicheren Charakter als früher. Die DDR unterstütze alle von Michail Gorbatschow unternommenen Initiativen. Diese Fragen würden nach dem Besuch von Ronald Reagan in Moskau im Rahmen des Warschauer Vertrages erneut auf höchster Ebene erörtert werden.

B. Vogel ging im weiteren Verlauf des Gesprächs auf die Lage in beiden Staaten und die Beziehungen zwischen ihnen ein. Die Regierungskoalition in Bonn sei entgegen anderslautenden Meldungen in der Presse stabil und werde ihre Arbeit mit wichtigen innenpolitischen Entscheidungen fortsetzen. Seine Partei, die CDU, bereite gegenwärtig ihren Parteitag vor. Auf diesem Parteitag würden eine Reihe thematischer Fragen besprochen, darunter auch zur Deutschlandpolitik. Grundtenor der dort zu treffenden Aussagen zu den Beziehungen zur DDR werde sein, daß man das Machbare tun solle.[5] Das Jahr 1987 habe beide Staaten bei der Entwicklung ihrer Beziehungen weitergebracht. An der Spitze stehe hierbei der Besuch von E. Honecker in der BRD. Aber auch die Entwicklung des Reiseverkehrs und die drei abgeschlossenen Abkommen und die Vereinbarungen über den Stromverbund müßten darunter gesehen werden. Der bisherige Weg solle fortgesetzt und stabilisiert werden. In diesem Prozeß müsse Westberlin unter Wahrnehmung der rechtlichen Position einbezogen werden. Die Bundesregierung begrüße die jetzt getroffene 2-Tage-Regelung für den Besuch von Westberlinern und würde es für günstig halten, wenn diese auf Berlin beschränkte Regelung auch auf Besuche in anderen an Westberlin angrenzenden Gebieten ausgedehnt werden könnte.

Honecker betonte nochmals die »wesentliche Übereinstimmung« in sicherheitspolitischen Fragen und äußerte sich positiv zu dem »Stromverbund« und daß es dagegen »von keiner Seite Bedenken gegeben habe«.

[5] Der CDU-Bundesparteitag in Wiesbaden tagte vom 13.–15. 6. 1988. Zu der deutschlandpolitischen Problematik auf dem Parteitag vgl. Einleitung II,1.

E. Honecker wies im weiteren Verlauf des Gesprächs auf die noch offene Regelung der Elbgrenze hin. Bundeskanzler Kohl stehe zu seinem Wort, das er während des Besuches in Bonn dazu gegeben habe. Aber es sei nicht ohne Bedeutung, wie sich Ministerpräsident Albrecht in dieser Frage verhalte. Unter Bezug auf das Gespräch zwischen E. Honecker und Albrecht in Bonn[6] erklärte Albrecht jetzt, daß es Mißverständnisse gegeben habe. Diese könnten jedoch nach Meinung von E. Honecker ausgeräumt werden. Die DDR vertrete die Position, daß man zur Elb-Grenze eine Regelung finden könne, die keiner Seite schade. Es müsse immer wieder in Betracht gezogen werden, daß die Entwicklung von Beziehungen keine Einbahnstraße sein dürfe. Wenn in der Frage der Elb-Grenze eine Lösung gefunden wird, kann die DDR auch gegenüber ihrer eigenen Bevölkerung weitere Schritte im Zusammenhang mit der Elbe und Werra vertreten.

E. Honecker ging dann auf die Entwicklung der bilateralen Beziehungen zwischen der DDR und Rheinland-Pfalz ein. [...] Auf Grund einer früheren Bitte von B. Vogel habe man auch den Import von Wein aus Rheinland-Pfalz in die DDR erhöht. E. Honecker verwies darauf, daß sich immer wieder bewahrheite, daß eine bestehende Übereinstimmung in Fragen der Abrüstung und der Sicherheit auch eine gute Basis für die Entwicklung der bilateralen Beziehungen sei. Wenn Vogel unlängst in der Zeitung ›Die Welt‹ erklärt habe, daß es eine besondere Rolle der beiden deutschen Staaten in Fragen der Abrüstung gibt, so könne man dem nur zustimmen. Darin komme die bestehende Übereinstimmung zum Ausdruck.

E. Honecker ging dann auf einige Fragen der Entwicklung des Reiseverkehrs ein. Er hob hervor, daß die letzten Zahlen sehr deutlich beweisen würden, daß nicht – wie in manchen BRD-Medien erklärt – von einem Abbau des Reiseverkehrs die Rede sein könnte, sondern man von einer Ausweitung sprechen müsse. In den ersten drei Monaten des Jahres 1988 seien die Reisen aus der DDR in die BRD um 55,1% und aus der DDR nach Westberlin um 25,4% gegenüber dem gleichen Zeitraum des Vorjahres gestiegen. E. Honecker überreichte Vogel die neuesten Zahlen über die Entwicklung des Reiseverkehrs und bat darum, auch Bundeskanzler Kohl darüber zu informieren. Er hob hervor, daß sich angesichts dieser Zahlen die DDR ernsthafte Sorgen mache, wie die Finanzierung des Reiseverkehrs gewährleistet werden soll.

E. Honecker ging danach auf einige Fragen der inneren Entwicklung der DDR ein und verwies darauf, daß es dazu eine Vielzahl entstellender Berichte in den Medien der BRD gibt. (Einwurf von B. Vogel: »Da haben wir auch unsere Erfahrungen.«) E. Honecker erklärte, daß sich in der DDR eine stabile und dynamische Entwicklung vollziehe. Das

---

[6] Siehe Nr. 41, bes. Anm. 8, und Nr. 43, bes. Anm. 33.

gelte sowohl für das gesellschaftliche als auch das wirtschaftliche Leben. Eine Reihe gesellschaftlicher Organisationen sowie befreundeter Parteien würde gegenwärtig Kongresse durchführen bzw. vorbereiten. [...] E. Honecker unterstrich, man dürfe aber nicht unbeachtet lassen, daß es angesichts der Umstellungen auf normalisierte Beziehungen zwischen der DDR und der BRD und auch angesichts einiger Entwicklungen in den sozialistischen Ländern zu einigen Problemen kommen kann. Das habe aber nicht ein solches Ausmaß, wie es in einigen westlichen Medien dargestellt wird. Die Öffnung der DDR bringe Probleme, die sie selbst meistern werde.

Eingehend auf die wirtschaftliche Entwicklung verwies E. Honecker darauf, daß im März erneut die geplanten Produktionsziele erfüllt und gezielt überboten wurden. *Gestiegen sei das Nettoeinkommen um 4%, »die Nettogeldeinnahmen der Bevölkerung um 4,5%«, die industrielle Warenproduktion um 4,3% und die Arbeitsproduktivität um 8,3% gegenüber dem Vorjahr; »große Leistungen« seien im wissenschaftlich-technischen Bereich zu verzeichnen, u. a. 32-Bit-Rechner und 1-Megabit-Schaltkreis.* Das seien hervorragende Leistungen. Die DDR hoffe, daß sich die Entwicklung in der BRD in der gleichen Stabilität vollziehen werde, dann könnten alle abgeschlossenen Vereinbarungen erfüllt werden.

B. Vogel nahm Bezug auf die Ausführungen von E. Honecker zur erfolgreichen Entwicklung der DDR und erklärte: »Eine stabile DDR unter Ihrer Führung ist der beste Weg zur Fortsetzung des eingeschlagenen Kurses in den Beziehungen.«

E. Honecker ging dann auf einige von B. Vogel aufgeworfene Fragen ein. Er verwies auf die guten Ergebnisse, die seine kürzlichen Treffen mit dem Westberliner Bürgermeister Diepgen[7] gehabt haben und an deren Verwirklichung man gegenwärtig arbeite. Dazu zähle der Gebietsaustausch und in gewisser Hinsicht auch der Stromverbund. Zum Stromverbund machte er nochmals auf die große politische Bedeutung dieser Vereinbarung aufmerksam, die sie insbesondere für die Schaffung eines »europäischen Hauses« hat. Dabei sei sich die DDR völlig darüber im klaren, daß das »europäische Haus« und seine »Hausordnung« nicht auf Kosten Dritter (USA) geschaffen werden dürfen.

E. Honecker wies auch darauf hin, es sei bedauerlich und ein Hindernis für die Entwicklung der Wirtschaftsbeziehungen selbst, daß es auf westlicher Seite immer noch ein Embargo gebe und auch die CO-COM-Listen immer noch existent seien. Unter großen Aufwendungen müßte die DDR immer wieder das Embargo brechen, was sich z. B. in der Entwicklung des 32-Bit-Rechners und 1-Megabit-Schaltkreises zeige.

[7] Siehe Nr. 64 und 65.

Zur Frage des Embargos erwiderte B. Vogel, daß sich seiner Meinung nach COCOM-Listen nicht ganz vermeiden lassen werden. Er sei aber der Auffassung, es solle eine kurze realistische Liste geben statt einer langen unrealistischen.

B. Vogel erklärte weiter, daß ihn die Zahlen über den Reiseverkehr sehr beeindruckt hätten. Es sei bedauerlich, daß gerade in dieser Frage immer wieder durch die Medien Irritationen hervorgerufen würden. Dabei sei unbestritten, daß Fortschritte bei der Normalisierung der Beziehungen immer leichter möglich werden, wenn es weniger derartige Irritationen geben würde. Er hoffe, es sei sichtbar geworden, daß sich die Bundesregierung bemüht habe, kein Öl ins Feuer zu gießen. In diesem Bemühen komme zum Ausdruck, daß sie davon ausgehe, daß die DDR den eingeschlagenen Kurs fortsetzen werde.

E. Honecker verwies darauf, daß er in seinem kürzlichen Gespräch mit dänischen Journalisten nach der sog. Quotenregelung bei der Familienzusammenführung gefragt worden sei.[8] Er habe geantwortet, daß die Quotenregelung ein Märchen sei, worauf die Journalisten keine weiteren Fragen dazu gestellt hätten.

B. Vogel führte dazu aus, daß die Quotenregelung eine sehr schlechte Erfindung der Medien sei und die öffentliche Klarstellung durch E. Honecker sich sehr positiv auswirken werde.

Im weiteren Verlauf des Gesprächs dankte B. Vogel dafür, daß die in seinen Gesprächen mit E. Honecker im vergangenen Jahr angesprochenen Einzelfragen der Beziehungen inzwischen weitgehend geregelt sind. Er dankte besonders für die Vereinbarungen der Städtepartnerschaften zwischen Mainz und Erfurt, Ludwigshafen und Dessau sowie Trier und Weimar, für deren Zustandekommen er sich besonders eingesetzt habe. Es gebe darüber hinaus natürlich noch eine Vielzahl von Wünschen, vor allem von kleinen Städten und Gemeinden zur Herstellung von Partnerschaften. E. Honecker habe ihm im September 1987 in Trier erklärt, daß man zunächst Erfahrungen sammeln und die bestehenden Städtepartnerschaften mit Leben erfüllen müsse. Er verstehe, daß es noch viele Bitten gebe, aber auch er sei der Auffassung, daß weitere Städtepartnerschaften nicht um den Preis der Entwicklung der bestehenden herbeigeführt werden sollten. Die Vorbereitung der mit E. Honecker besprochenen Salier-Ausstellung in der DDR gehe gut voran, und man habe in dem Direktor der Berliner Museen, Prof. Dr. Schade, einen sehr guten Partner. Auch bei der Slevogt-Ausstellung komme man gut voran. Dafür möchte er E. Honecker persönlich danken.

E. Honecker hob zum Abschluß des Gespräches nochmals hervor, daß für die Weiterentwicklung der Beziehungen gute Voraussetzungen bestehen, wenn beide Seiten wie bisher von den bestehenden Überein-

---

[8] Gemeint waren Meldungen über die Festlegung einer bestimmten Quote für solche Fälle.

stimmungen in der Frage der Friedenssicherung ausgehen. E. Honecker bat darum, Bundeskanzler Kohl seine Grüße zu übermitteln. Er habe den letzten Brief des Bundeskanzlers erhalten.[9] Es sei keine Veröffentlichung des Briefes vorgesehen. Wenn man es anders wünsche, müsse man darüber sprechen. Es solle dazu keine Mißverständnisse geben wie in der Vergangenheit.

B. Vogel dankte nochmals für das Gespräch und wünschte E. Honecker Gesundheit und Erfolg in seiner verantwortungsvollen Tätigkeit. Abschließend äußerte er den Wunsch, im Herbst 1988 für 2–3 Tage privat den Thüringer Wald besuchen zu können. E. Honecker stimmte dem zu.

An dem Gespräch nahmen teil: von BRD-Seite der Leiter der Ständigen Vertretung der BRD in der DDR, Dr. Hans Otto Bräutigam, und der Chef der Staatskanzlei des Bundeslandes Rheinland-Pfalz, Staatssekretär Hanns-Eberhard Schleyer; von seiten der DDR: der Leiter der Kanzlei des Vorsitzenden des Staatsrates, Genosse Staatssekretär Frank-Joachim Herrmann, und der amtierende Leiter der Abteilung BRD im Ministerium für Auswärtige Angelegenheiten, Genosse Hans Schindler.

[9] Mit dem Schreiben »Bundesrepublik Deutschland Der Bundeskanzler« vom 23. 3. 1988 an E. Honecker (Org. in: SAPMO ZPA vorl. SED 41664, Zweitschrift in: J IV 2/2A/3108) beantwortete Kohl dessen Brief vom 14. 11. 1987 – vgl. Nr. 43, Anm. 4. Er teile Honeckers Ansicht, daß die Chancen »für weitere Schritte zu einem gesicherten Frieden mit weniger Waffen nun zügig und umfassend genutzt werden müssen, im nuklearen, chemischen und konventionellen Bereich«. Er erläuterte dann im einzelnen die Position der Bundesregierung zu einer Konvention über ein Verbot chemischer Waffen, zu den atomaren Kurzstreckenraketen und zu Verhandlungen über eine »wirksame konventionelle Rüstungskontrolle«. Abschließend hieß es: »Ich halte es in jedem Fall für wichtig, daß wir unseren Meinungsaustausch nicht auf den Bereich der Abrüstung begrenzen, sondern ihn zu allen Fragen führen, die von besonderer Bedeutung für die Bundesrepublik Deutschland und die DDR sind. Die positive Entwicklung des Jahres 1987 mit Ihrem Besuch in der Bundesrepublik Deutschland hat mich in der Auffassung bestärkt, daß es gute Chancen gibt, unsere Beziehungen auf allen Gebieten zu verstetigen und auszubauen. Meiner Regierung liegt im Interesse der Menschen in beiden Staaten daran, Kontakt und Zusammenarbeit in allen Bereichen, einschließlich der Lösung humanitärer Probleme, weiterzuentwickeln. Die Menschen messen unsere Beziehung und unsere Arbeit daran, was für sie jeweils praktisch herauskommt. Bereits in unseren Gesprächen in Bonn habe ich darauf verwiesen, daß sich die Bundesregierung bei allen Entscheidungen in zweifacher Hinsicht besonders in der Pflicht sieht. Wir wollen den Frieden sicherer machen, aber wir wissen, daß es wirklichen Frieden nicht geben kann, ohne daß die Rechte der einzelnen Bürger für ein Leben in Humanität und Freiheit gewährleistet sind.«

68. Gespräch Rühe – Honecker am 28. April 1988 (Berlin-Ost)

SAPMO ZPA J IV 2/2A/3117 und IV 2/1/679: »Niederschrift über ein Gespräch des Generalsekretärs des Zentralkomitees der Sozialistischen Einheitspartei Deutschlands und Vorsitzenden des Staatsrates der DDR, Genossen Erich Honecker, mit dem Stellvertreter des Vorsitzenden der CDU/CSU-Bundestagsfraktion, Volker Rühe, am 28. 4. 1988 im Amtssitz des Staatsrates«

Von seiten V. Rühe bestand Bereitschaft, die Gesprächsaufzeichnungen zugänglich zu machen. Die handschriftlichen Notizen, die der damalige, bei dem Gespräch anwesende Büroleiter des stellv. CDU/CSU-Fraktionsvorsitzenden gemacht hatte und unter seinen Akten verwahrt, wurden von diesem jedoch nicht freigegeben.

E. Honecker begrüßte V. Rühe und brachte seine Befriedigung darüber zum Ausdruck, daß es möglich sei, die Gespräche fortzusetzen, die er während seines Besuches in der BRD mit dem Vorsitzenden der CDU/CSU-Bundestagsfraktion, Alfred Dregger, und dem Chef der CSU-Landesgruppe im BRD-Bundestag, Theo Waigel, geführt hat.[1] E. Honecker übergab V. Rühe das Wort.

V. Rühe überbrachte zunächst die Grüße von Bundeskanzler Kohl, Bundesminister Schäuble, des Fraktionsvorsitzenden Dregger und Th. Waigels. Er äußerte seine Genugtuung, daß sich die Kontakte der DDR zur CDU/CSU-Bundestagsfraktion in letzter Zeit intensiviert hätten. Er müsse jedoch darauf verweisen, daß es auch solche Fakten gebe wie die Ausladung einer Gruppe von CDU/CSU-Bundestagsabgeordneten durch die DDR, die, wie in jedem Jahr, auch dieses Jahr einen Besuch in der DDR durchführen wollten.[2] Es sei nicht gut, wenn die DDR bei der Auswahl der Partner für den Dialog differenzieren würde.

V. Rühe unterstrich den Willen seiner Fraktion, das Kommuniqué vom 8. September 1987 zu verwirklichen. Es sei in der Tat so, daß für die Lösung vieler internationaler Fragen ein positiver Beitrag beider deutscher Staaten gefordert sei. Besonders wichtig sei das in der Endphase der KSZE-Folgekonferenz in Wien. Hinsichtlich der Weiterführung des Abrüstungsprozesses käme es darauf an, jetzt Schritte im konventionellen Bereich zu vereinbaren. Man müsse das Ziel anstreben, gemeinsame Obergrenzen festzulegen, dürfe sich dabei aber nicht in einer Datendiskussion verlieren. Zur Frage des Verbots der chemischen Waffen verwies V. Rühe auf die Darlegungen von Ministerpräsident B. Vo-

[1] Siehe Nr. 48.
[2] Zum Hintergrund vgl. Einleitung II, 1 sowie unten.

gel gegenüber E. Honecker.[3] Die BRD sei für ein globales Verbot der chemischen Waffen, und auf dem Wege dahin solle man sich nicht in Zonenlösungen verzetteln. Die BRD unterstütze den Gedanken einer 50%igen Reduzierung bei den strategischen Offensivwaffen. Außerdem solle man aber Ergebnisse im konventionellen Bereich anstreben, und danach könne man auf dem Gebiet der Nuklearwaffen weitermachen. Für die Gewährleistung des Friedens in Europa sei ein Mindestmaß an Nuklearabschreckung erforderlich.

V. Rühe erklärte, daß er es für besonders wichtig ansehe, daß die Sicherheit Europas nicht nur unter militärischen Aspekten betrachtet werde. Die europäischen Staaten sollten sich gegeneinander stärker öffnen, z. B. durch einen verstärkten Schüler- und Jugendaustausch. Besonders wichtig sei jedoch, daß die Grenzen zu Türen werden, die beim Öffnen nicht quietschen. Die Bewohner der Staaten beiderseits der Grenzen müßten gemeinsame Feste feiern können.

E. Honecker dankte für die ihm übermittelten Grüße, die er seinerseits erwiderte. Er hob hervor, daß sich seit seinem Gespräch mit der Führung der CDU/CSU-Bundestagsfraktion eine Reihe von Dingen im internationalen Leben positiv entwickelt habe. *Honecker betonte die »Übereinstimmung« zwischen »der DDR und der BRD« zum INF-Abkommen, zur Halbierung der strategischen Offensivwaffen und zum Verbot der chemischen Waffen.*

E. Honecker verwies darauf, daß ihm während seiner Gespräche in Bonn Bundeskanzler Kohl und andere hochrangige Politiker der BRD erklärt hätten, daß eine Vereinbarung über die Beseitigung der Kurzstreckenraketen besser wäre als ein Vertrag über die Beseitigung der Mittelstreckenraketen. Jetzt würde es plötzlich auf BRD-Seite hinsichtlich der Beseitigung der Kurzstreckenwaffen Bedenken geben, obwohl man ursprünglich damit beginnen wollte. Während seiner Gespräche in Bonn sei ja auch der Satz auf BRD-Seite geprägt worden: »Je kürzer die Reichweite, desto deutscher die Toten.«

Die DDR trete für ein Verschwinden der Kurzstreckenraketen, für konventionelle Abrüstung und »für die Herbeiführung der Nichtangriffsfähigkeit« ein.

Zur Frage des gemeinsamen europäischen Hauses hob E. Honecker hervor, daß es darauf ankomme, daß die europäischen Staaten mehr aufeinander zu gehen. Dabei gehe es überhaupt nicht darum, irgend jemand aus dem Einflußbereich seines Bündnisses zu ziehen, solange diese Bündnisse noch bestehen. E. Honecker betonte, daß man zu vertrauensbildenden Maßnahmen in Europa auch zählen müsse, was im Kommuniqué vom 8. September 1987 über seinen Besuch in der BRD festgehalten worden sei. Der Dialog zwischen beiden deutschen Staaten

[3] Siehe Nr. 67

entwickele sich erfolgreich, und Schritt für Schritt würden die Festlegungen des Kommuniqués erfüllt.

Zur Zeit weile die Ministerin für Jugend, Familie, Frauen und Gesundheit der BRD, Frau Prof. Süssmuth, zu einem offiziellen Besuch in der DDR.[4] Er habe sich informiert und dabei befriedigt zur Kenntnis genommen, daß der Besuch sehr erfolgreich verlaufe. Auch dadurch würde die Vertrauensbasis zwischen beiden Staaten gestärkt.

Hinsichtlich der ökonomischen Beziehungen verlaufe die Entwicklung wie geplant. Durch bestimmte Dinge, wie z. B. Preisentwicklungen auf dem internationalen Markt, sei es zu gewissen Stockungen gekommen. Aber die ökonomischen Potenzen beider Staaten seien die Gewißheit dafür, daß sich die Wirtschaftsbeziehungen weiter erfolgreich entwickeln.

E. Honecker ging dann auf Fragen des Reiseverkehrs zwischen der DDR und der BRD ein. Der Reiseverkehr habe viele Begegnungen zwischen den Menschen gebracht. Er übergab V. Rühe ein Zahlenmaterial zur Entwicklung des Reiseverkehrs und hob die starke Steigerung des Reiseverkehrs hervor, so sei z. B. die Zahl der Reisen von DDR-Bürgern in die BRD im März 1988 gegenüber dem gleichen Zeitraum des Vorjahres um 52% und nach Westberlin um 24% gestiegen. Hinzu komme noch die Entwicklung des Jugendaustausches, der sehr erfolgreich verlaufe. Aus der schnellen Entwicklung des Reiseverkehrs müßten auch in der DDR die notwendigen Lehren gezogen werden, die sich in entsprechenden Verordnungen niederschlagen werden. Dabei sei aber klar, daß der gegenwärtige Entwicklungstrend bestehen bleibe.

E. Honecker erklärte, daß in der letzten Zeit große Anstrengungen zur Entwicklung der bilateralen Beziehungen unternommen wurden. [...] *Er nannte als Beispiele u. a. Stromverbund und Städtepartnerschaften.*

[...] Auf dem Gebiet des Gesundheitswesens würden die Fortschritte gerade jetzt durch den Besuch von Frau Minister Süssmuth deutlich. In der nächsten Zeit seien weitere Besuche von Bundesministern in der DDR vorgesehen, wie z. B. des Ministers für Bildung und Wissenschaft, Möllemann.

E. Honecker betonte, daß jedoch sowohl von Mitgliedern der Partei- und Staatsführung der DDR als auch von zahlreichen Bürgern auf das bestehende Mißverhältnis in bestimmten Fragen der Beziehungen aufmerksam gemacht würde. Das betreffe die Tatsache, daß es bei der Lösung einiger Probleme nicht vorangehe. Ein solches Problem sei die Regelung der Elbgrenze. Die Grenzkommission, die ansonsten eine sehr erfolgreiche Arbeit leiste, komme bei der Regelung der Frage der Elb-

---

[4] Frau Süssmuth war seit dem 26. 4. 1988 zu einem Besuch in der DDR und vereinbarte dabei mit ihrem DDR-Amtskollegen Ludwig Mecking eine engere Zusammenarbeit im Gesundheitswesen.

grenze nicht voran. Das stelle eine bestimmte Sperre für die Entwicklung der Beziehungen insgesamt dar. E. Honecker sagte, daß er während seines Besuches auf Grund einer Bitte von Bundeskanzler Kohl mit Ministerpräsident Albrecht gesprochen habe.[5] Albrecht erklärte heute, daß es hinsichtlich der Ergebnisse dieses Gesprächs Mißverständnisse gegeben habe. Das stimme nicht. E. Honecker erklärte weiter, daß man in diesem Zusammenhang auch an die notwendige Auflösung der Erfassungsstelle Salzgitter erinnern könne. Man müsse eindeutig sagen, daß die BRD zumindest auf einem Gebiet der ungelösten Probleme Bewegung zeigen müsse.

E. Honecker hob hervor, daß auch die Frage der Normalisierung der Parlamentsbeziehungen von großer Bedeutung sei.[6] Was die von BRD-Seite genannten Hindernisse betreffe, so würde die DDR die Dinge nicht so eng sehen, denn schließlich würde er sich auch mit Hans-Jochen Vogel treffen, obwohl dieser Westberliner Abgeordneter sei. Er erklärte, daß die DDR sich nicht dogmatisch an irgendwelche Formalitäten binden würde, aber natürlich müßten alle Seiten das Vierseitige Abkommen über Westberlin beachten. Die Teilnahme Westberliner Abgeordneter an Delegationen sei für die DDR kein Hindernis.

E. Honecker führte weiter aus, daß man auch hinsichtlich der noch offenen Fragen bei der Realisierung des Abkommens über die Zusammenarbeit auf den Gebieten von Wissenschaft und Technik zu einem Abschluß kommen sollte.

E. Honecker unterstrich nochmals, daß auch auf BRD-Seite zum Ausdruck gebracht worden sei, daß mit seinem Besuch vom September 1987 eine neue Phase in den Beziehungen eingeleitet wurde. Man habe in den Beziehungen viel bewegt, trotz der immer wieder auftretenden Irritationen. Die DDR wolle die Vereinbarungen mit Leben erfüllen. Auch darin drücke sich letztendlich die Vertrauensfrage aus.

E. Honecker nahm dann Bezug auf Einzelbemerkungen von V. Rühe. Er betonte, daß es eine große Gefahr darstelle, wenn Nuklearwaffen beibehalten werden sollen. Natürlich habe es auch Kriege gegeben, als ein militärisches Gleichgewicht bestand, wie es V. Rühe erklärt habe. Man dürfe aber dabei nicht außer acht lassen, daß die konventionellen Waffen von heute nicht mehr die des Zweiten Weltkrieges sind. [...] Es gehe darum, die Kriege aus dem Leben der Menschen auszuschließen. Heute würde auch ein Zusammenprall mit konventionellen Waffen ganze Staaten auslöschen. Nach einem Dritten Weltkrieg wür-

[5] Vgl. Nr. 41, bes. Anm. 8, und Nr. 43, bes. Anm. 33 – Wie E. Albrecht am 12. 9. 1994 mitteilte, hatte die »von Helmut Kohl geführte Bundesregierung« den »Wunsch, daß ein persönlicher Kontakt zwischen Herrn Honecker« und ihm »zustande kommen möge«. H. Kohl habe ihm Anfang September 1987 gesagt, er könne für »ein ungestörtes, zwangloses Gespräch« zwischen Honecker und Albrecht am 7. 9. 1987 sorgen.

[6] Der Ältestenrat des Bundestages hatte am 1. 3. 1988 Bundestagspräsident Jenninger beauftragt, Möglichkeiten zur Aufnahme offizieller Kontakte mit der Volkskammer zu sondieren.

den beide deutsche Staaten nicht mehr existieren. Die DDR strebe, ebenso wie ihre Verbündeten, danach, bis zum Jahr 2000 eine Welt ohne Atomwaffen zu schaffen und auf konventionellem Gebiet besonders in Europa konkrete Abrüstungsschritte zu vereinbaren. E. Honecker brachte seine Wertschätzung gegenüber den beiderseitigen Anstrengungen der Delegationen der DDR und der BRD für einen erfolgreichen Abschluß der Wiener Konferenz zum Ausdruck.

V. Rühe erwiderte, daß er mit E. Honecker darin übereinstimme, daß jeglicher Konflikt vermieden werden müsse. Das sei durch die Existenz einer nuklearen Abschreckung, die auf ein notwendiges Mindestmaß reduziert würde, möglich. Er bestätigte, daß die BRD lieber mit Abrüstungsschritten bei den Kurzstreckenraketen begonnen hätte. Da es aber anders verlaufen sei, würden diese Raketen jetzt das Mindestmaß an nuklearer Abschreckung darstellen. Die BRD sei bereit, in den Abrüstungsgesprächen über alle konventionellen Systeme zu sprechen. Dabei komme es darauf an, sich zunächst auf die Einschränkung der Invasionsfähigkeit, d. h. auf die Reduzierung der Zahl der Panzer zu konzentrieren. Mit Flugzeugen könne man zwar große Zerstörungen anrichten, aber keine Invasion betreiben. Das sei nur mit Panzern möglich. Die Frage der Militärdoktrin sei ein schwieriges Problem, das im Zusammenhang mit der Dislozierung gesehen werden müsse.

V. Rühe erklärte, daß sich seiner Meinung nach der politische Dialog zwischen der DDR und der BRD erfolgreich entwickele. Er müsse jedoch nochmals darauf hinweisen, daß die Diskriminierung von Abgeordneten der CDU/CSU-Fraktion durch die DDR bei der Weiterentwicklung des Dialogs Schwierigkeiten bereiten würde. Eingehend auf die von E. Honecker übergebenen Zahlen des Reiseverkehrs erklärte V. Rühe, daß die Tatsache, daß jährlich 1,4–1,5 Mio. DDR-Bewohner unterhalb des Rentenalters in die BRD reisen, eine positive Entwicklung sei. Damit würde die DDR einen wichtigen Beitrag zur Wiener-KSZE-Folgekonferenz leisten. V. Rühe wies darauf hin, daß es jedoch immer wieder Probleme bei Übersiedlungen in die BRD und bei Einreisen von ehemaligen DDR-Bürgern in die DDR geben würde. Die DDR solle hier unter humanitären Gesichtspunkten in extremen Härtefällen großzügiger entscheiden.

Die Vereinbarung über die gegenseitige Lieferung von Elektroenergie sowie die Vereinbarung von 41 Städtepartnerschaften bezeichnete V. Rühe als gut. Er bat die Möglichkeit zu prüfen, die Städte Hamburg, Hannover und Kiel in die Regelungen für den grenznahen Verkehr einzubeziehen. Zur Frage der Regelung der Elbgrenze behauptete V. Rühe, daß es nicht richtig sei festzustellen, daß die BRD keine Bewegung zeige. Er habe am Vortag über dieses Thema mit Bundesminister Schäuble gesprochen. Der habe ihm erklärt, daß die BRD gegenüber der DDR Überlegungen zur Lösung des Problems geäußert habe und die DDR jetzt reagieren müsse.[7] Die BRD warte darauf.

Eingehend auf die Frage der Parlamentsbeziehungen erklärte V. Rühe, daß man nur weiterkomme, wenn es an der Grenze zur DDR keine Zurückweisung von Abgeordneten des Bundestages mehr geben würde.

In seiner Erwiderung brachte E. Honecker zum Ausdruck, daß es gegenwärtig keine wichtigere Frage gebe, als die Bannung der Kriegsgefahr. Damit würde auch eine neue Phase im Zusammenleben der Völker ermöglicht.

Unter Hinweis auf seinen Brief an Bundeskanzler Kohl vom 14. Dezember 1987[8] betonte E. Honecker, daß es darauf ankomme, von einer Null-Lösung zur anderen zu streben. Das sei auch die konsequente Verwirklichung der wichtigsten Schlußfolgerungen aus der deutschen Geschichte.

[...]

Unter Hinweis auf die Ausführungen von V. Rühe betonte E. Honecker, daß Atomwaffen niemals friedensbildend sein können, sondern lediglich die Gefahr einer furchtbaren Katastrophe in sich bergen. Angesichts der internationalen Entwicklung müsse eigentlich für jedermann klar sein, daß die Sowjetunion nicht daran denke, Westeuropa zu überfallen. Daraus müßten im Westen entsprechende Schlüsse gezogen werden.

E. Honecker betonte, daß der erreichte Fortschritt auf dem Gebiet der Abrüstung nicht durch neue Aufrüstung oder Modernisierung zerstört werden dürfe. [...] Er hob hervor, daß die Sowjetunion und die USA im Interesse der Gesundung der internationalen Lage weiter aufeinander zu gehen müßten und die europäischen Staaten dazu ihren Beitrag zu leisten hätten.

E. Honecker ging dann auf die von V. Rühe aufgeworfene Frage der Menschenrechte ein. Er hob hervor, daß die Sowjetunion eine internationale Konferenz über die Menschenrechte in Moskau vorgeschlagen hat, auf die der Westen bisher nicht eingegangen sei.[9]

Frieden sei für die DDR das erste und oberste Menschenrecht. Das

[7] Schäuble hatte über diese Problematik mehrfach mit Schalck-Golodkowski gesprochen, so zuletzt am 15. 1. und 17. 3. 1988. Schalck übermittelte ihm am 21. 1. 1988 eine Mitteilung mit einer Stellungnahme der DDR zum Vorschlag der Bundesregierung zur Regelung des Grenzverlaufs auf der Elbe. Dieser informell übermittelte Vorschlag der Bundesregierung sah vor, für die Elbgrenze die früheren Provinzgrenzen zu Grunde zu legen und alle praktischen Fragen nach dem Beispiel der Ems-Dollart-Regelung mit den Niederlanden zu regeln. Vgl. »Ausarbeitung über Standpunkt DDR zu Grenzverlauf Elbe« in: SAPMO ZPA J IV 2/2A/3209, SPD-Dokumentation: Wer im Glashaus sitzt (1994), Nr. 21 (10) sowie Filmer/Schwan (1994), S. 217ff.

[8] Siehe Nr. 62, Anm. 4.

[9] Diese internationale Menschenrechtskonferenz sollte 1991 in Moskau stattfinden. Vgl. AdG 1988, S. 32878.

Leid und die Trümmer des Zweiten Weltkrieges dürften sich nicht wiederholen, wobei zu berücksichtigen sei, daß der Bombenhagel auf deutsche Städte, den er selbst in Berlin erleben mußte, von Flugzeugen gebracht worden war und nicht von Panzern. (Einwurf von V. Rühe: »Das kenne ich nur aus Erzählungen von meiner Mutter.«) E. Honecker betonte, daß die DDR sehr viel getan habe und weiter tue, um insbesondere bei der Jugend den Gedanken des Friedens tief in das Bewußtsein zu prägen.

Das zweitwichtigste Menschenrecht sei das Recht auf Arbeit, das in der DDR durch die Gewährleistung der Vollbeschäftigung seine Verwirklichung gefunden habe. Ebenso sei es mit dem Recht auf Bildung. Er nannte als Beispiel, daß seit 1949 in der DDR 1,9 Millionen Werktätige eine Hochschulausbildung erhalten hätten. Das einheitliche Bildungssystem der DDR würde für alle Kinder, unabhängig davon, wieviel Geld der Vater hat, gleiche Bildungschancen bieten (Einwurf von V. Rühe: Auch wenn der Vater Christ ist? E. Honecker: Ja, auch dann.). E. Honecker betonte, daß es zu den Menschenrechten auch gehöre, daß enorme Haushaltsmittel jährlich für das Gesundheitswesen ausgegeben werden. Zu den Menschenrechten müsse man auch zählen, daß in der DDR die Voraussetzungen zur allseitigen Entwicklung der Persönlichkeit bestehen. So hätten in der DDR 85% der Männer und 91% der Frauen eine abgeschlossene Berufsausbildung. Die DDR habe auch 2,8 Mio. neue Wohnungen geschaffen, und bis 1990 werden es über 3 Mio. sein. Bereits jetzt verfüge jeder Bürger der DDR, also auch jedes Baby, über 27m² Wohnraum. Durch ihr Wohnungsbauprogramm würde die DDR die Wohnungsfrage als soziales Problem lösen.

E. Honecker erklärte, er wolle sich nicht in die Angelegenheiten der BRD einmischen, aber er könne nicht darüber hinwegsehen, daß in der BRD keine Vollbeschäftigung garantiert werde. V. Rühe machte an dieser Stelle den Einwurf, daß in der BRD jeder Arbeitslose aber mehr verdiene, als ein Beschäftigter in der DDR.

E. Honecker wies V. Rühe darauf hin, daß das eine völlig unkorrekte Darstellung sei. Die DDR habe seit Jahrzehnten stabile Preise bei den Grundnahrungsmitteln, bei den Mieten, bei den Verkehrsmitteln und auf verschiedenen anderen Gebieten. Durch die Vollbeschäftigung von Männern und Frauen würden die Familien in der DDR in der Mehrzahl über ein Einkommen zwischen zwei- und dreitausend Mark verfügen. Der Lebensstandard habe sich sehr erfolgreich entwickelt, was sich z. B. auch in solchen Dingen wie Farbfernseher, Waschmaschine u. ä. ausdrücke.

V. Rühe fragte nach der Deckung des Bedarfs bei Autos.

E. Honecker erwiderte, daß in Berlin bereits 60% aller Haushalte und außerhalb Berlins 53% aller Haushalte ein Auto besitzen. Er wies V. Rühe darauf hin, daß sich schon viele Mitglieder der Partei- und

Staatsführung der DDR und er selbst bei ihren Reisen ein Bild von den Slums in New York oder anderen westlichen Großstädten machen konnten. So etwas gebe es in der DDR nicht. Die DDR halte wie auch andere sozialistische Staaten durchaus einem Vergleich in der Menschenrechtsfrage stand.

Nochmals auf die Frage des Reiseverkehrs eingehend, erklärte E. Honecker, daß mancher frühere Bundeskanzler an die Decke gesprungen wäre, wenn es eine solche Entwicklung des Reiseverkehrs gegeben hätte. Unter diesem Aspekt sei es doch unsinnig, einen, der über die Mauer gesprungen sei, als Helden zu preisen. Es habe doch enorme Veränderungen gegeben, und niemand habe es nötig, über die Mauer zu springen.

Was den Reisewunsch von CDU/CSU-Bundestagsfraktionsabgeordneten anbelange, so habe er davon erst zu spät erfahren. Man müsse aber sehen, daß der Besucherverkehr normalisiert werden soll, aber nicht für konspirative Dinge mißbraucht werden dürfe. Wenn solche Dinge damit verbunden werden, z. B. durch Treffen bei Pfarrer Eppelmann[10], dann sei es nicht verwunderlich, wenn diese Leute von den Sicherheitsorganen nicht mehr in die DDR gelassen werden.

V. Rühe dankte für das offene Gespräch. Er brachte zum Ausdruck, daß er sich davon überzeugt habe, daß in der DDR sehr viel geschaffen wurde und damit die materiellen Nöte der Menschen abgebaut worden seien. Es gebe aber noch eine immaterielle Not in der DDR.

E. Honecker verwies darauf, daß auch die sogenannte immaterielle Not in der DDR überwunden wurde. Am deutlichsten sei das in Verwirklichung des einheitlichen Bildungssystems geschehen. Aber auch in anderen Bereichen drücke sich das aus, wie z. B. in der Möglichkeit der Menschen, eine rege Vereinstätigkeit zu entwickeln. E. Honecker führte zahlreiche Beispiele dazu an. Er nannte auch, daß es in den meisten Gebieten der DDR möglich ist, drei BRD-Fernsehprogramme zu empfangen.

V. Rühe stellte daraufhin die Frage, warum die DDR dann nicht den Bezug von BRD-Zeitungen ermögliche. E. Honecker erklärte, daß man über diese Frage sprechen könne, wenn V. Rühe eine Zeitung der BRD nennen könne, die objektiv über die DDR berichte.

Zum Abschluß des Gesprächs betonte E. Honecker nochmals, die DDR werde ausgehend von den Ergebnissen seines Besuches in der BRD, ihre auf die Sicherung des Friedens und die sachliche Zusammenarbeit gerichtete Politik fortsetzen. Dabei sei es notwendig, stets gegenseitig die Prinzipien der Souveränität, der territorialen Integrität und

[10] Die Bundestagsabgeordneten Heribert Scharrenbroich, Werner Schreiber (beide CDU-Sozialausschüsse) und Eduard Lintner (CSU) hatten sich am 13. 10. 1987 bei einem Besuch in Ost-Berlin mit Vertretern von Friedensgruppen, zu denen Rainer Eppelmann gehörte, getroffen. Vgl. Einleitung II, 1.

der Nichteinmischung zu achten. Wenn es gelänge, die Beziehungen in diesem Sinne weiterzuentwickeln, dann wäre das ein Beitrag zur Hausordnung des europäischen Hauses und für das Wohl der Menschen.

An dem Gespräch nahmen teil von seiten der DDR: Genosse Frank-Joachim Herrmann, Staatssekretär und Leiter der Kanzlei des Staatsrates, Genosse Hans Schindler, amtierender Leiter der Abteilung BRD im Ministerium für Auswärtige Angelegenheiten, von BRD-Seite: Franz Jürgen Staab, Stellvertreter des Leiters der Ständigen Vertretung der BRD in der DDR, Hans-Joachim Falenski, Leiter des Büros des stellv. Vorsitzenden der CDU/CSU-Bundestagsfraktion.

69. Gespräch H.-J. Vogel – Honecker am 29. April 1988 (Hubertusstock)

[a] Privatarchiv H.-J. Vogel: »Professor Dieter Schröder, 30. April 1988. I. Gespräch mit dem Vorsitzenden der Sozialdemokratischen Partei Deutschlands und der Fraktion der SPD im Deutschen Bundestag, Dr. Hans-Jochen Vogel, und dem Generalsekretär der SED und Vorsitzenden des Staatsrates der DDR, Erich Honecker, am 29. April 1988«

1.

Am 29. April 1988 hat im Jagdschloß Hubertusstock ein Gespräch zwischen Dr. Hans-Jochen Vogel und Erich Honecker stattgefunden, an dem in Begleitung von Hans-Jochen Vogel teilnahmen: Professor Dr. Dieter Schröder; in Begleitung von Erich Honecker: Staatssekretär Frank-Joachim Herrmann und der Abteilungsleiter des Zentralkomitees der SED, Gunter Rettner.

Das Gespräch dauerte 2 Stunden, es schloß sich ein kurzes Vier-Augen-Gespräch an.

2.

Erich Honecker begrüßte Hans-Jochen Vogel als Vorsitzenden der Sozialdemokratischen Partei und erklärte, daß die jährlichen Begegnungen nicht nur für die beiden Parteien von Nutzen seien, sondern auch für die beiden deutschen Staaten. Seit dem letzten Zusammentreffen in Schloß Gymnich[1] habe sich die internationale Lage günstiger entwickelt. Dennoch müsse man feststellen, daß die Lage in Europa und in der Welt insgesamt kompliziert sei und voller Widersprüche. Die DDR sei froh über den Abrüstungsprozeß und hoffe, die Schaffung kernwaffenfreier Zonen voranzubringen. Er habe kürzlich ein Gespräch mit dem Generalsekretär der KPdSU Gorbatschow[2] geführt, den er bei allen Problemen, die es gibt, auf der internationalen Ebene unterstütze. Hinsichtlich des Gipfeltreffens zwischen dem amerikanischen Präsidenten Reagan und Gorbatschow hoffe seine Seite, daß es doch noch zu Vereinbarungen, zum Beispiel über die Halbierung der strategischen Atomwaffen unter Beibehaltung des ABM-Vertrages, komme.[3] Die SED und die SPD seien Mitgestalter des Entspannungsprozesses, sie sollten ihn auch in der Zukunft dyna-

---

[1] Siehe Nr. 46.
[2] Ein »kürzliches« Treffen läßt sich nicht nachweisen, möglicherweise handelte es sich um ein Telefonat.
[3] Zum 4. Gipfeltreffen Gorbatschow–Reagan vom 29. 5. – 2. 6. 1988 in Moskau vgl. AdG 1988, S. 32233 ff.

misch fortsetzen, wie es in dem gemeinsamen Papier formuliert sei. Das heiße, Friedenssicherung sei das Gebot der Stunde und bleibe es. Davon hänge die Zukunft der Menschheit ab. Das Hauptziel der DDR sei ein konstruktiver Beitrag zur Abrüstung und zum Frieden. Man könne in dem gemeinsamen europäischen Haus nur miteinander leben oder gemeinsam untergehen. Die DDR trete für Kontinuität in den Beziehungen zwischen den europäischen Staaten ein. Sie knüpfe dabei an die Gedanken von Karl Marx an und fühle sich den Grundsätzen verpflichtet, die Pieck und Grotewohl in die Verfassung dieses deutschen Staates eingefügt hätten.

Honecker verwies auf die gemeinsame Festlegung in dem Kommuniqué aus Anlaß seines Besuches in der Bundesrepublik. Das darin festgestellte Prinzip, daß von deutschem Boden nie wieder Krieg ausgehen dürfe, sondern nur Frieden, stelle beiden deutschen Staaten eine verantwortungsvolle Aufgabe. Es sei bedeutungsvoll, daß in wesentlichen Fragen zwischen SED und SPD Übereinstimmung erzielt worden sei. Man sei auf diesem Wege ein Stück vorangekommen in Richtung Abrüstung und Entspannung. Die von den beiden Parteien erarbeiteten Vorschläge seien unverändert aktuell. Die Tätigkeit der gemeinsamen Arbeitsgruppe habe große Bedeutung, sie behandle Probleme von höchster Aktualität. Das Ziel müsse eine Null-Lösung auch für Atomwaffen unter 500 km Reichweite sein. Gegenüber dem Bundestagsabgeordneten Rühe[4] habe er am Vortage unterstrichen, daß eine Null-Lösung besser sei als eine zweite Nachrüstung. Ihm sei unverständlich, daß die Bundesregierung, die bei seinem Besuch in Bonn bemängelt habe, daß nicht mit einer Beseitigung der Nuklearwaffen unter 500 km Reichweite begonnen wurde, jetzt die entgegengesetzte Position einnähme. Dregger, Waigel und Strauß[5] hätten sich damals übereinstimmend geäußert, daß je kürzer die Reichweite, desto deutscher die Toten seien. Unter dem Einfluß der jüngsten Beschlüsse der NATO[6] werde jetzt jedoch eine Modernisierung angestrebt. Seine eigenen Erfahrungen hätten ihn davon überzeugt, daß auch taktische Raketen mit geringerer Reichweite mit äußerster Präzision ihr Ziel erreichten. Im übrigen könne man die nukleare Rüstung nicht von der konventionellen trennen. Die Gewalt der konventionellen Waffen sei heute ebenfalls größer als im Zweiten Weltkrieg. Damals hätte es 50 Millionen Tote gegeben, die deutschen Städte seien in Schutt und Asche gelegt worden. [...] Die Existenz der Menschheit dürfe nicht länger aufs Spiel gesetzt werden. Diese Überlegungen hätten auch zu der Einladung eines internationa-

[4] Siehe Nr. 68.
[5] Vgl. Nr. 48 und 59.
[6] Honeckers Äußerung dürfte sich auf die Tagung der Nuklearen Planungsgruppe der NATO am 27./28. 4. 1988 beziehen, der eine Gipfelkonferenz der NATO-Staaten am 2./3. 3. 1988 vorausgegangen war. Vgl. AdG 1988, S. 31993 ff. und S. 32143 f.

len Treffens im Juni 1988 geführt.[7] An diesem Treffen sollten Staaten mit ihren Regierungen, Parteien und gesellschaftliche Kräfte teilnehmen. *Die Ministerpräsidenten von Schweden und Griechenland hätten schon zugesagt. Die Konferenz solle der nuklearen Abrüstung »neue Impulse« geben. Honecker sprach dann über das Gipfeltreffen, die Halbierung der strategischen Offensivwaffen und die »Vorleistung« der DDR mit »dem Abzug der sowjetischen Raketen von ihrem Territorium«.* Die DDR sei bereit, weitere Bausteine für das europäische Haus zu liefern, und sie begrüße es, daß die KPdSU und die SPD eine Arbeitsgemeinschaft begründet hätten.[8] Die SED sei bereit, dabei mitzuwirken, eine Hausordnung für Europa zu schaffen.

Die DDR könne jedoch nicht übersehen, daß die NATO im März versucht habe, die Bedrohungslüge zu belegen. Es werde ein Invasionspotential unterstellt. Deshalb habe der Warschauer Vertrag gefordert, zu allen wesentlichen Aspekten auf beiden Seiten die Tatsachen offen auf den Tisch zu legen. Die Kontakte zwischen sowjetischen Militärs und Angehörigen der Bundeswehr seien bisher ohne Ergebnis geblieben, da die Bundeswehr hart an der Abschreckungsstrategie festhalte. Mit Interesse habe er daher die Haltung Bundesaußenministers Genscher zur Kenntnis genommen, die dieser am 17. April in der ›Frankfurter Rundschau‹ dargestellt habe.[9] Er habe an Vorschläge des Warschauer Vertrages angeknüpft. Er habe in seinen Gesprächen mit Ministerpräsident Bernhard Vogel und dem CDU-Abgeordneten Rühe deutlich gemacht, daß im Westen noch neue Antworten gefunden werden müßten.[10] Dies habe er auch mit seinem Brief an Bundeskanzler Kohl anregen wollen.[11] Man müsse mit der Abrüstung beginnen, indem man vorhandene Asymmetrien ausgleiche. Das Ziel müsse die Nichtangriffsfähigkeit beider Seiten sein. Eine solche Politik sei auch für die Wiener KSZE-Folgekonferenz von Bedeutung. *Honecker befürwortete »vertrauensbildende Maßnahmen« und begrüßte die »Entwicklung in Afghanistan«, wo der sowjetische Truppenabzug am 15. Mai beginne.*

Zu den bilateralen Problemen wolle er einleitend bemerken, daß es darauf ankomme, die Vereinbarungen mit Leben zu erfüllen. Wenn man den Grundsatz der Gleichberechtigung respektiere, würden gute Entwicklungen möglich sein. Fortschritte seien bei den drei Umweltabkommen erzielt worden, im Juli würde Umweltminister Töpfer ei-

---

[7] Zu diesem »Internationalen Treffen für kernwaffenfreie Zonen« am 20.–22. 6. 1988 in Berlin-Ost vgl. AdG 1988, S. 32277f. Es nahmen mehr als 1000 Personen aus über 100 Staaten teil. Vgl. auch Nr. 71 und 72.

[8] Nach dem Besuch von Willy Brandt vom 29. 3.–1. 4. 1988 in Moskau nahm Egon Bahr mit einer Arbeitsgruppe der SPD Gespräche mit der KPdSU über die »Architektur des europäischen Hauses« auf.

[9] Siehe ›Frankfurter Rundschau‹ vom 17. 4. 1988. In [b]: 7. 4. 1988.

[10] Siehe Nr. 67 und 68.

[11] Siehe Nr. 62, Anm. 4.

nen Besuch in der DDR machen.[12] Im Sinne der friedlichen Koexistenz habe die DDR inzwischen 41 Städtepartnerschaften mit Städten der Bundesrepublik vereinbart, weitere seien in Vorbereitung. Die Begegnung der Menschen würde durch Kultur- und Sportaustausch gefördert. Der Reiseverkehr mit der Bundesrepublik und Berlin (West) habe sich gut entwickelt. Er legte eine Aufstellung vor, aus der sich ergab, daß der Reiseverkehr für Personen unterhalb des Rentenalters ins Bundesgebiet 1988 im ersten Quartal um 54%, nach Berlin-West um 24% zugenommen hat.

Die Zusammenarbeit auf dem Gebiet der Gesundheitspolitik sei erweitert worden, es seien Expertengruppen eingesetzt für AIDS- und Diabetesprobleme. Der Besuch von Bundesministerin Süssmuth[13] wirke sich positiv aus.

Der Handelsumsatz habe sich verändert, die internationale Wirtschaftsentwicklung habe Rückschläge mit sich gebracht, aber dennoch handle es sich um ein gewaltiges Volumen, das der Austausch inzwischen erreicht habe. Es seien weitere Gestattungsproduktionen geplant, der Energieverbund sei erfolgreich vereinbart worden, im Mai 1988 würde der Bundesminister für Bildung und Wissenschaft die DDR besuchen.[14]

Es seien jedoch einige immer noch ungelöste Probleme nicht zu übersehen. Die Grenzfrage, die in dem Bonner Kommuniqué angesprochen sei, sei nach wie vor offen. Dies liege an der Bundesrepublik. Sie behindere die Lösung der Frage der Elbe-Grenze. Die DDR sei dafür, die Rechtslage von 1945 beziehungsweise 1949 festzustellen. Die Bundesregierung hielte jedoch an ihren alten Vorstellungen fest. Die DDR erwarte die Einhaltung der Bonner Zusage. Das würde viele Probleme lösen.

Seine Seite sei außerdem dafür, die Verbindungen zwischen Volkskammer und Bundestag zu stärken. Die jetzt zwischen den Fraktionen gut entwickelten Beziehungen sollten ausgebaut werden. Der Bundestagspräsident Jenninger sei zweifellos bemüht, jedoch gäbe es unverändert Bremser.[15] Er bäte daher Dr. Vogel als Fraktionsvorsitzenden dahin zu wirken, daß die Frage einer Lösung zugeführt würde. Auch dies könne ein Beitrag zu Abrüstung und Zusammenarbeit in Europa sein. Im übrigen beziehe er sich auf die Verabredungen in der vorbereiteten Presseerklärung, die er ausdrücklich bestätigen wolle.

[12] Bundesumweltminister Klaus Töpfer hielt sich vom 10. – 13. 7. 1988 in der DDR auf und führte Gespräche mit seinem DDR-Amtskollegen Hans Reichelt sowie dem Ersten stellv. Vorsitzenden des Ministerrates Werner Krolikowski. Vgl. AdG 1988, S. 32355 sowie den »Bericht« von Hans Reichelt in: SAPMO ZPA J IV 2/2A/3155.

[13] Siehe Nr. 68, Anm. 4.

[14] Jürgen Möllemann, Bundesminister für Bildung und Wissenschaft, besuchte am 17. 5. 1988 Ost-Berlin.

[15] Vgl. Nr. 68, bes. Anm. 6.

3.[16]

Dr. Vogel dankte für die Begrüßung. Man sei 1983 am zehnten Jahrestag des Besuches von Wehner und Mischnick bei dem Generalsekretär zum ersten Mal zusammengetroffen und habe damals regelmäßig Begegnungen vereinbart. Die Kontinuität des Meinungsaustausches sei gut, sie schaffe Berechenbarkeit zwischen den Parteien und den beteiligten Personen. Unter Brandt, Schmidt und Wehner sei die Bahn für die neuen Beziehungen zwischen den beiden deutschen Staaten geebnet worden. Er hoffe, daß die CDU einschließlich der CSU und die jetzige Bundesregierung mehr und mehr den von den Sozialdemokraten vorgezeichneten Linien folgen. Die Sozialdemokraten freuten sich über die erzielten Fortschritte. Vereinbarungen könnten nur zwischen den Regierungen getroffen werden. Bei dieser Gelegenheit möchte er dem Generalsekretär dafür danken, daß er die besondere Rolle, die die SPD bei der Entwicklung der Beziehungen spiele, öffentlich würdige. Der Besuch Honeckers in Bonn sei ein folgerichtiger Schritt gewesen, nun sei ein Gegenbesuch des Bundeskanzlers wünschenswert.

Dr. Vogel wandte sich zunächst den internationalen Fragen zu. Er stellte fest, daß in der Beurteilung der Lage weitgehende Übereinstimmung herrsche. Auch er halte den INF-Vertrag für ein historisches Ereignis. Jetzt sei es erforderlich, die Dynamik des Prozesses zu verstärken. Man müsse sich immer erinnern, daß erst der allerkleinste Teil der nuklearen Sprengkraft beseitigt sei. Er gehe davon aus, daß die Ratifikation des Vertrages in den Vereinigten Staaten gesichert sei; aus innenpolitischen Gründen würde sie allerdings möglicherweise auf die Zeit nach dem Gipfeltreffen verschoben werden.[17] Er befürworte ebenfalls das Abkommen über strategische Waffen. Er frage sich, ob eine Vereinbarung bei dem Gipfeltreffen noch möglich sei.[18] Er wolle die positive Rolle Gorbatschows in diesem Prozeß hervorheben. Auch der amerikanische Präsident habe sich allerdings seit 1983 in seinen Anschauungen verändert. Entscheidend sei wohl aber Gorbatschow gewesen, insbesondere weil er westliche Vorschläge aufgegriffen hätte. Die innenpolitische Entwicklung in der Sowjetunion beobachte er mit Sympathie; die Sozialdemokraten seien jedoch gegen jede Einmischung, sie könne nur kontraproduktiv wirken. Die Sozialdemokraten wünschten Gorbatschow bei seinen innenpolitischen Reformen Erfolg. Schon jetzt errege die Diskussion in der sowjetischen Presse Erstaunen. Auseinandersetzungen, wie sie zwischen der ›Sowjetskaja Rossija‹ und der

[16] Im Original versehentlich 2.; auch die folgenden Abschnitte sind jeweils falsch numeriert.

[17] Der INF-Vertrag wurde vom US-Senat am 27. 5. 1988 ratifiziert, und die Ratifizierungsurkunden wurden dann beim Gipfeltreffen Gorbatschow/Reagan am 1. 6. unterzeichnet. Vgl. AdG 1988, S. 32208 f. und 32238.

[18] In der gemeinsamen Erklärung zum Treffen Gorbatschow/Reagan wurde gesagt, daß die Verhandlungen über die Reduzierung der Interkontinentalraketen bis zu einem Entwurf über einen möglichen Vertragstext gediehen seien. Vgl. AdG 1988, S. 32381 f.

›Prawda‹ geführt worden seien[19], seien nützlich. Es sei wünschenswert, daß die Sowjetunion ihre Rolle in der Weltpolitik nicht nur auf ihr militärisches Potential, sondern auf ihr gesamtes Potential stütze.

Die Sozialdemokraten träten für eine weltweite Ächtung der Chemiewaffen und für ein weltweites Verbot von Atomversuchen ein. Sie sähen aber auch die gegenwärtigen Schwierigkeiten. Der Beitrag, den die DDR und die Bundesrepublik zu diesem Prozeß leisten könnten, werde in dem Maße gewichtiger, in dem die Union ihren Widerstand schrittweise aufgebe. Er sei davon überzeugt, daß die von SPD und SED entwickelten Projekte für eine chemiewaffenfreie Zone und einen kernwaffenfreien Korridor an Bedeutung gewinnen. Man werde einmal mehr erleben, wie mit Skepsis aufgenommene Vorschläge bald in den Mittelpunkt der Diskussion rückten. Da die weltweite Ächtung chemischer Waffen ein langwieriger Prozeß sei, sollten die Verifikationsmöglichkeiten in der vorgeschlagenen chemiewaffenfreien Zone in Europa erprobt werden. Dann könne man beurteilen, ob es wirklich möglich sei, eine zivile chemische Produktion in unauffälliger Weise in eine Giftgasproduktion umzuwandeln. Eine solche Erprobung in einer Zone könne eine weltweite Ächtung der chemischen Waffen erleichtern; die atomwaffenfreie Zone sei ein Vorschlag Olof Palmes[20]; auch wenn das sozialdemokratischen Zielen entspreche, sei zu bedenken, daß dadurch der Gedanke des atomwaffenfreien Korridors nicht verdrängt werden dürfe. Man dürfe durch die Diskussion über Zonen konkrete Schritte zu einem Korridor nicht verzögern.

Dr. Vogel stimmte der Bemerkung Honeckers zu, daß es auf dem Gebiet der konventionellen Abrüstung weiterer Anstrengungen bedürfe. Der Abbau von Asymmetrien sei geboten, auch westliche Überlegenheiten seien festzustellen und müßten einbezogen werden. Es könne jedoch nicht übersehen werden, daß es eine Massierung von Panzern im Westen des Gebietes des Warschauer Vertrages gäbe. Das sei eine Asymmetrie, gleichgültig ob das Verhältnis 1:6 oder 1:7 sei. Er wisse wohl, daß sich darunter auch alte Panzer befänden. Honecker warf ein, daß es sich um rumänische Panzer handele. Dr. Vogel machte klar, daß es sich hier um einen wichtigen Punkt handele. Auch er finde den von Honecker erwähnten Artikel des Bundesaußenministers interessant, er frage sich bei der Einleitung, ob damit eine Absage an Modernisierungspläne gemeint sei. Die Sozialdemokraten wünschten keine Modernisierung im Sinne einer Ersetzung vorhandener Systeme durch

---

[19] Auf einen als »Leserbrief« gezeichneten Artikel in der ›Sowjetskaja Rossija‹ vom 13. 3. 1988, der gegen die Perestroika gerichtet war, publizierte die ›Prawda‹ am 5. 4. 1988 eine kritische Replik, in der die Reformpolitik unterstützt wurde. Am 15. 4. 1988 erklärte die ›Sowjetskaja Rossija‹ in einem Artikel die Kritik der ›Prawda‹ als berechtigt. Vgl. zu dem genauen Inhalt und zu den Mutmaßungen über die Hintergründe AdG 1988, S. 32154ff.

[20] Vgl. Nr. 4, bes. Anm. 6.

neue, wenn auch vertragsgemäße Systeme. Sie fürchteten, daß damit nur eine neue Stationierungsdebatte beginnen würde. Diese sollte man sich ersparen. Es gebe jedoch Behauptungen, daß auch auf der Seite des Warschauer Vertrages eine solche Modernisierung erwogen werde. Solche Hinweise fänden große Aufmerksamkeit, sie förderten außerdem diejenigen, die im Westen eine Nachrüstung befürworten. Es müsse das Ziel sein, im Einklang mit Abrüstungsschritten auf konventionellem Gebiet weitere Null-Lösungen zu erreichen. Das sei kein Junktim, aber es sei erforderlich, auf beiden Feldern mit Verhandlungen zu beginnen. Er frage sich, ob die Sowjetunion darauf vorbereitet sei, so weit zu gehen. Er erkenne wohl einen Trend in diese Richtung, habe aber noch keine klare Äußerung zur Null-Lösung gehört.

Dr. Vogel äußerte sich erfreut, daß der Begriff der strukturellen Angriffsfähigkeit nunmehr in den Verlautbarungen des Warschauer Vertrages wie auch des Bundesaußenministers erscheine. Jetzt komme es darauf an, Maßnahmen aufzulisten, die einen solchen Zustand fördern könnten. Entscheidend sei der Abbau der Feindbilder, die Veränderung des Bewußtseins der Menschen, daß man von der anderen Seite mit einem Überfall und Unterdrückung rechnen müsse. Hier habe das gemeinsame Papier der beiden Parteien[21] Entscheidendes geleistet. Man sei für Wettbewerb und Kontroverse, aber zugleich für einen Abbau des Feindbildes, das müsse auch weltweit geschehen. Er freue sich, daß am 17. und 18. Mai eine nächste Sitzung der Arbeitsgruppe zur Vertrauensbildung stattfinden werde.[22] Solche Zusammenarbeit würde von den Nachbarn im Westen und Osten aufmerksam beobachtet; es sei daher förderlich, die Nachbarn gut über das zu informieren, was da besprochen wird. Er begrüße auch den Vorschlag, 1989 ein Seminar über sicherheits- und abrüstungspolitische Überlegungen durchzuführen, die dann von beiden Staaten in ihren Bündnissen vertreten werden könnten. Daran sollten sich Politik, Wissenschaftler und insbesondere auch Soldaten beteiligen.

Dr. Vogel dankte sodann für die Einladung zur Juni-Konferenz. Ihr würde seitens der Sozialdemokraten in geeigneter Weise Folge geleistet. Er selbst könne jedoch nicht an der Konferenz teilnehmen, da sie in die letzte Sitzungswoche des Bundestages falle, in der über die Steuerreform entschieden werden müsse. Es würde voraussichtlich eine Abordnung benannt, die ungefähr der Arbeitsgruppe entspricht. Er wisse, daß auch eine Einladung an die Sozialdemokraten in Berlin-West ergangen sei. Er wolle deshalb klarstellen, daß es nur eine einzige sozialdemokratische Delegation geben könne ohne besondere Ausschil-

---

[21] Gemeint war das sog. SED-SPD-Papier ›Der Streit der Ideologien und die gemeinsame Sicherheit‹ von 1987.

[22] Es handelte sich um das 4. Treffen der SPD-SED-Arbeitsgruppe über strukturelle Nichtangriffsfähigkeit und vertrauensbildende Maßnahmen.

derung oder ähnliches.[23] Honecker warf ein, daß dies ganz klar sei. Dr. Vogel erkundigte sich sodann, ob auch Vertreter der Friedensbewegung eingeladen seien. Honecker bestätigte dies; Dr. Vogel fragte nach, ob dabei eine Auswahl getroffen worden sei, insbesondere ob auch entsprechende Gruppen aus der DDR eingeladen würden. Er begrüßte es, daß die Konferenz nicht mit einer Entschließung enden sollte, sondern daß im Vordergrund ein Meinungsaustausch stehen würde. Dieses sei ein Beitrag zur Änderung des Bewußtseins.

Sodann nahm Dr. Vogel auf die Äußerung von Honecker zu den jüngsten Entwicklungen zwischen der Sowjetunion und den Vereinigten Staaten Bezug. Er bemerkte, daß dies auch an anderen Plätzen der Welt zu günstigen Entwicklungen führen könne, beispielsweise am Golf, an der Westbank oder im Gaza-Streifen. Auch in Mittelamerika hege man wieder Hoffnung. Dabei trügen auch die Bemühungen des Sozialdemokraten Wischnewski ihre Früchte. Es sei auch interessant, daß mittlerweile ein Abgeordneter der CDU als Berater der Contras um die Förderung einer friedlichen Lösung bemüht sei.[24] Auf diesem Wege könne man mehr erreichen als mit mancher Resolution. Hinsichtlich des südlichen Afrikas hätte er den Eindruck, daß in der Beurteilung der Lage keine wesentlichen Unterschiede bestünden.

Zu der jüngsten Entwicklung in Afghanistan bemerkte Dr. Vogel, daß es nicht schlecht sei, wenn die Weltmächte lernten, im Umgang mit benachbarten Entwicklungsländern mehr Zurückhaltung an den Tag zu legen. Die Korrektur der sowjetischen Afghanistanpolitik sei gut. Er frage sich jedoch, wie es dort weitergehen werde. Er sehe die Gefahr eines blutigen Bürgerkriegs, in den sich auch Khomeini einmischen werde. Grundsätzlich seien im Nahen Osten nur Fortschritte zu erzielen, wenn die Sowjetunion und die Vereinigten Staaten einen stärkeren Druck ausübten.

Zu den bilateralen Fragen bemerkte Dr. Vogel, daß der Grundlagenvertrag 1972 eine solide Grundlage geschaffen habe. Die Unabhängigkeit der beiden Staaten voneinander sei in der Praxis nicht mehr umstritten. Es sei aber auch gut zu erkennen, daß sie nicht voneinander isoliert seien, sondern aus geographischen und geschichtlichen Gründen in einer Wechselbeziehung stünden. Wichtig sei, daß das gemeinsame Papier und die in ihm entwickelten Gedanken mehr und mehr in die Realität einfließen. Es sei notwendig, das Gespräch in Richtung auf die Fundamente der Gesellschaften zu verbreitern, die offene Diskussion

[23] Die SPD-Delegation wurde von Egon Bahr geleitet; ihr gehörte auch der Berliner SPD-Vorsitzende Walter Momper an.

[24] Am 23. 3. 1988 war in Nicaragua ein vorläufiges Waffenstillstandsabkommen zwischen der Regierung und den Contras unterzeichnet worden. Der ehemalige Kanzleramtsminister Hans-Jürgen Wischnewski hatte dabei als Berater und Vermittler mitgewirkt. Berater der CDU war Heribert Scharrenbroich MdB, CDU, herausragender Vertreter der Sozialausschüsse der Union. Vgl. AdG 1988, S. 32058 und 32061 ff.

über Erfolge und Mißerfolge sei zu fördern. Man müsse in jedem System sagen können, daß das eigene System konkrete Mängel habe und wie sie verändert werden sollten.

Dr. Vogel begrüßte die Vereinbarungen über den Stromverbund und brachte seine Freude darüber zum Ausdruck, daß nunmehr die Frage des Eisenbahntransits auf die Tagesordnung gesetzt worden sei. Auch der Kulturaustausch habe sich insgesamt gut angelassen. Wie schon bei dem Gespräch in Schloß Gymnich[1] wolle er noch einmal unterstreichen, wie wichtig es sei, auch unkonventionelle Kunst zu berücksichtigen.

Dr. Vogel erklärte, daß er selbst festgestellt habe, wie in der DDR junge Menschen lebhafter als früher diskutierten. Solche Diskussionen sollten nicht Anlaß zu staatlichen Maßnahmen sein. Er selbst habe bei den Krawallen in Schwabing erlebt, wie die Verwaltung unvorbereitet in solche Situationen geraten sei. Dies habe sich 1981 in Berlin wiederholt. Es gebe dann Situationen fast völliger Sprachlosigkeit zwischen jungen und älteren Bürgern. Er habe gelernt, daß man die Konflikte nur dann konstruktiv lösen könne, wenn nach einem politischen Dialog gesucht und nicht gleich zu staatlichen Machtmitteln gegriffen würde. Diese würden die Lage nur erschweren. Er sehe heute, wie die Beteiligten der Studentenrevolte von 1968 in der Gesellschaft mitarbeiten und sie zu einem guten Teil trügen. Er habe die Erfahrung gemacht, daß junge Menschen durch den Dialog am ehesten für eine Gesellschaft zu gewinnen seien. Er habe daher die Ereignisse vom Januar 1988 in der DDR aufmerksam beobachtet. Die Sozialdemokraten wollten keine Destabilisierung der DDR. Aber, gestützt auf das gemeinsame Papier, müsse man Fragen stellen.[25]

Zu der von der DDR immer wieder aufgeworfenen Frage der Staatsbürgerschaft könne man nur die Standpunkte austauschen, sie seien nicht miteinander zu vereinbaren. Zu der Frage der Elbe-Grenze habe man ihm aus dem Bundeskanzleramt berichtet, daß man dort seit zwei Monaten auf eine Antwort der DDR warte. Honecker warf ein, daß man am Vortage noch einmal der Bundesregierung seinen Standpunkt deutlich gemacht habe.[26] Dr. Vogel fuhr fort, daß für die Sozialdemokraten das Problem der Erfassungsstelle Salzgitter erledigt sei.

Dr. Vogel unterstrich sodann, daß hinsichtlich der Kontakte zwischen Bundestag und Volkskammer die Versicherung, daß weder Mitglieder noch Organe der Parlamente diskriminiert würden, entscheidend sei. Die formale Berücksichtigung des Vier-Mächte-Abkommens

---

[25] Vgl. Nr. 63. H.-J. Vogel hatte das Vorgehen der DDR-Behörden gegen die Demonstranten vom 17. 1. 1988 und die Festnahmen im Januar 1988 sofort öffentlich kritisiert. Vgl. AdG 1988, S. 31883; dpa 19. 1. 1988. In einer Entschließung der Vorsitzenden der SPD-Fraktionen der Bundestages, der Landtage und der Bürgerschaften vom 28. 1. 1988 wurde die Freilassung der Inhaftierten gefordert und ihre Verfolgung kritisiert. Vgl. Knabe (1994), Abschnitt 3. 8. SPD.

[26] Gemeint war ein Gespräch Honeckers mit Rühe am 28. 4.; siehe Nr. 68, bes. Anm. 8.

praktiziere er als Berliner Bundestagsabgeordneter seit Jahren mit Erfolg. Insofern meine er, daß jetzt eine Lösung des Problems möglich sei. Die von der DDR vorgenommene Unterscheidung zwischen offiziellen und inoffiziellen Besuchen von Bundestagsabgeordneten berühre einen äußerst sensiblen Punkt. Die Zurückweisung von Bundestagsabgeordneten bei inoffiziellen Besuchen wirke sich auch in andere Bereiche aus. Er bedaure die Absage des Besuchs der FdJ-Delegation.[27] Er sei auch nicht glücklich darüber, daß der kulturpolitische Arbeitskreis seinen Besuch in der DDR hätte absagen müssen. Es sei jedoch nicht akzeptabel, wenn man den Besuchern aufgabe, nur mit den im Programm ausgewiesenen Personen zu sprechen. Er finde es gut, wenn in absehbarer Zeit diese Begegnungen nachgeholt würden. Er sei darüber unterrichtet worden, daß sozialdemokratische Agrarpolitiker demnächst die DDR besuchen werden.[28] Für alle sozialdemokratischen Besucher könne er sagen, daß sie nicht in die DDR reisten, um dort Schwierigkeiten zu bereiten.

Der Reiseverkehr zwischen den beiden Staaten habe sich sehr erfreulich entwickelt. Es sei zu begrüßen, daß beide Seiten ihn weiterführen und ausbauen wollen. Er frage sich allerdings, wann der Zeitpunkt für eine Normierung gekommen sei. Die Entscheidung darüber liege sicherlich in der Verantwortung der DDR, aber man müsse im Auge behalten, wie wichtig dies für die Vertrauensbildung sei. In der Ausreisefrage sei durch die Bemerkungen von Bischof Forck[29] eine Diskussion in Gang gekommen. Es sei für die westliche Seite klar, daß es keine Quotenregelung gebe, auf westlicher Seite würde aber auch nicht zur Ausreise ermutigt, das gelte auch für die verantwortungsbewußten Mitglieder der Unionsparteien. Er habe jedoch durch die Gespräche in seinem Bürgerbüro die Erfahrung gemacht, daß die Ausreisewünsche verstärkt würden, wenn bei der ersten Antragstellung bereits negative Folgen für die Antragsteller erkennbar würden. Es käme dann ein Selbstlauf in Gang, an dessen Ende immer nur die Ausreise stehen könne.

Die Sozialdemokraten begrüßten, daß es zwischen der DDR-Regierung und der Bundesregierung zu einem Meinungsaustausch über die Finanzierungsprobleme im Zusammenhang mit den Reisen komme, es gebe auch auf sozialdemokratischer Seite Überlegungen, wie man zu einem Wechselkurs 1:1 kommen könne. Der gegenwärtige Zustand sei eine Belastung für die Menschen, die zu Sozialämtern gehen müßten.

---

[27] Wegen der Vorgänge um die Zionskirche platzte zunächst ein Treffen. Eine Delegation der Volkskammerfraktion besuchte jedoch dann Anfang September 1988 die Bundesrepublik.

[28] Eine Delegation von Agrarpolitikern der SPD-Bundestagsfraktion besuchte Ende der ersten Maihälfte die DDR.

[29] Gottfried Forck, evang. Bischof in Berlin-Ost, hatte den Ausreisedrang als »sehr gravierend« für die DDR bezeichnet und ihn mit einer »Epidemie« und »Seuche« verglichen. Vgl. AdG 1988, S. 32600 f.

Dr. Vogel bekundete seine Freude über die Entwicklung der Städtepartnerschaften. Die sozialdemokratische Gemeinschaft für Kommunalpolitik habe kürzlich in Lübeck einen Erfahrungsaustausch durchgeführt und dabei eine positive Wertung erzielt. Es bestehe allerdings eine gewisse Sorge bei den Sportlern, daß Sportbegegnungen im Rahmen von Städtepartnerschaften auf den Umfang der Sportbegegnungen nach dem Sportabkommen angerechnet würden. Abteilungsleiter Rettner warf ein, daß Sportbegegnungen im Rahmen von Städtepartnerschaften gesondert gezählt würden. Dr. Vogel begrüßte, daß es zu einem Erfahrungsaustausch zwischen der sozialdemokratischen Gemeinschaft für Kommunalpolitik und dem Komitee »Stadt und Land« der Liga für Völkerfreundschaft kommen würde, dadurch ließe sich die Zusammenarbeit auch in praktischen Fragen verstärken.

Dr. Vogel dankte sodann für die angekündigte Einladung des Berliner SPD-Vorsitzenden Momper zu einem Gespräch mit dem Generalsekretär.[30] Er erläuterte noch einmal die Absicht, am 27. Mai 1988 an den Gräbern von Vorsitzenden der SPD in Ost-Berlin Kränze niederzulegen.[31] Schließlich regte Dr. Vogel an zu überlegen, ob aus Anlaß der Reichspogromnacht eine gemeinsame Aktion denkbar sei. Honecker warf ein, daß er Herrn Galinski zu einem Gespräch eingeladen hätte.[32] Dr. Vogel fragte weiter, ob es Überlegungen zu gemeinsamen Bekundungen am 1. September 1989 gäbe. Da die Zeit schnell voranschreite, sei es geboten, darüber bald nachzudenken.

4.

Honecker dankte für die Darlegungen und bemerkte, daß die fruchtbare Zusammenarbeit zwischen SED und SPD manche Dinge in Gang gesetzt hätten, die früher nicht vorstellbar gewesen seien. Das beträfe insbesondere die Entwicklung der Beziehungen zwischen der DDR und der Bundesrepublik Deutschland. Willy Brandt sei ein Bahnbrecher für die Verbesserung der Beziehungen der Bundesrepublik zu den sozialistischen Staaten gewesen. Die jährlichen Begegnungen mit Dr. Vogel betrachte er als einen wichtigen Beitrag für die Entwicklung. Es gebe keinen anderen Weg als die Zusammenarbeit, um die Lage der Menschen zu verbessern und ein atomares Inferno abzuwenden. Er stimme den Darlegungen von Dr. Vogel zu. In bezug auf die Mittelstreckenraketen sei das INF-Abkommen eine historische Chance, die genutzt werden müsse, um den Abrüstungsprozeß dynamisch zu ge-

---

[30] Ein Gespräch Momper – Honecker fand erst am 19. 6. 1989 statt.

[31] Am 27. 5. 1988 legten an den Ruhestätten von Ignaz Auer, Paul Singer, Hugo Haase und Hermann Müller auf dem Zentralfriedhof Lichtenberg in Berlin (Ost) Hans-Jochen Vogel, Anke Fuchs, Heidemarie Wieczorek-Zeul und Walter Momper Kränze nieder.

[32] Honecker empfing den Vorsitzenden des Zentralrats der Juden in Deutschland Heinz Galinski am 6. 6. 1988 zu einem Gespräch. Vgl. die Aufzeichnung in: SAPMO ZPA IV 2/1/679.

stalten. *Gorbatschow sei zu einem »Halbierungsabkommen« bereit; er hoffe, daß es trotz Widerständen in den USA zustande komme.* Er begrüße die Bemühungen der Sozialdemokraten und habe am Vortage den Bundestagsabgeordneten der CDU Rühe aufgefordert, auf diesem Wege zu folgen. So könnten die beiden deutschen Staaten die internationale Atmosphäre und Zusammenarbeit wesentlich verbessern. Bei der Frage des atomwaffenfreien Korridors nehme er eine ähnliche Position wie Papandreou ein.[33] [...] Auch die konventionelle Abrüstung müsse in Gang kommen, das Problem der Kontrolle könne nur für beide Bereiche gleich gelöst werden. Inspektionen müßten ermöglicht werden, sie seien vertrauensbildend, die Verifizierung sei eine wichtige Frage. Der Vorschlag von Dr. Vogel, hinsichtlich der Chemiewaffen in einem Gebiet einen Probelauf durchzuführen, sei ein wertvoller Gedanke. [...] *Man müsse erste praktische Schritte tun.*

Der amerikanische Präsident Reagan habe vor dem Brandenburger Tor von einem Abbau der Mauer gesprochen.[34] Jetzt spreche er von den ideologischen Mauern. Man müsse jedoch sehen, daß die Unterschiede noch so stark sind, daß sie nicht von heute auf morgen beseitigt werden könnten. Das europäische Haus bedürfe eines Fundamentes des Vertrauens. Das betreffe das ganze Verhalten, zum Beispiel auch das Gebiet des Handels. Die COCOM-Liste behindere die Entwicklung stark, sie belaste manche Staaten mit hohen Kosten, etwa die DDR, die mit großem Aufwand die Mikroelektronik neu entwickelt hätte.

Honecker meinte, daß die Idee der strukturellen Nichtangriffsfähigkeit immer mehr an Boden gewinnt. Der Politisch Beratende Ausschuß des Warschauer Vertrages habe diesen Gedanken aufgegriffen und die Bedeutung einer Vertrauensbasis für den Abrüstungsprozeß hervorgehoben. Hier sei noch viel zu tun. Ihm läge eine Ausarbeitung der NATO vor, die die nationale Volksarmee und ihre Kapazität darstelle, er könne diese Ausarbeitung im wesentlichen als richtig bestätigen. [...] In der DDR erfolge bereits eine Umstellung auf eine reine Verteidigungskonzeption, das hätten die Manöverbeobachter aus dem Westen auch feststellen können. Hermann Axen habe bereits einen Vorschlag für ein Seminar von Offizieren der Bundeswehr und der Nationalen Volksarmee entwickelt, dies sei ein Schritt auf dem richtigen Weg.

Alle anderen Fragen zur Lösung von Konflikten außerhalb Europas sollten von den deutschen Staaten unterstützt werden. Man müsse jedoch sehen, daß die Lösung der Konflikte nicht immer von den Weltmächten abhängig sei, im Nahen Osten werde ganz deutlich, daß eine Lösung nur durch Verhandlungen aller Beteiligten zu erzielen sei. *Beim*

[33] Mit Andreas Papandreou, dem griechischen Ministerpräsidenten, hatte Honecker am 23. 1. 1988 bei dessen DDR-Besuch gesprochen. Aufzeichnung dazu in: SAPMO ZPA IV 2/1/678. Papandreou befürwortete eine atomwaffenfreie Zone von Skandinavien bis zum Balkan.

[34] Gemeint war die Rede Reagans vom 12. 6. 1987.

Irak-Iran-Konflikt scheine der Iran unter Einfluß Khomeinis gegen »jede Lösung« *zu sein, und es sei nicht zu* übersehen, daß dieser Krieg eine Gefahr für die ganze Welt in sich berge. Dr. Vogel warf ein, daß ein Waffenembargo erreicht werden müsse, sonst seien alle Bekundungen für eine Friedenslösung doppelzüngig. Honecker bemerkte, daß es praktisch keinen Weg zu einem solchen Embargo gebe, denn es sei nicht zu kontrollieren. Für die Entwicklung in Mittelamerika begrüße er die Bemühungen von Wischnewski, er könne nicht akzeptieren, daß Nicaragua oder Panama eine Gefahr für die Vereinigten Staaten darstellten. Die Lage in Afghanistan werde geregelt, er teile allerdings die Befürchtung von Dr. Vogel, daß die nachfolgende Entwicklung unklar sei. Er sei für eine Krisenlösung durch politische Verhandlungen.

Zu den Bemerkungen Dr. Vogels hinsichtlich der bilateralen Fragen habe er wenig anzumerken, der Grundlagenvertrag werde von seiten der DDR stets hoch eingeschätzt. Auch der Besuch Helmut Schmidts in der DDR 1981 habe vieles in Gang gesetzt, er bedaure noch immer den Rücktritt dieses Bundeskanzlers. Für die weitere Entwicklung habe das gemeinsame Papier der beiden Parteien große Bedeutung, wobei er die Rolle für die Friedenssicherung besonders betonen wolle und den Fortbestand der unterschiedlichen gesellschaftlichen Ordnungen hervorheben müsse. Die SED habe einen Beschluß zur weiteren Auswertung des Dokuments gefaßt.

Zur Frage des Umgangs mit der Jugend wolle er in bezug auf die Vorgänge vom Januar 1988 anmerken, daß die 200 000 Teilnehmer gewichtiger seien als die 70 Störer, die er lieber als Schänder bezeichnen wolle[35], denn bis 1933 sei diese Erinnerungsveranstaltung niemals gestört worden. Er habe von den Störungen überhaupt erst nach der Demonstration gehört, dabei habe er den Eindruck gewonnen, daß aus West-Berlin ein gewisser Einfluß genommen worden sei. Der Vorgang sei jedoch nicht von Bedeutung für die Situation der Jugend in der DDR. Er werfe jedoch die Frage auf, ob einzelne Personen die Kirchen zu politischen Aktivitäten mißbrauchen wollten. Außerhalb der DDR würde das Ereignis oft als Ausdruck einer Unzufriedenheit gewertet, er müsse dazu sagen, daß man nach seiner Auffassung die Demonstranten schon am ersten Tage hätte laufenlassen sollen, dann wäre die ganze Sache längst vergessen. Die Jugend der DDR bereite sich zur Zeit vor allem auf den 40. Jahrestag der Staatsgründung vor. Dieses solle eine große Manifestation der Jugend werden. Die Jugend sichere in der DDR die Dynamik der Wirtschaftsentwicklung mit ihren Neuerern und Forschern. Alle Jugendlichen hätten ohne Rücksicht auf ihre Weltanschauung Chancen zum Aufstieg, mit denen, die nicht mitmachen wollten, würden Gespräche geführt.

[35] Vgl. Nr. 63. – Die »200 000« bezogen sich auf die Teilnehmer der offiziellen Massenkundgebung.

Er wolle hinsichtlich der Bemerkungen von Dr. Vogel zu der Behandlung von ausreisewilligen Personen darauf hinweisen, daß eine Diskriminierung solcher Personen nicht erwünscht sei, dieses sei vor kurzer Zeit noch einmal den zuständigen Organen deutlich gemacht worden.

Was alle anderen Fragen betreffe, so könne er in Stichworten sagen, daß bei der Frage des Eisenbahntransits die DDR nunmehr eine klare Entscheidung getroffen habe, für sie komme nur die Streckenführung über Oebisfelde in Betracht. Die Bundesregierung plädiere eher für Magdeburg, dieses würde jedoch für die DDR Konflikte mit der Bevölkerung in Magdeburg nach sich ziehen, da dann durch ein bewohntes Gebiet die Strecke ausgebaut werden müßte. Der Kulturaustausch würde weitgehend gefördert. Für den Reiseverkehr sei die Vereinbarung zwischen Bundesbahn und Reichsbahn über die Fahrpreisermäßigung nützlich, aber immer noch müsse die DDR allein für das Jahr 1987 eine Zahlung von 70 Mio. Valuta-Mark an die Bundesbahn entrichten. Dies ergebe sich daraus, daß die Strecken im Bundesgebiet länger seien. Die Überlegungen zur Verbesserung des Umtausches der Reisenden 1:1 über 15,– DM hinaus würden auf seiten der DDR mit Sympathie betrachtet, man müsse daran denken, ob durch einen verstärkten Warenaustausch oder Mehrlieferungen hier die finanziellen Voraussetzungen verbessert werden könnten. Die DDR suche auch in anderen Bereichen, z. B. bei Jugendverbänden, eine stärkere Zusammenarbeit, erst kürzlich habe eine neue Zusammenarbeit zwischen der Akademie der Künste in West-Berlin und in der »Hauptstadt« begonnen.

Die DDR wünsche keine Differenzierung zwischen den Bundestagsabgeordneten, das gelte insbesondere auch für Abgeordnete der SPD. Eine Diskriminierung komme nicht in Frage. Die DDR werde jedoch dann anders entscheiden, wenn Abgeordnete »konspirative« Zusammenkünfte besuchten, dieses richte sich gegen die Gesetze und würde zurückgewiesen. Dennoch wünsche er auch in diesem Zusammenhang nicht, daß Kleinigkeiten aufgebauscht werden. Zu der Konferenz im Juni wolle er bemerken, daß die West-Berliner Teilnehmer in die jeweiligen Delegationen aus der Bundesrepublik eingeordnet würden, darin sehe er keine Verletzung des Vier-Mächte-Abkommens.

Die Niederlegung von Kränzen durch die SPD am 27. Mai sei willkommen.

Hinsichtlich der Reichspogromnacht müsse man in Gespräche eintreten, es gebe auf der Seite der DDR schon einige Beschlüsse, das Gespräch mit den Jüdischen Gemeinden sei in Gang, aus seinen Begegnungen mit Herrn Galinski habe er einen guten Eindruck und erwarte, daß der Kontakt fortgesetzt wird.[32] Die Erinnerung an den 1. September im Jahre 1989 solle in der DDR in die Veranstaltung zum 40. Jahrestag der Staatsgründung einbezogen werden.

Honecker erklärte, daß sich zwischen ihm und Dr. Vogel ein fruchtbarer Meinungsaustausch entwickelt hätte, daher erkläre er in vollem Umfang seine Zustimmung zu der gemeinsamen Presseerklärung. Das Gespräch solle fortgesetzt werden, dabei solle auch der Erfahrungsaustausch zwischen den Parteien gefördert werden, die Städtepartnerschaften lehrten, daß beide Seiten voneinander lernen könnten. Die Sozialdemokraten seien für die Entwicklung der Beziehungen der Bundesrepublik zur DDR bahnbrechend tätig gewesen, dieses setze man jetzt für die Entwicklung des gemeinsamen europäischen Hauses fort, das werde inzwischen von allen Seiten anerkannt.

5.
Dr. Vogel dankte für die Antworten Honeckers auf seine Fragen. Das Treffen habe für eine weitere Zusammenarbeit ermutigt, man solle immer daran denken, daß ein solcher Umgang vor wenigen Jahren kaum als Selbstverständlichkeit erschienen sei. Inzwischen sei die Entwicklung so weit fortgeschritten, daß sich beide Seiten neue Impulse geben könnten.

[b] SAPMO ZPA J IV 2/2. 035/80 und IV 2/1/679: »Niederschrift über das Treffen des Generalsekretärs des ZK der SED und Vorsitzenden des Staatsrates der DDR, Erich Honecker, mit dem Vorsitzenden der SPD und der Fraktion der SPD im Deutschen Bundestag, Dr. Hans-Jochen Vogel, am 29. April 1988 in Hubertusstock«

E. Honecker begrüßte H.-J. Vogel herzlich als Vorsitzenden der SPD und der SPD-Bundestagsfraktion. *Weitgehend identisch mit den Passagen in [a].*

SED und SPD seien Mitgestalter einer Wende zum Besseren in Europa und in der Welt. Der jetzt in Gang gebrachte Prozeß der Abrüstung und Rüstungsbegrenzung müsse dynamisch fortgesetzt werden, wie das auch im gemeinsamen Dokument der Akademie der Gesellschaftswissenschaften beim ZK der SED und der Grundwertekommission der SPD formuliert sei. Friedenssicherung durch Abrüstung, Dialog, Ausgleich der Interessen, Kooperation und Belebung des Entspannungsprozesses seien weiterhin das Gebot der Stunde. Davon hänge die Zukunft der Menschheit ab.

Der Hauptinhalt der Politik der DDR sei und bleibe der ernste Wille, einen konstruktiven Beitrag zur Abrüstung zu leisten. *Weitgehend identisch mit [a].* Die verpflichtenden Worte von Wilhelm Pieck und Otto Grotewohl, daß von deutscher Seite nie wieder Krieg ausgehen dürfte, daß nie wieder der deutsche Imperialismus in seinem Drang nach Eroberung die Lebensgrundlage des deutschen Volkes zerstören kann, wurden Verfassungsgrundsatz der DDR, Wesensinhalt und Praxis ihrer Politik.

E. Honecker verwies auf die Feststellung im Gemeinsamen Kommuniqué anläßlich seines Besuches in der BRD vom September 1987, wonach es von ausschlaggebendem Gewicht ist, daß beide deutsche Staaten besondere Anstrengungen unternehmen, damit von deutschem Boden nie wieder Krieg ausgeht. Er bezeichnete es als bedeutungsvoll, daß in wesentlichen Fragen der Friedenssicherung Übereinstimmung mit der SPD besteht und dies auch in konkreten Aktivitäten seinen Niederschlag gefunden hat. SED und SPD seien ein Stück weiter vorangekommen im gemeinsamen Bemühen, einen politischen Beitrag zu leisten, um den Abrüstungs- und Entspannungsprozeß voranzuführen. Die von SED und SPD gemeinsam erarbeiteten Vorschläge zur Bildung einer chemiewaffenfreien Zone und eines kernwaffenfreien Korridors seien nach wie vor aktuell. Durch die gemeinsame Initiative von SED, KPTsch und SPD für ein Verbot chemischer Waffen[36] werde dies erneut unterstrichen.

Wir messen der Tätigkeit der gemeinsamen Arbeitsgruppe des ZK der SED und der SPD-Bundestagsfraktion zu sicherheitspolitischen Fragen in Europa große Bedeutung bei, zumal die von ihr behandelten Fragen von höchster Aktualität für den Fortgang des Prozesses der Abrüstung und Rüstungsbegrenzung in Europa sind.

Weitgehende Übereinstimmung bestehe hinsichtlich einer weiteren Null-Lösung für die taktischen Atomwaffen unter 500 km Reichweite sowie der Verhinderung einer Modernisierung dieser Waffensysteme. Eine dritte oder eine vierte Null-Lösung seien besser als eine zweite Nachrüstung. Das habe E. Honecker auch in seinem gestrigen Meinungsaustausch mit V. Rühe unterstrichen.[4] Ihm habe er gesagt, es sei unverständlich: Bei seinem Besuch in der BRD wäre von Regierungsseite bemängelt worden, daß bei den Mittelstreckenraketen mittlerer und kürzerer Reichweite begonnen wurde, nicht aber bei den operativ-taktischen Raketen unter 500 km. So habe z. B. F. J. Strauß[5] argumentiert. Verbreitet heiße es in der BRD: »Je kürzer die Reichweiten, desto deutscher die Toten.« Doch die NATO halte in ihrem jüngsten Beschluß an der »flexiblen Antwort«, also an der »atomaren Abschreckung«[6], fest und wolle z. B. die Lance-Raketen modernisieren. [...]

Nukleare und konventionelle Waffen seien nicht zu trennen. [...] Vernünftige Politik bedeute die Abkehr von der nuklearen wie von der konventionellen Abschreckung.

[36] In der gemeinsamen Erklärung von SPD, SED und der KP der Tschechoslowakei vom 5. 4. 1988 wurde eine chemiewaffenfreie Zone in der Bundesrepublik, der DDR und der ČSSR vorgeschlagen.

Diesem Ziel diene auch die Einberufung eines »Internationalen Treffens für kernwaffenfreie Zonen« vom 20. bis 22. Juni 1989 in Berlin.[7] *Vgl. unter [a].*

Ein Europa des Friedens und der Zusammenarbeit, ein gemeinsames europäisches Haus entsprächen den Interessen aller europäischer Völker, sagte E. Honecker. Die DDR sei bereit, weitere Bausteine dafür zu schaffen und es mit Leben zu erfüllen. E. Honecker begrüßte die Vereinbarung, eine Arbeitsgruppe KPdSU/SPD zum europäischen Haus zu bilden.[8] Die SED wirke an der Ausarbeitung einer gemeinsamen Hausordnung mit.

Nicht zu übersehen seien Versuche der NATO, z. B. auch auf ihrer Sondertagung vom März 1988, die Bedrohungslüge erneut zu aktivieren und einseitige Vorleistungen zu verlangen. [...] Erste Kontakte zwischen Offizieren der Sowjetunion und der BRD seien ohne Ergebnis geblieben, weil man auf der Hardthöhe die Politik der Abschreckung vertritt.

Mit Interesse hätten wir den Artikel Genschers in der ›Frankfurter Rundschau‹ vom 7. April 1988 zur Kenntnis genommen.[9] Er knüpfe an die Vorschläge des Warschauer Vertrages an. E. Honeckers kürzliche Gespräche mit B. Vogel und V. Rühe hätten deutlich gemacht, daß der Westen noch eine konstruktive Antwort auf die Vorschläge des Warschauer Vertrages zur konventionellen Abrüstung finden müsse.[10] Sein Brief an Bundeskanzler Kohl sei auf Fortschritte bei der nuklearen, chemischen und konventionellen Abrüstung sowie darauf gerichtet gewesen, zu verhindern, daß die Ergebnisse des Mittelstreckenwaffenvertrages durch den Ausbau anderer Waffensysteme, wie u. a. von M. Wörner gefordert, entwertet werden.[11] [...]

Honecker sprach sich für »vertrauensbildende Maßnahmen« und dafür aus, »bei der Wiener Konferenz in allen Bereichen voranzukommen«. Er begrüße die Entwicklung in Afghanistan.

Zu den bilateralen Beziehungen übergehend, unterstrich E. Honecker die Entschlossenheit der DDR, die Vereinbarungen, die bei seinem Besuch in der BRD getroffen wurden, mit Leben zu erfüllen. *Weitgehend identisch mit [a].*

Der Reise- und Besucherverkehr mit der BRD und Westberlin habe sich rasch entwickelt. Im 1. Quartal 1988 sei er in Richtung BRD um 52% und nach Westberlin, wohin er schon vorher hoch gewesen sei, um 24% gestiegen. E. Honecker übergab H.-J. Vogel eine Übersicht über den Anteil von DDR-Bürgern unterhalb des Rentenalters am privaten Reiseverkehr nach der BRD und Westberlin.

Weitgehend identisch mit [a].

Jedoch gebe es noch beträchtliche Problem bzw. ungelöste Fragen. E. Honecker verwies auf die Frage der Elbgrenze. Hier sei die DDR für eine kurzfristige, einvernehmliche Feststellung. Die BRD habe wiederholt ihren Willen bekundet, in dieser Frage weiterzukommen, doch habe sich bisher nichts bewegt. Die DDR erwarte, daß die BRD die während seines Besuches gegebenen Zusagen einhält.

Zu den Kontakten zwischen der Volkskammer und dem Bundestag sagte E. Honecker, die Fraktionen besuchten sich, so von SED und SPD, LDPD und FDP, auch sei Ph. Jenninger bereit weiterzukommen, aber es gebe Bremser.[15] In der IPU[37] werde immerhin aktiv zusammengearbeitet.

E. Honecker forderte H.-J. Vogel auf, für die Realisierung der Festlegungen im Gemeinsamen Kommuniqué über seine Reise in die BRD zu wirken und dadurch einen Beitrag zu Abrüstung und zur besseren Zusammenarbeit in Europa zu leisten.

H.-J. Vogel dankte für die Begrüßung und die Ausführungen E. Honeckers. 1983 sei der 10. Jahrestag der Begegnung H. Wehners und W. Mischnicks mit E. Honecker gewesen, und damals hätten E. Honecker und H.-J. Vogel vereinbart, sich jährlich zu treffen. Er sei sehr froh über die Selbstverständlichkeit und Kontinuität dieses Meinungsaustausches, die den Beziehungen zwischen beiden Staaten, beiden Parteien und auch persönlich gute Festigkeit und Berechenbarkeit gegeben hätten.

Die SPD nehme für sich in Anspruch – H.-J. Vogel nannte W. Brandt, H. Schmidt und H. Wehner –, Bahnbrecher für die Entwicklung der deutsch-deutschen Beziehungen gewesen zu sein, und diese historische Leistung dürfe man nicht in Vergessenheit geraten lassen. Er freue sich, daß die Union bis hin zu den Christlich-Sozialen, auch die Bundesregierung, mehr und mehr der Linie folgten, die von der SPD entwickelt worden sei. Andere ernteten, was die SPD gegen den Widerstand der konservativen Kräfte gesät habe.

Seine Seite freue sich über die erreichten Fortschritte. Bestimmte Dinge seien Sache der Regierungen, aber die besondere Rolle der SPD sei auch von der SED und der DDR unterstrichen und gewürdigt worden. Manchmal sei es nicht einfach, glaubhaft zu machen, selbst seinem Bruder, daß viele Ergebnisse nicht die der Regierung seien. Es dürfe kein Bild entstehen, das den historischen Gang der Entwicklung verblassen lasse.

Auch die SPD habe den Besuch E. Honeckers in der BRD als historisch eingeschätzt. Er sei ein Erfolg gewesen, und zu Recht werde im Kommuniqué über das heutige Treffen der Wunsch nach einer weiteren Begegnung zwischen dem Bundeskanzler, unabhängig davon, wer es sei, und E. Honecker unterstrichen.

Bei der Beurteilung der internationalen Situation stelle er Übereinstimmung in sehr weitem Umfang fest. Der INF-Vertrag sei von histori-

---

[37] Interparlamentarische Union.

scher Bedeutung und biete erstmals die Chance für die Ablösung des wahnwitzigen Rüstungswettlaufs durch die Abrüstung. Dieser Prozeß müsse Dynamik bekommen, denn die Beseitigung der Mittelstreckenraketen betreffe nur einen sehr bescheidenen Anteil, nämlich 0,5 bis 1%, der vorhandenen atomaren Sprengkraft. Bei seinem kürzlichen USA-Besuch habe er den Eindruck gewonnen, daß die Ratifizierung des INF-Vertrages als gesichert angesehen wird. Vielleicht komme es aber aus innenpolitischen Gründen erst nach dem Gipfel dazu.[17]

Die SPD unterstütze ein Abkommen über die strategischen Offensivwaffen. Nach seinem Eindruck aus den Gesprächen in Washington sei nicht völlig ausgeschlossen, daß es auf dem Gipfel in Moskau unterzeichnet wird.[18] Aber auch dies hänge von weiteren innenpolitischen Entwicklungen in den USA ab. Der R. Reagan vom März 1988 sei nicht mehr der Reagan, wie er ihn 1983 kennengelernt habe.

H.-J. Vogel unterstrich die besondere Würdigung der Rolle M. Gorbatschows und den entscheidenden Beitrag der sowjetischen Führung, ohne den das Maß an Bewegung, auch durch das Aufgreifen westlicher Vorschläge, was manchen verwirrt habe, nicht erreicht worden wäre. Die SPD verfolge mit großer Aufmerksamkeit und Sympathie auch Gorbatschows innenpolitische Aktivitäten und wünsche ihm, auch im eigenen Interesse, Erfolg. Die Schwierigkeiten würden in der sowjetischen Presse mit einem Maß an Offenheit behandelt, das in Erstaunen versetze, wobei H.-J. Vogel auf die kürzlichen Artikel in der ›Sowjetskaja Rossija‹ und in ›Prawda‹ verwies.[19] Die Sowjetunion setze sich für eine europäische Friedensordnung ein. Ihre Entwicklung führe zu einer Rolle als Weltmacht, die sich nicht nur mehr auf militärische Potentiale stütze, sondern auf die Leistungsfähigkeit des Landes.

H.-J. Vogel betonte, die SPD sei für eine weltweite Ächtung der chemischen Waffen, für ein umfassendes Abkommen über das Atomtestverbot. Hier entstünden neue Schwierigkeiten, besonders hinsichtlich der Verifikation. Die Vorschläge der Sowjetunion gingen weiter, als die USA zu akzeptieren in der Lage seien.

Die DDR und die BRD, dort von der SPD und der Friedensbewegung initiiert, hätten ihren Beitrag geleistet. Genschers Linie sei näher bei der SPD, die Union habe ihren Widerstand gegen die erste und zweite Null-Lösung schrittweise aufgegeben. Die atomwaffen- und chemiewaffenfreien Korridore gewännen an Bedeutung, seien zuerst mit Skepsis aufgenommen worden, dann jedoch in den Mittelpunkt der Diskussion geraten. Wenn es Schwierigkeiten für ein weltweites Verbot der Chemiewaffen gebe, dann gewänne der Gedanke an Boden, die Verifikation in Zonen auszuprobieren. Zu den atomwaffenfreien Zonen bemerkte H.-J. Vogel, der Palme-Vorschlag[20] sei bekannt, sei auch in den eigenen Parteidokumenten formuliert. Widerstände müßten aufgearbeitet, der Korridor-Gedanke dürfe nicht durch neue Ideen zugedeckt werden. Anstrengungen seien insbesondere zur konventionellen Abrüstung notwendig. Auch im Westen bestünden hier Überlegenheiten. Er wolle das Wort von der Bedrohung aufgreifen. Die massive Anhäufung großer Panzermassen im westlichen Bereich des Warschauer Vertrages stelle eine ganz deutliche Asymmetrie, nämlich 1:6 oder 1:7 dar.

Genschers Artikel sei in der Tat interessant. Die SPD sei gegen die Modernisierung. Dieser Begriff treffe den Sachverhalt eigentlich nicht exakt, denn es gehe im Grunde um die Ersetzung vorhandener Systeme durch neue. Das würde eine neue Stationierungsdebatte hervorrufen, die er weder der Bundesregierung noch dem westlichen Bündnis wünsche, und er könne dem Bündnis nur raten, sich das zu versagen. Gelegentlich werde behauptet, auch der Warschauer Vertrag modernisiere. Er habe keinen Zweifel an dem, was von Repräsentanten des Warschauer Vertrages dazu gesagt werde, aber Versuche seien im Gang, Stimmung für die Nachrüstung zu machen.

Zu den taktischen Waffen und zur konventionellen Rüstung bemerkte H.-J. Vogel, hier bestehe eine Verzahnung. Man dürfe keine Junktims herstellen, müsse aber mit beiden Verhandlungen beginnen und Ernst machen. Offenbar sei die sowjetische Führung noch nicht so weit, von Null-Lösungen bei Kurzstreckenwaffen zu sprechen.

Der Begriff »strukturelle Angriffsfähigkeit« sei von der SPD entwickelt, von Genscher ins Vokabular der Bundesregierung übernommen worden, ebenso im internationalen Bereich und vom Warschauer Vertrag. Auch im Gespräch mit T. Shiwkow habe er diesen Begriff angetroffen.[38] Jetzt müsse man konkret werden und die entsprechenden Maßnahmen auflisten.

Als wesentlich bezeichnete H.-J. Vogel den weiteren Abbau von Feindbildern. Hier seien die klaren Aussagen im gemeinsamen Papier der SPD und der SED eine entscheidende Leistung. Wettbewerb und Kontroversen würden bejaht, ebenso aber der Abbau von Feindbildern zwischen beiden Seiten, auch weltweit.

Die Arbeitsgruppe E. Bahr/H. Axen leiste eine gute, dichter werdende Arbeit und treffe am 17./18. Mai wieder zusammen.[22] Es gehe um vertrauensbildende Maßnahmen und, als zweites Thema, um das gemeinsame europäische Haus. Er wolle darauf hinweisen, daß die Nachbarn in West und Ost die Gespräche aufmerksam verfolgten. Nach 40 Jahren seien Deutsche noch nicht über jeden Verdacht erhaben. Zu den Teilnehmern des für 1989 vorgeschlagenen sicherheits- und abrüstungspolitischen Seminars sollten auch Militärs gehören.

H.-J. Vogel dankte für E. Honeckers Einladung zum »Internationalen Treffen für kernwaffenfreie Zonen«. Im SPD-Präsidium sei darüber

[38] Mit Todor Shiwkow, dem Staats- und Parteichef von Bulgarien, war H.-J. Vogel bei dessen Besuch in der Bundesrepublik vom 2. – 5. 6. 1987 zusammengetroffen.

gesprochen worden. Er selbst werde wegen der letzten Sitzungsperiode des Bundestages nicht zugegen sein können, aber die SPD werde eine gut besetzte Abordnung entsenden. Was die Teilnahme von Westberliner Sozialdemokraten betreffe, bitte er darum, sie protokollarisch im Rahmen der SPD-Delegation zu behandeln.[23] Er fragte, ob auch andere Organisationen, auch Teilnehmer aus der Friedensbewegung eingeladen seien, darunter solche, die sich außer- und innerhalb des Staates hinzurechneten. Gut sei, daß keine Entschließungen gefaßt werden sollten.

H.-J. Vogel konstatierte ein neues Verhältnis der Weltmächte, eine dichte Arbeitsatmosphäre und Gesprächsfolge zwischen Shultz und Schewardnadse. Auch an anderen Stellen der Welt sei dies bemerkbar, so in Afghanistan. Die Weltmächte machten ihre Erfahrungen im Umgang mit Nichtpaktgebundenen, wobei er auch an Vietnam denke. Hinsichtlich Afghanistan bewege ihn die Sorge, wie es weitergehe, dort bestehe die Gefahr eines neuen schrecklichen Blutbades. Auch befürchte er eine Stärkung des Einflusses von Khomeini. Auf Lösungen hoffe er in Nahost, Westbank, Gaza. H.-J. Vogel erinnerte an die Vermittlertätigkeit H.-J. Wischnewskis in Nicaragua und wertete positiv die Tätigkeit des CDU-Abgeordneten Scharrenbroich bei den Contras.[24] In der Einschätzung der Probleme des südlichen Afrika gebe es keine wesentlichen Unterschiede.

Zu den bilateralen Themen wolle er bemerken, daß der Grundlagenvertrag von 1972 eine solide Basis für alle positiven Entwicklungen geschaffen habe. Jeder Staat respektiere die Selbständigkeit des anderen in der Entscheidung über seine inneren und äußeren Angelegenheiten. Beide existieren nicht isoliert und entwickelten kontinuierlich ihre Beziehungen. Das gemeinsame Papier SPD/SED müsse mehr und mehr in die Realität einfließen, das Gespräch darüber verbreitert werden, es dürfe nicht nur die Spitzen der Pyramiden erfassen, sondern müsse auch das Fundament erreichen. Dazu gehöre die offene Diskussion über den Wettbewerb der Systeme. Man müsse auch in der DDR sagen können, daß das eigene System seine Mängel habe.

H.-J. Vogel äußerte sich über seine Erfolge bei früheren Tätigkeiten in München und Westberlin mit der Jugend. Er befürworte den politischen Dialog im Umgang mit ihren Meinungs- und Willensbekundungen.

Was die Ereignisse vom 17. Januar in Berlin angehe, so wolle er sagen, nichts liege ferner, als eine Destabilisierung herbeizureden, aber anhand des gemeinsamen Papiers sei gefragt worden, wie die SPD dazu stehe.[25]

Der vereinbarte Stromverbund sei eine gute Sache. Der Eisenbahntransit sollte nach Maßgabe der finanziellen Möglichkeiten modernisiert werden. Das Kulturabkommen lasse sich gut an, wobei auch unkonventionelle Angebote, insbesondere für die Interessen junger Menschen, berücksichtigt werden sollten. In der Frage der Elbgrenze dränge die SPD. Was Salzgitter betreffe, so hätten die ersten SPD-regierten Länder gekündigt.

Zu den Kontakten Bundestag/Volkskammer bemerkte H.-J. Vogel, kein Mitglied und Teil der Organe dürfe diskriminiert werden. Die Form der Beteiligung von Berliner Abgeordneten müsse entsprechend dem Vierseitigen Abkommen erfolgen.

Der Reiseverkehr entwickele sich sehr erfreulich, und er befürworte seine Weiterführung und seinen Ausbau. Offenbar sei eine Normierung noch nicht fällig. Zur finanziellen Ausstattung derer, die kommen, werde diskutiert, ob man nicht mit Hilfe der Bundesregierung die Möglichkeit für einen Umtausch von 100 oder 150 Mark 1:1 schafft. Zu den Berichten über Quotenregelungen zwischen der DDR und der BRD für Ausreisen sagte er, es sei von vornherein klar, daß es solche Absprachen nicht geben könne. Man wolle keine Ermutigung zum Weggang aus der DDR. Vielleicht würde mancher seine Absicht noch mal überlegen, wenn nicht schon eine erste Äußerung dieser Absicht eine völlige Veränderung seiner Lebensverhältnisse zur Folge hätte.

H.-J. Vogel würdigte die Entwicklung bei den Städtepartnerschaften und begrüßte, daß es zu weiteren Kontakten auf kommunalpolitischer Ebene kommt (Komitee Stadt und Gemeinde der »Sozialdemokratischen Gemeinschaft für Kommunalpolitik« und Liga für Völkerfreundschaft).

Er dankte für die Möglichkeit, im Zusammenhang mit dem 125. Gründungsjubiläum der SPD an in der DDR befindlichen Gräbern ehemaliger SPD-Vorsitzender Kränze niederlegen zu können.[31] Des weiteren bat er zu überlegen, ob anläßlich der »Kristallnacht« am 9. November und des 1. September 1989, 50. Jahrestag des Beginns des Zweiten Weltkrieges, gemeinsame Initiativen realisiert werden könnten.

E. Honecker stellte fest, durch fruchtbare Zusammenarbeit seien Dinge in Bewegung gebracht worden, die man sich früher nicht habe vorstellen können. In der Entwicklung der Beziehungen zwischen der DDR und der BRD waren wir Bahnbrecher. W. Brandt und H. Wehner hätten eine historische Leistung vollbracht, die man nicht vergessen dürfe. Die heutige Begegnung trage dazu bei, in Erinnerung zu bringen, daß unser Weg der einzige sei, die Staaten zusammenzubringen und ein atomares Inferno abzuwenden. Den diesbezüglichen Darlegungen H.-J. Vogels stimme er zu.

Der INF-Vertrag sei eine große historische Chance, die genutzt werden müsse, um den Abrüstungsprozeß weiter dynamisch zu gestalten. *Ähnlich wie [a].*

[...] Die gemeinsame Initiative SED/SPD zu den Chemiewaffen gewinne neu an Gewicht, wenn man berücksichtige, daß 1992 der Vertrag über die Stationierung von Giftgas in der BRD ausläuft.

Auf die entsprechende Frage H.-J. Vogels unterstrich E. Honecker, daß es bei uns keinen Entscheidungsbedarf über die Modernisierung taktischer Waffen gibt. Eine weitere Rüstung der NATO hätte negative Auswirkungen auf den Abrüstungsprozeß.

Die Schaffung der Nichtangriffsfähigkeit sei in die Diskussion gekommen und gewinne darin an Boden. Dazu habe sich der Warschauer Vertrag auf zwei Gipfeltreffen in Berlin geäußert. So könne zugleich die Vertrauensbasis gestärkt werden. Bei uns vollziehe sich bereits die Umstellung im Sinne der Verteidigungsdoktrin des Warschauer Vertrages. Der Einbeziehung von Militärs in das beabsichtigte sicherheits- und abrüstungspolitische Seminar stimme er durchaus zu.

Beim Bau des europäischen Hauses stünden Vertrauen und Zusammenarbeit im Mittelpunkt. Hier spiele auch der Handel eine große Rolle. Doch die COCOM-Bestimmungen würden ständig verschärft statt abgebaut. So müsse auch die DDR viel Geld einsetzen, um ein Embargo nach dem anderen zu brechen, was ihr auch gelinge, z. B. auf elektronischem Gebiet.

Weitgehend identisch mit [a].

Zu den bilateralen Fragen wolle er nur noch wenig sagen. Hoch geschätzt werde auch von uns die Bedeutung des Grundlagenvertrages. Vieles, was man beim Besuch H. Schmidts am Werbellinsee vereinbart habe, sei erfüllt worden. Hervorzuheben sei die Hauptbetonung der Friedenssicherung im gemeinsamen Dokument von SED und SPD unter gleichzeitigem Hinweis auf die Unterschiedlichkeit der Gesellschaftsordnung.

E. Honecker bezog sich auf die Bemerkungen H.-J. Vogels über die Jugend und sagte, er gehe jetzt auf die 76 zu, habe aber immer engen Kontakt mit der jungen Generation gehalten. Was dabei den 17. Januar betreffe, so seien über 200 000, die an der Demonstration teilnahmen, von stärkerem Gewicht als 70, die diesen Gedenkmarsch schänden wollten. Bis zum Naziregime 1933 sei er nie gestört worden. Die Ereignisse im Januar, bei denen auch die Kirche mißbraucht werden sollte, spukten dennoch im Westen als Ausdruck großer Unzufriedenheit herum. Ohne die Jugend und ihre Aktivität hätte die dynamische Entwicklung der Volkswirtschaft der DDR nicht erreicht werden können, besonders bei den Schlüsseltechnologien. Allen eröffneten sich gleiche Chancen, ob in der Bildung oder im Beruf. 11,9 Millionen Bürger der DDR gehörten Organisationen an, und diese bereiteten jetzt den 40. Jahrestag der DDR vor.

Natürlich übersehen wir nicht, daß es auch andere gibt. Irgendeine Festlegung, daß sich mit dem Antrag auf Ausreise für die gesellschaftliche Stellung des einzelnen etwas ändert, existiere nicht.

Beim gewaltigen Anstieg des Reiseverkehrs müsse die DDR noch immer 70 Mio. Mark an die Bundesbahn zahlen, und zwar trotz der vereinbarten Fahrpreisermäßigung. E. Honecker sprach sich für die Prüfung verschiedener Varianten aus, wobei der Umtausch einer bestimmten Summe im Verhältnis 1:1 am günstigsten wäre. Zu bedenken sei aber, daß das mit mehr Warenlieferungen der DDR in die BRD verbunden sei.

Eine Bemerkung H.-J. Vogels aufgreifend, daß die Zurückweisung von Bundestagsabgeordneten durch Organe der DDR auch auf andere Fragen ausstrahle, stellte E. Honecker fest, niemand beabsichtige, Abgeordnete zu differenzieren, insbesondere solche der SPD. Auch Bundestagsabgeordnete hätten sich an die Gesetze der DDR zu halten.

Die Anregung H.-J. Vogels anläßlich der »Kristallnacht« sollte geprüft werden. Der 50. Jahrestag des Beginns des Zweiten Weltkrieges werde bei der Vorbereitung des 40. Jahrestages der DDR nicht ausgespart werden.

H.-J. Vogel dankte für das ermutigende und in konstruktiver Weise erfolgte Treffen.

70. Gespräch Dregger – Honecker am 27. Mai 1988 (Berlin-Ost)

[a] Unterlagen A. Dregger: »Gesprächsnotiz über die Begegnung von Herrn Dr. Dregger mit Generalsekretär Honecker am 27. Mai 1988 in Ost-Berlin«, datiert auf den 3. Juni 1988.

Zu Beginn des Gesprächs erinnerte Dr. Dregger an die Gesprächsthemen der Begegnung vom 8. September 1987 in Gymnich[1], die die Sicherheit Deutschlands angesichts der nuklearen Abrüstungsschritte der Großmächte, die Freizügigkeit in Deutschland sowie den Erhalt nationaler Kulturdenkmäler betrafen. Herr Dregger regte an, diese Themenbereiche weiter zu vertiefen.

Herr Honecker hieß Herrn Dregger herzlich willkommen und freute sich über die Möglichkeit, dies erste Gespräch fortzusetzen. Im übrigen willigte er in die vorgeschlagenen Gesprächsthemen ein.

Dr. Dregger erinnerte daran, daß es für die deutschen Interessen besser gewesen wäre, wenn die Großmächte bei ihren nuklearen Abrüstungsbemühungen mit dem Bereich unterhalb von 500 km begonnen hätten. Er wies darauf hin, daß er dieses Thema weiterbehandelt habe in einer Rede vor der Clausewitz-Gesellschaft in der Führungsakademie der Bundeswehr in Hamburg sowie jüngst in Washington.[2] Dr. Dregger wies auf das von ihm verwendete Zitat Honeckers in seiner Clausewitz-Rede hin und übergab dem Generalsekretär sowohl den Text der Clausewitz-Rede als auch den Text seiner Washingtoner Rede. Dr. Dregger erklärte sodann seine Position zu den A-Waffen, den C-Waffen sowie den konventionellen Waffen in Europa. Atomwaffen seien nicht geeignet, Kriege zu führen oder zu gewinnen, sondern alleine, Kriege zu verhindern. Abschreckung müsse sich deshalb gegen den potentiellen Auslöser eines Krieges richten. Dies könnten nach Lage der Dinge nur die Weltmächte sein.

Dr. Dregger wies darauf hin, daß er seine persönliche Auffassung vertrete und stellte zunächst die Frage, welchen Sinn atomare Artillerie überhaupt noch mache. Er habe erhebliche persönliche Zweifel an diesen Waffensystemen. Die NATO solle die Nutzungsmöglichkeiten der atomaren Artillerie gründlich prüfen. Dr. Dregger wies dann darauf hin, daß die Kurzstreckenwaffen unter 500 km nur von Deutschland nach Deutschland reichen würden. Für diese Waffen müsse ein Konzept innerhalb der NATO entwickelt werden. Er sei entschieden gegen eine Kompensation der durch den INF-Vertrag weggefallenen Waffen

[1] Siehe Nr. 48.
[2] Die Rede vor der Clausewitz-Gesellschaft hatte A. Dregger am 1. 10. 1987, die vor der John Hopkins Universität in Washington am 5. 5. 1988 gehalten.

in einem Bereich unter 500 km. Das zukünftige Konzept der Allianz dürfe nur von einem beschränkten Zweck der Nuklearwaffen unter 500 km Reichweite ausgehen, nämlich dem der Verhinderung von Massierungen konventioneller Angriffsverbände. Es sei fraglich, ob die NATO dafür 88 Systeme benötige. Auch die Sowjetunion brauche für diesen Zweck nicht ihre 1365 Systeme. Dr. Dregger wies darauf hin, daß der Bundeskanzler ihn in dieser Fragestellung voll unterstütze. Das Ergebnis eines solchen NATO-Konzeptes dürfe nicht eine dritte Null-Lösung, wohl aber eine Lösung mit geringeren gemeinsamen Obergrenzen sein. Hinsichtlich der luft- und seegestützten Mittelstreckenwaffen sei er auch nicht für eine Null-Lösung. Der Erhalt eines Zwischenstückes zwischen den strategischen und den Waffen mit kurzen Reichweiten sei notwendig, um Vorstellungen von einer möglichen Regionalisierung eines Nuklearkrieges, wie sie im Iklé-Report[3] niedergeschrieben seien, zu verhindern. Luft- und seegestützte Mittelstreckensysteme würden den Abschreckungsverbund mit den USA aufrechterhalten. Hinsichtlich der chemischen Waffen strebe er eine totale und globale Beseitigung an. Die bekannten Risiken der Verifikation und der Proliferation dürften einem solchen globalen Abkommen nicht entgegenstehen. Die Großmächte müßten die verbleibenden Risiken im Bereich der Verifikation und Proliferation tragen können, um das wichtige Endziel erreichen zu können. Dr. Dregger wies in diesem Zusammenhang auf den Tokioer Erfolg zu den binären chemischen Waffen der Vereinigten Staaten[4] hin und vertrat die Auffassung, daß ab 1993 keine chemischen Waffen mehr in der Bundesrepublik Deutschland gelagert werden würden. Hinsichtlich der konventionellen Waffen wies er auf die von Honecker und Gorbatschow anerkannten Asymmetrien hin und teilte mit, daß die NATO bei der Entwicklung eines Abrüstungskonzeptes im konventionellen Bereich ziemlich weit sei. Er hoffe auf ein baldiges Ergebnis.

Dr. Dregger äußerte an Honecker die Bitte, der Generalsekretär solle Generalsekretär Gorbatschow bitten, einseitig 1000 Sprengköpfe im Kurzstreckenbereich unter 500 km wegzunehmen. Dann hätte die Sowjetunion noch immer eine Überlegenheit in diesem Bereich von 365:88 Systemen.

Generalsekretär Honecker beurteilte diese Ausführungen von Herrn Dr. Dregger als »sehr interessant«. Zu vielen Fragen gäbe es übereinstimmende Antworten. Der Generalsekretär wies auf die soeben er-

---

[3] Die von Fred C. Iklé, bis Januar 1988 US-Staatssekretär, geleitete »Kommission zur Erarbeitung einer integrierten Langzeitstrategie« hatte am 12. 1. 1988 dem US-Präsidenten ihren Bericht mit dem Titel ›Differenzierte Abschreckung‹ vorgelegt. Vgl. AdG 1988, S. 31801 f.

[4] Japan und die USA hatten am 20. 1. 1988 eine Zusammenarbeit bei der Entwicklung neuer Generationen konventioneller Waffen beschlossen. Binäre chemische Waffen waren mittelbar damit ausgeschlossen. Vgl. AdG 1988, S. 31817.

folgte Ratifizierung des INF-Vertrages[5] hin. Weitere Schritte müßten folgen. Es sei offen, in welchen Bereichen in der Zukunft Einigungen zwischen den Großmächten möglich seien. Es wäre aber schon ein Erfolg, überhaupt mit Abrüstungsschritten weiterzumachen. Der Generalsekretär erinnerte daran, daß es wichtig sei, daß alle Nuklearwaffen unter 500 km aus Deutschland verschwinden. Er erinnerte in diesem Zusammenhang an den Brief Bundeskanzler Kohls an Generalsekretär Honecker.[6] Er, der Generalsekretär, halte die Aussage »je kürzer die Reichweite, desto toter die Deutschen« für gut und richtig. Tschernobyl habe gezeigt, daß die Wirkungen nuklearer Katastrophen über die Grenzen hinwegreichten. Es wies in diesem Zusammenhang darauf hin, daß er sich einen Dritten Weltkrieg nicht vorstellen könne. Es gebe zwar Theoretiker der Regionalisierung von Nuklearkriegen; mit Kernwaffen könne man jedoch nicht spielen. Der Generalsekretär stellte fest,

1. wenn man weiß, daß Atomwaffen keinen Sinn mehr hätten, dann könne man sie abschaffen.

2. Ein Abschreckungspotential könne erhalten bleiben. Man sei bereit, nukleare Artillerie in Abrüstungsverhandlungen einzubeziehen und dies im Rahmen des Ausgleiches von konventionellen Asymmetrien zu versuchen. Probleme seien in dem Bereich der nuklearen Artillerie insbesondere Probleme der Verifikation und der Mehrzweckwaffen. Der Generalsekretär werde im Juli bei den Beratungen des Warschauer Paktes in Warschau diese Vorstellungen unterstützen.

Ziel sei es, bis zum Jahre 2000 die Welt atomwaffenfrei zu machen. Gleichzeitig müsse im konventionellen Bereich »Nichtangriffsfähigkeit« erreicht werden. Dazu gehöre auch ein Offenlegen der Personalstärken und der Waffen. Dazu sei man im Rahmen des Warschauer Vertrages bereit.

Honecker begrüßte es, daß Dregger keinen aktuellen Entscheidungsbedarf bei der Kompensierung/Modernisierung nach dem INF-Abkommen erkenne; dies sehe er selbst auch so.

Das eine sei geschafft (INF). Die Frage sei nun, wie kommt man weiter bei der Halbierung der strategischen Systeme.

Fraglich sei, ob die nächste Administration der Vereinigten Staaten ebensolche Bereitschaft zur Abrüstung zeige wie die jetzige Administration.

Es müsse versucht werden zu erreichen, daß auf Kosten der beiden deutschen Staaten niemals ein Nuklearkrieg ausgelöst werden könne.

[5] Siehe Nr. 69, Anm. 17.
[6] Zum Schreiben von Bundeskanzler Kohl an Honecker vom 23. 3. 1988 siehe Nr. 67, Anm. 9. Unter dem Datum 4. 5. 1988 hatte Kohl zuletzt als Parteivorsitzender der CDU Honecker einen Brief geschrieben; siehe: SAPMO ZPA J IV J/1114. – Hier bezog sich Honecker auf das Schreiben von Kohl als Kanzler vom 23. 3.

Er gehe davon aus, daß Schritt für Schritt die »Nichtangriffsfähigkeit« geschafft werden solle.

Dregger begrüßte es, daß Honecker auch konventionelle Waffen in die zukünftigen Verhandlungen einbeziehen wolle. Er wies in diesem Zusammenhang darauf hin, daß die Katastrophen von Dresden denen von Hiroshima kaum an Schrecklichkeit nachstünden.

Honecker hielt diesen Hinweis für richtig, betonte aber, daß der Warschauer Vertrag im Gegensatz zur NATO eine reine Verteidigungskonzeption verfolge. Er sei aber für ein Offenlegen der Strukturen und Zahlen. Dr. Dregger wies auf die seit 15 Jahren in Wien erfolglos geführten Verhandlungen hin.[7] Dies läge insbesondere an der bisher unproduktiven Verfahrensweise. Zukünftig solle man sich auf gemeinsame Obergrenzen mit einer entsprechenden regionalen Berücksichtigung der Kräfteverteilung einigen.

Generalsekretär Honecker hielt dies nur für einen denkbaren Weg; das Problem sei das der Kontrolle. Auch er sei nicht dafür, daß wie in Wien weiterverhandelt werden würde. Es gehe um eine Offenlegung der Stärken, Einheiten, Bewaffnungen. Es gehe auch um gegenseitiges Vertrauen. Sein Vorschlag einer Offenlegung könne zu dem gleichen Ergebnis wie ein System gleicher Obergrenzen führen, wenn die Kontrolle entsprechend gesichert sei.

Dregger entgegnete, daß er dem Ziel des Generalsekretärs einer von allen Atomwaffen befreiten Welt nicht zustimmen könne. Eine völlige Beseitigung sämtlicher Atomwaffen könne es schon deshalb nicht geben, da diese Waffen nun einmal erfunden worden seien und selbst bei einer Abschaffung in einem Krisenfall womöglich erneut produziert werden könnten. Im übrigen hätten die Nuklearwaffen auch eine abschreckende Wirkung. Vielleicht sei eine völlige Abschaffung der Nuklearwaffen in 20 bis 30 Jahren möglich; jetzt ginge dies jedoch zu weit, im übrigen sei dies auch in der Allianz nicht durchsetzbar.

Dregger wies darauf hin, daß es ein großer Erfolg für ihn, den Kanzler und andere sein würde und enormes geleistet worden wäre, wenn es gelungen sei, bei der nuklearen Artillerie sowie den nuklearen Kurzstreckenwaffen auf ein absolut notwendiges Minimum zu kommen.

Honecker entgegnete zu der skeptischen Beurteilung einer Möglichkeit der völligen Abschaffung der Nuklearwaffen durch Dregger, daß er Vorstellungen zur völligen Abschaffung dieser Waffen auch den Schreiben von Bundeskanzler Kohl und Ministerpräsident Strauß entnommen habe.

Es gehe darum, regionale Atomkriege gleichermaßen wie konventio-

---

[7] Die Konferenz in Wien über einen wechselseitigen und ausgewogenen Truppenabbau (MBFR) war nach der 475. Plenarsitzung am 17. 3. 1988 ohne Ergebnis geblieben und hatte sich auf den 19. 5. 1988 vertagt. Eines der Kernprobleme war dort der Streit über Art und Zahl der Waffensysteme.

nelle Kriege überhaupt zu verhindern. Er halte es durchaus *[für]* möglich, daß Präsident Reagan und Generalsekretär Gorbatschow bald zu einer Konvention über die Befreiung der Welt von Chemiewaffen kommen könnten.

Der Generalsekretär dankte Dr. Dregger recht herzlich für seine Ausführungen und wies auf die große Übereinstimmung in vielen Punkten hin. Dies sei vielleicht überraschend und werde sicher von vielen registriert werden. Sodann gab der Generalsekretär eine »persönliche Information« an Dr. Dregger. Die sowjetische Führung sei dazu bereit, hinsichtlich der Zahl und Qualität über alle Sprengköpfe und Trägermittel zu verhandeln. Die sowjetische Führung sei hier »bereit, ziemlich weit zu gehen«. Der Generalsekretär erklärte sodann: »Wir ermuntern Gorbatschow bei der Durchführung der gesamten Politik.« Generalsekretär Honecker erinnerte an die jüngste Verabschiedung von zwei sowjetischen Raketeneinheiten im Rahmen der INF-Verbeinbarungen. Als er vor wenigen Jahren diese Truppen in der DDR begrüßt habe, habe er den Kindern Spielzeug mitgebracht Jetzt bei der Verabschiedung habe er wieder Spielzeuggeschenke übergeben. Es sei besonders schön, daß das ehemalige Stationierungsgebiet dieser Raketeneinheiten nun ein Gebiet für Ferienerholungsheime werde. Es würden dort qualitativ sehr gute Bauwerke stehen, die dem Standard von Berlin entsprächen. Nach Fertigstellung des Gesamtkomplexes würden dort 840 Erholungsplätze eingerichtet werden.

Dr. Dregger sprach sodann das Thema Reiseverkehr an. Dr. Dregger wies in diesem Zusammenhang auf das Gespräch anläßlich des Bonn-Besuches hin und erwähnte die lebhafte Entwicklung des innerdeutschen Reiseverkehrs. Die Beziehungen hätten durchaus eine neue Qualität gewonnen. Dies sei auch eine vertrauensbildende Maßnahme in Deutschland.

Sodann erwähnte Dr. Dregger die Information, die der Generalsekretär dem stellvertretenden Fraktionsvorsitzenden Rühe hinsichtlich der Durchführung und Aufrechterhaltung des Schießbefehls gegeben hatte (ohne daß Dr. Dregger das Wort »Schießbefehl« selbst benutzte).[8] Er sei sehr dankbar für diese neue Regelung. Es bedeute einen ungeheuren Fortschritt. Dr. Dregger wies darauf hin, daß überhaupt gar kein Interesse daran bestehe, daß die Bevölkerung der DDR in die Bundesrepublik auswandere; die DDR solle nicht entvölkert werden Dr. Dregger wies in diesem Zusammenhang auf die bereits erfolgte Vertreibung der Deutschen aus den ehemaligen deutschen Ostgebieten hin. Es sei ja nicht so, daß das Verbleiben der DDR-Deutschen in der DDR völlig ohne Vorteile für diese Bürger sei. Dr. Dregger äußerte die Hoff-

---

[8] In der Aufzeichnung über das Gespräch Rühe – Honecker vom 28. 4. 1988 (vgl. Nr. 68) wurde eine solche Äußerung so direkt nicht erwähnt, sondern nur von »enormen Veränderungen« gesprochen.

nung, daß es später einmal zu einer ungelenkten Entwicklung im Aus-
reise- und Reiseverkehr zwischen beiden deutschen Staaten kommen
könnte.

Honecker wies darauf hin, daß der »Bau des europäischen Hauses«
ein Zusammenleben nicht nur der Staaten, sondern auch der Menschen
bedeuten würde. Mit der Zeit werde es hier sicher eine positive Entwicklung geben. Der Generalsekretär erinnerte an die Schwierigkeiten
selbst innerhalb der Europäischen Gemeinschaft, volle Freizügigkeit
zwischen den Mitgliedsstaaten zu garantieren.

Er, der Generalsekretär, sei für eine größtmögliche freie Bewegung,
aber es gebe dafür Voraussetzungen. Diese seien insbesondere, ja fast
ausschließlich ökonomischer Natur. Der Generalsekretär wies darauf
hin, daß die DDR nicht ein Entwicklungsland sei und an hervorragender Stelle der ökonomischen Leistungsfähigkeit nicht nur innerhalb des
RGW stehe. Die Sorge einer Entvölkerung der DDR habe er nicht, weil
etwa 11,9 Millionen Bürger durch ihre Mitgliedschaft in gesellschaftlichen Organisationen ihre besonders enge Verbundenheit mit dem Staat
dokumentiert hätten. Alleine im FDGB seien 9,5 Millionen Mitglieder
organisiert. Der Generalsekretär erinnerte an einige wichtige ökonomische Erfolge wie die, daß sich innerhalb von 15 Jahren das Volksein-
kommen verdoppelt habe; 2,8 Millionen Wohnungen seien gebaut
worden; die Wohnungsfrage sei als soziales Problem gelöst; heute
würden pro Person 27 m² Wohnfläche zur Verfügung stehen.

In der DDR sei immer schon das Leistungsprinzip bei der Entloh-
nung maßgeblich gewesen. Die DDR sei in wirtschaftlicher und sozialer Hinsicht in einer ganz besonderen Position. Ihre Kraft beruhe auch
auf der wirtschaftlichen und sozialen Kraft der Konsumgenossenschaften, in denen 4,3 Millionen Mitglieder organisiert seien.

Bezüglich des Reiseverkehrs bestehe in der jetzigen Periode das Pro-
blem, daß hier Reisen zwischen zweierlei Währungsgebieten ohne
Konvertibilität der Währungen vorgenommen würden. Die positive
Fortführung des Prozesses im Rahmen des Reiseverkehrs sei in der
Hauptsache eine ökonomische Frage. Er, der Generalsekretär, wolle
diese Entwicklung fortführen. Die Devisenbelastung durch die hohen
Beträge für den Besucherverkehr seien für die DDR jedoch sehr groß.
Selbst 15,– DM Umtausch pro Tag seien ja bereits zu wenig. Die DDR
habe ein Interesse daran, daß ihre Bürger nicht als Bettler in die Bundes-
republik reisten. Bei Härtefällen sei es »überhaupt keine Frage«, daß
hier Lösungen gefunden werden könnten. Besucherverkehr dürfe sich
insgesamt jedoch nicht auf die Bevölkerung (Bevölkerungszahl) der
DDR auswirken.

Dr. Dregger wies darauf hin, daß die Europäische Gemeinschaft ab
1992 einen vollständigen Binnenmarkt darstellen werde. Österreich als
drittes deutsches Land sei bemüht, in die EG einzutreten. Er, Dregger,

wolle der DDR ein breites ganz allgemeines politisches Kooperationsangebot unterbreiten. Die wirtschaftliche Zusammenarbeit könne auf einem weiten Feld verstärkt werden. Dr. Dregger fragte in diesem Zusammenhang nach dem Interesse der DDR an dem Ausbau der Eisenbahnstrecke Hannover–Berlin(–Warschau). Auch Dr. Dregger betonte die ökonomische Leistungsfähigkeit der DDR.

Der Generalsekretär bestärkte seinerseits die volkswirtschaftliche Leistungsfähigkeit der DDR und untermauerte dies mit einigen Zahlen. Von 1961 bis 1987 sei z. B. die Industrieproduktion von 284 auf 448 Mrd. Mark gestiegen. Das Einkommen sei von 79,4 auf 156 Mrd. Mark gestiegen.

Die DDR werde in kurzer Zeit nach Japan, den USA und der Bundesrepublik Deutschland das Land sein, das im Bereich der Speicherrechnerproduktion über einen 1-Megabit-Rechner verfügen wird. Allein für diesen Bereich der Forschung und Produktion seien über 12 Mrd. Mark an Investitionen ausgegeben worden. Das Problem unserer wirtschaftlichen Beziehungen sei, wie es strukturell weitergehen könne.

Zur Eisenbahnstrecke Hannover–Berlin äußerte der Generalsekretär, daß die DDR mit dieser Eisenbahn einverstanden sei, sie sei aber nicht auf einen Vorschlag der DDR zurückzuführen. In diesem Zusammenhang wies er auf eine Initiative von Ministerpräsident Strauß hin, auf Grund derer im sogenannten Thüringer Zipfel eine günstigere Eisenbahnverbindung geschaffen worden sei.[9]

Eine Zusammenarbeit zwischen der Bundesrepublik und der DDR könne auf Drittmärkten (auch der Dritten Welt) vorteilhaft sein. Dies würde den Devisenfonds der DDR stärken und könne damit auch positive Auswirkungen auf die Ausreisemöglichkeiten haben. Zu gemeinsam geführten Betrieben äußerte der Generalsekretär: »Wir halten nichts davon.« Ein Problem sei hier insbesondere der Kapitaltransfer.

Hinsichtlich der Erwähnung von Neuregelungen des Schießbefehls durch Dr. Dregger wies der Generalsekretär darauf hin, daß es dann nicht sehr hilfreich sei, wenn für einen »über die Mauer gehüpften« Soldaten dann große Willkommensveranstaltungen gemacht werden würden. Es gehe dabei nicht um den einen Mann, sondern um das Problem der politischen Ausnutzung solcher Vorkommnisse. Dies könne von solchen Kräften innerhalb der DDR ausgenutzt werden, die gegen die jetzige Neuregelung seien.

Das Tor würde heute so weit aufstehen, wie es keiner vor 10 Jahren erträumt hätte, schloß der Generalsekretär seine Ausführungen zu diesem Thema.

Dr. Dregger sprach sodann die Frage des Erhalts von deutschen Kul-

---

[9] Gemeint sein könnte eine Eisenbahnstrecke im Raum Kronach (Bayern) – Sonneberg (Thüringen).

turdenkmälern an. Dies sei ein persönliches Anliegen von ihm. Die Form einer solchen Zusammenarbeit sei völlig offen. Dies könne in verschiedenen Modellen geschehen. Auch könnten Stiftungen hierbei hilfreich sein.

Generalsekretär Honecker erwiderte, das Anliegen ehre Dr. Dregger, aber man neige dazu, diese Leistungen aus eigener Kraft zu schaffen. Der Generalsekretär bezog sich sodann auf anerkennende Äußerungen von Altbundespräsident Carstens, der dem Generalsekretär gegenüber bewundernd festgestellt haben solle, was die DDR hier geschaffen habe, und die Frage gestellt habe, wie die DDR dies überhaupt habe schaffen können.[10] Der Generalsekretär äußerte in diesem Zusammenhang einige Kostenbeispiele für solche Renovierungsmaßnahmen mit der Bitte, diese Zahlen jedoch nicht zu verwenden. Er bezog dies insbesondere auf etwa 1/2 Mrd. Mark, die bisher schon die Renovierungsarbeiten in Berlin (Ost) erfordert hätten. Die Semperoper in Dresden habe alleine 300 Mio. Mark gekostet.

Die Bemerkungen in dem Gymnicher Gespräch zwischen Dr. Dregger und dem Generalsekretär[1] habe sich der Generalsekretär gerade hinsichtlich Stralsund sehr zu Herzen genommen. Dr. Dregger wäre erstaunt festzustellen, was dort bereits verändert worden sei.

Der Generalsekretär wies sodann auf ein in Angriff genommenes Renovierungsprojekt hin. Anläßlich der 50jährigen Wiederkehr der Reichskristallnacht wolle die DDR eine Stiftung zum Aufbau der in der Reichskristallnacht zerstörten Synagoge Oranienburger Straße gründen. Die Mitwirkung an dieser Stiftung stünde »aller Welt, auch der Bundesrepublik Deutschland, offen«.

Der Generalsekretär verwies sodann auf seine immer sehr fruchtbaren Gespräche mit dem Regierenden Bürgermeister Diepgen.[11]

Dr. Dregger erwähnte den Erfolg, den die 2-Tage-Besuchsregelung für West-Berliner in Ost-Berlin darstelle. Es wäre zu begrüßen, wenn dies auch auf das gesamte Gebiet der DDR ausgeweitet werden könne. Der Generalsekretär erwiderte, dies sei im Prinzip kein Problem. Mit der Zeit werde eine Verordnung herausgegeben werden, die diese Reiseangelegenheiten für alle Bürger klären würde.

Dr. Dregger übergab sodann als Gastgeschenk eine Silbermünze aus der Serie »2000 Jahre Bonn«.

Einleitend mit einem Dank für die Abwicklung einer schwierigen Ausreiseangelegenheit, die er dem Generalsekretär bei dem Gespräch in Gymnich übergeben hatte, wies Dr. Dregger auf einen weiteren per-

[10] In der Aufzeichnung über die Unterredung zwischen dem damaligen Bundespräsidenten Carstens und Honecker am 14. 11. 1982 wurde dies nicht erwähnt. Möglicherweise bezog sich Honecker auf Äußerungen während der Empfänge bei seinem Besuch in Bonn.
[11] Die beiden letzten Gespräche hatten am 11. 2. und 13. 3. 1988 stattgefunden. Vgl. Nr. 64 und 65.

sönlichen sehr schweren Fall hin und bat den Generalsekretär um Prüfung, ob auch hier wieder wie zuvor geholfen werden könne. Dr. Dregger überreichte sodann ein Schreiben in der Angelegenheit Mauritz.

Generalsekretär Honecker schilderte daraufhin, wie er selbst in einer Besuchsangelegenheit eines DDR-Arztes in die Bundesrepublik Deutschland habe persönlich eingreifen und diese im Interesse des Besuchswunsches regeln können.

Weitere Gesprächsteilnehmer: Staatssekretär Herrmann, Leiter des Persönlichen Büros des Staatsratsvorsitzenden; Herr Rettner, ZK-Abteilungsleiter; Herr Botschafter Seidel; Staatssekretär Dr. Bräutigam, Ständige Vertretung; und Dr. Berg, Persönlicher Referent des Fraktionsvorsitzenden.

P. S.: Bei der Verabschiedung von Dr. Berg bemerkte Generalsekretär Honecker, daß die ihm soeben von Dr. Dregger überreichte Angelegenheit geregelt werden werde.

Dr. Berg *[Unterschrift]*

[b] SAPMO ZPA IV 2/1/679: »Niederschrift über das Gespräch des Generalsekretärs des ZK der SED und Vorsitzenden des Staatsrates der DDR, Genossen Erich Honecker, mit dem Vorsitzenden der Fraktion der CDU/CSU im BRD-Bundestag und Mitglied des CDU-Präsidiums, Dr. Alfred Dregger, am 27. Mai 1988 in Berlin im Amtssitz des Staatsrates«

E. Honecker begrüßte A. Dregger. Er freue sich über die Möglichkeit, den Meinungsaustausch mit Dregger nach der Begegnung in Gymnich[1] fortsetzen zu können.

A. Dregger bedankte sich für die Möglichkeit des Gespräches. Auch er bezog sich auf das Gespräch in Gymnich. Dort sei es um drei Themen gegangen: um die »Sicherheit für Deutschland« im Zuge der Abrüstung, um die »Freizügigkeit in Deutschland« und um die Frage der Erhaltung der nationalen Kulturdenkmäler. Er wolle daran anknüpfen und auch heute mit dem Thema Sicherheit beginnen. Er habe in Gymnich die Ansicht vertreten, daß es im Zusammenhang mit der atomaren Abrüstung besser gewesen wäre, mit der Abrüstung der nuklearen Raketen unter 500 km Reichweite zu beginnen. E. Honecker habe dem zugestimmt. Er habe das Thema inzwischen in zwei Vorträgen weiter behandelt, einmal im Oktober vor der Führungsakademie der Bundeswehr in Hamburg und kürzlich in Washington vor demselben Institut, vor dem zur gleichen Zeit H. Axen aufgetreten seit.[2] In dem Vortrag in Hamburg habe er das Gespräch mit E. Honecker in Gymnich ausdrücklich erwähnt. Inzwischen lägen beide Vorträge gedruckt vor. Er gehe davon aus, auch die »Verbündeten« sollten wissen, daß es gemeinsame Sicherheitsinteressen der »beiden Staaten in Deutschland« gebe.

A. Dregger erklärte, er wolle hier erneut seine Position darlegen, die er auch in der NATO vertrete. Es gehe um die Frage der atomaren, chemischen und konventionellen Waffen. Was die atomaren Waffen anlange, könnte es nicht das Ziel sein, damit einen Krieg zu führen und zu gewinnen. Sie könnten nur noch durch Abschreckung einen Krieg verhindern. Wenn dies ihr Zweck sei, müsse sich die Abschreckung gegen diejenigen richten, die in der Lage seien, einen Krieg auszulösen. Die DDR, Polen und die ČSSR könnten dies nicht, ebensowenig wie die BRD. Dies könnten nur die beiden Weltmächte. Davon ausgehend müsse man die atomaren Waffen beurteilen. Er zweifle daran, daß Atomartillerie in diesem Zusammenhang einen Sinn habe. Sie könne keinen Krieg verhindern. Er habe deshalb die Forderung gestellt, innerhalb der NATO zu prüfen, ob die Erhaltung der Atomartillerie noch sinnvoll sei. Er trete dafür ein, sie abzuschaffen.

Die nächste Kategorie seien die Kurzstreckenraketen unter 500 km Reichweite. Sie reichten nur »von Deutschland nach Deutschland«. Sie hätten keine abschreckende Wirkung, da sie das Territorium des potentiellen Angreifers nicht erreichen könnten. Es gebe in der NATO Vorstellungen, die Beseitigung der Mittelstreckenraketen durch Kurzstreckenraketen auszugleichen. Er finde dies nicht akzeptabel. Er vertrete die Meinung, daß diese Kurzstreckenraketen nur den beschränkten Zweck haben könnten, Massierungen auf der Gegenseite zu verhindern. Dazu brauche man nicht so viele, wie sie die Sowjetunion und auch die USA besitzen. Das bedeute keine dritte Null-Lösung, aber die Reduzierung auf eine gemeinsame Obergrenze. Das liege im Interesse beider deutscher Staaten. Was die Mittelstreckensysteme betreffe, so würden jetzt die landgestützten Systeme verschwinden. Es gebe aber keine Vereinbarung über die luft- und seegestützten. Er sei nicht dafür, daß diese Systeme wegfallen. Es solle eine Art »Mittelstück« zwischen den weitreichenden und den Kurzstreckenraketen geben. Damit würde regionalisierten Strategien entgegengewirkt, nach denen ein Krieg nur in Europa denkbar wäre.

A. Dregger betonte, er trete entschieden für die Halbierung der strategischen Waffen ein. Hinsichtlich der chemischen Waffen sei er für ihre totale und globale Beseitigung, obwohl es dabei insbesondere bei der Verifikation Risiken gebe. Er habe in den USA erklärt, daß eine atomare Weltmacht wie die USA solche Risiken tragen könne. Das gelte auch für die Sowjetunion. Er habe erneut bekräftigt, daß neue binäre chemische Waffen der USA nicht in der BRD gelagert werden und die Altbestände chemischer Waffen aus der BRD abgezogen werden. Die USA hätten dies nochmals bestätigt, so daß es ab 1993 in der BRD keine chemischen Waffen mehr geben werde.

A. Dregger erklärte, er bitte E. Honecker, innerhalb des Warschauer Vertrages dahin zu wirken, daß die Abrüstung weitergeht. Er wisse, daß E. Honecker diese Auffassung teile. Bereits in Gymnich habe A. Dregger gesagt, es wäre gut, wenn die Sowjetunion von ihren 1300 Kurzstreckensystemen 1000 beseitige. E. Honecker habe damals erwidert, daß darüber die Großmächte verhandeln. Er möchte nochmals betonen, daß es sehr vertrauensbildend wäre, wenn die Sowjetunion einen solchen Schritt tun würde.

E. Honecker erwiderte auf die Darlegungen von A. Dregger, er stelle in zahlreichen Fragen übereinstimmende Auffassungen fest. A. Dregger habe mit Recht darauf hingewiesen, daß es seinerzeit in der BRD starke Bemühungen zur Reduzierung der Raketen unter 500 km Reichweite gegeben habe. Bei dem bevorstehenden Treffen zwischen M. Gorbatschow und R. Reagan werde der Austausch der Ratifikationsurkunden zum Mittelstreckenraketenabkommen erfolgen.[5] Nun gehe es um weitere Schritte, insbesondere um die Halbierung der strategischen Offensivwaffen. [...]

In Gymnich habe A. Dregger die Meinung vertreten, daß es für die DDR und die BRD besonders wichtig sei, daß die Raketen unter 500 km Reichweite verschwinden. Dregger warf ein: reduziert werden. In dieser Frage sei man nicht weitergekommen. Aber man könne davon ausgehen, daß die beiden deutschen Staaten nicht nur für das Verschwinden der Atomwaffen generell seien – das sei im letzten Brief von Bundeskanzler Kohl unterstrichen worden[6] –, sondern auch für die Beseitigung der Kurzstreckenraketen. Hinsichtlich der Feststellung, je kürzer die Reichweite, um so deutscher die Toten, gebe es völlige Übereinstimmung. Die DDR sei auch für schrittweise Lösungen. Für ihn sei die Bemerkung von A. Dregger durchaus sympathisch, daß man mit der Atomartillerie beginnen solle. [...] Wenn M. Gorbatschow und R. Reagan übereinstimmend der Auffassung seien, daß kein Kernwaffenkrieg führbar sei, dann müßten diese Waffen abgeschafft werden. Die DDR sei dafür, bei den Verhandlungen über die konventionelle Abrüstung die Atomartillerie einzubeziehen. Dabei gehe es auch um die Frage der Verifikation. [...]

Die sozialistischen Staaten verfolgten das Ziel, bis zum Jahr 2000 die Welt atomwaffenfrei zu machen. [...] In Verbindung mit der Beseitigung der Atomwaffen müsse man ein Gleichgewicht auf konventionellem Gebiet erreichen, so daß sich eine gegenseitige Nichtangriffsfähigkeit ergebe. [...] *Die Warschauer-Pakt-Staaten* seien bereit, ihre Bewaffnung und Personalstärken offen zu legen und damit die Voraussetzungen für die Beseitigung von Asymmetrien durch Abrüstung zu schaffen. Die DDR begrüße, daß A. Dregger wie auch Bundeskanzler Kohl erklärt hätten, hinsichtlich der Modernisierung der Kurzstrekkensysteme gebe es für die BRD keinen Entscheidungsbedarf, obwohl bekannt sei, daß die USA Vorbereitungen treffen.

E. Honecker betonte, daß wir ernsthaft an Vereinbarungen auf konventionellem Gebiet und an der Beseitigung der Kurzstreckensysteme interessiert seien. Darin, daß weder vom Boden der BRD noch vom Boden der DDR ein Krieg ausgelöst werden dürfe, bestehe völlige Übereinstimmung.

E. Honecker erklärte, es erfülle ihn mit Genugtuung, daß ein führender Politiker der CDU wie A. Dregger in einer Reihe wichtiger Fragen der Abrüstung realistische Positionen einnehme, wenngleich die Auffassungen auf anderen Gebieten auseinander gingen.

A. Dregger bestätigte die weitgehende Übereinstimmung in den von E. Honecker erwähnten Fragen. E. Honecker habe mit Recht die konventionellen Waffen erwähnt. Er unterstütze dies. Es gehe nicht nur um die Verhinderung eines atomaren Krieges, auch ein konventioneller Krieg würde uns vernichten. Bisher habe der Osten eine Offensivstrategie, der Westen eine Defensivstrategie. Klar sei aber, in jedem Falle würden die beiden deutschen Staaten Hauptkriegsschauplatz sein.

E. Honecker erwiderte, er sehe die Dinge anders. Aus unserer Sicht habe die NATO ein offensives, der Warschauer Vertrag ein Verteidigungskonzept. Natürlich gebe es Asymmetrien. Wir hätten offenkundig mehr Panzer, die NATO mehr Flugzeuge. Wir seien für eine Offenlegung der Daten und für strenge Kontrollen.

A. Dregger warf ein, das Offenlegen der Daten halte er für unproduktiv. Er verwies dabei auf die Erfahrungen der Wiener Verhandlungen.[7] Es genüge zu vereinbaren, NATO und Warschauer Vertrag sollten z. B. eine bestimmte Menge Panzer haben, die entsprechend verteilt seien. Damit spare man sich den Prozeß des Zählens.

E. Honecker erklärte, auch das sei ein Weg, in jedem Falle stehe aber die Frage der Kontrolle. Wir gingen davon aus, daß offengelegt werden solle, was es an Stärke und Bewaffnung gibt, und daß dann festgelegt wird, was beseitigt werden soll.

A. Dregger erklärte, er müsse noch auf einen Punkt hinweisen, in dem er nicht die Meinung E. Honeckers teile. Dieser habe als Ziel genannt, die Welt atomwaffenfrei zu machen. Atomwaffen seien nun einmal erfunden. Eine völlige Befreiung davon werde es nicht mehr geben können. Solange im konventionellen Bereich die Nichtangriffsfähigkeit nicht erreicht sei, seien Atomwaffen von friedenserhaltender Wirkung. Aber er stimme zu, daß man Atomwaffen so weit wie möglich reduzieren müsse. Es gehe um einen Mindestbestand. Weitergehende Forderungen seien in der NATO nicht durchsetzbar.

E. Honecker verwies auf die letzten Briefe von Kohl und Strauß.[12] Bundeskanzler Kohl habe ihm geschrieben, daß er für die Beseitigung aller Atomwaffen sei. A. Dregger warf ein, sicherlich sei dies als langfristige Perspektive gemeint.

E. Honecker betonte, der durch das Mittelstreckenabkommen erreichte Wendepunkt müsse genutzt werden, um zu weiterer Abrüstung zu kommen. Dazu gehöre die Halbierung der strategischen Offensivwaffen und die konventionelle Abrüstung unter Einbeziehung der vorhandenen Kurzstreckensysteme. Wichtig sei gerade für die beiden deutschen Staaten, sowohl die Gefahr auf nuklearem wie auf konventionellem Gebiet zu beseitigen.

Eine weitere wichtige Frage sei die Befreiung der Welt von chemischen Waffen. Es wäre zu begrüßen, wenn bei dem Treffen Gorbatschow – Reagan ein Schritt vorwärts dazu gemacht würde. Die DDR begrüße, wenn aus der BRD die chemischen Waffen verschwinden; auf dem Boden der DDR gebe es keine.

[...]

E. Honecker betonte, er finde es bedeutsam, daß das Gespräch mit A. Dregger Übereinstimmung in zahlreichen Fragen von Sicherheit und Abrüstung ergeben habe.

A. Dregger kam dann auf Fragen der Beziehungen zwischen der DDR und der BRD zu sprechen. Der Besuch E. Honeckers in der BRD wie auch jüngste Besuche von CDU-Politikern zeigten, daß die Beziehungen eine neue Qualität gewonnen hätten. Das trage trotz unterschiedlicher Systeme zur Vertrauensbildung bei. Man sei dankbar für übermittelte Informationen zum Reiseverkehr.[13] Man habe kein Interesse daran, daß sich die Bevölkerung der DDR vermindere. Natürlich trete man für möglichst große Freizügigkeit ein. Es werde anerkannt, daß sich die Besuchserlaubnisse erheblich vermehrt hätten. Schwierig sei die Frage der Ausreiseerlaubnisse. Hier gebe es Härtefälle, wo man helfen solle. Natürlich wäre eine größere Liberalisierung wünschenswert. Er hoffe, daß sich die positive Entwicklung fortsetze.

E. Honecker erklärte, die DDR sei für den Bau des europäischen

---

[12] Gemeint waren das Schreiben Kohls als CDU-Vorsitzender vom 4. 5. 1988 – vgl. Anm. 6 – und ein Brief von Strauß als CSU-Vorsitzender vom gleichen Tage, ebenfalls in: SAPMO ZPA J IV/114.

[13] Honecker überreichte Dregger bei dem Gespräch eine »Übersicht zur Entwicklung des Reiseverkehrs von Bürgern der DDR nach der BRD und Westberlin (Stand: 30. April 1988)«, (Unterlagen Dregger). Danach war die Gesamtzahl der »Reisen von Bürgern der DDR nach nichtsozialistischen Staaten und Westberlin« im 1. Quartal 1988 im Vergleich zum 1. Quartal 1987 um 30,4% (von 1569982 auf 2047714) gestiegen. Bei den Reisen »nach der BRD« betrug danach die Steigerungsrate 34,2% (von 562827 auf 755290) und bei denen »nach Westberlin« 29,5% (von 940948 auf 1218887).

Hauses. Auf einer vertrauensbildenden Grundlage werde man bei der Zusammenarbeit weiter vorankommen. Das sei nicht einfach, auch nicht in der EG. Die DDR sei für größtmögliche freie Bewegung. Dazu müßten aber entsprechende Voraussetzungen geschaffen werden, insbesondere auf ökonomischem Gebiet. Die DDR gehöre nicht zu den unterentwickelten Ländern. Sie sei ein Industrie-Agrarstaat mit hohem technischem Niveau. Eine Entvölkerung werde nicht eintreten. Schon einige wenige Tatsachen machten dies deutlich. 11,9 Millionen der DDR-Bevölkerung seien in Parteien und Organisationen vereinigt und von Verbundenheit mit ihrem Staat durchdrungen. Allein die Gewerkschaften hätten 9,5 Millionen Mitglieder. Die Industrieproduktion sei innerhalb von 15 Jahren verdoppelt worden. Bei stabilen Preisen für den Grundbedarf erhöhe sich das Netto-Einkommen der Bevölkerung um 4% jährlich. Bis 1990 würde die Wohnungsfrage als soziales Problem gelöst sein. Seit 1972 seien 2,8 Millionen Wohnungen gebaut worden. 600 000 würden noch hinzu kommen. In der DDR sei schon immer nach Leistung entlohnt worden. Es habe nie Gleichmacherei gegeben. Die DDR nehme sowohl in wirtschaftlicher wie sozialer Hinsicht eine gute Position unter den Industrieländern ein. Es existiere vieles, was es in anderen Ländern nicht gebe. In der DDR existiere z.B. der Verband der Konsumgenossenschaften mit 4,3 Millionen Mitgliedern. Es gebe eine Vereinigung der Gegenseitigen Bauernhilfe und bäuerliche Handelsgenossenschaften. In der Produktion gebe es das System der Kombinate mit hoher Selbständigkeit. Das sei die Basis für bedeutsame technologische Fortschritte, z. B. bei der Mikroelektronik und auf anderen Gebieten der Schlüsseltechnologie.

Was den Reiseverkehr betreffe, so müsse man auf die zweierlei Währungen hinweisen. Die Mark der DDR sei eine Binnenwährung. Der Reiseverkehr werde vor allem zu einem ökonomischen Problem. Die Steigerungen seien beachtlich. Natürlich seien 15,– DM pro Reisenden nicht ausreichend, aber für die DDR stelle sich die Devisenfrage. Anders sei es beim Jugendtourismus. Dort gebe es eine ausgeglichene Bilanz. Bei Härtefällen sehe er keine Probleme. Der steigende Besucherverkehr wirke sich kaum negativ auf die Zahl nicht zurückkommender DDR-Bürger aus; sie sei nur von 0,2 auf 0,3% gestiegen.

A. Dregger erklärte, bei weiteren ökonomischen Erfolgen der DDR würde diese Zahl sicher auch niedrig bleiben. Was ökonomische Fragen betreffe, so möchte er darauf verweisen, daß die EG bis 1992 einen Binnenmarkt und eine gemeinsame Währung schaffen wolle. Man sehe, daß Staaten des Warschauer Vertrages wie Ungarn und auch die Sowjetunion bestrebt seien, ihre ökonomische Zusammenarbeit mit der BRD und anderen EG-Ländern zu verstärken; es gebe Vorschläge für Joint-ventures. Wenn die BRD mit der Sowjetunion eng zusammenarbeite, warum dann nicht mit der DDR. Man sei interessiert, die wirtschaftliche Zusammenarbeit mit der DDR zu verstärken. Jetzt sei die Rede von dem Ausbau einer Eisenbahnverbindung nach Berlin, vielleicht später auch über Warschau bis Moskau. Es gebe insgesamt gute Perspektiven für eine engere Kooperation. Je intensiver die Zusammenarbeit, um so größer werde auch die Leistungsfähigkeit der DDR sein und um so leichter ließen sich die Probleme der Freizügigkeit lösen.

Honecker lobte erneut die Leistungsfähigkeit der DDR-Wirtschaft, besonders bei der »Schlüsseltechnologie«. Die DDR sei an der Entwicklung der Wirtschaftsbeziehungen mit der BRD interessiert. Man müsse die Struktur verbessern. Es gebe Interesse an der Zusammenarbeit nicht nur mit Konzernen, sondern auch mit mittleren Betrieben der BRD. In Verbindung mit dem Erdöl-Preisverfall sei der Handel wertmäßig zurückgegangen, das Volumen aber geblieben. Der Umsatz habe 1987 über 15 Mrd. betragen. Die DDR halte das für ausbaufähig.

Die DDR sei bereit, Verhandlungen über die Eisenbahnstrecke Hannover–Berlin aufzunehmen. F. J. Strauß lege Wert auf den Ausbau der Autobahn Plauen–Hof. Im Gespräch sei auch die Frage des sogenannten Thüringer Zipfels.[9] Möglich sei eine verstärkte Zusammenarbeit auf dritten Märkten. Die DDR halte nicht viel von gemeinsamen Betrieben, da damit zu viele Probleme verbunden seien. Es gebe eine umfangreiche Gestattungsproduktion. E. Honecker verwies auf folgendes Problem: Nachdem die DDR ihr Grenzregime verändert habe, mache man in der BRD jedes Mal eine große Propagandaaktion, wenn jemand über die Grenze gehe. Das sei nicht hilfreich. Auch in diesem Bereich müsse man aufeinander zu gehen.

E. Honecker betonte das Interesse, die Kontakte zu allen politischen Kräften in der BRD, zu den Regierungsparteien wie zur Opposition, zu entwickeln.

Abschließend erklärte A. Dregger, er möchte noch die Frage aufwerfen, was man tun könne, um die nationalen Kulturdenkmäler in der DDR zu erhalten, wenn auch vieles getan worden sei. Es gebe in der BRD Stiftungen für Denkmalspflege, die wirksam werden könnten. Man wolle es nicht in unangemessener Weise tun, sondern wirklich helfen.

E. Honecker erwiderte, die DDR gehe davon aus, ihre Kulturdenkmäler aus eigener Kraft zu erhalten. Auf diesem Gebiet werde viel getan. E. Honecker verwies auf viele Beispiele. Allein in Berlin seien bisher 500 Mio. dafür ausgegeben worden. Ähnliches gelte für Dresden und andere Städte. An einem Vorhaben könne man sich in der BRD möglicherweise beteiligen. Anläßlich der 50. Wiederkehr der Kristallnacht bestehe die Absicht, eine Stiftung zum Aufbau der Synagoge in der Oranienburger Straße in Berlin zu gründen.

A. Dregger fragte nach der Möglichkeit, die 2-Tage-Regelung für Westberliner in der Hauptstadt auch auf andere Bezirke der DDR auszudehnen. E. Honecker erwiderte, Westberliner könnten bereits jetzt mehrere Tage in die DDR fahren. Die von A. Dregger aufgeworfene Frage werde bei einer weiteren Normalisierung der Beziehungen kein Problem mehr sein. Die DDR habe sich für den Besucherverkehr weit geöffnet. Es bestehe die Absicht, entsprechend formelle Ordnungen für diesen Problemkreis zu schaffen.

A. Dregger bedankte sich abschließend für das sachliche und offene Gespräch.

An dem Gespräch nahmen teil: der Leiter der Kanzlei des Vorsitzenden des Staatsrates, Staatssekretär Frank-Joachim Herrmann; der Leiter der Abteilung für Internationale Politik und Wirtschaft des ZK der SED, Gunter Rettner; der Leiter der Abteilung BRD im Ministerium für Auswärtige Angelegenheiten, Karl Seidel, sowie der Leiter der Ständigen Vertretung der BRD, Dr. Hans Otto Bräutigam, und der Mitarbeiter von Dregger, Dr. Hans-Joachim Berg.

71. Gespräch Lafontaine – Honecker am 18. August 1988 (Hubertusstock)

SAPMO ZPA IV 2/2/2. 035/80 und IV 2/1/685: »Niederschrift über das Gespräch des Generalsekretärs des Zentralkomitees der SED und Vorsitzenden des Staatsrates der DDR, Erich Honecker, mit dem Ministerpräsidenten des Saarlandes und stellvertretenden Vorsitzenden der SPD, Oskar Lafontaine, Vorsitzender der SPD-Saar, am 18. August 1988 in Hubertusstock« – Zur Westquelle vgl. Nr. 20.

E. Honecker hieß O. Lafontaine willkommen und äußerte sich erfreut über die Möglichkeit, den Meinungsaustausch über wichtige internationale und bilaterale Fragen, wie bei seinem offiziellen Besuch in der BRD besprochen, fortsetzen zu können. Für die Beziehungen zwischen der DDR und der BRD sowie ihre Perspektive könne dies sehr fruchtbar sein. Dabei sei als bekannt vorauszusetzen, daß die beiden deutschen Staaten von unterschiedlicher Gesellschaftsordnung sind und verschiedenen Paktsystemen angehören.

Seit der beiderseitigen Begegnung im Jahr 1987[1] sei viel Positives in der internationalen Entwicklung zu verzeichnen. Die Kontakte hätten zugenommen. Die Erkenntnis, daß Sicherheit nicht mehr gegeneinander, sondern nur miteinander zu erreichen sei, gewinne an Boden und dringe auch in die CDU-Wählerschaft ein. Die internationale Lage beginne sich zum Guten zu wenden, obwohl sie nach wie vor kompliziert und widersprüchlich sei. Zustande gekommen seien zahlreiche vertrauensbildende Maßnahmen, insbesondere durch die von beiden deutschen Staaten mitgetragene Abrüstung bei den Mittelstreckenraketen und durch weiterführende Verhandlungen.

Dennoch sei nicht zu übersehen, daß die internationale Lage kompliziert bleibe. *Honecker kritisierte die NATO-Manöver und eine in den USA – sowohl von Republikanern wie Demokraten – verfochtene »Politik der Stärke«.*

Die Grundfrage der internationalen Politik bleibe, den Krieg zu verhindern, Abrüstung und Entspannung durchzusetzen, betonte E. Honecker. In dieser Richtung tue die DDR, was ihr möglich ist. Davon zeuge auch ihr jüngstes Angebot zu einem Treffen der Verteidigungsminister beider deutscher Staaten, H. Keßler und R. Scholz.[2] [...] Auf der Warschauer Tagung des Politischen Beratenden Ausschusses und

---

[1] Vgl. Nr. 32 und 57.

[2] Zu dem Anfang August in einem Interview im ›Neuen Deutschland‹ von DDR-Verteidigungsminister Heinz Keßler unterbreiteten Vorschlag und der Reaktion in Bonn vgl. AdG 1988, S. 32601 f.

der Beratung der Generalsekretäre sei von der Notwendigkeit ausgegangen worden, die Verhandlungen zwischen der Sowjetunion und den USA über die Halbierung der strategischen Offensivwaffen weiterzuführen.[3] Nach unseren Informationen gebe es dabei Fortschritte. *Honecker befürwortete die »Halbierung der strategischen Offensivwaffen« und kritisierte Reagans »Festhalten an SDI«.* Als ein weiteres Ziel bezeichnete E. Honecker den Abschluß einer Konvention über das weltweite Verbot der chemischen Waffen.

Von großer Bedeutung sei nach wie vor die Schaffung atom- und chemiewaffenfreier Zonen. An der internationalen Konferenz in Berlin für kernwaffenfreie Zonen hätten sich 1043 Delegierte aus 113 Staaten beteiligt.[4] So etwas habe es noch nicht gegeben. Verschiedene Länder seien nicht nur durch Repräsentanten der Regierung, sondern auch der Opposition vertreten gewesen. 28 Staatspräsidenten hätten Botschaften übermittelt. Zu den Teilnehmern hätten über 30 kommunistische und Arbeiterparteien, darunter die SPD, gehört. Diese Konferenz sei von weltweiter Wirkung.

Im Politischen Beratenden Ausschuß sei besprochen worden, wie der Prozeß der Abrüstung und Vertrauensbildung fortzusetzen sei, wobei die Herstellung der Nichtangriffsfähigkeit eine wichtige Rolle gespielt habe. Es sei unmöglich, auf nuklearem Gebiet einschneidend abzurüsten, wenn nicht auch die konventionelle Abrüstung vorankomme. *Er sprach sich für die Beseitigung der »Asymmetrien« und eine Reduzierung der »Streitkräfte auf jeder Seite um 500 000 Mann« aus.*

E. Honecker unterstrich die wachsende Bedeutung des Vorschlages von SED und SPD für die Schaffung vertrauensbildender Zonen in enger Wechselwirkung zu atom- und chemiewaffenfreien Zonen. Es gehe um radikale Abrüstung vom Atlantik bis zum Ural. *Er sprach sich gegen eine »Modernisierung« und für die »Herstellung der Nichtangriffsfähigkeit« aus.* Deshalb habe die DDR ihren Vorschlag für ein Treffen H. Keßler/R. Scholz unterbreitet. Die Bundesregierung prüfe ihn, wie sie sage, aber offensichtlich tue sie dies ohne große Begeisterung. Wenn sich Jasow und Carlucci[5] träfen, warum sollten dann nicht auch H. Keßler und R. Scholz zusammenkommen.

E. Honecker sagte, bei seinem BRD-Besuch sei von dortigen Politikern noch der Standpunkt vertreten worden, es wäre besser gewesen, mit den [...] Raketen unter 500 km Reichweite anzufangen. *Nach einiger Zeit aber habe sich die »Sprachregelung« geändert.*

---

[3] Vgl. dazu bes. die »Aktennotiz« über die von Honecker »am Rande« dieser Tagung »am 15. 7. 1988« geführten Gespräche in: SAPMO ZPA IV 2/1/685.

[4] Vgl. auch Nr. 69, bes. Anm. 7.

[5] Die Verteidigungsminister der USA, Frank Carlucci, und der UdSSR, Dimitrij Jasow, hatten sich im Rahmen der militärischen Kontakte USA – UdSSR am 1.–4. 8. 1988 in Moskau zum zweitenmal getroffen.

In Gang gekommen sei ein Prozeß der Vertrauensbildung im Hinblick auf alle Bereiche der Schlußakte von Helsinki. Wir hätten auf der Wiener KSZE-Folgekonferenz Vorschläge zu allen 10 Körben eingebracht[6] und gingen davon aus, daß es zu einem Mandat kommt. Solange Sozialismus und Kapitalismus existieren, und das werde noch lange so sein, bleiben friedliche Koexistenz, Zusammenarbeit, Vertrauensbildung, Nichtangriffsfähigkeit, die Lösung strittiger Fragen durch Verhandlungen die Kernpunkte der Politik, stellte E. Honecker fest.

Honecker verwies auf Angola und Südafrika, Nahost, Iran, Irak und Afghanistan.

Die DDR sei für ein europäisches Haus mit einer Hausordnung, bei der alles realisiert werden sollte, was die Schlußakte von Helsinki enthält. Man spreche viel von Korb III, müsse aber auch Korb II gebührend berücksichtigen. Es gelte, die Diskriminierung zu beseitigen. Seitens des Westens seien jedoch die COCOM-Bestimmungen teilweise verschärft worden. Er könne sich, sagte E. Honecker, kein gutes Verhältnis der Staaten mit solchen Bestimmungen vorstellen. In westeuropäischen Staaten werde gegen sie Stellung genommen, aber unter dem Druck der USA erhalte man sie aufrecht.

Da Sozialismus und Kapitalismus noch lange nebeneinander existieren werden, komme es darauf an, die Nichteinmischung zu gewährleisten und die vertrauensbildenden Grundlagen zu verstärken. Ideologische Gegensätze dürften nicht auf die Beziehung zwischen den Staaten übertragen werden. Ohnehin sei es schon schwierig, sie in einzelnen Ländern auszufechten.

Mit dem Blick auf das Europäische Haus sei im Kreise unserer Verbündeten die Schaffung eines inneren Marktes des RGW besprochen worden. Wir faßten das Bild der Vereinigten Staaten und Europas ins Auge. Diese Fragen befänden sich in der Diskussion, wobei wir nicht umhinkämen, sie in Verbindung mit der von der EG beabsichtigten Errichtung eines Binnenmarktes zu behandeln.

Sein offizieller Besuch in der BRD, so fuhr E. Honecker fort, habe eine neue Etappe in der Entwicklung der Beziehungen zwischen der DDR und der BRD eingeleitet. Es gebe Fortschritte. Hier verweise er zum Beispiel auf die Aktivierung der gegenseitigen Besuche von Ministern, auch auf Länderebene, und von Fachleuten verschiedenster Gebiete, auf den Stromverbund. *Honecker verwies auf den Plan einer »schnellen Eisenbahnverbindung« Hannover–Berlin, auf den Warenaustausch und den Reise- und Besucherverkehr.* Großzügig werde die Familienzusammenführung gehandhabt. Worauf es ankomme, sei, keinen Mißbrauch zuzulassen.

Rege entwickelt hätten sich die Beziehungen zwischen der DDR und

[6] Zum Stand der KSZE-Folgekonferenz in Wien, die am 5. 8. 1988 in die Sommerpause ging, vgl. AdG 1988, S. 31965f. und 32443f.

dem Saarland. *Honecker nannte dazu Zahlen und Projekte.* Positiv zu beurteilen sei auch der kulturelle Austausch. Insgesamt gelte es, eine breitere Basis für die Entwicklung der Beziehungen zu schaffen.

E. Honecker äußerte sein Interesse an der Meinung O. Lafontaines zur Entwicklung in der BRD und zur Frage, ob die Machtverhältnisse bis 1990 geändert werden können. Notwendig sei ein Programm, das greift, die Werktätigen gewinnt und auch mehrheitsfähig ist. Man müsse herausfinden, was mehrheitsfähig sei, um nach den Bundestagswahlen 1990 den Bundeskanzler zu stellen und die Regierung zu bilden. Das ihm bekannte Buch O. Lafontaines ›Die Gesellschaft der Zukunft‹ enthalte viele Schwerpunkte. Wichtig sei auf jeden Fall, die Gewerkschaften zu interessieren, daß sie für die SPD eintreten. Seines Erachtens wirke sich O. Lafontaines Vorschlag, die Arbeitszeit ohne vollen Lohnausgleich zu verkürzen, um so Arbeitsplätze zu schaffen, negativ aus. Zwar seien die Arbeiter nur zu 38% Gewerkschaftsmitglieder, aber der Einfluß der Gewerkschaften sei groß. Daher sei es richtig, die Gewerkschaften an sich zu binden, auch durch Kompromisse. Zu gewinnen gelte es auch den Mittelstand. In Schweden sei die Arbeitslosigkeit auf 1,5% gedrückt worden. Man könne sie in der BRD nicht vollständig beseitigen, sollte aber für Vollbeschäftigung eintreten und entsprechende Vorschläge machen. Der Standpunkt der Bundesregierung »Keine Arbeitsbeschaffungsprogramme« sei Nonsens, viele Länder hätten solche Programme. Die Fragen der Arbeitslosigkeit, der Perspektive seien für alle sehr wichtig.

In der Friedensfrage sei die Position der SPD stark. Wie die Entwicklung im Saarland, in Schleswig-Holstein, Hamburg und Bremen, auch in Niedersachsen (E. Albrecht könne stürzen[7]) zeige, befinde sich die SPD im Aufwind, nicht nur durch junge Kräfte, sondern insbesondere durch deren Programmangebot. Die Mehrheitsverhältnisse in Bayern seien wohl nicht zu ändern, auch nicht in Berlin (West).

Die Bundesregierung stecke in Schwierigkeiten, nicht zuletzt wegen der Skandale in verschiedenen Bundesländern und wegen ihrer Linie »Alle Volksdeutschen in die Bundesrepublik«. E. Honecker verwies auch auf außenpolitische Aspekte. [...] Aus Umfragen gehe hervor, daß die SPD leicht vorne liege. Es bestehe durchaus die Möglichkeit, im Kräfteverhältnis innerhalb der BRD eine Veränderung zugunsten der SPD zu erreichen.

E. Honecker unterstrich, die Welt stehe am Beginn einer Wende in den internationalen Beziehungen, aber Rückfälle seien nicht ausgeschlossen. Daher gelte es, alle Kräfte für weitere Fortschritte zu vereinen und auch die Zusammenarbeit beider deutscher Staaten zu verbes-

---

[7] Honecker spielte wohl auf die Spielbankenaffäre in Niedersachsen an, in die vor allem der Innenminister und CDU-Vorsitzende von Niedersachsen, Wilfried Hasselmann, verwickelt war.

sern. Die Bundesregierung habe ihre Bereitschaft zu weiterführenden Gesprächen signalisiert. Auf unserer Seite werde der Standpunkt vertreten, daß zuerst die festgelegten Vereinbarungen zu realisieren sind. Dabei nannte E. Honecker die Feststellung der Elbegrenze auf Strommitte entsprechend der mehr als 40jährigen Praxis und dem britischen Material. Er verwies auf die überfällige Beseitigung der »Zentralen Erfassungsstelle« in Salzgitter. Notwendig sei auch die Respektierung der Staatsbürgerschaft der DDR. Angesichts der wachsenden Bewegungsfreiheit im Reise- und Besucherverkehr sei der Charakter der Grenze nicht mehr derselbe wie noch vor Jahren. Wir seien bereit, seine Weiterentwicklung zu sichern, was aber erfordere, den Umtausch von einer Mark der DDR in eine Mark der BRD zu gewährleisten.

Da im Westen viel über Perestroika und Glasnost gesprochen werde, wolle er feststellen, daß die damit bezeichnete Entwicklung aus der inneren Situation der Sowjetunion entstanden sei, mit dem Zweck, Verkrustungen aufzubrechen. Das werde die UdSSR auch realisieren. Die sozialistische Entwicklung in den einzelnen Staaten müsse jeweils den nationalen Bedingungen entsprechen. So geschehe es auch in der DDR. Diese unsere Entwicklung vollziehe sich auf festen Positionen, wo Reibungen aufträten, werde flexibel reagiert.

Zu den Kirchen bestehe ein gutes Verhältnis. Der neue Staatssekretär, K. Löffler[8], habe das Vertrauen der Kirchen. In seinen Besprechungen hätten die Vertreter der evangelischen Kirche versichert, daß sie die Vereinbarungen vom 8. März 1978[9] weiterführen wollten. Kardinal Meisner habe für die Politik der Regierung gegenüber der katholischen Kirche gedankt.[10] Gefördert werde auch die methodistische Kirche. Bei der Begegnung E. Honeckers mit den Repräsentanten der jüdischen Gemeinden in der DDR[11] seien viele Fragen behandelt worden, die auch von internationalem Interesse sind. Hier erläuterte E. Honecker die umfangreichen Maßnahmen zum Gedenken an die faschistische Pogromnacht von 1938, die Stiftung und die Bildung des Kuratoriums für den Neuaufbau der Berliner Synagoge in der Oranienburger Straße sowie die von der FDJ betreute Pflege der Gräber auf dem jüdischen Friedhof in Berlin Weißensee. Herzliche Beziehungen konstatiert er zu H. Galinski[12], der früher nicht gerade DDR-freundlich aufgetreten

[8] Kurt Löffler, Staatssekretär für Kirchenfragen im DDR-Kultusministerium.

[9] Bei einem Grundsatzgespräch des Staatsratsvorsitzenden Honecker mit dem Vorstand des Bundes der Evangelischen Kirchen in der DDR am 6. 3. 1978 wurde eine Art Arrangement zwischen DDR-Staat und Kirchen getroffen. Vgl. Bericht Enquete-Kommission S. 168f.

[10] Kardinal Joachim Meisner, katholischer Bischof in Berlin, und der Staatssekretär für Kirchenfragen, Kurt Löffler, hatten am 12. 8. 1988 ein Gespräch geführt.

[11] Dieses Gespräch Honeckers mit dem »Präsidium des Verbandes der jüdischen Gemeinden in der DDR« hatte am 2. 6. 1988 stattgefunden. Vgl. die Aufzeichnung in: SAPMO ZPA IV 2/1/679.

[12] Vgl. Nr. 69, Anm. 32.

sei, was sich aber aufgrund der Entwicklung in den Beziehungen zwischen beiden deutschen Staaten geändert habe. Was antisemitische Erscheinungen betreffe, so sei, wie im Falle der Skinheads, stark durchgegriffen worden. Entsprechend seiner persönlichen Weisung an den Generalstaatsanwalt der DDR wurden die Urteile im Prozeß gegen sie revidiert.[13]

E. Honecker sagte, seine heutige Begegnung mit O. Lafontaine solle auch demonstrieren, daß die negative Haltung zu O. Lafontaine nicht richtig sei. Wegen dessen These zur Arbeitszeitverkürzung sei in westlichen Medien eine Riesenradau veranstaltet worden. In der DDR sei O. Lafontaine populär, was sich auch auf die BRD nur günstig auswirken könne.

Heute sei die DDR ein entwickelter Industriestaat, der etwas zu bieten hat, insbesondere auf einem so wichtigen Gebiet wie der Mikroelektronik. Vollbeschäftigung sei bei uns garantiert. Ende September werde er nach Moskau reisen, M. Gorbatschow treffen und eine große Ausstellung über die volkswirtschaftliche Leistungskraft der DDR besuchen.[14] Aus dem veröffentlichten Haushalt gehe hervor, daß unsere Betriebe rentabel sind.

Unter den Jungwählern in der BRD sei ein veränderte Einstellung zur DDR bemerkbar. Natürlich sei die DDR kein Paradies, aber das Wohnungsbauprogramm, um nur dies zu nennen, werde erfüllt. Im Oktober werde er die dreimillionste Wohnung übergeben. 1989 und 1990 kämen nochmals je 230 000 hinzu, so daß wir dann insgesamt mehr als 350 000 Wohnungen neugebaut oder modernisiert haben werden. Gesteigert worden sei die Möbelproduktion auf 8 Mrd. M, vor 2 Jahren seien es 6 Mrd. gewesen. Eine ganze Industrie haben wir aus dem Boden gestampft.

Unsere Landwirtschaft werde in diesem Jahr wegen der widrigen Witterungsbedingungen etwa 1,4 Mio. t Getreide weniger erbringen, aber ihre Leistungsfähigkeit sei erwiesen. Sie komme nicht zuletzt darin zum Ausdruck, daß wir Fleisch und Butter exportieren.

Im Oktober werde mit Viertakt-Motor der neue Wartburg und im nächsten Jahr der neue Trabant erscheinen, außerdem produzierten wir den neuen LKW 60 (Diesel).

Ausführlich erläuterte E. Honecker am Beispiel unserer Gesetzgebung, daß die DDR ein sozialistischer Rechtsstaat ist.

O. Lafontaine konstatierte als übereinstimmende Auffassung, daß die Situation in der BRD günstiger für die SPD sei als vor dem letzten Gespräch, zu dem E. Honecker mit ihm zusammengetroffen war. Die

[13] Mit dem Begriff Skinhead wurden in der DDR zum Teil auch junge Dissidenten diskreditiert.

[14] Honecker traf bei seinem Besuch vom 27. – 29. 9. 1988 in Moskau am 28. 9. mit Gorbatschow zusammen. Vgl. AdG 1988, S. 32700f.

Bundesregierung befinde sich tatsächlich in Schwierigkeiten, insbesondere wegen verteilungspolitischer Fragen, wegen der Steuerreform, die von der Bevölkerung abgelehnt werde. Auch handwerklich arbeite die Regierung schlecht, was selbst ihre eigenen Leute sagten. Die Barschel-Affäre habe der SPD Auftrieb gebracht und zu ihrem überwältigenden Erfolg in Schleswig-Holstein geführt, der sonst nicht möglich gewesen wäre.[15] Jetzt sei die SPD wieder in 5 Ländern an der Regierung. Der Verlust in Hessen sei hauptsächlich auf dem Fehler H. Börners mit seinem plötzlichen Rücktritt begründet.[16]

In der BRD könne man nur mehrheitsfähig sein, wenn man auf wirtschaftspolitischem Gebiet eine gewisse Kompetenz zugeordnet bekomme. Die Bundesregierung habe sich daher lange Zeit gehalten. Das Bruttosozialprodukt steige, die Leute wollten behalten, was sie haben. Was die Kompetenz angehe, so sei es ein SPD-Traditionsproblem, daß viele sich darum kümmerten, wie man was verteilen kann, aber nicht darum, wie man es erarbeitet. Hingegen vertrete zum Beispiel F. Gonzalez[17] den Standpunkt, daß man erst erarbeiten müsse, was man verteilen wolle.

Zum Thema Vollbeschäftigung bemerkte O. Lafontaine, heute erhalte ein Arbeitsloser in der BRD mehr Geld, als jemand 1960 auf einem Arbeitsplatz verdient habe. Bei der Arbeitslosigkeit gehe es nicht nur um die materielle, sondern auch um die immaterielle Seite, wie einer am Leben der Gesellschaft beteiligt sei, welches Ansehen er genieße. Im Vordergrund habe für die SPD immer der Erwerbsbereich gestanden, der Nichterwerbsbereich, der nichtbezahlte Arbeitsbereich dagegen nicht. Hier müßten Antworten gefunden werden.

Seinen Vorschlag zur Arbeitszeitverkürzung und zur Schaffung neuer Arbeitsplätze, den er nochmals im einzelnen darlegte, hätten die Gewerkschaften unredlich diskutiert. Inzwischen sei das Bruttosozialprodukt in der BRD so hoch, daß es an Grenzen stoße, und die Verteilungskonflikte nähmen zu. Ihm gehe es darum, durch eine andere Verteilung zu erreichen, daß mehr Leute beschäftigt werden. Das Arbeitsvolumen geleisteter Stunden sinke jährlich, also sollte man die Arbeitszeit verkürzen, sonst werde es noch mehr Arbeitslose geben. Umstritten sei die Finanzierung und deren Auswirkung auf die Bevölkerung.

Mit 35% der Stimmen, wie bei der letzten Bundestagswahl, sei keine Regierung zu bilden, fuhr O. Lafontaine fort. Es gehe um Machbarkeit.

[15] Bei den Landtagswahlen in Schleswig-Holstein am 8. 5. 1988 hatte die SPD mit 54,8% der Wählerstimmen einen großen Erfolg errungen. Am 31. 5. war Engholm zum neuen Ministerpräsidenten gewählt worden.

[16] Die Rot-Grüne Koalition in Hessen unter Holger Börner war am 9. 2. 1987 zerbrochen. Die Landtagswahlen vom 5. 4. 1988 hatten dann zu der neuen CDU-FDP-Regierung unter Walter Wallmann geführt.

[17] Felipe Gonzalez, spanischer Ministerpräsident und Vorsitzender der sozialistischen Partei Spaniens.

Eine halbe sozialdemokratische Politik, beschnitten durch die FDP, die Grünen und den Bundesrat, sei immer noch besser als null-sozialdemokratische Politik. 1990 sei ein entscheidendes Jahr, und an seinem Anfang stünden die Wahlen im Saarland. Gewinne hier die SPD, so habe dies positive Wirkungen auf Nordrhein-Westfalen und Niedersachsen. Man dürfe seine Prinzipien nicht verraten, müsse sich aber so verhalten, daß man mehrheitsfähig werden könne. Dabei sei populär: Besserverdienenden keine Erhöhung, dafür mehr Arbeitsplätze. Eine große Herausforderung bedeute der Binnenmarkt der EG. Deutsches Kapital fließe gegenwärtig stärker ins Ausland. So müsse man sich nicht nur verteilungspolitisch in der BRD richtig bewegen, sondern auch wirtschaftspolitisch in der EG.

Für die Bundestagswahl würden klare Botschaften gebraucht. Hinsichtlich der Friedenssicherung stehe die SPD, nicht zuletzt dank dem Erbe Willy Brandts, kompetenter da als andere Parteien, ebenso hinsichtlich der Entspannung. Die Frage sei, was machen wir deutschlandpolitisch, wenn wir in die Regierung kommen? Ein Konzept für den Fall des Falles sei wünschenswert, etwas, das über bisherige Konzepte hinausgeht. O. Lafontaine regte dazu eine Verständigung mit der SED an und nannte als konkretes Beispiel das Problem der Tiefflüge, das insbesondere in der BRD viele Menschen beschäftige.

Die SPD sei immer dem Vorwurf ausgesetzt, mit den Mächtigen in kommunistischen Staaten gut umgehen zu können, sich um andere aber überhaupt nicht zu kümmern. Um im Verhältnis zu kommunistischen Staaten frei zu sein, dürfe man nicht auch noch diese Front aufbauen. Man dürfe die »anderen« nicht der CDU und den Grünen überlassen. Daher führe die SPD auch den Dialog mit diesen Leuten.[18] Wenn die ganze BRD töne, könne sie nicht sprachlos dasitzen. Für ihre Operationsfähigkeit sei dies von großer Bedeutung. Ein gutes Verhältnis zur DDR-Führung sei nur bei einem Image in der BRD möglich, daß es kein unkritisches Verhältnis ist.

E. Honecker unterstrich die Notwendigkeit, ein Programm für die Bevölkerung zu haben. Werden die Gewerkschaften vor den Kopf gestoßen, dann ist dies schon ein Verlust, findet man ihre Unterstützung, dann bedeutet das eine Voraussetzung, nicht nur die Arbeiter, sondern auch andere Schichten zu gewinnen. Das Buch O. Lafontaines sei eine beachtliche theoretische Arbeit, die zum Nachdenken anrege, aber ein Programm für die Wahl sei etwas anderes. Die Politik der CDU beinhalte eine Umverteilung von unten nach oben. Das sei eine Schwäche

---

[18] In der Sitzung des Präsidiums der SPD vom 28. 8. 1988 (Protokoll SPD-Vorstandsarchiv) berichtete Lafontaine über seine Gespräche in der DDR mit Honecker und Egon Krenz, bei denen von ihm auch »die Behandlung der Systemkritiker angesprochen worden« sei. »Er habe Honecker dargestellt, wie Sozialdemokraten zu Systemkritikern stehen und gewillt wären, weiterhin Kontakt mit ihnen zu unterhalten.«

der Regierung. Zugleich wachse die Arbeitslosigkeit, und es sei absehbar, daß die Einkommen nicht so hoch blieben. Ins Gewicht falle insbesondere die Perspektivlosigkeit für die Jüngeren.

Auf unserer Seite werde kein Anstoß daran genommen, daß die SPD mit uns nicht in allem konform gehen könne, aber bei der Reaktion auf bestimmte Provokationen müsse sie auch nicht an der Spitze stehen. Zugleich dürfe nicht das Bild entstehen, daß die CDU/CSU bessere Beziehungen zur DDR unterhalte. Gerade vor der Wahl seien hier noch etliche deutschlandpolitische Manöver zu erwarten.

In diesem Zusammenhang stellte E. Honecker die Beantwortung der westlichen »Berlin-Initiative« in Aussicht[19], die klarstellen werde, daß die Vorstellung der Westmächte, über ganz Berlin zu bestimmen, falsch ist. Über den Luftraum der DDR bestimmen wir.

E. Honecker werde noch vor H. Kohl in Moskau sein.[20] Wenn H. Kohl dorthin in der Annahme reise, etwas auf Kosten der DDR erreichen zu können, dann sei dies ein Trugschluß. Das Verhältnis zwischen der DDR und der Sowjetunion könne nicht enger sein.

E. Honecker stimmte der von O. Lafontaine vorgeschlagenen perspektivischen Verständigung über die Fragen der Beziehungen zwischen der DDR und der BRD, die noch vor den Wahlen im Saarland realisiert werden sollte, zu.

Aufgrund beiderseitigen Einverständnisses mit ihrem Inhalt wurde die von unserer Seite vorbereitete Pressemitteilung über das Treffen freigegeben.

---

[19] Am 15. 9. 1988 erfolgte die Antwort der UdSSR auf das Berlin-Memorandum der Westmächte vom 29. 12. 1987. – Vgl. AdG 1988, S. 32542.
[20] Kohl besuchte die UdSSR vom 25. – 27. 10. 1988.

72. Gespräch Bangemann – Honecker am 5. September 1988 (Leipzig)

SAPMO ZPA IV 2/2. 035/83 und IV 2/1/685: »Niederschrift über das Gespräch des Generalsekretärs des Zentralkomitees der SED und Vorsitzenden des Staatsrates der DDR, Erich Honecker, mit dem Bundesminister für Wirtschaft der BRD, Vorsitzenden der FDP, Martin Bangemann, am 5. September 1988« – Zur Westquelle vgl. Nr. 24

E. Honecker begrüßte M. Bangemann noch in seiner Eigenschaft als Minister.[1] Die beiderseitigen Begegnungen hätten immer zu fruchtbaren Ergebnissen geführt. Auch die Kontakte zur FDP mit M. Bangemann als Vorsitzenden hätten sich stets als sehr nützlich erwiesen, sowohl hinsichtlich der bilateralen als auch der internationalen Beziehungen.

M. Bangemann dankte und bemerkte, er sei vermutlich zum letzten Mal in beiden Eigenschaften gekommen[2], aber sicher nicht überhaupt zum letzten Mal. Vielmehr hoffe er auf einen gleichgearteten Empfang auch dann, wenn er seine neue Funktion in der EG-Kommission angetreten habe, vor allem, wenn dies eine Funktion sei, die nicht so entfernt von seinem Arbeitsgebiet in Bonn liege. Seit Jahren habe man Bemühungen um vernünftige Beziehungen zwischen der EG und RGW unternommen. Die Außenbeziehungen würden immer wichtiger, und möglicherweise übernehme er diese Funktion.

Im letzten Jahr sei man gut vorangekommen. E. Honeckers Besuch in der BRD sei von großer Bedeutung gewesen und wirke nach. Der Bundeskanzler habe die Einladung in die DDR angenommen, und M. Bangemann hoffe auf ein Stattfinden noch in dieser Legislaturperiode. An der Nahtstelle, an der sich beide deutsche Staaten befinden, sollte gezeigt werden, daß man ohne Identitätsverlust friedlich zusammenleben kann. Alles in allem seien die Ergebnisse im letzten Jahr ermutigend, auch die Entwicklung mit der EG.

M. Bangemann berichtet seine Eindrücke von zwei Reisen, die er unlängst unternommen habe, einmal nach Lateinamerika (Argentinien, Uruguay, Brasilien), zum anderen nach Australien (»Tag der BRD« auf der Weltausstellung). Bemerkbar sei, wie sich die Länder enger zusammenschließen, was er besonders deutlich in Australien vorgefunden habe, das die Zusammenarbeit mit Japan entwickele. Das müsse man auch in Europa machen, die DDR im RGW, die BRD in der EG. Es

---

[1] M. Bangemann wurde EG-Kommissar und trat als Wirtschaftsminister am 8. 12. 1988 zurück. Nachfolger wurde der bisherige FDP-Generalsekretär Helmut Haussmann.

[2] Bangemann gab mit dem FDP-Parteitag vom 7.–9. 10. 1988 sein Amt als FDP-Vorsitzender auf. Nachfolger wurde am 9. 10. Otto Graf Lambsdorff.

seien schöne Konkurrenten, die da heranwachsen, nicht machtpolitisch, sondern wirtschaftlich.

Da er gefragt worden sei, ob er über seinen Wechsel zur EG traurig sei, habe er geantwortet: Ich gehe zurück nach Brüssel. Dort könne man vieles machen.

Dank einer aufgeschlossenen und kooperativen Haltung der DDR sei der Reiseverkehr sehr gut vorangekommen. Die Berlinfrage sei noch immer etwas heikel und für beide Seiten nicht einfach, doch sollte sie in ähnlichem Geist angepackt werden. Seine Seite unterstütze alles, was der Senat unternimmt, um eine vernünftige West-Ost-Zusammenarbeit zustande zu bringen. Vieles sei auch eine Frage der größeren Politik, nicht nur der Städte, sondern der Länder, vielleicht auch der EG.

E. Honecker dankte für M. Bangemanns Darlegungen. In der Welt seien große Veränderungen festzustellen, wodurch sich auch neue Räume öffneten. Die EG schaffe ihren Binnenmarkt, in verschiedenen Regionen verstärke sich der Drang zum Zusammenschluß, im RGW bestehe die gleiche Tendenz. Auf den jüngsten Tagungen des Politischen Beratenden Ausschusses des Warschauer Vertrages und des RGW habe man sich damit beschäftigt. Nicht alles werde einfach sein, aber man arbeite daran.

Mit Recht habe M. Bangemann auf die besondere Verantwortung der beiden deutschen Staaten an der nach wie vor sehr sensiblen Nahtstelle beider Bündnissysteme verwiesen. Die Ergebnisse von E. Honeckers Besuch in der BRD seien ein beachtlicher Beitrag zur gesamten Entwicklung, wobei M. Bangemann und er selbst wüßten, was noch alles bevorsteht. Man habe die richtige Richtung genommen.

Als er in Bonn war, sei die Abrüstungsfrage in einem breiten Spektrum besprochen worden. Auf diesem Gebiet habe sich vieles getan. *Honecker bekannte sich für die DDR zum »Abrüstungsprozeß«.*

Als bedeutsam wertete E. Honecker, daß beide deutsche Staaten den Abschluß des INF-Vertrages unterstützt haben. Folgen müsse der nächste Schritt auf dem Gebiet der konventionellen Streitkräfte und Rüstungen. Ziel sei die Nichtangriffsfähigkeit beider Bündnisse, was auf verschiedenen Wegen erreicht werden könnte. [...] Ginge es nach der DDR, so könnte schon morgen mit der konventionellen Abrüstung begonnen werden. Wir seien für Offenlegung der Daten, wodurch Asymmetrien erkennbar gemacht werden könnten, um sie zu beseitigen. Wenn nicht in 3, dann könne die Verringerung der konventionellen Streitkräfte und Rüstungen in 4 Etappen erfolgen.

E. Honecker sagte, es gelte, zu mehr Sicherheit durch mehr Vertrauen zu gelangen. [...] Die DDR sei für einen positiven Abschluß der Wiener KSZE-Folgekonferenz mit einem Mandat für Verhandlungen. E. Honecker unterstrich unser Interesse an einer generellen Abschaffung der chemischen Waffen, unsere Initiativen zur Schaffung von chemie- und atomwaffenfreien Zonen, einer Zone des Vertrauens und der Sicherheit in Zentraleuropa. Auch ein Treffen von H. Keßler und R. Scholz wäre nützlich.[3] Der Beginn echter Verhandlungen über die konventionelle Abrüstung komme auch den NATO-Staaten entgegen. Alle Staaten des Warschauer Vertrages seien eines Standpunktes darin, als Ziel anzusteuern, daß die Welt bis zum Jahr 2000 frei von Atomwaffen wird.

Da M. Bangemann bekanntlich ein Anhänger Europas sei, wolle ihm E. Honecker sagen, daß wir für ein unteilbares Europa des Friedens und der Zusammenarbeit, für die Errichtung des gemeinsamen europäischen Hauses sind. Erreichbar sei dies auf abrüstungspolitischem Gebiet durch ein Vorgehen entsprechend den von ihm genannten Schwerpunkten, auf ökonomischem Gebiet durch eine Annäherung zwischen RGW und EG. Die Vertrauensbasis für das gemeinsame europäische Haus solle wachsen.

Jetzt müsse man durch Taten Wirklichkeit werden lassen, was bei seinem Besuch in Bonn und bei anderen Gelegenheiten vereinbart worden sei. Die Zusammenarbeit zwischen der DDR und der BRD stehe mit der Lösung vieler Probleme in Verbindung, die heute die Welt beschäftigen. Wenn im Zentrum Europas weiter Ruhe herrsche, wenn sich statt Konfrontation beiderseits vorteilhafte Zusammenarbeit entwickele, dann werde sich dies positiv auswirken. In der internationalen Arena sei sein BRD-Besuch als historisch eingeschätzt worden. Nach seiner Überzeugung werde es weiter vorangehen, sowohl in den Beziehungen zwischen RGW und EG als auch zwischen beiden deutschen Staaten. Hier seien Schritte möglich, an die man heute, wenn man realistisch bleibe, noch nicht denken könne.

G. Mittag habe ihn über seine Gespräche mit M. Bangemann informiert[4], und er wolle M. Bangemanns Feststellung vor der Presse unterstreichen, daß man nach dem BRD-Besuch auf dem festgelegten Weg gut vorangekommen sei, führte E. Honecker weiter aus. Der politische Dialog sei voll im Gange, zwischen Ministern wie zwischen den Parteien. E. Honecker würdigte die Teilnahme der FDP an der Berliner Internationalen Konferenz für atomwaffenfreie Zonen. Gerade darin liege die Bedeutung dieser Konferenz, daß über 1000 Abgesandte verschiedenster Standorte aus 113 Ländern zusammenkamen, um über Frieden und Zusammenarbeit zu sprechen. Im Plenum habe auch der Vertreter der FDP das Wort ergriffen und eine andere Auffassung zu

---

[3] Siehe Nr. 71, bes. Anm. 2.
[4] In Gesprächen mit Günter Mittag und Gerhard Beil am Rande der Messe erörterte Bangemann Möglichkeiten zum weiteren Ausbau der Handelsbeziehungen.

den atomwaffenfreien Zonen vertreten.[5] Trotzdem, man respektiere auch andere Meinungen und verständige sich.

Der politische Dialog zwischen beiden deutschen Staaten solle weitergeführt werden. Warum z. B. sollten sich H. Keßler und R. Scholz nicht treffen? Wie er wisse, stehe auch M. Bangemann einem solchen Treffen positiv gegenüber.

Was die Wirtschaftsbeziehungen angehe, so seien unsererseits alle Positionen durchgegangen worden. Die Dinge entwickelten sich gut. Auf der Leipziger Messe seien Verträge über Importe abgeschlossen bzw. Angebote in Höhe von 2,4 Mrd. Mark besprochen worden. Gefördert und weiterentwickelt werde die Gestattungsproduktion. Auch bestehe verstärktes Interesse an der Zusammenarbeit mit mittleren Betrieben der BRD.

E. Honecker verwies ferner auf das Projekt einer Eisenbahnschnellverbindung, auf Autobahn-Fragen. Notwendig sei die Feststellung der Elbgrenze Mitte Strom. Wichtige Schwerpunkte seien durch seinen Bonn-Besuch in Gang gebracht worden, und wenn nach dem Gemeinsamen Kommuniqué verfahren werde, könnten Beziehungen guter Nachbarschaft zwischen beiden deutschen Staaten gestaltet werden. An diesem Tisch geschehe dies ja schon.

International sei das Bemühen um die Entschärfung regionaler Konflikte deutlich, so im Golf, im Süden Afrikas und in Nahost. Unter Bezug auf Nahost erläuterte E. Honecker die Maßnahmen in der DDR zum 50. Jahrestag der hitlerfaschistischen Pogromnacht, so die Sondersitzung der Volkskammer am 8. November, die Bildung des Kuratoriums und die Stiftung für den Aufbau der Berliner Jüdischen Synagoge in der Oranienburger Straße. Die Leitungen der Jüdischen Gemeinden in der DDR und in der BRD arbeiteten gut zusammen, was ein Beitrag sei, mehr Vertrauen zu schaffen.

Insgesamt konstatierte E. Honecker ein zunehmendes Bestreben, von der Konfrontation wegzukommen und mehr zusammenzuarbeiten. Das sei nicht von heute auf morgen zu erreichen, zumal es in der Welt Leute gibt, denen die Konfrontation lieber ist. Gestalteten beide deutsche Staaten ihre Zusammenarbeit noch nützlicher, so werde dies auch für die Zusammenarbeit in Europa wichtig sein.

M. Bangemann stellte für sich eine ähnliche Einschätzung in den behandelten Fragen fest, wie sie E. Honecker getroffen habe. Der Punkt, an dem man mit dem INF-Vertrag angefangen habe, seien die gefährlichsten Offensivwaffen. Dazu habe auch die FDP beigetragen, was in der BRD nicht immer einfach gewesen sei. Solange noch Ungleichgewichte bestünden, gehe es darum, wie sie ausgeglichen werden könnten, auf welchem Niveau die Sicherheit zu gewährleisten sei. Auch kon-

---

[5] Vgl. Nr. 69, Anm. 7. – Für die FDP hielt Uwe Ronneburger eine Rede, in der er eine atomwaffenfreie Zone als nicht der »Stabilität dienlich« charakterisierte.

ventionelle Waffen seien heute von großer Zerstörungskraft. Er hoffe auf eine positive Antwort der NATO auf die Vorschläge des Warschauer Paktes und auf die Fortsetzung des Abrüstungsprozesses.

In Oslo habe H.-D. Genscher erklärt[6], daß es auch die Politik seiner Seite sei, strukturelle Nichtangriffsfähigkeit herzustellen. Eine sofortige totale Abrüstung sei utopisch. Aber es seien erhebliche Fortschritte zu verzeichnen, und hier dürfe man nichts einbrechen lassen, nicht den Impetus verlieren. Die BRD habe darauf bestanden, jetzt auf ihrem Territorium lagernde Chemiewaffen abzuziehen und neue nur mit ihrer Zustimmung zu stationieren. Dies sei ein gewisser Bereich, über den sie selbst Jurisdiktion habe. Im Prinzip werde die weltweite Ächtung der Massenvernichtungswaffen befürwortet, doch komme es nur dann dazu, wenn man irgendwo beginne.

Unterstützt werden könne dies durch die allgemeine Politik der EG und des RGW. Vertrauen sei dabei insbesondere eine Frage des täglichen Zusammenlebens. Auch er hoffe auf Fortschritte beim Haus Europa und sei daher interessiert an Fortschritten der EG. Der Binnenmarkt trage in sich auch einen politischen Impetus, denn er sei durch Mehrheitsentscheidung herbeigeführt worden. Die BRD habe in einem europäischen Gremium Frankreich überstimmt. Das hätte man sich einmal zu de Gaulles Zeiten vorstellen sollen. Die FDP stemme sich jedoch gegen die Vorstellung, daß die Zwölf ganz Europa seien. M. Bangemann bescheinigte der BRD Fähigkeiten zum Dialog, die anderen fehlten.

Die internationalen Veränderungen, auf die E. Honecker hingewiesen hatte, seien z. B. in Angola zu bemerken. Ganz entscheidend seien die Vereinbarungen über Afghanistan. Expansion errege immer Mißtrauen. So habe man den sowjetischen Schritt sehr begrüßt und hoffe, daß er auch in anderen Fällen gelinge. Bei Nahost handele es sich um eine schwierige Frage, um einen geschichtlichen Knoten, der von außen schwer aufzubinden sei. Werde die Welt friedlicher, so ließen sich solche Knoten leichter lösen. Positive Anzeichen gebe es hinsichtlich Kampuchea, vielleicht auch für Südostasien. Unser Beispiel, sagte M. Bangemann, kann ansteckend wirken. Das ist unsere besondere Aufgabe.

E. Honecker äußerte seine Übereinstimmung in den bilateralen und außenpolitischen Fragen. Der Dialog sei in vollem Gange und mit früher nicht zu vergleichen. Zu Berlin (West) gestalte die DDR ihr Verhältnis auf der Grundlage des Vierseitigen Abkommens vom September 1971. Damit könne man gut leben, wenn beide Seiten es nicht auf seine Belastbarkeit testeten. Die DDR habe entsprechend einer Einladung des Senats Wissenschaftler nach Berlin (West) entsandt. Sie verfahre großzügig und zähle auch nicht die Sportler.

---

[6] Genscher hatte Norwegen am 1./2. 9. 1988 besucht.

M. Bangemann sprach sich für eine pragmatische Lösung aus, um den Wirtschaftsausschuß in Gang zu bringen. Diesen Ausschuß habe man durchgesetzt, obwohl ihn einige Leute nicht gewollt hätten. West-Berlin könne nicht ausgeschlossen werden. Daß das Abkommen eingehalten werden müsse, sei in Ordnung, zumal keine schlechten Sachen darin stünden. In einem in der DDR veröffentlichten Artikel sei die Anwesenheit von Bundesministern kritisiert worden, er selbst sei wohl schon 50mal in West-Berlin gewesen, um die dortige FDP zu stärken. Man müsse von alten Interpretationen wegkommen und die Möglichkeiten des Abkommens von heute prüfen. Es dürfe doch der positiven Entwicklung nicht im Wege stehen.

E. Honecker stellte fest, er kenne das Vierseitige Abkommen über Berlin (West) sehr gut, habe selbst daran mitgearbeitet. Dort heiße es, daß Berlin (West) kein Bestandteil der BRD ist und auch weiterhin nicht von ihr regiert werden darf. Offen geblieben sei allerdings die Frage der Parteien. Mit E. Diepgen sei vereinbart worden, daß DDR-Vertreter an Veranstaltungen des Senats und von West-Berliner Organisationen teilnehmen können.

In der FAZ sei in einem Artikel über das Unglück von Ramstein[7] von »beschränkter Souveränität« der BRD die Rede. Das habe ihn an den Ursprung erinnert. Bei bestimmten Angelegenheiten brauchten die Westmächte die Regierung gar nicht zu fragen.

E. Honecker unterstrich, im Gemeinsamen Kommuniqué über seinen BRD-Besuch sei gesagt, daß sich beide Seiten achten, wie sie sind, und daß sie nach dem Prinzip der Nichteinmischung handeln. Auf dieser Linie gehe es voran. Unter der Deckung durch H. Kohl habe er mit E. Albrecht gesprochen. Es habe Übereinstimmung bestanden, allen Formelkram beiseite zu lassen und die Elbgrenze auf Strommitte festzustellen. So würden die Dinge seit 40 Jahren praktisch gehandhabt.

M. Bangemann stimmte E. Honecker darin zu, daß der gemeinsame Wirtschaftsausschuß von großer Bedeutung ist. Er ermögliche häufigere, formalisierte Treffen und die Einwirkung auf die Industrie. Immerhin sei es komisch gewesen, daß die BRD mit allen RGW-Staaten Ausschüsse unterhalten habe, nur nicht mit der DDR. Zum Beispiel habe man jetzt mit der VR Bulgarien aufgelistet, was man machen könne. Das werde in den Vorständen der Industrieunternehmen beraten, und keiner wolle damit kommen, daß nichts zu machen sei. Seinem Nachfolger[8], so M. Bangemann, werde er das schon entsprechend sagen.

In der FDP, fuhr M. Bangemann fort, sehe niemand die Problematik

---

[7] Bei einem Flugzeugabsturz bei einer Flugschau auf dem US-Militärstützpunkt Ramstein am 28. 8. 1988 kamen insgesamt 70 Menschen ums Leben.
[8] Siehe Anm. 1.

anders, als er sie geschildert habe. Die CDU – H. O. Bräutigam[9] brauche das ja nicht aufzuschreiben – ärgere sich, daß sie die Einladung zur Berliner Konferenz ausgeschlagen habe.

E. Honecker sprach M. Bangemann seine Glückwünsche für dessen neue Tätigkeit in der EG-Kommission aus. Mit des Geschickes Mächten sei kein ewiger Bund zu flechten, aber er hoffe, mit dem Nachfolger werde es so weitergehen wie bisher. E. Honecker bat M. Bangemann, H.-D. Genscher seine Grüße zu übermitteln. Abschließend dankte er für die gute Zusammenarbeit.

[9] Der Ständige Vertreter der Bundesrepublik in der DDR nahm an dem Gespräch teil.

73. Gespräch Schäuble – Honecker am 10. November 1988 (Berlin-Ost)

SAPMO ZPA IV 2/2. 035/80 und IV 2/1/678: »Niederschrift über das Gespräch des Generalsekretärs des ZK der SED und Vorsitzenden des Staatsrates der DDR, Erich Honecker, mit dem Bundesminister für besondere Aufgaben und Chef des Bundeskanzleramtes der BRD, Dr. Wolfgang Schäuble, am 10. November 1988« – Zur Westquelle vgl. Nr. 29.

Nach der Begrüßung legte E. Honecker einleitend folgendes dar:

Seit meinen Gesprächen in Bonn vor gut einem Jahr gibt es bemerkenswerte positive internationale Entwicklungen. Die Konfrontation nimmt ab, die internationalen Kontakte verstärken sich. Die Erkenntnis, daß Sicherheit nur noch miteinander möglich ist, gewinnt an Boden. Trotzdem gibt es keinen Anlaß zur Euphorie. Eine unwiderrufliche Wende zum Besseren ist noch nicht eingetreten. Deshalb bleibt es die Grundfrage der Gegenwart, den Krieg zu verhindern, das Wettrüsten einzudämmen, Abrüstung und Entspannung durchzusetzen.

Dem INF-Vertrag müßten weitere Schritte folgen, um den Abrüstungsprozeß unumkehrbar zu machen. Das Bekenntnis beider deutscher Staaten, daß von deutschem Boden nie wieder Krieg, sondern stets nur Frieden ausgeht, ist von internationalem Gewicht. Sie erfüllen ihre Friedenspflicht, wenn sie sich aktiv für weitere Fortschritte bei der Abrüstung einsetzen. Der Abrüstungsprozeß darf nicht zum Stillstand kommen.

Es ist bedeutungsvoll, daß es in einer Reihe wichtiger Fragen zwischen der DDR und der BRD Übereinstimmung gibt. Das betrifft die Halbierung der Anzahl der strategischen Offensivwaffen der USA und der UdSSR bei strikter Einhaltung des ABM-Vertrages, das allgemeine und vollständige Verbot der C-Waffen und die Einstellung der Nukleartests.

Ich habe mit Interesse die kürzliche Antwort von Bundeskanzler Kohl auf mein Schreiben vom 21. Juli 1988 zur Kenntnis genommen. Sie bestätigt die Übereinstimmung in einer Reihe wichtiger Abrüstungsfragen, aber auch die unterschiedlichen Auffassungen. Wir prüfen den Brief von Bundeskanzler Kohl noch.[1] Wir sollten zu gegebener Zeit diesen Meinungsaustausch zu Sicherheitsfragen fortsetzen.

---

[1] In dem Antwortschreiben des Bundeskanzlers an Honecker vom 19. 10. 1988 (SAPMO J IV 2/2A/3167; weiteres Exemplar in: J IV J/114) hieß es, er teile Honeckers Einschätzung in dessen Brief, daß die Verbesserung der »internationalen Beziehungen auch die Erfolgsaussichten unseres Dialogs verbessert haben«. »Gemeinsame Anstrengungen von Ost und West« mit dem Ziel eines »dauerhaften und stabilen Friedens« dürften sich »nicht allein auf Rüstungskontrolle und

Die DDR betrachtet die aktive Förderung des Abrüstungs- und Entspannungsprozesses durch beide deutsche Staaten als Kern des politischen Dialogs und der Politik der friedlichen Koexistenz. Auch die Bundesregierung hat die Forderung: »Frieden schaffen mit immer weniger Waffen« gestellt, die wir begrüßen. Jedoch sehen wir in der massiven Aufrüstung der Bundeswehr, im Festhalten an der nuklearen Abschreckung, in der Forderung nach einseitigen Vorleistungen des Warschauer Vertrages und der Ablehnung regionaler Lösungen einen Widerspruch zu dieser Forderung.

Die Staaten des Warschauer Vertrages sind für eine drastische Reduzierung der Streitkräfte und Rüstungen vom Atlantik bis zum Ural. Sie haben dazu ein umfassendes Programm vorgelegt, dessen Konsequenz auch von Vertretern der NATO nicht geleugnet werden kann: Offenlegen der militärischen Daten einschließlich Kontrolle, Beseitigung von Asymmetrien durch Abrüstung, Reduzierung um 500 000 Mann auf jeder Seite, weitere Reduzierung bis zur gegenseitigen Nichtangriffsfähigkeit.[2] So kann man in der Abrüstungsfrage weiter vorankommen. Wir machen um keine Waffenart einen Bogen. Wir treten dafür ein, in nächster Zeit auch Verhandlungen über eine wesentliche Reduzierung und schließliche Beseitigung der taktischen Kernwaffen aufzunehmen. Die Beseitigung der nuklearen Waffensysteme bis 500 km Reichweite

Abrüstung beschränken«, sondern müßten sich auf alle für die Menschen bedeutenden Fragen beziehen. Durch ihre Zusammenarbeit hätten die »beiden Staaten« auch »einen Beitrag zum West-Ost-Dialog geleistet. – Die wichtigsten Fortschritte bleiben solche, die den Menschen unmittelbar zugute kommen, ihre Freiheitsräume vergrößern, der Humanität und damit in besonderer Weise dem Frieden dienen.« Mit »Befriedigung« habe er die Zunahme der Reisen registriert. »Unser Ziel sollte es sein, noch bestehende Erschwernisse schrittweise abzubauen, damit alle Menschen, die es wünschen, ungehindert zueinander kommen können.« Er begrüße die verstärkten Kontakte »in vielen anderen Bereichen« (Städtepartnerschaften, Jugend- und Kulturaustausch). »Besondere Würdigung verdient ferner, daß die humanitären Bemühungen in bewährter Weise fortgesetzt werden.« Kohl würdigte dann die »wichtigen Anstöße«, die Honeckers Besuch »zu der konstruktiven Weiterentwicklung unserer Beziehungen gegeben« habe, und die Umsetzung der konkreten Vereinbarungen. Doch wolle er »nicht verschweigen, daß es andererseits in unserem Verhältnis weiterhin Belastungen gibt«. Er erinnerte an den Hinweis im gemeinsamen Kommuniqué »auf die große Bedeutung einer umfassenden sachlichen Information durch Presse, Funk und Fernsehen für die weitere Entwicklung gutnachbarlicher Beziehungen« und an Honeckers »damalige Zusage bezüglich des Einfuhrverbotes für periodisch erscheinende Presseerzeugnisse«. Dazu müsse man eine »Verbesserung des Post- und Fernmeldeverkehrs«, die »Fragen des nichtkommerziellen Zahlungsverkehrs« und den Umweltschutz »im Auge« haben. – Kohl wies dann auf Schäubles bevorstehende Gespräche in Ost-Berlin hin und erläuterte die Position zu Abrüstungsfragen. Eine atomwaffenfreie Zone lehnte er für die Bundesregierung ebenso ab wie »regionale Lösungen« einer chemiewaffenfreien Zone. – Zum weiteren vgl. die folgende Anm.
    [2] Honecker referierte im wesentlichen die von Gorbatschow bei seinem Polen-Besuch vom 11.–14. 7. 1988 vor dem Sejm vorgetragenen Abrüstungsvorschläge. Vgl. AdG 1988, S. 32427f. – Kohl schrieb dazu (vgl. vorherige Anm.), er »habe mit großem Interesse zur Kenntnis genommen, daß die DDR und die Staaten des Warschauer Vertrages dem Anliegen der konventionellen Rüstungskontrolle in Europa zunehmend Bedeutung beimessen«. Deren »erklärtes Ziel«, »ein annähernd gleiches niedriges Niveau der Streitkräfte auf beiden Seiten«, entspreche »langjährigen Forderungen« des Westens.

liegt im besonderen Interesse der beiden deutschen Staaten.[3] Der in der BRD geprägte Satz: »Je kürzer die Reichweiten, um so deutscher die Toten«, hat seine volle Berechtigung. Die DDR ist gegen jede Modernisierung bei Kurzstreckensystemen oder »Kompensationen« anderer Art. Der Verlauf der kürzlichen Tagung der nuklearen Planungsgruppe der NATO[4] ruft in dieser Hinsicht ernste Besorgnis hervor. Wir sind für die Beseitigung der sogenannten doppelt verwendungsfähigen Waffen auf beiden Seiten. Unser Ziel ist ein von ABC-Waffen freies, abgerüstetes Europa.

Wir sind der Auffassung, daß regionale Lösungen globale Verbote stimulieren können. Das betrifft den atomwaffenfreien Korridor ebenso wie die chemiewaffenfreie Zone. Von großer Bedeutung halte ich unseren jüngsten Vorschlag für eine »Zone des Vertrauens und der Sicherheit in Zentraleuropa«.[5]

Die DDR tritt entschieden dafür ein, das Wiener KSZE-Treffen ohne weiteren Zeitverzug mit einem entsprechenden Schlußdokument und dem Mandat für die Aufnahme von Verhandlungen über konventionelle Abrüstung und weitere vertrauens- und sicherheitsbildende Maßnahmen abzuschließen. Die Verhandlungen sollten noch 1988 aufgenommen werden.[6] Das sollte beim Willen aller Teilnehmer, die Realitäten zu respektieren und den ausgleichenden Kompromiß zu suchen, von dem ja bekanntlich der KSZE-Prozeß lebt, möglich sein. Die Außenminister der Staaten des Warschauer Vertrages haben auf ihrer jüngsten Tagung in Budapest neue Vorschläge über vertrauens- und sicherheitsbildende Maßnahmen unterbreitet.[7] Ihre Realisierung würde den gesamten Abrüstungsprozeß voranbringen.

Die DDR wird weiterhin alles tun, um Konfrontation und Mißtrauen abzubauen, Dialog und Zusammenarbeit zu entwickeln. Sie ist für ein unteilbares Europa des Friedens und der Zusammenarbeit. Sozialistische und kapitalistische Staaten müssen im gemeinsamen europäischen Haus gut miteinander auskommen. Für seine Hausordnung

---

[3] Kohl legte in seinem Schreiben den Akzent auf den Abbau eines »Ungleichgewichtes« bei diesen Raketen.

[4] Die Nukleare Planungsgruppe der NATO hatte zuletzt am 27./28. 10. 1988 getagt; vgl. AdG 1988, S. 32865 ff.

[5] Dieser Vorschlag war in den Beschlüssen der Gipfelkonferenz der Warschauer-Pakt-Staaten vom 15./16. 7. 1988 enthalten. Vgl. AdG 1988, S. 32366 f.

[6] Kohl sagte in seinem Schreiben dazu: »Ich halte es daher für vordringlich, beim KSZE-Folgetreffen und bei den Mandatsgesprächen in Wien jetzt die Voraussetzungen dafür zu schaffen, daß die Verhandlungen über konventionelle Rüstungskontrolle wie auch über weitere vertrauens- und sicherheitsbildende Maßnahmen in Europa noch in diesem Jahr beginnen können.« Damit diese »Verhandlungen beginnen« könnten, »ist eine rasche Einigung über die in Wien noch offenen Fragen eines Schlußdokumentes erforderlich. Dies verlangt die politische Bereitschaft zu Fortschritten auch bei den Menschenrechten und menschlichen Kontakten. Gerade sie dienen Frieden und Sicherheit in Europa.«

[7] Zu dieser Außenministertagung am 28./29. 10. 1988 vgl. AdG 1988, S. 32689.

bildet die Schlußakte von Helsinki eine solide Grundlage. In diesem Sinne betrachten wir die Ergebnisse des Besuches von Bundeskanzler Kohl in Moskau als bedeutsam für Frieden und Entspannung in Europa.[8] Sie stimmen mit dem Anliegen der Politik der DDR überein.

Sozialismus und Kapitalismus bestehen nebeneinander. Im atomaren Zeitalter muß alles getan werden, damit Auseinandersetzungen zwischen ihnen friedlich ausgetragen werden. Das bedeutet keine Verwischung der grundlegenden Gegensätze; ideologische Gegensätze dürfen aber nicht auf die staatlichen Beziehungen übertragen werden. Versuche, die Realitäten in Europa ignorieren oder in Frage stellen zu wollen, führen zu nichts. Die Realität der Existenz zweier voneinander unabhängiger souveräner deutscher Staaten mit unterschiedlicher Gesellschaftsordnung und Bündniszugehörigkeit ist Bestandteil der europäischen Sicherheit. Die Geschichte kann man nicht neu schreiben.

Die DDR betrachtet den Ausbau der Beziehungen mit der BRD als ein wichtiges stabilisierendes Element der internationalen Entwicklung. Wir sind bereit, diesen Ausbau auf der Grundlage der Ergebnisse meines offiziellen Besuches in der BRD im September 1987 und des dabei mit Bundeskanzler Kohl vereinbarten Kommuniqués zügig fortzusetzen. Der Besuch hat eine neue Etappe in den Beziehungen eingeleitet. Gestützt auf das Gemeinsame Kommuniqué betreibt die DDR gegenüber der BRD eine Politik, die auf Friedenssicherung, Dialog und sachliche Zusammenarbeit gerichtet ist. Das Gemeinsame Kommuniqué mit Leben zu erfüllen, ist bedeutsam für die Gesamtentwicklung in Europa, für den Ersatz von Konfrontation durch Zusammenarbeit.

Es gibt auf einigen Gebieten beachtliche Fortschritte in den Beziehungen. Ich verweise auf die Ministerbesuche, die Vereinbarung über den Stromverbund, die Vereinbarung der Transitpauschale 1990/99[9], womit auch der freie Zugang nach Westberlin gewährleistet ist, die Realisierung des Abkommens Wissenschaft/Technik und über den Umweltschutz, den Kulturaustausch, die Gespräche über den Ausbau einer Eisenbahn-Transitstrecke, den Ausbau der Städtepartnerschaften. Diese Fortschritte werden häufig in den Medien der BRD herabgesetzt.

Auch auf wirtschaftlichem Gebiet gibt es trotz mancher Schwierigkeiten eine positive Entwicklung (Handelsumsatz 1987 ca. 15 Mrd. DM). Durch eine dynamische ökonomische Entwicklung der DDR werden Grundlagen für eine noch effektivere Zusammenarbeit auf

[8] Über den Moskau-Besuch Kohls vom 24. – 27. 10. 1988 – vgl. Einleitung I, 2 d) – hatte Gorbatschow über seinen Sonderbotschafter Alexander Bondarenko am 30. 10. 1988 Honecker informiert. Vgl. die »Aktennotiz« in: SAPMO ZPA IV 2/1/686.

[9] Mit der am 14. 9. 1988 getroffenen Vereinbarung für die Jahre 1990–99 wurde die jährlich an die DDR zu zahlende Transitpauschale von bisher 525 Mio. DM auf 860 Mio. DM erhöht. Vgl. AdG 1988, S. 32603 f. sowie Filmer/Schwan (1994), S. 220 ff.

ökonomischem und wissenschaftlich-technischem Gebiet mit der BRD geschaffen.

Die DDR ist bereit, in den ersten Monaten 1989 die Gespräche über die Reinhaltung der Elbe wiederaufzunehmen.

Die DDR setzt ihre konstruktive Haltung im humanitären Bereich fort. Es gibt eine bedeutende Steigerung im Reise- und Besucherverkehr trotz der Probleme bei der Finanzierung. In den ersten neun Monaten dieses Jahres gab es 4,975 Millionen Reisen von DDR-Bürgern in die BRD und nach Westberlin (Steigerung zum Vorjahr bei Reisen in die BRD um 19,2%, nach Westberlin um 16,4%). Davon waren 1,117 Millionen Reisen unterhalb des Rentenalters (Steigerung 20,3% bzw. 44,2%). Fragen der Familienzusammenführung werden großzügig gelöst.

Manches Problem in den Beziehungen zwischen der DDR und der BRD könnte zügiger in Angriff genommen werden, wenn die BRD Entgegenkommen bei der Lösung offener politischer Grundfragen zeigen würde. Das betrifft vor allem die Elbgrenze, aber auch die Beseitigung der »Erfassungsstelle« Salzgitter. Es ist auch an der Zeit, normale Beziehungen zwischen Volkskammer und Bundestag aufzunehmen.

Gegenseitige Achtung der Souveränität, territorialen Integrität und Nichteinmischung, Beachtung beiderseitiger Interessen sowie Übereinstimmung in Grundfragen der Sicherheitspolitik sind wichtige Voraussetzungen für eine konstruktive Atmosphäre im gegenseitigen Verhältnis. Beide Seiten müssen sich von den Erfordernissen des friedlichen Nebeneinanders leiten lassen. Wenn sich auch die BRD von diesen Grundsätzen leiten lassen würde, würde die Normalität in den Beziehungen an Qualität gewinnen.

In dem Maße, wie wir die Entspannung im Zentrum Europas weiter voranbringen, kann sich die Zusammenarbeit vertiefen. Wenn vom Grundlagenvertrag, vom Gemeinsamen Kommuniqué vom September 1987 ausgegangen wird, werden sich die Beziehungen weiter gut entwickeln.

W. Schäuble bedankte sich für die Möglichkeit des Gespräches. Er übermittelte Grüße von Bundeskanzler Kohl. Sein Besuch biete Gelegenheit, 14 Monate nach dem Besuch von E. Honecker in der BRD eine Zwischenbilanz über den Stand der Beziehungen zu ziehen und sich über deren weitere Entwicklung zu verständigen. Er stimme der Feststellung zu, daß es in dieser Zeit bedeutsame internationale Entwicklungen gegeben habe, die sich auch positiv auf die Beziehungen zwischen beiden Staaten ausgewirkt hätten.

Er finde es gut, daß E. Honecker die Ergebnisse des Besuches von Bundeskanzler Kohl in Moskau begrüßt habe. Die BRD-Regierung beurteile den Besuch sehr positiv. Der Besuch von Kohl und der Gegenbesuch von M. Gorbatschow 1989 in der BRD müsse im Zusammenhang gesehen werden. Man sei sich im klaren gewesen, daß nicht alle Fragen abschließend behandelt werden konnten. Die Beziehungen hätten die Chance, eine neue Qualität zu gewinnen. Von großer Bedeutung seien die Projekte zur wirtschaftlichen Zusammenarbeit, z. B. die Vereinbarung über den Bau eines Hochtemperaturreaktors in der Sowjetunion. Bemerkenswert sei auch die Vereinbarung, den Sicherheitsstandard von Reaktoren zu überprüfen.

W. Schäuble erklärte, er möchte seinen Besuch in der DDR auch im Zusammenhang mit den Gedenkveranstaltungen gestern in Frankfurt und in Berlin anläßlich des 50. Jahrestages der Judenpogrome sehen. Diese Veranstaltungen hätten die gemeinsame Verantwortung für die Vergangenheit sichtbar gemacht. Daraus ergebe sich die Chance, auch die Verantwortung für Gegenwart und Zukunft wahrzunehmen.

Die DDR und die BRD hätten einen nicht unwichtigen Beitrag zum INF-Abkommen geleistet. Er stimme zu, daß man dabei nicht stehenbleiben dürfte. Auch die BRD sei am raschen Abschluß der KSZE-Konferenz in Wien und des Mandates für Verhandlungen über konventionelle Abrüstung interessiert. Konventionelle Stabilität sei eines der zentralen Themen für die Sicherheit in Europa. In der BRD gebe es keinen Prozeß massiver Aufrüstung. Sie habe die strukturelle Nichtangriffsfähigkeit bereits verwirklicht. Richtig sei, daß die BRD an der Strategie der nuklearen Abschreckung festhalte, weil sie glaube, daß diese Strategie noch immer die beste Möglichkeit zur Kriegsverhütung sei. Wenn atomare Waffensysteme gegenwärtig noch unentbehrlich seien, könne grundsätzlich auch ihre Modernisierung nicht ausgeschlossen bleiben. Die BRD sei gegen regionale Lösungen, weil davon mehr Gefahren als Chancen ausgehen.[10] Es bestehe die Gefahr, daß damit Zonen unterschiedlicher Sicherheit entstünden.

W. Schäuble stimmte zu, daß man den Meinungsaustausch zwischen beiden Staaten über Sicherheitsfragen fortsetzen solle. Die BRD-Regierung sei dazu auf jeder geeigneten Ebene bereit. Es verstehe sich, daß sie ihren Sicherheitsbeitrag nur im Rahmen ihres Bündnisses leisten könne.

Er stimme E. Honecker zu, daß in den bilateralen Beziehungen beachtliche Fortschritte erzielt wurden. Es sei richtig, daß in der Öffentlichkeit beider Staaten dies nicht immer ausreichend gewürdigt werde. Für die BRD sei der wichtigste Fortschritt die Entwicklung im Reise- und Besucherverkehr. Es sei zu begrüßen, daß mit der neuen Transitpauschale auch eine Vereinbarung über Tariffragen im Eisenbahnverkehr getroffen worden sei, die dazu beitrage, den Reiseverkehr zu fördern. Auf BRD-Seite wisse man, daß es Probleme bei der Finanzierung gebe. Man sei bereit, im Rahmen der Möglichkeiten zur Lösung dieser

[10] Vgl. Anm. 1.

Probleme beizutragen. Wichtig sei, daß für die »Berliner« die 2-Tage-Regelung nunmehr erreicht worden sei. Die Vereinbarung über den Stromverbund sei bedeutsam, ebenso die Fortschritte bei der wissenschaftlich-technischen Zusammenarbeit. Die kulturellen Beziehungen hätten sich positiv entwickelt. Die Städtepartnerschaften hätten zugenommen und würden zunehmend mit Leben erfüllt. Im Jugendaustausch habe man wichtige Schritte nach vorn getan. Man begrüße die Aufnahme der Verhandlungen über die Schnellbahnverbindung Berlin–Hannover. Er sei überzeugt, daß man dabei zügig vorankommen werde. Er begrüße sehr, daß E. Honecker ausdrücklich bestätigt habe, daß die Gespräche über die Gewässergüte in der Elbe in den ersten Monaten 1989 unbeschadet der Grenzfragen wiederaufgenommen würden. Was die unterschiedlichen Standpunkte in der Grenzfrage Elbe betreffe, so habe er die Gespräche in Bonn vom September 1987 gut in Erinnerung.[11] Aus seiner Sicht sei man sich einig gewesen, eine Regelung auf der Grundlage dessen zu suchen, was damals zwischen der britischen und sowjetischen Seite vereinbart wurde. Wenn dies nicht möglich sei, dann solle man sich auf die Lösung praktischer Fragen orientieren. Auf wirtschaftlichem Gebiet gebe es eine positive Entwicklung, allerdings auch Schwierigkeiten. Die BRD wolle in der wirtschaftlichen Zusammenarbeit vorankommen. Man sollte gemeinsam darüber nachdenken, welche zusätzlichen Möglichkeiten für die wirtschaftliche Zusammenarbeit gefunden werden könnten.

W. Schäuble erklärte, er möchte im Zusammenhang mit der neuen Transitpauschale[12] darauf aufmerksam machen, daß die BRD-Regierung zunehmend in Schwierigkeiten gerate, der Öffentlichkeit die Fortschritte in den Beziehungen verständlich zu machen. Am Tag nach Bekanntgabe der neuen Pauschale sei an der Elbe geschossen worden. Die BRD-Korrespondenten in der DDR hätten Schwierigkeiten hinsichtlich ihrer Arbeitsmöglichkeiten.[13] Man müsse darauf achten, daß die Vereinbarung über die Arbeitsmöglichkeiten für Journalisten eingehalten werde. Die öffentliche Begleitmusik zur Zusammenarbeit zwischen beiden Staaten könne förderlich oder hinderlich sein. Aus Sicht der BRD müsse man alles tun, um eine positive öffentliche Resonanz auszulösen.

W. Schäuble erklärte, er sehe noch einige Punkte, die Schwierigkeiten machten. Das betreffe negative Erfahrungen mit der Neuregelung im Geschenkverkehr. Es gebe auch eine gewisse Diskrepanz zwischen

[11] Vgl. Nr. 41 und Nr. 43.
[12] Neben der Transitpauschale wurden auch andere Transferleistungen erhöht. Insgesamt bekam die DDR durch die am 14. 9. 1988 getroffenen Vereinbarungen jährlich 350 Mio. DM mehr von der Bundesregierung.
[13] Anläßlich des Rockkonzertes von Michael Jackson waren am 19. 5. 1988 Kamerateams von ARD und ZDF massiv von DDR-Sicherheitskräften in ihrer Arbeit behindert worden.

den Zusicherungen der DDR und der Praxis hinsichtlich des Versandes von Zeitschriften. Man müsse vermeiden, daß im Alltag der Beziehungen Widersprüche zu dem entstehen, was in den offiziellen Gesprächen vereinbart worden sei. Die Absicht der BRD-Regierung und des Bundeskanzlers sei völlig unverändert darauf gerichtet, bei allen unterschiedlichen Standpunkten in Grundsatzfragen weitere Fortschritte in den Beziehungen zu erreichen.

E. Honecker erwiderte auf die Darlegungen von W. Schäuble: Wichtig sei, alle Hemmnisse zu beseitigen, die weiteren Fortschritten in der internationalen Entwicklung entgegenstehen. Es gehe um die Grundfrage der Existenz der Menschheit. Dem ersten Schritt zur nuklearen Abrüstung müßten weitere folgen. Die NATO-Beschlüsse über die Bekräftigung der nuklearen Abschreckung hätten bei uns ein negatives Echo gefunden. Die DDR trete für radikale Abrüstung ein. Neben der nuklearen müsse nun über Fragen der konventionellen Abrüstung verhandelt werden. Das Angebot des Verteidigungsministers der DDR zu einem Treffen mit dem Verteidigungsminister der BRD liege auf dem Tisch. Bis jetzt sei es noch nicht zu einem Vergleich der Militärdoktrinen gekommen. Man verfolge aufmerksam die Bestrebungen der NATO zur Modernisierung von Atomwaffen. Es gebe den Beschluß über die Produktion des »Jägers 90«. Es gebe Hinweise über besondere USA-Einheiten in der BRD, über deren Wirken die Öffentlichkeit nicht informiert wird. Die Behauptung von einer konventionellen Überlegenheit des Warschauer Vertrages entspreche nicht den Tatsachen. Die NATO habe z. B. ein Übergewicht bei Flugzeugen. Die Luftstreitkräfte seien überhaupt noch nicht in den Abrüstungsprozeß einbezogen, ähnliches gelte für die seegestützten Raketen. Notwendig sei also, gemeinsam zu handeln, um Konflikte abzubauen und den Abrüstungsprozeß weiterzuführen.

Hinsichtlich der bilateralen Beziehungen müsse man von den bestehenden Verträgen ausgehen, dem Moskauer Vertrag, dem Grundlagenvertrag, dem Vierseitigen Abkommen, der Schlußakte von Helsinki. Vorstellungen von einer Vereinigung der beiden deutschen Staaten seien völlig unreal. Bestimmte Kreise hätten die Hoffnung, mit Perestroika und Glasnost eine Situation herbeiführen zu können, die auf eine Änderung der Realitäten abziele. Das rufe nicht nur bei unseren Verbündeten, sondern auch im Westen Besorgnis hervor. An der Veränderung des europäischen Gleichgewichtes sei niemand interessiert. Reden von Frau Wilms und Herrn Hoppe[14] ließen bei uns die Frage

---

[14] Die Bundesministerin für innerdeutsche Beziehungen Dorothee Wilms hatte im März 1988 das Vorgehen der DDR-Behörden gegen Dissidenten, Ausreisewillige und Kirchen scharf kritisiert und davon gesprochen, daß es nur eine deutsche Staatsbürgerschaft gebe. Vgl. AdG 1988, S. 32601 und 32773 ff. – Hans Günter Hoppe MdB, FDP, Vors. des Innerdeutschen Ausschusses des Deutschen Bundestages.

entstehen, wohin man in der BRD wolle. Einige Botschafter in der DDR hätten z. B. gefragt, ob es nicht zuviel Zusammenarbeit zwischen der DDR und der BRD gebe. Einige befürchteten, daß im Zentrum Europas eine Neutralisierung vor sich gehen könnte. Die Zusammenarbeit zwischen der DDR und der BRD werde also nicht überall nur mit guten Gefühlen verfolgt. Während des Besuches von Bundeskanzler Kohl in Moskau habe die Sowjetunion sehr deutlich auf Vorstellungen zur »Wiedervereinigung« reagiert.[15] Die Sowjetunion und die DDR seien aufs engste miteinander verbündet. Alle Hoffnungen seien trügerisch, durch Perestroika und Glasnost eine Entwicklung einleiten zu können, die zur Einebnung von Grenzen führe. Eine umfassende friedliche Zusammenarbeit in Europa erfordere, alle Bestrebungen zur Veränderung der Grenzen zu unterlassen. Man müsse von den Realitäten ausgehen.

E. Honecker erinnerte an seine Gespräche mit Strauß, Dregger und Waigel in Bonn.[16] Sie hätten damals darauf hingewiesen, daß es besser gewesen wäre, wenn man bei der Abrüstung mit den Raketen unter 500 km begonnen hätte. Die NATO habe aber andere Beschlüsse gefaßt.

E. Honecker erklärte, er möchte die Feststellung von W. Schäuble unterstreichen, daß niemand noch vor wenigen Jahren daran gedacht hätte, daß sich die Beziehungen zwischen der DDR und der BRD in einem solchen Maße entwickeln würden; das betreffe insbesondere den Reise- und Besucherverkehr. Es sei bedauerlich, daß manche Massenmedien in der BRD diese positive Entwicklung negierten. Im Verhältnis zwischen den beiden Staaten gehe es um Geben und Nehmen. Wenn man dies berücksichtige, dann sei die neue Transitpauschale eher zu niedrig als zu hoch.

W. Schäuble warf ein, daß die Opposition in der BRD dies ganz anders sehe.[17]

E. Honecker verwies auf solche Tatsachen wie den Ausbau der Autobahnen, z. B. den Bau der Strecke Berlin–Hamburg, auf die Vereinbarung über den Stromverbund, auf die Verhandlungen über den Ausbau der Eisenbahnstrecke Berlin–Hannover. Die DDR habe bekanntlich ohne Gegenleistung seinerzeit die Asylantenfrage geregelt. In den BRD-Medien würde häufig erklärt, die DDR sei devisenhungrig. Dazu möchte er nur sagen, daß die Währung nicht von uns gespalten worden

[15] Honecker bezog sich zweifellos auf die Passage in Gorbatschows Tischrede am 24. 10. 1988, in der er zur »deutschen Frage« sagte: »Die gegenwärtige Situation ist das Ergebnis der Geschichte; Versuche, das von ihr Geschaffene umzustürzen oder mit einer unrealistischen Politik zu forcieren, sind ein unkalkulierbares oder sogar gefährliches Unterfangen.« Siehe: AdG 1988, S. 32681.

[16] Vgl. Nr. 48 und 59.

[17] Schäuble spielte wohl darauf an, daß der Obmann der SPD im Innerdeutschen Ausschuß, Hans Büchler, die Vereinbarungen vom 14. 9. 1988 für die SPD ausdrücklich begrüßt, aber auch auf die »gewaltigen finanziellen Mehrleistungen« der Bundesregierung hingewiesen hatte. Vgl. AdG 1988, S. 32604.

sei. Die Entwicklung habe nun einmal dazu geführt, daß unterschiedliche Währungen entstanden seien. Die Mark der DDR sei eine Binnenmark, die DM konvertierbar. Von Schwierigkeiten im Geschenkverkehr sei ihm nichts bekannt. Er werde dies prüfen lassen.

Was das Verhältnis zu Westberlin betreffe, so halte sich die DDR an das Vierseitige Abkommen. Dabei handelte sie durchaus großzügig.

Hinsichtlich der Elbgrenze verwies E. Honecker auf sein Gespräch mit Albrecht in Bonn.[18] Es habe Einvernehmen bestanden, daß man eine Formulierung finden müsse, wonach unbeschadet der Rechtsstandpunkte die Elbmitte die Grenze sei. Leider habe sich bisher nichts bewegt. Eine Regelung der Elbgrenze würde günstige Bedingungen für die weitere Zusammenarbeit schaffen, dann könnte eine Reihe von Vereinbarungen in Kraft treten, die bereits ausgehandelt sind. Mit Westberlin habe man sich jetzt bekanntlich über einen Gebietsaustausch verständigt, d. h. es würden sogar Grenzen verändert.[19] Bei der Elbe gehe es nicht einmal darum. Warum sollte es also nicht möglich sein, hier zu einer vernünftigen Regelung zu kommen, zumal seit 40 Jahren in der Praxis von einer Grenze Elbmitte ausgegangen werde. Die DDR sei bereit, unbeschadet der Grenzfrage die Gespräche über die Gewässergüte der Elbe wiederaufzunehmen. Dabei werde sich zeigen, daß die Hauptverschmutzung nicht aus der DDR stamme.

Die Entwicklung der wirtschaftlichen Beziehungen liege im beiderseitigen Interesse. Man könne durchaus versuchen, neue Wege für den Ausbau des Handels zu finden. Wichtig sei auch die Zusammenarbeit auf dem Gebiet von Wissenschaft und Technik. Natürlich dürfe man daran keine politischen Vorbedingungen knüpfen.

Die Medien müßten sich befleißigen, objektiver zu berichten. Das sei ihr Beitrag zur Entwicklung normaler gutnachbarlicher Beziehungen. Die DDR verfüge über Informationen, wonach BRD-Korrespondenten bestimmte Aktionen in Kirchen organisiert hätten, um danach entsprechend berichten zu können. Bei der Demonstration für Rosa Luxemburg und Karl Liebknecht im Januar d. J. hätten sich bestimmte Kreise zusammengerottet, um diesen Gedenkmarsch zu schänden.[20] Bemerkenswert sei gewesen, daß die BRD-Korrespondenten bereits vorher zur Stelle waren. Diese Bestrebungen seien entsprechend den Gesetzen unterbunden worden. Die DDR sei ein Rechtsstaat. Die DDR trete für eine objektive, sachliche Berichterstattung ein, wende sich aber entschieden gegen Einmischung in ihre inneren Angelegenheiten.

Was die Vereinbarung über den Zeitschriftenbezug betreffe, so gehe es um Fachzeitschriften, Zeitungen seien nicht zugelassen. Etwas ande-

---

[18] Vgl. Nr. 41, bes. Anm. 8 und Nr. 43, bes. Anm. 33.
[19] Siehe Nr. 64, Anm. 22.
[20] Siehe Nr. 63.

res habe die DDR nicht zugesagt. Bekanntlich würden die Zeitungen in der BRD die Existenz der DDR in Frage stellen und Thesen vertreten wie das Weiterbestehen des Deutschen Reiches in den Grenzen von 1937. Die Propagierung solcher Thesen würde in der DDR nicht zugelassen.

Im Zusammenhang mit dem Gedenken an den 50. Jahrestag der Judenpogrome erklärte E. Honecker, die DDR habe kein Defizit in dieser Frage. In der deutschen Arbeiterbewegung habe es nie Antisemitismus gegeben. Es gelte, die Lehren aus der Geschichte zu ziehen. Die DDR habe dies getan. Die Grenzen dürften nicht in Frage gestellt werden. Das sei die Grundfrage für das europäische Haus. Gegenwärtig seien wir dabei, gesetzliche Grundlagen zu schaffen, damit jeder DDR-Bürger einen Reisepaß erhalte.

W. Schäuble bestätigte erneut die Auffassung E. Honeckers, daß große Fortschritte in den Beziehungen erreicht worden seien. Es gehe darum, diesen Prozeß fortzusetzen. Zu den Bemerkungen E. Honeckers über die Berichterstattung der BRD-Medien könne er nur sagen, daß die BRD-Regierung darauf wenig Einfluß habe. Man solle aber gemeinsam dahin wirken, die Beziehungen so zu gestalten, daß eine bessere Berichterstattung zustande käme.

W. Schäuble informierte darüber, daß die BRD-Regierung beschlossen habe, einen Beitrag für die Stiftung Zentrum Judaicum zu leisten und eine Mio. DM zur Verfügung zu stellen.

W. Schäuble kam nochmals auf die Begegnung E. Honeckers mit Albrecht zurück. Albrecht habe das Gespräch so verstanden, daß man unbeschadet der unterschiedlichen Standpunkte in der Grenzfrage praktische Fragen regeln solle. Es gehe darum festzustellen, wo die Grenze nach dem Willen der damaligen Besatzungsmächte verlaufen sei. In diesem Rahmen sei die BRD-Regierung zu Gesprächen bereit. Mehr sei nicht zugesichert worden. Die BRD-Regierung könne keine Regelung akzeptieren, die sie möglicherweise vor das Bundesverfassungsgericht bringe.

W. Schäuble stellte die Frage, ob im Tourismus etwas bewegt werden könne. Das Interesse an Reisen in die DDR sei groß. Die Möglichkeiten hierfür seien nicht ausgeschöpft. Man sollte überlegen, ob auf längere Sicht weitere Schritte getan werden könnten.

E. Honecker bekräftigte erneut, in der Grenzfrage Elbe gebe es eindeutige Unterlagen über den Verlauf der Grenze. Es existiere der Protokollvermerk von 1975. Die BRD-Seite sei bisher nicht bereit, in der Grenzkommmission weiter über den Grenzverlauf zu sprechen. Er erinnere sich genau, was er mit Albrecht besprochen habe. Der Sinn des Gespräches sei gewesen, einen Anstoß zu einer einvernehmlichen Regelung zu geben. Man brauche nur den Protokollvermerk von 1975 zu bestätigen.

E. Honecker verwies darauf, daß die Stiftung Judaicum eine selbständige Institution sei. Die DDR mische sich staatlicherseits nicht ein.

Was den Tourismus betreffe, so sei die DDR weitgehend offen dafür. Es gebe aber auch solche Tatsachen, daß manche aus der BRD im Rahmen des Polittourismus einreisten, um mit der evangelischen Kirche Kontakt zu pflegen. Das führe teilweise dann zu Aktionen, die gegen die Gesetze der DDR gerichtet seien. Dies könne nicht hingenommen werden.

Abschließend betonte E. Honecker, Grundvoraussetzung sei, von der Realität der Existenz zweier deutscher Staaten auszugehen. Im Zentrum Europas müsse Ruhe und Sicherheit herrschen.

E. Honecker bat W. Schäuble, Grüße an Bundespräsident von Weizsäcker und Bundeskanzler Kohl zu übermitteln.

An dem Gespräch nahmen teil: der Minister für Auswärtige Angelegenheiten der DDR, Oskar Fischer; der Leiter der Kanzlei des Vorsitzenden des Staatsrates, Staatssekretär Frank-Joachim Herrmann; der Leiter der Ständigen Vertretung der DDR in der BRD, Horst Neubauer; der Leiter der Abteilung BRD im MfAA, Karl Seidel, sowie der Leiter der Ständigen Vertretung der BRD in der DDR, Dr. Hans Otto Bräutigam, Ministerialdirigent Dr. Claus-Jürgen Duisberg und Ministerialdirigent Dr. Burkhard Dobiey.

*SAPMO ZPA 2/2A/3192 sowie IV 2/1/694 und J IV/956: »Nieder-
schrift über das Gespräch des Generalsekretärs des ZK der SED und
Vorsitzenden des Staatsrates der DDR, Genossen Erich Honecker, mit
dem Ministerpräsidenten des BRD-Bundeslandes Schleswig-Holstein,
Präsident des Bundesrates der BRD und Mitglied des SPD-Präsidiums,
Björn Engholm, am 31. Januar 1989 im Amtssitz des Staatsrates«*

*Aufzeichnungen über den Verlauf dieses Gesprächs wurden damals von
seiten Engholms nicht angefertigt; es liegt aus der Zeit des Gesprächs nur
ein »Sprechzettel Gespräch MP – Honecker« vom 25. 1. 1989 vor. Björn
Engholm hat später Erinnerungen an das »Gespräch mit Honecker am
31. 1. 1989 in Berlin« niedergeschrieben, die nach seiner »und der Erinnerung von weiteren Reiseteilnehmern dem realen Verlauf« entsprechen. Sie werden als Anlage abgedruckt.*

E. Honecker begrüßte B. Engholm bei seinem ersten offiziellen Besuch
als Ministerpräsident von Schleswig-Holstein. Er beglückwünschte ihn
zu seinem Wahlerfolg und zur Übernahme der Regierung in Schleswig-
Holstein.[1]

E. Honecker legte einleitend folgendes dar: Ihr Besuch findet in einer
bewegten Zeit statt. Die internationale Entwicklung befindet sich in einer dynamischen Phase. Es gibt hoffnungsvolle Anzeichen einer
Wende von der Konfrontation zu Entspannung und Zusammenarbeit.
Allerdings verläuft dieser Prozeß nicht störungsfrei und ist noch nicht
unumkehrbar. Trotz komplizierter Probleme muß es aber möglich
sein, ein umfassendes internationales Sicherheitssystem zu schaffen.
Daher müssen Friedenssicherung und Abrüstung, die Beseitigung des
Alpdrucks der Gefahr eines nuklearen Krieges im Mittelpunkt der verantwortungsvollen Politik stehen. Dies ist auch die Kernfrage des Verhältnisses zwischen beiden deutschen Staaten.

Beide deutsche Staaten haben eine große Verantwortung, dazu beizutragen, daß sich die internationale Lage weiter positiv entwickelt.
Ihre Friedenspflicht erfordert ihr aktives Handeln für Abrüstung und
Entspannung. Nach ihrem Beitrag zum Abkommen über die Beseitigung der Mittelstreckenraketen müssen sie sich für weitere Abrüstungsschritte einsetzen. Es darf keine Pause bei der Abrüstung geben.
Der Abrüstungsprozeß muß unumkehrbar gemacht werden. Es ist eine
wichtige Aufgabe für 1989, weitere Vereinbarungen auf nuklearem und

---

[1] Siehe Nr. 71, Anm. 15.

konventionellem Gebiet zu erreichen. Entsprechend dem gemeinsamen Bekenntnis, daß von deutschem Boden nie mehr Krieg, sondern nur noch Frieden ausgehen darf, sind beide Staaten im 50. Jahr des Beginns des Zweiten Weltkrieges mehr denn je gefordert, mit eigenen Initiativen für Abrüstung, Sicherheit und Vertrauensbildung zu wirken.

Das erfordert ihr konsequentes Eintreten für die Halbierung der strategischen Offensivwaffen der USA und der UdSSR bei Einhaltung des ABM-Vertrages, das Verbot der chemischen Waffen, die Einstellung der Nukleartests und die drastische Reduzierung auf konventionellem Gebiet vom Atlantik bis zum Ural.

Es entspricht der Logik des nuklearen Zeitalters, daß Frieden und Sicherheit nur noch miteinander erreichbar sind.

Die DDR unterstützt die weitreichende Initiative M. Gorbatschows zu einseitigen Abrüstungsmaßnahmen der UdSSR.[2] Damit werden bedeutende Vorleistungen erbracht. Die sowjetische Initiative zeugt von der Entschlossenheit, das sozialistische Friedensprogramm konsequent weiter in die Tat umzusetzen. Der einseitige Abzug sowjetischer Truppen aus der DDR wird noch in diesem Jahr beginnen. Noch 1989 werden die 25. und die 32. Panzerdivision, zwei selbständige Panzerausbildungsregimenter sowie acht selbständige Bataillone abgezogen. 1990 wird der Abzug der 7. und der 12. Panzerdivision, der Luftsturmbrigade, von drei Ausbildungsregimentern, darunter ein Panzerausbildungsregiment, sowie von drei selbständigen Bataillonen erfolgen. Die auf dem Territorium der DDR verbleibenden mot. Schützendivisionen und Panzerdivisionen werden in diesen zwei Jahren einen noch ausgeprägteren Verteidigungscharakter erhalten.

Um einen konstruktiven Beitrag zum Abrüstungsprozeß zu leisten, um guten Willen und die Bereitschaft zur Verminderung der Streitkräfte und konventionellen Rüstungen durch Taten zu zeigen sowie in der Hoffnung, für weitere europäische Staaten eine nachdenkenswerte Anregung zu geben, hat der Nationale Verteidigungsrat der DDR eigene Maßnahmen beschlossen:

– Die Nationale Volksarmee der DDR wird einseitig und unabhängig von Verhandlungen um 10000 Mann reduziert.

– Mit dieser wesentlichen Verminderung der Personalstärke der NVA sind die Auflösung von 6 Panzerregimentern, die Reduzierung von 600 Panzern, die für volkswirtschaftliche Zwecke umgerüstet oder verschrottet werden, die Auflösung eines Fliegergeschwaders, die Außerdienststellung von 50 Kampfflugzeugen verbunden.

[2] Gorbatschow hatte am 7. 12. 1988 in einer Rede vor der UN-Generalversammlung einseitige Abrüstungsschritte der Sowjetunion bekanntgegeben – vgl. AdG 1988, S. 32806 ff. – und am 18. 1. 1989 in Gesprächen mit westlichen Politikern in Moskau detaillierte Angaben zur Verringerung der sowjetischen Streitkräfte und der Rüstungsausgaben und zum Abzug von Truppen gemacht. Ebd. S. 32971 f.

- Gleichzeitig wird eine Reduzierung der Ausgaben für die nationale Verteidigung um 10% vorgenommen.
- Diese Reduzierungsmaßnahmen sind bis Ende 1990 abzuschließen. Die Struktur der NVA ist so umzugestalten, daß sie einen noch strikteren Verteidigungscharakter erhält.

Die Friedensverantwortung beider deutscher Staaten erfordert, daß auch die BRD einen aktiven Beitrag zur Abrüstung leistet. Wir erwarten ein entsprechendes Handeln der Regierung in Bonn. *Die »Doktrin der nuklearen Abschreckung« müsse »durch eine Politik der gegenseitigen Sicherheit« und die »Angriffsunfähigkeit der beiden Militärbündnisse« ersetzt werden.*

Die DDR begrüßt den Abschluß des Wiener KSZE-Treffens.[3] Sie tritt dafür ein, auf den Konferenzen über konventionelle Abrüstung und Vertrauensbildung zügig und konstruktiv zu verhandeln.

Regionale Lösungen entsprechend den Vorschlägen, wie sie von gemeinsamen Arbeitsgruppen der SED und SPD erarbeitet wurden, ein atomwaffenfreier Korridor, eine chemiewaffenfreie Zone, eine Zone des Vertrauens und der Sicherheit, sind aktueller denn je.

Für die beiden deutschen Staaten hat die Reduzierung und Beseitigung nuklearer Kurzstreckensysteme geradezu lebenswichtige Bedeutung. Darüber sollten ohne Verzug Verhandlungen aufgenommen werden. Ziel muß es sein, deutschen Boden atomwaffenfrei zu machen. Ich möchte darauf verweisen, daß bei meinen Gesprächen während des Besuches 1987 Dregger, Strauß und Waigel erklärt haben[4], es wäre besser, mit der Abrüstung der Kurzstreckenraketen zu beginnen, denn es gelte der Satz »Je kürzer die Raketen, desto toter die Deutschen«.

Wir sehen mit Besorgnis Zweideutigkeiten in der Haltung der Regierung der BRD. Einerseits gibt es offizielle Erklärungen über eine Welt mit weniger Waffen, andererseits treten verantwortliche Vertreter der BRD-Regierung wie Minister Scholz[5] für die Modernisierung nuklearer Kurzstreckensysteme ein. Das müßte zu weiterem Rüsten führen und die Entspannung blockieren. Die DDR erwartet, daß die Regierung der BRD ihren Einfluß in der NATO geltend macht, um eine solche entspannungsgefährdende Entwicklung zu verhindern.

Die DDR wird auch künftig alles tun, um Entspannung und Dialog voranzubringen. Sie wird jede Möglichkeit nutzen, den Abrüstungsprozeß aktiv zu unterstützen. Das ist zugleich ein Beitrag zum gemeinsamen europäischen Haus.

Die DDR mißt den Beziehungen zur BRD wesentliche Bedeutung

---

[3] Die Wiener KSZE-Folgekonferenz war am 15. 1. 1989 mit der Annahme des Schlußdokumentes, u. a. über »Sicherheit in Europa«, »Menschenrechte«, »Zusammenarbeit in humanitären und anderen Bereichen« zu Ende gegangen. Vgl. AdG 1988, S. 32958 ff.

[4] Vgl. Nr. 48 und 59.

[5] Rupert Scholz, Verteidigungsminister seit Mai 1988.

bei, nicht zuletzt im Hinblick auf den Frieden in Europa. Durch meinen Besuch in der BRD im September 1987 wurden den Beziehungen zwischen der DDR und der BRD neue Impulse verliehen. Es gibt seither beachtliche Fortschritte (Ministerbesuche, Kulturaustausch, Stromverbund, Gespräche über Ausbau der Transiteisenbahn, Transitpauschale, Ausbau der Städtepartnerschaften). Auch die Wirtschaftsbeziehungen entwickeln sich positiv. Die DDR verhält sich im humanitären Bereich konstruktiv. Das belegen die Zahlen im Reiseverkehr.

Wir haben die feste Absicht, die im Gemeinsamen Kommuniqué vom 8. September 1987 getroffenen Festlegungen mit Leben zu erfüllen, wie dies auch beim Besuch von Minister Schäuble[6] zum Ausdruck kam. So haben wir uns bereit erklärt, in nächster Zeit Gespräche über die Gewässergüte der Elbe wiederaufzunehmen.

Wir können allerdings nicht übersehen, daß sich in letzter Zeit Einmischungsversuche aus der BRD häufen. Es gibt offenkundig die Illusion, unter Mißbrauch von Begriffen wie Perestroika und Glasnost die DDR unter Druck setzen zu können. Solche Bestrebungen sind illusionär, belasten aber die Beziehungen. Bei meinem letzten Besuch in Moskau[7] gab es mit M. Gorbatschow völlige Übereinstimmung über die internationale Lage und den weiteren sozialistischen Aufbau in der UdSSR und in der DDR.

Wir begrüßen, daß von SPD-Seite, nicht zuletzt durch die SPD-regierten Bundesländer, z. B. im Hinblick auf die »Erfassungsstelle« Salzgitter und die Elbgrenze, auf Realismus und Vernunft in den Beziehungen zur DDR hingewirkt wird. Wir halten die Aufnahme normaler Beziehungen zwischen Volkskammer und Bundestag für überfällig.

Es wird dann konstruktiv weitergehen, wenn man sich von gegenseitiger Achtung der Souveränität, territorialen Integrität und Nichteinmischung, von Augenmaß und Beachtung der beiderseitigen Interessen leiten läßt. Man kann die Geschichte nicht neu schreiben. Die beiden deutschen Staaten existieren, sie müssen miteinander umgehen.

Die SED bekennt sich zu dem gemeinsamen Papier mit der SPD ›Der Streit der Ideologien und die gemeinsame Sicherheit‹. Wir werten es als Ausdruck des Strebens, über alle ideologischen Gegensätze hinweg die Zusammenarbeit zur Sicherung von Frieden und Koexistenz zu suchen.

In der DDR vollzieht sich ein Prozeß tiefgreifender politischer, ökonomischer, sozialer und geistig-kultureller Wandlungen. Sein Kern ist die Einheit von Wirtschafts- und Sozialpolitik. Dies entspricht unserem Parteiprogramm. Diese Politik sichert Vollbeschäftigung, soziale

---

[6] Siehe Nr. 73.

[7] Honecker hatte zuletzt vom 27. – 29. 9. 1988 Moskau besucht und hatte am 28. 9. Gespräche mit Gorbatschow geführt. Vgl. dazu den »Bericht« und die »Niederschriften« über die Gespräche mit Gorbatschow in: SAPMO ZPA IV 2/1/685. – Vgl. AdG 1988, S. 32700f.

Sicherheit und demokratische Mitbestimmung. *Er verwies auf Steigerungsraten u. a. beim Nationaleinkommen um 4%.*

Die DDR ist interessiert, zu Schleswig-Holstein gute Beziehungen zu unterhalten, zumal als SPD-regiertes Bundesland, das der DDR direkt benachbart ist. Dabei muß man von den realen Möglichkeiten ausgehen, manches ist ausbaufähig, nicht zuletzt auf wirtschaftlichem und kulturellem Gebiet.

Im weiteren legte E. Honecker den Standpunkt der DDR zu den von B. Engholm vor dem Besuch übermittelten Fragen[8] wie folgt dar:

1. Erweiterung der Fischereirechte für Lübecker Stadtfischer in der Lübecker Bucht:

Bereits im August 1983 hatte E. Bahr angeregt, die Möglichkeit zum Fischfang für Lübecker Stadtfischer innerhalb der Territorialgewässer der DDR in der Lübecker Bucht auszuweiten.[9] Dabei vertrat er die Auffassung, diese Frage mit der einvernehmlichen Feststellung des Grenzverlaufs Elbe zu nutzen. Daraufhin war der Regierung der BRD am 27. Oktober 1983 die Bereitschaft mitgeteilt worden, die Ausweitung der Fischereirechte wohlwollend zu prüfen, wenn die BRD zur einvernehmlichen Grenzfeststellung Elbe bereit ist. Das wurde abgelehnt.

Die DDR ist bereit, den Wunsch nach Ausweitung der Fischereirechte für Lübecker Stadtfischer innerhalb der Territorialgewässer der DDR in der Lübecker Bucht im Zusammenhang mit einer Vereinbarung über die Abgrenzung des Festlandssockels und der Fischereizonen zu prüfen, über die gegenwärtig mit der Regierung der BRD verhandelt wird. Dabei wird von der Erwartung ausgegangen, daß sich Schleswig-Holstein für die einvernehmliche Feststellung des Grenzverlaufs Elbe Mitte Strom einsetzt.[10]

2. Zusammenarbeit in Fragen des Natur- und Umweltschutzes im Bereich des Schaalsees:

Der zur DDR gehörende Teil des Schaalsees ist bereits seit 1958 Landschaftsschutzgebiet. Der BRD wurde sowohl in der Grenzkommission als auch in Expertengesprächen zu Naturschutzfragen gemäß der Regierungsvereinbarung zu Fragen des Umweltschutzes die Bereit-

---

[8] Die nachfolgenden Sachthemen waren über G. Gaus bei »Vorgesprächen« vorgebracht worden. Vgl. den »Sprechzettel Gespräch MP – Honecker« vom 25. 1. 1989, angelegt von »Stk 111/Sühlo« mit Notizen, die von B. Engholm während des Gesprächs gemacht wurden. In dem »Sprechzettel« wurden genannt: 1. Nutzfahrzeugfertigung, 2. Schaalsee, 3. Gemeinsames »Umwelttechnik-Unternehmen«, 4. Fangrechte Lübecker Stadtfischer vor der mecklenburgischen Küste, 5. Schleswig-Holstein-Festival, 6. Kooperation VHS Sachsenwahl/Reinbek und im »Vorstadium« 7. Werftenzusammenarbeit und 8. Nordsee-Schutzkonferenz.

[9] Zu Bahrs Unterredung mit Honecker am 24. 8. 1983 vgl. Nr. 6. Die betreffende Anregung hatte Bahr im Gespräch mit Außenminister Oskar Fischer am 25. 8. 1983 gemacht. Vgl. die »Information« über das Gespräch Bahr – Fischer in: SAPMO ZPA IV 2/1/615.

[10] Vgl. den hs. Vermerk Engholms auf dem Sprechzettel über Honeckers Aussage zum Punkt Fangrechte »Positiv geprüft. JA. S[chleswig] H[olstein] sollte Elbe akzeptieren.«

schaft der DDR mitgeteilt, bezüglich des Schaalsees mit der BRD beim Schutz seltener und vom Aussterben bedrohter Arten zusammenzuwirken.

Eine konkrete Antwort liegt bisher nicht vor.

Die DDR ist bereit, Vorstellungen über das Zusammenwirken im Schaalseegebiet beim Artenschutz und anderen Fragen entgegenzunehmen. Erforderliche Festlegungen für das Zusammenwirken können nach Prüfung der fachlichen Gesichtspunkte im Rahmen der Umweltvereinbarungen bzw. hinsichtlich erforderlicher Handlungen im Bereich der Staatsgrenze in der Grenzkommission getroffen werden.[11]

3. Gemeinsames Umwelttechnik-Unternehmen:

Für die Bildung eines gemeinsamen Unternehmens bestehen keine Voraussetzungen.

Interesse besteht jedoch, langfristige Lieferbeziehungen mit Firmen Schleswig-Holsteins auf dem Gebiet der Umweltschutztechnik, insbesondere für Luft-, Klima- und Entstaubungstechnik aufzubauen. Für künftige mögliche Bedarfsfälle der DDR im Bereich Umweltschutztechnik können schleswig-holsteinische Anbieterfirmen einbezogen werden.[12] Eine gute Möglichkeit dafür wäre die Darstellung des Leistungsumfangs dieser Firmen in einer Veranstaltung im Internationalen Handelszentrum in Berlin.

4. Zusammenarbeit bei einer Nutzkraftwagen-Produktion von Daimler-Benz in Schleswig-Holstein, die dort aufgebaut werden soll:

Die DDR wäre interessiert, stabile Lieferbeziehungen bei Werkzeugmaschinen einschließlich Umformtechnik für Komponenten der NKW-Produktion, bei Kraftfahrzeug-Elektrik und Kraftfahrzeug-Zubehör herzustellen.[13]

5. Zusammenarbeit zwischen Werften und Werftzulieferern:

Sofern eine Einladung zu einem Informationsbesuch bei schleswig-holsteinischen Werften und Werftzulieferern erfolgt, werden die entsprechenden Partner in der DDR dieser Einladung folgen. Im Ergebnis dessen ist über Möglichkeiten einer konkreten Zusammenarbeit zu entscheiden.

6. Zusammenarbeit mit Volkshochschule Reinbek:

Grundsätzlich besteht Bereitschaft, den Gedanken zu prüfen. Eine Zusammenarbeit mit Volkshochschulen in der DDR scheint nicht zweck-

---

[11] Engholm vermerkte (vgl. vorherige Anm.) dazu: »JA. DDR für Koop Artenschutz etc. Grenzkommission.« – Die Punkte 2 und 3 zu den Fragen des Umweltschutzes wurden noch näher mit DDR-Umweltminister Hans Reichelt am 1. 2. 1989 erörtert. Vgl. den »Bericht« als Anlage C in: SAPMO ZPA J IV 2/2A/3192.

[12] Engholms Vermerk (siehe Anm. 10): »Dafür Lieferbez[iehungen] auf Dauer für Umwelttech[nik]: SH Anbieter: H[andels-]Z[entrum].«

[13] Engholms Vermerk: »DDR interessiert an LKW-Koop/auch W[erkzeug]-Maschinen.« Die Punkte 4 und 5, d. h. Wirtschaftsfragen, wurden im Gespräch Engholm – Mittag am 1. 2. 1989 weiter besprochen. Vgl. die »Niederschrift« als Anlage b in: SAPMO ZPA J IV 2/2A/3192.

mäßig, da sie andere Aufgaben haben. Auf DDR-Seite könnte aber z. B. der Kulturbund tätig werden.[14] (Bildungs-)Reisen in die DDR sind als sog. thematische Reisen möglich.

7. Teilnahme der DDR an der 3. Internationalen Nordseeschutz-Konferenz:

Die Frage der Teilnahme der DDR an der 3. Internationalen Nordseeschutz-Konferenz wird noch geprüft.[15]

E. Honecker übergab ein entsprechendes Papier an B. Engholm.

B. Engholm bedankte sich für den freundlichen Empfang und die Ausführungen E. Honeckers. Er wies darauf hin, daß die SPD in Schleswig-Holstein seit vielen Jahren gute Beziehungen über die Grenze hinweg zur DDR unterhalte. Sie habe in den 60er Jahren ihre ersten Schritte in die DDR getan und sich bemüht, langfristig Vorurteile abzubauen. Dabei sei sie erfolgreich gewesen. B. Engholm betonte, er habe auch persönliche Beziehungen in der DDR, Gret Palucca[16] sei die Tante seiner Frau.

B. Engholm erklärte, früher sei einmal formuliert worden, Frieden sei nicht alles, aber ohne Frieden sei alles andere nichts.[17] Diesen Satz müsse man immer wieder bekräftigen. Er sei 1982 aus der Bundesregierung ausgeschieden. Damals habe die schwierige Debatte um die Nachrüstung begonnen. E. Honecker habe damals erklärt: Jetzt erst recht abrüsten. Er sei in dieser schwierigen Zeit damals für die Abrüstung eingetreten. Er habe damit ein Signal gesetzt. Das dürfe nicht vergessen werden. Diese Politik trage heute Früchte. Jetzt würden die ersten Schritte zur nuklearen Abrüstung getan. Wichtig sei, diesen Prozeß fortzusetzen. Wenn Europa eine blühende Zukunft haben solle, dann müsse die Abrüstung zügig weitergehen. Er habe eben mit Befriedigung gehört, daß die DDR bereit sei, dabei einen einseitigen Schritt zu gehen. Er nehme an, daß die NATO nicht umhin komme, mit eigenen Vorschlägen dagegen zu halten. Die SPD wende sich eindeutig gegen die Modernisierung der atomaren Kurzstreckenraketen. Allein die beiden deutschen Staaten wären davon betroffen. Er teile die Auffassung von Hans-Jochen Vogel und Egon Bahr: Wir brauchen die dritte Null-Lösung. Er stimme zu, daß sich beide deutsche Staaten aktiv für die 50%ige Reduzierung der strategischen Offensivwaffen einsetzen sollten. Das könnte ein wichtiger Schritt für eine atomwaffenfreie Welt werden. Er teile auch die Auffassung E. Honeckers über die Notwen-

[14] Engholms Vermerk: »wird geprüft – seitens Ku*[ltur]* Bund«.

[15] Engholms Vermerk: »ja Prüfung«.

[16] Die Tänzerin und Professorin Gret Palucca (geb. 1902) hatte die Fachschule für Künstlerischen Tanz in Dresden geleitet, von 1965 bis 1974 war sie Vizepräsidentin der Akademie der Künste.

[17] Die nachfolgend referierten Ausführungen entsprechen inhaltlich weitgehend den auf dem »Sprechzettel« unter 1. aufgeführten Stichworten.

digkeit des Verbotes der Kerntests und der chemischen Waffen. Er trete dafür ein, in Europa eine chemiewaffenfreie Zone zu errichten, wie dies dem gemeinsamen Vorschlag von SED und SPD entspreche. Es komme darauf an, durch Abrüsten in Ost und West zur strukturellen Angriffsunfähigkeit zu kommen. Darauf müsse hingewirkt werden. B. Engholm bekräftigte, daß es in den Fragen der Friedenssicherung und Abrüstung gemeinsame Positionen gebe.

B. Engholm trug den Gedanken vor, ob es nicht im Sinne der europäischen Zusammenarbeit sei, über die Einrichtung von zentral-europäischen Gesprächskreisen nachzudenken, die sich mit zentralen Fragen der Zukunftsentwicklung wie Umwelt, wirtschaftliche Zusammenarbeit und Technologie befassen könnten. Dazu könnten die BRD, die DDR, Polen, die ČSSR, Ungarn, die Beneluxstaaten und vielleicht Dänemark gehören. Daraus könnte dann eines Tages eine Art Sachföderation als gemeinschaftliche Aufgabe für die Zukunft entstehen.

B. Engholm erinnerte an die Begegnung mit E. Honecker während des Besuches in der BRD.[18] Dieser Besuch habe neue Dinge in Bewegung gebracht. Die Reisemöglichkeiten hätten sich entscheidend verbessert, besonders unterhalb des Rentenalters. Das müsse in der BRD zur Kenntnis genommen werden. Die Reiseverordnung der DDR[19] sei zu begrüßen. E. Honecker habe dazu beigetragen, auf beiden Seiten der Grenze zu begreifen, daß man Begegnungen brauche, nicht um den Träumen der Vergangenheit nachzuhängen, sondern um friedlich zusammenzuleben. Wenn sich Bundeskanzler Kohl entscheide, die DDR zu besuchen, sollte man darüber nachdenken, regelmäßige Begegnungen auf höchster Ebene anzustreben. Solche Begegnungen sollten eine ständige Einrichtung werden.

B. Engholm brachte als Wunsch von Schleswig-Holstein vor, die Einbeziehung von Kiel in den kleinen Grenzverkehr zu prüfen. Er begrüße die Darlegungen E. Honeckers über die Bereitschaft der DDR zur wirtschaftlichen Kooperation und zum Zusammenwirken beim Umweltschutz. Was die Elbgrenze anbetreffe, so habe er bereits früher erklärt, es sei nicht einzusehen, daß man über 1000 km Grenze regeln könne, die letzten paar Kilometer jedoch nicht. Sofern es von der

---

[18] Vgl. Nr. 47.

[19] Die am 30. 11. verabschiedete, am 14. 12. 1988 verkündete und ab 1. 1. 1989 geltende Verordnung für »Reisen von Bürgern der DDR nach dem Ausland« regelte neben Dienst-, Privat- und Touristenreisen auch »ständige Ausreisen«, d. h. Übersiedlungen in den Westen. – Zum Inhalt vgl. AdG 1988, S. 32838f. – In dem »Sprechzettel« hieß es zum Vorstehenden: »Das Wichtigste: Die DDR hat ihre Grenzen bereits im Vorfeld des Besuches durchlässiger gemacht. Seither sind die Reisemöglichkeiten auch für DDR-Bürger unterhalb des Rentenalters vermehrt worden. Ich begrüße, daß die Regierung der DDR diese Reisemöglichkeiten jetzt in einer Verordnung festgeschrieben hat; sie hat sie einklagbar gemacht.«

Landesregierung Schleswig-Holstein abhänge, werde sie auf Bonn einwirken, um eine Grenzregelung Elbe Mitte Strom zu erreichen.[20]

E. Honecker bedankte sich für die Darlegungen B. Engholms. Er stelle mit Befriedigung fest, daß es in den Fragen der Friedenssicherung und Abrüstung völlige Übereinstimmung gebe. Zu anderen von B. Engholm aufgeworfenen Fragen nahm er wie folgt Stellung:

Dem Gedanken der Schaffung zentraleuropäischer Gesprächskreise stehe er aufgeschlossen gegenüber. Man müsse auch dahingehend wirken, daß die Ostsee ein Meer des Friedens bleibe. Vielleicht sollte man darüber nachdenken, nicht nur Arbeiterkonferenzen der Ostsee-Staaten durchzuführen, sondern Ostsee-Wochen wieder ins Leben zu rufen.

Was Spitzenbegegnungen anlange, so sei die Praxis so, daß er sich öfter mit Ministerpräsidenten von BRD-Bundesländern treffe. Demnächst werde E. Albrecht die DDR besuchen[21], ein Besuch von L. Späth[22] stehe bevor. Wie bekannt, habe es wiederholt Begegnungen mit F. J. Strauß gegeben. Er treffe sich mit O. Lafontaine. Enge Kontakte gebe es auch zu Nordrhein-Westfalen, Hamburg und Bremen. Bekanntlich sei Bundeskanzler Kohl vor einiger Zeit zu einem inoffiziellen Besuch in der DDR gewesen.[23]

Die Reiseverordnung der DDR schaffe eine klare rechtliche Grundlage für den Reise- und Besucherverkehr. Es gebe dabei eine breite Auslegung. Der Reiseverkehr mit der BRD sei der umfangreichste dieser Art, der zwischen einem sozialistischen und nichtsozialistischen Land stattfinde. Die DDR praktiziere Offenheit. 1988 habe es über 6 Millionen Besuche in der BRD und in Westberlin gegeben.

Bei dessen Verabschiedung habe er Bräutigam[24] gesagt, daß die Bundesregierung offensichtlich bemerkt haben würde, daß sich an der Grenze eine Veränderung vollzogen habe; es gebe keinen Schießbefehl. Dies sei ein Ergebnis der zunehmenden Zusammenarbeit.

Was die Einbeziehung von Kiel in den grenznahen Verkehr betreffe, so stehe er dem positiv gegenüber. Wenn es B. Engholm nütze, könne man erklären, daß die DDR dazu bereit sei.

B. Engholm nahm dies mit Freude und Dank zur Kenntnis.

E. Honecker betonte hinsichtlich der Elbgrenze, diese Frage könnte

[20] In dem »Sprechzettel« (vgl. Anm. 10) hieß es: »Auch die Grenzfrage an der Elbe sollte geklärt werden. Meine Regierung wird auf die Bundesregierung einwirken, endlich die Gespräche hierzu ergebnisorientiert zu führen.«

[21] Siehe Nr. 78.

[22] Siehe Nr. 75.

[23] Kohl hatte bei einer Privatreise in die DDR u. a. Weimar und Dresden besucht. Er wurde begleitet von Regierungssprecher Friedhelm Ost.

[24] Nachfolger des zum Jahreswechsel 1988/89 als Leiter der Ständigen Vertretung ausgeschiedenen Hans Otto Bräutigam wurde Franz Bertele. – Zum Abschiedsbesuch Bräutigams am 19. 12. 1988 bei Honecker siehe den »Vermerk« in: SAPMO ZPA J IV J/126.

längst gelöst sein. Bereits 1975 habe es einen ausgehandelten Protokoll-vermerk gegeben, der einen Grenzverlauf Mitte Strom vorsah.[25] Die BRD-Seite habe diesen Vermerk seinerzeit nicht unterschrieben, weil Niedersachsen dagegen aufgetreten sei. Er habe bei seinem Besuch in der BRD auch ein Gespräch mit Albrecht geführt. Albrecht sei bereit gewesen, eine Lösung zu finden. Er werde mit Albrecht erneut über diese Frage bei seinem bevorstehenden Besuch sprechen. Es gehe nur darum, etwas zu fixieren, was bereits seit 1945 bzw. 1949 Praxis sei. Die DDR habe entgegenkommenderweise die Kopplung zwischen der Grenzfrage und Gesprächen über die Gewässergüte fallengelassen. Die DDR sei auch bereit, Fragen im Zusammenhang mit Werra und Weser zu regeln.

E. Honecker betonte, notwendig sei eine verstärkte Zusammenarbeit zwischen der Regierung der BRD und der Regierung der DDR. Ein gutes Neben- und Miteinander auf entscheidenden Gebieten trage dazu bei, das Klima in Europa weiter zu erwärmen. Dazu gehörten natürlich auch Schritte bei der Abrüstung und vor allem der Verzicht auf die Modernisierung von nuklearen Waffen. Für die Zusammenarbeit zwischen der DDR und Schleswig-Holstein gebe es keinerlei Hindernisse.

Abschließend warf B. Engholm noch zwei Gedanken auf. Er verwies darauf, daß in Schleswig-Holstein jährlich ein großes Musikfestival stattfinde. Es bestehe ein Nachwuchsorchester aus jungen Künstlern vieler europäischer Länder, darunter auch aus der DDR. Es werde von Leonard Bernstein geleitet. Er bitte zu prüfen, ob dieses Orchester im kommenden Sommer in Berlin auftreten könne. Er wolle diese Frage mit Kulturminister Hoffmann besprechen.[26]

E. Honecker warf ein, dieser Gedanke finde seine Unterstützung.

B. Engholm verwies auf ein weiteres, langfristiges Projekt, über das er bereits mit Schlüter, Carlsson und auch mit Genscher gesprochen habe. Es gehe um eine »ars baltika«, eine Art Biennale der Ostseeländer, die Literatur, Musik, Philosophie u. a. einbeziehen könne. Er habe die Absicht, die Vorstellungen dazu in einem Papier zusammenzufassen und es an die betreffenden Länder zu verschicken.

E. Honecker erwiderte, diese Idee habe bereits bestimmte Wurzeln in den Ostsee-Wochen. Die DDR habe freundschaftliche Beziehungen zu den Ostsee-Staaten. Er sei dafür, diesen Gedanken ins Gespräch zu bringen.

E. Honecker stimmte dem Wunsch Engholms zu, den Gedanken der zentraleuropäischen Gesprächskreise im unterstützenden Sinne in die vorgesehene Pressemeldung aufzunehmen, ebenso wie die Frage der Einbeziehung von Kiel in den grenznahen Verkehr.

[25] Vgl. Nr. 1, Anm. 15.
[26] Zur Unterredung Engholms mit Kulturminister Hans-Joachim Hoffmann am 1. 2. 1989 vgl. die »Information« als Anlage d in: SAPMO ZPA J IV 2/2A/3192.

An dem Gespräch nahmen teil: der Leiter der Kanzlei des Vorsitzenden des Staatsrates, Staatssekretär Frank-Joachim Herrmann, der Leiter der Abteilung für Internationale Politik und Wirtschaft des ZK der SED, Gunter Rettner, der Leiter der Abteilung BRD im Ministerium für Auswärtige Angelegenheiten, Karl Seidel, ferner der Chef der Staatskanzlei von Schleswig-Holstein, Staatssekretär Dr. Stefan Pelny, und Günter Gaus sowie der Geschäftsträger a.i. der BRD, Franz Jürgen Staab.[27]

Anlage:
Erinnerungen von Björn Engholm an sein »Gespräch mit Honecker am 31. 1. 1989 in Berlin«

Das Gespräch fand im Gebäude des Staatsrates statt. Die Atmosphäre war verhalten-freundlich, aber zugleich sehr protokollarisch-steif.

Honecker begrüßte und gratulierte zum Wahlerfolg in Schleswig-Holstein, um anschließend ein mindestens 20–25minütiges Statement vorzutragen. Er bezeichnete die Fortschritte in der Entspannungs- und Kooperationspolitik als deutliche Zeichen einer Abkehr von der Zeit der Konfrontation; diesen Fortschritten müßten effektive Schritte zur weiteren konventionellen und nuklearen Abrüstung folgen. Er schlug hierzu eigene Initiativen der BRD und der DDR vor, die dem Beispiel der sowjetischen Truppenreduktion in der DDR folgten. Die DDR bereite solche einseitigen Abrüstungsschritte vor. Er erwarte Verhandlungen mit dem Ziel, Deutschland atomwaffenfrei zu machen, statt, wie die Bundesregierung, an eine Modernisierung der Kurzstreckenwaffen zu denken.

Honecker begrüßte, daß Bewegung in die [deutsch][28]-deutschen Beziehungen gekommen sei (Wirtschaft, Verkehr, Städtepartnerschaften...) und daß in Fragen der Elbgrenze oder der Erfassungsstelle Salzgitter durch die SPD Bewegung gebracht worden sei.

Das SPD-SED-Papier wurde von ihm kurz gewürdigt; mein Eindruck war, daß er diesem Papier nicht unskeptisch gegenüberstand.

Honecker plädierte für ein gutnachbarliches Verhältnis von DDR und Schleswig-Holstein; bei gutem Willen könnten konkrete Projekte zum beiderseitigen Nutzen vereinbart werden.

---

[27] Auf dem von Sühlo angefertigten Sprechzettel (vgl. Anm. 8), war unter 5. noch vermerkt: »Ich habe Herrn Gaus beauftragt, einige humanitäre Fälle zur Prüfung durch die DDR an den Leiter Ihres Büros, Herrn Staatssekretär Frank-Joachim Herrmann, zu übergeben.« – Vgl. dazu die mit abgedruckte Anlage.

[28] Im Original »dunkel«.

Zu den von uns vorher an die DDR adressierten Wünschen bemerkte Honecker:

1. Die Ausweitung der Fischereirechte der Lübecker Stadtfischer könnte positiv geprüft werden, wenn die BRD beim Elbgrenzverlauf Entgegenkommen zeige; Schleswig-Holstein könne mit darauf hinwirken.

2. Natur- und Umweltschutz am Schaalsee:
Die DDR sei bereit, Vorschläge über gemeinsamen Artenschutz positiv zu prüfen.

3. Joint-venture Umwelttechnik:
Derzeit gäbe es keine Möglichkeit. Aber Lieferverträge mit Unternehmen aus Schleswig-Holstein seien möglich und erwünscht.

4. Gemeinsame LKW-Produktion:
Großes Interesse an langfristigen Kooperationen bei LKW-Komponenten, Kfz-Elektronik und auch Werkzeugmaschinen.

5. Werftzusammenarbeit:
Die DDR erwarte eine Einladung von schleswig-holsteinischen Werften zu Fachkontakten; danach könne es zu praktischer Kooperation kommen.

6. Zusammenarbeit mit VHS Reinbek:
Der Kulturbund der DDR werde nach Prüfung aktiv werden.

Ich dankte Honecker für den Empfang im Namen der Delegation. Die SPD Schleswig-Holstein habe seit langem auf gutnachbarschaftliche Beziehungen BRD-DDR hingearbeitet und dazu beigetragen, Vorurteile zu überwinden.

Bei allem Trennenden: Honecker habe 1982/83, während einer Debatte um die Nachrüstung, für Abrüstung plädiert. Das sei ein richtiges Signal gewesen, wie man heute sehen könne. Übereinstimmung gebe es heute zwischen mir und ihm in Fragen wie Kernwaffentestverbot, chemiewaffenfreie Zone und Verzicht auf Kurzstreckenrakten-Modernisierung.

Um über all dies hinauszukommen, schlug ich Honecker vor, »Zentraleuropäische Gesprächskreise« als blockübergreifende Sachförderationen zu etablieren. Honecker reagierte darauf mit der Floskel »interessiert, aufgeschlossen«, er schien sich der Brisanz des Vorschlages bewußt zu sein.

Ich habe die Erleichterungen im Reiseverkehr begrüßt und angeregt, Kiel in den kleinen Grenzverkehr aufzunehmen. Honecker stimmte dem zu.

Auch dem Wunsch nach Konzerten des Schleswig-Holstein Musikfestival-Orchesters in der DDR und aktive Teilnahme der DDR an »ars baltika« stimmte Honecker zu.

Abschließend habe ich der Hoffnung Ausdruck gegeben, daß die

KSZE-Nachfolgekonferenz in Wien ein wichtiges Signal sei, die Politik der Zusammenarbeit, der Menschenrechte und der Vertrauensbildung in Europa fortzuentwickeln.

Im Anschluß an das Gespräch wurde eine Liste mit humanitären Fällen überreicht. Von den 39 Fällen (mit 86 Personen), die teils Ausreisewünsche wie Reiseerlaubnisgenehmigungen enthielten, wurden die meisten positiv beschieden, von den 9 Fällen (mit 14 Personen), die die Einreise begehrten, bis auf zwei ebenfalls alle.

75. Gespräch Späth – Honecker am 23. Februar 1989 (Berlin-Ost)

SAPMO ZPA J IV 2/1/694 und J IV 2/2A/3198: »Niederschrift über das Gespräch des Generalsekretärs des ZK der SED und Vorsitzenden des Staatsrates der DDR, Genossen Erich Honecker, mit dem Minister-präsidenten von Baden-Württemberg und stellvertretenden Vorsitzen-den der CDU, Lothar Späth, am 23. Februar 1989 im Amtssitz des Staatsrates« – Zur Westquelle vgl. Nr. 26.

E. Honecker begrüßte Späth als Ministerpräsidenten eines bedeuten-den BRD-Bundeslandes und führenden CDU-Politiker. Der erneute Gedankenaustausch werde zweifellos zur Entwicklung der Beziehun-gen zwischen der DDR und Baden-Württemberg beitragen.

Seit dem Gespräch in Gymnich im September 1987[1] hätten sich in der internationalen Entwicklung bedeutsame Veränderungen vollzogen, zeichne sich eine Wende von der Konfrontation zu Entspannung und Zusammenarbeit ab. Dieser Prozeß müsse gegen allen noch wirksamen Widerstand unumkehrbar gemacht werden. Es gebe heute im Nuklear-zeitalter nichts Wichtigeres als Friedenssicherung und Abrüstung, die Beseitigung der Gefahr eines nuklearen Infernos. Dies sei auch die Kernfrage des Verhältnisses zwischen beiden deutschen Staaten. Sie hätten nach unserer Meinung eine hohe Verantwortung für den Frie-den. Ihre Friedenspflicht erfordere ihr aktives Handeln für Abrüstung und Entspannung, eigene Initiativen in diesem Sinne.

Honeckers Ausführungen zur Abrüstung entsprechen inhaltlich den Absätzen 3 und folgende in Nr. 74, die zur KSZE, zu atom- und chemie-waffenfreien Zonen, zu nuklearen Kurzstreckensystemen und zum Ein-satz der DDR für »Entspannung und Dialog« den dort anschließenden Passagen.

Die DDR messe den Beziehungen zur BRD auf allen Ebenen wesent-liche Bedeutung bei, nicht zuletzt im Hinblick auf den Frieden in Eu-ropa. Durch die Gestaltung ihrer Beziehungen müßten beide deutschen Staaten zu Entspannung und zum Bau des gemeinsamen europäischen Hauses beitragen.

E. Honecker betonte, daß durch seinen Besuch in der BRD im Sep-tember 1987 den Beziehungen zwischen der DDR und der BRD neue Impulse verliehen wurden. Es gebe seither beachtliche Fortschritte (Ministerbesuche, Kulturaustausch, Stromverbund, Gespräche über den Ausbau der Transiteisenbahn, Transitpauschale, Ausbau der Städ-tepartnerschaften). Auch die Wirtschaftsbeziehungen entwickelten

[1] Siehe Nr. 51.

sich trotz mancher Probleme positiv. Die DDR verhalte sich im humanitären Bereich konstruktiv. Das belegten die Zahlen im Reiseverkehr. Der Besucherverkehr sei nicht zurückgegangen, sondern im Verhältnis zu 1988 weiter gestiegen. Einen solchen Besucherstrom, mehr als 10 Millionen hin und her, habe es noch nicht gegeben.

Die DDR habe die feste Absicht, die im Gemeinsamen Kommuniqué vom 8. September 1987 getroffenen Festlegungen weiter mit Leben zu erfüllen. So hätten wir uns bereit erklärt, in nächster Zeit Gespräche über die Gewässergüte der Elbe wiederaufzunehmen. Es werde zwischen der DDR und der BRD konstruktiv weitergehen, wenn man sich von gegenseitiger Achtung der Souveränität, der territorialen Integrität und Nichteinmischung, von Augenmaß und Beachtung der beiderseitigen Interessen leiten lasse. Man könne die Geschichte nicht neu schreiben.

In der DDR vollziehe sich ein Prozeß tiefgreifender politischer, ökonomischer, sozialer und geistig-kultureller Wandlungen. Sein Kern sei die Einheit von Wirtschafts- und Sozialpolitik. Dem entspreche unser gesamtes Handeln. Nur eine solche Politik sichere Vollbeschäftigung, soziale Sicherheit und demokratische Mitbestimmung. Wir hielten fest an der Dialektik von Kontinuität und Erneuerung.

Seit dem ersten Besuch von L. Späth in der DDR im Mai 1986[2] hätten sich die Beziehungen zwischen der DDR und Baden-Württemberg auf politischem, wirtschaftlichem und kulturellem Gebiet gut entwickelt.

Wir seien interessiert, diese Beziehungen zum gegenseitigen Nutzen weiter auszubauen. Der Handel sei stark angestiegen. 1988 habe er die Grenze von einer Milliarde überschritten, das sei eine Steigerung von fast 25 %. Auf beiden Seiten seien viele Unternehmen darin einbezogen. Die DDR sei dafür, diesen Wirtschaftsaustausch weiter fortzuentwickeln.

In der DDR werde gegenwärtig der XII. Parteitag der SED vorbereitet.[3] Es würden bereits Vorstellungen über die Entwicklung der Volkswirtschaft der DDR bis 1996 erörtert. Es werde orientiert auf eine Steigerung des Nationaleinkommens zwischen 3 und 4 % und der Arbeitsproduktivität zwischen 7 und 8 % jährlich. Das sei die Voraussetzung für die weitere Verwirklichung des sozialpolitischen Programms. Auf breiter Basis werde die sozialistische Demokratie entwickelt. Es gehe um die Einbeziehung aller Bürger in unser großes Aufbauwerk. Die politische Linie der DDR sei insgesamt bestimmt durch Frieden und Zusammenarbeit.

L. Späth erwiderte, er bedanke sich für die neuerliche Einladung in die DDR und die Möglichkeit, mit E. Honecker einen erneuten Mei-

---

[2] Siehe Nr. 26.
[3] Der XII. Parteitag der SED wurde vom ZK für den 15.–19. 5. 1990 einberufen, ein Jahr früher, als es das Parteistatut vorsah.

nungsaustausch zu pflegen. Auf der Habenseite könne man feststellen, daß die Entwicklung der wirtschaftlichen und wissenschaftlich-technischen Beziehungen zwischen der DDR und Baden-Württemberg gut vorangehe. Die Zusammenarbeit auf diesen Gebieten sei von großer Bedeutung, auch um politische Probleme einfacher lösen zu können.

Wenn die Menschen, Wirtschaftler, Wissenschaftler, praktisch zusammenarbeiten, führe das zu mehr Vertrauen. Er sei der Meinung, daß wirtschaftliche und kulturelle Zusammenarbeit nicht Selbstzweck seien. Es gehe darum, zur Zukunftssicherung beizutragen. Das Ost-West-Verhältnis befinde sich in einem großen Umbruch. Es entstehe ein Klima, das ermögliche, bei Friedenssicherung und Abrüstung weiter voranzukommen. Die START-Verhandlungen würden sicher weitergeführt werden. Dies habe Bush schon signalisiert.[4] Nach allem, was er vorige Woche bei seinem Aufenthalt in den USA[5] gehört habe, sei bei den Amerikanern klar, daß der Dialog mit der UdSSR fortgesetzt werden müsse. Beide deutsche Staaten hätten dabei eine große Verpflichtung. Er stimme mit E. Honecker darin völlig überein. Das INF-Abkommen sei ein Durchbruch gewesen. Es habe gerade für sein Land besondere Bedeutung gehabt, weil Baden-Württemberg die Hauptlast der Pershing-Stationierung zu tragen gehabt habe. Der ABM-Vertrag müsse weitergeführt, das weltweite Verbot der chemischen Waffen erreicht werden, zumal die Kontrolle von C-Waffen zunehmend schwieriger würde. Die Position der BRD-Regierung hierzu sei klar. Jetzt gebe es eine schwierige Diskussion in der Frage der Kurzstreckenraketen. Die BRD dränge dabei in der NATO nicht voran, die sich auf einen Weg einigen müsse. Schwierig sei die Situation, weil es auf konventionellem Gebiet ein Ungleichgewicht gebe. Es gehe darum, wie man dieses Ungleichgewicht ausbalancieren könne. Die Abschreckung sei zweifelhaft geworden, denn wen sollten Raketen unter 500 km Reichweite abschrecken, außer uns selbst. Das wichtigste sei jetzt, in Wien zügig zu verhandeln und in der NATO auf die Entwicklung einer Verteidigungsstrategie entsprechend dem Harmel-Bericht von 1967 (Sicherheit und Dialog) hinzuwirken. Für ihn sei der Prozeß der Erreichung der Balance und der Abbau von Angriffsstrukturen wichtig. Es müsse ein Gleichgewicht im konventionellen Bereich erreicht werden, um überprüfen zu können, was man im Kurzstreckenbereich tun könne. Die beiden deutschen Staaten seien in besonderem Maße darauf angewiesen, daß in Europa Frieden herrsche. Bei den Kurzstreckenwaffen seien beide die Hauptleidtragenden.

Es komme darauf an, ein Klima des Vertrauens zu schaffen. Durch den Reiseverkehr sei viel dazu beigetragen worden. Auch im humanitä-

---

[4] George Bush, Präsident der USA seit 20. 1. 1989.
[5] Ministerpräsident L. Späth galt in dieser Zeit als Kanzlernachfolger Kohls und wurde international entsprechend empfangen.

ren Bereich habe sich viel getan. Er wäre dankbar dafür, wenn die neue Reiseverfügung[6] in der Praxis nicht formal gehandhabt würde.

G. Mittag warf ein, die Zahlen bewiesen, daß dem nicht so sei.

Jetzt sei die Presse in der BRD von einem Vorfall an der »Mauer« voll.[7] In diesem Zusammenhang werde jeder »Vorfall« in der BRD zur Frage, ob das Vertrauen in den anderen gerechtfertigt sei. L. Späth erklärte, er wäre dankbar, wenn E. Honecker öffentlich noch etwas zu seiner Äußerung über die »Mauer«[8] sagen könnte, die ja zwei Teile gehabt habe. Man sei in der Bevölkerung der BRD für Ausgleich und Kooperation, aber es gebe immer wieder Labilitäten. Dem müsse man entgegenwirken. Natürlich könne man Rückschläge auch in Zukunft nicht ausschließen. Wichtig sei aber, ein Vertrauensverhältnis zwischen beiden deutschen Staaten zu schaffen und zu festigen. Die Beziehungen zwischen der DDR und der BRD hätten eine Brückenfunktion in Europa. Sie wären von großer Bedeutung für das Haus Europa.

Zu den wirtschaftlichen Beziehungen erklärte L. Späth, man solle jetzt einen Schritt weitergehen und im wissenschaftlich-technischen Bereich einen Durchbruch erzielen. Man stelle sich in Baden-Württemberg darauf ein, daß sich selbst bei kleinen Firmen bei Bildung des EG-Binnenmarktes eine starke Arbeitsteilung in der EG vollziehen werde. Man könne wirtschaftlich nur überleben, wenn man eine große Wertschöpfung sichere. Es sei ein großes Innovationstempo notwendig. Die Produktivität müsse gewaltig gesteigert werden. Die baden-württembergischen Firmen müßten dazu Kooperationspartner in anderen Ländern suchen, im Fernen Osten, in Brasilien, selbst in den USA. Es stelle sich die Frage, warum man nicht Lösungen mit der DDR vereinbaren solle. Baden-Württemberg habe ein Drittel der Joint-ventures der BRD mit der Sowjetunion, jetzt führe man Management-Seminare in der Sowjetunion durch. Das sei kompliziert. Teilweise müsse man erst gemeinsame Begriffe suchen. Es sei insgesamt ein langer und steiniger Weg. Ähnlich sei es mit Ungarn und der ČSSR, noch schwieriger mit Polen. Das Potential der beiden deutschen Staaten sei hingegen dafür noch nicht ausgenutzt. Die Formen halte er nicht für besonders wichtig; entscheidend sei, die Zusammenarbeit so zu organisieren, daß die Firmen kurze Drähte haben und die Dinge effektiv gestaltet werden.

---

[6] Siehe Nr. 74, Anm. 19.

[7] Am 6. 2. 1989 hatte der Fluchtversuch zweier DDR-Bürger an der Berliner Mauer im Kugelhagel geendet, durch den Chris Gueffroy getötet wurde.

[8] Honecker hatte auf einer ZK-Tagung zum Thema »Mauer« erklärt: »Sie wird in 50 und auch in 100 Jahren noch bestehen bleiben. Das ist schon erforderlich, um unsere Republik vor Räubern zu schützen. Ganz zu schweigen von denen, die gerne bereit sind, Stabilität und Frieden in Europa zu stören.« Er fügte hinzu, der »antifaschistische Schutzwall« würde so lange bestehen bleiben, wie nicht die Bedingungen geändert würden, die zu seiner Existenz geführt hätten. Vgl. AdG 1989, S. 32965.

Das gelte insbesondere für solche Gebiete wie Mikroelektronik und Lasertechnik. Es bestehe große Bereitschaft, mit der DDR zusammenzuarbeiten. Zunächst solle man ein paar funktionierende Beispiele schaffen. Man brauche eine Kombination von wirtschaftlicher, technischer und Forschungszusammenarbeit. Man solle auch überlegen, wie man voneinander in strategischen Fragen des Weltmarktes lernen könne. Die Chance für die Zusammenarbeit auf Drittmärkten sei größer, als sie jetzt genutzt würde. Man habe sich entsprechend auf die Leipziger Messe vorbereitet. Wichtig sei, gegenseitig zu einer modernen Produktion zu kommen, wobei man die Formen der Zusammenarbeit flexibel halten solle.

L. Späth wies darauf hin, daß die Hochschulzusammenarbeit zwischen Stuttgart und Karl-Marx-Stadt in Gang komme. Er sei interessiert, eine Zusammenarbeit der Hochschulen Karlsruhe und Ilmenau zustande zu bringen.

E. Honecker erklärte, er stelle fest, daß in den Fragen der Friedenssicherung weitgehende Übereinstimmung bestehe. Die DDR und die anderen sozialistischen Staaten seien entschlossen, auf dem Gebiet der Abrüstung weiter voranzugehen, nicht zuletzt um die konventionellen Waffen stark zu reduzieren. Er verwies auf die Gespräche während seines BRD-Besuches mit Strauß, Waigel und Dregger[9], die damals erklärt hätten, wichtiger als die Beseitigung der Mittelstreckenraketen sei die Abrüstung der Raketen unter 500 km. Natürlich könne man nicht alles auf einmal erreichen. Man müsse schrittweise vorwärts kommen.

Was die Beziehungen zwischen der DDR und der BRD betreffe, so brauche man sich nur die Frage zu stellen, wer vor 10 Jahren daran gedacht habe, daß sich die Beziehungen im jetzigen Ausmaß entwickeln würden. Ein Höhepunkt sei sein Besuch in der BRD gewesen. Inzwischen sei bereits vieles verwirklicht, was damals vereinbart worden sei. Aber er teile die Auffassung von L. Späth, daß man darüber nachdenken müsse, wie die Beziehungen weiter ausgebaut werden könnten. Was die Frage über Vorfälle an der »Mauer« betreffe, so sei er nicht verantwortlich für den Bundesnachrichtendienst, der in letzter Zeit viel fabriziert habe. Späth möge davon ausgehen, daß der Verteidigungsminister der DDR, H. Keßler, vor einiger Zeit offiziell erklärt habe, daß es keinen Schießbefehl gibt.[10] Die Beziehungen hätten sich so entwickelt, daß die Grenzsicherung gegenwärtig vor allem darauf orientiert sei, daß die DDR nicht in solche Dinge hineingezogen werde wie den Drogen-

[9] Vgl. Nr. 48 und 59.
[10] Seit Ende 1986 sollte eine »abgestufte« Regelung des Schießbefehls gelten, wonach erst ein »Anruf auf die Person«, danach ein Warnschuß erfolgen und wenn der ohne Wirkung bleibe, auf die Beine des »Grenzverletzers« gezielt werden sollte. Tatsächlich verkündete der DDR-Verteidigungsminister Keßler dann erst am 12. 11. 1989 die Aussetzung des Schießbefehls. Vgl. AdG 1989, S. 33949.

mißbrauch. Im Besucherverkehr habe die DDR in den vergangenen Jahren die Leine locker gehalten. Jetzt sei eine Rechtsgrundlage für den Besucherverkehr geschaffen worden, er habe dadurch nicht ab-, sondern zugenommen.

Die DDR sei für den Ausbau der Kooperation und das Zusammenwirken auf dritten Märkten. Sie habe große Fortschritte in der Mikroelektronik, Lasertechnik und bei neuen Werkstoffen gemacht. Sie müsse allerdings Sicherheit haben, daß die Embargo-Bestimmungen den Handel und die Zusammenarbeit nicht behindern. Die DDR habe einige wenige Joint-ventures mit sozialistischen Staaten, einen Betrieb mit Polen, der keinen Gewinn bringe, den Wismut-Betrieb gemeinsam mit der UdSSR und die gemeinsame Fährverbindung Mukran-Klaipeda. Die DDR wickle 70% des Außenhandels mit sozialistischen Staaten ab, davon 40% mit der Sowjetunion. Der Jahresumsatz mit der Sowjetunion betrage 15–16 Mrd. Rubel.

E. Honecker betonte, er sei dafür, nach neuen Formen der Zusammenarbeit zwischen Betrieben der DDR und Baden-Württemberg zu suchen. Ein gemeinsames Auftreten auf Drittmärkten könne nur vorteilhaft sein. Was das Management betreffe, habe die DDR ein Institut für die Aus- und Weiterbildung leitender Wirtschaftskader in Rahnsdorf. Dort seien schon zwei Lehrgänge für sowjetische Betriebsleiter durchgeführt worden. Wenn Späth interessiert sei, könne er dieses Institut besuchen. Er sei dafür, einen Erfahrungsaustausch auf dem Gebiet der Wirtschaftsleitung zu organisieren.

L. Späth erwiderte, er halte dies für eine wichtige Anregung. Es gebe in Baden-Württemberg eine vergleichbare Einrichtung, eine Hochschule für mittleres Management. Das ergebe sich aus der Notwendigkeit, mehr junge Leute dafür auszubilden, z. B. auch für eine dauernde Tätigkeit im Ausland. Das Tempo der Innovation und die Notwendigkeit des internationalen Handels verstärke sich. Darauf müsse sich insbesondere Baden-Württemberg einstellen, das einen jährlichen Export von 100 Mrd. DM habe.

L. Späth erklärte, man müsse praktische Beispiele für die wirtschaftliche Zusammenarbeit schaffen und die Entwicklung der Beziehungen allseits fördern.

E. Honecker sagte, 50% des Nationaleinkommens der DDR würden über den Außenhandel realisiert. Deshalb sei Innovation auch für die DDR lebenswichtig. Die neuesten Ergebnisse von Forschung und Entwicklung müßten in die Produktion einfließen. Was Marktbearbeitung betreffe, könne man sicher voneinander lernen, nicht zuletzt auch, was die Erfahrungen der DDR auf dem sozialistischen Markt betreffe. Er unterstrich abschließend, daß die DDR entschlossen sei, die guten Beziehungen zu Baden-Württemberg weiter voranzubringen.

76. Gespräch Voscherau – Honecker am 24. Februar 1989 (Ost-Berlin)

[a] Unterlagen Voscherau: »VAL 27. 2. 1989. Gespräch Bgm/GS Honecker am 24. 2. 1989 in Ostberlin. Weitere Teilnehmer: StS Herrmann, Botschafter Seidel (DDR), StS Bertele, PRL, VAL«

Honecker eröffnete mit Ausführungen zu internationaler Lage. Zwischen SED und SPD (unter Einfluß ČSSR) herrsche starke Übereinstimmung in Friedensfragen. Vorschläge zu Abbau atomarer und chemischer Waffen wie zu Zone des Vertrauens seien zum Tragen gekommen. DDR unterstütze nachhaltig Gorbatschows Friedensinitiative (Halbierung strateg. Waffen).[1] Wichtig sei Fortbestand ABM-Vertrag, Verbot chemischer Waffen und konventionelles Gleichgewicht auf niedrigem Niveau. Hinweis auf bekannte »Vorleistung« UdSSR/DDR.

Modernisierung sei neue Aufrüstung. Forschungsvorhaben in Bundesrepublik und neue Rakete mit Reichweite unter 500 km bedeute große Gefahr. Er begrüße Kohls Position, daß gegenwärtig kein Entscheidungsbedarf bestehe.[2] Aber USA drängten. UdSSR habe demgegenüber durch Vorschläge und Taten in Europa wie in Asien Friedenswillen bewiesen.

Beiden deutschen Staaten komme besondere Verantwortung zu. Zwei Weltkriege seien genug. Ziel müsse die Herstellung der Nichtangriffsfähigkeit sein. Große Operationen dürften nicht mehr möglich sein. Auch auf diesem Gebiet bestehe Übereinstimmung SED/SPD.

Gespräche zwischen beiden Staaten müßten – wie in Bonner Kommuniqué vereinbart – weitergehen. Vereinbarung Eisenbahnausbau Berlin–Hannover stehe vor Abschluß. Transitpauschale werde neu geregelt. Es gehe also weiter. Aber Voraussetzung allen Fortschritts sei Frieden.

DDR befinde sich in stabilem, dynamischem Prozeß in Politik, Wirtschaft, Wissenschaft und Kultur. Wirtschaftswachstum der letzten Jahre 4%. Wohnungsbedarf sei bis 1990 gedeckt. DDR stehe in Prozeß tiefgreifender Wandlung. Immer neue Fragen stellten sich. Man stelle sich ihnen nach den Prinzipien des dialektischen Prozesses.

[1] Siehe Nr. 74, Anm. 2. – Die von Honecker vorgetragenen Argumente zur »internationalen Lage« decken sich fast völlig mit dem in Nr. 55 referierten Passagen.
[2] So hatte Kohl auf der Wehrkundetagung am 7. 2. 1988 in München für eine Abrüstung bei diesen Raketen plädiert, während US-Verteidigungsminister Carlucci dort eine »Modernisierung« befürwortet hatte, und auf der Gipfelkonferenz vom 2./3. 3. 1988 hatte Kohl gesagt, daß »derzeit keine Entscheidung über die Modernisierung von Nuklearwaffen kürzerer Reichweite anstehe«. Vgl. AdG 1988, S. 31948 und 31993.

Zu Hamburg habe DDR gute Beziehungen. Man müsse sie im Rahmen des Möglichen ausbauen. Beitrag zum Hafengeburtstag: Dresdner Raddampfer, repräsentative Delegation, Kulturensemble, Dresdner Gastronomiewoche. Generell sei auch hier Ziel: Weg von Konfrontation hin zu Kooperation bei Respektieren der Realität.

Bgm entgegnet, sein Besuch entspreche Tradition des Senats, der stets Kooperation angestrebt habe. Sicherung des Friedens sei oberstes Ziel. Abrüstung falle dann leichter, wenn Problemfelder konventionelle und Kurzstreckenwaffen, die nicht voneinander zu trennen seien, in einem Korb gebündelt gelöst werden könnten. Die einseitige Abrüstung des Ostens sei ein Signal, diese Lösung in Angriff zu nehmen.

Erfolge der Abrüstung fänden positives Echo auch in der Bevölkerung, ohne die Handlungen der Politiker, etwa die Erklärung Kohls, nicht zu verstehen seien. Auch wenn Kohls Position gegenüber USA und GB nicht leicht zu halten sei, so werde sie doch von der Grundstimmung der deutschen Bevölkerung erzwungen. Strukturelle Nichtangriffsfähigkeit, die Ziel der Korblösung sein müsse, entspreche dieser Grundstimmung.

Atmosphäre sei also wichtig. Gute Stimmung hänge nicht zuletzt von guten Beziehungen, Begegnungen der Menschen ab. Kiel sei nun in den kleinen Grenzverkehr einbezogen. Hamburg sei in der Bonner Erklärung angesprochen. Seine Einbeziehung wäre jetzt ein deutliches Signal.

Die Elbe sei leider immer noch ein Symbol der Trennung in Europa. Vertrauensbildend wäre es, sie als Symbol europäischer Verständigung zu nutzen, etwa durch einen ersten Schritt der Passagierschiffahrt zwischen den Partnerstädten Hamburg und Dresden mit Option nach Prag.

Honecker: Ziel sei Friedenspartnerschaft, die ohne starke Unterstützung der Bevölkerung undenkbar sei. Selbstverständlich müsse nukleare mit konventioneller Komponente der Abrüstung mit Zielsetzung gegenseitigen Vertrauens bei niedrigem Rüstungsniveau einhergehen. Die Erwartung der DDR-Bevölkerung sei jedenfalls sehr groß.

Der Einbeziehung Hamburgs in den kleinen Grenzverkehr stimme er zu. Er werde zuständige Stellen entsprechend anweisen. In kurzer Frist könne dies umgesetzt sein.

Passagierschiffahrt, der er grundsätzlich zustimme, setze Regelung Grenzfrage voraus, ohne daß dies ein Junktim sei. Regeln müßten feststehen. Hier müsse Albrecht zu einer vernünftigen Position finden.[3] Kohl sei dazu bereit. Er habe sich in Bonn bei einem von Kohl vermittelten Gespräch mit Albrecht schon darauf geeinigt, »ungeachtet

---

[3] Siehe Nr. 78.

unterschiedlicher Standpunkte« die Flußmitte als Grenze zu bestätigen.[4] Nun wolle Albrecht nichts mehr davon wissen. Man müsse aber zu seinem Wort stehen. Er werde ihn bei seinem bevorstehenden Besuch in der DDR darauf ansprechen.

Bgm erinnert an seine Position: Lieber eine Grenze in der Mitte eines lebenden als eine Grenze am Ufer eines toten Flusses. Drängendes Problem der Elbe sei Umweltfrage. Bevölkerung sei brennend daran interessiert, wie man Einleitungen feststellen und verringern könne, welche technologischen Mittel es dazu gebe, was es koste, wie die Zeithorizonte aussähen. Die Funktion des Hamburger Hafens als Kläranlage der Elbe sei jedenfalls untragbar.

Honecker stimmt zu. Zwar tue man viel für die Elbreinigung. Die Minister seien aber beauftragt, ein Umweltschutzabkommen auszuhandeln. Er denke, daß man bald zu einem Abschluß kommen könne.

Bgm spricht Problematik Reiseverkehr an. Wenn neue Verordnung[5] restriktiv und bürokratisch eng – so unser Eindruck – gehandhabt werde, baue sich zunehmender Ausreisedruck mit der Gefahr von Verzweiflungstaten auf. Wenn DDR sich so souverän fühle wie sie es sage, könne sie großzügig sein. Härten bei Einzelschicksalen, die das öffentliche Bewußtsein prägten, könnten so vermieden werden.

Honecker: Reiseverkehr sei in der Tat ein ernstes Problem. Freilich habe die DDR die Tore weit geöffnet. Es reisten weit mehr DDR-Bürger in die Bundesrepublik als umgekehrt. Nicht zu vergessen sei auch das finanzielle Problem. DDR habe aber nicht die Absicht, die »Leinen anzuziehen«. Nach seinen Informationen liege der Reiseverkehr im Januar 1989 zahlenmäßig über Vorjahresmonat.

Bgm spricht Grenzzwischenfall an.[6] Honecker: Die Militärstaatsanwalt[schaft] prüfe noch. Sollte sich Vorfall bestätigen, würde er dies bedauern. DDR habe Vorfälle dieser Art in der Vergangenheit stets bedauert. Bis zur endgültigen Klärung der Vorfälle handele es sich für ihn aber um eine Angelegenheit westlicher Medien. Das Grenzregime könne allerdings kein Verhandlungsgegenstand sein. Wer in militärische Sperrzonen eindringe, habe ggf. auch die Folgen zu tragen. Polizei sei auch im Westen bewaffnet. Als Vorsitzender des Verteidigungsrates der DDR könne er Äußerungen seines Verteidigungsministers, es gebe keinen Schießbefehl, nur bestätigen.[7] Dies hätte vor zwei Jahren nicht so gesagt werden können. Diese Befehlslage werde auch durchgesetzt; man werde für Ordnung und Disziplin in der Armee sorgen. Abschließender Hinweis auf Änderung der Grenzsicherungsanlagen (Abbau der Todesautomaten, Räumung der Minenfelder).

---

[4] Vgl. Nr. 41, bes. Anm. 8 und Nr. 43, bes. Anm. 33.
[5] Siehe Nr. 74, Anm. 19.
[6] Siehe Nr. 75, bes. Anm. 7.
[7] Vgl. Nr. 75, Anm. 10.

Honecker spricht abschließend besorgt Wahlerfolg der Republikaner in Berlin an.[8] DDR werde Ausländerhaß nicht zulassen. Volkskammer werde demnächst Ausländerwahlrecht für Kommunalwahlen (Mai 89) beschließen.[9]

[b] *SAPMO ZPA IV 2/1/666: »Niederschrift über das Gespräch des Generalsekretärs des ZK der SED und Vorsitzenden des Staatsrates der DDR, Genossen Erich Honecker, mit dem Präsidenten des Senats und Ersten Bürgermeister der Freien und Hansestadt Hamburg, Henning Voscherau, am 24. Februar 1989 im Amtssitz des Staatsrates«*

E. Honecker begrüßte H. Voscherau und wünschte ihm viel Erfolg in seinem verantwortungsvollen Amt.[10] Er freue sich, daß die Begegnung zustande gekommen sei. Die Beziehungen zwischen der DDR und Hamburg entwickelten sich gut. Was die internationale Entwicklung betreffe, gebe es übereinstimmende Auffassungen. *Die im folgenden referierten Ausführungen Honeckers zu Abrüstungsfragen sind eine Kurzfassung der schon in [a] ausgeführten Passagen.*
Jetzt werde versucht, den Abbau der Raketen mittlerer Reichweite durch Modernisierung von Kurzstreckenraketen zu kompensieren. Das würde neue Aufrüstung bedeuten. Aus der BRD seien Pläne bekanntgeworden, eine eigene Rakete mit einer Reichweite unter 500 km zu entwickeln. Wenn dies zum Tragen komme, würde dies den Abrüstungsprozeß gefährden. Es sei zu begrüßen, daß Bundeskanzler Kohl erklärt habe, es gebe gegenwärtig keinen Entscheidungsbedarf für eine Modernisierung.[2] Die USA hätten allerdings klar erklärt, daß die NATO bei ihrer Konzeption der nuklearen Abschreckung bleibe.
Die DDR gehe davon aus, daß die beiden deutschen Staaten eine besondere Verantwortung für Frieden und Sicherheit in Europa haben. Die These von Bundeskanzler Kohl »Frieden schaffen mit weniger Waffen« werde von uns unterstützt. Die DDR trete für die Nichtangriffsfähigkeit der beiden Militärblöcke ein. In diesem Sinne komme dem Rückzug von Panzerdivisionen der Sowjetunion aus der ČSSR, der DDR und Polen eine besondere Bedeutung zu. Die DDR reduziere selbst 600 Panzer. Sie sei dafür, alle Möglichkeiten auszuschöpfen, um

---

[8] Bei den Wahlen zum Berliner Abgeordnetenhaus am 29. 1. 1989 hatten die Republikaner 7,5% der Stimmen bekommen.
[9] Die Kommunalwahlen fanden am 7. 5. 1989 statt. Unterlagen zur Gesetzesänderung mit dem Wahlrecht für Ausländer in: SAPMO ZPA IV 2/2039/230.
[10] Henning Voscherau war am 8. 6. 1988 als Nachfolger von Klaus von Dohnanyi zum Ersten Bürgermeister von Hamburg gewählt worden.

die Nichtangriffsfähigkeit aus Ost wie aus West herbeizuführen und die Fähigkeit großer Angriffsoperationen auszuschalten. Es sei erfreulich, daß es auf dem Gebiet der Sicherheitspolitik eine weitgehende Übereinstimmung mit der SPD gebe. Das gemeinsame Papier zwischen SED und SPD über den Streit der Ideologien und die gemeinsame Sicherheit habe große Bedeutung, auch international. Zwei Weltkriege seien von Deutschland, von Berlin ausgegangen. Es müsse verhindert werden, daß zum dritten Mal von deutschem Boden ein Krieg ausgeht. Dies sei die entscheidende Frage in den Beziehungen zwischen der DDR und der BRD.

Die Beziehungen zwischen Hamburg und der DDR seien sehr vielgestaltig, sowohl auf politischem wie kulturellem und wirtschaftlichem Gebiet. Die DDR sei dafür, daß zwischen der DDR und der BRD insgesamt der Dialog fortgesetzt werde. Es gebe erste Ergebnisse bei der Realisierung des Gemeinsamen Kommuniqués über den Besuch E. Honeckers in der BRD. Es werde über den Ausbau einer Eisenbahnstrecke zwischen Hannover und Berlin verhandelt. Er erwarte einen erfolgreichen Abschluß. Es gebe die Vereinbarung über die Transitpauschale, die auch einen gesicherten Transitverkehr zwischen Berlin und Hamburg gewährleistet. Von großer Bedeutung sei vor allem, daß die DDR und die BRD Initiativen entfalten, um den Frieden zu sichern.

E. Honecker erklärte, in der DDR vollziehe sich eine stabile und dynamische Entwicklung im politischen Leben, in Wirtschaft, Wissenschaft und Kultur. Am 6. Mai würden Kommunalwahlen unter großer Beteiligung aller in der Nationalen Front vereinigten Kräfte stattfinden.[11] In ihrem Ergebnis würde es eine breite Entfaltung der sozialistischen Demokratie und der weiteren Entwicklung der Volkswirtschaft geben. Die DDR habe ein durchschnittliches jährliches Wachstum beim Nationaleinkommen um 4%, bei der Arbeitsproduktivität zwischen 6–8%. Bis 1990 werde im Rahmen unseres sozialpolitischen Programms die Wohnungsfrage als soziales Problem gelöst. Dafür würden große Mittel eingesetzt. Vor kurzem habe er in Hohenschönhausen symbolisch die dreimillionste Wohnung übergeben. 1989/90 würden noch 400 000 neue Wohnungen gebaut. Natürlich würden auch danach noch genügend Aufgaben für das Bauwesen bleiben. Das, was sich in der DDR vollziehe, sei ein historischer Prozeß tiefgreifender politischer, wirtschaftlicher, sozialer und geistig-kultureller Wandlungen. Wir hielten fest an der Dialektik von Kontinuität und Erneuerung.

E. Honecker betonte, die DDR habe zu Hamburg seit langem traditionelle gute Beziehungen auf politischem, wirtschaftlichem und kulturellem Gebiet. Sie sei nicht nur interessiert, diese Beziehungen zu erhalten, sondern im Rahmen des Möglichen weiter auszubauen. Auf

---

[11] Zu den Kommunalwahlen am 7. Mai 1989 in der DDR, der Bewertung und den Wahlfälschungen vgl. AdG 1989, S. 33317f.

Wunsch des Hamburger Senats bestehe Bereitschaft, zusätzlich zum vereinbarten Jahresplan der Städtepartnerschaft mit Dresden anläßlich der 800-Jahrfeier des Hamburger Hafens folgendes zu tun:
- Entsendung einer repräsentativen Delegation aus Dresden unter Leitung des Oberbürgermeisters Mitte Mai 1989.
- Entsendung des Elbdampfers »Dresden« in der Zeit vom 3. – 16. 5. 1989 und Nutzung des Schiffes für eine Ausstellung über Dresden, Kulturveranstaltungen und gastronomische Zwecke.
- Entsendung eines Kulturensembles aus Dresden.
- Durchführung von »Gastronomischen Tagen Dresdens« durch das Hotel »Bellevue« im Hotel »Atlantic« in Hamburg in der Zeit vom 9. 5. – 16. 5. 1989.

H. Voscherau bedankte sich für die Möglichkeit des Gespräches mit E. Honecker. Sein Besuch entspreche der Tradition des Hamburger Senats. Hamburg habe sich an Konfrontationen nie beteiligt. Es habe sich schon seit Ende der vierziger Jahre für Frieden und wechselseitigen Austausch bei Respektierung der Realitäten eingesetzt. Daran werde man auch in Zukunft festhalten. Er teile völlig die Einschätzung, daß die Sicherung des Friedens im Mittelpunkt stehen müsse. Es dürfe nie wieder zu kriegerischen Konflikten kommen, die von deutschem Boden ausgehen. In einem solchen Falle wären beide Staaten gemeinsam Objekt und Opfer, das würde zur Vernichtung Europas, der DDR und der BRD führen. Die Bevölkerung Hamburgs freue sich über die Fortschritte im internationalen Abrüstungsprozeß. Die Bewertung des INF-Abkommens sei sehr positiv. Er unterstütze die Halbierung der strategischen Offensivwaffen und das weltweite Verbot der chemischen Waffen. Ob es zu einem weiteren Erfolg des Abrüstungsprozesses komme, liege seiner Meinung nach letztlich darin, ob es gelinge, die konventionelle Abrüstung in einem »Korb« mit den nuklearen Kurzstreckenwaffen zu verbinden. Es sei schwierig, beide Fragen voneinander zu trennen. Die einseitigen Vorleistungen auf konventionellem Gebiet finde er sehr begrüßenswert. Damit solle man sich nicht zufriedengeben. Sie sollten vielmehr das Signal für die Bildung eines solchen Korbes hinsichtlich der konventionellen Waffen und Kurzstreckenwaffen sein. Was die Diskussion über die Modernisierung betreffe, verweise er auf die Erklärung von Bundeskanzler Kohl, daß kein Entscheidungsbedarf bestehe.[2] Dies entspreche der Grundstimmung in der Bevölkerung der BRD. Die Frage der Modernisierung stoße überwiegend auf Kritik. Die Bundesregierung wie die Landesregierungen könnten dies nicht außer acht lassen. Diese Erklärung von Kohl sei gegenüber den USA wie gegenüber Frau Thatcher[12] nicht gerade einfach gewesen.

[12] Die britische Premierministerin Margaret Thatcher hatte sich auf der NATO-Gipfelkonferenz – vgl. Anm. 2 – vehement für eine Modernisierung der atomaren Kurzstreckenraketen eingesetzt.

Er verweise auch auf positive Aspekte in Asien. Er begrüße, daß die Sowjetunion zu einer deutlichen Verbesserung der Lage beitrage. Man könne dem afghanischen Volk nur wünschen, daß sich die Situation nicht zum Schlechteren wenden möge. Die Orientierung auf die strukturelle Nichtangriffsfähigkeit entspreche den Überzeugungen der SPD. Im übrigen wolle er auf die bekannten Positionen der SPD wie auch auf das gemeinsame Papier zwischen SED und SPD verweisen. Das sei die Grundlage für die weitgehende Übereinstimmung in den Fragen von Frieden und Abrüstung.

H. Voscherau bemerkte, im Hinblick auf die Schaffung einer guten Atmosphäre möchte er einen zusätzlichen Gesichtspunkt aufwerfen. Die Friedenssehnsucht der Menschen sei ein bedeutsamer politischer Faktor, den die Regierenden berücksichtigen müßten. Insofern müsse man die Atmosphäre im Beziehungsgeflecht zwischen der DDR und der BRD umfassender betrachten. Hamburg sehe sich selbst an der Spitze einer Politik des Ausgleichs, der Verständigung, des friedlichen Handels. Bei dem Besuch von B. Engholm sei von der DDR die Einbeziehung von Kiel in den grenznahen Verkehr zugesagt worden.[13] Es wäre auch sehr positiv, wenn Hamburg in den grenznahen Verkehr einbezogen würde. Die Hamburger Bevölkerung hätte eine solche Geste verdient.

Als weiterer Punkt möchte er vorschlagen zu prüfen, ob es nicht für alle Beteiligten positiv sein könnte, einen regelmäßigen Passagierschiffsverkehrs zwischen Hamburg und Dresden einzurichten, den man dann auch auf die ČSSR ausdehnen könnte. Dies wäre politisch attraktiv und auch ökonomisch durch den Tourismus vorteilhaft. Die Elbe sei jetzt ein Symbol der europäischen Teilung, sie könnte dann wieder ein Symbol der Annäherung werden. Das würde die Position Hamburgs stärken. Es liege auch im Interesse der DDR, die Stimme Hamburgs zu stärken.

E. Honecker erwiderte auf die Darlegungen Voscheraus, Sicherheitspartnerschaft sei sehr wichtig. Es gebe hier erste Fortschritte. Wir hätten dabei die starke Unterstützung der Bürger unserer Länder. 85% der Bevölkerung der BRD seien für Abrüstung und Entspannung. Die Verbindung zwischen nuklearen und konventionellen Waffen sei ein wichtiges Problem, zumal es doppelverwendungsfähige Waffen gebe. Die DDR strebe an, anstelle einer Modernisierung schrittweise zur Reduzierung und Beseitigung der nuklearen Waffen in Europa zu kommen. Die einseitigen Reduzierungen auf seiten des Warschauer Vertrages sollten dazu ermuntern. Das gegenseitige Vertrauen solle gestärkt werden. Es gebe volle Übereinstimmung, ein konventionelles Gleichgewicht auf niedrigem Niveau herbeizuführen und die Kernwaffen vollkommen zu beseitigen.

---

[13] Siehe Nr. 74.

Was die Frage der Beziehungen betreffe, so stimme er zu, daß zwischen Hamburg und der DDR traditionell gute Beziehungen bestehen. Er sei wiederholt mit K. von Dohnanyi zusammengetroffen.[14] Zum Handel werde H. Voscherau anschließend noch ein Gespräch mit Minister Beil haben.[15] Wir seien interessiert am Ausbau des Handels. Der Hamburger Hafen werde von uns sehr geschätzt. Natürlich würden auch unsere eigenen Häfen ausgebaut.

Hinsichtlich der Bitte von H. Voscherau über den grenznahen Verkehr möchte er erklären, da es möglich war, gegenüber B. Engholm die Einbeziehung von Kiel in den grenznahen Verkehr zuzusichern, wolle er auch H. Voscherau entgegenkommen. Er stimme zu, Hamburg in den grenznahen Verkehr einzubeziehen. Die zuständigen Regierungsstellen würden entsprechend beauftragt werden.

Die Frage der Passagierschiffahrt auf der Elbe müsse mit E. Albrecht erörtert werden.[3] Bei dem kürzlichen Antrittsbesuch unseres Ständigen Vertreters in Hannover[16] habe Albrecht erklärt, die Elbgrenze sei kein Thema. Klar sei aber, bevor man nicht zu einer Einigung über die Frage der Elbgrenze komme, könne man nicht über Passagierschiffahrt von Hamburg nach Dresden sprechen. Dabei sei das Grenzproblem eigentlich völlig klar. Es gehe darum, die seit langem bestehende Praxis zu fixieren. Die Grenzkommission habe den Auftrag festzustellen, wo die damaligen Alliierten die Grenze gezogen hätten. Sie hätten sich damals auf Mitte Strom geeinigt. Das sei auch international üblich. In Berlin sei durch Gebietsaustausch sogar die Grenze verändert worden. Bei der Elbe gehe es nicht einmal um eine Grenzänderung, sondern um die Bestätigung der bestehenden Praxis, die seit Gründung der beiden deutschen Staaten bestehe. Bereits seit 1975 gebe es einen Protokollvermerk der Grenzkommission über die Grenze Mitte Strom. Ihn brauche man nur zu unterzeichnen. Damals gab es den Einspruch von E. Albrecht. Er sei bekanntlich in Bonn mit E. Albrecht zusammengetroffen. Albrecht habe erklärt, ungeachtet der verschiedenen Rechtsauffassungen solle man die praktischen Fragen regeln.[4] Bei gutem Willen müsse es möglich sein, zu einem Übereinkommen zu gelangen, den Grenzverlauf dort zu bestimmen, wo die Grenze tatsächlich verläuft, nämlich Mitte Strom. Das würde es ermöglichen, andere bereits ausgehandelte Vereinbarungen, darunter auch über die Schiffahrt, abzuschließen. Bei der Passagierschiffahrt müsse man also auf die Einsicht von E. Albrecht hoffen, dann stünde dem nichts im Wege. Dies sei kein Junktim, sondern es gehe um Rechtssicherheit.

[14] Siehe Nr. 60. Außer diesem Gespräch konnten keine Aufzeichnungen über weitere Treffen in ZPA gefunden werden.

[15] Eine Aufzeichnung über dieses Gespräch befindet sich in: SAPMO ZPA J IV 2/2A/3197f.

[16] Nachfolger von Ewald Moldt als Leiter der Ständigen Vertretung der DDR in der Bundesrepublik war 1988 Horst Neubauer geworden.

H. Voscherau bedankte sich für die großzügige Bereitschaft, Hamburg in den grenznahen Verkehr einzubeziehen. Die Hamburger Bevölkerung werde das mit großer Freude zur Kenntnis nehmen. Was die Grenzfrage betreffe, so sei sein Standpunkt bekannt: Besser man habe eine Grenze in der Mitte mit einem lebenden Fluß, als am Rande eines toten Flusses. Er sei gerne bereit, E. Albrecht den Standpunkt E. Honeckers zu übermitteln. Aus seiner Sicht sollte man erwägen, ob es nicht günstiger sei, durch die normative Kraft des Faktischen sich einfach so zu verhalten, als ob die Grenze geregelt sei, auch bei der Schiffahrt. Bei den politischen Auseinandersetzungen innerhalb der BRD um die Regelung der Grenze an der Elbe gehe es nicht so sehr um die Frage der Personenschiffahrt, vielmehr sei es die Ungeduld, schneller im Umweltschutz voranzukommen und einen Durchbruch zwischen der DDR und der BRD durch ein umfassendes Abkommen zu erreichen. Er möchte die Aussage E. Honeckers gern so werten: Sobald sich Bewegung in der Grenzfrage abzeichne, könne man noch einmal über den Passagierschiffsverkehr sprechen.

E. Honecker erwiderte, H. Voscherau könne davon ausgehen, daß wir für den Passagierschiffsverkehr zwischen Hamburg und Dresden und darüber hinaus sind. Erforderlich sei allerdings, daß man zu einer Verständigung mit Niedersachsen über die Grenze auf der Elbe komme, die den Realitäten entspreche. Die Regelung von Grenzfragen könne man nicht beiseite schieben. Bekanntlich habe sich das Bundesverfassungsgericht der BRD auf den Standpunkt gestellt, die Grenze zwischen beiden deutschen Staaten habe den Charakter der Grenze zwischen Hessen und Bayern. Man müsse ausgehend vom Völkerrecht übereinkommen, wo die Grenze auf der Elbe verlaufe.

Ungeachtet dieser Frage sei die DDR für ein Umweltschutzabkommen mit der BRD. Der Umweltminister der DDR sei beauftragt, in dieser Richtung zu arbeiten. Unabhängig von einem solchen umfassenden Abkommen habe sich die DDR bereit erklärt, die Verhandlungen über die Gewässergüte der Elbe wiederaufzunehmen. Die DDR selbst tue viel für die Gewässerreinhaltung. Die Elbe werde durch uns nicht mehr belastet als durch andere.

H. Voscherau verwies auf ein kürzliches Gespräch mit E. Bahr. E. Bahr sei bekanntlich auch ein Hamburger Professor für Friedensprobleme. Er habe gemeinsam mit Bahr über die Auswirkungen der neuen Reiseverordnung[5] der DDR gesprochen. Es gebe die Sorge, daß diese Verordnung nicht flexibel genug gehandhabt werde. Das würde den Druck auf Ausreisen verstärken. In der BRD werde die DDR als souveräner Staat geachtet, der sich auch Souveränität nach innen leisten könne.

Er finde es immer wieder bedauerlich, wenn den Medien Vorwände für Störungen gegeben würden, wie es durch den jüngsten Vorfall[6] geschehen sei. So etwas löse Emotionen in der Bevölkerung der BRD aus. Er möchte solche störenden Prozesse vermeiden. Es wäre gut, wenn man sich in der BRD nicht ständig einer Diskussion über Menschenrechte, Schießbefehl und tragischen Einzelfällen ausgesetzt sehe.

E. Bahr habe ihn gebeten, noch auf einen anderen Punkt hinzuweisen. Er veranstalte in Bonn ein Friedensseminar mit internationaler Beteiligung.[17] Die DDR wolle nicht teilnehmen. E. Bahr bitte dies nochmals zu überdenken.

E. Honecker erklärte, daß die Frage des Reise- und Besucherverkehrs ein wichtiges Problem in den Beziehungen zwischen der DDR und der BRD sei. Bei seinem offiziellen Besuch in der BRD sei ihm von allen Seiten versichert worden, daß man überall DDR-Bürger treffe. Damals habe es die Reiseverordnung noch gar nicht gegeben. Es verstehe sich von selbst, daß dies unsere Angelegenheit sei. Die DDR habe die Tore weit geöffnet. Das habe dazu geführt, daß mehr Bürger der DDR die BRD besuchen als umgekehrt. Es gebe also für uns keinen Nachholbedarf, insbesondere wenn man die Reisezahlen ins Verhältnis zu den Bevölkerungszahlen setze. Auf unserer Seite liege nicht die Ursache der Spaltung der Währung. Sie wurde einseitig durch die westliche Seite vorgenommen. Stalin habe damals die Vertreter der drei Westmächte warnend darauf hingewiesen, daß die einseitige Durchführung der Währungsreform nur die Schaffung von zwei Staaten auf deutschem Boden zur Folge haben könne. Die Mark der DDR sei eine Binnenwährung und einer starken Spekulation ausgesetzt. Wir würden gern jedem DDR-Bürger 80,– bis 100,– Mark für Reisen bewilligen. Aber er bekomme nicht den entsprechenden Gegenwert in DM, sondern nur 0,25 DM. Umgekehrt sei das Verhältnis anders. Für eine DM bekomme man 6,– Mark der DDR. Bei einem solchen spekulativen Verhältnis könnten dann BRD-Bürger in der DDR gut leben. Die Regierung der BRD müsse sich mit der Regierung der DDR in Verbindung setzen, um eine Lösung zu finden. Was die Befürchtungen über den Reiseverkehr betreffe, so könne er nur wiederholen, was er L. Späth gesagt habe.[18] Die DDR habe nicht die Absicht, die Leinen anzuziehen. Die neuesten Zahlen lägen noch nicht vor, aber der Reiseverkehr sei gestiegen.

Das Grenzregime der DDR liege ausschließlich in ihrer Souveränität. Das könne man nicht in einen Zusammenhang mit der Friedensfähigkeit der DDR bringen. Reiseverkehr habe nicht den Weltkrieg verhindert. In den letzten zehn Jahren habe sich auf diesem Gebiet eine Ent-

---

[17] In Bonn kam es am 27. 4. 1989 zum Treffen der sicherheitspolitischen Arbeitsgruppen von SPD und SED, verbunden mit einem Symposium. – Ein wehrpolitisches Seminar fand dagegen am 28. 3. 1989 in Hamburg statt, an dem Offiziere der Bundeswehr und der Nationalen Volksarmee (NVA) teilnahmen.
[18] Siehe Nr. 75.

wicklung vollzogen, über die auch E. Bahr nur staune. Es werde viel über den Schießbefehl geredet. Er habe Strauß einmal gefragt, wie es denn mit dem Schießbefehl bei der Polizei in der BRD sei. Strauß habe geantwortet, es gebe einen Anruf, dann einen Warnschuß und dann schieße man scharf.[19] So sei es auch bei uns. Bei der Polizei in der BRD sitze der Colt lockerer als bei uns. Der Vorfall, über den H. Voscherau gesprochen habe, sei ein Vorfall in westlichen Medien. Im übrigen müsse man davon ausgehen, daß es an der Grenze eine militärische Sperrzone gebe. Wer dort eindringe, habe die Folgen zu tragen. Außerdem stünden die Tore für den Reiseverkehr weit offen. Wir seien dafür, daß eine Atmosphäre der guten Nachbarschaft, der guten Zusammenarbeit herrsche. Er möchte als Vorsitzender des Verteidigungsrates der DDR ausdrücklich erklären, wenn der Minister für Nationale Verteidigung der DDR erkläre, es gäbe keinen Schießbefehl[7], dann gebe es auch keinen.

Was das Friedensseminar in Bonn betreffe, so habe er sich von H. Axen informieren lassen. Eine endgültige Entscheidung sei noch nicht getroffen. Aber natürlich hänge unsere Teilnahme auch von der Zusammensetzung dieses Seminars ab. Wenn dort Personen zu Wort kommen, die ihre Hauptaufgabe darin sehen, ihr Land zu verleumden, dann würden wir ihnen keine Fahrkarte geben.

H. Voscherau erklärte, ihm sei bewußt, daß es keinen Zusammenhang zwischen den von ihm gestellten Fragen und der Friedensfähigkeit der DDR gebe. Die Frage des Grenzregimes sei eine Frage der Souveränität der DDR. Er nehme mit Genugtuung zur Kenntnis, daß es keinen Schießbefehl mehr gebe.

E. Honecker erklärte nochmals nachdrücklich, bis jetzt gebe es nur einen Vorfall in den BRD-Medien. Er trage nicht die Verantwortung dafür, was der BND fabriziere. Die DDR habe im Zuge ihres Strebens nach einem europäischen Haus bekanntlich ihr Grenzregime verändert. Nicht alles, was in den BRD-Medien stehe, halte der Prüfung der Wahrheit stand.

Ungeachtet der unterschiedlichen Entwicklungen zwischen der DDR und der BRD hätten sich die Beziehungen gut entwickelt. Sie seien besser als ihr Ruf. Die DDR sei für das europäische Haus, auch für ein Haus mit Türen. Dazu gehöre aber auch, daß man nicht zur Rüstungseuphorie zurückkehre, sondern die Konfrontation abbaue. Er habe gerade jetzt aus den Niederlanden Briefe bekommen, in denen unter Bezug auf die Erfolge der Neonazis bei den Westberliner Wahlen[8] erklärt worden sei, man könne nun besser die Sicherheitsmaßnahmen der DDR an ihren Grenzen verstehen. Die DDR werde niemals die Rückkehr zu solchen Verhältnissen zulassen. Die Lehren der Ge-

<hr>

[19] Vgl. Nr. 5 und Nr. 37.

schichte müßten beherzigt werden. Auch in der BRD müsse eine solche Entwicklung verhindert werden.

E. Honecker informierte H. Voscherau darüber, daß demnächst in einer Volkskammersitzung eine Ergänzung des Wahlgesetzes vorgenommen werde, wonach alle Ausländer, die in der DDR leben, die Berechtigung haben, an den Kommunalwahlen teilzunehmen.[9]

E. Honecker betonte, wir hätten eine Verantwortung vor der Geschichte und vor der Zukunft. Man müsse entsprechend handeln. Die DDR werde sich weiterhin stabil und dynamisch entwickeln. Er unterstreiche, was J. Schmude[20] kürzlich erklärt habe, nämlich es sei notwendig, eine normale Zusammenarbeit zwischen der DDR und der BRD zu entwickeln.

H. Voscherau erwiderte, er sei sich mit E. Honecker in der Beurteilung der »Republikaner« völlig einig. Der einzige Weg, sie zu bekämpfen, sei sicherzustellen, daß es keinen Nährboden für sie gebe. Er sei sicher, daß es auch in der BRD gelinge, eine Wiederholung von 1933 auszuschließen.

[20] Jürgen Schmude, SPD, Präses der Evangelischen Kirche in Deutschland.

77. Gespräch Rau – Honecker am 12. März 1989: (Leipzig)

[a] Unterlagen J. Rau; 16. März 1989: »Protokoll über das Gespräch Ministerpräsident Johannes Rau und Delegation mit dem Staatsratsvorsitzenden und Generalsekretär Erich Honecker und Delegation in Leipzig am 11. März 1989« [1]

Teilnehmer auf DDR-Seite:
Staatsratsvorsitzender Generalsekretär Erich Honecker, Mitglied des Politbüros ZK-Sekretär Günter Mittag, Außenhandelsminister Gerhard Beil, Leiter der Kanzlei des Vorsitzenden des Staatsrates Staatssekretär Frank-Joachim Herrmann, Leiter der Hauptabteilung BR Deutschland im Außenhandelsministerium Wolfgang Steger.
Teilnehmer auf NRW-Seite:
Ministerpräsident Dr. h.c. Rau, Ministerin Brunn, Minister Prof. Dr. Jochimsen, Fraktionsvorsitzender Prof. Dr. Friedhelm Farthmann, Chef der Staatskanzlei Wolfgang Clement, Regierungssprecher Müller-Reinig.

Ministerpräsident Johannes Rau brachte das Gespräch nach Begrüßungsworten durch den SED-Generalsekretär sofort auf das Thema der jüngsten Zwischenfälle an der Mauer in Berlin und die daraufhin erfolgte Besuchsabsage durch Bundeswirtschaftsminister Haussmann.[2] Er sei der Meinung, daß man den Gesprächsfaden nicht abreißen lassen dürfe. »Aber uns bedrückt sehr, was in Staaken passiert ist.[3] Solche Ereignisse werfen uns zurück.« Viele Menschen in der Bundesrepublik verstünden nicht, wie es immer wieder und immer noch zu solchen Zwischenfällen kommen könne. »Es bewegt die Menschen bei uns sehr.«

Erich Honecker antwortete, daß er »großes Verständnis« habe für die Beweggründe der Darlegungen des Ministerpräsidenten. Aber es stimme nicht mit den Tatsachen überein, was die Medien in der Bundesrepublik berichteten.

Sodann nahm der SED-Generalsekretär zunächst zu dem tödlichen

---

[1] Das Gespräch fand am 12., nicht am 11. 3. 1989 statt.

[2] Bundeswirtschaftsminister Helmut Haussmann hatte den Besuch der Leipziger Messe und ein für den 13. 3. 1989 vorgesehenes Gespräch mit Honecker kurzfristig abgesagt. Als Anlaß nannte er »schwerwiegende Vorkommnisse« an der Mauer und weitere Vorfälle. Vgl. AdG 1989, S. 33141.

[3] Am 10. 3. 1989 waren bei einem Fluchtversuch an der Berliner Mauer bei Staaken erneut Schußwaffen eingesetzt worden. Drei DDR-Bürger wurden verhaftet. – Zum Mauervorfall vom 6. 2., bei dem Chris Gueffroy getötet wurde, siehe Nr. 75, Anm. 7.

Unfall des Ballonfahrers in Berlin Stellung.[4] Erich Honecker schien dabei zu unterstellen, daß der Ballonfahrer in selbstmörderischer Absicht über die Grenze geflogen sei. Es gebe »noch keine Mittel, um Selbstmord zu verhindern«. Es gebe eine bestimmte Selbstmordrate in der Bundesrepublik. Eine solche gebe es auch, wenngleich niedriger, in der DDR. Diesen Zwischenfall könne man »nicht der DDR unterschieben«.

Über den Zwischenfall in Staaken am Freitag habe er am Samstag gegen 11.00 Uhr eine Meldung erhalten, sagte Erich Honecker weiter. Danach sei dort ein LKW auf die Grenzsperren zugefahren und »hängen geblieben«. Gegen einen der Flüchtlinge habe daraufhin ein Grenzbeamter »in Selbstverteidigung« die Waffe angewendet und diesen Mann verletzt.[5] So wäre, meinte Erich Honecker weiter, an jeder Grenze gehandelt worden, auch beim bundesdeutschen Grenzschutz. Dieser Zwischenfall gehöre in die Kategorie eines »bestimmten Rowdytums, zu dem ja auch ermuntert wurde«.

Dennoch liege der DDR »nichts ferner, als Dinge hervorzubringen, die die Entwicklung unserer Beziehungen in Mitleidenschaft ziehen« könnten. Aber seit den Berliner Wahlen[6] nähmen die »Versuche, etwas mehr nach rechts zu rücken«, in der Bundesrepublik zu. Und entsprechend häuften sich auch politische Angriffe gegen die DDR.

Demgegenüber habe Bundeskanzler Kohl noch vor vierzehn Tagen im Zusammenhang mit einer Städtepartnerschaft (gemeint, offenbar: Bonn/Potsdam) gesagt, daß sich die Beziehungen zwischen der Bundesrepublik und der DDR »ausgezeichnet« entwickelten.[7] Das sei auch die Meinung der DDR-Führung.

Erich Honecker erwähnte in diesem Zusammenhang u. a. die Verhandlungen über einen Stromverbund Bundesrepublik/Berlin-West/DDR, ebenso die Schnellverbindung Hannover/Berlin, die Entwicklung im Transitverkehr und die einseitigen (konventionellen) Abrüstungen der DDR (»Ein großer Beitrag der DDR«).

Aber in dem Moment, in dem man dabei sei, die Beziehungen Bundesrepublik – DDR entsprechend dem Kommuniqué seines Besuchs in der Bundesrepublik zu entwickeln, gebe es auf bundesdeutscher Seite offensichtlich Leute, die die Dinge komplizieren wollten.

[4] Ein Chemiker hatte versucht, mit einem Ballon zu fliehen, und war dabei – durch Erfrieren – zu Tode gekommen. Vgl. auch Nr. 79.

[5] Bei dem Fluchtversuch am 10. 3. 1989 waren die Flüchtenden mit einem Lastwagen auf die Grenzsperren zugefahren. Von »Selbstverteidigung« konnte kaum die Rede sein, da die Schüsse auf einen Flüchtenden abgegeben wurden. Vgl. Nr. 79.

[6] Bei den Wahlen zum Abgeordnetenhaus in Berlin am 29. 1. 1989 hatten CDU und FDP, die bisher den Senat stellten, große Verluste erlitten (37,8% gegen 46,4% bzw. 3,9% gegen 8,5% 1985). SPD und die Alternative Liste bildeten unter Walter Momper die neue Regierung.

[7] Bei einem Empfang anläßlich des Besuchs einer Delegation aus Potsdam in der Partnerstadt Bonn.

Das sei bedauerlich. Die DDR werde daran nicht zugrunde gehen. Aber es sei bedauerlich.

Noch bei der Verabschiedung des Ständigen Vertreters Bräutigam[8] habe er gefragt, ob auf bundesdeutscher Seite bemerkt werde, daß sich die Dinge an der Grenze »human« entwickelten. Jetzt versuchten einige, das zurückzudrehen.

Erich Honecker wörtlich: »Daß Herr Haussmann nicht kommt, ist ja gut. Da hab' ich wenigstens frei.« Der Bundeswirtschaftsminister habe auf das Gespräch mit ihm, Erich Honecker, gedrängt. Jetzt finde es eben nicht statt.

Ministerpräsident Rau sprach demgegenüber die nach seiner Ansicht heute größere Unsicherheit in der DDR an. Die Reiseverordnung[9], so hätten es Beobachter und nach dem ihm Mitgeteilten auch viele Menschen in der DDR registriert, werde möglicherweise auf der lokalen Ebene bürokratisch gehandhabt. Er frage deshalb, ob es eine Täuschung sei, daß in einer derart unsicheren Atmosphäre auch die Zwischenfälle an der Grenze zugenommen hätten.

Erich Honecker charakterisierte diese Frage zunächst als Einmischung in die inneren Angelegenheiten der DDR (Floskel: »Wenn ich Diplomat wäre, hätte ich gesagt...«). Aber er wolle auf die Fragestellung angesichts der vielen, vorangegangenen Gespräche mit dem MP doch eingehen: Die DDR entwickle sich »sehr stabil und dynamisch«. Die innere Situation in der DDR »war noch nie so stabil wie gegenwärtig, zumal sich in unserem Rücken einige Dinge verändern«, in Polen und Ungarn wie insbesondere in der Sowjetunion.

Über Ungarn gebe es in diesem Zusammenhang im übrigen »öffentliche Fehlinterpretationen«.[10] Natürlich stellten DDR-Bürger zu diesen Entwicklungen auch »Fragen«. Aber die DDR habe den Vorteil, viele Schritte – vor allem auf ökonomischem und sozialem Gebiet – schon gegangen zu sein. Hier erweise sich die Verbindung von Wirtschafts- und Sozialpolitik als vorteilhaft. Erich Honecker: »Ohne überheblich zu sein – wir sind auf diesem Wege sehr stark vorwärtsgekommen« – und den anderen sozialistischen Ländern voraus.

Die Veränderungen in der SU habe er, Erich Honecker, von Anfang an begrüßt, wenn sie natürlich auch viele Fragen aufrollten. Aber in der

---

[8] Siehe Nr. 74, Anm. 24.

[9] Zur Reiseverordnung, die seit dem 1. 1. 1989 galt, siehe Nr. 74, Anm. 19. Nach Berichten existierte eine Handlungsanweisung an untere Organe, Ausreisewillige zur Rücknahme ihrer Anträge zu bewegen. ›Der Spiegel‹, Nr. 11 vom 13. 3. 1989, S. 36 und 39.

[10] In Ungarn waren u. a. am 11. 1. 1989 die Gründung politischer Parteien erlaubt und am 21. 2. 1989 die Einführung des Mehrparteiensystems beschlossen worden. Am 2. 3. 1989 wurde der Reformkurs bei einem Treffen der USAP bekräftigt und der Abbau der Grenzanlagen zu Österreich und Jugoslawien angekündigt. – Schließlich fand am 11./12. 3. 1989 die erste Landesversammlung des »Demokratischen Forums« statt. Vgl. AdG 1989, S. 32447f., S. 33083ff. und S. 33236.

SU gehe es nicht um eine Rückentwicklung zum Kapitalismus, sondern um den Ausbau des Sozialismus. »Da haben wir was einzubringen. In der Wirtschafts- und Sozialpolitik sind wir ganz groß.« Das ausgebaute Gesetzgebungswerk der DDR sei ein »guter Schutz für kulturelle und soziale Entwicklungen«.

Die SED sei mit den Menschen in der DDR eng verbunden. Das könne jeder sehen, der die 1.-Mai-Aufmärsche oder die Pfingsttreffen der Jugend in der DDR beobachte. Es würden sich »all die täuschen, die gegenwärtig bestimmte Märchen (über die DDR) verbreiteten«, betonte der SED-Generalsekretär. Statt sich mit Spekulationen zu beschäftigen, solle man sich lieber den Hauptaufgaben zuwenden, forderte E. Honecker weiter. Als solche bezeichnete er die Gewährleistung des Friedens in der Welt. »Wir beschäftigen uns nicht mit Fragen der Modernisierung, sondern mit Abrüstung.« Er sage auch im Namen von M. Gorbatschow, daß es bedauerlich sei, daß die NATO noch nicht ernsthaft auf die Abrüstungsvorschläge Gorbatschows vor der UNO und auf die einseitigen Abrüstungsmaßnahmen in Osteuropa reagiert habe.

Zweitwichtigste Hauptaufgabe sei das »gemeinsame Haus Europa«. In diesem Zusammenhang habe er auch schon gegenüber dem USA-Außenminister betont, daß niemand daran denke, die USA aus Europa herauszudrängen. »Das stimmt nicht«, wie schon die KSZE-Konferenz von Helsinki erwiesen habe. Der Zeitung habe er entnommen, daß der sowjetische Botschafter in Bonn sogar ausdrücklich erklärt habe, Moskau habe auch nichts dagegen einzuwenden, daß die Bundesrepublik in der NATO sei.[11] Erich Honecker: »Vielleicht kommt einmal der Tag, an dem das gemeinsame Haus Wirklichkeit wird.«

Sodann wies der SED-Generalsekretär erneut »alle Spekulationen«, Ungarn werde vom sozialistischen Weg abweichen, zurück. Desgleichen gelte für Polen und die SU. Überall gehe es nur darum, »das System effektiver zu machen«. Und: »Ich möchte Ihnen Gewißheit geben, daß sich der Sozialismus weiterentwickelt. Wir halten es mit Marx und Engels.«

Die drittwichtigste Aufgabe wiederum sei die Zusammenarbeit zwischen unseren Staaten. »Das ist von größter Bedeutung für den Frieden in Europa.« Er würde es bedauern, wenn es »aus gewissen Ereignissen« zu unüberlegten Reaktionen mit Konsequenzen für die Zusammenarbeit käme.

Unter Anspielung auf die Verbesserung der Beziehungen zwischen Moskau und Peking hob Erich Honecker sodann noch hervor, daß auch die Beziehungen der DDR zur Volksrepublik China von sehr großer Bedeutung seien. »Wir haben gute Freunde an der Spitze.« Und –

---

[11] Juli Kwizinski, Botschafter der UdSSR. – Zu seiner Haltung vgl. seine Erinnerungen unter dem Titel: Vor dem Sturm – Erinnerungen eines Diplomaten, Berlin 1993.

um das herauszustreichen: »Ich habe gerade erst einen Trainingsanzug aus China geschenkt bekommen.«

Eingehend auf die neue Reiseverordnung in der DDR sagte Erich Honecker, daß es sich dabei um einen »Wunsch« gehandelt habe, »auf den wir eingegangen sind«. Es sei nunmehr ein Umfang von Reisen gesetzlich gesichert, wie noch nie in der Geschichte der Beziehungen Bundesrepublik/DDR. Diese Reiseverordnung werde nicht eng, sondern großzügig gehandhabt. »Wir haben bisher die Leinen locker gelassen.« Im Januar/Februar 1989 habe es eine Steigerung der Reiseaktivitäten um 4% gegeben. 1988 seien 5 Millionen Reisen registriert worden, bei 15 Millionen Einwohnern in der DDR. Erich Honecker: »Es besteht die Weisung, die Verordnung unbürokratisch zu handhaben.«[12] Aber natürlich könne sich das ändern, wenn jeder, »der über die grüne Grenze springt«, in der Bundesrepublik »als Held gefeiert« werde.

Das Gespräch wandte sich sodann auf Hinweise des Ministerpräsidenten den wirtschaftlichen Beziehungen, insbesondere DDR/NRW, zu. Erich Honecker bezeichnete den Umfang von Ex- und Import als eine »riesige Sache«. Die DDR treffe alle Vorbereitungen, um noch aktiver auf den internationalen Märkten auftreten zu können. Das gelte besonders im Elektronik-Bereich (»Da wollen wir uns nicht schlagen lassen.«). Die »Hauptorientierung« der DDR gelte der Spitzentechnologie. MP Späth habe man 20 Vorschläge unterbreitet. Die DDR wolle den Austausch im 4-Megabit-Bereich, in der Opto-Elektronik, in der Sensoren-Technik und in der Laser-Technik voranbringen.

Die Handelsbeziehungen entwickelten sich entsprechend dem Bonner Kommuniqué. Man müsse den heutigen Umsatz von rund 15 Milliarden mit dem Stand von 1971 vergleichen. Das spreche für sich. Heute sei ein hohes Niveau in den Handelsbeziehungen erreicht. Aber es sei möglich, den Handel noch auszubauen, insbesondere im Maschinenbau, in der Elektrotechnik, bei den Investitionsgütern.

Der Plan sehe noch eine weitere Steigerung des Handelsaustausches vor. Erich Honecker erwähnte hierbei – zusätzlich zum Energieverbund – den Bau des Dom-Hotels in Berlin und den Kauf von Airbussen durch die DDR.

Die wirtschaftlichen Beziehungen DDR/NRW entwickelten sich gut. »Das soll auch so bleiben.« NRW sei für die DDR das umsatzstärkste Land der Bundesrepublik.

Der Parteitag 1990 der SED werde den Kurs der Verbindung von Wirtschafts- und Sozialpolitik weiterentwickeln. Das sei der Unterschied zwischen der DDR und anderen sozialistischen Ländern.

[12] Die Regelungen der Reiseverordnung – vgl. Nr. 74, Anm. 19 – waren Kann-Bestimmungen, die u. a. auch verschiedene Ablehnungsgründe für die Verweigerung von Reisen und Übersiedlungen enthielten. Am 14. 3. 1989 verkündete der DDR-Innenminister Durchführungsbestimmungen zur Reiseverordnung. – Vgl. auch Anm. 9.

Minister Jochimsen erläuterte demgegenüber zum Beispiel, daß die Lieferungen von Investitionsgütern in die DDR in den letzten 5 Jahren zugenommen, aber 1988 »einen Knick« bekommen hätten. Ob hierin etwa eine Zurückhaltung der DDR mit Blick auf den 5-Jahr-Plan zum Ausdruck komme? Minister Jochimsen wies weiter auf die Möglichkeit hin, die praktischen Kooperationsmöglichkeiten für kleine und mittlere Unternehmen aus der Bundesrepublik zu verbessern.

Außenhandelsminister Beil erwiderte, daß die DDR in diesen Tagen der Leipziger Messe Verträge für über 500 Mio. Mark mit Firmen aus NRW abschließen wolle. Er betonte weiter, daß die Leipziger Messe sich auch weiterentwickeln müsse. »Wir brauchen auf jeder Messe 10/20 neue Firmen.«

Die mittelständische Industrie aus NRW könne in Zukunft in den wirtschaftlichen Beziehungen beider Länder eine größere Rolle spielen.

ZK-Sekretär Mittag betonte in diesem Zusammenhang, die Vorbereitung des Parteitages sei jetzt in vollem Gange. Es werde bis 3, 4 Wochen nach Abschluß der Messe dauern, »bis sich unsere Unternehmen zu Wort melden«. Auch die Zusammenarbeit von Wissenschaft und Technik werde man erst 3 bis 4 Wochen nach Messeschluß »zusammenfassen« können.

Es werde zu einer Ausweitung des Handels kommen. Das werde sich nach der Leipziger Messe zeigen. Im Außenhandel werde es aus der DDR kein Erzeugnis geben, »was nicht absatzfähig ist«, keine »Ladenhüter«. Dadurch habe die DDR verstärkt die Möglichkeit der Kooperation.

Erich Honecker ergänzte, es sei der Auftrag an die DDR-Wirtschaft, die Kontakte zu großen Unternehmen in der Bundesrepublik weiterzuentwickeln. Zugleich erhielten die Kombinate und deren Betriebe mehr Spielraum als bisher, um Kontakte zu Firmen in der Bundesrepublik selbst zu entwickeln. »Kontrolliert wird das sowieso durch unsere Außenhandelsbank.«

Bei den wirtschaftlichen Kontakten in die Bundesrepublik »haben wir uns geeinigt, noch mehr zwischen NRW und der DDR zu entwickeln«. Man brauche keine Übersetzer. »Wir ziehen die Entwicklung der Beziehungen zwischen NRW und DDR vor, weil wir uns am nächsten sind und uns am besten ergänzen können.«

Auf weitere Erläuterungen von Ministerpräsident Rau sagte der SED-Generalsekretär zu, daß sich der Leiter seiner Kanzlei, Herr Herrmann, darum kümmern werde, daß ein Übertragungswagen des WDR zur NRW-Kulturschau in der DDR[13] zugelassen werde.

Angesprochen auf die Möglichkeit weiterer Städtepartnerschaften nahm Erich Honecker namentlich die Hinweise auf die Städte Köln,

[13] Zur Kulturpräsentation von NRW im November 1989 in Leipzig vgl. Nr. 84.

Unna, Leverkusen grundsätzlich positiv auf. »Einverstanden. Wir werden in nächster Zeit etwas dazu empfehlen.«

Wolfgang Clement [Unterschrift]

[b] SAPMO ZPA IV 2/1/694: »Niederschrift über das Gespräch des Generalsekretärs des Zentralkomitees der SED und Vorsitzenden des Staatsrates der DDR, Erich Honecker, mit dem Ministerpräsidenten Nordrhein-Westfalens, Johannes Rau, stellvertretender Vorsitzender der SPD, am 12. März 1989 in Leipzig«

E. Honecker begrüßte J. Rau herzlich und würdigte die positive Entwicklung der Beziehungen zwischen der DDR und Nordrhein-Westfalen als größtem Bundesland der BRD. Insbesondere auf ökonomischem Gebiet seien sie von außerordentlichem Gewicht, das Handelsvolumen von 4,5 Mrd. Mark spreche für sich selbst. Der beiderseitige Meinungsaustausch bei verschiedenen Gelegenheiten habe dazu beigetragen, die Entwicklung der Beziehungen voranzubringen, wofür u. a. das Gemeinschaftsprojekt ein Ausdruck sei. So solle es auch diesmal sein. Unsererseits gebe es eine Reihe von Vorschlägen. Wenn man sich 1990 wiedersehe, werde man wieder ein großes Stück vorangekommen sein. Beim gestrigen Konzert zur Eröffnung der Leipziger Messe sei in Beethovens IX. Sinfonie erklungen: »Freude, schöner Götterfunken.« Das unterstreiche die Entwicklung.

J. Rau erklärte, er bekräftige alles, was E. Honecker gesagt habe. Alles müsse getan werden, um die wirtschaftlichen, politischen und kulturellen Beziehungen auszubauen. In letzter Zeit wären allerdings die Zahlen als nicht so wünschenswert zu bezeichnen.

In ›Neues Deutschland‹ habe er gestern auf Seite 1 gelesen, daß H. Haussmann die Wirtschaftsbeziehungen zur DDR als stabilisierendes Element der Gesamtbeziehungen bezeichnet habe. Während seiner Anreise habe er dann von der Absage des Besuches von Haussmann erfahren.[2] Man dürfe aber den Gesprächsfaden nicht abreißen lassen. Das hätten L. Späth, B. Engholm, H. Voscherau[14] bekundet, und das bekunde auch er selbst. Doch bedrücke ihn das jüngste Geschehen (an der Staatsgrenze der DDR) sehr[3], solche Ereignisse würden zurückwerfen. Er meine, man sollte offen darüber reden und die Anlässe aus der Welt schaffen. In letzter Zeit häuften sich auch die Berichte über Urteile in

[14] Siehe Nr. 74, 75 und 76.

der DDR, wie in Halle[15], was viele in der BRD nicht verstünden. Als Sozialdemokraten seien er und seine Parteifreunde immer wieder, oftmals entgegen der öffentlichen Meinung, für Gespräche eingetreten. Doch habe es in der westlichen Presse gestern keine anderen Fragen als die genannten gegeben.

E. Honecker äußerte sein Verständnis für J. Raus Darlegungen und seine Beweggründe, riet aber, davon auszugehen, daß das, was die westlichen Medien hochspielen, bei weitem nicht immer mit den Tatsachen übereinstimmt. Bis jetzt sei kein Mittel gefunden worden, einen Selbstmord zu verhindern. So könne man den Tod des Ballonfliegers[4] schwerlich der Regierung der DDR anlasten. Der Vorfall sei dennoch bedauerlich. E. Honecker empfahl weiter, sich in die Lage eines Angehörigen unserer Grenztruppen zu versetzen, der erlebt, daß mit einem LKW ein Grenzdurchbruch versucht wird.[5] Hier gehe es um Rowdytum. Bestimmte Dinge in der BRD gefielen uns auch nicht, und wenn er dementsprechend gehandelt hätte, wäre er nicht zu seinem offiziellen Besuch in die BRD gefahren.

Gerade in diesen Fragen seien wir dabei, Lösungen herbeizuführen, die deutlich machten, daß die internationale Entwicklung auch auf die Beziehungen zwischen beiden deutschen Staaten wirkt. Nicht wir könnten dafür verantwortlich gemacht werden, daß der West-Berliner Senat gekippt worden ist.[6] Leider seien aber im Zusammenhang damit, auch mit der Wahl in Hessen[16], Töne zu hören, die an den kalten Krieg erinnerten. Beim Versuch, nach rechts zu rücken, würden die Angriffe gegen die DDR ohne Grund verstärkt. Immerhin befinde sich die CDU auf dem absteigenden Ast, während die SPD und die Grünen eine andere Entwicklung nähmen.

Nichts liege uns ferner als Handlungen, die die Beziehungen zwischen beiden deutschen Staaten in Mitleidenschaft ziehen, unterstrich E. Honecker. Nicht nur um den Streit der Ideologien und die gemeinsame Sicherheit, wie im Papier der SED und der SPD festgestellt, gehe es heute, sondern auch um eine enge Zusammenarbeit zwischen der DDR und der BRD. Vor 14 Tagen habe H. Kohl bei einer Begegnung mit Bürgern der DDR in der BRD erklärt, die beiderseitigen Beziehungen entwickelten sich ausgezeichnet.[7] Vorwärts zu kommen, so E. Honecker, gelte es auf der Grundlage des Gemeinsamen Kommuniqués. Beispielsweise wäre der vereinbarte Stromverbund unter früheren Verhältnissen überhaupt nicht möglich gewesen, ebensowenig die Verhandlungen über eine Schnellverbindung Hannover–Berlin. Die Vereinbarung über die Transitpauschale garantiere für 10 Jahre einen ungehinderten Verkehr.

Die DDR sei noch weiter gegangen. In Verbindung mit den einseiti-

[15] D. h. Verurteilungen von Dissidenten zu hohen Freiheitsstrafen.
[16] In Hessen fanden am 12. 3. 1989 Kommunalwahlen statt.

868

gen Abrüstungsmaßnahmen der Sowjetunion, die der Hauptinhalt der Rede M. Gorbatschows vor der UNO gewesen seien[17], habe sie als zweiter Staat im Warschauer Pakt entschieden, ihre konventionelle Abrüstung in Angriff zu nehmen, die NVA um 10 000 Mann zu verringern und die Verteidigungsausgaben um 10% zu senken. Reduziert werde außerdem um 6 Panzerregimenter, ein Fliegergeschwader, 50 Kampfflugzeuge.

In dem Moment, da die Beziehungen zwischen beiden deutschen Staaten entsprechend dem Gemeinsamen Kommuniqué weiterentwickelt werden, provozierten einige Leute bewußt oder unbewußt solche Dinge, wie sie J. Rau erwähnt habe. Die jähe Veränderung, die jetzt in den westlichen Medien herbeigezaubert werde, sei bedauerlich. Aber die DDR werde deshalb nicht zugrunde gehen. Bisher habe er übrigens nicht gehört, daß die Verfügung für den Bundesgrenzschutz der BRD, ebenso für die Polizei aufgehoben wäre, wonach bei der Selbstverteidigung die Waffe anzuwenden ist.[18]

Wir seien dabei, das Grenzregime zu humanisieren, doch das Hochspielen bestimmter Ereignisse hindert daran. Bei der Verabschiedung H. O. Bräutigams habe er ihn gefragt, ob die Handhabung unserer Grenzsicherung von der Bundesregierung bemerkt worden sei. Die Antwort sei gewesen: Ja.[8] Wenn aber, so E. Honecker, Aktionen organisiert würden, die das Gegenteil bewirken sollen, dann sei dies bedauerlich.

Wir seien für die Entwicklung gutnachbarlicher Beziehungen, und selbstverständlich hänge dabei vieles auch von der Bundesregierung ab. Da der »liebe Herr Haussmann« seinen Besuch abgesagt habe, sei sein morgiger Tag frei. J. Rau: Wie ich Sie kenne, werden Sie aber etwas anderes tun.

J. Rau erkundigte sich nach dem Eindruck E. Honeckers von der inneren Situation der DDR, bezeichnete es als gut, daß die Reiseverordnung[9] erlassen worden sei, und fragte nach deren örtlicher Handhabung.

E. Honecker sagte, wenn er ein Diplomat wäre, würde er antworten, daß dies innere Angelegenheiten der DDR seien, aber er sei kein Diplomat. Die DDR entwickele sich, entgegen der Berichterstattung einiger Medien, stabil und dynamisch. Das werde J. Rau selber sehen. Die innere Situation der DDR sei noch nie so stabil gewesen wie gegenwärtig, zumal gesellschaftliche Veränderungen in der Sowjetunion, in Polen und Ungarn von westlichen Medien fehlinterpretiert würden.

Natürlich stellten auch Bürger der DDR Fragen, was diese Veränderungen zu bedeuten hätten. Von Anfang an sei die Entwicklung in der Sowjetunion von der DDR begrüßt worden, durch E. Honecker selbst bei seinen verschiedenen Begegnungen mit M. Gorbatschow. Vorzug

[17] Siehe Nr. 74, Anm. 2.
[18] Vgl. dazu Nr. 43.

der DDR sei, daß ihre Volkswirtschaft seit 1971 den Weg der Intensivierung beschreitet. Die Ergebnisse seien auch auf der Leipziger Messe zu sehen. Seit 1971 würden bei uns die Wirtschafts- und Sozialpolitik verbunden, denn die Volkswirtschaft solle dem Volk dienen und nicht umgekehrt. Der Sozialismus für das Jahr 3000 sei schön, aber bei uns wolle man ihn in diesem Jahrhundert haben.

E. Honecker verwies auf das durchschnittliche jährliche Wachstum des Nationaleinkommens um 4 bis 4,5 %, der Arbeitsproduktivität um 6 bis 8 %, der Nettogeldeinnahmen und des Einzelhandelsumsatzes um 4 %. Dies beziehe sich, nach einer bestimmten Phase der Konsolidierung, auf einen Zeitraum von mehr als 10 Jahren. Dabei habe die DDR auf einigen Gebieten Spitzenpositionen in der Welt erreicht. N. Talysin[19], übrigens ein guter alter Bekannter, habe im Pavillon der UdSSR mit hoher Achtung von den Leistungen der DDR gesprochen. J. Rau: Wirtschaftlich ist die DDR ein großes Stück voraus. E. Honecker: Ebenso in der Sozialpolitik. 1990 werde die Wohnungsfrage als soziales Problem bei uns gelöst sein. 9 Millionen Bürger der DDR hätten dadurch jetzt schon Wohnbedingungen erhalten, wie sie früher nur begüterten Bürgern zur Verfügung standen. Errichtet worden sei eine ganze Bauindustrie, die Produktion von Möbeln wurde von 3 Mrd. M auf 8 Mrd. M gesteigert und ähnliches mehr.

Im Unterschied zu anderen Staaten bestehe bei uns ein ausgebautes Gesetzeswerk, das für die soziale und kulturelle Entwicklung ein guter Schutz sei. Wenn sich J. Rau von der Verbundenheit der SED mit der Bevölkerung überzeugen wolle, dann lade ihn E. Honecker zur Demonstration zum 1. Mai ein, wo die Werktätigen zeigen würden, wie sie zu ihrem Staat stehen. E. Honecker wies auf das große Pfingsttreffen der FDJ, auf die Vorbereitung des 40. Jahrestages der DDR hin. Was die innere Situation der DDR angeht, sagte er, so täuschen sich alle, die gegenwärtig Märchen verbreiten.

Auf die Frage J. Raus, ob Ungarn einen Wege außerhalb suche[10], sich von den klassischen Positionen weiter entferne als Polen, antwortete E. Honecker, für uns sei das Hauptproblem, den Frieden in der Welt zu gewährleisten, eine Aufgabe, der sich auch die Sowjetunion und die anderen Staaten des Warschauer Paktes widmeten. Wir beschäftigten uns, ebenso wie M. Gorbatschow und die anderen führenden Politiker der sozialistischen Länder, nicht mit der Raketen-Modernisierung, sondern mit der Abrüstung. Bedauerlich sei, daß der Westen nicht auf unsere Vorschläge eingegangen ist. Der Abzug sowjetischer Einheiten aus der DDR, der ČSSR unterstreiche die Ernsthaftigkeit unseres Willens. Vor der UNO habe M. Gorbatschow einen breit gefächerten Abrüstungskatalog unterbreitet, der von allen Staaten des Warschauer Vertrages unter-

---

[19] Nikolaj Talysin, Gosplan-Chef und Kandidat des Politbüros.

stützt werde, auch von Ungarn. Er kenne die führenden Persönlichkeiten gut, auch K. Grosz.[20] Sie alle seien für die sowjetischen Initiativen ausgehend davon, daß die erste und entscheidende Frage darin besteht, die Gefahr einer atomaren Vernichtung der Menschheit zu bannen.

Wir seien für ein gemeinsames Haus Europa, stellte E. Honecker fest. Als er dem damaligen stellvertretenden US-Außenminister Whitehead unser Friedensprogramm dargelegt habe, sei dieser mit allem einverstanden gewesen und habe sich nur in einer Frage negativ geäußert.[21] Das gemeinsame Haus Europa sei ein Versuch, die USA aus Europa hinauszudrängen. Niemand von uns habe diese Absicht, habe E. Honecker entgegnet. In welchem Maße sich die USA für ihre Beteiligung interessierten, sei ihre Sache und die ihrer Verbündeten.

Jetzt habe der sowjetische Botschafter in Bonn laut Pressemeldungen erklärt, die Sowjetunion begrüße die Mitgliedschaft der BRD in der NATO.[11] J. Rau: Damit geht er weiter als Gustav Heinemann. E. Honecker: Wir verstehen natürlich, daß die US-Administration Zeit braucht, um ihre Politik auszuarbeiten. Vielleicht kommt der Tag, an dem das gemeinsame Haus Europa Wirklichkeit wird.

Alle Spekulationen, Ungarn vom sozialistischen Weg abzudrängen, würden Spekulationen bleiben. Das gelte auch für die anderen sozialistischen Länder. Woran alle arbeiteten, sei, das System effektiver zu machen.

E. Honecker sagte, M. Gorbatschow und G. Bush hätten Botschaften zur Leipziger Messe gesandt, M. Thatcher habe Grüße übermitteln lassen, und so wäre noch vieles zu nennen. Die Sache entwickele sich also gut. J. Rau: Und ich bin selbst gekommen. E. Honecker erinnerte an seine Gespräche in der letzten Zeit mit B. Engholm[22] und anderen Politikern der BRD, verwies auf den in Aussicht genommenen Besuch E. Albrechts[23], sein Treffen im Mai mit H.-J. Vogel[24], den beabsichtigten Besuch des bayerischen Ministerpräsidenten Streibl[25]. H. Haussmanns Absage sei für uns kein Verlust. Wir arbeiteten an den vereinbarten Aufgaben. Die Zusammenarbeit beider deutscher Staaten sei wichtig für den Frieden in Europa. Es wäre zu bedauern, wenn die Regierung der BRD zu unüberlegten Haltungen überginge. Der Sozialismus jedenfalls entwickele sich weiter. Wir halten es mit Marx und Engels.

---

[20] Karoly Grosz war nach der Absetzung von Janos Kadar auf der nationalen Parteikonferenz der USAP in Budapest (20.–23. 5. 1988) zum neuen Generalsekretär der USAP gewählt worden. Grosz, zuvor Regierungschef seit 1987, gab dieses Amt 1988 auf.

[21] Zu dem betreffenden Gespräch Honeckers mit J. Whitehead am 11. 10. 1988 vgl. die als »Information« gekennzeichnete Gesprächsniederschrift in: SAPMO ZPA IV 2/1/686.

[22] Siehe Nr. 74.

[23] Siehe Nr. 78.

[24] Siehe Nr. 79.

[25] Der bayerische Ministerpräsident Max Streibl besuchte vor der Maueröffnung nicht mehr die DDR.

Auf die Frage J. Raus nach der Reiseverordnung eingehend, stellte E. Honecker fest, sie sei ein Wunsch, auch seitens der evangelischen Kirche, gewesen, auf den wir eingegangen seien. Erstmals werde der Reiseverkehr in einem Umfang gewährleistet wie bisher zu keiner Zeit in der Geschichte der Beziehungen zwischen der DDR und der BRD. Es werde großzügig und nicht eng verfahren, die Leine werde locker gelassen. Allein im Januar und im Februar dieses Jahres hätten sich die Besucherzahlen um 4% erhöht. Es gebe keinen vergleichbaren Reiseverkehr zwischen zwei anderen Ländern. Die bisherigen Erfahrungen mit der Reiseverordnung seien gut. Die Anweisung laute, Wünsche zu erfüllen, die erfüllt werden können.[12] Wenn jedoch in der BRD jeder, der über die Grenze springe, als Held gefeiert werde, dann sähen wir uns mit der Zeit der Frage ausgesetzt: Was macht ihr?

Die Sozialdemokratie gerate jetzt etwas ins Schußfeld, aber dafür, daß so viele SPD-geführte Regierungen entstehen, könnten wir nichts. J. Rau: Aber dazu beigetragen haben Sie doch auch. G. Mittag: Wir mischen uns nicht ein.

Zu den ökonomischen Beziehungen bemerkte E. Honecker, beim Messerundgang sei von allen Seiten der Wunsch zu hören gewesen, den Warenverkehr zu erhöhen. Dafür würden im Fünfjahresplan die Voraussetzungen getroffen. E. Honecker verwies auf die Entwicklung der Mikroelektronik, bei der die DDR auf bestimmten Gebieten Spitzenpositionen erreicht habe, z. B. mit 1 Megabit und 4 Megabit. Gleichzeitig würden die Optoelektronik, die Sensor- und die Lasertechnik entwickelt. Die Hauptrichtung seien Hochtechnologien.

Eingehend auf die Frage J. Raus nach den Perspektiven der wirtschaftlichen Beziehungen zwischen der DDR und der BRD, insbesondere zu Nordrhein-Westfalen, erklärte E. Honecker, daß die DDR konstruktiv die im Gemeinsamen Kommuniqué getroffenen Festlegungen und Objekte auf ökonomischem Gebiet umsetzt. Es bestehe die feste Absicht, auch in Zukunft die ökonomischen und wissenschaftlich-technischen Beziehungen mit der BRD und in besonderem Maße mit Nordrhein-Westfalen zu entwickeln.

Das im Jahre 1988 erreichte Umsatzvolumen im Handel mit der BRD von über 15 Mrd. spreche für sich, noch dazu, wenn man das Minimum vor dem Grundlagenvertrag bedenke. Auch künftig werde die DDR eine dynamische Entwicklung ihrer Volkswirtschaft – im Bereich der Industrie, der Landwirtschaft, des Bau- und Verkehrswesens – gewährleisten. Damit schaffe sie gute Voraussetzungen für einen kontinuierlichen Ausbau der Wirtschaftsbeziehungen mit der BRD. Besonderes Interesse bestehe am Ausbau der Lieferungen und Bezüge in den Bereichen der Investitionsgüter, von Erzeugnissen des Maschinenbaus und der Elektrotechnik/Elektronik. Der Volkswirtschaftsplan 1989 gehe von einer weiteren Steigerung des Handelsaustausches mit der

BRD aus. Die im Gemeinsamen Kommuniqué getroffenen Festlegungen und Objekte auf wirtschaftlichem Gebiet, wie Herstellung eines Energieverbundes, einschließlich Berlin (West), Verhandlungen zum Bau einer elektrifizierten Eisenbahntransitstrecke zwischen Berlin (West) und der BRD, die Fortführung und Erweiterung der Gestattungsproduktion, der verstärkte Kauf und die Lieferungen von Investitionsgütern, der Bau des Domhotels und der Kauf von Airbussen, werde zügig realisiert.

Zur Entwicklung der Handels- und Wirtschaftsbeziehungen zwischen der DDR und Nordrhein-Westfalen stellte E. Honecker fest, daß mit einem jährlichen Umsatz von 4,5 Mrd. VM fast ein Drittel des Gesamthandels zwischen der DDR und der BRD mit Nordrhein-Westfalen abgewickelt werden, wobei Lieferungen und Bezüge ausgeglichen sind. Das solle auch so bleiben. Dafür bestünden in der DDR die Voraussetzungen.

Auf der Leipziger Messe werde die gestiegene Leistungskraft der Volkswirtschaft der DDR demonstriert. Die Handels-, Wirtschaftssowie auch die wissenschaftlich-technischen Beziehungen zu Nordrhein-Westfalen würden auf breiter Basis ausgebaut. Das betreffe sowohl die bereits gut entwickelte Zusammenarbeit mit den Großunternehmen Nordrhein-Westfalens, wie VEBA, Krupp, Klöckner, Mannesmann, Thyssen, Hoesch, Otto Wolff, Bayer und Deutsche Babcock und andere, als auch mit einer Vielzahl mittelständischer Firmen, die bereits in die Durchführung von Rationalisierungsvorhaben der DDR-Wirtschaft einbezogen sind.

R. Jochimsen, Wirtschaftsminister von Nordrhein-Westfalen, bestätigte die Einschätzung E. Honeckers und zog ebenfalls eine positive Bilanz der Handels- und Wirtschaftsbeziehungen seines Landes mit der DDR. Insbesondere die Investitionsgüterlieferungen seien im Warenaustausch auf beiden Seiten gestiegen. Solche Veranstaltungen wie das in Nordrhein-Westfalen durch DDR-Betriebe und Institutionen durchgeführte Technologieforum mit Wissen und Lizenzen aus der DDR eröffneten neue Perspektiven in der ökonomischen und wissenschaftlich-technischen Zusammenarbeit. Das für Ende Mai 1989 in Karl-Marx-Stadt vorgesehene Forum der Industrie- und Handelskammer Krefeld zum Thema Qualitätssicherung in der Textilindustrie könnte ebenfalls weitere Impulse für die Zusammenarbeit auslösen. Weitere Vorschläge für Kooperationen, insbesondere der mittelständischen Industrie, mit Kombinaten der DDR, würden die in Leipzig ausstellenden Firmen Nordrhein-Westfalens unterbreiten.

Neben der guten Entwicklung der wirtschaftlichen Beziehungen von Großunternehmen Nordrhein-Westfalens zu Kombinaten der DDR, wobei er insbesondere die langfristige Brammenwalzung mit den Konzernen Thyssen und Hoesch erwähnte, hob R. Jochimsen die erweiterte Beteiligung mittelständischer Firmen seines Landes in Form von Gemeinschaftsausstellungen auf der Leipziger Frühjahrsmesse hervor. Die erstmalige Präsentation nordrhein-westfälischer Hochschulen und Forschungseinrichtungen im Bereich »Wissen, Technologien und Leistungen« zur Leipziger Frühjahrsmesse 1989, die auf eine Absprache zwischen E. Honecker und J. Rau zurückgeht, eröffne insbesondere im Bereich der wissenschaftlich-technischen Zusammenarbeit neue Möglichkeiten auch zwischen nordrhein-westfälischen Hochschulen und Universitäten und Hochschulen der DDR.

G. Mittag hob hervor, daß in Vorbereitung des XII. Parteitages der SED der Prozeß der Intensivierung des volkswirtschaftlichen Reproduktionsprozesses konsequent beschritten und vorangebracht wird. Dabei gewinne die Realisierung von Rationalisierungsobjekten erheblich an Bedeutung. Dies sei ein guter Ausgangspunkt, um auch leistungsfähige mittelständische Firmen Nordrhein-Westfalens noch breiter in die Realisierung solcher Rationalisierungsobjekte einzubeziehen. Die Zusammenarbeit nordrhein-westfälischer Hochschulen und Forschungseinrichtungen mit Hochschulen der DDR habe begonnen. Sie sei in noch stärkerem Maße für die Zusammenarbeit auf wissenschaftlich-technischem Gebiet zu nutzen.

Das gestiegene Leistungsniveau der Volkswirtschaft der DDR, insbesondere im Bereich der Hochtechnologien, biete gute Voraussetzungen, um Kooperationsprojekte mit nordrhein-westfälischen Firmen zu entwickeln. Die DDR verfügt in der Breite über Erzeugnisse mit hohem wissenschaftlich-technischem Niveau. Somit sei sie in der Lage und daran interessiert, die Handels- und Wirtschaftsbeziehungen auf dieser Basis mit Nordrhein-Westfalen weiter auszubauen.

G. Beil stellte die umfangreichen und vielfältigen Wirtschaftsbeziehungen der DDR mit Unternehmen Nordrhein-Westfalens dar. Dabei unterstrich er, daß sich Gemeinschaftsbeteiligungen mittelständischer Firmen anläßlich der Leipziger Messen als gute Methode bewährt haben, um mit den entsprechenden Kombinaten und Außenhandelsbetrieben der DDR in Kontakt zu kommen.

Über 150 Aussteller aus Nordrhein-Westfalen beteiligen sich an der diesjährigen Leipziger Frühjahrsmesse. Seitens der Kombinate und Außenhandelsbetriebe der DDR seien Vorbereitungen getroffen, um noch während der Messe bei entsprechender Konkurrenzfähigkeit der Anbieter aus Nordrhein-Westfalen Verträge in Höhe bis zu 500 Mio. M auszuhandeln und abzuschließen. Anläßlich des Gesprächs am 13. März 1989 mit R. Jochimsen[26] würden Schrittfolgen für den weiteren Ausbau der Handels- und Wirtschaftsbeziehungen festgelegt.

E. Honecker stellte fest, die DDR sei bestrebt, die Regierung Rau zu

[26] Diese Unterredung über Wirtschaftsfragen fand in Leipzig während der Messe statt.

unterstützen, was dem Bundeskanzler allerdings nicht immer gefallen mag. Gute Beziehungen unterhalte die DDR auch zu Baden-Württemberg, Bayern, zu Konzernen Niedersachsens, zu Schleswig-Holstein, Hamburg. Zum Einwurf J. Raus, er habe das Saarland vergessen, bemerkte E. Honecker, er habe eben erst einen Brief des saarländischen Weinhändler-Verbandes Saar beantwortet und zugesagt, Wein selbstverständlich weiter zu importieren wie bisher.

1990 werde der XII. Parteitag der SED sein. Die schon jetzt eingehenden Vorschläge besagten, daß der Kurs der Einheit von Wirtschafts- und Sozialpolitik fortgesetzt werden solle. Wer in der DDR etwas leiste, habe etwas und könne sich etwas kaufen.

J. Rau bat, dem WDR anläßlich der Kulturschau von Nordrhein-Westfalen im Herbst dieses Jahres in Leipzig[13] eine Rundfunkübertragung live zu ermöglichen. Er setzte sich für den Wunsch der Städte Köln, Unna und Leverkusen nach Partnerschaften mit Städten der DDR ein. E. Honecker sagte eine positive Behandlung beider Anliegen zu.

78. Gespräch Albrecht – Honecker am 27. April 1989 (Berlin-Ost)

[a] Unterlagen E. Albrecht: »StS, Hannover, den 2. Mai 1989. Vermerk über das Gespräch von Generalsekretär Honecker mit Ministerpräsident Dr. Albrecht am 27. April 1989 in Ost-Berlin«

Weitere Gesprächsteilnehmer von der Seite der DDR: Dr. Mittag (Mitglied des Politbüros), Staatssekretär Herrmann, Günter Rettner, Botschafter Seidel;
von niedersächsischer Seite:
Minister Jürgens, Minister Dr. Remmers, Staatssekretär Meyer sowie der Leiter der Ständigen Vertretung in der DDR, Staatssekretär Dr. Bertele.

Generalsekretär Honecker begrüßt Ministerpräsident Dr. Albrecht und seine Begleitung freundlich. Er lobt die vorhandenen Beziehungen zwischen der DDR und Niedersachsen auf wirtschaftlichem und kulturellem Gebiet sowie die Zusammenarbeit in Fragen der Forschung und Technologie. Die Beziehungen könnten aber noch verbessert werden.
   Die DDR wolle die Konfrontation in eine Kooperation umwandeln. Die Maßnahmen zur Abrüstung seien ein wichtiger Schritt. Die einzelnen von der DDR ergriffenen Abrüstungsmaßnahmen (Verringerung der Panzerstärke, der Flugzeugstärke sowie des militärischen Personals) führten zu einer Verringerung der nationalen Verteidigungsausgaben um 10%.[1] In diesem Zusammenhang teilt er die Entscheidung mit, daß die Wehrpflichtigen nach einer anfänglichen dreimonatigen Grundausbildung an den Brennpunkten in der Wirtschaft eingesetzt werden sollen.
   Im übrigen weist er auf die Forderung nach einer von Atom- und Chemiewaffen freien Zone hin. Danach hebt Generalsekretär Honecker als besonders positiv die wirtschaftlichen Beziehungen zwischen der DDR und dem Volkswagenwerk und Salzgitter hervor. Generell weist er in diesem Zusammenhang darauf hin, daß die EG für die DDR offen bleiben müsse.
   Einen deutsch-deutschen Wirtschaftstag auf der Hannover-Messe würde er begrüßen.
   Eine schnelle Eisenbahnverbindung zwischen Niedersachsen und Ost-Berlin halte er für sehr wichtig, es gebe aber wegen der Trassenführung noch einige zu klärende Fragen.
   Die Erfassungsstelle in Salzgitter hält er für einen Eingriff in die Souveränität der DDR.

---

[1] Vgl. Nr. 74.

Zur Elbe wiederholt Generalsekretär Honecker den bekannten Standpunkt der DDR, d. h. Verlauf der Grenze in der Elbmitte auf der ganzen Strecke. Wenn man dies nicht akzeptiere, führt Herr Honecker aus, dann gebe es zwei Möglichkeiten: Entweder man anerkenne die Grenze auf der Elbmitte jedenfalls dort, wo sie nach dem Text des Londoner Protokolls über etwa 40 km verlaufe (die alten Provinzgrenzen)[2], oder aber man komme unter Aufrechterhaltung der beiderseitigen Rechtsstandpunkte zur Lösung der praktischen Fragen, z. B. für die Fischereiboote, Sportboote, Wasserschutzpolizei und den übrigen Schiffsverkehr. Wenn man sich hier verständige, könne z. B. auch ein Personenschiffsverkehr von Hamburg nach Dresden eingerichtet werden.

Ministerpräsident Dr. Albrecht dankt Herrn Generalsekretär Honecker für die Einladung. Er weist auf die Nachbarschaft Niedersachsens zur DDR und damit auf die Notwendigkeit guter Beziehungen hin.

Zu den Friedensbemühungen führt Ministerpräsident Dr. Albrecht aus, daß man im Ziele einer Meinung sei, bei dem Weg dorthin aber nicht in allen Punkten. Dies gelte z. B. für die atomwaffenfreie Zone.

Das etwa einstündige Gespräch wurde im wesentlichen zwischen Generalsekretär Honecker und Ministerpräsident Dr. Albrecht geführt. Verlauf und Ergebnisse des Gesprächs zu den verschiedenen Themen ergeben sich aus folgendem:

1. Ministerpräsident Dr. Albrecht schlägt vor, daß die DDR und Niedersachsen jährlich etwa je 10 bis 15 Mio. DM/VM für etwa fünf Jahre für Umweltschutzmaßnahmen zur Verfügung stellen. Über die Verwendung der Mittel entscheiden die Umweltminister. Die Maßnahmen sollen sowohl in der DDR als auch in Niedersachsen durchgeführt werden.

Generalsekretär Honecker ist mit dem Vorschlag einverstanden. Weitere Einzelheiten sollen mit Umweltminister Dr. Reichelt erörtert werden.[3]

---

[2] Siehe Nr. 1, Anm. 15 und die »Ausarbeitung über Standpunkt DDR zu Grenzverlauf Elbe«, Anlage 1c zu TOP 5 (Albrecht-Besuch) der Politbürositzung vom 18. 4. 1989, in: SAPMO ZPA J IV 2/2A/3209. – Diesen Vorschlag, entsprechend der früheren Provinzgrenzen auf 40,5 km die Strommitte als Grenze festzulegen, hatte Kanzleramtsminister Schäuble schon 1988 Schalck-Golodkowski unterbreitet. Vgl. Nr. 68, Anm. 7. Nach dem Londoner Protokoll vom 12. 9. 1945 bildeten die ehemaligen Landes- bzw. Provinzgrenzen die Demarkationslinie zwischen den Besatzungszonen. Dieses war auf ca. 44 km unstrittig der Fall, bei 43,4 km (Amt Neuhaus) verliefen sie aber eindeutig »im Hinterland östlich der Elbe« und auf 2,4 km (Lütkeminische Wiesen) östlich der Elbe, wie die »Ausarbeitung« bezeugte.
[3] Zum Gespräch Albrechts mit DDR-Umweltminister Reichelt am 27. 4. vgl. den Vermerk von Staatssekretär Josef Meyer vom 2. 5. 1989 und die Aufzeichnung in: SAPMO ZPA.

2. Zur Forderung nach Auflösung der Zentralen Erfassungsstelle in Salzgitter führt Ministerpräsident Dr. Albrecht aus, daß eine Auflösung nur dann in Betracht komme, wenn auch der Anlaß für deren Errichtung beseitigt sei.

Herr Generalsekretär Honecker weist demgegenüber darauf hin, daß eine Auflösung der Zentralen Erfassungsstelle von der DDR sehr positiv aufgenommen werden würde.

In diesem Zusammenhang spricht er den Fall des Superintendenten Reder aus Weimar[4] und die Tätigkeit der Erfassungsstelle Salzgitter an. Er übergibt hierzu einen Vermerk. Ministerpräsident Dr. Albrecht erklärt, sich um die Sache kümmern zu wollen. Weiter weist er darauf hin, daß er eine Vielzahl von Ausreisewünschen aus der DDR in die Bundesrepublik Deutschland habe und 20 der dringendsten Fälle übergeben möchte. Generalsekretär Honecker erklärt, daß die genannten Fälle sofort überprüft und positiv entschieden würden, wenn es nicht ganz besondere Hinderungsgründe gebe.

3. Die Erörterung der Grenzfrage nimmt einen längeren Zeitraum ein.

Ministerpräsident Dr. Albrecht legt zunächst den niedersächsischen Standpunkt dar, daß nämlich aus dem Londoner Protokoll und den späteren Vereinbarungen herzuleiten ist, daß die Grenze auf dem Nordostufer der Elbe verläuft.

Zu dem Vorschlag von Generalsekretär Honecker, die Grenze jedenfalls dort in der Mitte der Elbe anzuerkennen, wo sie unstreitig nach dem Text des Londoner Protokolls verlaufe, führt Ministerpräsident Dr. Albrecht aus, daß dies in Wirklichkeit keine Lösung sei, weil die Grenze auf einer Strecke von über 40 Kilometern offenbleibe. Um Mißverständnisse zu vermeiden, fragte der Ministerpräsident Dr. Albrecht noch einmal nach dem weiteren Vorschlag, wonach bei Aufrechterhaltung der gegenseitigen Rechtsstandpunkte Vereinbarungen zur Regelung praktischer Fragen getroffen werden könnten.

Generalsekretär Honecker führt hierzu aus, daß er das so verstehe, daß beide Seiten sich unter Aufrechterhaltung ihrer sich widersprechenden Rechtsansichten über die Regelung praktischer Fragen verständigen. Hierzu gehörten z. B. der Sportbootverkehr, die Wasserschutzpolizei, der allgemeine Schiffsverkehr sowie die wasserbaulichen Maßnahmen. Auch die Personenschiffahrt z. B. zwischen Hamburg und Dresden könne man dann regeln. In diesem Zusammenhang über-

---

[4] Superintendent Reder hatte die Volkspolizei gerufen, damit sie Personen aus seiner Kirche entfernte, die sich dort aufhielten, weil sie nicht ausreisen durften. Vgl. Niedersächsischer Landtag, 11. WP, Sitzung vom 11. 5. 1989, S. 7850.

reich er den Entwurf einer Protokollerklärung, die noch abänderbar sei.[5]

Ministerpräsident Dr. Albrecht erwidert, daß er die Sache alsbald mit dem neuen Kanzleramtschef Seiters erörtern wolle. Er halte es für richtig, daß die Grundzüge einer Verständigung zwischen der Regierung der DDR und der Bundesregierung (unter Beteiligung Niedersachsens) festgelegt würden. Einzelheiten könnten dann in der Grenzkommission ausgearbeitet werden. – Es soll entsprechend verfahren werden.

4. Generalsekretär Honecker ist grundsätzlich mit der Einrichtung eines weiteren Grenzüberganges bei Bad Harzburg einverstanden. Die Einrichtung wird allerdings nicht unerhebliche Kosten verursachen. Diese sollen zunächst geprüft werden.

Ministerpräsident Dr. Albrecht sagte zu, daß bezüglich der Kosten auch eine Regelung denkbar sei, die mittelbar die Finanzierung erleichtere.

5. Die Einbeziehung Hannovers in den sogenannten kleinen Grenzverkehr soll von der DDR geprüft werden.

6. Ein deutsch-deutscher Wirtschaftstag auf der nächsten Hannover-Messe wird sowohl von Herrn Generalsekretär Honecker als auch von Herrn Ministerpräsident Dr. Albrecht sehr begrüßt.

Einzelheiten sollen mit Herrn Dr. Mittag besprochen werden.[6]

Das Gespräch wurde in aufgelockerter Atmosphäre beendet.

Meyer *[Unterschrift]*

---

[5] Diese »Protokollerklärung« hatte folgende Überschrift: »Zum Verlauf der Grenze zwischen der Bundesrepublik Deutschland und der Deutschen Demokratischen Republik im Abschnitt der Elbe (Grenzabschnitt 7 bis 9) wird nach eingehender Erörterung und unbeschadet ihrer Rechtspositionen, geleitet von dem Wunsch der Verbesserung der Lage in dem betreffenden Gebiet, folgender Protokollvermerk vereinbart«. Aus Abschrift eines Fernschreibens des Leiters der Ständigen Vertretung Dr. Bertele über den Besuch Albrechts. – Nach der für Honecker gefertigten Aufzeichnung hätte er dagegen den 1975 von der Grenzkommission ausgehandelten »Protokollvermerk« übergeben. Siehe unter *[b]* und Anm. 12.

[6] Zu dem Gespräch mit Mittag am 28. 4. 1989 vgl. den Vermerk von Staatssekretär Josef Meyer vom 2. 5. 1989; auf seiten der DDR nahmen daran auch Außenhandelsminister Beil und Schalck-Golodkowski, von Niedersachsen noch die Minister Heinrich Jürgens und Werner Remmers, StS Meyer, Pressesprecher Brickwede teil. Anwesend war auch der Leiter der Ständigen Vertretung Bertele.

[b] SAPMO ZPA IV 2/1/694: »Niederschrift über das Gespräch des Generalsekretärs des ZK der SED und Vorsitzenden des Staatsrates der DDR, Genossen Erich Honecker, mit dem niedersächsischen Ministerpräsidenten und Stellvertreter des Vorsitzenden der CDU in der BRD, Dr. Ernst Albrecht, am 27. April 1989 im Amtssitz des Staatsrates«

E. Honecker begrüßte E. Albrecht zu dessen erstem offiziellen Besuch in der DDR, dem große Bedeutung zukomme. Im Rahmen der insgesamt positiven Entwicklung der Beziehungen zwischen der DDR und der BRD würden sich auch die Beziehungen zwischen der DDR und Niedersachsen sowohl auf politischem als auch auf wirtschaftlichem und kulturellem Gebiet gut entwickeln.

E. Honecker wies darauf hin, daß die Welt gegenwärtig eine sehr dynamische Phase durchlebe. Es vollziehe sich eine Wende von der Konfrontation zu Zusammenarbeit und Entspannung. Die Gefahren für die internationale Entwicklung seien noch nicht völlig überwunden, die Wende sei noch nicht unumkehrbar, aber bei Anstrengung aller Seiten, wobei beide deutsche Staaten eine besondere Verpflichtung hätten, seien Möglichkeiten gegeben, die Entspannung unumkehrbar zu machen. Die Gefahr eines nuklearen Infernos wie die Gefahr eines konventionellen Krieges könnten gebannt werden. *Es folgten die üblichen Ausführungen Honeckers zur Abrüstungsfrage.*

Die Wiener Verhandlungen über konventionelle Abrüstung und Vertrauensbildung seien in Gang gekommen.[7] Jetzt sei außerdem die Frage der atomaren Kurzstreckenraketen von großer Aktualität. Unsere Position dazu sei bekannt. Uns sei auch der Standpunkt der Regierung der BRD und der CDU bekannt. Die positive Haltung der Regierung der BRD zu Verhandlungen über taktische Kernwaffen werden begrüßt. […] Diese Frage müsse geregelt werden. Dabei gehe es uns nicht, wie USA-Politiker befürchteten, um die Minderung des Einflusses der USA auf Europa oder ihrer Hinausdrängung aus Europa. Die DDR trete dafür ein, ein gemeinsames europäisches Haus zu errichten, das auf Zusammenarbeit beruhe. Man müsse sich darüber verständigen, wie dieses Haus angesichts der Existenz von Staaten unterschiedlicher Ordnung beschaffen sein soll.

Die DDR unterstütze die einseitigen Abrüstungsmaßnahmen der UdSSR. Der von der Sowjetunion angekündigte Abzug ihrer ersten Einheiten aus der DDR habe bereits begonnen.[8]

Wie bereits bekanntgegeben, so erklärte E. Honecker, hat der Nationale Verteidigungsrat der DDR beschlossen, die Nationale Volksarmee bis 1990 einseitig und unabhängig von Verhandlungen um 10000

---

[7] Die Verhandlungen über Abrüstung und vertrauensbildende Maßnahmen waren am 6. – 8. 3. 1989 in Wien aufgenommen worden.

[8] Vgl. Nr. 74, bes. Anm. 2.

Mann, 600 Panzer und 50 Flugzeuge zu reduzieren und die Ausgaben für die nationale Verteidigung um 10 Prozent zu senken.[1] Um der Nationalen Volksarmee einen noch strikteren Verteidigungscharakter zu verleihen, werden u. a. sechs Panzerregimenter und ein Fliegergeschwader aufgelöst.

Die schrittweise Auflösung der Panzerregimenter beginnt in diesen Tagen mit der planmäßigen Entlassung von Wehrpflichtigen aus diesen Truppenteilen und wird bis Oktober 1989 abgeschlossen. Auch das Jagdfliegergeschwader wird bis Ende dieses Jahres aufgelöst. Bis zu diesem Zeitpunkt werden dann auch die 50 Flugzeuge und bereits mehr als 400 Panzer außer Dienst gestellt.

Bei den aufzulösenden Truppenteilen der Nationalen Volksarmee der DDR handelt es sich um das Panzerregiment 1 in Beelitz, das Panzerregiment 4 in Gotha, das Panzerregiment 8 in Goldberg, das Panzerregiment 11 in Sondershausen, das Panzerregiment 16 in Großenhain, das Panzerregiment 23 in Stallberg und um das Jagdfliegergeschwader 7 in Drewitz.

Als weitere Maßnahmen und Ausdruck des guten Willens haben wir den Beschluß gefaßt, 11 500 Armeeangehörige nach einer kurzen militärischen Ausbildung für die Dauer von 15 Monaten ihres aktiven Wehrdienstes in Schwerpunkten der Volkswirtschaft einzusetzen.

»Dieser Schritt« diene »dem Wohle unserer Menschen«.

Er möchte E. Albrecht nicht verheimlichen, daß wir es als günstig empfinden würden, wenn die BRD unserem Beispiel folgte. Solche Maßnahmen wirkten zweifellos stimulierend auf den gesamten Abrüstungsprozeß. Bei der Abrüstung dürfe keine Pause eintreten. [...]

Honecker warb für »regionale Lösungen« bei atomaren und chemischen Waffen und für eine »Zone des Vertrauens und der Sicherheit in Zentraleuropa«. Die DDR unterstütze nachdrücklich ein Auseinanderrücken der militärischen Potentiale an der Berührungslinie der beiden Militärbündnisse. Koexistenz und Entspannung hätten sich in Europa als lebensfähig erwiesen. Sozialistische und kapitalistische Staaten müßten im gemeinsamen Haus Europa gut miteinander auskommen. Versuche, die im Ergebnis des Zweiten Weltkrieges und der Nachkriegsentwicklung entstandenen Realitäten in Europa zu leugnen oder in Frage zu stellen, würden zu nichts führen, aber das Klima belasten.

E. Honecker betonte, es sei gut, daß im Rahmen der Kontakte zwischen RGW und EWG die DDR inzwischen diplomatische Beziehungen zur EWG aufgenommen habe.[9] Wir betrachteten die Entwicklung des EG-Binnenmarktes nicht als Versuch, sich abzukapseln. Die Verstärkung der Zusammenarbeit mit den RGW-Staaten würde für alle nützlich sein.

[9] Am 25. 6. 1988 war die Aufnahme offizieller Beziehungen von EG und RGW vereinbart worden.

E. Honecker erklärte, die DDR messe den Beziehungen zur BRD, trotz mancher Irritationen, die mitunter auftreten, wesentliche Bedeutung für den gesamteuropäischen Friedensprozeß bei. Durch die Gestaltung ihrer Beziehungen müßten beide Staaten zur Entspannung und zum Bau des gemeinsamen Hauses beitragen, positive Impulse für die friedliche Zusammenarbeit und den Dialog in Europa geben.

Seit seinem offiziellen Besuch in der BRD im September 1987 gebe es beachtliche Fortschritte in den Beziehungen. Die DDR habe die feste Absicht, die im Gemeinsamen Kommuniqué vom 8. September 1987 getroffenen Festlegungen Punkt für Punkt mit Leben zu erfüllen. Wir gingen davon aus, daß dies auch die Absicht der Regierung der BRD sei. Das jüngste Gespräch von G. Mittag mit Bundeskanzler Kohl habe dies bestätigt.[10]

Die DDR wolle das Erreichte bewahren und ausbauen. Sie sei an einer konstruktiven Zusammenarbeit bei der Gestaltung eines gutnachbarlichen Verhältnisses interessiert. Dabei sei natürlich der Grundsatz zu beachten, daß die Unabhängigkeit und Selbständigkeit jedes der beiden Staaten in seinen inneren und äußeren Angelegenheiten zu respektieren ist. Versuche zur Bevormundung und Einmischung würden den Beziehungen nur schaden. Es werde in den Beziehungen zwischen beiden deutschen Staaten konstruktiv vorangehen, wenn sich beide Seiten von gegenseitiger Achtung der Souveränität, territorialen Integrität und Nichteinmischung, von der Respektierung der Staatsbürgerschaft, von Augenmaß und Beachtung der beiderseitigen Interessen leiten lassen.

Manches könnte zügiger gelöst werden, wenn es tatkräftiger in Angriff genommen und wenn die BRD mehr Beweglichkeit bei der Lösung offener politischer Fragen zeigen würde.

E. Honecker betonte, daß sich die Beziehungen zwischen der DDR und Niedersachsen auf politischem, wirtschaftlichem und kulturellem Gebiet positiv entwickeln. Es gebe begrüßenswerte Fortschritte. Wir seien dafür, diese Beziehungen zum gegenseitigen Nutzen weiter auszubauen. Dies gelte auch für den Umweltschutz. Der Umsatz im Handel habe 1988 rund 1,4 Mrd. Mark betragen. In den kürzlichen Gesprächen von G. Mittag in Hannover habe sich die Ausbaufähigkeit des

[10] Das Gespräch Kohl – Mittag hatte am 7. 4. 1989 in Bonn stattgefunden. Kohl bezeichnete dabei »die jüngsten Fälle, in denen an der Grenze geschossen wurde«, als »aus seiner Sicht inakzeptabel«. Er kritisierte dann eine vorgebliche Wahlhilfe der DDR bei den Kommunalwahlen im Saarland, u. a. durch »Auftritte von Katharina Witt in einer Eisrevue«, und vor allem »die Beziehung der DDR zum neuen Senat in Berlin (West) unter Walter Momper. Hier solle doch alles in dem bisherigen Rahmen bleiben.« Kohl versicherte, an den »Grundpositionen seiner Regierung zur DDR« habe sich nichts geändert und er bleibe bei der mit Honecker besprochenen Linie. »Mein Interesse ist, innerhalb der gesamten Ost-West-Entspannung die Beziehungen zur DDR nicht auszuhöhlen oder etwa im Eisschrank zu lassen.« Vgl. dazu den »Vermerk« Mittags in: SAPMO ZPA J IV 2/2A/3210.

Handels gezeigt.[11] Gute Beziehungen bestünden zum Volkswagenwerk. Das Motorenprojekt werde erfolgreich verwirklicht. Erfolgreich entwickle sich auch die Gestattungsproduktion. Wir seien dafür, die Zusammenarbeit zwischen den Unternehmen auszubauen. Nützlich sei der vereinbarte Stromverbund. Gegenwärtig seien Verhandlungen über den Ausbau der Eisenbahnverbindung Berlin–Hannover im Gange. Die DDR werde im Rahmen der Hannover-Messe einen Wirtschaftstag der DDR vorbereiten.

E. Honecker betonte, zwischen der DDR und Niedersachsen könnte es noch besser vorangehen, wenn es gelingen würde, endlich die Grenzfrage Elbe im gegenseitigen Einvernehmen vernünftig zu regeln. Das würde den Weg für die Lösung anderer Fragen freimachen.

Hinsichtlich der Elbgrenze verwies E. Honecker darauf, daß man zumindest auf ca. 40 km, auf denen die Grenze unstrittig Mitte Strom verlaufe, dies so festschreiben und die Grenzkommission beauftragen solle, dazu eine entsprechende Vereinbarung zu treffen. Eine andere Möglichkeit sei, unbeschadet der unterschiedlichen Standpunkte zum Grenzverlauf die praktischen Fragen so zu regeln, wie sie seit über 40 Jahren gehandhabt würden.

E. Honecker übergab E. Albrecht den von der Grenzkommission 1975 ausgehandelten Protokollvermerk über einen Grenzverlauf Mitte Strom.[12] Er verwies darauf, daß man dazu analog wie beim Vierseitigen Abkommen über Westberlin folgende Feststellung treffen könne: Von dem Wunsch geleitet zu einer praktischen Verbesserung der Lage beizutragen und unbeschadet ihrer Rechtspositionen treffen beide Seiten die entsprechende Vereinbarung.

E. Honecker verwies darauf, daß die Erfassungsstelle Salzgitter als Relikt aus der Zeit des Kalten Krieges beseitigt werden sollte. Das würde das Klima zwischen beiden deutschen Staaten wesentlich verbessern. Wenn man von der Schlußakte von Helsinki ausgehe, dann sei es längst Zeit, diese Stelle aufzulösen.

Was die Entwicklung der DDR betreffe, so vollziehe sich bei uns ein Prozeß tiefgreifender politischer, ökonomischer, sozialer und geistig-kultureller Wandlungen von historischer Bedeutung. Sein Kern sei die Einheit von Wirtschafts- und Sozialpolitik. Nur dies sichere Vollbeschäftigung, soziale Sicherheit und demokratische Mitbestimmung. Die DDR halte fest an der Dialektik von Kontinuität und Erneuerung. Am 7. Mai seien in der DDR Kommunalwahlen. Die Gespräche mit den Wählern verliefen sehr positiv.[13] Natürlich könnten wir noch nicht

[11] Vor seinem Besuch in Bonn hatte Mittag Anfang April die Hannover-Messe besucht. Vgl. Anm. 10.

[12] Zu diesem »Protokollvermerk der Grenzkommission 14./15. 5. 1975 Sitzung in Bamberg« (in: SAPMO ZPA IV 2/2035/86) siehe Nr. 1, Anm. 15.

[13] Vgl. Nr. 76, Anm. 11.

wie Infas die Ergebnisse vorhersagen, wir seien aber überzeugt, daß die Kommunalwahlen zu einem großen Vertrauensbeweis für das Wahlprogramm der Nationalen Front werden würden.[14] Gegenwärtig komme auf 40 Bürger der DDR, die das Wahlrecht besitzen, ein Abgeordneter. Jetzt würden auch die Schöffen und Richter sowie die Mitglieder der Schiedskommissionen gewählt. In der DDR gebe es eine sehr dynamische Entwicklung der Volkswirtschaft, z. B. eine Steigerung des Nationaleinkommens im 1. Quartal gegenüber dem 1. Quartal des Vorjahres um 4%, der industriellen Warenproduktion um 4,1%, der Arbeitsproduktivität um 6% und der Nettogeldeinnahmen um 3%. Das große Wohnungsbauprogramm der DDR gehe seinem Ende entgegen. Es seien drei Millionen Wohnungen für neun Millionen Menschen errichtet worden.

E. Albrecht bedankte sich für die Einladung und Gesprächsmöglichkeit. Er unterstütze die Auffassung E. Honeckers, daß man als Nachbarn in Frieden leben müsse. Es gebe viele gemeinsame Probleme. Umweltprobleme machten nicht an Staatsgrenzen halt. Es gebe gemeinsame Interessen hinsichtlich der wirtschaftlichen, kulturellen und wissenschaftlich-technischen Beziehungen. Natürlich müsse man von den unterschiedlichen gesellschaftlichen Ordnungen ausgehen, ungeachtet dessen könne man bei der Zusammenarbeit weitere Fortschritte erreichen.

Er stimme auch damit überein, daß es wichtige Fortschritte in den Beziehungen zwischen beiden deutschen Staaten, zwischen der EWG und dem RGW, auch zwischen NATO und Warschauer Vertrag insgesamt gebe. Er sei in die DDR zu einem offenen Meinungsaustausch gekommen und hoffe, daß man auf bestimmten Gebieten zu weiteren Ergebnissen gelangen könnte.

E. Honecker habe mit Recht die Frage des Friedens an den Anfang seiner Ausführungen gestellt. Er kenne die Auffassung E. Honeckers, daß beide deutsche Staaten eine besondere Verantwortung für den Frieden tragen. Darüber gebe es keine Meinungsverschiedenheiten. Auch in der BRD wolle man Frieden, einen Zustand der Nichtangriffsfähigkeit der beiden Bündnisse. Er stimme mit der Notwendigkeit überein, für die 50%ige Reduzierung der strategischen Kernwaffen, das Verbot der chemischen Waffen und eine drastische Reduzierung der konventionellen Streitkräfte einzutreten. Man sei für die Reduzierung und vielleicht eines Tages sogar für die Beseitigung der Kurzstreckenraketen. Natürlich sei dies eine Frage des Gleichgewichts. Darüber gingen die Ansichten auseinander. Wichtig sei, daß es erstmals seit 1945 gelungen ist, Fortschritte bei der Abrüstung zu er-

---

[14] Nach den amtlichen verfälschten Angaben erhielt die Liste der Nationalen Front (d. h. SED, CDU, LDPD, NDPD, DBD), der Massenorganisationen und Verbände 98,85% der Stimmen bei einer Wahlbeteiligung von 98,77%.

reichen. Das müsse weitergehen. E. Albrecht verwies darauf, daß die gesamten Streitkräfte der BRD in die NATO eingegliedert sind. Die BRD könne dadurch zwar mit gewichtiger Stimme auftreten, aber auch nur gemeinsam im Rahmen der NATO handeln. Sie könne keine einseitigen Maßnahmen vornehmen. Die BRD wirke aber darauf hin, daß die NATO positive Abrüstungsvorschläge mache. Die einseitigen Abrüstungsschritte der DDR hätten in der BRD viel Aufmerksamkeit und Anerkennung gefunden. Er bedanke sich für die Präzisierungen, die E. Honecker gegeben habe. Er betrachte die Absicht der DDR, einen Teil der Wehrpflichtigen in der Wirtschaft einzusetzen, als einen wichtigen weiteren Schritt, der ebenfalls große Aufmerksamkeit finden werde. Begrüßenswert seien die Fortschritte zwischen Ost und West beim Abbau des Mißtrauens. Hinsichtlich regionaler Lösungen wie einer atomwaffenfreien Zone gebe es Meinungsunterschiede. Das hänge mit der Verankerung der BRD in der NATO zusammen. Er stimme zu, daß die EWG sich nicht abkapseln wolle und dies auch gar nicht könne. Er habe keine Zweifel, daß sich die Beziehungen zwischen EWG und RGW weiter positiv entwickeln würden. Das gelte auch in bezug auf die UdSSR. Nach Niedersachsen kämen viele sowjetische Delegationen. Er betrachte das als friedensfördernde Maßnahme.

E. Albrecht stimmte zu, daß sich die wirtschaftlichen Beziehungen zwischen der DDR und der BRD gut entwickelt hätten. Ein gewisser Rückgang in letzter Zeit treffe auf Niedersachsen nicht zu. Seine Bezüge aus der DDR hätten nicht abgenommen. Sehr positiv entwickelten sich die Beziehungen zwischen der DDR und dem Salzgitter-Konzern sowie dem Volkswagenwerk. Der Stromverbund sei ein erfreulicher Schritt. Er hoffe, daß der Ausbau der Eisenbahnverbindung möglichst bald in Angriff genommen werden könne. Sein Anliegen sei, die wirtschaftliche Zusammenarbeit weiter zu vertiefen. Niedersachsen sei bereit, Vorschläge und Projekte der DDR zu prüfen.

E. Honecker habe auch Fragen angesprochen, die ungelöst und schwierig seien. Zur »Erfassungsstelle« Salzgitter könne er heute nicht mehr sagen, als das, was bekannt sei, nämlich, daß er die Hoffnung habe, daß diese Stelle mangels Anlaß eines Tages nicht mehr existieren werde.

Die wichtigere Frage sei die Elbgrenze. Die gegenseitigen grundsätzlichen Positionen seien bekannt. Offenkundig habe es auch Mißverständnisse gegeben. Es gehe nicht um ein paar Meter mehr Wasser. Seine Position sei, die Grenze müsse dort respektiert werden, wo sie die Besatzungsmächte gezogen haben. Man könne sie nicht konstitutiv festlegen. Unterschiedliche Auslegungen gebe es über die Karten und Texte des Londoner Protokolls. E. Honecker habe gesagt, man könne unbeschadet unterschiedlicher Rechtspositionen zu Fortschritten kommen. Das sei auch seine Position. Die Frage sei nur, wie. E. Honecker vorgeschlagen habe, die Grenze auf jenen ca. 40 km, wo sie unbestritten Mitte Strom verlaufe, entsprechend festzuschreiben.[2] Er habe auch die andere Alternative erwähnt, daß man unbeschadet der unterschiedlichen Standpunkte zu praktischen Regelungen kommt. Vielleicht ergebe sich die Möglichkeit, dadurch einen Schritt nach vorn zu kommen.

E. Honecker erwiderte, aus den Darlegungen von E. Albrecht entnehme er, daß es in vielen Fragen der Friedenssicherung Übereinstimmung gebe. Er begrüße die Haltung der Regierung der BRD zu wichtigen Fragen der Abrüstung, auch in bezug auf ihre Verhandlungsbereitschaft zu den Kurzstreckenwaffen. Der Abrüstungsprozeß müsse unumkehrbar gemacht werden.

Was Umweltfragen betreffe, so verwies E. Honecker auf das bevorstehende Gespräch E. Albrechts mit Minister H. Reichelt.[3] Er möchte nur soviel sagen, daß die DDR bei der Elbe bereits viel getan habe. Die DDR sei dafür, auch die mit dem Kaliabbau an der Werra zusammenhängenden Probleme weiter zu erörtern.

Hinsichtlich der Elbgrenze gebe es nach seiner Ansicht genug Anhaltspunkte, um zu einer Vereinbarung hinsichtlich ihrer Feststellung Mitte Strom zu kommen. Im Verhältnis zwischen der DDR und Westberlin seien bekanntlich sogar Vereinbarungen über Grenzveränderungen getroffen worden. Die DDR wolle hinsichtlich der Elbe nichts verrücken, sondern das festschreiben, was über 40 Jahre Praxis sei. Wenn der entsprechende Wille vorhanden sei, könne man eine entsprechende Vereinbarung treffen. Er schlage vor, die Vorsitzenden der beiden Delegationen in der Grenzkommission zu beauftragen, diese Fragen zu erörtern. Es gebe zwei Möglichkeiten: Entweder unbeschadet bestehender unterschiedlicher Rechtspositionen praktische Regelungen zu vereinbaren oder zumindest die ca. 40 km Grenze Mitte Strom festzuschreiben, die für beide Seiten unstrittig sind.

E. Albrecht erwiderte, er glaube nicht, daß eine Festschreibung von 40 km Mitte Strom, aber das Offenlassen der nach seiner Ansicht entsprechend Londoner Protokoll am Ostufer verlaufenden Grenze eine Lösung bringe. Die Hälfte der Grenzstrecke bleibe dann ungeregelt. Die BRD-Regierung könne nicht das eine regeln und das andere offen lassen. Es bleibe also nur die andere Variante. Er möchte noch einmal präzisieren: Die jetzige Situation sei so, das auf großen Gebieten der Grenzstrecke der Elbe der Verkehr in ganzer Breite möglich sei. Es gebe faktisch eine »gemischte Regelung«, was die wasserpolizeiliche Verfahrensweise angehe, und es gebe schließlich eine Regelung über die Kontrolle der Binnenschiffahrt. Man könne versuchen, diesen Zustand unbeschadet der Meinungsverschiedenheiten über den Verlauf der Grenze zu formalisieren und sich über die praktischen Verfahren auf der Elbe, einschließlich des Verkehrs von Sportbooten und der Fischerei zu verständigen.

E. Honecker erklärte, man könne nicht unberücksichtigt lassen, daß die Grenzkommission beauftragt sei, entsprechende Vereinbarungen auszuhandeln. Jetzt sei die Grenzmarkierung insgesamt überprüft worden. Es gebe eine Zusammenarbeit bei den wasserbaulichen Maßnahmen. Das müsse auch so bleiben. Es sei aus seiner Sicht zweckmäßig, an die Grenzkommission den Auftrag zu erteilen, diese Fragen im Detail weiter zu besprechen. Wenn man zu einer Lösung komme, könne auch der Passagierschiffsverkehr zwischen Hamburg und Dresden geregelt werden. Es gehe um eine Einigung, wonach man unbeschadet unterschiedlicher Rechtsauffassungen – die DDR habe eine andere Bewertung zum Londoner Protokoll und anderen Dokumenten als E. Albrecht – eine Regelung des freien Verkehrs auf der Elbe sichert. Dann könnten auch die noch offenen Vereinbarungen in Kraft treten. Man solle der Grenzkommission den Auftrag geben, diese Fragen zu klären.

E. Albrecht warf zum Verfahren ein, man solle die Dinge zunächst sehr vertraulich behandeln und sie nicht in der gesamten Grenzkommission erörtern.

E. Honecker erklärte sein Einverständnis, die Leiter der Delegationen in der Grenzkommission damit zu beauftragen.

Was die »Erfassungsstelle« Salzgitter betreffe, so betonte E. Honecker, sei die Aufrechterhaltung dieser Stelle ein Angriff auf die Souveränität der DDR. Er verwies auf ein jüngstes Beispiel, wonach gegen einen Pfarrer aus Erfurt durch diese »Erfassungsstelle« vorgegangen werden solle, weil er die Polizei aufgefordert habe, eine Besetzung seiner Sakristei aufzulösen.[4] Er habe eine Erklärung von Bischof Leich[15], der sich für seinen Pfarrer einsetze. Diese Erklärung übergab E. Honecker an E. Albrecht.

E. Albrecht sagte dazu, er habe von diesem Vorgang gehört. Er werde die Angelegenheit prüfen, wenn er zurückkomme. In diesem Zusammenhang erklärte E. Albrecht, er habe vor seinem Besuch über 200 Zuschriften zu humanitären Fällen erhalten. Er habe einige bedeutsame Fälle ausgesucht und bitte darum, sie mit der Bitte um wohlwollende Prüfung übergeben lassen zu können.

E. Albrecht kam nochmals auf die Umweltfrage zu sprechen. Es gebe gemeinsame Probleme hinsichtlich der Sauberkeit der Flüsse, der Luft. Sie seien grenzüberschreitend, und man solle deshalb gemeinsame Lösungen suchen. Er schlage vor, zwischen Niedersachsen und der DDR eine Art Rahmenvereinbarung über die Zusammenarbeit zu treffen, die man nicht besonders zu formalisieren brauche. Niedersachsen sei be-

---

[15] Bischof Werner Leich, Vorsitzender des Bundes der Evangelischen Kirche in der DDR.

reit, eine gewisse Summe, etwa 10 bis 15 Mio. jährlich, für Projekte von gemeinsamem Interesse bereitzustellen. Man könne sich über Projekte verständigen, die für Niedersachsen wie für die DDR von Interesse seien. Die Devisen würden für die DDR frei verfügbar sein. Man könnte z.B. etwas gegen die Quecksilberbelastung der Elbe durch Maßnahmen in Bitterfeld und Leuna tun. Großes Interesse bestehe auch an der Frage der Rauchgasentschwefelung. Niedersachsen nutze bereits jetzt technische Verfahren der DDR bei Kläranlagen. Seine Idee sei, die Mittel dort anzuwenden, wo für beide Seiten ein Ergebnis herauskomme. Nach etwa fünf Jahren könne man die Erfahrungen auswerten.

E. Honecker betonte, er stimme zu, daß es grenzüberschreitende Umweltprobleme gebe. Ihre Beseitigung stelle hohe finanzielle Anforderungen. Man könne die Chemieindustrie nicht abschaffen. Ein Teil der Schadstoffe der Elbe komme auch aus der ČSSR. Die DDR sei bemüht, mit der ČSSR zu Lösungen zu kommen. Er stimme zu, über den Vorschlag von E. Albrecht Gespräche zu führen.

Was die »Erfassungsstelle« Salzgitter betreffe, so sei es notwendig, in der BRD eine politische Entscheidung dazu zu treffen. Einige Bundesländer hätten die Zahlungen bereits eingestellt. Die Stadt Salzgitter selbst sei gegen diese Stelle. Ihre Weiterexistenz könne für die Beziehungen zwischen beiden deutschen Staaten nur hinderlich sein. Ihre Abschaffung würde sich günstig auswirken. E. Honecker verwies darauf, daß die DDR humanitäre Fragen großzügig löse.

E. Albrecht sprach noch einige weitere Fragen an. Es gebe den Wunsch, im Harz einen zusätzlichen Übergang Bad Harzburg – Stapelburg einzurichten. Ferner gebe es den Wunsch nach Einbeziehung Hannovers in den grenznahen Verkehr. Schließlich sei er interessiert, die grundsätzliche Haltung E. Honeckers zu den Städtepartnerschaften zu erfahren. Die Liste mit Wünschen auf seiner Seite sei groß, z. B. gebe es den Wunsch einer Partnerschaft mit Quedlinburg.

E. Honecker erwiderte, wir seien im Prinzip für die Städtepartnerschaften. Die Ergebnisse der bisherigen Partnerschaften seien gut. Man müsse aber die Größe der DDR im Vergleich zur BRD berücksichtigen. Die Zahl der Städte sei begrenzt. Wünsche könnten nur von Fall zu Fall entschieden werden. Was die Einbeziehungen Hannovers in den grenznahen Verkehr betreffe, so werde man prüfen, ob sich künftig Möglichkeiten hierfür ergeben. Die Einrichtung eines neuen Grenzübergangs könne geprüft werden. Er müsse aber darauf hinweisen, daß dies mit hohen finanziellen Aufwendungen verbunden sei. Man müsse sich darüber einigen, ob die BRD die Kosten übernehme.

E. Albrecht erklärte, wenn man ein geeignetes finanzielles Arrangement auf anderem Gebiet finden könne, würde sich Niedersachsen an den Kosten beteiligen.

Abschließend bedankte sich E. Albrecht für die Einladung in die DDR und die Gesprächsmöglichkeit mit E. Honecker.

An dem Gespräch nahmen teil: Günter Mittag, Mitglied des Politbüros und Sekretär des ZK der SED, Stellvertreter des Vorsitzenden des Staatsrates; Staatssekretär Frank-Joachim Herrmann, Leiter der Kanzlei des Vorsitzenden des Staatsrates; Gunter Rettner, Leiter der Abteilung für Internationale Politik und Wirtschaft des ZK der SED; Karl Seidel, Leiter der Abt. BRD im MfAA, sowie der Minister für Bundes- und Europaangelegenheiten von Niedersachsen, Heinrich Jürgens; der Umweltminister von Niedersachsen, Werner Remmers; der Leiter der Staatskanzlei von Niedersachsen, Staatssekretär Josef Meyer; und der Leiter der Ständigen Vertretung der BRD, Dr. Franz Bertele.

79. Gespräch H.-J. Vogel – Honecker am 25. Mai 1989 (Hubertusstock)

[a] Privatarchiv H.-J. Vogel; Vermerk von D. Schröder: »I. Gespräch zwischen Dr. Hans-Jochen Vogel und Erich Honecker am 25. Mai 1989«

I. Gespräch zwischen Dr. Hans-Jochen Vogel und Erich Honecker am 25. Mai 1989

1.

Am 25. Mai 1989 hat von 10.00 bis 12.45 Uhr mit anschließendem gemeinsamen Mittagessen ein Gespräch zwischen Dr. Hans-Jochen Vogel und Erich Honecker im Jagdschloß Hubertusstock stattgefunden. An dem Gespräch haben als Begleitung von Dr. Vogel d.U. und als Begleitung von Erich Honecker Staatssekretär Frank-Joachim Herrmann, Abteilungsleiter im Sekretariat des ZK Gunter Rettner, Abteilungsleiter im Ministerium für Auswärtige Angelegenheiten Karl Seidel teilgenommen.

2.

Erich Honecker stellte einleitend fest, daß es sich um die 7. Begegnung[1] handele. Der Meinungsaustausch hätte sich als fruchtbar erwiesen und sei nicht ohne Einfluß auf die Entwicklung der Beziehungen zwischen den beiden deutschen Staaten geblieben. Er wolle wie üblich Dr. Vogel bitten, als erster das Wort zu ergreifen.

Hans-Jochen Vogel bemerkte einleitend, daß der alljährliche Meinungsaustausch zwischen ihm und dem Generalsekretär ein Element der Kontinuität sei. Davon gehe eine stabilisierende Wirkung aus. Diese Kontakte zwischen SPD und SED hätten in den Grenzen dessen, was einer Opposition möglich sei, zu Fortschritten und positiven Veränderungen in den Beziehungen zwischen den beiden Staaten beigetragen. Er wolle zu Beginn wie bisher über die internationale Lage sprechen, dann bilaterale Fragen aufwerfen und schließlich den Stand der Beziehungen zwischen den beiden Parteien erörtern.

Zunächst stellte Dr. Vogel fest, daß eine positive Wirkung für den Prozeß der Friedenssicherung von den sowjetischen Initiativen ausgegangen sei, insbesondere den Vorschlägen, die dem Außenminister der

---

[1] Tatsächlich war es die 8. Begegnung; Honecker rechnete wohl das letzte Treffen bei seinem Staatsbesuch in Bonn nicht mit.

Vereinigten Staaten unterbreitet worden seien.[2] Auch die neuen von den Staaten des Warschauer Paktes gemachten Vorschläge würden die Verhandlungen in Wien günstig beeinflussen.[3] Man müsse aber auch sehen, daß gerade die letzten beiden Jahre der Amtszeit des amerikanischen Präsidenten Reagan günstige Anstöße für die heutige Entwicklung gegeben hätten. Er sei vor nicht allzu langer Zeit in Washington und in Moskau gewesen.[4] Dabei habe er den Eindruck gewonnen, daß der neue amerikanische Präsident eine Haltung entwickele, die sogar über die Haltung von Präsident Reagan hinausgehen könnte. Er beurteile die Haltung gegenüber Mittelamerika, zur internationalen Schuldenfrage, zum Nahost-Problem und gegenüber der UdSSR überwiegend positiv. Ein wichtiger Beitrag zu der heutigen Entwicklung sei aber auch durch die Veränderung des Bewußtseins der Menschen entstanden. Er räume freimütig ein, daß die SPD sich gegenüber der Friedensbewegung zunächst abwartend verhalten hätte. Die DDR sei bisher mit Gruppen, die innerhalb der Kirche die Friedensfragen aufgeworfen hätten, keineswegs geschickter umgegangen. Alles ließe erkennen, daß die Menschen heute Waffen nicht mehr als eine Angelegenheit ansehen, die allein die Soldaten angehen. Er wolle ausdrücklich auf die ökumenische Bewegung mit den jüngsten Beschlüssen von Basel[5] hinweisen.

Zu der aktuellen Frage der Modernisierung merkte Hans-Jochen Vogel an, daß nach seiner Auffassung die Lance-Raketen 1996 nicht am Ende seien, wenn man sie mit einem neuen Motor versehe. Was darüber hinausginge, sei jedoch keine Modernisierung, sondern eine Steigerung der Zerstörungskraft, hier sei Modernisierung ein Mogelwort. Es ginge jetzt darum zu verhandeln. Obergrenzen müßten festgelegt werden. Mit der Bundesregierung stimme er in dem einen Punkt überein, daß Verhandlungen aufgenommen werden müssen. Die Gespräche mit den USA seien in ihrem Ausgang noch nicht vorhersehbar. Es sei durchaus zu fragen, ob der Gipfel eine Einigung bringen werde.[6] Es gelte das

[2] Gorbatschow hatte diese Vorschläge, die sich u. a. auf atomare Kurzstreckenraketen und konventionelle Abrüstung bezogen, US-Außenminister James Baker bei dessen Besuch am 10./11. 5. 1989 in Moskau unterbreitet. Vgl. AdG 1989, S. 33326 f.

[3] Am 23. 5. 1989 hatten die Warschauer-Pakt-Staaten bei den Wiener Verhandlungen über konventionelle Streitkräfte in Europa neue Vorschläge für Rüstungsobergrenzen vorgelegt. Vgl. AdG 1989, S. 33350 ff.

[4] H.-J. Vogel hatte im April 1989 Washington und Moskau besucht und dabei auch mit Präsident George Bush (vgl. ›Der Spiegel‹ Nr. 15 vom 10. 4. 1989, S. 22 f.) und Gorbatschow gesprochen.

[5] Gemeint waren die Beschlüsse und die »Botschaft« der Europäischen Ökumenischen Versammlung unter dem Motto »Frieden in Gerechtigkeit«, die vom 15. – 21. 5. 1989 in Basel getagt hatte.

[6] Die NATO-Gipfelkonferenz am 29./30. 5. 1989 in Brüssel verabschiedete ein Gesamtkonzept der NATO für Rüstungskontrolle und Abrüstung. Siehe AdG 1989, S. 33365 ff.

Prinzip der Einstimmigkeit bei der NATO. Er verweise auch auf die Ausführungen des Bundespräsidenten vom Vortage.[7]

Die von Andreas von Bülow entwickelten Kontakte zu der Militärakademie in Dresden seien begrüßenswert.[8] Auch der Besuch der Militärs bei Egon Bahr in Hamburg habe einen guten Eindruck gemacht.[9] Er vertrete zur Frage der taktischen Atomwaffen die Haltung, daß diese so rasch wie möglich weg müßten. Weitere Fragen wolle er nur als Stichworte benennen: Chemiewaffen, atomwaffenfreie Zone, Kontrollmöglichkeiten. Immer wieder müsse man auch nach den ökonomischen Folgen der Rüstung fragen. Er sei insgesamt erwartungsvoll hinsichtlich der Entwicklung der Beziehungen zwischen den beiden deutschen Staaten und der Sowjetunion, er frage sich, ob nicht doch in überschaubarer Zeit eine dritte Null-Lösung denkbar sei.

Für den Besuch des sowjetischen Generalsekretärs Gorbatschow in der Bundesrepublik habe er sich bemüht, die Möglichkeit für eine Ansprache vor den Arbeitern bei Hoesch in Dortmund zu erreichen.[10]

Er würde bei der Beurteilung der internationalen Lage gern noch einige Bemerkungen zum Nahost-Problem und vor allem zu China anfügen. Man sei hinsichtlich der Entwicklung in China besorgt und hoffe, daß es ohne Einsatz des Militärs zu einer guten Lösung komme.[11]

3.

Erich Honecker dankte für die Darlegungen. In der Tat bestünde weitgehend Übereinstimmung bei der Beurteilung der internationalen Lage. Er meine jedoch, daß in den Vereinigten Staaten starke Bestrebungen zu erkennen seien, die positive Entwicklung umzukehren. *Die von den USA ausgehende Modernisierungsdebatte sei der »Hemmschuh«. Nach dem INF-Vertrag hätten Verhandlungen über »taktische Kernwaffen« stattfinden sollen.* Dies hätte man 1987 bei seinem Besuch in Bonn auch in Kreisen der CDU/CSU für wünschenswert gehalten. Mit der SPD gebe es insofern eine volle Übereinstimmung der Auffassungen, es ginge aber nach seinem Eindruck nicht nur um Modernisierung, sondern auch darum, die amerikanische Doktrin der »flexible re-

[7] Bundespräsident von Weizsäcker, der am 23. 5. wiedergewählt worden war, hatte am 24. 5. 1989 beim Staatsakt zum 40jährigen Bestehen des Grundgesetzes gesprochen.

[8] Vgl. Nr. 39, Abschnitt 5.

[9] Vgl. Nr. 76, Anm. 17.

[10] Gorbatschow besuchte bei seinem Aufenthalt in der Bundesrepublik vom 12.–15. 6. 1989 am 15. 6. die Hoesch-Werke und hielt in der Werkshalle eine Rede vor ca. 7000 Arbeitern.

[11] Unter Leitung von Ministerpräsident Li Peng wurde am 19. 5. 1989 Militär gegen die Demonstranten für Demokratie und Freiheit in Marsch gesetzt. Am 20. 5. 1989 verhängte Li Peng das Kriegsrecht über Peking. Ab dem 3. 6. kam es zu sich steigernden militärischen Gewalteinsätzen. Mit Panzern und Maschinenwaffen richtete das Militär am 4. 6. ein blutiges Massaker auf dem Tiananmen-Platz (dem Platz des Himmlischen Friedens) an. Das gewalttätige Vorgehen gegen Demonstranten und Zivilisten setzte sich auch noch am 5. 6. fort. Vgl. AdG 1989, S. 33320 und S. 33346 ff.

sponse« in Europa zu erhalten. Der Warschauer Pakt sei für eine dritte Null-Lösung und gegen ein amerikanisches Diktat der Modernisierung [...]. Mit der Beurteilung seitens der SPD stimmte er völlig überein. Die Verhandlungen über konventionelle und nukleare Abrüstung müsse man weiterführen, die Warschauer-Pakt-Staaten hätten sich für eine stufenweise Verhandlungsführung ausgesprochen. Es sei das Ziel, die taktischen Raketen in ganz Europa zu beseitigen. Es zeige sich jedoch, daß die Bundesregierung, die CDU/CSU insbesondere, eher wahlpolitische Überlegungen in den Vordergrund stelle. Wenn es zu einem NATO-Beschluß komme, werde die Lage kompliziert. Der sowjetische Generalsekretär werde bei seinem Besuch in Bonn ernste Fragen stellen. Wenn die sogenannte Modernisierung nicht unterbleibe, werde es auf östlicher Seite Nachrüstungen geben. Das zweite Reduzierungsangebot der Warschauer-Pakt-Staaten sei ein großzügiger Vorschlag. Er habe erst vor wenigen Tagen den Militärrat empfangen und mit ihm über die Durchsetzung der Berliner Verteidigungsdoktrin sowie die Umstrukturierung in den Streitkräften gesprochen. Bei der Nationalen Volksarmee würden 10 000 Mann entlassen und 600 Panzer sowie ein Fliegergeschwader mit 50 Kampfflugzeugen außer Dienst gestellt.

Gorbatschow ginge es um eine Reduzierung der Sprengköpfe, fügte er hinzu. Jetzt warte man auf ein Echo der NATO. Die Chance, die sich aus einer solchen Entwicklung für die Welt ergebe, sei groß.

Gern habe er die positive Einschätzung der Bush-Administration durch Dr. Vogel zur Kenntnis genommen. *Es gebe aber in den USA »zu viele Politiker«, die auf eine Politik der Stärke setzten und* glaubten, daß der Prozeß der Entspannung umkehrbar sei. Die Staaten des Warschauer Paktes zielten aber darauf ab, ihn unumkehrbar zu machen, damit beispielsweise die Sozialetats weiter ausgebaut werden könnten, damit das Entwicklungsgefälle zwischen den Staaten beseitigt werden könnte und ähnliches. Es sei eine große Arbeit zu leisten. SPD und SED hätten mit Unterstützung der Tschechoslowakei in Anlehnung an die Vorschläge Olof Palmes und Jaruzelskis[12] gute Arbeit geleistet. Ihre Initiativen hätten eine starke Wirkung entfaltet. Der Begriff Angriffsfähigkeit treffe den Kern des heutigen Problems. Es müsse also das Bemühen um konventionelle und nukleare Abrüstung fortgesetzt werden, damit würde sich das politische Klima ändern. [...]

Honecker äußerte seine Erwartungen zu Mittelamerika, Nahost und Südafrika.

Hinsichtlich der Entwicklung in China sei er optimistisch. Es bestünden zwischen der DDR und China rege Beziehungen. Der Besuch Gorbatschows in Peking sei wichtig gewesen.[13] Er frage sich, welche

---

[12] Zum sog. Palme-Vorschlag vgl. Nr. 4, Anm. 6; zu Jaruzelskis Vorschlägen siehe Nr. 42, Anm. 6.

[13] Gorbatschow war vom 15. – 18. 5. 1989 zu einem Staatsbesuch in China, der von den Mas-

Ursache die Manifestation der Studenten hätte. Nach seiner Einschätzung sei die Führung auf dem richtigen Weg, die Unruheherde auszutrocknen, um die Reform unter der gegenwärtigen Führungsmannschaft zu sichern. Er wolle seine Bemerkungen abschließen mit der Feststellung, daß eine große Chance für den Frieden und die Abrüstung in Europa bestehe, man könne dann bei den Militäretats sparen und eine bessere Sozialpolitik betreiben, das sei für beide Staaten von Nutzen. Wie er höre, würde bei Umfragen in der Bundesrepublik heute von 89% der Bevölkerung eine Modernisierung der Raketen abgelehnt. Er vermute, daß in der DDR die Ablehnung noch höher sei. Die Menschen erwarteten also, daß die Chancen der Gegenwart wahrgenommen werden.

4.

Hans-Jochen Vogel dankte für die Darlegungen und erklärte, daß er noch einige Bemerkungen anschließen wolle. Er bleibe dabei, daß Präsident Bush ein bedächtiger und wohlabwägender Politiker sei. Bezüglich der Entwicklung in Zentralamerika habe er sich in einem Gespräch mit Ortega[14] ein gutes Bild machen können. Nach seiner Auffassung sei Präsident Bush entschlossen, den Friedensprozeß zu unterstützen und amerikanisches Geld für die Wiedereingliederung der Contras zur Verfügung zu stellen. Bei dieser Einschätzung stütze er sich auch auf das Urteil von Wischnewski, der sich in der Region besonders auskenne. Nach seiner Auffassung hätten die Supermächte gelernt, daß man mit Völkern nicht nach Belieben umgehen kann. Vietnam und Afghanistan seien eine harte Schule gewesen.

Zur Frage des Nahen Ostens wolle er noch anmerken, daß die SPD Kontakte zur Partei der Arbeit in Israel hätte und diese dränge, sich gegen eine Isolierung des Landes zu wehren. Gestern sei er mit dem Repräsentanten der PLO in der Bundesrepublik zusammengetroffen; diese Gruppe habe ihre Politik geändert. Selbst der Falke Shamir[15] habe heute mit seiner eigenen Partei Probleme. Möglicherweise gehe die Entwicklung in Richtung auf einen palästinensischen Staat.

In China seien Zeichen für einen großen Reformbedarf sichtbar geworden. Es sei ermutigend, daß Millionen friedlich demonstriert hätten. Das sei eine Hoffnung auf eine Lösung des Konflikts ohne Blutvergießen.

Der Kernpunkt in Europa, den er nochmals aufgreifen wolle, sei die Notwendigkeit, daß die NATO sich den Veränderungen nicht ver-

sendemonstrationen für Demokratie überschattet wurde, zu denen er sich nur vorsichtig äußerte. Vgl. AdG 1989, S. 33335 ff. und S. 33346 f.

[14] Das Gespräch fand während des Besuches des nicaraguanischen Präsidenten Daniel Ortega am 9. 5. 1989 in Bonn statt.

[15] Yitzhak Shamir (Likud), israelischer Premierminister.

schließe. Das Bündnis erwecke den Eindruck, daß es zur Zeit nach dem verlorenen Feind suche. Die SPD setze andere Akzente, sie wünsche, daß die NATO nicht immer auf die sowjetischen Vorschläge warte, sondern selbst die Initiative ergreife. Insgesamt bestünde im Augenblick kein Grund, die Entwicklung ängstlich zu betrachten. Es müsse gelingen, die Beziehungen zu entmilitarisieren und dann zu politisieren. In diesem Zusammenhang erlaube er sich die Bemerkung, daß die Haltung der Bundesregierung nicht ganz verständlich sei. Die Haltung des Bundesaußenministers sei seit 1982 in diesen Fragen realistisch. Der Vorsitzende der CDU/CSU-Fraktion[16] hätte sich der Forderung nach Beseitigung der taktischen Nuklearwaffen angenähert. Das sei erklärlich. Dregger kenne noch aus eigenem Erleben den Krieg. Von ihm stamme auch die Formel, »je kürzer die Reichweite, desto deutscher die Toten«. Der Bundeskanzler nehme allmählich die Wandlung des Bewußtseins der Menschen zur Kenntnis. Er wolle aber auch daran erinnern, daß schon Strauß davon gesprochen hätte, daß für eine Stationierung neuer Raketen in der Bundesrepublik keine Mehrheit mehr zu finden sei.

Erich Honecker erwiderte, er hoffe, daß die Einschätzung Dr. Vogels hinsichtlich des amerikanischen Präsidenten zutrifft. Er sei eher pessimistisch, auch wenn er in der Perspektive der Geschichte optimistisch bleibe. [...] Er fürchte, daß in der amerikanischen Administration nur die Politik der Stärke gegenüber der Sowjetunion hochgehalten würde in der Hoffnung auf eine Erosion in den sozialistischen Ländern. Die neue Politik der Sowjetunion und der sozialistischen Länder biete eine Chance. Jetzt erwarte man Bewegung auf der Gegenseite, insbesondere mit Blick auf Wien und das Gebiet der nuklearen Abrüstung, wie aber auch hinsichtlich der Chemiewaffenabrüstung. [...]

Zur Entwicklung im Nahen Osten bemerkte Erich Honecker, daß nach seinem persönlichen Eindruck die PLO Lehren aus der Geschichte gezogen hat und jetzt Verhandlungen über die Existenz Israels und Palästina ernsthaft anstrebe. Die DDR habe am 50. Jahrestag der Reichspogromnacht Kontakte mit israelischen und jüdischen Kreisen hergestellt, diese Kontakte wolle sie weiter verstärken. Die Entwicklung in China ließe sich zur Zeit schwer beurteilen. Die Parteiführung insgesamt sei dort für eine Fortsetzung des Reformkurses.[17] Es müsse aber auch bedacht werden, daß der berechtigte Protest der Studenten von anderen Kräften ausgenutzt werde. Er hoffe jedoch, daß entspre-

---

[16] Alfred Dregger.
[17] Parteichef Zhao Ziyang, der Nachfolger des verstorbenen Parteichefs Hu Yaobang, erweckte den Eindruck eines gewissen Entgegenkommens gegenüber den Reform- und Demokratieforderungen. Er trug den von Premierminister Li Peng am 19. 5. durchgesetzten Einsatz von Militär nicht mit, wurde praktisch entmachtet und am 24. 6. 1989 aller Ämter enthoben. Vgl. Anm. 11 sowie AdG 1989, S. 33461.

chend den letzten Meldungen der Platz des Himmlischen Friedens auch
ein Platz des irdischen Friedens bleibe. Man solle bei allen Berichten aus
China auch bedenken, daß die Zahlen nicht mit den Verhältnissen in
Europa verglichen werden könnten, wenn es hieße, daß in China eine
Million Menschen demonstriert, dann sei das weniger im Vergleich zur
Gesamtbevölkerung, als wenn in einem europäischen Staat 100 000 de-
monstrierten.

Hans-Jochen Vogel erwiderte, daß er es bedaure, daß durch die jüngsten Ereignisse in China die historische Begegnung zwischen der chinesischen Parteiführung und Generalsekretär Gorbatschow in den Hintergrund gedrängt worden sei. Die Entwicklung der Beziehungen zwischen China und der Sowjetunion sei stabilisierend für die Politik in der
Welt. Er fragte, ob der Generalsekretär eine klare Vorstellung über die
gegenwärtige Zusammensetzung der chinesischen Führung hätte.

Der Generalsekretär erwiderte, daß nach seiner Kenntnis alle an
Bord seien und das Heft in der Hand hätten; alles andere seien Spekulationen. Man solle auch bedenken, daß eine Politbürositzung in der
DDR drei bis sechs Stunden dauere[18], in China jedoch zwei Monate.
Zur Zeit befinde sich der chinesische Justizminister in der DDR. Von
ihm habe man nichts Beunruhigendes gehört.[19] Auch er bedaure, daß
die Bedeutung des Besuchs von Gorbatschow in China in den Hintergrund gedrängt worden sei, das nehme jedoch dem Vorgang nicht die
historische Bedeutung. Es sei eine Normalisierung, die sich nieder-
schlage in dem Abzug der Truppen an der Grenze, in der Zusammenarbeit zwischen den Parteien und ähnlichem. Es sei wichtig, daß es zu einem Verständigungsprozeß zwischen der Sowjetunion und den USA
und auch China komme. Dieses sei so wichtig, wie der KSZE-Prozeß
für den Frieden in der Welt. Das solle genug sein für den Meinungsaustausch über die internationale Lage.

5.
Hans-Jochen Vogel bemerkte einleitend zu dem Gesprächsteil über die
bilateralen Beziehungen, daß die wirtschaftlichen und kulturellen Kontakte noch verbessert werden könnten, aber generell die Entwicklung
einen guten Lauf nehme. Er werde in zunehmendem Maße mit der
Frage nach den Auswirkungen der Entwicklung der Europäischen Gemeinschaft auf den innerdeutschen Handel konfrontiert. Darüber
werde immer lebhafter diskutiert. Die Sozialdemokraten wollten an
dem bewährten System des innerdeutschen Handels festhalten, aber die

[18] Tatsächlich dauerten die Politbürositzungen des ZK der SED in den 80er Jahren fast immer
nur ca. 45 bis 60 Min., selten über eine Stunde, wie die Protokolle der Sitzungen in: SAPMO ZPA
eindeutig belegen.
[19] Zu diesem Zeitpunkt war in Peking jedoch schon das Kriegsrecht verhängt worden. Vgl.
Anm. 11.

übrigen Mitglieder der Europäischen Gemeinschaft hätten dazu Fragen. Die deutsche Seite befürchte eine Verstärkung des Drucks.

Besonders wichtig sei die Umweltpolitik, erklärte Hans-Jochen Vogel, es gebe gute Ansätze, die jetzt vertieft werden müßten. Es sei auch von Interesse, daß in den Industrienationen das Bewußtsein davon wachse, daß der Verursacher für die Schäden in Brasilien in Europa zu suchen sei und nicht vor Ort. Hans-Jochen Vogel übergab sodann das von dem Bundestagsabgeordneten Hiller ausgearbeitete Papier über die ökologische Sicherheitspartnerschaft.[20] Er wies darauf hin, daß dieses noch nicht von der Fraktion diskutiert und gebilligt worden sei, es aber auf jeden Fall interessante Denkanstöße vermittle. Er wolle anregen, zwischen den beiden Parteien eine Arbeitsgruppe zu Fragen der Ökologie zu bilden. Hans-Jochen Vogel übergab sodann Aufzeichnungen über Probleme des Dassower Sees (Anlage 1), der Lübecker Stadtfischer (Anlage 2), des Drömling (Anlage 3).[21] Er fragte nach den Aussichten für den Umweltschutz an der Elbe im Lichte des Gesprächs des Generalsekretärs mit Ministerpräsident Albrecht.[22] Die Sozialdemokraten würden sich freuen, wenn es hier zu mehr Flexibilität komme, die Umweltfragen an der Elbe seien äußerst wichtig.

Hans-Jochen Vogel bemerkte sodann, daß die Aufnahme von offiziellen Beziehungen zwischen Bundestag und Volkskammer überreif sei. Bundestagspräsidentin Süssmuth sei bereit, diese Entscheidung zu fördern, es müßten nun konkrete Gespräche aufgenommen werden. Es würde wohl nicht mehr behauptet, daß Berliner Bundestagsabgeordnete diskriminiert werden. Er hoffe, daß dieses erledigt sei. Es bestehe aber der Wunsch, daß die Bundestagsabgeordneten bei Besuchen in der DDR mit allen Menschen sprechen dürften, wie auch umgekehrt die Volkskammerabgeordneten mit jedem Einwohner der Bundesrepublik sprechen könnten. Das sei keine förmliche Bedingung, aber es sollte über diese Frage vor Aufnahme der Beziehungen eine Verständigung stattfinden.

Zum Reise- und Besucherverkehr bemerkte Hans-Jochen Vogel, daß die erste Fassung der Verordnung[23] enttäuscht hätte; es seien zwar mehr Anlässe für Besuchsreisen vorgesehen worden, aber es sei der Kreis der Berechtigten eingeschränkt worden. Durch die zweite Fassung[24] sei die Verordnung dann im Einklang mit dem Wiener Schlußdokument erheblich verbessert worden. Aber noch immer gebe es un-

---

[20] Siehe den Text »Ökologische Sicherheitspartnerschaft (Hiller MdB)« in: Moseleit (1991), S. 94 ff. Vgl. auch Reinhold Hiller, Die ökologische Sicherheitspartnerschaft – eine deutschlandpolitische Notwendigkeit, in: Deutschland Archiv 7 (1989).

[21] Der Passower See lag auf DDR-Gebiet an der Trave-Mündung nordöstlich von Lübeck, der Drömling war eine Region beiderseits der Grenze östlich von Wolfsburg.

[22] Siehe Nr. 77.

[23] Vgl. Nr. 74, Anm. 19 und Nr. 7, Anm. 12.

[24] Vgl. Nr. 77, Anm. 12.

terschiedliche Verfahrensweisen bei den Behörden der DDR; da würden beispielsweise in Formularen Angaben verlangt, die niemand so ohne weiteres beibringen könne. Es käme auch noch das Problem der Einreiseverweigerung hinzu; es sei nicht zu vertreten, wenn jemandem, der aus der DDR ausgereist sei, der Besuch bei seiner 80jährigen krebskranken Mutter verweigert würde. Wenn in solchen Fällen Genehmigungen erteilt würden, geschehe das oft so spät, daß nicht einmal mehr die Einreise zur Beerdigung möglich sei. Unverständlich sei ihm auch, daß jemand, der vor 30 Jahren als Angehöriger der NVA aus der DDR fortgegangen sei, immer noch an der Einreise gehindert würde. Hans-Jochen Vogel übergab daraufhin einen Vermerk in der Sache [...] (Anlage 4).[25] Ähnliches gelte für Personen, die seinerzeit wegen »Sozialdemokratismus« verfolgt worden seien. Er bemerkte, daß dreißig Jahre nach dem Strafrecht der Bundesrepublik für nahezu alle Delikte eine Verjährung bedeutet.

Hans-Jochen Vogel übergab sodann 17 Blätter mit schwierigen Ausreisefällen (5a–q)[26] und bat um Überprüfung im Lichte seiner Anmerkungen.

Hans-Jochen Vogel erklärte dann, daß er einige ernste Fragen zur Lage an der innerdeutschen Grenze vorbringen müßte. Die Vorgänge an dieser Grenze bewegten die Menschen, und sie belasten die Beziehung. Natürlich würde an den Grenzen der Bundesrepublik auch von der Schußwaffe Gebrauch gemacht, dieses richte sich jedoch gegen Personen, die eines Verbrechens verdächtig seien oder Widerstand leisteten. Der einfache unerlaubte Grenzübertritt sei nur eine Ordnungswidrigkeit. In der DDR würde dies aber immer noch als schwere Straftat behandelt. Das könne auf die Dauer nicht so bleiben. Grenzübertritte könnten nicht den Einsatz von Schußwaffen gegen Menschen rechtfertigen.

Hans-Jochen Vogel merkte ferner positiv an, daß die Teilnahme einer Anwaltsdelegation am Anwaltstag in München eine erfreuliche Richtung der Weiterentwicklung der Beziehungen aufgezeigt hätte. Auch in der Frage der Kriegsgräber habe er den Eindruck einer günsti-

[25] Eine Zweitschrift der Anlage im Privatarchiv Vogel. – Name vom Autor entfernt, da es sich nicht um eine Person der Zeitgeschichte handelt.

[26] Jedes dieser wie angegeben bezifferten Blätter 5a–5q (Zweitschrift im Privatarchiv Vogel), datiert auf den 25. 5. 1989, bezog sich auf einen Fall. Aufgeführt waren jeweils Name, Anschrift, Jahr und Monat der ersten Antragstellung (davon je eine aus den Jahren 1970 und 1982, jeweils drei von 1984 und 1985, fünf von 1986 und vier von 1987) sowie das genaue Datum des erneuten Antrages gemäß der sog. Reiseverordnung der DDR vom 30. 11. 1988. Auf jedem Blatt war ferner Name, Anschrift und das Verwandtschafts- bzw. Freundschaftsverhältnis zu Angehörigen bzw. Familien und Personen in der Bundesrepublik, zu denen die Betreffenden ausreisen wollten, verzeichnet. Die Begründungen für den Ausreisewunsch bezogen sich auf den jeweiligen individuellen Fall, wie z. B. besorgniserregende Verfassung, physisch und psychisch schlechter Gesundheitszustand, Suizidgefahr, besorgniserregende Lebenssituation, ständige Pflegebedürftigkeit, lebensgefährliche Erkrankung etc.

gen Entwicklung. Der Volksbund, dessen Vorsitzender der SPD angehöre, leiste gerade für ältere Menschen eine wichtige Arbeit.

Hans-Jochen Vogel übergab sodann Bitten um Städtepartnerschaften zwischen Worms und Eisleben, Aalen und Freiberg, Wiesbaden und Görlitz sowie für Bad Salzuflen. Er bat weiterhin um die Rückgabe von Büchern der Lübecker Stadtbibliothek.

Zur Entwicklung in bezug auf Berlin sehe er in dem von der SED erstellten Non-paper[27] auch konstruktive Schritte. Der Regierende Bürgermeister Momper werde dem Vorbild Richard von Weizsäckers folgen. Er hoffe, daß sich konkrete Verbesserungen ergäben. Er sei von der evangelischen Kirche gebeten worden, den Wunsch zu unterstützen, zum Evangelischen Kirchentag in West-Berlin[28] mehr als den in Aussicht genommenen 300 DDR-Einwohnern eine erleichterte Ausreise zu ermöglichen.

6.

Erich Honecker warf ein, daß auch eine Ausreise für 400 und mehr Personen zum Evangelischen Kirchentag denkbar sei. Er dankte für die Darlegungen und die übergebenen Papiere.

Erich Honecker erklärte, daß die DDR selbst an guten Beziehungen zur Europäischen Gemeinschaft interessiert sei. Es seien Beziehungen zwischen dem RGW und der DDR sowie den Europäischen Gemeinschaften nunmehr aufgenommen, jetzt würden erste Gespräche über die Entwicklung dieser Beziehungen geführt. *Honecker beklagte sich über die COCOM-Listen und andere Handelsschranken des Westens, die den Ausbau der Wirtschaftsbeziehungen für die DDR hemmen würden.* In der Bundesrepublik Deutschland würde viel über die ökonomischen Schwierigkeiten in der DDR gesprochen, aber die Ladentische seien voll. Er ginge davon aus, daß die Sozialdemokraten für die unterschiedlichen Bedingungen Verständnis hätten, er könne versichern, daß derjenige, der etwas leistet, in der DDR auch etwas kaufen könne. Ob dies in der Sowjetunion so der Fall sei, da möchte er ein Fragezeichen machen. 40% des Exports in die sozialistischen Länder gingen aus der DDR in die Sowjetunion, dieses Volumen sei sehr groß. Die

[27] Das sog. Non-paper von Anfang Februar 1989 war überschrieben mit »Interne Vorschläge an den Landesvorsitzenden der Westberliner SPD, Walter Momper«, in: SAPMO ZPA J IV 2/2A/3192. Darin »bekräftigte« die DDR u. a., »daß sie zu keiner Zeit, ganz gleich unter welchen Umständen, etwas unternehmen wird, um die Verbindungen von Berlin-West zur BRD zu schwächen«. Es war aufgegliedert in »I. Grundsätzliche politische Fragen« und »II. Sachfragen in den gegenseitigen Beziehungen« mit Vorschlägen zu »1. Verkehrsfragen«, »2. Staatsgrenze«, »3. Umweltschutz«, »4. Wissenschaft-, Kultur- und Sportbeziehungen«, »5. Reise- und Besucherverkehr« mit dem Angebot, u. a. der »Verlängerung der Mehrfachberechtigungsscheine auf 1 Jahr« und der Erteilung der Einreiseerlaubnis »unmittelbar an der Grenze«, und »6. Wirtschaftsbeziehungen«.

[28] Der 23. Evangelische Kirchentag fand ab 7. 6. 1989 statt. – Albert Schönherr, früherer Bischof von Berlin-Brandenburg.

DDR hoffe auf die Entwicklung ihrer Beziehungen zur Europäischen Gemeinschaft. Ökonomische Verbesserungen seien jedoch nicht ohne Nachdenken über die COCOM-Listen möglich. Er kenne genau die Probleme, die Lizenznehmer der Vereinigten Staaten, beispielsweise die Firma Siemens, hätten. Die DDR möchte eine ergänzende Zusammenarbeit, sie sei an einem weiteren Ausbau der Beziehungen interessiert, das habe er auch mit den Ministerpräsidenten der Länder, die ihn in der letzten Zeit besucht hätten, erörtert. Man hoffe in der Bundesrepublik auf einen Umschwung nach der nächsten Bundestagswahl, er frage daher, ob die SPD bereit sei, mit der SED eine Arbeitsgruppe über die Entwicklung der Wirtschaftsbeziehungen einzurichten.

Er sei auch mit der vorgeschlagenen Arbeitsgruppe zu ökologischen Fragen einverstanden; die Umweltprobleme überschritten die Grenze ohne Visum.

Städtepartnerschaften seien nützlich gewesen und sollten ein breites Spektrum bis einschließlich des Sports umfassen. Er werde die neuen Vorschläge prüfen lassen. Er bitte aber zu bedenken, daß die Städte der DDR auch mit anderen Städten Partnerschaften hätten, beispielsweise mit Städten in der Sowjetunion und auch in Spanien. Die Frage nach den Rechten der Lübecker Stadtfischer habe er bereits mit Ministerpräsident Engholm[29] besprochen. Es sei vereinbart, in der Grenzkommission eine Ergänzung des Protokolls vorzunehmen. Die Frage der Elbeverschmutzung sei in Verbindung mit der Frage der Werra gebracht worden; hier gebe es Widerstand aus Bonn, er könne jedoch feststellen, daß die Wassergüte sich inzwischen verbessert hätte. Bei der Werra sei die Bundesrepublik zur Zeit nicht zu irgendwelchen Aktivitäten bereit, auch nicht zu finanziellem Engagement. Die DDR sei daran interessiert, aber der Westen müsse auch zur Mitarbeit bereit sein.

Bei den Kontakten zwischen Bundestag und Volkskammer wolle er feststellen, daß eine Diskriminierung der Berliner Abgeordneten nicht vorliege. Das Vier-Mächte-Abkommen würde allerdings strikt eingehalten, über die Ausgestaltung würde man bei dem Besuch Gorbatschows in Bonn sicher eine weitere Einigung erzielen. Die DDR sei bisher mit dieser Frage sehr großzügig gewesen, das zeige sich schon daran, daß sie den Berliner Bundestagsabgeordneten Hans-Jochen Vogel als Gesprächspartner für die Bundestagsfraktion akzeptiere. Die endgültigen Regelungen würden jedoch mit der Sowjetunion getroffen, der Warschauer Pakt sei für strikte Einhaltung des Vier-Mächte-Abkommens. Bisher sei auch kein Bundestagsabgeordneter an Gesprächen mit Menschen gehindert worden. Wenn man dieses wolle, müsse die DDR einen riesigen Apparat aufbauen. Viele Studiengruppen besuchen die DDR. Die Lage habe sich verändert, die Bundesregierung

---

[29] Siehe Nr. 74.

müsse das endlich begreifen und der Bevölkerung erläutern. Der Dialog zwischen den Menschen sei in Gang gekommen. Bundeskanzler Kohl habe bei seinem Besuch in der DDR Pech gehabt.[30] In Weimar und Leipzig habe er Kontakte mit den Menschen haben können, statt dessen sei er in ein Fußballspiel geraten, dabei seien die Besucher mehr am Fußball als an ihm interessiert gewesen. Er frage natürlich auch, warum bei einem Privatbesuch eigentlich der Bundespressesprecher Ost hätte mitreisen müssen.

Zur Entwicklung des Besucherverkehrs könne er nicht verschweigen, daß ihm die Kosten große Sorgen bereiten. Auch nach der Einführung von Ermäßigungen müsse die DDR immer noch 40 bis 60 Millionen Valuta-Mark an die Bundesbahn zahlen. Die Verordnung über den Besucherverkehr als solche sei vor dem Abschluß der Wiener Gespräche geschaffen und danach ergänzt worden. 1989 hätten 17,3% mehr Westreisen stattgefunden, davon 3,8% ins Bundesgebiet, 26,6% nach Berlin (West). 1989 würden sechs bis sieben Millionen Besuche von beiden Seiten aus gemacht werden. Nirgendwo in der Welt gebe es einen solchen intensiven Besucherverkehr wie zwischen den beiden deutschen Staaten. Es sei das Ziel der Politik, dieses weiterzuentwickeln. Wenn es in einigen Fällen Schwierigkeiten gebe, solle man ihn unterrichten, er würde das überprüfen lassen. Es gebe jedoch keine formellen Hemmnisse.

Zu den Vorgängen an der Grenze bemerkte Erich Honecker, daß er es als schmerzhaft empfunden hätte, daß sich auch die SPD im Bundestag der Protesten zu dem Vorfall an der Grenze zu Berlin (West) angeschlossen hätte.[31] Der Vorgang hätte sich anders zugetragen, als es dort dargestellt worden sei. Der LKW sei in die Grenzanlage mit großer Geschwindigkeit eingefahren, die Personen seien ohne Waffengebrauch festgenommen worden, erst bei einem Fluchtversuch eines der Festgenommenen hätte ein Soldat geschossen und den Flüchtling leicht verletzt. Zum Schußwaffengebrauch erläuterte er, daß dieser nur bei Angriffen auf Leib und Leben der Posten erfolge, es würde ein Warnschuß abgegeben und erst danach ein gezielter Schuß. Er erwähnte dann die gescheiterte Ballonflucht[32] und erklärte, daß hier die Regierung der DDR keine Schuld treffe; der ums Leben gekommene Bürger hätte lieber einen Ausreiseantrag stellen sollen. Allein in den ersten drei Monaten dieses Jahres seien bereits 26 000 solcher Anträge gestellt worden. Es gebe dann noch einen dritten Fall, bei dem der Flüchtling später seinen Verletzungen erlegen sei. Das Grenzregime sei verändert worden,

[30] Vgl. Nr. 74, Anm. 23.
[31] Die betreffende Kritik hatte der SPD-Fraktionssprecher Büchler am 16. 3. 1989 in einer Erklärung vor dem Bundestag formuliert. Verhandlungen des Deutschen Bundestages, Sten. Ber., Bd. 148, S. 9907 ff. Vgl. Nr. 75 und 77.
[32] Vgl. Nr. 77, Anm. 4.

aber es gebe auch immer noch Provokationen. Es würde zum Beispiel von Zeit zu Zeit ein Fotograf an die Grenze bestellt. Die DDR habe die notwendigen Maßnahmen getroffen. Es gebe eine klare Ordnung. Die Bestimmungen seien ähnlich wie in der Bundesrepublik; es werde erst durch Anruf gewarnt, dann ein Warnschuß abgegeben und dann ein gezielter Schuß. Es würde nicht auf Frauen und Kinder sowie Alliierte geschossen. Er sei betrübt darüber, daß es auch tote Grenzsoldaten gebe. Nach seiner Auffassung werde die Grenzordnung sehr liberal gehandhabt. Dazu gehöre aber auch guter Wille auf beiden Seiten, man müsse nicht jeden, der die Grenze überwinde, gleich öffentlich zum Helden machen und entsprechend herausstellen.

Zur Frage der Kriegsgräber sei man bereits in einem Gespräch. Die Städtepartnerschaften würden erwogen. Die Frage der Herausgabe der Lübecker Bücher würde im Rahmen des laufenden Austauschprozesses behandelt. Mit der Übergabe der Schloßbrückenfiguren[33] sei hier ein Prozeß in Gang gesetzt worden, der systematisch fortgeführt werde.

Die DDR habe ihre Vorstellungen für die Entwicklung der Beziehungen zu West-Berlin in einem Non-paper niedergelegt. Diese Vorschläge würden alle realisiert werden. Die Vorbereitungen seien in Gang, am 19. 6. würde er mit dem Regierenden Bürgermeister sprechen.[34]

Hans-Jochen Vogel dankte für die Darlegungen. In der Beurteilung der COCOM-Listen sei er mit Honecker weitgehend einer Meinung, diese Listen seien kontraproduktiv. Er wolle sich auch für die Bereitschaft, in der Frage der Rechte der Lübecker Stadtfischer zu helfen, bedanken; bei der Elbe-Grenze blieben noch Fragen zum weiteren Verfahren. Er nehme die Erklärung zu den Kontaktmöglichkeiten der Bundestagsabgeordneten entgegen. Die Zahl der Besucher habe sich günstig entwickelt, das Problem der Einreiseverweigerung bleibe jedoch bestehen, insbesondere etwa auch bei Mitgliedern der SPD aus der DDR, die dort zwischen 1945 und 1950 verurteilt worden seien. Er bat zu prüfen, ob das noch dem heutigen Stand der Beziehungen entspreche. Es handelt sich nach seiner Auffassung vielmehr um ein abgeschlossenes Kapitel. Es sei gut, eine Arbeitsgemeinschaft zur Ökologie und eine Arbeitsgemeinschaft zur Wirtschaftspolitik zu bilden, er bitte jedoch zu bedenken, daß die SPD nur begrenzte personelle Ressourcen hätte. Aber dennoch würden die Vorschläge gern aufgegriffen.

7.

Hans-Jochen Vogel stellte sodann Fragen zur ökonomischen Situation in der DDR und der Sowjetunion, er finde den Glasnost-Prozeß beein-

---

[33] Die von Karl Schinkel gestalteten Figurengruppen, die früher auf der Schloßbrücke postiert waren, wurden im März 1981 übergeben und wieder auf der Brücke aufgestellt. Vgl. Innerdeutsche Beziehungen (1986), S. 81.
[34] Zum Gespräch Momper – Honecker siehe Nr. 80.

druckend und freue sich über den Freimut, mit dem die Menschen in der Sowjetunion heute ihre Probleme ansprechen. Hinsichtlich der Perestroika sei er jedoch noch etwas unsicher in seinem Urteil, die Wirtschaftslage scheine schwierig zu sein. Es handele sich sicher um Umstellungsprobleme, und man wünsche Gorbatschow baldigen Erfolg. Dies dürfe wohl auch für den amerikanischen Präsidenten gelten. Nach seiner Auffassung sei die baldige Bewältigung der Wirtschaftsprobleme entscheidend.

Erich Honecker erwiderte, daß die ganze Frage in der Sowjetunion davon abhänge, was auf den Ladentisch komme, sonst gälten bald Breschnew und Stalin als die besseren Führer. In Kürze würde er mit Gorbatschow in Magnitogorsk, wo er Ehrenbürger sei, zusammentreffen.[35] Von vornherein habe die DDR größte Sympathie für die Entwicklung in der Sowjetunion gehabt, aber es gebe schon einige konkrete Probleme. Die Sowjetunion habe enorme Investitionen im Verteidigungsbereich und bei der Weltraumforschung getätigt, diese müsse sie jetzt für den Konsum mobilisieren. Verglichen mit der DDR fehle es in der UdSSR an qualifizierten Fachkräften und Technologie. Das Dokument über die jüngste Sitzung des Zentralkomitees der KPdSU sei für die Lage kennzeichnend.[36] Gorbatschow würde im Zentralkomitee kritisiert. Er wolle offen sagen, man könne die Massen nicht motivieren, indem man ihnen Cognac und Wodka wegnehme. Die DDR gehöre zu den stärksten Unterstützern der Sowjetunion durch Export und Ausbildung sowjetischer Manager, aber das sowjetische Modell sei nicht auf die DDR übertragbar, die Sowjetunion habe vielmehr einen großen Nachholbedarf gegenüber der DDR.

8.
Die Steigerung des Nationaleinkommens der DDR sei beachtlich, der Leistungszuwachs werde durch Modernisierung der Kombinate erzielt. Besonders mit Niedersachsen sei der Warenaustausch sehr stark entwickelt. Mit Ministerpräsident Albrecht sei er in vielen Punkten zur Übereinstimmung gelangt[37], nur bei der Elbe und bei der Erfassungsstelle Salzgitter gehen die Meinungen auseinander. Bei der Elbe sei man etwa über die Hälfte der Flußlänge im klaren; er habe den Vorschlag ge-

[35] Honecker hielt sich am 27./28. 6. 1989 zu Besuch in der UdSSR auf und hatte am 28. 6. ein Gespräch mit Gorbatschow.
[36] Bei der Sondersitzung des ZK der KPdSU am 25. 4. 1989 war es zu personellen Erneuerungen gekommen, die Gorbatschow als »wichtige Umgruppierung der Kräfte in Partei und Gesellschaft« und als »Referendum für die Perestroika« kennzeichnete. Bei dem ZK-Plenum vom 22. 5. 1989, das die Tagung des neugeschaffenen Kongresses der Volksdelegierten vorbereitete und Gorbatschow zur Wahl des Staatsoberhauptes empfahl, setzte sich Jegor Ligatschow, der als Haupt der Konservativen galt, gegen Vorwürfe zur Wehr und kritisierte eine »sich verstärkende Karrieresucht«. Vgl. AdG 1989, S. 33286f. und 33442.
[37] Siehe Nr. 78.

macht, daß für den Rest jetzt eine praktische Regelung, ungeachtet der unterschiedlichen Rechtsstandpunkte, gesucht wird. Er gehe davon aus, daß jetzt mit Albrecht und Kohl, der schon 1987 positiv reagiert hätte, ein Weg gefunden werde, um in der Grenzkommission die Voraussetzung zu schaffen, daß die Sport- und Passagierschiffahrt auf dem Flußabschnitt freigegeben werden könnte. Bei Salzgitter gebe es mit Albrecht keine Einigung. Albrecht fürchte, daß bei einer Einstellung das Bundesverfassungsgericht angerufen würde. Die jüngste Entscheidung des Senats von Berlin (West), die Zahlungen an Salzgitter einzustellen, würden von seiner Seite begrüßt. Sonst gebe es keine Probleme.

Die Frage der ehemaligen Sozialdemokraten aus der DDR wolle er offen ansprechen; die DDR habe keinen Stalinismus in der Weise gehabt wie die Sowjetunion. Die Versuche, ein solches Regime zu errichten, seien schon im Anfang unterbrochen worden. Auf der dritten Parteikonferenz[38] sei außerdem die volle Rehabilitierung der Opfer erfolgt, damals seien die Beschlüsse gegen den Stalinismus gefaßt worden, die Sache sei jetzt erledigt. Soweit es noch konkrete Fragen gebe, bitte er, auf dem bewährten Wege mit Staatssekretär Herrmann eine Klärung herbeizuführen, sie würden im Einzelfall geprüft und selbstverständlich gelöst.[39]

Hans-Jochen Vogel wandte sich sodann den Parteibeziehungen zu. Er begrüße die Ergebnisse zu den Fragen der Sicherheit und die Zusammenarbeit in der jugendpolitischen Arbeitsgruppe. Es sei gut, daß dort nunmehr über die Friedenserziehung diskutiert und ein Facharbeiteraustausch vorbereitet werden solle. Das wichtigste Ergebnis sei das Dialogpapier. Am Scharmützelsee hätte Erhard Eppler den Eindruck wiedergegeben, daß es viele positive Auswirkungen habe, die Umsetzung aber auch an manchen Punkten Sorgen bereite.[40] Beim Diskussionsprozeß gebe es noch Defizite. Noch stärker müsse die Chance genutzt werden zu Diskussionen unter den Menschen auf breiter Basis und auch unter Beteiligung kritischer Mitbürger. Er frage auch, ob man den 1965 gescheiterten Redneraustausch wiederaufnehmen wolle.[41] Es seien heute politische Debatten in anderen Warschauer-Pakt-Staaten

---

[38] Die III. Parteikonferenz der SED hatte am 24. – 29. 3. 1956 stattgefunden; das Problem der Entstalinisierung spielte nur eine Rolle am Rande.

[39] Eine Aufforderung an die DDR zur Rehabilitierung ehemaliger politischer Häftlinge hatte H.-J. Vogel in der Präsidiumssitzung vom 6. 3. 1989 angeregt. Vgl. Protokoll der Sitzung des SPD-Präsidiums vom 6. 3. 1989.

[40] Zum Treffen der Grundwertekommission der SPD und der Akademie für Gesellschaftswissenschaften vom 13. – 15. 4. 1989 zum Thema »Menschenrechte« vgl. Einleitung, II. 2. SPD. – Eppler berichtete dem Präsidium darüber in einem Schreiben. Vgl. Protokoll der Sitzung des SPD-Präsidiums am 24. 4. 1989.

[41] Die Verhandlungen über einen Redneraustausch von SED und SPD im 1. Halbjahr 1966 (nicht 1965), bei der für die SPD Willy Brandt, Fritz Erler und Herbert Wehner öffentlich in der DDR sprechen sollten, scheiterte letztlich an der SED und der hochgespielten Frage eines »freien Geleits« für ihre Redner.

leichter als in der DDR, auch in der Sowjetunion. Einst sei die DDR Vorreiter einer offenen Entwicklung gewesen. Mit Freude habe er von den Vorbereitungen für den Besuch von Egon Krenz in Saarbrücken gehört[42], er selbst habe den Bezirkssekretär Modrow besucht. Auf vielen Feldern seien Fortschritte festzustellen. Die Kontakte zwischen Abteilungsleiter Rettner vom Sekretariat des ZK und seinem Mitarbeiter Bettermann[43] spielten sich ebenfalls ein, so daß man weitergekommen sei.

Erich Honecker erwiderte, daß das gemeinsame Papier selbstverständlich hoch eingeschätzt würde, aber daß man auch erkennen müsse, daß es Mißverständnisse hervorgerufen hätte. Der Hauptinhalt des Papiers sei die Förderung der europäischen Sicherheit, die ideologischen Differenzen bestünden fort. Ausgangspunkt des Papiers sei es gewesen, trotz ideologischer Differenzen gemeinsam für die europäische Sicherheit zu kämpfen. Der dieses Papier betreuende Kreis solle weiterarbeiten, seine Arbeit sei positiv. Erich Honecker stellte sodann den breiten Entwicklungsdrang der Parteibeziehungen aus seiner Sicht dar und übergab eine Liste (Anlage 6), die er im einzelnen vortrug.[44] Er bat um eine intensive Fortsetzung des kommunalpolitischen Erfahrungsaustausches, da dies für die Entwicklung nützlich sei. Es ginge hier ganz unmittelbar um den Bürger. Er schlug darüber hinaus vor, über einen gemeinsamen Umweltfonds nachzudenken, mit dem, so wie das schon mit Niedersachsen besprochen worden sei, die Entwicklung von gemeinsamen Umweltschutzinvestitionen finanziert werden könnte. Im Lichte der eingetretenen Entwicklung der Beziehungen zwischen den Parteien halte er die Wiederaufnahme des Redneraustausches für wenig sinnvoll, das sei ein alter Latschen, die Entwicklung sei viel weiter, die Austauschbeziehungen seien viel intensiver, als man es sich damals hätte vorstellen können.

Hans-Jochen Vogel bedankte sich für die Darlegungen, die ein eindrucksvolles Bild der Entwicklung gegeben hätten, wie man es sich selbst vor zehn Jahren noch nicht hätte vorstellen können.

Erich Honecker warf ein, daß er mit Egon Bahr bei der Betrachtung der Entwicklung nach dem Vier-Mächte-Abkommen zu einer ähnlichen positiven Einschätzung gelangt sei. Die Zusammenarbeit habe inzwischen eine neue Qualität erhalten. Wichtig sei die unmittelbare Verbindung mit dem Leben in beiden Staaten. Er denke, daß von der Zusammenarbeit der Parteien auch wichtige Impulse für die Entwicklung der Beziehung zwischen den Staaten ausgegangen seien und auch in Zu-

---

[42] Zu dem Besuch einer DDR-Delegation unter Egon Krenz, zu der auch der stellv. DDR-Verteidigungsminister Fritz Streletz gehörte, am 7./8. 6. 1989 in Saarbrücken und ihrer Teilnahme an den Saarbrücker Gesprächen vgl. den »Bericht« in: SAPMO ZPA J IV 2/2A/3225.

[43] Erik Bettermann, Abteilungsleiter im Erich-Ollenhauer-Haus und technischer Koordinator für die Kontakte.

[44] Einzelheiten finden sich in *[b]*.

kunft ausgehen würden. Die SED unterhalte Kontakte zu fast allen Parteien der Sozialistischen Internationale, insbesondere zur SPD. Er wolle daher die SPD einladen, mit einer Delegation am Parteitag der SED 1990 teilzunehmen.

Hans-Jochen Vogel dankte für die Einladung zu dem ordentlichen Parteitag. Bisher hätten die Sozialdemokraten nur einen Beobachterstatus eingenommen. Mit dieser Einladung gehe man offenbar einen Schritt weiter, man werde dieses in der SPD überlegen.

Den kommunalpolitischen Gedankenaustausch halte auch er für gut. Er halte es auch für gut, daß man durch Begegnungen von Offizieren in dem sensiblen Feld der Sicherheitspolitik weitergekommen sei.

Abschließend wurde vereinbart, das gemeinsame Kommuniqué (Anlage 7)[45] um 15.00 Uhr herauszugeben.

II. Herrn Dr. Hans-Jochen Vogel mit der Bitte um Genehmigung.

Dieter Schröder *[Unterschrift]*

[b] SAPMO ZPA IV 2/1/695: »Niederschrift über das Gespräch des Generalsekretärs des ZK der SED und Vorsitzenden des Staatsrates der DDR, Genossen Erich Honecker, mit dem Vorsitzenden der Fraktion der SPD im BRD-Bundestag, Hans-Jochen Vogel, am 25. Mai 1989 in Hubertusstock«

E. Honecker begrüßte H.-J. Vogel zu der 7. Begegnung seit 1983.[1] Er sei gewiß, daß auch dieses Treffen nützlich und fruchtbar sein werde. Man könne mit Recht feststellen, daß die bisherigen Begegnungen nicht ohne Einfluß auf das Verhältnis zwischen beiden deutschen Staaten gewesen seien. Dies werde auch weiterhin so sein.

H.-J. Vogel bedankte sich für die Begrüßung. Er stimmte zu, daß die Kontinuität dieser Begegnungen positive Wirkungen gehabt und zu Fortschritten zwischen beiden deutschen Staaten beigetragen habe. Er sei sich dabei natürlich der Grenzen als Vorsitzender einer Oppositionspartei in der BRD bewußt gewesen. Er schlage vor, zunächst über die Fragen Friedenssicherung, Abrüstung, internationale Lage zu sprechen, dann Fragen der staatlichen Beziehungen und die Beziehungen zwischen beiden Parteien zu erörtern.

E. Honecker stimmte dem zu.

[45] Die gemeinsame Presseerklärung ist u. a. publiziert in: Die SPD im Deutschen Bundestag 1989 vom 25. 5. 1989.

Hinsichtlich Friedenssicherung und Abrüstung, so sagte H.-J. Vogel, möchte er die positiven Aspekte in den letzten Jahren und Monaten unterstreichen, insbesondere durch die Initiativen der UdSSR. Er denke hier an die jüngsten Vorschläge von M. Gorbatschow an USA-Außenminister Baker hinsichtlich der Beseitigung von Asymmetrien bei konventionellen Rüstungen und der Reduzierung der taktischen Atomwaffen.[2] Diese Vorschläge würden den Vorstellungen der SPD völlig entsprechen und die Verhandlungen in Wien günstig beeinflussen. Er möchte auch darauf hinweisen, daß in den beiden letzten Jahren der Reagan-Administration eine Änderung früherer Haltungen der USA günstige Auswirkungen gehabt hätte. Er sei kürzlich in Washington und Moskau gewesen.[4] Er habe den Eindruck, daß der neue USA-Präsident Bush die Haltung Reagans in dessen letzten Jahren fortsetzen und in einigen Punkten zum Positiven hin verändern will. Das zeige die Haltung der USA zu Mittelamerika, zur Schuldenkrise und zu Nahost. Auch in der Einschätzung der sowjetischen Politik überwiege bei Bush der positive Aspekt. Zu all dem trage die Bewußtseinsänderung bei den Menschen bei. Das unterstreiche z.B. auch die ökumenische Konferenz in Basel.[5]

Im Vordergrund stehe jetzt der Streit um die Modernisierung der Raketen. Die Position der SPD sei klar: Keine Modernisierung. Modernisierung sei ein »Mogelwort«. Es sollten mehr Sprengköpfe kommen, die weiter reichen, gefährlicher sind und das sechsfache Potential der Hiroshima-Bombe haben. Die SPD wolle Verhandlungen, die dritte Null-Lösung, auch mit Zwischenschritten und zunächst niedrigeren Obergrenzen. In einem Punkt gebe es Übereinstimmung mit der Bundesregierung, das sei die Frage, daß Verhandlungen über die Kurzstreckenraketen begonnen werden sollen. Darüber sei es zu einem erheblichen Konflikt mit den USA gekommen. Der Ausgang sei noch nicht vorhersehbar. Wenn es nach Genscher gehe, dann könne der NATO-Gipfel auch ohne Einigung stattfinden.[6] Bekanntlich sei in der NATO Einstimmigkeit erforderlich. Aber es sei auch immer noch möglich, daß man sich auf eine Formel einige, die dem Begriff »bald« nicht entspreche.

Die Aktivitäten der gemeinsamen Arbeitsgruppe SED/SPD seien hilfreich gewesen. Von der SPD sei der Begriff der Angriffsunfähigkeit entwickelt worden; die Arbeitsgruppe habe dies aufgenommen. Es sei begrüßenswert, daß es zu Kontakten bis in die Militärakademie gekommen sei.[8] Das Auftreten der Vertreter der NVA in Hamburg habe sehr beeindruckt.[9]

Die SPD trete auch dafür ein, die atomaren Gefechtsfeldwaffen so schnell wie möglich wegzubringen. Was andere Abrüstungsfragen betreffe, so sei die Haltung der SPD ebenfalls klar. Das betreffe z. B. das Verbot der Chemiewaffen und die chemiewaffenfreie Zone. Es gebe

Genugtuung über die einseitigen Abrüstungsmaßnahmen der sozialistischen Staaten, auch der DDR. In Bonn sehe man jetzt dem Besuch von Bush und dann von Gorbatschow entgegen. Im April habe er mit Gorbatschow gesprochen. Dieser habe im Scherz gefragt, ob er in Bonn eine dritte Null-Lösung vorschlagen solle. Gorbatschow werde in Dortmund bei Hoesch auf einer Betriebsversammlung sprechen, dabei habe er mitgeholfen.[10]

H.-J. Vogel bemerkte, neben anderen internationalen Fragen sei die Aufmerksamkeit jetzt auf China gerichtet. Er hoffe, daß ein militärisches Eingreifen unterbleibe.[11]

E. Honecker erwiderte, daß man bei den Fragen der Friedenssicherung und Abrüstung weitgehend übereinstimme. Man könne aber Bestrebungen nicht übersehen, die positive Entwicklung umzukehren. *Siehe unter [a].* Bei seinem Besuch in Bonn 1987 hätten die Vertreter der CDU/CSU daran nachdrückliches Interesse gezeigt. Dann habe aber die Diskussion über die Modernisierung dieser Waffen begonnen.

Die USA wollten nicht auf die Strategie der »flexiblen« Antwort verzichten. Die USA würden eine Diktathaltung einnehmen. Es gehe gar nicht um Modernisierung, sondern um die Schaffung neuer Waffensysteme bis 450 km Reichweite. Er stimme völlig mit H.-J. Vogel überein, daß man im Zusammenhang mit den konventionellen Waffen auch über die taktischen Atomwaffen verhandeln müsse. Die kürzliche Außenministerkonferenz der Staaten des Warschauer Vertrages habe entsprechende Vorschläge unterbreitet, auch zu einer stufenweisen Regelung. Offensichtlich sei, daß bei der BRD-Regierung und bei einigen Kreisen der CDU/CSU wahltaktische Fragen eine Rolle spielen. Die BRD-Bürger seien dafür, daß der Abrüstungsprozeß fortgesetzt werde. Ein NATO-Beschluß über die Modernisierung würde die Lage komplizieren. Wir könnten dies nicht einfach hinnehmen, sondern auch gezwungen sein, neue Systeme zu bauen.

Bei den Vorschlägen des Warschauer Vertrages über die konventionelle Abrüstung handle es sich um einen großzügigen Vorschlag. Jetzt habe der Militärrat des Warschauer Vertrages in Berlin getagt. Dabei sei es um die Durchsetzung der Verteidigungsdoktrin gegangen, die eine Umstrukturierung der Verbände erfordere. Die DDR habe bekanntlich den Beschluß gefaßt, die NVA zu reduzieren, und führe ihn durch. Auch die UdSSR und andere sozialistische Staaten hätten einseitige Abrüstungsmaßnahmen beschlossen. Die Sowjetunion ziehe 500 nukleare Sprengköpfe von anderen Staaten ab und habe die Produktion spaltbaren Materials eingestellt. Von unserer Seite werde also viel getan, nun müsse man ein Echo der NATO erwarten.

E. Honecker erklärte, gebe es Gott, daß die Einschätzung von H.-J. Vogel über die Bush-Administration zutreffe, manche Äußerungen von Bush, z. B. daß die Sowjetunion in die Gemeinschaft der Völker zurückgeführt werden müsse, ließen aber Zweifel aufkommen. Auch andere Äußerungen von USA-Seite zeugten davon, daß dort maßgebliche Kräfte für eine Politik der Stärke eintreten. Man erklärt, Abrüstung werde nicht durch Verhandlungen, sondern durch eine Politik der Stärke zustande kommen.

Der Prozeß der Entspannung müsse unumkehrbar gemacht werden. Das würde viele Mittel freisetzen, auch für die unterentwickelten Länder. Es sei also noch viel zu tun, um die internationale Entwicklung in die richtige Richtung zu bringen. Die gemeinsamen Initiativen von SED und SPD über einen atomwaffenfreien Korridor, eine chemiewaffenfreie Zone und eine Zone der Vertrauensbildung seien von großer Bedeutung.[12] Der Begriff Angriffsunfähigkeit treffe das Wesen der Sache. Es gehe um Vertrauen und Berechenbarkeit. Es gebe jetzt die große Chance, auf konventionellem wie nuklearem Gebiet die Abrüstung weiter voranzubringen und die Atmosphäre zu verändern. *Vgl. unter [a].*

E. Honecker erklärte, die DDR habe enge Beziehungen mit China. Sie begrüße die Ergebnisse des Gorbatschow-Besuches in Peking.[13] Er sei überzeugt, daß die chinesische Führung die notwendigen Mittel für eine Normalisierung im Zusammenhang mit den Studentendemonstrationen finden werde.

Insgesamt möchte er nochmals bekräftigen, daß gegenwärtig eine große Chance bestehe, bei der Friedenssicherung weiter voranzukommen, die Angriffsunfähigkeit der beiden Militärbündnisse zu erreichen und die nuklearen Waffen aus Europa zu entfernen. Die DDR begrüße die Bewegung in der BRD gegen die nukleare Rüstung. Erst gestern hätten sich bei einer Telefonumfrage in der BRD über 89 Prozent gegen eine Modernisierung ausgesprochen.

H.-J. Vogel betonte, er bleibe bei seiner Einschätzung, daß Bush ein bedächtiger Mann sei, der vorsichtig vorgehe. Er habe mit D. Ortega bei dessen Besuch in Bonn gesprochen.[14] Dieser habe ihm gesagt, daß die jetzige Linie der USA auf eine Beendigung der militärischen Intervention hinauslaufe. Das sei ein Fortschritt. Die Supermächte hätten gelernt, daß man mit den Völkern nicht nach Belieben umgehen könne, die USA in Vietnam, die UdSSR in Afghanistan. Was den Nahen Osten betreffe, so wirke die SPD auf die israelische Arbeiterpartei ein, nicht in weitere Isolierung zu treiben. Die PLO habe sich bewegt. Es gebe keine Alternative zu einer friedlichen Verständigung, die letzten Endes zu einem palästinensischen Staat führen müsse.

Die Ereignisse in China zeigten, wie stark der Drang nach Reformen sei. Er möchte die Hoffnung wiederholen, daß es ohne Blutvergießen abgehe.

H.-J. Vogel erklärte, es gehe für die NATO jetzt darum, sich den internationalen Veränderungen nicht zu verschließen. Für viele in der NATO ergebe sich die Situation, daß ihr Feindbild verschwinde. Man müsse nicht immer warten, bis der nächste Vorschlag des Warschauer Vertrages komme. Die NATO soll fortbestehen, aber sie müsse sich entmilitarisieren und politischer werden. Was die Haltung der Bundesregierung anbetreffe, so müsse man bestätigen, daß Genscher seine Grundlinie gehalten habe. Kohl komme nicht umhin, Wählerstimmungen zu berücksichtigen. Das Auftreten von Dregger habe den Hintergrund, daß er vom Krieg noch sehr persönliche Vorstellungen habe und wisse, was es bedeuten würde, wenn auch nur fünf Atomwaffen gegen deutschen Boden eingesetzt würden. Strauß habe noch kurz vor seinem Tod gesagt, für die Stationierung neuer Raketen in der BRD werde es keine Mehrheit geben.

Erich Honecker sagte, Tatsache sei jedenfalls, daß starker Druck auf die Bonner Regierung von den USA zur Stationierung neuer Raketen ausgeübt werde. Der Druck auf Bonn fördere Kräfte, die gegen die Abrüstung sind. Die neue USA-Regierung gebe Erklärungen ab, daß gegenüber der UdSSR nur eine Politik der Stärke zum Ziel führe. Man spekuliere auf Erosion in den sozialistischen Ländern. Das sei eine gefährliche Politik. Jetzt gebe es die historische Chance zur Abrüstung. Die sozialistischen Länder stellten keine Junktims auf, aber man dürfe auch keine Frage ausklammern.

Was den Nahen Osten betreffe, so möchte er auf Grund der engen Beziehungen zu Arafat bestätigen, daß die PLO Lehren gezogen habe und bestrebt sei, zu einem Verhandlungsergebnis bei Anerkennung der Existenz Israels und eines palästinensischen Staates zu kommen.

Bei den Studentendemonstrationen in China könne man nicht ausschließen, daß auch Kräfte am Werke seien, die andere Absichten verfolgen. Aber offenkundig scheine sich die Lage zu normalisieren. China werde den Weg des Sozialismus fortsetzen.

H.-J. Vogel erklärte, er bedaure, daß durch die Ereignisse in Peking der historische Besuch von M. Gorbatschow in China in den Hintergrund gedrängt worden sei. Er begrüße die Normalisierung der sowjetisch-chinesischen Beziehungen. Er frage, ob E. Honecker über Informationen verfüge, ob der Generalsekretär noch im Amt sei.[17]

E. Honecker bestätigte dies. Er habe viele Bekannte in der chinesischen Führung. Die Führung sei stabil. Es sei natürlich bedauerlich, daß der Gorbatschow-Besuch durch diese Ereignisse überschattet wurde. Das nehme ihm aber nichts von seiner historischen Bedeutung.

H.-J. Vogel sprach dann bilaterale Fragen an. Die wirtschaftlichen und kulturellen Beziehungen gingen gut voran. Es gebe das Problem der Auswirkungen des EG-Binnenmarktes auf den Handel DDR/BRD. Das werde künftig noch stärker auf der Brüsseler Tagesordnung stehen. Er sei der Meinung, daß man an der jetzigen Praxis festhalten müsse.

Bei der Umweltpolitik gebe es gute Ansätze, eine Vertiefung der Zusammenarbeit sei jedoch notwendig. Der SPD-Abgeordnete Hiller habe ein Papier erarbeitet, das entsprechende Anmerkungen dazu enthalte.[20] Er übergebe das Papier mit der Bitte um Prüfung. Er stelle die Frage, ob man nicht neben der Arbeitsgruppe Sicherheit eine Arbeitsgruppe auf dem Gebiet der Umweltzusammenarbeit bilden könne. Er möchte ferner auf einige konkrete Probleme hinweisen, die man ihm mitgegeben habe. Das betreffe den Dassower See, die Ausweitung der Rechte für die Lübecker Stadtfischer und die Errichtung von Naturschutzgebieten beiderseits der Grenze im Drömling.[21] Er habe eine Information erhalten, daß sich Albrecht bei dem Besuch in der DDR in der Grenzfrage etwas flexibler gezeigt habe.[22] Das würde er begrüßen. Wichtig sei, daß die Umweltfragen im Zusammenhang mit der Elbe vorankommen.

Zu den Beziehungen zwischen Bundestag und Volkskammer könne er mitteilen, daß Frau Süssmuth bereit sei, die Angelegenheit zu fördern. Sie sei, wie er, nicht der Meinung, daß die Westberliner Abgeordneten diskriminiert würden. Frau Süssmuth habe den Wunsch, daß Abgeordnete bei Besuchen in der DDR auch mit den Menschen auf der Straße reden könnten, wie das umgekehrt auch der Fall sei.

Hinsichtlich des Reise- und Besucherverkehrs sei man nach der ersten Verordnung der DDR[23] etwas besorgt gewesen, da der Personenkreis eingeengt worden sei. Dies sei durch die zweite Verordnung[24] verändert worden. Es gebe aber offenbar im Vollzug erhebliche Unterschiede. Es gebe mitunter Besuchsverweigerungen, die man nicht verstehen könne, z. B. bei schweren Erkrankungen. Er kenne einen Fall, wonach ein Mann vor 30 Jahren die DDR verlassen habe und immer noch nicht wieder einreisen dürfe.

H.-J. Vogel erklärte, er möchte in aller Offenheit auch das Vorgehen an der Grenze ansprechen. Jeder Schußwaffengebrauch löse in der BRD Gefühle aus, die der Zusammenarbeit nicht gut tun würden. Man sage auf DDR-Seite, auch in der BRD werde geschossen. Es gebe dabei aber einen Unterschied. Ein unerlaubter Grenzübertritt sei in der BRD ein Vergehen, das nicht zum Schußwaffengebrauch berechtige.

Der Besuch einer DDR-Delegation zum Anwaltstag in München sei nützlich gewesen. Vielleicht könne man auch in die andere Richtung einiges bewegen. Hinsichtlich der Kriegsgräber habe er den Eindruck, daß sich die Entwicklung günstig gestalte. Es gebe aber beim BRD-Volksbund für Kriegsgräberfürsorge noch Wünsche. Er wäre dankbar, wenn man sie prüfen könnte. Die Städtepartnerschaften liefen sehr gut. Aber es gebe noch viele Wünsche, z. B. bitte Worms um eine Partnerschaft mit Eisenach, Ahlen mit Freiberg, Wiesbaden sei mit Dresden im Gespräch gewesen, das aber nun vergeben sei. Vielleicht könne man Görlitz erwägen. Ferner möchte er den Wunsch von Bad Salzuflen nach einer Partnerschaft übermitteln. Aus Lübeck sei er informiert worden, daß noch ca. 300 Bände Lübecker Archivmaterialien in der DDR lagern.

H.-J. Vogel erklärte, daß er das Non-paper der DDR an den West-Berliner Senat[27] sehr konstruktiv beurteile. Der Besuch von Momper stehe bevor.[34] Besonders begrüße er konkrete Verbesserungen im Reise- und Besucherverkehr.

Zu einer Anfrage H.-J. Vogels sagte E. Honecker, er habe bereits Bischof A. Schönherr mitgeteilt, daß dessen Bitte entsprochen und die Teilnahme von 300 bis 400 Christen aus der DDR am Evangelischen Kirchentag in Berlin (West)[28] ermöglicht werde.

E. Honecker unterstrich, die DDR sei an guten Bezeihungen zur EWG interessiert. Sie habe diplomatische Beziehungen zur EWG aufgenommen. *Siehe unter [a].*

E. Honecker verwies darauf, daß die DDR nach Kräften dazu beitrage, der Umgestaltung in der UdSSR zum Erfolg zu verhelfen. Dabei spielten die Wirtschaftsbeziehungen eine große Rolle. Der jährliche Handelsumsatz mit der Sowjetunion betrage 15 Mrd. Rubel. Das entspreche 40% unseres Außenhandelsumsatzes.

Die DDR trete für die Weiterentwicklung der Wirtschaftsbeziehungen zur BRD auch im Zusammenhang mit dem EG-Binnenmarkt ein. Im Hinblick auf eine mögliche künftige SPD-geführte Regierung sei es vielleicht zweckmäßig, zwischen beiden Parteien eine Arbeitsgruppe zu Fragen der Entwicklung der Wirtschaftsbeziehungen zu bilden. Er sei mit dem Vorschlag von Vogel einverstanden, eine Arbeitsgruppe zu Umweltfragen zwischen beiden Parteien zu bilden.

Er teile die Meinung, daß sich die Städtepartnerschaften als nützlich erweisen. Dazu gehöre auch das Eintreten für Frieden, Entspannung und gutnachbarliche Beziehungen. Die Bitten Vogels würden geprüft werden. Dabei müsse man aber berücksichtigen, daß die DDR auch Partnerschaften zu Städten in vielen anderen Ländern unterhalte.

Die DDR sei dafür, die Möglichkeiten für die Lübecker Stadtfischer zu erweitern. Sie schlage vor, diese Frage in der Grenzkommission zu verhandeln. Es müsse eine Vereinbarung mit der Bundesregierung getroffen werden.

Über die Gewässergüte der Elbe seien Verhandlungen aufgenommen worden. Diese Frage habe offenkundig für die Bundesregierung Vorrang. Was die Frage der Werra betreffe, sei die DDR bereit, die Verhandlungen fortzuführen. Ein wichtiges Problem für die DDR sei die Einstellung der Kaliabwässerverpressung durch Kalibetriebe der BRD. Dadurch sei bekanntlich im März im Kalibetrieb Werra ein schweres Erdbeben ausgelöst worden. Die DDR bestehe darauf, daß Experten über diese Frage verhandeln.

Was die Beziehungen zwischen Volkskammer und Bundestag angingen, so habe sich die DDR schon bisher großzügig verhalten. Abgeordnete aus Westberlin seien bei Besuchen in der DDR nicht ausgeschlossen worden. Natürlich müsse man das Vierseitige Abkommen berücksichtigen. Endgültig müßten diese Fragen zwischen der BRD und der UdSSR geklärt werden. Es sei noch kein Abgeordneter aus der BRD gehindert worden, mit den Menschen in der DDR zu sprechen. Es gebe heute einen breiten Dialog zwischen den Menschen. Bundeskanzler Kohl habe bei seinem Privatbesuch in der DDR das Pech gehabt, daß er seinen Bekanntheitsgrad überschätzt habe.[30] Er habe sich frei bewegen können.

Hinsichtlich des Besucherverkehrs müsse er darauf hinweisen, daß die DDR angesichts des Umfangs nach wie vor 40 bis 60 Mio. DM jährlich für die Verrechnung mit der Bundesbahn bereitstellen müsse. Die erste Reiseverordnung sei noch vor dem Abschluß des Wiener Treffens erlassen und danach ergänzt worden. In den ersten vier Monaten 1989 gebe es im Vergleich zu 1988 eine Zunahme des Reiseverkehrs in das nichtsozialistische Ausland um 17,3 %, nach der BRD um 3,8 %, nach Westberlin um 26,6 %. 1989 werde es wiederum 6–7 Mio. Besuchsreisen aus der DDR in die BRD und Westberlin und umgekehrt geben. Es gebe kein Beispiel in der Welt für einen solchen Reiseverkehr. Natürlich könne es den einen oder anderen Fall geben, wo Schwierigkeiten auftreten. Die DDR sei bestrebt, vieles zu regeln.

E. Honecker betonte, es sei sehr bedauerlich und schmerzhaft für uns gewesen, daß sich Vogel und die SPD dem Protest der CDU/CSU im Bundestag zu den angeblichen Ereignissen an der Grenze zu Westberlin angeschlossen hätten.[31] Der Vorgang sei anders gewesen, als dies dargestellt wurde. Ein LKW habe mit drei Personen die Grenzsicherungsanlagen zerstört. Die wurden festgenommen, wobei einer zu flüchten versuchte, auf den dann geschossen wurde. Bei Angriff auf Leib und Leben von Grenzsoldaten werde nach einem Warnschuß gezielt geschossen, wie dies auch in der BRD üblich sei. Dann habe es diese Luftballonaffäre gegeben.[32] Es habe sich um einen Chemiker gehandelt. Daß er bei der Ballonfahrt erfroren sei, könne man nicht der DDR anlasten. Hätte er um eine Übersiedlung ersucht, hätte die Frage anders geregelt werden können. Im 1. Quartal 1989 hätten bereits 25 000 Personen die Möglichkeit erhalten überzusiedeln.

E. Honecker wies darauf hin, daß sich das Grenzregime grundlegend verändert habe. Man müsse aber auch sehen, daß vieles als Provokation gegen unsere Grenztruppen angelegt sei. Meistens stünden schon Journalisten auf der anderen Seite bereit. Es gehe um die Gewährleistung von Ordnung und Sicherheit im Grenzgebiet. Die Schußwaffenanwendung sei bei uns so geregelt wie in der BRD. Es gebe die Anweisung, keinen Todesschuß abzugeben. Viele Grenzsoldaten der DDR seien in der Ausübung ihres Dienstes getötet worden. Bei der Handhabung der

Grenzordnung komme es auf den guten Willen von beiden Seiten an. Grenzverletzer dürften nicht als Helden hochstilisiert werden.

E. Honecker erklärte, die Frage der Kriegsgräberfürsorge werde geprüft.

Die Archivbestände aus Lübeck hingen mit dem Austausch verlagerter Kulturgüter zusammen. Darüber werde verhandelt. Wenn die DDR etwas abgebe, wolle sie auch dafür was bekommen. Im übrigen werde die Frage geprüft.

Was Westberlin betreffe, so werde das Non-paper realisiert. Es diene der Unterstützung der neuen Koalition.

H.-J. Vogel bemerkte, er teile, was die COCOM-Listen angehe, die Meinung E. Honeckers. Sie seien weitgehend überholt. Er bedankte sich für die Mitteilung zu den Lübecker Stadtfischern.

Die genannten Zahlen über den Besucherverkehr seien eindrucksvoll. Er wolle in diesem Zusammenhang noch auf ein Problem hinweisen. Es gehe um Sozialdemokraten, die 1946/47 und danach auf dem Gebiet der DDR verurteilt worden seien. Es gebe auch Fälle aus den 50er Jahren. Diesen Personen werde die Einreise verweigert. Er bitte darum, dies zu prüfen.

Er bedankte sich für die Zustimmung, eine Arbeitsgruppe zu Umweltfragen zu bilden. Er werde seinerseits den Vorschlag einer Arbeitsgruppe zu Wirtschaftsproblemen aufgreifen.

H.-J. Vogel kam nochmals auf die ökonomische Lage in der DDR und in der Sowjetunion zurück. Aus seiner kürzlichen Reise habe er die Erfahrung, daß hinsichtlich Glasnost die Entwicklung beeindruckend sei. Die wirtschaftliche Lage hingegen sei sehr schwierig. Man bekomme gesagt, daß zwei Systeme nebeneinander laufen und daß es einen großen Geldüberhang gebe. Er wünsche, daß die Umgestaltung in der UdSSR Erfolg habe. Dies werde aber davon abhängen, wie es auf wirtschaftlichem Gebiet weitergehe.

E. Honecker erwiderte, es müsse in der UdSSR gelingen, etwas auf den Ladentisch zu bringen. Worte und Taten müßten in Übereinstimmung gebracht werden. Er habe ein sehr gutes Verhältnis zu M. Gorbatschow und werde ihn bald im Zusammenhang mit seinem Besuch in Magnitogorsk treffen.[35] Das Problem bestehe darin, daß die Sowjetunion riesige Aufwendungen für die Verteidigung und die Weltraumforschung eingesetzt habe. Sie müsse nun Kräfte für den zivilen Sektor freimachen. *Siehe unter [a].* In der BRD werde die Meinung verbreitet, die DDR wende sich gegen die Umgestaltung. Die DDR unterstütze die UdSSR am stärksten in der wirtschaftlichen Zusammenarbeit und bei der Kaderausbildung. Sie habe in diesen Fragen keinen Nachholbedarf. In den ersten 4 Monaten dieses Jahres sei das Nationaleinkommen um 4,2%, die Arbeitsproduktivität um 6% gestiegen. Der Leistungszuwachs komme hauptsächlich durch die Modernisierung der Kombinate.

Zur Frage von H.-J. Vogel nach der Begegnung mit Albrecht erwiderte E. Honecker, die Begegnung sei überraschend angenehm verlaufen.[37] Bei den Abrüstungsfragen habe es keine wesentlichen Differenzen gegeben, auch nicht hinsichtlich der bilateralen Beziehungen, was Handel, Wirtschaft und Kultur anbetreffe. Diskussion habe es bei der Elbe und zu Salzgitter gegeben. Zur Elbe sei man übereingekommen, in der Grenzkommission zu versuchen, eine praktische Regelung unter der Voraussetzung zu suchen, daß die bestehenden Rechtsstandpunkte unberührt bleiben. Ob dies zum Tragen komme, müsse man abwarten. Zu Salzgitter habe es keine Einigung gegeben. Albrecht habe die Sorge, daß irgend jemand bei Auflösung der Stelle das Verfassungsgericht anrufe.

E. Honecker erklärte, daß man den Beschluß des Westberliner Senats begrüße, die Zahlungen für Salzgitter einzustellen.

Zu der Frage früherer Sozialdemokraten sagte E. Honecker, Verurteilungen seien vor der Gründung der DDR erfolgt. In der DDR habe es damals keine solchen Prozesse wie in anderen sozialistischen Staaten gegeben. Auf der III. Parteikonferenz der SED[38] seien bekanntlich alle rehabilitiert worden, bei denen es zu Übergriffen gekommen sei. Konkrete Einzelfälle könne man prüfen.

H.-J. Vogel kam dann auf die Beziehungen zwischen SPD und SED zu sprechen. Die Zusammenarbeit entwickele sich gut. Auf dem Gebiet der Jugendpolitik unterstütze man den Gedanken, die Friedenserziehung zu diskutieren und Facharbeiter auszutauschen. Das Wichtigste sei das Papier über die gemeinsame Sicherheit und den Streit der Ideologien. Eppler habe über die letzte Begegnung am Scharmützelsee berichtet, dabei auf die positiven Aspekte hingewiesen, aber auch auf Defizite beim Diskussionsprozeß.[40] Man müsse die Chance nutzen, über die Gedanken des Papiers in breiterer Form Diskussionen zu führen, auch unter Einbeziehung von Personen, die eine kritische Meinung hätten. 1965 habe es den Vorschlag zu einem Redneraustausch gegeben.[41] Sollte man nicht auf diesen Gedanken zurückkommen? Man könnte gegenseitig auf Veranstaltungen auftreten. Mit anderen sozialistischen Ländern gehe es in dieser Hinsicht leichter als mit der DDR.

Man freue sich über den Besuch von E. Krenz in Saarbrücken.[42] Es gebe gute Kontakte zwischen der SPD Baden-Württemberg und der SED im Bezirk Dresden, zwischen Bremen und Rostock. Das seien erfreuliche Fortschritte. Er verstehe auch das Interesse der SED, daß auf SPD-Seite die Kontakte besser koordiniert würden. Der kürzliche DDR-Besuch von Bettermann[43] sei deshalb sehr nützlich gewesen. Die SPD sei interessiert, die Diskussionsmöglichkeiten auszuweiten.

E. Honecker erklärte, daß wir das Papier über die gemeinsame Sicherheit und den Streit der Ideologien unverändert hoch einschätzen. Dabei müsse man nachdrücklich darauf hinweisen, daß der Hauptinhalt des Papiers sei, zur europäischen Sicherheit beizutragen.

Die unterschiedlichen ideologischen Auffassungen würden bleiben. Er halte es für richtig, die Arbeit mit dem Papier weiterhin dem bisherigen Kreis zu überlassen. Er sei breit zusammengesetzt. Die SED sei dafür, die Beziehungen zur SPD zu entwickeln. E. Honecker verwies auf viele Beispiele. Es gebe auch Zustimmung zu den Wünschen seitens der SPD.

E. Honecker trug folgende Gedanken für die weitere Zusammenarbeit mit der SPD vor:

– Einladung einer Delegation des Parteivorstandes der SPD als Gast bei den Beratungen des XII. Parteitages der SED vom 15.–19. Mai 1990 in Berlin [teilzunehmen].

– Die Gemeinsame Arbeitsgruppe von SED und SPD zu sicherheitspolitischen Fragen in Europa sollte beauftragt werden, einen Vorschlag zur Reduzierung und schließlichen Beseitigung von taktischen Atomwaffen in Europa auszuarbeiten.

– Kontakte zwischen beiden Parteien auf regionaler Ebene sollten weiterentwickelt werden (Aufstellung der bestehenden bzw. zu entwikkelnden Kontakte – Anlage 1 und 2).[46] Dabei müßte gesichert werden, daß sie vom ZK der SED bzw. vom Parteivorstand der SPD koordiniert werden und ihrer Zustimmung bedürfen. Beauftragte des ZK der SED und des Parteivorstandes der SPD sollten jährlich diesbezügliche Bitten von Gliederungen der Parteien konsultieren und den jeweiligen Parteiführungen zur Bestätigung vorschlagen.

– Einladung einer Delegation von Kommunalpolitikern der SPD zur Fortsetzung des begonnenen kommunalpolitischen Erfahrungsaustausches zwischen SED und SPD.

– SED und SPD sollten anregen, einen gemeinsamen Umweltfonds der DDR und der BRD zur Finanzierung von Umweltprojekten in der DDR zu bilden (ähnlich dem Beispiel DDR – Niedersachsen). Hier geht es darum, das Nutznießer-Prinzip stärker zu berücksichtigen.

Was den Redneraustausch anbetreffe, so seien dies »alte Latschen«. Man sei inzwischen viel weiter. Es habe keinen Sinn, einen gegenseitigen Schlagabtausch zu organisieren.

E. Honecker unterstrich, daß beide Parteien als Arbeiterparteien, die Einfluß auf breite Schichten ausüben, eine besondere Verantwortung hätten. Die Zusammenarbeit zwischen beiden Parteien sei wichtig auch für die Zukunft beider Staaten. Das Entscheidende sei, den Frieden zu sichern.

H.-J. Vogel bedankte sich für die Einladung zum XII. Parteitag. Man müsse überlegen, ob man über den Beobachterstatus hinausgehen

---

[46] Es handelte sich um eine technisch-formale Auflistung der jeweiligen Organisationsgliederungen. Anlage 1 war überschrieben »Stand der Kontakte zwischen Parteigliederungen der SED und SPD«, Anlage 2 »Wünsche seitens der SPD zur Entwicklung von Kontakten mit Gliederungen der SED, die der SPD-Parteivorstand übermittelt hat«.

könne. Man werde das beraten und eine Antwort geben. Wenn jetzt ein General aus der DDR nach Saarbrücken komme[47], sei das sehr gut. Er habe jetzt mit einer Delegation sowjetischer Soldaten gesprochen, die von der ›Welt‹ eingeladen worden seien. Man müsse überlegen, ob man nicht eines Tages zwischen der DDR und der BRD so etwas tun könne.

H.-J. Vogel bedankte sich für das aufgeschlossene und konstruktive Gespräch.

An dem Gespräch nahmen teil:
Staatssekretär Frank-Joachim Herrmann, Leiter der Kanzlei des Vorsitzenden des Staatsrates, Gunter Rettner, Leiter der Abteilung Internationale Politik und Wirtschaft des ZK der SED, Karl Seidel, Leiter der Abteilung BRD im Ministerium für Auswärtige Angelegenheiten, sowie Prof. Dr. Dieter Schröder, Berater des Vorsitzenden der SPD.

[47] Siehe Anm. 42.

[a] Landesarchiv Berlin, Rep 2, Reg.sign. 7311/03 B 3, Bd. V 19. 6. – 20. 6. 1989; 20. 6. 1989: »Protokoll über das Gespräch des Regierenden Bürgermeisters Walter Momper mit Generalsekretär und Staatsratsvorsitzenden Erich Honecker«

Termin: 19. Juni 1989 (Montag)
Ort: Niederschönhausen
Teilnehmer: Erich Honecker, Generalsekretär des Zentralkomitees der Sozialistischen Einheitspartei Deutschlands und Vorsitzender des Staatsrates der DDR, Staatssekretär Frank-Joachim Herrmann, Leiter der Kanzlei des Vorsitzenden des Staatsrates der DDR, Gunter Rettner, Abteilungsleiter des Sekretariats des Zentralkomitees der SED, Dr. Walter Müller, Besuchsbeauftragter der Regierung der DDR
Walter Momper, Regierender Bürgermeister von Berlin und Mitglied des Parteivorstandes der Sozialdemokratischen Partei Deutschlands, Staatssekretär Prof. Dr. Dieter Schröder, Chef der Senatskanzlei, Werner Kolhoff, Sprecher des Senats von Berlin, Senatsrat Dietrich Hinkefuß, Stellvertretender Besuchsbeauftragter des Senats von Berlin.
Zeitlicher Ablauf: 10.00 – 12.50 Uhr Gespräch, 12.50 – 13.10 Uhr Pause, 13.10 – 14.20 Uhr Mittagessen.
[...]

Allgemeines

1. Gegen 9.45 Uhr fuhren RBm und Begleitung – in 2 PKWs des Senats – in den Kontrollpunkt Invalidenstraße ein, wo sie von dem stellvertretenden DDR-Protokollchef und einem Sicherheitsbeamten erwartet wurden. Der stellvertretende DDR-Protokollchef begrüßte den RBm und seine Begleitung. Alsdann fuhren die Senatsfahrzeuge – begleitet durch ein Polizeifahrzeug, einen Protokollwagen der DDR und einen Wagen mit Sicherheitsbeamten – zum Schloß Niederschönhausen, wo sie ca. 9.55 Uhr eintrafen.
Auf der Fahrtstrecke sorgte die Verkehrspolizei für »grüne Welle«.

2. Im Schloß Niederschönhausen begrüßten sich RBm und GS und Begleitung im sogenannten Gartensaal. Zahlreiche Film- und Fotojournalisten waren anwesend. Danach begaben sich RBm und GS in einen anschließenden Raum; die Journalisten hatten erneut Gelegenheit zu Aufnahmen.

3. Das Gespräch begann 10.00 Uhr und endete gegen 12.50 Uhr. In der anschließenden Pause führten RBm und GS ein kurzes Vier-Augen-Gespräch. Gegen 13.10 Uhr gab GS für die Gesprächsteilnehmer ein Essen in einem größeren Raum im 1. Stock des Schlosses Niederschönhausen. Das Essen wurde mit einem Spaziergang durch den Park des Schlosses beendet, der dem RBm wiederum Gelegenheit zu einem kurzen Vier-Augen-Gespräch mit dem GS gab. Gegen 14.20 Uhr verabschiedete GS den RBm und seine Begleitung an der Tür des Schlosses Niederschönhausen.

Begrüßung

4. GS begrüßte den RBm mit besten Wünschen für ein erfolgreiches Wirken und die Tätigkeit des neuen Senats. Er habe das Koalitionsprogramm sowie die Regierungserklärung des RBm mit Aufmerksamkeit zur Kenntnis genommen, insbesondere das Ziel, Berlin (West) zu einer Stadt des Friedens und der internationalen Verständigung zu machen, von der eigene Initiativen für Abrüstung, Kooperation und Entspannung ausgehen sollen.[1] Die DDR habe ihrerseits viel in diesem Sinne unternommen, so daß die heutige Begegnung in einem guten Klima stattfinden könne. Die DDR begrüße und unterstütze die Absicht des Senats, ein gutnachbarliches Verhältnis herzustellen. Er sei sicher, daß dies über das bilaterale Verhältnis hinaus für die internationale Lage von Bedeutung sei. Mit diesen Worten gab GS dem RBm als Gast das Wort.

Erklärung des Regierenden Bürgermeisters

5. RBm erklärte, er freue sich über das Zusammentreffen und die Möglichkeit zum persönlichen Kennenlernen.

Er sprach dem GS das Beileid zu dem Flugzeugunglück in Schönefeld aus und erinnerte daran, daß dies das zweite Unglück in kurzer Zeit sei.[2] Dies mache betroffen und habe zu einer großen Anteilnahme auch in der Bevölkerung Berlins geführt. Er hoffe, daß sich solche Unglücke nicht wiederholen. GS dankte für die Anteilnahme und erläuterte, daß die Ursachen des Unglücks noch immer nicht geklärt seien. Es habe sich um ein neues Flugzeug gehandelt, das erst seit 10 Monaten in Dienst gestellt sei. Nach den bisherigen Erkenntnissen hätten alle Systeme normal funktioniert. Gleichwohl habe das Flugzeug beim Start nicht abgehoben, so daß es zu dem Unglück gekommen sei. Es würden alle Anstrengungen unternommen, die Gründe hierfür festzustellen.

[1] Der am 16. 3. 1989 neu gewählte Senat unter dem Regierenden Bürgermeister Momper hatte anschließend seine Regierungserklärung abgegeben.
[2] Bei dem Absturz der Interflug-Maschine waren zahlreiche Menschen zu Tode gekommen.

RBm übermittelte sodann die Grüße des SPD-Parteivorsitzenden Hans-Jochen Vogel, der sich mit ihm über die heutige Begegnung freue. An das Treffen seien hohe Erwartungen geknüpft. Er verfolge mit ihm das Ziel, einen Beitrag zu guter Nachbarschaft zu leisten. RBm verwies auf das verbesserte Verhältnis der Großmächte zueinander und die Fortschritte in der internationalen Entspannung. Hieraus würden beide deutsche Staaten ihren Nutzen ziehen können. Der Senat wolle deshalb seinen Beitrag auch von Berlin (West) aus leisten. Es gelte, auf allen Ebenen Entspannung und Abrüstung voranzubringen.

6. RBm und GS verständigten sich sodann über die jeweiligen Presseerklärungen (Anlagen 1 und 2).[3] GS nahm die unterschiedlichen Fassungen zur Kenntnis, nachdem Herr Rettner die einzelnen Differenzen erläutert hatte. RBm bat um eine Ausweitung der Übernachtungsregelung auf weitere Bezirke der DDR, insbesondere Cottbus. GS bemerkte, darauf später eingehen zu wollen.

Erklärung des GS

7. GS erklärte, daß man bei dem heutigen Gespräch das gestrige Ergebnis der Wahlen zum Europaparlament nicht unberücksichtigt lassen könne.[4] Die gegenwärtige Bundesregierung, die in der Grenzfrage Euphorie verbreitet hätte, habe nach den vorliegenden Zahlen keine Mehrheit mehr, es sei denn, man denke über eine Große Koalition nach. Aber auch die SPD habe nicht die erwarteten Stimmen hinzugewonnen. Konsequenz sei, daß es eine Koalition nach dem Muster des Senats in Bonn nach dem derzeitigen Ergebnis nicht geben werde. Erschreckend sei das Wahlergebnis für die gesamte Weltöffentlichkeit, besonders aber für die Länder, die vom Faschismus betroffen waren.[5] Dabei dürfe man sich mit dem Hinweis, daß auch in anderen Ländern »Faschisten« erhebliche Stimmengewinne erzielt hätten, nicht zufrieden geben. Die Völker Europas hätten unter dem deutschen Faschis-

[3] Der Wortlaut der beiden Presseerklärungen findet sich in den Akten der Senatskanzlei 7311/03, die Mompers auch in: Presseerklärung Berlin, hrsg. vom Presse- und Informationsamt 19. 6. 1989. Dort hieß es zur Frage der Mitnahme von Hunden und Kleintieren an den »Grenzübergangsstellen« Drewitz und Stolpe: »Ein weiterer Übergang wird geprüft«, in der DDR-Fassung dagegen: »Ein weiterer Grenzübergang wird geprüft.« Eine weitere Abweichung fand sich in dem Passus über die »Erteilung von Mehrfachberechtigungsscheinen« in den »Büros für Besuchs- und Reiseangelegenheiten«, wo in der DDR-Version noch stand »zum Empfang eines Visums«. Ansonsten waren die Presseerklärungen, abgesehen von der anderen Namensabfolge, identisch.

[4] Die Wahlen zum Europäischen Parlament hatten in der Bundesrepublik am 18. 6. 1989 stattgefunden. CDU/CSU erhielten 37,7% im Vergleich zu 46,0% im Jahr 1984, die SPD 37,3% (1984 37,4%), die Grünen 8,4% (1984 8,2%), FDP 5,6% (1984 4,8%).

[5] Bei der Europawahl bekamen die Republikaner 7,1%, bei den Kommunalwahlen (ebenfalls am 18. 6.) im Landesdurchschnitt in Rheinland-Pfalz nur 0,6% und im Saarland 4,4%.

mus gelitten. Auch Berlin sei im Mai 1945 zerstört worden. Er, der am Wiederaufbau mitgewirkt hätte, sehe die Gefahr des Neonazismus. Er sei in Lichterfelde inhaftiert gewesen. Man dürfe die Sache nicht verniedlichen. Er wolle auf sein Gespräch mit Dr. Vogel vom Mai des Jahres nochmals verweisen. GS erinnerte an den Putsch der Faschisten 1923 in München. Es habe sich um eine kleine Gruppierung gehandelt, die dann 10 Jahre später mit Hitler die Regierung gestellt hätte. Die politischen Strukturen in der Bundesrepublik Deutschland hätten sich durch das Wahlergebnis verändert. Die Zeichen für eine Gefahr seien überdeutlich, insbesondere weil die Republikaner in München 15% der Stimmen erzielt haben. München sei jetzt der Sitz Schönhubers.[6] GS verwies auf die frühere Mitgliedschaft Schönhubers in der SS-Leibstandarte. Die Entwicklung sei für die Bundesrepublik und Berlin (West) äußerst bedrückend. Sie mache die Notwendigkeit deutlich, mit allen Mitteln die Wähler von diesem Weg abzubringen. Große Bedeutung für die Zukunft habe daher die 40jährige Entwicklung der DDR, die einen geistigen Wandel hervorgerufen hätte. In diesem Sinne werde man den 40. Jahrestag der DDR begehen.

8. GS erwiderte die überbrachten Grüße des Parteivorsitzenden Vogel. GS zeigte sich jedoch über eine Meldung in der FAZ vom 14. 6. irritiert, wonach Vogel Gorbatschow anläßlich des Bonner Treffens darauf hingewiesen habe, daß die Durchlässigkeit der Grenzen in Deutschland erreicht werden müsse und daß sich reformerische Kräfte wie in Moskau auch in der DDR durchsetzen würden.[7] Dies habe Vorrang vor Fragen der staatlichen Neuorganisation. GS stellte hierzu fest, in der DDR bestimmen wir, sonst niemand. Es würden zu sehr Differenzen konstruiert. Er werde sich in den nächsten Tagen mit Gorbatschow treffen.[8] Dabei werde deutlich werden, daß das Bündnis zwischen der DDR und der SU unerschütterlich sei. Zur Frage der Umgestaltung sei zu sagen, daß die Sowjetunion hierfür ihre Gründe haben möge. Dort bestünden andere Verhältnisse. Die DDR ihrerseits habe keinen Anlaß, sich für die erreichten Erfolge zu entschuldigen. Das meine Dr. Vogel sicherlich nicht. Ihn befremde jedoch der Ton. Wichtig seien die bestehenden Einkaufsmöglichkeiten für die Bevölkerung, zu denen sich sogar der US-Stadtkommandant in Berlin (West) kürzlich geäußert habe. Die Lebensqualität in der DDR könne sich mit der in der Bundesrepublik messen. Wenn dies auch nicht für die Zahl der Autos gelte, so gelte es

---

[6] Franz Schönhuber, Vorsitzender der Republikaner.

[7] Das Vorstehende bezog sich auf den Bericht der FAZ über das Gespräch H.-J. Vogel mit Gorbatschow am 13. 6. 1989, am zweiten Tag von dessen Bonn-Besuch.

[8] Honecker traf bei seinem Besuch in der UdSSR (27./28. 6.) am 28. 6. 1989 mit Gorbatschow zu einem Gespräch zusammen. Beide unterstrichen die engen bilateralen Beziehungen. Vgl. AdG 1989, S. 33842.

für den Grundbedarf des täglichen Lebens. Auch die Ausrüstung mit Konsumgütern sei nicht schlecht. Er kenne sich in der BRD aus, leider weniger in Berlin (West). Zu der immer wieder angesprochenen Frage der Demokratie sei zu sagen, daß es in der Welt verschiedene Formen gäbe. Die DDR habe die sozialistische Demokratie verwirklicht. Die kürzlichen Kommunalwahlen[9] hätten dies deutlich gemacht. In der DDR hätten sich 10 Parteien zur Wahl gestellt, 1 000 000 Wahlhelfer seien tätig geworden, es habe 214 000 Kandidaten gegeben, und in 14 000 Wahlkreisen habe die Möglichkeit zur Teilnahme an der sozialistischen Demokratie bestanden. GS verwies außerdem auf die Zustimmung des Konsistoriums, das sich bei seinem kürzlichen Besuch in Greifswald positiv zur Wahl geäußert habe. Die katholische Seite habe sich in Eichstätt ebenfalls positiv geäußert. Dr. Vogel müsse Bescheid wissen. Er habe sich an die falsche Adresse gewandt. In der DDR bestimme die Volkskammer. Gorbatschow habe nicht die Neigung, sich in die Verhältnisse der DDR einzumischen. Er kenne Gorbatschow seit 1978. Mit dem 40. Jahrestag der DDR feiere man die Gestaltung der sozialistischen Gesellschaft und die geistig kulturelle Wandlung. Die DDR sei inzwischen zum 10. leistungsstärksten Land der Welt geworden. Auf dem VIII. Parteitag 1971 seien die Ziele der sozialen Sicherheit klar formuliert und inzwischen verwirklicht worden. Es gelte die Einheit von Wirtschafts- und Sozialpolitik. Der Schlüssel für Wohlstand sei die unablässige Steigerung der wirtschaftlichen Kraft. Auf der Grundlage dieser Erfahrungen werde man die Politik fortsetzen und auf dem XII. Parteitag, der für Mai 1990 einberufen sei, die Ziele bis zum Jahre 2000 deutlich formulieren. Man werde die sozialistische Gesellschaft in den Farben der DDR gestalten.

9. GS ging sodann zur Frage der Friedenssicherung über, die er als die wichtigste Frage der Zeit bezeichnete. Die Bewahrung der Menschheit vor dem atomaren Inferno sei Voraussetzung für die Gestaltung des wirtschaftlichen Wohlstandes und des Erhalts der Umwelt. Es gelte die Chance zu nutzen, den Abrüstungsprozeß weiterzuführen. Deshalb begrüße man die Bemühungen der SPD, auch Mompers, zu einer dritten Null-Lösung zu kommen. Die Staaten des Warschauer Pakts hätten entsprechende Vorschläge vorgelegt und mit einseitigen Vorleistungen begonnen. Es entspreche dem Gebot der Zeit, wenn die NATO auf diesem Wege folge. Die Vorschläge des US-Präsidenten Bush in Brüssel seien ein Schritt in die richtige Richtung.[10] Unerläßlich seien allerdings auch Verhandlungen über eine Reduzierung der nuklearen Rüstung bis

[9] Vgl. Nr. 76, Anm. 11.
[10] Zu den auf der NATO-Gipfelkonferenz vom 29./30. 5. 1989 in Brüssel verabschiedeten Vorschlägen zu Abrüstung und Rüstungskontrolle und den von Präsident Bush unterbreiteten Vorschlägen zur Verringerung der Truppen der USA und der UdSSR vgl. AdG 1989, S. 33365 ff.

hin zu der Beseitigung der Nuklearwaffen. Europa müsse von Kernwaffen frei werden. Es gelte sowohl auf dem Gebiet der konventionellen Rüstung wie auf dem Gebiet der atomaren Rüstung die gegenseitige Angriffsunfähigkeit herbeizuführen. Die Kurzstreckensysteme und die doppelt verwendbaren atomaren Systeme könnten dabei nicht ausgeschlossen werden. Da stimme man mit der SPD, auch mit dem Senat, überein. Die Staaten des Warschauer Pakts hätten vorgeschlagen, parallel zu den Verhandlungen über die konventionelle Abrüstung gesonderte Verhandlungen zur Reduzierung der Kurzstreckenraketen aufzunehmen.[11] Dies sei für die Menschheit von besonderer Bedeutung. Die Deutschen, auch in Berlin (West), seien in erster Linie bedroht. Das Unglück von Tschernobyl mit seinen weltweiten Folgen zeige, daß sich die Auswirkungen von Kurzstreckenraketen nicht lokal begrenzen ließen. Die Position der NATO, 1991/1992 die Kurzstreckenwaffen zu modernisieren, entspreche demgegenüber nicht den Interessen der Völker. Damit würde ein neues Wettrüsten angefacht, denn der Modernisierung folge mit Sicherheit die Gegenmodernisierung. Auf diese Weise käme man zum alten Zustand des Wettrüstens zurück. Internationale Konfrontation sei das Ergebnis. Dies sei ein sehr ernstes Problem. Statt zur Zusammenarbeit komme man dann zur Nichtzusammenarbeit. Mit diesen Fragen werde sich in Kürze auch der Politische Beratende Ausschuß des Warschauer Paktes beschäftigen. Großes internationales Gewicht habe die vereinbarte 50%ige Reduzierung der strategischen Offensivwaffen. Die DDR begrüße die beschlossene Wiederaufnahme der Verhandlungen, wobei darauf hinzuweisen sei, daß 50% der strategischen Waffen die Menschheit noch immer 10–20mal vernichten könnten. Sinnvoll sei es, diese atomaren Systeme gänzlich abzuschaffen. Dies sollte durch das Verbot aller chemischen Waffen ergänzt werden. Es sei daher zu begrüßen, daß am 26. Juni die sowjetisch-amerikanischen Gespräche wiederaufgenommen würden.

Zu dem Gorbatschow-Besuch in Bonn stellte GS fest, daß die Propaganda des Westens in die falsche Richtung laufe. Die verabschiedete Gemeinsame Erklärung sei mit der DDR abgestimmt worden, die DDR begrüße diese Erklärung.[12] Sie müsse jedoch vor falschen Interpretationen warnen, wenn mit dieser Erklärung die Hoffnung auf die Realisierung alter revanchistischer Ziele verbunden werde. Dies werde nicht erfolgen. GS kritisierte in diesem Zusammenhang Erklärungen der Bundesregierung zu Äußerungen der DDR-Volksbildungsministerin Margot Honecker über die Kampfbereitschaft in der DDR.[13] Die

11 Vgl. Nr. 79, Anm. 2.
12 Wortlaut der von Kohl und Gorbatschow unterzeichneten Gemeinsamen Erklärung vom 13. 6. 1989 in: AdG 1989, S. 33411 ff. Vgl. auch Einleitung I. 2d).
13 Kohls Kritik an Margot Honecker, der Volksbildungsministerin der DDR, könnte auf dem sog. Kleinen Parteitag der CDU Anfang Juni 1989 geäußert worden sein.

DDR habe nicht feststellen können, daß die Bundesregierung beabsichtige, die Bundeswehr abzuschaffen. Richtig verstanden komme dem Besuch von Gorbatschow in Bonn jedoch eine große Bedeutung für den Bau des gemeinsamen europäischen Hauses zu. Hierfür trete die DDR ein. Allerdings müsse man nach Äußerungen des stellvertretenden amerikanischen Außenministers feststellen[14], daß dort zum gemeinsamen europäischen Haus eine negative Haltung eingenommen werde. Ebenso gebe die Entwicklung der EG mit ihren Widersprüchen kaum Hoffnung, daß sich das gemeinsame europäische Haus rasch verwirklichen lasse. Die DDR trete gleichwohl für das gemeinsame europäische Haus ein, allerdings mit einer Hausordnung und mit unterschiedlicher Ausmalung. Träume am Kamin hätten keine Chance auf Realisierung. Es gehe um eine realistische Position. Die Beseitigung des Sozialismus stünde nicht zur Debatte. Ebenso wie Gorbatschow sei es auch Anliegen der DDR, zu einer friedlichen Zusammenarbeit zu kommen. Voraussetzung sei, daß die DDR als stabiler Faktor anerkannt und akzeptiert werde. Gorbatschow habe sie bei seiner Godesberger Rede besonders gewürdigt.[15] Dies gehöre zum Helsinki-Prozeß, an dem er persönlich teilgenommen habe und dessen Schlußakte er unterschrieben habe. Es gelte, die Politik der friedlichen Koexistenz zu verstärken, um zu einem engen Zusammenwirken aller europäischen Staaten einschließlich der DDR zu kommen, auch mit Berlin (West). Mit der KSZE-Vereinbarung von Wien habe dieser Prozeß neue Impulse erhalten. Im zwei- und mehrseitigen Dialog untereinander ließen sich weitere Möglichkeiten schaffen, die bewährten Prinzipien von Helsinki zu bekräftigen. Im diametralen Gegensatz hierzu stünden Bekundungen von US-Präsident Bush, den sozialistischen Staaten das westliche System aufzwingen und die Grenzen verändern zu wollen.[16] Er stimme mit der Koalitionsvereinbarung und dem Senat darin überein, daß eine europäische Friedensordnung nur bei Existenz von zwei deutschen Staaten möglich sei und wenn die bestehenden Grenzen geachtet würden.[17] Es ginge um Realismus und Vernunft. In diesem Sinne habe das Treffen Kohl/Gorbatschow die Zuversicht in eine weitere Verbesserung der Lage in Europa gestärkt. Brandt habe der Bundesregierung mit Recht zu diesem Weg gratuliert, der eine Fortsetzung der früheren

[14] Honecker bezog sich auf sein Gespräch mit dem stellv. US-Außenminister Whitehead am 11. 10. 1988; vgl. Nr. 77, Anm. 21.
[15] Wortlaut von Gorbatschows Tischrede beim Abendessen am 12. 6. 1989 u. a. in: Europa-Archiv 44/1989, Dokumente, S. 378 ff.
[16] Präsident Bush hatte dies während seines Besuches in der Bundesrepublik in einer Ansprache »Für ein ungeteiltes Europa« in Mainz am 31. 5. 1989 dem Sinn nach, wenn auch nicht wörtlich, angedeutet, indem er politische Freiheit auch in Osteuropa einforderte. Vgl. AdG 1989, S. 33383 f.
[17] Siehe Anm. 1. Das Anfang März unterzeichnete SPD/AL-Koalitionspapier umfaßte 150 Seiten. Vgl. ›Der Spiegel‹ Nr. 11 vom 13. 3. 1988, S. 12.

SPD-Politik darstelle.[18] Gleichwohl habe diese Fortsetzung der Brandt-Scheelschen Außenpolitik der Bundesregierung bei den Wahlen zum Europaparlament nicht geholfen.

Die BRD versuche verstärkt, sich in innere Angelegenheiten der DDR einzumischen. Die DDR schaffe Bedingungen, die allen Menschen die zentralen Grundrechte garantieren. Begriffe wie Obdachlosigkeit, neue Armut und Zweidrittelgesellschaft seien in der sozialistischen Gesellschaft unbekannt. Kennzeichen der DDR seien vielmehr Frieden und Geborgenheit für die Menschen. Dies seien die wahren Grundrechte für die Menschen. Demgegenüber müsse man in der Bundesrepublik feststellen, daß unverändert 10 000 Prozesse wegen Berufsverboten stattfänden, 4 Millionen Menschen seien überprüft worden. Dies verletzte die Menschenrechte und sei eine furchtbare Praxis. RBm warf ein, daß sich diese Frage nicht mehr stelle. GS verwies auf die CDU-regierten Länder und teilweise Nordrhein-Westfalen. RBm bat, die anders geartete Praxis zu berücksichtigen. GS erklärte, daß erst kürzlich die ILO[19] diese Verfahren verurteilt habe. Im Zusammenhang mit der Menschenrechtsdiskussion wolle er auch darauf hinweisen, daß die Bibel in der DDR nie ein verbotenes Buch gewesen sei. Im Sinne des KSZE-Prozesses gestalte die DDR Rechte, Gesetze und staatliche Praxis entsprechend ihren eigenen Bedürfnissen. Allgemein gültige Maßstäbe für alle Länder gäbe es nicht. Alle Entwicklungen müßten im europäischen Haus ihren gleichberechtigten Platz haben. GS kritisierte sodann die Rede des SPD-Vorstandsmitglieds Eppler vor dem Bundestag (17. 6.) als Einmischung, die mit dem Helsinki- Prozeß unvereinbar sei.[20] Zusammenfassend sei festzustellen, daß die DDR alle Bestrebungen unterstütze, ein atomares Inferno zu verhüten. Auch ein konventioneller Krieg dürfe nicht zugelassen werden. Er unterstütze daher die gemeinsame Genfer Erklärung von Gorbatschow und Reagan.[21] Hauptaufgabe unserer Zeit sei das Eintreten für den Frieden und die Reduzierung aller Rüstungsmaßnahmen. Alles, was zur Vertrauensbildung beitrage, müsse unterstützt werden. GS wiederholte unter Hinweis auf einseitige Vorleistungen die Auffassung von der Notwendigkeit der gleichzeitigen Abrüstung auf konventionellem und nuklearem Gebiet. Daraus ergäben sich auch Folgerungen betreffend die DDR und Berlin (West).

[18] Zu Brandts Kommentar vgl. AdG 1989, S. 33409 ff.

[19] ILO – International Labour Organization – Internationale Arbeitsorganisation.

[20] Honecker bezog sich auf Erhard Epplers Rede in der Gedenkstunde des Bundestags am 17. 6. 1989, in der er sich u. a. sehr kritisch mit der SED-Führung auseinandersetzte und den Wunsch äußerte, daß die »Bürgerinnen und Bürger in der DDR« das sein könnten, was sie »selbst für richtig und nötig halten«. Vgl. AdG 1989, S. 33433 f.

[21] Das Genfer Gipfeltreffen hatte im November 1985 stattgefunden.

10. Auf diese Darlegungen erwiderte der RBm: Prägend für die Politik in den beiden deutschen Staaten müsse die Erkenntnis sein, daß von deutschem Boden nie wieder Krieg ausgehen dürfe. SPD und SED seien sich in diesen Grundsatzfragen einig, wie die gemeinsamen erarbeiteten Papiere ausweisen würden. Die SPD trete dafür ein, von chemischen und nuklearen Waffen freie Zonen zu schaffen. Bei den Kurzstreckenraketen halte man eine Null-Lösung für erforderlich. Ebenso gelte es, die strategischen Waffen zu reduzieren. Mit anderen Worten, es gehe um die Fortsetzung der Abrüstung. Der RBm verwies darauf, daß es innerhalb der NATO unterschiedliche Auffassungen über den einzuschlagenden Weg gäbe. Das Mißtrauen in Europa gegenüber den WP-Staaten sei unverändert in Rechnung zu stellen. Dementsprechend habe es die Bundesregierung nicht leicht gehabt, innerhalb der NATO ihre Position zur Geltung zu bringen. Der KSZE-Prozeß habe in den 14 Jahren in allen Feldern und für alle Seiten erhebliche Fortschritte gebracht. Die konservativen Kritiker der seinerzeitigen Helsinki-Vereinbarungen seien von der Wirklichkeit überholt worden. Nur die Fortsetzung dieses Prozesses könne für die Entwicklung in Europa Nutzen bringen und langfristig zu einer europäischen Friedensordnung führen. Die SPD setze sich für das gemeinsame europäische Haus ein und meine damit nicht nur Westeuropa. Insoweit stimme man mit der Sowjetunion überein. Der Besuch habe die Phantasie beflügelt und für die Menschen eine Friedensperspektive aufgezeigt, was auch die Zustimmung zum Gorbatschow-Besuch in Bonn erkläre. Er markiere ein neues Denken in der Außenpolitik. Eine solche Entwicklung sei auch für die Beziehungen der beiden deutschen Staaten und die Lage in und um Berlin nützlich. Der RBm erläuterte, daß die in der FAZ wiedergegebenen Äußerungen des SPD-Parteivorsitzenden Vogel verkürzt und dadurch mißverständlich geworden seien. Vogel habe mit ihm über das Gespräch mit Gorbatschow gesprochen. Ansatz von Vogel sei es gewesen, den Vorrang des KSZE-Prozesses vor der Frage der Wiedervereinigung deutlich zu machen. Er habe nicht eine Gleichgewichtigkeit der Ziele vertreten. Es sei also ein anderer Ansatz gewesen, als er in dem Zeitungsbericht zum Ausdruck gelangt sei.

Der RBm fuhr fort, daß er die Besorgnis des GS über die Republikaner teile. Allerdings sei bezüglich der Europawahl auf die geringe Wahlbeteiligung hinzuweisen, daß also Bundestags- und Landtagswahlen vermutlich andere Ergebnisse haben würden. Dennoch bleibe es Tatsache, daß die Republikaner bundesweit über 5% der Wählerstimmen gewonnen hätten, was das bayerische Ergebnis als untypisch kennzeichne. Nach seiner Auffassung sei es notwendig, in eine harte politische Auseinandersetzung mit den Vertretern der Republikaner einzutreten. Das wichtigste aber sei es, die Ursachen für diese Entwicklung zu erforschen, nämlich die soziale Deklassierung und Probleme wie Wohnungsnot, Arbeitslosigkeit, soziale Bedrohung zu beseitigen. Man müsse auch die kritisieren, die die Republikaner salonfähig machten und die die Diskussion über Aussiedler und Asylanten anheizten.

Zur inneren Lage in der DDR bemerkte der RBm, daß die Herausforderungen der Zeit für alle Seiten hohe Anforderungen an die Lernfähigkeit der Systeme stellen würden. Diese Aussage sei Bestandteil des zwischen SPD und SED gemeinsam erarbeiteten Papieres; hierauf bezögen sich auch die Äußerungen von Hans-Jochen Vogel über die Reformkräfte in der DDR und die Kritik Epplers. Auch das westliche System stehe vor neuen Herausforderungen, Lernfähigkeit sei überall gefordert. Er räume ein, daß die Sowjetunion von einem anderen materiellen Niveau ausgehen müsse als die DDR, deren Leistung er nicht unterschätze. Er habe bei seinen Antrittsbesuchen in Washington, London und Paris auf die Besonderheiten der Wirtschaftsorganisation der DDR hingewiesen und um Verständnis geworben. Der Entwicklungsprozeß in der Sowjetunion sei aber für alle Staaten in Europa eine große Herausforderung zu mehr Partizipation der Bürger. An der Situation der DDR falle aber auf, daß die Stimmung in der Bevölkerung schlechter sei als die materielle Lage. Dem gelte es gegenzusteuern, um negative Entwicklungen zu vermeiden. In diesem Zusammenhang fragte RBm, wie die DDR auf die Kritik an der Durchführung der Kommunalwahlen reagiere.[22] Er halte klare Antworten für erforderlich, die von den Gutwilligen akzeptiert werden könnten. Diese habe die Regierung der DDR noch nicht gegeben. Das mache viele besorgt. Tiefe Sorge bereite auch die Reaktion auf die Entwicklung in China.[23] Oskar Lafontaine habe darauf hingewiesen, daß man solches nicht mehr für möglich gehalten habe. Die DDR müsse sich bei ihrer Reaktion nach den Folgen fragen. Sie solle dabei berücksichtigen, welche Wirkung dies für die Entspannung und die Diskussion um die Unumkehrbarkeit der Reformprozesse habe. Auch sei zu bedenken, daß je nach politischer Einstellung versucht werde, aus solchen Äußerungen Nutzen zu ziehen. Man frage sich, was die Entwicklung in China für die Sowjetunion bedeute, aber auch, was die DDR-Erklärungen dazu

[22] Die durch zahlreiche Wahlbeobachtungen untermauerten Vorwürfe von Opposition und kirchlichen Gruppen, daß Wahlfälschungen bei den Kommunalwahlen am 7. 5. 1989 vorgenommen worden seien, wurden von der DDR-Führung einfach negiert und die Wahlen als ordnungsgemäß bezeichnet. Vgl. AdG 1989, S. 33317f.

[23] Unmittelbar nach dem blutigen Massaker in Peking am 4. 6. 1989 verbreitete die amtliche Nachrichtenagentur der DDR ADN eine Meldung, mit der sich die DDR-Führung die Sprachregelung der chinesischen Führung um Li Peng zueigen machte. Am 8. 6. 1989 hatte die Volkskammer der DDR einstimmig, also auch mit den Stimmen der Vertreter der Blockparteien CDU und LDPD, die Niederschlagung der Demokratiebewegung in China gebilligt. Vgl. AdG 1989, S. 33396. – Demgegenüber verurteilten z. B. in Ungarn Fernsehen und Rundfunk die »Massenmorde in Peking«.

bedeuteten. Irritiert habe die Äußerung von Krenz in Saarbrücken.[24]
Man frage sich, ob jemand den Prozeß in der Sowjetunion und Ungarn
umzukehren wünsche. Die rechte Seite sei immer skeptisch, aber auch
Gutwillige würden irritiert. Auf den Entspannungsprozeß wirkten sich
solche Entwicklungen destabilisierend aus. Man wisse, daß eine Entwicklung in der DDR, die gegen den KSZE-Prozeß verlaufe, eine Destabilisierung in Europa hervorrufen könne. Das sei die eigentliche
Sorge. Das sei keine Einmischung, sondern Sorge um die Stabilität.
Hier stimme er mit Hans-Jochen Vogel überein. In diesem Sinne verstehe er auch das heutige Treffen, das der weiteren Entwicklung der Beziehungen dienen solle.

Der Generalsekretär erwiderte, daß er diese Sorge verstanden habe.
Er habe die Frage aufgeworfen, weil gegenseitige Berechenbarkeit erhalten bleiben müsse. Die DDR erfülle eine bestimmte Aufgabe, um
den Entspannungsprozeß zu fördern. Man habe ja zu Helsinki gesagt,
aber man sage nein zu einer umgekehrten Interpretation des Helsinki-
Prozesses. Dieser Kerngedanke sei auch in das Kommuniqué über sein
Treffen mit Bundeskanzler Kohl eingegangen, wo die Achtung der territorialen Unversehrtheit, der Souveränität und der Nichteinmischung
im deutsch-deutschen Verhältnis festgeschrieben sei.[25] Der RBm warf
ein, daß dies auch in seiner Regierungserklärung bekräftigt werde. GS
fuhr fort, daß er gegen jegliche Versuche zur Revision sei. Nach dem
Bericht über Dr. Vogels Gespräch habe er sich gefragt, was wirklich los
sei. Voraussetzung für den Frieden sei der Respekt vor der gegenseitigen Ordnung und den Grenzen in Europa. Auch die DDR benötige
Vertrauen. Ihr Wunsch sei es, an Verständigung und Berechenbarkeit
festzuhalten. Auch er ordne das heutige Treffen diesem Ziel unter. GS
verwies in diesem Zusammenhang auf die erheblichen Zugeständnisse
der DDR für Verbesserungen. Grundlage hierfür seien die langjährigen
Gespräche zwischen SPD und SED. Wenn der von der rot-grünen Koalition gebildete Senat seine Richtung beibehalte, seien weitere praktische Fortschritte möglich. Wenn nicht, halte man sich an die Regeln der
friedlichen Koexistenz.

Zu den Bemerkungen des RBm über die innere Situation der DDR
erklärte der GS, man dürfe nicht von denen ausgehen, denen alles nicht
paßt. Man habe der DDR seit ihrer Gründung kein ruhiges Jahr gegönnt. Die DDR feiere ihren 40. Gründungstag, und sie werde auch ihren 80. Gründungstag feiern. Tatsache sei, daß die SED mit 2,3 Millionen Mitgliedern eine große politische und ideologische Kraft darstelle.

---

[24] Bei dem Besuch einer DDR-Delegation am 7./8. 6. 1989 in Saarbrücken (vgl. Nr. 79, Anm.
42) hatte Krenz kritische Ausführungen Lafontaines zu China als Einmischung in innere Angelegenheiten der Volksrepublik China zurückgewiesen und Verständnis für das Vorgehen der chinesischen Führung bekundet.
[25] Vgl. Nr. 41, bes. Anm. 5 und Nr. 43, 4.

Die DDR brauche ihre inneren Verhältnisse im Gegensatz zu anderen Ländern auch nicht zu korrigieren. In der DDR bestünden zusätzliche 5 Parteien mit ca. 600 000 Mitgliedern, die einen großen Einfluß ausübten. Die arbeitenden Menschen seien im FDGB organisiert, der 9,6 Millionen Mitglieder habe. Dies sei eine starke Gewerkschaft, die an der Gestaltung der Gesellschaft mitwirke. Eine weitere Basis seien die fleißigen Arbeiter und die Bauern. Die Bauern hätten kein Interesse an einer Rückkehr zur individuellen Landwirtschaft; Ermutigungen in dieser Richtung seien fehlgeschlagen. Zudem seien die gesellschaftlichen Organisationen und Parteien in der Nationalen Front organisiert, wodurch eine gesellschaftspolitische Effektivität und Stabilität gesichert sei. Samariterkirche, Umweltbibliothek[26] und ähnliches hätten demgegenüber keine Perspektive. Auf sie solle man nicht setzen. Wenn Eppler in seiner Rede[20] sowjetische Begriffe wie Umgestaltung und Transparenz auf [die] DDR übertrage, bestünde dafür keine Grundlage. Die DDR hätte eine andere Ausgangsbasis. In der DDR gäbe es alle Informationen; das Fernsehen, auch das westliche, sei zugelassen. Die Menschen der DDR seien weltoffen, zum Teil desorientiert. Die Entwicklung in Polen und Ungarn sei damit nicht zu vergleichen. Die DDR habe die dort jetzt erst erkannten Notwendigkeiten bereits berücksichtigt. Er verweise auf die bereits erwähnte Zustimmung der evangelischen Kirche, die ihm gegenüber in Greifswald erklärt worden sei, ebenso auf die Mai-Manifestationen der DDR, das FDJ-Treffen und die Kommunalwahlen. GS bestritt die Manipulierung von Wahlergebnissen und erklärte, die Wahlkommissionen seien öffentlich besetzt gewesen; es hätte keine Einschränkung auf bestimmte Funktionäre gegeben. Man sei an wirklichen Ergebnissen interessiert. Manipulationen seien deshalb ausgeschlossen. Wenn einzelne kritische Beobachter glaubten, andere Ergebnisse feststellen zu müssen, habe dies keine Grundlage und keine Bedeutung.

Zu den Bemerkungen des RBm über die Entwicklung in China erklärte GS, er kenne Deng[27] schon lange, man möge sich jetzt genau erinnern, wer ihn seit vielen Jahren als den größten Reformer bejubelt habe. Der Westen müsse sich insoweit seine Enttäuschung selbst zurechnen. In China habe sich endgültig durchgesetzt, die sozialistische Gesellschaft aufzubauen. Im übrigen habe das Land riesige Dimensionen, die mit den europäischen nicht vergleichbar seien. Wenn man die westlichen Horrormeldungen über die Ereignisse in China ernst nehme, sei möglicherweise eine andere Beurteilung angebracht. Er habe sich selbst mehrfach die Fernsehberichte angesehen, aber für die Horrormeldun-

---

[26] Die »Umweltbibliothek« an der Zionskirche und die Samariterkirche waren Kristallisationspunkte dissidenter und oppositioneller Gruppen.

[27] Deng Xiaoping, der alte starke Mann in China, zuletzt formal nur Vorsitzender der Militärkommission beim ZK der chinesischen KP.

gen keine Bestätigung finden können. Dementsprechend habe sich die DDR auf die offiziellen Mitteilungen der Bruderpartei in China gestützt.[28] Unabhängig davon sei aber klar, daß die Beseitigung des Sozialismus in China keine Chance habe.

GS verwies noch einmal auf die Leistungen der DDR und erwähnte die Entwicklung der Industrie, der Mikroelektronik sowie die Fortschritte in den Bereichen Glasfaser, Keramik- und Elektronikchips. 1,9 Millionen Absolventen von Fach- und Hochschulen garantierten eine äußerst stabile Entwicklung. Die DDR sei so stabil wie kein anderes sozialistisches Land. Daher könne auch der Abbau der Streitkräfte beginnen, die nur äußere Bedrohungen abzuwehren hätten. Insoweit sei die Entwicklung in der DDR mit anderen sozialistischen Ländern nicht vergleichbar. Die DDR sei bereit, auf dem eingeschlagenen Weg der Zusammenarbeit voranzugehen. Voraussetzung sei aber, daß auch die Bundesregierung nach dem Gorbatschow-Besuch keine neue Politik mit alten revanchistischen Zielen entwickele. Voraussetzung sei weiter, daß die mit dem Wahlerfolg der Republikaner aufgezeigte Entwicklung gestoppt werde. Er frage sich im übrigen, warum diese Partei nicht entsprechend dem Potsdamer Abkommen verboten werde, deren Vorsitzender der Leibstandarte Adolf Hitlers angehört habe. RBm warf erneut ein, daß es um die Beseitigung der sozialen Ursachen ginge. Ein Verbot helfe nicht, man müsse um die Menschen werben, dazu diene auch eine Politik des Friedens in Europa. GS erinnerte an die Erfahrungen von Weimar und seine Erlebnisse an der Saar sowie seine Beobachtungen 1935 im Wedding. Es sei richtig, sich den Irregeführten zuzuwenden. Die kommunistischen Parteien würden demnächst in Bukarest ihre Position bekräftigen.

Praktische Verbesserungen der Lage in und um Berlin

11. RBm unterrichtete den GS, daß sich der Senat um KSZE-Veranstaltungen in Berlin (West) bemühen wolle. Berlin solle wie Helsinki und Wien Ort der Kooperation und des Austauschs werden. Er lud die DDR zur Teilnahme an Messen und Ausstellungen, zum Beispiel der Grünen Woche, ein. Außerdem setze sich der Senat für die Ansiedlung von EG/RGW-Institutionen in Berlin (West) ein. Darüber hinaus rege er an, daß sich beide Teile Berlins um die Ausrichtung der Olympiade im Jahr 2004 bewerben. Er bitte darum, die Chance offenzuhalten. RBm wies darauf hin, daß der kürzliche Kirchentag hervorragend abgelaufen sei.[29] Besonders erfreulich seien neben den vielen jungen Leuten die DDR-Besucher gewesen, denen Tagesvisa erteilt worden seien. Dies sei eine gute Entwicklung, die es fortzusetzen gelte. Die nächste

[28] Siehe Anm. 23.
[29] Vgl. Nr. 79, Anm. 28.

Gelegenheit hierfür sei der Marathonlauf in Berlin (West), zu dem er bitte, entsprechend zu verfahren.

RBm erwähnte sodann die bei der praktischen Zusammenarbeit kürzlich aufgetauchten Schwierigkeiten und erklärte, daß man nach den für Moskau besprochenen Regeln verfahren solle, so daß der Ablauf der IDZ-Ausstellung[30] kein Beispiel für die Zukunft sein sollte. Staatssekretär Rommerskirchen[31] habe seine Beteiligung absagen müssen, weil die DDR die Begleitung durch Personal der Ständigen Vertretung ausgeschlossen habe. Dies sei für die Zukunft nicht hilfreich, er bitte deshalb, die vorangegangene bessere Praxis fortzusetzen und da, wo Berlin in Verträge mit dem Bund einbezogen sei, die Betreuung durch die Ständige Vertretung nicht zu behindern.

Auch der Schußwaffengebrauch an der Berliner Sektorengrenze störe den Prozeß der Entwicklung einer guten Nachbarschaft. Nach langen Monaten einer positiven Entwicklung seien nunmehr wieder Ereignisse zu verzeichnen gewesen, die die Entspannungspolitik erheblich störten. Auch bei seinen Besuchen in Washington, London, Paris sei er immer wieder gefragt worden, welche Entwicklung sich abzeichne.

Im Reiseverkehr stelle der Mindestumtausch unverändert für viele Mitbürger eine große Belastung dar. Er sei das Haupthindernis bei der Begegnung der Menschen. Ungeachtet der bekannten grundsätzlichen Positionen der DDR in dieser Frage und dem – nicht vergleichbaren – Hinweis auf die Praxis der Bundesregierung gegenüber polnischen Besuchern gelte es, wenigstens erste Schritte zu einer Verbesserung zu gehen. Solche Schritte könnten die Gleichstellung der Erwerbs- und Berufsunfähigkeitsrentner mit den Altersrentnern sein. Außerdem bäte er, das Begleitpersonal von Telebussen vom Mindestumtausch zu befreien. Im Bereich der Wirtschaft entwickelten sich die Kontakte gut. RBm erwähnte das Gespräch der Industrie- und Handelskammer mit Ost-Berliner Wirtschaftsvertretern. Der Senat setze sich dafür ein, diese Kontakte auszubauen und verweise auch auf die Möglichkeit der Kooperation in Drittländern. RBm würdigte sodann den kulturellen Austausch, der von großem Interesse sei. Auf diesem Wege gelte es voranzuschreiten. Ein herausragendes Ereignis in diesem Zusammenhang sei das Konzert des Berliner Philharmonischen Orchesters gewesen. Der anschließende Empfang habe ihn bewegt, auch die Begegnung mit Herrn Krack.[32] Auch die Teilnahme der DDR am Theatertreffen (Heiner Müller-Stück ›Der Lohndrücker‹) habe zum wechselseitigen Verständnis beigetragen. Bei den Menschen bestehe eine große Neugier nach der kulturellen Entwicklung in der DDR, dies fördere auch das

---

[30] IDZ – Internationales Design Zentrum.
[31] Jörg Rommerskirchen, Staatssekretär beim Senator für Wirtschaft.
[32] Oberbürgermeister von Berlin (Ost).

Verständnis von der Entwicklung der DDR. Zwischen Senatorin Martiny und Minister Hoffmann[33] solle die weitere Entwicklung besprochen werden. RBm wies sodann darauf hin, daß nach einer alten DDR-Anordnung die Einfuhr von Gebrauchtwagen verboten sei. Er rege an, diese Regelung zu überprüfen. Die kommunalen Kontakte zwischen Spandau und Nauen sowie Zehlendorf und Königs Wusterhausen hätten sich erfolgreich entwickelt. Der Senat freue sich, daß nunmehr auch kommunale Erfahrungsaustausche zwischen Bezirken in Berlin möglich seien. RBm übergab GS eine Liste (Anlage 4) mit allen Kommunalkontaktwünschen der Berliner Bezirke[34] und bat um Prüfung, welche weiteren Möglichkeiten realisiert werden könnten.

In der Umweltpolitik machte RBm deutlich, daß der Senat vorankommen wolle. In den Bereichen Abwasser, Müll und Gewässerreinhaltung liefen erfolgreiche Gespräche, im Bereich der Luftreinhalteplanung wolle man vorankommen. RBm erinnerte an den Wunsch von Senatorin Schreyer und Senator Wagner[35], die Sondermüllverbrennungsanlage in Schöneiche zu besichtigen. RBm würdigte die zugesagte Erteilung von Einreisegenehmigungen an Besitzer von Mehrfachberechtigungsscheinen in den Übergängen und die Verlängerung der Gültigkeit der Mehrfachberechtigungsscheine auf ein Jahr als wesentliche Verbesserung. Dies gelte auch für die zugesagte Ausweitung der Übernachtungsregelung. RBm warb dafür, weitere Bezirke der DDR, insbesondere den Bezirk Cottbus, in die Übernachtungsregelung einzubeziehen, um die Möglichkeiten der touristischen Nutzung auszuweiten. Er begrüßte ausdrücklich, daß ab 1. August dieses Jahres die Mitnahme von Hunden und anderen Kleintieren gestattet werden solle. Damit werde einem häufig geäußerten Bedürfnis der Besucher Rechnung getragen. RBm äußerte den Wunsch, auch die Einreise mit dem Fahrrad zu ermöglichen. Unbefriedigend sei die Situation dagegen immer noch bei den Einreiseverboten. In Vorbereitung dieses Treffens hätten ihn eine Vielzahl von Briefen mit der Bitte um Hilfe erreicht. Aus den Briefen werde die menschliche Not ersichtlich, die Anlaß zu weiteren Überlegungen sein sollte. Unter Bezugnahme auf die GS-Erklärung gegenüber Bundeskanzler Kohl, wonach Personen, die die DDR vor dem 1. 1. 1982 verlassen hätten, wieder Einreiseanträge stellen können[36], regte RBm an, diese Regelung fortzuschreiben und auf das Jahr 1983 oder besser 1984 auszudehnen. RBm sprach sodann die Einreiseverbote gegen politisch mißliebige Gruppen einschließlich der Einreiseverbote

[33] Anke Martiny, Senatorin für kulturelle Angelegenheiten in Berlin, und DDR-Kultusminister Hans-Joachim Hoffmann.

[34] Gemeint war nicht die Anlage 4 – siehe Anm. 46 –, sondern die Anlage 3, d. h. die »Liste der Partnerschaftswünsche der Berliner Bezirke«.

[35] Michaela Schreyer, Senatorin für Stadtentwicklung und Umweltschutz, Horst Wagner, Senator für Arbeit, Verkehr und Betriebe.

[36] Vgl. Nr. 41, Punkt 5.

gegen Mitglieder der Alternativen Liste an und bat um eine großzügige Handhabung.[37] Belastungen verursache auch, daß Personen, die ein Einreiseverbot für die DDR hätten, der Drittlandtransit verwehrt werde. Ganz unerträglich sei es, wenn 14jährige Kinder, die mit den Eltern vor Jahren ausgereist seien, ausgeschlossen würden. In diesem Bereich müsse es Verbesserungen geben.

RBm erklärte die Bereitschaft, auf der Ebene von Senator Mitzscherling/Minister Beil[38] Möglichkeiten der Erweiterung des Tourismus zu erörtern. Der Senat sei bereit, insbesondere privates Engagement in diesem Bereich zu unterstützen. Wünschenswert wäre außerdem die Aufnahme des Schiffsverkehrs in die DDR, wobei eine wechselseitige Kooperation durchaus vorstellbar sei. Der RBm erinnerte den GS an den Wunsch des Senats nach Öffnung der Böttcherbergenge für die Fahrgastschiffahrt und die Sportschiffahrt. Zum Nahverkehr verwies RBm auf den Senatswunsch nach Öffnung der noch geschlossenen S-Bahnhöfe Potsdamer Platz, Bornholmer Straße und Nordbahnhof. Der DDR-Wunsch nach Überlassung der U-Bahn-Linie C werde vom Senat mit guter Absicht nach Hilfe geprüft. Allerdings müsse er darauf hinweisen, daß nach ersten Erkenntnissen alle Umleitungslösungen außerordentlich teuer seien. Möglicherweise gäbe es aber technische Lösungen, die die beiderseitigen Interessen befriedigen könnten. Das Problem der Reparatur der Grenzbrücken lasse sich der Senat angelegen sein; auch hier stelle sich allerdings die Kostenfrage. Weiter erhoffe sich der Senat neue Straßenübergänge ebenso wie die Verlängerung der U-Bahnlinie zum Bahnhof Warschauer Brücke. In allen diesen Nahverkehrsfragen solle man sich Schritt für Schritt verständigen und keine wechselseitigen Abhängigkeiten herstellen. Der Senat habe im übrigen in der Vergangenheit seinen guten Willen gezeigt, in den Verkehrsfragen zu einer Verständigung zu kommen. RBm verwies auf das kürzliche U-Bahnwagengeschäft und den Wunsch der DDR nach Lieferung von BVG-Bussen. Bei allem dürfe man die Finanzierungsfrage nicht vernachlässigen.

12. RBm wiederholte, daß an ihn in Vorbereitung dieses Treffens viele humanitäre Anliegen herangetragen worden seien. Er übergab dem GS je eine Liste mit Wünschen nach Familienzusammenführung (Anlage 7) und nach Aufhebung von Einreiseverboten (Anlage 8).[39]

[37] Siehe dazu auch unten Punkt 12.

[38] Peter Mitzscherling, Senator für Wirtschaft, Gerhard Beil, Außenhandelsminister der DDR.

[39] Die Liste mit Ausreise- und Übersiedlungswünschen betraf 10 Fälle mit zusammen 23 Personen und enthielt jeweils Name, Anschrift, Ausreiseadresse, Angaben zur Antragstellung und eine Begründung; die zweite Liste bezog sich auf 17 Fälle von Einreiseverweigerungen für zusammen 21 Personen. – Anl. 7 und 8 zum Protokoll über das Gespräch in: Landesarchiv Berlin, Senatskanzlei, 7311/03 Beiakte 3.

RBm wies auf die Notwendigkeit hin, den Fall [...][40] alsbald zu lösen.

13. RBm übergab GS ein Schreiben des Oberbürgermeisters der Stadt Böblingen vom 12. Juni 1989, in der die Stadt ihr Interesse an einer Übernahme zahlreicher Ausstellungen der DDR zum Müntzer-Jahr ausdrückt.

14. RBm betonte das Interesse des Senats an der vorgesehenen Eisenbahnschnellstrecke Hannover/Berlin und sprach die Hoffnung auf einen erfolgreichen Verhandlungsabschluß aus. Zum Stromverbundvertrag[41] verwies er auf die schwierige innenpolitische Diskussion. Gleichwohl hoffe er auf ein vernünftiges Ergebnis im Hinblick auf die deutschlandpolitische Dimension dieser Regelung. Zur Frage des Südüberganges erläuterte RBm ebenfalls die innenpolitische Diskussionslage. Der Senat werde sich gleichwohl für vertragstreue Lösungen einsetzen.

15. GS führte aus, daß die DDR die Politik des Senats als bedeutsam erachte, weil er die Normalisierung des gegenseitigen Verhältnisses zum Ziel erklärt habe. Dem wolle die DDR Rechnung tragen und mit fortschreitender Entspannung die Möglichkeiten für eine Kooperation erweitern. Die Verbesserung der Lage sei für die Verhinderung von Spannungen unerläßlich. Dementsprechend würdige man die Bereitschaft des Senats, enge Beziehungen zum Umland – der DDR und den anderen sozialistischen Ländern – aufzunehmen und so viel an Zusammenarbeit wie möglich anzustreben. Die DDR ihrerseits habe die Bereitschaft hierzu stets unter Beweis gestellt. Sie sei entschlossen, auf diesem Weg voranzuschreiten, wenn die geschlossenen Verträge eingehalten, ihre Rechte und Interessen sowie die bestehenden Realitäten respektiert würden. Sie stimme zu, daß Berechenbarkeit und Vertrauen die Basis in den gegenseitigen Beziehungen sein müsse. Unter diesen Voraussetzungen werde man das gegenseitige Verhältnis so gestalten, daß gute Nachbarschaft zum Nutzen der Lage in Europa möglich sei. Dabei berücksichtige die DDR in gebührender Weise die bestehenden Verbindungen zwischen Berlin (West) und der Bundesrepublik unter strikter Einhaltung und voller Anwendung des Vierseitigen Abkommens.

[40] Name vom Autor entfernt, da es sich nicht eindeutig um eine Person der Zeitgeschichte handelt.
[41] Gemeint war der sog. Stromverbund, d. h. eine Hochspannungsleitung von der Bundesrepublik über die DDR nach Berlin (West).

16. Die DDR habe keine Einwände gegen die Realisierung der sogenannten Berlin-Initiative für Berlin (West).[42] Die Hauptstadt der DDR unterliege jedoch der alleinigen Souveränität der DDR-Regierung. Vier-Mächte-Beschlüsse über ganz Berlin seien unrealistisch. Der Luftraum über der DDR unterliege der DDR-Souveränität. Wer hier Regelungen wolle, müsse ordnungsgemäße Absprachen und Vereinbarungen mit der DDR treffen. Veranstaltungen in beiden Teilen der Stadt, die eine Zusammengehörigkeit demonstrieren sollten, seien unrealistisch. Gesamt-Berlin sei etwas Imaginäres; Nachdenken in dieser Richtung sei nicht hilfreich. Eine weitere Verbesserung der Beziehungen sei bei konstruktivem Herangehen möglich. Die in der Vergangenheit geschlossenen Vereinbarungen über Gebietsaustausch, kommunale Kontakte und den Reiseverkehr legten hiervon Zeugnis ab. Der Reiseverkehr habe sich erheblich gesteigert. In den ersten Monaten des Jahres 1989 seien plus 26,6% nach West-Berlin zu verzeichnen gewesen. Insgesamt würden über 7 Millionen DDR-Bürger in den Westen reisen. Personen, die nicht zurückkehren, seien mit nur 0,04% eine vernachlässigbare Größe.

GS würdigte sodann die Vereinbarung über den Datenaustausch der Sondermüllverbrennungsanlage Schöneiche, die Vereinbarung über die Nutzungsänderung für das Reichsbahndirektionsgebäude sowie die Absprache über die Abgabe von U-Bahnwagen. In den zum Umweltschutz gehörenden Bereichen Gewässerreinhaltung und Abwasserverbringung entwickelten sich die Verhandlungen positiv. Auch die Wirtschaftsbeziehungen und der Handel verlaufen günstig, wenn auch weitere Steigerungsmöglichkeiten gesehen würden. Der Kulturaustausch habe sich erfreulich gestaltet. Zum Punkt Teilnahme der DDR an Veranstaltungen in Berlin (West) erklärte der GS, daß eine solche Teilnahme entsprechend den Interessen der DDR möglich sei und vorgesehen werde. GS würdigte sodann die Gespräche SPD/SED, in denen Möglichkeiten zur Weiterentwicklung der Beziehungen mit Berlin (West) erarbeitet worden seien. Er übergab die als Anlage 4[43] beigefügte Auflistung von Vorschlägen, die er kurz vortrug. Zur Frage der Kommunalkontakte (Ziffer 3 der Vorschläge, RBm-Bitte um Ausweitung) erklärte GS, daß man zunächst den Erfahrungsaustausch zwischen den Bezirken Mitte und Wedding, Prenzlauer Berg und Kreuzberg sowie Pankow und Reinickendorf ausprobieren wolle, bevor man zu weiteren Regelungen komme. Zu Punkt 6 (Erteilung der Einreisegenehmigungen an Inhaber von Mehrfachberechtigungsscheinen) bemerkte GS, daß die Zustimmung zu dieser Regelung nicht leichtgefallen sei.[44]

---

[42] Zur Berlin-Initiative der drei Westalliierten vom 31. 12. 1987 und der Antwort der UdSSR vom 15. 9. 1988 vgl. Nr. 64 und Nr. 71.

[43] Die Anlage 4 enthielt die »Vorschläge der DDR zur Weiterentwicklung der Beziehungen mit Berlin (West)«. Sie finden sich auch am Ende von [b], dort auch Ziffer 3.

[44] Siehe unter [b], Ziffer 6.

17. Zur Anregung des RBm, beide Teile Berlins mögen sich für die Olympiade im Jahre 2004 als Austragungsort bewerben, erklärte der GS, daß sich Leipzig bewerben wolle. Die Anregung des RBm, auch bei künftigen Veranstaltungen an DDR-Bewohner Tagesvisen wie beim Kirchentag auszugeben, beantwortete GS mit dem Hinweis darauf, daß die Kirchentagsregelung zwischen ihm und Bischof Schönherr vereinbart worden sei[29], und zwar auf der Grundlage seiner besonderen Wertschätzung für den Altbischof. Die Anregung, die Übernachtungsregelung auf den Bezirk Cottbus auszuweiten, werde die DDR prüfen. Zu den Ausführungen des Regierenden Bürgermeisters über Einreiseverbote erklärte er, daß jeder, der die DDR verlasse, wisse, was er tue. Die Anregung, die geltende Regelung zu aktualisieren, werde man prüfen. Zu den Einreiseverboten gegen Mitglieder der Alternativen Liste teilte GS mit, daß AL-Mitglieder die DDR besuchen könnten. Voraussetzung sei allerdings, daß die DDR-Gesetze eingehalten werden. Seine Seite habe dies in einem kürzlichen Gespräch der AL-Fraktion auch mitgeteilt. Die Anregung zur Mindestumtauschreduzierung bzw. -befreiung für Erwerbsunfähigkeits- und Berufsunfähigkeitsrentner sowie für das Begleitpersonal von Teletaxen werde man wohlwollend prüfen. Ebenso werde die Anregung hinsichtlich der Einfuhr von Gebrauchtwagen geprüft, selbstverständlich wohlwollend. Generell könne er sagen, daß alle vom RBm gegebenen Anregungen wohlwollend auf ihre Realisierbarkeit geprüft würden. Zum Stromvertrag erklärte GS, daß geschlossene Abkommen eingehalten werden müßten. Dies sei eine Selbstverständlichkeit. Außerdem erinnere er daran, daß der Wunsch nach dem Stromvertrag von der westlichen Seite ausgegangen sei. Eine Ablehnung des nunmehr geschlossenen Vertrages wäre absolut unverständlich. Den Wunsch nach Einreisemöglichkeiten mit Fahrrädern lehnte GS ab. Angesichts der Straßenverhältnisse sei das nicht möglich.

18. RBm erwiderte noch kurz auf die GS-Bemerkungen über die Berlin-Initiative und den Luftverkehr. Er stellte fest, daß dies eine Angelegenheit der zuständigen Vier Mächte sei. Man solle den Vier Mächten die Entscheidung über das weitere Verfahren überlassen. Auf dieser Grundlage hoffe auch er auf baldige deutsch-deutsche Luftverkehrsverhandlungen. GS warf ein, daß die Vier Mächte ohne die DDR nichts ausrichten könnten.

19. *Bezog sich auf die Villa Aurora, das frühere Wohnhaus von Lion Feuchtwanger in Los Angeles.*

20. RBm teilte weiter mit, daß sich verschiedene Journalisten an ihn mit der Bitte gewandt hätten, sich für bessere Arbeitsmöglichkeiten in der DDR einzusetzen. Prof. Dr. Schröder übergab Herrn Rettner die als

Anlage 6 beigefügte Namenliste.[45] GS sagte zu, daß das Außenministerium der DDR informiert wird.

21. Nach dem gemeinsamen Mittagessen gab RBm der ›Aktuellen Kamera‹ vor dem Schloßportal ein Interview.

Unterrichtung des Leiters der Ständigen Vertretung

22. Nach Verabschiedung des RBm und dessen Mitarbeiter durch GS am Eingang des Schlosses Niederschönhausen fuhren RBm und Begleitung zur Ständigen Vertretung. Sie wurden von dem Polizeiwagen und dem Wagen mit den Sicherheitsbeamten begleitet. Die Betreuung durch den Protokollchef endete in Niederschönhausen. [...]

23. Gegen 14.30 Uhr traf RBm bei der Ständigen Vertretung ein. Vor dem Haupteingang warteten eine Vielzahl von Journalisten. Nach der Begrüßung des RBm durch Staatssekretär Bertele, den Leiter der Ständigen Vertretung, gab RBm den Journalisten vor dem Haupteingang des Gebäudes ein Kurzinterview.

24. Anschließend unterrichtete der RBm Staatssekretär Dr. Bertele über Inhalt und Ablauf des Gesprächs mit dem GS. [...] RBm übergab Dr. Bertele die vom GS überreichten Vorschläge (Anlage 3).[46]

Rückfahrt

25. Gegen 15.00 Uhr kehrte RBm mit Begleitung über den Übergang Invalidenstraße zum Rathaus Schöneberg zurück. Auf dem Weg von der Ständigen Vertretung zum Übergang stellte die DDR wiederum das Polizeifahrzeug und den Wagen mit den Sicherheitsbeamten. Der Wagen der Ständigen Vertretung begleitete RBm auf der gesamten Strecke zum Rathaus Schöneberg. Im Übergang Invalidenstraße verabschiedeten sich RBm und Begleitung von den DDR-Beamten. [...]

Hinkefuß *[Unterschrift]*

---

[45] Diese Anlage 6 über »Akkreditierungswünsche von Journalisten« nannte Peter Gärtner für die ›Nürnberger Nachrichten‹, ›Kennzeichen D‹, Jürgen Metkemeyer für ›AP‹, Anita Röntgen für die ›Hannoversche Allgemeine‹ und Dieter Stäcker für die ›Badische Zeitung‹ und die ›WAZ‹, siehe auch unten *[b]*.

[46] Gemeint war die Anlage 4 mit den »Vorschlägen der DDR zur Weiterentwicklung der Beziehungen mit Berlin (West)«. Sie finden sich unter *[b]*.

[b] SAPMO ZPA J IV 2/2A/3227 und IV 2/1/695: »Niederschrift über das Gespräch des Generalsekretärs des ZK der SED und Vorsitzenden des Staatsrates der DDR, Erich Honecker, mit dem Regierenden Bürgermeister und Vorsitzenden der SPD in Berlin (West), Walter Momper, am 19. Juni 1989 im Schloß Niederschönhausen«

E. Honecker begrüßte W. Momper zu dem Gespräch und brachte seine besten Wünsche für ein erfolgreiches Wirken in dessen verantwortungsvoller Funktion als Regierender Bürgermeister von Berlin (West) und für die Tätigkeit des neuen Senats zum Ausdruck. Von der DDR sei das Programm der SPD/AL-Koalition und die Regierungserklärung des neuen Senats mit Aufmerksamkeit zur Kenntnis genommen worden.[1] Zu begrüßen sei insbesondere das Ziel, auch Berlin (West) zu einer Stadt des Friedens und der internationalen Verständigung zu machen, von der eigene Impulse für den Abbau von Spannungen, die Abrüstung, den Interessenausgleich und die Kooperation in Europa ausgehen sollen. Die DDR habe in der Vergangenheit vielfältige Initiativen unternommen, um zu einer Verbesserung des Klimas im beiderseitigen Verhältnis zu gelangen. Es sei zu begrüßen, daß der Senat beabsichtige, seinerseits zu einem gutnachbarlichen Verhältnis zur DDR beitragen zu wollen. Dies sei über das bilaterale Verhältnis hinaus für die Gesundung der internationalen Lage von Bedeutung und komme dem Wohle der Menschen zugute.

W. Momper dankte für die Begrüßung und die Möglichkeit des Gesprächs. Er sprach sein Beileid für die Opfer des Flugzeugabsturzes vom 17. Juni und ihre Angehörigen aus.[2] Das Unglück habe auch in Berlin (West) Betroffenheit ausgelöst.

E. Honecker dankte für die Anteilnahme und informierte, daß alle Voraussetzungen für einen ordnungsgemäßen Flug gegeben waren. Die Ursachen des Absturzes seien noch nicht geklärt. Die Mannschaft habe alles in ihren Kräften Stehende getan, um soviel Menschenleben wie möglich zu retten.

W. Momper richtete sodann Grüße H.-J. Vogels aus, der sich über das Zustandekommen des Treffens sehr erfreut geäußert habe und – wie der Senat und die Koalitionsparteien in Berlin (West) – damit hohe Erwartungen verbinde. Es sei das gemeinsame Ziel, zu guter Nachbarschaft zu gelangen. Hierzu solle die Begegnung ein Beitrag sein. Es sei zu begrüßen, daß sich im Zusammenhang mit der internationalen Entspannung, der Verbesserung des Ost-West-Verhältnisses generell, insbesondere der Beziehungen zwischen der UdSSR und den USA, auch die Beziehungen zwischen den beiden deutschen Staaten positiv entwickeln. Der Senat wolle einen aktiven Beitrag zu Entspannung und Abrüstung leisten, soweit dies in seinen Kräften stehe.

W. Momper bat, sich kurz abschließend über die bereits vorbereitete und weitgehend abgestimmte Presseerklärung zu verständigen. Er erläuterte, daß es ihm darum gehe, ein West-Berliner Alternat abzufassen. Das sei für sie besser zu ertragen als ein gemeinsames Kommuniqué.

E. Honecker sagte, daß man dieser Erklärung zustimmen könne. Die geringfügigen Veränderungen in der West-Berliner Fassung würden zur Kenntnis genommen. Der Wegfall der Formulierung »Grenz«übergang im West-Berliner Text dürfe natürlich nicht darüber hinwegtäuschen, daß zwischen der DDR und Berlin (West) in der Tat eine Staatsgrenze existiert.[3] Die Presseerklärung enthalte eine Reihe von Punkten, die ein erhebliches Entgegenkommen der DDR darstellen und von dem Bestreben zeugen, zur Festigung der Position der SPD/AL-Koalition in West-Berlin beizutragen.

Natürlich, so fuhr E. Honecker fort, könne man die Ergebnisse der Europawahlen in der BRD[4] und der Kommunalwahl in Rheinland-Pfalz und im Saarland am 18. Juni 1989 nicht unberücksichtigt lassen. Die Euphorie in Bonn und die in jüngster Zeit von den Medien geschürte Propaganda zur Veränderung der Grenzen in Europa hätten sich offenkundig nicht ausgezahlt. Die CDU habe erneut schwere Verluste hinnehmen müssen. Damit habe die Bundesregierung keine Mehrheit mehr, es sei denn, es komme zu einer Großen Koalition. Die SPD sei auf dem gleichen Stand geblieben. Eine Möglichkeit für sie, eine ähnliche Koalition wie in Berlin (West) zu bilden, gebe es nicht.

Das Abschneiden der »Republikaner«[5] wirke auf die Weltöffentlichkeit, insbesondere jene Länder, die vom Faschismus betroffen waren, erschreckend. Mit beruhigenden Erklärungen, daß es ja auch in anderen Ländern, so Italien, Frankreich und Spanien, Faschisten gebe, könne sich niemand abfinden. Die Völker hätten zu sehr unter dem Faschismus gelitten. Als er am 4. Mai 1945 nach Berlin gekommen sei, habe er eine völlig verwüstete Stadt vorgefunden, hier habe er nach dem 8. Mai mitgewirkt. Die Gefahr des Neonazismus mit einem Mann an der Spitze, der SS-Führer und Angehöriger der »Leibstandarte Adolf Hitler« zu einer Zeit war, als er selbst, E. Honecker, sich als Häftling in Lichterfelde befand, verändere die politischen Strukturen in der Bundesrepublik. Die Wahlergebnisse seien ein Zeichen, daß diese neonazistische Gefahr tatsächlich besteht. Man dürfe sie nicht verniedlichen.

1923 habe Hitler in München geputscht. Damals sei die NSDAP ein kleiner Verein gewesen. Aber bereits 10 Jahre später sei Hitler an die Macht gekommen. Das jetzige Vordringen der Neonazis sei eine sehr bedrückende Sache, vor allem für die BRD selbst und für Berlin (West). In München hätten die Neonazis 15,1% der Stimmen erhalten. Das lasse aufhorchen und unterstreiche die Notwendigkeit, sich mit allen Mitteln gegen eine solche Entwicklung zu stellen. Das sei von großer Bedeutung für die Zukunft.

Die DDR begehe in diesem Jahr den 40. Jahrestag ihres Bestehens, sagte E. Honecker. Sie habe die Gestaltung der entwickelten sozialistischen Gesellschaft stets als einen historischen Prozeß tiefgreifender politischer, ökonomischer, sozialer und geistig-kultureller Wandlungen betrachtet und danach gehandelt. Unser Land gehöre heute zu den 10 leistungsfähigsten Nationen der Welt. Die auf dem VII. Parteitag festgelegte Linie der Einheit von Wirtschafts- und Sozialpolitik garantiere soziale Sicherheit und klare Perspektiven der Menschen. Schlüssel für die Lösung der gesellschaftlichen Aufgaben seien die unablässige Steigerung der wirtschaftlichen Leistungskraft unter Anwendung der neuesten Erkenntnisse in Wissenschaft und Technik. Auf dieser Grundlage sei es uns möglich, Wohlstand und soziale Gerechtigkeit immer besser zu verwirklichen.

E. Honecker erwiderte herzlich die Grüße H.-J. Vogels. Die wiederholten Begegnungen hätten vielfach Gelegenheit zum Meinungsaustausch geboten. Nun habe sich H.-J. Vogel laut ›Frankfurter Allgemeine Zeitung‹ vom 14. Juni zu der Erklärung bemüßigt gefühlt, er habe M. Gorbatschow darauf hingewiesen, daß für die SPD die volle Durchlässigkeit der Grenzen Priorität habe und daß sie daneben wünsche, daß reformerische Kräfte sich in der DDR durchsetzen und dort lebhafte Diskussionen möglich würden, wie sie in Moskau stattfänden.[7] Wenn dies vorankomme, habe dies Priorität vor Fragen der staatlichen Neuorganisation.

E. Honecker brachte sein Erstaunen über die Erklärung Vogels zum Ausdruck. Dieser müßte doch die Verhältnisse in der DDR und ihre internationale Position gut kennen. Im Gegensatz zu Berlin (West) besitze die DDR volle Souveränität hinsichtlich ihrer Innen- und Außenpolitik. Das heißt, was in der DDR geschehe, dafür sei die DDR zuständig.

Er werde in Kürze mit M. Gorbatschow zusammentreffen[8], und dabei werde die Welt sehen, daß unser Bündnis unerschütterlich ist, erklärte E. Honecker. Die Umgestaltung in der Sowjetunion habe ihre eignen Gründe. Die DDR brauche sich für ihre Erfolge in 40 Jahren nicht zu entschuldigen. Bei uns könne man sich für sein Geld etwas kaufen. Unlängst habe der US-Kommandant in Berlin (West) für die Soldaten seiner Garnison sogar Einkaufsbeschränkungen in der Hauptstadt der DDR verfügt. Der Lebensstandard der Bevölkerung der DDR könne sich mit dem der BRD messen. Vielleicht gebe es in der DDR nicht so viele blinkende Autos, aber die Verkehrsdichte sei ohnehin schon sehr hoch. Deshalb seien wir übrigens dagegen, daß die West-Berliner auch noch mit Fahrrädern bei uns erscheinen. Mit Waren des Grundbedarfs werde in der DDR voll versorgt. Auch die Ausstattung der Haushalte mit hochwertigen Konsumgütern könne sich sehen lassen.

Die Demokratie werde in der Welt in unterschiedlichen Formen entwickelt, bei uns sei es die sozialistische Demokratie, das heißt die unmittelbare Beteiligung der Volksmassen. E. Honecker verwies auf die jüngsten Kommunalwahlen[9], auf seine Begegnung mit Vertretern des Kirchenkonsistoriums anläßlich seiner Teilnahme an der Wiedereinweihung des restaurierten Greifswalder Doms. H.-J. Vogel sei jemand, der doch eigentlich Bescheid wissen müßte. Er habe sich an die falsche Adresse gewandt, denn in der DDR bestimmten wir. Auch M. Gorbatschow mische sich nicht ein. Ich kenne ihn persönlich sehr gut, seit 1978, sagte E. Honecker, und er kennt die DDR sehr gut.

W. Momper erklärte, daß die Meldung der ›Frankfurter Allgemeinen Zeitung‹ nicht zutreffe. H.-J. Vogel habe ihn beauftragt, dies dem Vorsitzenden des Staatsrates mitzuteilen.

E. Honecker führte aus, die Vorbereitungen des XII. Parteitages der SED, der im Mai 1990 stattfindet, werden getragen von der Fortsetzung der Politik der Kontinuität und Erneuerung. Auf diesem Parteitag würden Fragen der sozialistischen Entwicklung der DDR bis zum Jahr 2000 behandelt.

Die DDR betrachte die Sicherung des Friedens als wichtigste Frage der Gegenwart. Keines der die Völker heute bewegenden Probleme der wirtschaftlichen und sozialen Entwicklung, des Umweltschutzes, der Energie, der Wissenschaft und der Menschenrechte sei lösbar, wenn es nicht gelinge, die Menschheit vor dem Inferno atomarer Vernichtung zu bewahren. *Man müsse zu weiteren Abrüstungsschritten kommen.*

E. Honecker begrüßte die von der SPD unternommenen Bemühungen um einen positiven Beitrag der BRD hierzu ebenso wie das Eintreten W. Mompers für eine dritte Null-Lösung.

Die »Warschauer Vertragsstaaten« hätten »Vorschläge« und »Vorleistungen« zur weiteren Abrüstung erbracht, und Präsident Bush sei mit seinen »Vorschlägen zur konventionellen Abrüstung« auf dem richtigen Weg. Ziel sei die Herstellung der Nichtangriffsfähigkeit. Diesen Begriff hätten wir fest in den Sprachgebrauch eingeführt. Über dieses Ziel bestehe mit der SPD und auch mit dem Senat von Berlin (West) Übereinstimmung.

Von den Kurzstreckenwaffen würden in erster Linie beide deutsche Staaten bedroht. Bei seinem BRD-Besuch hätten F. J. Strauß, T. Waigel, A. Dregger die Formel gebraucht: »Je kürzer die Reichweite, desto deutscher die Toten.«[47] Er, E. Honecker, habe auf Tschernobyl verwiesen, wo sich gezeigt habe, daß die Wirkung weiter reiche.

E. Honecker erklärte, daß das Festhalten der NATO an der Konzeption der nuklearen Abschreckung nur dazu angetan sei, das Wettrüsten erneut anzufachen. Auf Modernisierung erfolge die Gegenmodernisie-

---

[47] Vgl. Nr. 48 und 59.

rung. Anstelle von Kooperation trete die alte Konfrontation. Mit den jüngsten NATO-Beschlüssen[48] werde sich die nächste Tagung der Teilnehmerstaaten des Warschauer Vertrages befassen.

Honecker befürwortete die Halbierung der »strategischen Offensivwaffen«, ein Verbot der Chemiewaffen und der Nukleartests sowie einen atom- und chemiewaffenfreien Korridor und eine »Zone des Vertrauens und der Sicherheit in Zentraleuropa«.

E. Honecker wandte sich dem Besuch M. Gorbatschows in der BRD zu. Die Propaganda im Verlauf dieses Besuches und nach dem Besuch gehe, auch in den Medien West-Berlins, in eine offenkundig falsche Richtung. W. Momper möge davon ausgehen, daß die Gemeinsame Erklärung vorher mit der DDR abgestimmt wurde.[12] Wir schätzten diesen Besuch hoch ein und begrüßten ihn. Es sei eine völlige Fehlinterpretation, alte revanchistische Ziele aufzupolieren. Von H. Kohl gebe es große Sprüche, der Volksbildungsminister der DDR fordere die Jugend auf, ihr sozialistisches Vaterland zu verteidigen.[13] Das sei, so E. Honecker, hinterlistig, denn von einem Beschluß der Bundesregierung, die Bundeswehr aufzulösen, habe man noch nichts gehört.

Dem Besuch M. Gorbatschows in der BRD und seinen Ergebnissen messe die DDR konstruktive Bedeutung sowohl für die Beziehungen zwischen der Sowjetunion und der BRD als auch für die Normalisierung der Beziehungen zwischen den Staaten unseres Kontinents im Sinne der friedlichen Koexistenz und der Errichtung des gemeinsamen europäischen Hauses bei. Auch unser Anliegen ist die von M. Gorbatschow beim Abendessen in Bad Godesberg hervorgehobene Zusammenarbeit im Interesse des Überlebens der Menschheit und ihres Fortschritts.[15]

Wie Sie wissen, sagte E. Honecker, hat Michail Gorbatschow »die Verdienste der Verbündeten, befreundeter Staaten, darunter der DDR, bei der Schaffung der Voraussetzungen für eine Wende in der europäischen Entwicklung« gewürdigt. »Das für die DDR charakteristische Bewußtsein ihrer besonderen Verantwortung für die Geschicke des Friedens und des Fortschritts im Zentrum unseres Kontinents«, so sagte er, »ist ein stabiler und wachsender Faktor des Helsinki-Prozesses.«[49]

Zweifellos sei es notwendig, sich darüber zu verständigen, wie das gemeinsame europäische Haus beschaffen sein soll. Der stellvertretende amerikanische Außenminister Whitehead habe ihm gegenüber kürzlich erklärt, er sei mit allen Darlegungen E. Honeckers einverstan-

[48] Bei der letzten Tagung der NATO-Verteidigungsminister am 8./9. 6. 1989 hatten sich diese für eine »beträchtliche« Steigerung der Militärausgaben ausgesprochen. Vgl. AdG 1989, S. 33401 f.

[49] Das Zitat entstammt der Tischrede Gorbatschows; sie weicht an dieser Stelle nur in Nuancen ab. Vgl. Anm. 15.

den, mit einer Ausnahme. Auf die Frage E. Honeckers, welche es sei, habe Whitehead geantwortet, mit dem europäischen Haus sollten die USA von Europa abgekoppelt werden.[14] So rasch werde es also zum europäischen Haus nicht kommen. Die Entwicklung der EG zu einem einheitlichen Gebilde lege viele Steine in den Weg. Es gebe auch eine Menge weiterer Widersprüche.

Die DDR sei für ein gemeinsames Haus mit einer festen Hausordnung. Vor Träumereien an Kaminen müsse gewarnt werden. Die Position der DDR stimme mit den in Europa bestehenden Realitäten überein. Eine Beseitigung des Sozialismus stehe nicht zur Debatte.

Jetzt gehe es darum, den KSZE-Prozeß nach vorn zu bringen, d. h. die Politik der friedlichen Koexistenz zu verstärken, die zu einem engeren Zusammenwirken aller europäischer Staaten, darunter zwischen der DDR und Berlin (West), führen sollte. Die Vereinbarungen von Wien eröffnen hierfür breite Möglichkeiten. Entscheidend sei, daß mit dem Abschlußdokument des Wiener Treffens die bewährten Prinzipien der KSZE-Schlußakte erneut bekräftigt und bestätigt wurden. Allein auf dieser Grundlage sei es möglich, konstruktive Schritte zur Verwirklichung der Idee des gemeinsamen europäischen Hauses zu erzielen.

G. Bush habe während seines kürzlichen Auftritts in der BRD im Gegensatz hierzu offen gefordert, das westliche System den sozialistischen Ländern aufzuzwingen, den Status quo in Europa zu beseitigen und die Nachkriegsgrenzen zu überwinden.[16] Offenkundig stehe ein solches Programm im diametralen Gegensatz zu allem, was in Helsinki vereinbart und in Wien bekräftigt wurde.

Die DDR stimme den Feststellungen im SPD/AL-Koalitionspapier und der Regierungserklärung des neuen Senats zu, daß eine europäische Friedensordnung in überschaubarer Zeit nur möglich ist, wenn die miteinander kooperierenden Staaten ihre Existenz nicht gegenseitig in Frage stellen und die bestehenden Grenzen in Europa geachtet werden.[17] Realismus, Vernunft und guter Wille müssen zu bestimmenden Faktoren in den gegenseitigen Beziehungen werden. W. Momper warf ein, so entspreche es dem Text seiner Regierungserklärung.

E. Honecker führte aus, die jüngste Begegnung M. Gorbatschows mit H. Kohl[50] habe die Zuversicht verstärkt, daß eine weitere Verbesserung der Lage in Europa erreicht wird. W. Brandt habe der Bundesregierung, welche die Politik der SPD in außenpolitischen Fragen übernommen hat, mit Recht gratuliert.[18] Wie das Wahlergebnis zeige, hätten sich die von Bonn mit dem Besuch verknüpften Hoffnungen, eine besondere Ernte einzufahren, offenbar nicht erfüllt. Alle Medien seien

---

[50] Zu den Gesprächen Gorbatschow – Kohl beim Gorbatschow-Besuch in der Bundesrepublik (12. – 15. 6. 1989) vgl. AdG 1989, S. 33409 ff.

darauf eingestimmt gewesen. Doch niemand habe von M. Gorbatschow in irgendeiner Frage der Beziehungen zur DDR Zugeständnisse erreicht.

Mit der zielstrebigen Gestaltung der entwickelten sozialistischen Gesellschaft in der DDR, sagte E. Honecker, würden von uns die politischen und materiellen Bedingungen geschaffen, die allen Menschen die Ausübung ihrer Grundrechte garantieren. Sie seien für uns keine abstrakten Normen, sondern für alle Bürger in ihren Lebenssphären spür- und erlebbar. Arbeitslosigkeit, Obdachlosigkeit, neue Armut oder Zweidrittelgesellschaft seien bei uns nicht zu beklagen. Die schlimmste Verletzung der Menschenrechte in der Bundesrepublik seien die Berufsverbotsprozesse. Damit werde diesen Menschen das Wichtigste genommen, was sie im Leben besäßen, ihre berufliche Tätigkeit. Er selbst, so E. Honecker, könne sich sein Leben ohne Arbeit nicht vorstellen.

W. Momper warf an dieser Stelle ein, daß in den SPD-regierten Ländern sich bereits vieles geändert habe. Er mußte aber einräumen, daß insgesamt in der BRD nach wie vor diese Praxis gehandhabt wird.

Die DDR, führte E. Honecker weiter aus, verwirkliche das Prinzip der Menschenrechte im Sinne der Übereinkunft des Wiener Treffens, wonach alle Teilnehmerstaaten den Anspruch jedes anderen achten, »seine Rechte, seine Gesetze, seine Praxis und seine Politik selbst zu bestimmen«.[51] Ein für alle gültiges Modell könne es angesichts der Unterschiedlichkeit der Systeme nicht geben. Keine Seite dürfe ihre Werte zum gültigen Maßstab für alle erheben. Ein europäisches Haus könne es nur geben, wenn in ihm die Werte und Überzeugungen aller Partner gleichberechtigt Platz fänden. Versuche, sich – wie kürzlich Herr Eppler[20] – in die inneren Angelegenheiten der DDR einzumischen, die staatliche Ordnung zu stören und auf innere politische Veränderungen hinzuwirken, seien mit den Prinzipien des KSZE-Prozesses unvereinbar und werden von uns zurückgewiesen.

Wir unterstützen alles, erklärte E. Honecker, was dazu dient, ein atomares Inferno zu verhindern, einen konventionellen Krieg nicht zuzulassen. Wichtig bleibe die Absprache zwischen M. Gorbatschow und R. Reagan in Genf[21], daß weder eine mit atomaren noch mit konventionellen Waffen geführte Auseinandersetzung zugelassen werden dürfe. Die DDR habe durch ihre einseitigen Abrüstungsschritte erneut unterstrichen, daß sie entschlossen ist, alles zu tun, um zur Festigung des Friedens und zur Stärkung des Vertrauens in den internationalen Beziehungen beizutragen.

---

[51] Honecker bezog sich auf einen Satz im Schlußdokument der KSZE-Folgekonferenz in Wien vom 15. 1. 1989, der am Anfang des Abschnitts »Sicherheit in Europa« stand. Das Zitat ist zwar nicht ganz wörtlich, aber dem Gehalt nach korrekt. Vgl. AdG 1989, S. 32959.

W. Momper bekräftigte die völlige Übereinstimmung hinsichtlich des gemeinsamen Zieles, dafür zu sorgen, daß von deutschem Boden nie mehr Krieg, sondern nur noch Frieden ausgeht. In vielen Punkten würden SED und SPD übereinstimmende Positionen vertreten, so hinsichtlich der Errichtung chemie- und nuklearwaffenfreier Zonen in Europa, der Reduzierung der strategischen Offensivwaffen, der Herbeiführung einer dritten Null-Lösung hinsichtlich der Kurzstreckenraketen sowie auf dem Gebiet der konventionellen Abrüstung. Dabei verwies W. Momper auf die unterschiedlichen Standpunkte zwischen SPD und Bundesregierung, hob aber hervor, daß auch sie bemüht sei, im Rahmen der NATO auf Fortschritte in diesen Fragen hinzuwirken.

Wie W. Momper weiter sagte, stelle der KSZE-Prozeß für die SPD ein Ganzes dar. Ausdrücklich wolle er anerkennen, daß es auf allen Seiten Fortschritte gegeben habe. Es sei ein langfristiger Friedensprozeß in Europa eingeleitet worden, der die Chance eröffne, zum gemeinsamen europäischen Haus, und zwar vom Atlantik bis zum Ural, zu gelangen. Auch die Gemeinsame Erklärung BRD/UdSSR[12] zeige neues Denken. Die Friedenssehnsucht der Menschen habe darin eine Widerspiegelung gefunden und Sympathie ausgelöst. Eine neue Phase in den Beziehungen zwischen der BRD und der UdSSR werde auch den deutsch-deutschen Beziehungen und Berlin (West) zugute kommen.

W. Momper teilte die tiefe Besorgnis über die Wahlerfolge der »Republikaner«, wobei er allerdings versuchte, unter Hinweis auf die geringe Wahlbeteiligung und den unterschiedlichen Charakter der Europa- und Kommunalwahlen gegenüber Bundestagswahlen das Ergebnis nur als bedingt repräsentativ zu bewerten. Er räumte jedoch ein, daß auch bei den Bundestagswahlen das Überschreiten der 5%-Klausel durch die »Republikaner« zu erwarten sei. W. Momper bestätigte die Notwendigkeit, sich mit diesen Kräften entschieden auseinanderzusetzen, legte aber den Schwerpunkt auf die Überwindung sozialer Ursachen, aus denen sich sozial bedrohte Schichten teilweise rechtsradikalen Kräften zuwendeten.

In bezug auf die DDR behauptete W. Momper, daß Prozesse der Veränderung, wie sie sich in der Sowjetunion und in Ungarn zeigten, Herausforderungen entsprächen, denen sich auch andere europäische Länder stellen müßten. Nach seinem Eindruck sei die Stimmung bei Teilen der Bevölkerung der DDR schlechter als ihre tatsächliche materielle Lage. Er befürchte, daß ein Prozeß in Gang komme, in dem das Positive in der DDR negativer bewertet werde, als dies gerechtfertigt sei. Hinsichtlich des Ablaufs der Kommunalwahlen seien Antworten an Kritiker nicht erkennbar gewesen.[22] Auch die Reaktion auf die Ereignisse in China sei nicht verständlich gewesen. Zwar hätten diese Vorgänge die VR China betroffen, von der DDR aber seien die Erklärungen der chinesischen Seite kommentarlos übernommen worden.[23]

Auch die Verwirklichung des KSZE-Prozesses in der DDR werde in Europa und noch mehr in der BRD und in Berlin (West) beobachtet. Dabei gehe es nicht um eine Einmischung, sondern um die Sorge um die Entwicklung der deutsch-deutschen Zusammenarbeit.

E. Honecker stellte fest, daß es darauf ankomme, gegenseitig berechenbar zu bleiben. Dies sei auch von M. Gorbatschow in der BRD hervorgehoben worden. Es sei kein Geheimnis, daß die SED und die DDR im Prozeß der Entspannungspolitik wichtige Aufgaben erfüllten. Wir sagten Ja zum Helsinki-Prozeß, aber Nein zu Versuchen, ihn umzuinterpretieren. Im Gemeinsamen Kommuniqué über seinen offiziellen Besuch in der BRD vom 8. September 1987[25] wie auch bereits in der Erklärung vom März 1985[52] sei übereinstimmend festgestellt worden, daß die Unverletzlichkeit der Grenzen und der territorialen Integrität und Souveränität aller Staaten in Europa in ihren gegenwärtigen Grenzen grundlegende Bedingungen für den Frieden sind. Kernfrage hierbei seien die Respektierung der unterschiedlichen gesellschaftlichen Systeme und das Unterlassen aller Aktivitäten, die dem nicht entsprechen. Nach wie vor hätten wir Vertrauen und seien an progressiven Veränderungen auf der politischen Bühne in Bonn interessiert. Die heutige Zusammenkunft sei als Hilfe für den Senat in Berlin (West) gedacht. W. Momper: Wir sollten uns gegenseitig helfen. E. Honecker: Die Liste von Vorschlägen, die wir der Westberliner SPD in Vorbereitung der Regierungserklärung zugeleitet haben[53], hätte Diepgen nicht erhalten. Wenn die Koalition Richtung halte, dann könne sie mit Offenheit unsererseits rechnen. Die langjährigen Kontakte zwischen der SED und der Westberliner SPD-Führung seien von Nutzen. Ein Rückfall in die alte Praxis im Verhältnis zur DDR dürfe demgegenüber nicht zugelassen werden.

E. Honecker sagte, anfangs habe mancher der DDR keine Zukunft gegönnt, jetzt existiere sie schon 40 Jahre und werde auch ihren 80. Jahrestag erleben. Eine Gesellschaft, in der alles allen paßt, gebe es nicht. Mit 2,3 Millionen Mitgliedern sei die SED eine starke politische und ideologische Kraft. Für sie sei es nicht notwendig, ihre Bündnispolitik zu korrigieren: Sie arbeite mit weiteren vier Parteien[54], die 600 000 Mitglieder zählen, eng zusammen. Im Unterschied zu anderen sozialistischen Ländern verfüge die DDR über starke Gewerkschaften, die die Interessen der Werktätigen vertreten und an der gesellschaftlichen Entwicklung bewußt mitwirken. Bei uns wirkten eine fleißige und verantwortungsbewußte Arbeiterklasse und eine Bauernschaft, die nicht zu

---

[52] Vgl. Nr. 16.
[53] Das sog. Non-paper, vgl. Nr. 79, Anm. 27, war von Anfang Februar 1989; die Wahlen zum Abgeordnetenhaus hatten am 29. 1. 1989 stattgefunden.
[54] D. h. CDU, LDPD, NDPD (Nationaldemokratische Partei Deutschlands), DBD (Demokratische Bauernpartei Deutschlands).

früheren Zeiten zurückwolle. Als starke einigende Organisation erweise sich die Nationale Front. Solche Gruppen, wie sie sich in der »Umweltbibliothek« und der Samariterkirche[26] zusammenfinden, hätten keine Perspektive.

Die Stabilität der DDR besteht in ihrer gesellschaftlichen Effektivität, unterstrich E. Honecker. Mit Begriffen wie Umgestaltung und Transparenz, auf die auch Eppler abhebe[55], werde ständig operiert. In der DDR sei jedoch der Sozialismus schon immer unter weltoffenen Bedingungen aufgebaut worden. Unsere Gesellschaft sei stabil, die Wirtschaft dem Menschen zugewandt. Die Bevölkerung sei informiert und vertrete in ihrer Mehrheit feste Positionen. W. Momper solle sich also um die Entwicklung der DDR keine Sorgen machen. Die Ereignisse in der VR Polen und in der UVR[56] seien bekannt. Um so wichtiger sei eine realistische Einschätzung der Entwicklung in der DDR. Als Beispiele, deren Zahl beliebig zu verlängern sei, verwies E. Honecker auf die Mai-Demonstrationen, das Pfingsttreffen der FDJ und unter dem Aspekt des Verhältnisses Staat/Kirche auf sein bereits erwähntes Treffen in Greifswald. Übrigens sei die Bibel bei uns nie ein verbotenes Buch gewesen. Unsere Kommunalwahlen seien nicht vom Staat, sondern von Wahlkommissionen geleitet worden, jeder habe sich von den Wahlergebnissen überzeugen können.

Zur Entwicklung in der VR China sagte E. Honecker, er wolle daran erinnern, daß es eine Zeit gegeben habe, in der man Deng Xiaoping[27] als größten Staatsmann bezeichnet habe. Durchgesetzt habe sich in China, die sozialistische Gesellschaft aufzubauen. Immerhin handele es sich um ein Volk von 1,1 Milliarden, darunter 200 Millionen Arbeiter. Westlichen Horrormeldungen dürfe man nicht folgen. Wir hätten uns auf die offiziellen Mitteilungen der chinesischen Partei- und Staatsführung gestützt.[28] Es sei ein Irrtum zu glauben, den Sozialismus in China beseitigen zu können. Dasselbe gelte für die sogenannte Aufnahme der Sowjetunion in die westliche Weltgemeinschaft, wie sie von G. Bush proklamiert worden sei.[57] Die Welt müsse man sehen, wie sie ist. Wir haben unsere eigenen Werte.

Zur DDR wolle er in diesem Zusammenhang nur noch sagen, daß sie auf wirtschaftlichem, auf industriellem Gebiet gewichtige Schritte nach vorn getan habe, erklärte E. Honecker. In der Mikroelektronik habe sie sich unter die ersten Länder der Welt eingereiht. Andere moderne Technologien, z. B. Lichtleiterkabel, technische Keramik u. a. würden

[55] U. a. in Epplers Rede zum 17. Juni 1989, vgl. Anm. 22, aber auch bei dem Treffen der Grundwertekommission zuletzt im April 1989 zum Thema »Menschenrechte« und in einer öffentlichen Erklärung vom 23. 3. 1989.

[56] Ungarische Volksrepublik.

[57] Honecker bezog sich auf die Rede von US-Präsident Bush in Mainz vom 31. 5. 1989; vgl. Anm. 16.

zielstrebig entwickelt. 1,9 Millionen Werktätige besitzen einen Hoch-bzw. Fachschulabschluß. 450 000 davon sind Mitglied der SED. Dies widerspiegele eine stabile Entwicklung, die mit keinem anderen sozialistischen Land vergleichbar sei und sich trotz der ständigen Propaganda des Westens vollzogen habe.

E. Honecker stellte fest, er habe ebenso offen geantwortet, wie W. Momper seine Fragen gestellt habe. Bei den jüngsten Wahlen in der BRD hätten nur die Neonazis gewonnen. Daß diese Leute jetzt in die Parlamente einziehen können, beruhe nicht zuletzt darauf, daß sie öffentlich geduldet und nicht, wie es das Potsdamer Abkommen vorschrieb, verboten würden. Es sei empörend, daß der SS-Mann Schönhuber[6] ungestraft auftreten und sich Leute erneut breitmachen könnten, die Kommunisten, Sozialdemokraten, Juden und Kinder ermordet haben. Zweifellos sei es notwendig, Irregeführten zu helfen. Neonazis aber dürfe keine Chance gegeben werden. Diese Frage werde auch die internationale Diskussion im Ergebnis der jüngsten Wahlen noch mehr als bisher beschäftigen.

Gegenstand des Gespräches waren anschließend Berlin (West) betreffende Fragen.

W. Momper führte dazu aus, um den KSZE-Prozeß zu fördern, sei es nützlich, Berlin (West) zu einem Ort des Austausches, der Begegnung, von Messen und Ausstellungen zu machen. Hierbei sei eine stärkere Beteiligung der DDR und anderer sozialistischer Länder wünschenswert. In Berlin sollten Organe der EG und des RGW etabliert werden. Mit weiterer Kooperation sollten auch die Olympischen Spiele 2004 in »beiden Teilen Berlins« möglich werden. Der Senat werde sich darum bemühen.

Unter Bezugnahme auf die Möglichkeit für DDR-Bürger, an dem Kirchentag[29] teilzunehmen, bat W. Momper, die Möglichkeit zu prüfen, Tagesvisa für DDR-Bürger auch bei anderen Veranstaltungen, z. B. dem bevorstehenden »Berlin-Marathon«, auszustellen.

Im Zusammenhang mit dem Auftreten von West-Berliner Repräsentanten in der DDR müßte eine Begleitung durch Vertreter der Ständigen Vertretung der BRD ermöglicht werden.

Die Lage an der Grenze habe sich zwar gebessert, Schüsse seien jedoch der Verständigung und guten Nachbarschaft nicht zuträglich. Weitere Verbesserungen in dieser Hinsicht würden die praktische Politik des Ausgleichs und der guten Nachbarschaft erleichtern.

Für den Reiseverkehr sei der Mindestumtausch nach wie vor eine große Belastung. Er sei dankbar, wenn zumindest in begrenzten Bereichen, wie z. B. der Einbeziehung von Erwerbs- und Berufsunfähigen, für die Befreiung vom Mindestumtausch eine Prüfung erfolgen könnte. Dies gelte auch für Fahrer von Telebussen, die Rollstuhlbenutzer transportierten.

Im Bereich der Wirtschaftsbeziehungen sei eine positive Entwicklung zu verzeichnen. Die Kontakte mit G. Beil und der Kammer für Außenhandel der DDR würden sich positiv auswirken. Überlegt werden sollte die Ausdehnung beginnender Kooperationsbeziehungen auf das Zusammenwirken in dritten Ländern. Als Einzelfrage bat W. Momper die Möglichkeit zu prüfen, daß Gebrauchtwagen in die DDR ausgeführt werden können.

Positiv wertete W. Momper den kulturellen Austausch. Die Begegnung mit E. Krack[32] während des kürzlichen Konzerts der West-Berliner Philharmonie im Schauspielhaus sei ein politisch gelungener Schritt gewesen. Die Gespräche zwischen H.-J. Hoffmann und der West-Berliner Kultursenatorin Anke Martiny[33] sollten im Interesse der Erweiterung des kulturellen Austauschs fortgeführt werden.

W. Momper äußerte sich anerkennend über die Entwicklung kommunaler Kontakte und unterbreitete Vorschläge dazu.

Zu den Beziehungen im Bereich des Umweltschutzes äußerte sich W. Momper über die laufenden Verhandlungen befriedigt. Er bat, eine Besichtigung der Müllverbrennungsanlage in Schöneiche durch Vertreter des Senats zu ermöglichen. Weiter betonte er das Interesse an der Verbesserung der Luftsituation in komplizierten Witterungslagen (Smog).

Zum Reise- und Besucherverkehr würdigte W. Momper, daß die DDR zugesagt hat, die Aufenthaltsdauer bei Eintagsbesuchen bis 24.00 Uhr des der Einreise folgenden Tages auf die Bezirke Frankfurt (Oder) und Potsdam auszudehnen. Angesichts der Bedeutung, die dem Bezirk Cottbus für die Naherholung zukomme, bat er, die Regelung auch auf diesen Bezirk auszudehnen.

W. Momper bat um Auskunft hinsichtlich der Aufrechterhaltung der Einreiseverweigerung für Mitglieder der AL.

Im Hinblick darauf, daß die Aufhebung von Einreisesperren für Übersiedler erfolgt ist, die vor dem 1. 1. 1982 die DDR verlassen haben, bat er um Prüfung, ob diese nunmehr seit über einem Jahr bestehende Regelung für Personen Anwendung finden könnte, die die DDR vor 1983 oder 1984 verlassen haben.

W. Momper warf die Frage auf, ob Gruppentransitreisen von Schulklassen in dritte Länder künftig wie Transitreisen in die BRD behandelt werden könnten.

Der Senat sei bereit, in Gespräche über geeignete Objekte einzutreten, um die touristischen Möglichkeiten in der Nachbarschaft von Berlin (West) zu erweitern und auch die Finanzierung hierfür zu sichern.

W. Momper erinnerte an den Wunsch nach Schiffsverkehr im Potsdamer Gewässer, die dabei mögliche Kooperation mit DDR-Schiffen und den Fahrgastschiffsverkehr durch die Babelsberger Enge.

Großes Interesse bestehe an der Abstimmung von Fragen des Nah-verkehrs. Dies betreffe namentlich die Wiedereröffnung der Bahn-höfe Potsdamer Platz, Bornholmer Straße und Nordbahnhof. Das DDR-Interesse an der Rückgabe der U-Bahntrasse in der Friedrich-straße sei verständlich. Es bestehe auf seiten des Senats zwar gute Ab-sicht, insgesamt werde das Projekt jedoch sehr teuer. Deshalb müsse über die Größenordnung und technischen Leistungen gesprochen wer-den. Z. B. sollte überlegt werden, ob nicht über die Zugänge zur S-Bahn gesonderte Verständigungen erfolgen könnten, um die bereits jetzt auftretenden Belastungen an den Grenzübergangsstellen abzu-bauen. Die West-Berliner BVG sei hierüber gesprächsbereit.

Als bedeutsam wertete W. Momper die laufenden Verhandlungen über die Elektrifizierung der Eisenbahnstrecke Berlin–Oebisfelde.

Schwierig seien die Gespräche über die Errichtung der Elektroener-gieübertragungsanlagen aus der BRD nach Berlin (West). Von seiten der AL werde der »deutschlandpolitische Aspekt« dieser Vereinbarung nicht berücksichtigt.[41] Die SPD werde gegen die harte Haltung der AL bemüht bleiben, zu einer »vernünftigen Lösung« zu kommen.

Als Problem erweise sich wiederum die Errichtung einer neuen Grenzübergangsstelle im Süden West-Berlins, nachdem die Mitglieder-vollversammlung der AL die Anbindung an das West-Berliner Straßen-netz im Bereich des Schichauweges nochmals in Frage gestellt hat. Der Senat trete für Vertragstreue gegenüber der DDR ein. Er möchte keine Belastung des beiderseitigen Verhältnisses.

Anschließend erneuerte W. Momper den Wunsch der Westberliner Seite, die Einreise mit Fahrrädern zu ermöglichen.

E. Honecker hob die Tatsache hervor, daß sich die Beziehungen zwi-schen der DDR und Berlin (West) seit einiger Zeit positiv entwickeln. Die DDR sei interessiert, die Basis für den neuen Senat in der Öffent-lichkeit zu erweitern, weil dies der Normalisierung der Lage zugute komme. Die Partei- und Staatsführung der DDR erachte es als sehr be-deutsam, daß im Zusammenhang mit der Entspannungspolitik auch im Verhältnis zwischen der DDR und Berlin (West) neue Möglichkeiten der Verbesserung entstanden seien. Sie sehe hierin ein unerläßliches Element der Friedenssicherung und Entspannung in Europa.

Mit Interesse sei von der DDR deshalb die Absicht des neuen Senats zur Kenntnis genommen worden, »engere Beziehungen zum Umland, d. h. zur DDR und den anderen sozialistischen Staaten« entwickeln zu wollen und »soviel an Zusammenarbeit wie möglich zu schaffen«. Die DDR habe stets und in vielfältiger Weise unter Beweis gestellt, daß sie bereit ist, eine solche Entwicklung tatkräftig zu fördern. Grundlage hierfür seien die Respektierung der bestehenden Realitäten und die Einhaltung der geschlossenen Verträge, insbesondere des Vierseitigen

Abkommens vom 3. September 1971. Berechenbarkeit, gegenseitiges Vertrauen und Verläßlichkeit sollten zur Basis einer neuen Qualität in den gegenseitigen Beziehungen werden.

In seinen weiteren Ausführungen wandte sich E. Honecker der sog. Berlin-Initiative der drei Westmächte[42] zu und erklärte, daß Vier-Mächte-Beschlüsse über »ganz Berlin«, das in Wirklichkeit seit langem nicht mehr existiert, nicht realistisch seien. Fragen, die die Entwicklung der Beziehungen zwischen der DDR und Berlin (West) betreffen, könnten selbstverständlich nicht über die DDR hinweg gelöst werden. Auch Fragen, die den Luftraum der DDR betreffen, unterlägen ihrer Hoheit und bedürften deshalb selbstverständlich ordnungsgemäßer Absprachen und Vereinbarungen mit der DDR.

Beschlüsse über Veranstaltungen »in beiden Teilen der Stadt«, die die angebliche Zusammengehörigkeit »ganz Berlins« demonstrieren sollen, hätten keine Aussicht auf Verwirklichung. Bestrebungen, ein imaginäres »ganz Berlin« in eine Sonderrolle zu bringen, richteten sich gegen die bestehenden Realitäten und seien vom Standpunkt der Entwicklung gutnachbarlicher Beziehungen und der Förderung des Helsinki-Prozesses nicht hilfreich.

E. Honecker betonte, daß die DDR – ebenso wie der Senat von Berlin (West) – an der weiteren Verbesserung des Verhältnisses zwischen der DDR und West-Berlin interessiert ist. Er würdigte die Ergebnisse der vorangegangenen Entwicklung auf diesem Gebiet, ebenso die seit Bildung des neuen Senats bereits erreichten Ergebnisse. Als bedeutsam wertete er die Steigerung des Reiseverkehrs von DDR-Bürgern in die BRD und nach Berlin (West), die in den ersten fünf Monaten 1989 bereits 26% betrug. Er stimmte den Darlegungen W. Mompers zur positiven Entwicklung der Handels- und Wirtschaftsbeziehungen sowie der kulturellen Beziehungen zwischen der DDR und Berlin (West) zu.

E. Honecker unterbreitete Vorschläge der DDR zur Weiterentwicklung der Beziehungen mit Berlin (West) und übergab sie schriftlich an W. Momper. Diese Vorschläge lauten:

1. Auch 1989 treten bedeutende Ensembles und Solisten in Berlin (West) auf, darunter das Leipziger Kammerorchester und das Gewandhausorchester Leipzig. Noch in diesem Jahr werden eine Bernhard-Heisig-Ausstellung und eine Ausstellung ›Junge Künstler in der DDR‹ in Berlin (West) stattfinden. Für 1990 können ein Gastspiel der Deutschen Oper in Dresden sowie eine Kulturwoche der DDR in Berlin (West) vorgesehen werden.

Die DDR ist unverändert bereit, die Gespräche über Rückführung von Kulturgütern fortzusetzen.

2. Die DDR ist bereit, in Kooperationsbeziehungen mit Berlin (West) auch auf wissenschaftlichem und wissenschaftlich-technischem Gebiet einzutreten. Zwischen der Humboldt-Universität Berlin und Hochschulen von Berlin (West) kann eine Zusammenarbeit auf ausgewählten Gebieten vorgesehen werden.

3. Zwischen den Bezirken der Hauptstadt Berlin und Berlin (West) Mitte und Wedding, Prenzlauer Berg und Kreuzberg sowie Pankow und Reinickendorf wird die Förderung kommunalpolitischer Erfahrungsaustausche in Aussicht genommen.

4. Von seiten der DDR besteht nach wie vor Bereitschaft, über die im Sportkalender zwischen dem DTSB der Deutschen Demokratischen Republik und dem DSB der Bundesrepublik Deutschland vereinbarten Veranstaltungen hinaus und neben Aktivitäten im Rahmen kommunaler Kontakte weitere sportliche Begegnungen zu vereinbaren. Eine entsprechende Ergänzung des Protokolls DTSB/DSB könnte auf Initiative des Landessportbundes von Berlin (West) mit dem DTSB vereinbart werden.

5. Zum Umweltschutz ist die DDR bereit,
– die Verhandlungen über die Verlängerung des 1994 auslaufenden Müllverbringungsvertrages aufzunehmen;
– umgehend eine Vereinbarung über den Informationsaustausch zur Gewässerreinhaltung, insbesondere in Havariefällen, abzuschließen;
– die 1974 geschlossene Vereinbarung über die Behandlung West-Berliner Abwässer in der DDR entsprechend den konkreten sachlichen Erfordernissen und finanziellen Bedingungen zu verlängern;
– nach Abschluß der erforderlichen Prüfungen Gespräche über den Austausch von Daten zur Luftbelastung bei extremen Witterungsbedingungen (Smog) aufzunehmen.

6. Die DDR wird im Reise- und Besucherverkehr folgende Maßnahmen durchführen:
– Verlängerung der Geltungsdauer der Mehrfachberechtigungsscheine von bisher 6 Monaten auf 1 Jahr.
– Die Erteilung von Mehrfachberechtigungsscheinen zum Empfang eines Visums erfolgt wie bisher in den Büros für Besuchs- und Reiseangelegenheiten. Zur Erleichterung des Reise- und Besucherverkehrs können Inhaber von Mehrfachberechtigungsscheinen die Einreiseerlaubnis unmittelbar an den jeweils zugelassenen Grenzübergangsstellen erhalten.
– Einreiseanträge im Wochenendverfahren (mit verkürzter Bearbei-

tungsdauer für Einreisen an Sonnabenden und Sonntagen) können in den Büros für Besuchs- und Reiseangelegenheiten künftig auch bereits am Donnerstag gestellt werden.
Frühester Ausgabetermin der jeweiligen Einreiseberechtigungen bleibt der jeweilige Sonnabend.

– Bei Eintagsbesuchen in den Bezirken Frankfurt (Oder) und Potsdam ist die Verlängerung der Aufenthaltsdauer bis 24.00 Uhr des auf die Einreise folgenden Tages möglich.

– Die Mitnahme von Hunden, Katzen und in der Gefangenschaft gezüchteten Zier- und Stubenvögeln im Zusammenhang mit der Einreise von ständigen Einwohnern von Berlin (West) in die DDR werden über die mit veterinärhygienischen Diensten ausgerüsteten Grenzübergangsstellen Drewitz und Stope zugelassen. Die Einrichtung einer weiteren Grenzübergangsstelle hierfür wird geprüft.
Als Termin für die Einführung dieser Maßnahmen wird der 1. August 1989 vorgesehen.
Die DDR erwartet, daß für die DDR-Angestellten in den Büros für Besuchs- und Reiseangelegenheiten in Berlin (West) Anschlüsse an das Telefonnetz von Berlin (West) bereitgestellt werden.

– Zur Weiterentwicklung des organisierten Tourismus aus Berlin (West) in die DDR

– werden im Jahr 1990 mit der Eröffnung des Hotels »Dresdner Hof« in Dresden (1. Quartal 1990) und des Hotels »Belvedere« in Weimar (4. Quartal 1990) zusätzliche Kapazitäten zur Verfügung gestellt. Darüber hinaus werden ab Sommersaison 1990 einzelne rekonstruierte Hoteleinrichtungen des Reisebüros der DDR an der Ostsee und ab 1991 in Wernigerode dem organisierten Tourismus aus Berlin (West) angeboten;

– kann der Ausbau bzw. die erweiterte Nutzung von Camping- und Wohnwagenplätzen erörtert werden. Dabei kann auch der Ausbau von Hotelkapazitäten in verschiedenen touristisch interessanten Gebieten, einschließlich der Ostsee, mit einbezogen werden.
Voraussetzung ist jedoch, daß die Refinanzierbarkeit und ein ökonomischer Nutzen für die DDR gesichert werden.

7. Die DDR ist bereit, in beiderseits interessierenden Fragen die Nahverkehrskonzeptionen beider Seiten abzustimmen, um Verkehrsbedürfnissen in Berlin (West) und in der Hauptstadt Berlin perspektivisch Rechnung zu tragen.
Konkret könnte vorgesehen werden:
Verbesserung des Zugangs zu der durch die Hauptstadt Berlin führenden West-Berliner S-Bahnstrecke durch Wiedereröffnung der S-Bahnhöfe Potsdamer Platz, Bornholmer Straße und Nordbahnhof mit Zugang zu Berlin (West).

Errichtung einer neuen Straßengrenzübergangsstelle im Bereich Potsdamer Platz.

Voraussetzung dieser Maßnahmen ist selbstverständlich, daß der Senat die Kosten dieser Maßnahmen trägt. Die DDR geht ferner davon aus, daß die gegenwärtig von West-Berliner Seite genutzte U-Bahntrasse entlang der Friedrichstraße zu einem vereinbarten Zeitpunkt an die DDR-Seite zurückgegeben wird. In diesem Fall ist die DDR bereit, ihrerseits dem Bau eines neuen Anschlusses der U-Bahn aus Berlin (West) zum Bahnhof Warschauer Straße zuzustimmen.

8. Es besteht Einverständnis, daß die Anbindung der neuen Grenzübergangsstelle im Raum Großbeeren an das Straßennetz von Berlin (West) unter Einbeziehung eines Gebietsstreifens der DDR entlang der Staatsgrenze erfolgt, der durch Einbeziehung in einen weiteren Gebietsaustausch Teil von Berlin (West) wird. Insgesamt setzt das Zustandekommen eines weiteren Gebietsaustausches selbstverständlich voraus, daß entsprechende Gebietsteile von Berlin (West) zur Verfügung gestellt und der sich ergebende Wertunterschied der auszutauschenden Gebiete finanziell ausgeglichen wird.

9. Die DDR ist bereit, Sondierungsgespräche über den Luftverkehr aufzunehmen, um unbeschadet notwendiger Regelungen und Vereinbarungen sowohl den Anschluß West-Berlins an das internationale Luftstraßennetz als auch die Möglichkeit einer engeren Zusammenarbeit zwischen den Flughäfen Berlin-Schönefeld und West-Berlin-Tegel zu erörtern.

10. Im Interesse der Instandsetzung von Grenzbrücken, die dem Reise- und Besucherverkehr dienen (Sandkrugbrücke/Invalidenstraße, Bösebrücke/Bornholmer Straße, Oberbaumbrücke), sollten die laufenden Verhandlungen zügig fortgeführt und zu einem entsprechenden Abschluß gebracht werden. Voraussetzung ist in allen Fällen eine angemessene Kostenbeteiligung des Senats.

11. Die DDR ist bereit, die Verhandlungen über die Errichtung einer Schleuse in West-Berlin-Spandau wiederaufzunehmen, auf den Bau einer zusätzlichen Schleusenkammer zu verzichten und nur statt der bestehenden Schleuse eine neue Schleusenkammer zu errichten, die den modernen Verkehrserfordernissen Rechnung trägt.

12. Es besteht Einverständnis, über die Versorgung von Berlin (West) mit Fernwärme aus der DDR in Verhandlungen einzutreten.

13. Trainingsflüge von Sporttauben aus 50 bis 100 km Entfernung aus der DDR nach Berlin (West) können auf der Grundlage entsprechender Vereinbarungen zwischen den zuständigen Stellen der DDR und des Senats von Berlin (West) über Gesundheitsparameter, Auflaß- und Anflugpunkte, Einhaltung der Empfehlungen der Kommission für Europa des internationalen Tierseuchenamtes Paris u. a. zugelassen werden.

Zu einzelnen Anliegen W. Mompers nahm E. Honecker wie folgt Stellung:

– Die Durchführung der Olympischen Spiele in »Berlin« sei ein Einfall R. Reagans gewesen.[58] Auch die DDR habe Ideen. So sei beabsichtigt, daß sich Leipzig um die Ausrichtung dieser Spiele im Jahre 2004 bewerbe. Ein solcher Vorschlag sei angesichts der bedeutenden Erfolge der DDR auf dem Gebiet des Sports ohne Zweifel zeitgemäß.
– Die Unterstützung des Kirchentages in Berlin (West) sei nach Absprache mit Altbischof Schönherr[29] erfolgt, der sich um das Verhältnis von Staat/Kirche in der DDR verdient gemacht habe. Dabei seien die Anträge einer Anzahl von DDR-Bürgern berücksichtigt worden. Für weitere Veranstaltungen sei dies nicht vorgesehen.
– Die Ausdehnung der Regelung, wonach bei Eintagsreisen eine Aufenthaltsverlängerung bis 24.00 Uhr des folgenden Tages erfolgen kann, auf den Bezirk Cottbus werde geprüft.
– Was Personen betreffe, die zur Einreise nicht zugelassen sind, so werde jeder, der sich aus der Staatsbürgerschaft der DDR abmelde, auf diese Konsequenz aufmerksam gemacht. In einzelnen Härtefällen würden ausnahmsweise Einreisen gestattet. Eine andere Antwort sei in dieser Frage nicht möglich.
– Die Frage der Befreiung vom Mindestumtausch bei der Begleitung von Schwerstbeschädigten werde geprüft.
– Die Einreise mit Fahrrädern sei aufgrund der bestehenden Verkehrssituation nicht möglich.
– Der Schiffsverkehr in der Babelsberger Enge sei aufgrund der dort bestehenden Bedingungen äußerst kompliziert. Dennoch werde diese Frage erneut geprüft.
– Hinsichtlich der Erweiterung kommunaler Kontakte seien zunächst die Erfahrungen mit den Stadtbezirken der Hauptstadt Berlin und West-Berliner Bezirken abzuwarten, die hierfür von der DDR vorgeschlagen worden sind.
– Zu Einreisemöglichkeiten für Mitglieder der AL informierte E. Honecker, daß diesen die Einreise ermöglicht werde, sie sich aber an die

---

[58] Reagan hatte den Vorschlag mit den Olympischen Spielen Berlin, d. h. im Westen und im Osten der Stadt, in seiner Rede in Berlin (West) am 12. 6. 1987 gemacht. Vgl. AdG 1987, S. 31137.

Gesetze der DDR halten müßten. Schließlich habe die AL als eine regierungstragende Partei entsprechende Verantwortung.

– Was die in Berlin (West) laufenden Diskussionen über die Errichtung der Stromübertragungsanlagen betreffe, so müsse darauf aufmerksam gemacht werden, daß dem gültige kommerzielle Verträge zugrunde lägen und die DDR erwarten müsse, daß man sich an geschlossene Vereinbarungen halte. Dies sei ein unabdingbares Gebot gutnachbarlicher Beziehungen. Was von der DDR erwartet werde, müsse sie auch von Berlin (West) verlangen.

W. Momper bat um Akkreditierung der Journalisten Röntgen, Stäcker, Metkemeyer und Gärtner.[45] Hierzu wurde eine Antwort zugesagt.

Ferner übergab er Listen mit Personen, die von Einreiseverweigerungen besonders betroffen seien, bzw. von DDR-Bürgern, deren Ausreisewunsch der Senat unterstützt.[39]

Abschließend werteten E. Honecker und W. Momper die Begegnung als nützlich und brachten zum Ausdruck, daß sie zur Weiterentwicklung des beiderseitigen Verhältnisses beigetragen habe. Es bestand Übereinstimmung, zum gegebenen Zeitpunkt erneut zusammenzutreffen.

SAPMO ZPA J IV 2/2A/3229: »Anlage a. Niederschrift über das Gespräch des Generalsekretärs des ZK der SED und Vorsitzenden des Staatsrates der DDR, Genossen Erich Honecker, mit dem Bundesminister für besondere Aufgaben und Chef des Bundeskanzleramtes der BRD, Rudolf Seiters, am 4. Juli 1989 im Amtssitz des Staatsrates«

Bundesminister a. D. Rudolf Seiters wurde um Aufzeichnungen über dieses Gespräch wie das unter Nr. 86 gebeten. In der Antwort seines Büros wurde auf dieses Ersuchen nicht eingegangen, sondern das Buch von Antonius John, Rudolf Seiters. Einsichten in Amt, Person und Ereignisse, Bonn-Berlin 1991, übersandt. Auf S. 65-70 wird darin der Verlauf des Gesprächs mit Honecker referiert, ganz offenkundig anhand von Materialien, die dem Autor zur Verfügung gestellt worden waren. Das Ersuchen an das Bundeskanzleramt, Aufzeichnungen zur Verfügung zu stellen, wurde am 17. 11. 1994 abschlägig beschieden. Vgl. Nr. 11.

E. Honecker begrüßte R. Seiters[1] und drückte die Erwartung aus, daß sein Aufenthalt in der DDR dazu beitrage, die Beziehungen zwischen der DDR und der BRD weiter zu normalisieren.[2] Er bat Seiters zunächst um seine Darlegung.

R. Seiters übermittelte Grüße von Bundeskanzler Kohl, W. Schäuble und E. Albrecht an E. Honecker.

Ihm liege daran, deutlich zu machen, und das sei auch die Position der Bundesregierung, daß er die Zusammenarbeit mit der DDR im gleichen Sinne fortführen wolle wie sein Vorgänger Schäuble.[3] Unterschiedliche Auffassungen in grundsätzlichen Fragen sollten nicht daran hindern, eine sachliche, gute und konstruktive Zusammenarbeit im Interesse der Menschen zu entwickeln. Er glaube, daß die weltpolitische Entwicklung dafür zusätzliche Impulse gebe. Sie sei vor allem gekennzeichnet durch die KSZE-Vereinbarungen von Wien, die Aufnahme der Verhandlungen über konventionelle Abrüstung, den Besuch von M. Gorbatschow in der BRD und die dabei vereinbarte Gemeinsame Erklärung.[4]

---

[1] Rudolf Seiters war seit dem 21. 4. 1989 Chef des Bundeskanzleramtes und Bundesminister für besondere Aufgaben.

[2] Seiters führte während seines Aufenthaltes am 3./4. 7. 1989 in der DDR zuerst ein Gespräch mit Außenminister Oskar Fischer am 4. 7. und traf bei einem Essen mit weiteren führenden DDR-Politikern zusammen. Vgl. den »Bericht über den Besuch« in: SAPMO ZPA J IV 2/2A/3229 sowie John (1991), S. 57–64.

[3] Schäuble war am 21. 4. 1989 Bundesinnenminister geworden.

[4] Vgl. Nr. 80, Anm. 12 und 19.

Er möchte darauf hinweisen, daß es für die Akzeptanz der Politik der BRD gegenüber der DDR wichtig sei, daß die Ergebnisse der KSZE-Vereinbarungen im Leben umgesetzt würden. Hier gebe es bestimmte Wünsche der BRD. Es gehe darum, Belastungen zu vermeiden. Die BRD habe in diesem Zusammenhang das Verhalten der DDR gegenüber Journalisten und Zwischenfälle an der Grenze angesprochen. Sehr positiv bewerte man die Entwicklung im Reiseverkehr. Je mehr Menschen sich begegnen würden, um so besser sei das für die Zusammenarbeit. Aus Sicht der Bundesregierung könnte aber noch einiges verbessert werden. Er nenne nur als Stichwort Einreiseverweigerungen. Er habe bereits bei Minister Fischer die Eisenbahnverhandlungen angesprochen.[5] Er unterstelle das gemeinsame Interesse der BRD und der DDR, hier zu einem Ergebnis zu kommen. Bei den Finanzfragen gebe es noch unterschiedliche Vorstellungen. Was die Fragen der Elbe und Werra betreffe, so werde es jetzt Gespräche mit Minister Reichelt[6] in Bonn und Hannover geben. Auf BRD-Seite sei man zu entsprechenden Abmachungen bereit. Auf dem Gebiet der Umwelt müßte es möglich sein, zu einer vernünftigen Zusammenarbeit zu kommen. Er verweise ferner auf das Thema Elbgrenze, die Frage einer neuen Grenzübergangsstelle bei Harzburg/Stapelburg und die Einbeziehung Hannovers in den grenznahen Verkehr. Er würde sich freuen, wenn hier Bewegung möglich wäre. Es gehe der BRD darum, in konstruktiver Weise das zu verwirklichen, was möglich und real sei.

E. Honecker bat die Grüße an Kohl, Schäuble und Albrecht zu erwidern.

Beide deutsche Staaten hätten auf dem Feld der Friedenssicherung und Abrüstung ihren Beitrag zum Vertrag über die Beseitigung der Mittelstreckenraketen geleistet. Es sei gelungen, eine Wende von der Konfrontation zur Zusammenarbeit herbeizuführen und einen Einstieg in die Abrüstung zu machen. Man stehe hier erst am Anfang. Die Entwicklung sei noch nicht unumkehrbar. Man verhandle jetzt in Wien über die konventionelle Abrüstung, noch gebe es aber keine Verhandlungen über nukleare Kurzstreckenraketen. Dies könne zu einer Belastung bei den Wiener Verhandlungen werden. Es sei schwer vorstellbar, auf konventionellem Gebiet abzurüsten und die Nuklearraketen unter 500 km in der BRD und in der DDR zu belassen. Bei seinen damaligen Gesprächen in Bonn während des BRD-Besuches hätten Dregger, Strauß und Waigel betont, daß es besser gewesen wäre, zuerst über die nuklearen Raketen unter 500 km zu verhandeln.[7] Es sei damals der Satz geprägt worden: Je kürzer die Raketen, um so deutscher die Toten.

---

[5] Sie bezogen sich auf die Verhandlungen über den Ausbau der Transitstrecke Hannover – Berlin. Vgl. den in Anm. 2 zit. »Bericht«.

[6] DDR-Umweltminister Hans Reichelt.

[7] Vgl. Nr. 48 und 59.

Es handle sich um ein sehr ernstes Problem. Die DDR sei für die konventionelle Abrüstung, die Herstellung der Angriffsunfähigkeit, das Auseinanderrücken der Waffen. Sie habe Vorleistungen erbracht, indem sie die NVA um 10000 Mann, 600 Panzer und ein Flugzeuggeschwader reduziere. Die Sowjetunion tue bekanntlich noch mehr. Aber es sei nicht gelungen, und er verhehle seine Verstimmung darüber nicht, in der Frage von Verhandlungen über taktische Kernwaffen voranzukommen. Notwendig sei eine Welt ohne Kernwaffen, wie dies in der Erklärung von Genf zwischen M. Gorbatschow und R. Reagan[8] enthalten sei. Niemand werde einen Atomkrieg überleben. Dann gebe es nichts mehr über Normalisierung der Beziehungen zu verhandeln. Die DDR fordere entschieden, im Zusammenhang mit der konventionellen Abrüstung auch Verhandlungen über die Reduzierung und endgültige Beseitigung der nuklearen Raketen und anderer nuklear verwendbarer Systeme unter 500 km aufzunehmen. Auf der Brüsseler NATO-Konferenz[9] sei Bush zwar mit einem Vorschlag auf konventionellem Gebiet aufgetreten, aber bedauerlicherweise habe er nichts über die Abrüstung auf nuklearem Gebiet vorgeschlagen. Die NATO bleibe bei der Doktrin der nuklearen Abschreckung, bei der »flexiblen Reaktion«. Es gebe starken Nachholbedarf der NATO. Die DDR begrüße, daß die Verhandlungen über die strategischen Offensivwaffen zwischen der UdSSR und den USA wiederaufgenommen wurden.[10] Auch die BRD tue dies. Mitterrand[11] habe ihm seinerzeit gesagt, wenn es hier zu einem Ergebnis komme, werde auch Frankreich seine Position in der Abrüstungsfrage überprüfen.

E. Honecker erklärte, die DDR schätze die Ergebnisse des Besuches von M. Gorbatschow in der BRD sehr hoch ein, insbesondere nachdem er sich bei seinem jüngsten Besuch in Moskau[12] ausführlich damit habe vertraut machen können. Er wolle klar sagen, daß die von Bush verkündete Politik der »Rückführung der UdSSR in die Wertegemeinschaft des Westens« illusionär sei. Gleichermaßen illusionär sei eine Politik, die auf Veränderungen der entstandenen europäischen Grenzen gerichtet sei. Auf der bevorstehenden Tagung des Politischen Beratenden Ausschusses des Warschauer Vertrages in Bukarest werde dies bekräftigt werden.[13] Im Gemeinsamen Kommuniqué vom 8. September sei bekanntlich unterstrichen worden, daß die Unverletzlichkeit der Gren-

[8] Genfer Gipfeltreffen von November 1985.

[9] Die NATO-Gipfelkonferenz hatte am 29./30. 5. 1989 in Brüssel stattgefunden. Präsident Bush hatte dabei Vorschläge für die Verringerung der Truppen der USA und der UdSSR unterbreitet. Vgl. AdG 1989, S. 33365 ff.

[10] Die START-Verhandlungen waren am 19. 6. 1989 in Genf wiederaufgenommen worden.

[11] Anläßlich von Honeckers Staatsbesuch im Januar 1988 in Frankreich. Vgl. Nr. 62.

[12] Siehe Nr. 80, Anm. 7.

[13] Zum Gipfeltreffen der Warschauer-Pakt-Staaten am 7./8. 7. 1989 und insbesondere der Erklärung »für ein stabiles und sicheres Europa« vgl. AdG 1989, S. 33518 ff.

zen und die Achtung der territorialen Integrität und der Souveränität aller Staaten in Europa in ihren gegenwärtigen Grenzen eine grundle gende Bedingung für den Frieden sind. Das Schlesier-Treffen in Hannover[14] sei nicht förderlich für die Verständigung. Behauptungen über die Weiterexistenz des Deutschen Reiches in den Grenzen von 1937 führten zu nichts. Das Deutsche Reich sei durch die bedingungslose Kapitulation 1945 untergegangen. Es sei auch hinreichend bekannt, wie die beiden deutschen Staaten entstanden seien; die BRD im Mai, die DDR im Oktober 1949. Adenauer habe damals aus der Entwicklung die Schlußfolgerung gezogen, die BRD zu schaffen. Wir hätten dann die Schlußfolgerungen für die Gründung der DDR gezogen. Daran sei nichts zu ändern. Die Perspektive sei die Schaffung eines gemeinsamen europäischen Hauses. Eine Politik der Illusionen helfe niemandem; man müsse von den Realitäten ausgehen. Er habe mit Bundeskanzler Kohl bereits zweimal, 1985 und 1987, entsprechende Erklärungen vereinbart. Es stehe im Widerspruch dazu, wenn zwei Bundesminister und der Regierungssprecher der BRD von der Fortexistenz des Deutschen Reiches in den Grenzen von 1937 reden.[15] Das stehe auch im Widerspruch zu den Festlegungen anläßlich des Besuches von M. Gorbatschow in Bonn. Es könne nur vorangehen, wenn von der Existenz zweier deutscher Staaten mit unterschiedlicher Gesellschaftsordnung und Bündniszugehörigkeit ausgegangen werde.

Er stimme Seiters zu, daß man in den letzten Jahren ein gutes Stück in den Beziehungen vorangekommen sei. Die DDR sei dafür, den politischen Dialog fortzuführen. Auf wirtschaftlichem Gebiet gehe es um die Förderung des Handels, der wissenschaftlich-technischen Zusammenarbeit. Auch bei den Umweltfragen könne man weiterkommen.

Ergebnisse gebe es auch in den Beziehungen zwischen der DDR und Berlin (West). Wenn man von den Festlegungen des Vierseitigen Abkommens ausgehe, wonach Berlin (West) kein Bestandteil der BRD sei und nicht von ihr regiert werde, könnten sich die Beziehungen auf vielen Gebieten gut entwickeln. Dies zeigten die Ergebnisse der Begegnung mit dem Regierenden Bürgermeister Momper.[16]

Die vorgesehenen Vorhaben würden sich positiv für beide Seiten auswirken. Das betreffe vor allem den Stromverbund. Im Hinblick auf den geplanten Ausbau der Eisenbahnstrecke Berlin – Hannover habe Seiters auf Finanzfragen verwiesen. Er möchte betonen, daß es der Wunsch der Bundesregierung gewesen sei, diese Eisenbahnstrecke aus-

[14] Es fand am 1. 7. 1989 statt.
[15] Honecker bezog sich auf die Rede des CSU-Vorsitzenden und Bundesfinanzminister Theo Waigel am 1. 7. 1989 auf dem Schlesier-Treffen, die von der CSU-Führung ausdrücklich unterstützt wurde, sowie Äußerungen von Bundesministerin Dorothee Wilms auf diesem Treffen und Kommentare von Regierungssprecher Friedhelm Ost. – Vgl. auch AdG 1989, S. 33535f; John (1991), S. 60f. und 67.
[16] Siehe Nr. 80.

zubauen. Über dabei entstehende Fragen müsse man sprechen. Die Erfahrung zeige, daß man zu einer Einigung kommen könne, wenn entsprechende politische Entscheidungen getroffen würden. Die DDR sei interessiert, beim Schutz der Umwelt mit der BRD zusammenzuarbeiten. Sie wolle auch die Gewässergüte der Elbe verbessern. Deshalb habe sie grünes Licht für Verhandlungen mit der BRD gegeben, ohne diese Frage von der Grenzregelung abhängig zu machen. Allerdings könne er die kleinliche Haltung der BRD-Seite in dieser Frage nicht verstehen. Die Grenze sei auf 1300 km festgestellt worden. Nun müsse es doch auch gelingen, die restlichen 90 km zu klären. Er habe E. Albrecht vorgeschlagen, die ca. 40 km, wo die Grenze unstrittig in der Mitte des Stromes verlaufe, zu fixieren und auf dem anderen Teil der Grenze unbeschadet der Rechtsstandpunkte eine Regelung zu suchen, die der Praxis seit 40 Jahren entspricht.[17] Dann könnte man andere mit der Elbe zusammenhängende Fragen regeln, z. B. auch die Personenschiffahrt von Dresden bis Hamburg. Was die Frage der Werra/Weser anbetreffe, so sei die DDR dafür, entsprechende Maßnahmen im gegenseitigen Einvernehmen durchzuführen. Die DDR erwarte, daß Gespräche über die Kaliabwasserverpressung aufgenommen würden. Das sei eine ernste Gefahr für die Bevölkerung und den Bergbau in diesem Gebiet. Ein von der Bergakademie der DDR erarbeitetes Gutachten beweise, daß die Kaliabwasserverpressung auf BRD-Seite die Ursache für den Gebirgsschlag im März[18] gewesen sei. Dieses Problem müsse gelöst werden. Hier gehe es um die Sicherheit von Menschenleben.

E. Honecker unterstrich, daß das Regime an der Grenze DDR/BRD natürlich Angelegenheit jeder Seite sei. Es könne auf BRD-Seite nicht unbemerkt geblieben sein, daß das Grenzregime der DDR geändert wurde und daß es keinen sog. Schießbefehl mehr gebe. Die DDR habe das Grenzregime humanisiert, aber offenkundig wolle man das in Bonn nicht zur Kenntnis nehmen. Das sei unverständlich. Der Schußwaffengebrauch werde in der DDR wie in der BRD gehandhabt. Von der Waffe werde kein Gebrauch gemacht, es sei denn, es gehe um einen Angriff auf Leib und Leben und um Desertion. Bei dem immer wieder aufgeworfenen Fall im März habe es sich darum gehandelt, daß einige Personen einen LKW gestohlen hätten und auf die Grenzposten zugerast seien. Erst daraufhin sei geschossen worden.[19] Was die Ballon-Affäre angehe, so habe es sich dabei um einen Chemiker gehandelt, der den Flug nicht richtig berechnen konnte und erfroren sei.[20] Dafür könne man nicht die DDR verantwortlich machen. Die Tore nach der BRD und nach Westberlin seien weit geöffnet. Heute reisten mehr DDR-

[17] Siehe Nr. 78.
[18] Der sog. »Gebirgsschlag« hatte sich am 13. 3. 1989 ereignet.
[19] Vgl. Nr. 75 und 77, bes. Anm. 5 und Nr. 79.
[20] Vgl. Nr. 77 und Nr. 79.

Bürger in die BRD und nach Westberlin als umgekehrt. Gegenüber dem ersten Halbjahr des Vorjahres sei die Zahl der Reisen im 1. Halbjahr 1989 von 2,5 auf 2,8 Millionen gestiegen. Das sei eine Steigerung um 11,5%, darunter die Reisen in die BRD um 9,1% und nach Westberlin um 20,1%. E. Honecker verwies darauf, daß er der Bitte von Altbischof Schönherr entsprochen habe, DDR-Bürgern die Teilnahme am Kirchentag in Westberlin zu gestatten.[21] Zwischenfälle an der Grenze könne es heute nur noch durch nichtvorhersehbare Umstände geben.

Die Frage eines weiteren Grenzüberganges nach Niedersachsen werde noch geprüft, ebenso die Frage der Einbeziehung Hannovers in den grenznahen Verkehr. Er hoffe in diesem Zusammenhang allerdings, daß die BRD-Regierung die Auflassung gebe, in der Grenzkommission nach einer Regelung der Grenzfrage Elbe zu suchen. Dies sei bisher nicht der Fall.

E. Honecker wies darauf hin, daß im Zusammenhang mit dem Reise- und Besucherverkehr für die DDR auch Devisenfragen stehen. Die DDR zahle auch nach wie vor bei dem Ausgleich mit der Bundesbahn zu.

Die DDR habe angeboten, daß noch fehlende Stück Autobahn im sog. Thüringer Zipfel zu bauen. Dazu habe es bisher kein Echo aus Bonn gegeben.

E. Honecker bekräftigte erneut, daß noch mehr getan werden muß, um bei der Abrüstung weiterzukommen. Die Abschaffung des Krieges aus dem Leben der Völker sei eine große Aufgabe und ein großes Ziel. Bei gutem Willen auf beiden Seiten könne man in den bilateralen Beziehungen DDR/BRD weitere Fortschritte erreichen. Es gebe genug Möglichkeiten zur Verständigung. Gegebenenfalls könne man auch zum Telefon greifen.

R. Seiters erwiderte, er möchte ein Wort von Außenminister Fischer aufgreifen[22]: Das Ziel sei gleiche Sicherheit. Durch den INF-Vertrag sei ein erheblicher Fortschritt bei der Abrüstung erreicht worden. Die BRD sei für die Reduzierung der strategischen Offensivwaffen, für das Verbot der chemischen Waffen. Sie habe auf Verhandlungen über konventionelle Abrüstung gedrängt, um auch möglichst schnell zu Verhandlungen über die Kurzstreckenraketen zu kommen.

Hinsichtlich der Bemerkung von E. Honecker zu dem Schlesier-Treffen erklärte Seiters, daß alle Verträge und Erklärungen gelten, auch die zwischen Bundeskanzler Kohl und E. Honecker. Was in Hannover gesagt worden sei, beziehe sich auf bekannte »Rechtspositionen« in der BRD.[23] Die BRD-Regierung habe die Verpflichtung auf sich genom-

[21] Vgl. Nr. 79 und Nr. 80.
[22] Seiters bezog sich auf die vorhergehende Unterredung mit Fischer, siehe Anm. 2.
[23] Vgl. Anm. 15.

men, die Grenzen nicht in Frage zu stellen. Sie habe aber auch immer darauf hingewiesen, daß eine friedensvertragliche Regelung noch ausstehe.

Er habe mit Interesse die Äußerung von E. Honecker zum Schußwaffengebrauch gehört. Hinsichtlich der Gespräche über den Gebirgsschlag liege ein Terminvorschlag der BRD vor. Zur Frage der Werra gebe es ein finanzielles Angebot an die DDR. Über die Umweltprojekte würden jetzt die Minister Reichelt und Töpfer[24] sprechen. Was die Elb-Grenze angehe, gebe es offensichtlich noch unterschiedliche Auffassungen. Er werde darüber erneut mit Albrecht sprechen. Die Zahlen über den Reiseverkehr seien beeindruckend. Die BRD-Regierung würdige dies. Es wäre aber hilfreich, wenn die DDR bei Einreiseverweigerungen großzügiger verfahren würde.

Bertele[25] warf ein, die Ständige Vertretung habe noch ein Problem. Sie habe früher im MfAA Fälle vortragen können, in denen Bürgern der DDR die Reise zu Verwandten in der BRD nicht gestattet worden sei. Solche Fälle würden nicht mehr angenommen. Das MfAA begründe dies damit, daß dies Sache der DDR sei. Er bitte darum, daß der Ständigen Vertretung wieder ermöglicht würde, solche Fälle im MfAA vorzutragen.

E. Honecker sagte dazu, wenn es sich wirklich um dringende oder Härtefälle handele, könne man dies prüfen. Aber das dürfe natürlich nicht für Dinge ausgenutzt werden, die nichts damit zu tun hätten.

Im Zusammenhang mit dem Auftritt von BRD-Ministern auf dem Schlesier-Treffen[12] habe Seiters von »Rechtspositionen« gesprochen. Das nütze aber niemandem etwas. Das Deutsche Reich in den Grenzen von 1937 sei untergegangen. Wir seien damals nicht für die Spaltung Deutschlands, sondern für einen einheitlichen demokratischen deutschen Staat gewesen. Aber nachdem im Westen auf Befehl der Alliierten die Bundesrepublik geschaffen wurde, hätten wir die DDR gegründet. Damit seien zwei voneinander unabhängige deutsche Staaten entstanden. Von diesen Realitäten müsse man ausgehen. Dies habe auch M. Gorbatschow in Bonn bekräftigt. Mit dem Auftritt der beiden Minister in Hannover könne man nirgends etwas gewinnen, insbesondere nicht in Polen. Das gemeinsame europäische Haus könne nur auf der Anerkennung der Realitäten basieren. Einen Friedensvertrag werde es nicht mehr geben. Für einen Friedensvertrag mit zwei deutschen Staaten gebe es in der BRD keine Sympathie.

E. Honecker verwies eindringlich auf das Erstarken neonazistischer

[24] Die beiden Fachminister unterzeichneten am 6. 7. 1989 in Bonn einen Vertrag über die Förderung von Umweltschutzprojekten in der DDR durch Finanzhilfen der Bundesrepublik in Höhe von 300 Mio. DM.

[25] Franz Bertele, seit Anfang 1989 Leiter der Ständigen Vertretung der Bundesrepublik in der DDR.

Kräfte in der BRD, wie es bei den letzten Wahlen zum Ausdruck gekommen sei.

R. Seiters erwiderte, nach seiner festen Überzeugung gebe es keine neonazistische Entwicklung in der BRD. Man müsse auch unterscheiden zwischen Wählern und führenden Kräften dieser Partei. Extremisten hätten in der BRD keine Chance.

E. Honecker erklärte dazu, 1923 seien Hitler und seine Partei eine kleine Gruppe gewesen, aber bereits 1933 sei er an die Macht gekommen. Die Mitglieder der verbotenen KPD seien, wie erst kürzlich durch bürgerliche Veröffentlichungen in der BRD nachgewiesen wurde, die stärkste Gruppe im Widerstand gegen den Faschismus gewesen. Man dürfe nicht die Augen vor der Entwicklung neonazistischer Kräfte verschließen. Ihr Vordringen in Parlamente sei in der Weltöffentlichkeit mit Besorgnis registriert worden. Man müsse den Anfängen wehren. Der Führer der »Republikaner«, Schönhuber, sei Mitglied von Hitlers Leibstandarte gewesen. Er gehe davon aus, daß auch die Bundesregierung diese Entwicklung ernst nehme. Sie sei auch uns nicht gleichgültig. Es gehe nicht zuletzt um die Verpflichtungen aus dem Potsdamer Abkommen, nicht zuletzt um die Verpflichtung, alles zu tun, damit von deutschem Boden kein Krieg mehr ausgeht.

R. Seiters betonte nochmals, daß die BRD-Regierung zu einer vernünftigen und konstruktiven Zusammenarbeit entschlossen sei. Grundlage sei das Gemeinsame Kommuniqué vom September 1987 und auch die Gemeinsame Erklärung mit der UdSSR. Ihr Ziel sei Zusammenarbeit, Frieden, Menschenrechte und Selbstbestimmung der Völker.

E. Honecker betonte abschließend, die DDR trete entschieden für die Verwirklichung der Festlegungen des Grundlagenvertrages und des Gemeinsamen Kommuniqués von 1987 ein. Sie sei für alle konstruktiven Vorschläge offen. Friedenssicherung, Abrüstung und Entspannung stünden für sie an erster Stelle.

An dem Gespräch nahmen teil: der Minister für Auswärtige Angelegenheiten, Oskar Fischer, der Leiter der Kanzlei des Vorsitzenden des Staatsrates, Staatssekretär Frank-Joachim Herrmann, der Leiter der Ständigen Vertretung der DDR in der BRD, Botschafter Horst Neubauer, der Leiter der Abteilung BRD im MfAA, Botschafter Karl Seidel, sowie der Leiter der Ständigen Vertretung der BRD in der DDR, Dr. Franz Bertele, Ministerialdirigent Dr. Claus-Jürgen Duisberg und Ministerialrat D. Jürgen Aretz.

Seidel *[Unterschrift]*

SAPMO ZPA IV 2/2039/328 u. IV 2/1/704: »Niederschrift über das Gespräch des Generalsekretärs des ZK der SED und Vorsitzenden des Staatsrates der DDR, Genossen Egon Krenz, mit dem Vorsitzenden der FDP-Fraktion im BRD-Bundestag, Wolfgang Mischnick, am 25. Oktober 1989 im Amtssitz des Staatsrates« – Zur Westquelle siehe Nr. 38

E. Krenz[1] begrüßte E. Mischnick und erklärte, er freue sich über das Zustandekommen der Begegnung und sei für alle Fragen offen. Was ihm M. Gerlach über sein gestriges Gespräch mit W. Mischnick[2] berichtet habe, bestätige den Eindruck, daß die FDP und W. Mischnick selbst mit Zurückhaltung und Sachlichkeit die Entwicklungen in der DDR verfolgten. Das sei ein guter Anknüpfungspunkt für das heutige Gespräch. Was sich in der DDR vollziehe, verlange eine Atmosphäre der Sachlichkeit und Nichteinmischung. Angesichts des Verhaltens der FDP habe er dem Wunsch entsprochen, W. Mischnick als ersten westlichen Politiker nach seiner Wahl zum Vorsitzenden des Staatsrates der DDR[3] zu empfangen. W. Mischnick habe schon frühzeitig einen positiven Beitrag auf dem Weg zu sachlichen Beziehungen zwischen beiden deutschen Staaten geleistet. Das sei nicht vergessen. Man wolle diese gute Tradition fortsetzen.

W. Mischnick dankte für die Begrüßung. Es sei richtig, daß er sich bemühe, die Entwicklungen in der DDR sachlich zu beurteilen. Mancher in der BRD sei damit nicht einverstanden gewesen. In seiner Partei habe er jedoch keine Probleme gehabt. Er habe immer offene Gespräche in der DDR geführt und wolle das auch jetzt so halten. Das bedeute aber nicht, in der Öffentlichkeit über alles zu reden, was besprochen werde. Die FDP habe seit jeher von allen Parteien in der BRD die größte Kontinuität in der Deutschland- und Ost-West-Politik gehabt. Sie habe schon seit 1956 Kontakte mit der DDR. An diese Tradition wolle er anknüpfen. Das gelte auch für den FDP-Vorsitzenden O. Graf Lambsdorff. Wenn die mit Lambsdorff geplante Begegnung in absehbarer Zeit stattfinden könne, wäre das gut und nützlich.

Er verhehle nicht, daß es in seiner Fraktion Stimmen gegeben hat, die

---

[1] Egon Krenz war seit dem 18. 10. 1989 Generalsekretär der SED. Am 24. 10. war er von der Volkskammer zum Staatsratsvorsitzenden und Vorsitzenden des Nationalen Verteidigungsrates der DDR gewählt worden.

[2] Manfred Gerlach, Vorsitzender der LDPD; das Gespräch Gerlach – Mischnick fand im Kontext eines Besuches von Mischnick mit einer Delegation der FDP-Fraktion beim LDPD-Parteitag in Dresden statt. Am Gespräch mit Krenz nahm Gerlach ebenfalls teil. Siehe unten.

[3] Nach Angaben von W. Mischnick in einem Gespräch vom 24. 10. 1994 ging die Initiative von Krenz aus.

Fraktionsreise in die DDR abzusagen. Das habe er zurückgewiesen, weil er die Fortsetzung der Kontakte gerade jetzt für notwendig gehalten habe.

W. Mischnick erklärte, er möchte einige Gesichtspunkte darlegen, die er aus Gesprächen gewonnen habe. Er sei froh, daß die Entscheidung über die Reisen[4] vor der Tür stehe. Diese Frage spiele eine große Rolle. Ihre Lösung würde Druck wegnehmen. Es gebe einige offene Fragen. Es sei nicht seine Aufgabe, darüber zu verhandeln, aber er bitte doch, über eine baldige Regelung nachzudenken. Das betreffe den Status derjenigen, die mit den Zügen aus der DDR ausgereist seien. Würden sie den normal Ausreisenden gleichgestellt? Ferner gehe es um die Frage der Bestrafung von Rückkehrwilligen. Hier wäre eine verbindliche Erklärung von DDR-Seite nützlich, um Mißtrauen und Unsicherheit zu beseitigen. Mischnick werde Einfluß nehmen, daß solche Personen nicht von der Rückkehr in die DDR abgehalten würden. Wer sich entschließe, einen Fehler zu korrigieren, dürfe davon nicht abgehalten werden. Fragen würden auch nach der Behandlung des Eigentums gestellt. Ein weiteres Problem sei, ob hinsichtlich des Paragraphen 213[5] eine Veränderung beabsichtigt sei. Viele Diskussionen gebe es um Wahlrechtsänderungen in der DDR. Er wende sich immer gegen überzogene Erwartungen. Es könne nicht um einen Vergleich des Wahlrechtes zwischen der DDR und der BRD gehen. Man ziehe aber Vergleiche zwischen der DDR und der Sowjetunion. Er gestehe zu, daß durch die Medien in der BRD viel Unsinn geschehe. Es sei aber schwierig einzuwirken. Eingriffsmöglichkeiten habe man nicht.

E. Krenz erklärte, er wolle darüber informieren, was gegenwärtig in der DDR vor sich gehe und was geplant sei.[6] Er habe in seiner Rede auf der 9. Tagung der SED von der Notwendigkeit einer Wende gespro-

---

[4] Gemeint war der Entwurf eines neuen »Reisegesetzes«, das Krenz in seiner Antrittsrede als Generalsekretär und in einer Fernsehansprache am 18. 10. 1989 angekündigt hatte. Vgl. AdG 1989, S. 33888. Das ›Neue Deutschland‹ vom 25. 10. berichtete, das Politbüro habe am 24. 10. eine Erweiterung der Reisemöglichkeiten beraten, wonach jeder »Bürger« das Recht auf einen Reisepaß habe und mit einem Visum auch ohne bisher geforderte Gründe in alle Staaten reisen könne.

[5] Der § 213 des Strafgesetzbuches der DDR bezog sich auf Republikflucht.

[6] Horst Dahlmeyer, der als persönlicher Referent von Mischnick an dem Gespräch teilnahm, hatte sich an dieser Stelle noch als Äußerung von Krenz notiert: »Die Lage in der DDR sei sehr ernst. Zu verzeichnen sei in den letzten Jahren eine Stagnation im gesellschaftlichen Leben.« – Dahlmeyer erklärte bei der Unterredung am 3. 11. 1994, die für Krenz angefertigte Aufzeichnung gebe im übrigen den Gesprächsverlauf »korrekt« wieder. Gemeint war im nächsten Satz Krenz' Rede auf der Tagung des ZK am 18. 10. 1989, weitgehend gleichlautend mit seiner Fernsehansprache vom gleichen Tag. Darin erklärte E. Krenz: »Mit dem heutigen Tage werden wir eine Wende einleiten, werden wir vor allem die politische und ökologische Offensive wieder erlangen.« Wortlaut der ZK-Rede u. a. in: Beginn der Wende und Erneuerung, Berlin 1989. Für seine Ausführungen zu Mischnick war von Schalck-Golodkowski zusammen mit Karl Seidel vom MfAA eine Vorlage erstellt und mit Gunter Rettner abgestimmt worden, die Schalck am 23. 10. »Mit kommunistischem Gruß« Krenz als »Empfehlungen für das Gespräch des [...] Genossen

chen. Das bedeute natürlich keine Umkehr der DDR. Es sei in den vergangenen 40 Jahren viel Gutes für die Menschen erreicht worden. Er verweise nur auf das Wohnungsbauprogramm. Man werde an alles anknüpfen, was sich bewährt habe. Viele Bürger der DDR seien bereit, gut zu arbeiten. Es komme darauf an, ihre Bereitschaft zur Mitarbeit in allen Fragen zu nutzen. Die DDR habe mündige Bürger mit hoher Bildung. Das sei natürlich auch mit dem Bedürfnis verbunden, sich in gesellschaftlichen Fragen zu engagieren. Es gehe um Antworten, die die Zeit erfordere. Dabei würden auch nützliche Erfahrungen der Sowjetunion berücksichtigt. Ihn verbinde eine feste Freundschaft mit M. S. Gorbatschow. In seinem jüngsten Telefongespräch mit ihm sei zum Ausdruck gekommen, daß ein enger Schulterschluß zwischen der DDR und der Sowjetunion für die Lösung der gemeinsamen Aufgaben, für die Stärkung des Sozialismus und die Festigung des Friedens, notwendiger denn je sei. Es bestehe nicht die Absicht, die Gesellschaftsordnung der DDR zu »wenden«. Es gebe zwei grundlegende Prämissen. Die DDR bleibe ein sozialistisches Land. Eine andere Perspektive gebe es nicht. Das liege auch im Interesse der Stabilität in Europa. Gebraucht werde aber ein schöpferischer Sozialismus, der sich auf die Kraft der Menschen stütze.[7] Die andere Prämisse sei, die DDR sei ein souveräner Staat. Entscheidungen über die DDR würden hier getroffen. Einmischungsversuche, Bestrebungen, uns vorschreiben zu wollen, was wir zu tun hätten, Bestrebungen zur Änderung des sozialistischen Systems hätten keine Chance. Wir seien bestrebt, den Dialog mit allen zu führen.[8] Die Vielfalt der Meinungen sei die Grundlage für eine demokratische Meinungsbildung. Er habe in seiner gestrigen Rede vor der Volkskammer[9] bewußt den Satz verwandt: Demokratie brauchen wir wie die Luft zum Atmen. Man müsse jetzt offenkundig damit leben, daß mancher auf die Straße gehe. Wichtiger sei aber solide Arbeit. Demonstrationen würden aufhören, wenn die Menschen spüren, daß wir es mit der Erneuerung ernst meinen. Was jetzt in der DDR vor sich gehe, habe nichts mit Taktik zu tun. Es gehe um die Entwicklung für die 90er Jahre. Man brauche exakte Analysen als Grundlage für politische Entscheidungen. Das erfordere Arbeit und Zeit. Er werde sich daher in der nächsten Zeit vorwiegend den innenpolitischen Problemen zuwenden

Krenz mit [...] Wolfgang Mischnick [...]« zuleitete, in: SAPMO ZPA IV 2/2.039/328. Krenz hielt sich weitgehend an die »Empfehlungen«.

[7] Nach Angaben von Horst Dahlmeyer – vgl. Anm. 6 – hatte er sich an dieser Stelle die Äußerung notiert: »Dazu müßten aber die bisherigen politischen Strukturen von oben nach unten umgekehrt werden.«

[8] Nach Angaben von Horst Dahlmeyer – vgl. Anm. 6 – hatte er sich hier den Einwurf von Mischnick notiert: »Machen Sie doch als ersten Schritt das Angebot, die Kommunalwahl zu wiederholen. Krenz geht auf diese Anmerkung nicht ein.«

[9] Zu der Rede von Krenz als neugewählter Staatsratsvorsitzender vor der Volkskammer am 24. 10. 1989 vgl. AdG 1989, S. 33937f.

und internationale Verpflichtungen auf das unumgänglich Notwendige beschränken. Das heiße allerdings nicht, daß er nicht bereit sei, O. Graf Lambsdorff zu empfangen.

E. Krenz bat W. Mischnick, herzliche Grüße an Bundespräsident von Weizsäcker und Bundeskanzler Kohl zu übermitteln. Der Bundespräsident habe in seinem Glückwunschtelegramm die Hoffnung ausgedrückt, daß sich die Beziehungen verbessern.[10] Er teile diese Hoffnung.

E. Krenz bemerkte, daß die Frage des Reiseverkehrs eines der wichtigsten Probleme sei. Volkskammer und Politbüro hätten sich damit befaßt.[11] Festgelegt sei, jeder könne ohne Verwandtschaftsverhältnis reisen. Jeder Bürger habe das Recht, einen Reisepaß zu erwerben und ein Visum zu beantragen. Es gebe aber zwei wichtige Fragen, über die man nachdenken müsse. Die eine sei die ökonomische Seite. Man könne den Reiseverkehr mit der BRD nicht mit dem Reiseverkehr in ein beliebiges anderes Land vergleichen. Die Zahl der Reisen werde jetzt sprunghaft steigen. Es gehe um die Ausstattung mit Reisezahlungsmitteln. Selbst bei 15 Mark würde sich die Summe sprunghaft erhöhen. Ferner gehe es um die Ausgleichszahlungen für die Bundesbahn.[12] Man müsse auf beiden Seiten nachdenken, wie eine vernünftige Lösung gefunden werden kann. Es handele sich um Milliarden-Beträge, die nicht vorhanden seien. Wir möchten den Eindruck vermeiden, es handele sich nur um eine Scheinlösung.

Das zweite Problem sei die Frage der Staatsbürgerschaft, die »Obhutspflicht«. Hier müßte die BRD über einige praktische Dinge nachdenken. Es gebe nunmehr überhaupt keine Grundlagen mehr, DDR-Bürger in BRD-Botschaften aufzunehmen. Es widerspreche der Personalhoheit der DDR, daß DDR-Bürger in der BRD Reisedokumente der BRD für Reisen in andere Länder erhalten. Das gelte auch für die Aushändigung von BRD-Pässen durch BRD-Botschaften in dritten Ländern. Die DDR habe in der zurückliegenden Zeit viele Zugeständnisse gemacht, um Vereinbarungen mit der BRD zustande kommen zu lassen. Seitens der BRD gebe es aber bisher nicht in einer einzigen Frage Bewegung, die E. Honecker seinerzeit in Gera[13] gestellt habe. Beispielsweise habe die einvernehmliche Regelung der Elbgrenze keine Änderung des Grundgesetzes zur Voraussetzung. W. Mischnick warf

[10] Das kurze Glückwunschtelegramm von Weizsäcker ist abgedruckt in: Bulletin, Nr. 115, S. 992.

[11] Vgl. Anm. 4. Eine Befassung der Volkskammer mit dem Reisegesetz bis zum 25. 10. 1989 ließ sich nicht feststellen. – Die folgenden beiden Absätze decken sich fast vollständig mit S. 3 der »Empfehlungen«, vgl. Anm. 6.

[12] In einem »informellen Gespräch« von Schalck mit Seiters und Schäuble am 24. 10. 1989 hatte Schalck für Mehraufwendungen für die Bundesbahn den Betrag von 500 Mio. DM statt wie bisher ca. 160 Mio. genannt. Vgl. den »Vermerk« Schalcks, den er Krenz am 24. 10. zuleitete, in: SPD-Dokumentation: Wer im Glashaus sitzt (1994).

[13] Zu den »Geraer Forderungen« von Oktober 1980 vgl. Einleitung.

ein, dem könne er nicht widersprechen. Die Beseitigung der »Erfassungsstelle« Salzgitter wäre ein Symbol für den guten Willen der BRD-Seite. Man dürfe in der BRD nicht nur diejenigen sehen, die jetzt die DDR verlassen. Das sei nicht die Mehrheit der DDR-Bevölkerung. Man habe auch Rücksicht zu nehmen auf das Meinungsbild der Mehrheit der DDR-Bürger. Sie sei im Interesse der Stabilität für sachliche Beziehungen zur BRD. Aber es gebe kein Verständnis dafür, daß nur die DDR Zugeständnisse mache, die andere Seite jedoch auf ihren Positionen beharre.

Das Reisegesetz werde öffentlich diskutiert und wahrscheinlich noch vor Weihnachten in Kraft gesetzt werden.[14] Es sei wichtig, auch von seiten der BRD ein Signal zu erhalten, daß man das Prinzip der Gegenseitigkeit beachte. Was den Status der Ausgereisten betreffe, so hätten wir uns entschlossen, jene, die über Ungarn, Prag und Warschau ausgereist seien, gleichzustellen. Dazu müßten jedoch gesetzliche Regelungen geschaffen werden. Er werde als Vorsitzender des Staatsrates als erste Gnadenaktion eine Begnadigung für jene aussprechen, die auf Grund des Paragraphen 213 inhaftiert seien, allerdings mit Ausnahme jener, die Leib und Gesundheit von Grenzsoldaten gefährdet hätten.[15] Was die Frage des Wahlgesetzes angehe, so hätten einige im Zusammenhang mit den Kommunalwahlen von Wahlbetrug gesprochen[16], insbesondere westliche Medien hätten versucht, diese Frage anzuheizen. Er habe kürzlich mit Bischof Leich darüber gesprochen.[17] Er habe gesagt, wir beide seien in einer komplizierten Lage. Es gebe kirchliche Gruppen, die von Wahlfälschungen reden. Leich werde daran nicht zweifeln. Er wiederum habe als Vorsitzender der Zentralen Wahlkommission die Arbeit von 300 000 Mitgliedern von örtlichen Wahlkommissionen zu berücksichtigen. Die Ergebnisse aus den Kreisen und Gemeinden seien per Computer eingegangen. Computer seien unbestechlich. Alle Mitglieder der Zentralen Wahlkommission hätten sich überzeugen können, daß die Ergebnisse richtig waren. Die örtlichen Wahlkommissionen seien inzwischen aufgelöst. Er könne nicht bestätigen, daß es Wahlbetrug gegeben habe. Die vorliegenden Protokolle seien in Ordnung. Woher kirchliche Gruppen ihre Angaben hätten, hätten sie

[14] Der Entwurf des Reisegesetzes wurde am 6. 11. 1989 im ›Neuen Deutschland‹ veröffentlicht und am 7. 11. 1989 vom Rechtsausschuß der Volkskammer verworfen, nachdem er in der Bevölkerung heftig kritisiert worden war.

[15] Am 27. 10. 1989 wurde vom Staatsrat der DDR eine Amnestie für alle erlassen, die sich eines »ungesetzlichen Grenzübertrittes« schuldig gemacht oder ihre Ausreise »widerrechtlich durchzusetzen« versucht hatten. Die Amnestie galt auch für Demonstranten. Vgl. AdG 1989, S. 33939.

[16] Vgl. Nr. 80, Anm. 24.

[17] Vgl. »Niederschrift« über das Gespräch von Krenz »mit dem Vorsitzenden der Konferenz der Evangelischen Kirchenleitungen in der DDR, Landesbischof Dr. Werner Leich, am 19. 10. 1989 in Hubertusstock«, in: SAPMO ZPA J IV 2/2A/3250. Darüber erging auch eine Pressemitteilung.

nie exakt mitgeteilt. Er habe deshalb Bischof Leich vorgeschlagen, die Vergangenheit ruhen zu lassen und sich jetzt auf die Wahlen 1991 zu orientieren.[18]

Man müsse sich nach vorn orientieren. Das Bündnis der Parteien in der DDR müsse einen neuen Rang bekommen. Man könne die Wahlen in der DDR nicht mit den Wahlen in Ungarn, Polen oder der Sowjetunion vergleichen. In der DDR sei seit 40 Jahren ein Parteienbündnis historisch gewachsen und zu einem freundschaftlichen Bündnis geworden. Jede Wahlgesetzgebung müsse ausgehen von den fünf bestehenden Parteien und weiteren Organisationen, die in der Volkskammer vertreten sind. Es gebe in der DDR eine Koalition. Dort könne über alles diskutiert werden, was sich im Rahmen der Verfassung bewege. Die Grundlagen der Verfassungen müßten bewahrt bleiben. Manche jetzigen Aktivitäten seien gegen die Verfassung gerichtet. Auch in der BRD wende man sich gegen Aktivitäten, die gegen das Grundgesetz verstoßen.

Er sei gefragt worden, ob in der DDR eine Opposition zugelassen werde. Er habe geantwortet, man solle sich nicht auf den Begriff konzentrieren. Es gehe vielmehr darum, alle einzubeziehen, die sich Gedanken darüber machen, wie die Dinge nach vorn bewegt werden können. Niemand werde aus dem Dialog ausgegrenzt. Aber er müsse auf der Grundlage der Verfassung geführt werden.[19] Alles andere würde die Lage destabilisieren. Eine instabile DDR diene weder Europa noch der Welt. Stabile Beziehungen zwischen der DDR und der BRD seien eine Voraussetzung für stabile Beziehungen in Europa. Dabei gehe die DDR vom Grundlagenvertrag und von dem Gemeinsamen Kommuniqué vom September 1987 aus.

W. Mischnick warf ein, das seien auch für die BRD die Grundlagen.

E. Krenz betonte, er stehe einer Begegnung mit Bundeskanzler Kohl positiv gegenüber. Jetzt gehe es allerdings darum, die Anstrengungen auf die Lösung der innenpolitischen Fragen zu konzentrieren. Es werde aber in dieser Woche noch zu einem telefonischen Kontakt mit H. Kohl kommen.[20]

W. Mischnick erklärte, er habe vor seiner Reise nicht mit Bundeskanzler Kohl gesprochen. Er wolle nicht den Eindruck erwecken, als

[18] Die vorstehende Passage entspricht weitgehend S. 6 unten, S. 7 oben der »Niederschrift«. – Bei dem Gespräch ging es allerdings hauptsächlich um die Geschehnisse im Herbst 1989 in der DDR.

[19] Nach Angaben von Horst Dahlmeyer – vgl. Anm. 6 – fiel an dieser Stelle der Satz: »Wichtig sei hier auch eine Neuordnung des Verhältnisses des Staates zu den Kirchen, vor allem zur evangelischen Kirche.«

[20] In dem »Vermerk« über das Gespräch von Schalck mit Seiters und Schäuble am 24. 10. 1989 – siehe Anm. 12 – hieß es, daß Krenz zu dem von Kohl gewünschten kurzfristigen ersten Telefongespräch bereit sei. Als Termin wurde der 27. 10., 8.00 Uhr vorgeschlagen. – Es fand dann schon am 26. 10. statt, siehe Nr. 83.

sei er ein Sendbote. Aber er wisse, daß Kohl dafür Verständnis habe, daß man Zeit brauche, um die Lage zu analysieren und die Dinge zu verändern. Nützlich sei, ein Gesprächsverhältnis mit Kohl aufzubauen. Ein baldiger Telefonkontakt wäre gut. Er werde natürlich dem Bundeskanzler über das Gespräch berichten. Er habe heute ein solches enges persönliches Verhältnis zu Kohl wie seinerzeit zu Wehner.

Er gehe davon aus, daß hinsichtlich der von E. Krenz aufgeworfenen Probleme zur Staatsbürgerschaft manches keine Rolle mehr spielen werde, wenn es großzügige Reisemöglichkeiten gebe. Er müsse aber auf das Grundverständnis der BRD hinweisen, daß niemand aus den BRD-Botschaften gewiesen werden könne. Was die Devisenfrage betreffe, so wolle er auf die Möglichkeit verweisen, durch den Ausbau des Tourismus mehr Deviseneinnahmen für die DDR zu ermöglichen. Er habe bereits gegenüber M. Gerlach[2] die Anregung gegeben, im Rahmen der Friedrich-Naumann-Stiftung, deren Vorsitzender er sei, in Dresden ein Seminar durchzuführen, um mit interessierten DDR-Partnern Möglichkeiten des Ausbaus des Tourismus zu beraten. Man könne z. B. daran denken, daß die Steigenberger-Kette DDR-Hotels auf ihre Reservationslisten nehme.

E. Krenz erwiderte, es sei verständlich, daß sich sein Standpunkt zur Obhutspflicht von dem Mischnicks unterscheide. Man könne nicht von gleichberechtigten Beziehungen sprechen und in dieser Frage die Gleichberechtigung außer Kraft setzen. Botschaften seien dazu da, Beziehungen zwischen den Staaten zu pflegen und nicht, sie zu stören. Die Tatsache, daß die Ständige Vertretung der BRD in der DDR und BRD-Botschaften ihre Arbeit einstellen mußten, habe nicht dazu geführt, die Beziehungen weiter zu entwickeln. Man müsse wieder zur Normalität zurückkommen.

W. Mischnick stimmte dem ausdrücklich zu.

E. Krenz bekräftigte erneut, es würde sich positiv auswirken, wenn auch von seiten der BRD Zeichen für die Berücksichtigung der Interessen der DDR gesetzt würden. Notwendig sei, vom Prinzip der Gleichheit und Gleichberechtigung auszugehen.

W. Mischnick verwies hinsichtlich der Elbgrenze auf die Wahlen in Niedersachsen im Mai 1990. Danach würden seine Parteifreunde in Niedersachsen diese Frage wieder auf die Tagesordnung setzen. Er finde es »blöd«, diese Frage nicht zu lösen. Er wiederhole einen früheren Vorschlag der FDP, die alte Autobahntrasse im Bereich Wartha–Herleshausen auszubauen. Das könnte auch in einen gewissen Zusammenhang mit der Lösung der Frage Elbgrenze gebracht werden. Auch der Ausbau der Autobahn Plauen–Hof werde von der FDP unterstützt. Was die »Erfassungsstelle« Salzgitter betreffe, so halte er nichts davon. Aber es sei auch eine psychologische Frage. Eine Auflösung dieser Stelle könne dazu führen, daß entsprechende rechtliche Grundsätze in den einzelnen Bundesländern unterschiedlich gehandhabt würden. Wenn sich manche andere Dinge positiv verändern würden, könne darüber eine neue Erörterung stattfinden.

E. Krenz verwies darauf, es sei bereits eine neue Situation entstanden. Schüsse an der Grenze gebe es nicht mehr. Die Grenzen würden durchlässiger, wenn das neue Reisegesetz in Kraft trete. Wenn die »Erfassungsstelle« Salzgitter eine echte Funktion habe, dann hätte man auch die jüngsten Grenzverletzungen aus der BRD, die Schüsse auf DDR-Gebiet, untersuchen müssen. Das sei bisher nicht aufgeklärt worden. Mischnick solle sich einmal vorstellen, welche weltweite Kampagne im umgekehrten Falle gegen die DDR entfacht worden wäre.

E. Krenz erklärte, er möchte nochmals auf die Devisenfrage zurückkommen. Wir könnten gegenwärtig DDR-Bürgern nicht mehr Geld geben, weil wir nicht mehr Geld hätten. Jetzt werde über grundlegende Beschlüsse für Wirtschaftsreformen nachgedacht. Sie würden nicht in Richtung Marktwirtschaft gehen, aber in Richtung höherer Effektivität bei Beachtung des Leistungsprinzips. Es gebe für ihn überhaupt keinen Grund, warum die Arbeiter in der DDR nicht dieselbe Produktivität erreichen könnten wie in der BRD. Unsere Arbeiter seien bereit, hohe Leistungen zu vollbringen. Dazu müßte eine Reihe von Voraussetzungen geschaffen werden. Wenn eine Mark auch im Außenhandel eine Mark bleibe, würden auch die Valutaeinnahmen steigen. Das brauche Zeit. Die Reisefrage müsse aber jetzt gelöst werden. Alles müsse sorgfältig geprüft werden. Es könne nichts über das Knie gebrochen werden. Er möchte ganz klar sagen, Krenz habe die Wende vollzogen, er habe sich an die Spitze gestellt, aber er sei kein Abenteurer.

W. Mischnick warf ein, er habe, was die Wirtschaftsbeziehungen betreffe, von mittelständischen Betrieben in der BRD gehört, daß es in der DDR zuviel Bürokratismus gebe. Das müsse vereinfacht werden, um die Wirtschaftsbeziehungen zu fördern.

E. Krenz sagte, daß wir hinsichtlich des Tourismus aufgeschlossen seien. Man müsse aber realistisch bleiben. Er sage klar, unser Hauptinteresse gelte unseren Bürgern.

In der DDR-Bevölkerung werde mit Besorgnis die Entwicklung der Republikaner in der BRD gesehen. Es bestehe der Eindruck, daß diese Entwicklung verniedlicht würde. Wir versuchten, das Überschwappen dieser Bewegung auf junge Leute in der DDR zu verhindern. In der DDR gebe es keine Basis für Neofaschismus, aber manches dringe über die BRD bei uns ein. Wo offen neofaschistische Parolen verbreitet würden, werde die Staatsmacht eingesetzt. Faschismus und DDR seien unvereinbar. Der antifaschistische Charakter der DDR werde aufrechterhalten.

W. Mischnick erwiderte, er teile die genannte Besorgnis. Er bleibe aber bei seiner Auffassung, daß sich das, was sich bei Kommunalwahlen zeige, bei der Bundestagswahl nicht wiederholen werde. Man könne die Republikaner bei der Bundestagswahl unter 5% halten. Viele Wähler der Republikaner hätten keine faschistischen Ideen, protestierten aber gegen die Politik der etablierten Parteien.

E. Krenz warf ein, er hoffe nur, daß der Optimismus von Mischnick in Erfüllung gehe.

W. Mischnick sagte, daß sich die Lage der FDP verbessere. Er gehe davon aus, daß ihre Rolle als stabilisierender Faktor von den Wählern honoriert werde.

E. Krenz betonte, er möchte noch auf das Problem der Medien hinweisen. Es sei für uns schwierig zu entscheiden, Zeitungen aus der BRD einzuführen. Viele Zeitungen seien weit entfernt von der Wahrheit. Es gebe eine regelrechte Medienkampagne gegen uns. Er appelliere an Mischnick, beruhigend einzuwirken. Es sei bemerkenswert, daß es meistens bei Demonstrationen dort eine Zuspitzung gebe, wo gewisse BRD-Korrespondenten auftauchten. Jeder Dialog müsse von der Wahrheit ausgehen. Es müsse ein Mindestmaß an Objektivität verlangt werden.

W. Mischnick erwiderte, man könne davon ausgehen, daß er in dieser Richtung einwirke. Er sei auch im Bundestag entsprechend aufgetreten. Die FDP habe selbst mitunter Probleme mit den Medien.

W. Mischnick bekräftigte, was er bereits M. Gerlach[2] gesagt habe, wenn Interesse seitens der DDR bestehe, würde die FDP-Fraktion den BRD-Besuch einer Delegation der LDPD-Fraktion der Volkskammer erwidern. Er habe auch die Einladung an M. Gerlach zu einem BRD-Besuch erneuert. Er sollte nach Möglichkeit bald stattfinden, vielleicht Anfang des nächsten Jahres. Die FDP sei interessiert, die Beziehungen zur LDPD auszubauen. Er werde sich auch weiterhin für normale Kontakte zwischen Bundestag und Volkskammer einsetzen. Er hoffe, daß es dabei gelinge, hinsichtlich der Westberliner Abgeordneten eine vernünftige Lösung zu finden.

E. Krenz erwiderte, er sei sehr dafür, daß M. Gerlach selber entscheide, wann er seinen BRD-Besuch durchführt. Kontakte zwischen den Parteien seien den Beziehungen zwischen den Staaten dienlich. Die DDR sei für normale Beziehungen zwischen Bundestag und Volkskammer. Es sei unverständlich, daß man sachliche Beziehungen zwischen beiden Staaten wolle, aber parlamentarische Beziehungen ausklammere.

E. Krenz übermittelte abschließend herzliche Grüße von E. Honecker an W. Mischnick. Er bat Mischnick, Grüße an O. Graf Lambsdorff und H.-D. Genscher zu übermitteln.

W. Mischnick bedankte sich für die Gesprächsmöglichkeit. Die Begegnung sei politisch wichtig gewesen. Er danke für die Grüße E. Honeckers und bitte sie zu erwidern. Die FDP werde sich bemühen, weiter zu vernünftigen Entwicklungen beizutragen.

An dem Gespräch nahmen teil: der Vorsitzende der LDPD, Stellvertreter des Vorsitzenden des Staatsrates der DDR, Prof. Dr. Manfred Gerlach; der Sekretär des Staatsrates, Heinz Eichler; der Leiter der Abteilung für Internationale Politik und Wirtschaft des ZK der SED, Gunter Rettner; der Leiter der Abt. BRD im MfAA, Karl Seidel; sowie der persönliche Referent Mischnicks, Horst Dahlmeyer.

83. Telefonat Kohl – Krenz am 26. Oktober 1989 (8.30–8.44 Uhr)

SAPMO ZPA IV 2/1/704: »Berlin, 26. Oktober 1989. Gespräch zwischen dem Generalsekretär des ZK der SED, Genossen Egon Krenz, und dem Bundeskanzler der BRD, Herrn Helmut Kohl; am 26. Oktober 1989, von 8.30 Uhr bis 8.44 Uhr«

GEN. K.: Ja, guten Morgen, Herr Bundeskanzler.

HERR K.: Ja, guten Morgen.

GEN. K.: Hier ist Krenz. Ich freue mich, Sie zu hören zu so früher Stunde.

HERR K.: Das ist unser erstes Gespräch[1], und ich hoffe, daß diesem Gespräch viele gute Gespräche folgen werden. Das erste, was ich sagen will, Herr Staatsratsvorsitzender, ich wünsche Ihnen für diese wichtige und sehr, sehr schwierige Aufgabe – in etwa kann ich mir vorstellen, was Ihnen alles bevorsteht, was Sie zu tun haben – eine glückliche Hand und Erfolg. In unserem Interesse, im Interesse der Bundesregierung und auch vor allem in meinem Interesse ist nicht, daß sich die Entwicklung in der DDR in einer Weise darstellt, daß eine ruhige, vernünftige Entwicklung unmöglich gemacht wird.

GEN. K.: Herr Bundeskanzler, ich bin Ihnen sehr dankbar für Ihre Worte. Sie haben mir ja in Ihrem Telegramm Kraft gewünscht[2] und jetzt eine gute Hand. Beides brauch ich im Interesse der Menschen in diesem Land. Und ich denke, wenn wir vernünftig miteinander umgehen, dann wird das auch für beide deutsche Staaten gut sein.

HERR K.: Also, mein erster Wunsch ist, um das gleich vorweg zu sagen, daß wir schon regelmäßig miteinander telefonieren, und auf meiner Seite, das hat sich jetzt beim ersten Mal halt anders entwickelt, besteht überhaupt nicht der Wunsch, daß wir das jedes Mal publizieren.[3]

GEN. K.: Aha.

HERR K.: Wenn wir glauben, es sei vernünftig, zum Telefonhörer zu greifen, und einfach miteinander reden.

---

[1] Zur Vorbereitung dieses Telefonates siehe Nr. 82, bes. Anm. 20. Nach John (1991), S. 114 f. telefonierte Kohl »in Gegenwart von Seiters«. Dort finden sich auch einige Angaben zu dem, wie es heißt »20minütigen Telefongespräch«. Mit kleineren Auslassungen wurde das Telefonat ohne jede Quellenangabe schon veröffentlicht in ›Der Spiegel‹ Nr. 48/1990, S. 110 ff.

[2] Das Telegramm Kohls vom 24. 10. 1989 ist abgedr. in Bulletin Nr. 115, S. 992.

[3] Der Regierungssprecher der Bundesregierung, Hans Klein, teilte mit, das Gespräch sei in einer »sachlichen konstruktiven Atmosphäre verlaufen« und beide hätten ihr Interesse an einer »Fortentwicklung der innerdeutschen Beziehungen unter Fortführung der praktischen Zusammenarbeit« verdeutlicht. Vgl. Bulletin Nr. 115, S. 992 und AdG 1989, S. 33930. Zu Berichten in der Presse vgl. ›Der Spiegel‹ Nr. 44 vom 30. 10. 1989, S. 27.

GEN. K.: Das ist eine gute Idee.[4] Da bin ich sehr aufgeschlossen. Miteinander reden ist immer besser, als übereinander reden.

HERR K.: Es ist inzwischen so möglich, daß ich, um einmal ein Beispiel zu nennen, ganz selbstverständlich gleicherweise zum Telefonhörer greife und den Generalsekretär in Moskau anrufe oder umgekehrt. Und das wünsche ich mir auch, daß das zwischen uns[4] in dieser Weise geschieht.

GEN. K.: Also abgemacht, Herr Bundeskanzler. Wenn Sie Probleme haben, würde ich sagen, greifen Sie zum Hörer, wenn ich Probleme habe, greife ich zum Hörer, und wir werden dann sicherlich Wege finden, um das, was wir im Gespräch andeuten, durch unsere Beauftragten näher noch beraten zu lassen.

HERR K.: Also, das ist das Thema Kontakte. Zu dem Punkt, glaube ich, ist es auch ganz nützlich, wenn der Bundesminister Seiters etwa gegen Ende November, zweite Novemberhälfte, einen Termin vereinbart und zu Ihnen kommt.[5]

GEN. K.: Ja, ich wäre einverstanden. Ich nehme an, Herr Bundeskanzler, Sie haben sich informieren können über den Inhalt meiner beiden Reden, die ich gehalten habe.[6] Ich habe von einer Wende gesprochen und meine das ernst.

HERR K.: Auf das Thema will ich gleich noch mal kommen. Ich wollt nur noch zu dem Thema »Kontakt« sagen –.[4]

GEN. K.: Ja.

HERR K.: Also ich wollte sagen[4], und das sollt man jetzt auch noch gar nicht sagen, sondern solls sagen, wenns dann so weit ist und der Termin vereinbart ist, daß Herr Seiters rüberkommt und daß[4] man dann – daß Sie mal mit ihm noch einmal reden können, was ja ein bissel besser ist als am Telefon.

GEN. K.: Unbedingt. Durch meinen Beauftragten wurden ja Vorschläge übermittelt, ich nehme an, Sie sind informiert.[7]

HERR K.: Ja.

GEN. K.: Es wäre also wünschenswert, baldmöglichst dazu die Positionen der Bundesregierung zu erfahren. Und dazu könnten dann auch offizielle Verhandlungen zwischen Bundesminister Seiters und Au-

---

[4] In der ›Spiegel‹-Veröffentlichung fehlt an dieser Stelle der Satz: »Da bin ich sehr aufgeschlossen.« Bei weiteren Auslassungen von Sätzen oder Satzgliedern im ›Spiegel‹, die weniger relevant sind, wird im Text des Dokumentes jeweils die Anmerkungsziffer 4 gesetzt.

[5] Ein Besuch von Seiters war schon in dem Gespräch Schalck-Seiters-Schäuble am 24. 10. 1989 angesprochen worden, wobei ihn Außenminister Fischer einladen sollte. Siehe Nr. 82, Anm. 12. – Zum Besuch und Gespräch Seiters–Krenz–Modrow am 20. 11. 1989 siehe Nr. 86.

[6] Siehe Nr. 82, Anm. 6 und 9.

[7] Es handelte sich um Alexander Schalck-Golodkowski und sein Gespräch mit Schäuble und Seiters am 24. 10. 1989; siehe Nr. 82, Anm. 12. – Vgl. auch die Ausarbeitung »Grundpositionen zum Verhältnis zur BRD« (o. D., ca. 23. 10.), in: SAPMO ZPA IV 2/2.039/328, und die »Empfehlungen« vom 23. 10., vgl. Nr. 82, Anm. 6.

ßenminister Fischer geführt werden und sicherlich bei der Gelegenheit auch ein Gespräch mit mir.[5]

HERR K.: Für mich ist vor allem wichtig das Letztere.

GEN. K.: Ja.[4]

HERR K.: – er die Gelegenheit hat, Sie zu treffen.

GEN. K.: Ja. Es wäre vor allem wünschenswert, Herr Bundeskanzler, möglichst bald auch Ergebnisse zu erreichen, die darauf hinweisen, daß beide Seiten bestrebt sind, die Beziehungen auf eine[4] – ich darf das wohl sagen – auf eine neue Stufe zu heben.

HERR K.: Ja, ich hab da durchaus Interesse dran. Ich hab mit großem Interesse natürlich Ihre Reden gelesen, und ich brauche Ihnen nicht zu sagen, daß jetzt sich viele Hoffnungen an das alles knüpfen. Ich will ein paar Beispiele nennen, die für uns natürlich, aus unserer Sicht besonders wichtig sind. Das ist das Thema zur Neuregelung der Reisefreiheit.[8] Das ist natürlich ein ganz erheblicher Punkt. Das ist das Thema der in Aussicht genommenen Amnestie für Leute, die wegen illegalen Grenzübertritts zur Republikflucht[9] verurteilt wurden. Das ist das Thema wegen der weiteren Verfolgung von Leuten, die bei Ausschreitungen, bei Demonstrationen festgenommen wurden. Und dann ein ganz, ganz wichtiger Punkt aus unserer Sicht[4] – das werden Sie wohl verstehen –, daß von Ihrer Seite die Bereitschaft besteht, eine positive Lösung für die sogenannten Botschaftsflüchtlinge – die Leute brauchen ja dann ihre Urkunden, die Frage von Umzugsgut und vergleichbare Sachen, Zeugnisse.[10]

Wenn man hier, und da sage ich Ihnen ganz offen, mit Ihrem Namen einen großzügigen Schritt verbinden kann[4] – ich sag bewußt auch mit Ihrem Namen – einen großzügigen Schritt verbinden kann, wird es eine ganz erhebliche Wirkung nicht nur hier haben, sondern ich bin sicher, auch in der DDR.

GEN. K.: Hm, hm. Also, was meine Rede betrifft[4], die Sie genannt haben, Herr Bundeskanzler, so möchte ich sagen, daß ich mit vollem Bewußtsein die Wende angesprochen habe. Wende bedeutet aber jedoch keinen Umbruch, da hoffe ich, stimmen Sie mit mir überein, daß eine sozialistische DDR auch im Interesse der Stabilität in Europa ist.

HERR K.: Also, Herr Generalsekretär, ich kann nur wiederholen, was ich Gorbatschow bei jeder Gelegenheit sage: Wir haben das deutsche

---

[8] Siehe Nr. 82, Anm. 4 und 14.

[9] Gemeint sind Verurteilungen nach dem § 213 des Strafgesetzbuches der DDR, der »Republikflucht« unter Strafe stellte. – Vgl. hierzu und auch zu dem folgenden Nr. 82, bes. Anm. 15.

[10] Nach einem Beschluß vom Politbüro vom 9. 10. 1989 und des Ministerrates der DDR vom 10. 10. 1989 wurde das Vermögen der in die Bundesrepublik ausgereisten Botschaftsflüchtlinge von staatlichen Treuhändern erfaßt und verwertet. Vgl. Hans-Herrmann Hertle, Der 9. November in Berlin (Expertise für die Enquetekommission des Deutschen Bundestages Aufarbeitung der SED-Diktatur), Arbeitsfassung, S. 15, Anm. 72.

Problem, aber das deutsche Problem ist ein wichtiger Teil der europäischen und der Weltprobleme. Und ich will alles tun, und ich hoffe, wir alle wollen das tun, daß jetzt die Abrüstungsverhandlungen in Wien und anderswo ein wesentliches Stück weiterkommen. Wir werden eine vernünftige Entwicklung der Abrüstung und Entspannung nur bekommen, wenn wir regionale Spannungen nicht verstärken, sondern versuchen zu minimieren. Und in diesem Sinne will ich schon sagen, daß das, was Sie angekündigt haben, von ganz großer Bedeutung ist und daß wir auch in diesem Sinne – glaube ich – eine vernünftige Lösung finden müssen, wenn Probleme auftreten.

GEN. K.: Ich bin Ihnen für diese Worte sehr dankbar, zumal ich davon ausgehe, daß wir beide Interesse daran haben, daß man alles tun sollte, daß man die gegenseitige Schuldzuweisung sozusagen abbaut, und daß man auch nicht gegenseitig sich Ratschläge erteilt, die nicht annehmbar sind.

Durch meinen Beauftragten[7] habe ich ja in dieser Beziehung auf informellem Wege die Haltung der DDR dazu deutlich gemacht, und ich glaube, es ist im Interesse der Menschen und auch der Sicherung des Friedens, alle Möglichkeiten zu finden, das in den gegenseitigen Beziehungen Erreichte[4] nicht nur zu bewahren, sondern zielstrebig auszubauen. Dazu möchte ich meine prinzipielle Bereitschaft, die Bereitschaft auch der Führung, sowohl des Politbüros wie des Staatsrates, bekräftigen, und dabei gehe ich davon aus[11], was ich auch gestern mit Herrn Mischnick besprochen habe[12], unbeschadet grundsätzlicher Unterschiede in politischen Grundfragen die Zusammenarbeit auf vielen Gebieten auszubauen und auch auf den Gebieten, Herr Bundeskanzler, die Sie angesprochen haben. Wir haben schon in voller Souveränität unseres Landes die Frage der Reisefreiheit besprochen. Wir werden ein entsprechendes Gesetz ausarbeiten. Ich verhehle nicht, daß es uns nicht ganz leichtfallen wird. Wir gehen aber mit Ernsthaftigkeit und mit Intensität an diese Arbeit und wollen noch, daß vor Weihnachten dieses Gesetz in Kraft tritt. Allerdings hat die neue Regelung für die DDR erhebliche zusätzliche ökonomische Belastungen. Seitens der DDR muß nachgedacht werden, aber vielleicht kann auch seitens der BRD nachgedacht werden, ob nicht zumindest einige praktische Fragen zukünftig so gehandhabt werden, daß die Respektierung der Staatsbürgerschaft der DDR deutlicher wird.[13] Ich formuliere absichtlich »deutlicher wird«.

[11] Im ›Spiegel‹ fehlt interessanterweise auch der folgende Satzteil: »was ich auch gestern mit Herrn Mischnick besprochen habe«.

[12] Siehe Nr. 82.

[13] Sowohl in Schalcks »Empfehlungen« vom 23. 10. wie in seinem »Vermerk« vom 24. 10. 1989 über das Schäuble-Seiters-Gespräch – siehe Nr. 82, Anm. 6 und 12 – wird präzisiert, was damit gemeint und der Bundesregierung bekannt war: Verzicht auf Ausstellung »vorläufiger Reiseausweise« an DDR-Bürger bei Aufenthalt in der Bundesrepublik und von Pässen an DDR-Bürger

Denn wenn wir ein großzügiges Reisegesetz haben, gibt es ein paar praktische Maßnahmen, über die man durchaus nachdenken kann, Herr Bundeskanzler.

HERR K.: Herr Staatsratsvorsitzender! Ich will jetzt in dem Zusammenhang einfach mal wiederholen, was ich damals Ihrem Vorgänger gesagt habe, und das war, glaube ich, eine ganz wichtige Arbeitsgrundlage. Es gibt in unseren Beziehungen eine Reihe von Grundfragen, wo wir aus prinzipiellen Gründen nicht einig sind und nie einig werden. Wir haben da zwei Möglichkeiten. Das eine, daß wir uns über diese Themen unterhalten und zu keinem Ergebnis kommen, das ist relativ fruchtlos. Oder aber – und das schätze ich sehr viel mehr, und das glaube ich, ist auch der richtige Weg –, daß man eben die gegenseitigen Ansichten respektiert und in allen Feldern, wo man vernünftig zusammenarbeiten kann, die Zusammenarbeit zum Wohle und im Interesse der Menschen sucht. Denn, diese Grundlage muß ja wichtig sein. Es sind ja jetzt, kein Selbstzweck, sondern was für die Menschen zu tun. Und in diesem Sinne glaube ich, ist es jetzt sehr wichtig, daß wir unseren, nach diesem Gespräch beginnenden Gesprächskontakt intensiv pflegen und aufbauen.[14] Es sind viele Erwartungen und übrigens natürlich nicht nur in Deutschland, sondern auch bei unseren Nachbarn in West und Ost, ob wir fähig sind, eine vernünftige Linie der Zusammenarbeit fortzusetzen. Es gibt ja gute Anfänge.

GEN. K.: Ja, ich bin da vollkommen Ihrer Meinung. Ich habe ja auf dem Zentralkomitee meiner Partei formuliert: »Unsere Hand ist ausgestreckt.«[15] Ich habe das gestern wiederholt.[16] Wir sind bereit, das Unsere zu tun, neue Formen sowohl der wirtschaftlichen Zusammenarbeit zu entwickeln und zu fördern und auch sehr konstruktiv heranzugehen an alle Gebiete der Zusammenarbeit, zum Beispiel für den Umweltschutz, für das Verkehrswesen, für das Post- und Fernmeldewesen bis hin zum Tourismus, und auch die Fragen, die sie im Zusammenhang mit den Bürgern angesprochen haben, die unser Land auf diese oder jene Weise verlassen haben, werde ich die Justizorgane unseres Landes bitten, auf der Grundlage vorhandener Gesetze und auf der Grundlage neu zu schaffender Regelungen und Gesetze, entsprechende Lösung zu finden. Sie haben völlig recht, man muß diese Dinge so regeln, daß sie im Interesse der Menschen liegen.

HERR K.: Ja. Also, Herr Generalsekretär! Machen wir das so, wie besprochen.

durch BRD-Botschaften sowie Verzicht auf Aufnahme von DDR-Bürgern in Botschaften der Bundesrepublik.
[14] Vgl. Nr. 85 und 86.
[15] Gemeint war die Sitzung des ZK vom 18. 10. 1989.
[16] D. h. beim Gespräch mit Mischnick, siehe Nr. 82.

GEN. K.: Ja.

HERR K.: Und wenn irgendwas anliegt, warten wir nicht lange ab und reden miteinander.

GEN. K.: Jawohl. Und ich bitte Sie einfach, daß der Herr Seiters mit meinem Beauftragten Kontakt aufnimmt, um eventuell einen Termin zu vereinbaren, damit dann die Dinge schnell in Gang gesetzt werden können.[17]

HERR K.: Ja.

GEN. K.: Denn der Zeitfaktor spielt ja in der Politik immer eine große Rolle, Herr Bundeskanzler.

HERR K.: Noch eine Schlußbemerkung. Ich denke, wir sollten beide das Gespräch heute öffentlich bestätigen.

GEN. K.: Ja.

HERR K.: Und wir sollten zum zweiten sagen, jetzt nicht Details, da halte ich gar nichts davon, denn da werden nur Erwartungen erweckt und ein Druck erweckt, die uns beiden gar nicht hilft, daß wir die Gespräche fortsetzen, daß wir ankündigen, daß in absehbarer Zeit auch die Beauftragten intensiv die Gespräche fortsetzen. Da würde ich aber keinen Zeitplan öffentlich nennen, sondern nur die allgemeine Ankündigung und daß unser gemeinsames Interesse ist, im Sinne des Dienstes an den Menschen in der DDR und in der BRD die notwendigen Möglichkeiten auszuschöpfen, um den Menschen zu helfen. Je mehr Details wir bekanntgeben, um so mehr Druck erzeugen wir, weil wir dann jeden Tag gefragt werden, was habt ihr getan.

GEN. K.: Ja. Ich bin Ihnen dankbar dafür, Herr Bundeskanzler. Wir werden eine solche Information auch unseren Presseorganen geben. Auf Details werden wir verzichten.[4] Und ich werde sicherlich hinzufügen, daß der erste Kontakt, den wir miteinander hatten, doch ein recht aufrichtiger war und in einer sehr angenehmen Atmosphäre verlaufen ist.

HERR K.: Ja, sehr einverstanden.

GEN. K.: Ja?

HERR K.: Ja.

GEN. K.: Ich danke Ihnen, Herr Bundeskanzler. Ich wünsche Ihnen auch alles, alles Gute und auch bei den Problemen, die Sie zu bewältigen haben[4], wie Sie zu Beginn sagten, eine gute Hand, viel Kraft. Ich hoffe, Sie sind bester Gesundheit.

HERR K.: Ja, Gott sei Dank, ja.

---

[17] Schalck-Golodkowski und Seiters trafen sich am 15. 11. 1989 zu einem Gespräch, in dem es u. a. um den Besuch Kohls in der DDR und Gespräche mit Egon Krenz und Hans Modrow ging. Als Termin wurde die letzte Woche vor Weihnachten genannt. Vgl. den »Vermerk« vom 15. 11. über dieses Gespräch in: SAPMO ZPA IV 2/2. 039/328.

GEN. K.: Und wünsche Ihnen, daß alles, alles gut verläuft. Ich meine, Sie haben ja die Operation überstanden; wenn das alles gut gelaufen ist, gute Kraft weiterhin, Herr Bundeskanzler.

HERR K.: Ja. Danke schön. Wiedersehen.

GEN. K.: Wiedersehen. Alles Gute!

HERR K.: Danke schön!

84. Gespräch Rau – Krenz am 9. November 1989 (Ost-Berlin)

SAPMO ZPA IV 2/2039/328: »Niederschrift über das Gespräch des Generalsekretärs des ZK der SED und Vorsitzenden des Staatsrates der DDR, Genossen Egon Krenz, mit dem Ministerpräsidenten von Nordrhein-Westfalen und stellvertretenden Vorsitzenden der SPD, Johannes Rau, am 9. November 1989 im Amtssitz des Staatsrates«

Nach Auskunft von J. Rau vom 9. 9. 1994 ist in den Unterlagen keine Aufzeichnung von diesem Gespräch enthalten.

Nach der Begrüßung bat E. Krenz Rau um Verständnis, daß seine Zeit angesichts der ZK-Tagung begrenzt sei.[1] Diese Tagung sei sehr bedeutsam. Es gehe um eine umfassende Erörterung der gesamtgesellschaftlichen Entwicklung der DDR. Die SED sei interessiert, die Kontakte zur SPD nicht abreißen zu lassen. Er habe gestern vor dem ZK erklärt, daß die SED weiterhin zum Dialog bereit sei.[2] Dies sei allerdings eine zweiseitige Angelegenheit. Um den Dialog nicht über Presse und Fernsehen zu führen, begrüße er die Gelegenheit der Begegnung mit J. Rau.

Es habe zu seinen ersten Entscheidungen gehört, daß die Veranstaltung aus Nordrhein-Westfalen in Leipzig trotz der komplizierten Lage durchgeführt werde.[3] Es sei besser, man spreche miteinander als übereinander. Minister Hoffmann habe ihn informiert, daß es sich um eine großartige und umfangreiche Präsentation handele.[4] Er begrüße das Vorhaben.

J. Rau wies darauf hin, daß die Pläne für das Vorhaben in Leipzig schon mehrere Jahre alt seien. Es habe Vorläufer aus der DDR dafür in Duisburg und Essen gegeben. Er habe Verständnis gehabt, als zunächst eine Absage gekommen sei, sei aber glücklich, daß die Präsentation doch zustande komme.

Er sei dankbar, daß sich E. Krenz die Zeit für dieses Gespräch genommen habe. Er habe ein Fülle von Fragen. Er habe die gestrige Rede von E. Krenz gelesen[5] und auch die personellen Veränderungen zur

---

[1] Das Zentralkomitee tagte vom 8.–10. 11. 1989. In der Sitzung am 9. 11. beschloß es die Einberufung einer Parteikonferenz zum 15.–17. 12. 1989.

[2] Auf der Sitzung des ZK am 8. 11. war das Politbüro zurückgetreten und ein neues verkleinertes Politbüro mit Krenz als Generalsekretär gewählt worden.

[3] Der Beschluß des Politbüros vom 17. 10. (also noch unter Honecker), die zweiwöchige Kulturpräsentation NRW nicht zu gestatten, wurde vom Politbüro am 24. 10. 1989 aufgehoben. Vgl. die betreffende »Vorlage« von Kurt Hager vom 20. 10. 1989 in: SAPMO ZPA J IV 2/2A/3250.

[4] Kultusminister Hoffmann und sein Ministerium wurden vom Politbüro mit der Unterstützung der Präsentation betraut.

[5] Zu Krenz' Rede vom 8. 11. 1989 vor dem ZK vgl. AdG (1989), S. 33942 ff.

Kenntnis genommen.[6] Wie sehe E. Krenz die Chancen, daß die Veränderungen in der DDR gelingen. Welche politischen und wirtschaftlichen Änderungen werde es geben; welche Möglichkeiten für Kooperation gebe es; wie werde es mit den Reisemöglichkeiten sein; wie würden freie Wahlen aussehen. Das Bild, wonach sich in der Sowjetunion, in Polen und Ungarn bedeutende Veränderungen vollziehen, in der DDR und ČSSR jedoch nicht, habe sich gewandelt. Er habe den Eindruck, es gehe nun alles schneller, als die DDR es eigentlich wagen könne.

E. Krenz erwiderte, würde er die Chancen für die Umgestaltung negativ einschätzen, wäre er gestern nicht zum zweiten Mal als Generalsekretär angetreten. Er sei einstimmig gewählt worden[7] und sich darüber klar, daß diese Funktion mit großer Verantwortung und Verpflichtung verbunden sei. Er möchte der Beantwortung der Fragen von J. Rau zwei generelle Bemerkungen voranstellen. Bei allen Demonstrationen und Kundgebungen in der DDR werde – von Ausnahmen natürlich abgesehen – der Sozialismus nicht in Frage gestellt, sondern es gehe darum, wie man ihn besser machen könne. Wenn wir darauf gute Antworten finden, liege das auch im Interesse der SPD. Wie er gestern vor dem ZK erklärt habe, gehe es um einen Sozialismus, der ökonomisch effektiv, politisch demokratisch, moralisch sauber und in allem den Menschen zugewandt sei. Das Zweite, worin Übereinstimmung bestehe, sei die Tatsache, daß die DDR ein souveräner Staat ist und bleibt. Dies sei auch eine Frage der Stabilität in Europa. Davon hänge auch das Wohl der beiden deutschen Staaten ab.

Bei der Beurteilung der Entwicklung in der DDR wäre es gut, Besonnenheit an den Tag zu legen, auch bei manchen Ratschlägen von außerhalb. Es sei Zeit notwendig, um das vorgesehene Programm in Angriff zu nehmen. Das, was bereits in vier Wochen getan worden sei, sei mehr, als anderswo in Monaten oder Jahren angepackt werde. Man dürfe uns nicht überfordern. Das würde den Erneuerungsprozeß nur behindern, nicht fördern. Es verstehe sich, daß dieser Prozeß nicht nur Freunde hätte. Wir hätten eine Vision, die deutsche Perestroika. M. Gorbatschow liefere ein gutes Beispiel. Seine kürzlichen Gespräche mit M. Gorbatschow in Moskau hätten in allen erörterten Fragen völlige Einigkeit ergeben.[8] Es gebe einen engen Schulterschluß zwischen der

---

[6] Vgl. Anm. 2. – Wiedergewählt ins Politbüro wurden nur Günter Schabowski, Werner Jarowinsky, Siegfried Lorenz, Heinz Keßler, Werner Eberlein; neu waren Hans Modrow, Wolfgang Rauchfuß, Gerhard Schürer, Wolfgang Herger. Am 7. 11. war die Regierung unter Stoph zurückgetreten.

[7] Vgl. Anm. 2.

[8] Über Krenz' Gespräch mit Gorbatschow am 1. 11. 1989 in Moskau informiert eine »Niederschrift über das Gespräch« in: SAPMO IV 2/1/704. Danach empfahl Gorbatschow u. a., »sich von den komplizierten Problemen keinen Schrecken einjagen zu lassen«, und versicherte, die »Sowjetunion werde natürlich« in dem Prozeß »der grundlegenden Veränderungen« in der DDR »an der Seite der Genossen in der DDR stehen«. Gorbatschow berief sich in bezug auf die deut-

DDR und der UdSSR, zwischen Worten und Taten gebe es keinen Unterschied mehr. Es gehe um eine Perestroika entsprechend den Bedingungen der DDR. Natürlich sei sie auch mit Risiken verbunden.

J. Rau sagte, in der BRD werde häufig gefragt, was Egon Krenz für ein Mann sei. Einige verwiesen darauf, daß er am 9. Oktober in Leipzig[9] mögliche schreckliche Ereignisse verhindert habe, andere erklärten, er habe die Kommunalwahlen zu verantworten.[10] Wäre es nicht gut, wenn E. Krenz sich dazu auch öffentlich äußern würde.

E. Krenz erklärte, was er für ein Mann sei, müsse man an Taten messen. Es werde ihm nachgesagt, er sei ein Mann von Erich Honecker. Dessen brauche er sich nicht zu schämen. Erich Honecker habe für die DDR viel Gutes getan. Es gehe dabei auch um politischen Anstand. Er sei aber den Weg mit Erich Honecker nicht bis zu Ende gegangen. Es sei ein Punkt erreicht worden, wo selbständig gehandelt werden mußte. Das habe sich aus der internationalen und inneren Lage ergeben, auch aus dem Abstand der Lebenserfahrung. Er werde also nicht weitermachen, wo Erich Honecker aufgehört habe.

Über die Kommunalwahlen gebe es viel Verleumdungen. Die Ergebnisse aus den Kreisen seien in Berlin über den Computer eingelaufen. Er sei nicht dafür verantwortlich, wenn vielleicht irgendwo nicht richtig gezählt worden sei. Er habe darüber bereits mit Bischof Leich gesprochen.[11] Er habe keinerlei Grund, den 300 000 Wahlhelfern zu mißtrauen. Jetzt stehe Aussage gegen Aussage. Er habe nicht vor, sich für seine Funktion als Vorsitzender der Wahlkommission zu rechtfertigen. Er sehe auch keinen Grund zu bestätigen, daß es Wahlmanipulationen gegeben habe. Bei der Ausarbeitung eines neuen Wahlgesetzes würden alle Erfahrungen ausgewertet.

Man werfe ihm sein Auftreten in Saarbrücken zu China vor.[12] Wenn

sche Frage und den Platz »der BRD und der DDR im gesamteuropäischen Haus« auf Gespräche mit Thatcher, Brzesinski, Mitterrand, Andreotti und Jaruzelski, die alle »von der Bewahrung der Realitäten der Nachkriegszeit, einschließlich der Existenz zweier deutscher Staaten, ausgehen« und alle die Frage »der Einheit Deutschlands« als »äußerst explosiv für die gegenwärtige Situation« betrachteten. Allerdings komme niemand »darum herum, daß zwischen den beiden deutschen Staaten mannigfaltige menschliche Kontakte bestehen. Diese könnten nicht verhindert werden, man müsse sie unter Kontrolle halten und steuern. Dazu sei es notwendig, einige Korrekturen an der Politik anzubringen, um das Verständnis des Volkes zu erlangen.« Für die UdSSR gehe es um das Dreieck UdSSR, DDR, Bundesrepublik; sie sei »bestrebt, den Partner BRD enger an sich zu binden. Dann werde auch die DDR eine günstigere Position in diesem Dreieck haben.«

[9] Bei der großen Montagsdemonstration am 9. 10. 1989 in Leipzig war es trotz des Großaufgebots der »Sicherheitskräfte« nicht zu dem von manchen befürchteten deutschen »Tiananmen« gekommen.

[10] Krenz war Vorsitzender der Wahlkommission gewesen, vgl. Nr. 82.

[11] Siehe Nr. 82, bes. Anm. 17.

[12] Zu dem Besuch und dem Auftreten von Krenz am 7./8. 6. 1989 in Saarbrücken vgl. den in Nr. 79, Anm. 42, zitierten Bericht. Lafontaines kritische Ausführungen zu China bei der Eröffnung der »Saarbrücker Gespräche« hatte Krenz als Einmischung in die inneren Angelegenheiten

Oskar Lafontaine ehrlich sei, werde er bestätigen, was er in Saarbrücken wirklich gesagt habe. Er habe sich gegen eine Art Frontberichterstattung über China gewandt, die sich nicht auf Fakten stützte. Er sei dagegen aufgetreten, daß eine solche Berichterstattung gegen ein Land ausgenutzt werde, das große Stabilität brauche. Er habe erklärt, daß man alles tun müsse, um die Lage in China zu stabilisieren, anderenfalls gebe es unabsehbare Folgen für die ganze Welt. Im übrigen habe er auf der 9. ZK-Tagung[13] erklärt, daß es keine anderen als politische Mittel für die Lösung anstehender Probleme gebe.

J. Rau fragte nach nächsten Schritten in der DDR.

E. Krenz antwortete, die ZK-Tagung werde bis morgen weitergeführt. Dann werde die Volkskammer tagen, um einen neuen Präsidenten zu wählen.[14] Dann müsse eine handlungsfähige Regierung gebildet werden. Die SED habe Hans Modrow als Kandidaten für den Ministerpräsidenten benannt. Dann werde es die Regierungserklärung der neuen Regierung geben.[15] Wir seien entschlossen, eine wirkliche Koalitionsregierung zu bilden. Die Verantwortungen zwischen Regierung und Partei müßten klar abgesteckt werden.[16]

F. Farthmann[17] fragte, ob jemand in die Regierung aufgenommen werde, der der jetzigen Opposition nahestehe.

E. Krenz erwiderte, er sei gegen den Begriff Opposition. Die Verfassung sehe vor, daß die Regierung im Rahmen der Nationalen Front gebildet werde. Was andere Gruppen betreffe, so müsse ihre Zulassung auf der Grundlage der Gesetze geprüft werden. Die Anmeldung des »Neuen Forums« sei angenommen worden[18] und werde geprüft. Faktisch seien ihre Anhänger in viele Gespräche einbezogen. In der DDR

der Volksrepublik China zurückgewiesen. Zur Reaktion der DDR-Führung auf »Tiananmen« vgl. auch Nr. 80, bes. Anm. 25.

[13] D. h. die Sitzung am 18. 10. 1989.

[14] Am 13. 11. 1989 wurde in geheimer Wahl der Vorsitzende der DBD (Demokratische Bauernpartei Deutschlands), Günther Maleuda, zum neuen Präsidenten der Volkskammer gewählt. Er setzte sich in einer Stichwahl mit 246 zu 230 Stimmen für Manfred Gerlach, den Vorsitzenden der LDPD, durch. Vgl. AdG 1989, S. 33949f.

[15] Die Nominierung Modrows war von der ZK-Sitzung am 8. 11. 1989 vorgenommen worden. Zur Wahl Modrows durch die Volkskammer am 13. 11. 1989 und zu seiner Regierungserklärung vom 17. 11. 1989 vgl. AdG 1989, S. 33950ff. sowie Nr. 85.

[16] In einem Vermerk der Staatskanzlei NRW vom 13. 11. 1989 über Raus »Gespräch mit Hans Modrow am 11. November 1989 im Gästehaus der SED in Dresden« (Unterlagen Rau) wird Modrow so referiert: Er sei »mit den Vorsitzenden der Blockparteien« einig, »daß die künftige Regierung als ›Koalitionsregierung‹ erkennbar sein müsse« und er »das Amt nur unter der Bedingung übernehme«, daß »der Regierungschef das Sagen« habe und »daß die Regierung die Regierung ist«. In dem Vermerk hieß es dazu: »In diesem Zusammenhang ist möglicherweise eine Bemerkung von Egon Krenz von Interesse, der gegenüber dem MP ebenfalls von einer künftig klaren Trennung zwischen Partei- und Regierungsarbeit gesprochen hat.«

[17] Friedhelm Farthmann, Vorsitzender der SPD-Landtagsfraktion in NRW (im Original »Fahrtmann«).

[18] Bei der ZK-Tagung am 8. 11. 1989 war beschlossen worden, daß Anmeldungen zur Gründung von Vereinigungen auf der Grundlage der DDR-Verfassung anzunehmen seien. Einen ent-

gebe es bekanntlich bereits seit vielen Jahren fünf Parteien. Jetzt würden diese Parteien ihre Eigenständigkeit mehr hervorheben. Es sei richtig, daß sie ihr eigenes Gesicht zeigen.

J. Rau fragte, ob das Reisegesetz nochmals überdacht werde.[19] Die DDR müsse etwas tun, damit die Menschen in der DDR bleiben.

E. Krenz sagte, der Entwurf des Reisegesetzes sei als Diskussionsgrundlage vorgelegt worden. Im Ergebnis der Diskussion werde es erneut beraten. Das eigentliche Problem liege in der Finanzierung. Man brauche Zeit, um diese Fragen zu prüfen. Die Reisefrage habe auf der Wunschliste der BRD-Regierung immer ganz oben gestanden. Es wäre nützlich, wenn auch sie über die Frage der Finanzierung nachdenken würde. Wenn es bei 15 Mark Reisekosten bleibe, würde jeder sagen, dieses sei eine Scheinlösung. Manches höre sich gut an, z. B. den Mindestumtausch dafür zu verwenden. Es handle sich um 330 Mio. DM; das sei ein Tropfen auf den heißen Stein. Man brauche Milliarden-Beträge, da der Reiseverkehr in die BRD mit dem Reiseverkehr in andere Länder nicht vergleichbar sei.[20]

Was die Ausreisen betreffe, so hätten sie ihre Ursachen in Problemen, die seit langem entstanden seien. Lösungen brauchten Zeit. Dies alles sei sehr bitter. Er habe in seiner gestrigen Rede[5] Leute, die die DDR verlassen, nicht als Gegner bezeichnet. Aber natürlich sei auch Egoismus im Spiel. Wer als Arzt seine Patienten verlasse, habe nicht deren Wohl im Sinn. Was die mögliche Arbeitsaufnahme von Ärzten aus der BRD in der DDR angehe, so werde über vieles nachgedacht. Immer müsse es aber um eine ehrenhafte Lösung gehen. Man müsse auch sehen, daß der überwiegende Teil der Bevölkerung der DDR hier bleibe. Er sei mit der DDR verbunden und wolle nicht eingekauft werden. Man solle in der BRD nicht darüber nachdenken, wie man die DDR einkaufen könne.

J. Rau erklärte, er möchte den Begriff Hilfe nicht strapazieren, stelle aber trotzdem die Frage, wo man Unterstützung leisten könne. Die

sprechenden Antrag des »Neuen Forum« bestätigte das DDR-Innenministerium am gleichen Tag. Vgl. Hertle, Der 9. November in Berlin, S. 35 f.

[19] Siehe Nr. 82, Anm. 14. – DDR-Finanzminister Ernst Höfner hatte nach der Ablehnung des Entwurfs durch den Rechtsausschuß der Volkskammer am 7. 11. die Vorlage eines neuen Entwurfs angekündigt.

[20] In der »Konzeption« für ein Gespräch Krenz – Kohl, ohne Datum, Anfang November 1989, die von Schalck-Golodkowski entworfen war, hieß es zur »Finanzierung des Reiseverkehrs«, dies könne durch Bildung eines zweckgebundenen »Reisezahlungsfonds durch die BRD in Höhe von 3,8 Mrd. DM« geschehen (bei gleichzeitiger Aufhebung der Mindestumtauschsätze). Die »Konzeption« mit 2 Anlagen in: SAPMO ZPA IV 2/2039/328. – Schalck-Golodkowski nahm damit eine Art »freibleibendes« Angebot von Seiters aus einer Unterredung mit ihm am 6. 11. auf (auch Schäuble nahm daran teil), wonach »ein valutaseitiger Reisezahlungsfonds mit Mitteln der BRD eingerichtet werden« könnte. »Bei 12,5 Mio. Reisenden wäre das eine Größenordnung von 3,8 Mrd. DM.«

Wirtschaft, nicht zuletzt in Nordrhein-Westfalen, warte geradezu darauf.

F. Farthmann[17] warf die Frage der Konvertibilität auf. J. Rau fragte nach dem Abbau von Subventionen.

E. Krenz sagte dazu, hinsichtlich der Konvertibilität müsse man nüchtern sehen, daß die Unterschiede in der Arbeitsproduktivität zwischen beiden deutschen Staaten sehr groß seien. Die DDR liege um 40% zurück. Bei den Subventionen handele es sich um Dinge, an die sich die Bevölkerung gewöhnt habe, z. B. stabile Mieten, kostenlose gesundheitliche Betreuung. Es müsse eine vernünftige Subventionspolitik gemacht werden. Wer z. B. über eine gewisse Norm hinaus Wohnraum beanspruche, müsse dafür mehr Miete zahlen. Die Subventionspolitik müsse gründlich überlegt werden. Die soziale Komponente dürfe nicht aufs Spiel gesetzt werden. Wir seien für eine marktorientierte sozialistische Wirtschaft, aber ohne Arbeitslosigkeit. Man könne als sozialistischer Staat nicht zulassen, daß ein Drittel der Bevölkerung ausgegrenzt werde.

W. Clement[21] stellte die Frage, wie die DDR zu Kooperationen stehe. Viele Unternehmen in Nordrhein-Westfalen hätten dafür Interesse.

E. Krenz verwies darauf, daß es Kontakte zur Bundesregierung gebe. Er habe mit Bundeskanzler Kohl telefoniert[22]; Bundesminister Seiters werde in die DDR kommen.[23] Dort würden auch diese Fragen erörtert werden. Er wolle dem nicht vorgreifen. Die DDR sei für nützliche Vorschläge offen, die davon ausgehen, daß die DDR ein souveräner Staat ist und bleibt. Unsere Fachleute würden diese Fragen prüfen.

J. Rau erklärte, im nordrhein-westfälischen Landtag hätten sich alle Parteien dafür ausgesprochen, das DDR-Fernsehen für die BRD zu übernehmen.

E. Krenz erwiderte, das stimme mit unseren Wünschen überein. Er habe sich auf der ZK-Tagung dafür ausgesprochen. Man müsse jetzt damit zusammenhängende Probleme prüfen.

W. Clement wies darauf hin, daß einige Publikationsorgane der BRD wie der ›Spiegel‹ ihre Büros in der DDR vergrößern möchten. Es werde gefragt, ob die bisherigen Regelungen für die Tätigkeit von Journalisten verändert würden.

E. Krenz erklärte dazu, es bestehe die Absicht, in einem Mediengesetz[24] auch die Tätigkeit ausländischer Journalisten zu regeln. Das brauche jedoch Zeit. Er habe gestern vorgeschlagen, Fachzeitschriften

---

[21] Wolfgang Clement, Chef der Staatskanzlei von NRW.
[22] Siehe Nr. 83.
[23] Siehe Nr. 86.
[24] Ein Mediengesetz kündigte Modrow u. a. in der Regierungserklärung vom 17. 11. 1989 an.

auf Gegenseitigkeit zu beziehen. Darüber müsse man sich verständigen.

Er müsse auch hinzufügen, daß wir mitunter mit manchen BRD-Journalisten nicht die besten Erfahrungen machen.

Es sei vieles denkbar. Programme mit 6 oder 8 oder 10 Punkten würden aber nicht weiterhelfen. Man müsse den Dialog weiterführen. Dabei müsse auch wieder über die großen Fragen von Frieden und Abrüstung gesprochen werden. Sie könnten im Dialog nicht ausgeklammert bleiben.

Es gebe gegenwärtig in der DDR viele Diskussionen, viele Wortmeldungen. Dies geschähe nicht gegen unseren Willen, sondern wir hätten dies gewollt. Es werde ein Wahlgesetz ausgearbeitet. Volkskammerwahlen stünden 1991 an. Wichtig sei, daß auf allen Gebieten gut gearbeitet werde. Das, was auf der Demonstration am vergangenen Sonnabend[25] zum Ausdruck gekommen sei, widerspiegele keineswegs die Meinung aller DDR-Bürger. Gestern z. B. hätten sich vor dem ZK auch Tausende Mitglieder der SED versammelt, um ihre Verbundenheit mit der Partei zu demonstrieren

An dem Gespräch nahmen teil: der Minister für Kultur, Gen. Hans-Joachim Hoffmann, der Leiter der Abt. für IPW des ZK, Gen. Gunter Rettner, der Leiter der Abt. BRD im MfAA, Gen. Karl Seidel, sowie der Vorsitzende der SPD-Fraktion im Landtag von Nordrhein-Westfalen, Prof. Dr. Friedhelm Farthmann, der Chef der Staatskanzlei von Nordrhein-Westfalen, Wolfgang Clement, und der Leiter der BRD-Vertretung, Dr. Franz Bertele.

Seidel *[Unterschrift]*

---

[25] Bei der Großkundgebung am 4. 11. 1989 auf dem Alexanderplatz in Berlin-Mitte demonstrierten rund eine Million Menschen. Gefordert wurden dabei u. a. freie Wahlen, Meinungsfreiheit, Aufgabe des Führungsmonopols der SED, offizielle Zulassung von Oppositionsgruppen, Rücktritt der Regierung.

SAPMO ZPA IV 2/2039/328: »*Gespräch zwischen dem Generalsekre-*
tär des ZK der SED, Genossen Egon Krenz, und dem Bundeskanzler
der BRD, Herrn Dr. Helmut Kohl; am 11. November 1989, 10.13 Uhr
bis 10.22 Uhr«

Gen. K.: Ja. Guten Morgen, Herr Bundeskanzler.

Herr K.: Ja. Guten Morgen.

Gen. K.: Hier ist Krenz. Obwohl die Atmosphäre zwischen uns beim
ersten Gespräch sehr gut war[1], verhindert jetzt offensichtlich die
Technik unsere konstruktive und schnelle Arbeit.

Herr K.: Nein, das glaube ich nicht, ich glaube, das klappt sehr gut.
Also, Herr Generalsekretär, ich wollte erstens einmal sagen, daß ich
sehr, sehr begrüße, diese sehr wichtige Entscheidung der Öffnung.[2]

Gen. K.: Das freut mich sehr.

Herr K.: Das, was jetzt hier möglich ist, trägt, glaube ich, sehr, sehr zu
einer positiven Entwicklung bei und vor allem einer Entwicklung,
die, was ich noch einmal nachdrücklich unterstreichen will, ich habe
das ja auch am Donnerstag im Bundestag gesagt[3], es ist nicht unser
Ziel, und schon gar nicht mein Ziel, daß möglichst viele Leute aus der
DDR rausgehen, sondern unsere gemeinsame Politik muß sein, daß
die Leute zufrieden sind und in ihrer eigenen Heimat bleiben, aber
daß sie rüber und nüber gehen können, sich besuchen, miteinander
sprechen, ist ganz wichtig. Ich glaube, wir stehen jetzt in einem ganz
wichtigen Zeitabschnitt, ein Zeitabschnitt, in dem sehr viel Vernunft
und gar keine Aufgeregtheit am Platz ist, sondern eine ruhige Gelassenheit, um die richtigen Entscheidungen zu treffen. Ich habe dieser
Tage gesagt, ich habe den dringenden Wunsch, daß ich in einer sehr
nahen Zukunft mit Ihnen zusammentreffe, und möchte einfach
heute früh vorschlagen – ich muß heute noch wieder zurück nach Polen[4], ich habe den Besuch unterbrochen, und ich darf auf keinen Fall
in der schwierigen Lage, die aus der Geschichte heraus mit Polen be-

---

[1] Siehe Nr. 82.

[2] Mit »diese sehr wichtige Entscheidung der Öffnung« meinte Kohl die »Öffnung« der Berliner Mauer am Abend des 9. 11. und der innerdeutschen Grenzen.

[3] Kohl bezog sich auf seine Rede zum Bericht der Lage der Nation, den er am 8. 11. 1989 vor
dem Deutschen Bundestag erstattet hatte. Deutscher Bundestag, 11. Wahlperiode, 173. Sitzung,
8. 11. 1989, Sten. Ber. S. 13017.

[4] Bundeskanzler Kohl stattete Polen vom 9.–14. 11. 1989 einen offiziellen Besuch ab. Vom 10.
11. bis 12. 11. 1989 unterbrach Kohl den Besuch und reiste zurück in die Bundesrepublik, um
u. a. bei der Kundgebung am 10. 11. 1989 vor dem Schöneberger Rathaus in Berlin (West) zu
sprechen. Zum Polen-Besuch vgl. AdG 1989, S. 33966ff.

steht, dort den Eindruck erwecken, daß wir die polnischen Dinge gering achten.[5] Mein Vorschlag ist, daß zur Vorbereitung unseres Gesprächs, Ende der jetzt beginnenden Woche, Herr Seiters zu Ihnen kommt[6], daß man dann einmal den Rahmen absteckt, daß wir dann bald darauf einen Termin ausmachen – wobei ich Ihnen gleich sagen will, ich komme auf keinen Fall nach Ostberlin, aber an einen anderen Ort drüben in der DDR. Ich möchte bei der Gelegenheit auch, wenn es geht, den neuen Ministerpräsidenten, den Sie ja wahrscheinlich in den nächsten Tagen wählen werden[7], kennenlernen, und daß wir dann mit, ohne zeitlich in Bedrängnis zu sein, sehr intensiv das tun, was die Diplomaten eine Tour d'horizon nennen, aber wir beide sind keine Diplomaten, sondern in einem offenen und direkten Gespräch einmal überlegen, was geht und was nicht geht. Und ich glaube aber, es ist gut, wenn Seiters, den Sie aber auch, glaube ich, gar nicht kennen – den Termin könnten wir dann im Detail ausmachen – unsere Vorstellung ist, weil wir ja hier noch einen Haufen Dinge zu erledigen haben, die gar nichts mit dieser Sache zu tun haben, wenn ich nicht da bin, daß der vielleicht im letzten Drittel der nächsten Woche rüberkommt, wie er das vorher ja auch gemacht hat[8] – den Termin kann man ja dann ausmachen, und daß er auch bei dieser Gelegenheit den Ministerpräsidenten, den Sie, glaube ich, am Montag oder Dienstag wählen werden, kennenlernt.

GEN. K.: Also, Herr Kohl, zunächst danke ich Ihnen, daß Sie unsere Maßnahmen, die wir zum Reiseverkehr getroffen haben, so hoch einschätzen. Wir haben sie als Bekräftigung unserer Politik der Erneuerung getroffen, im Interesse der Menschen, und ich glaube, es wäre sehr gut, wenn wir auch bei der praktischen Durchführung überall Sachlichkeit, Berechenbarkeit und guten Willen an den Tag legen, überall, auch bei Organen, die sozusagen unmittelbar die Dinge zu lenken und zu leiten haben. Denn nach wie vor bleibt ja die Grenze. Und die Grenze soll durchlässiger gemacht werden. Wir haben also sehr viele Vorschläge dazu bereits unterbreitet. Dazu gehö-

[5] Für Verstimmungen und Differenzen bei dem Polen-Besuch hatte besonders der von Kohl durchgesetzte Besuch des Annabergs, der seit den Kämpfen um Oberschlesien 1920/21 für die Polen als Symbol deutschen Machtwillens in Schlesien galt, und die Weigerung des Kanzleramtes gesorgt, in der gemeinsamen Erklärung zum Besuch eine definitive Garantie für die Oder-Neiße-Linie als polnische Westgrenze abzugeben.

[6] Siehe (auch zum folgenden) Nr. 86.

[7] Hans Modrow wurde am 13. 11. 1989 zum neuen Ministerpräsidenten gewählt. Vgl. Nr. 84, Anm. 15.

[8] Zum Gespräch Seiters – Honecker am 7. 7. 1989 siehe Nr. 81. Am 18. 8. 1989 hatte Seiters ein Gespräch mit dem Ersten stellv. Ministerpräsidenten Werner Krolikowski geführt. Vgl. den »Vermerk« in: SAPMO ZPA IV/2/2035/86. – Dazu kamen die Kontakte und Unterredungen mit Schalck-Golodkowski. Ihr nächstes Treffen war am 15. 11. 1989; vgl. den »Vermerk« vom gleichen Tag in: SAPMO ZPA IV 2/2039/328.

ren auch die direkte Öffnung von Grenzübergängen. Also ich wäre sehr, sehr dafür, Herr Bundeskanzler, wenn wir vor allem bestimmte Emotionen ausräumen bei Leuten, die nun am liebsten alles über Nacht beseitigen möchten. Aber die Grenze durchlässiger zu machen, bedeutet ja noch nicht, die Grenze abzubauen. Da wäre ich Ihnen also sehr dankbar, wenn Sie in dieser Beziehung beruhigend einwirken könnten.

HERR K.: Na ja, ich hab ja gestern mehrmals mit Berlin gesprochen. Und ich habe immer wieder darauf hingewiesen, daß das, was meine Politik, daß jede Form von Radikalisierung gefährlich ist.

GEN. K.: Jede Form von Radikalisierung ist gefährlich. Da stimme ich Ihnen vollkommen zu.

HERR K.: Wir werden uns nicht zu unterhalten brauchen, was für Gefahren das sein könnten, das kann sich jeder leicht ausrechnen.

GEN. K.: Ja. Denn ich gehe ja davon aus, Herr Bundeskanzler, daß wir bei einer Frage absolut übereinstimmen. Wenn auch die Zielstellungen unterschiedlicher Art sind, aber daß gegenwärtig die Wiedervereinigung Deutschlands nicht auf der Tagesordnung steht.

HERR K.: Ja, das ist natürlich vom Grundverständnis her – sind wir da ganz anderer Meinung. Weil wir halt auf die Verfassung der Bundesrepublik Deutschland vereidigt sind, und da steht ja das Selbstbestimmungsrecht drin. Wir interpretieren natürlich das Ergebnis des Selbstbestimmungsrechts anders wie Sie. Bloß das ist jetzt nicht das Thema, das uns im Augenblick am meisten beschäftigt. Sondern im Moment muß uns beschäftigen, daß wir zu vernünftigen Beziehungen zueinander kommen. Und daß die Menschen dies auch akzeptieren.

GEN. K.: Ja, und wir sind für diese Beziehungen bereit. Und zwar auf allen Gebieten: auf dem Gebiet der Wirtschaft, des Umweltschutzes, des Verkehrs, des Post- und Fernmeldewesens, der Kultur und auch im humanitären Bereich.[9] Und deshalb begrüße ich sehr Ihren Vorschlag, daß Herr Seiters noch in dieser Woche zu uns kommt.

HERR K.: Also, das wird, wollen wir mal so sagen, gegen Ende der Woche sein.

GEN. K.: Gegen Ende der Woche wird bei uns die Volkskammertagung sein, aber ich werde sicherlich Möglichkeiten finden, aus der Volkskammer –.

HERR K.: Wann ist die Volkskammertagung?

GEN. K.: Die Volkskammertagung wird mit großer Wahrscheinlichkeit zur Regierungsbildung und Regierungserklärung am Freitag

---

[9] Eine konsistente Zusammenfassung der Vorstellungen der damaligen DDR-Führung enthält eine Aufstellung Schalcks, die er für die Gespräche mit Seiters anfertigte; in: SAPMO ZPA IV 2/2039/328.

und Sonnabend sein.[10] Und am Donnerstag werde ich möglicherweise in der ČSSR sein.[11]

HERR K.: Nein, nein, ich finde, es wäre ganz falsch, wenn Seiters vor der Volkskammer da wäre. Da lassen Sie uns doch mal überlegen, daß er vielleicht am Tag danach kommt.

GEN. K.: Daß Seiters vielleicht, sagen wir mal, am folgenden Montag kommt, also Montag in einer Woche.

HERR K.: Ja, das ist sehr gut. Das können wir schon ausmachen.

GEN. K.: Ja. Montag in einer Woche.

HERR K.: Lassen Sie mich einmal eine Sekunde in meinen Kalender gucken. Das wäre dann der 20.

GEN. K.: Das wäre der 20. Ja.

HERR K.: Also können wir bongen.

GEN. K.: Ja.[12]

HERR K.: Die Uhrzeit ist, sagen wir mal –. Wir können, wir lassen heute beide raus, daß der Seiters am Montag, dem 20. kommt.

GEN. K.: Jawohl.

HERR K.: Uhrzeit brauchen wir nicht zu sagen.

GEN. K.: Montag, 20. Alles andere kann durch unsere Beauftragten geklärt werden, Herr Bundeskanzler.[13]

HERR K.: Und wenn noch irgend etwas ist, Herr Krenz, um das klar zu sagen jetzt, das ist ja eine Situation, die leicht dramatisch werden könnte, dann greifen Sie zum Telefon und ich umgekehrt.

GEN. K.: Ja, unbedingt, Herr Bundeskanzler.

HERR K.: Das ist jetzt sehr wichtig.

GEN. K.: Ich bin sehr froh, daß Sie weiter heute nach Polen fahren werden, denn Polen ist unser östlicher Nachbar, mit dem uns sehr viel verbindet. Wenn Sie den Herrn Präsidenten sehen und den Herrn Ministerpräsidenten[14] und die anderen Persönlichkeiten, sagen Sie ihnen ruhig, daß wir telefoniert haben.

HERR K.: Ja, werde ich ihm gerne erzählen.

GEN. K.: Ja, und sagen Sie ihm auch auf diesem Wege einen herzlichen Gruß.

---

[10] Die Regierungserklärung gab Modrow am 17. 11. 1989 ab. Die Volkskammer debattierte darüber am 17. und 18. 11. 1989.

[11] Der Besuch fand nicht statt.

[12] Siehe Nr. 86.

[13] Das Gespräch Seiters – Schalck-Golodkowski am 15. 11. diente der Vorbereitung von Seiters Besuch in Ost-Berlin am 20. 11. und dem Besuch von Kohl in der DDR. Die Sachfragen kreisten vorrangig um »Reiseverkehr«, Status der Flüchtlinge über Ungarn, Polen und die Tschechoslowakei, noch inhaftierte »politische Häftlinge«, Zusammenarbeit auf dem Gebiet der Wirtschaft, vor allem den Reisefonds sowie Veränderungen des politischen Systems in der DDR, insonderheit die Änderung des Art. 1 der Verfassung (führende Rolle der SED) und Zulassung neuer Parteien und Gruppierungen zur Wahl. Vgl. Anm. 8.

[14] Staatspräsident war Wojciech Jaruzelski, Ministerpräsident Tadeusz Mazowiecki.

Herr K.: Ja, mache ich gern.

Gen. K.: Und alle anderen Fragen, wie gesagt, können dann Seiters und die entsprechenden Herren besprechen, und ich bin gerne bereit, mit Herrn Seiters Punkt für Punkt durchzugehen, weil ja doch eine Reihe Fragen, die jetzt mit dem Reiseverkehr in Verbindung stehen, noch konkret besprochen werden müssen. Und es wäre sicherlich nicht gut, wenn jetzt die Dinge sich dramatisch entwickeln. Was uns betrifft, haben Sie sicherlich gehört, daß wir eine Tagung des Zentralkomitees unserer Partei hatten, die Führung der Partei sehr, sehr verjüngt haben.[15] Das ist sicherlich ein guter Schritt. Wir sind zu radikalen Reformen bereit. Wir arbeiten zusammen mit anderen politischen Kräften, auch mit den Kräften der Kirche. Also, wir bringen eine Reihe von Vorleistungen, Herr Bundeskanzler, die Sie ja auch immer unterstrichen haben in Ihren Gesprächen mit uns. Und ich denke, es ist eine gute Atmosphäre entstanden, um auch Dinge zu klären, die auch mit dem ökonomischen Bereich zusammenhängen, für den Reiseverkehr.

Herr K.: Ja.

Gen. K.: Denn diese Dinge können wir allein nicht lösen. Und da bitte ich um Ihr Verständnis und auch um Ihre Vorschläge, wie das ja zwischen unseren Beauftragten bereits andiskutiert worden ist.

Herr K.: Ja. Also machen wir es so?

Gen. K.: Machen wir es so, Herr Bundeskanzler. Ich wünsche Ihnen für Ihre Kabinettsrunde Erfolg und alles Gute und dann einen erfolgreichen Abschluß Ihrer Visite nach Polen.

Herr K.: Also, Wiedersehen dann.

Gen. K.: Herr Bundeskanzler, wie wollen wir mit der Veröffentlichung verfahren?

Herr K.: Sagen wir jetzt ganz einfach, wir haben ein intensives Gespräch gemacht.

Gen. K.: Ein intensives Gespräch.

Herr K.: Sie können auch ruhig sagen, daß ich begrüßt habe, daß die Grenzen jetzt geöffnet sind.

Gen. K.: Sie haben begrüßt, daß die Grenzen geöffnet sind.

Herr K.: Das ist ein wichtiger Wunsch von uns. Und daß wir das Gespräch fortsetzen. Wo es notwendig, telefonisch.

Gen. K.: Fortsetzen, telefonisch.

Herr K.: Daß am 20. Seiters zu Ihnen kommt.

Gen. K.: Daß am 20. Seiters kommt.

Herr K.: Daß wir uns dann anschließend in der DDR treffen. Aber ich muß noch einmal sagen, nicht in Ostberlin

---

[15] Siehe Nr. 84, bes. Anm. 2 und 6.

GEN. K.: Ja, ist in Ordnung. Daß wir uns in der DDR treffen, und Sie meinen, nicht in der Hauptstadt.[16]

HERR K.: Ja, ist gut.

GEN. K.: Ist in Ordnung.

HERR K.: Bitte schön.

GEN. K.: Danke schön, Wiederhören!

[16] Kohl traf sich mit Ministerpräsident Modrow am 19./20. 12. 1989 in Dresden. Siehe: AdG 1989, S. 34044 ff. In dem Gespräch mit J. Rau am 11. 11. 1989 in Dresden hatte Modrow erklärt: »Er halte eine baldige Begegnung Kanzler/Krenz für dringlich«, müsse »allerdings auch auf seine Einbindung in diese Gespräche Wert legen. Er bat den MP in aller Offenheit, darauf hinzuwirken, daß der Kanzler ihn M[odrow] als neuen Regierungschef der DDR und damit als seinen Gesprächspartner akzeptiere. Die bisherige Gesprächsebene Kanzler/Vorsitzender des Staatsrates sei ›auf Dauer nicht tragbar‹. Der Regierungschef sei der richtige Gesprächspartner.« Vermerk vom 13. 11. 1989 über das »Gespräch mit Hans Modrow am 11. November 1989 im Gästehaus der SED in Dresden« in Unterlagen J. Rau.

86. Gespräch Seiters – Krenz/Modrow am 20. November 1989 (Ost-Berlin)

SAPMO ZPA J IV 2/2A/3262: »Bericht über das Gespräch des General-sekretärs des ZK der SED und Vorsitzenden des Staatsrates der DDR, Genossen Egon Krenz, und des Vorsitzenden des Ministerrates der DDR, Genossen Dr. Hans Modrow, mit dem Bundesminister für besondere Aufgaben und Chef des Bundeskanzleramtes, Rudolf Seiters, am 20. November 1989 im Amtssitz des Staatsrates«

Aufzeichnungen von seiten R. Seiters über dieses Gespräch wurden nicht zugänglich gemacht. Vgl. Nr. 81. In: John (1991), S. 123–128, wird der Inhalt dieser Unterredung ganz offensichtlich anhand von Aufzeichnungen referiert.

E. Krenz brachte die Hoffnung zum Ausdruck, daß die Gespräche dazu dienen, den Besuch von Bundeskanzler Kohl vorzubereiten.[1] Die Beziehungen zwischen der DDR und der BRD und ihr Ausbau seien von großer Bedeutung für die Menschen und für die Stabilität in Europa. Er forderte R. Seiters auf, zunächst seine Ausführungen zu machen.

R. Seiters dankte für die Gelegenheit zu diesem Meinungsaustausch. Die Regierungserklärung von Bundeskanzler Kohl[2] sei bekannt. Danach sei die BRD zu umfassender Unterstützung unter bestimmten Voraussetzungen bereit. Eine wichtige Frage sei dabei allerdings die Akzeptanz in der Bevölkerung der BRD. Die Entwicklung in der DDR werde mit großer Aufmerksamkeit verfolgt. Sie habe Auswirkungen auf ganz Europa. Der ungehinderte Reiseverkehr würde begrüßt. Die BRD habe immer erklärt, ihr Interesse bestehe nicht darin, daß die Menschen die DDR verlassen, sondern hierbleiben und eine Perspektive haben. Entscheidend für eine neue Dimension der Hilfe sei für die BRD die Frage, wie weit der Reformprozeß in der DDR verbindlich und unumkehrbar sei. Dazu gehörten auch solche Themen wie freie Wahlen, Zulassung von neuen Parteien und Wählergemeinschaften, Änderung der Verfassung.[3] Er sei interessiert, dazu die Meinungen der führenden Persönlichkeiten der DDR zu hören, damit er Bundeskanz-

---

[1] Vgl. Nr. 85, Anm. 16. – Das Gespräch begann nach John (1991), S. 123, um 16.30 Uhr und dauerte fast drei Stunden. Die »letzten 45 Min. waren ein Sechs-Augen-Gespräch zwischen Seiters, Krenz und Modrow«.

[2] Bundeskanzler Kohl hatte am 16. 11. 1989 vor dem Bundestag eine Regierungserklärung »zur Polenreise und zur Lage in der DDR« abgegeben. Verhandlungen des Deutschen Bundestages, Sten. Ber., Bd. 151, S. 13326ff., die Passagen zur DDR auf S. 13331ff.

[3] Vgl. Nr. 85, Anm. 13.

ler Kohl berichten könne. Er sei auch interessiert, über die Wirtschaftsreform etwas zu erfahren. Schließlich gebe es einige wichtige Einzelfragen, z. B. West-Ost-Verkehr, Mindestumtausch, Umweltschutz, Verbesserungen im Postverkehr, über die er sprechen wolle.

E. Krenz legte folgendes dar: Die eingeleitete Entwicklung für radikale Reformen in der DDR sei ein unumkehrbarer Prozeß. Er wie die hier aus der DDR Anwesenden stünden für eine andere Politik nicht zur Verfügung. Man stütze sich dabei auf drei Dokumente: das Aktionsprogramm der SED, seine Erklärung anläßlich der Wahl zum Vorsitzenden des Staatsrates und die Regierungserklärung.[4] Er verwies auf den Beschluß der Volkskammer, die Verfassung der DDR zu überarbeiten. Dies werde nicht auf die lange Bank geschoben. Es gehe dabei nicht nur um den Artikel 1, sondern um weitere Veränderungen.[5] Die SED beanspruche kein Monopol auf die Wahrheit und fördere Meinungsvielfalt, Toleranz und ehrliches Ringen um die besten Lösungen. Sie trete entschieden für die Entflechtung zwischen Staat und Partei ein. Die SED sei für freie, allgemeine, gleiche und geheime Wahlen auf der Grundlage eines neuen Wahlgesetzes. Seine Ausarbeitung soll schnell erfolgen. Eine rasche Durchführung von Wahlen würde aber den neuen Gruppierungen, die an den Wahlen teilnehmen wollen, ungleiche Chancen geben. Dies müsse berücksichtigt werden.

Die SED sei dafür, daß sich alle gesellschaftlichen Kräfte auf gleichberechtigter Grundlage zum Dialog und zur Mitverantwortung bei der Gestaltung eines erneuertenSozialismus vereinen. Es gebe einen breiten Konsens zwischen den politischen Kräften in folgenden Fragen: Die DDR sei und bleibe ein sozialistischer Staat. Es gehe um einen Sozialismus, der seine Stärke durch mehr Demokratie erlange. Nicht der Sozialismus habe versagt, sondern seine Entstellung habe sich überlebt. Ferner bestehe ein Konsens darin, daß die DDR ein souveräner Staat sei. Ihre Politik werde durch ihre Bürger bestimmt. Man müsse davon ausgehen, daß es zwei gleichberechtigte souveräne deutsche Staaten gibt. Es gebe schließlich einen weiteren Konsens: Die Wiedervereinigung stehe nicht auf der Tagesordnung. Die Position der BRD dazu sei bekannt. Die Geschichte werde entscheiden, wer recht behalte.

Die SED werde die vertrauensvolle Zusammenarbeit mit allen Schichten suchen. Das gelte auch für die Beziehungen zur Kirche und den Religionsgemeinschaften. Der sozialistische Rechtsstaat werde so entwickelt, daß er von den Grund- und Menschenrechten ausgehe und die gesamte Gesellschaft auf der Grundlage des Rechtes organisiert

[4] Zur Rede von Krenz vom 24. 10. 1989 siehe Nr. 82, Anm. 9; zur Regierungserklärung Modrows vom 17. 11. 1989 Nr. 84, Anm. 15 und zum »Aktionsprogramm der SED«, das am 10. 11. vom ZK verabschiedet worden war: AdG 1989, S. 33945.
[5] Vgl. John (1991), S. 123. Danach sagte Krenz, daß die Verfassungsänderung und ein neues Wahlgesetz bis zum Frühjahr 1990 erfolgen sollte.

werde. Es sei vorgeschlagen worden, einen Verfassungsgerichtshof, ein Gesetz über die Vereinigungs- und Versammlungsfreiheit, ein Mediengesetz auszuarbeiten und Veränderungen des Strafrechts vorzunehmen.[6]

Die SED trete für eine grundsätzliche Änderung der Wirtschaftspolitik verbunden mit einer Wirtschaftsreform ein. Es gehe um eine an den Marktbedingungen orientierte sozialistische Planwirtschaft. Dies sei eine komplizierte Frage, da eine zentralisierte Wirtschaft nicht von heute auf morgen umgestellt werden könne.

E. Krenz erklärte, er möchte einige grundsätzliche Bemerkungen zum Verhältnis zwischen der DDR und der BRD machen. Stabilität in den Beziehungen DDR/BRD sei eine entscheidende Voraussetzung für die Stabilität in Europa. Das bedeute auch, Fragen der Friedenssicherung und der Abrüstung unverändert große Bedeutung beizumessen. Auszugehen sei in den Beziehungen von der gegenseitigen Achtung der Souveränität, territorialen Integrität, Gleichberechtigung und Nichteinmischung. Eine Wiedervereinigung stehe nicht auf der Tagesordnung. Niemand in Ost und West wolle ernsthaft eine Veränderung des europäischen Gleichgewichtes.

Das Volk der DDR bringe in Mehrheit in der jetzigen großen Volksdiskussion die Meinung zum Ausdruck, daß es um die Erneuerung des Sozialismus gehe. Der Sozialismus werde nicht in Frage gestellt. Die soziale Komponente unserer Ordnung habe für die Menschen herausragende Bedeutung. In der BRD müsse man diesen Ausdruck des Selbstbestimmungsrechtes des Volkes der DDR zur Kenntnis nehmen. In der DDR gehe eine Revolution vor sich, die vom Volk ausgelöst wurde. Damit sei die Frage des Selbstbestimmungsrechts beantwortet.

Die DDR mache die Grenzen durchlässig. Die neuen Reiseregelungen[7] würden dies überzeugend beweisen. Niemand sei mehr »eingemauert«. Das heiße nicht, daß die Grenzen in Frage gestellt werden dürften oder gar verschwinden. Das betreffe auch die Grenzen in Berlin. Es sollte gerade in Berlin in beiderseitigem Interesse sein, Ordnung und Sicherheit an der Grenze nicht zu gefährden. Unkontrollierbare Prozesse, insbesondere ausgelöst von rechtsradikalen Kräften, sollten von beiden Seiten rigoros unterbunden werden. Bei aller Freude über die neuen Reiseregelungen könne man nicht übersehen, daß die Gefahr des Ausverkaufs der DDR bestehe. Das hänge mit den unterschiedlichen Währungen zusammen. Es sei einmalig in der Welt, daß es in zwei Teilen einer Stadt zwei Währungssysteme gebe. Dieses Problem dürfe nicht übersehen werden. Die DDR habe eine große Vorleistung er-

---

[6] Diese Absichtserklärungen fanden sich in der Regierungserklärung Modrows vom 17. 11. 1989. Vgl. AdG 1989, S. 33951 f.

[7] Noch vor einer gesetzlichen Regelung hatte die DDR am 10. 11. 1989 neue Bestimmungen für Privatreisen und ständige Ausreisen ins Ausland erlassen.

bracht. Freizügigkeit habe bekanntlich auf der Forderungsliste der BRD immer ganz oben gestanden.

Die DDR bekräftige das gemeinsame Bekenntnis, daß von deutschem Boden nie mehr Krieg, sondern immer nur Frieden ausgehen darf. Beiden deutschen Staaten komme es zu, mit besonderer Anstrengung für Frieden, Abrüstung, Entspannung und Zusammenarbeit einzutreten. Sie sollten aktiv für baldige Ergebnisse bei den Wiener Verhandlungen über konventionelle Abrüstung und Vertrauensbildung wirken. Durch einseitige Abrüstung leiste die DDR einen Beitrag dazu.

Die DDR sei bereit, entsprechend dem Grundlagenvertrag und anderer Vereinbarungen die Zusammenarbeit umfassend auszubauen, die Beziehungen auf eine neue Stufe zu heben, sie enger und langfristiger zu gestalten und damit ein friedliches und geregeltes Neben- und Miteinander zu gewährleisten. Wir wollten eine Verantwortungsgemeinschaft für den Frieden, eine Vertragsgemeinschaft für die Beziehungen.

Wir seien dafür, auf der Grundlage einer prinzipiellen Verständigung, die in dem heutigen Gespräch vorbereitet und in dem anstehenden Spitzengespräch besiegelt werden sollte, Verhandlungen auf den entsprechenden Ebenen zu allen anstehenden Fragen aufzunehmen.

Es werde davon ausgegangen, daß auch seitens der Regierung der BRD der Wille bestehe, zwischen beiden deutschen Staaten eine Politik der Sachlichkeit, Berechenbarkeit und des guten Willens zu betreiben.

Zu anstehenden wichtigen Sachkomplexen legte E. Krenz dar:
– Fragen des Reise- und Besucherverkehrs:
Mit den getroffenen Entscheidungen der DDR zum unbegrenzten Reiseverkehr von Bürgern der DDR ins Ausland[8] habe die DDR-Führung die Ernsthaftigkeit ihres Kurses unter Beweis gestellt.
Dabei seien hervorzuheben:
– Öffnung von nahezu 50 neuen Grenzübergangsstellen zur BRD und gegenüber Berlin (West) innerhalb weniger Tage mit bedeutendem Einsatz materieller, finanzieller und personeller Kräfte. (Allein die materiellen Aufwendungen für diese neuen Grenzübergangsstellen betragen bei Fertigstellung unter Einbeziehung notwendiger infrastruktureller Maßnahmen mindestens 750 Mio. M.)
– Im Eisenbahn- und Busverkehr werden zusätzliche Züge und Busse eingesetzt.
– Einer langjährigen Forderung der BRD, Fahrräder, Mopeds und Motorräder zur Einreise in die DDR zuzulassen, wurde entsprochen.

---

[8] Siehe Anm. 7. – Die nachfolgend referierten Ausführungen von Krenz decken sich sehr weitgehend mit der in Nr. 85, Anm. 9 zitierten Aufstellung von Schalck-Golodkowski mit weiteren Anlagen.

Mit diesem Reiseverkehr in neuen Dimensionen, wie er von Politikern der BRD jahrzehntelang gefordert wurde, entstünden für die DDR vielfältige Belastungen in volkswirtschaftlichen Größenordnungen. Eine Kardinalfrage bleibe die Ausstattung von DDR-Bürgern mit Reisezahlungsmitteln und die großen zusätzlichen Valutabelastungen im Eisenbahnverkehr.

Seitens der BRD seien hinsichtlich des Reise-, Besucher- und Transitverkehrs weitergehende neue Vorstellungen bekannt, zu denen man weiter sprechen müsse.

Zur weiteren Liberalisierung des Reiseverkehrs von West nach Ost sei die DDR bereit, einige Entscheidungen in Erwägung zu ziehen:
- langfristige Visaerteilung für BRD-Bürger bis zu 6 Monaten, Gültigkeit für die gesamte DDR, einschließlich der Hauptstadt.
- »Generalbereinigung« von Fragen im Zusammenhang mit der großen Anzahl erfolgter Ausreisen aus der DDR in die BRD und nach Berlin (West). Eine derartige »Generalbereinigung« könnte die Aufhebung von Einreise- und Transitbeschränkungen für diesen Personenkreis vorsehen (begründete Einzelfälle ausgenommen). Die DDR erwartet im Gegenzug eine Aufhebung der »Erfassungsstelle Salzgitter«, da auch alle bisher von westlicher Seite angegebenen Gründe entfallen.
- Großzügigere Regelung der Einfuhr von Waren und Geschenken in die DDR, Abschaffung bzw. Reduzierung der geltenden Gebührensätze (Zoll).

In diesem Zusammenhang seien gesetzliche Bestimmungen in Ausarbeitung, die den Status der über Prag, Budapest und Warschau ausgereisten den legal ausgereisten Bürgern angleichen, d. h. Entlassung aus der DDR-Staatsbürgerschaft soweit die Bürger dies wünschen.

Zu Erleichterungen im Transitverkehr zwischen der BRD und Berlin (West) sei die DDR bereit, die Öffnung des gesamten Berliner Autobahnringes für den Transitverkehr in allen Relationen einschließlich der Wiedereröffnung der Grenzübergangsstelle Staaken für den Transitverkehr positiv zu entscheiden und vorbereitende Maßnahmen einzuleiten. Eine Realisierung sei für die DDR mit weiteren neuen Anforderungen verbunden. Das betreffe vor allem die Rekonstruktion der Grenzübergangsstelle Staaken, die Grunderneuerung des Autobahnzubringers und umfangreicher Teile des Autobahnringes.

In diesem Zusammenhang könnte auch die Zulassung weiterer Fernverkehrsstraßen als ergänzende neue Transitverbindungen in Erwägung gezogen werden.

Unter Berücksichtigung der bereits von der DDR getroffenen Maßnahmen und getätigter Leistungen sowie unter Berücksichtigung der oben dargelegten weiteren bedeutenden Erleichterungen halte es die DDR aus zwingenden ökonomischen Gründen für unabdingbar, daß eine finanzielle Beteiligung der BRD erfolge. Hierzu würden folgende Vorschläge unterbreitet:

- Es werde der Standpunkt der BRD-Regierung zur Kenntnis genommen, daß sie an dem sogenannten »Begrüßungsgeld« als einseitige Maßnahme festhält.
- Die DDR schlage vor, den Reiseverkehr wie folgt zum gegenseitigen Nutzen zu fördern:

Bildung eines zentralen Reisefonds in DM/M, der gemeinsam von der Staatsbank der DDR und der Bundesbank der BRD verwaltet wird. Der Fonds solle ermöglichen, daß DDR-Bürger für Reisezwecke in die BRD und nach Berlin (West) zusätzlich zu der gegenwärtig bestehenden Regelung (Umtausch von 15 M im Verhältnis 1:1) weitere 100 DM pro Jahr Reisezahlungsmittel erwerben können. Über den Kurs müßte man sich verständigen.

Die BRD-Seite übernimmt die DM-Finanzierung (rund 1,6 Mrd. M jährlich).[9] Dafür entfalle auf seiten der DDR die Erhebung eines Mindestumtausches sowie von Visagebühren. Des weiteren werde seitens der DDR weitgehend auf Gebühren bei der Einfuhr von Waren und Geschenken verzichtet.

Die DDR wäre bereit, den Wünschen der BRD im nichtkommerziellen Zahlungsverkehr Rechnung zu tragen (einmaliger Einschuß von 50 Mio. DM und Erhöhung der vereinbarten Summe von 70 auf 100 Mio. DM jährlich für den Transfer von Guthaben in bestimmten Fällen zugunsten von BRD-Bürgern).

Die in diesen zentralen Fonds eingehenden Markbeträge (rund 7 Mrd. M jährlich) würden eingesetzt für die Finanzierung der Aufwendungen der DDR für die neuen Grenzübergangsstellen einschließlich infrastruktureller Maßnahmen sowie Baumaßnahmen zur Verbesserung des Transitverkehrs; für die Finanzierung von Vorhaben gemeinsamen Interesses insbesondere auf dem Gebiet des Umweltschutzes und des Verkehrs.

- Hinsichtlich der sich für den Eisenbahnverkehr ergebenden geschätzten Aufwendungen für die DDR von über 300 Mio. DM jährlich werde vorgeschlagen, daß die BRD die Kosten für die Rückfahrt trägt. Auch diese Variante bedeute für die DDR noch Mehrkosten von ca. 150 Mio. DM bei Beibehaltung der bereits vereinbarten Regelungen.

Die DDR werde die dargelegten Entscheidungen zur Verbesserung des Reise-, Besucher- und Transitverkehrs, die vor allem den Bürgern der BRD und Berlin (West) zugute kommen, kurzfristig treffen, wenn zu den Vorschlägen generell Einvernehmen erzielt werde.

Soweit seitens der BRD-Regierung keine Möglichkeit gesehen

---

[9] Vgl. Nr. 84, Anm. 20.

1000

werde, sich angemessen an den enormen zusätzlichen Belastungen der DDR, einschließlich Gewährung von Reisezahlungsmitteln, zu beteiligen, werde es der DDR aus objektiven zwingenden ökonomischen Gründen nicht möglich sein, die ihrerseits vorgesehenen Maßnahmen durchzuführen. Des weiteren müßten dann der Mindestumtausch und andere Gebühren beibehalten werden. Auch für die Aufstockung des nichtkommerziellen Transfers werden dann keine Möglichkeit gesehen.

Im Zusammenhang mit dem Reise- und Besucherverkehr in neuen Dimensionen sollte es gemeinsames Interesse sein, daß »Schwarzarbeit« nicht zugelassen wird. Der Westberliner Senat beabsichtige, eine entsprechende Genehmigungspflicht auf der Basis einer Kontrollratsbestimmung von 1946 einzuführen. Es wäre wichtig zu erfahren, welche Maßnahmen die BRD-Regierung dazu treffen wolle.

Zur eventuellen Öffnung einer Grenzübergangsstelle Brandenburger Tor für Fußgänger[10] erklärte E. Krenz: Eine derartige Öffnung wäre von weitreichender internationaler Bedeutung. Diese symbolhafte Handlung könne deshalb seitens der DDR erst erfolgen, wenn in offiziellen Spitzengesprächen von den Repräsentanten beider deutscher Staaten Einvernehmen über die Grundzüge der neuen Etappe der Zusammenarbeit auf der Basis der Gleichberechtigung und zum gegenseitigen Nutzen erreicht wird.[11]

E. Krenz unterstrich das Interesse, daß das Treffen mit Bundeskanzler Kohl stattfinde, wenn es auch bestimmte Terminschwierigkeiten gebe.[12]

H. Modrow betonte, die Entwicklung in der DDR gehe mit großem Tempo vor sich. In kurzer Frist mußte eine Regierung gebildet und eine Regierungserklärung erarbeitet werden. Es handle sich um die Erklärung einer Koalitionsregierung.[13] Zur Frage der Garantien, daß der eingeschlagene Weg eingehalten werde, habe er erklärt, wer versuchen

[10] Nach dem »Vermerk« Schalck-Golodkowskis über sein Gespräch mit Seiters am 15. 11. 1989 (vgl. Nr. 85, Anm. 8 und 13) hatte Seiters Kohls Meinung zu verstehen gegeben, daß es nicht anginge, wenn »andere Jubelfeiern« machten, während die Bundesregierung »die Arbeit« leiste. »So würde es z. B. die offiziellen Verhandlungen mit der Bundesregierung außerordentlich erschweren, wenn eine etwaige Öffnung des Brandenburger Tores als neuer Grenzübergang ohne vorherige Kenntnis der Bundesregierung mit anderen Parteien oder Politikern erfolgt. Kohl würde sich in diesem Falle persönlich brüskiert fühlen.« Im ›Stern‹ vom 13. 12. 1990 und der ›Zeit‹ vom 18. 4. 1991 erschienen über diesen »Vermerk« Artikel. Im Bundestag kam dies in einer Fragestunde vom 25. 4. 1991 zur Sprache. Seiters erklärte dabei, es habe zur Zeit des Schalck-Gespräches »keine aktuellen Termine« für eine Öffnung gegeben, »so daß von einer Verschiebung eines Termins nicht die Rede sein« könne. Vgl. John (1991), S. 147 ff.

[11] Tatsächlich wurde die Öffnung des Brandenburger Tors dann auch erst während Kohls Besuch vom 19./20. 12. 1989 in der DDR von ihm und Modrow angekündigt. Sie erfolgte so erst am 22. 12. 1989. Vgl. AdG 1989, S. 34044 sowie die Darstellung bei John (1991), S. 148.

[12] Vgl. Nr. 85, Anm. 16.

[13] Der Regierung Modrow gehörten nur Vertreter der SED und der Blockparteien (CDU, LDPD, NDPD, DBD) an. Vgl. AdG 1989, S. 33951.

wolle, diesen Prozeß rückgängig zu machen, werde hinweggefegt werden. In der Arbeit der Volkskammer zeige sich jetzt ein hohes Maß an Konstruktivität. Dies sei das Ergebnis der Koalitionsgespräche. Die konstruktiven Elemente in den Konzeptionen aller Parteien spiegelten sich in der Regierungserklärung wider. H. Modrow ging dann auf folgende wichtige Sachfragen ein:

– Handels- und Wirtschaftsbeziehungen:
Man solle kurzfristig in Gespräche über einen umfassenden Ausbau der Handels- und Wirtschaftsbeziehungen auf der Ebene der dafür zuständigen Minister beider Seiten eintreten.

Das Ziel der Gespräche sollte darin bestehen, ausgehend von der positiven Entwicklung des Handels im Jahre 1989, ein Arbeitsprogramm abzustecken, wie durch die schrittweise Einführung neuer Formen der wirtschaftlichen, wissenschaftlich-technischen und kommerziellen Zusammenarbeit eine neue Etappe zum beiderseitigen Vorteil eingeleitet werden kann.

Für die Entwicklung gegenseitig vorteilhafter Kooperationsbeziehungen zwischen Kombinaten und Betrieben der DDR und Unternehmen der BRD bis hin zu weitergehenden Formen der Zusammenarbeit wie z.B. »Gemischte Gesellschaften« sollten Möglichkeiten und von beiden Seiten zu schaffende Voraussetzungen und Bedingungen abgesteckt werden. Dabei werde die angestrebte umfassende Wirtschaftsreform in der DDR und die höhere Eigenverantwortung der Kombinate und Betriebe neue Chancen eröffnen. Seitens der BRD-Regierung wäre vor allem bei der Beteiligung von klein- und mittelständischen Betrieben die Absicherung von Krediten durch Bundesbürgschaften zu gewährleisten. Man gehe ferner davon aus, daß eine Verständigung über einige wirtschaftliche und ökologische Großprojekte angestrebt werden sollte.

Von seiten der SPD werde mit Recht auf Fragen der Wiedergutmachung hingewiesen. Die DDR habe größere Lasten getragen als die BRD, in Westberlin spreche man von 24 Mrd., die die DDR erhalten müsse. Auch das könne nicht unberücksichtigt bleiben.

Des weiteren sollte überlegt werden, wie durch eine »Gemischte Wirtschaftskommission« gemeinsame, abgestimmte Vorstellungen zu den notwendigen weiteren zwischenstaatlichen Regelungen sowie zu der erforderlichen innerstaatlichen Gesetzgebung beider Seiten, insbesondere im Hinblick auf Joint-ventures, Fragen der Kapitalbeteiligung und des Transfers erarbeitet werden könnten.

– Zur Intensivierung der Zusammenarbeit auf dem Gebiet des Umweltschutzes
Auf diesem Gebiet seien in letzter Zeit bedeutende Fortschritte zu verzeichnen. Es wurde eine Reihe gemeinsamer Pilotprojekte des Umweltschutzes vereinbart. Weitere seien in Vorbereitung. Aus Sicht der

DDR wäre es für beide Seiten nützlich, eine langfristig orientierte Zusammenarbeit bei einigen größeren Umweltprojekten mit großer Wirksamkeit vorzusehen.

Des weiteren sollten die Verhandlungen über Fragen, die mit dem Kaliabbau im Werra-Gebiet zusammenhängen, mit dem Ziel fortgesetzt werden, »das gegenseitige Patt« zu überwinden und zu für beide Seiten vertretbaren Lösungen zu gelangen. Auch hier könnten Erfahrungen der Pilotprojekte beiderseits machbare Lösungen erleichtern.

– Zusammenarbeit auf dem Gebiet des Verkehrswesens
Die DDR sei bereit, kurzfristig die Verhandlungen zum Ausbau und zur Elektrifizierung der Eisenbahnstrecke Berlin–Hannover fortzuführen und dabei auch neue Überlegungen z. B. hinsichtlich der Streckenführung einzubeziehen. Es werde vorgeschlagen, daß eine Verständigung darüber erreicht wird, nach welchen Ausschreibungsverfahren das Gesamtvorhaben durch geeignete Firmen der BRD realisiert wird. Ausgehend vom Nutzen dieser Strecke müßten Wege gefunden werden, um dabei auch die ökonomischen Interessen der DDR zu berücksichtigen.

Die DDR sei weiter bereit, Regelungen und Vereinbarungen über einen Ausbau des Autobahnabschnittes Plauen – Hof, einschließlich einer neuen Grenzübergangsstelle für den Wechsel- und Transitverkehr, zu verhandeln.

Im Zusammenhang mit den am 5. 10. 1988 getroffenen Regelungen und Vereinbarungen zur Transitpauschale[14] für den Zeitraum 1990–1999 sei vereinbart worden, im Raum Großbeeren eine neue Grenzübergangsstelle zu Berlin (West) zu errichten und ab 1. 1. 1994 für alle Verkehrsarten zu öffnen. Da die DDR mit den Vorbereitungsarbeiten begonnen habe, ist eine definitive Entscheidung der BRD-Regierung kurzfristig erforderlich, ob sie weiter zu dieser Vereinbarung stehe und die Grenzübergangsstelle gebaut werden solle. Gegenwärtig würden zunehmend Vorstellungen geäußert, unter der neuen Lage und dem Bestehen einer Vielzahl neuer Grenzübergangsstellen auf diesen vereinbarten neuen Übergang und den vereinbarten Autobahnzubringer zu verzichten.

H. Modrow wandte sich dagegen, daß auf BRD-Seite immer erneut Druck auf die Öffnung weiterer Grenzübergänge erzeugt wird.

– Weitere Gestaltung der Post- und Fernmeldebeziehungen
Die DDR sei bereit, noch im Dezember 1989 Verhandlungen über die weitere Gestaltung der Post- und Fernmeldebeziehungen einschließlich der Neufestsetzung der Postpauschale aufzunehmen. Das Ziel

---

14 Vgl. Nr. 73, Anm. 9.

sollte darin bestehen, das gesamte Kommunikationssystem schrittweise zu modernisieren und auf die neuen Anforderungen, z. B. der wirtschaftlichen Zusammenarbeit, des Reise- und Besucherverkehrs, des erweiterten Tourismus, einzustellen.

– Zu Fragen des nichtkommerziellen Zahlungsverkehrs
Auf dem Gebiet des nichtkommerziellen Zahlungsverkehrs würden auf der Grundlage der Bestimmungen des Militärregierungsgesetzes Nr. 53[15] die DDR und ihre Bürger gegenüber anderen Staaten diskriminiert. Auf Grund der Beschränkungen und erforderlichen Genehmigungspflicht aller finanziellen Verfügungen würden die DDR-Bürger gegenüber allen anderen ausländischen Bürgern schlechter gestellt und sogar die Verfügbarkeit über Konten, die sie in der BRD unterhalten, eingeschränkt.

Es werde als zweckmäßig erachtet, für den Gesamtkomplex des nichtkommerziellen Zahlungsverkehrs Sondierungsgespräche auf Expertenebene zwischen den zuständigen Ministerien beider Seiten zu führen.

Was die weitere Realisierung des Abkommens zum Transfer aus Guthaben in bestimmten Fällen vom 25. 4. 1974[16] anbetrifft, so habe die DDR-Seite im Interesse der entsprechenden BRD-Bürger einer Vereinbarung zugestimmt, daß jährlich 70 Mio. DM von der DDR für diesen Transfer zur Verfügung gestellt werden. Soweit auf Grund der Ausreiseproblematik und anderer Faktoren in der BRD eine Aufstockung der Mittel verlangt werde, so könne dies nur bei einem entsprechenden Ausgleich auf anderen Gebieten von der DDR in Erwägung gezogen werden.

– Gemeinsame Expertengruppe zum Austausch von Fachzeitschriften sowie zur Prüfung der Möglichkeiten des gegenseitigen Empfangs von Fernsehprogrammen
Es werde vorgeschlagen, zwischen Experten beider Seiten gemeinsame Vorschläge zu erarbeiten, wie die Möglichkeiten eines Austausches von Fachzeitschriften und gegebenenfalls auch anderer Publikationen erfolgen könnten. Dies gelte auch für die Prüfung von Möglichkeiten eines verstärkten gegenseitigen Empfangs von Fernsehprogrammen beider Seiten und der damit verbundenen technischen und kommerziellen Fragen.

[15] Das Militärregierungsgesetz Nr. 53 vom 7. 7. 1945 verbot die Verfügung über Devisenwerte und schuf eine Anmelde- und Ablieferungspflicht für solche Werte. – Es stand in einem Zusammenhang mit dem Militärregierungsgesetz Nr. 52 vom gleichen Tage über Vermögen. Vgl. Nr. 37, Anm. 27.
[16] Es betraf in der Praxis vor allem Rentner und Sozialhilfeempfänger. Das Abkommen vom 25. 4. 1974 bezog sich daneben auf den Transfer von Unterhaltszahlungen.

**– Erweiterte Zusammenarbeit auf dem Gebiet des orga-
nisierten Tourismus**

Ausgehend vom beiderseitigen Interesse, den organisierten Tourismus
in beiden Richtungen zu entwickeln, sollte auch auf diesem Gebiet eine
Expertengruppe gebildet werden, die Vorschläge dazu erarbeitet. Es
gehe dabei nicht nur um Superhotels, sondern auch um Unterbrin-
gungsmöglichkeiten zu billigeren Preisen. Damit im Zusammenhang
wäre auch die Möglichkeit der Durchführung gemeinsamer Projekte im
Hotel- und Gaststättengewerbe zu erörtern.

– Bekämpfung des Drogenmißbrauches

Die DDR sei bereit, im Interesse der Bekämpfung der grenzüberschreitenden Rauschgiftkriminalität zu einer entsprechenden Zusammenarbeit der zuständigen Stellen beider Seiten zu kommen. Dies sei auch angesichts der Grenzöffnung eine dringende Frage.

H. Modrow verwies auf ein weiteres Problem. Es sei bekannt, daß in
Westberliner und BRD-Banken aus dem Handel mit Mark der DDR
300 Mio. bisher im Umlauf gewesen seien. Dies steigere sich jetzt auf
Milliardensummen. Es zeichne sich eine Spekulation in großem Umfang ab. Es sei notwendig, Modalitäten zu finden, was mit diesem Geld
geschehen könne, z. B. Aufkauf durch die Bundesbank und Rückführung in die DDR zu einem vereinbarten Kurs.

Wenn der Mindestumtausch bestehen bleibe, stehe die Frage seiner
Pauschalierung.

E. Krenz fügte hinzu, der freie Reiseverkehr sei von beiden Seiten gewollt worden. Nun müßten auch daraus entstehende Probleme gemeinsam gelöst werden. Viele DDR-Bürger forderten Maßnahmen, damit die
DDR nicht ausgekauft werde. Der Reformprozeß werde gefährdet,
wenn die wirtschaftlichen Probleme der DDR nicht gelöst würden. Eine
Umgestaltung mit leeren Regalen sei für die DDR nicht denkbar.

R. Seiters erwiderte auf die Darlegungen von E. Krenz und H. Modrow, was die grundsätzlichen Positionen zum Selbstbestimmungsrecht und Wiedervereinigung angehe, so sei die Position der BRD-Regierung bekannt.

Je mehr Marktwirtschaft eingeführt werde, um so schneller könnten
die wirtschaftlichen Probleme gelöst werden. Die BRD sei dafür, Gespräche zu den Wirtschaftsfragen aufzunehmen. Dazu könne auch die
gemeinsame Kommission[17] dienen, wenn es keine Probleme hinsichtlich Westberlins mehr gebe. Beim Umweltschutz sei die BRD bereit,
kurzfristig Gespräche über weitere Projekte auf der Ebene der Beauftragten aufzunehmen. Hinsichtlich der Kalifragen liege ein Angebot

---

[17] Die Bildung einer gemeinsamen Wirtschaftskommission war bei Honeckers Besuch vom
September 1987 in der Bundesrepublik vereinbart worden.

der BRD vor. Dazu werde eine Antwort der DDR erwartet. Man sei bereit, die Postpauschale neu zu verhandeln. Eine substantielle Erhöhung könne erfolgen, wenn die Pauschale zweckgebunden für die Modernisierung des Telefonnetzes in der DDR und für die Verbesserung des Telefonverkehrs DDR – BRD verwandt würde. Man sei an der Errichtung eines zweiten Lichtleiterkabels und von zwei Richtfunkstrecken interessiert. Hinsichtlich der Eisenbahn Berlin – Hannover sei man für die Fortführung der Gespräche, einschließlich von Gesprächen zwischen beiden Verkehrsministern. Was den Zeitschriftenaustausch betreffe, so möchte die BRD, daß für westliche Zeitungen Vertriebserlaubnisse erteilt würden und auch Direktabonnements möglich seien. Schließlich sei man an der Erleichterung der Tätigkeit der Journalisten interessiert. Es gehe auch um die Neuzulassung von Korrespondenten (Deutschlandfunk). Ferner möchte er auf die Fragen Amnestie und Strafrecht sowie Besuchsmöglichkeiten für ehemalige DDR-Bürger hinweisen. Es stelle sich auch die Frage nach der Behandlung des Vermögens der Übergesiedelten.

E. Krenz und H. Modrow hätten mit Recht darauf hingewiesen, daß der Reiseverkehr mit erheblichen finanziellen Problemen für beide Seiten belastet sei. Die BRD stelle erhebliche Summen für das Begrüßungsgeld zur Verfügung. 1990 rechne man mit über einer Milliarde. Bundeskanzler Kohl habe erklärt, daß das Begrüßungsgeld keine Lösung auf Dauer sein könne.[18] Die Bundesregierung sei im Grundsatz bereit, über die Bildung eines Devisenfonds zu sprechen, und zwar unter folgenden Voraussetzungen: Befristung auf höchstens zwei Jahre und Plafondierung, Wegfall des Mindestumtausches, Erleichterungen im Verkehr West-Ost, möglichst Wegfall der Visa, zusätzlicher Beitrag der DDR über den Mindestumtausch hinaus. In Expertengesprächen müßte man die Modalitäten klären. Es handle sich um eine Zahlungsbilanzhilfe für die DDR. Daher wäre ein Gesamtüberblick über die wirtschaftlichen Verhältnisse der DDR, ihren Devisenstatus erforderlich. Gespräche könnten schnell aufgenommen werden.

E. Krenz stimmte Expertenberatungen zu. Für die DDR-Bürger müsse die Geldstabilität erhalten bleiben. Eine Rückkehr zu den Zuständen vor 1961 sei nicht vorstellbar.

Auf die Frage von Bertele[19], welche Maßnahmen die DDR selbst treffen wolle, erwiderte H. Modrow, die Hauptfrage sei die subventionierte Preispolitik der DDR. Sie müsse schrittweise verändert werden, wobei ein sozialer Ausgleich erfolgen müsse.

---

[18] In seiner Regierungserklärung vom 16. 11. 1989 – siehe Anm. 2 – hatte Kohl dazu gesagt, das »Begrüßungsgeld« könne »allein keine tragfähige Lösung der Devisenprobleme sein, die sich aus der neugewonnenen Reisefreiheit und damit auch der neuen Dimension des Reiseverkehrs ergeben«.

[19] Franz Bertele, Leiter der Ständigen Vertretung der Bundesrepublik in der DDR.

E. Krenz verwies darauf, daß die gesetzliche Regelung zum Reiseverkehr noch ausstehe.[20] Dabei könnten die ökonomischen Fragen nicht ungelöst bleiben. Er müsse nochmals darauf hinweisen, daß es um das Schicksal des Reformprozesses in der DDR gehe. Unterstützung durch die BRD müßte schnell erfolgen, sonst gerate die Reiseregelung in Gefahr. Er könne nicht ausschließen, daß die Volkskammer die ökonomische Unangreifbarkeit der DDR fordere.

R. Seiters erklärte, die BRD sei bereit, auf der bekannten Linie schnell Gespräche zu dem Komplex der Reisedevisen zu führen. Er würde dazu die Staatssekretäre des Wirtschafts- und Finanzministeriums hinzuziehen.

H. Modrow bekräftigte, daß es auch darum gehe, das sich anhäufende DDR-Geld in der BRD und Westberlin unter Kontrolle zu bringen. Dazu sollten Gespräche zwischen den Banken geführt werden. Duisberg[21] warf ein, das könne nur darauf hinauslaufen, daß die Bundesbank die Währung der DDR abstütze.

H. Modrow erwiderte, er sehe dies so. Er würde den Präsidenten der Staatsbank der DDR[22] beauftragen, Gespräche darüber zu führen.

E. Krenz betonte abschließend, es habe sich heute um ein Vorgespräch gehandelt, damit H. Modrow und er mit Bundeskanzler Kohl ein ergebnisreiches Gespräch führen könnten.

R. Seiters verwies darauf, daß sich die Notwendigkeit einer zweiten Begegnung in Berlin ergeben könnte, wenn ein kurzfristiger Termin ins Auge gefaßt werde. Er schlug vor, die Terminfrage noch offen zu lassen.[23]

Dem wurde zugestimmt.

An dem Gespräch nahmen teil: der Minister für Auswärtige Angelegenheiten, Oskar Fischer, der Sekretär des Staatsrates, Heinz Eichler, der Staatssekretär im Ministerium für Außenwirtschaft, Alexander Schalck; der Leiter der Ständigen Vertretung der DDR in der BRD, Botschafter Horst Neubauer; der Leiter der Abt. BRD im MfAA, Karl Seidel, sowie Ministerialdirigent Claus-Jürgen Duisberg; Ministerialdirigent Burkhard Dobiey, der Leiter des Büros von Minister Seiters, Manfred Speck; und der Leiter der Ständigen Vertretung der BRD, Franz Bertele.

Seidel *[Unterschrift]*

[20] Siehe Anm. 7.
[21] Claus-Jürgen Duisberg, Ministerialdirigent, Leiter des Arbeitsstabes Deutschlandpolitik im Kanzleramt.
[22] Horst Kaminsky (SED), Leiter der Staatsbank der DDR.
[23] Das nächste Treffen Seiters – Modrow fand am 5. 12. 1989 in Ost-Berlin statt. Vgl. dazu: John (1991), S. 132–140.

1982

1. 10.	Helmut Kohl zum neuen Bundeskanzler gewählt.
5. 10.	Treffen von Außenminister H.-D. Genscher und DDR-Außenminister O. Fischer am Rande der UNO-Vollversammlung in New York.
13. 10.	Regierungserklärung von Bundeskanzler Kohl vor dem Deutschen Bundestag. Beschluß des Politbüros der SED, den »Polittourismus« der Politiker aus der Bundesrepublik »wie bisher zu handhaben«. Privatbesuche »des Bundeskanzlers der BRD in die DDR fallen nicht unter diese Regelung«.
14. 10.	Gespräch zwischen E. Moldt, Leiter der Ständigen Vertretung der DDR in der Bundesrepublik, mit Staatssekretär B. von Staden vom Auswärtigen Amt.
10. 11.	Leonid Breshnew, sowjetischer Staats- und Parteichef, gestorben; neuer Generalsekretär der KPdSU wird am 12. 11. Jurij Andropow.
14. 11.	Gespräch Bundespräsident K. Carstens und Außenminister H.-D. Genscher mit Honecker in Moskau.
19. 11.	Freigabe der Autobahn Berlin – Hamburg durch Bundesverkehrsminister W. Dollinger und DDR-Verkehrsminister O. Arndt.
29. 11.	Brief von Helmut Kohl an Erich Honecker.
21. 12.	Abrüstungsvorschläge des sowjetischen Parteichefs J. Andropow.

1983

16.–19. 1.	Gespräche des Außenministers der UdSSR A. Gromyko in Bonn; anschließend vom 19.–21. 1. in der DDR.
24. 1.	Erstes Telefongespräch von Bundeskanzler Kohl mit Generalsekretär Honecker, u. a. wegen der Frage eines Kredits.
1. 2.	Erstes Gespräch von Umweltexperten der Regierungen der Bundesrepublik und der DDR.
4. 2.	Schreiben von Honecker an Kohl mit dem Vorschlag zur gemeinsamen Unterstützung der schwedischen Initiative für eine atomwaffenfreie Zone in Europa.
8. 2.	Wiederbeginn der KSZE-Folgekonferenz in Madrid.
16. 2.	Antwortbrief Kohls an Honecker, in dem er den Vorschlag mit der Palme-Initiative ablehnt.

6. 3.	Wahlen zum 10. Deutschen Bundestag.
10. 4.	Tod des Transitreisenden R. Burkert während der Vernehmung im DDR-Kontrollpunkt Drewitz.
18. 4.	Telefonat von Bundeskanzler Kohl mit Honecker; Besprechungen von G. Mittag in Bonn mit Bundeswirtschaftsminister O. G. Lambsdorff, Vertretern der Parteien und der Wirtschaft.
28. 4.	Erich Honecker sagt seinen für 1984 vorgesehenen Besuch in der Bundesrepublik ab.
3. 5.	Gespräche der DDR-Spitze in Moskau mit J. Andropow.
5. 5.	Erstes Treffen von F. J. Strauß mit A. Schalck-Golodkowski über den Milliarden-Kredit.
25. 5.	Viertes Gespräch F. J. Strauß – A. Schalck; positive Reaktionen Honeckers.
28. 5.	Unterredung des SPD-Fraktionsvorsitzenden H.-J. Vogel mit Honecker anläßlich eines Besuches in der DDR.
5.–21. 6.	Fast tägliche Gespräche A. Schalck – F. J. Strauß über den Milliarden-Kredit.
23. 6.	Bericht zur Lage der Nation im Deutschen Bundestag.
28. 6.	Moskauer Gipfeltreffen der Warschauer-Pakt-Staaten.
29. 6.	Bundesbürgschaft für den Milliarden-Kredit; am 30. 6. Vertragsunterzeichnung.
24. 7.	Gespräch F. J. Strauß – Honecker in Schloß Hubertusstock.
24./25. 8.	Gespräche von E. Bahr in Ost-Berlin mit Honecker, H. Axen und O. Fischer.
31. 8.	Gemeinsamer Appell der Vorsitzenden der Evangelischen Kirchen in der Bundesrepublik und der DDR an Kohl und Honecker, sich für eine Verringerung der Waffensysteme einzusetzen.
3.–5. 9.	Altbundeskanzler H. Schmidt zu Besuch in der DDR; am 5. 9. Gespräch mit Honecker.
6. 9.	Zustimmung der Teilnehmer zum Schlußdokument der KSZE-Folgekonferenz in Madrid.
15. 9.	Gespräch des Regierenden Bürgermeisters von Berlin, R. v. Weizsäcker, mit Honecker in Ost-Berlin.
20. 9.	Wiederaufnahme der Verhandlungen über ein Kulturabkommen zwischen der Bundesrepublik und der DDR.
5. 10.	Offenes Schreiben von Honecker an Kohl mit Aufforderung, sich gegen die Stationierung neuer US-Raketen zu wenden und sich »zu einer Koalition der Vernunft zusammenzutun« (veröffentlicht 10. 10.).
24. 10.	Antwortschreiben von Kohl an Honecker mit dem Bekenntnis zu einer »Koalition der Vernunft«.

31. 10.	Die Grünen bei Honecker verbunden mit Protestaktionen der Delegation.
15. 11.	Neue Postvereinbarung zwischen der Bundesrepublik und der DDR.
18./19. 11.	SPD-Sonderparteitag in Köln lehnt Nachrüstung mit 583 gegen 14 Stimmen und 3 Enthaltungen ab.
22. 11.	Der Deutsche Bundestag stimmt mit 286 Stimmen aus der Regierungskoalition gegen 226 von SPD und Grünen für die Stationierung neuer atomarer Raketen in der Bundesrepublik.
23. 11.	Abbruch der INF-Verhandlungen in Genf durch die sowjetische Delegation.
24. 11.	Eröffnung der 7. ZK-Tagung der SED; Honecker spricht sich dafür aus, »den Schaden möglichst zu begrenzen«.
8./9. 12.	Ministerratstagung der NATO; Verabschiedung der »Brüsseler Erklärung«.
14. 12.	Brief Kohls an Honecker mit dem Appell für eine »Verantwortungsgemeinschaft«.
19. 12.	Telefonat von Bundeskanzler Kohl mit Honecker.

1984

24. 1.	Flucht von zwölf DDR-Bürgern in die Ständige Vertretung der Bundesrepublik bei der DDR.
9. 2.	Gemeinsame Resolution von Koalitionsparteien und SPD im Bundestag zur Deutschlandpolitik; Tod des sowjetischen Partei- und Staatchefs Andropow. (Nachfolger als Generalsekretär am 13. 2. Konstantin Tschernenko.)
13. 2.	Erstes persönliches Treffen von Bundeskanzler Kohl und dem DDR-Staatsratsvorsitzenden Honecker (in Moskau).
23.–25. 2.	Erster Meinungsaustausch zwischen einer Delegation der SPD-Grundwertekommission unter E. Eppler mit DDR-Gesellschaftswissenschaftlern.
5. 3.	Gespräche von W. Mischnick mit Honecker und M. Gerlach (LDPD).
8./9. 3.	Delegation der SPD-Bundestagsfraktion unter H. Ehmke zu Besuch bei der Volkskammer der DDR.
11. 3.	Gespräche Honeckers mit westdeutschen Politikern in Leipzig.
14. 3.	Treffen von H.-J. Vogel und Honecker. Weitere Teilnehmer und Gespräche: E. Bahr, K. Voigt, H.-J. Wischnewski sowie H. Axen, E. Krenz, G. Mittag.
15. 3.	Bericht zur Lage der deutschen Nation im Bundestag.
5./6. 4.	G. Mittag zu Besuch in der Bundesrepublik; Gespräche in

	Hannover am 5. mit E. Albrecht, am 6. in Bonn mit Kohl, F. J. Strauß, O. G. Lambsdorff und Ph. Jenninger.
27. 6.	Schließung der Ständigen Vertretung in Ost-Berlin für den Besucherverkehr; von den 55 zufluchtsuchenden DDR-Bürgern verlassen 25 am 30. 6. die Ständige Vertretung.
2./3. 7.	Erstes Treffen der Arbeitsgruppen SPD und SED zur Schaffung einer chemiewaffenfreien Zone.
10. 7.	Vereinbarung über regelmäßige Messeflüge von Lufthansa und Interflug im Kontext mit Gesprächen der beiden Verkehrsminister W. Dollinger (BRD) und O. Arndt (DDR).
25. 7.	Garantie der Bundesregierung für einen Kredit von 950 Millionen DM an die DDR.
4. 9.	Absage des Besuches von Honecker in der Bundesrepublik.
6. 12.	Bundesminister W. Schäuble zu Gesprächen mit DDR-Außenminister O. Fischer und H. Häber (ZK der SED) in Ost-Berlin; zuvor am 5. 12. Treffen mit A. Schalck-Golodkowski.

1985

8. 1.	Persönlich gehaltenes Schreiben von H. Kohl an Honecker.
9.–12. 1.	Besuch von J. Rau in Ost-Berlin; 11. 1. Gespräch mit Honecker.
20. 1.	Wiederwahl von Ronald Reagan zum Präsidenten der USA.
28. 2.	Treffen von H.-J. Vogel mit H. Axen in Bonn.
1. 3.	Gespräch Schäuble – Axen in Bonn.
10. 3.	Tod des sowjetischen Staats- und Parteichefs K. Tschernenko; Michail Gorbatschow Nachfolger als ZK-Sekretär.
11. 3.	Gespräche von Bundeswirtschaftsminister M. Bangemann mit G. Mittag in Ost-Berlin; Zusammentreffen mit Honecker.
12. 3.	Gespräch Bundeskanzler Kohl – Honecker in Moskau; »Gemeinsame Erklärung«.
18. 3.	Gemeinsames »Wort zum Frieden« der Evangelischen Kirchen der Bundesrepublik und der DDR.
8. 5.	Rede des Bundespräsidenten von Weizsäcker zum 40. Jahrestag des Kriegsendes und der Befreiung.
15. 5.	Schreiben von Kohl an Honecker, u. a. zu SDI; Antwort auf Honeckers Brief vom 11. 4.
16. 5.	Gespräch H.-J. Vogel – Honecker.
26.–28. 5.	Besuch von W. Brandt in der UdSSR; Treffen mit Gorbatschow.

14.–16. 6.	Schlesiertreffen (geplantes Motto: »Schlesien bleibt deutsch«) mit Rede von Bundeskanzler Kohl.
19. 6.	Vorlegung eines gemeinsamen Konzeptes für eine chemiewaffenfreie Zone in Europa durch die sicherheitspolitische Arbeitsgruppe von SPD und SED.
25. 6.	Schreiben Honeckers an Kohl zur Sicherheitspolitik und zum Festhalten an der Gemeinsamen Erklärung.
2. 7.	Eduard Schewardnadse neuer Außenminister der UdSSR, Gromyko wird Staatspräsident.
5. 7.	Vereinbarung über die Erhöhung des Swing für die DDR auf 850 Mio. DM.
1. 9.	Gespräch F. J. Strauß mit Honecker.
8.–11. 9.	Besuch von J. Rau in der UdSSR; Treffen mit Gorbatschow.
17.–20. 9.	Besuch von W. Brandt in der DDR; Gespräche u. a. mit Honecker, Landesbischof Hempel und M. Stolpe.
26. 9.	Brief Kohls an Honecker zu SDI und zur »illegalen Einreise von Ausländern«.
27. 9.	Antwortschreiben Kohls (veröffentlicht) zu Honeckers offenem Brief vom 13. 9.; für Verhandlungen über ein weltweites Verbot chemischer Waffen.
12. 10.	Eine von Experten aus CDU/CSU, FDP und SPD vorbereitete gemeinsame Deutschlandresolution scheitert an Widerständen aus den Koalitionsparteien.
13.–15. 11.	O. Lafontaine mit einer Delegation zu Gesprächen in der DDR; Treffen mit Honecker.
19.–21. 11.	Erstes Gipfeltreffen von US-Präsident Reagan und Generalsekretär Gorbatschow in Genf.
26.–28. 11.	Gespräche von W. Felfe (ZK der SED) in der Bundesrepublik, u. a. mit W. Schäuble, H.-J. Vogel, Th. Waigel, V. Rühe, W. Mischnick.
6. 12.	Erstes Treffen der Arbeitsgruppen von SPD und SED.
17.–19. 12.	G. Schröders Besuch in der DDR; am 18. 12. Gespräch mit Honecker.

1986

19.–22. 2.	Volkskammerpräsident H. Sindermann in Bonn; Gespräche u. a. mit H. Kohl, Bundestagspräsident Ph. Jenninger und weiteren Politikern der Koalition und der SPD.
25. 2.	Konsultationen im Auswärtigen Amt zu Abrüstungsfragen mit E. Krabatsch vom MfAA der DDR.
9.–11. 3.	Besuch und Gespräche B. Engholms in der DDR, u. a. mit H. Axen.
14. 3.	Bericht zur Lage der Nation im Deutschen Bundestag.

14./15. 3.	Gespräche Honeckers in Stockholm mit Politikern der Bundesrepublik.
16. 3.	Gespräch E. Diepgen – Honecker.
17. 3.	Gespräche M. Bangemann – Honecker, K. von Dohnanyi – G. Mittag.
9./10. 4.	Gespräche G. Mittags in Hannover und Bonn, u. a. mit Kohl und W. Schäuble.
25. 4.	Erste Städtepartnerschaft Saarlouis – Eisenhüttenstadt vereinbart.
26. 4.	Reaktorkatastrophe in Tschernobyl.
6. 5.	Unterzeichnung des deutsch-deutschen Kulturabkommens in Berlin (Ost).
7. 5.	Besuch von O. Lafontaine/J. Rau bei Honecker und H.-J. Herrmann.
16. 5.	Gespräch L. Späth – Honecker.
21./22. 5.	K.-H. Hiersemann (SPD-Bayern) in der DDR; Empfang durch Honecker.
27. 5.	Abschluß der KSZE-Konferenz über menschliche Kontakte.
28. 5.	Treffen H.-J. Vogel – Honecker
25. 6.	J. Rau in Moskau von Gorbatschow empfangen.
20.–22. 6.	H.-D. Genscher zu Gesprächen in Moskau, u. a. mit Gorbatschow.
29. 8.	W. Schäuble bei Honecker und DDR-Außenminister O. Fischer zum Gespräch.
5. 9.	E. Bahr bei Honecker.
21./22. 9.	Entschließung der Stockholmer Konferenz über vertrauens- und sicherheitsbildende Maßnahmen in Europa.
11./12. 10.	Zweites Gipfeltreffen Reagan – Gorbatschow in Reykjavik.
21. 10.	Gemeinsame Erklärung und Grundsätze der SPD/SED-Arbeitsgruppe zu einer atomwaffenfreien Zone in Europa.
4. 11.	Beginn der dritten KSZE-Folgekonferenz in Wien.
19. 12.	Aufhebung der Verbannung von Andrej Sacharow in der Sowjetunion.

1987

1. 1.	Auftakt zu den 750-Jahr-Feiern in Berlin.
25. 1.	Wahlen zum 11. Deutschen Bundestag.
27. 1.	Gorbatschow fordert vor dem ZK der KPdSU die »Demokratisierung« von Partei und Gesellschaft.
13. 2.	Ministerpräsident B. Vogel (CDU) bei Honecker.
18. 2.	Konstituierende Sitzung des Deutschen Bundestages.

11.–13. 11.	D. Spöri (SPD–Baden-Württemberg) zu Besuch in der DDR; Gespräch mit Honecker.
25. 11.	Der Staatssicherheitsdienst (Stasi) der DDR durchsucht Räume der evangelischen Zionskirche in Ost-Berlin und nimmt Mitglieder von Friedens- und Umweltgruppen fest; in den folgenden Tagen weitere Maßnahmen gegen Dissidenten, u. a. in Dresden, Halle, Weimar und Wismar.
27. 11.	Erstes Treffen der SPD/SED-Arbeitsgruppe zur Frage struktureller Nichtangriffsfähigkeit.
4. 12.	Einreiseverweigerung für den SPD-MdB G. Weisskirchen wegen seiner Kontakte zu Dissidenten.
7./8. 12.	Drittes Gipfeltreffen von Reagan und Gorbatschow in Washington.

1988

14. 1.	J. Rau in Ost-Berlin; Gespräche mit Honecker, G. Mittag und Außenhandelsminister G. Beil.
17. 1.	Anläßlich der offiziellen »Kampfdemonstration« zum Gedenken an die Ermordung von Rosa Luxemburg und Karl Liebknecht werden Angehörige unabhängiger Friedens- und Menschenrechtsgruppen festgenommen, die mit eigenen Transparenten demonstrieren wollten.
17.–19. 1.	E. Schewardnadse, Außenminister der UdSSR, zu Besuch in Bonn.
25. 1.	Vereinbarung der Städtepartnerschaft Bonn – Potsdam.
4. 2.	Treffen von O. G. Lambsdorff mit Honecker.
11. 2.	Gespräch E. Diepgen – Honecker.
1. 3.	Auftrag des Ältestenrates des Bundestags an Bundestagspräsident Ph. Jenninger, die Aufnahme offizieller Kontakte mit der DDR-Volkskammer zu sondieren. – Verurteilung von Mitarbeitern der Zions-Gemeinde zu Freiheitsstrafen.
13. 3.	Treffen von E. Diepgen und J. Rau mit Honecker.
5. 4.	Gemeinsame Erklärung von SPD, SED und der tschechoslowakischen KP mit dem Vorschlag einer chemiewaffenfreien Zone in Zentraleuropa.
19. 4.	Gemeinsamer Vorschlag der DDR und der ČSSR an die Bundesregierung zu Verhandlungen über eine chemiewaffenfreie Zone in Zentraleuropa.
21. 4.	Ministerpräsident B. Vogel bei Honecker.
26. 4.	Besuch von Bundesgesundheitsministerin R. Süssmuth in der DDR.
28. 4.	Gespräch V. Rühe (stellv. CDU/CSU-Fraktionsvorsitzender) mit Honecker.

29. 4.	Treffen H.-J. Vogel – Honecker.
17. 5.	Bundesminister J. Möllemann in Ost-Berlin.
27. 5.	Treffen des CDU/CSU-Fraktionsvorsitzenden A. Dregger mit Honecker.
29. 5.–1. 6.	Viertes Gipfeltreffen Reagan – Gorbatschow in Moskau.
13.–15. 6.	Wiesbadener Parteitag der CDU mit deutschlandpolitischen Beschlüssen.
23. 6.	Auf einem Kirchentag in Halle trägt Pfarrer F. Schorlemer 20 Thesen zur gesellschaftlichen und politischen Erneuerung und Umgestaltung der DDR vor.
25. 6.	Aufnahme offizieller Beziehungen zwischen EG und RGW (Comecon).
7. 7.	Vorstellung des Vorschlags der sicherheitspolitischen Arbeitsgruppe von SPD und SED für eine »Zone des Vertrauens und der Sicherheit in Zentraleuropa«.
15. 8.	Aufnahme diplomatischer Beziehungen zwischen EG und DDR.
18. 8.	Treffen O. Lafontaine – Honecker.
5. 9.	Gespräche M. Bangemann – Honecker.
1. 10.	Gorbatschow zum Staatspräsidenten gewählt.
24.–27. 10.	Bundeskanzler Kohl in Moskau.
10. 11.	W. Schäuble bei Honecker.
7. 12.	Gorbatschow vor der UNO zu Prinzipien des Gewaltverzichts; Treffen mit Reagan und dessen Nachfolger G. Bush.
14. 12.	Reiseverordnung der DDR über Reisen ins »Ausland« und »ständige Ausreisen«; gültig ab 1. 1. 1989.

1989

17.–19. 1.	Ende des dritten Folgetreffens der KSZE mit einem Schlußdokument über Menschenrechte, wirtschaftliche und militärische Zusammenarbeit und dem Auftrag zu Verhandlungen zu konventioneller Abrüstung und vertrauensbildenden Maßnahmen.
19. 1.	Honecker erklärt es für möglich, daß die Mauer auch noch in 50 oder 100 Jahren besteht.
31. 1.	Treffen B. Engholm – Honecker.
6. 2.	Beginn der Gespräche des Runden Tisches in Polen; Jugendlicher beim Fluchtversuch über die Mauer erschossen.
10./11. 2.	ZK der Ungarischen Sozialistischen Arbeiterpartei unterstützt die Idee eines Mehrparteiensystems.
23. 2.	L. Späth bei Honecker.
24. 2.	Treffen H. Voscherau – Honecker.

12. 3.	Gespräch J. Rau – Honecker.
6./7. 4.	G. Mittag zu Gesprächen in Bonn, u. a. mit Bundeskanzler Kohl, O. G. Lambsdorff, H. Haussmann, O. Lafontaine.
18. 4.	Boykottaufruf von Theologen und Mitgliedern von Friedens- und Umweltgruppen in der DDR zur DDR-Kommunalwahl.
27. 4.	Ministerpräsident E. Albrecht bei Honecker.
2. 5.	Ungarn beginnt mit dem Abbau des Eisernen Vorhangs an der Grenze zu Österreich.
7. 5.	Kommunalwahlen in der DDR; unabhängige Beobachter von Basisgruppen konstatieren Wahlfälschungen.
25. 5.	Treffen H.-J. Vogel – Honecker.
29. /30. 5.	NATO-Gipfeltreffen in Brüssel.
4. 6.	Massaker auf dem Platz des Himmlischen Friedens (Tiananmen-Platz) in Peking.
12.–15. 6.	Gorbatschow zu Besuch in der Bundesrepublik Deutschland; gemeinsame deutsch-sowjetische Erklärung.
17. 6.	Gedenkrede von E. Eppler im Bundestag zum 17. Juni 1953.
19. 6.	Gespräch des Regierenden Bürgermeisters von Berlin W. Momper mit Honecker.
3./4. 7.	Kanzleramtsminister R. Seiters zu Gesprächen in Ost-Berlin, u. a. mit Honecker.
6. 7.	Vertrag zwischen der Bundesrepublik und der DDR über Umweltschutzprojekte.
7./8. 7.	Ostblock-Gipfelkonferenz in Bukarest; Deklaration, in der Einmischungen in innere Angelegenheiten zurückgewiesen werden.
Juli/August	Eine wachsende Zahl von DDR-Bürgern flüchtet über Ungarn nach Österreich und sucht Zuflucht in den Botschaften der Bundesrepublik in Budapest und Prag und der Ständigen Vertretung in Berlin-Ost.
19. 8.	Über 600 DDR-Bürger nutzen ein Grenzfest bei Sopron in Ungarn zur Flucht.
9. 9.	Die Gründung des »Neuen Forums« in der DDR vollzogen.
11. 9.	Ungarn öffnet offiziell für DDR-Bürger die Grenze zu Österreich.
19. 9.	Entschließung des SPD-Parteivorstandes zur Deutschlandpolitik.
25. 9.	Große Protestdemonstration in Leipzig.
30. 9.	Etwa 6000 DDR-Bürger, die in der Prager Botschaft Zuflucht gesucht hatten, können mit Sonderzügen über die DDR in die Bundesrepublik ausreisen.

1. 10.	Zufluchtsuchende DDR-Bürger in der Botschaft der Bundesrepublik in Warschau dürfen ebenfalls in den Westen ausreisen.
4./5. 10.	Weiteren Tausenden von Botschaftsflüchtlingen wird die Ausreise ermöglicht.
7. 10.	Feierlichkeiten zum 40. Jahrestag der DDR-Gründung; als Gast Gorbatschow. – Gründung der Sozialdemokratischen Partei (SDP) in der DDR.
9. 10.	Ca. 100 000 Menschen demonstrieren in Leipzig; die aufgebotenen Sicherheitskräfte greifen nicht ein.
18. 10.	Erzwungener Rücktritt von Erich Honecker von sämtlichen Ämtern; E. Krenz neuer SED-Generalsekretär.
23. u. 30. 10.	Jeweils mehr als 300 000 Menschen demonstrieren in Leipzig.
25. 10.	Gespräch W. Mischnick mit Generalsekretär E. Krenz.
26. 10.	Erstes Telefonat von Bundeskanzler Kohl mit dem neuen Generalsekretär E. Krenz.
4. 11.	Massendemonstrationen in Berlin-Ost; ca. 1 Million Teilnehmer.
6. 11.	Massendemonstration in Leipzig (ca. 500 000).
7. 11.	DDR-Regierung tritt geschlossen zurück.
8. 11.	Rücktritt des alten Politbüros und Neuwahl.
9. 11.	Öffnung der Berliner Mauer.

Aufgenommen und aufgelöst wurden nur Abkürzungen, die häufiger erscheinen und soweit sie nicht allgemein gebräuchlich und verständlich sind.

ABM	Anti-Ballistic Missiles, Raketen- und Flugkörperabwehrkörper gegen ballistische Raketen
AdG	(Keesings) Archiv der Gegenwart; Jahrgänge 1945–1990. Zusammenstellung des Nachrichtenstoffes, Essen/Bonn/Wien/Zürich o. J.
AL	Alternative Liste
ANC	African National Congress (Afrikanischer Nationalkongress)
A-Waffen	Atomare Waffen
Bulletin	des Presse- und Informationsamtes der Bundesregierung
BDI	Bundesverband der deutschen Industrie
Bgm	Bürgermeister
BRD	Bundesrepublik Deutschland
BVG	Berliner Verkehrsgesellschaft
B-Waffen	Bakteriologische Waffen
COCOM	Coordinating Committee for East-West Trade Politics – Koordinationskomitee für Ost-West-Handelspolitik
Comecon	Council for Mutual Economic Assistance – Rat für gegenseitige Wirtschaftshilfe
ČSSR	Československa socialisticka republika – Tschechoslowakische Sozialistische Republik
C-Waffen	Chemische Waffen
DBD	Demokratische Bauernpartei Deutschlands (DDR)
DDR	Deutsche Demokratische Republik
DFD	Demokratischer Frauenbund (DDR)
DIHT	Deutscher Industrie- und Handelstag
DKP	Deutsche Kommunistische Partei (in der Bundesrepublik)
dpa	Deutsche Presseagentur
DSB	Deutscher Sportbund (in der Bundesrepublik)
DTSB	Deutscher Turn- und Sportbund (der DDR)
EG	Europäische Gemeinschaft
Europa-Archiv	Zeitschrift für Internationale Politik, hrsg. von W. Cornides

EWG	Europäische Wirtschaftsgemeinschaft
FAZ	Frankfurter Allgemeine Zeitung
FDGB	Freier Deutscher Gewerkschaftsbund (DDR)
FDJ	Freie Deutsche Jugend (DDR)
GATT	General Agreement on Tariffs and Trade – Allgemeines Abkommen über Zölle und Handel
Gen.	Genosse
GS	Generalsekretär
GÜST	Grenzübergangsstelle
IAEA	International Atomic Energy Agency – Internationale Atomenergie Agentur
INF	Intermediate range Nuclear Forces – Atomar bestückte Mittelstreckenraketen
IPU	Interparlamentarische Union
IPW	Institut für Internationale Politik und Wirtschaft (DDR)
ITB	Internationale Tourismusbörse
KOM	Kraftomnibus
KPdSU	Kommunistische Partei der Sowjetunion
KPTsch	Kommunistische Partei der Tschechoslowakei
KSZE	Konferenz für Sicherheit und Zusammenarbeit in Europa
KVAE	Konferenz über Vertrauensbildung, Abrüstung und Entspannung in Europa
LDPD	Liberal-Demokratische Partei Deutschlands (DDR)
LPG	Landwirtschaftliche Produktionsgenossenschaft
LSR	Leitender Senatsrat
M	Mark der DDR
MAH	Ministerium für Außenhandel (DDR)
MBFR	Mutual Balanced Force Reduction – gegenseitige und ausgewogene Streitkräftereduzierung
MfAA	Ministerium für Auswärtige Angelegenheiten (DDR)
MfS	Ministerium für Staatssicherheit der DDR
MP	Ministerpräsident
NATO	North Atlantic Treaty Organization – Organisation der Signaturmächte des Nordatlantikpakts
ND	Neues Deutschland, Zentralzeitung der SED
NDPD	National-Demokratische Partei Deutschlands (DDR)
NKW	Nutzkraftwagen
NSW	Nichtsozialistisches Wirtschaftsgebiet
NVA	Nationale Volksarmee der DDR

Org.	Original
PB	Politbüro des Zentralkomitees der SED
PLO	Palestinian Liberation Organization – Palästinensische Befreiungsorganisation
Prot.	Protokoll
PVAP	Polnische Vereinigte Arbeiterpartei
RBm	Regierender Bürgermeister
RGW	Rat für gegenseitige Wirtschaftshilfe
RIAS	Rundfunk im amerikanischen Sektor (von Berlin)
SAPMO	Stiftung Archiv der Parteien und Massenorganisationen im Bundesarchiv
SALT	Strategic Arms Limitation Talks – Gespräche über die Begrenzung strategischer Waffen
SDI	Strategic Defense Initiative – Initiative zur strategischen Verteidigung
Senkanzlei	Senatskanzlei (von Berlin)
SenWiArb	Senator für Wirtschaft und Arbeit
SEW	Sozialistische Einheitspartei Westberlins
Sejm	Polnisches Parlament
SR	Senatsrat
START	Strategic Arms Reduction Talks – Gespräche über die Reduzierung strategischer Waffen
Stasi	Staatssicherheitsdienst der DDR
SRR	Sozialistische Republik Rumänien
Sten.Ber.	Stenographische Berichte
StS	Staatssekretär
Swing	Überziehungskredit im innerdeutschen Handel
TSI	Treuhandstelle für Industrie und Handel
UdSSR	Union der sozialistischen Sowjetrepubliken
UNO	United Nations Organization – Organisation der Vereinten Nationen
US/USA	United States/United States of Amerika
USAP	Ungarische Sozialistische Arbeiterpartei
UVR	Ungarische Volksrepublik
VE	Verrechnungseinheiten
VEB	Volkseigener Betrieb
VHS	Volkshochschule
VM	Verrechnungsmark
VR	Volksrepublik
VRB	Volksrepublik Bulgarien
VRP	Volksrepublik Polen
WestLB	Westdeutsche Landesbank
WP	Wahlperiode
WP	Warschauer Pakt

ZK   Zentralkomitee (der SED)

ZPA   Zentrales Parteiarchiv, d. h. Bestände des ehem. Zentralen Parteiarchivs der SED, in das heute auch die Bestände des sog. »Internen Archivs« beim Politbüro integriert sind.

Personenregister

Gegen das Vergessen –
Taschenbücher über das
Dritte Reich

Hans Buchheim/
Martin Broszat/Hans-
Adolf Jacobsen/
Helmut Krausnick:
**Anatomie des
SS-Staates**
dtv 4637

Martin Broszat:
Der Staat Hitlers
dtv 4009
Nach Hitler
dtv 4474

Karl Dietrich
Erdmann:
**Deutschland unter
der Herrschaft des
Nationalsozialismus**
dtv 4220
**Der Zweite
Weltkrieg**
dtv 4221
**Das Ende des
Reiches und die
Entstehung der
Republik Öster-
reich, der Bundes-
republik Deutsch-
land und der DDR**
dtv 4222

Lothar Gruchmann:
**Der Zweite
Weltkrieg**
dtv 4010

**Hitlers Macht-
ergreifung 1933**
Hrsg. v. Josef und
Ruth Becker
dtv 2938

Rudolf Höß:
**Kommandant in
Auschwitz**
Autobiographische
Aufzeichnungen
dtv 2908

Ian Kershaw:
Hitlers Macht
dtv 4582

Kurt Meier:
**Kreuz und
Hakenkreuz**
Die evangelische
Kirche im Dritten
Reich
dtv 4590

**Die Rückseite des
Hakenkreuzes**
Absonderliches aus
den Akten des
Dritten Reiches
Hrsg. v. Beatrice und
Helmut Heiber
dtv 2967

Bernd Rüthers:
Entartetes Recht
dtv 4630

**Legenden, Lügen,
Vorurteile**
Ein Wörterbuch
zur Zeitgeschichte
Hrsg. v. Wolfgang
Benz
dtv 3295

Die Dachauer Hefte

Heft 1: **Die
Befreiung**
dtv 4606
Heft 2: **Sklaven-
arbeit im KZ**
dtv 4607
Heft 3: **Frauen.
Verfolgung und
Widerstand**
dtv 4608
Heft 4: **Medizin im
NS-Staat**
dtv 4609
Heft 5: **Die verges-
senen Lager**
dtv 4634
Heft 6: **Erinnern
oder Verweigern**
dtv 4635

Architektur und Architekten im zwanzigsten Jahrhundert

Die Geschichte der deutschen Architektur im 20. Jahrhundert ist auch die Geschichte ihrer Architekten. Werner Durth verfolgt in seiner grundlegenden Untersuchung ihren beruflichen Werdegang, ihre biographischen Verflechtungen, ihre politischen Verstrickungen in das NS-Regime und ihre Karriere als unangefochtene Experten für den Wiederaufbau.

Werner Durth
Deutsche Architekten
Biographische Verflechtungen
1900 - 1970
Mit zahlreichen Abbildungen
dtv 4579

Dieses Buch bietet eine Fülle von Material zum Wiederaufbau nach dem Zweiten Weltkrieg: Dokumente, Entwürfe und Pläne vor allem aus den Jahren 1940 bis 1950 – verwirklichte und nicht verwirklichte Architektenträume, von »authentischer« Rekonstruktion der alten Stadt bis hin zu entschiedener Neugestaltung, wie sie angesichts der Ruinenfelder des Zweiten Weltkrieges möglich wurden.

Werner Durth/Niels Gutschow
Träume in Trümmern
Stadtplanung 1940 - 1950
Mit zahlreichen Abbildungen
dtv 4604

Deutsche Geschichte der neuesten Zeit

vom 19. Jahrhundert bis zur Gegenwart

Originalausgaben, herausgegeben von Martin Broszat, Wolfgang Benz und Hermann Graml in Verbindung mit dem Institut für Zeitgeschichte, München

Deutsche Geschichte der neuesten Zeit

Peter Burg:
Der Wiener Kongreß
Der Deutsche Bund im europäischen Staatensystem

dtv

Peter Burg:
Der Wiener Kongreß
Der Deutsche Bund im europäischen Staatensystem
dtv 4501

Wolfgang Hardtwig:
Vormärz
Der monarchische Staat und das Bürgertum
dtv 4502

Hagen Schulze:
Der Weg zum Nationalstaat
Soziale Kräfte und nationale Bewegung
dtv 4503

Michael Stürmer:
Die Reichsgründung
Deutscher Nationalstaat und europäisches Gleichgewicht im Zeitalter Bismarcks
dtv 4504

Wilfried Loth:
Das Kaiserreich
Liberalismus, Feudalismus, Militärstaat
dtv 4505 (i. Vorb.)

Richard H. Tilly:
Vom Zollverein zum Industriestaat
Die wirtschaftlichsoziale Entwicklung Deutschlands 1834 bis 1914
dtv 4506

Helga Grebing:
Arbeiterbewegung
Sozialer Protest und kollektive Interessenvertretung bis 1914
dtv 4507

Hermann Glaser:
Bildungsbürgertum und Nationalismus
Politik und Kultur im Wilhelminischen Deutschland
dtv 4508

Michael Fröhlich:
Imperialismus
Deutsche Kolonial- und Weltpolitik 1880 – 1914
dtv 4509

Gunther Mai:
Das Ende des Kaiserreichs
Politik und Kriegführung im Ersten Weltkrieg
dtv 4510

Deutsche Geschichte der neuesten Zeit

Klaus Schönhoven:
Reformismus und Radikalismus
Gespaltene Arbeiterbewegung im Weimarer Sozialstaat

dtv

Klaus Schönhoven:
Reformismus und Radikalismus
Gespaltene Arbeiterbewegung im Weimarer Sozialstaat
dtv 4511

Horst Möller:
Weimar
Die unvollendete Demokratie
dtv 4512

Peter Krüger:
Versailles
Deutsche Außenpolitik zwischen Revisionismus und Friedenssicherung
dtv 4513

Corona Hepp:
Avantgarde
Moderne Kunst, Kulturkritik und Reformbewegungen nach der Jahrhundertwende
dtv 4514

Deutsche Geschichte der neuesten Zeit
vom 19. Jahrhundert bis zur Gegenwart

Deutsche Geschichte
der neuesten Zeit

Ludolf Herbst:
Option für den Westen
Vom Marshallplan bis zum
deutsch-französischen Vertrag

dtv

Deutsche Geschichte
der neuesten Zeit

Martin Broszat:
Die Machtergreifung
Der Aufstieg der NSDAP und die
Zerstörung der Weimarer Republik

dtv

Gesellschaft
Politik
Wirtschaft

Jewgenia Albaz:
**Das Geheim-
imperium KGB**
Totengräber der
Sowjetunion
dtv 30326

Timothy Garton Ash:
**Ein Jahrhundert
wird abgewählt**
Aus den Zentren
Mitteleuropas
1980-1990
dtv 30328

Fritjof Capra:
Wendezeit
Bausteine für ein
neues Weltbild
dtv 30029

Das neue Denken
Ein ganzheitliches
Weltbild im Span-
nungsfeld zwischen
Naturwissenschaft
und Mystik,
Begegnungen und
Reflexionen
dtv 30301

Graf Christian von
Krockow:
**Politik und
menschliche Natur**
Dämme gegen die
Selbstzerstörung
dtv 11151

Heimat
Erfahrungen mit
einem deutschen
Thema
dtv 30321

Dagobert Lindlau:
Der Mob
Recherchen zum
organisierten
Verbrechen
dtv 30070

John R. MacArthur:
**Die Schlacht der
Lügen**
Wie die USA den
Golfkrieg verkauften
dtv 30352

Gérard Mermet:
Die Europäer
Länder, Leute,
Leidenschaften
dtv 30340

**Der Deutsche an
sich**
Einem Phantom auf
der Spur
dtv 30406

Hans Jürgen Schultz:
Trennung
Eine Grunderfah-
rung des mensch-
lichen Lebens
dtv 30001

Dorothee Sölle:
Gott im Müll
Eine andere
Entdeckung
Lateinamerikas
dtv 30040

Roger Willemsen:
Kopf oder Adler
Ermittlungen gegen
Deutschland
dtv 30405

Gesellschaft Politik Wirtschaft

Christoph Buchheim: Industrielle Revolutionen
Langfristige Wirtschaftsentwicklung in Großbritannien, Europa und in Übersee

dtv wissenschaft

Oskar Weggel: Die Asiaten
Gesellschaftsordnungen, Wirtschaftssysteme, Denkformen, Glaubenswelten, Alltagsleben, Verhaltensstile

dtv

Christoph Buchheim:
Industrielle Revolutionen
dtv 4622

Ralf Dahrendorf:
Der moderne soziale Konflikt
dtv 4628

Gilberto Freyre:
Das Land in der Stadt
Die Entwicklung Brasiliens
dtv/Klett-Cotta 4537

Erich Fromm:
Arbeiter und Angestellte am Vorabend des Dritten Reiches
dtv 4409

Ernest Gellner:
Der Islam als Gesellschaftsordnung
dtv 4588

Bronislaw Geremek:
Geschichte der Armut
dtv 4558

Gerd Hardach:
Der Marshall-Plan
Auslandshilfe und Wiederaufbau in Westdeutschland 1948-1952
dtv 4636

Indianische Realität
Nordamerikanische Indianer in der Gegenwart
Herausgegeben von Wolfgang Lindig
dtv 4614

Klassische Texte der Staatsphilosophie
Herausgegeben von Norbert Hoerster
dtv 4455

Hans van der Loo/ Willem van Reijen:
Modernisierung
Projekt und Paradox
dtv 4573

Herbert Marcuse:
Der eindimensionale Mensch
Studien zur Ideologie der fortgeschrittenen Industriegesellschaft
dtv 4623

Peter Cornelius Mayer-Tasch:
Politische Theorie des Verfassungsstaates
dtv 4557

Jörg P. Müller:
Demokratische Gerechtigkeit
dtv 4610

Oskar Weggel:
Die Asiaten
dtv 4629

dtv-dokumente

Die Reihe bietet Materialien zu einem weit gespannten Spektrum an Themen. Verfassungsdokumente, Vertragstexte, Reden, Protokolle, persönliche Berichte, Briefe oder Tagebuchaufzeichnungen erhellen das jeweilige Thema lebendig und facettenreich. So vereinen die Bände Information und Anschaulichkeit, bieten spannende Lektüre und einen reichhaltigen Materialfundus für Forschung und Lehre, aber auch für alle, die es genauer wissen wollen.

Kaiser Friedrich II.
Sein Leben in zeitgenössischen Berichten

Herausgegeben von Klaus J. Heinisch

dtv dokumente

Kaiser Friedrich II.
dtv 2901

Hexen und Hexen-prozesse in Deutschland
dtv 2957

Der Prozeß Jeanne d'Arc
dtv 2909

Mozart
Dokumente seines Lebens
dtv 2927

Hitlers Machter-greifung 1933
dtv 2938

Die Rückseite des Hakenkreuzes
Absonderliches aus den Akten des Dritten Reiches
dtv 2967

Rudolf Höß:
Kommandant in Auschwitz
Autobiographische Aufzeichnungen
dtv 2908

Hans Graf von Lehndorff:
Ostpreußisches Tagebuch
Aufzeichnungen eines Arztes aus den Jahren 1945-1947
dtv 2923

Entnazifizierung
1945 – 1949
dtv 2962

Frauen in der Nachkriegszeit
dtv 2952

Stalins Lager in Deutschland
1945 – 1950
dtv 2966

DDR
Dokumente zur Geschichte der Deutschen Demokratischen Republik 1945-1985
dtv 2953

Wann bricht schon mal ein Staat zusammen!
Die Debatte über die Stasi-Akten auf dem 39. Historikertag 1992
dtv 2965

Die Sowjetunion
Band 1:
Staat und Partei
Band 2:
Wirtschaft und Gesellschaft
dtv 2948/2949

Die Sowjetmen-schen 1989 - 1991
Soziogramm eines Zerfalls
dtv 2964

Denkanstöße –
Philosophie
im dtv

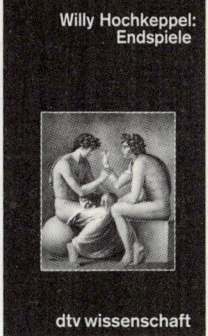

Willy Hochkeppel:
Endspiele

dtv wissenschaft

Was das Schöne sei
Klassische Texte von Platon bis Adorno
Herausgegeben von Michael Hauskeller

dtv wissenschaft

Wolfgang Bauer:
**China und
die Hoffnung
auf Glück**
Paradiese, Utopien,
Idealvorstellungen in
der Geistesgeschichte
Chinas
dtv 4547

William K. Frankena:
Analytische Ethik
dtv 4640

Ernest Gellner:
**Pflug, Schwert und
Buch**
Grundlinien der
Menschheits-
geschichte
dtv 4602

Christopher Robert
Hallpike:
**Die Grundlagen
primitiven Denkens**
dtv 4534

Willy Hochkeppel:
Endspiele
Zur Philosophie des
20. Jahrhunderts
dtv 4594

**Klassiker des
philosophischen
Denkens**
Hrsg. N. Hoerster
2 Bände
dtv 4386/4387

**Klassische Texte
der
Staatsphilosophie**
Hrsg. N. Hoerster
dtv 4455

Panajotis Kondylis:
**Die Aufklärung
im Rahmen des
neuzeitlichen
Rationalismus**
dtv 4450

Jacques Le Goff:
**Die Intellektuellen
im Mittelalter**
dtv 4581

Ernst R. Sandvoss:
**Geschichte der
Philosophie**

Band 1: **Indien,
China, Griechen-
land, Rom**
dtv 4440

Band 2: **Mittelalter,
Neuzeit, Gegenwart**
dtv 4441

Peter F. Strawson:
**Analyse und
Metaphysik**
dtv 4615

Texte zur Ethik
Hrsg. D. Birnbacher
und N. Hoerster
dtv 4456

Was das Schöne sei
Hrsg. M. Hauskeller
dtv 4626

**dtv-Atlas zur
Philosophie**
dtv 3229

Das Land, das Ausland heißt

»Die jetzigen Deutschen denken
in ihrer Mehrheit, der schamlose
Satz ›Ich habe nichts gegen
Türken‹ sei das Nonplusultra der
Weltoffenheit und Toleranz.«
(Klaus Theweleit)

Klaus Theweleit:
Das Land,
das Ausland heißt

Essays, Reden, Interviews
zu Politik und Kunst

dtv

Gegen den Mangel an Selbst-
wahrnehmung: acht Beiträge,
eine Auswahl aus Theweleits
neueren Vorträgen, Essays und
Interviews nicht nur, aber auch
über Deutschland.

dtv 30449